麗水年鑑

LISHUI YEARBOOK

2019

中共丽水市委、丽水市人民政府 主办
丽水市地方志编纂委员会 编

方志出版社
Publishing House of Local Records

图书在版编目（CIP）数据

丽水年鉴. 2019 / 丽水市地方志编纂委员会编. --
北京 : 方志出版社，2019.9
ISBN 978-7-5144-3862-8

Ⅰ.①丽… Ⅱ.①丽… Ⅲ.①丽水—2019—年鉴
Ⅳ.①Z525.53

中国版本图书馆 CIP 数据核字（2019）第 266248 号

丽水年鉴（2019）

编　　者：丽水市地方志编纂委员会
责任编辑：刘方圆

出 版 者：方志出版社
地址　北京市朝阳区潘家园东里 9 号（国家方志馆 4 层）
邮编　100021
网址　http://www.fzph.org
发　　行：方志出版社图书经销中心
电话（010）67110500
经　　销：各地新华书店
印　　刷：浙江遂昌印业有限责任公司

开　　本：889 × 1194　1/16
印　　张：32
字　　数：948 千字
版　　次：2019 年 9 月第 1 版　2019 年 9 月第 1 次印刷
印　　数：0001~1500 册

ISBN 978-7-5144-3862-8　**定价：**200.00 元

LISHUI YEARBOOK

LISHUI YEARBOOK

编辑说明

一、《丽水年鉴》是由中共丽水市委、丽水市人民政府主办,丽水市地方志编纂委员会及其办公室负责编纂的综合性地方年鉴。1996年创刊,每年编纂出版1卷,《丽水年鉴(2019)》卷是第24卷。

二、本卷年鉴以马克思列宁主义、毛泽东思想、邓小平理论、“三个代表”重要思想、科学发展观、习近平新时代中国特色社会主义思想为指导,坚持辩证唯物主义和历史唯物主义的立场、观点和方法,全面、系统地记载2018年丽水市政治、经济、文化、社会发展以及生态文明建设的基本情况,充分发挥年鉴存史资政、为现实社会服务的作用,为广大读者了解和研究丽水提供信息资料。

三、本卷年鉴分类编辑,框架结构由卷首、百科、卷尾三个部分组成。除特载、专辑、文件选编采用综合性文体外,其他类目均采用条目体。百科部分设类目、分目、条目三个层次。

四、本卷年鉴共设41个类目。依次是:特载、专辑、大事记、丽水概览、中国共产党丽水市委员会、丽水市人民代表大会、丽水市人民政府、政协丽水市委员会、中共丽水市纪律检查委员会 丽水市监察委员会、民主党派 工商联、工会 共青团 妇联、人力资源和社会保障、外事 侨务 台务、法治、军事、农村建设、林业、工业化信息化建设、经济合作交流、丽水生态产业集聚区(经济技术开发区)、交通、网络 电信 邮政、城建城管 环保、旅游、财政 税务、金融、国内贸易、对外及港澳台经济贸易、经济管理、教育、科学技术、文化、体育、报刊 广播 电视、卫生 红十字会、社会生活、县(市、区)、人物 名录、文选、附录、索引。

五、本卷年鉴记述时限从2018年1月1日至12月31日,跨年的事物延长至截止日期。文中的“景宁县”指“景宁畲族自治县”。

六、本卷年鉴收入市和县(市、区)机构及负责人名录均系担任实职的副县(处)级(不含高配和内设机构)以上领导干部;收入逝世人物均系担任实职的副市(地)级以上领导干部和原行政十四级以上享受副地(厅)级待遇的离休干部。

七、本卷年鉴由市直单位、县(市、区)和驻丽水国家、省企事业单位提供初稿,经年鉴编辑部编辑后返回原单位复审确认,经方志出版社核稿,主编、副主编定稿,报丽水市人民政府批准后出版。图片由各撰稿单位提供。主要数据以《丽水统计年鉴(2019)》公布的数据为准。

八、本卷年鉴编纂得到市委、市政府、市直部门和县(市、区)各位领导的大力支持,各单位撰稿人员及时提供稿件和照片资料,为《丽水年鉴》顺利编纂出版提供丰富素材,谨此致谢!由于我们编纂水平有限,编辑时间仓促,书中难免有疏漏和差错,恳请广大读者批评指正。

丽水中心城区图

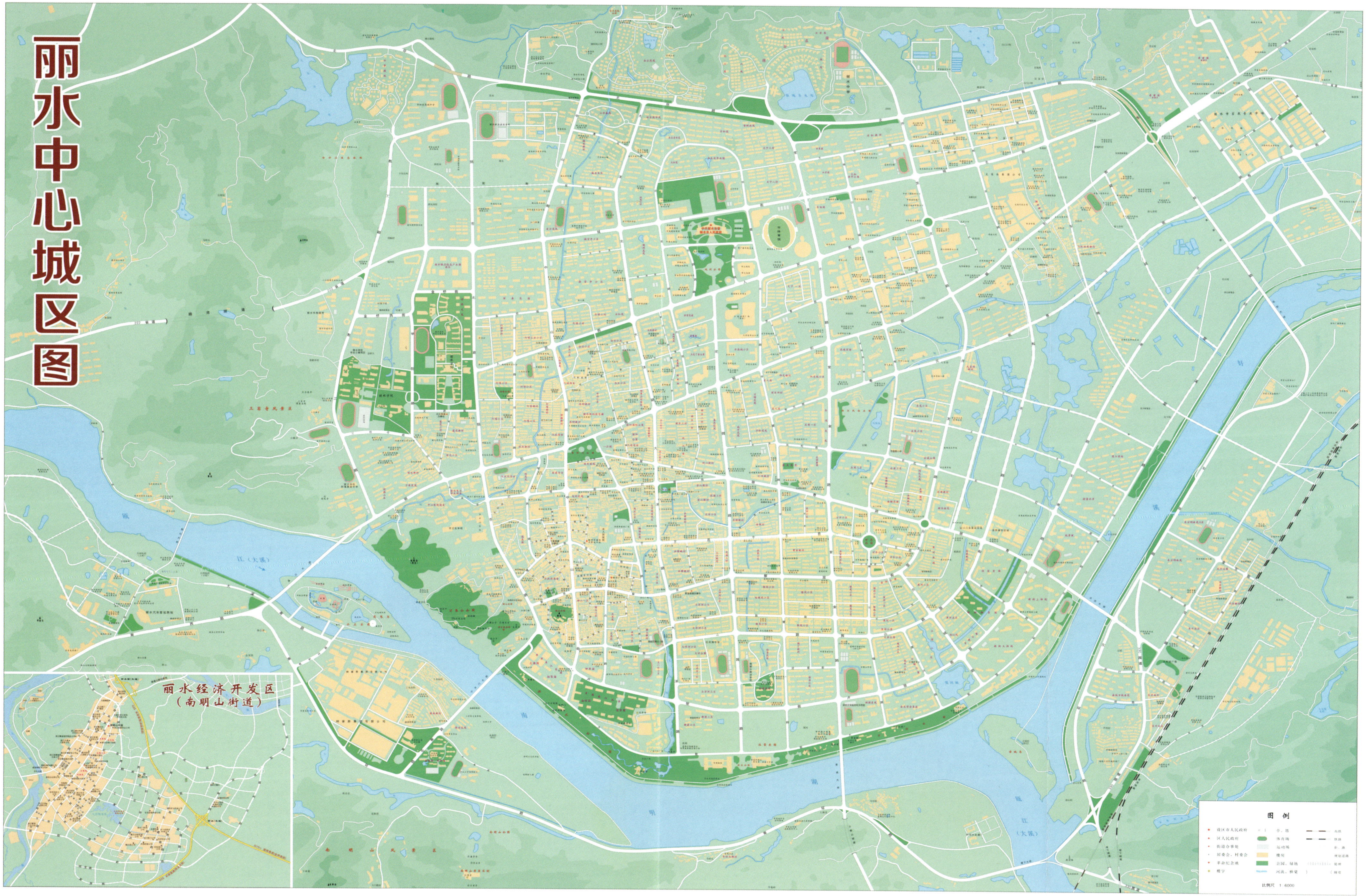

丽水市自然资源和规划局　地图审核号：浙丽S（2019）3号　2019年

丽水市行政区划图

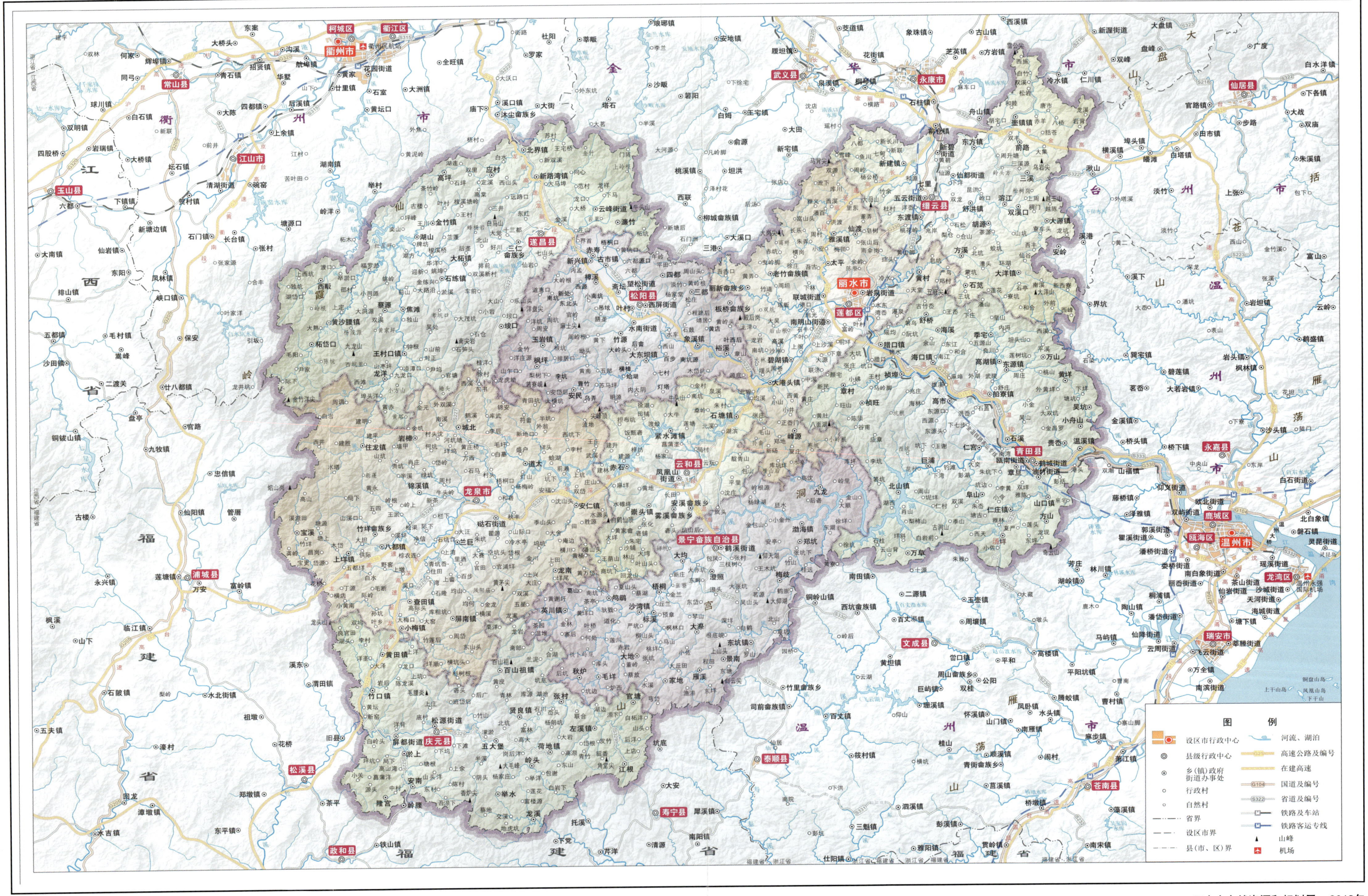

丽水市自然资源和规划局　2018年

2018年5月16日，浙江省委副书记、省长袁家军(中)到东坑镇调研指导工作　　（柳佳琪 提供）

2018年11月16日，市委书记胡海峰(右一)在丽水会见智利驻华大使路易斯·鲁道夫·施密特一行
（胡雪峰 提供）

2018年10月9日，市委副书记、市长吴晓东（中）调研2019丽水超级马拉松筹备工作
（夏文敏 提供）

2018年5月1日，时任丽水市委书记张兵（右三）一行到深垟村雅景花卉基地视察指导
（柳佳琪 提供）

2018年8月7日，省委第四巡视组巡视丽水市工作动员会召开　　（胡雪峰　提供）

2018年4月23日，丽水市区城中村改造动员大会在丽水大剧院举行　　（吴　东　提供）

2018年4月24日，全市平安丽水建设工作推进会在丽水举行　　（朱冯梁　提供）

2018年11月17日，在青田举办的首届侨博会上市委书记胡海峰致辞　　（杜颖昕　提供）

2018年1月28日，丽水万洋低碳智造小镇在丽水举行开工仪式　　　　（章　程　提供）

2018年11月2日，第四届中国陶瓷电商峰会在龙泉举行　　　　（龙泉市府办　提供）

11月12日，2018丽水"人才·科技"峰会在丽水举行　（胡雪峰　提供）

2018年11月10日，世界丽商文化产业联盟会成立仪式在丽水举行　（王　利　提供）

2018年4月，遂昌县王村口镇（中国工农红军挺进师纪念馆）入选长三角区域党性教育基地

（王　利　提供）

2018年1月23日，金丽温高速公路丽水北互通建成通车　　（王　利　提供）

1月20日，2018乡村春晚大集在龙泉市宝溪乡景区举行　（陈拥军 提供）

2018年10月29日，浙江省第六届少数民族传统体育运动会开幕式在丽水举行

（李　榕 提供）

2018年7月14日晚，“洗井”泼水狂欢节在景宁大均“中国畲乡之窗”景区举行
（柳佳祺 提供）

2018年8月8—16日，全国轮滑锦标赛在丽水举行（肖冬丽 提供）

2018年11月9—11日，丽水市第四届残疾人运动会在丽水举行（刘任和 提供）

4月15日，“小水滴”志愿者服务2018丽水半程马拉松（马拉静 提供）

目　录

中国共产党丽水市委员会

丽水市人民代表大会

丽水市人民政府

政协丽水市委员会

中共丽水市纪律检查委员会 丽水市监察委员会

民主党派　工商联

工会 共青团 妇联

人力资源和社会保障

外事 侨务 台务

法　　治

军　　事

农村建设

林　业

工业化信息化建设

经济合作交流

丽水生态产业集聚区(经济技术开发区)

交　通

网络 电信 邮政

城建 城管 环保

旅　　游

财政　税务

金　　融

国内贸易

对外及港澳台经济贸易

经济管理

教　育

科学技术

文　化

体　育

报刊　广播　电视

卫生　红十字会

社会生活

县(市、区)

人物　名录

文　选

附　录

索　引

Table of Contents

Lishui Municipal Committee of the CPC

Lishui Municipal People's Congress

Lishui Municipal People's Government

Lishui Municipal Committee of the CPPCC

Forestry

Industrialization and Informatization Construction

Economic Cooperation and Exchange

Lishui Ecological Industry Cluster Area (Economic and Technological Development Zone)

Traffic

Network, Telecommunication & Post

City Construction, City Management & Environmental Protection

Tourism

Treasury and Taxation

Finance

Domestic Trade

Economic Cooperation and Trade with Foreign Countries & Hong Kong, Macao and Taiwan

Economic Management

Education

Science and Technology

Culture

Physical Education

Newspaper, Broadcast & Television

Health & Red Cross

Social Life

County (City, District)

Directory for Personages

Anthology

Appendix

Index

特　　载

以“丽水之干”担纲“丽水之赞”
高质量谱写“八八战略”丽水新篇章

——在中共丽水市委四届四次全体(扩大)会议上的报告

（2018年8月31日）

中共丽水市委书记　胡海峰

这次市委全会是在改革开放40周年、“八八战略”实施15周年之际召开的一次重要会议。会议的主要任务是：高举习近平新时代中国特色社会主义思想伟大旗帜，认真学习贯彻习近平总书记对浙江工作重要指示、作出的“丽水之赞”和省委十四届三次全会精神，以“丽水之干”担纲“丽水之赞”，推动“八八战略”再深化、改革开放再出发，高质量谱写“八八战略”丽水新篇章，审议通过《中共丽水市委关于推进清廉丽水建设的决定》。

今年4月26日，习近平总书记在深入推动长江经济带发展座谈会上发表重要讲话，指出：“浙江丽水市多年来坚持走绿色发展道路，坚定不移保护绿水青山这个‘金饭碗’，努力把绿水青山蕴含的生态产品价值转化为金山银山，生态环境质量、发展进程指数、农民收入增幅多年位居全省第一，实现了生态文明建设、脱贫攻坚、乡村振兴协同推进。”这102字的“丽水之赞”饱含着习近平总书记对丽水的特别牵挂、特殊关爱和殷切期望，是对丽水15年一以贯之深入实践“八八战略”，自觉践行“绿水青山就是金山银山，对丽水来说尤为如此”重要嘱托，坚定不移走生态优先、绿色发展道路所取得成就的高度肯定，是对历届市委和全市党员干部群众的莫大鼓舞和极大鞭策，为新时代丽水整装再出发、扬帆再起航，高质量谱写“八八战略”新篇章，加快实现“两大历史使命”，指明了前进方向，提供了重要遵循，注入了强大精神动力，是值得全市党员干部群众深深铭记的大事、喜事。

近段时间以来，市委紧密结合学习贯彻习近平总书记对浙江工作重要指示和省委十四届三次全会精神，把认真践行“干在实处永无止境、走在前列要谋新篇、勇立潮头方显担当”的新期望和深刻领悟“丽水之赞”作为当前最重要的政治任务，引导全市党员干部群众把“丽水之赞”转化为绿色发展的思想自觉和行动自觉，推动“八八战略”再深化、改革开放再出发。今天，市委召开四届四次全会，号召全市党员干部群众以“丽水之干”担纲“丽水之赞”，高质量谱写“八八战略”丽水新篇章。

下面，我受市委常委会的委托，向全会作报告。

一、在“八八战略”的正确指引下，15 年来丽水经济社会发展取得了历史性成就

15 年来，历届市委始终坚持以“八八战略”为总纲，深入学习贯彻习近平同志在浙江工作期间 8 次到丽水调研时的重要指示精神，自觉把“尤为如此”重要嘱托转化为使命担当、发展思路、工作实践，勇当绿色发展的探路者和模范生，给秀山丽水带来了全面深刻的、影响深远的、鼓舞人心的变化。2002—2017 年，我市已连续 14 年生态环境状况指数位居全省第一、连续 10 年生态环境质量公众满意度位居全省第一；地区生产总值从 185 亿元增加到 1298 亿元，年均增长 11.1%；人均生产总值从 8532 元增加到 59674 元，年均增长 11%；城镇居民人均可支配收入从 9900 元增加到 38996 元，农村居民人均可支配收入从 2920 元增加到 18072 元，年均分别增长 9.9%和 11.7%。

第一，我们致力推进绿色发展，走出了“绿水青山就是金山银山”的科学路径。这些年来，在“八八战略”的指引下，我们坚定不移举生态旗、走生态路、吃生态饭，以坚如磐石的定力推进绿色发展，把“生态立市”“绿色兴市”确立为市域发展战略，在全国率先制定实施生态文明建设纲要，确定了“绿色崛起、科学跨越”战略总要求，为丽水生态文明建设和绿色发展打下坚实基础。党的十八大以来，市委进一步明确“绿色发展、科学赶超、生态惠民”发展主线，作出打造“两山”样板、争当“双区”示范，建设“生态旅游名城”，创建浙江（丽水）绿色发展综合改革创新区等一系列重大决策部署，推动了生态环境明显改善、生态经济蓬勃发展、生态文明深入人心，实现了绿色发展从“跟跑”到“并跑”再到“领跑”的重大跃变。丽水已成为首批国家生态文明先行示范区、首批国家生态保护和建设示范区、全国水生态文明城市。

8 月 31 日，中共丽水市委四届四次全体（扩大）会议　（胡雪峰　提供）

第二，我们致力发展生态经济，促进了经济与环境的协调发展。习近平同志在丽水调研时强调，“丽水经济的发展一定要围绕生态做文章”“充分发挥生态资源优势，大力发展生态经济，促进经济与环境协调发展”。这些年来，在“八八战略”的指引下，我们坚持在发展中保护、在保护中发展，实行顶格的生态标准、严格的生态治理、科学的生态制度，把 95.8%的市域面积纳入生态管治区，以重整山河、壮士断腕的决心打好“五水共治”“五治齐抓”等生态治理组合拳，守住了绿水青山，筑牢了生态屏障。我们把进一步发挥生态优势作为重大战略支撑点，坚决淘汰落后产能，大力培育生态产业，实现了生态农业提质增效、生态工业扩量转型、生态旅游业蓬勃发展。特色小镇、电商经济、农家乐民宿、田园综合体等新业态不断涌现，打响了“丽水山耕”“丽水山居”特色品牌。我市三次产业结构从 2002 年的 20.3:40.3:39.4 调整为 2017 年的 7.7:42.9:49.4。据中科院核算，我市生态系统生产总值（GEP）从 2006 年的 2096 亿元增加到 2017 年的 4673 亿元。

第三，我们致力全域统筹发展，实现了城市与乡村的和谐交融。这些年来，在“八八战略”的指引下，我们坚定不移推进新型城镇化和城乡一体化发展，打造生态旅游名城，打响了“秀山丽水、诗画田园、养生福地、长寿之乡”区域品牌。中心城市实施产城融合发展战略，以愚公移山精神

推进南城大开发和城东、城北、联城等区块建设，新建南明湖，打造新江滨，形成“一江双城”和“北居—中闲—南工”发展格局，成为中国优秀旅游城市、国家森林城市、国家园林城市。坚持用景区化理念建设美丽城镇、美丽乡村，实施“小县大城、组团发展”战略，深化“千村示范、万村整治”工程，开展“六边三化三美”行动，大力推进乡村振兴，全域保护传统村落，建成了一道道亮丽的美丽城乡风景线。深入实施交通先行战略，实现县县通高速、村村通客运，成功迈入高铁时代，取得了修一条路、造一片景、兴一带经济、富一方百姓的明显效果。2002—2017年，全市城镇化率从36%提高到59.7%。

第四，我们致力深化改革开放，形成了区域发展活力竞相迸发的生动局面。习近平同志在丽水调研时强调，“丽水要实现跨越式发展，必须进一步解放思想，强化开放意识，加大开放力度，以开放促改革，以开放促发展。”这些年来，在“八八战略”的指引下，我们以一往无前的决心深化改革、扩大开放，使改革开放呈现全面发力、多点突破、纵深推进的良好态势。我们以“最多跑一次”改革撬动各领域改革，“最多跑一次”实现率在全省排名第一。倾力推进让百姓坐拥青山、更得金山的特色改革，积极探索生态产品价值实现机制，推进林权、农村金融、扶贫改革，形成了农村金融改革“丽水模式”、扶贫开发“丽水样本”，极大激发了绿色发展的内生动力。大力发展开放型经济，充分发挥华侨优势，打好“侨牌”“台球”，召开世界丽水人大会，主动参与“一带一路”和长江经济带建设，打造山海协作工程“升级版”。2002—2017年，全市利用外资、出口总额分别增长20.9倍和15.6倍。

第五，我们致力保障改善民生，交出了群众满意的优秀答卷。习近平同志在丽水调研时强调，“始终把群众利益放在第一位，牢固树立群众利益无小事的思想，为民多办实事好事，确保人民群众安居乐业。”这些年来，在“八八战略”的指引下，我们牢固树立以人民为中心的发展思想，把财政支出三分之二以上用于改善民生，坚决扛起富民惠民安民的政治责任。坚持不懈抓好增加群众收入这件民生大事，推进欠发达乡镇奔小康、低收入农户增收致富奔小康工程和精准脱贫攻坚战，城乡居民收入稳步增长，其中农民收入增幅连续9年位居全省首位，消除了4600元以下贫困现象，城乡收入比由2002年的3.39:1缩小到2017年的2.16:1。每年坚持办好十方面民生实事，统筹做好就业、社保、教育、卫生、养老等领域民生工作，“五保合一”大社保体系全面建成，9个县（市、区）全部创成国家义务教育基本均衡县、省教育强县。医药卫生体制改革和“双下沉、两提升”工作取得明显成效，居民健康指标持续改善。意识形态工作全面加强，社会主义核心价值观深入人心，成功创建全国文明城市，实现国家卫生城市创建市县“满堂红”。建成丽水大剧院、市体育中心、市博物馆等标志性公共设施，大力推进农村文化事业发展，乡村春晚成为全国公共文化服务体系示范项目。全面建设平安丽水，首创“平安报表”管理法，在全省率先建成社会矛盾大调解体系，连续13年获得省级平安市称号，夺得全省首批平安金鼎，成为全国综治优秀市，群众安全感满意率连续4年位居全省第一。

第六，我们致力全面从严治党，巩固了山清水秀的政治生态。这些年来，在“八八战略”的指引下，我们坚持把政治建设摆在首位，加强党的先进性、纯洁性和执政能力建设，坚定不移全面从严治党。加强市委自身建设，健全总揽全局、协调各方的体制机制，支持和保障人大、政协依法依章程行使职权、充分发挥职能作用，巩固和发展最广泛的爱国统一战线，深化群团改革，加强新形势下宗教工作，促进民族地区全面发展。高度重视党管武装工作，实现全国双拥模范城“两连冠”。扎实开展党的群众路线教育实践活动、“三严三实”专题教育、“两学一做”学习教育。完成基层党组织“整乡推进、整县提升”工作，在全省率先建成市县乡村四级“乡村振兴讲习所”，涌现了“住村联心”“技能型乡镇政府”“民情地图”“季宅模式”等基层党建典型。严格执行中央八项规定精神和省委有关要求，以踏石留印、抓铁有痕的劲头整治“四风”，实践“四种形态”，坚定不移“打虎”“拍蝇”“猎狐”，高标准推进监察体制改革试点。2017年，我市全面从严治党、党风廉政建设和反腐败工作群众满意度位居全省第一。

这些成绩的取得，得益于“八八战略”的正确指引，得益于党中央和省委的坚强领导，得益于历届市委团结带领全市人民的艰苦奋斗。在此，我代表市委，向所有关心、参与和支持丽水改革发展的同志们，表示崇高的敬意和衷心的感谢！

二、满怀豪情把“丽水之干”的旗帜高高扬起

人是要有一点精神的。精神是思想的丰碑，是奋进的明灯，是前进的航向。精神的感召和鼓舞总是胜过千言万语，既壮怀往昔，更激励前行。

丽水从来就是实干精神的沃土。

作为全省唯一的所有县(市、区)都是革命老根据地县的地级市,在革命战争年代,老一辈革命家在这里留下了光辉战斗足迹,缔造了伟大的"浙西南革命精神"。周恩来同志在小顺慷慨激昂的演讲,激励广大工人阶级以大无畏精神顶天立地干事业;粟裕、刘英同志带领中国工农红军挺进师,与丽水人民一道浴血奋战,团结一心干革命,播撒了开启光明的宝贵革命火种。如今,伟大精神已深深融入丽水大地,流淌在广大丽水儿女的血脉中,成为激励一代又一代丽水人坚定理想信念、战胜一切困难、夺取前进道路上一个又一个胜利的力量源泉。改革开放以来,丽水人民顺应时代潮流,自强不息,焕发出前所未有的干事创业的强大精神力量,不畏艰险、勇往直前,不惧困难、实干至上,干成了一件又一件的大事:在干中,我们探索走出了绿色发展新路,甩掉了长期扣在头上的欠发达帽子;在干中,我们开辟了城市发展新空间,建起了生态工业大平台,培育出纳爱斯这样的世界级企业,破除了"山区办不好工业"的思想束缚,激扬起"敢教日月换新天"的精神气概,实现了"变不可能为可能";在干中,我们逢山开路、遇水架桥,畅通了高速铁路、高速公路,建成了滩坑水库等一个个重大项目,挺起了"秀山丽水图自强"的精神脊梁;在干中,我们成功抗击"8•20"洪灾和里东、苏村山体滑坡等重大灾害,砥砺了"人民利益高于一切"的奋斗精神;在干中,数十万华侨和外出创业丽水人踏遍千山万水,走遍五湖四海,白手起家闯新路,彰显了"行胜于言、事在人为"的首创精神。这些成绩和进步,无不充分体现了伟大"浙西南革命精神"的继承、弘扬和践行。

精神的力量是无穷的。唯有将精神的强大动力转化为全面推动"丽水之干"的自觉行动,才能更好地落实"丽水之赞"、践行"丽水之赞"、担纲"丽水之赞"。

丽水之干,就是要冲破束缚,轻装上阵地干。一个地方发展得好不好,表面上看是发展阶段的差异,往深处究却是思想观念的问题。这些年,中央狠抓作风建设,纪律规矩的"篱笆"越扎越紧,监督问责的力度不断加大。有些干部因此感叹干事不易,不干事要被追责,干出了事要被问责,感到左右为难、无所适从,甚至产生沉重的心理包袱。规矩从来都有,没有规矩不成方圆。一些干部受到了处分,准确地讲,起因绝不是在于干事,而是因为不守规矩、恣意妄为。干事创业,总是需要突破一些条条框框,但决不能是工作纪律和政治规矩,而应该是因循守旧的思想观念、求稳怕乱的保守心理、积弊日深的顽症痼疾、不合时宜的体制机制。一方面,作为一名优秀的干部,要有规矩意识,更要有干事创业的激情和冲破束缚的胆魄,该干的事顶着压力也要干,该担的责付出代价也要担。另一方面,我们要大力营造积极宽松的干事环境,努力解除干部敢担责任、大胆干事的后顾之忧,对一心为公、踏实做事的干部,要为他们在思想上减负,为他们分担精神压力,让他们能够放下包袱、开动机器、轻装前进。在选人用人上,要褒奖重用敢担当、善担当、能担当的干部,让想干事的有机会,能干事的有舞台,干成事的有地位,不干事的没市场。在制度建设上,要抓紧完善容错免责机制,包容探索中的失误,排除创新中的非议,崇尚实干,宽容失败,让有为者敢为,为担当者担当。

丽水之干,就是要脚踏实地,求真务实地干。求真务实,是我们党实事求是思想路线的根本要求,是共产党人应有的政治品格。李大钊有言:"凡事都要脚踏实地去做,不驰于空想,不骛于虚声,而唯以求真的态度作踏实的工夫。以此态度求学,则真理可明;以此态度做事,则功业可就。"一段时间以来,有些地方"表态多、调门高、行动少、落实差",口号一个比一个响,调门一个比一个高,行动起来却是雷声大雨点小,高喊落实不见落地,既助长好大喜功、沽名钓誉的不良风气,也会导致形式主义盛行。我们提倡脚踏实地,求真务实,就是要治假以求真,遏虚以务实,从而真正把心思用在干事业上,把功夫下到察实情、出实招、办实事、求实效上。要讲真话、讲实话,是什么就是什么,知之为知之,不知为不知,一就是一,二就是二,对成绩不夸大、不溢美,对问题不回避、不遮掩,敢于把实际情况实事求是、客观真实地反映出来。要提倡和鼓励讲真话,善于从不同声音特别是批评声音中发现问题、认识事物、汲取智慧。要重实干、求实效,坚持一切从实际出发,反对坐而论道的"高谈阔论",反对脱离实际的"纸上谈兵",要把工作着力点真正放到研究解决改革发展稳定中的重大问题上,放到研究解决群众生产生活中的紧迫问题上,脚踏实地,真抓实干,以扎扎实实的工作推动发展、取信于民。

丽水之干,就是要立说立行,雷厉风行地干。邓小平同志常说,"看准了就抓紧干起来,对的就坚持,不对就抓紧改。"任何一项决策部署,都是在特定形势、时机和条件下作出的,干工作、抓落实必须雷厉风行。等待观望、拖延迟缓,一旦情况有变,就会错失良机、贻误战机。雷厉风行是一种奋发有为、奋勇向前的精神状态,对确定的方针、作出的决策、担负的任务，要执行坚决、贯彻有力。雷厉风行是一种克服困难、攻坚克难的过硬本领，面对难题，能够迅速找到办法、拿出行动、打开局面。雷厉风行是一种敢于担当、冲锋在前的胆识魄力，敢于迎难而上、知难而进，以一往无前、无往不胜的姿态战胜一切挑战。我们要让雷厉风行成为一种自觉，让雷厉风行成为一种风尚。要立足于“快”，有任务马上行动，有问题马上解决，只争朝夕，时不我待，今日事今日毕，明日事今日计。要致力于“巧”，始终遵循规律，讲究方式方法，追求事半功倍，防止盲目蛮干。要着眼于“实”，实打实地抓工作，硬碰硬地破难题，做到壮士不惧路难行，踏平坎坷成大道，以踏石留印、抓铁有痕的劲头抓好各项工作落实。

丽水之干，就是要追求卓越，精益求精地干。境界决定工作水准，标准影响工作成效。“取法乎上，仅得其中；取法乎中，仅得其下。”境界不到、标准不高，工作就会趋于平庸、流于一般。干任何工作，都要一丝不苟、精益求精，要么不干、干就干好。习近平总书记强调：“领导干部对待工作也要有‘工匠精神’，善于在精细中出彩。”“工匠精神”代表一种情怀、一种坚守、一种责任。以匠人之心对待工作，则保有一份沉静和专注，可以克服心浮气躁、急功近利、好高骛远等不良心态。专注和执着并不是墨守成规，追求卓越本身就要求守正出新。要有百尺竿头更进一步的执着，始终对品质保持一种极致追求，让严谨细致成为一种工作习惯，让革故鼎新成为一种工作风格，让精益求精成为一种工作境界，永远坚持“没有最好、只有更好”的卓越追求。

丽水之干，就是要久久为功，锲而不舍地干。在《摆脱贫困》一书中，习近平总书记写道：“我们需要的是立足于实际又胸怀长远目标的实干，而不需要不甘寂寞、好高骛远的空想；我们需要的是一步一个脚印的实干精神，而不需要新官上任只烧‘三把火’的投机心理；我们需要的是锲而不舍的韧劲，而不需要‘三天打鱼，两天晒网’的散漫。”艰难困苦，玉汝于成。一个地方的发展离不开一张蓝图绘到底、一任接着一任干的韧劲，更要有功成不必在我、建功必定有我的胸怀，甘于做铺路石，善于抓未成事，注重把阶段性工作与长远性目标结合起来，不为各种干扰所惑，不因一时劳苦而馁，一件一件抓落实，一项一项抓推进，一年一年抓成效，“咬定青山不放松”，不断积小胜为大胜。

三、聚焦聚力“丽水之干”，高质量谱写“八八战略”丽水新篇章

新时代赋予新使命，新使命激励新作为。全市上下要以“丽水之赞”为引领和动力，把创建浙江（丽水）绿色发展综合改革创新区、打造诗画浙江大花园最美核心区作为“丽水之干”的主战场，以“人一之我十之，人十之我百之”的奋斗姿态，高质量谱写“八八战略”丽水新篇章。

（一）实施生态产业提质工程，全力构建现代化生态经济体系。要以供给侧结构性改革为主线，牢牢把握高质量发展的要求，坚持质量第一、效益优先，推动经济发展质量变革、效率变革、动力变革，走出一条资源节约、环境友好、创新主导、协调共享的绿色发展新路。全力打好“生态+”王牌，既要厚植绿水青山生态优势，全域建设国家公园，又要大力推进生态产业化、产业生态化，实现生态环境“高颜值”和经济发展“高素质”。坚持不懈发展生态精品现代农业，实施农业“12188”工程，创建国家农高区和浙江（丽水）农业绿色发展先行示范区，建设百万亩海拔600米以上绿色有机农林产品基地，3年内农药化肥区域准入达到欧盟标准。坚定不移发展壮大生态工业“第一经济”，不再纠结“要不要”的争执，而要凝心聚力于解决“好不好”“够不够好”的问题。深入实施“丽水生态制造2025”和生态工业“31576”计划，大力发展基于生态优势的生物医药、节能环保、新材料、绿色能源等产业，创建省级生态工业试点市。大张旗鼓发展生态旅游业，加快古堰画乡、缙云仙都、云和梯田等景区创5A工作，以农文旅融合的理念发展高品质民宿产业、乡愁产业，创建国家全域旅游示范区。全力振兴实体经济，把提高供给体系质量作为振兴实体经济的主攻方向，深入实施质量提升大行动，不断提高产品质量、产能质量、产业质量。坚持量质并重，全力招大引强选优，培育植入式绿色发展新引擎，推动实体经济由规模扩张为主向提质增效扩量并重转变。坚持新旧并举，推进新旧动能接续转换，在改造提升历史经典产业的同时，前瞻布局、抓住“风口”，谋划培育“新技术、新产业、新业态、新模式”等“四新经济”。坚持调转并行，以大花园理念和特色小镇方式打造美丽园区，以“亩均论英雄”导向倒逼企业淘汰落后工艺和产能，实现产品升级、流程升级、价值链升级；深化精准服务企业专项行动，以“贴心”的过程服务、“滴灌”的政策供给，竭力为企业减轻负担、排忧解难，让企业轻装上阵、倾力发展。全力推进创新驱动，推动以科技创新为核心的全方位、全领域创新，加快建设“三园一镇”创新平台，支持企业开展技术攻关，推进产学研融通创新，加快科技成果产业化、本地化，实现创新链、产

业链、价值链“三链融合”。实施数字经济“一号工程”，制定数字经济发展行动计划，培育“数字+”经济增长新动能。对接军队高端科技创新资源和成果，构建军民融合协同创新体系，大力推动“民参军”，主动承接“军转民”，加快形成全要素、多领域、高层次的军民融合发展格局。要视人才为第一战略资源，要舍得投入，深入实施“千人计划”“绿谷精英550引才计划”，为人才营造最优发展环境，使各类人才人尽其才、才尽其用、用有所成。

（二）实施美丽城乡提标工程，全力打造城乡融合发展新格局。重塑城乡、工农关系，坚持协调发展，打造既具颜值、又具气质的美丽城乡“升级版”。高标准建设美丽城镇。中心城市要按照“生态旅游名城”定位，围绕提升城市首位度、竞争力和高品质，推动人口集中、产业集聚、功能集成、要素集约，营造山水花园意境，建设生态品质之城。突出“一县一特色”，深入实施“小县大城、产城融合、组团发展”战略，共同构建融合自然资源、人文底蕴和现代健康休闲养生业态为一体的瓯江旅游画卷。突出“一镇一风情”，按照“产业特色鲜明、人文气息浓厚、生态环境优美、兼具旅游和社区功能”要求，培育一批“产居游共融、人景城共享”的旅游风情小镇和历史经典文化小镇。高站位推进乡村振兴。乡村振兴决定着决胜全面建成小康社会的质量和成色，既要塑形，更要铸魂。要按照乡村振兴战略20字总要求，突出农民主体，发挥特色优势，注重品质发展，用好政策、金融、人才三把“金钥匙”，组织实施“四千四万”工程，扎实稳妥有序推进“大搬快聚富民安居”工程，推动农业全面升级、农村全面进步、农民全面发展。实施乡村振兴新青年发展计划，引导新时代工商资本和人才“上山下乡”，吸引各类要素加快向乡村流动、在乡村整合。开启乡村文化“复兴号”，保护传承优秀传统乡土文化，全域推进传统村落保护发展。健全自治、法治、德治“三治融合”的乡村治理新机制，培养造就一支懂农业爱农村爱农民的“三农”工作队伍，为全省乃至全国乡村振兴蹚出新路、作出示范、提供样板。

（三）实施交通发展提速工程，全力完善现代综合交通体系。交通是丽水发展的最大短板，要把交通建设作为打开“两山”通道的战略先手，打赢补齐交通短板的攻坚战。以超前眼光谋划大交通，精心编制丽水综合交通中长期规划，优化以铁路网为重点、“陆水空管”多位一体的综合交通网，谋划城际轨道、山地轨道、旅游轨道、低空飞行等交通新项目，构建多元立体、互联互通、无缝对接、安全便捷、绿色智能的现代综合交通体系。以攻坚姿态建设大项目，确保年内开工建设丽水机场、景文高速公路，加快推进衢宁铁路、金台铁路、瓯江航道整治、水东客运枢纽、天然气“县县通”等项目，力争杭丽高铁、温武铁路等项目取得突破性进展。到2022年，建成省域、市域和县域范围三个“1小时交通圈”。以全局理念完善大网络，建设美丽交通、智慧交通、绿色交通、平安交通，高标准打造风情风景、科创产业、生态惠民、黄金水域四大美丽经济交通走廊，建设瓯江绿道，保护古道古桥，畅通秀山丽水大花园的“毛细血管”。全面实施公路等级提升工程，高水平建设“四好农村路”，高标准打造通景交通网络，加快实现4A级以上景区和重点乡镇二级公路基本通达和基本互联互通。

（四）实施改革开放提效工程，全力营造更优发展环境。惟改革者进，惟改革者强，惟改革者胜。要拿出“敢为天下先”的勇气，锐意改革，开放图强。深化绿色发展领域重点改革，探索政府主导、企业和社会各界参与、市场化运作、可持续的生态产品价值实现路径，努力成为优质生态产品的实物供给者、标准制定者、价值评估者，今年力争获批生态产品价值实现机制国家试点。深入推进生态文明先行示范区、气候适应型城市、农村电子商务创新发展示范区，以及农村金融、扶贫等重大改革项目，复制推广一批改革成果，推动更多成果由“盆景”变成“风景”。深化“最多跑一次”改革，全面打通数据通道、打破信息壁垒，推进“标准地+承诺制+代办制”改革，持续优化“全域一证通办”，加快推进“一窗受理、集成服务”向基层延伸，创造更多便民服务特色举措，以政府权力“减法”换取发展活力“加法”和“乘法”。今年要实现信息孤岛100%联通、数据资源100%共享、网上办事100%覆盖。深化对内对外全面开放，积极参与“一带一路”建设，融入长江经济带发展，全面对接上海自贸区和浙江自贸区“一区多片”布局。深入实施华侨要素回流工程，举办世界华侨进口商品博览会，建设华侨经济文化试验区，促进“走出去”与“请进来”良性互动。加强与宁波、嘉兴、湖州等地合作，携手打造山海协作工程“升级版”。

（五）实施幸福指数提高工程，全力保障和改善民生。带领人民群众创造幸福美好生活，是我们党矢志不渝的奋斗目标。要努力把必须要做的、有条件做好的民生实事做实、做到位，让丽水发展更有温度、让人民幸福更有质感。做好富民文章，紧盯群众收入水平偏低这一民生领域最大短板，深入实施低收入农户收入倍增计划，坚决打赢精准脱贫攻坚战，积极开展农民工返乡创业试点、农民素质提升工程。今年要实现集体经济薄弱村全面消除，确保农民收入增幅继续保持全省第一。做好惠民文章，认真办好十方面民生实事。积极推进教育现代化，开展教育提质三年行动，全面建设“健康丽水”，不断完善社会保障体系，持续改善人居环境，打造安居乐业的善治之城。弘扬社会主义核心价值观，深化精神文明创建活动，完善公共文化服务设施，推出一批文艺精品力作，不断丰富群众精神文化生活。做好安民文章，实施《平安丽水2025行动纲要》，加快创建平安浙江示范区、打造全国最平安城市。扎实推进“雪亮工程”“四个平台”“全科网格”建设，深化扫黑除恶专项斗争，打好防范化解重大风险攻坚战，提高社会治理社会化、法治化、专业化、智能化水平，确保夺得省星级平安金鼎，向着夺取“长安杯”目标不懈迈进。

小城镇环境综合整治——遂昌县金竹镇　　（范誉宏　提供）

（六）**实施党的建设提升工程，全力开辟党建工作新境界**。勇于自我革命，从严管党治党，是我们党最鲜明的政治品格。要全面落实新时代党的建设总要求和新时代党的组织路线，推动全面从严治党向纵深发展，不断增强党自我净化、自我完善、自我革新、自我提高能力。要把加强党的政治建设根植于思想深处、落实到行动之中，自觉用习近平新时代中国特色社会主义思想武装头脑，精心准备和开展“不忘初心、牢记使命”主题教育，切实强化“四个意识”，落实“两个维护”，坚定“四个自信”。要全面实施“组织力提升工程”，树立一切工作到支部的导向，推进组织化引领、网格化联系、集成化服务，全域推进技能型乡镇政府建设，落实“党建引领乡村振兴的十条意见”，打造坚强严密的组织体系。要建设高素质专业化干部队伍，出台进一步激励干部新时代新担当新作为、深化完善干部容错纠错、大力发现培养选拔优秀年轻干部等政策，构建干部工作五大体系，增强干部八个本领，打造忠诚干净担当的干部队伍。要坚定不移正风肃纪、反腐倡廉，认真贯彻《中国共产党纪律处分条例》，深化监察体制改革，运用好“四种形态”和巡察利剑，深入开展不担当不作为专项整治。坚持无禁区、全覆盖、零容忍，推动反腐败斗争压倒性态势向压倒性胜利转化。这次全会将通过《中共丽水市委关于推进清廉丽水建设的决定》，全市各级党组织要坚决抓好贯彻落实，全面营造政治生态的绿水青山。

同志们，在“八八战略”实施15周年的重要时间节点，我们不仅要回望昨天，铭记“八八战略”指引丽水走过的光辉历程；更要放眼明天，坚定不移沿着“八八战略”指引的路子走下去。让我们高举习近平新时代中国特色社会主义思想伟大旗帜，以“丽水之干”担纲“丽水之赞”，推进“八八战略”再深化、改革开放再出发，谱写新时代丽水绿色发展的崭新篇章！

政府工作报告

——2019年3月21日在丽水市第四届人民代表大会第四次会议上

丽水市市长　吴晓东

各位代表：

现在，我代表丽水市人民政府，向大会报告政府工作，请予审议，并请市政协委员和其他列席人员提出意见。

一、2018年主要工作回顾

2018年是全面贯彻党的十九大精神开局之年、改革开放40周年、"八八战略"实施15周年，也是全市上下深受鼓舞、倍感振奋的一年。习近平总书记在深入推动长江经济带发展座谈会上专门点赞丽水，指出："浙江丽水市多年来坚持走绿色发展道路，坚定不移保护绿水青山这个金饭碗，努力把绿水青山蕴含的生态产品价值转化为金山银山，生态环境质量、发展进程指数、农民收入增幅多年位居全省第一，实现了生态文明建设、脱贫攻坚、乡村振兴协同推进。"这是值得深深铭记的大事、喜事，更是对推进新时代丽水高质量绿色发展的极大鞭策！

一年来，我们始终遵循习近平总书记"绿水青山就是金山银山，对丽水来说尤为如此"的重要嘱托，坚持以"丽水之干"担纲"丽水之赞"，深入贯彻落实中央、省委省政府和市委的决策部署，较好地完成了市四届人大三次会议确定的目标任务。全市地区生产总值增长8.2%，规上工业增加值增长12.2%，社会消费品零售总额增长11.4%，增幅均为全省第一。全面完成"4+1"投资结构性指标，服务业增加值增长8.1%，全域旅游产业增加值占GDP比重预计达9%以上，外贸出口增长10.2%，一般公共预算收入增长15.1%。十方面民生实事圆满完成，财政民生支出341亿元，增长14%。城镇、农村居民人均可支配收入分别为42557元和19922元，增长9.1%、10.2%，其中农村居民收入增幅连续10年全省第一。生态环境状况指数连续15年全省第一、生态环境公众满意度连续11年全省第一。通过全国水生态文明城市建设试点验收，城市地表水环境质量继续保持全省首位，国考断面Ⅰ—Ⅲ类水比例、跨行政区域河流交接断面出境水质达标率、县级以上集中式饮用水源地水质达标率实现"三个100%"。空气质量列全国169个排名城市第5位，市区空气质量指数(AQI)优良率95.6%，PM2.5平均浓度从33微克/立方米降至28微克/立方米。

(一)成为全国首个生态产品价值实现机制试点市

生态产品价值实现机制"丽水样板"入选"改革开放40年地方改革创新40案例"，相关经验被国务院大督查列为先进典型。成功举办首届生态产品价值实现机制国际研讨会，发布丽水绿色发展白皮书及生态系统生产总值(GEP)、生态资产核算研究报告。瓯江流域上下游横向生态补偿、生态环境损害赔偿、环保"守信激励、失信惩戒"等机制全面推行，完成市级自然资源资产负债表编制。遂昌创成国家生态文明建设示范县，云和成为全国首批环境健康风险管理试点县。

国家林草局将丽水确定为全国唯一的国家公园设立试验区，生态环境部命名丽水为“两山”实践创新基地，“诗画浙江”大花园最美核心区建设初显成效。对标瑞士等先进国家制定了传统村落、美丽乡村、绿道古道游步道骑行道建设等大花园建设标准，瓯江绿道作为大花园建设旗帜性项目先行启动，17个省大花园建设重大项目完成年度投资计划的134.1%。遂昌、龙泉、云和入选第一批全省大花园典型示范建设单位，省大花园建设研究院在我市挂牌成立。出台涵盖一二三产的产业导向清单，启动了实时在线监测、全域覆盖的“花园云”建设。

（二）增长质效进一步提升

成为省级生态工业试点市，战略性新兴产业、装备制造业、健康制造业增加值分别增长29.1%、15.3%、27.5%，增幅均居全省第一。数字经济核心产业增加值增长12.1%，绿谷信息产业园主营业务收入和税收均增长94%以上，新增上云企业2797家。新发布“浙江制造”标准21项，缙云成为“浙江制造”品牌培育试点县。莲都“农米良品”在纳斯达克上市，缙云臻泰能源获中国创新创业大赛一等奖，庆元鸿星文具成为省级隐形冠军企业，新入库“专精特新”培育企业236家，新增规上工业企业133家。整治“低散乱”企业、淘汰落后产能企业分别完成年度任务的208%、150%，推动企业入园338家。实现省级以上开发区（园区）“污水零直排区”全覆盖。丽水开发区在国家级经济技术开发区中排名跃升40个位次，全市规上工业企业亩均税收、亩均增加值分别增长16.3%、12.2%，增速均为全省第一。积极引进德国肖特、腾讯、世茂、银泰、华润、众安、灵康、飞科等大型成熟市场主体，新引进项目445个，其中落地大项目130个。深化山海协作，产业合作到位资金179.5亿元。特色小镇投资达179.09亿元，万洋低碳智造小镇、龙泉汽车空调小镇入选第三批省级培育小镇。

对标欧盟制定了“丽水山耕”标准体系、农药化肥准入标准，“丽水山耕”品牌影响力列“2018中国区域农业形象品牌影响力排行榜”第一名。成为全省现代化生态循环农业整建制试点市，实现省级农产品质量安全可追溯体系县（市、区）全覆盖。缙云烧饼、庆元香菇、松阳香榧获地理标志证明商标，青田杨梅获农产品地理标志登记。缙云、遂昌、松阳创成首批省级全域旅游示范县，缙云仙都创5A通过省级初验。新增4A级景区2家，创建评定A级以上景区村庄242个，其中3A级景区村庄25个。获评“全国民宿产业发展示范区”，农家乐民宿营业总收入41.5亿元，增长33%。

（三）内生动能进一步增强

政府部门间“最多跑一次”改革入选全省改革领跑者案例，51.4%的民生事项实现“全域一证通办”。中介服务“网上竞价”改革列入国家发改委清费减负典型案例、全省经济体制改革26条典型经验。实现企业投资项目代办覆盖率100%，开工前审批全流程最多跑一次、最多100天。企业常态化开办时间压缩至3个工作日。工程建设项目审批改革取得阶段性成效，由改革前平均200多个工作日压缩至86个工作日内。省级以上平台新批工业用地按“标准地”出让宗数、面积占比分别达59%、55.9%。城乡一体化信用平台上线运行，全国城市信用状况监测排名从2017年底的207位跃升至52位。

省级及以上重大改革试点达到24项，绿色发展综合改革创新区“一县两试点”均取得明显成效。“拯救老屋”松阳模式、“政银保”小额扶贫贷款景宁模式等在全省推广，云和生态公益林收益权质押贷款入选全省绿色金融创新十大优秀案例，龙泉入选全国集体林业综合改革试验区。

建设浙江（青田）华侨经济文化合作试验区、汤显祖—莎士比亚戏曲小镇，被列入我省新一轮对外开放10项重大举措。成功举办首届华侨进口商品博览会、世界青瓷大会、中日韩三国食用菌行业会长庆元峰会、松阳乡村振兴论坛、“古堰画乡——浙江特色小镇海外推广展”等文化交流活动。跨境网络零售出口增长31.1%，缙云、青田跨境电子商务产业园开园运营。

通过国家知识产权试点城市验收。引进各类高层次和急需紧缺人才2538人，新增5家市级院士工作站、6家省级博士后工作站。龙泉主导产业“双创”公共服务平台列入全国制造业“双创”平台试点示范项目。规上工业企业技术（研究）开发费增长33.9%，新增国家高新技术企业67家、省级高新技术企业研发中心12家、企业研究院11家。

（四）城乡面貌进一步改善

丽水机场开工建设。衢宁、金台铁路建设进展顺利，杭丽铁路纳入省铁路网规划。景文高速、滩坑引水工程顺利开工。金丽温输气管道丽水段全线贯通。500千伏丽西输变电工程启动建设。41个项目入选省市县长项目，已开工建设21个，完成投资34.2亿元。组织两批63个重大项目集中开工，总投资416亿元。

城中村改造完成326.41万平方米，其中市区160.9万平方米，置换出中心城市发展空间8200多亩，解决了水东老村、专建区块等一批“老大难”问题。完成52个老旧小区、城中村雨污分流改造，拆违1156.75万平方米、"三改"1062.88万平方米。全市新增城市道路58.15公里、城镇污水管网67.41公里、雨水管网92.91公里、供水管网57.74公里，分别完成年度任务的193.8%、120.3%、232.3%、192.5%，新增城市园林绿地100.89公顷，停车位8403个，实现新能源汽车分时租赁网络县（市、区）全覆盖。在全省城市文明程度指数测评中继续保持前列，获评省级小城镇环境综合整治优秀市。常住人口城镇化率达到61.5%，较上年提高1.8个百分点。

出台争当乡村振兴排头兵行动计划，实现县（市）域乡村建设规划全覆盖。推进大搬快治"解危清零"，完成地质灾害解危471处，减少受威胁人数15825人。新建和改造提升农村公路1384公里，新增20.8万农村人口喝上了达标饮用水。推动441个村与475家企业（商会）"村企结对"，招募"乡村振兴合伙人"105名，乡贤联谊会实现乡镇（街道）全覆盖。

编制实施美丽乡村建设"正负面清单"，打造美丽乡村风景线10条。松阳、遂昌乡村建筑入选2018威尼斯国际建筑双年展，松阳松阴溪古市段、景宁鹤溪城区段被评为省级"美丽河湖"，云和"童话视窗"获省级精品示范入城口第一名，缙云仙都风情绿道被评为全省十大最美绿道，完成美丽林相建设103.4万亩。20个村入选首批省级农村引领型社区，50个村创成省级"一村万树"示范村。厕所革命、垃圾革命稳步推进。

（五）民生事业进一步发展

低收入群众收入增幅持续高于居民收入增幅，完成集体经济薄弱村年度"消薄"任务，低保标准实现城乡同标。云和获全国脱贫攻坚组织创新奖，景宁成功举办全国少数民族自治县全面建成小康社会经验交流现场会。开展创业培训10497人次，新增市场主体40920家。新增城镇就业22542人，增长22.6%，城镇登记失业率1.9%。发放来料加工费22.07亿元，增长13.2%。全市最低工资标准统一调整为每月1660元。

高考普通类一段上线率首次超过全省平均水平，消除了小学、初中起始年级超标准班额现象，遂昌、庆元创成省教育基本现代化县。健康丽水建设稳步推进，实现县县都有巡回诊疗车，云和、松阳、景宁3个卫生重点县建设通过省级终期评估。基本医疗保险参保率巩固在98%以上，基本养老保险参保率达到92%。"乡村春晚"创成国家公共文化服务体系示范项目，大窑龙泉窑国家考古遗址公园对外开放，新增农村文化礼堂248个。成功举办首届全国全项目轮滑锦标赛、首届省智力运动会等大型赛事，省运会创历史最好成绩。开工建设棚改安置住房2366套、建成2518套，完成农村危旧房治理改造21022户。助餐、配送餐服务覆盖875个城乡社区，改造提升农村家宴放心厨房97家，建成示范型居家养老服务中心30个。社会救助、社会福利、公益慈善、妇女儿童、老龄、助残服务、红十字等社会事业进一步发展。

群众安全感满意率连续5年全省第一，生产安全事故起数、死亡人数分别下降33%、25.9%。创成省食品安全县（市、区）5个。全科网格从3443个增加至5289个。打掉黑恶犯罪团伙48个。金融机构不良贷款率下降0.62个百分点。退役军人安置、管理和保障，国防动员和后备力量建设、"双拥"优抚工作得到加强，外事、港澳台侨、民族宗教、地方志、气象、人防、关心下一代等工作取得新进展，较好完成东西部扶贫协作和对口支援工作。

（六）政风建设进一步加强

以"两强三提高"为导向，强化政府执行力。开展破解发展不平衡不充分问题十大会战，179项攻坚细化任务完成率92.7%。狠抓项目推进百日攻坚，省重点建设项目开工率、完工率均为100%。狠抓20项历史遗留问题攻坚，完成18项。兑付企业扶持资金20.37亿元，减轻企业负担71.8亿元，企业反映问题办结率95.6%。扎实推进依法行政，主动接受人大法律监督、工作监督和政协民主监督，办结人大代表建议284件、政协提案319件。坚持优化协同高效，政府机构改革稳步推进。

推动从严治政向纵深发展。按照市委部署，扎实推进省委巡视反馈问题整改，将涉及政府的30项问题细化分解为174条整改措施，已有138条落实到位。中央、省环保督察信访件整改完成率分别达99.2%、99.7%。修订《丽水市人民政府工作规则》，出台《丽水市政务新媒体管理办法（试行）》。坚决整治"四风""三公"经费支出"零增长"。

各位代表！过去一年的成绩来之不易。这是习近平新时代中国特色社会主义思想科学指引，省委、省政府和市委正确领导，全市上下团结一心、顽强拼搏的结果。在此，我代表市政府，向全市人民，向人大代表、政协委员，各民主党派、工商联、人民团体和社会各界人士，向驻丽部队官兵和省部属驻丽各单位，向关心和支持丽水发展的海内外朋友们，表示衷心感谢！

我们也清醒地认识到，经济社会发展中还存在不少问题。主要是：生态经济总量不大、结构不优、GEP向GDP转化效率还不够高，招商引资落地慢，传统产业转型任务繁重，旅游缺少"拳头产品"，人才和创新方面的短板明显。环保基础设施薄弱，污染处理能力不足，环保执法力度还不够。城市能级和城乡品质有待提升，城市管理还比较粗放，交通等基础设施滞后仍是制约发展的突出短板。农民持续增收和农村稳定“消薄”困难较多，基础教育与全省平均水平还有较大差距，地质灾害隐患尚未完全消除。部分干部的开放眼界、专业水平、担当能力、法治意识亟待增强，党风廉政建设和反腐败斗争任务艰巨。市政府将高度重视这些问题，切实加以解决。

二、2019年目标任务和重点工作

2019年是新中国成立70周年，是高水平全面建成小康社会的关键之年，是贯彻落实全市“两山”发展大会精神，全面迈上高质量绿色发展新征程的开局起步之年。今年工作的总体要求是：高举习近平新时代中国特色社会主义思想伟大旗帜，全面贯彻落实党的十九大和中央、省委、市委经济工作会议，全市“两山”发展大会精神，以“八八战略”再深化、改革开放再出发为主题，坚持稳中求进工作总基调，坚持新发展理念，以“丽水之干”担纲“丽水之赞”，加快高质量绿色发展，建设现代化生态经济体系，突出稳企业、增动能、保平安，统筹做好稳增长、促改革、调结构、惠民生、防风险工作，提高人民群众获得感、幸福感、安全感，保持经济持续健康发展和社会大局稳定，书写创新实践“两山”理念新篇章，为高水平全面建成小康社会收官打下决定性基础，以优异成绩迎接中华人民共和国成立70周年。

根据市委经济工作会议精神，建议今年全市经济社会发展主要预期目标为：地区生产总值增长7%以上，高质量前提下能快则快；规上工业增加值增长8%以上；研发经费支出占比达到1.7%；生态环境质量保持全省第一、全国领先；城乡居民收入、财政收入增长与经济增长基本同步，农民收入增幅继续保持全省前列，力争第一；投资总量较快增长，投资结构持续优化；城镇新增就业人数、单位生产总值能耗等指标完成省定任务，资源效率、环境效率、劳动生产率和科技贡献率稳步提高。着眼今后一个时期，要力求实现GDP和GEP规模总量协同较快增长、GDP和GEP相互转化效率持续较快增长。

实现上述目标，必须紧紧围绕以“丽水之干”担纲“丽水之赞”，加快高质量绿色发展，以“绿起来”带动“富起来”，进而实现“强起来”，用好跨山统筹、创新引领、问海借力三把“金钥匙”，全面落实供给侧结构性改革“巩固、增强、提升、畅通”八字方针，扎实推进生态经济化、经济生态化，加快建设现代化生态经济体系。重点抓好六方面工作：

（一）深化改革开放，争创绿色发展新优势

以建立生态产品价值实现机制为贯穿各项工作的红线，打造“两山”转化先导区。启动以村为基本单元的全域自然资源与生态产品评估，挖掘梳理发布新一批丽水生态产品目录，建立健全GDP和GEP双核算、双评估、双考核工作机制，编制生态信用“正负面清单”。创新发展生态产品利用型产业，重点推进森林康养经济、水经济、绿色产权交易破题出成果，争创国际绿色水电示范区，积极推动绿色能源领域的市场化开发。着力推动变生态优势为产业优势，积极引导国内外大型生态高科技公司落户丽水。联动推进绿色发展综合改革创新区等创建工作，挖掘打造一批生态产品价值实现机制新的典型案例。结合争创国家金融支持乡村振兴试验区、农村土地“三权分置”“三块地”改革、“三位一体”农合联改革，开展“农产盘活”试点，激活农民财产权。

以深化“最多跑一次”改革为牵引，建设营商环境最优市。更大力度推进部门间“最多跑一次”改革，建立部门间“最多跑一次”改革事项标准体系，实现部门间80%以上事项网上办理，争创机关效能最强市。打造服务、信息、扩面、效率“四个升级版”，确保市县乡三级100%建成标准化服务大厅，年内市级自建系统事项100%纳入“一窗受理”平台、涉及民生及企业事项100%开通网上办理、民生事项100%实现“一证通办”，其中70%以上的民生事项实现全域“一证通办”，努力实现更多涉侨服务事项“全球通办”。加快“浙里办”“浙政钉”应用推广。推进“减证便民”，加快“刷脸通办”。确保实现省级以上平台工业项目“标准地”供地率100%，省级以下平台新批工业用地按照“标准地”不低于30%供地。积极推动多评合一、结果互认，原则上不再实施项目评价，确保实现企业投资项目竣工验收前审批“最多90天”、力争80天以内，企业常态化开办时间压缩至1个工作日。旗帜鲜明支持民营经济，全面落实省民营经济31条。实行企业帮扶“白名单”制度，实施小微企业信贷增氧计划、金融服务滴灌工程和融资畅通工程，建立企业融资“三张清单”，试点推行金融特派员制度。创新“精准服务企业、振兴实体经济”有效机制，第一时间落实中央、省减税降费政策，研究降本减负措施。建立企业纾困基金，努力实现企业反映问题“最多跑一次”。对标世界银行营商环境十大评价标准、中国营商环境评价指标体系，持续深化工程建设项目审批改革，深化以社会信用体系为重点的市场化改革，力争跻身全国城市信用监测排名前10名，争创全国社会信用体系建设示范城市。加快“亩均论英雄”、要素配置市场化、投融资、国资等方面改革，探索项目资源捆绑开发模式，完善市与莲都区、开发区体制机制。持续推进事业单位分类改革。

以长三角一体化、“一带一路”、山海协作为依托，构建全方位开放合作新格局。制定实施接轨上海、融入长三角一体化行动方案，积极对接G60科创走廊、上海“百家名企”。办好第二届世界丽水人大会、第四届中国农村电商大会、世界园艺博览会丽水城市主题日活动，继续举办华侨进口商品博览会、国际茶商大会，筹办国际徒步健身赛、国际木制玩具节，积极谋划环丽水国际自行车赛。谋划建设国际合作产业园和华侨经济产业园，促成与日本在农业、园林建设和标准化生产等方面深度合作。打造进口商品“世界超市”和“华商之窗”，支持青田加快建设华侨经济文化试验区、“国际红酒中心”“咖啡小镇”。探索生态与产业互为“飞地”模式，推进丽水无水港与省海港集团深度合作，建设宁波杭州湾新区飞地产业园，进一步加强东西部扶贫协作和对口支援。依托长寿之乡绿色发展区域合作联盟，助推康养产业发展。

（二）建设现代化生态经济体系，打造绿色发展新高地

围绕加快培育植入式绿色发展新引擎，扎实推进招商引资“一号工程”。以生命健康、高端装备、数字经济、能源环保、精密制造等先导性、基础性项目为重点，突出招强引优、以商引商、产业链招商，重视总部招商、基金产业园招商，积极推行预选承包商制度，着力引进高水平成熟市场主体。建立以开发区（园区）为主战场的产业招商体制机制，推出“一揽子”招商政策，完善招商引资考核评价办法。开展县（市、区）政府和市直重点部门一把手项目谋划推进大比武，主推市县长项目和重大产业项目。招引落地大项目100个以上，全力推动世茂、华润等20个重点项目落地。

加快创新驱动发展，促进产学研深度融合。汇聚创新资源，推进与之江实验室、清华长三角研究院的深度战略合作，加强与浙江大学等省内外高等院校的合作交流；办好“人才•科技”峰会，优化升级科技、人才政策，探索“一院一园一基金一政策”创新机制，实施“绿谷精英550引才计划”，谋划建设人才社区，引进高校毕业生5000名。培育创新主体，力争规上工业企业中开展研发活动企业占比达到38%以上，高新技术产业投资增长12%以上，上云企业累计超过6000家，实施智能化技术改造企业70家，入库“专精特新”企业200家以上，新增国家高新技术企业49家、省科技型中小企业150家。提升创新平台，建设丽水生态产品（丽水山耕）、龙泉汽车空调、缙云锯床和特色机械装备等省级产业创新服务综合体，新创建云和木玩、庆元竹木等产业创新服务综合体4家，积极推进科学家在线云上创新服务平台等合作项目，谋划设立离岸孵化器，力争实现县（市、区）、开发区市级以上科技孵化器（众创空间）全覆盖。

建设省级生态工业试点市，打造“丽水生态制造”品牌。把握数字经济发展机遇，整合绿谷信息产业园、海创园、大学生创业园，组建数字经济发展公司，确保数字经济核心产业增加值增长12%以上。深入实施生态工业发展“31576”五年行动计划，对标省八大万亿产业，组织实施战略性新兴产业项目、机器换人技术改造项目各100项以上，支持缙云深化军民融合创新示范区试点，筹建中核军民融合产业发展（浙江）投资基金。推动制（修）订国家行业及省地方标准8项、“浙江制造”标准15项。推动丽水开发区成为生态工业的主力军、主平台，重点打造1个半导体全链条产业园、1个高端装备制造产业园、2个健康医药园，助力全市打造10个小微企业园。按国际最高标准抓好开发区合成革行业转型提升，实施“一县一品”传统产业转型提升计划。盘活开发区（园区）存量土地，积极引入生态工业大项目。加快丽缙园、丽景园开发建设，加快建设万洋低碳智造小镇。统筹实施“凤凰行动”“雄鹰行动”“雏鹰行动”，继续支持纳爱斯、艾莱依、方正、嘉利、天喜、元立、凯恩、起步、意尔康、梦天木业等龙头骨干企业加快发展，扶持维康、众益、国镜、普崎、中广、涛涛等重点优质企业做大做强。

加快创建丽水国家公园，推动生态经济化。打造高等级景区集群，加快缙云仙都、古堰画乡、云和梯田等景区创5A进度，支持云和湖景区创国家旅游度假区，培育和创建省级以上“旅游+”融合示范区（基地）5个以上。打造一批红色旅游精品线路、经典景区，创建王村口全国红色旅游示范小镇。推动瓯江文创产业带、瓯江山水诗之路落地，打造千亿文化产业，确保文化产业增加值增长12%以上。构建全链条乡愁富民产业，大力发展农产品“三品一标”，积极创建中国特色农产品优势区和国家现代农业产业园，推行“绿色惠农”一卡通，确保2020年农药化肥区域准入全面达到欧盟标准，建成一批达到出口欧盟标准的农产品标准化生产基地，新增“600”基地50万亩，大力引进和培育农业龙头企业，办好首届海峡两岸农业文创高峰论坛，“丽水山耕”销售额突破80亿元；制定实施“丽水山居”

放心民宿服务标准2019版，农家乐民宿营业总收入增长20%以上；放大“丽水电商”乘数效应，推进国家农村电商示范区、“互联网+三农”先行区“双区”联创，打造服务全国的网上菜篮子市场。举办设计大赛，促进工业设计等生产性服务业高质量发展。发展物流配送、新商业模式，完善供应链，提升“丽水人超市”品牌。完成特色小镇投资160亿元以上，落地6个以上高端精品酒店。

（三）抓好大花园建设，谱写绿色发展新篇章

统筹优化“一带三区”规划布局。启动“一带三区”规划、项目、政策研究，提高市域要素的配置效率，全域推动产城融合，发挥好“一带”的增长极作用，促进“三区”差异化发展，引领打造莲青缙百万人口、千亿GDP市域发展核心带，组团打造龙庆经典文创、遂松乡村振兴、云景特色风情三大区块。制定实施瓯江两岸综合保护与利用导则，加快瓯江中上游休闲养生新区规划和建设，沿瓯江绿道“串珠成链”打造黄金旅游带、惠民产业带。深入推进小县大城建设，支持云和打造新型城镇化样板县域。完成丽水开发区规划修编。

强化交通等基础设施支撑体系。实施交通先行战略，加快构建现代化综合交通体系，全面融入上海2小时、全省1小时交通圈。加快丽水机场、衢宁铁路、金台铁路、瓯江航道建设，开工建设衢丽铁路，专班推进杭丽高铁，争取开通“上海—丽水”周末高铁直达旅游专列，加快温武吉铁路谋划，加快景文高速建设，推动金松（遂）龙高速、青文高速谋划和庆景青公路前期，谋划浙南闽北（庆寿泰苍）四高联络线。提升国省道、“四好”农村路、通景公路，加快建设水东综合交通枢纽，推进中闲观光轨道项目。加快建设500千伏丽西输变电工程，推进丽水电网完善升级。完善大花园防洪、供水、生态用水体系，加快推进滩坑引水、大溪治理提升改造、兰溪桥水库扩建、潜明水库、黄南水库等工程，谋划建设浙西南大中型水库群。

打造生态宜居品质之城。加快推进江滨商务中心、华侨城、四都区块开发和华东药用植物园、欧陆风情园二期等项目，建设南明山休闲小镇、灵康杏福康旅小镇。推进花园路立面改造、丽阳街路面改造、瓯江两岸市政道路管网建设。培育本地树种，提升城市绿化。结合城市有机更新，继续推进市区城中村改造60万平方米，完成30万平方米拆后空间利用，有序推进撤村建居，积极打造“未来社区”。加强生活圈标准配置，健全便民市场、便利店网络，完善城市慢行系统，优化无障碍环境，打造高品位步行街，城市建成区公交站500米半径覆盖率达98%以上，有序推动机关、企事业单位停车泊位向社会错时开放，主城区新增停车位3500个。扎实推动文明城市创建常态化，完善城市精细化管理标准体系，建设“城市大脑”，打造“智慧城管”，抓好市容市貌“治脏”、马路市场“治乱”、市政设施“治差”、交通秩序“治堵”。深化“三改一拆”和“无违建县”创建，创建省级“无违建县”1个，力争实现“基本无违建县”县（市、区）全覆盖。

（四）实施乡村振兴战略，建设绿色发展新天地

打好农民增收和“消薄”攻坚战。争创新一轮全国扶贫改革试验区，确保全面小康“一个不少”。深化“强村计划”，建设发展壮大村集体经济项目148个，新增村股份经济合作社经营体制机制创新试点300个，积极探索入股农村金融法人机构助推“消薄”试点。以浙江省建设全国民族乡村振兴示范省为契机，加快民族乡村发展，支持景宁建设民族地区城乡融合发展试验区。推进“八个万元”促增收。促进农民转移就业，组织职业技能培训2万人以上。

实施“大搬快聚富民安居”工程。积极有序推进搬迁安置工作，搬迁农民3万人以上，鼓励各县（市、区）争创“大搬快聚”示范县。坚持政府引导、农户自愿，集聚集约、促农增收，各县（市、区）城区、工业园区、旅游景区、中心镇、特色小镇的存量建设用地优先用于安置小区建设，提升公共服务配套，加强就业培训和帮扶，实现搬迁农户“搬得出、稳得住、能致富”。

打造“千万工程”升级版。制订中国花园乡村建设行动计划，推进“六边三化三美”行动提标升级，启动实施乡村全域土地综合整治与生态修复工程21个，全面完成小城镇环境综合整治。以世界文化遗产标准加强古街古村古镇保护利用，加快传统村落保护地方立法进程，统筹实施“千村精品、万村景区”“拯救老屋”、农村人居环境整治、农村饮用水达标提标等三年行动，新增A级景区村庄200个以上、其中3A级景区村庄20个以上。支持莲都、遂昌、龙泉、松阳、云和开展农村住房建设试点。打造一批小微田园综合体，新建休闲农业观光区（点）27个，新增市级以上美丽河湖25条（段）、160公里以上，建设美丽林相70万亩。力争创成省级美丽乡村示范县1个、美丽乡村示范乡镇10个、美丽乡村特色精品村30个。

加强乡村治理。持续推进科技进乡村、资金进乡村、青年回农村、乡贤回农村，深化“乡村振兴合伙人”行动，积极培育新农民和新型农业经营主体。联动推进农村自治、法治、德治，深化“基层治理四平台”标准化建设和全科网格服务。全面推行村级便民服务全程代办制，完善农村法律顾问制度、乡贤调解制度，结合农村信用体系建设，创新深化“六星文明户”等道德评议活动，建成善治示范村230个。

（五）防风险、稳基础，强化绿色发展新保障

打好蓝天、碧水、净土、清废“四场战役”。严守生态红线、防范生态风险，加强自然保护地、水源地保护和湖边、河边、水库边、景区边等生态资源管控，全域禁止河道采砂，完成水土流失综合治理54平方公里，废弃矿山治理11座，根治“大棚房”，抓好松材线虫病常态化防治。建成“花园云”，推进生态环境监测监管全覆盖。基本完成中央和省级环保督察整改任务，对生态违法实行铁腕整治、长效监管，积极支持生态环境公益诉讼。严格城市噪声污染、餐饮油烟、施工扬尘常态化监管，推动全域“两禁”执行到位，完成涉气排放“散乱污”工业企业整治任务，加快淘汰国III级及以下运营柴油货车，加快开展空气质量健康指数（AQHI）试点，全面开展清新空气示范区建设，空气质量保持全国前十。深化“五水共治”、河（湖）长制工作，基本实现城镇和开发区（园区）截污纳管全覆盖，完成市区污水管网修复工程，加快“污水零直排区”建设提升，推进农村生活污水标准化运维提升改造，加快腊口污水处理厂、水阁污水处理厂二期等项目建设，加快城镇污水处理厂清洁排放技术改造，确保城市地表水环境质量继续保持全省第一，全域出境水断面水质达到水环境功能区要求。加强重点土壤污染地块和已封场垃圾填埋场生态修复，加快土壤环境风险监测点位开发区（园区）全覆盖，推行重点企业进场、退场土壤监测评估机制，实施农用地土壤超标风险对账销号。加强固废全过程封闭式管理，确保市工业固体废物综合处置场、松阳工业污泥处置、遂昌含重金属废物综合利用项目建成，基本实现市域内危险废物产生量与处置能力相匹配。

打好金融风险防控攻坚战，积极应对国际贸易摩擦影响。引导支持金融机构用好增量、盘活存量，促进融资总量平稳增长、融资结构不断优化。织密织牢“天罗地网”风险监测网，守住不发生区域性金融风险底线，确保不良率、关注类贷款率分别控制在1.3%、3%以下。加强政策性融资担保体系建设，发挥政府产业基金引导作用，加大制造业信贷投放，防范化解企业流动性风险。精准防范化解P2P网络借贷风险。积极推进丽水民营银行筹建，大力发展科技金融、绿色金融。积极防范地方政府债务风险，发挥政府债券稳投资、补短板重要作用。加强云和木制玩具和庆元铅笔、食用菌等国家外贸转型升级基地建设，加快融入“品质浙货、行销天下”大平台，积极争取丽水产品纳入中欧地理标志产品互认互保名录。鼓励外贸企业发展跨境电商，开拓“一带一路”新兴市场，促进外贸适度增长。

坚决守住防灾减灾、安全生产、公共安全、社会稳定的底线和红线，打造更高水平的平安丽水。完成应急管理改革，加强防灾减灾能力建设，全面实施安全生产综合治理三年行动，构建重点隐患清单式防控治理体系，对新发现地质灾害隐患点即查即治，实施老旧电气线路改造，加强火灾风险防控，坚决遏制重特大安全事故，确保事故起数、死亡人数持续下降。力争实现省食品安全县（市、区）全覆盖，建设国家级食品安全示范市，加大食品药品全域监管和查处力度，确保疫苗管理和使用安全。深化扫黑除恶专项斗争，依法打击盗抢拐骗、电信诈骗、黄赌毒等违法犯罪活动。完善信访制度、人民调解和立体化治安防控体系，建立“县（市、区）指挥中心—基层治理四平台—全科网格”全链条指挥和管控体系，建设智慧安防小区，实现社会管控“数字化+网格化”。

（六）优化公共服务供给，增进绿色发展新福祉

以教育提质年为载体，优先发展教育事业。坚持把高质量均衡作为丽水教育发展的基本要求，大力推进全国义务教育优质均衡发展县、省教育基本现代化县创建，实现省基础教育重点县摘帽；年内普惠性幼儿园覆盖率达到92%以上，义务教育标准化学校创建率提高到93%以上，与全省同步实现全面消除小学、初中大班额，高考各项指标均接近全省平均水平。抓好乡村学校、民工子弟学校提标补短，统一城乡义务教育学校生均公用经费基准定额，促进学校之间校舍和设施设备配置基本统一。致力教有所优，组建教育集团10个以上，推进一批初中、高中名校建设，支持丽水中学、缙云中学创新型人才培养计划，以教育数字化转型推进精准教学改革。推进产教深度融合，实施中职学校“三名工程”“百名大师、千名高徒”结对培养工程，推进丽水学院、丽水职业技术学院中外合作办学，确保丽水学院松阳校区开工建设，加快培养丽水现代化生态经济体系所需的各类人才。谋划打造全国中小学生态文明教育、红色教育、工匠教育基地，加强3岁以下婴幼儿托育工作，为中小学教室安装空调，城乡义务教育阶段家庭经济困难学生营养餐每人每天再增加一杯牛奶、一个鸡蛋，全面实施小学放学后托管服务，加强儿童青少年近视防控。推行教师积分制管理，落实中小学教师工资待遇，完善民办学校教师待遇保障机制。

加快健康丽水建设。启动"大花园•大健康"丽水健康生活方式三年行动计划，倡导文明、低碳生活。新建县域医共体12个，推进市人民医院与华润集团合作办医，深化公立医院综合改革，加快卫生信息化建设，支持中医药产业发展。完善"20分钟医疗服务圈"，实施偏远山区医疗服务全覆盖精准对接计划。广泛开展全民健身活动，办好首届丽水超级马拉松，开工建设生态体育公园。新建44个乡镇（街道）示范型居家养老服务中心，10家社区嵌入式养老服务机构，谋划建设20家康养联合体。

加快文化丽水建设。积极倡导社会主义核心价值观，弘扬践行"浙西南革命精神"，编制实施《浙西南革命精神传承和红色资源价值转化规划》，发扬红色传统，传承红色基因，为新时代"丽水之干"注魂、赋能、立根。弘扬生态文化，以6•5世界环境日、7•29丽水生态文明日为载体，开展生态文明系列宣传活动。持续打造"全国乡村春晚总部"文化名片，新建农村文化礼堂220个。实现县级融媒体中心建设全覆盖。着力打造向新中国成立70周年献礼大型舞台剧《亲水亭》。推进"丽水三宝"在"一带一路"沿线国家巡展，继续举办世界青瓷大会，举办中国仙都轩辕黄帝祭祀大典，筹办丽水巴比松、庆元廊桥国际研讨会，加快"庆元香菇文化系统"申报全球重要农业文化遗产进程。办好第三届国际摄影研讨会暨2019丽水摄影节。推广松阳百名艺术家入驻乡村模式。建成市图书馆新馆，推进处州文献集成编纂工程。

统筹抓好就业、社保、住房保障等民生大事和民生"关键小事"。创成高质量就业社区（村）200个，新增城镇就业1.5万人、城镇失业人员再就业6000人，城镇登记失业率控制在3%以内。确保基本养老保险参保率达到93%以上，基本医疗保险参保率巩固在98%以上，完善社会救助、医疗救助。积极推进房地产业发展提质、稳价、保供给，推行装配式建筑和住宅全装修交付，保障困难群众基本居住需求，做好征收安置工作，支持有条件的老旧小区加装电梯。完成城镇危旧房治理改造7.97万平方米，完成农村D级危房、涉及公共安全的C级危房排查治理改造。全面推进厕所革命、垃圾分类，统筹抓好各县（市、区）垃圾终端处置设施建设，完成38.3万农村群众饮用水达标提标，建设一批规范化的乡镇、社区残疾人庇护中心。加快实施市民卡工程。进一步做好老龄、妇幼和慈善、民宗等工作。扎实推进国防动员和后备力量建设，深入开展"双拥模范城"创建活动，健全退役军人服务管理体系。认真办好十方面民生实事，继续实施年度综合考核省、市民生实事项目"一票否优"，推行民生实事以项目实施地为单位分级向社会全面公开，推进民生项目应做尽做、做要做好。

各位代表，新的一年，面对新形势、新任务、新挑战，我们要树牢"四个意识"，坚定"四个自信"，坚决做到"两个维护"，努力建设人民满意的服务型政府。一是突出专业化、高素质、执行力，持续深化"大学习大调研大抓落实"，加强新知识、新理念、新技能的学习，切实解决政府系统干部队伍中研究不深、职责不清、落地不实问题。二是推动政府数字化转型，以整体政府理念推进政务流程再造，实现"说到做到""马上就办"，抓好综合交通提质提速等十大行动，打造建设丽水"花园云"等十大品牌，继续解决一批历史遗留问题。三是牢牢守住法律和规矩的边线、红线、底线，努力成为法治水平最高的城市之一，推进科学民主依法决策，以"一例一法"等形式，深化市政府常务会议学法用法常态化机制。四是严格落实全面从严治党主体责任，抓好做实"一岗双责"、以上率下，强化巡视、督察反馈问题整改落实，加强廉政风险防控体系建设，推进审计监督全覆盖，扎实开展"不忘初心、牢记使命"主题教育，坚决反对和整治一切形式主义、官僚主义。

我们要集中精力解决实际问题，统筹规范督查、检查、考核事项，减会减文，能现场办公解决的事情一律不开会，坚决防止同一事项议而不决、反复开会，坚决把文件压减三分之一以上。

我们要集中财力办大事、抓民生，严控"三公"经费预算，取消低效无效支出，压减一般性支出5%以上，建设节俭政府，狠刹浪费之风，以政府过"紧日子"促进群众过上"好日子"。

各位代表！实干成就事业，奋斗创造幸福。让我们更加紧密地团结在以习近平同志为核心的党中央周围，高举习近平新时代中国特色社会主义思想伟大旗帜，在省委、省政府和市委的坚强领导下，锐意进取、埋头苦干，为谱写新时代丽水高质量绿色发展崭新篇章做出新的更大贡献！

丽水市人民代表大会常务委员会工作报告

——2019年3月22日在丽水市第四届人民代表大会第四次会议上

丽水市人大常委会主任　虞红鸣

各位代表：

我受丽水市第四届人民代表大会常务委员会委托，向大会报告工作，请予审议。

过去一年工作回顾

2018年是全面贯彻党的十九大精神的开局之年，是全市上下以“丽水之干”担纲“丽水之赞”，高质量谱写“八八战略”丽水新篇章的奋进之年。一年来，在中共丽水市委的坚强领导下，常委会以习近平新时代中国特色社会主义思想为指导，深入学习贯彻党的十九大和省、市党代会精神，坚持党的领导、紧扣发展大局、强化法治意识、秉持为民情怀，自觉践行以“丽水之干”担纲“丽水之赞”，全面履行宪法和法律赋予的职责。召开常委会会议6次、主任会议15次，听取和审议市政府、市法院、市检察院工作报告19个，制定地方性法规1部，作出决议决定7项，作出审议、视察、评议意见21个，圆满完成了市四届人大三次会议确定的目标任务。

一、强化政治意识，贯彻市委决策更加坚决

常委会自觉在党的领导下履行人大职责、发挥人大作用，推进市委决策部署的落实。

依法作出决定。贯彻中央、省委关于健全人大讨论决定重大事项的文件精神，依法行使重大事项决定权。推进生态文明建设。着眼浙江（丽水）绿色发展综合改革创新区创建、浙江大花园最美核心区打造，作出《关于批准丽水国家级生态文明建设示范市规划的决议》，把市委重大战略决策通过法定程序转化为全市人民的共同意志。推进发展计划落实。认真审查政府工作和经济社会发展计划、财政预算等半年度执行情况报告，及时作出年度财政决算、政府债务及预算调整等决议。推进民生实事票决。扎实推进民生实事项目代表票决制工作，实现市县乡三级全覆盖，票决通过1028个项目，投资额170.9亿元。全市30个街道产生民生实事项目135个，投资额13亿元。

统筹推进立法。坚持质量优先、精准管用，地方立法彰显丽水特色。加强党的领导。贯彻落实全省立法工作会议精神，在调查研究的基础上，协助市委出台关于加强党领导立法工作的实施意见，进一步完善立法工作机制。推进年度立法。强化人大主导，深化立法协商，充分发挥专家咨询组作用，《丽水市南明湖保护管理条例》经省人大常委会批准于2019年3月起实施，完成物业管理条例二审和传统村落保护条例一审。保障法规实施。加强规范性文件备案审查，推动《丽水市城市市容和环境卫生管理条例》《丽水市饮用水水源保护条例》纳入普法考试范围和执法培训内容。开展《丽水市城市市容和环境卫生管理条例》实施情况专题调研，促进条例实施。

行使任免职权。坚持党管干部原则和人大依法行使任免权的有机统一。规范人事任免。修订常委会任免

国家机关工作人员办法，规范任免程序，全年任免国家机关工作人员40人次。修订《关于落实宪法宣誓制度的若干规定》，明确“一府一委两院”任命国家工作人员就职宣誓细则。开展履职评议。引入量化评价方法，对人大常委会任命的7个政府工作部门主要负责人开展履职评议，促进被任命人员依法履职尽责。推进机构改革。作出关于市政府机构改革涉及市的地方性法规规定的行政机关职责调整问题决定，依法任命市政府工作部门负责人，为全市深化机构改革提供法治保障。

二、强化问题导向，促进绿色发展更加有效

常委会坚持问题导向，创新监督方式、增强监督实效，在推进诗画浙江大花园最美核心区建设中体现人大担当、展现人大作为。

加强生态环境监督。始终将促进生态环境保护作为第一责任。审查环境报告。出台《全面落实环境状况和环境保护目标完成情况报告制度的实施意见》，建立市县乡三级政府向本级人大报告生态环境状况制度。跟踪污染防治。省市联动开展固体废物污染环境防治“一法一条例”执法检查，重点关注危废监管、垃圾分类处理等方面短板，发挥执法检查“法律巡视”作用。关注生态修复。听取和审议大搬快治解危清零工作报告，推动“基本消除已知地质灾害隐患点对人民群众生命财产直接威胁”工作目标实现。专题调研美丽林相建设，组织代表视察河道管理情况，督促政府强化管理、美化景观。

加强经济运行监督。始终将促进生态经济发展作为第一要务。促进经济转型升级。听取和审议战略性新兴产业发展、农村承包土地“三权分置”情况报告，组织开展在丽台湾农民创业园区建设情况视察，就民族村经济发展审议意见的落实情况开展跟踪监督，专题调研科技金融工作，着力推进经济健康发展。推动重大项目建设。听取和审议市本级政府重大投资项目2017年计划执行情况及2018年计划草案的报告，对重点项目进行专项审查。审议首届世界丽水人大会签约侨资项目落地情况专项报告，关注华侨在丽投资要素保障。深化政府财政监管。改进预算审查方式，市本级部门预算草案与财政预算草案一同提交人代会审查。加强对有关部门和开发区决算的重点审查，加强预算执行监督，完成预算联网监督系统建设。听取和审议审计工作报告和审计查出问题整改情况报告，协助市委出台《关于建立市人民政府向市人大常委会报告国有资产管理情况制度的意见》，推动财政管理优化。

加强民生领域监督。始终将促进民生福祉改善作为第一追求。助推城乡建设。组织代表视察市区城中村改造、特色小镇建设，审议丽水市历史文化名城和高井弄等3个历史文化街区保护规划，跟踪监督市区征收安置三年行动计划落实情况。回应百姓诉求。审议市政府民生实事项目实施情况的报告，市县联动开展“最多跑一次”改革调研视察，推动政府审批数据共享不断扩面、流程更加便捷。市县联动开展省学前教育条例执法检查，组织代表视察基层市场监管平台建设工作，开展人口健康信息化项目建设、全市人防工作情况专题调研。关注公平正义。听取和审议全市法院执行工作情况和公安机关理顺执法关系、健全执法机制情况报告，推动司（执）法质量和公信力提升。召开全市学习宣传和贯彻实施宪法座谈会，听取“七五”法治宣传教育工作中期检查情况报告，督促全民尊法学法守法。修订《信访工作规定》，受理群众来信来访142件次。

三、强化服务保障，代表作用发挥更加充分

常委会高度重视代表主体作用发挥，积极为代表履职创新载体、丰富内容，支持和保障代表依法履职。

平台建设有了新提升。在深化代表联络站建设上下功夫，不断推进代表联络站活动常态化。推动站点建设。开展代表联络站建设专题调研，出台代表联络站建设三年行动计划和考评办法，推动代表联络站场所建设规范化、标准化，全市173个代表联络站基本实现“全覆盖、制度化、常活动”要求。丰富活动内容。组织全市各级人大代表经常性进联络站开展联系人民群众主题活动，引导领导干部代表带头进站参加活动，将每年10月定为民生实事项目“听取群众意见建议活动月”，推动群众反映问题的解决。拓宽联系渠道。应用信息化手段，加快网上代表联络站建设，方便群众通过更加便捷的方式联系代表。

代表履职有了新气象。在服务保障上下功夫，丰富代表闭会期间履职活动。增强履职热情。开展代表履职经验交流，表彰优秀代表议案建议，加大对履职优秀代表的宣传力度，严格代表履职登记，激发代表履职热情。增强履职能力。实施代表系统培训，健全“一府一委两院”与代表的联络和情况通报制度，通过寄送刊物资料、参与调研视察、指导建议办理，为代表知情明政创造条件。增强履职成效。坚持将代表开展闭会期间活动与提出议案建议相结合，提高履职效果。邀请市人大代表参与法规调研、视察监督和执法检查。组织各级代表对民生实事项目实施情况进行跟踪监督。

建议办理有了新成效。在强化议

案建议办理上下功夫，增强办理实效。注重源头把关。通过组织会前视察、提供建议素材，加强培训指导，引导代表多提好建议、实建议。精准分办交办。完善代表建议分办流程，做好建议分办工作。加大与各承办单位的协商力度，有效提升建议分办的准确性。强化考核通报。推动建议办理工作纳入年度综合考核，通过领导领衔督办、办理情况通报、代表约见部门负责人等方式，增强建议督办效果。市四届人大三次会议立案代表建议328件，已全部办理完毕。

四、强化基层基础，自身履职尽责更加规范

常委会以“大学习大调研大抓落实”活动为契机，全面加强自身建设，着力提升依法履职能力和水平。

提高政治站位。旗帜鲜明讲政治，牢固树立“四个意识”，切实增强“四个自信”，自觉践行“两个维护”，保证党的路线方针政策在人大工作中得到贯彻和执行。强化思想武装。深入推进“两学一做”学习教育制度化常态化，全面学习党的十九大精神，深入学习领会习近平总书记关于坚持和完善人大制度的重要思想、对浙江工作重要指示和“两山”理念、“丽水之赞”精神，夯实思想政治基础。严守政治纪律。坚持党对人大工作的全面领导，严守政治纪律和政治规矩，严格执行请示报告制度，确保人大工作正确政治方向。落实主体责任。全面落实从严治党主体责任，切实抓好党风廉政建设和巡视检查反馈问题的整改，增强全面从严治党的思想自觉和行动自觉。

优化服务效能。围绕“两个机关”建设目标，不断提升人大工作科学化水平。规范履职制度。全面梳理规章制度，出台专家咨询组管理办法，增强了人大履职行权的规范性。完善工作规程。编制人大会务操作规程，规范会前、会中、会后的工作流程。加强人大机关内控制度建设，不断规范机关日常管理。改进工作作风。扎实开展“展现新作为，助力大赶超”“落实‘丽水之干’，机关争做表率”主题活动和“比担当比执行、反四风促赶超”作风建设专项活动，切实转变机关作风。

深化能力提升。强化实干导向，不断提高履职能力。注重调查研究。常委会班子成员带队开展“大调研”活动，推动市委各项决策部署在基层落地生根。举办“坚持党的领导，创新人大监督”专题研讨会，成果被中国人大制度理论研究会交流推广。加强沟通联系。完善与“一府一委两院”沟通协调和上下级人大联系机制，促进工作协调运转。改进宣传方式。运用电视、党报等阵地推出专栏专版60余期。规范网络宣传和新闻发布，提升人大杂志、门户网站和信息质量，升级人大微信公众号，宣传效果不断提升。水阁污水处理厂质询监督案获“浙江人大工作与时俱进奖”，工作经验在全国和省级媒体上连续报道。

各位代表，过去一年常委会所取得的成绩，是中共丽水市委坚强领导的结果，是全体代表共同努力的结果，是“一府一委两院”密切配合的结果，也是全市人民、全市各级人大以及社会各界大力支持的结果。在此，我谨代表市人大常委会，表示衷心的感谢！

回顾过去一年的工作，我们清醒地认识到，常委会工作与宪法和法律的要求，与各位代表和人民群众的期望还有一定差距。主要是：地方立法需进一步提高质量、强化精准管用；监督工作需进一步创新方式、提高实效；重大事项决定需进一步完善机制、规范程序；代表履职需进一步创新活动方式、提升工作活力；自身建设需进一步加强与群众联系、改进工作作风，等等。对此，我们将虚心听取意见、切实采取措施、认真加以改进。

市四届人大四次会议主席团会议　　（姚　嫣　提供）

今年工作主要任务

各位代表，2019年是新中国成立70周年、地方人大设立常委会40周年，是高水平全面建成小康社会的关键之年，是贯彻落实全市“两山”发展大会精神、全面迈上高质量绿色发展新征程的开局起步之年，做好今年人大工作具有重要意义。市人大常委会工作的指导思想是：高举习近平新时代中国特色社会主义思想伟大旗帜，深入学习贯彻习近平总书记关于坚持和完善人民代表大会制度的重要思想，认真贯彻落实省、市委重大决策部署和全市“两山”发展大会精神，始终坚持党的领导、人民当家做主、依法治国的有机统一，高举发展的行动旗帜，弘扬践行“浙西南革命精神”，自觉砥砺“丽水之干”、全面履行宪法法律赋予的职责，进一步解放思想、担当作为，充分发挥地方国家权力机关作用，为打造诗画浙江大花园最美核心区、奋力书写创新实践“两山”理念的丽水新篇章做出新的贡献。

根据上述指导思想，今年常委会工作的主要任务是：

一、加强理论武装，着力夯实思想政治基础

以习近平总书记关于坚持和完善人民代表大会制度的重要思想为指引，加强理论武装、深化思想认识，提升政治站位、强化使命担当，推动我市人大工作高质量发展。

加强理论学习。自觉把理论学习摆在突出位置，着力建设学习型人大。深入学习习近平总书记关于坚持和完善人大制度的重要思想，认真贯彻省委人大工作会议和全市“两山”发展大会精神，准确把握新时代人大工作的目标任务，进一步解放思想、拉高标杆，切实增强做好新时代人大工作的责任感使命感。积极配合做好市委人大工作会议的相关筹备工作。

恪守政治原则。树牢“四个意识”，坚定“四个自信”，坚决做到“两个维护”，始终坚持党的领导、人民当家做主、依法治国的有机统一，自觉把党的领导贯穿于人大履职全过程和工作各方面。坚持重大事项及时向市委请示报告，不折不扣地贯彻执行市委对人大工作的指示和要求，聚焦中心、服务大局，认真行使重大事项决定权和人事任免权，依法作出关于弘扬和践行新时代“浙西南革命精神”的决议，善于通过法定程序，把市委决策意图转化为全市人民的自觉行动，使人大工作始终同党委同心同向同步。

强化责任担当。充分认识肩负的重要使命，勇于在实践中探索创新，不断提振人大干部干事创业的精气神，大力弘扬求真务实的好作风，敢于担当、勤勉尽责，以对党和人民高度负责的态度，履行好宪法法律赋予的职责，努力在为民履职尽责中砥砺“丽水之干”、在助推高质量绿色发展中展现人大作为。

二、加强依法监督，着力助推高质量绿色发展

坚定生态优先、绿色发展的战略定力，聚焦创建浙江（丽水）绿色发展综合改革创新区、打造诗画浙江大花园最美核心区这一“丽水之干”主战场，紧盯“六大工程”实施，有效履行监督职责，推动市委重大决策部署的落实。

助力美丽城乡建设。紧扣大花园建设行动计划的实施，助推打造绿水青山新优势。紧盯生态环境保护。听取和审议市区垃圾分类推进情况报告，开展《浙江省松材线虫病防治条例》执法检查和城市防洪情况调研，推动生态环境质量持续提升。紧盯千万工程实施。围绕打造生态品质之城、特色小镇建设、传统村落保护等有效开展监督。听取和审议我市深化实施“千村示范、万村整治”工程、打造美丽乡村升级版情况的报告，开展高等级旅游景区建设情况调研，推动美丽城乡建设。紧盯交通网络优化。围绕畅通区域交通主动脉、构筑市域经济交通网、完善全域旅游交通网等开展监督。开展农村“四好”公路专题调研，助推重大交通项目建设，促进交通“卡脖子”问题解决。

助力生态经济发展。聚焦加快建设现代化生态经济体系，助力打好高质量绿色发展组合拳。推动民营经济发展。聚焦“精准服务企业、振兴实体经济”专项行动实施，重点关注省、市委关于促进民营经济高质量发展意见的落实，市县联动开展促进民营经济高质量发展专项审议，督促优化营商环境。推动生态产业提质。听取和审议市政府上半年经济社会发展情况、年度重大投资项目 2018 年计划执行和 2019 年计划草案报告，重点关注生态旅游发展、特色生态农业打造、水产业培育、“丽水生态制造2025”和创新驱动战略实施，助力生态经济新引擎培育。推动财经绩效提升。推进人大预算审查监督重点向支出预算和政策拓展，实行人大预算联网监督，审议预算执行等报告，对市交通运输局、文广旅体局、商务局、丽水开发区的决算进行重点审查。听取和审议审计工作报告、审计查出问题整改情况报告。审议政府国有资产管理情况专项报告，审查政府债务管理情况报告，切实加强对国有资产管理和政府债务监督。

助力民生福祉改善。坚持“民有所呼，我有所应”，着力推动民生改善。推进创业增收富民。紧盯低收入农户收入倍增计划和“八个万元”系列增收富民行动实施，开展产业富民增收、“丽水山耕”品牌建设、全面消除农村集体经济薄弱村工作、民族乡村振兴建设等情况的专题调研，助力巩固扶贫成果、做好富民文章。回应群众普遍关切。听取和审议市区征收

市四届人大四次会议第一次全体会议 （姚 嫣 提供）

安置三年行动计划完成情况报告并进行满意度测评，跟踪监督《浙江省学前教育条例》执法检查意见落实情况，围绕县域医共体建设、民办教育发展、新生代华侨资源涵养、宗教事务条例实施等开展专题调研，组织体育产业发展情况视察，促进百姓幸福指数提升。督促民生项目实施。深化市县乡三级民生实事项目票决制，推动代表全环节参与，强化项目全过程监督。建立"年初问选题、年中问进度、年度问效果"的监督工作链，确保政府民生实事项目落地见效。

三、加强地方立法，着力推进法治丽水建设

以推进依法治市为己任，加强重点领域立法，强化执法司法监督，促进法律有效实施，为全面深化改革和经济社会发展提供法治保障。

稳步推进地方立法。推进科学立法、民主立法、依法立法，不断提高地方立法质量，充分发挥立法的引领和推动作用。加强重点领域立法。坚持"不抵触、有特色、可操作、真管用"的原则，有效推进年度立法。继续审议传统村落保护条例，对大窑龙泉窑遗址保护条例、城市养犬管理规定进行审议。促进法规有效实施。加强对我市已出台法规执行情况的检查，督促政府做好法规配套规范性文件制定工作。就《丽水市市容与环境卫生管理条例》执行情况开展检查，保障地方法规有效实施。完善备案审查机制。加强备案审查制度和能力建设，及时修订《规范性文件备案审查暂行办法》，进一步明确备案审查范围、标准、程序，落实全面报备与重点审查工作机制，推进专家参与备案审查工作。

加强规范执法监督。紧扣依法行政、规范执法、依法监察开展监督。组织执法检查。就我市贯彻落实《浙江省残疾人保障条例》情况开展执法检查，配合省人大开展《浙江省保障"最多跑一次"改革规定》执行情况调研，跟踪检查促进科技成果转化"一法一条例"执行情况，督促政府依法行政。开展履职评议。着眼政府机构职能设置的调整优化，开展常委会任命干部的履职监督，听取履职情况报告并开展满意度测评，督促加快职能转变、提高效率效能。今年继续对政府部门负责人开展履职评议。促进依法监察。认真贯彻落实监察法，主任会议听取市监委专项工作情况报告。

维护社会和谐稳定。着眼打造全国最平安城市，综合运用听取专项报告、调研视察等方式，促进社会治理，增强人民群众安全感。推进公正司法。听取和审议市检察院关于民事行政检察工作情况的报告，对部分检察官进行履职评议，督促公正行使检察权。促进社会建设。聚焦劳动就业、社会保障、民政事务、群团组织、安全生产等工作，有重点地开展监督。听取和审议安全生产工作情况的报告，督促落实安全生产监管责任、加强安全生产管理教育。做好信访工作。依法受理群众来信来访，强化信访综合分析，督促有关问题解决，助力防范化解重大风险，维护群众合法权益。

四、加强代表工作，着力激发人大工作活力

尊重代表主体地位，提高代表素质，强化履职保障，更好发挥代表联系群众的桥梁纽带作用。

推进三年行动计划。实施人大代表联络站规范化建设三年行动计划，努力将代表联络站建成代表的"学习之家""履职之所""服务之地"。推动建设标准化。计划通过三年时间，完成全市173个实体人大代表联络站的规范化建设，着力实现代表联络站"场所便民、人员到岗、制度完备、活动有序、运转有常、富有成效、群众信赖"目标。今年，完成30%代表联络站规范化建设任务。推动活动规范化。坚持以"精品示范"带动代表联络站规范化建设，组织开展人大代表联络站建设先进评选，积极推动各级领导干部代表进站活动，不断丰富代表联络站活动的内容和形式。今年，部署组织全市各级人大代表开展深化"最多跑一次"改革主题监督活动。推动工作制度化。建立完善代表联络站相关活动、运行、工作等制度，形成有效的代表联络站工作联动、站点延伸、情况反馈、登记处理、履职考核等工作机制。

深化代表履职管理。始终把深化代表履职管理作为基础性工作摆在重要位置。加强履职培训。统筹谋划全市各级代表培训工作，丰富培训形式，不断提升代表培训工作的针对性、系统性、有效性。今年在全国人大培训中心举办代表履职能力提升班。加强履职保障。认真落实代表知情知政制度，切实保障代表合法权益。拓展代表参与常委会、专委会工作的深度和广度，邀请更多代表参与立法、监督等活动，提高代表履职实效。做好省人大代表丽水中心组的服务保障工作。加强履职管理。建立健全代表履职档案，完善代表述职、评价、激励、辞职、退出等机制，综合运用教育、引导、服务、管理、监督等手段，引导和激励代表履好职、尽好责，塑造人大代表良好形象。

提升建议办理质效。推广代表议案建议办理系统试点经验，抓住提、商、督等关键环节，不断提升代表建议办理质量。在“提得好”与“交办好”上把关。组织代表开展调研视察，加强培训指导，引导代表提出高质量的议案建议；完善建议交办流程，实现精准交办，切实把好建议分办关。在“面商好”与“解决好”上着力。紧盯建议办理时限和沟通面商的节点，督促承办单位落实好工作要求、开展好专题调研，提高建议的“面商率”、问题的“解决率”和代表的“满意率”。在“承办好”与“督办好”上尽责。加强办理过程监督，督促政府加大对代表建议办理工作的考核，推动办理责任落实。实行领导领办督办和专工委督办重点建议制度，完善评价反馈机制，开展对代表建议解决情况“回头看”。

五、加强自身建设，着力提升履职能力水平

紧扣全面从严治党要求，切实加强人大及其常委会自身建设，不断提高履职能力和水平。

以政治建设为统领。坚持把政治建设摆在首位，旗帜鲜明讲政治，努力做加强政治建设的表率。抓好党的建设。落实全面从严治党主体责任，加强常委会党组建设，充分发挥常委会党组议大事、作决策、把方向作用。深入贯彻清廉丽水建设要求，抓好党风廉政建设，严格执行中央八项规定及其实施细则，坚决克服形式主义、官僚主义的“十种表现”。开展主题教育。深入推进“两学一做”制度化常态化，开展“不忘初心、牢记使命”主题教育，认真组织开展“浙西南革命精神”弘扬践行活动，坚定理想信念，传承革命精神，提高政治素能，为做好人大工作提供精神支撑。加强队伍建设。加强专工委、办事机构和人大机关干部队伍建设，加强业务培训，激发干事创业热情，让实干至上在人大机关蔚然成风。

以作风建设为抓手。持续深化“大学习大调研大抓落实”活动，认真开展“服务企业、服务群众、服务基层”活动，持之以恒转作风、正作风。大兴联系群众之风。增强群众观念，践行群众路线，坚持常委会主任会议成员接待代表、常委会组成人员联系基层代表、代表联系群众等制度，健全立法听证等履职公开制度，努力使人大各项工作更加接地气、聚民意、求实效。大兴调查研究之风。坚持问题导向，创新调研方式、加强调研组织、增强调研实效，有效发挥调研成果在服务党委决策、提升审议质量、改进自身工作中的作用。大兴务实创新之风。顺应新形势新任务新要求，拓展工作领域，改进履职方式，发挥代表专业优势，不断提高人大工作的专业化水平。加强宣传工作，以地方人大设立常委会40周年为契机，举办相关纪念活动，推动国家根本政治制度入脑入心。

以基础建设为重点。推动中央、省委关于加强人大工作和建设相关文件精神的落实，切实加强我市人大基层基础建设。加强工作指导。通过主任读书会、业务培训、交流座谈、邀请列席常委会会议、答复请示等形式，加强对县乡人大工作和建设的指导，帮助解决困难和问题。健全工作机制。坚持民主集中制原则，完善常委会、主任会议、专委会议事规则，完善常委会立法、监督、决定等各项工作制度，规范选举任免工作程序，健全地方国家权力机关运行机制。形成工作合力。密切上下级人大工作联系，加强对全市人大工作的协调部署，通过上下级人大的学习互动、工作联动和制度促动，共同开创全市人大工作新局面。

各位代表，新时代赋予新使命，新使命呼唤新作为。让我们更加紧密地团结在以习近平同志为核心的党中央周围，在中共丽水市委的坚强领导下，不忘初心、牢记使命，凝心聚力、砥砺前行，为奋力书写“丽水之干”的“两山”时代答卷而努力奋斗！

中国人民政治协商会议第四届丽水市委员会常务委员会工作报告

——2019年3月20日在政协第四届丽水市委员会第三次会议上

政协丽水市委员会主席 陈瑞商

各位委员、同志们：

现在，我代表政协第四届丽水市委员会常务委员会，向大会报告工作，请各位委员审议，请会议列席人员提出意见。

一、2018年工作回顾

过去的一年，在习近平总书记“丽水之赞”鼓舞下，全市上下满怀豪情、撸起袖子投入“丽水之干”，交出了GDP增幅、农民收入增幅等9项经济指标全省第一的靓丽成绩单，人民群众的获得感、幸福感、安全感进一步增强。市政协坚持以习近平关于加强和改进人民政协工作的重要思想为根本遵循，在市委的正确领导下，自觉将政协工作放到全市改革发展大局中来谋划，充分发挥最广泛爱国统一战线组织和专门协商机构的作用，积极服务大局、助推大局、参与大局，在大局中建功立业，在大局中实现价值，为全市高质量绿色发展做出了应有贡献。

（一）理想信念坚定坚决，思想政治绝对忠诚

把加强党对政协工作的全面领导作为政治忠诚的首要原则来把握。坚决维护习近平总书记党中央的核心、全党的核心地位，坚决维护党中央权威和集中统一领导，在政治立场、政治方向、政治原则、政治道路上同以习近平同志为核心的党中央保持高度一致。坚持在市委的领导下开展工作，完善市政协党组向市委请示报告制度，对政协年度工作安排、调研课题以及重大事项，都先行向市委请示。坚决落实市委的重大部署，对市委的决策和安排，第一时间学习传达，贯彻落实。健全政协党的组织体系，设立市政协机关党组和各县（市、区）政协机关党组。去年上半年开展“传承红色基因，弘扬红色文化”调研，提出做好浙西南革命精神提炼，“红”“绿”结合推动全域旅游等建议，委员在调研中接受红色文化洗礼，进一步强化了忠诚信念。

把强化学习作为政治忠诚的重要任务来落实。在全体委员中认真组织学习贯彻习近平新时代中国特色社会主义思想和十九大精神，深入开展学习习近平关于加强和改进人民政协工作的重要思想，采取理论研讨会、主席读书会、专题报告会、界别活动组学习会等多种形式，进行集体学习70多场次，组织委员撰写学习心得和研究论文，我市共有7篇优秀论文在全省理论研讨会上获奖，特别是在全国政协系统学习习近平关于加强和改进人民政协工作的重要思想理论研讨会上，缙云县政协代表全国基层政协作发言，充分展示了我市政协的理论学习成果。

把守好纪律规矩作为政治忠诚的根本要求来安排。认真贯彻《市委关于推进清廉丽水建设的决定》，严格落实党风廉政建设主体责任。扎紧“不能腐”的制度笼子，制定《丽水市政协机关党员干部职工服务委员履职中“十个严禁”纪律规定》。抓好警示教育，在政协机关干部学习会上建立党纪教育一刻钟制度。根据市委统一部署开展集中整治形式主义、官僚主义行动，列出问题清单、整改清单、制度清单，抓好正风肃纪。支持市纪委监委派驻市政协纪检监察组依法依规履职，发挥他们在政协作风建设中的监督作用。

（二）丽水之干立言立行，服务大局积极有为

为守护绿水青山这个“金饭碗”尽责。紧跟打好蓝天保卫战、治水升级战、危废清零战，围绕中央、省环保督察情况通报，发挥政协民主监督钉钉子、抓落实的重要一锤作用，促进相关问题整改；根据省政协的部署开展“城乡生活垃圾分类处理”三级政协联动专项集体民主监督，组织委员进行明察暗访，在监督中加强宣传，推动了一批问题解决；以“访河长”为重点，组织委员就“河长制”责任落实情况进行现场检查，深化“五水共治”民主监督活动；九三学社市委会撰写的“丽水市森林资源质量与大花园核心区建设”调研报告引起省委领导的重视，大家一起行动，厚植高质量绿色发展的生态根基。

为打开“两山通道”出力。就“丽水与全省同步高水平全面建成小康社会”举行常委会议专题协商议政，用数据指标分析差距，提出“做大做强生态工业、加强交通等基础设施建设、提高城市化率”等补短建议；就“我市科技创新中的突出问题”举行常委会议专题协商议政，提出“加快丽水海创园建设”等12条建设性对策；就“十三五固定资产投资实施情况”“振兴我市食用菌特色产业”举行主席会议专题协商议政，就“促进农旅融合”举行全会界别协商会，民建市委会、农工党市委会开展“打造山海协作升级版”“丽水本土人才培养发展研究”调研，松阳县政协连续十年举办“田园松阳论坛”，有效建言绿色生态发展。

为重点工作担当。常委会议围绕“深化‘最多跑一次’改革”开展民主监督，市政府对政协所提的23个问题，以“攻坚破难工作交办单”形式进行督办，实行销号制整改；庆元县政协在行政审批中心设立民情速递窗口，助力重大改革持续深化。围绕“古堰画乡创5A”“高标准建设特色小镇”等开展视察调研活动，助力重大项目加快推进。市政协和县（市、区）政协领导根据安排，挂帅86项重点工程建设，协助重点工程攻坚，其中丽水机场正式开工，衢宁铁路建设有序推进，所联系的“城中村改造大会战”项目按时完成，用实际行动落实“丽水之干”。

（三）群众路线走深走实，履职为民富有成效

积极当好改善民生“好帮手”，协助党委政府把民生德政工程抓实抓到位。通过“嵌入式小型养老护理机构建设”调研，推动相关部门出台《全市社区嵌入式养老护理机构建设和运营的实施意见》。通过“财政预决算”“国民经济和社会发展计划”对口协商，对民生事业安排提出意见。通过“大搬快治”和“消除大班额、超标准班额”专项视察，加大对民革市委会、民进市委会提出的“让森林康养成为大花园的金名片”“破解农民建房难”等民生类重点提案的领办、督办力度，促进了一批民生难题解决。

积极打造社情民意“直通车”，及时向党委政府反映界别群众的心声。共收到社情民意信息1100多篇，经编辑报送197期，其中向省政协报送《丽水政协信息》157期，向市委市政府报送《社情反映》专刊40期，获得全省政协反映社情民意信息工作先进单位二等奖。58名政协委员、专家学者通过《委员视点》电视栏目，围绕“最多跑一次”改革、生态绿色发展、社会民生热点等话题，积极建言献策、传递群众心声，不断发出政协好声音。

积极搭建服务民需“大舞台”，发挥委员特长和优势为群众帮难解困。认真做好市政协和县（市、区）政协92个村的联系工作，帮助谋划致富门路，积极筹措资金，推动项目建设，为乡村振兴作出示范。开展“绿色发展·委员同行”界别月活动，组织全市1100多名委员助力扶贫攻坚战，深入低收入农户集中村与群众交心交朋友，为农村发展谋良策，给困难群众办实事。组织委员到景宁沙湾镇、遂昌王村口镇、庆元月山村等乡村开展“五下乡”活动，进行“关爱畲乡·助力成长”助学结对，为农村群众义诊，受到基层群众欢迎。

（四）肝胆相照同向同行，团结联谊深入推进

以纪念“五一口号”发布70周年为契机，协同开展“同心携手·七个一”系列活动，通过召开座谈会，举办知识竞赛、“多党合作在丽水”图片展等，引导各党派团体不忘合作初心，继续携手前进。举办以庆祝改革开放40周年丰功伟绩为主题的政协书画作品展，开展《亲历丽水改革开放40周年》《丽水教育印记》等文史资料的征集，在丽水日报刊登文史专栏22期，通过“三亲”史料（亲历、亲见、亲闻）回顾改革开放40年的光辉历程，坚定干部群众对“两山”发展理念的战略自信和行动自觉，奏响“丽水之干”最强音。

加强与丽水籍海外侨团和侨领的交往联系，举办市政协港澳华侨委员及港澳台侨列席代表座谈会，组织开展“看丽水家乡变化”视察活动，共叙乡音、共话发展。开展“丽水侨资利用情况”解剖麻雀式蹲点调研，选择21家典型企业，通过召开座谈会、个别谈话等形式，全方位深层次听取企业心声，形成《关于我市侨资利用典型案例剖析及启示》调研报告，为更好发挥侨资优势提出建议意见。努力协调关系，积极配合相关部门解决华人华侨工作生活中遇到的困难，促使部分长期以来想解决而未解决的矛盾难题得到破解。多形式做好港澳华侨委员及港澳台侨列席代表的培训工作，努力提升参政议政能力，加强思想政治引领，增进国家认同、民族认同、文化认同。

致力推动协商民主广泛多层制度化发展，以协商民主增进社会共识、增强社会团结，龙泉市政协建立“双月协商会”工作机制，丰富了协商民主的内容和形式。坚持以文化人，举行“巩固拓展全国文明城市创建成果”和“小城镇环境综合整治”全会界别协商会，进一步擦亮“最礼让、最整洁、最有序、最有爱心、最平安”的城市招牌。民盟市委会开展的“深入挖掘剑瓷文化精髓”调研，助推了我市传统文化产业转型升级。遂昌县政协开展的新时代文明传习调研，所提建议落地见效。景宁畲族自治县政协抢救性收集整理出版《山哈古调》，极大提升了畲族文化影响力。

（五）自身建设从严从紧，能力素质明显提升

按照提质增效的要求，认真把好建言质量关。举办了4期委员培训班，共有200多名委员参加培训；做好对骨干委员撰写提案、大会发言的一对一指导，组织他们相互研讨交流，努力提升履职能力和水平。邀请相关部门通报“我市国有营运公司市场化改革”“交通项目建设”“公安工作”等情况，为委员知情明政创造条件。组织专家对全市政协系统年度建言资政的质量进行评估分析，评选出优秀调研报告、大会发言、提案、社情民意信息，并在全会上表彰。完善机关运行机制，不断提升机关效能和干部的精气神。

市政协四届三次会议分组讨论会场　　（吴伟松　提供）

按照打造“丽水样板”的目标，继续推进“大会发言”和“提案办理”等工作创新。二次全会47篇大会发言，党政领导作出批示45条次，其中党政主要领导批示39条次，大会发言的质量进一步提升，落实率也大大提高，达到了一年比一年好的目标。树立提案关键在质量的理念，二次全会519件以提案形式提出的建议意见，最终并案为377件；选择25件提案开展“双向民主评议”，选择2件提案办理情况向社会公开；云和县将提案工作列入对部门的考核，有力提升了提案工作质量。

按照荣誉鼓励与责任鞭策双管齐下的思路，加强队伍管理。对委员履职情况进行量化考评，对优秀的给予表彰，落后的进行约谈，根据《关于健全市政协委员退出机制的若干规定（试行）》，责令辞去委员1名，暂停履行委员职责1名。莲都区政协调动政协参加单位履职积极性的做法，在全省政协系统引发关注。建立市政协委员工作室5个，青田县政协建立华侨委员会客厅，使政协联系群众更加紧密、工作更接地气。建立“三必访”制度（委员生病住院时必访、委员生产生活遇到困难时必访、委员家庭受灾或发生意外时必访），走访看望委员达70%以上，努力帮助解决实际困难，进一步增强大家对委员之家的归属感。

各位委员、同志们，过去一年市政协所取得的成绩，是中共丽水市委坚强领导的结果，是市人大常委会、市政府大力支持，各有关部门和县（市、区）党委、政府，老领导、老同志以及社会各界热情帮助的结果，也是市政协各参加单位、县（市、区）政协、广大委员和政协机关干部团结协作、共同奋斗的结果。

一年来，中共丽水市委高度重视

政协工作，按照党总揽全局、协调各方的原则，切实加强对政协的思想、政治和组织领导，在机构改革中强化和优化政协的职能机构队伍建设。市委市政府领导同志出席政协各类活动113人次，对政协履职成果作出批示141条次，听取并采纳委员们的建议和意见，极大调动了委员履职积极性。

一年来，市政协共召开各类协商会42次，向市委市政府报送重点调研视察报告、民主监督建议书24份，协商纪要、提案、大会发言、社情民意信息等各类意见建议600多件，各类新闻媒体报道政协履职活动380余篇，广大委员参与履职活动6300多人次，用智慧和行动落实"丽水之干"，在凝聚思想共识、献计改革发展、推动工作落实中留下了政协印迹、写下了委员故事。

在此，我代表市政协常委会，向所有关心支持政协工作的同志们、朋友们，表示衷心的感谢，并致以最崇高的敬意！

在肯定成绩的同时，常委会也清醒地认识到，我们工作还存在一些不足，主要有：建言资政和凝聚共识"双向发力"的制度、程序、机制还不够完善，团结联谊的范围和渠道还需进一步拓展；部分调查研究工作还不够深入，建议意见的前瞻性、针对性、有效性还需进一步增强；机关运行机制还不够科学高效，服务保障水平还需进一步提升，等等。也请大家对我们的工作多提宝贵意见，我们将切实加以改进。

二、2019年工作安排

做任何工作，都必须要准确把握"时"和"势"。党的十八大以来，习近平总书记就推进人民政协事业发展发表了一系列重要讲话，形成了关于加强和改进人民政协工作的重要思想，对新时代政协工作提出了新的更高要求。在习近平总书记"丽水之赞"引领下，市委四届四次全会和市委"两山"发展大会，深刻阐释了"两山"理念所蕴含的发展内涵，科学规划了高质量绿色发展的宏伟蓝图，为我市绿色崛起指明了方向、确定了路径、落实了载体，在丽水发展史上具有里程碑意义，赋予了全市政协组织新的历史使命。我们要因"时"而动，顺"势"而为，将浙西南革命精神内化为高度的精神自觉，找准做好政协工作的发力方向。

第一，在党的领导上发力。无论是党员委员还是党外委员，都要深刻认识到政协是一个政治共同体，都必须旗帜鲜明讲政治。要始终不渝坚持党的领导，把坚决做到"两个维护"作为首要政治任务，树牢"四个意识"、坚定"四个自信"、增进"四个认同"，自觉在中共丽水市委的全面领导下开展工作，自觉执行政协党组决定，带头创新实践"两山"发展理念，确保党的大政方针和市委重大决策部署在政协得到全面贯彻落实。

第二，在丽水之干上发力。人民政协是我国的基本政治制度，政协委员是社会各界的杰出代表，理所当然应成为"丽水之干"的重要力量、更高示范。要在政协舞台上唱主角，在本职工作中当标兵，善于运用好跨山统筹、创新引领、问海借力三把"金钥匙"，主动投身浙江（丽水）绿色发展综合改革创新区、诗画浙江大花园最美核心区建设，用浙西南革命精神激扬"丽水之干"的担当气概，干出政协组织新形象、政协委员新样子。

第三，在提质增效上发力。政协的建议意见要被吸收采纳，必须说得好、说得对、说得准，具有可操作性，所以质量是建言资政的生命。要正确把握数量与质量的辩证关系，从注重"做了什么""做了多少"向"做出了什么效果"转变，通过创新调查研究方法、协商议政形式、成果转化手段，努力提高资政的"含金量"，突出建言的"靶向性"，使委员的真知灼见更多、更好地转化为推动GDP和GEP"两个较快增长"、高质量转化的具体举措。

第四，在思想引领上发力。人心是最大的政治，共识是奋进的动力。要在做好建言资政的同时，更加重视发挥政协作为最广泛爱国统一战线组织的作用，切实加强思想政治引领、大力加强大团结大联合，通过政协制度的有效运行和民主程序，把党的主张转化为各党派团体、全体政协委员和各族各界人士的共同主张，夯实共同奋斗的思想政治基础，汇聚起以"绿起来"首先带动"富起来"进而加快实现"强起来"的磅礴力量。

2019年是新中国成立70周年、人民政协成立70周年，是高水平全面建成小康社会的关键之年，是贯彻落实市委"两山"发展大会精神，全面迈向高质量绿色发展新征程的开局之年。做好新一年的政协工作意义极为重大，全体委员要崇尚学习、加强学习，崇尚创新、勇于创新，崇尚团结、增进团结，在实践中牢牢把握"四个发力"，努力开创新时代全市政协工作新局面，奋力开辟新时代丽水"两山"发展新境界。

新一年市政协工作的总体要求是：以习近平新时代中国特色社会主义思想为指引，坚决贯彻市委四届四次全会精神，高举"两山"发展行动旗帜，按照关于加强和改进人民政协工作的要求，把发挥专门协商机构作用作为新时代的新方位新使命，把加强思想政治引领、广泛凝聚共识作为中心环节，把履行政治协商、民主监督、参政议政职能作为工作着力点，砥砺

“丽水之干”，增辉“丽水之赞”，为加快高质量绿色发展贡献政协智慧和力量。

具体任务，突出做好六个方面工作。

（一）**突出理论武装**。全面系统深入学习习近平新时代中国特色社会主义思想，做到入心入脑，学、思、用贯通，知、信、行合一。开展“不忘初心，牢记使命”主题教育，坚定政治信念，筑牢思想根基，不忘多党合作初心，牢记为民使命。深化习近平关于加强和改进人民政协工作的重要思想学习研究宣传工作，积极参与省政协研究基地组织的活动，组建理论研究和宣讲队伍，把政协知识和协商民主理论列入党校的教学计划。开展创新实践“两山”发展理念专题教育，通过举办报告会、邀请相关部门通报情况、组织委员进行调研视察等形式，深化对“两山”发展理念的理解，坚决破除“四种误区”，切实把思想和行动统一到市委“两山”发展大会精神上来。开展“弘扬践行浙西南革命精神，传承红色基因”学习活动，发挥政协文史优势，组织专家学者参与浙西南革命精神的学术研究，为红色文化的挖掘和红色旅游开发提供智力支持。组织委员开展重走红军路活动，对标对表革命先烈，不断校准理想信念，把浙西南革命精神融入血脉、根植灵魂。

（二）**突出党的建设**。深入贯彻落实中共中央关于加强政协党的建设工作要求，协助市委出台《关于加强新时代人民政协党的建设工作的实施意见》，召开全市政协党建工作会议，就加强党对政协工作的领导进行全面部署。切实加强政治建设，进一步完善市政协党组向市委的请示报告制度，研究制定市政协党组在政协工作中发挥领导核心作用的新举措。继续强化政协党的组织建设，健全专委会党小组等政协党组织体系；探索党员委员参加双重组织生活制度，按照组织关系一方隶属、参加双重组织生活的要求，将党员委员的临时组织关系转入专委会党小组等相关党组织，接受政协党组织的教育管理；建立市政协党组成员联系界别、党员委员联系党外委员制度，通过广交朋友、听取各方意见，宣传党的主张、贯彻党的部署。深入推进作风建设，坚决落实“清廉丽水建设”的各项规定，严格执行“三条例两准则”，建立党风廉政预警机制，支持市纪委监委派驻市政协纪检监察组依法依规开展执纪监督工作，做到“讲规矩、守纪律、重品行”，建立规矩、清爽的同志关系，确保风清气正。

（三）**突出助推发展**。坚决落实“两山”发展理念，实施政协服务高质量绿色发展“六大行动计划”。一是开展护绿行动，组织“打造最美生态，着力森林质量提升”主席会议专题议政，“固废处理情况”专项视察，继续开展“城乡生活垃圾分类处理”三级政协委员联动民主监督，引导委员通过大会发言、提案等形式，就“守护绿水青山，打造我市生态环境升级版”积极提出建议意见。二是参与振兴实体经济专项行动，举行“坚持创新引领，推进我市民营经济高质量发展”常委会专题协商议政会，开展“老字号品牌”的传承与发展专题调研。三是献计“生态+”行动，组织在丽全国和省政协委员开展“国家生态产品价值实现机制改革试点”的支撑政策研究，积极向上级提出建议意见；召开“建设国家公园，打造浙江大花园最美核心区”全会界别协商会，组织专家学者和有识之士广泛出谋划策。四是促进营商环境优化行动，组织“加强我市社会信用体系建设”常委会议专项民主监督。五是推动“跨山统筹”行动，举行“加快我市城市化进程”主席会议专题协商议政会，建言“一带三区”区域资源要素的集约配置和产业的集聚发展。六是助力重点工程攻坚行动，努力完成好丽水机场、衢宁铁路、华东药用植物园等重点工程项目的联系任务；动员全体委员切实发挥身处各条战线的优势，主动投身经济建设大战场，自觉服务项目攻坚主阵地，切实扛起政协委员应有责任，不负政协委员光荣使命。

（四）**突出凝心聚力**。组织庆祝新中国成立70周年、人民政协成立70周年系列活动，通过召开座谈会、参观图片展、开展委员履职心得的征集和宣传等多种形式，回顾人民政协伴随共和国一起成长的不平凡经历，展示我市政协委员“丽水之干”的精神风貌，用荣誉凝聚委员意志，用使命激发委员动力。重视推动“五大关系”和谐，坚持和发展新型政党制度，深化合作共事，主动听取和认真吸收各民主党派、工商联和无党派人士的建议意见，建立健全联动调研、联合监督等工作机制，为他们在政协履职创造更好条件。持续助推民族地区经济社会发展，举行“立足跨山统筹，推进民族乡村振兴”全会界别协商会，开展“争当全国民族乡村振兴排头兵行动计划落实情况”专项视察，用实际行动增进民族感情。密切与宗教界代表人士的沟通联系，积极引导宗教与社会主义相适应。着力加强与海内外侨胞的团结联谊，开展我市“促进两岸经济文化交流合作的三十三条实施意见”落实情况专题调研，组织港澳华侨委员和港澳台侨列席代表开展“看丽水变化”专题考察、大花园对接大湾区建设调研，推动“问海借力”。发挥青田公共外交协会的作用，讲好丽水故事，传播中国好声音。按照“亲”

市政协四届三次会议会场　　（吴伟松　提供）

“清”政商关系要求，拓展政协企业家之友社的功能作用，积极协助党委政府做好新经济组织、新社会组织和新的社会阶层人士工作，宣传党的经济政策，提振发展信心。

（五）**突出服务民生**。要让政协履职的过程成为政协为民造福的历程，用实际行动践行人民政协为人民的根本属性。协同做好富民文章，围绕坚决打赢精准脱贫攻坚战，听取相关部门消除集体经济薄弱村情况通报，组织开展专委会委员和界别活动组配合政协领导“1+1”联系扶贫村、“全市千名政协委员扶贫联千户”行动，在助力助推中真抓实干。协同做好惠民文章，关注健康丽水战略，举行“推进我市县域医疗服务共同体建设”常委会专题议政会、“加快全民健身事业发展”全会界别协商会，开展“创新养老服务政策，提升民生事业发展动能”和“食品安全”主题式民主监督，听取相关部门“我市长寿之乡品牌建设情况”通报。关注安居工程，组织“大搬快聚”情况视察。关注公共文化服务，建立送文化、科技、教育、卫生、法律“五下乡”活动的长效机制，以政协诗书画社为载体开展文化创作交流宣传，做好《丽水卫生印记》文史资料的征集出版、徐霞客游线标志地申报的前期调研工作。协同做好安民文章，发挥社情民意信息和《委员视点》的“直通车”作用，及时反映民生民盼，促进事关群众切身利益的难点热点问题解决；办好委员会客厅和委员工作室，密切与界别群众的联系，更好听取群众心声；发挥人民政协的独特作用，围绕群众利益的交汇点、舆情的积聚点、矛盾的易发点，多做宣传、理顺、化解工作，促进社会和谐稳定。

（六）**突出改革创新**。建立富有政协特色的应用型智库，为高质量建言资政提供智力支撑。开展全市政协系统的调研工作专项评估，举办政协工作创新案例指导和推荐活动，更好发挥典型示范作用。根据机构改革后的新情况修订《政协丽水市委员会全体会议工作规则》《政协丽水市委员会专门委员会通则》等政协工作制度。加强政协信息化系统升级改造，积极探索菜单式履职方式，改革界别协商会形式，增强委员与部门间的互动，通过交锋实现交融。完善《委员履职情况综合评价办法》，对考评优秀的，按党员委员和党外委员分别评选先锋委员和先进委员。坚持“三必访”制度，在政协办公室设立委员来信来访接待机构，更好打造委员之家。研究出台《对县级政协工作的指导意见》，形成全市政协系统整体合力。

各位委员、同志们！今天的丽水，已然站在了大建设、大发展、大跨越的重要历史关口，创新实践“两山”理念、推动丽水高质量绿色发展的进军号已经吹响。让我们更加紧密团结在以习近平同志为核心的中共中央周围，在中共丽水市委的全面领导下，弘扬践行浙西南革命精神，以“丽水之干”担纲“丽水之赞”，为谱写新时代丽水高质量绿色发展的崭新篇章做出新的更大贡献，以优异成绩庆祝新中国成立70周年、人民政协成立70周年！

专　　辑

丽水市“最多跑一次”改革

“最多跑一次”(是指群众和企业到政府办理一件事情,在申请材料齐全、符合法定受理条件时,从受理申请到形成办理结果全过程只需一次上门或零上门)改革,旨在以“最多跑一次”理念和标准深化政府自身改革,推进人民满意型政府建设,促进治理体系和治理能力现代化,并由此撬动经济体制、公共服务体制和权力运行机制等改革。丽水市委、市政府按照中央和省委、省政府决策部署,深入践行以人民为中心发展思想,探索创新“八八战略”体制机制优势,落实“丽水之干”担纲“丽水之赞”。经过两年多实践,实现网上办事100%全覆盖,在全省率先实现企业和群众到政府办事事项100%“最多跑一次”,51.4%民生事项实现“全域一证通办”;企业投资项目开工前审批全流程实现“最多跑一次、最多100天”,常态化企业开办时间压缩至3个工作日,显著提升人民群众获得感幸福感,群众满意率连续保持全省第二。

一、强化体制机制,形成工作合力

1. 建立领导体系。2017年6月,成立以市委原副书记、原市长朱晨为组长的“最多跑一次”改革领导小组,涉及43个市直部门,其中市审管办、市编办、市发改委、市信息中心、市信访局、市档案局等6部门作为牵头单位,市建设局(规划局)、市市场监管局、市人力社保局等9个部门为重点单位,市卫计委、市教育局、市民政局等28个部门为责任单位。市府办设立“最多跑一次”领导小组办公室,市府办副主任担任专职办公室主任,市跑改办下设综合协调组、业务指导组、考核督查组,抽调10名市(县)管后备干部充实到办公室,组织、协调、督查、推进改革各项工作。各县(市、区)共抽调52人相继成立各地“最多跑一次”改革领导小组,协同推进落实改革各项任务。2. 健全工作机制。2017年2月,印发《丽水市“最多跑一次”专项行动工作方案》,全面推进全市“最多跑一次”改革工作。将“最多跑一次”改革作为“一把手”工程,市委原书记史济锡、张兵每月专题调研或听取市跑改办工作汇报。原市长朱晨、市长吴晓东每月召开领导小组成员会议部署具体工作。常务副市长林亮每周听取市跑改办工作汇报并协调工作中具体问题。2年共召开“最多跑一次”改革工作点评会20次,牵头部门工作周例会41次,专题会议30余次,学习调研10余次。3. 加强宣传引导。将“最多跑一次”改革列入市、县(市、区)党校干部培训班主题课程。组织各新闻媒体负责人、全市各县(市、区)、各部门信息员开展“最多跑一次”改革信息宣传培训,全面推动改革宣传工作。在丽水网开设“最多跑一次”改革专题页面动态,在市区公交车车载电视、居民小区出入口道闸、各大户外广告大屏投放“最多跑一次”微视频进行全方位宣传。组织全市开展“最多跑一次”改革宣传月活动,通过在《今日丽水》开设典型经验宣传专题、在《处州晚报》开展“发生在我身边的改革故事”征文、与丽水电视台开展各地改革情况评议、与丽水移动公司开展“关注最多跑一次改革送流量”等活动多角度宣传改革。2年共在《人民日报》《浙江日报》等省级及以上媒体发表丽水“最多跑一次”改革报道660多篇。4. 强化督查考核。市委、市政府将“最多跑一次”改革列入对各县(市、区)和各部门综合考核,实行过程动态考核和年终考核相结合。市跑改办每季度公布县(市、区)和市直单位专项督查评分细则,在各地各部门全面自查基础上,通过现场督查、后台抽查、数据比对、电话回访等形式进行督查考评,形成赋分结果和督查通报。年终根据季度评分及创新亮点、督查通报、信息宣传按比例加权计算总分并排名,市人力社保局荣获2017、2018年度市直单位考核第一;遂昌县、龙泉市分别荣获县(市、区)2017和2018年度考核第一名。市人大常委会充分发挥人大监督职能,组织市、区人大代表视察"最多跑一次"改革工作,市政协开展"助推我市'最多跑一次'改革跑出加速度"专题民主监督,各民主党派分别开展深化"最多跑一次"改革专项民主监督,电视台制作电视问政《聚焦"最多跑一次"改革》4期,形成全面推动"最多跑一次"改革工作合力。

二、优化服务环境,提升获得感和幸福感

(一)推进行政服务向多层级、多维度拓展延伸,民生服务环境持续优化。1."一窗通办"成效明显。2017年11月,经过百日攻坚,位于市区商会大厦的新市(区)行政服务中心投入使用,市、区两级行政服务中心各部门及窗口、项目审批中心各部门及窗口、市公共资源交易中心、市行政审批服务公积金分中心、国税分中心、地税分中心等各分散场所分中心全部入驻,实现办事群众"进一门"办"百家事"。2018年,各类政务服务事项继续向行政服务中心进驻,全市企业和群众到政府部门办事事项实现"中心之外无审批"。2018年6月,市、县两级行政服务中心实现按业务领域"无差别受理"。市、区行政服务中心社会事务、商事登记事项实现"无差别受理",税务服务、不动产、公积金、投资项目、社保医保、公安服务等实行分业务领域"无差别受理",各县(市)同步推进分业务区块"无差别受理"。建立完善前台综合受理、后台分类审批、统一窗口出件、快递送达服务模式。2018年6月19日,市政府召开新闻发布会,宣布全市1953项群众和企业到政府办事事项100%实现"最多跑一次"。2.便民服务覆盖全域。建立以县级行政服务中心为"龙头",乡镇(街道)"四个平台"、村级便民服务中心为依托的市县乡村四级政务服务体系,完成乡镇(街道)"无差别全科受理"窗口标准化设置,实现乡镇(街道)便民服务中心、村(社区)代办点综合受理全覆盖。编制《"基层治理四平台"建设与管理规范》,制定基层治理标准11类,形成"基层治理四平台"地方标准体系。推进服务事项向乡村延伸,公布实施乡镇(街道)"最多跑一次"办事事项基本目录128项和村级(社区)代办事项基本目录90项。整合各类服务资源,将银行、邮政等网点纳入政务服务体系,全市可代办营业执照银行网点108个,代办公积金业务银行网点9个,代办社保业务农商行网点152个,代办车驾管业务邮政网点19个。完善市县乡村四级政务服务代办体系,全面实施全科网格员代办制度,遂昌"跑小二"、青田"村邮员代跑"、龙泉"帮代办"、松阳"1+N"代跑、景宁"70免跑"等举措,让农村群众不出村就把事情办好。3.跨域通办成形成势。针对丽水山区人口多、外出务工人员多实际,开发上线"全域一证通办"数据共享平台,推动办事证明类信息跨部门、跨层级、跨地域互认共享,群众凭一张身份证即可在全市任一行政服务中心或便民服务中心网点办理相关事项。至2018年底,全市实现"全域一证通办"民生事项167个,占民生事项总数51.4%,全市共享电子证照证明材料89类,平台累计调用各类电子证明材料40万余次。通过"全域一证通办"系统创新应用,庆元县在全省率先打造跨市(跨省)"飞地"审批新服务,让远在嘉兴、宁波、上海等地庆元人办事"就近跑一次"。4.信息共享持续加力。2018年5月,在全省率先整合市直部门信息中心,组建成立市数据管理中心,实现全市数据信息资源的集成、汇聚和统一管理。建设数据共享交换平台,完成省市级间数据接口902个、市级自建系统数据接口对接35个,为全市提供数据共享服务。完成市本级电子政务外网升级,打通市级单位专网11个,整合司法、交通、财政、监狱专网,提升网络支撑能力。按需归集"最多跑一次"相关数据,完成365张库表、6720万条数据归集工作,建立死亡人员信息专题数据库,归集公安、人社、卫计、民政等4个部门35万多条死亡人员数据,通过提供死亡人员数据核验,实现办理公交老年卡"一次都不跑"。提高网上办事覆盖面,1285个民生事项100%实现网上办理。建设网上电子证明服务系统,17类电子证明实时自助网上开具。推广移动端办事应用,市本级407个事项、各县(市、区)平均349个事项在"浙里办"APP办理。建设全市档案协同管理系统,实现OA系统电子公文和政务服务网"最多跑一次"电子档案在线归档,机关数字档案在线利用。深化"12345"统一政务咨询投诉举报平台建设,完善回访核实机制,对"最多跑一次"投诉举报件开展100%回访,回访满意率100%。

(二)推进项目审批向全流程、全覆盖拓展延伸,营商服务环境持续优化。1.一般企业投资项目"最多100天"和"标准地"改革加快推进。出台实施《丽水市一般企业投资项目"最多跑一次”改革实施方案(试行)》《关于贯彻落实“最多跑一次”改革决策部署推进企业投资项目“标准地”制度的指导意见(试行)》《丽水市工业企业投资项目承诺制改革实施办法(试行)》《丽水市建筑工程项目竣工测验合一工作实施细则(试行)》等文件，打出中介提速、承诺制、代办制、区域评价、标准地、流程优化、事项统一、平台应用、信用监管等9大改革组合拳，协同推进一般企业投资项目开工前审批“最多100天”改革。全面推广投资项目在线审批监管平台应用，网上申报率100%、网上审批率100%，批文回传率97%，全省排名第一。全面推行联合测绘、联合踏勘、联合图审、联合验收。坚持审批流程先设后立、先评后批、先并后串，优化审批阶段、精简合并审批事项、调整审批时序等，最大程度压缩项目全流程审批时间。截至2018年底，全市2018年8—10月连续3个月备案的一般企业投资项目开工前审批“最多100天”实现率均为100%，提前超额完成省定目标。全面完成“区域能评+区块能耗标准”“区域环评+环境标准”等区域评价，深化“事前定标准、事中做承诺、事后有验评”的“标准地”+承诺制改革，加速企业投资项目开工落地。截至2018年底，全市省级以上平台工业用地按照“标准地”制度累计出让85宗、146.372公顷，宗数、面积占比分别为59.03%、55.91%，超额完成省政府确定的省级以上平台“标准地”供地宗数和面积占比不低于30%的省定目标。2. 商事登记便利化水平稳步提升。全省率先推行“涉企证照”通办改革，在全市行政服务中心设置“涉企证照通办”综合受理窗口，无差别受理涉企证照事项。压缩常态化企业开办时间，从原来的7个工作日压缩到3个工作日。实施《丽水经济技术开发区“证照分离”改革推进办法》，各部门落实行政审批事项98项，出台实施办法及监管措施45个，初步形成“宽进严管”监管体系。推进“多证合一、一照一码”改革扩面，实现“28证合一”。3. 投资项目代办扎实开展。全面实施企业投资项目代办服务制度，以市本级为龙头，以服务丽水开发区企业为重点，加强市、县、部门联动代办服务，全市投资项目代办覆盖率100%。2018年，全市代办项目总数1563个，办结881个，涉及项目投资金额1068.75亿元。其中市级代办项目总数416个，办结211个，涉及项目投资金额418.78亿元。丽水开发区在全省率先推出工业投资项目全程社会化免费代办，为企业节约审批财务成本45%左右。4. 中介服务改革继续走在前列。深化行政审批中介服务市场化改革，搭建全市统一的“互联网+中介”服务平台，打破区域限制，推动形成有序竞争、全市统一的中介服务市场。截至2018年底累计完成竞价项目19243个，项目资金节约率20.11%，服务效率提高18%，业主满意率100%。中介服务“网竞平台”被国家发改委列入清费减负典型案例，并作为全省经济体制改革26条典型经验在全省推广。5. 工程建设项目审批制度改革试点持续深化。2018年8月，市府办印发《丽水市工程建设项目审批制度改革试点工作实施方案》，统一审批流程，精简审批环节，完善审批体系，全面推进工程建设项目审批全流程、全覆盖改革试点。重点加强体系建设，推进“五个一(一张蓝图、一个系统、一个窗口、一张表单、一套机制)”工程：编制完成市级空间规划体系；建成工程建设项目审批管理系统，工程建设项目实施统一管理；设立工程建设项目投资项目审批综合窗口，实现“一窗受理”；完成“一张表单”梳理，实行“一份办事指南，一张申请表单，一套申报材料，完成多项审批”的运作模式；完善工程建设项目审批配套制度。工程建设项目审批时限由改革前平均200多个工作日压缩至86个工作日内。

(三)推进事中事后监管向常态化、数字化拓展延伸，政务服务环境持续优化。1.“531X”信用监管体系更加完善。“5”是指聚焦企业、自然人、社会组织、事业单位和政府机构等五类主体，“3”是指构建公共信用评价、信用联合奖惩、信用综合监管等三大体系，“1” 是指完善全省统一的公共信用信息服务平台，“X”是指推动信用在若干领域的应用。完成公共信用信息平台(一期)建设，累计归集信用数据约1540万条，为相关成员单位提供稳定的信用查询服务。制定《丽水市工程建设项目信用体系建设和“黑名单”管理细则(暂行)》，开设建设项目信用专栏，发布建设领域关于信用的动态信息、行政处罚、行政许可、红名单、黑名单数据等信息内容。2018年底，丽水市综合信用指数全国排名第52位。2.“双随机”抽查监管有效开展。在行政管理中大力推行随机抽查监管，建立“双随机”抽查制度。截至2018年底，市直相关部门及县(市、区)对应部门均已建立“一单、两库、一细则”，实现执法事项随机抽查全覆盖，开展6645次“双随机、一公开(在监管过程中随机抽取检查对象，随机选派执法检查人员，抽查情况及查处结果及时向社会公开)”抽查监管。在“公开”方面，2018年全市行政执法单位公布10261条行政处罚结果信息。制定《关于推行工程建设“双随机”监管和跨部门联合“双随机”抽查监管的实施意见》，在工程建设领域全面推行“双随机、一公开”抽查监管。推进跨部门联合“双随机”抽查监管，完成市场监管、环境保护、安全生产、文化领域“部门联合、随机抽查、按标监管”的“一次到位”机制建设，建立跨部门联合随机抽查的“一单、两库、一细则”，检查事项共 14 个，随机抽查对象 221 个，联合抽查 80 余次。3.智慧监管不断加强。建设智慧环境保护工程，打造一朵丽水美丽生态“花园云”。通过数据归集共享实时掌握全市生态现状，建立对水、气、土“全面覆盖、全程监管、实时预警”的生态环境监测预警系统。建设智慧监管“蓝天卫士”秸秆焚烧监管子平台，实时自动识别秸秆焚烧烟雾产生区域，并向相应网格执法管理人员发送短信、微信通知，按照“预警报警—信息研判—任务派发—现场执法—预警解除（信息反馈）”流程，形成事件处置闭环。通过该平台及时处置城区秸秆焚烧事件 228 起。

三、以“最多跑一次”改革为引领，撬动其他领域改革

1. 部门间“最多跑一次”改革率先破题。2018 年 3 月，在全省率先探索部门间“最多跑一次”改革，破解部门间办事程序多、时间长、效率低以及个别部门存在的中梗阻、不作为、慢作为等问题，重点在组织人事档案管理、投资项目审批、财政预算执行管理、行政许可监管服务等领域推进改革，共梳理公布 31 个市直部门间办事事项 310 项。通过统一事项标准、精简办事材料、优化办事流程、压缩办理时限、推进数据共享、跟踪督查监管等举措，全面提升行政办事效能和部门执行力，组织人事管理领域办理时限压缩率 68.9%，提交材料缩减率 47.3%，已公布事项办理提速率平均 55.5%。制定实施《丽水市区城中村改造安置房项目承诺制审批工作指引》，促进城中村改造安置房项目审批提速。截至 2018 年底，16 个市区安置房项目开工建设 8 个，其中采取容缺受理承诺制审批项目 4 个，项目从取得选址意见书到发放建筑工程施工许可证，平均用时仅 92 天，最短仅 55 天，提速率 487%。部门间“最多跑一次”改革得到省委书记车俊、省长袁家军、常务副省长冯飞批示肯定，作为 2019 年度“最多跑一次”改革重点在全省推广。2. 政府数字化转型谋篇开局。按照省政府工作部署，与专业机构合作，开展走访调研，形成顶层设计和三年实施方案，梳理完成今后三年将要实施的信息化项目库。稳步推进 4 个省级政府数字化转型首批重大项目示范试点，网格员基层治理 APP 整合试点完成系统开发；网络学习空间“人人通”试点实现模块化应用，活跃度稳居全省第一。开展数字化转型探索创新，“花园云” 项目完成生态视窗、环境地图、智慧监管、生态大数据池、生态支撑云平台等五大类应用系统总体框架搭建。制定城市管理指挥中心物理大厅设计方案及城市管理指挥中心信息系统（一期）项目建设方案，完成市政府信息化管理平台建设并上线试运行。3. 改革向公共服务领域延伸扩面。不动产登记领域，实现存量房交易登记“60 分钟取证”和水、电、气、有线电视联动办理；深化不动产“最多跑一次”改革，通过不动产信息与银行及时共享，市民到银行全程“跑一次”就可办理贷款和抵押登记。人力社保领域，大力推进“互联网+”在人社各业务领域的应用，先行先试“云上职评”，推广“电子证书”在线应用，建成全市统一的网上继续教育学习平台；完成全省首批电子社保卡试点工作，全省率先开启人社窗口办事“刷脸”时代；推出“医保移动结算巡回诊疗车”服务，为在偏远乡村开展巡回诊疗服务提供医保实时结算；推广就医诊间付费模式，市民持社保卡就可实现挂号、就医、结算“一站式”服务。公安管理领域，立足丽水侨乡实际，打造“警侨驿站”平台，线上线下、国内国外联动，“全球通办”事项 19 个，华人华侨办理国内业务实现“就近跑一次”；在全国各地的丽水商会设立“警商驿站”，为在外经商的丽水籍商人提供“订制型”警务服务；推出机动车登记通道式集成服务，申请车牌足不下车，一次排队、一次办结；在出入境办事大厅引入具有公民因私中介服务资质机构，为群众提供出国签证咨询和代办服务，在全省率先实现出入境护照办理与签证服务一体化；自主研发公安电子证明系统，推出临时身份证明、有无违法犯罪记录证明等 14 个证明事项“全流程网上办理”和“全市通办”。医疗服务领域，建成区域医疗影像平台，实现市域范围内健康数据共享；打破部门壁垒，开发献血用血报销 APP，全省率先实现全省范围内还血经费核发“零次跑”；建立中医辨证论治综合创新平台，实现智能开方、审方、结算，中医开方配药没烦恼。　（黄应飞）

2018 年，“最多跑一次”政务大厅　（吴妮贞　提供）

浙江(丽水)绿色发展综合改革创新区创建

浙江(丽水)绿色发展综合改革创新区(以下简称"创新区")是省委、省政府贯彻落实省第十四次党代会精神,深入践行"八八战略"和"两山"重要思想,建设"美丽浙江",谋划实施"大花园"建设行动纲要的一项重要决策部署;是支持丽水培育生态经济新引擎,加快实现绿色崛起的一项重要改革创新,体现对丽水发展的高度重视和关心厚爱。2017年8月3日,省委深化改革领导小组原则审议通过《浙江(丽水)绿色发展综合改革创新区总体方案》。8月24日,省政府办公厅正式印发方案,全面拉开创新区建设序幕。市委、市政府把创建创新区,作为丽水肩负绿色崛起的特殊历史机遇,作为推动丽水市实现"绿色发展、科学赶超、生态惠民",全面完成"确保与全省同步高水平建成小康社会,勇当绿色发展探路者和模范生"两大历史使命的主战场。提出主动对标打造全国生态文明高地、勇当"美丽中国"排头兵要求,以全域统筹为路径,综合改革为办法,将丽水建成全国生态环境保护样板区、山区集聚发展引领区、绿色产业深度融合先导区、健康养生旅游示范区、市域统筹改革试验区,为绿色发展中国方案和"美丽浙江"奉献更多丽水元素、丽水实践、丽水印记。

一、全域统筹,吹响绿色发展综合改革号角

(一)全民动员部署。2017年8月18日,市委第四届第二次全体会议通过《关于打好五张牌、培育新引擎、建设大花园,全力创建浙江(丽水)绿色发展综合改革创新区的决定》。9月21日,市委、市政府召开创新区建设动员大会,明确以"开战即决战,起步即冲刺"冲劲,全域统筹、上下联动、左右协同,举全市之力抓好创建工作,决定成立领导小组。11月3日,创新区建设领导小组第一次会议召开,研究部署近期工作目标和举措,明确工作思路。11月29日,市人大第四届第二次会议通过《关于推进浙江(丽水)绿色发展综合改革创新区建设的决议》,凝聚全民共识创建创新区。

(二)高规格组织保障。为切实加强工作领导,部署动员会之后,两办印发《关于成立浙江(丽水)绿色发展综合改革创新区建设领导小组的通知》,由市委书记史济锡任组长、市长朱晨任第一副组长,市人大常委会主任虞红鸣、市政协主席陈瑞商、常务副市长林亮任副组长,市政府副市长,市法院和市检察院,各县(市、区)、开

丽水城市新貌　　　　(丽水市委办　提供)

发区管委会党委主要负责人，市委组织部、市委宣传部、市委统战部常务副部长和市直相关部门主要负责人任成员。领导小组下设办公室（设在市发改委，简称市创新办），由常务副市长林亮兼任办公室主任，邹向阳同志任办公室常务副主任，周海忠同志任办公室专职副主任。市编委为市重大项目前期工作办公室增加事业编制 10 名，编制职数用于从市直有关单位和各县（市、区）抽调选拔，以充实市创新办专职工作人员。

（三）强化责任传导落实。聚焦全市域统筹发展的主要领域、关键任务、重大项目、重点改革，在创新区总体方案基础上，市委、市政府组织实施“1+1+10+30（1 个市委决定、1 个人大决议、10 个行动方案、30 项近期重点工作）”创建行动计划。经市委常委会暨市委全面深化改革领导小组会议审议通过，市府办制定印发《浙江（丽水）绿色发展综合改革创新区十大行动方案》，涵盖最美生态、综合交通、全域旅游、绿色经济、美丽城市、美丽乡村、富民惠民、空间规划、重大改革、重大项目等十大行动方案。市创新办先后制定印发《“攻坚创新区、五千锻铁军”比实干创新业大赶考活动实施方案》、创新区“四张清单”（工作任务分解方案、重大项目任务清单、重大改革任务清单、近期 30 项工作任务清单）。通过系列部署落实，初步形成较为完备的责任推进体系。

（四）创新督导考核机制。两办印发《争先进位大赶超“攻坚创新区、五千锻铁军”活动考核办法（试行）》，建立分级分类考、平时跟踪考、年度综合考推进机制。1. 分级分类考。一类单位为县（市、区）党委和人民政府、市级“百项清单”牵头单位（含丽水开发区管委会）；二类单位为配合落实项目攻坚的责任单位；三类单位为主动申报、认领、参与创新区（大花园）建设任务的市直协同单位。2. 平时跟踪考。分别实施“挂图作战”“月通报”“季度主题大擂台”，采取现场会、点评会、电视问政等方式相结合，适时召开综合交通、生态工业、招商引资、特色小镇、乡村振兴、旅游“三化”、美丽城乡等主题推进会，强力推进主题工作落实。3. 年度综合考。各牵头单位根据重点任务年度完成情况，组织自查并上报有关材料，市创新办会同有关单位实施综合评价得出考核结果。

（五）健全奖惩激励机制。根据考核得分排名，评选出先进集体、先进个人若干名，由市委、市政府进行表彰奖励。表彰奖励名额向一类单位倾斜。考核得分折算后纳入市委、市政府综合考核体系。考核结果作为优化班子结构和干部使用、奖惩的重要依据。市评比达标表彰工作协调小组办公室印发《关于公布丽水市 2018 年度表彰奖励通报表扬申报项目的通知》，把创新区建设列入市本级仅有两项评优表彰之一，评比 2018 年度先进集体 25 个和先进个人 80 人。

二、精准发力，推动创新区建设实现良好开局

（一）重大机制联动。1. 完善市县合建机制。以“高规格领导小组+常设办公室”模式，构建涵盖各县（市、区）、市直各部门“横向到边、纵向到底”组织体系。市委、市政府主要领导高度重视，常态化研究推进，市委常委会、市政府常务会议各 3 次。省委车俊书记作相关重要批示 2 次，省长袁家军作相关重要批示 1 次，市政府主要领导、分管领导批示 20 余次，听取专题汇报 10 余次。2. 深化市校（院）合作机制。市政府与中科院生态环境研究中心、钢铁研究总院、中国农科院环发所签订战略合作协议，着力拓展在生态环境研究、生态工业发展、农业高新技术研发、信息化建设、可持续发展等领域的战略合作。和中科院、中科大等单位联合成立中国（丽水）“两山”学院。省大花园建设研究院在丽水市挂牌成立。3. 力推厅市合作机制。推进“厅市合作”，经努力争取，市发改、经信、旅游、交通、环保、林业、水利、建设、科技、人力社保、商务、市场监管、农业、民政、移民办、金融办等 19 个部门分别与省级主管部门签订厅市合作协议。深入开展“人人成园丁、处处成花园”活动，大力推进营造各美其美、美美与共的大花园建设良好氛围。围绕国家生态日举办生态专题活动，大力宣传中国绿色发展丽水好故事。2018 年 6 月 14 日，组织召开全省大花园部署会暨丽水大花园建设现场会。7 月 29 日，高规格举办生态产品价值实现机制国际研讨会。

（二）重大规划联动。1. 研究编制九大特色规划。根据省长袁家军指示要求，认真调研，广泛征求意见，充分发挥丽水特色优势，高质量完成编制《浙江省大花园核心区（丽水市）建设规划》。谋划编制丽水国家公园总体规划、丽水市全域旅游发展规划、瓯江山水诗之路、瓯江中上游休闲养生新区规划等特色规划。2. 创新开展标准管控。在全省率先提出大花园标准化管控建设，打造形成丽水山耕、传统文化村落、美丽乡村、丽水山居、农村电商等第一批管控标准。3. 认真实施丽水大花园行动计划。对照省下达任务，细化分解丽水大花园行动计划五大工程、重大载体、指标体系等三张任务清单。

（三）重大项目联动。树立项目为王理念，紧紧抓住项目牛鼻子，共谋划 164 个投资额超 7300 亿元重大项目。编制实施 2018 年“百项清单”，共安排重点项目 113 个，总投资 3679.7 亿元。以“九大工程”（国家公园、瓯江绿道、大搬快聚、浙西南交通枢纽建设、城市有机更新、生态产业园建设、高品位酒店群、AAAAA 景区创建、康养小镇等)为核心打造项目支撑体系。

(四)重大改革联动。以“最多跑一次”改革为牵引,谋划丽水特色综合改革体系,共涉及 17 大项 92 小项改革任务和“一县两试点”改革任务。列入 2018 年“百项清单”的 24 项重大改革、18 项“一县两试点”改革稳步推进。“拯救老屋”松阳模式、“政银保”小额扶贫贷款景宁模式等在全省推广,云和生态公益林收益权质押贷款入选全省绿色金融创新十大优秀案例,龙泉入选全国集体林业综合改革试验区。

三、2018 年主要工作成效

(一)环境质量持续改善。2018 年,全面打响蓝天保卫战、碧水保卫战、净土保卫战。市区 AQI 指数优良率 95.6%,全省排名第一;PM2.5 平均浓度为 28 微克每立方米,全省排名第二; 全市森林覆盖率提高到 81.7%,全国排名第二,全省排名第一;生态红线范围占全市国土面积的比率全省排名第二。

(二)重大项目全力提速。63 个省集中开工项目 100%开工建设,50 个省重点建设项目提前 100%完成年度投资任务,22 个市本级重点建设项目 100%开工建设,省市县长项目工程 100%完成省定目标。78 个创新区(大花园)实施类项目累计完成投资492.4 亿元,完成年度计划投资的 115.9%;17 个省大花园建设重大项目(不含全省打捆项目)完成投资 49.1 亿元,完成年度计划投资的 134.1%;35 个前期类项目加速推进,按照梯次推进和滚动发展要求,为项目及早落地创造有利条件。丽水机场开工建设,缙云抽水蓄能项目全面开工,瓯江绿道建成 870 千米。

(三)美丽载体全面打造。全力推进“美丽城市+美丽乡村+美丽田园+美丽河湖+美丽园区”大花园空间载体建设。以凤阳山——百山祖国家级自然保护区为核心区启动丽水国家公园创建。完成城中村改造拆除 160.9 万平方米,置换出中心城市发展空间 546.67 多公顷;新增 AAAA 级景区 2 家;创建评定 A 级以上景区村庄 242 个,其中 AAA 级景区村庄 25 个;完成旅游投资 206.24 亿元,同比增长 27.76%。深入开展“人人成园丁,处处成花园”行动,遂昌、龙泉、云和入选全省大花园典型示范建设单位名单。

(四)生态产业不断壮大。全年新增工业供地 284.6 公顷,新增标准厂房 25.6 万平方米。全市规上工业增加值同比增长 12.6%,创近五年来新高。建成海拔 600 米“丽水山耕”绿色有机农林产品基地 1.434 万公顷,新增“丽水山耕”品牌认证产品 39 个,实现销售额 67.3 亿元,溢价率超30%。

(五)重大改革释放活力。“最多跑一次”改革、农村(绿色)金融综合改革试点、投融资体制改革等 10 项持续推进类改革完成 8 项;营商环境优化机制、推进绿色标准化建设等 10 项重点突破类改革完成 8 项。生态产品价值实现机制探索走在全国前列,获习总书记点赞,并入选“改革开放 40 年地方改革创新 40 案例”,列为国务院办公厅第五次大督查典型案例被通报表扬。 (林卫锋)

2018 年 10 月 11 日,丽水市社保卡首发暨医保移动支付开通仪式在丽水市中心医院举行 (杜颖昕 提供)

大 事 记

2018年丽水市大事记

1月

1日 《丽水市全民医疗保险办法》施行。

同日 实施《丽水市关于促进慈善事业健康发展的实施意见》。

2日 全德华人社团联合会携手浙江新动能文化发展有限公司在欧洲时报法兰克福文化中心举办丽水"三宝""丽水山耕"走进法兰克福品鉴推介会。

4日 "秀山丽水·诗韵处州"地名诗歌朗诵暨颁奖仪式在丽水学院举行。收到全国354位诗歌爱好者稿件1211首，经专家评审：一等奖1人、二等奖3人、三等奖5人、优秀奖20人。

5日 云和县雾溪畲族乡、青田县仁庄镇、缙云县溶江乡被评为2017年"全国无邪教乡镇"。

10日 "丽水山耕"国际认证联盟首批候选企业认证座谈会召开。浙江龙泉元佅农业有限公司"元佅"牌红米、浙江渊健生物药业有限公司"渊健"灵芝系列产品、浙江丰和渔业有限责任公司(青田)等21家候选企业首批由有机认证转化为"丽水山耕"认证企业。

12日 丽水市第四届人民代表大会常务委员会第七次会议经代表选举决定：吴晓东任丽水市人民政府副市长、代理市长。朱晨因工作岗位调整辞去丽水市人民政府市长职务。

同日 国家开放大学农村电子商务人才研究培训中心落户丽水广播电视大学。

13日 松阳县、景宁畲族自治县达到国家生态市县指标要求，通过国家环保部考核验收。至此，全市有国家级生态县6个。

15日 景宁畲族自治县如隐·小佐居被评为全省首批白金级民宿，云和县云上五天、莲都区米乐娜、松阳县过云山居被评为全省首批金宿级民宿。

同日 莲都区"青少年法治教育公益宣讲活动"被省普法办评选为"全省法治宣传教育优秀项目"。

同日 莲都区获批浙江省首批"互联网+"创业培训试点。

16日 丽水市首个医联体城乡医疗信息一体化启动。

18日 丽水军分区召开第八次党代会暨2017年度总结表彰大会，市委书记史济锡在党代会上当选为军分区党委第一书记。

19日 全国乡村春晚百县万村网络联动在莲都启动。

20日 2018"乡村春晚大集"在龙泉宝溪景区举行。

22日 金丽温高速公路丽水北互通项目建成通车。

23日 龙泉市竹垟畲族乡入选首批浙江省旅游风情小镇。

24日 莲都区大港头镇利山村、龙泉市住龙镇住溪村等9个村庄入选浙江省首批休闲旅游示范村名单。

同日 景宁畲族自治县、云和县、莲都区、青田县通过省治水办"清三河"达标县验收。至此，9个县(市、区)"清三河"全部达标。

25日 全国首条竹砧板自动化生产流水线在浙江双枪竹木有限公司投入运行。

同日 丽水市获2017年度全省"四边三化"行动"双百"项目创建考评第一名。

26日 庆元县百山祖镇车根村、青田县小舟山乡小舟山村、缙云县三溪乡三溪村获2017年浙江省老年养生旅游示范基地。至此，全市有省级老年养生旅游示范基地10个。

30日 《人民日报》头版头条《企业减负添活力百姓办事省心省力政府效能提升发力——浙江"最多跑一次"越跑越顺》文章，4次点赞丽水涉侨服务"最多跑一次"、投资项目审批中介网上竞价系统、"一窗受理"向县乡村及企业延伸下移、商事登记"最多跑一次”四项便民改革举措。

1月 浙江省旅游标准化技术委员会认定缙云县德菲力生态农场、遂昌县百丈杭家庭农场等7家为第三批“浙江省果蔬采摘旅游基地”。至此，全市有省级果蔬采摘旅游基地15家。

1月 省农业厅、省旅游局公布2017年浙江省休闲农业与乡村旅游示范县、示范乡镇、示范点名单，松阳县被评为示范县，遂昌县三仁畲族乡、松阳县四都乡被评为示范乡镇，青田县绿湾山庄、缙云县笕川花花世界、丽水市天宸农业公园被评为示范点。

2月

7日 缙云仙都风景名胜区、遂昌金矿国家矿山公园等17家旅游景区成为省旅游局2017年全省示范型放心景区建设单位。

12日 召开全市领导干部会议，宣布省委决定：张兵任中共丽水市委委员、常委、书记，免去史济锡中共丽水市委书记、常委、委员职务。省委常委、组织部部长任振鹤出席会议并讲话。

同日 丽水市获2017年度全省安全生产目标责任制考核优秀等次，排名第三。

同日 市本级U赞体育运动中心、龙泉市江南之巅天空越野赛等7个体育项目获省体育产业发展资金专项补助支持，补助金额共360万元。

13日 “走进欧洲”浙江省丽水市高中生代表团行前教育会在丽水市举行。

16日 莲都区农米良品公司在美国纳斯达克证券交易所上市（股票代码FAMI），为丽水首家“农字号”龙头企业。

3月

1日 省环保厅与市政府签署战略合作协议，双方就生态环保领域合作达成共识，合力推进丽水建设绿色发展综合改革创新区，打造浙江最美“大花园”。

2日 市委常委会召开扩大会议，传达学习中共十九届三中全会精神和省委书记车俊、省长袁家军在省委常委扩大会议上的讲话精神。

5日 省人大常委会副主任赵光君率领省平安综治考核抽查组到丽水检查平安综治工作。

6日 丽水实现全省首例献血用血报销“零次跑”。

7日 副省长王文序到丽水调研民政、旅游工作。

7—10日 省钱塘江文化研究会、省文化创意产业协会、浙江大学等高校院所专家组成钱塘江流域文化产业调研组到丽水调研农旅文融合发展、民宿产业发展、乡土文化等工作并召开座谈会。

8日 《中国组织人事报》就如何建设高素质专业化干部队伍专访全国人大代表、丽水市委书记张兵。

同日 全国人大代表、代市长吴晓东在浙江代表团媒体开放日审议《政府工作报告》时，围绕传统产业转型升级作专题发言，并向国内外媒体介绍“丽水山耕”和农村电商等乡村振兴方面的成绩。

9日 全市“最美公务员”先进事迹报告会在市政府报告厅举行。

13日 2017年全省城市地表水环境质量评价，丽水市排名第一。

14日 商务部公布国家外贸转型升级基地名单，丽水市铅笔、食用菌和木制玩具入选。

同日 龙泉市检察院获2017年度“全国检察文化建设示范院”称号。

16日 中共云和县离退休干部工作委员会成立并举行授牌仪式。也是丽水市首个离退休干部党工委。

21日 省侨商会代表团到丽水考察“四大建设”（大湾区建设、大花园建设、大通道建设、大都市区建设）活动。

22—25日 中国人民政治协商会议丽水市第四届委员会第二次会议召开。

23—27日 丽水市第四届人民代表大会第三次会议召开。

27日 莲都浙江乾麟缝制设备有限公司申报的微型扭矩电机和直驱圆刀裁剪机项目被列入2018年浙江省第一批“浙江制造”名列。

27—28日 省委常委、政法委书记王昌荣到丽水调研平安建设和政法综治工作。

28日 第十一届中国茶商大会•松阳银猴茶叶节在松阳县举行。

29日 丽水市连续第13年被省委、省政府命名为“平安市”，连续第8年被命名为“综治优秀市”，9个县（市、区）均为“平安县（市、区）”。

31日 青海省海西州委书记文国栋率领海西州党政代表团到丽水考察古村落保护与开发、特色小镇建设、生态保护等工作。

4月

2日 丽水市获省农业和农村工作办公室2017年度全省农家乐休闲旅游工作考核优秀等次，也是连续7年获全省农家乐乡村休闲旅游工作考核优秀等次。

3日 全省扩大有效投资重大项目集中开工活动丽水分会场在万洋低碳智造项目（一期）现场举行，全市36个重大项目集中开工。

11 日　丽水市超薄壁高精度弯曲成形装备关键技术及工程应用、楠木等 5 种珍贵树种种质资源保育与创新利用、浙江特色药材标准研究及应用等 9 项成果获省科学技术奖。

14 日　缙云烧饼地理标志证明商标注册成功。

同日　松阳县大木山骑行茶园路线被评为“2018 年度全国茶旅金牌路线”，也是全省唯一一个。

15 日　2018 丽水半程马拉松赛在市区花园路北端起跑，7 个国家和地区的 1 万名跑友参赛。丽水籍选手蓝捷怀和温州选手卢舒怡分获男、女组第一名。

16 日　浙江优贝圣实业有限公司（股票简称“优贝圣”，股票代码 860018）自主研发的软 PVC 材质产品专利在香港国际知识产权交易中心上市，成为国内首家以发明专利上市的企业。

17 日　上海崇明区委书记唐海龙率领党政代表团到丽水考察生态旅游产业发展、特色小镇建设、古村落保护与开发等工作。

同日　浙江省人力资源和社会保障厅与丽水市人民政府关于建立紧密合作关系、共推丽水绿色发展合作协议签约仪式在丽水市政府行政中心举行。

同日　丽水市援疆指挥部与新和县对接，启动新和县丽水小学建设项目。预计投资 4500 万元（不含附属及配套设施）。

17—19 日　2018 中国畲乡三月三活动在中国畲乡景宁畲族自治县举行。

19 日　丽水市与吉林省梅河口市在丽水签署对口合作框架协议书，决定在体制机制创新、特色小镇建设、市场商贸、产业协同发展、文化旅游、社会事业等方面加强交流与合作。

23 日　市委、市政府召开丽水市区城中村改造动员大会。

4 月 15 日，2018 丽水半程马拉松比赛　　（肖冬丽　提供）

同日　丽水诚信奶奶陈金英获评“全国十大守信人物”。

24 日　丽水市举行庆祝“五一”国际劳动节暨劳模表彰大会。表彰模范集体 30 个，劳动模范 101 人。会上，劳模代表发言并宣读《倡议书》。

25—27 日　丽水市委副书记、市长吴晓东率市党政代表团赴四川省巴中市、广元市对接东西部扶贫协作工作，并签署丽水市与巴中市东西部扶贫协作框架协议。

26 日　习近平总书记在深入推动长江经济带发展座谈会上提出：“浙江丽水多年来坚持走绿色发展道路，坚定不移保护绿水青山这个‘金饭碗’，努力把绿水青山蕴含的生态产品价值转化为金山银山，生态环境质量发展进程指数、农民收入增幅多年位居全省第一，实现生态、文明建设、脱贫攻坚、乡村振兴协同推进。”102 字的“丽水之赞”，对丽水坚持走绿色发展道路给予高度肯定。

26—29 日　2018 第五届长三角休闲农业和乡村旅游博览会在上海市举办，丽水农家乐民宿品牌——“丽水山居”亮相博览会。

28 日　市委副书记、市长吴晓东率领市党政代表团赴陕西省西安市学习借鉴新兴产业培育、科技研发、生态经济发展等领域经验、做法。

5 月

9 日　副省长成岳冲到缙云县调研省级医共体试点工作。

10—11 日　省政协副主席周国辉到丽水市调研“河长制”和城乡生活垃圾分类处理工作。

11 日　浙江省大花园建设生态研究院在丽水挂牌成立。

15 日　云和县首个异地乡村振兴讲习所成立。

同日　青田石雕、龙泉青瓷烧制技艺、龙泉宝剑锻制技艺等项目入选首批国家传统工艺振兴目录。

15—16 日　省长袁家军到景宁畲族自治县东坑镇蹲点调研。

16—17 日　省人大常委会党组书记、副主任梁黎明到丽水调研人大工作。

17 日　“5G 新引擎　建设大花园”活动暨 5G 万物互联产业联盟论坛在丽水举行。丽水市政府领导及媒体、企业嘉宾代表共 300 余人参加大会。

18日 由丽水中国长寿之乡绿色产业发展联合会编撰的《中国百岁老人传奇故事》出版发行。来自全国42个中国长寿之乡的103名百岁老人的传奇故事入选。

18—22日 第二届中国国际茶叶博览会在杭州国际博览中心举行，“丽水香茶”携9个县（市、区）名茶组团亮相G20杭州峰会主会场，参展企业53家，设标展78个，涉及松阳银猴、景宁金奖惠明茶、缙云黄茶等茶叶区域品牌10个。

21日 市委、市政府与省社会科学院在杭州联合召开“农旅融合绿色发展的丽水样本”成果发布会暨研讨会。发布会上，浙江省社科院专家组李文峰介绍《绿色发展的丽水农旅融合样本》研究报告。

同日 省委常委、常务副省长冯飞出席在青田县祯埠乡召开的汛期地质灾害防治现场会。

22日 市委理论学习中心组举行纪念马克思200周年诞辰暨《共产党宣言》发表170周年专题学习会。

23日 青田稻鱼米正式进驻“盒马鲜生”（阿里巴巴对线下超市），也是丽水市首款入驻农产品。

23—25日 副省长彭佳学到丽水调研。

24—25日 湖北省委常委、宜昌市委书记、市人大常委会主任周霁率领宜昌市党政代表团到丽水考察乡村振兴、古村落保护发展、生态旅游、生态精品现代农业发展等工作。

27日 全国民族自治县全面建成小康社会经验交流现场会在景宁畲族自治县召开，全国政协副主席、国家民委主任巴特尔出席会议并讲话。

29日 2018年浙江省暨丽水市防汛抢险演练在市南明湖国家水利风景区举行。省市县三级20余支抢险队伍200余人参加演练活动。

30日至6月2日 云和县图书馆事迹获评“中国图书馆最美故事”。

31日至6月1日 国家发展改革委副主任胡祖才率调研组到丽水调研城乡融合发展工作。

5月 遂昌县王村口镇（中国工农红军挺进师纪念馆）入选长三角区域党性教育基地。

5月 丽水市出台《关于全面推进农药化肥严格管控的实施意见》，发布首批丽水市禁限用农药品种目录。

南明湖畔 （雷 宁 提供）

6月

1日 丽水市检察派驻工作在全省率先实现全覆盖。

4日 丽水首个生态司法教育实践基地在莲都揭牌成立。

同日 市人力资源社会保障局与省农信联社丽水办事处签订《政银战略合作框架协议》，27项社保业务在市区9个农商行网点均可办理。

4—5日 全市乡村振兴科技论坛活动在云和县举行。来自省林学会、畜牧兽医学会、水产学会部分专家学者，各县（市、区）有关单位负责人和农村科技示范户代表共160余人参加。

5—8日 省人大常委会党组副书记、副主任李卫宁到丽水开展执法检查并听取丽水市贯彻实施固体废物污染环境防治“一法一条例”情况和民族工作情况汇报。

7日 副省长、公安厅厅长王双全到丽水调研。

同日 莲都区公开考录首次启用考生家长旁听制。

7—9日 市委书记张兵带领有关市级领导和部门、企业负责人赴深圳考察和开展招商引资工作。

8日 丽水市首次农产品质量安全突发事件应急演练在莲都区举行。

同日 莲都区老竹畲族镇、松阳县古市镇成为浙江省文化强镇。遂昌县高坪乡湖连村、庆元县安南乡安隆村、景宁畲族自治县梧桐乡高演村成为浙江省文化示范村。至此，全市有省文化强镇12个、省文化示范村（社区）61个。

9日 遂昌首创“文明银行”储蓄文明力量。

10—11日 宿迁市委书记张爱军，市委副书记、代市长王昊带领市党政代表团到丽水考察。

11日 丽水在全省率先实现市县乡村四级“全域一证通办”。

12日 浙江省中医药管理局公布第二批浙江省基层名中医名单，青田县中医院江松平、龙泉市中医院季平等5人分获“浙江省基层名中医”称号。至此，全市有省级基层名中医10人。

同日 浙江省大学生乡村振兴创梦丽水行动暨浙江大学丽水市校地共青团合作启动仪式在浙江大学举行。浙江大学党委副书记郑强、丽水市委书记张兵、团省委书记朱林森等省市领导出席启动仪式。

14日 在全省大花园建设动员部署会上，市委书记张兵向省委省政府作表态发言。会后，丽水大花园建设现场会召开，张兵宣布丽水市大花园建设绿道项目启动。市委副书记、市长吴晓东主持丽水市大花园建设现场会。

15日 国家发展改革委印发《关于新建浙江丽水机场工程可行性研究报告的批复》，批准同意丽水机场工程可行性研究报告。

20日 全国首家少年检察官学校在遂昌县成立。

同日 腾讯公司全国首个“互联网+”创新基地在丽水绿谷信息产业园启用。

21日 遂昌县、缙云县入选省全域疗休养发展十佳县(市、区)，入选数全省第一。仙都风景区、遂昌金矿国家矿山公园等5个景点入选省特色精品疗休养目的地。

同日 省政协党组副书记、副主席孙景淼带领调研组到丽水调研深化“最多跑一次”改革工作。

25日 丽水市首个“水上服务党支部”——景宁畲族自治县千峡湖航区水上服务党支部成立。

25—27日 杭州市人大常委会副主任张建庭率领专家考察团到丽水考察城乡建设、旅游发展、大花园建设工作。

25日至7月2日 市政协主席陈瑞商率丽水市政府代表团出访塞尔维亚与法属留尼旺，分别与塞尔维亚的萨夫斯基韦纳茨市建立友城关系，与留尼旺的圣•皮埃尔市签订《深化交流合作备忘录》。

26日 丽水市郎奇农家乐农产品专业合作社负责人金林美作为新型职业农民致富带头人接受央视《农广天地》栏目组的专题采访。

28日 丽水市首个餐厨废弃物处置项目投入试运行。

29日至7月1日 “遂昌县里高农产品专业合作社”桃源尖牌小尖椒获“2018年浙江省知名农产品展示展销会时令农产品金奖”，成为此次展会丽水市唯一的金奖农产品。

30日 2018莲都区“寻梦田园”乡村旅游季活动在碧湖平原举行，参赛选手500余人。

6月 景宁畲族自治县在全省推行“清廉指数”考评，初步构建一套量化评估、直观生动的政治生态评价体系。

6月 丽水学院清远剧社获全国高校“最佳学生社团”称号。

7月

2日 全市领导干部会议召开，省委组织部副部长温暖宣读省委任免决定：胡海峰任中共丽水市委委员、常委、书记，免去张兵中共丽水市委书记、常委、委员职务。省委常委、秘书长陈金彪出席会议并讲话。吴晓东主持并作表态发言。

同日 国务院国资委机关离退休干部局副局长陈强带领调研组一行到缙云调研养生养老工作。

5日 国家税务总局丽水市税务局正式挂牌成立，丽水市原国家税务局、丽水市地方税务局合并组建。

同日 500千伏丽西输变电工程基础设施在龙泉市安仁镇昌文工业园开工建设，这也是丽水第二座、龙泉首座大型输变电工程。

同日 丽水市委召开座谈会，欢迎2017年2月赴新疆新和县开展对口支援工作的第一批14位援疆专业技术人才归来。

同日 丽水“6•15”特大电信网络诈骗系列案首个案件在龙泉宣判，姚某等34名被告人分别被判处有期徒刑12年6个月至有期徒刑10个月缓刑1年不等，并处罚金。

同日 丽水市命名2017年度“丽水山居”农家乐综合体和精品民宿示范项目，认定农家乐综合体示范项目11家，精品民宿示范项目35家。至此，全市创建成功农家乐综合体59家。

5—6日 省人大常委会副主任、省总工会主席史济锡到丽水调研重点项目建设并参加莲都区碧湖镇人大代表联络站活动。

7日 生态文明贵阳国际论坛2018年年会在贵州省贵阳市开幕。此次论坛上，作为践行“两山”理念的先行者和领军者，丽水代表“两山”实践创新相关单位向所有践行“两山”理念的组织和个人发出倡议：与世界共同推进人类生态文明。

10日 中国西班牙两国青少年交流互访项目之2018暑期交流活动在丽水实验学校举行。

10—11日 第七届全国中小城市人才服务工作座谈会暨丽水市人力资源产业发展高峰论坛在丽水举行。全国22个省份中小城市人才工作相关负责人及重点机构代表等200

余人参加。

11—12日 副省长高兴夫一行到丽水调研交通运输工作。

12日 “人工智能 助力智慧城市”人工智能语音机器人专场会在丽水召开。

13日 “绿水青山”全国美术作品展暨丽水巴比松作品展览在丽水美术馆开幕。共展出以丽水为题材作品125件，丽水巴比松画派作品20件，涵盖国画、油画、水彩(粉)画等。

同日 遂昌县首家智能化“垃圾兑换超市”在北界镇苏村开业。

15—30日 浙江省首届智力运动会在丽水举行。该届运动会共设“五棋一牌”(围棋、国际象棋、五子棋、象棋、国际跳棋，桥牌)6个大项、62个小项。

16日 “四川昭化原产地直供馆”授牌及丽水龙泉·广元昭化农特产“走亲”会启动仪式在丽水万地广场举行。

17日 生态环境部副部长黄润秋一行到青田调研。

17—19日 新华社、人民网等10余家媒体组成媒体采风团走进丽水，进入工厂车间、农耕基地考察，挖掘丽水在打造“浙江制造”品牌过程中所涌现的丰富经验和品牌故事。

17—20日 生态环境部在丽水首次举办长江经济带“绿水青山就是金山银山”实践创新培训班。生态环境部直属单位、长江经济带16个省市环保厅(局)以及全国首批13个“两山”实践创新基地的学员深入莲都、龙泉等地，接受现场教学，感受丽水深入推进“绿水青山就是金山银山”实践创新工作。

20日 《美籍华人饶及人图志》一书发布会在丽水举行，该书也是《青田华侨档案》系列丛书的第三卷。

21—22日 2018“冒险岛水世界”杯国际动力冲浪板中国公开赛暨水上嘉年华活动在丽水举行。捷克、美国等10余个国家和地区近60位选手参加。来自捷克的选手公式和Anet公式acherová分别获国际男子组和国际女子组的冠军，选手陀理宏获中国男子组冠军。

23—27日 丽水市举办全市首届传统音乐非遗传承人培训班，来自全市9个县(市、区)60余位传统音乐类非遗项目传承人及弟子等参加培训。

24日 庆元县、缙云县、松阳县、景宁畲族自治县获评第二批省级生态文明示范县。

24—25日 副省长成岳冲到丽水调研卫生信息化工作。

25日 全省首个公共创业服务品牌标识“丽创荟”创业服务品牌发布仪式在丽水学院举行。

26日 丽水市第四届人民代表大会常务委员会第十一次会议审议市政府关于丽水国家级生态文明建设示范市规划议案及说明，决定批准《丽水国家级生态文明建设示范市规划》。

27日 《丽水市森林湿地资源及生态效益公报》颁布。

28—29日 生态产品价值实现机制国际研讨会在丽水召开。丽水市与美国大自然保护协会等生态机构和相关企业签订战略合作协议，发布《丽水绿色发展白皮书》，出版发行《生态产品价值实现机制丽水实践典型案例》。中科院生态环境研究中心编制丽水GEP及生态产品目录。

30日 省政协副主席陈小平到景宁调研飞云江河长制工作。

30—31日 省人大代表丽水中心组就丽水库区旅游开发情况开展专题调研。

31日 云和县成为首批国家环境健康风险管理试点县。

31日至8月1日 全省实施民族乡村振兴计划启动仪式暨“双百村结对行动”动员部署会在丽水召开。

7月 全省首个社会性综合能源光伏项目在丽水并网发电。

8月

1日 市民政局、市财政局联合出台《丽水市困难人员医疗救助办法》，于8月1日开始实施。该办法首次将特殊病种门诊费用纳入医疗救助，按住院标准和封顶额度实施救助。

2日 丽水市首个基层警侨合作基地——“警侨联络中心”正式揭牌运行。

6日 云和县入选全国社会救助综合改革试点县，试点时间一年。

7日 省委第四巡视组巡视丽水市工作动员会召开。会上，省委第四巡视组组长龚吟怡就即将开展的巡视作动员讲话，暨军民就配合做好巡视工作提出要求，市委书记胡海峰主持会议并作表态发言。

同日 缙云县浙江顺联网络科技有限公司《打造共享社交及电商行业服务的新标准》入选国家发展改革委战略新兴产业案例《领跑》汇编，成为“双创”案例，是丽水市唯一入选案例。

8日 省委常委、政法委书记王昌荣到丽水调研深化司法体制改革和政法机关一体化办案系统应用推广等工作。

同日 丽水发放首笔政策性融资担保贷款。

8—15日 2018年全国轮滑锦标赛在丽水举行。此次比赛共设速度轮滑、自由式轮滑等大项目10个，2572人参赛。

10日 全市平安建设工作推进

会在丽水召开。

12 日 2018 新疆生产建设兵团团场青年电子商务培训班在丽水举行开班仪式。80 余名新疆生产建设兵团的年轻干部和创业青年参加培训。

14 日 浙江省“千企结千村、消灭薄弱村”专项行动丽水项目交流推进会在市行政中心召开。

15 日 全市重大项目百日攻坚推进会在丽水召开。会上，通报全市扩大有效投资情况和重大项目百日攻坚行动方案，下达了攻坚《任务书》。

15—16 日 “大江奔流——来自长江经济带的报道”主题采访活动走进丽水。

16 日 2018 古堰画乡小镇艺术节系列活动之一艺术盛典暨《唯心画物——丽水巴比松油画三十年》一书首发仪式在古堰画乡举行。

同日 全省法院司法警察执法规范化建设现场观摩会在丽水召开。

16—17 日 省委常委、纪委书记、监委代主任任振鹤到丽水调研党风廉政建设工作。

17 日 全市首届“山居与乡村振兴”创新发展论坛在丽水举行。知名学者、企业家、创业者和投资人 300 余人参加。

同日 青田县建成丽水市首个“无蚊”试点村。

19 日 2018 全民健身·花园丽水城市定向赛开跑，700 余名选手参赛。每年 8 月是全民健身活动月，2018 年的健身活动月主题是“新时代全民健身动起来”。

同日 丽水市与吉林省梅河口市签订“特殊合作协议”。

20 日 丽水市召开“全国万名教师支教计划”丽水援疆教师欢送座谈会，24 名丽水教师赴新疆开展为期一年半支教工作。

20—22 日 省政协副主席周国辉率队到丽水开展深化“亩均论英雄”改革专项督察。

23 日 丽水市人民政府、浙江省海洋与渔业局、上海海洋大学在丽水签约《创建浙江（丽水）渔业绿色发展创新区助推乡村振兴的战略合作框架协议》。

23—24 日 云和收费站获“首届最美中国高速公路服务窗口”称号。

23—27 日 市委副书记、市长吴晓东率丽水代表团赴西藏自治区那曲市和青海省海西州天峻县对接对口支援工作。

24 日 丽水市“最多跑一次”改革实现率位居全省第一。

同日 丽水成为全国工程建设项目审批制度改革试点市。

27 日 经省农业厅评估验收，松阳县被认定为现代生态循环农业整建制推进县。

28 日 青田建成丽水市首个跨境视频服务中心。

28—30 日 省委常委、组织部部长黄建发到丽水调研党的建设和组织工作。

29 日 丽水市首届康复治疗技能竞赛暨省康复治疗技能大赛选拔赛在市中心医院教学大楼举行，来自全市各级各类医疗机构的 32 名选手参赛。

同日 丽水市城中村改造实行“房票”新政策，首批 127 套房源成为房票房。

30 日 “丽水全域旅游惠民卡”首发。有单人卡、家庭两人卡等惠民卡 6 种。覆盖全市景区 29 家，其中 AAAA 景区 18 家，门票市场价合计 1938 元。

31 日 市委四届四次全体（扩大）会议在丽水举行。全会认真学习贯彻习总书记对浙江工作重要指示、作出的“丽水之赞”和省委十四届三次全会精神，以“丽水之干”担纲“丽水之赞”，推动“八八战略”再深化、改革开放再出发，高质量谱写“八八战略”丽水新篇章。全会审议通过《中共丽水市委关于推进清廉丽水建设的决定》。

同日 丽水市与省旅游局签订战略合作协议。

同日 浙江首个律师行业教育基地在丽水成立。该基地将作为全省乃至全国律师参观考察、学习教育、入党宣誓、律师行业党组织活动的重要场所，实现律师行业红色资源共享。

8 月 2018 丽水专家“新和行”活动在新疆新和县举行。

8 月 遂昌县入选“中国营商环境百强区县”。

8 月 景宁畲族自治县总工会率先在全省开通网上审批模式。

9 月

1 日 2018 年青年博士生杰出人才奖学金颁奖仪式在丽水举行。

3 日 丽水在全省首推车辆登记“通道式”服务。

6 日 市委组织部、共青团丽水市委、市农办和市人力资源社会保障局在古堰画乡景区联合举办 2018“新青年乡村振兴创梦丽水”论坛。

7 日 “丽水三宝”（龙泉青瓷、龙泉宝剑、青田石雕）、巴比松油画等艺术品与文创产品 100 余件亮相西安第九届中国西部文化产业西部博览会。

同日 首届“东西岩”杯文化浙江体验之旅趣味定向赛在东西岩风景区开赛。全省各高校大学生创新创业联盟 100 名选手参赛。

同日 “激荡四十年——改革开放看浙江”主题采访活动走进秀山丽水。浙江日报、浙江之声等 11 家媒体深入采访丽水推进生态优先、绿色发展、全力践行“两山”理念的实践经验。

11—12 日 绵阳市委书记刘超率领绵阳市党政代表团到丽水考察乡村振兴、生态旅游、生态精品农业、现代农业发展等工作。

13 日 庆元县省级现代农业园区、缙云县小仙都省级现代农业园区、松阳县松古盆地省级现代农业园区被评为省级现代农业园区，云和县元和云和雪梨特色农业强镇、青田县阜山稻菊特色农业强镇、松阳县象溪果蔬特色农业强镇被评为特色农业强镇创建对象。

同日 全省特色小镇规划建设工作现场推进会上，古堰画乡再次获评 2017 年度全省特色小镇优秀等次，连续第 3 年获评。

13—14 日 北京市门头沟区委书记张力兵率领门头沟区党政代表团到丽水考察。

13—14 日 “建设大花园·丽台农旅融合发展高峰论坛”在丽水举行。丽水市公布《关于进一步深化丽台经济文化交流合作的实施意见》，就台资企业和台湾人才参与该市乡村振兴、农旅融合发展推出支持政策和优惠措施。

13—17 日 第五届中国非物质文化遗产博览会在山东省济南市举办，青田石雕、龙泉青瓷传统烧制技艺和莲都鱼跃酿造技艺参展。

14 日 莲都区举办 2018“欢乐莲城 喜庆丰收”首届中国农民丰收节庆丰收活动。

同日 丽水市发布《关于进一步深化丽台经济文化交流合作的实施意见》。实施意见分为投资合作、科技创新、创业就业、文化交流、生活待遇等 6 个大部分共 33 条，为台湾同胞在丽水创业就业、学习生活提供与丽水居民同等待遇，为台资企业在丽水发展提供更优环境。

15 日 2018 首届中国农民丰收节系列活动暨 2018“稻鱼之恋”文化节在青田县方山乡举行。

同日 2018“诗画畲乡·丰收景宁”首届中国农民丰收节畲寨秋收大会在景宁畲族自治县郑坑乡举行。

同日 央视四套《今日关注》播出新版丽水 15 秒旅游形象宣传片。宣传片全面展示古堰画乡、云和梯田、庆元廊桥、松阳古村落、大木山茶园、青田千峡湖、景宁畲乡、遂昌金矿、缙云仙都、龙泉青瓷和龙泉宝剑等丽水旅游经典元素。

16 日 2018 浙江·丽水（上海）旅游、招商推介会在上海国际会议中心举行。

16—20 日 市委副书记、市长吴晓东带队赴深圳、广州开展招商引资活动，洽谈推进相关项目活动。

17 日 省安全生产巡查动员会暨丽水市安全生产工作汇报会召开。

同日 缙云县紫薇小学获“全国国际跳棋特色学校”称号。

同日 《求是》杂志刊发《“大保护”理念深入人心 高质量发展局部突破“一盘棋”思想尚待巩固——关于推动长江经济带发展的调研报告》，点赞丽水。

18 日 丽水市博物馆入选第三批国家二级博物馆名单，景宁畲族自治县畲族博物馆被评为国家三级博物馆。至此，全市有国家二级博物馆 1 家，三级博物馆 4 家。

同日 丽水农村金融改革评估报告专家论证会在中国人民大学中国普惠金融研究院举办。中央农办、中国人民银行、中国人民大学等 20位专家评估论证《浙江省丽水市农村金融改革评估报告（征求意见稿）》。

19 日 丽水云和梯田入围农业农村部推介发布的“100 个休闲农业和乡村旅游精品景点线路”。

19—21 日 第十三届浙江山水旅游节暨中国仙都·瓯江山水诗之路旅游节在缙云举行。

20 日 丽水市在全省率先破题部门间办事“最多跑一次”。

21 日 “丽水山耕”生态产品价值实现机制高峰论坛在杭州和平会展中心举行。

同日 “抗战版画在丽水”暨近现代名家美术作品邀请展在市美术馆展出，展出作品 200 余幅。

21—23 日 2018 丽水生态精品农博会暨中国长寿之乡养生名优产品博览会在杭州和平国际会展中心举行。参展企业 200 余家、农特产品 1200 余种。其间，举办“2018 中国长寿之乡养生名优产品颁证、授牌仪式”，“丽水山耕”与生态产品价值实现高峰论坛，“丽水山耕”杯全国农业摄影大赛展，农耕文化宣传，农业项目招商引资等活动。

22 日 2018“诗画畲乡、丰收景宁”首届中国农民丰收节暨大漈乡第六届高山冷水茭白节在景宁大漈乡举行。

23 日 全国首届“中国农民丰收节（蜜蜂）——蜂收节”在龙泉市举行。

同日 青田县小舟山乡创意梯田、云和县崇头镇云和梯田等 12 个地方入选 2018 浙江省 100 个“最美田园”名单。

同日 丽水成为《中国农民丰收节》邮票全国首发地。

同日 庆元县龙岩村菇神庙会入选“100 个乡村文化活动”，青田县方山乡龙现村入选“100 个特色村庄”。

24 日 龙泉首次举办大型水上中秋晚会。

26 日 丽水首届“中美贸易风险”研讨会在丽水东方文廷大酒店举行。

同日 2018“中国天然氧吧”创建活动发布会评定景宁、庆元为全国第三批“中国天然氧吧”。至此，全市有龙泉、景宁、庆元获评“中国天然氧吧”。

同日 万洋低碳智造小镇基础设施PPP项目签约仪式在莲都区政府会议中心举行，该项目投资7.25亿元。

27日 市委副书记、市长吴晓东会见智利圣地亚哥市长费利佩·阿历山德里和智利驻上海总领事馆总领事伊格纳西奥·孔查一行，并签署《建立友好交流关系协议书》。

同日 “2018丽水—广元旅游协作宣传推介会”在丽水举行。丽水、广元两市总工会、旅委签订合作协议。

同日 庆元巾子峰景区获批国家AAAA级旅游景区。至此，丽水市有国家AAAA级旅游景区21家。

28日 丽水市—巴中市东西部扶贫协作联席会议在丽水召开。

29日 丽水市房屋阳光征收公开查询平台开通。

30日 丽水机场项目工程正式开工。机场主体工程位于丽水莲都区南明山街道上沙溪村附近的低丘缓坡地带，性质为国内支线机场，跑道海拔高度165米，飞行区等级指标4C，控制航程2000千米，新建1.2万平方米航站楼和8个(8C)机位的站坪，总占地228.67公顷，建设期近4年。

同日 浙江省交通集团与云和紧水滩镇6个薄弱村签订农产品产购销合作协议。该协议是全市首个村企合作“订单农业”协议，预交付农产品采购定金60万元，揭牌成立“浙江绿通生态农场”。

同日 由浙江省标准化院牵头制定，以浙江鸿星文具有限公司为主起草的“浙江制造”标准《石墨铅笔》(T/ZZB 0519—2018)通过省级专家评审后，由浙江省品牌建设联合会批准发布实施。这是首个铅笔产品“浙江制造”品牌认证标准。

同日 青田首个乡贤组织——青田海口镇乡贤联谊会成立。

9月 “浙江好项目·2018中小微企业创新创业大赛”在丽水举行。该大赛选送的10个优秀项目，将代表丽水赛区参加全省复赛及总决赛。

9月 省小城镇环境综合整治行动领导小组办公室公布2018年度小城镇环境综合整治行动第一批省级样板名单，龙泉市城北乡东书集镇、遂昌县垵口乡、缙云县胡源乡榜上有名。

9月 全省第二批优质旅游经典景区名单公布，丽水市古堰画乡景区、云和梯田景区榜上有名。至此，包括缙云仙都景区全市有3家上榜。

10月

8日 丽水市政府决定全市特困供养生活标准实行城乡一体化，全市统一为1210元/(月·人)，7月1日开始执行。丽水市特困供养生活标准提高后，全省排名从末位升到第五。

同日 缙云笕川入选2018年中国美丽休闲乡村。

8—11日 市委书记胡海峰率丽水市党政代表团赴新疆阿克苏地区、新和县，兵团一师阿拉尔市、十三团等地考察对口支援工作。

10月9日，缙云县仙都风情绿道获评“全省最美绿道” （李佳敏 提供）

9日 缙云仙都风情绿道获评“全省最美绿道”。

9—10日 省委副书记、宁波市委书记郑栅洁，市委副书记、市长裘东耀率党政代表团到丽水考察，对接交流山海协作工作。

10日 中国社会科学院日本研究所与丽水职业技术学院合作共建的日本农村研究中心在丽水职业技术学院揭牌成立。

同日 丽水市和省商务厅签署《浙江省商务厅 丽水市人民政府关于建立厅市紧密合作关系助推丽水大花园建设的合作协议》。

11日 丽水市电子社保卡首发暨医保移动支付开通仪式在市中心医院举行，成为全省率先发行经人社部统一签发的电子社保卡的地级市，丽水市中心医院成为全省首家使用电子社保卡进行医保移动支付的地市医院。

11—12日 全市首届“绿谷工匠”环境监测工技能大赛在丽水举行，来自各县(市、区)及市直企事业单位选拔出来的32名优秀选手参加竞技。

12日 第三届中国农村电子商务大会在丽水举行。大会上，中国国际电子商务中心与丽水市人民政府签署战略合作框架协议，并举行2018中国农村电商致富带头人发布及颁奖仪式。同时，独家权威发布《中国农村电子商务发展报告(2017—2018)》。

14日 第五届“创青春”中国青年创新创业大赛全国赛在江苏举行。丽水市处州蜂业有限公司“蜜蜂产业生态圈”项目入围全国赛决赛并获现代农业和农村电子商务组铜奖。

15日 松阳县大东坝镇横樟村、赤寿乡界首村、三都乡杨家堂村，缙云县新建镇河阳村、壶镇镇岩下村等5个国家级传统村落入选中国传统村落数字博物馆。

16日 全市首个县级社会主义核心价值观宣传教育基地在庆元建成。

17日 戊戌(2018)年中国·仙都祭祀轩辕黄帝大典在缙云仙都黄帝祠宇举行。

同日 浙江省第五个全国扶贫日活动在青田举行，主题为“精准扶贫，你我同行”。

同日 景宁畲族自治县首家公办残疾人庇护中心——景宁残疾人小康·阳光庇护中心启用。

同日 浙江省民政事业发展促进会发布浙江省养老服务和老龄工作领域“三最”人物表彰名单，丽水市许翠爱和洪子寿分获“最佳养老院长”和“最优老有所为人物”称号。

19日 全省扩大有效投资重大项目集中开工仪式丽水分会场活动在飞科电器丽景园产业基地项目现场举行。丽水27个重大项目集中开工。

20—21日 中央统战部副部长、全国工商联党组书记、常务副主席徐乐江率调研组到丽水调研民营经济高质量发展、商会改革与发展等工作。

22日 中国渔业协会、省海洋与渔业局、上海海洋大学等有关部门组成专家组认证评审并授予丽水市“中国娃娃鱼之乡”“中国生态溪鱼之乡”“中国休闲垂钓之都”3个“国字号”称号。

同日 云和县出台全市首个《实施乡村振兴战略之产业兴旺政策26条》。

23日 市公共资源交易中心制定出台全省市级唯一的《丽水市政府集中采购负面清单》。该清单列出采购禁止项目59项，从11月1日起施行。

25日 庆元铅笔生产基地获“国家级外贸转型升级基地”称号。

同日 云和县港航管理所与中国人寿财产保险公司丽水中心支公司签订投保协议，为全县库区农村渡口35个渡埠码头购买综合财产保险，开拓水路管理养护新模式。

26日 丽水万洋低碳智造小镇基础设施PPP项目开工。

26—28日 2018丽水·中国天空跑国际挑战赛在松阳举行，来自荷兰、乌克兰等9个国家和地区运动员120余人参赛，同步举行全国金秋徒步旅游季暨首届松阳帐篷节。

10月26—28日，2018丽水·中国天空跑国际挑战赛在松阳举行　（胡颖岚　提供）

29日 大窑龙泉窑国家考古遗址公园开园。

同日 市委书记胡海峰在丽水会见浙江大学党委书记邹晓东一行，共商深化校地合作。

同日 中国建设银行云和支行利用总行新开发产品优势，为云和进出口企业——丽水翰海进出口有限公司办理首笔全国建行系统首例金融新产品“跨境快贷——退税贷”，授信业务100万元。

29日至11月1日 浙江省第六届少数民族传统体育运动会在丽水举行。全省11个地级市和景宁畲族自治县共28个民族组成12支代表团1000余人参加。丽水派出运动员144人，参加竞赛项目10个、表演项目6个，获奖牌94块，其中，一等奖34块、二等奖46块、三等奖14块，成为此次运动会取得奖牌数量最多的代表团。景宁畲族自治县独立成团，获奖牌37块，奖牌总数位列第四。

30日 2018年中国滤清器创新发展与标准化高峰论坛在丽水大剧院举行。

同日 省委常委、省纪委书记、省委巡视工作领导小组组长任振鹤出席丽水市领导班子情况反馈会，对丽水市委抓好巡视整改工作提出要求，省委第四巡视组组长龚吟怡代表省委巡视组向丽水市领导班子进行反馈。丽水市委书记胡海峰主持会议并作表态讲话。

30—31日 省人民检察院检察长

贾宇率省“七五”普法中期暨宪法学习宣传检查督导组到丽水检查督导。

31日至11月1日 市委书记胡海峰率丽水市党政代表团赴宁波市学习考察。

10月 丽水市南宋龙泉窑象钮盖罐入选“浙江省藏宝图”。

10月 丽水市新增“缙云烧饼”2件、“庆元香菇”4件商标获浙江省地理标志证明。至此，全市成功注册地理标志证明商标总数累计30件，首次跃居全省第一。

10月 由市委宣传部和市社科联组织编写，市委党校组织课题组承担专题研究的《“两山”重要理念在丽水的实践——丽水改革开放40年研究》出版。该书按照浙江省文化研究工程及浙江改革开放40年系列研究项目总体部署，全面系统总结丽水市改革开放40年取得的成就和经验。

11月

1日 市卫生计生委印发《关于全面停止二级医疗机构门诊患者静脉输注抗菌药物的通知》，规定全市二级医疗机构除儿科外，全面停止门诊患者静脉输注抗菌药物。

同日 丽水市举行全市银行业金融机构首批爱心捐赠仪式，捐款60万元。

同日 第十一届中国陶瓷艺术大展在龙泉开展。共展出全国25个省市、122所院校陶瓷艺术家陶瓷作品近3300件。

同日 莲都区、云和县、缙云县、遂昌县、景宁畲族自治县被命名为“浙江省食品安全县（市、区）”，有效期为4年。

1—2日 外交部拉美司大使董晓军率外交部驻外使节团到丽水走访调研。

2日 世界青瓷大会·中国陶瓷艺术大展在龙泉开幕。开幕式上，龙泉市被中国陶瓷工业协会授予“中国陶瓷名城”称号；举行“中国陶瓷工业协会陶瓷普及教育委员会”和“中国陶瓷工业协会青瓷产业联盟”授牌仪式、青瓷产业发展顾问和终身艺术顾问聘任仪式、“十佳龙泉青瓷营销能手”颁奖仪式、项目合作签约仪式和主旨论坛等。

同日 丽水首部商业院线电影《瞳灵公馆》在全国同步上映。

4—5日 四川省广元市委副书记、市长邹自景率领广元市党政代表团到丽水对接落实东西部扶贫协作工作。

5—7日 市委书记胡海峰率党政代表团到吉林省梅河口市考察对口合作。

5—10日 首届中国国际进口博览会在上海举行。丽水近1000家企业、机构组成10个交易分团参会，22家企业与德国、日本等国家的参展企业签订意向合作协议31项，成交额突破3000万美元。

8日 “丽水山耕”生态农产品、“丽水山居”农家乐民宿、“丽水香鱼”水产品及“丽水香茶”等区域特色品牌亮相第五届中国国际老龄产业博览会。

8—10日 浙江松阳·乡村振兴论坛在松阳举行。

9日 丽水市召开地质工作与绿色发展高峰论坛，论坛围绕丽水经济社会发展需求展开研讨。

同日 浙江科技大市场青田服务中心揭牌暨校地战略合作签约仪式在青田县举行。

9—12日 首届中日韩三国食用菌行业会长庆元峰会和中国食用菌美食品鉴会在庆元县举行。

10日 丽水市获“2018年度中国十大最具活力休闲城市”称号。景宁畲族自治县获“2018年度中国十大全域旅游示范县市”称号，遂昌县获“2018年度中国十大康养休闲度假示范基地”称号，云和县获“2018年度中国田园综合体示范单位”称号。

同日 “全国媒体、大咖瓯江山水诗路行”活动在龙泉市启动，并发布瓯江“诗与远方”首批体验地20个。

同日 世界丽商文化产业联盟会成立仪式在丽水举行，世界丽水人及社会各界嘉宾共1000余人参加成立大会。

12日 2018丽水“人才·科技”峰会在丽水举行。中国工程院原副院长、中国工程院院士、钢铁研究总院院长干勇，中国工程院院士李玉，中国工程院院士陈毓川，中国科学院大学副校长杨国强等160余位嘉宾出席峰会。

同日 丽水市政府发布《丽水市全域旅游发展规划》。

13日 浙江省“青春助力乡村振兴”专项行动现场推进会在松阳召开。

同日 丽水农村宅基地“三权分置”改革经验在全省推广。

14日 全国政协副主席、民建中央常务副主席辜胜阻率调研组到丽水调研民建工作。

同日 青田侨乡农业发展有限公司与联合国世界地理信息大会秘书处签订合作协议，青田稻鱼米品牌成为大会合作推广品牌。

14—15日 浙江“千万工程”典型经验集中调研采访活动走进丽水。

14—15日 驻浙全国政协委员考察团到丽水市考察，省政协主席葛慧君参加相关考察并看望部分在丽水省政协委员。

15—17日 丽水市首届乡村振兴创业创新展示交流系列活动在市

美术馆正式启动。

16 日 市委书记胡海峰在丽水会见智利驻华大使路易斯·鲁道夫·施密特一行。

同日 松阳县获“2018 中国茶旅融合竞争力全国十强县(市)”和“2018 中国茶业百强县(市)”称号。

17—18 日 第二届中国整合养生学论坛在丽水举行。中国工程院院士、美国医学科学院外籍院士樊代明等 60 余位知名医学专家及 100 余家联盟加盟成员单位共 1000 余人参加。

17—19 日 首届华侨进口商品博览会暨青田进口葡萄酒交易会在青田县举行。共签订进口品牌授权代理 686 个,签约入驻青田世界红酒中心国外酒庄 115 家，累计意向成交 15.6 亿元。

20 日 由中国渔业协会、中国休闲垂钓协会和丽水市人民政府联合主办的“三乡一都”授牌仪式在市区纳爱斯广场举行。丽水市获“三乡一都”(“中国娃娃鱼之乡”“中国生态溪鱼之乡”“中国田鱼之乡”和“中国休闲垂钓之都”)。

同日 四川巴中(丽水)重点产业投资推介会在丽水举行。

同日 闽浙赣皖九方经济区四届五次党政联席会议在丽水召开。

20—22 日 内蒙古自治区巴彦淖尔市委书记常志刚率领巴彦淖尔市党政代表团到丽水考察。

22 日 省工业转型升级领导小组办公室印发《浙江(丽水)生态工业试点市实施方案》，标志着丽水市正式获批省级生态工业试点市。

同日 全国市场监督管理部门产业集群区域品牌建设现场经验交流会在丽水召开。

同日 省委、省政府召开见义勇为先进人物表彰暨见义勇为工作电视电话会。陈云明(青田县)被记一等功并授予“浙江省见义勇为勇士”称号，姚静航(缙云县)和张日坤(莲都区)被记一等功并授予“浙江省见义勇为先进分子”称号。

23 日 全市宣传思想工作会议在丽水召开。

同日 云和县通过国家级电子商务产品(木制玩具)质量提升示范区验收,成为丽水市首个国家级产品质量提升示范区。

同日 省关注森林组织委员会公布 2018 年度“浙江省森林城镇”名单：青田县船寮镇、腊口镇、海口镇,缙云县壶镇镇、松阳县古市镇、遂昌石练镇,龙泉市八都镇、安仁镇上榜。至此，全市累计建成省级森林城镇 28 个，实现省级中心镇森林城镇全覆盖。

23—27 日 2018 浙江农业博览会在杭州新农都会展中心、和平会展中心举行。丽水组织 110 家农业主体和 1000 余种生态精品农产品参展。缙云爽面入选“2018 浙江十大农家特色小吃”，青田县云端农业开发有限公司“稻鱼米”和龙泉市杨志杰家庭农场“兰巨长寿有机米”被评为 2018 浙江好稻米“最好吃稻米”金奖。

27 日 浙江清华长三角研究院党委书记、院长王涛率团到丽水考察。

同日 莲都区碧湖镇古井村、龙泉市竹垟乡盖竹村、青田县章村乡吴村村、缙云县新建镇夏家畈村、云和县石塘镇金山下村、庆元县松源街道上庄村、松阳县象溪镇靖居村、景宁畲族自治县红星街道杨绿湖村、遂昌县王村口镇桥西村 9 个村落入选省第七批(2019 年度)历史文化村落保护利用重点村。

27—29 日 省政协副主席陈铁雄率队到丽水调研民族工作。

28 日 丽水旅游与“铁路‘12306’”APP 合作推广项目上线,正式开启“铁路 APP+旅游服务”新模式，旅游产品、监管服务及营销推广全面升级。

同日 浙江恒祥玩具有限公司“木质玩具”单元产品被“浙江制造”国际认证联盟评定为“浙江制造”产品。

29 日 2018 丽水市第二届“绿谷杯”创新创业大赛总决赛在绿谷信息产业园举行。无锡微签智能科技有限公司获一等奖。

同日 全省首个判决以“劳务代偿”完成生态修复的环境民事公益诉讼案,在丽水市中级人民法院依法公开开庭审理并当庭宣判,被告人需要通过“实际劳动”来抵补生态环境损失修复费。

30 日 丽水市地方性法规《丽水市南明湖保护管理条例》经省十三届人大常委会第七次会议审议,全票通过并批准。

同日 第二届丽水市青年创业创意周在丽水油泵厂举行。

同日 中国银行丽水市分行举办支持民营经济发展签约大会,现场解读《支持民营企业发展行动计划 20 条》,并与 46 家民营企业签订战略合作协议。

同日 景宁畲族自治县拍摄首部典型案例警示教育片《警诫》。

同日 第二届全国稻渔综合种养产业发展论坛暨 2018 年度稻渔综合种养模式创新大赛和优质渔米评比推介活动在江苏举行。青田愚公农业科技有限公司水稻+甲鱼+田鱼共生模式获特等奖,云和县清江生态龟鳖养殖专业合作社水稻+甲鱼+草鱼共生模式获二等奖。

同日 首届“乡悦杯”美丽浙江乡村创客大赛颁奖典礼暨乡村振兴产品发布会在杭州举行。莲都区选送的“带你玩”旅游定制平台和“联众欢庭·下南山”获金奖。

同日 云和县绿林幼教装备股份有限公司(证券简称“绿林幼教”,代码 873119）成功挂牌新三板。这是全国木制玩具行业首家成功挂牌新三板企业。

同日 丽水市发出首份“环保禁止令”。覃某建等四位被告人被青田法院一审判处三年至五年有期徒刑、并处罚金，禁止从事污水处理及相关经营性活动。

同日 丽水市 9 个项目入选浙江首批省传统工艺振兴目录，分别为景宁畲族彩带编制技艺、青田石雕、庆元木拱桥传统营造技艺、龙泉青瓷烧制技艺、遂昌黑陶烧制技艺、龙泉宝剑锻制技艺、云和木制玩具制作技艺、景宁惠明茶手工制作技艺、遂昌竹炭烧制技艺。

11 月 国务院办公厅通报表扬丽水探索生态产品价值转化路径的经典经验做法。

11 月 浙江凯恩特种材料股份有限公司获全省第一批“品字标”自我声明使用授权证书，为丽水首家。

11 月 省政府批复同意设立龙泉青瓷文化省级旅游度假区。

11 月 “庆元香菇”入选 2018 年浙江区域名牌农产品。

11 月 省体改办将丽水“最多跑一次”改革——“互联网+中介”做法，列入全省经济体制重点领域改革典型经验，在全省复制推广。

12 月

3 日 丽水市学生联合会第二次代表大会召开，全市各县（市、区）大、中学学生代表 137 人参加大会。市委副书记李锋出席大会并讲话。大会审议通过《丽水市学生联合会第一届委员会工作报告》，选举产生市学联第二届委员会委员团体和主席团体。

同日 浙江省“扫黄打非”工作领导小组办公室公布：景宁畲族自治县鹤溪街道双后岗村获省级“扫黄打非”进基层示范标兵称号，遂昌县王村口镇、松阳县古市镇、莲都区老竹畲族镇、龙泉市八都镇入选省级“扫黄打非”进基层示范点。至此，丽水有全国“扫黄打非”进基层示范标兵 1 个、示范点 3 个，省级“扫黄打非”进基层示范标兵 2 个、示范点 10 个。

3—4 日 全省机关党建理论研讨会在丽水召开。

4 日 2018 年，丽水市第二届青年公益风尚季活动在市青少年宫广场启动。

同日 浙江九龙山国家级自然保护区、丽水市鱼跃酿造食品有限公司入选“第八批浙江省生态文明教育基地”。

5 日 浙江首张“慈孝卡”在丽水发行。

5—16 日 庆祝改革开放 40 周年“耕读丽水、慈孝处州”视觉艺术作品展在丽水美术馆开展，展出书法、美术、摄影等作品 180 余件。

7 日 丽水市“双百引领计划”推进会暨厅市合作——省专家联系服务企业现场会在市行政中心召开。

11 日 “书韵画意瓷语·中国龙泉青瓷艺术展”在杭州市工艺美术博物馆开幕，80 余件当代龙泉青瓷作品亮相杭城。

同日 丽水市人民政府发布《丽水市本级财政扶持民办教育发展实施办法》，2019 年 1 月 11 日实施。

同日 丽水市中共浙江省委机关旧址（黄景之律师事务所）被确定为全国律师行业党校培训基地。

12 日 丽水市第七届未成年人道德文化节和首届未成年人思想道德建设创新大赛在庆元县举行。

13 日 省政府批复同意《南明山——东西岩风景名胜区总体规划（2017—2035 年）》。

同日 第七届青田石雕文化节在青田县文化会展中心举行，主题为“新‘石’代 新起航”。来自世界顶尖文化艺术团体专家、工艺美术和珠宝玉石首饰行业协会等嘉宾 300 余人参展。

同日 丽水市与省科技厅《科技工作会商制度议定书》签约仪式在丽水举行。省科技厅厅长高鹰忠与市委副书记、市长吴晓东共同签署。

同日 丽水市第十一届社区邻居节暨云和县 2018 年社区邻居节启动仪式在云和县城举行。

同日 丽水市与浙能集团举行战略合作框架协议签约仪式，双方将在管网建设以及热电联产、新能源、环保处置等领域深化合作。

14 日 莲都区碧湖镇下南山村、龙泉市兰巨乡仙仁村等 9 个村庄被省文化和旅游厅认定为 2018 年度省级休闲旅游示范村。

15 日 2018 年“童话云和杯”瓯江行丽水摄影大展在市摄影博物馆开展，共展出作品 116 件，9 幅（组）作品被丽水摄影博物馆收藏。

同日 全国首家“中国乡村春晚研究院”在丽水挂牌成立。

15—16 日 生态环境部授牌命名北京市延庆等 16 个地区为第二批“绿水青山就是金山银山”实践创新基地，丽水市名列其中。遂昌县被授予第二批国家生态文明建设示范市县称号。

17 日 庆元国家森林公园巾子峰景区获评“森林康养 50 佳”。

18 日 丽水首家华侨医院举行开业仪式。市人民医院（三甲）与该院签约“区域医疗联合体”协议并授牌。

同日 松阳县传统村落保护的“拯救老屋”模式获第五届浙江省公共管理创新案例十佳创新奖。

19 日 全省“百名处长下基层宣讲政策”活动走进丽水。

19—20 日 江西省委常委、常务副省长毛伟明率领考察团到丽水，考察生态产品价值实现机制试点工作。

20 日 2018 中国区域农业品牌发展论坛公布“2018 中国区域农业品牌影响力排行榜”，丽水市农业公共区域品牌“丽水山耕”以 96.76 分的品牌指数摘得桂冠；丽水市“庆元香菇”以 90 分在“区域农业产业品牌•食用菌”榜单上排名第二。

同日 浙江青风环境股份有限公司“水冷常温整体式食用菌环境控制机组”通过专家审核，成为景宁畲族自治县首家通过“浙江制造”品牌认证现场审核的企业。

21 日 全省思想政治工作成绩突出单位陈述展示会在丽水举行。

同日 丽水市莲都区岩泉街道九里村、紫金街道水东村等 36 个行政村获“2018 年浙江省电商专业村”称号；缙云县壶镇镇、松阳县古市镇等 3 个镇获“浙江省电商镇”称号。

22—24 日 第三届国际移民与海外华人丽水论坛在丽水学院举行。

23 日 2018 丽水第二届美丽乡村骑游大会举行，丽水市及温州等地共 100 余名骑行爱好者参加。

同日 “丽水山耕”年货节启动仪式暨“山耕家宴”产品发布会在碧湖镇下南山举行，100 余家大型经销商代表宣传推广销售“丽水山耕”品牌。

24 日 电影《似水流年》在丽水万地国际影城举行首映式。影片以昆曲《牡丹亭》为主题，取景地在汤显祖《牡丹亭》原创地丽水遂昌，于 2019年 3 月 8 日在全国院线正式上映。

同日 经市政府同意批准，市统计局民调中心正式揭牌成立。

同日 第三批省级农产品质量安全放心县名单公布，青田县、缙云县、庆元县、松阳县榜上有名。至此，丽水市所有县（市、区）全部创成省级放心县。

27 日 第八批“浙江省生态文化基地”命名名单公布，浙江云和梯田国家湿地公园、莲都区老竹畲族镇新陶村、缙云县舒洪镇岭口村、遂昌县焦滩乡独山村榜上有名。至此，丽水市创成省级生态文化基地共 18 家。

同日 丽水市获评“国家水生态文明城市”称号。

同日 丽水市首届 16 名特约监察员“上岗”。

28 日 市委四届五次全体会议在丽水举行。传达学习省委、省政府《丽水市机构改革方案》批复，对全市深化机构改革工作进行研究部署、推动落实。

同日 松阳松阴溪景区获批国家 AAAA 级旅游景区。至此，丽水市有国家 AAAA 级旅游景区 22 家。

同日 《人民日报》头版刊发《城乡统筹比翼齐飞——浙江推进城乡协调发展纪实》，大篇幅点赞丽水绿色发展成效。

同日 丽水市发布全国首个农村信用体系建设地方标准《农村信用体系建设规范》。

同日 全国高等中医药教育（本科）中医养生学专业教材审定稿会议在丽水举行。

同日 省水利厅公布 30 条省级“美丽河湖”名单，松阳县的松阴溪古市段、景宁畲族自治县的鹤溪河榜上有名。

29 日 丽水市召开庆祝改革开放 40 周年理论研讨会。会议宣读庆祝改革开放 40 周年获奖征文名单，并向获奖者颁发证书；宣布《浙江改革开放 40 周年研究（丽水卷）》专著正式发行，发布“丽水改革开放 40 周年伟大成就及经验启示”和“丽水改革开放 40 周年大事记”，开展“我市‘最多跑一次’改革”专题发言。

同日 浙江太钎机械设备制造有限公司因其损害生态环境行为，经磋商达成生态环境损害赔偿协议，向龙泉市人民政府赔偿 7 万元，是丽水市首例生态环境损害赔偿磋商案。

12 月 浙江省环境监测中心发布 2017 年《浙江省生态环境状况评价报告》，丽水市 2017 年度生态环境状况指数（EI 值）为 87.8，连续第 15 年排名全省第一。

12 月 丽水市生态产品价值实现机制案例成功入选改革开放 40 年地方改革创新 40 案例。

12 月 莲都区大港头镇利山村、老竹畲族镇沙溪村等 25 个村庄入选浙江省第二批 AAA 级景区村庄。

12 月 2018 年全省优秀农产品区域公用品牌评价结果出炉：丽水山耕入选“最具影响力十强品牌”，松阳香茶入选“最具成长性十强品牌”，庆元香菇、处州白莲入选“最具历史价值十强品牌”。

12 月 浙江维康药业股份有限公司“维康速克”被国家工商行政管理总局认定为驰名商标，丽水经济技术开发区实现驰名商标“零”的突破。

12 月 2017 年云和县绿色发展指数 84.11，在全省 89 个县级城市生态文明建设年度评比中第一。

12 月 庆元县入选 2018 年省级园林城市。

2018 年全市十方面民生实事

一、优化基础教育资源供给

工作目标：减少义务教育阶段学校超标准班额班级 253 个；确保小学、初中起始年级不出现超标准班额现象；新增幼儿园学位 6000 个；新增小学学位 8000 个。

完成情况：减少义务教育阶段学

校超标准班额班级 253 个；2018 年 9 月，全市各地中小学起始年级均未出现超标准班额；新增幼儿园学位 6600 个，新增小学学位 8050 个。

二、加快截污纳管

工作目标：建成、改造污水配套管网 100 千米，其中市区建成、改造 26.7 千米；完成 52 个老旧小区、城中村雨污分流改造，其中市区完成 29 个；新建、扩建、提升污水处理厂 7 座，新增污水处理能力 10 万吨/日。

完成情况：新建成、改造污水配套管网 167.5 千米，其中市区新建成、改造 55.2 千米；完成 52 个老旧小区、城中村雨污分流改造，其中市区完成 29 个；新建、扩建、提升污水处理厂 7座，新增污水处理能力 10 万吨/日。

三、推进交通便民

工作目标：建设“四好农村路”，新建和改造提升农村公路 1350 千米；建设农村路服务站、港湾式停靠站 292 个；新建绿道 100 千米，其中市区新建绿道 10 千米；实现新能源汽车分时租赁网络全覆盖，新增充电桩 500 个；新投放新能源租赁汽车 300 辆。

完成情况：新建和改造提升农村公路 1384 千米，其中农村公路提升工程 402.7 千米，路面维修 566.5 千米，安全生命防护工程 414.8 千米；新建成农村路服务站 401 个、港湾式停靠站 12 个；新建成绿道 154.07 千米，其中市区 29.4 千米；景宁畲族自治县分时租赁网点于 2018 年 5 月 21 日上线运行，标志着丽水市实现新能源汽车分时租赁网络全覆盖；新增充电桩 660 个，新投放新能源租赁汽车 300 辆。

四、加强食品安全监管

工作目标：创成省级食品安全县（市、区）3 个；9 个县（市、区）全部建成省级农产品质量安全追溯体系县；建设城乡放心农贸市场 14 家；城区所有农贸市场、农批市场建立快速检测室并免费开放；建设乡镇农贸市场食品安全免费开放快检室 6 家；抽检各类农产品 5000 批次以上。

完成情况：莲都、云和、缙云、遂昌、景宁 5 个县（区）创成省级食品安全县（区）；青田、缙云、庆元 3 个县建成省级农产品质量安全可追溯体系县，至此，9 个县（市、区）均已建成农产品质量安全追溯体系县；完成放心农贸市场建设 18 家；城区所有农贸市场、农批市场均已建立快速检测室并免费开放；新建成乡镇农贸市场食品安全免费开放快检室 7 家；抽检各类农产品 7447 批次。

五、完善全民医保

工作目标：将不少于 20 个慢性病纳入门诊医疗保障范围；实现不少于 100 个病种按病种付费。

完成情况：33 个慢性病纳入门诊医疗保障范围；实现 110 个病种按病种付费。

六、加强医养结合的养老服务体系建设

工作目标：完善养老机构与医疗机构协作机制，全市 80%以上养老机构实现医养结合；全市 40%以上社区居家养老服务照料中心实现医养结合；每个县（市、区）开展医养结合服务的乡镇卫生院（社区卫生服务中心）不少于 3 所；建成兼具日间照料与全托服务功能的示范型居家养老中心 30 个；助餐、配送餐服务覆盖 50%以上的城乡社区。

完成情况：全市 98.59%养老机构实现医养结合；76.06%社区居家养老服务照料中心实现医养结合；全市开展医养结合服务的乡镇卫生院（社区卫生服务中心）63 家，实现每个县（市、区）开展医养结合服务的乡镇卫生院（社区卫生服务中心）不少于 3 所；建成兼具日间照料与全托服务功能的示范型居家养老服务中心 30 个；助餐、配送餐服务覆盖 875 个城乡社区，覆盖面 50.06%。

七、实施农村饮用水安全巩固提升工程

工作目标：完成农村饮用水安全巩固提升项目 200 个，受益农村人口 17 万人。

完成情况：完成农村饮用水安全巩固提升项目 214 个，受益农村人口 19.3 万人。

八、实施地质灾害隐患“解危清零”行动

工作目标：基本消除已知地质灾害隐患点对人民群众生命财产的直接威胁，完成避灾安置场所规范化建设 160 个。

完成情况：完成已知地质灾害隐患点的综合治理 471 个，完成避灾安置场所规范化建设 193 个。

九、实施精准扶贫项目

工作目标：新建“一亩山万元钱”示范基地 3000 公顷，巩固提高“一亩山万元钱”示范基地 4000 公顷，新增扶持低收入农户中蜂养殖 900 户，开发村（社区）公益性就业岗位 600 个，新增光伏小康工程装机 100 兆瓦，新建集体经济物业项目 140 个。

完成情况：新建“一亩山万元钱”示范基地 3604.13 公顷，巩固提高“一亩山万元钱”示范基地 4995.67 公顷，新增扶持低收入农户中蜂养殖1333 户，开发村（社区）公益性就业岗位 877 个，新增光伏小康工程装机 118.9 兆瓦，新建集体经济物业项目 144 个。

十、推进“厕所革命”

工作目标：新建、改造提升城区公厕 35 座；新建、改造提升景区厕所 106 座；改造农村厕所 4650 座。

完成情况：新建、改造提升城区公厕35座；新建、改扩建景区厕所 120 座；完成农村厕所改造4735座。（叶建城）

丽水概览

自然气候

【地理位置】 丽水市位于浙江省西南浙闽两省结合部。市境介于北纬27°25′—28°57′和东经118°41′—120°26′之间。东南与温州市接壤，西南与福建省宁德市、南平市毗邻，西北与衢州市相接，北部与金华市交界，东北与台州市相连。中共丽水市委、市人民政府驻地莲都区。距省会杭州292千米，距上海512千米、温州126千米、金华122千米、台州218.7千米、衢州185千米。

【地形地貌】 丽水市位于浙闽隆起区组成部分，山脉属武夷山系，主要有仙霞岭、洞宫山、括苍山，呈西南向东北走向，分别延伸西北部、西南部和东北部。海拔1000米以上山峰3573座，1500米以上山峰244座。其中龙泉市凤阳山黄茅尖海拔1929米，庆元县百山祖海拔1856.7米，分别为江浙第一、第二高峰。地势由西南向东北倾斜，西南部以中山为主，间有低山、丘陵和山间谷地；东北部以低山为主，间有中山及河谷盆地。最低处为青田县温溪镇，海拔7米。

【江溪湖泊】 区域内有瓯江、钱塘江、飞云江、椒江、闽江、赛江，被称为“六江之源”。溪流与山脉走向平行。仙霞岭山脉是瓯江水系与钱塘江水系的分水岭，洞宫山山脉是瓯江水系与闽江、飞云江和赛江的分水岭，括苍山山脉是瓯江水系与椒江水系的分水岭。两岸地形陡峻，江、溪源短流急，河床割切较深，水位受雨水影响暴涨暴落，属山溪性河流。瓯江发源于庆元县、龙泉市交界的洞宫山锅帽尖西北麓，自西向东蜿蜒过境，干流长388千米，境内长316千米，流域面积12985.47平方千米，占全市总面积78%，是全市第一大江。位于瓯江上游的紧水滩电站水库，也称“仙宫湖”。位于瓯江中游的开潭电站水库——南明湖，面积5.6平方千米，相当于杭州西湖水域面积。2008年4月29日，位于瓯江支流小溪中游河段的浙江省第二大水库——滩坑水库下闸蓄水，这是一项继新安江电站之后全省最大水电建设项目，拥有库区水面70多平方千米，水库总库容41.5亿立方米。2009年7月10日，滩坑水电站3台发电机组全部投产发电，总装机容量60万千瓦，年发电量10.35亿千瓦时，成为浙江省第二大常规水电站。2010年8月，滩坑水库更名为千峡湖，是全市第一、全省第二大湖泊。（王　利）

【气候特征】 丽水市在气候区划中隶属于中亚热带季风气候带，在区位上临近东海，受海洋影响较大，具有较明显的亚热带海洋性季风气候特征。地势多中山丘陵地貌，具有较显

瓯江行舟　（丽水市委办　提供）

著的山地立体气候特征。亚热带海洋性季风气候与丘陵山地立体气候的叠加造就丽水优越的气候环境，是中国气候养生之乡。丽水气候总体特征为“四季分明、冬暖春早，降水丰沛，雨热同步，垂直气候、类型多样”。全市常年(1981—2010年，下同)年平均气温为17.9℃，最低的1月平均气温为6.7℃，最高的7月平均气温为28.4℃。各地呈南高北低分布，最高的青田为18.6℃，最低的遂昌为17.1℃。历年极端最高气温为43.2℃(2003年7月31日出现在丽水市区)，历年极端最低气温为-10.7℃(1977年1月6日出现在缙云)。全市常年年平均降雨量为1598.9毫米，一年中有80%的降水出现在3—9月，其中6月最多为289.1毫米，12月最少仅44.3毫米。各地大致自南向北减少，最多的庆元为1746.8毫米，最少的莲都为1405.8毫米。全市常年的年平均降水日数为166.6天，3月最多为18.3天，12月最少为8.3天。各地来看，南部略多于北部，最多的云和为177.1天，最少的莲都为157.8天。全市常年的年平均日照时数1635.1小时，7月最多为215.6小时，2月最少仅84小时。各地差异不大，最多的庆元为1729小时，最少的遂昌为1575.1小时。我市的风速总体都较小且盛行东北偏东风，全市常年年平均风速在0.8—2.2米/秒之间，在地区分布上，自东南向西北地区减小。丽水市是气象灾害多发和频发区，气象灾害种类多，每年暴雨、台风、寒潮、大雪、低温、大风、冰雹、雷击、高温、干旱等各类气象灾害都会发生，容易引发流域洪涝、小流域山洪、山体滑坡、泥石流、森林火灾等次生或衍生灾害。(周国华　李叶萍)

【自然资源】 丽水市自然资源比较丰富，生态环境优越，被誉为“浙江绿谷”。生态环境质量全省第一、全国前列，生态环境质量公众满意度继续位居全省首位。2004年，全国生态环境质量评价研究报告显示，丽水市9个县(市、区)均为优秀，列全国前50位，被称为华东地区最大的“天然氧吧”“全国生态环境第一市”，其中4个县列前10位，庆元县列第一位，成为“中国生态环境第一县”。2014年7月22日，丽水市成为第一批国家生态文明先行示范区建设地区。2015年，景宁、缙云县分别通过国家级生态县创建技术评估和现场验收。2018年，丽水市生态环境状况指数连续15年全省第一，生态环境公众满意度连续11年全省第一，生态文明总指数全省第一，获全国“绿水青山就是金山银山”实践创新基地命名。丽水国家级生态文明建设示范市规划通过市人大常委会批准实施；遂昌县创成国家级生态文明建设示范县；云和成为生态环境部首批环境健康风险管理试点县；丽水被认定为省级生态文明建设示范市，庆元、缙云、松阳、景宁4个县被认定为省级生态文明建设示范县。

土地资源　根据2018年度土地变更调查显示，全市土地面积1727520.23公顷，其中，耕地174675.43公顷，园地52369.67公顷，林地1349805.68公顷，草地14931.23公顷，城镇及工矿用地43199.56公顷，交通运输用地15376.85公顷，水域及水利设施用地41781.89公顷，其他土地35379.92公顷。

森林资源　丽水市素有“浙南林海”之称。2002年开始，实施生态公益林、千里绿色长廊、退耕还林建设。全市林业用地面积146.61万公顷，其中森林面积141.15万公顷，活立木总蓄积量8597.03万立方米，毛竹立竹量4.71亿株。森林覆盖率81.7%。森林资源的特点，以针叶树最多。经过长期的植树造林，已于1994年消灭宜林荒山，1999年实现绿化达标。2010年12月23日，省关注森林组委会正式授予丽水“浙江省森林城市”称号。2012年7月9日，丽水市被全国绿化委员会、国家林业局正式命名为“国家森林城市”。2015年12月31日，国家林业局《关于2015年试点国家湿地公园验收情况的通知》(林湿发〔2015〕188号)批准同意浙江丽水九龙国家湿地公园试点建设正式通过验收，成为丽水市首个国家湿地公园。2017年9月25日，国家林业局授予丽水“全国森林旅游示范市”称号，丽水白云森林公园获“国家级森林公园”称号。至2018年，全市建有各级自然保护区6个，其中国家级自然保护区2个，省级保护区4个。自然保护区面积40320公顷，占土地总面积2.33%。

矿产资源　丽水市黑色金属、有色金属、贵金属、稀有金属及冶金辅助原料、化工原料、建材原料、非金属矿产、矿泉水、地热等矿产资源较为丰富。探明金(银)、铅锌、钼、稀土、叶蜡石、萤石、沸石、高岭土、珍珠岩、陶瓷黏土、花岗岩、建筑用凝灰岩等矿种57种，其中金属矿25种，非金属矿30种，汽水矿产2种。矿产地494处，其中，大型矿床13个，中型矿床39个，小型矿床125个，矿点317个。探明资源储量和开采的矿产26种，潜在经济价值近千亿元，其中金(银)、钼、叶蜡石、高岭土、沸石等储量居全省首位，缙云县沸石矿为全国三大沸石矿之一。

水力资源　丽水水电资源十分丰富，全市可供开发常规水电资源327.8万千瓦，约占浙江省可开发量40%。2004年，景宁畲族自治县被水利部授予“中国农村水电之乡”称号。2006年

11月，丽水市被水利部命名“中国水电第一市”。至2007年底，小水电(5万千瓦以下)装机总容量122.59万千瓦，成为全省乃至全国首个实现超百万小水电装机的地级市。全市各县(市、区)均实现农村水电电气化。至2012年底，全市建成水电站797座，总装机251万千瓦，发电量71亿千瓦时(其中农村水电794座，总装机153万千瓦，发电量50亿千瓦时)。“丽水水电”成为丽水一张金名片。至2018年底，全市建成水电站814座，总装机270.6万千瓦，发电量47亿千瓦时(其中农村水电810座，总装机162.9千瓦，发电量33.42亿千瓦时)。

生物资源　已知种子植物、苔藓植物、蕨类植物和大型真菌等4262种，其中种子植物175科，902属，2926种；大型真菌14目，51科，176属，716种；苔藓植物58科，132属，295种；蕨类植物41科，88属，325种。已知野生动物有2618种，其中脊椎动物有5纲，38目，110科，304属，505种；昆虫类20目，200科，2113种。国家重点保护珍稀动植物有植物43种，其中国家一级保护植物有百山祖冷杉、伯乐树、长喙毛茛泽泻、中华水韭、莼菜、宽距兰、红豆杉、南方红豆杉8种；国家二级保护植物有长柄双花木、福建柏、香果树、七子花、鹅掌楸、华东黄杉、白豆杉等35种。百山祖冷杉、九龙山榧、百山祖玉竹、景宁木兰为丽水市独有。动物61种，其中国家二级保护动物有华南虎、云豹、豹、梅花鹿、黑麂、金雕、白鹳、黄腹角雉、白颈长尾雉、鼋、金斑喙凤蝶等11种；国家二级保护动物有50种。2005年6月，联合国粮农组织(FOA)批准，有1200多年历史的青田县稻田养鱼系统成为首批五个世界农业非物质文化遗产保护项目之一。

旅游资源　2014年，丽水市以“生态•休闲•养生”为主题，以瓯江流域和自然山水为主线，创建“秀山丽水、养生福地、长寿之乡”生态、绿色、养生、休闲旅游品牌，相继被命名为“中国优秀旅游城市”“中国优秀生态旅游城市”“国家卫生城市”“全国文明城市”“美丽山水城市”“国家水生态文明城市”。

丽水市山清水秀，风光秀丽，是长三角地区的一块净土，全国农业旅游示范点松阳卯山、全国工业旅游示范点龙泉宝剑厂、省红色旅游经典示范区王村口镇、省首家国家矿山公园遂昌金矿、省五星级农家乐经营点松阳四都寨头摄影休闲园。全市有国家AAAA级旅游景区22家，分别是莲都东西岩风景区、丽水市古堰画乡景区、龙泉山景区、龙泉青瓷小镇•披云青瓷文化园景区、龙泉宝溪景区、中国青田石雕文化旅游区、青田石门洞、缙云仙都景区、缙云黄龙景区、遂昌南尖岩景区、遂昌金矿国家矿山公园、遂昌县神龙飞瀑景区、遂昌千佛山、中国畲乡之窗景区、景宁云中大漈、云和梯田景区、仙宫景区、庆元百山祖景区、庆元巾子峰景区、松阳箬寮原始林景区、松阳大木山茶园、松阳松阴溪景区；AAA级景区33家，AA级景区6家：省级旅游度假区6家，分别为浙江丽水瓯江风情旅游度假区、景宁畲族风情省级旅游度假区、云和湖省级旅游度假区、松阳田园风情旅游度假区、遂昌黄金省级旅游度假区、龙泉青瓷文化旅游度假区。全市有森林公园15个，其中国家级森林公园5个，省级森林公园8个，市级森林公园2个；全市获省级森林特色小镇创建镇18个，森林人家37个；新建市级森林小镇15个，森林人家特色村61个，林业体验园34个；龙泉凤阳山、龙泉披云山、松阳箬寮、庆元百山祖、庆元千岗峡大杉木林、庆元马蹄岙天然阔叶林、遂昌神龙谷、景宁望东垟、景宁大漈古树群被评为浙江最美森林。风景区内不仅广布奇峰、异洞、幽谷、流泉，还有众多的摩崖题刻、古建筑群、宗教寺观等人文景观。瓯江流域人工湖泊众多，景观如同天成。仙宫湖，周围有“夏洞天”“八仙洞”“九潭十八湾”等景观；滩坑水库(千峡湖)拥有千峡环湖壮丽景象，给人无限遐想，是丽水又一个风景如画、休闲旅游场所。

丽水9个县(市、区)均为革命老区，全市有红色旅游景点共22处，分别为岱后中共丽水县委旧址、浙西南革命根据地中心区域(松阳)遗址、龙泉市革命烈士陵园、景宁畲族自治县寨山烈士陵园、缙云县革命烈士陵园、中共缙云县第一次代表大会旧址、庆元县革命烈士陵园、缙云雪峰村革命历史展示馆、住溪苏维埃政府旧址廖家祠堂、浙西南革命根据地纪念馆、松阳革命烈士陵园、季步高烈士故居(龙泉)、庆元后坑桥(红军桥)、遂昌王村口红色古镇(中国红军王村口纪念馆)、粟裕墓(遂昌)、周恩来视察纪念碑(云和)、上田战斗纪念馆(龙泉)、万象山革命烈士纪念碑、红军挺进师斋郎战斗指挥部旧址(庆元)、中共南乡区委旧址(丽水老竹)、庆元革命老根据地县纪念碑、景宁中共第一党支部党史陈列馆等。

2006年5月，松阳高腔、青田石雕、龙泉青瓷烧制技艺、龙泉宝剑锻制技艺入选国务院第一批国家级非物质文化遗产名录。2008年6月，刘伯温传说、青田鱼灯舞、木拱桥传统营造技艺、畲族医药(痧症疗法)、畲族三月三、畲族民歌、遂昌昆曲十番被列入第二批国家级非物质文化遗产名录。2009年9月，联合国教科文组织保护非物质文化遗产政府间委员会第四次会议上，龙泉青瓷传统烧制技艺被列入人类非物质文化遗产代表作名录，成为全球第一个且是唯一一个入选人类“非遗”陶瓷类项目；包括庆元在内的浙闽两省联合申报的“中国编梁木拱桥营造技艺”被列入急需保护的非物质文化遗产名录。2011年5月，遂昌班春劝农、缙云张山寨七七会、缙云轩辕氏祭典、缙云迎罗汉被列入第三批国家级非物质文化遗产名录。2014年12月，丽水鼓词、畲族婚俗、青田百鸟灯舞被列入第四批国家级非物质文化遗产名录。2016年11月，联合国教科文组织将中国申报的包含遂昌班春劝农等在内的“二十四节气——中国人通过观察太阳周年运动而形成的时间知识体系及其实践”列入人类非物质文化遗产代表作名录。至2018年底，全市累计人类非遗项目名录3项，国家级非遗项目名录18项，省级非遗项目名录104项，市级非遗项目名录254项，省非物质文化遗产旅游景区（非遗主题小镇和民俗文化村）15个，市级非遗主题小镇16个，市级民俗文化村18个，市级非遗展示体验点37个。全国重点文物保护单位13处（近200个点），省级文保单位81处，市县级文保单位413处，其他文物保护点8000余处，占全省的1/6。

丽水市全国重点文物保护单位有丽水南明山摩崖题刻、莲都通济堰、浙江大学龙泉分校旧址、青田石门洞摩崖题刻、云和银矿遗址、庆元西洋殿、缙云河阳村乡土建筑、遂昌好川遗址、大窑龙泉窑遗址（含上垟窑址）、景宁时思寺、缙云仙都摩崖题记、处州廊桥、松阳延庆寺塔等13处。国家级、省级历史文化名城名镇名村50处。国家级历史文化名城有龙泉市，省级历史文化名城有丽水市、松阳县；国家级历史文化名镇2个，名村5个，街区1个；省级历史文化名镇9个，名村25个，街区5个。中国传统村落257处，浙江省首批省级传统村落198个（不含国家级名单）。古有明御史中丞兼太史令刘基读书处、松阳兄弟进士牌坊、龙泉剑池遗址、缙云独峰书院等人文景观，近有革命遗址遂昌县王村口红军挺进师旧址群、龙泉市水塔村中共浙西南特委驻地、莲都区厦河村中共浙江省委机关旧址、青田县东源镇周恩来题词纪念碑及畲族风情、龙泉登山、仙都攀岩、青田石雕等。丽水摄影和“巴比松”油画独具魅力，连续七届举办国际摄影节，“中国摄影之乡”称号使丽水成为摄影艺术中一颗耀眼的明珠。全市逐渐形成以畲乡文化、侨乡文化、剑瓷文化、黄帝文化、摄影文化、红色文化为主要载体的特色文化旅游。（王　利）

绿谷丛林　　（丽水市委办　提供）

历史沿革

【概况】 据龙泉市牛门岗、松阳县阴岗山、莲都区后甫及遂昌县好川遗址出土文物鉴定，新石器时代就有人类繁衍生息。

在现丽水市境内，东汉建安四年（199年）始建松阳县，东汉建安二十三年（218年）建置遂昌县两个最早县份。

隋开皇九年（589年）建处州，十二年（592年）改为括州，隋大业三年（607年）改为永嘉郡。唐武德四年（621年）复改为括州，唐天宝元年（742年）改为缙云郡，唐乾元元年（758年）复改为括州，唐大历十四年（779年）改为处州。元世祖至元十三年（1276年）改为处州路，元至正十九年（1359年）改为安南府，不久改为处州府。明景泰三年（1452年）起，处州府辖丽水、松阳、缙云、青田、遂昌、龙泉、庆元、宣平、云和、景宁10个县。清宣统三年（1911年）十一月，辛亥革命后成立处州军政分府。民国元年（1912年）撤销处州军政分府，由浙江省都督府直辖县，民国3年（1914年）属瓯海道管辖，民国16年（1927年）撤销瓯海道改省直辖县，民国21年（1932年）6月设第十一、十二县政督察区管辖，民国24年（1935年）6月改为丽水行政督察区，民国25年（1936年）4月改为第九行政督察区，民国37年（1948年）4月改为第六行政督察区，同年7月改为第七行政督察区，辖丽水、松阳、缙云、龙泉、庆元、宣平、景宁、云和8个县。

1949年4—5月，丽水全境解放。8月，设浙江省人民政府第七专区。10月，改为浙江省丽水专区。1952年1月，撤销丽水专区，各县分别划归温州、金华、衢州专区。1963年5月，恢复丽水专区，辖丽水、青田、缙云、遂昌、云和、龙泉6个县。1968年11月，改为丽水地区。1973年7月，恢复庆元县。1982年1月，恢复松阳县。1984年6月，设立景宁畲族自治县。1986年3月，撤销丽水县，建立丽水市；1990年12月，撤销龙泉县，建立龙泉市。2000年5月，撤销丽水地区，设立地级丽水市，同时撤销县级丽水市，设莲都区。7月18—19日，莲都区与丽水市先后挂牌。（王　利）

行政区划

【区划地名】 2018年，丽水市下设莲都区，辖青田、缙云、遂昌、松阳、云和、庆元、景宁7个县，代管龙泉市1个市。景宁畲族自治县是全国唯一的畲族自治县。9个县（市、区）均为“革命老根据地县”。全市有30个街道，53个镇（畲族镇1个），90个乡（畲族乡6个），112个社区，2725个行政村。（叶　珊）

人口与民族

【人口】 2018年，全市人口总户数1069533户，比2017年增加21576户，总人口数2701876人，同比增加9155人，人口自然增长率3.39‰，平均每户2.52人。其中城镇人口891993人，乡村人口1809883人。0—17岁520469人，占总人口19.26%，同比增加254人；18—34岁542549人，占总人口20.09%，同比减少8751人；35—59岁1112403人，占总人口41.17%，同比增加4391人；60岁及以上526455人，占总人口19.48%，同比增加13261人。数据显示，遂昌、云和、缙云60岁以上人口占总人口比例位列前三位，分别是21.76%、20.56%和20.01%。全市出生33002人，其中男17194人、女15808人，性别比108.76（女=100），出生率12.21‰，同比减少2.34个千分点，出生率呈下降趋势。全市省内、省外共迁入12528人，

2018年丽水市行政区划

表1　　单位：个

县（市、区）名称	街道	镇	乡	社区	行政村	乡镇街道名称
全　市	30	53	90	112	2725	—
莲都区	6	4	5	32	243	紫金街道、岩泉街道、万象街道、白云街道、南明山街道、联城街道、碧湖镇、大港头镇、老竹畲族镇、雅溪镇、太平乡、仙渡乡、黄村乡、丽新畲族乡、峰源乡
龙泉市	4	8	7	13	444	龙渊街道、西街街道、剑池街道、砝石街道、八都镇、上垟镇、小梅镇、查田镇、屏南镇、安仁镇、锦溪镇、住龙镇、兰巨乡、宝溪乡、龙南乡、道太乡、岩樟乡、城北乡、竹垟畲族乡
青田县	3	9	20	16	414	鹤城街道、瓯南街道、油竹街道、山口镇、温溪镇、东源镇、船寮镇、北山镇、海口镇、腊口镇、高湖镇、仁庄镇、章村乡、舒桥乡、贵岙乡、石溪乡、小舟山乡、祯埠乡、祯旺乡、万山乡、黄垟乡、季宅乡、海溪乡、高市乡、巨浦乡、万阜乡、汤垟乡、方山乡、吴坑乡、仁宫乡、章旦乡、阜山乡
遂昌县	2	7	11	8	203	妙高街道、云峰街道、北界镇、王村口镇、大柘镇、石练镇、金竹镇、黄沙腰镇、新路湾镇、焦滩乡、应村乡、湖山乡、濂竹乡、高坪乡、蔡源乡、龙洋乡、柘岱口乡、西畈乡、垵口乡、三仁畲族乡
缙云县	3	7	8	6	253	五云街道、新碧街道、仙都街道、壶镇镇、新建镇、东渡镇、舒洪镇、东方镇、大洋镇、大源镇、前路乡、三溪乡、双溪口乡、溶江乡、胡源乡、石笕乡、方溪乡、七里乡
云和县	4	3	3	9	168	浮云街道、元和街道、白龙山街道、凤凰山街道、崇头镇、石塘镇、紧水滩镇、赤石乡、安溪畲族乡、雾溪畲族乡
景宁畲族自治县	2	4	15	6	254	红星街道、鹤溪街道、英川镇、渤海镇、东坑镇、沙湾镇、九龙乡、景南乡、澄照乡、毛垟乡、秋炉乡、大地乡、梅歧乡、郑坑乡、大均乡、梧桐乡、大漈乡、标溪乡、家地乡、鸬鹚乡、雁溪乡
松阳县	3	5	11	13	401	西屏街道、水南街道、望松街道、古市镇、玉岩镇、大东坝镇、象溪镇、新兴镇、赤寿乡、四都乡、樟溪乡、三都乡、斋坛乡、板桥畲族乡、叶村乡、竹源乡、枫坪乡、裕溪乡、安民乡
庆元县	3	6	10	9	345	濛洲街道、松源街道、屏都街道、竹口镇、荷地镇、黄田镇、左溪镇、贤良镇、百山祖镇、安南乡、隆宫乡、五大堡乡、岭头乡、淤上乡、张村乡、江根乡、官塘乡、龙溪乡、举水乡

迁入率 4.65‰，同比减少 0.25 个千分点；迁出 16580 人，迁出率 6.13‰，同比增加 0.7 个千分点。全年机械减少人口 4052 人。（许立红）

【民族】 2018 年，丽水市有汉族和 44 个少数民族（畲族、蒙古族、回族、藏族、维吾尔族、苗族、彝族、壮族、布依族、朝鲜族、满族、侗族、瑶族、白族、土家族、哈尼族、傣族、黎族、傈僳族、佤族、拉祜族、水族、东乡族、纳西族、景颇族、土族、达斡尔族、仫佬族、羌族、布朗族、毛南族、仡佬族、锡伯族、阿昌族、普米族、塔吉克族、怒族、俄罗斯族、鄂温克族、德昂族、裕固族、京族、赫哲族、基诺族）。少数民族人口 10.69 万人，其中畲族 9.16 万人，占全市总人口 3.39%。全市有畲族自治县 1 个（景宁畲族自治县），畲族镇 1 个（老竹畲族镇）和畲族乡 6 个（丽新、竹垟、雾溪、安溪、三仁、板桥畲族乡），少数民族行政村212 个。少数民族人口 1 万人以上的县（市、区）5 个（莲都、龙泉、云和、遂昌、景宁）。（李 振）

国民经济和社会发展

【综合经济实力】 2018 年，全市地区生产总值（GDP）1394.67 亿元，比上年增长 8.2%。其中，第一产业增加值 94.76 亿元，第二产业增加值 577.79 亿元，第三产业增加值 722.72 亿元，分别增长 3.1%、9.0%和 8.1%，三大产业对经济增长的贡献率分别为 2.7%、50.1%和 47.2%。三次产业结构为 6.8:41.4:51.8。人均 GDP 为 63611 元（按年平均汇率折算为 9613 美元），增长 7.3%。

2018 年，全市实现农林牧渔业总产值 143.57 亿元，比上年增长 1.8%。实现农业增加值 94.75 亿元，增长 3.1%。其中：农业增加值 68.31 亿元，增长 2.9%；林业增加值 15.39 亿元，增长 4.1%；牧业增加值 7.92 亿元，增长 1.9%；渔业增加 2.23 亿元，增长 4.8%；农林牧渔服务业增加值 0.91 亿元，增长 10.9%。食用菌、茶叶、蔬菜、水（干）果、畜牧、笋竹、中药材、水产、油茶 9 大主导产业产值 115.13 亿元，增长 1.1%。完成粮食生产功能区提标改造 49 个，累计建成粮食生产功能区 548 个，总面积 2.99 万公顷。农业产业化组织 3037 家，农业龙头企业 444 家（县级以上）。全年新增土地流转面积 100 公顷，土地流转总量 3.697 万公顷。新培育农产品旅游地商品生产经营主体 250 家、农产品旅游地商品 306 个，实现年营销额 46.85 亿元。新增绿色、有机和无公害认证农产品 148 个，新增地理标志农产品 4 个。“丽水山耕”区域公用品牌背书农产品累计 974 个。创建省级美丽乡村示范县 1 个、示范乡镇 12 个、特色精品村 32 个，累计创建省级美丽乡村示范县 2 个、示范乡镇 32 个、特色精品村 89 个。累计发展农家乐特色村 203 个，特色点（各类农庄、山庄、渔庄）323 个，经营农户 4394 户。全年农家乐（民宿）共接待游客 3451.14 万人次，增长 23.8%；实现营业收入 41.46 亿元，增长 32.8%。年末金融系统涉农贷款余额 959.49 亿元，增长 9.4%。林权抵押贷款余额 64.34 亿元，增长 5.9%。

全市规模以上工业企业 943 家，规模以上工业增加值增长 12.2%。销售产值增长 22.8%，其中出口交货值增长 20.4%。规模以上工业中，高技术、高新技术产业、装备制造业和战略性新兴产业增加值分别增长 15.0%、9.8%、15.3%和 29.1%，占规上工业的 4.0%、33.9%、24.5%和 16.4%。新产品产值率 36.2%，比上年下降 0.4 个百分点。十七大重点传统制造业增加值增长 6.3%。规模以上工业企业实现利润比上年增长 24.3%。其中，高新技术、装备制造和战略性新兴产业利润总额分别增长 17.8%、18.9%和 30.3%。全员劳动生产率 18.58 万元/人，比上年提高 12.0%。

2018 年，全市实现服务业增加 722.72 亿元，按可比价计算，比上年增长 8.1%，增幅分别高于第一产业 5.0 个百分点，低于第二产业 0.9 个百分点。第三产业占 GDP 比重 51.89%。全年实现旅游总收入 667.88 亿元，增长 16.6%（同口径）。其中，国内旅游收入 667.62 亿元，增长 16.6%；旅游外汇收入 392.07 万美元，增长11.7%。成功创建庆元巾子峰景区、松阳松阴溪景区 2 家 AAAA 级景区，全市 AAAA 级旅游景区达到 22 家。全年交通运输、仓储和邮政业增加值 43.47 亿元，增长 2.2%。全市公路总里程 15481 千米，其中高速公路 419 千米。公路和水运完成货物周转量 82.46 亿吨千米，比上年增长 5.1%；公路和水运旅客周转量 10.72 亿人千米，下降 12.7%。铁路客运量 1105.59 万人，增长 12.3%；货运量 207.46 万吨，增长 9.9%。2018 年，全市邮政企业和规模以上快递服务企业业务收入完成 11.93 亿元，增长 18.9%；业务总量完成 27.89 亿元，增长 24.9%；快递业务量 1.11 亿件，比上年增长 31%。年末移动电话用户 263.01 万户，其中使用 3G、4G 移动电话用户 240.60 万户。固定互联网宽带接入用户 88.33 万户，增加 11.73 万户。移动互联网用户 229.54 万户，增加 14.65 万户。

【社会消费品市场】 2018 年，全年社会消费品零售总额 682.91 亿元，比上年增长 11.4%。按经营地统计，城镇消费品零售额 536.86 亿元，增长 9.9%；

乡村消费品零售额146.05亿元，增长17.1%。按消费类型统计，商品零售额576.62亿元，增长9.8%；餐饮收入额106.29亿元，增长20.9%。网络零售额350.5亿元，增长34.9%；居民网络消费210.3亿元，增长29.4%。年末登记商品交易实体市场108个，交易额344.1亿元，比上年增长2.3%。其中，1亿元以上市场49个，成交额319.55亿元；10亿元以上市场10个，成交额213.79亿元。

【固定资产投资】 2018年，全市固定资产投资项目1721个，其中新开工项目960个。省、市县长项目谋划41个，落地21个，实现省定"落地率达到50%"目标。投资4个结构指标全面完成增长15%目标，其中，民间投资增长22.6%，交通投资增长19.6%，生态环保和公共设施投资增长41.3%，高新技术产业投资增长31.3%。房地产开发投资202.33亿元，比上年增长6.2%，其中，住宅投资137.31亿元，增长8%。商品房销售面积316.77万平方米，增长19.2%；商品房销售额292.99亿元，增长20%。

【进出口总额】 2018年，全市货物进出口总额247.13亿元，比上年增长10.8%，其中，出口225.91亿元，增长10.2%；进口21.23亿元，增长17.4%。对"一带一路"沿线主要国家出口额88.11亿元，增长13.3%。新设外商直接投资项目29个，比上年增加4个；合同外资2.96亿美元，实际利用外资1.07亿美元，分别下降19.4%和50.7%。

【财政金融保险】 2018年，全市财政总收入211.18亿元，比上年增长17%；一般公共预算收入130.01亿元，同口径增长15.1%。民生保障水平进一步提高，一般公共预算民生支出341.39亿元，增长14.0%。年末，全市金融机构本外币各项存款余额2572.33亿元，比上年末增长11.4%，其中人民币存款余额增长12.4%。年末住户本外币存款余额1601.51亿元，增长15%。金融机构本外币各项贷款余额1935.92亿元，增长11.6%，其中人民币贷款余额增长11.6%。年末主要农村金融机构人民币贷款余额431.32亿元，比年初增加48.66亿元。保险业实现保费收入51.9亿元，比上年增长6.9%，其中，财产险保费收入18.8亿元，增长4.4%；人身险保费收入33.1亿元，增长8.4%。支付各类赔款及给付17.61亿元，增长6.7%，其中，财产险赔付支出10.03亿元，人身险赔付支出7.59亿元。

【文教卫科技体育事业】 2018年，全市幼儿园468所，比上年减少3.9%。在园幼儿7.52万人，比上年减少5.5%。幼儿园专任教师0.52万人，幼儿教师学历合格率为99.85%。全市小学211所，招生2.69万人；在校生16.07万人，比上年减少1%。初中74所，招生2.79万人；在校生8.23万人，比上年增长5.2%。全市各类中等职业教育学校15所，招生0.92万人，在校生2.81万人。普通高中21所，招生1.18万人，在校生3.46万人，毕业生1.06万人。全市共有普通高校3所(含独立学院及筹建院校)。高考录取率95.64%，高等教育毛入学率59.29%。义务教育中小学专任教师1.6万人，比上年增长1.8%。双师型教师占专任教师和专业课教师的比例分别为46.8%和84.9%。普通高等学校专任教师中具有硕士以上学位教师比例为38.3%。

2018年，全市有公共图书馆10个，文化馆10个，文化站172个，博物馆20个。全市综合档案馆10个。馆藏各类档案1630个全宗，共计104.3万卷124.8万件，其中已开放全宗1172个，共计35.5万卷。成功举办丽水半程马拉松赛、2018全国轮滑锦标赛、浙江省首届智力运动会等大型赛事活动。丽水运动员在各类国际性、洲际性、全国性比赛中共获得世界冠军1个，全国各类比赛冠军14个。全年销售体育彩票7.13亿元，增长71.2%。

年末，全市卫生机构1697个(含村卫生室、诊所)。其中，医院56个，乡镇卫生院188个，社区卫生服务中心(站)38个，诊所(卫生所、门诊部、医务室)562个，村卫生室809个。卫生技术人员19679人，比上年末增长3.2%，其中，执业(助理)医师8032人，注册护士8066人，分别增长1.5%和5.1%。医疗卫生机构床位数13472张，增长1.6%。

2018年，新认定高新技术企业67家，累计356家。新培育科技型中小企业195家，累计886家。全年专利申请量1.4万件，比上年增长28.4%；授权量0.74万件，增长29.5%，其中发明专利授权量381件，增长14.4%。财政一般公共预算支出中科技支出9.32亿元，比上年增长28.2%。新增"浙江制造"标准21个。年末有效期内省名牌产品101个，比上年末增加5个。

【生态环境建设】 2018年，完成更新造林面积3747.5公顷，其中，人工造林599公顷，无林地和疏林地封育74.6公顷，迹地更新3074公顷。森林抚育面积22356公顷，完成义务植树429.1万株。全市森林覆盖率81.7%。全市年平均气温18.8℃。市区PM2.5浓度平均为28微克每立方米，日空气质量(AQI)优良天数比例为95.6%。

全市96个地表水断面Ⅰ—Ⅲ类水质断面占99%，无劣Ⅴ类水质断面。县级以上城市集中式饮用水水源地水质达标率100%。跨行政区域河流交接断面中，满足水环境功能区目标水质要求断面占100%。全市城市污水处理率96.32%，比上年提高1.65个百分点。城市生活垃圾无害化处理率100%，城市用水普及率100%，城市燃气普及率99.37%。年末，累计创成国家级生态文明建设示范县（市、区）1个，省级生态文明建设示范县6个。全市建成区绿地面积3936公顷，其中公园绿地面积1276公顷，建成区绿地率35.94%，人均公园绿地面积12.83平方米。

【人民生活和社保】 2018年，全市居民人均可支配收入32245元，比上年增长9.9%，扣除价格因素增长7.2%。按常住地分，城镇常住居民和农村常住居民人均可支配收入分别为42557元和19922元，分别名义增长9.1%和10.2%，扣除价格因素分别增长6.4%和7.5%。全市居民人均生活消费支出23508元，比上年名义增长9%。其中，城镇常住居民和农村常住居民人均生活消费支出分别为29271元和16623元，增长8.3%和9.2%。年末城镇常住居民人均住房建筑面积48.8平方米，比上年末增加3.3平方米；农村常住居民人均住房建筑面积64.6平方米，增加3.9平方米。年末每百户城镇居民家用汽车拥有量38.1辆，比上年末增加2.9辆；每百户农村居民家用汽车拥有量20.8辆，增加3.1辆。

年末全市参加企业基本养老保险人数74.62万人，比上年末增加6.02万人；参加城镇职工基本医疗保险人数44.39万人，比上年末增加2.35万人；参加失业保险人数25.13万人，比上年末增加2万人；参加工伤保险人数57.06万人；参加生育保险人数28.51万人，比上年末增加1.73万人。被征地农民基本生活保障累计参保人数3.16万人。正常缴费企业职工基本养老保险退休人员月人均养老金2198元；城乡居民养老保险基础养老金最低标准155元。年末在册低保对象8.15万人，其中，城镇0.34万人，农村7.81万人。城乡低保平均标准分别为每人每月399元和372元，分别增长5.5%和23%。新增各类机构养老床位数976张，新建成乡镇（街道）级示范型居家养老服务中心30个，累计建成社区居家养老服务照料中心1842个。 （周梅珍）

体制改革

【概况】 2018年，市委全面深化改革领导小组印发《专项小组2018年工作计划》，涵盖经济体制改革工作计划27项，纳入浙江（丽水）绿色发展综合改革创新区重点改革清单，实行厅市共建和绩效考评督办。丽水市生态产品价值实现机制成功入选“改革开放40年地方改革创新40案例”，庆元学前教育补短板改革试点被列入省政府工作报告。农业水价综合改革、公路财产保险、农村渡运公交化管理改革、企业项目“最多跑一次”改革等先行先试改革在省级以上层面推广。全市新增国家级改革试点11个、省级改革试点43个。

【全国农村金融改革试点工作】 2018年，市委、市政府巩固提升农村金融改革试点重要成果，推动绿色金融发展和金融支持乡村振兴创新区建设。在全国率先开展农民住房使用权抵押贷款，龙泉、缙云、青田通过全国“两权”（农房经营权、土地经营权）抵押贷款试点中期评估。全市“三权”抵押贷款余额126.8亿元，其中，林权抵押贷款余额64.3亿元，居全省第一位，占全国总量的10%；农房抵押贷款余额53.4亿元；土地承包经营权抵押贷款余额9.1亿元。争创金融支持乡村振兴改革试验区，组织起草《丽水市金融支持乡村振兴改革试验区建设方案》及任务清单，得到杭州中支、人民银行总行研究局的认可和支持。探索开辟绿色资产证券化、绿色债券发行、绿色支付等业务，在全省率先开展食用菌、茶园特色农业种植特色保险试点。

【全国扶贫改革试验区建设】 2018年，市委、市政府全面实施“大搬快聚富民安居”工程，完成避让搬迁和工程治理项目234个，搬迁除险2.9万人，搬迁安置（安居）2.4万人。建立健全动态管理的农村困难家庭数据库，推进龙泉市、景宁畲族自治县、缙云县“光伏小康工程”建设。结合丽水国家公园创建推动生态移民搬迁安置，实施精准扶贫和转产就业。累计投入农民异地搬迁资金133.4亿元，异地搬迁转移农民11.03万户38.34万人。

【国家级旅游业改革创新先行区建设】 2018年，市委、市政府着力推进旅游土地改革，低丘缓坡旅游项目列入省“坡地村镇”试点项目。在全省率先开展全域旅游产业增加值测算课题研究，搭建全域旅游统计测算框架。市农业局发文公布两批80种禁限用农药目录，确保旅游地农产品有机无公害，全年实现销售额46.85亿元。“丽水山耕”品牌价值26.59亿元，“丽水山居”实现年营业总收入增长30%以上。出台农旅大融合三年行动计划，累计完成农旅融合集聚区“十个一”配套项目136个。强化旅游资源管控和有序开发以及旅游项目开发准入管理，落实差别化旅游用地政策，实现多方式供应旅游建设用地。建立主要用于旅游发展的市级生态产业基金。推进旅游"三化"改革，遂昌那然生命文化股份有限公司、遂昌旅游发展公司等旅游类企业成功在新三板挂牌上市。

【农村电子商务创新发展试验区建设】 2018年，市委、市政府着力打造全国农村电商示范市，出台电子商务促进政策19个，总扶持资金超过9000万元。鼓励金融系统以及本地的P2P平台开展电子商务网商信贷扶持工作。创新担保方式，循环授信。加快与阿里、京东等知名电商企业对接，共服务网商2000余家，年成交上亿元，累计各类电子商务园区16个，集聚企业600余家，在各类平台上开设活跃店铺1万余家，提供就业岗位2.6万多个，间接带动岗位8万余个。做强"丽水赶街"，全国首创乡镇级农村电商服务中心"赶街"模式，实现"消费品下乡"和"农产品进城"，有效解决"最后一公里"问题。全市建设赶街村级电商服务站8200余个，有全国电商百佳县7个，居全国第一。赶街模式推广至全国17个省(市、自治区)的43个县。在全国率先实现农村电子商务全域覆盖。至12月，全市实现农村电子商务销售额223.9亿元，其中农特产品销售额118.3亿元。

【生态产品价值实现机制试点】 2018年4月26日，总书记习近平在深入推动长江经济带发展座谈会上以102个字点赞丽水，肯定丽水市近年来在打开"两山"通道，创新生态产品价值实现机制方面的做法。中财办将丽水市探索生态产品价值实现机制形成的报告《我市在生态产品价值实现机制方面的探索和实践经验》整理上报至中央高层参阅。举办全国首届生态产品价值实现机制国际研讨会。编制《生态产品价值实现机制丽水实践典型案例集(一)》。与中科院生态环境研究中心合作，编制并发布《丽水绿色发展白皮书》和《丽水市生态系统生产总值(GEP)和生态资产核算研究报告》。成为全国首个生态产品价值实现机制试点城市。

【市场化供给改革】 2018年，市委、市政府发挥价格杠杆作用，取消供电营业收费9项，4次降低一般工商业及其他用电价格，累计降价每千瓦时0.084元。对非居民用气价格实行政府指导价，企业用气平均价格较去年每立方米降低1.1元左右。为企业减轻用电、用气负担1.56亿元。持续深化清费减负工作，"浙江丽水搭建网上竞价平台，打破垄断降低中介服务收费"被列入国家发展改革委清费减负典型案例。各地出台差别化资源要素配置政策，建立企业用地机制和供地负面清单制度，探索建立水资源价格形成机制，推进排污许可证"一证式"管理试点。全年完成交投、城投等五大国有公司组织架构设置。

【"亩均论英雄"改革】 2018年，市委、市政府出台《丽水市深化"亩均论英雄改革"实施意见》，制定《丽水市制造业行业新增项目投资强度和产出效益规范指南》，开展低效地整治。全市804家规上工业企业和1190家规下工业企业完成2017年度绩效综合评价。全面完成并实施"区域能评+区块能耗标准"改革。全市799家企业参与电力直接交易试点，减轻企业负担近5000万元。

【农业供给侧改革】 2018年，市委、市政府通过创建"丽水山耕"等标准体系，提高农(林、水)产品品质及竞争力，实现农业与主题村落、电子商务、文化创意的有效链接和效益叠加。构建农业公共服务体系，举办"丽水生态精品农业博览会"等活动，带动"丽水山耕"子品牌产品价格增值。农投公司以投资参股等方式，与丽水蓝城农科检测有限公司等13家企业结成利益共同体，形成市场化的全产业链农业公共服务体系。

【推进农民工返乡创业试点】 2018年，推进庆元县、云和县等6个县(市、区)农民工等人员返乡创业试点，提炼推广莲都"浙里贷""云和师傅""龙泉凤归巢计划""庆元农旅融合产业带"等县域特色举措，全市返乡创业农民工约12万人，成为参与乡村振兴、促进农民增收的一支重要力量。

【"一县两试点"改革】 2018年，全市深化县域特色改革课题研究，编制2018年"一县两试点"改革清单，涉及县域重大改革任务18项，各项改革基本形成实例。景宁民族地区城乡融合发展改革试点上升为省级试点，庆元农村学前教育补短板改革试点写入省政府工作报告。提升景宁畲族自治县"飞地经济"(在外地建工业园、购置地产创收)探索改革试点经验，以生态产品价值实现机制试点为契机，在全市层面探索推进"飞地"双向互飞改革试点。

【华侨经济文化试验区】 2018年，青田有33万华侨遍及世界120多个国家和地区，华侨人数占全省华侨的1/6，建设华侨经济文化合作试验区对带动海外华侨参与"一带一路"建设能发挥重要的示范作用。5月，《关于设立浙江(青田)华侨经济文化试验区的构想》在全省对外开放大会上获省委书记车俊支持，试验区建设纳入省委省政府《关于以“一带一路”建设为统领构建全面开放新格局的意见》和《浙江省打造“一带一路”行动枢纽计划》中。12月，省人民政府正式批复《浙江（青田）华侨经济文化合作试验区建设方案》，试验区以“侨”为桥，全力谋划建设侨乡进口商品城、中国农产品采购中心、世界红酒咖啡品牌中心、欧陆风情体验区、华侨创业创新基地、石雕文化产业基地、华文教育合作示范区、海外系列青田华侨站、欧洲国际产业合作园、华侨国际文化交流平台等10个平台，推进贸易通关体制机制、跨境电子商务试点、华侨双向投资服务机制、华侨金融服务便利化、华侨回乡安居体制、华侨回归创业创新服务体制、国际化数字文创产业发展机制、华侨参与社会事业改革发展试点、华侨版山海协作体制机制、华侨公共外交与参政议政机制等10项改革。

【特色小镇建设】 2018年，召开特色小镇现场推进会，全面落实市人大视察、政协民主监督特色小镇成果。万洋低碳智造小镇、龙泉汽车空调小镇进入第三批省级培育小镇名单。全市有省级特色小镇18个，居全省第三，全面构成以省、市级特色小镇为支撑的“两轮”驱动创建形态。莲都古堰画乡小镇连续3年荣获省级考核优秀等次，龙泉青瓷小镇、庆元香菇小镇获得良好等次。梳理形成千亿元特色小镇招商项目库，纳入省经合办对外招商项目库，青瓷小镇国际瓷艺酒店、郎奇白桥康养小镇等重点建设项目落地，畲乡小镇、宝剑小镇、茶香小镇、香菇小镇等招商项目签约，全年完成特色小镇投资179.09亿元，完成年度投资计划的119.39%，累计完成投资389.62亿元。

【公务用车制度改革】 2018年，市委、市政府编制出台《丽水市企事业单位公务用车制度改革总体方案》，启动并基本完成企事业单位车改方案批复、涉改司勤人员安置、涉改公车处置，建立企事业单位车改后公务保障制度，企事业人员车改范围内公务出行实报实销。 （叶 芳）

个体私营（民营）经济

【个体私营经济概况】 2018年，全市场监管系统紧扣市委、市政府、省局部署要求，市县联动，“最多跑一次”工作亮点纷呈。在全省率先推进涉企证照工商通办改革，市县全部实现通办。在开发区试点“证照分离”改革，取消审批、审批改备案、实行告知承诺事项共17个，企业开办时间从原来7个工作日压缩到3个。全省首个实现市县乡村“全域一证”通办，获《浙江新闻联播》点赞。外资企业登记“一口受理”工作得到常务副省长冯飞和常务副市长林亮批示肯定。

截至12月31日，全市共有各类市场主体228650户（个），比2017年同期增加10.12%，其中内资企业44528户，同比增加16.12%；外资企业337户，同比增加2.43%；农民专业合作社6692户，同比下降5.71%；个体工商户177007户，同比增加9.4%；集团80个，同比增加6.67%；常驻代表机构6个，同比增幅50%。

2018年，全市新增注册商标9539件，同比增长82.95%，累计44319件，其中新增农产品商标1335件，同比增长95.75%，累计5881件；新增地理标志证明商标7件，地理标志证明商标总数累计31件，首次跃居全省首位；新增集体商标10件（丽水山耕7件、不灭窑火2件、童话云居1件），同比增长42.86%；共查处商标违法案件129件，同比增长63.29%。

【个体劳动者协会、私营（民营）企业协会】 2018年，全市有个协会员147020户，比2017年增长8.9%，从业人员233888人，同比增长8.4%。其中，女性58693人，占39.9%；少数民族3420人，占2.3%。文化程度研究生169人，本科2539人，大专21727人，高中专62039人，初中以下60546人，高中以上人数占会员数58.8%。私营企业会员34427人，同比增长28%，其中女性有4389人，占12.7%；少数民族为702人，占2%；文化程度研究生319人，本科以上3754人，大专以上8293人，高中专10875人，初中以下11186人，高中专以上人数占会员数67.5%。私营企业会员中有工会组织4023个、党组织791个、团组织333个；全市个私会员中有当选为省、地、县人大代表215人，当选为省、地、县政协委员311人，当选为省、地、县劳动模范53人。全年个私会员共向社会各项公益事业捐款91.45万元。

【开展品牌建设】 2018年，全市有地理标志商标31件，跃居全省第一，全国区域品牌现场会在丽水市召开。新增“浙江制造”标准立项33项，正式发布21项。“丽水山耕”认证标准体系全面构建完成。全市11家企业13个产品通过“浙江制造”品牌认证，58家企业72个产品通过“丽水山耕”品牌认证。新增省、市名牌产品共99个。

【开展“纪念建党97周年志愿服务周”活动】 为迎接中国共产党建党97周年，市场监管局、市个民企联合会系统开展“纪念建党97周年志愿服务周”活动。全市各地民个协党组织、党员志愿服务队结合个体党员日常生产经营实际，开展一系列主题鲜明、内容丰富、形式多样的志愿服务活动，赢得广大群众的普遍好评。全市系统在此次服务周共开展志愿服务活动32场次，共15支志愿服务队、642名党员参与活动。（邓 媛）

群众性精神文明创建活动

【经常化文明城市创建】 2018年，丽水市以“丽水之干”担纲“丽水之赞”，不断推进经常化创建文明城市工作。严格按照《浙江省城市文明程度指数测评》《全国文明城市测评体系操作手册网上申报部分》及中央文明委确定条目上报文明城市测评申报材料。在年度浙江省城市文明程度指数测评中，丽水首次夺取全省第一。龙泉、庆元、松阳等县通过省级文明县城复评。

完善周巡查机制，每周围绕一个主题开展专题巡查，开展公益广告、占道经营、礼让斑马线等专题巡查28个。完善月督查机制，每月对市领导交办事项和巡查所发现问题交办事项完成情况进行督查。完善经常化点评机制，8月8日，市长吴晓东出席经常化创建文明城市工作点评会。10月9日，市委副书记李锋出席经常化创建文明城市工作点评会暨城市文明程度指数提升工作推进会。完善年度考核机制，印发《2018年度丽水市经常化创建文明城市工作督查考核办法》，考核结果纳入市委、市政府年度综合考核，莲都区加扣1分、开发区加扣0.5分、市直部门扣3分。建立问题曝光机制，在《处州晚报》和《老白谈天》栏目开设“常创文明城曝光台”，对经常化创建文明城市工作中责任单位履职不力问题和市民反映强烈的热点难点问题进行曝光。完善责任清单制，下发《浙江省城市文明程度指数测评体系任务分解表（2018版）》和《丽水市迎接浙江省城市文明程度指数测评工作任务清单》责任分工78份。

市文明委印发《丽水市深化全国文明城市创建“百日提升行动”方案》，组织开展文明交通提升、市容环境优化、社区（城中村）环境综合整治、基础设施优化、“六小行业”规范、公益广告提质、“书香处州”培育等七大行动。交通违法行为整治、主次干道失管空地维护、公益广告提质行动、“书香处州”培育行动等项目已全面铺开，取得阶段性成效。“六小行业”规范管理、储备土地内外绿化保洁、违规使用蜂窝煤整治、城中村“六乱”专项整治等项目进展顺利，但“四小车”和丧事扰民整治有待加大力度。

印发《关于开展“人人成园丁 共建共享美丽幸福大花园”活动实施方案》。开展“微笑丽水”文明礼仪推广、全域礼让斑马线、“排队守秩序我最美”、“万朵鲜花送文明”等系列活动，人人争当“最美”园丁。开展“不文明行为大家拍”“不文明行为我评议”等系列活动，人人发现“花园之陋”。开展“万人共建文明城”志愿服务、“全民巡城创文明”、市直单位路段包干、“洁净城乡万人行”全民大扫除、垃圾分类“八进”等系列活动。

召开经常化创建文明城市工作季点评会暨城市文明程度指数提升工作推进会，市委市政府领导部署迎测工作。制定《丽水市迎接2018年度浙江省城市文明程度指数测评方案》，开展各单位迎测对标整治。开展全天候巡查、督查、指导，对点位进行拉网式检查。动员广大干部、市民群众争当文明好市民，争做文明志愿者，重点开展市直单位“路段包干”巡查、路口文明交通志愿服务、排队守秩序志愿服务等活动，协调莲都区、丽水生态产业集聚区（开发区）做好迎检工作。（夏贻索）

9月6日，外国友人志愿者在行动　　（余 媛 提供）

【“最美丽水好人”品牌建设】 2018年，丽水市坚持每季度评选“最美丽水好人”，共评出“丽水好人”57人，入选“浙江好人榜”28人，入选“中国好人榜”2人。以弘扬友善、诚信、勤学、敬业、孝敬、节俭等中华优秀传统美德为重点，广泛开展道德模范和身边好人学习宣传“六进（进机关、进学校、进农村、进企业、进社区、进军营)”活动。健全好人关爱帮扶机制。2018年4月,推出见义勇为先进人物免费公交乘车IC卡,首批93位获得国家、省、市、县四级政府表彰的见义勇为先进人物享此优惠。8月,推出“丽水全域旅游惠民卡”,面向市级以上道德模范、劳动模范、丽水好人、见义勇为先进个人等免费办理“特惠卡”。10月,推出“慈孝卡”,为在丽水的全国、省级、市县级道德模范、丽水好人、文明家庭、“五好”家庭、书香家庭、最美家庭、好婆媳、好少年、“六星”(孝老文明星、生态文明星、信用文明星、爱心文明星、文体文明星和致富文明星)、“六型”(孝老文明家庭、生态文明家庭、爱心文明家庭、家教文明家庭、文体文明家庭、廉洁文明家庭为主要类型)等慈孝人物提供专属金融服务,在全社会形成“好人有好报”鲜明导向。

【好家风建设】 2018年,市文明委命名表彰200户市级文明家庭,继续开展以孝老文明星、生态文明星、信用文明星、爱心文明星、文体文明星和致富文明星为主要内容的六星文明户(农村)和孝老文明家庭、生态文明家庭、爱心文明家庭、家教文明家庭、文体文明家庭、廉洁文明家庭为主要类型的“六型”文明家庭(城市社区)创建活动。开展日常行孝全民行动,发动全市人人参与做好一天一问候、一月一交流、生日一份礼、清明一祭祖、过年一团聚等日常行孝“五件事”,大力弘扬慈孝齐家好家风。完善家风馆、农村文化礼堂家风家训宣传栏等阵地建设。常态化开展丽水好家风好家训征集、丽水好家风宣传展示等形式多样“传家训、立家规、扬家风”等主题活动,推动家训“挂厅堂、进礼堂、驻心堂”。推进常态机制建立,将文明家庭创建融入村落文化、校园文化、企业文化、机关文化建设中,列入考核与激励体系,遂昌县探索推出干部慈孝考察“五步法”(书面述职、民主测评、个别面谈、走访了解、查阅资料)、缙云县大力实施慈孝文化“五个百工程”(编选百例慈孝故事、选树百名慈孝典型、打造百个慈孝基地、组建百支慈孝志愿服务队、举办百场慈孝故事会)工程,让好家风成为生活方式、生活常态。

【深化文明村镇创建】 2018年,丽水市获评浙江省文明乡镇5个、省文明村26个,市委、市政府命名表彰丽水市最美文明乡镇3个、最美文明村3个、生态文明村49个。结合小城镇环境综合整治行动,实施“小城镇文明行动”三年行动计划。2018年初,47个乡镇通过浙江省小城镇文明行动年度测评,其中莲都区大港头镇、龙泉市竹垟乡、云和县赤石乡被选树为浙江省小城镇文明行动样板小城镇。推进2018年度74个小城镇“垃圾不落地、出行讲秩序、办酒不铺张、邻里讲和睦”四项行动。启动实施文明村镇创建三年培育计划,将培育工作与实施乡村振兴有机结合,推动文明村镇创建扩面提质,全市县级及以上文明村建成率68.7%。

【全面开展乡风文明建设大行动】 2018年6月6日,市委、市政府召开全市乡风文明建设大行动动员大会,以视频会议形式开到县(市、区)、乡镇和行政村,市委、市政府主要领导出席会议并讲话。市委印发《丽水市乡风文明建设大行动工作方案》,市政府发布关于开展婚丧喜事陋习治理通告,市文明委出台《丽水市弘扬慈孝文化实施方案》等4个专项行动实施方案。市委组织部印发《关于市管干部带头示范移风易俗、模范遵守简办婚丧喜事的函》,市直机关党工委组织全体市直机关党员、入党积极分子签订《带头移风易俗简办婚丧喜事承诺书》,市民政局印发《丧葬陋习整治行动实施方案》。各县(市、区)将市政府“6号通告”有关移风易俗倡导性内容纳入村规民约、农村婚丧喜事约定书中,农村党员干部群众自觉签订。全市行政村开展村规民约修订工作,红白理事会实现全覆盖。青田、遂昌、缙云、松阳等县探索礼堂婚礼、集体婚礼等“新时代我们的婚礼”婚事新办模式,节省开支,倡树文明新婚俗。龙泉、遂昌等县推出乡风文明建设道德积分存折(卡)。

【新时代文明实践中心试点工作】 2018年3月28日,根据中宣部部署,省委宣传部、省文明办确定在丽水的遂昌县和嘉兴的海宁市开展新时代文明实践中心建设试点工作。在省委宣传部的指导下,市、县积极探索创新,建成县级文明实践中心1个、乡镇(街道)文明实践所20个、文化礼堂文明理事会87个、特色文明实践点316个,形成文明实践电子地图。在全省率先创新开发新时代文明实践电视平台,提升“智慧礼堂”建设,设立“新农民文明银行”,选树“新时代好农民”,探索“联户帮”等农村志愿服务新模式,受到省委宣传部领导充分肯定。 (潘蔚畅)

【文明单位(窗口)创建】 2018年,丽水市做好省级、市级文明单位推荐评选和复评工作,市公路管理局直属分局等21家单位获省级文明单位称号,市公共交通有限公司等14家单位评选为市级文明单位。开展窗口行业“最美服务标兵”评选,评选表彰交通、医疗、金融、旅游等窗口行业“最美服务标兵”100人,推进“重品行、树形象、做榜样”活动,提升窗口行业服务质量。各级文明单位持续开展新一轮“城乡结对、共建美丽乡村”活动。继续办好道德讲堂总堂活动，累计举办50期。

【“我们的节日”主题活动】 2018年，丽水市在春节、清明、端午、中秋、重阳等传统节日，组织开展“我们的节日”主题活动，弘扬中华优秀传统文化和传统美德。把“我们的节日”主题活动与各项群众性精神文明建设活动有机结合起来，打造一批传承中华文化、建设精神文明的响亮品牌。丽水乡村春晚连续举办38年，全市创成乡村春晚示范县6个，示范县自办村晚行政村覆盖率43%。2018年春节期间，开展全国乡村春晚百县万村网络联动活动，全国共2.6万多个村参与丽水乡村春晚模式联动。

【完善未成年人思想道德建设工作机制】 2018年，丽水市完善健全未成年人思想道德建设工作检查考评制度，促进全市未成年人思想道德建设工作。继续强化教育、民政、文化、团委、妇联、残联、关工委等部门常态化工作品牌建设。健全完善学校、家庭、社会“三结合”教育网络。全市心理健康辅导C证持证率85%以上。12所学校列入全省2018年中小学心理健康教育示范点建设项目。莲都区社区未成年人活动场所、社区家长学校实现全覆盖，社区未成年人心理咨询室常态化开展各类活动，暑假期间组织开展“七彩夏日 快乐成长”等170余场。

【深入开展未成年人思想道德教育实践活动】 2018年，丽水市广泛开展“扣好人生第一粒扣子”主题教育实践活动，深化“我的中国梦”和社会主义核心价值观教育。利用“七一”、国庆等节假日，开展“礼敬先烈先辈”“童心向党歌咏”“向国旗敬礼”等主题活动。举办全市第七届未成年人道德文化节、首届未成年人思想道德建设工作创新大赛，评选创新品牌28个，推动全市未成年人思想道德工作项目化、品牌化。广泛开展学习和争做“新时代好少年”学习宣传活动，评选市级“新时代好少年”100人、省级“新时代好少年”1人。组织开展第三届优秀童谣征集、推广、传唱活动，共征集童谣700余首，评选优秀童谣58首，推动形成全社会关爱未成年人浓厚氛围。

12月4日，丽水市举行第二届青年公益风尚季活动 （余 媛 提供）

【广泛开展文明校园创建活动】 2018年，丽水市全面推进文明校园创建活动，莲都小学获评全国文明校园，丽水市实验学校等6所学校入选全国文明校园先进学校。组织开展第二届文明校园评选工作，命名表彰市级文明校园15所。广泛开展文明班级、文明寝室、文明师生评比活动，借助报纸、电视、网络等宣传平台，利用校园内黑板报、宣传窗、显示屏等宣传阵地，广泛宣传文明校园创建工作，营造浓厚氛围。以文明校园为抓手，广泛开展德育特色活动，推进中小学社会实践基地建设，全市建成中小学生社会实践基地176个。

【加强乡村学校少年宫常态化管理】 2018年，乡村学校少年宫常态化管理工作实行文明办牵头、教育部门实施、财政部门经费保障、有关部门配合、全社会参与工作机制。加强乡村学校少年宫项目管理平台使用，做好乡村学校少年宫档案资料更新。承办2018年全省“春泥计划”实施工作暨乡村学校少年宫项目管理培训班。利用放学时段和清明、端午等传统节日，组织开展道德实践、社会体验、能力提升等各类活动5.5万余场次。深化乡村学校少年宫与“春泥计划”相结合工作机制，继续推动“春泥计划”项目在农村文化礼堂有效落地，形成资源共享、优势互补良好局面。 （吴美香）

“平安丽水”建设

【概况】 2018年，丽水市认真贯彻落实省委、省政府关于平安建设和综治工作一系列决策部署，坚持以“丽水之赞”为引领和动力，聚焦聚力“丽水之干”，全力助推全市高质量绿色发展。连续14年（2005—2018年）被省委、省政府命名为“平安市”。2018年度，人民群众安全感满意度97.74%，高于全省平均数0.9%，连续5年位居全省第一；平安建设参与率66.85%，高于全省平均数6.85%，连续3年位居全省第一；平安建设知晓率89.62%，高于全省平均数1.74%，位居全省第三。社会治安持续好转，刑事案件发案数、治安案件受理数，同比分别下降8.57%、23.44%，连续7年实现命案全破；信访形势总体良好，赴省上访批次人次同比分别下降17.3%和20.7%；进京上访批次人次同比分别下降43.3%和39.5%，实现进京零非访；各类安全生产事故发生起数、死亡人数，同比分别下降33%和25.9%；道路交通事故起数同比下降9.65%；火灾发生起数同比下降33.54%，火灾死亡人数连续2年控制在个位数；较大及以上安全生产事故连续4年零发生；风险防控措施得力，实现“四个没有发生”事件（没有发生暴力恐怖事件、没有发生大规模群体性事件、没有发生个人极端暴力案（事）件、没有发生重大舆情炒作事件）。

【连续第14年被省委、省政府命名为“平安市”】 2018年，丽水市平安建设工作考核获全省第二，连续第14年被省委、省政府命名为“平安市”。市委、市政府主要领导率先垂范履行“第一责任”，分管市领导亲力亲为推动工作落实。市委政法委当好党委政府参谋部、服务部，推动平安建设“上会入文”，向市委常委会专题汇报政法工作12次。市委四届四次全会报告明确“确保夺得省星级‘平安金鼎’，向着夺取‘长安杯’目标不懈迈进”目标。制定下发平安综治考核实施办法、过程性指标排名赋分办法、专项工作项目化实施方案等配套文件。先后召开市委政法工作会议、全市深化平安丽水建设工作会议、全市政法信访创新工作会议，举办2018年度基层平安综治领导干部培训班。全市开展平安暗访检查3次。总结推广缙云县平安创建“三清单六机制”（责任清单、风险清单、问题清单，化解整治机制、平安月检机制、保分保障机制、对接协调机制、督查督办机制、战时维安机制）做法。以“平安报表”“三张清单”为载体，及时分析研判形势，加强督促检查指导，推进平安创建常态化、精细化、精准化。突出综合协调优势，层层签订个性化平安综治目标管理责任书，扎实开展月报月评、季度分析工作，推动各地各部门落实平安创建责任。大力开展平安宣传，编印发放2018年平安建设工作手册。

【制定出台《平安丽水2025行动纲要》】 2018年，丽水市在获得“平安金鼎”和“全国综治优秀市”的新起点上，市委办制定出台《平安丽水2025行动纲要》，坚持以基础更实、机制更全、水平更高、群众更满意为目标，以“十大能力提升行动”为工作重点，谋划平安丽水中长期建设方向和路径，为丽水市高质量绿色发展和建设更高水平平安丽水提供有力保障，确保到2025年夺取全国平安建设最高奖项“长安杯”，实现丽水市由“平安”迈向“长安”。

【群众安全感连续5年全省第一】 2018年，平安丽水建设坚持以人民为中心，充分发动群众、依靠群众，创造出许多共建平安、共享平安好经验。全市人民群众安全感、知晓率、参与度分别是97.74%、89.62%、66.85%，比省平均水平分别高出0.9%、1.74%和6.85%，分别列全省第一、第三和第一，其中人民群众安全感连续5年、平安建设参与率连续3年位居全省第一。

【服务绿色发展专项行动】 2018年，全市政法干部始终绷紧安全稳定这根弦，全力维护全市社会大局和谐稳定。设立综合审判团队专司环境资源审判，建立刑事、民事、行政“三审合一”审判模式；成立全省首个市级生态检察部，开展涉环境保护六大专项监督行动，全年共办理公益诉讼案件488起，居全省首位；依托项目警官、河道警长制等，侦办食药环案件225起；开展打造最佳营商环境法律服务专项行动，实现公共法律服务县乡村全覆盖。全面开展打防电信网络诈骗行动，成功侦破一批大要案件，直接为群众挽回损失1000多万元，返还被害人300多万元。精准打击经济领域违法犯罪，特别是相继破获假冒“艾莱依”注册商标案、非法侵占“纳爱斯”企业资产案，依法保护地方特色知名品牌。开展信访积案“清零战”，办结国家信访局交办积案25件，9件省局交办全部息诉罢访。开展“全科网格规范提升月”活动，提升专职网格在线率、重点人员走访率、重点场所走访率三项指标。景宁“域外网格”社会综合治理新模式、青田运用“侨海通”实现跨境视频调解等得到省委、省政府领导肯定。开展为期2个月的驾乘超标电动车摩托车戴头盔专项整治行动，头盔佩戴率达到95%左右，交通事故死亡人数同比下降31.75%。建立食品安全数字化监管模式，食品安全满意度连续10年位居全省第一。开展高层建筑和出租房消防安全专项整治行动，发现并督改火灾隐患1万多处。

【扫黑除恶专项斗争】 2018年，丽水市按照中央、省委决策部署，推进扫黑除恶专项斗争。1月23日，全国扫黑除恶专项斗争电视电话会议召开，中央、省委先后多次作出决策部署，丽水市委第一时间制定了工作方案，下发《关于全面开展扫黑除恶专项斗争的通知》，稳固搭建为期3年的行动方案基本框架。全年全市召开扫黑除恶专项斗争领导小组会议3次，就不同阶段工作重点进行全面部署。市委常委会先后3次听取专题汇报，对推进全市扫黑除恶工作向纵深发展提出建设性意见。市纪委监委、市委组织部、市委宣传部等重点部门制定下发扫黑除恶专项斗争方案，各县（市、区）及同级职能部门紧密衔接、完善方案、协同推进。市、县两级迅速建立组织架构，成立以政法委书记任组长的扫黑除恶专项斗争领导小组，并设立综合协调、侦办打击、执纪执法、基层组织建设和宣传报道5个工作专项组，并抽调业务骨干组成实体化运作专班。市扫黑办积极协调各专项组、成员单位，多次召集形势分析会、专题工作会议和案件会商会议，凝聚合力，提升黑恶打击和“打伞破网”质效。深化宣传发动，确定8月份为扫黑除恶专项斗争集中宣传月。会同市委宣传部、市公安局联合出台《全市深化扫黑除恶专项斗争宣传工作实施方案》，形成“铺天盖地、遍地开花”宣传势头，实现“五个到位”宣传效果。坚持考核导向，制定《丽水市扫黑除恶专项斗争赋分排名办法》，并实行每月排名赋分通报，层层传导压力，全力推进扫黑除恶专项斗争各项工作。至年底，全市共收网涉黑涉恶团伙48个，九类涉恶案件立案355起，采取刑事强制措施1276人，逮捕469人，移送起诉819人，已判决9件20人，生效判决7件18人；发现党员干部、公职人员涉黑涉恶腐败和“保护伞”问题线索82件。

【推广应用政法机关一体化办案系统】 2018年，丽水市按照省政法委统一部署，按照“全案上线，实现跨政法部门业务网上协同全覆盖，形成线上业务办理闭环”总体目标，分前期推广、提质扩面、全面应用、深化应用4个阶段步骤，全面实现政法各部门之间办案协同应用，提高办案效率，有效破解案多人少困局。

【维护社会大局稳定】 2018年，丽水市开展全市社会风险隐患排查整治专项行动，围绕风险隐患逐一落实化解责任。全市排查调处各类矛盾纠纷7万余件，调处率与调处成功率分别达98.91%和99.27%。开展涉稳突出问题摸排化解工作，集中处置276件。完成重大决策社会稳定风险评估项目169件，10件省级挂牌督办重大矛盾纠纷全部化解到位，61个省平安暗访发现问题全部整改到位。强化重要部位安全保卫，落实重点领域“六大实名制”管理；开展互联网金融风险排查，防范化解P2P平台不稳定风险。对全市检察机关2015—2017年度已办结的不起诉案件进行专项执法检查。审批司法救助案件4件并实现息诉罢访，发放联动救助资金14.5万元。牵头协调有关部门解决执行难有关问题。集中开展涉法涉诉信访积案化解，55件省交办积案已化解52件，化解率94.5%。做好9件省市领导批示督办件办理工作，做好省委第四巡视组接访点涉法涉诉信访工作小组有关工作，集中交办179件，办理日常来电来信来访97件。深化司法体制综合配套改革，研究提出具体措施，推动解决全市员额法官检察官配套待遇问题。积极加强执法执勤车辆管理信息系统建设，推动车辆纳管和车辆基础数据、定位数据上载。推进涉案财物管理中心建设，在全省首创政银合作模式和涉案财物网上拍卖做法，9县（市、区）全部建成并投入运行。

【“一体两翼”体系建设】 2018年，丽水市按照省委政法委统一部署，打造以乡镇（街道）党委政府为基层社会稳定责任主体、以筑牢防线和守住底线为两翼的“一体两翼”工作体系规范。凸显“关口前移、责任明晰，机制健全、流程规范，注重联动、提升效能”等特点，结合丽水市实际，规范大、中、小乡镇（街道）分类建设标准，强化对重点领域、重点群体、重点人员涉稳风险等问题的深度排查，充分发挥基层发现矛盾问题、化解矛盾纠纷、防控风险隐患的第一道防线的任用。截至年底，全市173个乡镇（街道）全部完成建设，确立以建设“2.0版全科网格”为抓手，聚焦重点事、重点人，筑牢“防火”防线；以建设运行“一三五”（一个预案，《涉稳突发事件应急联动处置预案》；三项机制，涉稳信息收集整合研判机制、突发事件应急处置力量整合调度机制、后续化解稳控机制；五类流程，指非正常死亡、征地拆迁、劳资纠纷、公共安全、特定诉讼群体等五类最可能发生的涉稳事件处置流程）涉稳处置机制为抓手，确保涉稳事件发现在早、扑灭在小，守住“灭火”底线的工作格局。

【总结提升推广“枫桥经验”】 2018年，丽水市坚持问题导向，从基层基础抓起，从群众不满意的地方做起，全面谋划和推进全市平安综治工作。固化完善“平安报表”管理法，通过年初一纸责任状、每月一张体检单、每季一个分析会、半年一份督查书、年底一张考核单的“五个一”工作机制，及时分析、研判和通报平安建设形势，推动工作措施落实。对标对表基层社会治理"六大工程(全科网格规范提升工程、"三治融合"基层社会治理体系建设推广工程、社会组织参与社会治理规范提升工程、"互联网+"社会治理深化提升工程、社会心理服务体系建设推广工程、流动人口管理服务提升工程)",不断总结提升推广新时代"枫桥经验",海外"枫桥经验"、山区"枫桥经验"、省际"枫桥经验"等亮点纷呈;龙泉市"心防"服务体系、青田县"不诉不捕"案例入选"枫桥经验"中央政论片,入选省级宣传片3例,入选《新时代"枫桥经验"100例》8例。

【提升全科网格规范工程】 2018年,丽水市委政法委把省政法委每月通报的压力化为动力,加强网格员业务培训,落实网格员待遇补贴保障,健全网格责任捆绑追究机制,规范推进综治中心建设,优化调整网格5289个,整合网格员1.1万人、经费7739万元,全面夯实基层基础。按照"盆景"变"风景","风景"变"全景"要求,实行"1+X"品牌计划,先后培育形成莲都区阳光票决、龙泉市心访、青田县涉侨服务中心、云和县老李帮忙团、庆元县五台合一、缙云县"110"联调中心、遂昌县政企社共建、松阳县民情地图等一批典型做法;第三方医调、域外网格、陈尸清零、生态检察、海外平安建设、不戴头盔专项整治等一批做法获省委领导批示肯定。扎实推进"雪亮工程"(以县、乡、村三级综治中心为指挥平台、以综治信息化为支撑、以网格化管理为基础、以公共安全视频监控联网应用为重点的群众性治安防控工程)国家级重点支持城市项目建设。全市共建成一类点位2.13万路,完成目标的107.18%;联网整合二、三类点位7.11万路,完成目标的113.35%。 (朱冯梁)

2018年市和县(市、区)机构及负责人名录

【中国共产党丽水市委员会】
书　记:史济锡(至2018年2月)
　　张　兵(2018年2月至6月)
　　胡海峰(2018年6月始)
副书记:朱　晨(至2018年1月)
　　吴晓东(2018年1月始)
　　李　锋(2018年8月始)
常　委:卫中强
　　方　向(至2018年10月)
　　葛学斌(至2018年8月)
　　范金华　林　亮
　　任淑女(女)
　　方文军(2018年10月始)
　　方健忠　杜兴林
　　王小荣(2018年11月始)
秘书长:叶　青
副秘书长:蔡　昉　李忠伟
　　周光洪
　　罗孝林(至2018年6月)
　　陈志斌　吴善印
　　廖宝云(女)　刘云华
　　叶建利(2018年6月始)
　　郑家彪

【丽水市人民代表大会常务委员会】
主　任:虞红鸣
副主任:陈建波　朱继坤　戚永远
　　沈根花(女)　杜光旻
　　邹培书　郑力平
秘书长:吴小平
副秘书长:张金禄　吴一平　颜小云
　　姚朝阳　郑永清
人大常委会办公室
主　任:张金禄
副主任:蔡培新
党组书记:吴小平
党组副书记:张金禄
人大常委会研究室
主　任:吴一平
副主任:潘利军
人大常委会代表与选举任免工委
主　任:叶晓勇
副主任:张延福
人大常委会法制工委
主　任:张云高
副主任:陈仰勇
人大常委会内务司法工委
主　任:胡振文
人大常委会财经工委
主　任:谢志伟
副主任:陈吉英(女)
人大常委会农业与农村工委
主　任:许　浩
副主任:陈逸龄
人大常委会城乡建设与环境资源工委
主　任:沈明温
副主任:徐晓峰
人大常委会教科文卫工委
主　任:李炀德
人大常委会民族华侨工委(外事办)
主　任:叶加荣(至2018年9月)
人大常委会民族宗教华侨外事工委
主　任:叶加荣(2018年9月始)

【丽水市人民政府】
市　长:朱　晨(至2018年1月)
　　吴晓东(2018年3月始)
代市长:吴晓东(2018年1月至3月)
副市长:吴晓东(2018年1月至3月)
　　林　亮　陈　重　林　康
　　卢彩柳(女)
　　王小荣(至2018年11月)
　　徐光文
　　杨秀清(2018年11月始)
秘书长:刘志伟
副秘书长:周劲松
　　季柏林(至2018年4月)
　　刘海明　郑春明　蔡建熙
　　吴郁郁　林宇清
　　王国锋(2018年5月始)

王学伟(至 2018 年 9 月)
钟　燕(女,至 2018 年 1 月)
朱仰刚(2018 年 9 月始)

【中国人民政治协商会议丽水市委员会】

主　席:陈瑞商
副主席:陈景飞　韦铁民　金爱武
丁绍雄(2018 年 3 月始)
朱山华　邝平正　计勇强
汤家友
丁岳清(2018 年 3 月始)
秘书长:郑利剑
副秘书长:王亚民　马乾满
丁岳清(至 2018 年 7 月)
阙忠东　杨　薇(女)
胡　兵(女)　吴积雷
蓝叶培(至 2018 年 3 月)
俞豪锋(女,2018 年 3 月)
何　灵(女,至 2018 年 3 月)
邱旭平(2018 年 3 月始)
卢汝兰(女)
张向东(至 2018 年 3 月)
张德勇(2018 年 3 月始)
肖　荣

政协办公室

主　任:王亚民
副主任:吴建明　谢小燕(女)
党组书记:郑利剑
党组副书记:王亚民

政协研究室

主　任:阙忠东

政协提案委员会

主　任:熊佩飞
副主任:叶　勤　陈祖军
胡　兵(女)　吴积雷
蓝叶培(至 2018 年 3 月)
俞豪锋(女,至 2018 年 3 月)
何　灵(女,至 2018 年 3 月)
邱旭平(2018 年 3 月始)
卢汝兰(女)
张向东(至 2018 年 3 月)
张德勇(2018 年 3 月始)

政协经济委员会

主　任:姚志强
副主任:肖　荣　楼培忠

政协农业农村和人口资源环境委员会

主　任:姜　波
副主任:徐国跃　蔡承俊　陈银龙
胡晓红(女)

政协科教文卫体委员会

主　任:蒋正鸿
副主任:邱务土　蓝宁虹(女)
梁　军(女)

政协社会法制和民族宗教委员会

主　任:蓝跃慧
副主任:张亮明　雷金松　张　健

政协港澳台侨委员会

主　任:项云芳(女)
副主任:周正春　邢长勇　单　炜

政协文史资料委员会

主　任:朱玉康
副主任:周　晓(女,至 2018 年 7 月)
雷华英(女)

政协委员工作委员会

主　任:刘炳亮
副主任:王志鹏　李邦生　徐丽勇

【中国共产党丽水市纪律检查委员会、丽水市监察委员会】

书　记:方　向(至 2018 年 10 月)
方文军(2018 年 10 月始)
副书记:柳向阳　程巧琴(女)
常　委:郑绍周　柳启东
李　萌(女)　黄梯王

监察委

主　任:方　向(至 2018 年 11 月)
代理主任:方文军(2018 年 11 月始)
副主任:方文军(2018 年 11 月始)
柳向阳　程巧琴(女)
委　员:柳启东
郑绍周(至 2018 年 7 月)
黄梯王(2018 年 7 月始)
尚文勇
刘云刚(2018 年 6 月始)

中国共产党丽水市委巡察工作领导小组办公室

主　任:郑绍周(2018 年 5 月始)
副主任:王　鹏(2018 年 5 月始)
张雪红(女,2018 年 5 月始)

派驻纪检组

派驻市委办纪检监察组
组　长:李建荣
副组长:程鹰飞
派驻市人大机关纪检监察组
组　长:叶云妹(女)
副组长:陈丽伟
派驻市府办纪检监察组
组　长:雷春梅(女)
副组长:华志和
派驻市政协机关纪检监察组
组　长:朱超模
副组长:孙文喜
派驻市中级人民法院纪检监察组
组　长:梁丽勇
派驻市人民检察院纪检监察组
组　长:舒维云
派驻市委组织部纪检组监察组
组　长:马正德
派驻市委宣传部纪检监察组
组　长:徐青清
副组长:姚建峰
派驻市委统战部纪检监察组
组　长:楼新英(女)
副组长:管君友
派驻市委政法委纪检监察组
组　长:陈洪敏
副组长:厉裕勤(至 2018 年 5 月)
派驻市经信委纪检监察组
组　长:林建勇
派驻市教育局纪检监察组
组　长:严金华(女)
派驻市公安局纪检监察组
组　长:朱丽军
派驻市民政局纪检监察组
组　长:叶挺辉
派驻市人力社保局纪检监察组

组　长:李　锋
派驻市建设局(规划局)纪检监察组
组　长:胡　坚(至 2018 年 6 月)
派驻市交通运输局纪检监察组
组　长:罗高阅
派驻市水利局纪检监察组
组　长:周　杰
派驻市卫生计生委纪检监察组
组　长:童晓彬
派驻市审计局纪检监察组
组　长:傅绍林
派驻市环保局纪检监察组
组　长:陆咸玲(女)
派驻市林业局纪检监察组
组　长:朱峻峰
派驻市旅委纪检监察组
组　长:刘君龙
派驻市安监局纪检监察组
组　长:张树芳
派驻市市场监管局纪检监察组
组　长:杜军民
派驻市质监局纪检监察组
组　长:徐东平
派驻市国资委纪检监察组
组　长:陈银龙
派驻丽水生态产业集聚区(丽水经济技术开发区)管委会纪检监察组
组　长:刘道华
派驻丽缙园管委会纪检监察组
组　长:陈新贤(至 2018 年 5 月)

【丽水市中级人民法院】
院　长:蒋卫宇
副院长:周　庆　李栽标　吴林雄
　　叶晓生
党组书记:蒋卫宇
党组副书记:周　庆
政治部主任:冯宏伟

【丽水市人民检察院】
检察长:过孟超
副检察长:徐荷生　赵　平
　　陈华平(至 2018 年 9 月)
　　周科庆
　　张旭勇(2018 年 9 月始)
　　葛朝华(女,2018 年 9 月始)
党组书记:过孟超
党组副书记:徐荷生
政治部主任:叶绍飞

【中国人民解放军浙江省丽水军分区】
党委第一书记:
　　史济锡(至 2018 年 2 月)
　　张　兵(2018 年 2 月至 6 月)
　　胡海峰(2018 年 6 月始)
党委书记:范金华(至 2018 年 7 月)
党委副书记:赵存志(2018 年 1 月始)
司令员:赵存志(2018 年 1 月始)
副司令员:张宝藏
政治委员:范金华(至 2018 年 7 月)
战备建设处处长:
　　骆美祥(至 2018 年 8 月)
　　吴　锋(2018 年 8 月始)
政治工作处主任:
　　张胜利(至 2018 年 8 月)
　　谭小训(2018 年 8 月始)

【市委工作部门】
办公室(政策研究室)
办公室主任:蔡　昉
办公室副主任:吴新伟　王振军
政研室主任:刘云华
政研室副主任:叶鑫垚
机要局(密码管理局)
局　长:王志平
组织部
部　长:方健忠
常务副部长:何卫宁
副部长:陈科强　李官金　陈立新
　　南林玲(女)　徐丽勇
两新工委
书　记:陈科强
副书记:孙乐明　周仓俊
　　陈冬生　留　洁(女)
宣传部
部　长:葛学斌(至 2018 年 11 月)
　　任淑女(女,2018 年 11 月始)
常务副部长:任韩高
副部长:叶晓华　张卫英(女)
　　王培权(2018 年 5 月始)
社会主义精神文明办公室
主　任:叶晓华
统一战线工作部
部　长:任淑女(女,至 2018 年 11 月)
　　王小荣(2018 年 11 月始)
常务副部长:李邦生
副部长:孙乐明　王松龙　雷金松
政法委员会
书　记:卫中强(2018 年 4 月始)
副书记:林　亮
　　卫中强 (至 2018 年 4 月)
　　陈志斌　朱小刚　罗　明
政治部主任:翁卫芬(女)
社会治安综合治理委员会办公室专职
副主任:叶建平
维护稳定工作领导小组办公室专职
主　任:朱小刚
副主任:蒋金明
农　办(扶贫办)
主　任:吴善印
副主任:郑建强　张晓红 (女)
　　沈元东　吕　安
党组书记:吴善印
直属机关工作委员会
书　记:廖宝云(女)
副书记:施东胜　刘先林
编委办公室
主　任:李官金
副主任:饶　胜　李建龙
台　办
主　任:沈丽珺(女)
副主任:单　炜
市委、市政府信访局
局　长:李忠伟(至 2018 年 6 月)
　　叶建利(2018 年 6 月始)
副局长:褚志坚　王　峰　徐　雄

季　力
党组书记：李忠伟（至2018年6月）
叶建利（2018年6月始）
老干部局
局　长：南林玲（女）
副局长：黄永伟　雷月伟
市委防范和处理邪教问题领导小组办公室（市政府防范和处理邪教问题办公室）
主　任：叶金荣
副主任：叶沛华　关勇刚　胡太顺
党史研究室（地方志办公室）
主　任：雷华英（女）
副主任：汪羽中　邱理平
档案局（档案馆）
局（馆）长：邱文锋
副局（馆）长：郑丽华（女）　吴利明
党组书记：邱文锋
党　校
校　长：方健忠
常务副校长：陆亚东
副校长：胡　飞　叶国勇　陈建伟
教育长：柳一珍（女）
党委书记：陆亚东
行政学院
院　长：林　亮
常务副院长：陆亚东
副院长：胡　飞　章　旭
丽水日报社
社　长：李志伟
副社长：聂陈杰　胡建金
总编辑：聂陈杰
副总编辑：施龙有
党委书记：李志伟
党委副书记：聂陈杰

【市人民政府工作部门】
办公室（法制办、研究室）
办公室主任：周劲松
办公室副主任：陈江风
王国锋（至2018年5月）
法制办主任：周劲松
法制办副主任：吴成钢
政策研究室主任：周劲松
政策研究室副主任：陈帅锋
党组书记：刘志伟
党组副书记：周劲松
发展和改革委员会
主　任：饶鸿来
副主任：邹向阳　毛时薛　邱学明
罗运乾　曹永跃　沈利文
罗叶中（至2018年7月）
董王军
厉亚萍（女，2018年7月始）
王义伟（2018年8月始）
党组书记：饶鸿来
党组副书记：邹向阳
经济和信息化委员会
主　任：翁伟荣
副主任：楼培忠　周再荣　吴雄飞
周晓林　李建军
总工程师：陈　杰
党组书记：翁伟荣
教育局
局　长：王　平
副局长：吴　燕（女）　叶信昌
赵东权
党委书记：王　平
党委副书记：吴　燕（女）
科学技术局
局　长：刘崇民
副局长：林建星　程浙军
吕璞琪（女）　陈建广
党组书记：刘崇民
民族宗教事务局
局　长：雷金松
副局长：金伟庆　邹玲玲（女）
公安局
局　长：卫中强
常务副局长：封宗祥
副局长：金　珍（女）　诸葛俭
叶金荣　梅中仁　朱荣华
丁文伟
党委书记：卫中强
党委副书记：封宗祥
政治部主任：李继仁
民政局
局　长：叶水源
副局长：陈冬生　朱雪飞　蓝小明
留　洁（女）　蒋仲胜
潘新雄（2018年12月始）
党组书记：叶水源
司法局
局　长：蒋世懿
副局长：邓伦透　蓝益平　夏逸敏
梁洪明（至2018年7月）
党组书记：蒋世懿
政治部主任：蓝　雄
财政局
局　长：张少荣
副局长：魏叶华（女）　陈肇平
张　栋
任　颐（女，至2018年4月）
总会计师：叶芳儿
党组书记：张少荣（2018年11月始）
地方税务局
局　长：张少荣（至2018年6月）
副局长：刘小平（至2018年6月）
江　杰（至2018年6月）
财政局、地方税务局党组
党组书记：张少荣（至2018年11月）
人力资源和社会保障局
局　长：陈立新
副局长：张　健　章　旭
陈晓恒（至2018年2月）
吴守成
党组书记：陈立新
党组副书记：张　健
住房和城乡建设局
局　长：吴筱琳（女）
副局长：郭海光　叶荣林　樊甫敏
林开武　周兆金　舒杨胤
徐礼琼（女，2018年7月始）
总工程师：顾华洛
城乡规划局
局　长：吴筱琳（女）

副局长：蔡俊华（至2018年7月）
丁勇方
徐礼琼（女，2018年7月始）
总规划师：季高峰

住房和城乡建设局（城乡规划局）党组

党组书记：吴筱琳（女）
党组副书记：郭海光

交通运输局

局　长：叶旭勇
副局长：高向东　叶利东　季宋平
何连忠　刘　军　龚启贤
陈晓敏
总工程师：徐荣华
党组书记：叶旭勇

水利局

局　长：徐为民
副局长：卓观园　张映辉　王礼军
何跃军
封　亮（2018年12月始）
党组书记：徐为民

农业局

局　长：李伟立
副局长：何　敏　王永伟　吕晓东
总农艺师：胡丽红（女）
党组书记：李伟立
党组副书记：何　敏

商务局

局　长：孙俐珑
副局长：周冠军　张志军
常晶静（女）
党组书记：孙俐珑

文化广电新闻出版局

局　长：徐兼明（女）
副局长：李根林　张福和　许卫东
吴立华
党组书记：叶锦伟
党组副书记：李根林

卫生和计划生育委员会

主　任：周一红（女）
副主任：梁　军（女）　林　莉（女）
王　峰　陈国微
金献测（2018年8月始）
党委书记：周一红（女）

审计局

局　长：潘建青
副局长：陈锡星　傅代兴　阎家骥
颜登亮
总审计师：刘松文
党组书记：潘建青
党组副书记：陈锡星

环境保护局

局　长：钟建安
副局长：虞伟鋐　叶旭明　何小仁
总工程师：陈灵敏
党组书记：钟建安

统计局

局　长：周智飞
副局长：陈建斌　谢永平
总统计师：朱刚强
党组书记：周智飞

林业局

局　长：廖永平
副局长：麻飞鹤（至2018年12月）
朱国桥　赵仁友　黄文松
总工程师：丁丽惠
党组书记：廖永平
党组副书记：麻飞鹤（至2018年12月）

旅游委员会

主　任：罗孝林
副主任：何丽萍（女）　周益敏
胡慧红（女）　张建伟
胡其岳
党组书记：罗孝林
党组副书记：何丽萍（女）

外事与侨务办公室

主　任：邢长勇
副主任：金晓伟　潘建亮
刘光利
党组书记：邢长勇

城市管理局（城市管理行政执法局）

局　长：吴洵麒（至2018年9月）
副局长：蔡通友（至2018年8月）
郑丽君（女，至2018年8月）
吴建锋（至2018年8月）
何鲜飞（至2018年8月）
党组书记：吴洵麒（至2018年7月）

综合行政执法局（城市管理局）

局　长：吴洵麒（2018年9月始）
副局长：蔡通友（2018年8月始）
郑丽君（女，2018年8月始）
吴建锋（2018年8月始）
何鲜飞（2018年8月始）
党组书记：吴洵麒（2018年7月始）

安全生产监督管理局

局　长：罗江军
副局长：徐荣祖　陈伟达　李雄平
党组书记：罗江军
党组副书记：徐荣祖

市场监督管理局

局　长：夏海国
副局长：周仓俊　李泉清　周纪荣
宋小军　李和达　严伟平
党组书记：夏海国

人民防空办公室

主　任：詹百松
副主任：魏安龙　徐明福
党组书记：詹百松

民防局

局　长：詹百松
副局长：魏安龙　徐明福

质量技术监督局

局　长：王　军
副局长：胡芳泉　潜晓辉　何乐君
胡雪强
总工程师：梅庆君
党委书记：王　军

国有资产监督管理委员会

主　任：杨　雷
副主任：陈红龙　叶旭彪　高天河
党委书记：杨　雷

体育局

局　长：王　炜
副局长：周中华　潘智慧
徐晨虹（女）　管志华
党组书记：王　炜

行政审批服务管理办公室

主　任：洪起平
副主任：蓝先芬（女）　陈茂荣
　　　　蓝叶培
党组书记：洪起平
生态产业集聚区（经济技术开发区）管理委员会
主　任：丁绍雄（至2018年12月）
　　　　刘志伟（2018年12月始）
常务副主任：洪勇华
副主任：陈伟达　章　斐　郑兰富
　　　　张尚军　李　舜　朱剑成
党工委书记：丁绍雄（至2018年11月）
　　　　　　刘志伟（2018年11月始）
党工委副书记：洪勇华　蓝金水
移民办公室
主　任：叶群力
副主任：包焕盛　吴盛华
党组书记：叶群力
市政府经济合作交流办公室（市招商局）
主　任（局长）：蔡建熙
副主任（副局长）：麻卫平
　　　　　　　　赵丽群（女）
总工程师：王宇光
党组书记：蔡建熙
供销社
主　任：应勇军
副主任：练永嘉
　　　　李维强（2018年5月始）
党委书记：应勇军
机关事务管理局
局　长：潘晓泉
副局长：胡建仁　叶菽茂　杨起恳
党组书记：潘晓泉
市委市政府接待办公室
主　任：王　栋
副主任：占国伟
房监办（企发办）
主　任：周光洪
副主任：颜登亮　杨必松　舒杨胤
　　　　周晓林
党组书记：周光洪
市政府驻北京办事处
主　任：罗叶中（2018年7月始）
副主任：罗叶中（至2018年7月）
　　　　黄彩琴（女）　季　力
市政府驻上海办事处
主　任：瞿懋平
市政府驻杭州办事处
主　任：褚志坚
市政府驻福州办事处
主　任：赵友敏
浙江丽缙五金科技产业园区管理委员会
主　任：李一波（2018年5月始）
常务副主任：王正飞
副主任：李维强（至2018年5月）
　　　　田健晖（2018年5月始）
　　　　陈新贤（2018年5月始）
　　　　胡正新
　　　　潘祝平（2018年7月始）
党工委书记：李一波（2018年5月始）
党工委副书记：王正飞

【市级民主党派】
中国国民党革命委员会丽水市委员会
主　委：戚永远
副主委：胡　兵（女）　刘新青
　　　　虞海雄
中国民主同盟丽水市委员会
主　委：汤家友
副主委：吴积雷　张建伟　周贤华
中国民主建国会丽水市委员会
主　委：计勇强
副主委：任文红（女）　李　浩（女）
　　　　俞豪锋（女）
中国民主促进会丽水市委员会
主　委：卢彩柳（女）
副主委：何　灵（女）　邱旭平
　　　　陈荣富
中国农工民主党丽水市委员会
主　委：丁岳清
副主委：卢汝兰（女）　徐兼明（女）
　　　　郭巧燕（女）　毛伟华
九三学社丽水市委员会
主　委：韦铁民
副主委：张向东　张颖洁（女）
　　　　何登伟　张德勇

【部分群众团体】
总工会
主　席：郑力平
副主席：陈子民　王金焱　邝时忠
　　　　何　灵（女）
　　　　李伯华（2018年2月始）
　　　　赵丽萍（女，2018年2月始）
　　　　吴丽仙（女，2018年2月始）
　　　　吴晓芳（2018年2月始）
党组书记：陈子民
中国共产主义青年团丽水市委员会
书　记：张　妍（女）
副书记：徐菊珍（女）　孔金锋
　　　　潘宇峰　林　伟　吴祥桂
　　　　刘思威
党组书记：张　妍（女）
妇女联合会
主　席：蒋璟璟（女）
副主席：管伟春（女）
　　　　李　浩（女，2018年4月始）
　　　　林曼群（女，2018年4月始）
　　　　杨丽佳（女，2018年4月始）
　　　　纪旭红（女，2018年4月始）
党组书记：蒋璟璟（女）
科学技术协会
主　席：潘志强
副主席：叶荣华　洪中勇　丁丽惠
　　　　梁　军（女）　龚启贤
　　　　程浙军　叶信昌
　　　　丁潮洪（2018年1月始）
党组书记：潘志强
文学艺术界联合会
主　席：程定飞
副主席：麻益兵（至2018年7月）
　　　　庄育平　林　莉（女）
　　　　陈乐燕（女）　潘力峰
党组书记：程定飞

社会科学界联合会
主　席:叶晓华
副主席:余群勇
刘志伟(至 2018 年 1 月)
李汉勤(至 2018 年 1 月)
刘云华(2018 年 1 月始)
张少荣(2018 年 1 月始)
李俊杰　刘克勤　陆亚东
残疾人联合会
理事长:胡晓红(女)
副理事长:谢丽福
吴锦华(2018 年 6 月始)
陈正平(2018 年 5 月始)
胡培忠(2018 年 5 月始)
陈旭亮(2018 年 5 月始)
党组书记:孙福仁
工商业联合会(总商会)
主　席(会长):张　敏
副主席(副会长):
孙乐明　肖　荣
张　奇(2018 年 11 月始)
党组书记:孙乐明
关心下一代工作委员会
名誉主任:胡　侠(至 2018 年 3 月)
方健忠(2018 年 3 月始)
卢彩柳(女,2018 年 3 月始)
主　任:吴炳全
副主任:戚永远(2018 年 3 月始)
计勇强(2018 年 3 月始)
张春法　陈翠仙(女)
蔡　昉(2018 年 3 月始)
吴郁郁(2018 年 3 月始)
罗　明(2018 年 3 月始)
南林玲(女)　叶晓华
张　妍(女,2018 年 3 月始)
蒋璟璟(女,2018 年 3 月始)
项芳云(女)
胡晓红(女,2018 年 3 月始)
王　平(2018 年 3 月始)
张少荣(2018 年 3 月始)
叶锦伟(2018 年 3 月始)
周一红(女)　邢长勇
李志伟　赵正发　邵国平
留丽萍(女)
刘国安(至 2018 年 3 月)
办公室主任:留丽萍(女)
归国华侨联合会
主　席:项芳云(女)
副主席:傅旭蓉(女)　王益勇
陈海华　方湛鑫
叶毅青(女)　孙雄标
何晓娟(女)　夏剑锋
邹素莲(女)　邵　烨
项建福　留志然
计划生育协会
会　长:戚永远
副会长:王　峰　周一红(女)
红十字会
会　长:卢彩柳(女)
副会长:王提操　胡美芳(女)
吴郁郁　张　妍(女)
叶水源　张少荣
周一红(女)
党组书记:王提操
体育总会
主　席:戚永远
常务副主席:徐兼明(女)
专职副主席:周中华

【中央、省和丽水市双重管理部门】
中国人民银行丽水市中心支行
行　长:孔祖根
副行长:陈明亮　汤春玉　应国虎
党委书记:孔祖根
纪委书记:章利平
中国银行业监督管理委员会
丽水监管分局
局　长:钱　敏
副局长:刘寒暄　刘志利
党委书记:钱　敏
纪委书记:郑晓峰
中国工商银行股份有限公司丽水分行
行　长:应海卿
副行长:孙　杰
汤华勇(至 2018 年 6 月)
王　琳(2018 年 10 月始)
党委书记:应海卿
纪委书记:郭世清
中国农业银行股份有限公司丽水分行
行　长:金仁樟
副行长:张前进　吴心毅　刘李建
党委书记:金仁樟
党委副书记:饶新光(至 2018 年 8 月)
纪委书记:饶新光(至 2018 年 8 月)
中国银行股份有限公司丽水市分行
行　长:张　旭(至 2018 年 12 月)
副行长:江丰伟　何士弟
黄良勤(至 2018 年 8 月)
陈泽军　王丽荣
党委书记:张　旭(至 2018 年 12 月)
许文醉(2018 年 12 月始)
纪委书记:黄良勤(至 2018 年 8 月)
方　斌(2018 年 8 月始)
中国建设银行股份有限公司丽水分行
行　长:姜莉菁
副行长:赵建革
徐伟勇(至 2018 年 11 月)
刘文亮　叶松青
党委书记:姜莉菁
纪委书记:赵建革
中国农业发展银行丽水市分行
行　长:严松春(至 2018 年 12 月)
副行长:刘文元　胡森荣
陈征华(2018 年 9 月始)
党委书记:严松春(至 2018 年 12 月)
中国人民财产保险股份有限公司
丽水市分公司
总经理:占志伟(至 2018 年 8 月)
童玉屏(2018 年 8 月始)
副总经理:程海峰　王小平
林丽莉(女)
童玉屏(至 2018 年 8 月)
党委书记:占志伟(至 2018 年 8 月)
中国人寿保险股份有限公司
丽水分公司
副总经理:梁淑巧(女)　陈智渊

党委书记：李俊勇（至 2018 年 3 月）

省经济和信息化委员会派驻丽水市无线电管理局

局　长：郭杭明（至 2018 年 7 月）
　　张尔煜（2018 年 7 月始）

中国邮政集团公司丽水市分公司

总经理：李红卫（2018 年 6 月始）
副局长：李红卫（至 2018 年 6 月）
　　许碎平
　　林已光（2018 年 9 月始）
　　王　勇（2018 年 6 月始）
　　吕月锋（至 2018 年 2 月）
党委副书记：李红卫
纪委书记：许碎平（至 2018 年 6 月）
　　王　勇（2018 年 6 月始）

邮政管理局

局　长：何连忠
副局长：朱伟强
党组书记：何连忠
纪检组长：朱伟强

中国电信股份有限公司丽水分公司

总经理：顾　健
副总经理：徐　冠（至 2018 年 8 月）
　　刘　欣　陈　俊
　　陶伟斌（2018 年 8 月始）
党委书记：顾　健
纪委书记：徐　冠（至 2018 年 8 月）

中国移动通信集团浙江有限公司丽水分公司

总经理：贾　平
副总经理：陆晔楠　王建生
党委书记：贾　平

中国联合网络通信有限公司丽水市分公司

总经理：胡　晓
副总经理：王　俊　包晓玲（女）
　　刘延安
党委书记：胡　晓

国网浙江省电力有限公司丽水供电公司

局　长：施永益（至 2018 年 12 月）
　　邵学俭（2018 年 12 月始）
副局长：楼　旻（2018 年 1 月始）
　　张　林　邱　华　毛丽荣
　　赵汉鹰
党委书记：徐亦强（至 2018 年 1 月）
　　楼　旻（2018 年 1 月始）
党委副书记：施永益
纪委书记：张　帆（至 2018 年 9 月）
　　李丽格（2018 年 9 月始）

气象局

局　长：郑建飞
副局长：柳岳清　杨羡敏
党组书记：郑建飞
纪检组长：吴建锡

烟草专卖局（省烟草公司丽水市公司）

局　长：沈伏恒
副局长：阙俊华
　　吴叶森（2018 年 9 月始）
经　理：沈伏恒
副经理：杨军峰
党组书记：沈伏恒
纪检组长：吴叶森（至 2018 年 9 月）
　　汪志茂（2018 年 9 月始）

丽水出入境检验检疫局

局　长：朱风华（至 2018 年 1 月）
　　龚英美（2018 年 1 月至 12 月）
副局长：陈　临（至 2018 年 12 月）
　　许关海（至 2018 年 1 月）
　　张勇良（2018 年 1 月至 12 月）
党组书记：朱风华（至 2018 年 1 月）
　　龚英美（2018 年1月至12 月）

国家税务局

局　长：李纪灵（至 2018 年 6 月）
副局长：叶绍忠（至 2018 年 6 月）
　　柳一林（至 2018 年 6 月）
　　郑文峰（至 2018 年 6 月）
党组书记：李纪灵（至 2018 年 6 月）
纪检组长：江建强（至 2018 年 6 月）

国家税务总局丽水市税务局

局　长：李纪灵（2018 年 10 月始）
副局长：刘小平（2018 年 10 月始）
　　柳一林（2018 年 10 月始）
　　郑文峰（2018 年 10 月始）
　　江　杰（2018 年 10 月始）
党组书记：李纪灵（2018 年 10 月始）
纪检组长：江建强（2018 年 10 月始）

国土资源局

局　长：邢志行
副局长：周乐均　杨维雄　潘惠健
　　徐　晖　洪勇杰
党委书记：邢志行
纪委书记：丁勇民

丽水海关

关　长：管　敏（至 2018 年 12 月）
　　姜承松（2018 年 12 月始）
副关长：陈　临（2018 年 12 月始）
　　林　栩
　　张勇良（2018 年 12 月始）
　　何　宏
　　朱家泽（2018 年 12 月始）
党组书记：管　敏（至 2018 年 12 月）

浙江省之江监狱

政治委员：施春龙
监 狱 长：吴旭峰
副监狱长：江军伟　谢盛义　田志林
党委书记：施春龙
党委副书记：吴旭峰

【部分事业企业单位】

市政府土地和房屋征收研究指导中心，市政府土地和房屋征收工作办公室

主　任：江少伟
副主任：杨晓春
　　叶建光（至 2018 年 7 月）
　　陈喜民　杨维雄

市政府土地和和房屋征收研究指导中心党组

党组书记：江少伟

市政府金融工作办公室

主　任：潘碧武（女）
副主任：杨必松　金雄鸥　李　斐
党组书记：洪锦木

丽水市瓯江生态旅游景区管委会（筹）

主　任：罗孝林（2018 年 5 月始）
副主任：赵仁友　樊甫敏　何跃军

书　记:罗孝林(2018 年 5 月始)

广播电视总台

台　长:赵正发

副台长:应一飞　雷　蕾(女)
　　　章友维

总工程师:宋欣欣

党委书记:赵正发

农业科学研究院

院　长:金爱武

副院长:程文亮　徐象华　王立新

党委书记:林　远

千峡湖开发建设管理委员会

主　任:罗孝林(2018 年 5 月始)

副主任:舒志勇　翁建敏　叶祥深

书　记:罗孝林(2018 年 5 月始)

浙江凤阳山—百山祖国家级自然保护区管理局

局　长:廖永平

住房公积金管理中心

主　任:黄金明

党组书记:黄金明

城市管理监督指挥中心

主　任:郑丽君(女)

党支部书记:郑丽君(女)

丽水市信息中心

主　任:吴志林(至 2018 年 7 月)

丽水市数据管理中心

主　任:吴志林(2018 年 7 月始)

重大项目前期工作办公室

主　任:胡少军

老龄工作委员会

主　任:王小荣

副主任:南林玲(女)　林宇清
　　　叶水源　何卫宁　陈立新

办公室主任:朱雪飞

社会保险事业管理局

局　长:周建雄

党支部书记:周建雄

公路管理局

局　长:陈晓敏

党委书记:黄建新

港航管理局

局　长:何炯伟

党总支书记:何炯伟

道路运输管理局

局　长:龚启贤

党总支书记:江诗仁

畜牧兽医局

局　长:程苏亮

疾病预防控制中心

主　任:梅少林

党总支书记:梅少林

林业科学研究院

院　长:何小勇

党支部书记:何小勇

公共资源交易中心

主　任:蓝叶培

中心医院

院　长:韦铁民

副院长:邵初晓　郑荣宗　涂韶松
　　　曾春来　黄亦良　纪建松
　　　陈美芬(女)
　　　王天勋(2018 年 9 月始)

党委书记:邵初晓

纪委书记:吕耀军

人民医院

院　长:黄　刚

副院长:方炳木　江银华　邱伟文
　　　楼天正　方国美(女)
　　　王伟杰
　　　周　骥(2018 年 9 月始)

党委书记:黄　刚

纪委书记:陈一军

中医院

院　长:雷后兴

副院长:邹新花(女)　倪京丽(女)
　　　陈礼平　雷　强

党委书记:邹新花(女)

第二人民医院

院　长:吴绍长

党总支书记:吴绍长

丽水市妇幼保健院

院　长:张向东

丽水学院

党委书记:廖思红(女)

党委副书记:肖　刚　邵国平
　　　郭献进

纪委书记:徐国强

院　长:肖　刚

副院长:徐德钦　李俊杰　蒋黎红
　　　叶沙平

丽水职业技术学院

党委书记:梁忆南

党委副书记:梁伟样　刘建荣

纪委书记:潘洪锋(至 2018 年 11 月)
　　　李升阳(2018 年 11 月始)

院　长:梁伟样

副院长:刘建荣(至 2018 年 12 月)
　　　李升阳(至 2018 年 12 月)
　　　刘克勤(至 2018 年 12 月)
　　　佘德松(至 2018 年 12 月)
　　　潘洪峰(2018 年 12 月始)
　　　张　奇(2018 年 12 月始)
　　　汤书福(2018 年 12 月始)

丽水广播电视大学

校　长:杨云峰

副校长:洪耀辉　陈继理

党委书记:杨云峰

丽水中等专业学校(丽水艺术学校)

校　长:王万良

副校长:舒福才　杨　英(女)
　　　池积善

党委书记:王万良

党委副书记:舒福才

丽水中学

校　长:范寿仁

党总支书记:范寿仁

丽水第二高级中学

校　长:陈仕恩

党总支书记:陈仕恩

丽水职业高级中学

校　长:叶光炳

丽水学院附属高级中学

校　长:丁闽方

党总支书记:丁闽方

丽水市教育教学研究院

院　长：戴一仁
党支部书记：戴一仁
城市建设投资有限责任公司
董事长：吴小华
总经理：张颖洁（女）
副总经理：彭　华　郑永烈　施　波
总工程师：任小松
党支部书记：吴小华
旅游投资发展有限公司
董事长：钟小松
总经理：钟小松
农业投资发展有限公司
董事长：徐炳东
总经理：王井泉
副总经理：黄伟君　刘志龙　范庆伟
党委副书记：王井泉
交通投资发展有限公司
董事长：叶郑献
副总经理：吴伟东　饶连祥
党委书记：叶郑献
丽水经济开发区实业发展集团有限公司
董事长：叶瑞平
副董事长：刘高深
副总经理：刘高深　鲍玖青
党委书记：叶瑞平
金融投资控股有限责任公司
董事长：陈　磊
总经理：陈　磊
政策性融资担保公司
董事长：胡荣炎（2018年7月始）
总经理：胡荣炎（2018年7月始）

【莲都区】
中国共产党莲都区委员会
书　记：杜兴林
副书记：陈　豪　胡伟华
常　委：赵加慧（女）　王世强
宋珍花（女）　周显荣
叶建利（至2018年6月）
翁伟标　叶祖平
潘新雄（至2018年11月）
斯基根（2018年5月始）
叶建光（2018年6月始）
任万户（2018年12月始）
莲都区人民代表大会常务委员会
主　任：陈元龙
副主任：张继芳　雷勇军　江爱军
兰仁生　陈鲁军　周贤华
莲都区人民政府
区　长：陈　豪
副区长：王世强
斯基根（2018年6月始）
俞丽威　郭巧燕（女）
卢　进
叶建光（至2018年7月）
黄　程（女，至2018年7月）
雷　成
蔡毓良（2018年6月始）
孙蓓蕾（女）
张玉洁（女，2018年6月始）
敖正东（2018年7月始）
阎维萍（女，2018年10月始）
中国人民政治协商会议莲都区委员会
主　席：谷江南
副主席：虞为粮（女）　叶晓东
任文红（女）　沈建祖
虞海雄
中国共产党莲都区纪律检查委员会、莲都区监察委员会
书　记、监委主任：宋珍花（女）
莲都区人民法院
院　长：李美顺
莲都区人民检察院
检察长：王小刚

【龙泉市】
中国共产党龙泉市委员会
书　记：王顺发
副书记：吴松平　翁志鸿
常　委：熊勇军　诸葛春杰　雷　超
徐达伟　林　峰
王　凡（女）　廖卫民
郑建青　张向阳
周吾灿（2018年5月始）
龙泉市人民代表大会常务委员会
主　任：叶砿仙
副主任：叶新亚　叶学明　苏一中
罗永文　何登新
龙泉市人民政府
市　长：吴松平
副市长：熊勇军　张向阳
周吾灿（2018年5月始）
张长山　黄国勇　杨洪斌
徐怀坤　廖旭青（女）
占雅静（女，2018年7月始）
中国人民政治协商会议龙泉市委员会
主　席：刘赤波
副主席：曹新民　陈吉明
雷丽亚（女）　童巧隽（女）
卢士俊
中国共产党龙泉市纪律检查委员会、龙泉市监察委员会
书　记、监委主任：郑建青
龙泉市人民法院
院　长：罗　沛
龙泉市人民检察院
检察长：葛朝华（女，至2018年9月）
代检察长：周　翔（2018年9月始）

【青田县】
中国共产党青田县委员会
书　记：戴邦和
副书记：周和平　尚勇庆
常　委：陈　铭　吴飞飞（女）
潘娅红（女）　陶军友
邹浙清　颜华荣
盛奎华　周　雄
何　健（2018年5月始）
朱　敏（女，2018年7月始）
周　龙（2018年6月始）
青田县人民代表大会常务委员会
主　任：季力华
副主任：邹春平　钟秋毫
叶选君（女）　徐新平
高金华　杨炳甫

青田县人民政府
县　长：周和平
副县长：陈　铭
何　健（2018年5月始）
朱　敏（女，2018年7月始）
陈海民　朱秀雄
张如一（女）　王　巍
吴胜军
陆剑飞（至2018年10月）
凌　锋
中国人民政治协商会议青田县委员会
主　席：李飞林
副主席：张晓军　徐永丽（女）
吕大德　赵玉鸣　詹文亮
刘新青
中国共产党青田县纪律检查委员会、青田县监察委员会
书　记、监委主任：
潘娅红（女，至2018年6月）
书　记：周　龙（2018年6月始）
监委代理主任：
周　龙（2018年9月始）
青田县人民法院
院　长：徐蓓姿（女）
青田县人民检察院
检察长：阙建平

【云和县】
中国共产党云和县委员会
书　记：叶伯军
副书记：上官国明　黄力量
常　委：施锦华　付勇斐　杨伟业
周　龙（至2018年6月）
饶钦英（女）　吴新立
雷　俊（至2018年6月）
徐志雄　林建文
梅旭龙（2018年5月始）
胡　坚（2018年6月始）
云和县人民代表大会常务委员会
主　任：雷一坤
副主任：黄文伟　柳春华　谢云生
彭招平　叶晓伟　魏启勤
云和县人民政府
县　长：上官国明
副县长：饶钦英（女）
梅旭龙（2018年5月始）
雷　俊（至2018年6月）
周　坚　叶时扬　陈伟忠
吴新志　雷绍丽（女）
鲍扬波
王　涯（2018年7月始）
中国人民政治协商会议云和县委员会
主　席：王新荣
副主席：王沿伟　余高进　陈　岑
叶长火
中国共产党云和县纪律检查委员会、云和县监察委员会
书　记：周　龙（至2018年6月）
书　记：胡　坚（2018年6月始）
监委主任：周　龙（至2018年7月）
监委代理主任：胡　坚(2018年7月始)
云和县人民法院
院　长：叶爱英（女）
云和县人民检察院
检察长：吴剑锋

【庆元县】
中国共产党庆元县委员会
书　记：蓝伶俐（女）
副书记：胡献如　李见阳
常　委：阎昌远　章作飞　吴积云
吴灌红（女）　邹海亮
赵　玻（至2018年6月）
黄绍刚　刘新民　申建军
范国良（2018年5月始）
陈建波（2018年7月始）
庆元县人民代表大会常务委员会
主　任：吴青松
副主任：吴泽民　刘义平　王林生
吴建华　叶　武
庆元县人民政府
县　长：胡献如
副县长：章作飞
范国良（2018年6月始）
赵　玻（至2018年8月）
陈建波（2018年8月始）
黄立飞　彭　敏（女）
王绍金　吴小军　胡显平
李　乘
中国人民政治协商会议庆元县委员会
主　席：叶丽娅（女）
副主席：夏家天　林昌富　吴先武
吴碧兰（女）　吴新清
中国共产党庆元县纪律检查委员会、庆元县监察委员会
书　记、监委主任：黄绍刚
庆元县人民法院
院　长：卢岳平
庆元县人民检察院
检察长：叶仪俊

【缙云县】
中国共产党缙云县委员会
书　记：杨秀清（至2018年11月）
副书记：李一波（女，至2018年12月）
王正飞
常　委：赵建铭　赵应华　潜春红
朱芝贵　张继南
何晓明（至2018年6月）
李汝东　汪燕林　袁金明
何献忠（2018年5月始）
田健晖（2018年5月始）
缙云县人民代表大会常务委员会
主　任：周保龙
副主任：吕唐镇　李潘良　胡伟忠
陈庆源　楼锦游　卢兆田
缙云县人民政府
县　长：李一波（女）
副县长：赵建铭
何晓明（至2018年8月）
汪燕林
何献忠（2018年6月始）
刘洁阳
郑伟坚（2018年6月始）
陈银根　汤碧荣

潘巧玲(女)
梁洪明(2018年8月始)
田健晖(至2018年5月)
赵　栋(2018年8月始)

中国人民政治协商会议缙云县委员会
主　席:刘旭标
副主席:陈湘钟　胡锦伟
钭旭彬(女)　蒋根阳
刘洁阳　姚月林　柯建伟

中国共产党缙云县纪律检查委员会、缙云县监察委员会
书　记、监委主任:朱芝贵

缙云县人民法院
院　长:林春阳(至2018年3月)
代院长:黄玉香(女,2018年10月始)

缙云县人民检察院
检察长:张晓峰

【遂昌县】

中国共产党遂昌县委员会
书　记:毛建国
副书记:沈世山　胡　刚
常　委:周立民　周瑞琛　许积标
顾奕滨
邱战洪(至2018年6月)
陈永军　郭劲松
孙培莲(女)　刘凤军
董光辉(2018年5月始)
陈　凤(女,2018年7月始)

遂昌县人民代表大会常务委员会
主　任:尹建中
副主任:鲁子钗(女)　蓝献民
赵文明　张少啸　张仪辉

遂昌县人民政府
县　长:沈世山
副县长:许积标
董光辉(2018年5月始)
陈　凤(女,2018年7月始)
邱战洪(至2018年7月)
郑永利(至2018年3月)
张春根　李建霞(女)
陈积林　郭云强　包　炜
杨朝晖(2018年7月始)

中国人民政治协商会议遂昌县委员会
主　席:华治武
副主席:林成高　马翔华　姜雄伟
潘堂根

中国共产党遂昌县纪律检查委员会、遂昌县监察委员会
书　记、监委主任:陈永军

遂昌县人民法院
院　长:陈有南

遂昌县人民检察院
检察长:叶珍华

【松阳县】

中国共产党松阳县委员会
书　记:王　峻
副书记:李汉勤　王立武
常　委:胡卫亮　潘仲珏　饶庆勤
潘力平
张　奇(至2018年11月)
汪全立(至2018年3月)
雷剑锋　汪　健　杨金跃
周红霞(女,2018年5月始)
吴客竹(2018年12月始)

松阳县人民代表大会常务委员会
主　任:翁樟明
副主任:张宏雁　毛胜法　孔建民
杨水文　汤根木

松阳县人民政府
县　长:李汉勤
副县长:杨金跃
周红霞(女,2018年5月始)
汪全立(至2018年4月)
黄德慧　潘俊明
谢雅贞(女)　刘　坤
潘永水　董　钊
温小运(2018年8月始)

中国人民政治协商会议松阳县委员会
主　席:毛建南
副主席:周永龙　单国亮　叶向东
廖卫民　叶伟兰(女)

中国共产党松阳县纪律检查委员会、松阳县监察委员会
书　记、监委主任:潘仲珏

松阳县人民法院
院　长:章志林(至2018年9月)
代院长:林　伟(2018年10月始)

松阳县人民检察院
检察长:蔡建彧

【景宁畲族自治县】

中国共产党景宁畲族自治县委员会
书　记:陈　重
副书记:钟海燕(女)　潘　伟
常　委:王　益　季建标　雷应江
蓝跃军　叶龙标　王　乐
陈　兵　夏国章
陈荣世(2018年5月始)
蓝景芬(女,2018年6月始)

景宁畲族自治县人民代表大会常务委员会
主　任:严铁华
副主任:罗德伟　夏培玲(女)
吴昌亮　杨唐珠(女)
叶玉琪　钟利海

景宁畲族自治县人民政府
县　长:钟海燕(女)
副县长:王　益　陈　兵
陈荣世(2018年5月始)
徐　瑛(女)　余晓军
严伟华　饶伟贞　毛华庆
孙寒星(2018年6月始)

中国人民政治协商会议景宁畲族自治县委员会
主　席:张　峰
副主席:叶金堂　尤建平
沈秀慧(女)　刘德灵

中国共产党景宁畲族自治县纪律检查委员会、景宁畲族自治县监察委员会
书　记、监委主任:叶龙标

景宁畲族自治县人民法院
院　长:陈雪平

景宁畲族自治县人民检察院
检察长:瞿承健

(林小楚　齐　漪)

中国共产党丽水市委员会

市委重要会议

【市委全体会议】 8月31日，市委四届四次全体（扩大）会议举行。全会始终高举总书记习近平新时代中国特色社会主义思想伟大旗帜，认真学习贯彻习近平对浙江工作重要指示、作出的“丽水之赞”和省委十四届三次全会精神，以“丽水之干”担纲“丽水之赞”，推动“八八战略”再深化、改革开放再出发，高质量谱写“八八战略”丽水新篇章。市委常委会主持会议。市委书记胡海峰代表市委常委会作工作报告，并作总结讲话。全会审议通过《中共丽水市委关于推进清廉丽水建设的决定》。

12月28日，市委四届五次全体会议举行。全会传达学习省委、省政府批复同意的《丽水市机构改革方案》（以下简称“方案”）主要精神，对全市深化机构改革工作进行研究部署、推动落实。市委常委会主持会议。市委书记胡海峰讲话，市委副书记吴晓东、李锋出席。会议要求全市上下必须保持改革力度、增强改革锐气，以“时不我待，只争朝夕”状态，全力抓好方案组织实施，确保丽水市机构改革任务高质量高标准完成。

【市委常委会（扩大）会议】 1月8日，会议传达学习中央农村工作会议精神。

1月16日，会议传达学习习近平“1•5”重要讲话精神，以及在十九届中央纪委二次全会和中央政治局民主生活会上的重要讲话精神，传达学习《中国共产党党务公开条例（试行）》《中共中央办公厅国务院办公厅关于推进城市安全发展的意见》。

2月1日，会议传达学习党的十九届二中全会精神。

2月6日，会议传达学习习近平在新进中央委员会委员、候补委员和省部级主要领导干部学习贯彻习近平新时代中国特色社会主义思想和中共十九大精神研讨班上的讲话精神，听取省纪委十四届二次全会精神及贯彻意见汇报。

2月9日，会议传达学习省委副书记、省长袁家军在丽水指导常委会民主生活会时的讲话精神，通报市委常委会民主生活会召开情况。

2月26日，会议听取省委农村工作会议精神及贯彻意见汇报；审议市纪委四届二次全会工作报告和《2018年党风廉政建设和反腐败工作组织领导与责任分工》；听取市人大常委会党组、市政府党组、市政协党组、市法院党组、市检察院党组工作汇报；听取丽水市区城中村改造实施方案汇报等。

3月2日，会议传达学习中共十九届三中全会精神和省委书记车俊、省长袁家军在省委常委扩大会议上的讲话精神。会议还传达学习习近平给余姚市梁弄镇横坎头村全体党员的回信。

4月4日，会议集体学习《中华人民共和国宪法》，听取全省建设平安浙江工作会议和省委常委、政法委书记王昌荣在丽水调研时的讲话精神及贯彻意见汇报，审议《丽水市乡风文明大行动工作方案》《全市开展移风易俗治理婚丧陋习专项行动实施方案》《中共丽水市委关于推进新时代机关党的建设的意见》。

4月13日，会议传达学习习近平脱贫攻坚工作重要讲话精神和车俊同志在省委常委会会议上的讲话精神，审议《争先进位大赶超“攻坚创新区、五干锻铁军”活动考核办法（试行）》，听取丽水市2017年度地质灾害综合治理“大搬快治”工作考评结果情况和丽水市市级劳动模范和模范集体推荐名单汇报。

4月25日，会议传达省党政代表团赴粤闽学习考察精神，研究深化“争先进位大赶超”主题活动和下一阶段工作。

5月11日，会议学习贯彻习近平

在全国网络安全和信息化工作会议、深入推动长江经济带发展座谈会、博鳌亚洲论坛2018年年会主旨演讲和庆祝海南建省办经济特区30周年大会上的重要讲话精神，以及习近平关于建设生态宜居美丽乡村的重要指示精神、国务院总理李克强重要批示精神和全国改善农村人居环境工作会议精神，听取全省"千企结千村、消灭薄弱村"暨消除集体经济薄弱村现场推进会精神及贯彻意见汇报，审议《关于加强新时代乡贤工作　同心共促乡村振兴的实施意见》，听取丽水市巩固拓展全国文明城市创建成果工作汇报。

5月18日，会议传达学习袁家军在丽水调研时的讲话精神，传达学习全省高水平建设"四好农村路"推进大会和全省加强和改进高校党建和思想政治工作座谈会精神，并研究丽水市贯彻意见。

6月4日，会议传达学习习近平在全国生态环境保护大会上的重要讲话等有关文件精神，认真审议《关于全面实施乡村振兴战略争当中国特色乡村振兴排头兵行动计划(2018—2022年)》等重要文件。

6月21日，会议传达学习习近平在深入推动长江经济带发展座谈会上的讲话精神、关于脱贫攻坚的重要指示精神以及在中国科学院、中国工程院院士大会上的重要讲话精神等。

7月26日，会议分析上半年经济形势，研究部署下半年经济社会发展各项工作。强调要认真学习贯彻省委十四届三次全体(扩大)会议精神，以习近平在深入推动长江经济带发展座谈会上作出的"丽水之赞"为引领和动力，聚焦聚力高质量，扎实做好下半年工作，确保完成年度目标任务，力争取得更好结果。

【市委全委会议】 1月11日，市委召开全委会议。受省委和省委组织部委托，省委组织部副部长姚志文在会上宣布省委关于丽水市政府主要领导调整决定。市委书记史济锡主持会议并讲话。省委决定朱晨另有任用，提名吴晓东为丽水市市长候选人。

【全市领导干部会议】 2月1日，会议传达学习省十三届人大一次会议精神和省政协十二届一次会议精神，部署做好岁末年初工作。

2月12日，会议宣布省委关于丽水市委主要领导变动决定。省委常委、组织部部长任振鹤出席会议并讲话。省委决定，张兵任中共丽水市委委员、常委、书记，免去史济锡中共丽水市委书记、常委、委员职务。史济锡主持会议并讲话，省委组织部副部长温暖宣读省委任免决定，张兵、吴晓东作表态发言。

2月27日，会议部署"明目标、树标杆，争先进位大赶超"主题活动。

3月21日，会议传达全国两会精神，对全市学习贯彻工作进行部署。

7月2日，会议宣布省委关于丽水市委主要领导调整决定。省委常委、秘书长陈金彪出席会议并讲话。省委决定，胡海峰任中共丽水市委委员、常委、书记，免去张兵中共丽水市委书记、常委、委员职务。省委组织部副部长温暖宣读省委任免决定，吴晓东主持并作表态发言。

7月13日，会议传达学习贯彻习近平总书记对浙江工作的重要指示精神和省委常委会、省委关于"八八战略"与习近平新时代中国特色社会主义思想座谈会精神。

7月23日，会议传达学习贯彻省委十四届三次全体(扩大)会议精神。

【县(市、区)工作汇报会】 4月25日，会议听取市政府关于一季度经济运行情况汇报和各县(市、区)、开发区工作汇报。强调要增强忧患意识，坚定发展信心，砥砺奋斗精神，深化"争先进位大赶超"主题活动，全面巩固一季度"开门红"的好态势，满怀信心再出发，乘势而上敢于走在全省前列，以奋斗的姿态全力冲刺"半年红""全年红"。

7月2日，会议听取各县(市、区)委书记、丽水开发区党工委书记交流发言。会议充分肯定"大学习大调研大抓落实"活动取得的阶段性成果，强调要持续深入推进"大学习大调研大抓落实"活动，奋力开辟"绿水青山就是金山银山"新境界。　（胡雪峰）

市委重大活动

【"明目标、树标杆，争先进位大赶超"主题活动】 2月27日，市委召开全市领导干部会议，强调全市上下要牢记习近平总书记"绿水青山就是金山银山，对丽水来说尤为如此""志不求易，事不避难"的殷殷叮嘱，切实增强忧患意识、发展意识、赶超意识，上紧发条、踏足油门，以"人一之，我十之；人十之，我百之"的艰苦奋斗，明目标，树标杆，争先进位大赶超，奋力开辟"绿水青山就是金山银山"新境界。

市委在开年之初向全市各级党员干部明目标、树标杆，号召争先进位大赶超，是不负习近平总书记殷殷嘱托，努力成为浙江新的经济增长点的现实要求；是奋力加快实现"两大历史使命"，开辟"绿水青山就是金山银山"新境界的使命担当；是回应群众期盼，不断满足人民对美好生活新需求的应有之义；是应对激烈的区域竞争态势，突出重围绿色崛起的必然选择。要勇于打破常规、攀高争先，坚持“好字当头、快字为要”，居低不卑，百折向东，以自强不息的志气、开拓进取的锐气、奋发图强的勇气，不断缩小与发达地区的差距。坚决打好大搬快治“清零战”、城中村改造“大会战”、生态经济发展“持久战”、选商引资“主动战”、乡村振兴“特色战”、改革创新“攻坚战”，奋力迈出赶超发展的坚实步伐。

【“大调研”活动】 为深入贯彻落实省委“大学习、大调研、大抓落实”活动部署，市委迅速行动、以上率下，把5月份作为“大调研月”，并设立“无会周”，其间不召开全市性会议、不举办大型活动，让党员干部集中一段时间开展调查研究，解决实际问题，掀起以大调研推动大赶超工作热潮。

为推动“‘八八战略’再深化、改革开放再出发”大调研活动在丽水大地深入开展，全市上下迅速兴起大学习大调研大抓落实，以科学方法、正确态度、优良作风、奔跑姿态，扎扎实实练好调查研究基本功，奋力实现高标准生态保护、高质量发展的争先进位大赶超，以新作为开辟“绿水青山就是金山银山”新境界。 （胡雪峰）

党建促“双增”工作

【概况】 2018年，丽水市委坚持党建引领，强化政策支撑，创新工作举措，以巡视反馈问题整改为契机，全力推进薄弱村消除工作，全市1107个集体经济薄弱村实现年总收入10万元以上且经营性收入5万元以上村844个，占76.24%；年经营性收入5万元以上村2049个，占75.19%。

【健全体制机制】 2018年，9个县（市、区）成立“消薄（消除集体经济薄弱村）”工作领导小组和工作专班，各地层层签订责任书，形成一级抓一级、逐级抓落实工作格局。采取基层党建专项巡查、县领导联系、部门结对、下派第一书记（农村指导员）、科技特派员等方式统筹资源，协同推进。培训村党组织书记2000余人次，提升乡村两级党组织书记谋发展能力。举办丽水市首届乡镇（街道）党组织书记“消除集体经济薄弱村工作项目大比拼”活动。

【统筹项目资源】 2018年，全市开展“百企结百村、消灭薄弱村”专项行动，将“消薄”、村企结对等工作履职情况纳入乡镇（街道）书记政绩档案。坚持因地施策，推进一批飞地、物业、小水电、光伏等优质项目落地，全年确定县、乡、村三级项目总数1285个，列入全市十大民生实事的144个“消薄”物业项目全部完成。创新发展模式，探索“1+1+N”（党组织+集体经济组织+新型农业主体）合作发展模式，成立县乡两级强村公司182家，实现县乡镇全覆盖。打造山海协作升级版，推动山海协作共建项目落地县（市、区）5个。深入开展“优秀乡土人才”回归工程，公开招募“乡村振兴合伙人”105个，意向合伙人报名109个，落实项目22个。

【营造“消薄”氛围】 2018年，深入一线挖掘典型，在“绿谷先锋”“生态精品农业”微信公众账号陆续推出《消薄攻坚人物志》《消薄攻坚好故事》《消薄攻坚优项目》系列文章，发布专栏80期约150篇。突出对各地在消除集体经济薄弱村工作中典型案例的总结与提炼，营造浓厚氛围。 （周律如）

“五水共治”工作

【概况】 2018年，丽水市深入践行绿水青山就是金山银山理念，按照“高标准推进‘五水共治’，高水平落实‘河（湖）长制’”要求，以“丽水之干”担纲“丽水之赞”，全面开展污水零直排区和美丽河湖“两创建”、促进工业和农业“两转型”，努力实现水环境质量和污水处理水平“两提升”，治水从治污剿劣向全面巩固提升水质转变，全面推进“五水共治”工作。连续第三年获浙江省“五水共治”（河长制）工作优秀市“大禹鼎”。全年国家、省领导先后对丽水市治水工作肯定

11月24日，第二届“治水好声音”少儿朗诵大赛总决赛现场 （雷淑君 提供）

批示3次；中央三大主流媒体（新华社、中央电视台、《人民日报》）刊播报道50篇，省、市级媒体报道515篇。“五水共治”群众满意度连续五年（2014—2018年）获全省第一。

【“污水零直排区”创建】 2018年，丽水市牵头制定《丽水市“污水零直排区”建设行动方案》，统筹各条线上资金和力量，开展精细排查和创建工作。截至12月底，全市排摸形成整治项目225个，完成整治188个，完成投资额5.3亿元；完成“污水零直排区”创建省级工业园区试点3个，生活小区试点11个，镇（街道）试点10个。

【“美丽河湖”建设】 2018年，丽水市制定《2018年度丽水市市级美丽河湖创建名录》，编制《丽水市美丽河湖建设工作方案（2018—2022年）》，出台具体评分标准，在全省率先启动制定《美丽河湖建设指引导则》。至年底，全市完成“美丽河湖”建设9条，创建长度76.52千米，完成率170%。松阳县松阴溪古市段、景宁畲族自治县鹤溪河城区段被评为省级“美丽河湖”。

【治水基础设施建设】 2018年，丽水市纳入《浙江省“治水攻坚”重大项目三年建设计划（2016—2018年）》项目共计40个，总投资243.98亿元，其中实施类33个，预备类7个。至年底，全市重大项目实现开工建设29个，完工3个，2018年度完成投资21.43亿元，超额完成年度计划任务。2016—2018年完成投资78.05亿元，超额完成计划任务。2018年，丽水市安排“五水共治”重点项目136个，累计完成投资57.17亿元。启动城镇污水处理厂清洁排放技术改造3座。完成新增城镇污水配套管网167.548千米，建设雨水管网93.132千米，改造雨污分流管网116.779千米，清淤排水管网1508千米。增加应急设备0.184万立方米/时。新建供水管网58.21千7米、改造供水管网50.295千米，提高供水保障能力。改造节水器具3510套、改造“一户一表”3404户、建设屋顶集雨等雨水收集系统369处，进一步增强节水能力。

【城市黑臭水体治理】 2018年，丽水市印发《丽水市巩固城市黑臭水体治理成果实施方案》，通过河长制推动城市黑臭水体治理，市委书记、市长分别任城区两大水系市级河长，每月定期调研，推动问题解决。开展项目治理，安排污水处理设施、雨污分流改、内河综合改造等工程项目七大类73个。至年底，已完工40个，累计完成投资16.7亿元。

【“河（湖）长制”标准化体系建设】 2018年，丽水市继续深化河长制标准化体系建设，完善湖长制，强化河湖长履职管理，制定和出台《关于深化湖长制实施方案（丽水市）》。至年底，全市共设置各级河（湖）长4023人（河长3357人，湖长666人），其中市级河（湖）长18人（河长12人，湖长6人）；县级河（湖）长243人（河长201人，湖长42人）；乡镇级河（湖）长1208人（河长880人，湖长328人）；村级河（湖）长2554人（村级河长2264人，湖长290人），实现“河长制”“湖长制”全覆盖。1—12月，全市各级河长巡河率98.35%，巡河率位居全省前列。2月，举办首期丽水河长培训班暨丽水市“民间河长”聘任仪式，全年累计开展各级河湖长培训400余场、10285人次。首创“河权承包”改革，在9个县（市、区）全面推开，累计承包河道296条，1400千米，涉及乡镇45个，行政村200个，成为全省河湖长制改革一大亮点。（雷淑君）

市委办公室工作

【信息工作】 2018年，市委办信息工作高举习近平新时代中国特色社会主义思想伟大旗帜，深入学习贯彻中共十九大精神，紧紧围绕市委以“丽水之干”担纲“丽水之赞”开展信息报送，及时向上级信息部门报送基层贯彻落实市委重大决策和重要会议精神信息，反映丽水市重点工作和特色经验，进一步发出丽水声音、讲好丽水故事、体现丽水元素，为市委领导掌握全市面上工作服务。全年编发《工作交流》18期，《信息专报》39期，《每日情况报告》245期，上报省委办公厅信息4856条，被省委办公厅信息处录用正面经验信息100余条，《工作情况交流》10余篇，被中央办公厅录用23条。加强与县（市、区）、市直部门信息工作人员联系，召开信息工作研讨会、座谈会等活动，建立紧密合作的信息工作团队。按照“抓培训，促提高”要求，对市直部门、县（市、区）信息工作人员采取以会代训、顶岗轮训、专题培训等形式，提高信息工作人员的能力和水平。（范中科）

【督查工作】 2018年，市委督查室根据市委工作总体安排，紧紧围绕市委工作大局，坚持问题导向，以“丽水之干”担纲“丽水之赞”，着力推动全市上下落实高质量发展要求，确保中央、省委、市委重大决策部署落地生效。

全力抓好中央和省委、市委重大决策部署的督查落实。抓好党的十九大精神宣讲“百千万”（百支宣讲团、千名宣讲员、万场报告会）行动，推动中共十九大精神进企业、进农村、进校园、进社区、进军营、进网络，推动中共十九大精神入心入脑，落地生根。推动中央“八项规定”新细则和省委36条办法、市委实施办法落地生根，组织开展全市贯彻执行情况督查，配合做好省里对丽水市的实地督查。抓好督查检查考核等“七多”[涉及村(社区)、企业职责事项多，工作台账多，机构牌子多，考核督查多，创建评比多，政务工作APP(公众号)多，上墙制度多]问题集中清理。从严控制实地督查检查考核等活动，经过专项清理，全市督查检查考核事项缩减率60%以上。开展涉及村(社区)、企业“七多”问题清理整顿，减轻基层负担。督促落实中央巡视组反馈意见十大整改行动任务，做好省委巡视整改相关材料汇总，落实情况日常性督查及集中督查，中办作风建设督查组来丽水督查的服务保障，进一步深化退役士兵社会化服务工作督查等。抓好市委四届四次全会精神的贯彻落实，推动全市上下形成以“丽水之干”担纲“丽水之赞”浓厚氛围。

进一步强化市委领导“三重”事项的督办落实工作。继续聚焦《今日聚焦》《每周聚焦》曝光问题报道、整改，定期开展实地核查，督促问题整改到位。做好市委主要领导批示件的督办落实，全过程跟踪督促，确保办理落实到位、反馈及时，并由点及面推动同类问题解决。准确领会意图，提供有效建议，为领导决策服务。督促落实市委主要领导调研金融服务实体经济工作、中闲区块旅游工作讲话精神，民营企业家座谈会精神，市人民政府〔2018〕第6号通告宣传落实情况，全市乡风文明建设大行动动员大会会风情况等，全年共办理市委主要领导批示件450余件。加强市“两会”建议提案办理。集中交办建议327件和提案448件，专门进行办理业务集中培训。

认真落实《中共中央关于加强新形势下党的督促检查工作的意见》和省委《实施意见》精神。成立市委督促检查工作领导小组，强化组织领导和统筹协调，推动构建和完善大督查格局，形成各方联动抓督查落实工作合力。制定《市委督促检查工作领导小组工作规则》《全市性督查检查活动审批备案制度》。探索研究新时代督查落实工作规律，加强制度建设，提升督查工作规范化水平。（刘　俊）

【调研工作】 2018年，市委办调研处围绕市委中心工作起草重要文稿、政策。主要完成市委四届四次全会相关报告材料、《中共丽水市委关于推进清廉丽水建设的决定》等文件、县(市、区)工作汇报会以及市委经济工作会议等重要讲话文稿起草50余篇。深入开展政策研究，制定《中共丽水市委常委会2018年工作要点》，汇编《2018年县(市、区)工作总结与明年工作思路》等材料10本，组织开展市领导重点课题调研和第五届浙江省公共管理创新案例评选申报。编发《决策与研究》内刊12期，《大学习大调研大抓落实》专刊10期。完成省委政研室部署的各项工作，做好每季度省委政研室经济形势分析会汇报，做好《政策瞭望》《学习与研究》发行。（陆江东）

【保密工作】 2018年，丽水市国家保密局检查互联网计算机1500余台，查处涉密机违规外联事件3起，发出整改通知书10份。在全市各级党政机关部署自查自评工作。做好省委巡视组住地环境安全检查和军事设施周边环境保密安全检查，做好保密电话网络的日常巡检和维护，协调有关单位对发现的隐患进行整改，确保安全通畅。联合市信息中心对涉密网络使用单位的涉密机房开展保密安全检查。对县级新增高考试卷保密室进行检查验收。视情在涉密单位开展保密知识讲座。在初任公务员培训班开设保密专题课。将涉及保密、国家安全、国防等内容的法律法规列入普法测试。组织全市保密工作人员参加全国保密技术交流大会和市县两级涉密信息系统使用单位涉密人员参加“三员”(系统管理员、安全保密管理员和安全审计员)培训。加快推进涉密网络测评审批工作，全年审批涉密信息系统6个。组织丽水市军工和涉密印制单位相关人员参加保密资质企业培训，做好涉密军工、涉密载体印制及涉密档案数字化等涉密资质单位的检查指导。做好《今日丽水》保密专栏供稿和涉密载体回收销毁。（钟　鸣）

【编辑室工作】 2018年，资料编辑室紧紧围绕习近平在全国宣传思想工作会议上提出的“自觉承担起举旗帜、聚民心、育新人、兴文化、展形象的使命任务”，坚持正确政治方向，坚持开放、创新、超越办刊理念，推进与全国各地城市党刊的学习交流与合作，按时编发市委机关月刊《今日丽水》。刊内设《改革开放40周年丽水印迹》《大学习大调研大抓落实》《践行“丽水之干”担纲“丽水之赞”》等专栏，适时推出乡村振兴、消薄攻坚、返乡调研、纪检监察视点、小城镇环境综合整治、党建之窗、丽水之干环保担当等专题，准确及时传递市委重大决策部署和权威声音，确保意识形态工作和舆论引导正确有力。全年编发12期，首次获评“全国城市优秀党刊”。围绕“八八战略”实施15周年主题，汇编《习近平新时代中国特色社会主义思想在浙江的萌发与实践》。对《丽水市情》进行数据和材料更新，推出新版汇编印制2000册。全力做好市委主要领导日常会议、重要调研等图片、录音、文字收集整理存档，完成办公室领导交办的多项图片和文字资料汇编，做好离任市委领导资料汇编工作。（胡雪峰）

组织工作

【调研宣传】 2018年，市委组织部深入学习贯彻习近平新时代中国特色社会主义思想和党的十九大精神，及全国、全省和全市组织工作会议部署，以全面开展“大学习大调研大抓落实”活动为契机，坚持调研开路，总结形成《新时代党的建设和组织工作质量现状研究》《提升基层党组织发展推动力问题研究》等调研报告60篇，获评省委组织部优秀调研报告4篇。深入贯彻组织系统“两年双争”（争当优秀共产党员和争创先进党支部）活动要求，坚持创新引领，实施“建立系统行业后备库加强干部专业化建设”等18个创新项目，持续创品牌、抓特色、出亮点，其中“实施乡镇‘党建政绩评审制度’”“服务乡村振兴立体式打造‘农三师’”品牌获评全省组织系统特色工作。围绕强化全市组织工作高质量发展舆论保障，不断加大品牌工作宣传力度，在中央级网站媒体推出《消除集体经济薄弱村》《村社换届“回头看”》《四级联建乡村振兴讲习所》等系列有影响力文章43篇；联合丽水日报社策划“乡村工作手记”“新时代新担当新作为践行‘丽水之干’先进典型”“新时代‘好支书’‘好党员’”等系列宣传，编发“绿谷先锋”微信246期、863条，阅读量达46万人次；修订完善涉组涉干网络舆情分级处理办法，上报有效舆情数居全省第二。始终坚持问题导向，修订完善信息宣传积分管理办法，开展信息工作“百日攻坚”“百日拔寨”行动，报送信息1805条，被中组采用60条、省组采用122条，采用数同比分别增长150%、87.7%，其中《大力培育“农三师”队伍服务乡村振兴》《常态化发现储备优秀年轻干部》《出台党建引领乡村振兴十条意见》《建议加强主题教育经费开支规范管理》等被中组部标题信息采用，获评中组部信息报送先进单位。刊发本级简报《普刊》25期、《参阅》7期，编发《丽水党建交流》杂志6期。牵头做好市委党建工作领导小组办公室、党的建设制度改革专项小组秘书处日常工作，完成年度改革项目10项，年度重点突破改革项目1项，形成制度成果42项。（赖祝鑫）

5月30日，全市“百企结百村、消灭薄弱村”暨消除集体经济薄弱村现场推进会在丽水召开（周律如　提供）

【容错纠错机制】 2018年，市委组织部强化容错纠错宣传，向9个县（市、区）党委、91个市属单位党委（党组）和828位市管领导干部、173位乡镇（街道）党（工）委书记发出《关于征求完善容错纠错机制有关意见建议的通知》和《给全市领导干部的一封信》，组织开展“四个一”（一次学习讨论、一次调查研究、一条意见建议和一个典型案例等）活动，共征集到各类意见建议1368条，营造容错纠错浓厚氛围。在《丽水市关于完善改革创新容错免责机制的实施办法》基础上，研究制定《关于深化完善容错纠错机制的实施细则》，将容错纠错适用情形，由原来的6项扩大到8条30项和1个兜底条款，并增加评判标准、建立认定小组、申诉程序、强化纠错改正、注重预防等具体内容，树立组织为干部担当、干部为事业担当的鲜明导向。

【干部挂职锻炼】 2018年，市委组织部坚持围绕中心、服务大局，以“双千培养锻炼计划”为总抓手，统筹推进干部挂职锻炼工作。市县两级共选派259名干部人才到东西部扶贫结对县、山海协作经济强县等市内外结对单位挂职锻炼，选派3601名干部人才到城中村改造指挥部、机场工程指挥部等“六大工程”（生态产业提质工程、美丽城乡提标工程、交通发展提速工程、改革开放提效工程、幸福指数提高工程、党的建设提升工程）主战场上克难攻坚。全年市本级选派人数1011人，多于前五年（2013—2017年）选派数907人的总和，是丽水干部挂职锻炼工作史上的一个里程碑。开展选派挂职锻炼的干部人才中，城中村改造指挥部641人（市本级355人），中央部委、省直机关50人，援疆、援藏、援青及对口合作43人，东西部扶贫协作84人，山海协作66人，双向互派39人。

【年轻干部培养】 2018年，市委组织部实行“1+N”一体多元动态储备模式，在2017年建库的基础上，强化分类管理，建立主体库1个，动态掌握643名市管优秀年轻干部名单；建立系统行业库3个，动态掌握190名系统行业年轻干部名单；同时，直接掌握近100名“90后”优秀年轻干部名单。加强年轻干部体制机制建设，制定出台《关于适应实现“两大历史使命”需要大力发现培养选拔优秀年轻干部的实施意见》，明确提出各个类别年轻干部配备“3个15%、2个20%和1个1/3”的“321”指标要求，统筹抓好各地各单位领导班子年轻干部选拔配备工作；制定出台《加强优秀年轻干部储备培养“五大行动”》，明确提出择优储备行动、教育培训行动、交流任职行动、挂职锻炼行动、跟踪管理行动的工作要求，为年轻干部的成长提供有力的制度保障。 （林小楚）

【选调生工作】 2018年，市委认真贯彻中组部和省委组织部工作要求，明确提出今后每年全市面向“双一流”高校和省内重点建设高校选调应届毕业生80名的工作目标和任务。组织开展选调生调研摸底工作。至年底，丽水市选调生共449人，其中，1981—2015年，根据上级组织部门发文认定或者提前分配等方式确定的选调生333人；2015—2018年，招录分配到乡镇、街道工作，下派到村担任大学生村官浙江省选调生村官84人；2013年和2016年，面向北京大学、清华大学和浙江大学以事业身份引进的优秀毕业生26人；2018年，面向浙江大学等11所“双一流”高校选调应届优秀毕业生6人。组织“双一流”高校毕业生暑期实习活动。邀请中国人民大学等22所“双一流”高校32名2019年应届毕业生到丽水市党政机关单位暑期实习活动，积极宣传推荐丽水。组织到西安交通大学等24所“双一流”高校、中国政法大学等5所政法类高校进行宣讲，共发放宣传册3600余份，接受咨询1750余人次，宣传丽水选调生政策，吸引76名优秀毕业生报考丽水市市级机关选调生职位。 （吴茂才）

【干部信息管理系统】 为做好新时代组织工作，加快推进组织部门信息化建设，进一步夯实干部工作基础，确保干部信息准确、完整、安全，从2017年起开发建设丽水市干部信息管理系统，该系统项目包括业务协同系统、移动终端系统、干部人事方案上会系统。业务协同系统主要是干部选拔任用过程档案、干部监督管理档案、干部教育培训档案、干部人事档案等“四个档案”建设；功能模块有干部信息浏览、综合查询、统计分析、干部人事方案上会和干部任免等。移动终端系统主要包括干部信息浏览、综合查询、统计分析等。干部人事方案上会系统主要为部委会、书记专题会、市委常委会的人事议题提供上会服务。项目分两期实施完成。该系统的建设使用能进一步实现领导干部“进、管、出”相关管理环节的信息化，为干部选拔任用工作提供数据服务和分析研判依据，提高干部管理工作科学化、信息化水平。 （赵素琴）

【加强领导班子和干部队伍情况分析】 2018年，市委组织部制定市管领导干部全覆盖个别谈话方案，践行察人识人“五法”（走中看、谈中识、研中判、比中选、定中用）要求，对市管领导干部进行面对面、一对一全覆盖走访谈话，深入掌握领导班子运行情况、领导干部履职情况及意见建议，甚至走访市区城中村改造指挥部等重点项目现场、重点工作会议，主动到一线接触了解干部，掌握第一手信息，有效掌握第一手资料，为综合分析研判市直单位、县级领导班子运行情况和领导干部履职情况打好基础。全年累计走访市管领导干部626人。总结现行做法，制定下发《关于常态化开展“向组织说说心里话”活动的实施意见》，进一步提高谈心谈话质量。

【完成省管干部调整、省委巡视配合工作】 2018年，市委组织部及时与省委组织部、市委办等单位对接，配合做好市委、市政府主要领导调整相关工作。配合省委组织部完成丽水职业技术学院班子换届、省管年轻干部调研、市级领导干部提任推荐考察、丽水高校领导班子年度考核、省管领导干部年度考核谈话等工作，及时提供有力保障。做好省委巡视和选人用人专项检查配合工作，针对存在问题，坚持边整边改、即知即改，认真做好反馈问题整改。 （姚旭豪 潘 剑）

【干部兼职专项督查清理工作】 2018年，市委组织部根据省委组织部统一部署，及时抽调人员专班推进领导干部兼职专项督查工作，通过广泛动员部署、开展政策宣传解释、组织填报，对领导干部在企业、社团、基金会、民办非企业等社会组织兼职情况调查摸底、对账核查和跟踪督办，基本完成干部兼职清理规范，全市列入专项督查范围干部39112人，清理各类违规兼职2793人次，收缴各类违规取酬1165多万元。组织领导干部兼职专项督查“回头看”，共抽查单位10个，书面反馈专项检查反馈意见，坚持问题导向在全市范围进行通报，进一步压实主体责任、严肃纪律、督促整改。

【定期组织干部开展分析研判】 2018年，市委组织部在每月15号左右，由常务副部长何卫宁牵头召集，组织干部综合处、干部一处、二处等干部处室，分专业、分区域、分领域对领导班子运行情况、整体结构、优化方向和领导干部政治表现、专业素养、能力水平等情况进行分析监测，形成总体判断，进一步提升领导班子和领导干部日常管理的规范化、制度化水平。召开分析研判会7次，围绕市管年轻干部培养工作等17个专题进行研讨。加强党和国家机构改革的部门情况分析，梳理优秀班子、问题班子、优秀领导干部、问题领导干部名单，制定完善市直单位机构改革调整图表，开展分析研判，进一步做实基础性工作。2018年初，形成市直单位领导班子和领导干部年度情况分析材料，全面系统整理干部队伍建设有关情况。（潘　剑）

【推进县（市、区）法检系统、审计机关统一提名管理工作】 2018年，市委组织部会同市法检两院和市审计局对县（市、区）法检系统、审计机关进行全面走访，逐一对领导班子进行综合分析研判，形成情况分析报告，对班子和干部队伍建设提出意见建议。推进干部队伍建设。全年任免县（市、区）法检系统、审计机关干部2批次涉及13人。与法检政治处共同开展法检干部交流难课题微调研；联系对接省审计厅并配合做好考察了解景宁畲族自治县审计局省审计厅正职人选。（姚旭豪）

【加强干部教育培训】 2018年，市委组织部以学习贯彻习近平新时代中国特色社会主义思想和中共十九大精神为主线，聚焦以“丽水之干”担纲“丽水之赞”，推进高素质专业化干部队伍建设。全年市本级共举办各类主体班次55期，培训干部1.3万多人次。贯彻落实中央关于加强党性教育、理想信念教育和道德品行教育相关要求，运用丽水“红色基因”党性教育现场教学基地资源，组织党校学员赴现场教学基地开展党性锻炼，锤炼党性、砥砺品格；以“丽水之赞”为牵引，开设“以‘丽水之干’担纲‘丽水之赞’”学习版块，教育引导领导干部始终牢记习近平“尤为如此”重要嘱托，提升科学发展能力。注重领导干部专业化能力培训，全年开设绿色发展能力专班137个，分类分级开展精准培训。紧扣市委“最多跑一次”改革等工作，精选培训专题，举办现代化农业科技体系建设、“最多跑一次”改革等专题研讨班；紧扣社会关注的热点难点问题，开展创新驱动发展、企业家创新发展等专题培训，着力研究解决发展中的困难和问题；紧扣改革发展前沿问题，组织开展重大项目谋划及推进工作、政府与企业上市工作等专题培训，推动重大工作部署实施。注重干部教育培训阵地建设，以市县党校行政学院（校）办学质量创优评估工作为契机，推动教学科研管理上台阶、创品牌，骨干教师创先争优，提高教学质量。丽水市委党校、龙泉市委党校和松阳县委党校通过创优评估。抓好“红色基因”党性教育现场教学基地建设，挖掘特色教学资源，打造精品线路，规范管理等举措，形成“党校培训主阵地+‘红色基因’党性教学基地”格局。坚持“请进来、走出去”相结合培训模式，加大与上海、深圳、珠海等地党校、高校合作办学力度，并邀请中央和省直部门领导、科研院所专家教授等来丽水授课，实现“借力办学”。注重改革创新，充分发挥丽水是习近平“两山”理念重要萌发地资源优势，按照“三个一”（创建一批现场教学基地、打造一批精品课程和开发一批典型案例教材）要求，推进“两山”理念实践教学专题开发工作。承办全国组干院组织部门业务骨干培训班和国家生态环境部长江经济带“绿水青山就是金山银山”培训班等在丽水阶段的现场教学。着眼“高素质专业化干部队伍建设”，聚焦干部教育培训工作精准化和实效性，创新培训模式，市本级举办以领导干部素质提升“名师共享”课堂为主要形式的“自主选学”新模式，缓解“工学矛盾”，满足领导干部个性化、多元化学习需求。（吴益平）

【巡视反馈问题整改】 2018年，市委组织部做好省委巡视组、省委组织部选人用人检查组反馈的干部不作为不担当、选人用人等六方面存在的21项问题，以及9个重点督查事项整改工作，坚持立说立行、即知即改，狠抓整改落实，涉及单位17个、104人、129人次，其中移交市纪委监委立案处理15人次，组织处理2人次，诫勉21人次，约谈53人次，批评教育18人次，书面检查15人次，需退回或调离工作岗位5人次。通过一系列整改措施，广大干部群众对巡视工作的认识和整改的动真碰硬入脑入心，取得较好的效果。

【干部选任监督】 2018年，市委组织部开展市直部门专项工作检查，对2015年7月以来未开展巡察的54家市直单位进行选人用人、因私出国（境）管理和干部不担当不作为情况专项检查，发现问题点名通报。结合省"三超两乱（指超职数配备干部、超机构规格提拔干部、超审批权限设置机构，擅自提高干部职级待遇、擅自设置职务名称）"督查开展摸底调查，针对列入2014年9月整改基数人员，对县（市、区）违规设置职务通过保留职级待遇形式进行名义上消化情形，进行自查梳理，发现问题严格按要求整改消化到位。实施"人事干部素质提升工程"，上半年组织市直单位组织人事处（办公室）主要负责人轮训3期；10月，对人事干部进行集中培训。抽调部分人事工作基础较薄弱单位人事干部到市委组织部干部监督室进行短期实践。

【干部日常监督管理】 2018年，市委组织部从严落实"两项法规"，组织全市1137名市管领导干部报告个人有关事项并汇总分析；按照10%比例随机抽查核实省管干部116人，因不如实报告诫勉3人、批评教育34人；全年重点抽查核实省管干部196人次，暂缓提任3人。加强干部抓早抓小预警式管理机制研究，针对各类苗头性倾向性问题，坚持做到早提醒、早纠正，全年开展提醒78人次、函询64人次、诫勉7人次。提升"12380"综合举报平台运行质量，全年受理并及时办结或转办信访举报71件。加强领导干部出国（境）审查管理，审批市管干部因私出国（境）152人次，不予同意8人次；办理市管干部因公出国（境）备案183人次，不予同意6人次。（徐剑雄）

【干部档案工作】 2018年，市委组织部做好机构改革中干部人事档案的转递工作，组织、指导单位进点开展档案审核共1842卷，转递971卷。结合省委巡视选人用人专项检查组指出的问题，全面做好整改。继续开展档案信息化工作，市直单位科级及以下干部档案数字化1500卷，并实现干部信息系统和档案信息系统的有效衔接。（梅景慧）

【从严从实加强政治建设】 2018年，市委组织部深入推进"两学一做"学习教育常态化制度化，学深悟透"丽水之赞"，全面推进党员集中轮训和专题培训，充分挖掘丽水丰富的红色资源，建立市级乡村振兴实训基地38个，为开展"不忘初心、牢记使命"主题教育奠定坚实基础。深入实施"红色细胞工程"，持续探索党支部规范化建设，深化"堡垒指数（评价考核基层党组织作用发挥情况的指标）""先锋指数（评价考核党员作用发挥情况的指标）""规矩指数（从德、能、勤、绩、廉五方面对村干部进行考核评价的一种办法，解决村干部管理考评偏软、激励缺乏手段、村干部不讲规矩不作为等问题，倒逼村干部讲规矩、有作为）"考评，制定并推广党员管理"105"（为加强农村党员的教育管理，丽水市结合实际制定的10个大方面具体50条管理办法）硬规矩，推动党员干部遵规守纪、主动担当、干事创业，践行"丽水之干"。

【不断夯实基层基础】 2018年，市委组织部以"全面进步、全面过硬"为目标，统筹推进各领域基层党建工作，第一轮"双整"（整乡推进、整县提升）共申报示范乡镇（街道）43个，示范村985个，示范带39条，全市2725个行政村党组织全部达到"基本型"及以上要求。制定出台党建引领乡村振兴"十条意见"，该做法被中组部组工信息刊登，分管领导获邀到中组部组干学院授课。全面开展村社换届"回头看"，对928名村干部进行组织处理，其中约谈588人、免职45人、停职（歇职）133人。大力推进素质培训，对示范村社党组织书记、基层党务干部等分层施教，牵头培训1200余人次。大力培育"先锋群体"，年内共推选确定省"千名好支书""省兴村（治社）名师"150人。联合团市委选拔确定5005名乡村振兴"新青年"作为乡村发展梯队力量，为村社班子储备人才。推动全市2.5万余名机关党员干部返乡调研，为乡村发展把脉献策，市、县共评选出优秀调研报告1500余篇，为决策提供有力参考。

【提升党建服务群众实效】 2018年，市委组织部深化"技能型服务""民情地图""党员爱心系列"等特色服务品牌，浙闽边界"党建联盟"做法得到省委常委、组织部长黄建发批示肯定，"民情地图"项目通过全国社会管理和公共服务综合标准化试点项目验收。构建四级"96345"党员志愿服务体系，建成市级"96345"志愿服务总站，全市共开展志愿服务1.7万余次，启动市级党群服务综合体建设。结合乡镇"四平台"（综治工作、市场监管、综合执法、便民服务四个功能性工作平台），构建组织化引领、网格化联系、集成化服务机制，创建"红色网格"，不断强化基层党组织服务群众和领导基层治理能力和水平。

【构建合力抓党建的工作格局】 2018年，市委组织部聚焦主责主业，实行书记抓党建责任、问题、任务“三张清单”，定期开展乡村书记“擂台赛”，形成“书记抓、抓书记”良好格局。探索建立乡镇（街道）党组织书记“党建政绩档案”和党建责任“离任评审”制度，该项做法被省委组织评为年度创新奖。统筹推进城市基层、机关、国企等领域党建工作，下发城市基层党建重点任务清单，不断深化城乡党组织共融共建机制。继续坚持完善基层党建巡查制度，全年开展巡查3轮，巡查全市乡镇（街道）60个、行政村和社区190个、机关单位27个，有效传导压力。（周律如）

【人才工作】 2018年，市委组织部牢固树立人才优先发展理念，深入推进人才强市建设。高规格调整完善人才工作领导小组，创新人才工作考核办法，落实县（市、区）委书记抓人才工作述职评议制度，不断健全人才工作机制。组织开展“弘扬爱国奋斗精神、建功立业新时代”活动，切实加强人才政治引领吸纳。创业创新人才不断集聚，先后出台加强企业家队伍、企业骨干人才和技能人才队伍建设等政策文件，推进企业系列人才培育。举办2018丽水“人才•科技”峰会、首届高层次人才创业大赛，深入实施“绿谷精英”引才计划，深化“百名博士入百企”行动，创新推出“华发人才”开发引进工程，赴各地开展专场招聘，建立北京、杭州在外高校人才联络站，引进各类高层次人才和急需紧缺人才2000余人。乡土人才队伍不断壮大，紧扣乡村振兴战略，重点推出“十百千万”聚才计划，举办乡村振兴系列技能大赛，创新开展新青年乡村振兴创梦行动，吸引298个团队、3160名大学生到丽参加乡村振兴社会实践、岗位实习。推进农作师、农商师、农匠师“农三师”人才培育，主要做法在中组部《组工信息》经验交流。传承发展“丽水三宝”等重点文化产业，新入选中国工艺美术大师3人、省工艺美术大师35人。人才发展环境不断优化，推进杭州（丽水）海创园、绿谷信息产业园、丽水大学生创业园等平台建设。举办第七届全国中小城市人才服务工作座谈会，丽水市被授予全国首个专业化人才服务基地。落实人才投资优先保障，深化人才服务“最多跑一次”改革，做好人才津贴、购房补贴、安家补助、健康体检等政策兑现，确定高层次人才疗休养基地24家，不断强化人才服务。（叶献梯）

【党代表联络工作】 2018年，市委组织部全面推进党代表任期制工作。加强对县级党代会常任制试点工作的指导，确保中共缙云县第十四届代表大会第三次会议顺利召开。落实乡镇（街道）党代会年会制，全市试行党代会年会乡镇143个，全面试行党员代表会议街道30个。对年会形式和内容进行不断探索创新，除规定动作外，各单位开展党代表专题发言、村社党组织书记述职、党代表质询、党内重大事项票决制、通报乡镇党委领导班子民主测评结果等议题探索。进一步发挥党代表在党代会闭会期间作用，多方联动，搭建代表调研视察平台。紧密结合党委重大决策执行情况，围绕城中村改造、乡村振兴、推进“大花园”建设、村级组织换届选举“回头看”等组织各级代表开展调研视察活动2000多人次，了解党委重大决策贯彻落实情况，对重点工作进行民主监督。统筹安排，坚持党代表列席党内重要会议机制。全市累计邀请949名党代表列席党委全会、纪委全会、党建工作会议、基层党建述职评议会等党内会议，参与讨论经济社会发展和党建工作重大问题。邀请党代表定期参加电视问政，担任公务员面试监督员、相关部门行风监督员等。分级培训，不断提高党代表履职本领，将党代表教育培训列入各级党委年度主体班次培训计划，采取分级培训、小班化教学和外出考察等多种形式开展。确保任期内每一名代表参加学习培训不少于一次。动态管理，定期督查代表资格管理制度。（曾于兰）

【两新党建工作】 2018年，市委组织部以两新党建“互查互学互比”活动为主要抓手，分领域推进特色小镇、上市公司、互联网企业等重点领域党建工作，持续抓好“两个覆盖”集中攻坚，全年共新建两新党支部86个，其中非公企业69个、社会组织17个，共建立“工作支部”522个，其中非公企业222个、社会组织300个，纳入有效管理党员3543人。截至2018年底，全市共有非公企业党组织978个、党员9798人，社会组织党组织190个，党员2433人。举办两新组织党组织书记中共十九大精神和党建业务培训班，对全市1100多名两新党组织书记开展全员轮训。从7月份开始，先后在景宁、青田、缙云举办“互查互学互比”活动，推动比学赶超，扩大工作影响。开展联企送服务专项行动，全市两新系统共走访企业1201家，以乡镇（街道）和工业园区党（工）委书记为主体，与全市两新党组织书记普遍开展了一次谈心谈话。加强新生代企业家队伍建设，选派6名两新组织负责人和党组织书记到市直部门开展为期3个月的挂职锻炼，推荐4人参加省里培训。举办“两新党建好故事”讲演系列活动，以“改革开放40周年，两新党建再起航”为主题采写两新党建好故事122个，网络累计阅读量超过700万次，点赞数超过10万个，第三届全市“两新党建好故事”讲演比赛通过“浙江新闻”客户端图文直播，实时阅读量达6.9万次，该做法被省委组织部、省委两新工委点赞推广。按照全省统一部署开展“千企结千村、消灭薄弱村”专项行动，宣传发动168家非公企业参与村企结对。（朱叶青）

【党员干部现代远程教育】 2018年，市委组织部依托远程教育系列平台，高标准策划市委部委中心工作专题报道，先后制播城市基层党建、村集体消薄、村社换届回头看、双百引领抽奖记录10.81万次。按照“三年计划两年完成”目标，全面完成省级远教示范带创建9条，市级示范带13条、示范站点培育175个，打造遂昌长濂村远教示范站点暨党员教育基地建设。推动远教站点扩面覆盖，完成站点更新任务873个，以国企党组织和第二批特色小镇党群服务中心为重点深化延伸站点建设。实施每月必学课件微信推送制度，建立学习课件推荐目录影单发布机制，以“远教+主题党日”压实学习责任，创新培训形式举办全市远教站点管理员骨干示范培训班2期，站点学用排名全省第一。

“七一”前夕，市委组织部为入党50周年党员代表授牌　（周律如　提供）

计划等专题节目19期。以纪念建党97周年为重点，开展“庆七一·强党性”宣传活动，通过绿谷先锋微信公众号、远教广场展播一批党员教育电教片，联合丽水电视台策划“七一”专题宣传《初心说》系列。加大典型宣传力度，开展第三批省级“千名好支书万名好党员”宣传。开展“春节六送”活动，活动页面点击量62.78万人次，健全党建电视目标管理考核机制。围绕乡村振兴，开展省“远教专家”服务庆元行活动。以提升《丽水先锋行》栏目影响力为重点，深化栏目合作模式，加大主题策划力度，推进节目高清拍摄，实施《丽水先锋行》节目预告制度。加大党建电视报送，完善党建电视栏目考核激励，全省党建电视排名第一，其中7个县（市、区）名列全省前20。以全省党员教育电视观摩交流为重点，加大课件资源开发力度，开发市级课件38部，选送观摩作品19部，获奖7部。（封　平）

宣传工作

【概况】 2018年，全市宣传思想文化工作紧紧围绕中心、服务大局，有力唱响“丽水之赞”主旋律，提振“丽水之干”精气神。组织开展习近平新时代中国特色社会主义思想和中共十九大精神主题宣讲以及改革开放40周年、“八八战略”15周年、“丽水之赞”等重大主题宣传，“乡村春晚”获评国家第三批公共文化服务体系示范项目，遂昌县在全省率先开展新时代文明实践中心试点，青田县成为全国首批县级融媒体中心建设单位。全市有新建农村文化礼堂248个，以全省第一的成绩通过城市文明程度指数测评。省文化发展指数测评位居全省第二，文化产业增加值占GDP比重指标全省第三。电影《似水流年》等5个项目被列入2018年浙江省文化精品扶持工程，数量创下新高。丽报集团、市广电总台建成“中央厨房”并投入使用，丽报集团成为全市第一家收入超亿元国有文化企业。意识形态工作持续压紧压实，市委、市政府把意识形态工作纳入对县（市、区）和市直单位年度综合考核重要内容，市委常委会先后听取汇报19次，全年未发生意识形态领域事件、重大舆情事件和网络安全事件。

【学习贯彻习近平新时代中国特色社会主义思想】 2018年，市委宣传部把学习宣传贯彻习近平新时代中国特色社会主义思想和中共十九大精神作为主线，纵深推进理论武装和思想政治建设。市委常委会组织《中华人民共和国宪法》精神等专题学习54次，市委理论学习中心组开展习近平在中央政治局民主生活会上重要讲话精神等专题研讨13次，“处州讲堂”举办“意识形态安全”专题讲座等3次。征订发放《习近平新时代中国特色社会主义思想三十讲》等理论学习读物2万多册。持续开展“百支宣讲团、千名宣讲员、万场报告会”宣讲活动，全市共宣讲9000多场次，受众130多万人次。吴永德、陈旭东荣获“浙江省基层宣讲名师”称号。编发《学习践行习近平新时代中国特色社会主义思想简明手册》，组织“红船驶进新时代”“新时代博士生讲习团”巡回宣讲，开展全市第七届微型党课大赛，举办人文大讲堂11场，人文小讲堂100多场。围绕习近平新时代中国特色社会主义思想进教材、进课堂、进头脑，与丽水学院、丽水职技院合作共建马克思主义学院，调研成果《用新思想推进高校立德育人工作》在中宣部《思想政治工作研究》刊发。实施瓯江文化研究工程，开展“八八战略”“丽水之赞”“耕读丽水”等系列研讨活动，评选《丽水辞典》等100项社科成果。举办丽水市与浙江工商大学全面合作签约仪式，编撰出版《浙江改革开放40周年研究（丽水卷）》《农旅融合绿色发展的丽水样本》。

【落实意识形态主体责任】 2018年，市委制定《意识形态工作组织领导和责任分工》，把意识形态工作纳入对各地各单位年度综合考核重要内容，由市委常委带队，对9个县（市、区）、市开发区和10个市直单位落实主体责任情况进行重点检查。市委常委会围绕全国、全省宣传思想工作会议、意识形态领域情况通报等重要议题，先后19次听取汇报、提出要求。市委研究出台《关于加强网络安全和信息化工作的实施意见》《关于贯彻落实〈党委（党组）网络意识形态工作责任制实施细则〉的方案》等。市委常委、宣传部长每季度牵头召开会议分析研判网络舆情，落实落细《丽水市意识形态和社会舆情研判联席会议制度》，维护意识形态领域安全内容被纳入13个领导干部培训主体班次课程。

【改革开放40周年主题宣传】 2018年，市委宣传部将改革开放40周年主题宣传贯穿全年，制定《丽水市庆祝改革开放40周年宣传报道方案》，策划开展“40年·40人 丽水故事”主题宣传，通过40个普通丽水人故事，以平民化视角忆往昔、看巨变、谈改革、绘蓝图。组织开展“侨声唱响40年”主题宣传，集中采访40名有代表性华侨，团结调动广大海外侨胞和归侨侨眷投身国家建设和丽水发展。《丽水日报》推出《百姓生活看变迁》《风起丽水》《高质量发展的丽水脚步》等专题专栏和系列报道。市广电总台电视新闻综合频道推出《辉煌40年》大型新闻行动，广播新闻综合频道推出“我的40年”系列报道。市级媒体开设《改革开放进行时》《改革开放看丽水》专栏，全年累计刊发报道790篇。

【“丽水之赞”主题宣传】 2018年，市委宣传部深入贯彻落实习近平在深入推动长江经济带发展座谈会上102字“丽水之赞”指示精神，制定《深刻领悟“丽水之赞”创新实践“八八战略”主题宣传方案》，策划开展“丽水之赞”重大主题报道。6月14日起，市级媒体及所属“两微一端”连续推送《习近平总书记的“丽水之赞”引发干部群众热议！凝聚起争先进位大赶超的强大力量！》等报道。《丽水日报》、市广电总台电视新闻频道重磅推出“丽水之赞”特别系列报道6期，集中专访县（市、区）委书记9人和市直单位主要负责人13人，围绕“丽水之赞”推出系列评论员文章，将习近平的关爱及时传递到千家万户。策划开展以“丽水之干”担纲“丽水之赞”主题宣传，大力宣传阐释市委四届四次全会精神，展现丽水全市坚持干字当头、以干图强、大干快上精神风貌。《丽水日报》、丽水网、市广电总台电视新闻频道、广播新闻综合频率推出《以“丽水之干”担纲“丽水之赞”》专栏，刊播“丽水之赞”相关稿件580多篇。争取中宣部组织“大江奔流——来自长江经济带的报道”“浙江千万工程”等主题采访活动走入丽水，全景式展现丽水践行“两山理念”取得的成就与经验。全年中央、省级主流媒体刊（播）发涉丽正面报道2600余篇（条），其中，《人民日报》52篇，《新闻联播》6条，新华社国内清样4篇，专题片12个。

【重大主题宣传】 2018年，市委宣传部围绕市委、市政府重大决策部署及工作重点，下发宣传要点提示28期，指导新闻媒体精心策划开展2018年省、市“两会”、争先进位大赶超、创建丽水国家公园、扫黑除恶专项斗争、经济形势、城中村改造、乡村振兴、乡风文明建设大行动、“大花园”建设、首届华侨进口商品博览会、“人才·科技”峰会、少数民族运动会等重大主题报道。市“两会”期间，共刊发专版65个，报道672篇，推出微视频、H5、图解等新媒体产品，推动两会精神深入人心。全面开展城中村改造主题宣传，组织“市区城中村改造”等新闻发布会52场，市区新闻媒体开设专栏13个，谋划专题报道36个，刊播相关报道4200篇，平均每天发布稿件21篇，策划推出《再见城中村》微视频、《征迁百问》微信长图、《丽水城的昨天、今天、明天》、《丽水的这件大事你GET了吗》、《房票是个什么鬼》系列微漫画等，为城中村改造提供舆论支持。策划开展“丽水金名片”主题宣传活动，挖掘和报道一批在世界领先、全国第一的丽水金名片，凝聚起建设丽水、发展丽水的强大动能。策划推出“百名乡贤助推乡村振兴”典型宣传，讲述乡贤好故事，传播丽水乡贤好声音。

【媒体融合改革】 2018年，市委宣传部推进丽报集团和市广电总台等两家市级媒体，分别与浙报集团、浙江广电开展深度合作，协调相关部门，加大对媒体融合的项目立项、审批、经费等问题支持力度。7月，丽水日报报业集团、丽水市广播电视总台“中央厨房”正式上线运行，“台、网、报、端、微”等平台实现互联互通，形成以“两微一端”为重点的新媒体矩阵，用户总量196万。丽报集团“绿谷融媒小厨”项目投资1167万元，建设融媒体指挥中心、采编媒体云、微信直播系统等系列内容；市广电总台“中央厨房”投资1400多万元，建设集指挥区、编发区、媒资区、技术区、会议室和机房于一体的新闻生产基地。县级媒体开展整合融合，青田县、莲都区、松阳县、缙云县、景宁畲族自治县、遂昌县完成媒体机构整合。制定《主要领导全媒体报道工作流程》《加强主要领导全媒体报道工作的指导意见》等，建立全媒体报道工作小组，畅通市级媒体协作共享、联动发稿机制。

【农村文化礼堂建设】 2018年，市委宣传部在巩固提升521家农村文化礼堂基础上，新建农村文化礼堂248个。制定出台《关于推进农村文化礼堂长效机制建设的实施意见》《关于进一步加强基层公共文化“两员”队伍建设的意见》，举办农村文化礼堂管理员培训班4期。全市农村文化礼堂组织各类活动3000多场，播放电影2000余场，举办讲座和展览1000余场。推动教育教化、乡风乡愁、礼仪礼节、文化文艺等内容进礼堂，实现“月月有节目”，逢春节、端午、重阳等节日必有大活动目标。

【公共文化服务】 2018年，市委宣传部出台《关于推进文化丽水建设的实施意见》，提出实施马克思主义理论建设计划、社会主义核心价值观培育计划、传统文化传承发展计划、文艺精品繁荣计划、文化产业倍增计划、公共文化服务提升计划、文化体制改革创新计划、网络内容建设计划、文化走出去计划、文化人才培育计划等十大计划，百项重点工作，加快打造千亿级文化产业。全年新建城市书房10家、书吧10家。莲都区图书馆、遂昌县文化馆新馆、遂昌县图书馆新馆已建成开放，加快推进市图书馆新馆、海德（国际）音乐艺术收藏馆、庆元县公共文化服务中心、青田县图书馆等项目建设。持续开展“文化三下乡”活动，举办“放歌大花园”庆祝改革开放40周年、“百支文艺小分队，百名文艺轻骑兵”进基层等文化活动，全市送戏下乡1000场以上，送书下乡10万册以上，送电影下乡2.5万场。有序推进云和、庆元公共文化重点县建设，提升重点乡镇3个、重点村89个。获省级公共文化服务体系示范项目创建资格2个，被命名为省文化强镇2个，被命名为省文化示范村3个，被命名为市级文化强镇9个。丽水乡村春晚品牌走向全国，获评第三批国家公共文化服务体系示范项目，荣获浙江省宣传思想文化工作创新奖，并作为中国乡村文化发展40年重点成果案例被列入中宣部改革开放40周年专题纪录片。春节期间，全市共举办“乡村春晚”1115台，行政村覆盖率超过40%。全域推进传统村落保护发展和拯救老屋行动，召开全市传统村落保护暨拯救老屋现场会，制定《全市域推进拯救老屋和传统村落保护三年行动方案》，省文物局与市政府签订战略合作框架协议，加大丽水传统村落保护利用工作支持。

【文艺精品创作】 2018年，全市列入浙江省文化精品扶持工程第十三批扶持项目共5个。大型舞台剧《亲水亭》作为丽水市庆祝改革开放40周年献礼剧目对外公演。红色革命现代剧《三把米》成为省文化厅重点扶持精品项目。云和包山花鼓小戏《福囡嫁妈》在“中华颂”全国戏曲邀请展荣获最佳剧目奖等八大奖项。出台《丽水市促进影视剧发展扶持奖励办法》，电影《瞳灵公馆》《等待秋沙鸭》《似水流年》院线公映，电视剧《麦香》杀青。组织举办“放歌大花园”庆祝改革开放40周年系列文化活动，开展“瓯江潮涌”群众合唱大赛、“大地飞歌”丽水市第十一届乡村文化艺术节等九大活动，成功举办“绿水青山”全国美术作品展暨丽水巴比松作品展览、浙江省文史研究馆“绿水青山就是金山银山”主题创作书画展等精品展览，以多种文艺形式在全市营造庆祝改革开放40周年浓厚氛围。大力推动丽水特色文化对外宣传展示，遂昌汤显祖文化“走出去”被列入全省对外开放重大举措；“古堰画乡——浙江特色小镇海外推广展”在法国巴黎精彩亮相，成为浙江省第一个向海外推广的特色小镇；“人类非遗·中华经典”——2018龙泉青瓷联合国总部展在美国纽约曼哈顿区联合国总部大厦举行，共展出81位龙泉青瓷艺人 85 件青瓷珍品。

【文化产业发展】 2018 年，丽水市文化发展指数测评继续位居全省第二，文化产业增加值占 GDP 比重跃居全省第三，实现文化产业增加值增速 12%，亿元文化企业 24 家。召开全市文化产业发展大会，出台《关于加快把文化产业打造成千亿级产业的实施意见》，明确从 2019 年起，市文化产业专项资金从 1000 万元扩大到 2000 万元规模。组织编制瓯江文化创意产业带规划、咨询报告、三年行动方案，谋划打造文化产业发展主引擎。稳步推进特想影像投资、万象摄影坊等文化产业重点项目。举办文化产业、摄影等人才研修班，组织文化企业参加第十四届深圳国际文化博览会、首届长三角文化产业博览会、第十三届义乌文交会、第三届温州国际时尚博览会、第三届宁波文化产业博览会等活动，展示丽水文化产业发展成果。龙泉、青田成为省文化产业发展专项资金重点扶持县，将连续三年获得每年 1000 万元省文化产业发展专项资金补助。

【网络空间治理】 2018 年，市委宣传部开设"领航新征程学习贯彻十九大精神""以'丽水之干'担纲'丽水之赞'"等网上宣传专题 15 个，持续唱响网络主旋律。建成网军县域特战队 9 支、市直小分队 5 支，开展"网络丽军"大练兵活动 68 场，创立"网络丽军"战斗力指数排行榜，形成全国领先网军数字化管理模式。制定网络舆情信息工作、重大舆情应对处置和舆情队伍建设、突发公共事件舆情处置"三同步"工作机制，启动重大舆情应急响应 11 次 92 天，落实网管要求、宣传提示 7261 条，编发舆情信息专报 248 期、特报 43 期、手机短信报 10 期，热点舆情 227 期，加强对"两微一端"等移动新媒体管理，开展网络直播等专项整治行动，加强"中美贸易争端""城中村改造"等网上负面信息管控，保持网络空间清朗。 （林自强）

统战工作

【概况】 2018 年，丽水统战工作按照全省统战"五心"（不忘初心、维护核心、固守圆心、凝聚人心、服务中心）主题和全市党建工作会议部署，围绕"强基、连线、拓面、创牌"工作思路，推进各项工作。做好宗教安全工作，实现宗教场所"九大安全"（政治安全、人员安全、活动安全、食品安全、消防安全、建筑安全、网信安全、财务安全、财产安全）和"零事故"。创新推动乡贤统战、文化统战、基层统战"三位一体"格局，开辟统战工作新领域。开展纪念改革开放 40 周年和中共中央发布"五一口号"（1948 年 4 月 30 日，中国共产党为动员全国各阶层人民实现建立新中国的光荣使命，发布纪念"五一"国际劳动节口号。"五一口号"得到民主党派、无党派民主人士的热烈响应，他们发表宣言、通电和谈话，并接受邀请奔赴解放区，与中国共产党共商建国大计）70 周年系列活动。《推进新时代统一战线基层基础工作组织化、阵地化的探索与实践——以丽水市为例》被浙江省委统战部评为 2018 年度全省统战理论政策研究优秀成果，《世界丽水人大会常态化运行的创新实践》被评为 2018 年度全省统战工作实践创新优秀案例。

【推进民族地区经济社会发展】 2018 年，市委统战部推进民族乡村振兴，研究制定《丽水市争当全国民族乡村振兴排头兵行动计划（2018—2022 年）》。承办自治县（旗）代表参加的全国民族自治县全面建成小康社会工作经验交流会、第六届全省少数民族运动会和全省实施民族乡村振兴计划启动仪式暨"双百村结对行动"现场会。在遂昌县召开丽水民族乡村振兴现场会，将民族乡村振兴工作列为优先项。开展"多彩丽水·魅力山哈"系列主题活动。举办浙江省第五届畲族风情旅游文化节暨第 25 届"竹柳新桥"三月三歌会、景宁中国畲乡三月三和中国（浙江）第四届畲族服饰设计展演等重大民族文化活动。春节期间，全市百个少数民族乡村自编自导自演百台"畲村春晚"。

【开展文化统战工作】 2018 年，市委统战部研究出台《关于全面开展新时代文化统战工作的实施意见》，探索文化与统战内涵上、形式上、功能作用上的精准对接，谋划设计少数民族"三月三"节庆活动、缙云仙都祭祀轩辕黄帝典礼、新生代华侨"培根工程"等活动载体，培育和谐政党"同心"文化、海外统战"培根"文化、民族团结进步"石榴籽"文化、宗教和民间信仰"和合"文化、非公有制经济"信义"文化、新的社会阶层人士"新英汇"文化、"一带一路"走亲交流文化。

【构建统一战线基层基础工作体系】 2018 年，市委统战部研究出台《中共丽水市委办公室关于进一步加强新时代统一战线基层基础工作的实施意见》，召开新时代基层统战工作现场会，按照"五有"（有目标、有阵地、有制度、有保障、有法宝）目标要求，构建统一战线基层基础工作体系。

【全面加强乡贤工作】 2018 年，丽水市委把乡贤工作纳入市委市政府实

8月1日，全省实施民族乡村振兴计划启动仪式暨"双百村结对行动"动员部署会召开
（李　榕　提供）

施乡村振兴战略大局中，出台《关于加强新时代乡贤工作同心共促乡村振兴的实施意见》，成立联席会议并将办公室设在统战部，17家统战工作领导小组成员单位参与。全市173个乡镇（街道）建立乡贤联谊会172个，建成村级乡贤会620个，成员1.84万人。已建乡贤馆197家，建乡贤廊、乡贤墙、乡贤窗487处。开展"乡贤好故事"宣传1261人次。乡贤调解矛盾纠纷3523件次、建言献策4422件次。各县（市、区）乡贤回归或乡贤发动朋友圈引进项目375个，投资额达224亿元。

【推进新时代"两个健康"发展】 2018年，市委统战部学习贯彻习近平总书记在民营企业座谈会上的重要讲话精神，抓好相关政策的落地，为民营企业提供精准服务。建立市领导结对联系市直重点企业、全市龙头骨干企业、拟上市企业和隐形冠军培育企业"四张名单"制度。开展新生代企业家到政府部门挂职锻炼，开展新老企业家"导师制"培养模式，启动非公有制经济人士"青蓝接力•创业传承"培养行动。制定《在全市开展向庄启传同志学习，大力弘扬企业家精神暨纪念改革开放40周年系列活动方案》，开展向纳爱斯董事长庄启传学习活动，大力弘扬丽商"居低不卑、百折向东""坚守实业、坚守家乡"的企业家精神。

【拓展新社会阶层人士统战工作】 2018年，丽水市委统战部建立23个部门组成的涉及新社会阶层人士管理、联系职能的联席会议制度。建立市、县（市、区）两级"新的社会阶层代表人士联合会、社会组织党外代表人士联合会"两个统战社团组织，共有新联会会员720名、社联会会员530名。突出"自由职业"领域的特殊优势，在莲都古堰画乡创建以书画、文创为主的"丽水新英汇"实践创新基地，在龙泉创建青瓷、宝剑新力量"丽水新英汇"实践创新基地。龙泉青瓷、宝剑实践创新基地被评为省级示范基地。

【举办"同心携手"系列活动】 2018年，丽水统战围绕改革开放40周年、"八八战略"实施15周年和中共中央发布"五一口号"70周年纪念活动，组织各民主党派、无党派人士举办"同心携手•倡议""同心携手•畅谈""同心携手•同舟""同心携手•明知""同心携手•重温""同心携手•历程""同心携手•实践"及"百名（党外）专家扶百（民族）村"等八个系列活动。

【为侨服务实现"一次都不跑"】 2018年，丽水统战创新涉侨便民审批服务，与"钉钉"网络平台合作，实行警侨联动，打造丽水"警侨驿站"，零距离服务海外华侨华人。在西班牙、荷兰等地试点推行，聘任知名侨领担任站长，以钉钉视频开展办证资料准备、传送、预受理和初核等工作，实现"一次都不跑"。

【开展民营企业"师徒传承接力"】 2018年，市委统战部启动非公有制经济人士"青蓝接力•创业传承"培养行动，首批30人成功组建导师结对，实现"传帮带"，助力年轻一代企业家和创业新青年健康成长。

【承办全省少数民族运动会】 2018年10月29日至11月1日，浙江省第六届少数民族传统体育运动会在丽水体育馆举行。以"花园丽水，民族盛会"为主题口号，全省11个地级市和景宁畲族自治县共28个民族组成12支代表团1000余人参加。运动会共有竞赛项目10类，表演项目1类，共设奖牌372枚。丽水共派出运动员144人，参加竞赛项目10个、表演项目6个。共取得奖牌94枚，其中：一等奖34枚、二等奖46枚、三等奖14枚，成为本次运动会取得奖牌数量最多的代表团。景宁畲族自治县独立成团，获奖牌37枚，奖牌总数位列第四。合计占奖牌总数的 35.2%，其中，金牌 39 枚，占奖牌总数的 61%。

【承办全面建成小康社会工作经验交流现场会】 2018 年 5 月 27 日在景宁畲族自治县举办。全国政协副主席、中央统战部副部长、国家民委主任巴特尔出席并讲话。全国 120 个民族自治县（旗）代表参加，会议宣布景宁畲族自治县人均收入位列全国民族自治县第六位。原市委书记张兵、市长吴晓东等陪同参加会议或考察。会后实地考察景宁畲族自治县行政审批中心、大均乡伏叶村、泉坑村、大均村。 （李 榕）

5 月 27 日，全国民族自治县全面建成小康社会经验交流现场会在景宁畲族自治县召开 （李 榕 提供）

机关党建工作

【党员学习教育】 2018 年，市委直属机关工委结合“两学一做”学习教育，深入开展中共十九大精神，习近平新时代中国特色社会主义思想宣传教育。开展“读原著、强党性、促改革”读书活动，组织各类专题学习研讨 500 多次、宣讲活动 900 多次。举办市直单位党组织负责人研讨班暨“不忘初心、牢记使命”党性锻炼培训班、全市机关党委专职副书记（机关纪委书记）培训班，组织开展科级干部、党务干部、新党员、发展对象等 7 批次 750 人次培训。加强机关意识形态领域形势教育和廉政教育，举办百场“优秀传统文化”“健康科普”讲座，大力倡导移风易俗工作。围绕“书香丽水”建设，开展“群心跟党走·天天读好书”系列活动，推出全国首个红色智能化“共享书屋”，借阅人数 9000 余人次。建立“逢六必读”机制，持续打造“处士悦读群”活动 30 余批次，参与党员干部和市民群众 2000 余人次。

【思想政治工作】 2018 年，市委直属机关工委围绕纪念中国共产党建党 97 周年，开展“两优一先”评选活动，评选表彰先进基层党组织 95 个、优秀共产党员 234 人、优秀党务工作者 103 人。连续在《丽水日报》等媒体刊登先进典型事迹 10 篇。注重发挥先进典型、党建好故事示范引领作用，举办“弘扬红船精神，走好新时代的长征路”主题微型党课比赛，开展“纪念改革开放 40 周年征文活动”，营造创先争优浓厚氛围。落实党员“政治生日”祝贺制度，向加入中国共产党 50 周年党员和 10 年以上专职副书记发放荣誉牌。深入开展党员结对帮扶工作，组织走访慰问老党员、困难党员 100 人，发放慰问金 10 万余元。深化市直单位“1+1”文体健身工作机制和“1 解 1”心理健康行动，组织开展聚力“丽水之干”走进绿水青山登山活动、首届市直单位职工气排球比赛、“党的纪律建设”硬笔书法比赛，培育身心舒展、情趣健康、格调高雅机关文化。

【基层组织建设】 2018 年，工委认真落实“两个责任”，组织开展基层党组织书记述职评议工作，机关党委书面述职率 100%。严格执行“一月一主题”支部主题党日活动制度。3 月，组织开展“凝心聚力·共商发展”联合主题党日活动；“七一”前夕，集中开展“走村联心助推城中村改造，争先进位建设美丽新丽水”万人主题党日活动，推动丽水各行业、各领域党员比学赶超、争先进位。加强党性教育现场教学基地建设，命名市直机关主题党日活动基地 11 家。6 月，组织全市机关党建品牌大比拼决赛，评选出丽水市机关党建十大品牌和丽水市机关党建优胜品牌，彰显机关党建特色和魅力。围绕全市基层党建工作重点任务，抓好基层组织换届、党员发展和党费收缴管理工作。

【服务中心工作】 2018 年，工委围绕市委工作部署，开展“落实‘丽水之干’，机关争做表率”主题活动，深化市直机关“助推最多跑一次改革，强服务、强效能”作风建设专项行动，细化党建服务改革发展清单，充分发挥机关党员干部先锋表率作用。聚焦“乡村振兴”主题，大兴调查研究之风。4月，市委组织部、工委组织机关企事业单位党员干部和团员青年返乡大调研，全市机关共形成乡村振兴调研报告1538篇。其中市直机关形成调研或微调研报告124篇，提出乡村振兴对策建议900余条，为市委实施乡村振兴战略提供决策参考。拓展机关党员志愿服务深度和广度，全年累计组织"市直机关共产党员服务一条街活动"6批次，开展各类便民利民服务项目累计700余个，让群众拥有更多获得感。

【机关作风建设】 2018年，市委直属机关工委制定出台《关于推进清廉机关建设的实施意见》，开展市直机关"转作风、强保障、促赶超"作风建设专项行动，紧盯重点节日、重点问题、重要场所，开展正风肃纪检查200余批次，整治形式主义、官僚主义等"十种表现"和隐形"四风"问题。在全市机关开展"中梗阻""为官不为"问题专项整治行动，整治争先意识不强、重要决策执行落实不力、办事服务效率不高、庸懒散拖等问题。形成治理"中梗阻""为官不为"专题报告76份，查找各类问题500余个，并建立责任清单、整改措施。会同文明办组织开展市直"道德讲堂"廉政文化进机关活动9期，增强机关党员干部纪律意识、规矩意识和廉洁从政意识。（茅　扬）

机构编制

【概况】 2018年，丽水市机构编制委员会办公室（以下简称"市编办"）紧扣省委巡视和市委巡察整改，统筹推进"最多跑一次"改革、"基层治理四平台"建设、机构和行政体制改革、事业单位改革以及机构编制资源配置和监督管理，开创机构编制工作新局面。

【"最多跑一次"改革】 2018年，市编办按照省"八统一"（在浙江政务服务网上公布的"最多跑一次"事项办事指南主项名称统一、子项名称统一、适用依据统一、申请材料统一、办事流程统一、业务经办流程统一、办理时限统一、表单内容统一）要求，在调整完善市县乡三级权责清单基础上，梳理比对形成《群众和企业到政府办事事项指导目录》1953个事项、《乡镇（街道）"最多跑一次"办事事项基本目录》128项、《村级（社区）代办事项基本目录》90项，奠定"最多跑一次"基础。牵头市直相关部门及县（市、区）对应部门建立"一单、两库、一细则"（随机抽查事项清单，随机抽查对象库、执法检查人员名录库，随机抽查工作细则），实现执法事项随机抽查全覆盖，推进跨部门联合"双随机"抽查监管。2018年，全市开展"双随机、一公开"（在监管过程中随机抽取检查对象、随机选派执法检查人员，抽查情况及查处结果及时向社会公开）抽查监管6645次，有效规范市场执法行为。

【基层治理"四个平台"建设】 2018年，市编办在全省率先出台以党建统领促"四个平台"（综治工作平台、市场监管平台、综合执法平台、便民服务平台）建设工作意见，组织实施党委直管信息、支部建在平台上、创建红色网格、培育技能型干部、发挥党建示范作用等五项举措，创造形成"党建统领+四个平台+全科网格+集成服务"丽水模式。制定《丽水市全科网格建设规范提升工程实施方案》（丽委办传〔2018〕44号），全面优化全科网格设置和网格员配备，推动落实全科网格员薪酬待遇。全市共细分全科网格5289个，配备全科网格员12162名。推动派驻机构人员下沉一线，派驻机构干部党组织关系转到驻地乡镇（街道）。全市综合行政执法中队、市场监管所下沉人员数比"四平台"建设前增加42.5%。编制《"基层治理四平台"建设与管理规范》（DB3311/T 83—2018）作为市级地方标准正式发布。该标准是当前全省"基层治理四平台"建设最全面、最具体的地方标准。打通市县两级事件数据和基础公共数据通道，截至年底，已完成县乡110余万条事件数据归集至市级平台，105.33万条市级部门公共基础数据共享至县乡。

【重点领域体制机制改革】 2018年，市编办落实市委巡察工作机制，组建市委巡察领导小组办公室，为市委工作机构，设立市委第一至第五巡察组，审批9个县（市、区）党委巡察办机构设置工作。整合市本级信息中心组建市数据管理中心，统一承担市本级各部门（涉密部门除外）信息化服务职能。将分散设置的3家省统计局直属调查队和2家市统计局统计调查机构进行归并整合，设立综合性市社会经济调查队。制定印发市综合行政执法局"三定"规定，规范执法机构设置，提出首批199项执法事项划转建议。优化市环保部门内设机构和职责分工。进一步落实司法体制改革，加强市法检两家司法雇员配备。推进县（市、区）保密机构设置，加强和改革保密工作。

【事业单位改革工作】 2018年，市编办推进事业单位"去两头"改革。将原设在市人力资源社会保障局的市事业单位改革领导小组办公室调整为设在市编办，通过召集各类座谈会、约谈会、分析会、协调会和采取周报制、定期通报制等系列措施，市本级改制方案正式批复4家，并完成资产评估和财务审计。县(市、区)23家生产经营类事业单位完成改制方案批复11家，完成机构撤销、资产清理和人员分流安置1家；从事生产经营活动事业单位纳入改革13家，完成机构撤销和资产清理1家。制定印发《丽水市民办事业单位公益指数评价办法(试行)》，为全国首个设区市民办事业单位公益指数评价办法。对全市已登记的21家民办学校全面开展公益指数评价，得分在85分以上19家，被评为A级；得分在70—85分之间2家，被评为B级。

【控编减编和机构编制监督检查工作】 2018年，市编办进一步规范实名制管理，严把进人进编关。建立平台数据动态调整更新机制，推进机构编制基础数据更新、维护、共享，实施实名制管理月查和专项维护工作机制，5月、9月先后两次组织开展专项维护工作，累计调整修改实名制数据信息12290项。开展"双随机、一反馈"(每月随机抽取3—4名市编办工作人员组成检查组，随机抽取2家左右单位进行检查；检查结果向被检查单位反馈)监督检查，围绕职责履行、机构设置、人员编制、实名制管理、事业单位登记管理等内容，随机抽取被检查单位，随机抽取办内人员组成检查组，开展机构编制管理全覆盖监督检查。用好监督检查三大平台(市委巡察、选人用人检查，经济责任审计)，加强与纪检监察、组织、人事、审计等部门协作配合，坚持监督检查工作关口前移、惩防并举思路，推行一把手"函告制"和派驻纪检组长"告知制"，从源头上预防违纪违规问题产生。围绕问题清单抓好整改落实，梳理形成全市机构编制违纪违规问题清单99条，要求各县(市、区)围绕清单制定整改工作方案，倒排时间表，整改一个销号一个。（蓝根兴）

信访工作

【概况】 2018年，市信访局牢记"以丽水之干担纲丽水之赞"，建设一支政治坚定、业务精湛、作风过硬、清廉奋进的丽水信访铁军。提高政治站位，坚定信仰；采取有效措施，提高业务水平；压实工作责任，强化作风；落实清廉丽水要求，打造清廉信访。信访工作实现"两降 两升 一好转"(进京访数量下降、走访总量下降，县级走访占比上升、网上信访占比上升，信访秩序明显好转)，全市信访总量38.32万件次，同比上升40.09%。其中来信6209件，同比下降0.14%；来访3924批7858人次，同比分别下降21.11%和41.65%；网上信访12188件，同比上升24.03%；"12345"受理来电36.085万个，同比上升42.96%；赴省上访364批607人次，同比分别下降17.3%和20.7%；进京上访148批次185人次，同比分别下降43.3%和39.5%，无非正常进京访。

【推进积案化解】 2018年，市信访联席办组织开展信访积案"清零战"活动。通过发文集中交办，领导亲自督导，进度定期通报，营造浓厚氛围，有力推动积案化解。全部办结国家信访局交办积案25件，全部息诉罢访省局交办信访积案9件，市级交办的258件积案息访144件。

【信访秩序整治】 2018年11月初，市信访局开始在全市范围开展信访秩序集中整治专项行动。全市共教育训诫93人次，行政处罚36人次，采取刑事强制措施17人次，刑事处罚2人次。到市异常访环比批次人次分别下降50%和70.95%，赴省上访环比分别下降34.2%和38.6%，进京上访环比下降60%。（冯映宇）

党校工作

【干部培训】 2018年，市委党校举办主体班次38期，培训学员4305人次；举办市内外各类社会培训班82期，培训学员6104人次，全年教育培训人次首次突破万人大关。省委党校丽水教学点在职研究生班2015级49名学员全员毕业，2017级学员进行第三学期课程，已第四次获得"优秀教学点"称号。市领导到党校授课实现制度化常态化，市委副书记、市长吴晓东到校作专题报告，市委常委、组织部长、党校校长方健忠出席春、秋开学典礼并作专题报告。全年市党政领导到校授课、召开学员座谈会等12人次。邀请中央党校、国家行政学院、上海市委党校、浙江省委党校、温州市委党校、清华大学、浙江大学等地专家教授和知名学者到校上课，推动党校高质量开展干部教育培训工作。党校教师围绕习近平新时代中国特色社会主义思想、中共十九大精神、宪法修正案、"争先进位大赶超"、"丽水之干"担纲"丽水之赞"等主题，进机关、到乡镇、入社区、走农村，全年为全市干部群众作宣讲300余场次，发挥党校宣传主阵地作用。

【科研资政】 2018年，市委党校在省委党校中国特色社会主义理论中心立项课题5个，其中1个获重点立项课题；在省级期刊发表理论文章15篇，其中1篇为重要一级核心期刊；全年完成省哲学社会重点规划课题1项，省委党校、省社院等地厅级课题8项；市社联等本市各类课题24项、市级期刊发表30篇;编著2本。全年刊发《送阅件》11期,获领导批示4期5次,其中1篇文章在获得时任市委书记张兵批示后经省社院报送,副省长彭佳学又作批示。完成2期《党建交流》组稿、编辑、刊发。学校两位教师参与时任市委书记张兵《探索新时代丽水绿色发展之路高质量谱写“绿水青山就是金山银山”新篇章》课题调研,并参加相关章节撰写;另有两位教师参与完成市委组织部5项重大课题。以“改革开放四十年地方实践与探索”为主题召开全市理论研讨会,评出获奖论文30篇;承担省社科重点规划课题《“两山”重要理念在丽水的实践——丽水改革开放40年研究》专题研究与专著成果撰写并出版发行;组织全市党校申报省委党校中特理论课题45项、立项15项;在全市“改革开放40年”征文中获一等奖1篇、二等奖5篇;全年获得省委党校等征文奖项7项,丽水市各类征文奖项23项。

【后勤保障】 2018年,市委党校加强对服务团队监管,组织主体班学员对服务团队满意度进行测评,平均满意率97.4%,较上年提升2个百分点;全年接待培训班及大型会议122个,1.07万人次,培训班次和人数同比增长分别为9.9%和11.1%。在第六届全省党校(行院)系统后勤业务技能(面点)竞赛活动中,荣获团体三等奖,位列全省各市党校第三。加强智慧校园建设,推进全体教职工及在校主体班使用智慧党校软件系统移动端(APP),优化管理流程;完成省委党校特色专题资源库课题“‘两山’重要思想在丽水特色资源库”中期评估;开放阅览室并首次推行晚上照常开放,为教职工和学员“大学习”提供良好环境。完成6个优秀教学专题授课现场录制与编辑、上传发布。

【办学创优】 2018年,市委党校按省委省政府、省委党校行政院要求,开展全省党校行政学院(校)办学质量创优评估迎评工作,取得优秀等次。加强全市党校系统建设,丰富党校系统教学科研活动,举办全市党校系统教科研及管理骨干成长研修班、新入职师资培训班以及经济学科组、党建学科组骨干教师“学习贯彻习近平新时代中国特色社会主义思想”培训班和全市党校系统文化、政治学科组骨干教师“纪念改革开放40周年”教科研培训班,组织全市党校系统骨干教师教学观摩、学科组教研、新专题试讲等教学教研活动;指导县级党校用好管好“红色基因”现场教学基地,推进“两山”现场教学基地开发;加大市县两级师资、课程、基地等共享力度,加强市县教学联动,名师共享课堂与莲都区委党校周末讲堂相联合,邀请县级党校教师观摩名师课程,全年教学指导活动10余次,促进教师成长。 (潘 虹)

老干部工作

【概况】 2018年底,全市共有离休干部623人(不含省部属单位和易地安置离休干部),比上年减少68人,其中,85岁及以上610人,85岁以下13人,平均年龄90.3岁,生活完全不能自理212人。全市有退休干部33189人,离退休干部党支部466个,离退休干部党员20307人,其中市本级有离休干部115人(不含省部属单位19人,易地安置在丽水市2人。市本级安置居住在外16人,主要分布在上海、河北和浙江杭州、温州、绍兴、金华)。市本级有退休干部5667人,离退休干部党支部93个,离退休干部党员3387人。全市有担任地(市)级实职以上离退休干部53人。其中,离休6人,退休47人。

2018年,市老干部局围绕庆祝改革开放40周年、学习中共十九大精神主题,开展“党建春联进万家”等活动20余次。围绕中心工作,开展“走基层、看变化、促发展”活动,依托老干部志愿者协会,在医院、火车站等地开展各类老干部志愿服务活动。

做好老干部服务工作,落实各项生活待遇。5月,组织市(地)级离退休干部到舟山健康休养;10月,组织住院式体检和常规式体检,并在重阳节开展游园和健康义诊活动;8—12月,局领导带队分组对易地居住在外地的离休干部进行逐一走访慰问;1月、7月,组织全局干部职工走访离休干部家庭。实行离休干部住院探望制度,第一时间派人到医院探望。每年向市直每位离休干部发放“老干部温馨服务券”800元,并争取社区服务经费,丰富离休老干部居家生活。全年全局走访离休干部896人次,入院探望离休干部160人次,因离休干部家庭变故走访慰问12次。市直安置在外地老干部16人,全部走访到位。依托老干部活动中心和老年大学,组织开展各类教学实践和文体活动。市老干部活动中心按照“月月有比赛”活动要求,先后举办老年大学教学成果展、丽水莆田两市老年书画展、主题文艺晚会、老干部征文、书画等多项比赛活动,以“纪念改革开放40周年”为主题,组织开展“浙江改革开放老干部之星”寻访、“我为浙江改革献一计”金点子征集、“老同志眼中的浙江十大改革开放新成就”评选、全市老干部朗诵等比赛活动。市老年大学不断加强课程结构调整,全年开办课程52个,不断满足老干部多元学习需求,共有班级129个,学员5393人次。先后开展“丽水千名银龄宣讲团”、老年大学运动会等活动5次。

市委老干部局深化“两学一做”学习教育、学习总书记习近平新时代中国特色社会主义思想、对浙江工作的重要指示精神和102个字“丽水之赞”，举办全市老干部工作者“学习习近平关于老干部工作重要论述”演讲比赛、全市老干部工作系统培训班。深入开展“大学习、大调研、大抓落实”活动，深入结对的遂昌县金竹镇旱坞村开展活动2次。编印《老干部文件选编》。服务管理处处长陈丽英被评为全市“最美公务员”。

【巩固老干部思想阵地】 2018年，市委老干部局在思想上、行动上与以习近平为核心的党中央保持高度一致，开展中共十九大精神学习宣传活动，组建一支拥有51个宣讲分队、1800多名宣讲员的“丽水千名银龄宣讲团”，利用老年大学课前时间，集体宣讲中共十九大精神。坚持和完善政治理论学习、阅读文件、情况通报等制度，全市老干部工作部门共举办情况通报会44次，老干部读书会33次，参会5000余人次。加强对离退休干部党支部骨干培训，全市共举办离退休干部党支部骨干培训班18次，参训近700人次。探索党组织设置，下发《丽水市党的离退休干部工作委员会建设试点工作方案》，在云和县挂牌成立全市首个离退休干部党工委。

【开展增添正能量活动】 2018年，市委老干部局坚持把服务大局作为根本原则，紧密围绕党委政府决策部署，以老干部志愿者协会为依托，围绕城中村改造、垃圾分类等各项中心工作，进学校、进社区、进企业、进农村，在医院、革命纪念馆、法院、婚姻登记处、火车站等地，通过分发宣传资料、文艺会演、现场引导等方式开展志愿服务活动。围绕学习宣传中共十九大精神，开展全市老干部党建春联进万家活动，集中组织老干部到社区、企业、农村撰写“党建春联”活动86场，参与老干部近1000人次，送出“党建春联”作品3万多对，“福”字6800个。

【开展“走基层、看变化、促发展”活动】 2018年，市委老干部局围绕市委、市政府垃圾分类、城中村改造等中心工作，组织老干部参观考察、交流座谈，引导老干部了解、理解、支持、服务中心工作，建言献策。组织市直离休干部联络组长等老干部前往怡福家园、丽水市第二人民医院等地参观考察丽水养老服务、医疗服务和新城市规划建设等发展情况，全年开展“走看促”活动8次，参与200余人次。

（蓝巧玲）

党史工作

【概况】 2018年，全市党史工作以“丽水之干”担纲“丽水之赞”，围绕“编研出精品，资政有作为，宣教有突破，事业出人才”总目标，发挥党史部门“研究室、智囊团、宣传队、史料库”作用。《中国共产党丽水历史（一卷）》《中国共产党丽水历史（二卷）》《中国共产党丽水历史（三卷）》编研工作有序推进；开展1979—2002年地（市）委文件选编收集工作；编写完成《2018年市委市政府执政纪事》；编辑出版《浙西南革命根据地研究文集》；编辑完成《丽水改革开放40年大事纪要》；参与编制《丽水市红色旅游发展专项规划》，助推全市“红色基因”党性教育基地建设。推行浙西南革命根据地党性教育现场教学点“井岗山模式”。参与完成市人大“关于红色旅游”会办提案1件。11月，承办全省党史和文献研究系统读书会、工作交流会和全省党史部门新任主任培训班。提升《丽水史志》季刊和丽水史志网影响力。市本级党史资料数字化完成并通过省级验收。

【市委、市政府重视支持党史工作】 2018年，两任市委主要领导考察调研地首选各县（市、区）革命旧址，并提出革命旧址修复保护指导性意见。市领导方向、方健忠、任淑女等先后看望史志干部，召开座谈会，专题听取工作汇报。3月22日，市委办下发《关于加强地方党史工作的实施意见》，从党委重视、提高认识、完善机制、队伍建设和工作保障等层面向各县（市、区）党委提出明确要求。8月19日，市委书记胡海峰专门调研浙西南革命根据地纪念馆，要求宣传好，弘扬好红色文化。8月31日，市委四届四次全会工作报告首次提出“浙西南革命精神”，强调要将“浙西南革命精神”强大动力转化为全面推动以“丽水之干”担纲“丽水之赞”的自觉行动。10月8日，市委副书记李锋专题听取党史工作汇报，并给以充分肯定。12月10日，李锋专题调研浙西南革命根据地纪念馆。

【党史基本著作编研】 2018年，党史一卷通过省委党史和文献研究室评审，并提交市委常委会；党史二卷编写工作形成征求意见稿，在省党研室提出审读意见后，重组编写组，继续完善史稿；党史三卷召开编写组第一次会议，确定编研目标，部署编写任务。重点指导青田、遂昌县党史二卷史稿修改工作。年内，《青田党史（第二卷）》通过市委党史室评审发行，有序推进其他县（市、区）党史二卷编写。

【承办全省党史系统培训会】 2018年11月20—23日，市党史研究室承办的全省党史和文献研究系统读书会、

11 月 20—23 日，全省党史和文献研究系统读书会和新任主任培训会在青田举行
（梁晨媛　提供）

工作交流会、新任主任培训班在青田县召开。来自全省 11 个市党史部门近三年来提任的主任和副主任及省委党研室、省文献研究室各处室负责人等 100 余位参加。省委副秘书长、省委党史和文献研究室主任胡庆国出席会议并作重要讲话，青田县长戴邦和介绍青田县情及党史和文献研究工作开展情况。交流会上，胡庆国传达学习中央党史和文献研究院副院长吴德刚在 2018 年全国省级党史和文献部门主要负责人培训班上的讲话精神；各市党史部门主要负责人汇报交流 2018 年工作和下阶段工作思路；省委党史和文献研究室有关处室负责人通报与市、县（市、区）党史部门相关的重点工作进展情况和下一步工作打算。培训班邀请浙江大学教授段治文主讲《改革开放 40 年与中国道路》，省中共党史学会会长、省委原党史研究室主任金延锋出席培训会并主讲《政治性·历史观·事业心——浅谈怎样做好党史部门领导工作》，省党研室副主任王祖强、曾林平分别主讲《关于党史资政工作的一些实践与思考》与《中国共产党在浙江》。各市主任在会上交流党史和文献工作的最新成果、经验及做法并到浙西南革命根据地纪念馆等开展现场教学。

【助推红色旅游建设】 2018 年，党史部门主动参与党委政府重点工作，参与编制《丽水市红色旅游发展专项规划》，助推全市“红色基因”党性教育基地建设。根据全市创建国家全域旅游示范区领导小组办公室《2018 年部门工作任务》要求，成立市党史系统参与全市创建全国全域旅游示范区领导小组，制定 2018 年红色旅游专项工作计划和《丽水市创建国家全域旅游示范区 2018 年红色旅游专项任务分解和革命遗址管理评估方案》，开展各县（市、区）红色旅游专项任务评估验收工作。龙泉市建立安仁镇支坪村刘汉南烈士纪念碑，青田县修缮万山乡、黄垟乡等乡镇革命遗址立碑 19 处，松阳县完成大东坝黄南村黄南乡土文化展示馆及小吉革命遗址纪念设施建设及布展 3 处，景宁县落实“新时代畲乡景宁讲习中心”展陈任务。

【浙西南革命根据地纪念馆建设】 2018 年，浙西南革命根据地纪念馆接待团队 800 多个，参观人数 20 万人次。市委办、市纪委、市委组织部等市直部门机关党支部在纪念馆举办主题党日活动。推出浙西南革命根据地党性教育现场教学“井冈山模式”课件，共推出基本课件 4 个，现场教学点 3 个。组织开展讲解员培训工作，提升讲解水平。先后举办浙西南红军编入新四军北上抗日 80 周年、浙西南首次革命武装暴动 90 周年等重大事件以及周恩来 120 周年诞辰、黄富武 110 周年诞辰等重要党史人物纪念活动。　（马菊花）

档案工作

【概况】 2018 年，丽水市档案局（馆）加强基层服务，在档案业务结合上下功夫。推进全市“最多跑一次”事项档案电子化归档和数字档案馆建设。到 12 月底，群众查阅档案办件 1000 余件；实现“一证通办”事项 5 项；有 9 个部门，100 多万条数据实现归档。完善市、县联建“1+10+N”档案协同管理系统和数字档案馆系统。全市建成机关数字档案室 850 个，电子档案和纸质档案数字化成果 1300 余条，其中市级 120 余条。丽水市“最多跑一次”改革电子化归档工作走在全省前列，受到上级有关部门好评。至年底，档案联合查阅中心共接待 18721 人次，出具各类证明材料 28.78 万份。市本级共接待 1581 人次，卷件 24225 件，出具各类证明材料 5083 份。先后完成国家档案局重点编研项目《抗战档案汇编浙江铁工厂卷》送审稿。编辑出版《丽水好家风》《横坑故事》等图书，举办《“丽水之干”担纲“丽水之赞”——丽水坚定不移践行“两山”理论图文展》。

【举办法治专题辅导讲座】 2018年，丽水市档案局（馆）先后3次邀请浙江博翔律师事务所党支部书记、律师吴汝锋，丽水学院法学教授吴京为档案局全体干部职工进行题为《积极转变观念，践行依法治国理念》《行政诉讼视角下的行政执法要求》《中华人民共和国监察法》等法治专题辅导讲座，提升档案工作者依法治档水平。

【馆藏档案数字化加工项目三期通过验收】 2018年4月9日，丽水市档案局总投资49.4万元的馆藏档案数字化加工项目三期通过验收。该项目于2017年8月开工，2018年3月完工。项目分数字化加工前处理、数字化扫描及OCR识别、条目著录与挂接、RFID标签粘贴、对馆藏档案前几年已经数字化成果的鉴别与挂接、重要档案数字化成果转胶片6个部分。数字化加工前处理共整理档案14065卷、292件；数字化扫描及OCR识别共扫描A4幅面75.538万页，A3幅面61524页，识别81.69万页；条目著录共著录案卷目录14065条，卷内目录15.896万条；RFID标签粘贴共粘贴RFID标签14357张；重要档案数字化成果转胶片共转14.887万页。馆藏档案数字化加工成果数据备份实行双套备份，电子版数据上传丽水市档案局服务器备份，另外刻录光盘64张，重要文件转胶片保存。工程总验收在各工单分项验收合格基础上进行，确保整个项目数据正确，质量达标。

【“双随机”执法检查】 2018年，丽水市档案局深入贯彻实施《中华人民共和国档案法》《档案管理违法违纪行为处分规定》，强化依法治档，增强档案法治意识，进一步提升全市档案管理标准化、规范化、科学化水平。4—12月，印发《2018年度档案工作“双随机”执法检查方案》，并在全市开展档案工作“双随机”执法检查。丽水市档案系统按照市政府“双随机、一公开”工作要求，建立四大类九小类检查对象名录库，入库检查对象1044个，执法检查人员88人，实现“双随机、一公开”全覆盖。2018年，丽水市档案系统通过“双随机”系统共抽查单位124家，完成检查124家，检查完成率100%，检查公示率100%，发现问题责令改正47家，发现问题待后续处理4家。

【丽水市区两级档案馆联合邀请市民进馆参观】 2018年6月6日上午，丽水市档案馆与莲都区档案馆联合邀请市民代表20多人走进“老百姓身边的档案馆”。受邀市民先后参观“共和国记账人”董万春家庭档案展、联合档案查阅中心、莲都区档案馆珍贵档案陈列室、莲都区档案馆查阅大厅和“丽水抗美援朝”专题展。还听取丽水文史专家、丽水市档案编研与征集顾问毛传书讲述如何收集家庭档案的档案的讲座。市民代表获赠近年出版的档案编研图书和档案文化扇。

【举办“共和国记账人”董万春家庭档案展】 2018年5月31日至7月中旬在丽水市档案馆一楼展厅举办“家庭档案见证国家发展——‘共和国记账人’董万春家庭档案展”。2014年开始，董万春夫妇、董淑萍夫妇、董国强陆续将家庭账本、书信、照片、图书资料、青瓷艺术品、毛主席像章、书画等近千件家庭档案无偿捐赠丽水市档案馆收藏。该展览展出账本、照片、工作笔记本、书画、毛主席像章等实物档案100多件。董万春（1925—2014），丽水莲都区人。1957年开始与妻子张春晖对每笔家庭收支进行记账，坚持记账60余年。账本内容包罗工资、吃穿、耐用品、日用品、医药、赡养父母、赠送等收支情况。一个普通家庭的小账本反映出国家的发展，人民生活改善的脉络和轨迹。董万春被誉为“共和国记账人”。

【开展数字档案馆突发事件应急演练】 2018年6月22日，丽水市档案局开展数字档案馆突发事件应急演练。此次应急演练依据《丽水市电子文件与数字档案安全保障应急预案》，对数字档案馆系统档案与电子文件突发事故与灾害进行模拟演练。各县（市、区）档案局、市开发区管委会、市档案局相关处室人员、福建榕基信息技术有限公司技术人员参加演练。此次演练分网络与信息系统类、电子文件与数字档案载体类两类事件进行。演练完成后，数据成功恢复，系统正常运行。通过应急演练，检验数字档案馆系统软件发生故障时的应急反应机制，提升市档案馆档案安全保障能力。

【举行雷志英记事档案捐赠仪式】 2018年7月19日，丽水市档案局在景宁畲族自治县东坑镇举行雷志英记事档案捐赠仪式。雷志英是景宁畲族自治县东坑镇马坑村人，畲族，生于1951年10月28日，当过村会计，多年任村干部。他从1974年开始记账和记日记，连续44年从未间断。从他日记中，看出一个家庭和一个村庄改革开放以来的变迁。村庄建设、物价变化、村民结婚生子和老人过世，人口变化，天气变化以及村里发生大情小事，一一记录下来，共形成日记50多册。还捐赠反映村里生产生活变化档案200多件。这些日记和档案，是马坑村改革开放后40多年来

7月19日，雷志英记事档案捐赠仪式（周 率 提供）

发展变化的细节呈现和真实见证，具有较高的史料研究和保存价值。

【举行中国人民解放军建军91周年红色图书赠送活动】 2018年7月31日，丽水市档案局（馆）联合市文广局举行红色图书赠送仪式。市档案局（馆）和丽水市文广局将合作编写的红色主题书籍《丽水抗战遗址》《烽火英雄——浙西南抗日战争人物影像档案》《红色印记——浙西南红军遗址影像档案》《挺进师》等，捐赠给丽水市史志办、丽水市国防教育办公室、丽水市图书馆、丽水市博物馆、丽水摄影博物馆、莲都区图书馆、莲都区档案局等单位。

【《丽水好家风》出版发行】 2018年8月，由丽水市纪委机关、丽水市委宣传部、丽水市档案局（馆）编写的《丽水好家风》一书由线装书局出版社出版发行。全书设《爱国敬业篇》《乐善孝义篇》《勤政廉政篇》《耕读崇学篇》，收录介绍丽水各地好家风文章42篇，内容紧扣时代要求，对丽水古今好家风、好家训进行系统挖掘，梳理一批具有代表性的家风故事。

【举办“‘丽水之干’担纲‘丽水之赞’——丽水坚定不移践行‘两山’理念图文档案展”】 2018年9月30日至10月18日，在丽水市文化馆展厅开展。为纪念改革开放40周年和习近平提出“八八战略”15周年，丽水市档案局（馆）与丽水市文化广电新闻出版局联合举办“‘丽水之干’担纲‘丽水之赞’——丽水坚定不移践行‘两山’理念图文档案展”。展览分设《时代强音 丽水路径》《寻梦之路 丽水实践》《续写传奇 丽水蓝图》三部分，有展板80块，档案实物80余件，视频短片2部，回顾与展望丽水市多年来坚定不移践行“两山”理念，见证丽水绿色发展之路。

【开展“乡村振兴”乡村档案规范化管理】 2018年，市局（馆）及9个县（市、区）档案局（馆）围绕乡镇、行政村档案规范管理要求，主动与党委政府及农办、民政局、农业局等涉农单位对接。推进档案室基础设施建设，开展乡镇行政村档案规范管理工作。先后举办美丽乡村示范县建设、农村土地确权登记、经济合作社股权改革、乡镇四个平台建设等重点工作专题档案培训，提高乡镇行政村档案规范化管理水平。全年全市档案系统举办乡村档案工作培训30余期，受训人员1000多人次。针对财政鼓励档案中介服务外包政策，专门举办档案中介乡镇行政村档案规范管理专题培训班，要求从事乡镇档案中介服务工作公司必须参加培训（免费），提高服务质量保障档案安全管理。市局（馆）业务指导处室工作人员经常深入全市重点乡镇、村调研和指导档案管理工作，采取“以点带面”形式扎实推进乡镇行政村档案规范管理。7—8月，集中力量对重点乡镇、村进行督查，做到年初有计划、年中有督查、年终有考核，确保工作有序开展，保质保量完成。完成乡镇、行政村档案规范管理考核乡镇19个、行政村60个。

【丽水市档案馆二期工程开工】 2018年12月29日上午，举行市档案馆二期项目开工仪式。3月27日，丽水市发改委下达《关于2018年市本级政府性基本建设项目投资计划通知》（丽发改投资〔2018〕69号）文件，该项目被列入丽水市重大项目百日攻坚，以档案库房为主，兼顾档案功能用房和技术用房。总用地面积1058平方米，总建筑面积6852平方米，其中，地上建筑面积6277平方米，地下室建筑面积575平方米，工程概算总投资6509万元。（李岘闻）

丽水市人民代表大会

综　述

【概况】 2018年，市人大常委会以习近平新时代中国特色社会主义思想为指导，深入学习贯彻中共十九大和省、市党代会精神，坚持党的领导、紧扣发展大局、强化法治意识、秉持为民情怀、弘扬实干精神，全面履行宪法和法律赋予的职责，圆满完成市四届人大三次会议确定的目标任务。

围绕学习习近平新时代中国特色社会主义思想，结合学习习近平关于坚持和完善人大制度的重要思想、"两山"理念、"丽水之赞"，以及浙江省委书记车俊在丽水调研的重要讲话和省、市委全会精神，进行深入学习和专题研讨，切实增强履职尽责的思想自觉，开展主题教育。按照中央和省、市委统一部署，推进"两学一做"学习教育常态化、制度化，领导班子成员带头上党课、自觉抓整改，全年开展各类专题学习活动18场，举办"以'丽水之赞'担纲'丽水之干'专题研讨""十九大精神优秀学习体会文章评比""十九大精神知识竞赛"等活动，坚定理想信念、增强党性修养、强化担当精神。

领导班子成员分8组带队开展"大学习大调研大抓落实"活动，认真写体会、积极提建议，推动市委各项决策部署在基层落地生根。联合省人大工作研究会等单位举办"坚持党的领导 创新人大监督"专题研讨会，研讨成果被中国人大制度理论研究会交流推广。水阁污水处理厂质询监督案获"浙江人大工作与时俱进奖"，工作经验在全国和省级媒体上连续报道。

紧扣市委中心工作，推进市委决策部署的落实。认真审查年度政府工作和经济社会发展计划、财政预算等报告，及时作出年度财政决算、预算调整、政府债务安排等决定。着眼浙江（丽水）绿色发展综合改革创新区创建、浙江大花园最美核心区打造，作出《关于批准丽水国家级生态文明建设示范市规划的决议》。扎实推进民生实事项目代表票决制工作，实现市、县、乡三级全覆盖。坚持党管干部和依法任免相统一，严格按照法定程序实现市委的人事安排意图。规范任前法律知识考试、任职表态发言、宪法宣誓等工作程序，修订常委会任免国家机关工作人员办法，及时任命市政府工作部门主要负责人，从法治上为全市深化机构改革提供保障。

以加强地方立法和法律监督为重点，促进"一府两院"依法行政、公正司法，不断推进法治丽水建设。统筹推进立法，协助市委出台关于加强党领导立法工作实施意见，进一步健全立法工作机制。完成《南明湖管理条例》制定，完成《物业管理规定》二审和《传统村落保护条例》一审，就《大窑龙泉窑遗址保护规定》开展立法调研。跟踪调研《城市市容和环境卫生管理条例》实施情况，促进法规实施。维护法律权威，开展全市法院执行工作情况调研和监督，听取和审议公安机关理顺执法关系、健全执法机制情况报告，对7个政府工作部门主要负责人进行履职评议，促进依法履职、依法尽责。修订《信访工作规定》，全年受理群众来信来访142件次。修改完善《规范性文件备案审查办法》，健全规范性文件备案审查机制，加大备案审查纠错力度，维护法制统一。深化法制宣传，组织召开全市学习宣传和贯彻实施宪法座谈会，将宪法学习纳入人大各类培训的重要内容。出台《关于落实宪法宣誓制度的若干规定》，切实增强宪法意识和法治观念。推动《丽水市城市市容和环境卫生管理条例》《丽水市饮用水水源保护条例》纳入普法考试范围和执法部门培训内容，听取"七五"法治宣传教育工作中期检查情况报告，督促"七五"法治宣传教育决议的落实，营造学法守法社会氛围。

加强生态环境监督，出台《全面

落实环境状况和环境保护目标完成情况报告制度的实施意见》，实现政府每年向本级人大报告生态环境状况制度市、县、乡三级全覆盖。省市联动开展固体废物污染环境防治“一法一条例”执法检查，听取和审议大搬快治解危清零工作报告，专题调研美丽林相建设，组织代表视察河道管理情况。加强经济运行监督。听取和审议战略性新兴产业发展、农村承包土地“三权分置”、重大投资项目执行情况及计划草案报告，组织开展在丽水台湾农民创业园区建设情况视察，专题调研科技金融工作情况，审议首届世界丽水人大会签约侨资项目落地情况报告。完成预算联网监督系统建设，协助市委出台《关于建立市人民政府向市人大常委会报告国有资产管理情况制度的意见》。加强民主领域监督，市县联动开展省学前教育条例执法检查，实施农村饮用水安全巩固提升工程实施情况监督检查和全市人口健康信息化项目建设、人防工作情况专题调研，组织代表视察“最多跑一次”改革、市区城中村改造、特色小镇建设和基层市场监管平台建设情况，审议丽水市历史文化名城和高井弄等3个历史文化街区保护规划，持续跟踪监督市区征收安置三年行动计划落实情况。

重视代表履职能力提高和主体作用发挥，为代表履职创新载体、丰富内容、完善机制，支持和保障代表依法履职。出台规范化代表联络站建设三年行动计划和考评办法，推动代表联络站场所建设标准化。督促各级人大代表就近就地进站开展活动，全市173个代表联络站基本实现“全覆盖、制度化、常活动”总体要求。优化代表履职登记管理系统，及时公开代表履职行为，表彰优秀议案建议，激发代表履职热情。组织人大代表对各级民生实事项目实施情况进行跟踪监督。完善分办流程，做好建议分办工作。建议办理工作纳入市直单位年度综合考核，通过建议督办通报、代表约见部门负责人等方式，增强建议督办效果。市四届人大三次会议立案代表建议328件，已全部办理完毕。

围绕“两个机关”（全面担负起宪法法律赋予的各项职责的工作机关，成为同人民群众保持密切联系的代表机关）建设目标，提升人大工作科学化水平。全面梳理规章制度，出台专家咨询组管理办法，制定专门委员会工作规则，增强人大履职行权规范性。研究编制“三会”（人民代表大会会议、人大常委会会议、人大常委会主任会议）会务操作规程，保障会议依法、有序、高效举行。落实中央“八项规定”精神和省、市委实施细则的办法等有关要求，继续做好精简会议文件、厉行勤俭节约等工作，严格执行公车改革、公务接待、办公用房等标准，力戒官僚主义、奢靡之风。加强立法专家库、专家咨询组、人大工作研究会等“人大智库”建设。改进宣传报道工作，坚持人大监督与舆论监督有机结合，办好《丽水人大》杂志和《人大关注》栏目。班子成员定期调研指导县乡人大工作，充分发挥专工委对口联系下级人大作用。

9月4日，全市人大常委会主任读书会 （姚　嫣　提供）

市人民代表大会、常务委员会及各类工作会议

【丽水市第四届人民代表大会第三次会议】 2018年3月23—27日在丽水召开，出席会议代表329人，列席会议160人。会议听取和审查市人民政府代市长吴晓东关于丽水市人民政府工作报告；审查市发展和改革委员会关于丽水市2017年国民经济和社会发展计划执行情况及2018年国民经济和社会发展计划草案的报告；审查、批准丽水市2017年国民经济和社会发展计划执行情况的报告及2018年国民经济和社会发展计划；审查市财政局关于丽水市2017年全市和市本级预算执行情况及2018年全市和市本级预算草案的报告；审查、批准丽水市2017年市本级预算执行

情况报告及2018年市本级预算；听取和审查市人大常委会主任虞红鸣关于丽水市人民代表大会常务委员会工作报告；听取和审查市中级人民法院院长蒋卫宇关于丽水市中级人民法院工作报告；听取和审查市人民检察院检察长过孟超关于丽水市人民检察院工作报告；通过关于设立丽水市第四届人民代表大会农业与农村、城乡建设与环境资源、教育科技文化卫生、民族宗教华侨外事等4个专门委员会的决定及组成人员名单；决定2018年全市十方面民生实事。依法选举吴晓东为丽水市人民政府市长，赵存志、蒋璟璟为丽水市第四届人民代表大会常务委员会委员。会议收到代表10人以上联名议案7件，涉及乡村振兴战略、生态文明建设、经济社会发展和科技教育等热点问题。根据地方组织法、代表法和丽水市代表议案处理办法有关规定，议案转为建议、批评和意见，连同代表提出的建议、批评和意见共328件，交有关机关、组织研究办理并负责答复代表。

【丽水市人大常委会会议】 2018年，丽水市人大举行常委会会议7次。

1月12日，市四届人大常委会举行第七次会议。会议经过审议和表决，决定任命吴晓东为丽水市人民政府副市长、代理市长，接受朱晨因工作岗位调整提出辞去丽水市人民政府市长职务请求。

2月9日，市四届人大常委会举行第八次会议。会议作出召开丽水市第四届人民代表大会第三次会议决定，通过市四届人大三次会议列席人员名单和有关人事任免事项；提出市四届人大三次会议议程草案和有关人员建议名单草案；听取和审议市政府关于2017年全市十方面民生实事落实情况报告，并进行满意度测评。

3月14日，市四届人大常委会举行第九次会议。会议听取和审议市本级政府重大投资项目2017年计划执行情况及2018年计划草案的报告、2018年全市十方面民生实事候选项目征集确定情况报告、市四届人大代表资格审查及代表变动情况报告，并审议通过市人大常委会工作报告。会议期间，与会人员还就"一府两院"工作报告、民生实事项目代表票决办法(草案)进行认真讨论。

6月15日，市四届人大常委会举行第十次会议。会议审议《丽水市南明湖管理条例(草案)》，听取和审议市法院关于全市法院执行工作开展情况报告，并表决通过了有关人事任免事项。

7月26日，市四届人大常委会举行第十一次会议。市委副书记、市长吴晓东作关于2018年上半年全市经济社会发展情况和下半年政府工作报告。会议听取和审议市政府关于丽水市2018年上半年预算执行情况的报告、2017年度市本级财政预算执行和其他财政收支情况审计工作报告、固废污染防治"一法一条例"执行情况报告及市人大常委会执法检查报告；审议丽水市2018年上半年国民经济和社会发展计划执行情况报告；批准关于丽水国家级生态文明建设示范市规划议案、2018年市本级新增地方政府债务预算调整方案以及丽水市2017年度全市和市本级财政决算；表决通过有关人事任免事项。

9月29—30日，市四届人大常委会举行第十二次会议。会议听取和审议市政府关于丽水市战略性新兴产业培育和发展、农村承包土地"三权分置"、世界丽水人大会签约侨资项目落地等情况报告；听取和审议市司法局等7个政府工作部门负责人的履职工作报告，并进行满意度测评；审议丽水市历史文化名城和高井弄等3个历史文化街区保护规划，以及丽水市人大常委会任免国家机关工作人员办法和关于落实宪法宣誓制度的若干规定(修订稿)；会议还审议通过《丽水市南明湖管理条例(草案)》，审议《丽水市物业管理条例(草案)》，

7月26日，市四届人大常委会举行第十一次会议 (姚 嫣 提供)

表决通过有关人事任免事项。会议结束后，还举行宪法宣誓仪式。

11月29日，市四届人大常委会举行第十三次会议。会议听取和审议市政府关于丽水市国民经济和社会发展第十三个五年规划纲要实施情况的中期评估报告、2017年度市本级财政预算执行和其他财政收支审计查出问题整改情况报告、公安机关理顺执法关系健全执法机制工作开展情况报告、全市大搬快治解危清零工作报告，以及代表建议、批评和意见办理情况报告；审议《丽水市历史文化(传统)村落保护和发展条例(草案)》；批准2018年市本级第二次新增地方政府债务预算调整方案；听取代表与选任工委关于代表建议、批评和意见督办工作情况报告，通过有关人事任免事项。

【各类工作会议】 2018年4月16日，全市人大信访工作会议在市区召开。会议总结回顾市四届人大一次会议以来丽水市人大系统信访工作情况，部署2018年工作，各县(市、区)就工作开展情况作交流和探讨。市人大常委会党组副书记、副主任朱继坤出席会议并讲话。

2018年4月26—27日，全市人大教科文卫工作座谈会在遂昌召开。与会人员考察遂昌县育才中学、三仁畲族乡坑口畲族文化村和独山古镇，会议通报市人大教科文卫工作，交流县(市、区)人大2017年工作亮点和2018年工作安排。市人大常委会副主任戚永远出席会议并讲话。

2018年5月24—25日，全市人大代表与选举任免工作座谈会在青田召开。各县(市、区)总结交流亮点工作。与会人员观看“松阳人大议案建议管理系统”操作演示，并实地考察鹤城、瓯南、油竹街道人大代表联络总站、高市联络站的建设情况。市人大常委会副主任郑力平出席会议并讲话。

2018年7月13日，市人大常委会党组召开扩大会议学习贯彻习近平总书记“丽水之赞”重要指示精神。会议要求，各级人大组织和人大代表要把学习习总书记重要指示精神作为当前首要政治任务，作为“大学习大调研大抓落实”活动主要内容，切实把思想和行动统一到习近平总书记重要指示上来，统一到省委、市委决策部署上来。要在加强调查研究上下功夫、在查找自身短板上下功夫、在推进当前工作上下功夫，将深入开展“大学习大调研大抓落实”活动与推进当前各项工作紧密结合起来，紧扣市人大常委会年度工作要点，继续加强立法工作、监督工作和代表工作，推动丽水市人大工作迈上新台阶。

2018年9月4日，市人大常委会召开会议传达学习市委四届四次全会精神。会议指出，市委四届四次全会是在改革开放40周年、“八八战略”实施15周年之际召开的一次重要会议，为新时代丽水发展擘画新坐标、注入新动能、指明新方向、明确新路径。会议要求，要认真抓好全会精神的学习贯彻、切实增强“丽水之干”的行动自觉、努力完成年初确定的目标任务，聚焦聚力“丽水之干”，增强一张蓝图干到底的战略定力，强化服务发展大局的使命担当，努力在服务绿色发展中发挥人大优势、体现人大作为。

2018年10月18日，全市人大常委会办公室主任会议在景宁召开。与会人员围绕加强办公室工作规范化、制度化进行交流探讨，并就《丽水市人大“三会”会务操作规程(征求意见稿)》提出建设性意见建议。秘书长吴小平出席会议并讲话。

2018年11月16日，2019年立法工作思路调研座谈会在市区召开。相关单位就《丽水市人大常委会2018年立法计划》预备和调研项目推进情况进行汇报，法工委就充实市第四届人大及其常委会立法调研项目库和2019年立法计划建议项目征集工作与参会单位进行交流。市人大常委会副主任沈根花主持会议并讲话。

2018年12月17—18日，全市人大财经工作座谈会在缙云召开。会上，市人大常委会财经工委负责人通报市人大2018年财经工作情况，各县(市、区)人大常委会财经(工)委进行交流发言，部分县(市、区)人大常委会分管财经工作副主任结合工作实际谈经验和体会。党组副书记、市人大常委会副主任陈建波参加会议并讲话。

2018年12月19—20日，全市人大农业农村工作座谈会在遂昌召开。会议通报市人大常委会农工委2018年工作完成情况及2019年工作初步计划。各县(市、区)人大常委会农工委负责人总结交流2018年农业农村工作完成情况和2019年工作思路。市人大常委会副主任杜光旻出席会议并讲话。

2018年12月20日，全市人大城建环资工作座谈会在龙泉召开。会议学习贯彻习近平关于坚持和完善人民代表大会制度的重要思想，传达全省人大环资工作座谈会精神，结合市、县两级人大城建环资工作实际，总结交流2018年工作情况，研究探讨2019年工作思路。市人大常委会副主任、党组副书记朱继坤出席会议并讲话。

2018年12月20—21日，全市人大内务司法工作座谈会在松阳召开。

会议通报市人大内司委、常委会内司工委2018年工作情况及2019年工作初步打算，传达全省人大内务司法工作座谈会精神，各县（市、区）人大法制（内司）委就2018年工作情况及2019年工作打算进行交流发言。市人大常委会副主任邹培书出席会议并讲话。

2018年12月26日，全市人大民宗侨外工作座谈会在青田召开。会议学习贯彻习近平总书记关于坚持和完善人民代表大会制度的重要思想以及民宗侨外领域相关文件资料和法律法规，通报2018年工作和2019年工作思路。各县（市、区）交流2018年主要工作和2019年工作思路。部分县（市、区）人大常委会分管副主任结合工作交流经验和体会。市人大常委会党组副书记、副主任陈建波出席会议并讲话。

推进地方立法

【坚持党对立法工作的领导】 2018年，市人大常委会协助市委出台党领导立法工作实施意见，着重解决丽水市立法工作机制存在的问题和不足，重点就建立健全党委领导立法决策机制、立法机关党组请示报告机制、提高立法质量工作机制、立法工作保障机制等进行规定，推进丽水市加强党领导立法工作制度化规范化。及时向市委汇报立法工作重要情况，年度立法计划和立法调研项目库充实均报市委审定，每一部法规提请市人大常委会会议审议通过前都向市委汇报。

【做好法规修改审议工作】 2018年，市人大常委会全年召开法制委员会会议5次，召开立法征求意见、协商、辩论等各类会议40余场，参会500余人次，征集意见建议1500余条，通过广泛调研、反复修改、精雕细琢，确保立法质量。重点做好《丽水市南明湖保护管理条例（草案）》《丽水市物业管理条例（草案）》的修改审议工作。重点对《丽水市南明湖管理条例（草案）》的适用范围、管理体制、水质保护、保护规划和禁止性行为等内容作补充和修改，该法规于2019年3月1日正式实施。针对《丽水市物业管理条例（草案）》，重点围绕业主组织、前期物业管理、物业管理服务、物业使用与维护等问题，科学设定条款，提升可操作性。该法规于2019年1月15日经市人大常委会会议审议通过并向省人大常委会报批。提前介入《丽水市传统村落保护条例（草案）》《丽水市大窑龙泉窑遗址保护条例（草案）》等立法工作，主动了解起草进度，就重点问题提前进行沟通，厘清立法要解决的主要问题，明确法规草案的主要内容和立法方向。

【深入推进科学、民主、依法立法】 2018年，市人大常委会坚持将科学立法、民主立法和依法立法落实到立法各环节。探索开展市人大代表分专业有重点参与立法工作。充分发挥代表专业优势，主动邀请有关立法议案建议的领衔代表和有关专业领域代表25名，重点参与2018年度有关法规项目立法起草、调研、论证等工作。相关代表实地参与调研5次，参加各类调研座谈会12次，列席法委会议2次。代表所提有关意见和建议得到部分采纳，激发代表参与立法热情。深化立法协商，加强参与协商主体的专业性和针对性；充分发挥立法专家库作用，发挥人大各专委新设立的专家咨询组、高校法学专家等专业力量作用；拓展人民群众参与立法途径，在南明湖立法中，专门召开钓鱼协会、游泳协会等利益群体代表意见征求会，在丽水电视台《老白谈天》栏目开通物业立法公众互动平台，以民生访谈、调查问卷、热线电话等群众喜闻乐见形式提升立法的公众参与度。针对物业管理立法中各方意见分歧较大的2个问题，专门组织物业主管部门、物业企业、业主和社区代表，市人大代表及有关专家开展立法辩论。

【着力推进法规有效实施】 2018年，市人大常委会推动《丽水市城市市容和环境卫生管理条例》《丽水市饮用水水源保护条例》两部生效法规纳入全市国家机关普法考试范围。督促政府及时研究制定饮用水水源保护生态补偿实施办法，维护饮用水水源地群众合法权益，更好保护饮用水水源安全。跟踪调研《丽水市城市市容和环境卫生管理条例》实施效果，针对法规在实施过程中存在的宣传不到位、执法能力不够强、部分市容环卫问题未根本改善等情况，向有关主管和执法部门提出意见，促进条例贯彻实施。

【充实立法调研项目库和编制立法计划】 2018年，市人大常委会根据市委进一步深化改革促进发展决策部署，启动充实该届人大立法调研项目库的项目征集工作，通过公开征求意见、调研走访重点部门、召开立法建议项目征集工作座谈会等形式，立足地方立法权限和立法需求，对征集项目进行认真梳理，认真评估立法项目的必要性可行性，将《“丽水山耕”促进与保护条例》《丽水国家公园条例》充实到立法调研项目库中。及时启动2019年立法计划编制工作，提出2019年立法计划继续审议项目2件，初次审议项目2件，预备项目1件。

【推进规范性文件备案审查工作】 2018年，市人大常委会坚持有件必备、有备必审、有错必纠。全年共接收报送备案规范性文件总计52件，其中市政府报送备案48件，各县（市、区）人大常委会报送备案4件。督促市政府修改规范性文件1件。向省人大常委会报备决议、决定3件，地方性法规1件。

讨论决定重大事项

【决定全市十方面民生实事】 2018年3月26日，经丽水市第四届人民代表大会第三次会议第三次全体会议通过，按得票数高低为序，确定丽水市2018年度十方面民生实事项目：优化基础教育资源供给，加快截污纳管，推进交通便民，加强食品安全监管，完善全民医保，加强医养结合的养老服务体系建设，实施农村饮用水安全巩固提升工程，实施地质灾害隐患“解危清零”行动，实施精准扶贫项目，推进“厕所革命”。

【推进生态文明建设】 2018年，市人大常委会着眼浙江（丽水）绿色发展综合改革创新区创建、浙江大花园最美核心区打造。7月26日，经丽水市第四届人民代表大会常务委员会第十一次会议通过，作出《关于批准丽水国家级生态文明建设示范市规划的决议》，把市委重大战略决策通过法定程序转化为全市人民的共同意志。

国民经济和社会发展计划、预算执行情况监督

【听取和审议计划、财政相关报告】 2018年，市人大常委会听取和审议市政府关于丽水市2018年上半年全市经济社会发展情况和下半年政府工作报告，关于丽水市2018年上半年国民经济和社会发展计划执行情况报告，关于市本级政府重大投资项目2017年计划执行情况及2018年计划草案报告，关于丽水市2018年上半年预算执行情况报告。

【听取和审议决算、审计工作报告】 2018年，市人大常委会听取和审议市政府关于2017年度全市和市本级决算草案报告，审查市民政局、市水利局、市环保局及丽水生态产业集聚区（开发区）2017年度决算草案；听取和审议市政府关于2017年度市本级财政预算执行和其他财政收支情况审计工作报告；批准2018年市本级新增地方政府债务预算调整方案和丽水市2017年度全市和市本级财政决算草案。

对“一府两院”专项工作监督

【开展“十三五”规划纲要实施情况中期评估审议监督】 2018年，市人大常委会聚焦关键指标、重点改革政策，开展会前调研，查找转型发展中存在的问题，提出意见建议，推进完成规划目标，加快调整经济结构。建议市政府围绕全面完成任务目标，确保规划实施严肃性、实现经济发展高质量、投资建设高效率、民生保障高品质。11月29日，第十三次常委会听取和审议市政府关于“十三五”规划纲要实施情况中期评估报告，推动市政府及有关部门更加重视“十三五”规划实施，正视存在问题，明确发展方向和工作重点，扩大有效投资，加快经济高质量发展。

【加强重大投资项目计划审查】 2018年，市人大常委会通过实地察看项目，召开座谈会听取市发改委、市财政局、市国资委和部分项目责任部门情况汇报等形式，对投资总额达到1亿元以上市本级重大投资项目进行审查监督。3月14日，第九次常委会听取和审议市政府关于重大投资项目计划报告。针对2017年开工率仅为58.3%和2018年拟新建项目，明确提出要加快前期工作步伐，争取2018年内全部按时开工建设，切实维护人大常委会审议的严肃性和权威性。建议加强财政注入资本金监管，保障国有资产保值增值，合理安排国资类项目开发时序，严防债务风险。经跟踪监督，2017年遗留未开工的5个项目以及2018年计划新建的7个项目已经全部按时开工建设。

【开展全市法院执行工作情况调研和监督】 2018年，市人大常委会为推动全市法院基本解决执行难问题，如期完成工作任务，内司委组成调研组，通过查阅执行案卷和报表分析，与法院领导和执行干警讨论交流，听取有关单位、人大代表和律师、执行案件当事人意见建议等方式，多渠道、多角度深入了解全市法院执行工作情况。6月15日，第十次常委会听取和审议全市法院执行工作情况报告，提出深化思想认识、更新执行理念；完善执行机制、规范执行行为；加大执行力度、提升信息化水平；加强队伍建设、增强执行合力等审议意见，推动法院基本解决执行难工作的深入开展。

【开展全市公安机关理顺执法关系、健全执法机制工作情况调研和监督】 2018年，市人大常委会针对《关于深化公安执法规范化建设的意见》（中办发〔2016〕56号）和《关于全面深化

公安执法规范化建设的实施意见》(浙委办发〔2017〕70号)落实情况，内司委组成调研组，深入基层和一线干警，了解涉侨"最多跑一次"改革和户口登记管理工作、派出所办案职责和办案机制、侦审分离制度落实和公安法制部门衔接检察院、法院等单位工作情况，并分别召开相关部门、人大代表和律师座谈会，充分听取各方面意见建议。11月29日，第十三次常委会听取和审议全市公安机关理顺执法关系、健全执法机制工作开展情况报告，提出深化思想认识、建立健全机制；加强沟通配合、统筹推进工作；规范执法行为、保障律师权利；加强队伍建设、抓好贯彻落实等审议意见。通过监督，进一步推动全市公安执法规范化建设的统筹实施，加快执法规范化建设推进进度，提高执法质量和执法公信力。

【开展"七五"法治宣传教育工作中期检查】 2018年，市人大常委会为进一步加大对法治宣传教育的支持力度，内司委赴遂昌、松阳两县开展专项调研和检查，集中听取市法院、市建设局、市水利局、市交通局等单位关于普法工作开展情况的汇报，实地查看相关单位法治宣传工作开展情况。8月29日，第十八次主任会议听取市政府"七五"法治宣传教育工作中期检查情况的报告，要求市政府进一步高度重视依法行政工作，从全面落实普法责任制、抓好重点对象普法、围绕中心工作开展法治宣传教育等方面入手，继续做好法治宣传教育工作，真正使普法机制更加健全、法治观念更加深入人心。

【开展固废污染防治"一法一条例"执法检查】 2018年，市人大常委会按照省人大常委会上下联动部署，由常委会主任担任组长，分管主任担任副组长，常委会领导分别带领6个小组，深入各县(市、区)及丽水生态产业集聚区(开发区)开展执法检查；听取和审议执法检查组执法检查情况报告、政府实施情况报告。指出固废污染防治责任落实不够到位、基础设施欠账多、危废监管执法不够严、垃圾分类处理短板明显等问题，就解决这些问题提出针对性意见。这次执法检查是丽水市人大监督向污染源头拓展、推进打好污染防治攻坚战的一次"法律巡视"。

【开展大搬快治解危清零工作监督】 2018年11月29日，市人大第十三次常委会听取和审议市政府关于全市大搬快治解危清零工作报告，支持和督促政府抓紧抓好大搬快治解危清零工作，切实保障人民群众生命和财产安全。

【市县联动开展《浙江省学前教育条例》执法检查】 2018年，市人大常委会部署市直相关部门和县(市、区)政府开展自查，深入庆元县、青田县、景宁畲族自治县、缙云县、莲都区和丽水生态产业集聚区(开发区)，检查幼儿园26所，其中城区15所、乡镇11所；公办10所、民办16所，召开各类座谈会8个。针对存在的学习宣传不够、规划建设不到位、资金等要素保障不力、队伍建设薄弱、集团化办学不够深入规范等问题，提出5个方面13条具体建议，推动学前教育发展。

【跟踪监督少数民族村经济发展情况】 2018年，为进一步推动少数民族村经济发展，督促市政府更好地落实2017年市人大常委会对丽水市少数民族村经济发展开展跟踪监督形成的审议意见，民族宗教华侨外事委员会对少数民族村经济发展情况专项报告审议意见贯彻落实情况开展跟踪监督，提出"发展思路上要注重整合，实现从分散到系统的转变；发展产业上要注重特色，实现从大众到特色的转变；发展动力上要注重培育，实现从输血到造血的转变；发展环境上要注重品质，实现从数量到质量的转变"等对策建议，为市政府推动少数民族村经济发展助力。

专题视察和调研活动

【专题调研战略性新兴产业培育和发展情况】 2018年，市人大常委会财经委开展专项调研，针对丽水市战略性新兴产业规划不明晰、发展规模较小、主要产品层次较低、科技研发实力不足等问题，建议市政府把培育和发展战略性新兴产业作为打通"两山"通道的重要举措予以谋划，鼓励关键领域新技术研发，加快传统产业技术改造，大力培育和壮大一批优质企业，构建多层次投融资体系，引导金融保障战略性新兴产业发展。9月29日，第十二次常委会听取和审议市政府专项工作报告，提出审议意见交市政府办理。

【组织代表视察市区"最多跑一次"改革情况】 2018年5月，市人大常委会围绕市委提出的打造"最方便、最快速、最满意政务服务环境和营商环境最优市""四个最"目标要求，组织部分市人大代表开展市区"最多跑一次"改革情况视察活动，并通过视频短片如实反映问题，揭短亮丑、动真碰硬。视察组针对阻碍改革问题提出四方面视察意见，送交市政府研究处理，并限期报送处理结果。通过4个多月整改落实，改进和解决暗访及视察中发现的4方面问题，提高企业投资项目开工前审批“最多100天”实现率，提升数据共享扩面，简化便捷办事流程，完善人员管理制度，优化政务服务和营商环境。

【开展全市人防工作调研】 2018年，市人大常委会内司委组成调研组，对全市人防工作开展调研。针对存在对人防工作重要性认识不足、人防规划编制不够系统科学、人防工程建设和使用维护脱节、人防队伍建设亟待加强等突出问题，向市政府提出加大宣传力度、不断增强人防观念；科学编制规划、协调发展人防建设；积极探索创新、推进难点问题解决；加强队伍建设、提高依法履职能力等建议，推进人防工作依法有序开展。

【开展丽水市农村承包土地“三权分置”工作情况调研】 2018年，市人大常委会根据省人大常委会统一部署，省、市、县三级人大联动开展农村承包土地“三权分置”工作情况调研，农委先后调研青田、松阳等四个县，并赴台州、温岭市学习考察。根据委员们审议情况，并配合市广播电视台制作《人大关注》三权分置专题节目，对人大监督工作开展宣传。9月29日，第十二次常委会听取和审议市政府关于丽水市农村承包土地“三权分置”工作情况报告，市政府对市人大常委会审议意见高度重视，逐条认真研究分析，分解任务到各相关部门，确保审议意见能落到实处。

【开展美丽林相建设情况专题调研】 2018年，市人大常委会坚持“绿水青山就是金山银山”绿色生态发展理念，紧扣生态文明示范区和大花园核心区建设目标，农委实地调研莲都、缙云、云和、龙泉等县（市、区）并召开座谈会，广泛收集意见建议形成调研报告，指出松材线虫病防治形势严峻，林相建设资金投入少，林相改造政策处理难度大，森林景观结构有待优化，现有相关政策困扰有待破题等问题。提出思想认识还要再深化，投入力度还要再加大，加强松材线虫病科学防治，探索美丽林相建设新机制等意见建议。

【开展河道管理情况视察活动】 2018年11月，市人大常委会组织部分常委会组成人员和市人大代表视察河道管理情况。市人大常委会主任虞红鸣，市人大常委会副主任朱继坤、杜光旻、郑力平参加视察，副市长卢彩柳陪同视察。向市政府提出视察意见，要求限期整改视察中发现的问题，针对河道管理工作中存在的涉水违建、建筑垃圾乱倾倒、河流生态流量控制、水利工程维护情况等方面存在的问题，查找原因，采取有力措施，落实责任，切实强化河道管理，提升全域景观质量。

11月27日，市人大代表视察河道管理情况　　（姚　嫣　提供）

【组织代表视察特色小镇建设】 2018年5月30—31日，市人大常委会围绕新型城镇化发展要求，组织部分市人大代表视察特色小镇建设，充分肯定成绩，着重针对特色产业比较薄弱、体制机制效率不高，甚至有重数量轻质量、重建设轻效用、存在“空心化”风险等问题，提出建议意见。政府召开会议专门研究更好推进特色小镇建设，并提交视察意见办理落实报告。

【组织代表视察市区城中村改造情况】 2018年10月24日，市人大常委会着眼营造城中村改造氛围，组织代表视察市区城中村改造情况，参加视察代表对城中村改造工作表示满意，并提出进一步增强群众意识、突出攻坚克难、加强统筹协调，坚持目标导向、以人为本、依法依规、稳妥安置等意见。跟踪监督市区征收安置三年行动计划落实情况，实地察看与听取汇报相结合，着重检查三年还清安置欠账进展情况，促进征迁群众居住环境改善落到实处。

10月24日，市人大代表视察市区城中村改造情况汇报会　（姚　嫣　提供）

【开展科技金融工作情况专题调研】 2018年，市人大常委会组织调研组深入丽缙产业园、丽水生态产业集聚区（开发区）和遂昌县、青田县等地调研，听取政府及有关部门情况汇报和金融机构、企业负责人、人大代表等各方面意见建议；向289家科技型企业发放调查问卷，了解经营、融资、研发投入、政策需求等情况；到嘉善、长兴进行考察学习。针对调研中发现的缺少顶层设计和统筹协调、缺少人才资金等要素支撑、服务模式单一等问题，提出3个方面11条具体建议，促进科技和金融有效融合。

【组织代表视察基层市场监管平台建设工作】 2018年，市人大常委会组织调研组深入莲都区、缙云县、景宁畲族自治县和云和县的11个乡镇（街道）调研，听取政府及有关部门、市场监管所、网格员等各方面意见建议。组织部分市人大代表赴缙云县实地视察县级、乡镇、街道综合信息指挥中心（室）3家。针对思想认识、系统整合、人员配置、队伍建设等方面存在的问题，提出3个方面12条视察意见，加强基层市场监管能力建设。

【开展人口健康信息化项目建设情况专题调研】 2018年，市人大常委会深入市区和龙泉市、庆元县、莲都区、青田县等10家县乡医疗机构调研，听取政府及相关部门、医务人员、人大代表、项目运营公司等各方面意见建议。针对思想认识、建设运行、服务保障等方面存在的问题，提出3个方面11条具体建议，加快了人口健康信息化项目建设。

【开展首届世界丽水人大会签约侨资项目落地情况专题调研】 2018年，市人大常委会组织调研组针对2017年召开的首届世界丽水人大会上签约的14个侨资项目落地情况开展调研。通过广泛听取意见、查找深挖问题、综合分析研究，撰写形成调研报告，提出“要推动签约项目落地、谋划更多适侨项目、拓展侨商创业平台、提升涉侨服务水平”等对策建议。9月29日，第十二次常委会听取和审议市政府关于首届世界丽水人大会签约侨资项目落地情况报告，激发社会各界人士对侨资项目的关注，推动签约侨资项目的落地工作。

【组织代表视察台湾农民创业园发展与建设情况】 2018年4月，组织部分市人大代表视察台湾农民创业园发展与建设情况，将视察情况综合分析后提出“进一步重视创业园区建设、明确创业园区定位、加快创业园区发展、完善创业园区服务”等对策建议。通过视察监督，督促市政府形成视察意见责任落实清单共11条，交庆元县政府逐项整改落实，加强惠台政策制定、基础设施建设、对台合作交流等各项工作。

人事任免

【概况】 2018年，市人大常委会依法规范做好选举任免工作，为开好市人代会细化服务，把工作做深做细做实，确保组织意图顺利实现，依法选举市长并通过专委会人选。在市人大常委会上任命市政府组成部门负责人、市监察委员会和两院相关人员。按照任前法律考试、表态发言和任后宪法宣誓流程严格规范日常任免工作，出台《关于落实宪法宣誓制度的若干规定》，明确宣誓方式的组织方式、参加人员等。推进市人民政府及其各部门、市监察委任命的国家机关工作人员就职时进行宪法宣誓，市政府组织当年任命的31名部门实职副处干部进行宪法宣誓。全年任免国家机关工作人员40人次。

【开展履职评议】 2018年9月29日，第十二次常委会听取和审议市审计局、市交通运输局等7个政府工作部门局长(主任)履职工作报告，并进行满意度测评。为使评议工作更为客观公正，市人大常委会建立7个评议工作组，分别由1名常委会副主任带队，在评议调研阶段，首次探索引入两份问卷、一张统计表，为常委会组成人员在审议时提供有效参考信息。

服务代表履职及代表中心组活动

【密切代表与人民群众联系】 2018年8—11月，省领导葛慧君、史济锡、孙景淼等和市四套班子领导代表带头进代表联络站，并组织全市各级人大代表统一进联络站开展密切联系人民群众主题活动，有力推动“最多跑一次改革”在基层落实，解决一批人民群众迫切需要解决的交通、民生、教育、卫生等问题。深化市人大常委会联系人大代表、代表密切联系人民群众“两联系”活动，安排开展常委会组成人员联系走访基层代表和选民、县级代表直接向选民述职等活动，使代表进一步增强代表意识，提升代表走访了解选民所思所盼意愿。加强履职管理，深化代表履职登记管理系统，对代表参加各类履职活动和知政事项，作详细记录并及时公开，激发代表履职积极性。

【推进代表联络站建设】 2018年，市人大常委会开展代表联络站建设专题调研，出台代表联络站建设3年行动计划和考评办法，推动代表联络站场所建设规范化、标准化，全市173个代表联络站基本实现“全覆盖、制度化、常活动”要求。组织全市各级人大代表经常性进联络站开展联系人民群众主题活动，引导领导干部代表带头进站参加活动，将每年10月定为民生实事项目“听取群众意见建议活动月”，推动解决群众反映问题。应用信息化手段，加快网上代表联络站建设，方便群众通过更加便捷的方式联系代表。

【提高议案建议办理成效】 2018年，市人大常委会在强化议案建议办理上下功夫，增强办理实效。注重源头把关，通过组织会前视察、提供建议素材，加强培训指导，引导代表多提好建议、实建议。精准分办交办，完善代表建议分办流程，做好建议分办工作。加大与各承办单位协商力度，有效提升建议分办准确性。强化考核通报，推动建议办理工作纳入年度综合考核，通过领导领衔督办、办理情况通报、代表约见部门负责人等方式，增强建议督办效果。市四届人大三次会议立案代表建议328件，已全部办理完毕。

【加强县乡人大工作】 2018年，市人大常委会全面贯彻落实中央关于加强县乡人大工作、《浙江省乡镇人民代表大会工作条例》和市委关于加强乡镇人大工作有关文件精神。全面落实一年召开2次乡镇人代会要求，认真开展预算审查，推行主席团闭会期间监督活动。推进票决制工作实施和代表参与。探索街道人大议政会制度等发挥作用载体和工作机制。稳步推进代表建议办理系统试点工作。5月，组织全市173个乡镇街道人大主席和工委主任，在市委党校开展培训2期，提升乡镇(街道)人大负责人业务水平。

【省人大代表丽水中心组活动】 2018年7月，省人大代表丽水中心组就丽水市库区旅游开发情况开展专题调研。市人大常委会主任、省人大代表丽水中心组组长虞红鸣参加调研并讲话，郑力平主持座谈会，林亮、王小荣参加调研。调研中，省人大代表前往青田县、龙泉市、云和县等地实地考察滩坑库区和紧水滩库区旅游开发情况。在听取丽水市库区旅游开发情况报告后，代表们一致认为此次专题调研主题明确、立意高远，并就完善发展规划、修编政策法规、提升基础设施等内容进行交流发言。10月，省人大代表丽水中心组第一小组视察莲都区小城镇环境综合整治工作，虞红鸣参加视察，杜兴林陪同视察。视察组一行先后到黄村乡、大港头镇，实地走访查看街区、小巷、文化礼堂，了解两个乡镇小城镇环境综合整治成果，召开座谈会听取区政府关于莲都区小城镇环境综合整治推进情况汇报，并就该项工作提出意见与建议。11月，省人大代表丽水中心组第二小组成员，到青田县高市、汤垟等乡镇就小城镇综合整治等工作开展视察，市人大常委会副主任郑力平参加视察。12月，省人大代表丽水中心组就丽水市生态工业发展情况开展会前视察。市人大常委会主任虞红鸣参加视察并讲话，市政府副市长徐光文陪同视察。视察中，省人大代表先后前往丽缙五金科技产业园、丽水绿谷信息产业园等地实地考察企业发展情况。

县(市、区)人民代表大会会议

【云和县第十六届人民代表大会第二次会议】 2018年2月3—6日召开。会议采用电子表决方式，确定县2018年十件民生实事，表决通过关于政府工作报告、云和县2017年国民经济和社会发展计划执行情况与2018年国民经济和社会发展计划、云和县

2017年预算执行情况和2018年预算决议，通过关于县人大常委会工作报告、县人民法院工作报告、县人民检察院工作报告决议。

【青田县第十六届人民代表大会第二次会议】 2018年2月4—7日召开。大会通报政府“十件实事”票决结果，通过关于政府工作报告决议、关于青田县2017年国民经济和社会发展计划执行情况及2018年国民经济和社会发展计划决议、关于青田县2017年财政预算执行情况和2018年财政预算决议、关于青田县人民代表大会常务委员会工作报告决议、关于青田县人民法院工作报告决议、关于青田县人民检察院工作报告决议。

【遂昌县第十六届人民代表大会第二次会议】 2018年2月7—9日召开。大会表决通过关于《政府工作报告》的决议，关于遂昌县2017年国民经济和社会发展计划执行情况及2018年国民经济和社会发展计划报告决议，关于遂昌县2017年财政预算执行情况和2018年财政预算报告决议，关于遂昌县人大常委会工作报告决议，关于遂昌县人民法院工作报告决议，关于遂昌县人民检察院工作报告决议。

【庆元县第十六届人民代表大会第二次会议】 2018年3月6—9日召开。大会表决通过政府工作报告的决议，补选县十六届人民代表大会常务委员会委员5人，对2017年度县人民政府民生实事项目满意度进行测评并通报测评结果；票决并通报2018年度人民政府十件民生实事项目；会议还表决通过各项决议。

【莲都区第十六届人民代表大会第二次会议】 2018年3月7—10日召开。会议表决通过议案审查委员会的议案审查报告；通过关于区政府工作报告的决议、关于区2017年国民经济和社会发展计划执行情况及2018年国民经济和社会发展计划的决议、关于区2017年财政预算执行情况及2018年财政预算的决议、关于区人大常委会工作报告的决议、关于区人民法院工作报告的决议和关于区人民检察院工作报告的决议。依法选举产生区第十六届人民代表大会常务委员会委员，并对2018年莲都区十方面民生实事项目进行票决。

【松阳县第十二届人民代表大会第二次会议】 2018年3月12—14日召开。大会表决通过关于政府工作报告决议、松阳县2017年国民经济和社会发展计划执行情况及2018年国民经济和社会发展计划报告决议、松阳县2017年财政预算执行情况和2018年财政预算报告决议、松阳县人大常委会工作报告决议、松阳县人民法院工作报告决议、松阳县人民检察院工作报告决议。

【龙泉市第十六届人民代表大会第二次会议】 2018年3月13—16日召开。大会通过关于全域打造最美大花园高质量推进新时代美丽幸福好龙泉建设的决议；通过关于政府工作报告决议、关于龙泉市2017年国民经济和社会发展计划执行情况与2018年国民经济和社会发展计划决议、关于龙泉市2017年预算执行情况和2018年预算决议；通过关于市人大常委会工作报告决议、关于市人民法院工作报告决议、关于市人民检察院工作报告决议；票决产生2018年龙泉市十方面民生实事项目。

【缙云县第十七届人民代表大会第二次会议】 2018年3月14—16日召开。会议以电子表决方式，通过县十七届人大二次会议关于政府工作报告决议、缙云县2017年国民经济和社会发展计划执行情况及2018年国民经济和社会发展计划决议、缙云县2017年财政预算执行情况和2018年财政预算决议、缙云县人民代表大会常务委员会工作报告决议、缙云县人民法院工作报告决议、缙云县人民检察院工作报告决议。

【景宁畲族自治县第九届人民代表大会第二次会议】 2018年3月28—31日召开。大会以电子表决方式，通过关于政府工作报告决议、关于景宁畲族自治县2017年国民经济和社会发展计划执行情况及2018年国民经济和社会发展计划决议、关于景宁畲族自治县2017年财政预算执行情况和2018年财政预算决议、关于景宁畲族自治县人大常委会工作报告决议、关于景宁畲族自治县人民法院工作报告决议、关于景宁畲族自治县人民检察院工作报告决议；以无记名投票方式选举2名景宁畲族自治县县九届人大常委会委员，通报2018年十件民生实事票决结果。 （汤迪文）

丽水市人民政府

综　　述

【概况】 2018年，全市地区生产总值1394.67亿元，同比增长8.2%，三次产业结构调整为6.8:41.4:51.8；规模以上工业增加值增长12.2%，社会消费品零售总额增长11.4%，增幅均为全省第一。全面完成“4+1”投资结构性指标，服务业增加值增长8.1%，全域旅游产业增加值占GDP比重预计9%以上，外贸出口增长10.2%，一般公共预算收入增长15.1%。完成十方面民生实事，财政民生支出341亿元，增长14%。城镇、农村居民人均可支配收入分别为42557元和19922元，增长9.1%、10.2%，其中农村居民收入增幅连续10年全省第一。生态环境状况指数连续15年全省第一、生态环境公众满意度连续11年全省第一。通过全国水生态文明城市建设试点验收，城市地表水环境质量继续保持全省首位，国考断面Ⅰ—Ⅲ类水比例、跨行政区域河流交接断面出境水质达标率、县级以上集中式饮用水源地水质达标率实现“三个100%”。空气质量列全国169个排名城市第5位，市区空气质量指数(AQI)优良率95.6%，PM2.5平均浓度从33微克/立方米降至28微克/立方米。

【成为全国首个生态产品价值实现机制试点市】 2018年，丽水市生态产品价值实现机制“丽水样板”入选“改革开放40年地方改革创新40案例”，相关经验被国务院大督查列为先进典型。成功举办首届生态产品价值实现机制国际研讨会，发布丽水绿色发展白皮书及生态系统生产总值(GEP)、生态资产核算研究报告。瓯江流域上下游横向生态补偿、生态环境损害赔偿、环保“守信激励、失信惩戒”等机制全面推行，完成市级自然资源资产负债表编制。遂昌创成国家生态文明建设示范县，云和成为全国首批环境健康风险管理试点县。

国家林草局将丽水确定为全国唯一的国家公园设立试验区，生态环境部命名丽水为“两山”实践创新基地，“诗画浙江”大花园最美核心区建设初显成效。对标瑞士等先进国家制定传统村落、美丽乡村、绿道古道游步道骑行道建设等大花园建设标准，瓯江绿道作为大花园建设旗帜性项目先行启动，17个省大花园建设重大项目完成年度投资计划的134.1%。遂昌、龙泉、云和入选第一批全省大花园典型示范建设单位，省大花园建设研究院在丽水市挂牌成立。出台涵盖一、二、三产的产业导向清单，启动实时在线监测、全域覆盖的“花园云”(运用物联网、大数据、云计算等先进技术建立的生态环境监测监管全域覆盖、实时在线，集生态环境全领域数据收集、分析、应用和生态预警、生态执法、生态治理等各项功能于一体的数字化、网络化、智能化综合信息平台)建设。

【正式获批省级生态工业试点市】 2018年11月22日，省工业转型升级领导小组办公室印发《浙江(丽水)生态工业试点市实施方案》，丽水市正式获批省级生态工业试点市。《方案》要求，围绕浙江(丽水)绿色发展综合改革创新区建设，坚持生态工业第一经济定位，以产业生态化、生态产业化为主线，加快推进绿色、创新、融合三大试点示范建设，开展产业提升、绿色制造、科技创新、智能改造和平台建设五大行动，着力发展“绿水青山之上、蓝天白云之下”的绿色低碳循环可持续的生态工业体系，创建成为生态工业发展先行区示范区，助力打造全省“大花园”最美核心区。

【提升绿色发展质效】 2018年，丽水市成为省级生态工业试点市，战略性新兴产业、装备制造业、健康制造业增加值分别增长29.1%、15.3%、27.5%，增幅均居全省第一。数字经济核心产业增加值增长12.1%，绿谷信息产业园主营业务收入和税收均增长94%以上，新增上云企业2797家。新发布“浙江制造”标准21项，缙云成为“浙江制造”品牌培育试点县。莲都“农米良品”在纳斯达克上市，缙云臻泰能源获中国创新创业大赛一等奖，庆元鸿星文具成为省级隐形冠军企业，新入库“专精特新”培育企业236家，新增规上工业企业133家。整治“低散乱”企业、淘汰落后产能企业，分别完成年度任务的208%、150%，推动企业入园338家。实现省级以上开发区(园区)“污水零直排区”全覆盖。丽水开发区在国家级经济技术开发区中排名跃升40个位次，全市规上工业企业亩均税收、亩均增加值分别增长16.3%、12.2%，增速均为全省第一。引进德国肖特、腾讯、世茂、银泰、华润、众安、灵康、飞科等大型成熟市场主体，新引进项目445个，其中落地大项目130个。深化山海协作，产业合作到位资金179.5亿元。特色小镇投资179.09亿元，万洋低碳智造小镇、龙泉汽车空调小镇入选第三批省级培育小镇。

对标欧盟制定“丽水山耕”标准体系、农药化肥准入标准，“丽水山耕”品牌影响力列“2018中国区域农业形象品牌影响力排行榜”第一名。成为全省现代化生态循环农业整建制试点市，实现省级农产品质量安全可追溯体系县(市、区)全覆盖。缙云烧饼、庆元香菇、松阳香榧获地理标志证明商标，青田杨梅获农产品地理标志登记。缙云、遂昌、松阳创成首批省级全域旅游示范县，缙云仙都创AAAAA工作通过省级初验。新增AAAA级景区2家，创建评定A级以上景区村庄242个，其中AAA级景区村庄25个。获评“全国民宿产业发展示范区”，农家乐民宿营业总收入41.5亿元，增长33%。

【聚焦改革创新】 2018年，丽水市政府部门间“最多跑一次”改革入选全省改革领跑者案例，51.4%民生事项实现“全域一证通办”。中介服务“网上竞价”改革列入国家发改委清费减负典型案例、全省经济体制改革26条典型经验。实现企业投资项目代办覆盖率100%，开工前审批全流程最多跑一次、最多100天。企业常态化开办时间压缩至3个工作日。工程建设项目审批改革取得阶段性成效，由改革前平均200多个工作日压缩至86个工作日内。省级以上平台新批工业用地按标准地出让宗数、面积占比分别为59%、55.9%。城乡一体化信用平台上线运行，全国城市信用状况监测排名从2017年底207位跃升至52位。

省级及以上重大改革试点24项，绿色发展综合改革创新区“一县两试点”均取得明显成效。在全省推广“拯救老屋”松阳模式、“政银保”小额扶贫贷款景宁模式等，云和生态公益林收益权质押贷款入选全省绿色金融创新十大优秀案例，龙泉入选全国集体林业综合改革试验区。

建设浙江(青田)华侨经济文化合作试验区、汤显祖——莎士比亚戏曲小镇，被列入省新一轮对外开放10项重大举措。成功举办首届华侨进口商品博览会、世界青瓷大会、中日韩三国食用菌行业会长庆元峰会、松阳乡村振兴论坛、“古堰画乡——浙江特色小镇海外推广展”等文化交流活动。跨境网络零售出口增长31.1%，缙云、青田跨境电子商务产业园开园运营。

通过国家知识产权试点城市验收。引进各类高层次和急需紧缺人才2538人，新增5家市级院士工作站、6家省级博士后工作站。龙泉市主导产业“双创”公共服务平台被列入全国制造业“双创”平台试点示范项目。规上工业企业技术(研究)开发费增长33.9%，新增国家高新技术企业67家、省级高新技术企业研发中心12家、企业研究院11家。

【改善城乡面貌】 2018年，丽水机场开工建设。衢宁、金台铁路建设进展顺利，杭丽铁路纳入省铁路网规划。景文高速、滩坑引水工程开工。金丽温输气管道丽水段全线贯通。启动建设500千伏丽西输变电工程。41个项目入选省、市县长项目，已开工建设21个，完成投资34.2亿元。集中开工2批63个重大项目，总投资416亿元。

城中村改造完成326.41万平方米，其中，市区160.9万平方米，置换出中心城市发展空间546.67公顷，解决水东老村、专建区块等一批“老大难”问题。完成52个老旧小区、城中村雨污分流改造，拆违1156.75万平方米、“三改”1062.88万平方米。全市新增城市道路58.15千米、城镇污水管网67.41千米、雨水管网92.91千米、供水管网57.74千米，分别完成年度任务的193.8%、120.3%、232.3%、192.5%，新增城市园林绿地100.89公顷，停车位8403个，实现新能源汽车分时租赁网络县(市、区)全覆盖。在全省城市文明程度指数测评中继续保持前列，获评省级小城镇环境综合整治优秀市。常住人口城镇化率61.5%，比上年提高1.8%。

出台争当乡村振兴排头兵行动计划，实现县(市)域乡村建设规划全覆盖。推进大搬快治“解危清零”，完成地质灾害解危471处，减少受威胁人数15825人。新建和改造提升农村公路1384千米，新增20.8万名农民喝上达标饮用水。推动441个村与475家企业(商会)“村企结对”，招募“乡村振兴合伙人”105人，乡贤联谊会实现乡镇(街道)全覆盖。

编制实施美丽乡村建设“正负面清单”,打造美丽乡村风景线10条。松阳、遂昌乡村建筑入选2018威尼斯国际建筑双年展,松阳松阴溪古市段、景宁鹤溪城区段被评为省级“美丽河湖”,云和“童话视窗”获省级精品示范入城口第一名,缙云仙都风情绿道被评为全省十大最美绿道,完成美丽林相建设6.89万公顷。20个村入选首批省级农村引领型社区,50个村创成省级“一村万树”示范村。稳步推进厕所革命、垃圾革命。

【发展民生事业】 2018年,丽水市低收入群众收入增幅持续高于居民收入增幅,完成集体经济薄弱村年度“消薄”任务,低保标准实现城乡同标。云和县获全国脱贫攻坚组织创新奖,景宁畲族自治县成功举办全国少数民族自治县全面建成小康社会经验交流现场会。开展创业培训10497人次,新增市场主体40920家。新增城镇就业22542人,增长22.6%,城镇登记失业率1.9%。发放来料加工费22.07亿元,增长13.2%。全市最低工资标准统一调整为每月1660元。

高考普通类一段上线率首次超过全省平均水平,消除小学、初中起始年级超标准班额现象,遂昌县、庆元县创成省教育基本现代化县。稳步推进健康丽水建设,实现县县都有巡回诊疗车,云和县、松阳县、景宁畲族自治县3个卫生重点县建设通过省级终期评估。基本医疗保险参保率巩固在98%以上,基本养老保险参保率92%。“乡村春晚”创成国家公共文化服务体系示范项目,对外开放大窑龙泉窑国家考古遗址公园,新增农村文化礼堂248个。成功举办首届全国全项目轮滑锦标赛、首届省智力运动会等大型赛事,省运会创历史最好成绩。开工建设棚改安置住房2366套、建成2518套,完成农村危旧房治理改造21022户。助餐、配送餐服务覆盖875个城乡社区,改造提升农村家宴放心厨房97家,建成示范型居家养老服务中心30个。

群众安全感满意率连续5年全省第一,生产安全事故起数、死亡人数分别下降33%、25.9%。创成省食品安全县(市、区)5个。全科网格从3443个增加至5289个。打掉黑恶犯罪团伙48个。金融机构不良贷款率下降0.62个百分点。

【加强政风建设】 2018年,丽水市开展破解发展不平衡不充分问题十大会战,179项攻坚细化任务完成率92.7%。狠抓项目推进百日攻坚,省重点建设项目开工率、完工率均为100%。狠抓20项历史遗留问题攻坚,完成18项。兑付企业扶持资金20.37亿元,减轻企业负担71.8亿元,企业反映问题办结率95.6%。扎实推进依法行政,主动接受人大法律监督、工作监督和政协民主监督,办结人大代表建议284件、政协提案319件。按照市委部署,扎实推进省委巡视反馈问题整改,将30项涉及政府问题细化分解为整改措施174条,落实到位138条。中央、省环保督察信访件整改完成率分别为99.2%、99.7%。修订《丽水市人民政府工作规则》,出台《丽水市政务新媒体管理办法(试行)》。整治“四风”“三公”经费支出“零增长”。

【荣誉称号】 2018年,丽水市先后荣获“国家水生态文明城市”“全国卫生城市(2018—2020年)”“全国森林旅游示范市”“中国娃娃鱼之乡”“中国生态溪鱼之乡”“中国休闲垂钓之都”“全国民宿产业发展示范区”称号。荣获中共浙江省委、浙江省人民政府“2017年度美丽浙江建设工作优秀市”“2017年社会主义新农村建设优秀单位”,首届长三角(上海)品牌博览会组委会“首届长三角(上海)品牌博览会组委会优秀组织奖”,中国长寿之乡绿色产业发展联盟“2017中国长寿之乡品牌建设十大亮点工作”等荣誉。

【表彰奖励】 2018年2月,市政府给予全市公安系统先进集体和个人行政奖励。给予莲都区公安分局白云派出所等10个公安基层所队记集体三等功,施顺铎等10名民警记个人二等功,吴伟江等30名民警和尚伟东等15名警务辅助人员记个人三等功。4月,市政府表彰2017年政府质量奖获奖企业和个人。授予天喜控股集团有限公司、浙江威肯特泵业有限公司、浙江三辰电器股份有限公司3家企业“2017年丽水市政府质量奖(企业)”称号;授予秦正国、牟春雷、吴均、张敏海4位“2017年丽水市政府质量奖(个人)”。8月,市政府表彰陈俊杰等7位见义勇为先进人物,给予陈俊杰、陈云明、姚静航记个人二等功,并授予他们“丽水市见义勇为勇士”称号;给予徐声其、刘日荣、吴凯斌、龚新友个人二等功,并授予他们“丽水市见义勇为先进分子”称号。11月,市政府给予龙泉市创建国家卫生城市工作先进集体和先进个人行政奖励,龙泉市龙渊街道大洋社区记集体二等功,叶学明等2位记个人二等功。

【接待各类重要来宾】 2018年,丽水市完成接待任务554批次,10944人次。接待中央警卫任务6批,分别是全国人大常委会副委员长白玛赤林,全国政协副主席巴特尔,全国政协副主席、民建中央常务副主席辜胜阻,政治局原委员、中央政法委原书记孟建柱，中央书记处原书记、中纪委原副书记赵洪祝，全国人大常委会原副委员长张宝文。接待省部级领导61批，接待厅局级领导164批，接待各类调研组、考察组、代表团317批（其中党政代表团24个）。保障“丽水山耕”国际认证联盟成立大会、浙大丽水共青团校地合作启动仪式、全省大花园建设动员部署会、生态产品价值实现机制国际研讨会、大江奔流——来自长江经济带的报道采访团、省委巡视组、2018丽水市（上海）旅游和招商推介会暨上海市丽水商会成立大会、2018丽水（杭州）生态精品农博会、第三届中国农村电子商务大会、中国滤清器创新发展与标准化高峰论坛、外交部驻外使节考察团、2018丽水“人才·科技”峰会、首届华侨进口商品博览会暨青田进口葡萄酒交易会、闽浙赣皖九方经济区四届五次党政联席会议等全国、省、市重要活动服务14项。（夏文敏）

市政府重要会议

【市政府常务会议】 2018年，市政府召开常务会议20次。

2月11日，市政府召开第14次常务会议，传达贯彻浙江省省长袁家军到丽水走访慰问和参加市委常委会民主生活会讲话精神，学习贯彻丽水市委市政府贯彻落实中央“八项规定”实施细则的实施办法和《最高人民法院关于适用〈中华人民共和国行政诉讼法〉的解释》，听取关于发展不平衡不充分补短板事项会战责任清单、关于给予公安系统先进集体和先进个人行政奖励有关情况汇报。

2月24日，市政府召开第15次常务会议，听取关于政府工作报告和民生实事（讨论稿）起草情况、市政府各口推进解决历史遗留问题责任清单材料、2017年度招商引资、浙商回归工作目标责任制考核情况、2017年度生态工业绩效评价考核情况、丽水市2018年市本级政府性基本建设项目投资计划、市本级2018年财政预算编制情况汇报，审议《关于提升基层医疗卫生服务能力的若干意见》《关于丽水市2017年全市和市本级预算执行情况及2018年全市和市本级预算草案的报告》《关于丽水市2017年国民经济和社会发展计划执行情况及2018年国民经济和社会发展计划草案的报告》。

4月16日，市政府召开第16次常务会议，学习贯彻习近平总书记在十九届中央政治局第四次集体学习会和成都精准脱贫攻坚战座谈会上讲话精神、全国“两会”精神和《宪法》、省政府全会精神，听取关于2018年市政府工作报告重点工作责任清单、十方面民生实事任务分解和省政府工作报告重点工作丽水市跟进落实责任分工、十方面民生实事任务分解情况、丽水市2017年度地质灾害综合治理“大搬快治”行动考评结果、争先进位大赶超“攻坚创新区、五干锻铁军”活动考核办法、2017年丽水市政府质量奖评审情况、第三届丽水市工艺美术大师评审等有关情况、给予丽水市技工学校相关政策性资金补助有关情况的汇报，审议《丽水市中心城区房屋征收公寓安置期房回购若干规定（试行）》《丽水市中心城区房屋征收房票安置实施办法（试行）》《关于市区房屋征收货币补偿奖励标准方案》。

4月20日，市政府召开第17次常务会议，听取关于丽水市重大招商项目会商协调机制和2018年度丽水市招商引资工作目标责任制考核办法汇报，分析一季度经济形势。

5月7日，市政府召开第18次常务会议，听取关于筹备举办首届世界华侨进口商品博览会情况、2018年丽水市推荐享受国务院政府特殊津贴人选情况汇报。

5月18日，市政府召开第19次常务会议，传达贯彻袁家军在丽调研讲话精神，传达学习中共浙江省委、浙江省政府关于以“一带一路”建设统领构建全面开放新格局的意见、市委原书记张兵参加省党政代表团赴粤闽两省学习考察体会，听取关于全省助推乡村振兴战略高水平建设“四好农村路”推进大会和贯彻落实意见、生态环保部“清废行动2018”专项督查情况、丽水国家级生态文明建设示范城市规划、理顺市区征收工作体制明确部门职责意见、丽水机场和取土区与丽景园边界问题协调情况、2018年市政府部门重点工作责任清单、全省地质灾害隐患综合治理“除险安居”三年行动暨汛期地质灾害防治现场会精神和贯彻落实意见、全省消防安全工作会议精神和贯彻落实意见汇报，审议《关于做好当前和今后一段时期就业创业工作的实施意见》。

5月30日，市政府召开第20次常务会议，审议《关于全面实施乡村振兴战略争当中国特色乡村振兴排头兵行动计划（2018—2020年）》和《关于全面实施“大搬快聚富民安民”工程指导意见》，听取关于加快安置房建设相关事宜、丽水市市区房屋征收临时安置费搬迁费停产停业损失补助费以及房屋改变用途补贴标准、全省推动长江经济带发展领导小组会议及丽水市贯彻落实情况汇报。

6月15日，市政府召开第21次常务会议，传达学习习近平在深入推动长江经济带发展座谈会上肯定丽水坚持走绿色发展道路的讲话精神、中共中央办公厅印发《关于进一步激励广大干部新时代新担当新作为的意见》、浙江省委书记车俊在新华社通讯《浙江松阳“拯救老屋”保护传统村落风貌文脉》《浙江丽水“一盘棋”统筹推进后发地区乡村振兴》上的批示精神，听取关于生态环保部第21督查组对丽水开展打击固体废物环境违法专项行动督查落实情况、近期环境违法情况和丽水市贯彻落实浙江省环境保护督察反馈意见整改方案、全国贯彻落实《地方党政领导干部安全生产责任制规定》电视电话会议精神及丽水市贯彻意见、方正电机股份有限公司实施“一企一策”助推做大做强意见、丽水市发展学前教育第三轮行动计划2018—2020年、丽水市本级行政事业单位公款竞争性存放管理暂行办法、丽水市本级道路交通事故社会救助基金管理实施细则、省安邦集团要求对丽水安邦公司实行同股同权同利有关情况、市区城中村改造项目比准价、安置价、公寓回购价格体系方案、浙江万地房产投资集团有限公司涉企业分立相关问题、2018丽水生态精品农博会暨中国长寿之乡养生名优产品博览会工作方案的汇报，审议《丽水市消防安全责任制实施办法》。

7月18日，市政府召开第22次常务会议，传达学习习近平7月8日在浙江省委关于“八八战略”实施15年情况报告上作出重要指示精神，习近平、国务院总理李克强、副总理韩正在全国生态环境保护大会上的讲话精神，李克强在国务院全体会议上的讲话精神，学习贯彻市委主要领导在遂昌调研时的讲话精神，听取半年度经济形势分析。

8月1日，市政府召开第23次常务会议，传达学习中共中央国务院关于印发《乡村振兴战略规划（2018—2022年）》精神、省委十四届三次全体（扩大）会议精神、车俊在第四次县（市、区）委书记工作交流会上的讲话精神和省政府第二次全体（扩大）会议精神，学习有关意识形态和思想舆论工作内容、《中华人民共和国统计法实施条例》，审议《浙江（丽水）生态工业试点市实施方案》《丽水市深化“亩均论英雄”改革的实施意见》《关于促进市区总部经济发展的政策意见》《关于打造市本级基金产业园的政策意见》《丽水市物业管理条例（草案）》《关于进一步推进医疗卫生与养老服务相结合的实施方案》《关于加快推进粮食产业经济发展的实施意见》《关于丽水市大花园瓯江绿道建设三年行动计划（2018—2020）》《关于丽水市助力东西部扶贫协作地区脱贫攻坚的实施意见》《关于推进文化绿谷建设的实施意见》《关于加快把文化产业打造成千亿级产业的实施意见》《丽水市促进影视剧发展扶持奖励办法》《丽水市留用地管理办法》《丽水市落实省政府“两强三提高”建设行动计划（2018—2022年）实施方案》，听取关于全省互联网金融风险专项整治和企业债务风险防范化解工作会议精神及贯彻落实意见、欧陆风情园一期项目审计情况、2018年高技能人才建设项目和2018年浙江省首席技师推荐工作、第三届中国农村电子商务大会方案有关情况、省市十方面民生实事1—6月进展情况、2017年度法治政府建设（依法行政）有关情况的汇报。

8月21日，市政府召开第24次常务会议，传达学习中共中央政治局常委会会议、国务院常务会议关于吉林长春长生生物疫苗案件调查及有关问责情况的会议精神、省委办公厅省政府办公厅关于近期有关市、县（区）紧急信息迟报情况的通报精神、关于促进长三角地区经济社会与生态环境保护协调发展的指导意见、车俊在全省扶贫工作会议上的讲话精神，听取全市安全生产形势分析及《浙江省地方党政领导干部安全生产责任制实施细则》落实情况、坚决打好防范化解重大金融风险攻坚战实施方案、安置房全过程代建模式相关事宜、浙江（丽水）绿色发展综合改革创新区周年总结、关于授予程科军等5人“丽水市劳动模范”称号、给予陈俊杰等7名见义勇为人员记个人二等功并授予“见义勇为”称号奖励情况、给予龙泉市创国卫先进集体和个人行政奖励情况、2018年浙江“万人计划”人才推荐工作情况的汇报，审议《丽水市工程建设项目审批制度改革试点工作实施方案》《丽水市生态文明示范创建行动实施方案》《丽水市直代建模式政府投资项目资金拨付办法（暂行）》。

9月5日，市政府召开第25次常务会议，部署落实市委四届四次全体（扩大）会议精神，学习《中华人民共和国水污染防治法》，审议《丽水市人民政府工作规则》《丽水市高水平推进农村人居环境提升三年行动方案（2018—2020年）》《丽水市产业创新服务综合体建设实施方案》《关于推动丽水学院建成服务绿色发展高水平应用型大学的若干意见》《创建丽水国家公园实施方案和工作方案》《丽水市“八个万元钱”产业促增收和惠民政策促增收行动方案》《关于进一步深化丽台经济文化交流合作的实施意见》，听取全市“精准服务企业、振兴实体经济”专项行动进展情况和丽水市市本级城区环卫保洁市场化相关情况汇报。

9月15日，市政府召开第26次常务会议，听取市机场办关于旧机场区域土地处置方案汇报。

9月28日，市政府召开第27次

常务会议，传达学习中纪委办公厅《关于贯彻落实习近平总书记重要指示精神集中整治形式主义、官僚主义的工作意见》、李克强关于深化医改工作的批示精神和副总理孙春兰在2018年全国医改工作电视电话会议上的讲话精神，学习《中华人民共和国安全生产法》《浙江省安全生产条例》，审议《丽水市军民融合发展2018年工作要点》《丽水市省统计局直属调查队及地方调查机构管理体制改革实施方案》《丽水市历史文化（传统）村落保护和发展条例》《关于进一步加强和完善城乡社区治理的实施办法》《关于推进全市社区嵌入式小型养老护理机构建设和运营的实施意见》《2018丽水“人才·科技”峰会方案》，听取瓯江文苑增设服务设施项目相关情况、2018年省151人才工程培养人员推荐评审情况、关于废止和修改部分行政规范性文件汇报。

10月18日，市政府召开第28次常务会议，传达学习《中国共产党纪律处分条例》，学习《中华人民共和国食品安全法》和听取2018年食品安全工作情况汇报，审议《丽水市政务新媒体管理办法（试行）》《关于做好“千万工程”和美丽浙江建设记功奖励和通报表扬评选推荐工作的方案》《数字生态经济（丽水）研究院建设方案》《森林康养丽水行动方案（2018—2020年）（送审稿）》《关于全面开展质量提升 推进丽水经济社会高质量发展的实施方案》《丽水市生态环境损害赔偿制度改革实施方案》《世界青瓷大会·中国陶艺大展方案》，听取《丽水华侨城项目（暂定名）招商方案》和长三角区域大气污染防治协作小组第七次工作会议暨长三角区域水污染防治协作小组第四次工作会议有关情况汇报。

10月26日，市政府召开第29次常务会议，审议《丽水市“十三五规划”纲要实施中期评估报告》，听取第三季度经济形势分析。

11月9日，市政府召开第30次常务会议，传达学习省委第四巡视组丽水市巡视情况反馈会会议精神，学习《中华人民共和国中小企业法》，审议《关于加快小微企业园高质量发展的实施意见》《减轻企业负担促进企业健康发展的二十条意见》《丽水市企业股改上市新政十条》，听取关于丽水市人民医院与华润健康合作办医项目情况、建议调整市本级中小学和幼儿园教师教育教学质量奖基数情、要求授予留胜等11人“丽水市首席技师”称号、申报创建金融支持乡村振兴改革试验区有关情况的汇报。

11月26日，市政府召开第31次常务会议，学习《浙江省公共信用信息管理条例》，听取关于近期保障农民工工资支付及“丽水无欠薪”相关工作情况、中央环保督察整改工作存在问题情况、全省农业“两区”现场会有关情况汇报，审议《丽水市本级财政扶持民办教育发展的实施办法》、《关于加强和改进居住出租房屋管理工作的指导意见》、丽水市《大花园核心建设规划》和大花园分解清单、《关于进一步优化营商环境的若干意见》、《丽水市人民政府办公室关于完善市本级政府投资项目造价审核管理工作的通知》、《丽水华侨城项目（暂名）招商方案》的修正方案。

12月13日，市政府召开第32次常务会议，传达学习习近平总书记在全国教育大会上讲话精神、浙江省推进“一带一路”建设工作领导小组第二次（扩大）会议精神和浙江高考英语加权赋分事件应对处置，听取关于全市重点金融领域风险防范化解工作情况、确定2016年丽水市市管企业在岗职工平均工资、建议调整部分机关退休人员生活补贴标准情况、浙江省“拔尖技能人才”选拔结果、丽水市行政复议体制改革工作情况汇报，审议《丽水市数字经济发展五年行动计划》《关于促进制造业信贷投放十条意见（试行）》《丽水市服务业“四大经济”创新发展实施方案》《丽水市小微企业三年成长计划（2018—2020）暨小微企业质效提升实施意见》。

12月28日，市政府召开第33次常务会议，传达习近平总书记在庆祝改革开放40周年大会上的讲话精神，听取全省退役军人事务工作座谈会精神和丽水市下步工作、第十四届丽水市自然科学优秀论文评选情况汇报，审议《丽水市大窑龙泉窑遗址保护管理条例 （草案）》《丽水市人民政府关于进一步促进开放经济稳定增长的若干意见》《丽水市人民政府关于加快发展体育产业促进体育消费的若干政策意见》《丽水市本级公立医院薪酬制度改革实施方案》《丽水市打赢蓝天保卫战三年行动计划》《关于调整市区高污染燃料禁燃区范围的通告》《关于禁止燃放烟花爆竹的通告》。

【市政府全会】 2018年8月10日下午，召开市政府全体（扩大）会议，深入学习贯彻中共十九大、省第十四次党代会和省委第十四届三次全会、省政府第二次全会和市委四届三次全会精神，总结2018年上半年工作，分析当前形势，全面部署下半年工作，确保完成市政府既定的年度目标任务。 （蒋亚慰）

【实施乡村振兴战略中浙江省非物质文化遗产保护工作现场推进会】 2018年3月23—24日在丽水召开。省文化厅原党组副书记、副厅长陈瑶，市政府副秘书长吴郁郁等出席会议。全省各县(市、区)文广出版局负责人、非遗负责人,非遗保护专家代表以及非遗主题小镇、民俗文化村代表等140余人参加会议。此次会议的主题是贯彻中共十九大关于实施乡村振兴战略的重要精神,贯彻落实省委、省政府提出的高水平全面建成小康社会、高水平推进社会主义现代化建设的重要部署,以人民为中心,坚定“以文化兴推动乡村兴”发展理念,着力推进实施乡村振兴战略中非遗保护工作。会上对第二批浙江省非遗主题小镇、第三批民俗文化村进行授牌。（蓝 炜）

【浙江省“青春助力乡村振兴”专项行动现场推进会】 2018年11月13日,由共青团浙江省委、浙江省农业农村厅主办,共青团丽水市委、中共松阳县委承办的“青春助力乡村振兴”专项行动现场推进会在松阳召开。全省11个地市团委分管书记、青农工作负责人,90个县(市、区)团委书记参加会议。大会期间,与会人员实地参观松阳县四都乡平田村、乡村振兴青春集市大木山站、新兴镇上安村等地,考察丽水市乡村振兴新青年发展计划实施情况和各县(市、区)青春助力乡村振兴特色工作、乡村振兴青学堂、“大荒地”青创农场、青年民宿、基层团建等内容。（阙冰洁）

【闽浙赣皖九方经济区四届五次党政联席会议】 2018年11月20日,闽浙赣皖九方经济区四届五次党政联席会议在丽水市召开。市委副书记、市长吴晓东在会上致辞,丽水、南平、金华、上饶、黄山、抚州、衢州、景德镇、鹰潭等四省九市党政领导参加会议。会议围绕“推进全域旅游,建设美丽大花园”主题,共商九方区域合作与发展大计,审议通过《闽浙赣皖九方经济区四届五次党政联席会议2018年工作报告》和《闽浙赣皖九方经济区四届五次党政联席会议会议纪要》,明确四届六次党政联席会议承办城市。会议倡议提出协作推进生态保护、交通建设、产业协同、全域旅游,共同打造全国生态最优区域,实现四省九方区域旅游产业协同发展、跨越发展建议。（刘 涛）

11月13日,浙江省“青春助力乡村振兴”专项行动现场推进会在松阳召开

（阙冰洁 提供）

市政府重大活动

【2018年乡村春晚大集】 2018年1月20日上午,在龙泉市宝溪乡溪头村启动。浙江省委宣传部、省文化厅联合指导,由丽水市人民政府、全国乡村春晚“百县联盟”共同主办,丽水市委宣传部、丽水市文广出版局、丽水市农办、丽水市旅委、龙泉市委、龙泉市人民政府共同承办。文化部全国公共文化发展中心副主任罗云川宣布2018年乡村春晚大集启动。省委宣传部副部长王四清,省文化厅副厅长叶菁,市委原常委、宣传部长葛学斌,龙泉市委书记王顺发分别致辞。市人大常委会副主任邹培书,市政协副主席汤家友出席活动。市人民政府副市长卢彩柳主持开幕式。来自全国各地的乡村春晚观察员、乡村春晚“百县联盟”代表和参加春晚的各地演职人员一起参与春晚大集,携手体验丽水年俗,共同欣赏乡村年味。本次活动采取全国五地联动的形式举行,龙泉宝溪主会场与福建武平、广东佛冈、宁夏盐池、江西吉水4个分会场同步启动乡村春晚大集。活动期间,全国23个省市和来自美国、加拿大、澳大利亚、南非、尼日利亚、伊拉克、巴基斯坦等7个国家的600多名专家学者、全国乡村春晚观察员、全国乡村百县联盟骨干培训班学员等,1.2万余名游客聚集龙泉。全国乡村“斗村晚”共有来自全国16个村的村民代表在龙泉宝溪主会场同台“斗”春晚。情景剧、采茶戏、梯田牛头灯、器乐、民间吹打乐、粤语表演唱、戏曲演唱、山歌演唱、鼓舞、群舞、民间舞蹈等16个节目,均是农民

们自导自演。

【“绿水青山”全国美术作品展暨丽水巴比松作品展览】 2018年7月13日上午在丽水市美术馆举办。中国美术家协会、浙江省文学艺术界联合会、丽水市人民政府联合主办，浙江省美术家协会、丽水市文学艺术界联合会、原丽水市文化广电新闻出版局、莲都区人民政府共同承办。市委原常委、宣传部部长葛学斌，市政府副秘书长吴郁郁，市委宣传部副部长王培权等领导和社会各界人士300多人出席开幕仪式并参观展览。共展出全国美术名家以丽水为题材美术作品125件、丽水巴比松画派作品20件。

【丽水机场及配套工程开工仪式】 2018年9月30日在丽水机场南山场址举行。市委书记胡海峰宣布开工，市委副书记、市长吴晓东讲话，市四套班子领导，市人民法院院长、市检察院检察长出席。市委常委、常务副市长林亮主持。机场指挥部常务副指挥詹百松报告丽水机场项目开工筹备情况，中国葛洲坝集团股份有限公司、上海华东民航机场建设监理有限公司代表分别代表施工单位、监理单位作表态发言。市直各单位、莲都区、开发区、丽景园等相关单位负责人，机场指挥部全体干部，相关村两委主要干部，施工、监理、检测单位工作人员，以及主流媒体记者参加开工仪式。（蓝　炜）

9月30日，丽水机场项目工程开工仪式在丽水举行　　（杜震珍　提供）

【丽水市美丽城乡建设专题研讨班第二期开班】 2018年4月24日上午在杭州正式开班。市委组织部、市建设局主办，委托中国美院具体承办。培训时间为4月24—28日，为期5天。参加学员有各县（市、区）政府分管领导、建设局、执法局主要负责人，市建设局（规划局）、市执法局班子成员。此次研讨班是根据市委组织部主体班培训计划，开班仪式由丽水市人民政府副秘书长郑春明主持，中国美院党委书记钱晓芳致辞。省建设厅副厅长张奕讲授“浙江省小城镇环境综合整治的战略与途径”课程。培训内容包括城镇发展类型之美学研究、中国传统建筑与营造匠艺、产业生态系统、打造特色城镇软实力、互联网时代的舆情引导、城镇交通研究、丘陵地区城镇建筑设计、城镇文化品牌策划研究和赴绍兴店口镇、枫桥镇开展小城镇环境综合整治特色小镇现场教学。

【全市美丽城乡建设培训】 2018年5月11日，丽水市政府组织举办为期2天的全市美丽城乡建设培训班。市委书记张兵参加会议，市委副书记、市长吴晓东作动员讲话。此次培训设主会场、县（市、区）和乡镇分会场。参加人员包括市直有关单位负责人，县（市、区）政府分管领导、乡镇书记，各县（市、区）政府班子、相关部门负责人、乡镇镇长，乡镇班子、乡镇干部、村双委干部。特邀清华大学工学博士李东华作“乡村建设与传统村落保护发展”，浙江省人民政府咨询委员会副主任王国平作“打造新型城镇化2.0的思考”，联众集团董事长兼总裁余学兵作“乡村振兴与民宿经济发展”，张立作“镇村规划建设与实践前沿”等专题讲座。

【中国青年电商扶贫助力乡村振兴训练营暨中国青年创新创业人才培训班】 2018年10月12日，由团中央青年发展部、浙江团省委主办、丽水团市委承办的中国青年电商扶贫助力乡村振兴训练营暨中国青年创新创业人才培训班在丽水开班。来自山西、安徽、江西、湖南等地100多名青年团干和青年创客们参加此次培训。培训课程涵盖参加中国农村电子商务发展大会开幕式和主论坛，学习中共十九大和中国共产主义青年团十八大精神、农村电商到乡村振兴路径解读、学习农村电子商务操作知识，考察县域农村电商“遂昌模式”“赶街模式”等内容。（阙冰洁）

【第三届丽水市工艺美术大师评审工作】 2018年4月12日，经第三届市工艺美术大师评审领导小组组织评审、市政府第16次常务会议审定，决定授予干理江等80人“丽水工艺美术大师”荣誉称号，王爱军等123人通过历届市工艺美术大师复审。5月28日，市政府召开第三届丽水市工艺美术大师授牌仪式，副市长徐光文参加授牌仪式并讲话。

【500千伏变电站丽西变项目开工】 2018年7月5日，丽水电网第二座500千伏变电站丽西变项目在龙泉市安仁镇正式开工建设。2017年起，丽水市提前谋划、精心筹备，将原规划2030年投产的“500千伏丽西输变电工程”纳入“十三五”电网建设规划，比原计划提前十年启动。工程单体投资约23亿元，同时还将带动一大批配套输变电工程建设，总投资60亿元，预计2021年正式投产。丽西变建成投产后相当于再造一个丽水电网，将进一步破解丽水清洁能源外送的瓶颈问题，为丽水近年来谋划建设的一批风能、光伏、抽蓄等项目所产生的绿色能源送出提供一条强有力的电力高速公路。

【长江经济带“绿水青山就是金山银山”实践创新培训班】 2018年7月17—20日，生态环境部在丽水市举办长江经济带“绿水青山就是金山银山”实践创新培训班。生态环境部副部长黄润秋就贯彻落实习近平生态文明思想，深入推进“两山”实践创新提出意见和建议，市委副书记、市长吴晓东致辞，生态环境部自然保护司副司长柏成寿主持，省环保厅副厅长卢春中出席，来自浙江、上海、江苏、安徽等16个省市以及13个“两山”理念实践创新基地相关学员参加培训，学员们深入莲都区、龙泉市、遂昌县、景宁畲族自治县等地，接受现场实地教学。

【2018年中国滤清器创新发展与标准化高峰论坛】 2018年10月29—31日，由全国内燃机标准化技术委员会、中国汽车工业协会车用滤清器委员会等单位联合举办，丽水市人民政府承办的“2018年中国滤清器创新发展与标准化高峰论坛”在丽水市举行。市政府副市长徐光文出席开幕式并致辞，来自全国滤清器行业400多名专家学者、业内知名企业负责人和丽水市相关部门负责人参加会议。来自滤清器行业专家以“科学引领，标准联通，创新驱动”为主题，就中国汽车市场运行形势、内燃机、滤清器等知识作系列技术讲座，共同研究与探讨滤清器行业发展趋势，为企业未来发展提供思路对策。丽水市人民政府与中国内燃机工业协会签署战略合作框架协议。

【市党政代表团赴宁波市考察对接打造山海协作升级版工作】 2018年10月31日至11月1日，市委书记胡海峰率丽水市党政代表团赴宁波市学习考察。省委副书记、宁波市委书记郑栅洁与代表团一行座谈，共商打造山海协作工程升级版。宁波市领导裘东耀、余红艺、杨戌标、梁群、施惠芳、李关定、张良才，丽水市领导吴晓东、虞红鸣、陈瑞商、杜兴林、徐光文等参加相关活动。党政代表团还赴杭州湾新区、吉利——沃尔沃中国设计及试验中心、上汽大众宁波分公司、智能终端产业园、奇点机器人体验馆、宁波江丰电子材料股份有限公司、梁弄镇横坎头村、宁波舟山港穿山港区、宁波国际海洋生态科技城、中信港通国际物流有限公司等地参观考察。

【丽水市入围“绿水青山就是金山银山”实践创新基地】 2018年12月15—16日，中国生态文明论坛南宁年会在广西南宁召开。十一届全国政协副主席、中国生态文明研究与促进会会长陈宗兴，生态环境部党组书记、部长李干杰等领导出席并作重要讲话，生态环境部副部长黄润秋主持。生态环境部授牌命名北京市延庆区等16个地区为第二批“绿水青山就是金山银山”实践创新基地，丽水市名列其中。陈宗兴向丽水市授牌，市政府副市长徐光文接受授牌，并代表丽水市作以《“两山”理念指引丽水绿色崛起》为题的典型经验交流。（刘　涛）

【2018丽水新春农博会暨农产品旅游地商品展示展销擂台赛】 2018年1月18—20日，在丽水临时会展中心（莲都区消防大队正对面）举行。由丽水市生态农业协会、丽水市农业投资发展有限公司共同主办。共设展位260余个，有来自丽水9个县（市、区）、兄弟市、丽水山居、长寿之乡绿色发展区域合作联盟和新疆地区生态精品农产品1000余种。9个县（市、区）组织参展企业187家，包括各县（市、区）推荐企业、丽水山居、长寿之乡绿色发展区域合作联盟和新疆地区等独具地域风情特装馆。现场还设有新年红包墙、打麻糍、泡豆腐、炸油条等年味互动体验区。展会实现现场销售额388万元，达成意向合同金3200万元。

【丽水市党政军领导义务植树活动】 2018年2月22日，春节后上班第一天上午，丽水市党政军领导到市区白云森林公园庵堂林区潘山岙梅园（丽水植物园分园）参加义务植树活动。市委、市人大常委会、市政府、市政协和军分区领导及机关干部，以及林业局干部职工、丽水职业技术学院师生共150余人参加。全市共有4025人参加义务植树活动，共植树40.33公顷、2.46万株，其中珍贵树种用苗1.97万株。

【2018浙江·丽水（上海）旅游、招商推介会】 2018年9月16日下午在上海国际会议中心举行，同时举办上海市丽水商会成立暨丽水在沪商会十周年大会。市委副书记、市长吴晓东出席推介会并致辞。市委常委、统战部长任淑女主持推介会。副市长王小荣、徐光文分别就丽水旅游和投资环境作推介。丽水市旅委、招商局宣布与上海（丽水）商会合作设立丽水（上海）旅游、招商联络处，并向上海（丽水）商会授牌。80余家上海重点旅行商、社区和大专院校负责人与丽水当地企业开展沟通交流，进一步感受丽水产品、详细了解丽水投资环境。

【2018丽水生态精品农博会暨中国长寿之乡养生名优产品博览会】 2018年9月21日上午，为期3天的2018丽水生态精品农博会暨中国长寿之乡养生名优产品博览会在杭州和平国际会展中心开幕。省人大常委会副主任史济锡、副省长彭佳学、省政协副主席陈小平、中国长寿之乡绿色发展区域合作联盟理事长赵宝华、省农业厅厅长林健东等出席开幕式。市委书记胡海峰在开幕式上致辞，市委副书记、市长吴晓东主持开幕式，市委副书记李锋出席开幕式。本届农博会主题为乡村振兴、绿色发展、生态健康、美好生活，总展出面积8000平方米，共有参展企业200多家、农特产品1200多种。其中，中国长寿之乡养生名优产品展区面积约700平方米，吸引包括浙江丽水在内的26个长寿之乡，以及吉林临江、山东东明、陕西镇坪、新疆喀什、内蒙古呼和浩特等地区企业参展60余家，展示展销名优产品300余种。展会共接待消费者7.1万人次，现场销售额820万元、线上销售额362万元，销售总额1182万元，签订订货或意向合同3.5亿元，销售总额与签约额与上年同比分别增长5.7%、9.4%，实现丽水农产品“扩影响、打品牌、促销售”的目的。

农博会期间，还举办“丽水山耕美食推介会”“2018中国长寿之乡养生名优产品颁证、授牌仪式”“丽水山耕”与生态产品价值实现高峰论坛、“丽水山耕”杯全国农业摄影大赛展、农耕文化宣传、农业项目招商引资等活动。

【滩坑引水工程开工】 2018年9月30日上午，丽水市滩坑引水工程正式开工建设。市政府副市长王小荣主持开工仪式，市水利局局长徐为民介绍工程情况，市城投公司董事长吴小华、省水利水电勘测设计院院长唐巨山作表态发言，中共丽水市委副书记、市长吴晓东宣布丽水市滩坑引水工程开工。丽水经济技术开发区党工委书记、管委会主任丁绍雄，丽水市政府秘书长刘志伟，莲都区区长陈豪，青田县县长周和平，景宁畲族自治县县长钟海燕等领导出席，市直相关部门、莲都区、景宁畲族自治县、青田县、开发区、市城投公司、市水发公司等单位代表参加开工仪式。

滩坑引水工程位于丽水市境内，取水口位于滩坑库区景宁畲族自治县九龙乡下塘附近，出口位于丽水市经济技术开发区胡村水库，引水线路总长约31.97千米，供水范围延伸至青田腊口、海口、祯埠等地。工程设计年引水量1.08亿立方米，供水保证率95%，供水人口约79万人（2030年水平年），总投资7.76亿元，计划工期54个月，2022年建成。（汤燕飞）

【首届华侨进口商品博览会暨青田进口葡萄酒交易会】 2018年11月17—19日，首届华侨进口商品博览会暨青田进口葡萄酒交易会在青田县举行。中国侨联指导，浙江省商务厅、浙江省侨联、丽水市人民政府主办，丽水市商务局、丽水市外侨办、丽水市侨联、青田县人民政府承办。中国侨联副主席、省政协副主席吴晶宣布博览会开幕，市委书记胡海峰、省商务厅厅长盛秋平、智利驻华大使路易斯·鲁道夫·施密特出席开幕式并致辞，世界酒业联盟主席司马安发来祝贺视频，省侨联党组书记连小敏，市委副书记、市长吴晓东出席。共设展区7个，展位1000个，展销面积6.5万平方米。共吸引来自63个国家的进口日化和食品企业367家、境外葡萄酒庄405家、参展商960人、国内专业采购商参展2689人，展品囊括进口葡萄酒1万多款、进口商品5万多种，参观总人数超过10.5万人次，共签订进口品牌授权代理686个，签约入驻青田世界红酒中心国外酒庄115家，累计意向成交15.6亿元。（刘　涛）

【第三届中国农村电子商务大会】 2018年10月12日在丽水举办。大会由中国国际电子商务中心、浙江省商务厅、丽水市人民政府共同主办，市委副书记、市长吴晓东致辞并介绍丽水市情特别是农村电商发展情况。来自全国23个省（市、自治区）政府和商务部门领导、企业代表、高校等近1000名嘉宾参加。

【举行丽水市社保卡首发暨医保移动支付仪式】 2018年10月11日，丽水市社保卡首发暨医保移动支付仪式在丽水市中心医院举行。丽水市成为全省率先发行经人力资源社会保障部统一签发的电子社保卡地市之一，同时正式开通电子社保卡医保移动支付，丽水市中心医院成为浙江省使用全国统一签发电子社保卡进行医保移动支付的首家地市医院。

【举办第二届中国整合养生学术论坛】 2018年11月17—18日，由中国医养整合联盟和丽水市人民医院主办，浙江省丽水市颐健养生医学研究院承办的第二届中国整合养生学术论坛在丽水举行。围绕“医养整合 全民健康”论坛主题，深化交流合作，共享优秀成果，继续为将丽水打造成国际休闲养生养老之城群策群力。参会知名医学专家70多人、联盟加盟成员单位100余家共1000余人。

【全国老龄办副主任吴玉韶一行调研市第二人民医院】 2018年8月21—22日，全国老龄办副主任吴玉韶、中国卫生经济学会老年健康专委会主委王红漫(北大博导)带领副主委尹志刚(北京社会建设研究会会长)、委员郭桂芳(北京大学博导)等一行人，到丽水市第二人民医院调研，实地走访医院老年病防治中心、记忆障碍诊治中心、康复医学中心、睡眠医学技术指导中心以及老年ICU病房等老年相关学科，深入临床了解老年学科建设情况。 (杜颖昕)

市区“城中村改造”

【概况】 2018年，丽水市委、市政府坚持以人民为中心发展理念，紧紧抓住棚户区改造宝贵窗口期，制定《丽水市区城中村改造三年行动计划(2018—2020)》，以前所未有的力度实施城中村改造。计划三年完成市区城中村改造项目53个、13242户，建筑面积218.6万平方米，其中2018年完成120万平方米。

3月，市委、市政府成立由市委书记、市长担任组长的丽水市城中村改造领导小组。专门成立丽水市区城中村改造指挥部，由常务副市长任总指挥，分管副市长任常务副总指挥。指挥部下设综合协调组、政策指导组、“两违”(违法用地、违法建设)处置组、融资保障组、宣传舆论组、维稳保障组、安置组、征收组8个专项组。征收组下设征收小组11个，分别由具有丰富基层工作经历的副处级领导担任组长，实行莲都区政府领导下的组长负责制，市指挥部会同莲都区政府进行管理考核。市、区两级组织部门共抽调干部641人，其中市直部门抽调339人，莲都区抽调302人。建立市领导联系丽水市区城中村改造工作制度，由市人大常委会副主任、市政协副主席和市直单位分组对口联系11个征收小组，莲都区也建立相应联系制度，定期到各征收小组协调指导征收工作，形成工作合力。各征收小组之间分工明确，各专项组全力保障，整个指挥部高效运

岩泉街道九里村拆除前后对比图 (吴 东 提供)

转，各项工作有序推进。

全年投入资金102.5亿元，完成市区拆改5383户、160.9万平方米，启动安置房建设项目16个，拟安置套数近1.63万套、187万平方米，货币安置82.5亿元，出让土地56.93公顷，出让金额68.8亿元。其中40个市区城中村改造项目共完成签约4954户，签约率99.96%，拆除面积147.7万平方米。44个市区重点工程项目政策处理共完成房屋征收429户，拆除面积13.2万平方米，清场169.8公顷。拆迁数量、体量和速度都刷新历史拆改之最。

【市区城中村改造动员大会召开】 2018年4月23日上午在丽水大剧院召开。市委书记张兵作动员讲话，市委副书记、市长吴晓东作工作部署，指挥部莲都区征收小组、街道、社区等代表作表态发言。市、区、街道、社区（城中村）各级干部共1300余人参加，拉开城中村改造大幕。

【推出“房票”安置新政】 2018年，市委、市政府制定出台《丽水市中心城区房屋征收房票安置实施办法（试行）》，同步修订《丽水市市区房屋征收货币补偿奖励标准》《丽水市中心城区房屋征收公寓安置期房回购若干规定（试行）》，构建以货币安置与实物安置并行、“房票”安置作保障的政策新体系，为被征收户提供更多的补偿安置选择。制定《市区房屋征收重置价标准》《市区房屋征收临时安置补助费搬迁费等标准》《2018年市区公寓廉购价、优惠价标准》等一系列配套政策，形成完善的政策体系。

【改革安置房建设模式】 2018年，丽水市学习兄弟地市安置房建设先进做法，探索安置房项目建设新模式。采用EPC和全过程代建（模式），缩短安置房建设周期，中标企业承诺自合同签订之日起3年完成项目建设。市区16个拟建安置房项目中，施工总承包项目2个，采用EPC模式3个，全过程代建11个。

【安置房项目前期审批提速】 2018年，以政府性投资项目“最多跑一次”改革为抓手，通过优化安置房项目前期审批流程，压缩审批时限，实现安置房项目前期审批流程再造；采用“安置房项目承诺制审批”，以项目审批打通部门间“最多跑一次”的审批绿色通道，形成部门联动与合力，进一步提高审批效率。安置房项目前期审批时间从400多天缩短至120天以内。莲都区联城农居新社区西地块安置房建设项目仅用55个工作日就完成前期审批，取得施工许可证，提高审批速度。（吴　东）

市政府合作签约

【省文物局与丽水市签订战略合作协议】 2018年12月3日上午在杭州举行。省文物局局长柳河、丽水市人民政府副市长卢彩柳分别代表省文物局和丽水市人民政府在合作框架协议上签字。省文物局副局长曹鸿主持会议。根据厅（局）市合作协议，双方将在文物保护管理、传统村落保护和“拯救老屋”行动、世界文化遗产申报管理、博物馆建设管理、文物安全防护、文博领域专业人才队伍建设等方面开展合作。（蓝　炜）

【省环保厅与丽水市政府签署厅市合作协议】 2018年3月1日，省环保厅与丽水市人民政府签署战略合作协议，双方将就生态环保领域合作工作达成共识，合力推进丽水建设绿色发展综合改革创新区，打造浙江最美“大花园”。

【湖州市和丽水市2018年度山海协作工程合作协议】 2018年8月2—3日，湖州市委书记马晓晖、市长钱三雄率党政代表团到丽水考察走访、对接交流山海协作工作。市委书记胡海峰，市领导吴晓东、虞红鸣、陈瑞商、林亮等出席相关活动。代表团前往绿谷信息产业园、市城市规划展览馆、南明湖、松阳县松阴溪生态绿道和四都乡平田村等地，详细了解信息产业发展、旅游项目规划、特色小镇建设、生态保护等工作情况，并召开山海协作工作联系会议，签署《打造山海协作工程升级版合作协议》以及旅游合作协议。

【嘉兴市和丽水市2018年度山海协作工程合作协议】 2018年9月11日，嘉兴市委书记张兵，市委副书记、代市长毛宏芳率党政代表团到丽水考察，对接交流山海协作工作。市领导胡海峰、吴晓东、虞红鸣、陈瑞商、李锋等出席有关活动。代表团考察丽水市特色小镇建设、乡村振兴工作，两地山海协作生态旅游文化区核心区建设情况，并召开山海协作工作联系会议，签署《共同打造山海协作工程升级版框架协议》及系列子协议。

【宁波市和丽水市签署2018年度山海协作工程合作协议】 2018年10月9—10日，省委副书记、宁波市委书记郑栅洁，市委副书记、市长裘东耀率党政代表团到丽水考察，对接交流山海协作工作。市委副书记、市长吴晓东，市领导虞红鸣、陈瑞商、李锋等出席相关活动。代表团前往丽水无水港项目现场、丽水九龙国家湿地公园、丽水市职业高级中学、松阳—余姚山海协作产业园、松阳县赤寿乡界首村，详细了解海铁联运、生态湿地保护、传统村落保护及利用等情况，并召开山海协作工作联系会议，签署2018年度山海协作工程合作协议等协议27个。

【省经信委与丽水市政府签署厅市合作协议】 2018年10月12日，省经信委和丽水市人民政府签署战略合作协议，双方将致力丽水生态工业高质量发展，合力推进浙江（丽水）绿色发展综合改革创新区建设，助推丽水打造成为浙江“大花园”最美核心区。

【肖特高端药用玻管项目落户缙云】 2018年10月24日，全市最大的外商独资项目——肖特高端药用玻管项目签约仪式在缙云县举行。项目总投资10亿元。德国肖特集团玻管事业部总裁博士、帕特里克·马科斯拉格，副市长徐光文，缙云县委书记杨秀清出席仪式并致辞，县委副书记、县长李一波与肖特集团签约，县委副书记、丽缙五金科技产业园管委会常务副主任王正飞主持仪式。

【财通证券与丽水市政府签署战略合作协议】 2018年12月5日，丽水市人民政府与财通证券股份有限公司签署战略合作框架协议，市委副书记、市长吴晓东出席签约仪式并致辞，财通证券股份有限公司党委书记、董事长陆建强参加，副市长徐光文主持仪式。

【省科技厅与丽水市政府签署厅市合作协议】 2018年12月13日，省科技厅与丽水市人民政府签署《科技工作会商制度议定书》，建立厅市合作关系，共同推动丽水市科技进步与经济发展，省科技厅厅长高鹰忠，丽水市委副书记、市长吴晓东出席签约仪式并讲话，副市长徐光文主持会议。（刘　涛）

【中国农业科学院农业环境与可持续发展研究所与丽水市人民政府签订战略合作框架协议】 2018年4月10日，中国农业科学院农业环境与可持续发展研究所与丽水市人民政府签订战略合作框架协议，副市长卢彩柳与中国农业科学院环发所所长张燕卿代表双方签约。联合国粮农组织官员，中国农业科学院有关专家，部分国际机构代表，市政府、市发改委、市农业局等部门以及松阳、庆元县政府相关领导出席签约仪式。

【省农业信贷担保有限公司和丽水市农业投资发展有限公司签订战略合作协议】 2018年6月1日，浙江省农业信贷担保有限公司和丽水市农业投资发展有限公司在丽水签订战略合作协议，丽水市政府副秘书长林宇清主持签约仪式，国家农担公司董事长张洪武，省农信担保公司董事长兼总经理李建斌，丽水市农投公司董事长徐炳东、总经理王井泉，以及相关部门、银行机构等共30余人参加仪式。通过此次合作签约，省农信担保公司和丽水市农投公司将围绕“丽水山耕”品牌建设，通过设立省农信担保公司丽水办事处，提供金融服务、加强风险管控、开展信息交流、推进信用共管、共同风险处置五方面内容合作，完善丽水市农业融资担保体系，推动丽水农业规模化、标准化、产业化发展，助力“丽水山耕”品牌价值进一步提升，开创农业信贷担保撬动金融支农新局面。

【丽水市人民政府、浙江省海洋与渔业局和上海海洋大学三方签订战略合作框架协议】 2018年8月23日上午，丽水市人民政府、浙江省海洋与渔业局和上海海洋大学三方共同创建浙江（丽水）渔业绿色发展创新区助推乡村振兴战略合作框架协议在丽水签约。浙江省海洋与渔业局局长黄志平、上海海洋大学党委书记吴嘉敏、市政协主席陈瑞商出席签约仪式。根据战略合作框架协议，三方将以“绿色崛起、科学赶超、生态富民”的战略定位，通过全域统筹、全产业链提升、全功能服务拓展，充分挖掘丽水渔业绿色发展的后发优势。到2022年，初步建成浙江（丽水）渔业绿色发展创新区，构建“生态安全、精品高效、渔旅融合、惠民富民”绿色渔业产业体系和服务体系，打造全国渔业绿色发展、助推乡村振兴新样板。（汤燕飞）

【丽水市人民政府与浙江广播电视大学签订合作协议】 2018年10月12日，丽水市人民政府与浙江广播电视大学在市政府会议室隆重举行战略合作协议签约仪式。副市长卢彩柳代表市政府与浙江广播电视大学校长叶宏签订《丽水市人民政府　浙江广播电视大学战略合作协议》。该协议旨在共建具有丽水特色的学习型社会和终身教育体系，共同促进丽水广播电视大学转型发展。双方建立共商机制，支持丽水电大按照开放大学建设要求转型发展和深化改革，完善内部治理结构，加强师资队伍建设，推进丽水电大信息化建设，办好学历继续教育，服务“乡村振兴战略”，共同推进丽水社区教育和老年教育发展。（杜颖昕）

【省商务厅与丽水市人民政府签订厅市合作协议】 2018年10月10日，浙江省商务厅与丽水市人民政府签署《浙江省商务厅 丽水市人民政府关于建立厅市紧密合作关系助推丽水大花园建设的合作协议》。省商务厅将全力支持丽水大花园建设，把世界华侨进口商品博览会打造成永不落幕的进口博览会，培育进口商品"世界超市"。支持丽水引进民宿、旅游、休闲养生等高质量外资项目，支持青瓷、宝剑、石雕、茶叶等产品出口，加大"一带一路"沿线国家和地区市场开拓力度，打造"一带一路"开放平台，共同研究推进农村电商创新发展示范市建设。

【丽水市人民政府与中国国际电子商务中心签订战略合作协议】 2018年10月12日，中国国际电子商务中心与丽水市人民政府签订战略合作协议。中国国际电子商务中心把丽水作为全国农村电子商务示范区，使"丽水模式"成为可复制、可借鉴的浙江样板、全国经验。继续办好由双方共同主办的"中国农村电子商务大会"，国家级农村电商大会永久落户丽水。 （杜颖昕）

政府办公室

【政务督查】 2018年，市政府制定《2018年市政府工作报告重点工作责任清单》，逐季开展书面督查。将《市政府工作报告》内容分解为10个方面222个大项973个子项具体工作任务，逐项制定细化目标举措，逐一明确时间节点、责任体系。全年"清单"973子项目标任务中，完成948项，占比97.43%；因上级政策调整、未明确或市委、市政府决策调整，未按时完成9项，占比0.9%。

征集确定2018年全市十方面民生实事并分解各县（市、区）指标任务，分解落实省政府十方面民生实事各县（市、区）指标任务，并逐季对省、市民生实事完成情况开展督查通报。开展省、市十方面民生实事各县（市、区）完成情况实地督查。组织召开督查推进会，制定民生实事督办交流钉钉群工作方案，全面完成省、市民生实事。

制定《2018年省政府工作报告重点工作丽水市跟进落实责任分工清单》。对省政府工作报告重点工作中涉及丽水内容进行责任分解，逐项明确目标任务（落实措施）、时间节点及责任体系，抓好任务落实督查工作。

制定《2018年市政府部门重点工作责任清单》。对列入市委、市政府年度综合考核的43个政府部门，逐一编制部门重点工作责任清单，清单内容全部纳入市委、市政府年度综合考核内容，并根据工作紧要程度对各项目标任务进行赋分，年底对清单完成情况开展全面督查考核。

印发《发展不平衡不充分补短板会战责任清单》，要求责任单位每月梳理通报179项任务进展情况。年度量化目标达到或完成年度既定目标共166项，因上级需进一步研究、有关政策调整等原因未能按时完成13项，完成率92.74%。

印发《市政府各口推进解决历史遗留问题责任清单》，每月梳理通报历史遗留的20项任务进展情况。因情况变化、调整工作计划或延期2个，销号18个，完成率90%。

牵头做好迎接国务院第五次大督查工作，组织起草国务院第五次大督查自查报告，梳理填报问题清单、需协调解决事项清单、建议清单3张，做好迎接督查组实地督查。"丽水市探索生态产品价值转化途径，实现'点绿成金'"典型经验做法，得到国务院通报表扬。

制定《市本级重大招商项目及重点山海协作项目清单》，实行"半月报"。对市委四届四次全体（扩大）会议报告涉及政府工作进行责任分解，汇总梳理2018年及2019年具体细化落实举措，压实政府各单位责任。

完成市政府全会部署工作责任分解。将重点工作分为明确办结时限重点工作、明确推进期限重点工作、其他重点工作和涉及各县（市、区）重点工作4类，分类实行销号制或月报制管理。全年印发通报7期。

组织召开代表建议和政协提案交办会暨业务培训会。制定建议提案办理工作考核细则，对建议、提案分办、交办、督办等各个环节进行分析梳理，理顺建议提案办理工作机制。做好建议提案办理跟踪督办及建议提案办理工作报告、通报起草等工作。全年办结建议328件、提案448件，市长领办重点建议、重点提案满意率均为100%。

抓好小微督查、专项督查。开展关于以"丽水之赞"为引领和动力，抓好政府工作深化细化具体化督查工作。梳理汇总各县（市、区）政府"丽水之赞"深化、细化、具体化工作及"一园三美九大工程"（一园指创建丽水国家公园，三美指美丽城市、美丽乡村、美丽田园，九大工程指丽水国家公园、瓯江绿道、大搬快聚、浙西南综合交通枢纽建设、城市更新、丽水生态产业园建设、高品位酒店群、AAAAA景区创建、康养小镇建设）深化细化具体化工作。开展市政府专题会议纪要，抄告单"回头看"督查，完成《2016—2018年市政府及办公室会议纪要、抄告单议定事项落实不到位情况》梳理。抓好治堵工作推进情况核查，全市重点项目督查服务工作，市长调研瓯江市民休闲绿道沿线环境整治交办事项跟踪，地质灾害综合治理“大搬快治”汛前撤离“回头看”等小微督查、专项督查。（柳俊光）

【政务信息】 2018 年，市府办共编发信息 501 期，其中，《政务信息》156期，《专报信息》219 期，《政务工作交流》20 期，《上报信息》106 期。市领导批示 55 条；省政府采用 184 条，省政府领导批示 42 条；被国办录用信息 29条，国务院领导批示 2 条。（杨俊龙）

【政府信息公开】 2018 年，全市政府机关主动公开政府信息 23.492 万条，其中，9 个县（市、区）政府主动公开政府信息 17.37 万条，市级机关主动公开政府信息 61223 条，市政府及办公室主动公开政府信息 15726 条。全市受理政府信息公开申请 659 件，全部答复。从申请主体看，基本为公民申请；从申请渠道看，信函申请、网上申请、当场申请件数基本相当；从申请分布看，县（市、区）311 件，市级机关 348 件；从申请内容看，主要涉及土地信息、征地补偿、项目建设、政策信息等方面。在政府信息公开工作中未发生泄密事件。（谢轶斌）

【抓好防汛抗旱工作】 2018 年 7 月 9—12 日，全力做好防御 8 号台风“玛莉亚”工作。9 日 18 时，市防指启动防台风Ⅳ级应急响应；10 日 11 时将防台风应急响应提升到Ⅲ级；10 日 20 时，防台风应急响应提升到Ⅱ级。7 月 20—23 日，全力做好防御 10 号台风“安比”工作，20 日启动防台风Ⅳ级应急响应。8 月 11—13 日，全力做好防御 14 号台风“摩羯”工作。12 日 8 时启动防台风Ⅳ级应急响应，19 时将防台风应急响应提升到Ⅲ级。各地各部门按照应急响应要求，各司其职，全面做好防台风各项工作。（汤燕飞）

政府法制

【依法行政基础工作】 2018 年，市法制办出台《丽水市人民政府关于加强法治政府建设的实施意见》《丽水市党政主要负责人履行推进法治建设第一责任人职责清单》《2018 年丽水市法治政府建设工作要点》等法制政策文件，市政府常务会议专题研究推进法治政府建设重大问题。进一步完善法治政府建设（依法行政）考核，将考核纳入全市综合考核体系，突出丽水特色指标。健全学法用法制度，推动领导干部和公务员学法制度化，出台《丽水市市管领导干部任前法律知识考试办法（试行）》。落实市政府常务会议常态化学法制度，市政府领导班子开展集体学法 9 次，各县（市、区）政府领导班子集体学法 91 次。2018 年浙江省法治政府建设公众满意度调查全市有 7 个县（市、区）全省排名前 10 名，丽水市连续 9 年被省政府评为法治政府建设优秀单位。

【行政规范性文件管理和立法工作】 2018 年，市法制办起草《丽水市物业管理条例》《丽水市历史文化（传统）村落保护和发展条例》《丽水市大窑龙泉窑遗址保护规定》三个条例规定草案，提交市人大审议。《丽水市南明湖管理条例》已经省人大批准。落实规范性文件合法性全覆盖审核制度，出台《丽水市人民政府办公室关于印发市政府行政规范性文件制定流程表的通知》。完成市政府（市府办）47 件规范性文件全部经法制机构合法性审核和 129 件规范性文件清理工作，废止 45 件，修改 32 件，延长有效期 52 件。坚持规范性文件备案审查全覆盖，执行规范性文件“三统一”制度，落实备案审查通报制度，印发通报 4 份，发现问题文件 11 件。报送省政府、市人大常委会备案规范性文件 47 件，接收各县（市、区）、市级部门报备文件 436 件。

【行政复议】 2018 年，丽水市行政复议局正式挂牌运行，市本级行政复议实现“一个口子”对外。制定《市本级行政复议“五个零”工作制度》，推进行政复议阳光、公正、便民。参与行政诉讼，建立健全政府与法院之间的沟通交流和信息共享机制，加强行政和司法良性互动，合力预防化解行政争议。全市共办理行政复议案件 343 件，其中市本级复议案件 199 件；全市共发生行政诉讼案件 439 件，败诉率 7.4%，负责人出庭率 99%。

【行政调解】 2018 年，市法制办推动多元化纠纷解决平台建设试点，与市法院联合聘任行政争议特邀调解员 12 人。深化乡镇行政调解试点工作，完成《行政调解典型案例汇编》。全年全市两级政府及部门、乡镇（街道）共受理调解案件 5.647 万件，同比增加 1865 件，其中行政争议 574 件，同比比减少 992 件；民事纠纷 5.59 万件，同比增加 2857 件。成功调解案件 5.47 万起，其中，行政争议 564 件，民事纠纷 5.414 万件，调解成功率 96.9%，同比降低 0.3%。

【法律事务】 2018 年，市法制办严格执行《丽水市人民政府政府重大行政决策程序规则》，督促指导各县（市、区）政府建立重大行政决策目录化管理相关机制，修订《丽水市人民政府工作规则》。实行市政府专题会议纪要合法性审核全覆盖制度，共开展市政府专题会议纪要法律审核161件，开展行政机关合同前置法律审查23件、备案审查52件。全面推行政府法律顾问制度，实现市县乡三级政府及重点部门法律顾问全覆盖，聘任率100%。印发《关于建立外聘法律顾问责任清单制度的通知》，加快推进政府法律顾问从有形覆盖向有效覆盖转变。出台《关于推行法律顾问制度和公职律师公司律师制度的实施意见》，加快推行公职律师制度。

【政府法制监督】 2018年，市法制办推进行政执法全过程记录、重大行政执法决定法制审核、行政执法公示三大制度，实现市县两级全覆盖。市、县主要执法部门和乡镇政府共配备执法记录仪5695台，完成各类执法立案案件流程录入1.04万件，完成4831人次执法证申领、换证、销缴、补领审核工作，全市行政执法人员持证率93.3%。推进综合行政执法体制改革，优化执法力量配置。开展依法行政示范单位创建，全年命名丽水市依法行政示范单位12家。自觉接受司法监督，出台《关于支持检察机关依法开展公益诉讼工作的意见》。强化行政执法监督，组织开展全市行政执法案卷评查，评查重点执法领域案卷204卷，发现并督促纠正各类问题521个。特邀市级行政执法监督员开展专项监督活动，全市法制机构共办理执法监督案件33件。建立健全公平竞争审查机制，全市审查增量文件292件，清理存量文件476件。（蓝陈嘉）

地方志

【概况】 2018年，全市地方志工作围绕市委、市政府中心工作，贯彻落实《全国地方志事业发展规划纲要(2015—2020年)》，从"一本书"向"十业并举"转型推进。《丽水市志》完成总纂及志稿初审任务，《丽水年鉴(2018)》按期编纂出版。年初，市主要领导、分管领导先后到市方志办看望干部，并召开座谈会听取全市地方志工作情况汇报。3月13—14日，浙江省地方志办公室主任潘捷军一行到松阳县调研方志系统转型升级工作，并召开地方志工作座谈会，听取松阳县史志办关于二轮修志、松阳年鉴、旧志整理以及用志方面的情况汇报。6月，市府办牵头开展全市二轮修志督查工作，督促各县(市、区)加快完成"两全目标"。完成《浙江通志·人物志》(丽水部分)撰稿，共18万字，初步收集人物244人。拓展"一刊一网"平台功能，提升《丽水史志》季刊和《丽水史志网》的社会关注度。

【志书编纂】 2018年，市地方志办公室加快《丽水市志》编纂进度，按"清、定、齐"要求，进一步调整篇目结构，规范体例行文。全年召开总纂例会共17次，形成《丽水市志》总纂初稿47篇460万字。8月，召开二轮志书概述写作培训会，邀请杭州市地方志办公室副研究员王苗作专题讲座。12月17—18日，完成《丽水市志》志稿初审任务。督促指导各县(市、区)二轮修志工作。《莲都区志》《遂昌县志》《景宁畲族自治县志》完成终审并提交出版社。《庆元县志》《松阳县志》完成初审。助力《龙泉市志》《云和县志》《缙云县志》编修。《龙泉市志》《云和县志》在强力推进中走上正轨。帮助指导新疆维吾尔自治区《新和县志》、新疆生产建设兵团《一师十三团志》编纂工作。龙泉市完成出版《金蝉湖村志》。青田县出版《青田石雕艺人档案〈李德师徒卷〉》《青田老古传》，印发《青田百名将军图志·戎马生涯》，举办《美籍华人饶及人图志》首发式，《庆元方言——歇后语》送交吉林文史出版社审稿，缙云县付印部门志、乡镇志、村志各1部。松阳县出版《田园松阳文化丛书》第三辑，完成清乾隆、光绪、顺治《松阳县志》点校，完成《张玉娘》戏曲剧本改编。

【《丽水年鉴(2018)》编纂出版】 2018年12月，《丽水年鉴(2018)》由方志出版社出版。从1996年起，每年编纂出版1部，该卷是第23部。全书设类目41个，分目265个，条目1543个，

12月17日，《丽水市志》初审会召开　　（梁晨媛　提供）

图片129张，共计93.5万字。2018卷在“框架设计、条目编写、装帧印刷、编校质量”上进行创新，内容更加贴近社会、贴近大众，增强年鉴的资料性、时效性和实用性。

【方志工作助推乡村振兴】 2018年，市地方志办公室充分利用方志资源，加强地情资料的研究和开发利用，助推乡村振兴工作。参与处州文化、处士文化、乡土文化挖掘工作，服务农村文化礼堂建设。收集整理处州知府和处州进士名录，为全市“奏响新时代田园牧歌、打造世界级诗画丽水、复兴升级版的农耕文明、争当中国特色乡村振兴排头兵”提供重要资政辅政素材。开展“大学习大调研大抓落实”活动，深入莲都大港头、遂昌王村口、青田万山、景宁家地等地调研，提出红色文化助力乡村产业振兴意见。做好“两会”建议、提案回复办理工作，重点关注《关于重视农村家谱的翻印保存工作的建议》《加强历史文化研究，助推文化丽水建设》。为相关部门提供卢镗墓、处州府学等史料等。（马菊花）

机关事务

【概况】 2018年，市机关事务局认真履行管理、服务和保障，为丽水大花园建设提供强有力的后勤支撑，加强消防安全工作，对行政中心区域消防设施设备进行排查整改，更换大楼内烟感设备、手动报警按钮等所有消防设备。会同市公安、信访部门处置异常访事件，全年处置上访事件197起2745人次。完成市“两会”“全省大花园建设行动部署会（丽水分会场）”“生态产品价值实现机制研讨会”等重大政务活动保障任务。举办全省特色菜肴暨名优农产品进省行政中心展销丽水专场活动。定期举办音控系统操作人员设施设备应急处理培训，对大楼办公场所、综合会议室及周边公用设施设备进行更新维护，全年3405次，会议服务4699场次。开展外围车辆整治，南北门和西区分设管车岗位，专人引导车辆停放。统筹安排地下车库，按规定区域停放车辆。开展季节性预防事故教育和暑期百日安全行车活动，严格执行出车报告、一车一卡、定点维修、定点加油等制度，全年完成公务派车6857次，安全行车279.1万千米。规范公务接待，严格票据审核把关。严格执行招投标项目和政府采购程序，全年采购物资31批次1502.4万元。开展垃圾分类专场宣传活动，指导全市公共机构完成生活垃圾强制分类，为市行政大楼内58个单位办公室配备二分垃圾桶1000只，公共区域四分垃圾桶220只。

【打通全省公务出行“一张网”管理平台】 2018年，市机关事务局按照“1+9”（1个市级平台、9个县级平台）模式配置建设，将市县两级2416辆公车全部纳入车辆信息服务管理平台，率先打通市、县平台用车渠道。11月，市级完成“两网并一网”工作，实现省市“一张网”，用车保障、经费结算互通互用。12月，县一级本地平台数据全部接入省局大平台，全方位打通数据壁垒，启用省市县“一张网”运行平台，实现全省公务用车共享，促进省、市、县（市、区）、乡镇互联互通，保障重大突发事件的用车需要和纪检监察、财政、审计部门履行监管职能。

【党政机关办公用房管理】 2018年，市机关事务局加强市本级办公用房智能图形信息平台日常维护管理，306家机关、事业单位办公用房管理信息录入档案库。9月，在缙云举办全市办公用房“五统一”管理业务培训会，搭建各县（市、区）办公用房智能图形信息平台。实现全市联网，统一审核、调剂、管理。改造省委巡视组接访点和驻地酒店，配备办公设备和用品。市司法局、下属单位共23家办公用房实施搬迁审批；为市城中村改造指挥部等临时工作组调剂办公用房3批次，调剂面积2.98万平方米，其中市行政中心区域内调剂1821.5平方米（71间），区域外调剂2.8万平方米（856间）。修缮原审计楼、质监楼、市政府小车班车库及领导周转房。签订原开发区管委会大楼5层物业管理和行政中心西侧附属房调剂使用协议。开展办公用房清理整改“回头看”，会同市纪委市监委对市直机关26家单位开展实地督查，共测量办公用房130间，涉及人员193人，市级机关事业单位清理腾退办公用房6013.71平方米。

【节约型机关建设】 2018年，市机关事务局密切关注用能大户和重点用能领域用能动态，严控用能指标，人均综合能耗、单位面积能耗和人均水耗分别下降2.3%、2.1%、3.5%。会同水利部门推进教育系统13家、省属在丽6家事业单位公共机构节水型创建，通过水平衡测试，发现并整改市本级单位漏损点20余处。开展节能宣传周、低碳日、中国水周等主题宣传活动，实施市行政大楼部分无水小便斗改造项目，指导处州中学和龙泉三中完成水管网和LED灯改造，累计投入300万元。指导市公安局机房完成绿色数据中心建设。

【机关食堂改造提升】 2018年，市机关食堂引进智盘结算系统，售菜窗口采用流水线模式，缩短就餐高峰期排队时间。在食堂售菜窗口安装室内全彩LED电子屏，对菜品和菜价进行公示。领导餐厅、机关食堂洗手台安装热水装置，餐厅新增餐位50个。实施后勤服务监督员制度，聘请监督员9名参与服务监管。12月，召开行政中心后勤服务座谈会，征求意见，整改落实。（吴义华）

驻外办事处

【丽水市人民政府驻北京办事处】 2018年，办事处邀请银泰集团、华润医药、京东、国药集团、香港铜锣湾集团等17家企业到丽水考察产业经济项目，促成中国银泰投资有限公司、中核集团与市政府签订合作协议，协助完成丽水市大数据云中心及年产2000台智能生物识别柜等大项目，涉及总投资5.3亿元。与国家部委建立联络通道，全力做好事关丽水发展的衢宁铁路、丽水机场等重大项目前期对接和推进工作，配合相关部门做好"两山"理念研讨会（论坛）、生态产品价值实现机制国际研讨会、生态产品价值实现机制国家试点以及国家公园申报、"友城协作"等工作。举办北京"丽水山耕"品牌宣传推介活动，通过组织参与"丽水山耕、轩德皇菊"推介、刘老根大舞台、北京公羊会全球公益帆船赛、民宿产业发展论坛及人民日报海外版宣传等，大力宣传推荐"丽水三宝、丽水山居、丽水旅游"等特色文化。加强与国家部委对接干部挂职工作，争取24名干部在京挂职；13次组织召开在京高级人才、青年精英、企业家、挂职干部、在校大学生座谈会，开展在京高层次人才"家乡行"、北京丽商"丽水行"活动，先后邀请国家发展改革委、生态环境部等部委领导和国家级专家实地考察丽水，为丽水市经济社会发展把脉开方。

【丽水市人民政府驻上海办事处】 2018年，办事处借题丽水上海两地融合发展，促进上海环球集团、嘉杰集团与丽水市进行投资合作。加强与国家自然资源督察上海局、上海铁路局等单位的沟通走访，建立与长宁区有关部门的友好交流关系。全力对接首届长三角（上海）品牌博览会、首届进口博览会、丽水上海旅游推荐会、丽水上海投资推荐会，放大丽水，接轨上海。做好商会服务指导工作，举办上海市丽水商会成立大会暨丽水在沪商会10周年纪念大会，修订编辑上海籍专家联谊会通讯录，推动丽水籍高级人才参与家乡建设。

【丽水市人民政府驻杭州办事处】 2018年，办事处主动对接中国空分工程公司、浙能集团等企业宣传丽水招商引资政策，组织小满文化集团、蚌埠龙湖文化产业投资公司等企业来丽水考察项目。主动配合有关部门走访省发改委、财政厅等省直部门做好引进项目、资金、技术、设备和人才等工作，争取对丽水绿色发展综合改革创新区建设等工作支持。配合做好"第二届中国国际茶叶博览会""泡茶问丽水"等活动，助推景宁惠明茶和丽水山耕·披云水成为杭州灵隐寺"云林茶会"专用茶+水，协助做好"乘着高铁游丽水"2018丽水（杭州）旅游推介会、"2018丽水生态精品农博会暨中国长寿之乡养生名优产品博览会"、"舌尖上的丽水活动"等。指导杭州丽水商会换届，举办杭州市丽水商会第三届一次会员大会暨丽水市投资环境推介会、杭州市丽水高层次人才联谊会理事会，邀请西湖学研究会会长、旅游和风景园林专家赴莲都、松阳等地考察，为丽水市城乡规划建设、大花园建设等献计献策。

【丽水市人民政府驻福州办事处】 2018年，办事处加强招商活动组织谋划，赴厦门、漳州等地开展招商引资项目推介活动，参与引进招商项目2个，涉及投资额1.5亿元。与福建师范大学旅游学院联合开展"丽水旅游文化进校园"旅游推介活动，组织福建丽水商会参加丽水—福州旅游推荐会、丽水招商引资项目推介活动等，吸引更多游客到丽水观光、旅游、投资。组织带领丽水商会企业参加中国海峡两岸经贸交易会、厦洽会等大型活动，帮助企业寻找合作发展机遇，指导建立分商会，相继建立厦门分商会、武夷山分商会，举办丽水高级人才联谊活动，吸引各类人才返乡参与家乡建设。

【丽水市人民政府驻新疆办事处】 2018年，办事处认真学习贯彻中共十九大精神，以实际行动落实"丽水之干"担纲"丽水之赞"要求。搜集相关地区发展政策举措，为丽水市领导、有关部门提供经济社会发展有益参考和借鉴。组织召开丽水老乡代表座谈会、丽水商会骨干人员座谈会，推动商会换届工作及新疆青田商会筹建工作。做好援疆服务工作，全年共接待来疆工作代表团11个，100多人次，为丽水市对口援疆工作提供优质服务。（黄　平）

行政审批

【概况】 2018年，市审管办（市公管办）继续推进"最多跑一次"改革，强化公共资源交易综合监管。全年市本级办事窗口共收件366.65万件，办结率100%。其中"最多跑一次"事项306.87万件，办结率100%。"最多跑一次"事项实现100%全覆盖，实现率全省第一、满意率继续保持全省第二；

中介服务“网上竞价”改革列入国家发展改革委清费减负典型案例、全省经济体制改革26条典型经验。市公共资源交易中心共组织实施进场交易719个(批、宗)次,成交额131.6亿元,节约资金6.55亿元,增收资金0.19亿元;完成8个城中村改造单一来源政府采购项目,成交金额共362.8亿元。市公共资源交易中心被评为“全国十佳公共资源交易中心(市级)”。

【深入推进“最多跑一次”改革】 2018年,市审管办按照省委、省政府部署,以群众和企业到政府办事“最多跑一次”要求,全力打造“最多跑一次”丽水改革样板。全市1872个“最多跑一次”事项100%进驻中心,“一窗受理”平台实现市县乡三级100%全覆盖,51.1%的民生事项实现“全域一证通办”,903个事项实现100%网上办理,乡镇(街道)便民服务中心实现综合受理100%全覆盖。

【大厅标准化建设】 2018年,市审管办出台《丽水市行政服务中心窗口“网格化责任分工、标准化现场管理”实施办法(试行)》,对管理职责、服务环境、服务物品、服务形象、安全管理等进行细化,切实推进标准化大厅建设,打造整洁、舒适政务服务环境。出台《丽水市行政服务中心星级服务区块、先进区块负责人、服务标兵考评办法》,以区块为单位,绑定前后台考核,强化对各职能部门考评。制定《丽水市行政服务中心综合窗口人员星级评定及绩效考核办法(试行)》,对综合窗口人员群众办事满意率、工作量、工作纪律、业务考试等进行考核,并将考核结果与绩效工资相挂钩。

【完善审批中介“网竞平台”建设】 2018年,市审管办完成与省中介超市数据对接,丽水成为省内首个完成数据打通地级市。实行中介进驻“零门槛”,至年底,全市审批中介机构增加到29类1114家,其中,市外引进839家,甲级或高级资质中介机构比例提升至38%。完善系统建设,增设中介机构智能评价模块。至年底,中介网竞平台累计完成竞价项目8906个,成交金额7.56亿元,为项目业主节约费用约1.89亿元,节约率19.96%。

【深化审批服务代办工作】 2018年,市审管办出台《丽水市关于进一步加强和规范政府代办制工作的实施方案》,完善市县乡村四级代办体系,实现企业投资项目专业代办100%全覆盖。2018年,全市累计受理代办项目1563个,办结项目881个,完成代办环节3853个,涉及项目投资金额1068.75亿元。

【公共资源交易综合监管】 2018年,市审管办理顺市县两级公共资源交易监管体制,完成各县(市、区)公管办实体化设立,落实公共资源交易综合监管职能。建立工程建设领域监管工作跨部门联合抽查机制,开展联合抽查行动,加强对工程建设项目招投标活动全面监管。全面推行设计和设备采购“评定分离”评标办法,落实业主单位权责统一制度要求。加强对评标专家和招投标中介代理行业监管,通过落实“一标一评”制度和中介代理考评办法,强化对评标行为和代理行为监督。加强对评标专家不良行为记录,将评标专家信用信息录入市公共信用信息平台。强化公共资源电子交易平台建设,健全完善市、县两级电子交易系统各项功能,全面实现与省级、国家级电子系统平台互联互通、信息共享。全国首个开发上线使用“掌上交易”系统,初步实现电子交易向移动端延伸。投入运行市、县同步远程评标系统,实现全市异地远程评标。 (徐　剑)

公共资源交易

【概况】 2018年,丽水市公共资源交易中心共组织实施进场交易719个(批、宗)次,成交额131.6亿元,节约资金6.55亿元,增收资金0.19亿元,节支增收共6.74亿元。其中建设工程186个,审定价133.96亿元,成交额127.68亿元,节约资金6.28亿元,下浮率4.7%;政府采购126个,预算2.9亿元,成交2.63亿元,节约0.27亿元,节约率9.3%;国有产权资源交易407宗,起价总和1.1亿元,成交额1.29亿元,增收资金0.19亿元,上浮率17.8%。完成8个城中村改造单一来源政府采购项目,成交金额共362.8亿元。

在2018(第五届)全国公共资源交易年会颁奖典礼上,丽水市公共资源交易中心荣获“2018年度全国十佳公共资源交易中心(市级)”,中心主任蓝叶培荣获“2018年度全国公共资源交易十佳创新人物”,中心信息化项目“丽水掌上交易”微信小程序荣获“2018年度全国公共资源交易科技成果大赛三等奖”。

【三定方案落地】 2018年1月,市编办印发《丽水市公共资源交易中心主要职责内设机构和人员编制规定》,处室改为办公室、业务受理处、现场服务管理处、集中采购业务处、综合管理处。改原本的“条状设置”为“条块结合”设置,通过“一窗受理”,方便群众办事。新处室于2018年8月27日正式运行,各处室间配合平稳有序,为提升公共资源交易服务水平奠定坚实基础。

丽水市公共资源交易中心 2018 年成交统计

表2

类别		项目个数(个)	审定价(万元)	成交价(万元)	浮动率(%)	2017 年成交价(万元)	成交价与去年同期相比(%)	备注
建设工程	土建	22	170107	159380	-6.31	204473	-22.05	其中有 22 个费率招标和 4 个单价招标未计入总价。
	公路	8	36209	31640	-12.62	1675	1788.95	
	绿化	5	3612	3290	-8.91	2790	17.92	
	市政	32	47603	43958	-7.66	80160	-45.16	
	装饰	4	4560	4312	-5.43	7441	-42.05	
	水利水电	3	20089	18462	-8.10	1973	835.74	
	智能化	1	2254	2238	-0.70	4004	-44.10	
	监理	19	6383	5359	-16.04	5392	-0.60	
	中介服务	6	258	165	-36.05	254	-35.04	
	其他	66	1045433	1005173	-3.85	102568	880.01	
	小额	20	3067	2868	-6.51	1599	79.34	
	小计	186	1339575	1276846	-4.68	412329	209.07	
国有产权	拍卖	407	10978	1275456	17.85	3151	310.58	审定价为起拍价
政府采购	常规集中采购项目	126	29065	26337	-9.39	23836	10.49	—
	城中村改造单一来源采购项目	8	3628000	3628000	0.00	—	—	

【“政采云”工作】 2018 年，丽水市公共资源交易中心全力推进“政采云”(2017 年浙江省财政厅开始推广运用的政府采购电子交易平台)各项工作。做好“政采云”电子卖场供应商招标、入围工作，完成 1 个协议供货类(2018—2020 年度丽水市本级办公家具协议供货)采购项目，共确定 3 个标项 20 家次协议供货商；完成 1 个网上市场服务项目(2018—2020 年度丽水市本级公务出行车辆社会化租赁服务项目)，共确定 2 个标项 10 家次定点服务供货商；完成 4 期“丽水市电子卖场(网上超市)项目承诺入围的通知”，共入围供应商 1434 家，其中，第一期入围 322 家，第二期 359 家，第三期 340 家，第四期 413 家。落实政府采购项目“政采云”系统全流程操作模式，除 13 个项目特殊情况，其余 57 个项目全部进入“政采云”系统，实现从项目委托至项目采购完成全过程“政采云”线上操作。

【上线全国首家公共资源交易微信小程序】 2018 年 4 月 26 日，“丽水掌上交易”移动服务平台正式上线运行，作为全国首家正式上线的公共资源交易小程序，这是丽水市在公共资源交易平台信息化建设上取得的一项重大突破。该项目依托现有政府信息化基础，以移动互联网为主要手段，以微信小程序平台为载体，整合和对接丽水现有的公共资源交易 PC 版平台，构建移动端(手机)公共资源交易平台，符合“最多跑一次”审批改革“互联网+”服务理念，开启让群众“多走网络、少走马路”社会服务新模式，实现政府移动服务新能力。

【出台全省首张市级政府采购负面清单】 2018 年 10 月 23 日，市公共资源交易中心制定出台全省市级唯一《丽水市政府集中采购负面清单》。该清单以政府采购法律法规为依据，抓住关键条款内容，从资格条件、采购需求、商务条款、评分办法和评分标准等列出采购项目中必须禁止设置内容 59 项，有效规范政府采购行为，有效推进“清廉丽水”建设，加快提升政府采购规范化管理。11 月 1 日起施行。 (周裕翔)

住房公积金管理

【概况】 2018 年，丽水市住房公积金管理中心认真贯彻落实中共十九大精神，坚持“房子是用来住的，不是用来炒的”政策定位，深化“最多跑一次”改革，全面规范公积金业务，严控资金安全风险，不断提升服务水平，全市住房公积金各项业务指标运行良好，住房公积金管理工作取得新成效。

开展违规提取住房公积金专项治理工作，严厉打击机构和个人通过伪造证明材料、虚构住房消费等手段骗提住房公积金行为，全年发现骗提案件 38 起，金额 299.8 万元，对使用虚假材料提取住房公积金职工，除通报其单位纪检部门，还予以三年内不得提取公积金，五年内不得申请公积金贷款的惩戒。收集非法中介线索，移交公安部门处理。加大对不良贷款处置力度，及时通过法院诉讼及其他法律手段回收贷款本息，全市共收回逾期贷款和处置不良贷款 14 笔，金额 460.81 万元，住房公积金个人贷款逾期率降至历史最低水平。开展住房公积金存量资金竞争性存放工作，全年开展资金竞争性存放招标 8 次，涉及资金 3.41 亿元。遂昌分中心、缙云分中心通过省一级档案达标验收，市本级通过档案一级达标复评。市中心被评为“最多跑一次”改革先进集体、法治政府建设优秀单位、先进基层党组织，云和分中心获“市级文明单位”称号，龙泉、青田、缙云、遂昌、松阳、景宁、云和分中心服务窗口分别被评为五星级窗口、红旗窗口、先进窗口、五星级示范岗、服务明星等，市中心和分中心 5 人受到市级政府部门各种嘉奖。

【住房公积金归集扩面】 2018 年，全市新开户单位 613 家，实缴单位 6058 家，净增单位 219 家；新开户职工3.47 万人，实缴职工 19.76 万人，净增职工 2.92 万人；缴存额 39.16 亿元，同比增长 14.6%。年末缴存总额 281.84 亿元，同比增长 16.1%；缴存余额 103.88 亿元，同比增长 7.6%。受委托办理住房公积金缴存业务银行 6 家，包括建行、工行、农行、中行、农商银行和邮政储蓄银行，与上年持平。

【住房公积金贷款】 2018 年，丽水住房公积金个贷方式由银行核算转为公积金中心核实，丽水住房公积金发放个人住房贷款 0.5 万笔 20.3 亿元，同比分别下降 22%、36%。全年回收个人住房贷款 20.09 亿元，同比增长 44.4%，扣除存量公转商贴息贷款出表核算 5.86 亿元，实际收回贷款 14.23 亿元，同比增长 2.2%。年末累计发放个人住房贷款 7.17 万笔 221.47 亿元，贷款余额 123.3 亿元，同比分别增长 7.5%、10.1%、0.2%。个人住房贷款余额占缴存余额的118.7%，比 2017 年下降 8.9%。受委托办理住房公积金个人住房贷款业务银行 9 家，与上年持平，包括建行、工行、农行、中行、交行、浦发银行、中信银行、农商行和浙商银行。

2 月 22 日，丽水市市长吴晓东（右二）参观公积金办事大厅　（谢丽莎　提供）

【住房公积金提取】 2018 年，丽水市住房公积金提取额 31.78 亿元，同比增长 10.7%，占当年缴存额 81.1%，同年减少 2.9%。2018 年末，提取总额 177.96 亿元，同比增长 21.7%。

【资金存储及外部融资】 2018 年，探索存量“公转商”贴息贷款资金融入模式，当年新增存量公转商贴息贷款出表核算融资渠道。年末，住房公积金存款 2.22 亿元，其中，活期 0.24 亿元，1 年（含）以下定期 0.05 亿元，无 1 年以上定期，其他（协定、通知存款等）1.93 亿元。向外融资 23.5 亿元，归还 30.67 亿元。年末融资总额 78.56 亿元，融资余额 17.95 亿元。

【公积金业务收入及支出】 2018 年，丽水市住房公积金业务收入 44893 万元，同比增长 5.1%，其中，存款利息收入 2295 万元，委托贷款利息收入 42490 万元，其他收入 108 万元。业务支出 27251 万元，同比增长 8.2%，其中，住房公积金利息支出 14655 万元，归集手续费用支出 7 万元，委托贷款手续费支出 1311 万元，其他支出 11278 万元（其中银行授信贷款利息支出 10666 万元）。

【公积金增值收益及分配】 2018 年，住房公积金增值收益 17642 万元，同比增长 0.4%。增值收益率 1.77%，比上年同期减少 0.1%。提取贷款风险准备金 10585 万元，提取管理费用 3623 万元，提取城市廉租住房（公共租赁住房）建设补充资金 3434 万元。上交财政管理费用 3648 万元。上缴财政城市廉租住房（公共租赁住房）建设补充资金 3304 万元。年末贷款风险准备金余额 91585 万元。累计提取城市廉租住房(公共租赁住房)建设补充资金24232万元。

【住房贷款资产风险及状况】 截至2018年底,逾期个人住房贷款134.1万元,个人住房贷款逾期率0.0109%,其中,市中心0.0075%,青田分中心0.0003%,缙云分中心无,遂昌分中心0.0404%,松阳分中心无,云和分中心无,庆元分中心0.0426%,景宁分中心无,龙泉分中心0.0281%。个人住房贷款风险准备金按增值收益的60%提取,当年未使用个人住房贷款风险准备金,个人住房贷款风险准备金余额91585万元,个人住房贷款风险准备金余额与个人住房贷款余额比率7.4%,个人住房贷款逾期额与个人住房贷款风险准备金余额的比率0.15%。

【住房公积金政策调整】 2018年1月起执行《关于调整我市住房公积金贷款政策的通知》,缴存职工申请个人住房公积金贷款,实际可贷额度由不超过贷款申请人夫妻双方近12个月住房公积金账户月均余额的15倍调整为10倍;夫妻双方缴存住房公积金的,贷款最高限额由60万元调整为50万元,一方缴存住房公积金的,贷款最高限额由30万元调整为25万元。在丽水市行政区域内缴存住房公积金的第一至四类高层次人才,夫妻双方缴存住房公积金的,贷款最高限额由90万元调整为80万元,高层次人才一方缴存住房公积金的,贷款最高限额由60万元调整为50万元;第五类高层次人才,夫妻双方缴存住房公积金的,住房公积金贷款最高限额由70万元调整为60万元,高层次人才一方缴存住房公积金的,住房公积金贷款最高限额由50万元调整为40万元。暂停办理“商转公”业务,限定多次使用公积金贷款时间间隔,职工家庭首次住房公积金贷款结清1年内,不得申请住房公积金贷款;职工家庭二次以上住房公积金贷款结清3年内,不得申请住房公积金贷款。2月,出台《在丽就业的港澳台同胞缴存使用住房公积金实施办法的通知》,将港澳台同胞纳入住房公积金制度覆盖范围,明确港澳台同胞与大陆同胞享受同等待遇。7月,出台《关于进一步落实丽水市高层次人才住房公积金优惠政策的通知》,允许高层次人才达到国家法定退休年龄后,仍继续工作的,缴存住房公积金至解除工作聘用合同或劳动合同止。将具有外国国籍的高层次人才纳入缴存范围。允许高层次人才凭借商品房买卖合同提取住房公积金直接支付首付,购房3年内每年提取住房公积金一次,调高租房提取限额至1200元。出台《关于调整丽水市住房公积金政策的通知》,扩大住房公积金缴存比例浮动区间,缴存单位可在5%—12%区间内,自主确定住房公积金缴存比例,简化申请缴存比例降至低于5%下限和缓缴办理流程。调高丽水市住房公积金租房提取限额至800元,调整与单位终止劳动关系提取条件,简化提取手续,免收各类复印件,并加大对违规提取住房公积金的惩戒力度。

【公积金服务改进】 2018年,市中心全面实行服务网点“无差别全科受理”,与8个分中心全部进驻各政府行政服务中心,在缙云壶镇设立公积金业务网点,实现公积金业务向乡镇延伸。通过组合贷款中的公积金贷款和商业银行个人按揭贷款两部分贷款一并受理、同步流转,银行、不动产登记部门、公积金管理机构协同联动,后续格式合同和法律文件面签手续移至贷款受理环节签字等有效举措,实现住房公积金组合贷款全流程办理只跑一次、一地办结。对贷款提前还款办理方式进行优化调整,借款人只需持身份证到贷款所在地住房公积金服务大厅,办理提前还贷审批手续即可,借款人全部或部分提前还款不再收取违约金。全市住房公积金服务窗口上线电子影像采集系统,全面免收复印件。推行行政机关事业单位使用单位公务卡按月托收业务,数据全程在线办理,提升住房公积金缴存效率和实效性。住房公积金民生事项实现“一证通办”11个,事项实现“全域一证通办”9个。

【“互联网+住房公积金”建设】 2018年,市中心升级短信平台,推出贷款放款、还款、逾期短信提醒业务。全面推广单位版住房公积金网上办事大厅,实现“浙里办”APP和浙江政务服务网与业务系统对接,个人缴存、提取、贷款信息实时查询,提取和提前还款业务“指尖办理”、缴存职工账户动态消息提醒等功能。“12329”住房公积金服务热线整合并入“12345”政务服务咨询热线;“12329”短信服务平台与省“12329”短信服务平台对接,月短信发送量19万条。11月,丽水市住房公积金业务管理系统升级版本上线运行,按住建部数据和结算要求进行优化,提升系统安全,优化数据资源。通过住建部住房公积金基础数据标准和结算应用系统标准“双贯标”验收及综合服务平台验收。 (谢丽莎)

政协丽水市委员会

综　述

【概况】 2018年，丽水市政协履行政治协商、民主监督、参政议政职能。全年组织召开各类协商会42次，完成调研视察课题16个，组织重大民主监督活动5项，向市委市政府报送重点调研视察报告、民主监督建议书24份，协商纪要、提案、大会发言、社情民意信息等各类意见建议600余件，委员参与履职活动5600余人次，市委、市政府领导参加政协各类协商会113人次，对委员履职成果批示141件次。

在市政协四届二次会议期间，举行“加强小城镇环境综合整治”界别协商会，提出解决绿化带被破坏问题、加强流动摊贩管理应兼顾民众生计、像绣花一样抓好餐饮油烟管理工作、加大“六乱整治力度”、规范居民养狗行为、礼让斑马线需要“两手抓”（既要狠抓机动车不礼让行人，也要狠抓行人交通违法）、增强居民垃圾分类意识、开展“时间银行”养老模式、完善志愿服务、控烟坚持疏导为主、规划建设丽水市烈士陵园等意见建议11条；举行“深度推进农旅大融合”界别协商会，提出重视农旅融合、强化资源深度谋划、加大招商引资力度、整合部门资源力量改进和完善考核办法、加大培训力度等意见建议5条；举行“巩固提升全国文明城市创建成果”界别协商会，提出完善顶层设计、注重要素保障、致力增强活力、彰显地方特色、健全长效机制；做好整后利用等意见建议5条。

举行“丽水与全省同步高水平全面建成小康社会”常委会议专题协商议政，用数据指标分析差距，提出“做大做强生态工业、加强交通等基础设施建设、提高城市化率”等补短建议。举行“我市科技创新中的突出问题”常委会议专题协商议政，提出“加快丽水海创园建设”等建设性对策12条。举行“十三五固定资产投资实施情况”“振兴我市食用菌特色产业”主席会议专题协商议政，有效建言绿色生态发展。组织“嵌入式小型养老护理机构建设”调研，推动相关部门出台《全市社区嵌入式养老护理机构建设和运营的实施意见》。组织侨资利用案例调研，形成“关于我市侨资利用典型案例剖析及启示”的课题主报告和“我市侨资企业发展困境亟待破解”的内参式报告，提出报告成果的转化和落实措施。组织“大搬快治”和“消除大班额、超标准班额”专项视察，领办、督办“让森林康养成为大花园的金名片”“破解农民建房难”等民生类重点提案，促进民生难题解决。开展“古堰画乡创AAAAA”“高标准建设特色小镇”等考察调研活动，助力重大项目加快推进。市政协和县（市、区）政协领导根据安排，联系重点工程建设86项，协助重点工程攻坚，其中丽水机场正式开工，衢宁铁路建设有序推进，“城中村改造大会战”联系项目按时完成，用实际行动落实“丽水之干”。

开展“最多跑一次”改革民主监督，有关部门对政协所提的23个问题，以“攻坚破难工作交办单”形式进行督办，实行销号制整改；开展“城乡生活垃圾分类处理”三级政协联动专项集体民主监督，组织委员进行明察暗访，在监督中加强宣传，推动问题解决；以“访河长”为重点，组织委员就“河长制”责任落实情况进行现场检查，深化“五水共治”民主监督活动。

开展市领导领办督办提案和民主评议、集中办理提案等工作，办理委员提案377件。向党委、政府报送反映社情民意信息205期，编播《委员视点》电视专栏26期，组织委员送卫生、科技、教育、法律、文化“五下乡”活动。举办港澳台侨列席代表座谈会、民祭轩辕黄帝大典等联谊活动。开展《丽水教育印记》《亲历丽水改革开放40年》文史资料征集工作，与《丽水日报》合办《丽水政协文史专栏》20期，举办庆祝改革开放40周年书画联展、第五届乒乓球联谊赛。

市政协四届二次会议选举副主席2人、市政协常委3人。开展履职能力建设年活动，学习毛泽东农村调查方法，全面提高政协调研能力和质量。召开全市政协学习习近平总书记关于加强和改进人民政协工作的重要思想理论研讨会，9位政协委员和专家学者结合自身履职实践作交流发言，省政协党组副书记、副主席孙景淼出席会议并讲话。参加省政协举办的以"新时代人民政协工作"为主题的理论文章征集活动，获奖6篇(其中二等奖3篇)；表彰全市政协系统2017年度优秀论文22篇、优秀调研成果46篇。举办常委会学习会4次和委员培训班2期。建立民情联系点16个，引导委员走进农村基层、走进群众家里，增进与群众感情。组织参与巩固全国文明城市创建活动，市政协机关副处以上领导干部带领机关干部上街文明劝导。

推进"两学一做"学习教育常态化制度化。组织党员干部认真学习中共十九大精神和党章党规，深入学习习近平新时代中国特色社会主义思想、关于加强和改进人民政协工作的重要思想以及对浙江工作的重要指示精神，每月组织一次交流讨论，形成浓厚学习氛围。召开专题会议，学习新修订的《中国共产党纪律处分条例》(以下简称"条例")，并邀请市纪委领导就条例作解读和辅导。严格规范领导干部及工作人员的履职行为，制定印发《丽水市政协机关党员干部职工服务委员履职中"十个严禁"纪律规定》，进一步规范市政协机关党员、干部职工服务委员履职工作。开展"争先进位大赶超"主题活动、"比担当、比执行、反四风、促赶超"作风建设专项活动，营造干事创业的浓厚氛围和环境。

【市委领导领办提案】 2018年，市委原书记张兵领办《创新机制，探索丽水山区乡村振兴新模式的建议》提案，市委原常委、市公安局长卫中强领办《关于进一步推动农家乐民宿规范提升发展》提案，市委常委、市纪委原书记方向领办《关于深化做优"最多跑一次"改革工作的建议》提案，市委常委、市委宣传部原部长葛学斌领办《进一步推进丽水摄影文化产业发展的建议》提案，市委原常委领办《发展自驾游　助推全域旅游》提案，市委常委、统战部原部长任淑女领办《关于加快我市产业农合联发展的几点建议》提案，市委常委、组织部部长方健忠领办《关于完善干部队伍建设中容错机制的建议》提案，市委常委、莲都区委书记杜兴林领办《关于探索小区物业管理标准化的建议》提案。

【市政府领导领办提案】 2018年，市委副书记、市长吴晓东领办《关于加快美丽经济交通走廊建设，助力乡村振兴的建议》提案，市委原常委、常务副市长林亮领办《关于进一步打破信息孤岛、实现数据共享，推进数字丽水建设的建议》提案，副市长卢彩柳领办《关于加快配置巡回诊疗车打造乡村"流动医院"的建议》提案，原副市长王小荣领办《关于丽水美丽林相改造的几点建议》《关于大力发展我市"乡村旅居"的建议》2个提案，副市长徐光文领办《丽水生物医药产业:发展短板与提升对策》提案。

【市政协领导督办提案】 2018年，市政协四届十四次主席会议确定市政协主席、副主席督办四届二次会议重点提案11件。市政协主席陈瑞商督办《关于破解农民建房难的几点建议》提案，副主席韦铁民督办《关于加大对欠发达地区医疗卫生人才发展政策扶持力度的建议》提案，副主席金爱武督办《让森林城市康养成为美丽大花园的金名片》提案，副主席丁绍雄督办《扶培自动化装备产业 打造百亿园中园》提案，副主席朱山华督办《关于促进医养整合，构建"绿水青山、健康中国"丽水养老模式的建议》提案，副主席邝平正督办《补链强链促进我市生态工业迈向中高端》提案，副主席计勇强督办《关于加大对我市少数民族村扶持力度的建议》提案，副主席汤家友督办《打造特色小镇投融资"联合舰队"的建议》提案，副主席丁岳清督办《尽快补齐"丽水山耕"品牌的四大短板》提案。

【专门委员会工作】 2018年，提案委员会在市政协四届二次会议收到以提案形式提出的意见建议519件。经审查立案448件，并案处理成377件。其中市级各民主党派、工商联、有关人民团体、政协专委会、委员联络组和界别等集体提案104件，委员个人提案273件。列为重点提案25件，由市委市政府领导领办、主席督办。提案分别送交部门主办62个，会办75个，9月底全部办复。所提建议被采纳239件，占63.4%；部分采纳或列入计划采纳131件，占34.75%；因条件所限或其他原因未能采纳提案7件，承办单位认真作说明。面向社会征集提案线索、面向部门征集提案选题，编写提案选题参考目录100条。评选表彰市政协四届二次会议以来优秀提案20件，通过电视、报纸、网络、《丽水政协》等媒介进行宣传。配合有关提案承办单位开展重点提案办理调研、"三见面"(提案领办、督办领导，主办、会办单位，提案人三方见面提案办理协商会)协商工作，组织参加专题调研、"三见面"协商会活动40余次。创新提案办理模式，对第66号《关于破解农民建房难的几点建议》、第74号《关于探索小区物业管理标准化的建议》2件重点提案开展公开办理试点，邀请电视、报纸等媒体全程跟踪报道，邀请市民代表参与办理协商，吸纳社会各界建议，接受社会各界监督。试行提案办理双向评议：市领导领办、督办的25件重点提案由19个主承办单位评价提案质量。25件重点提案办理结果经主办单位自我评估，提案人、市政协常委会组成人员、各专委会、政协等单位书面评议。探索"推进嵌入式小型养老护理机构建设"课题调研与提案办理相结合模式，主动吸纳民政、规划等单位相关人员参与调研活动，通过考察学习、调研协商，让各相关部门形成共识，达成思路，推动提案办理落实。市委、市政府分别在市政协四届七次主席会议和市政协四届五次常委会议上通报25件重点提案办理情况和全部提案办理情况。书记、市长等市领导批阅《重要提案摘报》34期，批示29期次，指导提案办理工作。

经济委员会组织"丽水与全省同步高水平全面建成小康社会"重点协商课题调研。邝平正带领调研组，开展全领域、全区域、有重点的调查研究，并形成调研报告，对丽水市与全省同步高水平全面建成小康社会现状进行客观评价，对存在短板进行细致认真的梳理分析，提出补齐补短建议意见。经市政协四届九次常委会协商讨论，形成《建议案》，引起市政府高度重视。组织"'十三五'固定资产投资实施情况"专题议政课题调研。邝平正带领调研组，听取市发改委、市统计局等13个市级主管部门"十三五"以来固定资产投资情况通报，赴部分县调研。对丽水市固定资产投资情况进行客观评价，对存在问题进行梳理分析，就进一步保持固定资产投资持续增长提出建议意见，市政协四届二十次主席会议进行专题议政。首次就"丽水市2017年全市和市本级预算执行情况及2018年全市和市本级预算报告""丽水市2017年国民经济和社会发展计划执行情况与2018年国民经济和社会发展计划报告"开展专题协商。开展"小城镇环境综合整治"界别协商。组织委员分赴16个乡镇（村）开展调研，全面真实地掌握各地小城镇环境综合整治开展情况，全会期间召开界别协商会，就相关问题与分管市长、相关部门主要负责人进行面对面对话交流，提出意见建议供市政府及相关部门参考。开展助力"城中村改造"专项视察，丁绍雄、邝平正带领20位经济界委员，开展助力"城中村改造"专项视察，慰问一线征迁干部，积极建言献策。开展"古堰画乡创AAAAA工作情况"委员视察。围绕古堰画乡创AAAAA工作保障体制、投入机制、硬件建设、服务管理等，通过视察调研集思广益提出意见建议，助推古堰画乡创AAAAA工作的提升。

农业农村和人口资源环境委员会在四届二次全会期间，召开"农旅融合"界别协商会。开展"城乡生活垃圾分类处理"三级政协联动专项集体民主监督，制定《全市政协系统开展"城乡生活垃圾分类处理"三级政协联动专项集体民主监督具体实施意见》，召开全市政协系统的动员部署会和业务培训会，组织界别、小组、委员共开展"垃圾分类"调研、明察、暗访等活动10余次。组织"食用菌特色产业发展"主席会议视察。丁岳清带领调研组，召开情况通报会，到庆元、龙泉、景宁、云和等食用菌重点县（市）进行调研，通过摸底和比较，理性分析丽水市食用菌产业发展的优劣势，梳理出今后发展重点及方向，市政协四届十七次主席会进行专题议政。10月，以《振兴丽水食用菌特色产业》为题制作一期委员视点并播出。组织"大搬快治"专项视察。由丁岳清带领由市政协农资环委、市国土资源局共同组建的专项视察工作小组，开展对地质灾害综合治理"大搬快治"工作专项视察。配合省政协专题协商，组织"大力实施'互联网+品牌'战略，提升农业价值链"子课题调研。丁岳清带领调研组，开展相关调研，完成《大力实施"互联网+品牌"战略，提升农业价值链——以"丽水山耕"和"遂昌模式"为例》，报送省政协。组织"送科技下乡"活动，帮助委员深入基层、关注民生、服务发展，促进政协委员与基层的联系。

科教文卫体委员会组织"我市科技创新中的突出问题与建议"专题调研。汤家友带领调研组，听取市、县政府及其有关部门、企业、科研人员意见，查找丽水市科技创新工作中存在突出问题，从凝聚推进科技创新发展强大合力、加强科技创新队伍建设等4个方面提出意见建议12条。12月，在市政协四届十一次常委会议上进行专题协商，形成调研报告报市委市政府。组织消除大班额、超标准班额工作情况委员考察。汤家友带领调研组赴市本级、青田县、缙云县实地调研，了解全市义务教育学校大班额、超标准班额情况，从"科学规划，完善学校布局建设；均衡发展，缩短城乡学校差距；完善政策，促进民办学校发展；加强督导，营造良好工作氛围"4个方面提出意见建议。市政协四届二次全会期间举行"巩固拓展全国文明城市创建成果"界别协商会。委员们结合各自调研情况，围绕礼让斑马线、志愿服务、养老、流动摊贩、垃圾分类等内容建言献策，市公安局、团市委、市民政局、市城管执法局、市建设局等部门就委员们所提建议进行回应，双方就更好地巩固和拓展文明城市创建成果互动协商，共谋对策，达成共识。组织民盟界别活动组、教育体育界别活动组、医药卫生界别活动组和遂昌县联络组的部分委员，赴遂昌县开展“城乡生活垃圾分类处理”专项集体民主监督调研，实地了解垃圾终端处置园项目进展情况和智慧垃圾分类管理系统运行情况，召开座谈会，提出建议意见，以实际行动助推丽水市生态文明建设。组织“送教育、送卫生、送文化”下乡活动。4月，在景宁畲族自治县沙湾镇开展的“送教育”下乡活动，举行“关爱畲乡助力成长”助学金发放仪式，为51名贫困学生送上助学金共5万余元，200余位学生听取专家授课和讲座，60余位教师与专家进行研讨交流。8月，组织20余位医卫组政协委员和专家，到庆元县月山村开展送卫生下乡，为当地近400名群众进行义诊服务，免费送去常见药品和夏令药品400余份，相关物资200份。9月，组织部分市政协委员到遂昌县王村口镇开展“送文化”下乡活动，受到广大村民的热烈欢迎。

议。组织“城乡生活垃圾分类处理”民主监督。计勇强带领调研组到景宁县亲亲家园小区、沙湾镇、大均乡等地进行明察暗访，就进一步推进“城乡生活垃圾分类处理”工作提出“要提高思想认识，加强宣传、科学规划、健全机制、整体推进；要以问题导向抓落实，明确责任、狠抓落实、限期整

市市场监管局等地进行实地检查督导，采取听汇报、查台账、现场提问、重点抽查等方式对普法依法治理工作进行检查督导。组织开展送法下乡活动。4月，组织法律界委员、专家学者和市司法局、公安局、检察院、法院、人力资源社会保障局、团市委、市妇联等部门50余人赴缙云县壶镇为群

6月13日，市政协主席陈瑞商（左中）在莲都区调研城乡生活垃圾分类处理

（吴伟松　提供）

社会法制和民族宗教委员会组织“深化‘最多跑一次’改革”民主监督。计勇强带领市政协调研组，召开有关部门工作情况通报会，赴市审管办、市行政服务中心、青田、缙云、遂昌等地开展实地调研，与基层干部和群众面对面座谈交流，了解深化“最多跑一次”改革进展情况，广泛征求委员对深化“最多跑一次”改革的意见建议。市政协四届十次常委会议就“深化‘最多跑一次’改革”监督调研情况进行通报并协商议政。组织“促进民族乡村振兴”调研。计勇强带领调研组，赴莲都、遂昌、松阳等少数民族重点县开展实地调研，摸清少数民族乡村发展现状和群众需求，发现问题和短板，讨论梳理出一些对策和建改、力求实效”等意见建议。开展“小城镇环境综合整治”界别协商。市政协四届二次全会期间，与会委员和有关部门围绕推进小城镇环境综合整治共商对策，助推丽水市小城镇环境综合整治高水平、高质量完成。组织宗教事务管理工作考察。计勇强带领视察组，赴南明山仁寿寺、天主教堂、城关基督教堂考察，就如何加强宗教事务管理提出“依法规范管理，维护社会和谐稳定；完善体制机制，提高宗教工作水平；加强宗教工作干部队伍建设和爱国宗教团体、宗教界代表人士队伍建设”等方面意见建议。组织开展“七五”普法工作。根据市委安排，计勇强带队参加“七五”普法中期检查督导，检查督导组赴龙泉、庆元、众提供法律服务，举办法律专题讲座，邀请法律专家为群众讲授《合同法》相关知识，摆放法律宣传图片展板，发放宣传资料1500余份，接待群众数百人，受到当地群众和企业的欢迎和好评。

港澳台侨和外事委员会开展市政协四届二次会议港澳台侨列席代表遴选工作，并做好会议期间的服务工作。组织提交提案23件，撰写并反映社情民意信息6篇，组织专题调研并向市委市政府报送材料4份，得到市领导批示3次，协助报送考察报告4份，组织召开调研、考察、委员约谈等各类座谈会21次，接待港澳台同胞、侨胞和国际友人10余批次，接待兄弟市政协调研考察4次。组织侨资

利用案例调研，根据市委主要领导要求，联合市政研室、经济委会同市外侨办、市侨联、市商务局组成“侨资利用典型案例剖析及启示”课题组，组成以陈瑞商为总负责，朱山华为总牵头的课题调研组，对莲都、青田、庆元、缙云、遂昌、开发区等6个县（区）域的21家侨资企业开展走访调研，通过召开座谈会、实地查看、走访侨商、外地学习考察、部门研讨、委员约谈等方式，找寻破解面临落地难、发展难等侨资企业发展困境的途径，形成“关于我市侨资利用典型案例剖析及启示”的课题主报告和“我市侨资企业发展困境亟待破解”的内参式报告，得到时任市委书记张兵、市长吴晓东的充分认可和高度重视，提出报告成果转化和落实措施。组织开展高标准建设特色小镇调研，朱山华带领民主监督调研组，通过查阅有关资料、听取情况通报、召开座谈会，对市直和9个县（市、区）的16个省级特色小镇开展调研，对16个省级特色小镇在建设中存在的具体问题用表格形式进行一对一分析和梳理，形成监督报告，发挥华侨资源优势，助力社会经济发展。与市侨联、市外侨办共同促成《关于进一步深化“百侨助百村，助力乡村振兴”工作的实施意见》，利用各种平台宣传丽水市乡村振兴战略状况，通过地方行政村招募乡村合伙人、联合市人民医院送医下乡、联合侨联下属社团看望乡村留守老人、引导侨界群众参与乡村振兴。

文史资料委员会征集《丽水教育印记》文史资料，会同市教育局以及各县（市、区）政协文史委等单位，到各相关单位和各县（市、区）组织开展专题调研和稿件采集编撰等内容学习培训，举办座谈会7场，邀请全市120余名教育工作者参加调研活动和座谈交流，进行全方位组织动员和辅导。收集《亲历丽水改革开放40年》文史资料。围绕改革开放以来丽水发生的重大历史事件、重大决策、重要部署，重大改革举措和巨大发展成就等方面开展文史资料征编，征集到丽水农村改革、企业改制、金笔市场兴衰、鸡舍事件始末、龙泉青瓷非遗申报等一手文史资料。配合省政协做好《纪念浙江改革开放40年》文史资料征集工作，向省政协文史委报送龙泉青瓷非遗申报、林权制度改革等文史资料10多篇。借助《丽水政协》《丽水日报》平台，认真办好文史专栏专版，刊发文史资料20余篇。组织“传承红色基因、弘扬红色文化”课题调研，抓好成果转化，扩大政协文史资料影响面。组织委员开展提案、反映社情民意、大会发言等各项履职活动和业务培训。1月，组织市政协诗书画社会员到缙云县东方镇送春联，得到当地干部群众的热情欢迎。4月，组织书画家到遂昌县王村口镇送书画，为红色古镇商店、民宿、纪念馆等写招牌、店名、纪念馆名等。12月，在松阳举办以“纪念改革开放40周年丰功伟绩”为主题的全市政协系统第十二次书画作品联展，市政协机关书画爱好者以及松阳社会各界书画爱好者等100余人参加开幕式，举行书画交流笔会、采风活动。

委员工作委员会组织委员学习培训。5月、7月、11月，分别在浙江省委党校、浙江省总工会干部学校及浙江红船干部学院举办委员轮训班。10月，依托全国政协干部培训中心北戴河基地举办骨干委员（干部）培训班，完成新任委员培训工作。6月，在市县两级政协委员中开展“绿色发展，委员同行”界别活动月活动，活动内容是谋良策助推发展、办实事助推民生，全市参加活动委员1100人次，开展活动100余场次，走访企业200余家、村庄300余个，提出意见建议315条。组建市政协委员工作室4个，推动、指导各县（市、区）相继建立委员工作室。收集反映社情民意、接待走访基层群众、开展学习教育培训、奉献爱心扶贫帮困等等，在联系群众、服务发展实践中接地气、解民忧，帮助基层和群众解决实际问题，共接待群众52批次，开展活动18场次，提出意见建议15条。6月，组织委员赴开发区开展“城乡生活垃圾分类处理”调研考察活动。委员们通过现场观摩、听取汇报、查看资料等方式了解情况，在座谈会上踊跃发言，畅谈考察感受，积极建言献策。选派57名委员担任监督员，对相关部门、单位的班子建设、队伍建设、党风廉政建设、司法和执法执纪情况等进行民主监督，帮助部门和社会服务行业改进工作和作风，促进短板问题得到解决；选派100余名委员参加有关部门邀请的各类会议和活动，与相关部门和单位相互支持、互动共信，取得良好效果；选派24名委员作为问政嘉宾参加市委组织的《电视问政》节目，对社会关注的热点、群众关切的难点问题开展剖析和监督，提出合理化意见和建议，向社会各界展示委员风采。

政协全体会议及常务委员会会议

【政协第四届丽水市委员会第二次会议】 2018年3月21—25日在丽水举行。应到委员336人，实到323人。会议补选丁绍雄、丁岳清为四届市政协副主席，邱旭平、张德勇、俞豪锋为市政协常务委员。会议审议通过政协第四届丽水市委员会常务委员会工作报告和关于提案工作情况的报告，听取并讨论《政府工作报告》和其他报告，补选市政协副主席2人，市政协常委3人。全体委员围绕丽水打开“两山”通道，打好“六大战”，以及人民群众关心关注的民生问题，深入协商议政，踊跃建言献策，展现新时代政协委员的新气象新作为，彰显社会主义协商民主的鲜明特点和生机活力。会议还表彰市政协四届一次会议以来的优秀提案21件、2017年度全市政协反映社情民意信息工作先进单位13家和先进个人15人、市政协四届二次会议优秀大会发言24篇、全市政协系统2017年度优秀调研成果46篇和优秀论文22篇。通过政协第四届丽水市委员会第二次会议提案初审情况的报告，通过政协第四届丽水市委员会第二次会议决议。

陈瑞商代表政协第四届丽水市委员会常务委员会向大会报告常委会工作。报告从“坚持党的领导”“倾力服务大局”“践行群众路线”“推动工作创新”4个方面进行归纳总结。要求全体委员要不忘初心，把准政协定位；牢记使命，扛起政协责任；永远奋斗，干出政协风采。切实拉高政治标杆，强化“四个意识”，坚定“四个自信”。要深入实施“六力并举”，打造“六个政协”，即坚持政治统领强定力，打造忠诚政协；发挥统战功能聚合力，打造团结政协；围绕改革发展增助力，打造担当政协；服务民生福祉使满力，打造为民政协；推进协商民主激活力，打造创新政协；紧抓自身建设提能力，打造严实政协。

金爱武作提案工作情况的报告。市政协四届一次会议以来，共收到提案形式提出的意见建议443件，经审查立案416件，其中集体提案83件，委员个人提案333件，被列为重点提案24件，已全部办复。这些提案办理后取得较好成效，为推动丽水市“绿色发展、科学赶超、生态惠民”建设发挥积极作用。

会议期间，广大政协委员和政协各参加单位认真履行职责，运用提案建言献策。大会共收到以提案形式提出的意见建议519件，其中市级各民主党派、工商联、有关人民团体、政协专委会、委员联络组和界别等集体提出106件，委员个人提出413件。经分类统计，政治建设方面31件，占5.97%；经济建设方面92件，占17.73%；社会建设方面217件，占41.81%；文化建设方面63件，占12.14%；生态文明建设方面116件，占22.35%。代表作口头发言10位，书面发言22位，即席发言15位。《生态工业高质量发展亟须补齐“五大短板”》《古村落在乡村振兴中要实现“四个留住”》《让森林城市康养成为美丽大花园的金名片》等发言，围绕丽水市经济、政治、文化、社会和生态建设，提出很多富有建设性的意见建议，市委、市政府领导现场批示45条。分别举行“委员聚焦小城镇环境综合整治”“农旅融合”“巩固拓展全国文明城市创建成果”3个界别协商会。政协委员和旁听代表结合各自调研和工作情况，围绕小城镇环境综合整治中应如何提升群众参与度、加大资金投入、健全长效机制；加强礼让斑马线、志愿服务、养老、流动摊贩、垃圾分类等工作；如何提升工作机制、完善规划统领、发挥主体作用、加强农旅互动等话题，从不同角度和层面建言献策。市、区政府和相关部门单位负责人对委员们和市民代表提出的问题和建议进行回应，双方就如何进一步推进丽水市小城镇环境综合整治、巩固文明城市创建成果、农旅融合工作进行深入探讨，共谋解决之道。市领导与港澳华侨委员及港澳台侨列席代表座谈，认真听取大家对家乡建设的意见建议，畅叙乡情友情，共商发展大计，共谋绿色赶超，共建美丽家园。参加会议的港澳华侨委员及港澳台侨列席代表，还考察丽水招商引资项目建设情况。

闭幕会上，张兵充分肯定四届市政协和广大政协委员一年来所取得的成绩，并提出殷切期望：要始终维护核心，在坚定政治方向上凝聚更大共识，要聚焦绿色发展，在服务中心工作上担当更大责任，勇当推动发展的“智多星”、创新发展的“实干家”、服务发展的“亲友团”，要秉持为民情怀，带头汇民情、解民忧、暖民心，做到广泛联系人、团结人、凝聚人，在回应人民美好生活新期盼上做出更大贡献，要紧扣时代要求，加强思想政治引领、提升委员履职水平，在加强自身建设上取得更大成效，努力为丽水市争先进位大赶超、加快高质量实现“两大历史使命”，奋力开辟“绿水青山就是金山银山”新境界做出新的更大贡献。陈瑞商强调，做好新时代人民政协工作，就是要以习近平新时代中国特色社会主义思想为指导，紧密结合政协履职实践，以改革的思维、创新的理念、务实的举措，大力推进协商民主广泛多层制度化发展，在新时代中彰显政协作为。

【政协第四届丽水市委员会常务委员会第六次会议】 2018年2月11日在丽水召开。会议审议通过《关于召开政协第四届丽水市委员会第二次会议的决定》《政协第四届丽水市委员会第二次会议议程（草案）》和《政协第四届丽水市委员会第二次会议日程》，通过有关人事事项。

【政协第四届丽水市委员会常务委员会第七次会议】 2018年3月12日在丽水召开。会议协商讨论《政府工作报告（讨论稿）》、《市中级人民法院工作报告（讨论稿）》、《市人民检察院工作报告（讨论稿）》；审议通过《政协第四届丽水市委员会常务委员会工作报告(草案)》及报告人名单;审议通过《政协第四届丽水市委员会常务委员会关于四届一次会议以来提案工作情况的报告(草案)》及报告人名单;审议有关人事事项;审议通过《政协第四届丽水市委员会第二次会议秘书长、副秘书长名单》;审议《政协第四届丽水市委员会第二次会议选举办法(草案)》;研究决定政协第四届丽水市委员会第二次会议有关事宜。

【政协第四届丽水市委员会常务委员会第八次会议】 2018年3月25日在丽水召开。会议审议通过政协第四届丽水市委员会第二次会议选举办法(草案),人事事项(草案),大会选举总监票人、监票人名单(草案),政协第四届丽水市委员会提案委员会关于市政协四届二次会议提案初审情况的报告(草案),政协第四届丽水市委员会第二次会议决议(草案)。

【政协第四届丽水市委员会常务委员会第九次会议】 2018年7月30—31日在丽水召开。吴晓东到会通报上半年全市经济形势和下半年政府工作打算。徐光文到会听取意见并讲话。会议就"丽水与全省同步高水平全面建成小康社会的短板与对策"举行协商讨论并通过相关建议案;听取市环保局关于丽水市实施最严格的生态环境保护情况、市招商局关于丽水市选商引资"主动战"情况、市金融办关于丽水市金融安全稳定情况的通报;审议通过有关人事事项。

【政协第四届丽水市委员会常务委员会第十次会议】 2018年9月21日在丽水召开。会议听取市文广出版局关于丽水市乡村文化建设情况、市教育局关于丽水市基础教育现代化推进情况、市经信委关于丽水市生态工业发展情况的通报。会议就"深化'最多跑一次'改革"举行民主监督情况通报会,对存在的问题进行客观分析,提出一些有价值、有操作性的意见建议。林亮充分肯定政协民主监督工作,并表示将充分运用好政协的监督调研成果,抓好问题整改落实,推进"最多跑一次"改革再深化。

【政协第四届丽水市委员会常务委员会第十一次会议】 2018年12月27日在丽水召开。胡海峰出席会议并讲话。代表市委对做好政协工作提出4点要求:要坚定政治方向,坚持中国共产党领导的多党合作和政治协商制度不动摇,牢固树立"四个意识",坚定"四个自信",自觉在政治方向、政治原则、政治道路上同以习近平为核心的党中央保持高度一致。要深化协商建言,紧紧围绕"丽水之干",聚焦聚力绿色发展、项目建设、乡村振兴等方面,协商议政、建言献策、咨政立论,为市委科学决策当好智囊团、思想库。要永葆为民初心,充分发挥政协优势,带着感情和责任深入开展界别工作,当好党委政府和群众的"连心桥"。要维护模范形象,不断提高政治把握、调查研究、联系群众和合作共事的能力,做到"懂政协、会协商、善议政,守纪律、讲规矩、重品行"。会议听取市委、市政府关于市政协四届二次会议以来提案办理情况、市政府关于"丽水与全省同步高水平全面建成小康社会的短板与对策"建议案办理情况以及市食安办、市农办相关情况通报;对重点提案进行双向评议;审议通过《关于授权政协第四届丽水市委员会主席会议审议政协第四届丽水市委员会第三次会议有关事宜的决定》;书面听取市政府就"助推我市'最多跑一次'改革跑出加速度"民主监督建议书办理情况通报和市政协各专委会2018年工作总结的汇报。会议还举行"科技创新中的突出问题与建议"协商讨论会。

调研活动和重要会议

【全市政协主席读书会】 2018年8月17日在丽水召开。会议以"强化理论武装,推进新时代政协工作高质量发展"为主题,深入学习贯彻习近平总书记关于加强和改进人民政协工作的重要思想和中共十九大精神,不断推进新时代政协工作高质量发展。陈瑞商强调,要以习近平关于加强和改进人民政协工作的重要思想为引领,强化理论武装,提质增效,不断推进新时代丽水政协工作高质量发展。陈瑞商指出,做好政协工作提质增效,就是要深刻领会"八八战略"重要指示精神,坚持优势论、重点论、协调论,为牢牢把握发展大势凝聚共识;就是要深刻领会习近平总书记关于加强和改进人民政协工作的重要思想,坚持政治原则、认清性质定位、把握目标任务、领会时代要求,夯实政协履职基础;就是要深刻领会习近平在深入推动长江经济带发展座谈会上的"丽水之赞"精神实质,辩证领会"绿水青山就是金山银山"真正内涵,发出政协"好声音";就是要落实好政协各项工作,履行好政协三大职能,真正做到政治协商有方、民主监督有力、参政议政有为。陈瑞商要求,话要说得真,必须改进调研作风,大力弘扬浩然正气,切实夯实履职底气,锤炼好分析判断、独立思考、概括提炼的能力,确保摸到实情,坚持说出真话;话要说得准,必须确保建言献策的前瞻性、操作性,超前选题、超前调研、超前论证,力求提出的建议可操作、可落实,有力助推党委政府的工作更加全面、系统、科学，彰显政协话语权的价值。会议还举办“习近平关于加强和改进人民政协工作的重要思想解读”“新政协章程解读”专题讲座。各县（市、区）政协以及部分参会人员作交流发言。

【学习习近平关于加强和改进人民政协工作重要思想理论研讨会】 2018年7月6日在丽水召开。省政协副主席孙景淼出席会议并讲话，9位委员、专家学者结合自身履职实践作交流发言。孙景淼强调，要以高度的思想自觉和行动自觉，投身学习研讨活动，要把学习贯彻中共十九大精神与贯彻落实习近平关于加强和改进人民政协工作的重要思想、深入开展省委大学习大调研大抓落实活动有机结合起来，不断提高参与协商的思想水平。要持之以恒抓好学习研讨活动。要进一步提高思想认识，切实增强学习研讨的责任感和自觉性；要加强组织领导，确保学习研讨活动有力有序开展；要坚持学以致用，切实用科学理论武装头脑、指导实践、推动工作。

陈瑞商主持会议并指出，要充分认识习近平关于加强和改进人民政协工作重要思想的重要意义，在认真学习领会上下功夫；要深刻领会习近平关于加强和改进人民政协工作重要思想的核心要义，在加强自身建设上下功夫；要悟透用活习近平关于加强和改进人民政协工作重要思想的理论实践，在推动政协工作上下功夫。要找准着力点、画好同心圆、念好惠民经，促进政协工作质量大提升，努力在新时代新征程中展现政协新作为新气象。

【传达学习习近平重要指示精神】 2018年7月16日市政协召开党组（扩大）会议，传达学习习近平对浙江工作的重要指示精神、全国政协系统党的建设工作座谈会精神和全市领导干部会议精神。会议强调，要深刻学习领会，找准发力点，加强自身建设，形成抓落实、促见效的思想共识和强大合力，为续写“八八战略”新篇章贡献政协力量。陈瑞商主持会议并讲话，党组成员作学习交流。陈瑞商指出，习近平对浙江工作的重要指示和在深入推动长江经济带发展座谈会上的“丽水之赞”，在浙江发展史上具有里程碑意义，是对浙江工作、丽水工作和广大干部群众的深切关怀和极大鼓舞，是对丽水加快绿色发展的殷切期望。陈瑞商要求：要加强学习，吃透精神。要把学习习近平重要指示精神作为一项重要政治任务，与学习习近平“丽水之赞”、落实省委“大学习、大调研、大抓落实”活动、贯彻全市领导干部会议精神结合起来，坚持优势论、一张蓝图绘到底、拉高标杆，把学习的落脚点放在加快丽水绿色发展上，迅速掀起学习宣传贯彻的热潮。要深入践行，找准发力。把推动发展作为首要任务，围绕“坚定不移保护绿水青山这个‘金饭碗’”，开展调查研究，为“努力把绿水青山蕴含的生态产品价值转化为金山银山”建真言、谋良策、出实招；把履职为民作为首要责任，围绕“最多跑一次”改革、城中村改造、低收入农户精准帮扶等老百姓关心关注的民生大事要事，积极开展民主监督活动，助力党委政府重大惠民政策落到实处。要注重建设，勇于担当。切实加强政协系统党的建设、政协队伍建设和作风建设，坚决维护以习近平为核心的党中央权威和集中统一领导，坚决贯彻落实中央和省委、市委的重大决策部署，争取在学习贯彻的热潮中干得最主动、抓得最务实、走在最前列，为丽水市绿色发展贡献更多政协智慧和力量。

【“丽水与全省同步高水平全面建成小康社会的短板与对策”重点协商】 2018年，丽水与全省同步高水平全面建成小康社会，是完成国家整体小康社会建设目标的规定动作，也是贯彻落实省委省政府“高水平全面建成小康社会”的实际行动，更是应尽的责任意识、大局意识和担当意识的具体体现。根据《年度协商工作计划》，市政协四届九次常委会议将就“丽水与全省同步高水平全面建成小康社会的短板与对策”开展专题协商。邝平正带领市、县（市、区）政协委员及相关成员开展调研，在全面掌握丽水市与全省同步高水平全面建成小康社会总体实现程度、梳理分析存在的短板领域、区域差距的基础上，有针对性地开展深入研究，提出加快经济发展速度，提升经济增长质量，促进全员劳动生产率提高；做强做大生态工业；实施政策引导激励、强化企业主体人才保障，提升R&D经费投入强度；发挥财政税收政策的引导激励作用；强化责任落实、实行严格管控，切实降低单位GDP生产安全事故死亡率；强化设施建设、配套改革和产业支撑，促进常住人口城市化率的提升，加强配套设施建设，提升接纳能力；狠抓普高教育质量、拓宽中职生升学渠道，多措并举提升高等教育毛入学率；深化政策扶持、加强队伍建设，促进律师人员数量规模和能力的提升；深化政策扶持补差补短的政策保障、工作举措等建议意见，并形成建议案，提交市委市政府供决策参考。

【侨资利用案例调研】 2018年，陈瑞商、朱山华带领调研组，组织部分委员和专家骨干，会同市外侨办、市侨联、市商务局等单位，对莲都、青田、庆元、缙云、遂昌、开发区等6个县（区）域21家侨资企业开展走访调研，通过召开座谈会、实地查看、走访侨商、外地学习考察、部门研讨、委员约谈等方式，现场查看查证侨资企业发展现实（发展势头、面临的困境或现实问题），有意识找寻破解面临落地难、发展难等侨资企业发展困境的途径，形成“关于我市侨资利用典型案例剖析及启示”的课题主报告、“我市侨资企业发展困境亟待破解”的内参式报告和11个侨资利用典型案例的个案剖析材料，调研成果共13份，近5万字。调研报告得到张兵、吴晓东的充分认可和高度重视，提出4点报告成果的转化和落实措施。报告中提出的不少建议得到采纳落实，较好地推动丽水市侨资企业问题的解决，其中青田保税物流中心项目正式奠基，浙江安派科生物医学科技股份有限公司涉及的土地回收价格及市政基础设施使用异议得到有效化解；庆元县大洋湖生态养生（养老）休闲度假区项目、丽水紫荆城文化休闲养生旅游开发项目等较好搭建当地政府和投资主体的沟通桥梁；在多部门推动下，丽水华侨城建设项目有较快进展，不少部门主动与侨资企业加强对接，推动问题解决和困难化解。

【深化“最多跑一次”改革民主监督】 2018年，市政协组织开展丽水市深化“最多跑一次”改革民主监督。“深化‘最多跑一次’改革”是2018年市政协常委会的重点民主监督课题。7月，市政协监督调研组召开情况通报会，听取有关部门情况通报；先后赴市行政服务中心、有关部门和青田、缙云、遂昌等地开展实地调研，通过座谈和走访，广泛听取基层干部和群众的意见建议；开展市县政协联动调研，形成调研合力；通过各种途径广泛征求委员对深化“最多跑一次”改革的意见建议。9月21日，市政协四届十次常委会议就“深化‘最多跑一次’改革”监督调研情况进行通报并协商，陈瑞商主持会议，林亮到会听取意见并讲话。监督调研组对丽水市“最多跑一次”改革存在的短板和问题进行认真梳理和分析，并围绕如何深化“最多跑一次”改革提出加强顶层设计，规范制度标准；强化组织指导，破解难点堵点；打破信息孤岛，加快数据共享；加强“窗口”建设，提升服务水平；完善体系建设，促进简政放权等5方面16条意见建议，会后形成《关于“深化‘最多跑一次’改革”民主监督建议书》，提交市委市政府供决策参考。

【“十三五”丽水市固定资产投资实施情况专题议政】 2018年，市政协组织开展“十三五”丽水市固定资产投资实施情况调研。固定资产投资是推进经济社会发展的“牛鼻子”“定船锚”，是三驾马车的“头驾马车”，更是建设大花园核心区、绿色发展综合改革创新区的第一推动力。稳投资是贯彻落实中央、省委决策部署，推动经济社会健康发展的重要内容。根据《年度协商工作计划》，邝平正组织带领调研组织成员，围绕“‘十三五’丽水市固定资产投资实施情况”开展广泛深入的调研。提出树立危机意识；优化投资结构；强化全程管理；提升投资环境等4方面10条建议，形成“十三五”丽水市固定资产投资实施情况调研报告，提交市委市政府供决策参考。

【振兴丽水食用菌特色产业考察】 2018年，市政协开展振兴丽水食用菌特色产业视察，将“振兴食用菌特色产业”列为2018年的主席会议考察课题。5月，丁岳清率领调研组实地考察庆元、龙泉、云和、景宁等地的主产乡镇、生产基地、专业市场和龙头企业，召开多层次专题座谈会，就丽水市食用菌产业发展开展调研，并学习考察河北西峡、湖北襄阳、随县以及台湾等地的食用菌产业发展情况，提出优化发展环境、保持一产规模、突破二产能力、发挥三产优势、用好市场优势、坚持不断创新等6个方面15条意见建议。8月23日，召开四届十七次主席会议，主席会议成员会前先考察丽水市百兴真菌生物科技有限公司和浙江百山祖生物科技有限公司，后听取两公司品牌培育、市场推广等情况介绍，详细了解存在的困难

11月5日，“十三五”市固定资产投资实施情况专题议政　（吴伟松　提供）

和问题。随后召开座谈会，市农业局通报丽水市食用菌产业发展现状，市政协调研组汇报丽水食用菌特色产业发展调研情况，庆元县政府作工作表态，主席会议成员作发言。会后，相关报告呈送给市委市政府。10月，电视台以《振兴丽水食用菌特色产业》为题制作并播出一期委员视点节目。

【全市政协“城乡生活垃圾分类处理”专项集体民主监督】 2018年，丽水市政协落实省政协“三级联动”部署要求，聚焦省、市委提出的目标任务扎实履职，系统谋划、统筹推进、发挥优势、彰显专业，在助推全市“城乡生活垃圾分类处理”工作方面取得一定成效。4月，启动全市政协系统“城乡生活垃圾分类处理”专项民主监督活动，全市政协系统共组织各种监督调研266次，参加的省市县（市、区）政协委员1787名，共召开座谈会168次，实地查看乡（镇、街道）196个、村（社区）442个、垃圾处置企业和处理终端等176家，提出意见建议418条，被党政部门采纳295条，反映相关社情民意信息52条。形成情况汇报，提交市委、市政府供决策参考。

【提案办理双评议】 2018年，市政协组织开展重点提案双向评议工作，达到委员提案质量和单位办理效果相互促进、共同提高。即市领导领办、督办的25件重点提案由涉及的19个主承办单位评价提案质量；在办理单位进行办理质量自我综合评估的基础上，由提案人、市政协常委会组成人员、各专委会、政协组成单位从“办理的基本程序和要求、办理的主要环节和时间、办理的具体落实和成效”3个方面进行不记名评议，然后形成评价报告报政协常委会议审议，形成评议结果。评议结果反馈给提案主办单位和提案人，对评议结果在“还满意”及以下等次的，要求承办单位限时整改；同时将评议结果报市委、市政府，并作为市直单位综合考核的加分依据。经主办单位围绕“选题是否围绕中心、是否切合实际，撰写是否简洁明了、是否一事一案，建议与要求是否明确可行”评价，25件重点提案质量均为“好”。经主办单位自我评估，提案人、市政协常委会组成人员、各专委会、政协参加单位书面评议，25件重点提案办理工作被评为“满意”在80%以上的3件，60%—80%的21件，低于60%的1件。评议小组认为重点提案办理工作制度健全，程序规范，办结率、采纳率、满意率、落实率较高，总体情况良好。

【提案公开办理】 2018年，市政协创新提案办理模式，将第66号《关于破解农民建房难的几点建议》和第74号《关于探索小区物业管理标准化的建议》2件重点提案作为公开办理提案试点，邀请电视、报纸等媒体全程跟踪报道，邀请市民代表参与办理协商，吸纳社会各界建议，接受社会各界监督，进一步促进提案办理落到实处、办出实效。第66号通过公开办理，已在莲都区碧湖镇开展农民建房审批流程再造试点，通过联审联批、网格员代办、限时审批等方式，基本实现农民建房审批“最多跑一次”，在遂昌、松阳、青田、莲都4个县（区）农村宅基地“三权分置”改革，解决农村宅基地“流转”的问题，为盘活农村资产、拓宽农村贷款抵押物范围，破解农民贷款难问题，提供政策支撑。第74号提案目前已初步建立“市、区、街道、社区”四级物业监管网络，《丽水市区住宅小区物业管理规范》通过市地方标准立项论证，被纳入2018年市级地方标准制定计划，《丽水市物业管理规定》被纳入市人大立法计划，正在积极制定，争取2019年正式发布实施。

【全市政协系统乒乓球联谊赛】 2018年9月，举办全市政协系统第六届乒乓球联谊赛。以市政协办公室、市委统战部和各县（市、区）政协为单位，由在丽全国、省政协委员，市政协委员、各县（市、区）政协委员，政协机关工作人员和市级各民主党派、工商联机关工作人员组成参赛队11个，经过一天半比赛，决出团体、男子甲组、男子乙组、女子甲组、女子乙组前六名。通过乒乓球联谊赛，活跃政协委员和政协机关干部的业余文体生活，促进市县级政协和政协委员之间的沟通联系，展示政协委员和政协干部风采，弘扬政协文化，增进团结联谊，提高政协组织的凝聚力和向心力。

【委员培训】 2018年5月、7月、11月，分别在浙江省委党校、浙江省总工会干部学校及浙江红船干部学院举办委员轮训班。10月，依托全国政协干部培训中心北戴河基地举办骨干委员（干部）培训班，新任委员培训工作基本完成。创新委员轮训做法，把加强纪律作风建设首次专门列入委员学习培训的重要内容，邀请驻市政协机关纪检监察组组长就政协委员如何“讲政治、守纪律、重品行”进行专题授课，对委员遵守政治纪律和政治规矩、强化作风建设和廉洁履职等方面提出明确要求。通过培训，加强政协队伍建设，增强委员做好新时期政协工作的责任感和使命感，提高政治协商、民主监督、参政议政的能力。

县（市、区）政协工作

【县（市、区）政协全体会议】 2018年2月3日，政协第十届青田县委员会第二次会议召开。应到委员228人，实到212人。提交提案219件，立案188件，大会发言19人。选举政协第十届青田县委员会常务委员4人。

2月3日，政协第九届云和县委员会第二次会议召开。应到委员149人，实到委员141人。提交提案建议154件，立案135件。8位委员作口头发言，14位委员作书面交流，18位委员作即席发言。选举政协第九届云和县委员会常务委员2人。

2月5日，政协第九届遂昌县委员会第二次会议召开。应到委员172人，实到委员170人。提交提案建议171件，立案141件，大会发言25篇，其中口头发言11人，即席发言12人。选举政协第九届遂昌县委员会秘书长1人。

3月5日，政协第十五届丽水市莲都区委员会第二次会议召开。应到委员199人，实到委员196人，提交提案建议251件，立案187件，有28位委员(单位)作大会发言。选举政协第十五届丽水市莲都区委员会常务委员3人。

3月5日，政协第九届庆元县委员会第二次会议召开。应到委员165人，实到委员162人，提交提案建议210件，立案202件，8位委员作口头发言，8位委员作书面交流。选举政协第九届庆元县委员会常务委员1人。

3月11日，政协第九届龙泉市委员会第三次会议召开。应到委员176人，实到委员176人，提交提案建议173件，立案159件，大会发言30篇，其中口头发言10人。

3月11日，政协第九届松阳县委员会第二次会议召开。应到委员177人，实到委员176人。提交提案建议269件，立案214件，并案后交办110件，大会发言48篇，其中口头发言12人。

3月12日，政协第九届缙云县委员会第二次会议召开。应到委员210人，实到委员207人，提交提案建议255件，立案249件。大会发言17人，其中即席发言6人。选举政协第九届缙云县委员会常务委员会4人。

3月27日，政协第九届景宁畲族自治县委员会第二次会议召开，应到委员164人，实到委员156人。提交提案建议153件，立案133件，大会发言19人。选举政协第九届景宁畲族自治县委员会常务委员4人。

【县(市、区)政协常委会工作】 2018年，莲都区政协常委会组成人员36人，全年召开常委会议5次、主席会议10次、专题协商会议2次，组织调研考察和评议活动22次，向区委、区政府递交政协建议案或政协建议13件。

龙泉市政协常委会组成人员31人，全年召开常委会议8次、主席会议10次、专题协商会议10次，对口协商8次、提案办理协商12次，参加单位工作会议1次，组织各类监督活动30余次，提出意见建议170余条，向龙泉市委、市政府报送常委会建议案1件、专题协商报告4篇。

青田县政协常委会组成人员41人，全年召开常委会议9次、主席会议8次，组织视察活动8次、民主评议活动3次，向县委、县政府报送建议案和专题调研报告共7件。

云和县政协常委会组成人员25人，全年召开常委会议6次、主席会议12次、专题协商会议6次，开展调研考察40余次，向县委县政府报送常委会建议案2件、调研报告15篇。

庆元县政协常委会组成人员32人，全年召开常委会议6次、主席会议13次、专题协商会议12次，组织各类考察和评议活动18次，向县委县政府报送建议案1件、专题报告11篇。

缙云县政协常委会组成人员38人，召开常委会会议6次、主席会议8次、专题协商会议4次，组织各类考察活动16次，向县委、县政府报送民主监督建议书2件、《协商纪要》4件、调研报告7篇。

遂昌县政协常委会组成人员30人，全年召开常委会议7次、主席会议6次、委员培训体会汇报会1次、专题协商会议5次、对口协商4次、重点提案办理协商8次，组织各类考察、调研和民主监督活动30余次，向县委、县政府报送专题报告11篇，协商纪要11件。

松阳县政协常委会组成人员33人，召开常委会会议5次、主席会议7次、专题协商会议5次，组织考察和评议活动13次，向县委、县政府报送建议案3件、专题报告5篇。

景宁畲族自治县政协常委会组成人员27人，召开常委会议7次、主席会议11次、专题协商会3次，组织考察10次、评议活动2次，向县委县政府报送建议案1件、专题报告12篇。

【县(市、区)政协特色工作】 2018年，莲都区政协调动政协参加单位履职积极性，首次召开参加单位履职工作会议，13个参加单位主要负责人先后登台发言，区委领导出席会议并讲话。修订完善《参加单位履职评价办法》，设定评价内容，量化履职计分，形成各参加单位“比学赶超”的履职态势。创设参加单位集体调研平台，优先安排其履职。全年参加单位大会发言、集体提案、社情民意信息和理论征文数量分别占区政协履职的71.5%、94.5%、76.7%、65%。通过履职汇聚所联系界别人士的智慧和力量，其做法在全省政协系统引发关注。

龙泉市政协按照“做深前期、做实中期、做优后期、做强期末”的分期推进法，探索提案工作新机制，增强提案办理实效，在全省政协主席读书会上作典型交流，省《联谊报》对龙泉市提案办理的做法与经验作专题介绍。首次实行党政领导共同领办政协重点提案，18件重点提案均由党政领导领办，并建立党政领导领办重点提案“五个一”制度。

青田县政协树立正确工作理念，以求真务实的态度努力提高工作质量，在创新打造履职平台方面进行有力探索。制定出台《关于丰富新时代政协履职载体提升政协履职实效的若干意见》，倾力打造知情明政、助推发展、为民协商、团结联谊、服务基层等“五大履职服务平台”，以平台特色的履职服务活动，最大限度地收集民意、集中民智、汇聚民心。全年围绕交通运输管理与建设、城市管理与建设等主题，开展知情明政活动5次，让委员更多了解政情、掌握实情，提高建言献策的前瞻性、针对性、可行性。

云和县政协通过线上与线下相结合形式，以“议政云和”微信公众号为载体，探索“网上议政”，开展“随手拍、微建议”活动，不搞“大呼隆”“大队伍”，发动广大政协委员化整为零、随时随地开展监督建议，深入县城、乡村各个角落，以“拍红榜”寻亮点、“拍黄榜”找短板、“微建议”出点子形式，通过手机拍照、简短建议等方式上传微信公众号，监督成效显著。共收集到问题100余个，建议80余条，经筛选后报送县委、县政府，部分建议已得到采纳，促进问题妥善解决。

庆元县政协围绕全面实施乡村振兴战略精心组织开展“促进庆元东部乡村产业发展”重点课题调研，形成调研报告和建议案。从“明确发展定位，创新工作思路；创新组织形式，提升传统产业；突出高山优势，打造旅游亮点；创新工作举措，优化发展环境”四方面，对推进东部乡村产业振兴深入进行研究探讨，提出建议16条，为着力打造江南一流生态游目的地和中国避暑胜地重要平台提供决策依据。

缙云县政协扎实开展关于学习研讨习近平关于加强和改进人民政协工作重要思想的研讨活动，共组织机关专题学习5次、各委（组）学习15次、委员参与学习300多人次。同时多次参加省、市政协组织的理论研讨会，论文《深化政协协商式民主监督实践 助推经济社会高质量发展》经过层层推选，被省政协推荐至全国政协，作为全省唯一一个县（市、区）级政协，赴北京参加全国政协理论研讨会，并在分组讨论会上作交流发言。

遂昌县被浙江省委确定为“新时代文明传习中心”试点县之一。根据县委点题，县政协及时跟进，同步开展“新时代文明传习中心”试点工作情况调研监督活动。5—6月，由县政协领导带队，分5个调研监督组赴20个乡镇（街道）开展调研监督，及时梳理问题建议报送县委供决策参考。经县委认真研究，多条建议被乡镇（街道）、部门采纳，助推工作推进。6月17日，召开新时代文明传习试点工作推进会，县委书记毛建国对县政协开展的民主监督调研工作给予高度肯定。会上印发《调研监督报告》，要求认真学习用以指导工作。

松阳县政协以“一线担当”推进工作。在政协系统中开展“五个一线”（视察到一线看、调研到一线去、提案在一线出、主席往一线靠、委员在一线干）活动，用“一线思维”认识、谋划政协工作，在系统中营造想为、会为、敢为的浓厚工作氛围。主席会议成员担任12个工程项目的正副总指挥、领导小组组长，参与到一线工作中积极作为。广大政协委员立足岗位，敬业奉献，以主人翁姿态投身“田园松阳”升级版建设，在黄南水库建设、青田码道、瓦窑头区块改造等重点项目、重要工作中积极作为、帮忙助力，展现政协服务中心形象。

景宁畲族自治县政协锁定助推乡村振兴战略实施课题。组成5个调研组，对全县乡村振兴计划实施情况进行深入调研。与县政府分管领导、相关单位负责开展专题协商会，举办“2018县政协乡村振兴论坛”，邀请专家讲座，并及时总结成果，形成建议案，向县委、县政府提出意见建议；景宁畲族自治县政协创新开展“民情速递”窗口工作，在县行政服务中心创新设立全省首个政协“民情速递”窗口，安排全体委员轮流值班，倾听社情民意；创新开展提案办理双向民主评议工作，“提”与“办”双方双向评议，并推出“提案追踪”报道、提案办理“回头看”、积案“再办理”等措施；尝试“借智借力”方法，由《中国国家地理》杂志征编出版《风物中国志•景宁》，由山人乐队负责原创畲歌等方式推进文史征编工作，讲述景宁故事。创新举措融入“域外网格”管理，引导委员参与社会治理。助推工商联发展外地景宁商会18个，将各地商会会长吸收为政协委员，配合县委县政府以外地景宁商会为主阵地建立“域外网格”18个，让在外委员担任网格长，引导他们在矛盾纠纷、多元服务等方面发挥作用。（吴伟松）

中共丽水市纪律检查委员会 丽水市监察委员会

综　述

【概况】 2018年，丽水市纪检监察系统围绕中央纪委、省纪委和市委关于党风廉政建设和反腐败工作新思路、新部署、新要求，紧扣清廉丽水建设，忠实履行党章和宪法赋予职责，巩固深化反腐败斗争压倒性态势。全力协助配合省委巡视组开展工作，严格抓好省委巡视反馈意见全面整改落实。加强对中央和省委、市委决策部署贯彻情况监督检查，严肃处理市餐厨垃圾处理厂项目工作推进不力等典型问题，出台服务保障城中村改造工作等系列纪律规定。全市各级纪检监察机关共受理信访举报4674件，立案1027件，党纪政务处分1003人，其中处分县处级干部9人，乡科级干部75人，移送司法机关47人。深化运用监督执纪"四种形态"(经常开展批评和自我批评、约谈函询，让"红红脸、出出汗"成为常态；党纪轻处分、组织调整成为违纪处理大多数；党纪重处分、重大职务调整成为少数；严重违纪涉嫌违法立案审查成为极少数)，着力在运用第一种形态上下功夫，全市共运用"四种形态"处置3399人次，其中运用第一种形态处置2372人次，占69.8%。强化扶贫领域腐败和作风问题专项治理，全年全市党纪政务处分79人，通报典型案件37起62人，丽水市作为唯一地市在全省专项治理工作电视电话会议上作典型发言。开展东西部扶贫协作和对口支援工作督查，严明相关纪律要求。开展干部兼职专项清理、违规房产交易专项治理，对27件问题线索进行分类处置。"清廉卫士"党建品牌入选"丽水市机关党建十大品牌"。

【召开丽水市纪委全会】 2018年2月27日，中国共产党丽水市第四届纪律检查委员会第二次全体会议在丽水举行。会议传达学习十九届中央纪委二次全会和省纪委十四届二次全会精神，回顾总结2017年党风廉政建设和反腐败工作，研究部署2018年任务。全会审议通过方向代表市纪委常委会所作《全面贯彻落实党的十九大精神，坚定不移推动全面从严治党向纵深发展》工作报告。市委书记张兵出席全会并作讲话，市委常委和有关市领导出席会议，市直单位主要负责人等200多位参加会议。

【协推"清廉丽水"建设】 2018年，市纪委市监察委协助市委抓好清廉浙江建设各项任务在丽水的落实，通过

2月27日，中国共产党丽水市第四届纪律检查委员会第二次全体会议在丽水举行 （叶高山　提供）

《中共丽水市纪委关于全力推进“八大行动”坚决打赢“八大战役”为建设清廉丽水提供坚强保证的实施意见》并进行责任分工。扎实推进清廉机关、清廉村居、清廉学校、清廉医院、清廉企业和清廉文化建设。以清廉丽水建设为抓手，完善重点任务分解落实和主体责任检查考核等机制，压紧压实主体责任。全市共对落实全面从严治党主体责任和监督责任不力问题进行责任追究25起，受到问责党组织3个、党员干部31人。开展《清廉丽水》视频作品展播，推出《清廉丽水》印象片，出版《丽水好家风》，营造共建共享舆论氛围。

【开展作风建设专项活动】 2018年，市纪委市监察委协助市委在全市部署开展“比担当、比执行、反‘四风’、促赶超”作风建设专项活动，扎实推进“政治纪律”专项督查、“四风”问题专项整治、“效能改革”赶超行动等“八大专项行动”。加大正风肃纪力度，市县乡三级联动正风肃纪督查1338次，查处违反中央“八项规定”精神问题128人，同比上升103.2%，给予党纪政务处分99人，通报曝光问题77起。推进形式主义和官僚主义集中整治行动，全市共查处形式主义和官僚主义问题55起，处理干部121人，党纪政务处分41人。

【纪检监察体制改革】 2018年，市纪委协助市委制定《丽水市进一步深化监察体制改革试点工作实施方案》，在全省率先完成县级监委委员配备工作。全面履行监察职能，完善工作程序，用足用好监察措施12种。全市共采取监察留置措施44人，其中移送司法机关24人。县(市、区)监委向乡镇(街道)派出监察办，实现所有乡镇(街道)监察组织全覆盖，推进监察职能向基层延伸。

【监督体系建设】 2018年，市纪委市监察委整合纪律监督、监察监督、派驻监督、巡察监督等监督资源，推动形成“一盘棋”监督格局。深化政治巡察，完成对市直单位党组织巡察12家，发现问题346个，移交问题线索28条，通过调查处理，诫勉谈话4人、组织处理3人、党纪处分1人。加大对侵害群众利益问题等“蝇贪”整治力度，完成行政村巡查1952个，覆盖面71.6%，党纪政务处分299人，移送司法机关43人。全面改进派驻监督，调整丽缙园监督体制，积极发挥派驻监督作用。紧紧围绕服务中心，创新监督方式和手段，针对“最多跑一次”改革、市区城中村改造等4个监督主题开展专项巡回监督。

【防逃追逃工作机制】 2018年，市纪委市监察委加强护照管理和边控申报工作，联合相关部门开展因私出国(境)证照管理情况专项检查，在青田县部署开展新增监察对象防逃试点工作。浙江省纪委把“丽水挖掘侨乡资源，借力‘侨牌’推进追逃工作”总结为浙江省十八大以来追逃追赃工作七条“浙江经验”之一，中央纪委宣传部、国际合作局与中央电视台《反腐败国际合作专题片》到丽水市采访拍摄防逃工作做法。

【纪检监察队伍建设】 2018年，市纪委市监察委开展“丽水清风”学习论坛、党员政治生日、纪检人读书日等活动，强化政治和业务学习。为推动干部队伍大融合，纪检检察系统开设微信“指尖论坛”交流平台，开设篮球、乒乓球、羽毛球、户外摄影、健身操、合唱等系列兴趣小组6个，共218人次参加(有重复参加2个小组的)兴趣活动。开展首届“正气杯”篮球友谊赛，共有来自全市207名纪检干部组成10支篮球队参赛，庆元县纪委县监委篮球队夺冠。全面推行“五张清单一张网”[“五张清单”是指市纪委监委领导班子成员、县(市、区)纪委书记监委主任、派驻机构主要负责人、委机关部门主要负责人的党风廉政建设责任书和其他干部的廉洁自律承诺书；“一张网”是指通过签订责任书和承诺书，在全市纪检监察系统打造一张层层落实主体责任的自我监督网)]，规范机关党支部建设和探索审查调查组、巡察组临时党支部工作机制，推动机关管党治党责任落到实处。 (泮　政)

5月31日，全市纪检监察系统正气杯篮球友谊赛在丽水举行 (季晏申　提供)

民主党派　工商联

综　　述

【概况】 2018年，丽水市有民革、民盟、民建、民进、农工党、九三学社6个民主党派市级委员会，致公党丽水市总支部1个，下属县级委员会7个，基层委员会5个，基层总支4个，基层支部116个。全市有民主党派成员2605人，其中，民革389人、民盟708人、民建342人、民进539人、农工党305人、致公党52人、九三学社270人。成员分布在高等教育、科技卫生、文化艺术、政府机关等各个领域。女性1132人，占43.5%；离退休587人，占22.5%；平均年龄50.3岁。大学本科以上文化程度的1947人，占74.7%，其中，硕士、博士205人，占总数7.9%；中高级以上技术职称1964人，占75.4%。

【加强民主党派政治引领】 2018年，全市统战工作围绕改革开放40周年、"八八战略"实施15周年和中共中央发布"五一口号"70周年，举办"同心携手·七个一"["同心携手·倡议"一封倡议书、"同心携手·畅谈"一期主题座谈活动、"同心携手·同舟"一期民主党派领导班子培训班、"同心携手·明知"一次主题知识竞赛、"同心携手·重温"一期暑期学习会、"同心携手·历程"一次"多党合作在丽水"图片展、"同心携手·实践"一轮"百名(党外)专家扶百(民族)村"社会服务活动]系列活动，全市民主党派、无党派人士积极参与。组织开展以传承红色基因，凝聚前行力量，不忘合作初心，继续携手前进为主题的丽水市统一战线暑期读书会，市委书记胡海峰作重要讲话，上海市社会主义学院副院长姚俭建作专题辅导报告，并赴西安、延安开展现场教学。

【支持民主党派履职尽责】 2018年，丽水市制定政党协商年度计划，市委、市政府就四届四次全会《中共丽水市委关于推进清廉丽水建设的决定》、2017年《政府工作报告》、市委常委会民主生活会、2019年经济工作等征求各民主党派、工商联负责人与无党派代表人士意见，组织召开市委书记约谈协商会、市政府工作情况通报会等，充分发挥政治协商在凝聚共识、优化决策等方面作用。引导支持参政议政，"两会"期间共提交市人大议案23篇，市政协集体提案77篇，个人提案156篇。7月，召开深化"最多跑一次"改革专项民主监督推进会，各民主党派通过座谈调研、一线体验、实地暗访等形式，帮助职能部门查找存在的问题。各民主党派针对"最多跑一次"改革撰写提案3篇，报告、建议书3篇，社情民意34篇，一些意见建议获得民主党派省委会、省政协肯定和市政府领导批示，推动"最多跑一次"改革向纵深推进。连续多年举办各民主党派、无党派人士"新春送温暖"大型社会服务活动，相关医疗、科技、农业、林业专家和书法家等40余人赴缙云县新建镇开展活动，为广大群众送去温暖和爱心。

【协助抓好民主党派自身建设】 2018年，市委统战部引导民主党派做好组织发展工作，按中央八个民主党派会议纪要精神把好成员发展入口关，协助做好组织成员的发展教育管理工作，全年全市共发展民主党派新成员140人，发展率5.7%。5月，在市社会主义学院举办为期2天的民主党派新成员培训班，学员100余人。6月，市各民主党派骨干赴宁波大学参加为期5天学习培训，学员45人。10月，市民主党派领导班子成员赴延安进行6天学习培训，学员30人。12月，组织召开民主党派机关建设工作座谈会，听取意见建议并梳理民主党派机关工作存在的主要问题，形成《各民主党派关于从严加强市委会机关建设工作座谈会纪要》。

【党外干部队伍建设】 2018年，市委统战部与市委组织部一起召开两部联席会议，着眼党外代表人士队伍建设，就市级民主党派领导班子建设、市直部门和各县(市、区)领导班子党外干部配备等问题进行分析谋划，提出意见建议。根据市、县两级党外干部人事变动情况，开展党外代表人士调查摸底工作，着手建立370名左右优秀党外代表人士数据库，进一步加强数据库管理，及时更新人员信息。9月，在省、市社会主义学院举办为期一个月市党外中青年干部培训班，市直单位和各县(市、区)学员41名参训。配合市委组织部开展党外干部挂职锻炼，民主党派副县级干部赴四川挂职2人，副县级党外干部赴省直机关挂职3人，科级党外干部参加市县双向互派挂职5人，科级党外干部参加山海协作挂职2人，民主党派干部参与城中村改造工作5人。（陶敏通）

民革丽水市委会

【概况】 2018年，中国国民党革命委员会丽水市委员会(以下简称“民革市委会”)下辖民革莲都区委员会、民革青田县委员会，市直支部7个、县(区)支部7个、松阳县支部1个，设专委会6个和监督委员会。全年新发展党员18人，全市共有党员389人，平均年龄51.18岁，其中女性177人，占45.5%；离退休人员71人，占18.25%；具有大学以上学历276人，占70.95%。

民革市委会把学习中共十九大精神和习近平新时代中国特色社会主义思想作为贯彻全年工作主线，深化“不忘初心，继续前进”主题教育活动。市委会、县(区)委会、专委会、支部组织各类学习会30余次。开展“不忘初心，继续前进”主题征文，共收22篇。开展纪念“五一口号”70周年理论文章征集，录用理论研究文章14篇，获浙江省统一战线理论研究会和浙江省社会主义学院参政党建设研究中心联合举办的纪念“五一口号”70周年征文活动优秀奖征文3篇，入选“团结网”纪念中共中央发布“五一口号”70周年专题报道栏目征文10篇。围绕改革开放四十周年，开展中国特色社会主义统一战线理论、参政党理论、民革重点工作理论等学术研究，录用理论研究文章12篇，《充分发挥专门协商机构作用 开创新时代人民政协协商民主新篇章》获浙江省政协理论研究会第十次理论研讨会三等奖。全年开展主题丰富创意活动43个。

民革市委会领导参加党委、政府和有关部门召开的各类协商会、座谈会、情况通报会10余次。提交省政协提案2件，市人大建议6件，市政协大会口头发言6篇、团体提案13件、个人提案24件。其中《古村落在乡村振兴中要实现“四个留住”》《三宝三问》《农村饮用水安全堪忧》《让“森林城市”康养成为美丽大花园的金名片》《临时机构要瘦身》5篇大会发言被评为优秀大会发言；《让“森林城市”康养成为美丽大花园的金名片》《关于完善干部队伍建设中容错机制的建议》《关于欠发达地区医疗卫生人才发展政策扶持力度的建议》被确定为重点提案并评为优秀提案，民革市委会获2017—2018年省委会参政议政先进集体三等奖，舒勤芬获先进个人二等奖。全年报送社情民意信息86篇，获各级录用66篇次，获市领导批示2次。市委会获2017年市政协反映社情民意信息工作先进单位一等奖、省民革反映社情民意信息工作二等奖；舒勤芬、阙沛军获2017年度市政协反映社情民意信息工作先进个人；胡兵获省民革2017年度优秀信息工作者，兰胜伟、舒勤芬、汪智影、叶伟兰获优秀信息员三等奖。

民革市委会牵线浙江出版联合集团向青田、松阳、庆元等学校捐赠图书价值120余万元；组织党员赴老竹民族学校、松阳大东坝镇中心学校、青田培智学校开展送教服务；开展“博爱•牵手”医疗服务基地义诊活动，现场义诊300人次，发放药品5万元，与怡福家园结对“同心怡福”帮扶品牌；牵头承办全市统战系统新春送温暖活动，实施法律援助3例，开展法律咨询和普法活动12次，开展关爱留守儿童和空巢老人活动16次，开展食品安全监督和消费者消费检查活动11次。

举行“月圆中秋——情系食品安全”活动，祖统联谊专委会与市(区)台办、台联会及台胞、台属、民革涉台特色党员参加活动，共同聚焦市区餐饮产业发展情况和食品安全监管。青田民革举办首届“海峡两岸暨香港‘艺海同源’书画展”，展出艺术作品110件，举行“两岸青年联谊交流会”，与在丽就业创业台湾青年人进行座谈交流，接待台湾寻亲团参访，邀请台湾中华花艺文教基金会李幸芸教授给党员上花艺课。机关支部赴福建省霞浦县考察海峡商贸合作。全年走访在丽困难台胞台属8人次。

青田县委会完成支部换届选举工作，组建专委会6个，阙沛军获2018年浙江省民革骄傲人物提名奖。制订《民革丽水市委员会履职成果经费使用管理办法》，修订《民革丽水市委会内部监督工作办法》《民革丽水市委员会议议事规则》《民革丽水市委会中心组学习制度》《民革丽水市委会委员谈心会制度》《民革丽水市委员会履职成果经费使用管理办法》。全年编发《丽水民革》4期，民革市委会网站发表各类信息130余篇，制作微信宣传100余篇。

【举办不忘合作初心 筑梦伟大时代——丽水民革纪念“五一口号”发布70周年、民革成立70周年活动】 2018年4月28日，民革丽水市委会在九坑文化活动中心举办“五一口号”发布70周年暨民革成立70周年纪念活动。省委会副主委刘净非，市人大常委会副主任、市委会主委戚永远，市政协副主席朱山华，市委统战部副部长王松龙，以及对口联系单位市台办主任沈丽珺、市农业局副局长王永伟、市民政局副局长蒋仲胜、市公安局政治部副主任黄晓军等出席活动。活动由市委会副主委胡兵主持。纪念活动共分5个章节。第一章节“历史怀想，传承未来”纪念大会，刘净非、戚永远、王松龙分别讲话；第二章节“光影随想，友谊长存”丽•台摄影展，展示丽水民革“丽舸光影”摄影团和台湾摄影家“看丽水”采风交流活动作品120幅；第三章节“丹青溢彩，翰墨追梦”书画展，展示丽舸芝麓书社书画作品51幅；第四章节“初心共筑，相信未来”诵读会，吴勇等5位党员分别以诵读形式，抒发纪念“五一口号”发布70周年情怀；第五章节“同心铭记，携手前行”理论研讨会，撰写征文党员分别介绍研究课题成因、研究方法及课题主要内容，交流心得体会，从不同角度回顾民革响应中共中央“五一口号”的历史背景和多党合作发展历程，畅谈对新型政党制度的认识和思考，展望新时代多党合作美好未来。民革丽水市委会委员、各专委会成员、莲都区委会委员、青田县委会委员及各专委会主任、市政协民革界别小组委员、各支部党员代表等参加活动。

【开展涉侨民主监督】 2018年，民革丽水市委会根据市委统战部《关于配合做好丽水市各民主党派深化“最多跑一次”改革专项民主监督工作的实施方案》要求，对口监督涉侨服务推进实施情况。成立监督小组，制定《“最多跑一次”改革专项民主监督工作实施方案》。9月20日，监督小组赴青田开展民主监督活动，与青田华侨代表进行座谈，就涉侨服务职权下放、流程优化、容缺受理、主动服务等方面进行交流，听取华侨意见建议。赴青田县审批中心出入境、涉外公证、公安、侨办等窗口实地调研，进行明察体验活动，与相关业务部门分管领导、处室负责人、一线窗口工作人员交流。与青田相关部门进行座谈，听取青田县跑改办关于侨乡特色审批服务“青田模式”汇报，与县公安局、侨办、司法局等部门分别就华侨回国定居户籍核对、华侨身份审核、涉外公证等进行交流，了解青田县涉侨服务推进实施情况。11月14日，市委会与市外侨办、市公安局、市司法局、市民政局座谈，听取华侨回国定居、三侨身份认定、普通护照、出入境通行证、海外华侨身份证、警侨驿站、涉外公证、涉外婚姻登记等涉侨服务工作推进情况介绍，就涉侨服务审批权力下放、涉侨服务电子平台建设、数据共享、容缺受理以及强化警侨驿站建设等方面进行座谈。会后，市委会监督小组还赴市公安出入境办事窗口进行暗访，实地体验出入境事项办理，与办事群众进行面对面交流。市委会将监督过程中发现的问题及时梳理总结，12月上报监督报告。《“最多跑一次”民主监督报告》获全市政协系统2018年度优秀调研成果优秀奖。

【举办丽水民革三级组织负责人培训班】 2018年7月16—20日，丽水民革三级组织负责人培训班在绍兴职业技术学院举办。民革市委会委员、县(区)委会委员、专委会和全市支部负责人共40多人参加。专职副主委胡兵组织大家学习习近平总书记在“八八战略”实施15周年之际对浙江工作作出的重要指示精神、习近平在深入推动长江经济带发展座谈会上102个字“丽水之赞”。邀请专家进行《民革党章》“新型政党制度”、社情民意信息写作、调研报告和通讯写作培训。分4组开展讨论分享学习成果、畅谈心得体会。设置“e交流”，党员们在民革e家讨论群组上交流学习收获。组织党员参观民革先辈孙越崎、邵力子故居，绍兴民革党员之家。此次培训是市委会、县(区)委会和全市支部换届后举行的第一次系统性培训，是市委会加强思想建设、组织建设、能力建设的新举措。

【举行新党员入党仪式】 2018年12月22日，民革市委会举行新党员入党仪式。市委统战部常务副部长李邦生等应邀参加活动。市委会委员、市委会原副主委、各专委会正副主任、县(区)委会委员、全市支部班子成员，社团正副团长，受表彰党员，2018年新党员，2019年发展对象、市直部分党员，全市机关干部参加活动。入党仪式在国歌声中拉开帷幕，副主委刘新青宣读省委会2018年新党员入党批复，与会领导为新党员颁发入党通知书、民革章程、党费证；新党员学习新党章，副主委叶伟兰领读，新党员列队齐诵党员权利义务；新党员向支部主委缴纳第一次党费，签署党员承诺书；老党员代表阙沛军介绍16年担任支部主委工作经验，分享个人参政议政、祖统联谊、社会服务等方面体会；新党员代表肖俏梅从感谢、珍惜、清醒三个方面表达增强责任意识和参政热情，提高政治站位、建言献策、主动服务社会的决心和信心。最

12 月 22 日，民革市委会举行新党员入党仪式　　（叶华伟　提供）

后以齐唱《携手赴明天》表达民革党员风雨同舟肩并肩，肝胆相照齐向前的初心和情怀。（叶华伟）

民盟丽水市委会

【概况】 2018 年，中国民主同盟丽水市委员会（以下简称“民盟市委会”）下辖莲都区委员会（下设 4 个支部）、龙泉市基层委员会（下设 6 个支部）、云和县基层委员会（下设 4 个支部）、松阳县基层委员会（下设 7 个支部）、丽水学院总支委员会（下设 3 个支部）和市直丽职院支部、丽中支部、丽职高支部、科技支部、城建支部、经济支部、医卫支部、文化支部、丽水二中支部、庆元县支部等 10 个支部。至年底，发展新盟员 33 人。全市有盟员 708 人，平均年龄 50.51 岁，其中女盟员 300 人；在职盟员 566 人，占 79.94%；大学以上文化程度 570 人，占 80.51%；中、高级职称 587 人，占 82.91%。

坚持凡会必学，民盟市委会委员围绕习近平总书记对浙江工作重要批示精神和“丽水之赞”指示精神、中共浙江省委十四届三次全体（扩大）会议精神等专题内容作主题宣讲。继续抓好《丽水民盟》刊物、网站、微信公众号建设，市委会网站全年发布稿件 500 余篇，被民盟省委录用 116篇，被民盟中央网站录用 45 篇，微信公众号推送稿件 49 篇。加强与主流媒体合作，市委会重大活动在《浙江日报》《联谊报》《丽水日报》、丽水电视台等主流媒体报道近 20 次。市委会被民盟中央授予“民盟思想宣传工作先进集体”称号和“群言杂志发行工作突出成绩奖”，盟员周新红、吴起伟被评为“民盟浙江省委会思想建设和宣传工作优秀撰稿员”。

制定《民盟丽水市委会 2018—2022 年组织发展规划》，明确未来五年民盟丽水市委会组织工作指导思想、发展目标和主要措施。新成立龙泉市和莲都区“盟员之家”2 家，全市共有 4 家。云和“盟员之家”被民盟中央授予“优秀盟员之家”荣誉称号。继续修改完善《丽水市基层组织年度考评和盟员评优实施办法》。民盟丽水市委会被民盟省委会评为组织工作优秀集体，民盟龙泉市、云和县、松阳县基层委员会被评为人才建设先进集体，盟员蓝菊红、黄俊被评为优秀组织工作者。

在市政协四届二次会议上，提交大会发言 6 篇、团体提案 14 件。其中口头发言《丽水生态工业高质量发展亟需补齐“五大短板”》《莫让“人情风”成为乡村治理“短板”》《好好打造没有围墙的“虚拟养老院”》和书面发言《精准帮扶小康路上一个都不能少》被评为市政协四届二次会议优秀大会发言。《补链强链促进我市生态工业迈向中高端》等 3 件提案被列为市领导领办、督办重点提案，《尽快补齐“丽水山耕”品牌的四大短板》等 2 篇集体提案被评为优秀提案。全年社情民意信息被盟省委录用 103 篇，市政协录用 22 篇。市委会领导参加各类征求意见座谈会 13 次。继续深入开展“最多跑一次”改革、城乡生活垃圾分类等专项民主监督活动，民盟莲都区委会和民盟松阳县基层委员会被民盟省委会授予“助推全面剿灭劣Ⅴ类水”实践活动优秀组织奖，张建伟、吴起伟、叶良成、陈晓燕被评为“民盟浙江省治水先锋”。响应民盟省委会纪念“改革开放 40 周年”“八八战略”实施 15 周年主题征文，组织盟员撰写论文 30 余篇，被民盟省委会授予优秀组织奖，吴积雷、李青羽、吕毅撰写的 3 篇论文被民盟省委会表彰。民盟市委会被民盟省委会评为参政议政工作优秀单位和社情民意信息工作先进单位。李青羽、金黎艳、吴敏、吕驾宇被授予“社情民意信息工作先进个人”称号。

依托四个“民盟同心•社会服务站”平台，合理设置服务网络，丰富社会服务内容，有效对接省市优质教育、科技、医疗等资源，不定期为当地居民提供公共文化、医疗卫生等方面服务，做大做强社会服务品牌项目。莲都“民盟同心•社区服务站”、龙泉“民盟同心•名师服务站”开展服务活动 4 次，云和“民盟同心•名医服务站”

14 次、松阳"民盟同心•专家工作站"10 次。各级盟组织自主开展系列服务活动，市直医卫支部开展急救知识"六进"活动，庆元县支部开展"健康乡村行"，市直丽水二中支部持续开展"献爱暖心"活动，市直城建支部开展普法宣传活动。

深入推进民盟市委会机关规章制度的"立、改、废"，提高机关运作规范化、高效化。定期召开学习会、工作月例会及各类专题会议，增强机关工作的计划性和协调性。完成"见证•初心"经典朗读主题晚会、民盟浙江省委会2018 年半年盟务工作座谈会等重大会议活动的组织和服务工作，提升机关办会办事能力。民盟市委会被民盟浙江省委会评为"盟务工作优秀单位""盟务工作先进机关"，叶良成被授予"盟务工作优秀奖"，吴利花被授予"盟务工作新秀奖"。王国华水彩画入选民盟中央"纪念改革开放40周年盟员美术作品展"，黄芳编排和参演的戏曲获"中华颂"全国戏曲邀请展"优秀编舞""优秀演员"和"最佳剧目"奖，金松被评为 2018FIRST 科技挑战赛上海站选拔赛优秀教练员，王卉作品入选第十一届中国陶瓷艺术大展银奖，范军作品在第六届"观音山杯"美丽中国海内外游记征文大赛中获优秀奖，张建新获"省级优秀教师暨浙江省高校优秀教师"称号，张笑俏被授予第二届"浙江省优秀女律师"称号，陈洪大作品入选第五届浙江"群星"视觉艺术大展并获金奖，赵云作品获评浙江省幼少儿舞蹈大赛金奖。

【开展红色主题教育系列活动】 2018 年 4 月，举办"见证•初心"经典朗读主题晚会，市直支部盟员近 300 人参加。晚会以中共中央发布"五一口号"70 周年为背景，分上下两个篇章展现中国多党合作 70 年波澜壮阔的历史长河中影响深远的事件和人物，盟员们通过朗读这些经典篇目，重温历史，表达不忘合作初心，共圆"中国梦"信心和决心。选送节目《公朴永远活在我们心中》参加民盟浙江省委会主题教育活动终场会演。5 月，组织 20 余位骨干盟员赴遂昌县王村口浙西南干部培训学院开展红色主题教育培训。6 月，组队参加市委统战部"同心携手再出发——纪念改革开放 40 周年暨中共中央发布'五一口号'70 周年知识竞赛"，获三等奖。7 月，在省社院举办为期 5 天的 2018 年骨干盟员培训班，参训盟员 28 人。参观浙江民盟盟史馆，赴嘉兴、上海等地接受红色教育和盟史教育，重温中国共产党光辉历程、统一战线和民主党派发展历史，更加深刻领悟"红船精神"。

4 月 27 日，"纪念'五一口号'发布 70 周年　不忘合作初心　继续携手前进"经典朗读会演合影
（阙水兰　提供）

【成立民盟界别委员工作室】 2018 年 7 月，民盟界别委员工作室在莲都区丽阳社区揭牌成立。工作室成立以来，市、区两级民盟界别政协委员坚持每逢单月 15 日坐班，为履职听取和收集民意，工作室成为委员了解基层、倾听民意的重要渠道，成为增强政协委员履职能力和水平的一个重要平台。

【完善民盟内部监督机制】 2018 年，研究出台《民盟丽水市委会监督委员会工作条例（试行）》，成立监督委员会，先后到松阳县、龙泉市、云和县、莲都区等地民盟组织和市直职高支部、市直丽职院支部开展盟务督查，强化党派内部监督、推动盟务工作制度化、规范化和程序化。

【开设丽盟•人文讲堂】 2018 年 3月，丽盟•人文讲堂在丽水摄影文化产业园内筹建的"盟员之家"正式启动。相继举办"手机摄影技巧实务""书法技法讲解与实训"讲座 2 期。通过聘请盟内外专家学者、文化名人围绕传统文化、盟史盟章教育、民风民俗、文学艺术、时政专题、生活百科等内容开展公益讲座，全市盟员更加了解历史、把握政策、拓宽视野。

【对接博爱基金服务民生】 2018 年，全年申报实施博爱基金项目 2 项：

"明眸工程"走进庆元,成功手术白内障患者20人,每人减免手术费2500元;"雏鹰·关爱之家"落户松阳,和民盟浙江水利水电学院支部签订结对合作协议,民盟浙江省委会专职副主委徐燕峰和民盟丽水市委会主委汤家友为民盟省委会红十字烛光博爱基金"雏鹰·关爱之家"揭牌,为留守儿童打造"温馨之家""成长之家",为盟员搭建施展才华的"有为之家",为今后关注帮助留守儿童工作奠定组织基础。（阙水兰）

民建丽水市委会

【概况】 2018年,中国民主建国会丽水市委会(以下简称"民建市委会")辖莲都区委会直属支部4个、市直属支部11个、缙云县支部1个;设法制、社会发展、经济发展、企业、妇女工作、老龄工作、理论研究与宣传工作专委会7个;社会团体组织1个(丽水市民建社会服务志愿者协会)。全年新发展会员23人,全市共有会员342人,平均年龄48岁,其中,女会员135人,占39.5%;经济界人士278人,占81.3%;省政协委员1人、市政协委员14人、县级人大代表1人、政协委员20人。

2018年11月14日,全国政协副主席、民建中央常务副主席辜胜阻在省政协副主席、民建省委会主委陈小平和市委书记胡海峰等领导陪同下,调研丽水民建工作。1月8日,市委会召开民主生活会(谈心会),班子成员查找分析自身思想与工作中存在的不足与问题。以"制度建设年"为主题,对民建市委会成立以来的各项制度进行梳理,修订和新增制度26项。完成丽水"民建之家"建设和布展,使之成为民建市委会宣传展示参政党面貌的窗口、界别政协委员收集社情民意信息的平台、基层组织和广大会员学习交流的场所。民建市委会被省委会评为信息工作、对外新闻宣传、会刊先进集体,荣获理论研究、主题征文活动优秀组织奖;会员蓝叶培被评为年度"全国公共交易十佳创新人物",朱凯被评为2018年中国农村电商致富带头人,胡士满、黄勇、王启庆、姚志华分别被省委会评为改革开放40周年浙江民建优秀企业家、信息工作先进个人、新闻宣传工作先进个人。

在省政协十二届一次会议上,提交集体提案1件、个人提案6件;在市政协四届二次会议上,提交大会发言4篇、即席发言2篇、集体提案10件,民建身份市政协委员提交提案25件。《文明城市创建后如何巩固提升》《特色小镇资金瓶颈如何破解》《"类金融"乱象何时了》获时任市委书记张兵批示。《文明城市创建后如何巩固提升》《不要让新的形式主义伤了基层干部的心》被评为优秀大会发言。《文明城市创建后如何巩固提升》《打造特色小镇投融资"联合舰队"的建议》被确定为重点提案,并被评为优秀提案。全年完成参政议政调研立项课题15个,向市委市政府报送调研报告3篇,均获市领导批示。报送各类社情民意信息119篇,被全国政协、民建中央各录用1篇,省政协录用1篇,省委统战部录用2篇,民建省委会录用33篇,市政协录用17篇。艾碧英《民宿(农家乐)从业人员办理健康证存在三方面问题亟待解决》得到副省长王文序批示。全年编发《社情快递》2期、建议函1份。

开展深化"最多跑一次"改革专项民主监督,调研报告《优化"全域一证通办"打造最方便、最快捷、最满意的政务服务》获常务副市长林亮批示。组建监督调研组,赴景宁畲族自治县开展"城乡生活垃圾分类处理"民主监督活动。

参加市委市政府召开的意见征求会、民主协商会,对《中共丽水市委关于推进清廉丽水建设的决定》《市政府工作报告》《丽水市南明湖保护管理条例》《丽水市物业管理条例(草案修改稿)》等提出意见建议。

成立理论研究与宣传工作委员会,建立一支17人宣传员队伍。全年完成并上报理论研究文章4篇,《民建会员结构分析及会员发展建议——以丽水民建为例》获省委会理论研究成果结项评比三等奖,《新型政党制度与民建发展研究》《政协与民主党派应在双向互动中实现共同的政治目标》入编省委会《2018年度理论研究课题成果集》。出台《丽水民建微信群管理制度》,在"丽水民建"微信公众号上推送信息130余条,编印《丽水民建》杂志4期,发布微网站信息130余篇,多篇信息被《团结报》《联谊报》《丽水日报》及会中央、省委会刊物网站转载。

【纪念"五一口号"发布70周年系列活动】 2018年5月8日,民建市委会召开"五一口号"发布70周年纪念座谈会,围绕纪念"五一口号"发布70周年,开展征文比赛、朗读比赛、座谈交流等系列活动,推进"不忘合作初心,继续携手前进"主题教育。共收到比赛文章26篇,《让"五一口号"在青年中薪火相传》《"五一口号"与民建企业家的坚持和使命》《照耀历史与未来的明灯》被民建省委会评为优秀作品,民建市委会获省优秀组织奖;参加市委统战部主办的"同心携手再出发"纪念改革开放40周年暨中共中央发布"五一口号"70周年知识竞赛活动,获三等奖;参加省委会举办的纪念中共中央发布"五一口号"70

民建市委会选送节目代表民建省委会参加省统战部“纪念五一口号”发布70周年经典朗读晚会　（姚志华　提供）

周年暨改革开放40周年“初心·见证”经典朗读会，节目《怒吼吧，长江流域的大众》获一等奖，并代表民建省委会参加7月26日省委统战部在杭州举办的浙江省各民主党派“初心·见证”经典朗读。莲都区委会、市直各支部、缙云县支部和市老龄委也开展相关纪念活动。

【会员交流培训】　2018年，民建市委会推荐会员参加民建中央、民建省委会和市委统战部举办的骨干会员培训、参政议政培训、新会员培训、入会积极分子座谈等各类培训班。1月19日，组织20余名参政议政骨干会员赴温州学习交流参政议政工作；3月15—17日，杭州、丽水两地民建界别政协委员、机关干部到庆元县、龙泉市等县（市）联合开展“乡村振兴”调研活动；7月11日，山东德州民建市委会到丽水联合调研“丽水山耕”农业品牌创建；10月12—13日，与宁波市委会交流基层组织工作，赴莲都区、龙泉市等地调研特色小镇建设；11月30日，嘉兴市委会一行14人到丽水交流参政议政工作。

【基层组织活动】　2018年，民建市委会莲都区委会开展“我的民建，我的情，2018畅想”主题沙龙活动；建设、环保、综合等支部在龙泉举办登山活动；金融、建设、医卫等支部组织会员到丽水龙渊印社学习字画和工艺品知识；交通支部到市地方海事局水上应急救援中心调研瓯江美丽航道建设；综合二支部赴嘉兴市、无锡市、青田县，与兄弟市（县）民建、党派开展联谊活动；商贸、学院支部先后到遂昌王村口革命老区接受红色教育；建设、医卫、财税支部与永康市总支在永康开展庆祝改革开放40周年座谈交流；妇委会举办“庆三八”趣味文体活动，邀请会内专家为女会员讲解女性保健知识，并开展包饺子厨艺比拼；企业委员会与市政协工商联界别小组、丽水民进企业家联谊会在莲都区丽新畲族乡黄弄村联谊，探讨绿色发展、乡村振兴等活动。

【打造社会服务品牌】　2018年2月，民建市委会成立“丽水市民建社会服务志愿者协会”，是省首家经民政部门批准注册、由民主党派组建的志愿者协会。全年围绕捐资助学、扶贫济困、助力重大活动等开展公益活动20余次，捐赠款、物折合人民币50余万元。“欧普杯超级越野赛”后勤服务保障志愿服务、“不忘初心·匠心同行”百名工艺美术师剑瓷作品爱心拍卖会、资助40名莲都籍大学生圆梦、在丽水学院设立“溪山窑奖学金”等活动得到社会赞誉，并被《团结报》、民建中央网站、丽水电视台等媒体报道。10月26日，与省委会、遂昌县三仁乡政府签订《双百村结对行动》帮扶协议。推选8位农业专家、企业家会员结对帮扶龙泉市、遂昌县、庆元县、景宁畲族自治县等民族村8个。民建市委会领导全年走访会员企业20余家，指导企业发展，帮助解决困难。　（姚志华）

民进丽水市委会

【概况】　2018年，中国民主促进会丽水市委会（以下简称“民进市委会”）下辖莲都区委员会、缙云县、遂昌县两个总支部委员会和景宁县支部及市直9个支部，基层支部24个，全年发展会员23名，共有会员539人，平均年龄54岁，其中，女性247人，占45.8%；离退休人员162人，占30%，会员中大专以上文化程度401人，占74%；中高级职称461人，占85.5%；高等教育45人，占8.3%，普通教育195人，占36.1%；文化出版界39人，占7.2%；医卫界101人，占18.7%；科技界27人，占5%；新社会阶层41人，占7.6%，政府机关62人，占11.5%，其他（公有制经济、社会团体、人大政协和司法机关等）28人，占5.2%。会员中省、市、县人大代表8人，省、市、县政协委员67人，担任政府实职副处以上3人。

民进市委会以"大学习大调研大抓落实"活动为契机，深化"不忘合作初心，继续携手前进"学习实践活动，有效推进全会思想教育。进一步健全完善学习制度，举办领导班子暑期读书会和专题学习会，学习"丽水之赞"指示精神和市委四届四次全会精神。在各级组织中开展会史会章"大学习"百问百答活动，组队参加市委统战部举办的"同心携手再出发"知识竞赛活动，获二等奖。紧扣思想政治教育主题年，开展"初心•印记"经典诵读活动，举办纪念"五一口号"发布70周年专题报告会和"在正道上行"书画作品展。开展纪念"五一口号"征文，被省委会评为三等奖2篇。组织支部班子成员赴遂昌、绍兴开展革命传统教育，传承红色基因。

重视组织建设，对市直支部班子和各专委会进行调整充实，增补市委委员1人。开展基层支部争先创优活动，加大活动场所建设指导，稳步推进遂昌总支、丽职院支部和市科技支部的"开明嘉苑"建设。联合市委党校举办骨干会员和新会员培训班。缙云总支、市中心医院支部被评为省级宣传思想工作先进单位，市医卫支部被评为省级先进基层组织。会员蓝璟璟获"民进全国宣传思想工作先进个人"称号，陈迪文获省级优秀基层组织负责人称号，郑俊良、梅焕根、赖英映被评为省级宣传思想工作先进个人。

【参政议政】 2018年，民进市委会向市"两会"提交发言7件，集体提案11件，会内代表、委员提交个人建议2件，提案27件。原市委书记张兵对《建设丽水大花园 无障碍建设要同步进行》《乡村振兴要从破解农民建房难做起》等5篇大会发言作批示，市长吴晓东对《呼吁加快"流动医院"建设》等2篇大会发言作批示，4篇大会发言被评为优秀大会发言。集体提案《关于破解农民建房难的几点建议》被确定为市政协主席督办提案，作为试点全程"六公开"办理。2件集体提案被评为优秀提案。

重视课题调研，各专委会深入调研，定期举办议政沙龙，完成省委会立项课题4个和市委会立项课题25个。发挥民进市政协委员工作室功能，建立每月坐班轮值制度。全年收到各级组织、专委会报送信息90余篇，征集到金点子40余条，编报民进信息80期，其中民进中央采用8篇。

7月18—19日，民进中央副主席、全国著名教育家朱永新在浙江开明教育论坛（景宁）作"过一种幸福完整的教育生活"主题报告　　（蓝武杰　提供）

市委会被省委会评为参政议政工作先进单位，反映社情民意信息工作被市政协评为二等奖。

【专项民主监督】 2018年，民进市委会开展深化"最多跑一次"改革专项民主监督活动，举办"最多跑一次"改革民主监督业务培训，对对口监督的遂昌县、景宁县和市市场监管局"最多跑一次"改革工作开展专项调研和民主监督，对"无差别化受理"推进实施情况进行重点监督，有两篇情况反映被省委会采用，多条建议意见被部门采纳。专门组织民进界别委员组开展"绿色发展"调研监督活动，对乡村建设和农村生活垃圾分类试点工作提出意见建议。

【开展社会服务活动】 2018年，民进省、市、县三级联动，在景宁畲族自治县举办浙江开明教育论坛，邀请民进中央副主席朱永新，民进省委会副主委、镇海中学校长吴国平作专题讲座，为丽水教育发展献计出力。巩固"春联万家"文化服务品牌，组织开明画院送春联进社区进农村进企业、丰富群众文化生活。企业家联谊会被市民政局评为A级社会组织。持续做好农村和社区结对帮扶共建工作，13名有专业特长会员入选统战部门"双百村结对行动"，参与民族村帮扶。会员吕国花参加援疆支教，谢贵新、叶勇淼参与四川南江、剑阁扶贫工作。各级组织发挥自身优势，常态化开展为民服务。遂昌总支挂牌成立民进医疗专家工作站和民进公益学校，市医卫支部开展"防震减灾进校园"活动，市科技支部赴偏远山区为留守学生检查视力并赠送眼镜，市人民医院支部多次联合遂昌总支开展送医活动，并开展急救知识培训。　　（蓝武杰）

农工党丽水市委会

【概况】 2018年，中国农工民主党丽水市委员会（以下简称“农工党市委会”）下辖莲都区委会、龙泉市支部委员会和市直支部委员会9个，有党员305人，其中女性151人；退休党员81人，平均年龄49.1岁；大学以上文化程度222人，占72.79%；新发展高学历青年党员20人，其中硕士研究生5人，平均年龄34.05岁。

2018年，农工党市委会以“四个坚持”（坚持理论中心组学习制度、坚持主委带头学、坚持紧跟重要会议精神学、坚持引导各基层组织落实学）推动政治学习，共召开理论中心组学习会5次，各基层组织开展主题学习10次。启动为期五年（2018—2022年）的“不忘合作初心，继续携手前进”主题教育活动，开展中共中央发布“五一口号”70周年纪念活动。围绕专题开展宣传，继续打造“一刊一网一号”宣传平台。推动基层组织规范化建设，增强支部活力。选送党员参加培训15人次，提高党员综合能力。农工党市委会获省委会农工党党史党章知识网络竞赛优秀组织奖、获市委统战部同心携手再出发——纪念改革开放40周年暨中共中央发布“五一口号”70周年知识竞赛一等奖。党员和机关干部获省委会2017年度宣传工作先进个人2人。

2018年，农工党市委会领导班子成员参加协商会、座谈会等10余次，相关党员参加立法协商会2次。对口龙泉市和市卫生计生委，重点对医疗领域“最多跑一次”改革延伸情况进行民主监督。调研成果被选为全国“两会”个人提案1篇；被选为省政协会议大会发言和团体提案各1篇；向市政协四届二次会议提交大会发言4篇、团体提案13件。人大代表、政协委员共提交议案、提案17件。郭巧燕委员代表市委会作口头发言，2位委员作即席发言；大会发言共得到市领导批示6人次，《用更“红”的营销宣传 打造更“火”的秀山丽水》《城中村改造要引起重视的三个问题》《让长寿之乡更长寿》被评为优秀大会发言；在市政协四届一次会议上的团体提案《拉高标杆 实现水环境质量监测断面水质三类及以上的建议》《“节庆”陷入无序 “节制”迫在眉睫》被评为优秀提案；调研报告《大数据下的丽水自驾游研究》《丽水健康产业发展情况调研报告》分别被评为全市政协系统优秀调研成果一等奖和二等奖。团体提案《发展自驾游 助推全域旅游》《扶培自动化装备产业 打造百亿园中园》被列为市领导领办或督办重点提案。修订《调研和反映社情民意奖励评比办法》，制定《反映社情民意工作规程（试行）》。落实工作机制，开展选题征集、申报、立项和调研等工作，共申报课题32个，经审核立项29个，其中省委会立项课题3个。深入调研，组织参政议政指导组赴福州等地开展农旅融合调研并交流工作；组织医卫领域党员赴泰州市开展中医和生物医药专题调研；组织课题组成员，先后赴景宁县、开化县、嘉善县等地开展文旅融合、精准扶贫、亲子游等课题调研。共收到课题成果28篇，召开综合类成果论证会1次，邀请专家对涉医类成果论证1次，通过结题25篇，包括省委会课题3篇。农工党市委会被省委会评为“2018年度参政议政先进集体二等奖”。调研报告获农工党中央优秀调研成果三等奖1篇，获省委会2018年优秀调研报告一、二、三等奖各一篇，获省委会2018年度参政议政优秀成果三等奖1篇，获省委会2018年度参政议政先进个人6人。全年共向省委会、市政协报送37篇，被采用32篇，其中全国政协1篇，农工党中央采用7篇，省政协综合采用6篇，获省领导批示1篇，向市政协《社情反映》报送21篇，采用12篇，获得市领导批示7篇。市委会获全市政协2018年度反映社情民意信息工作先进单位特等奖，被评为全市政协反映社情民意信息工作先进个人4人；被省委会授予2017年度反映社情民意信息工作先进集体二等奖、2018年度反映社情民意信息工作先进集体二等奖；获省委会2018年度反映社情民意信息工作先进个人3人。

围绕健康和美丽主题，开展健康宣教和生态绿色主题宣教活动，打造“健康美丽你我他”品牌。立足“两周”（中国环境与健康宣传周、国际科学与和平周）平台，在后庆社区农工党界别政协委员工作室开展“中国环境与健康宣传周”健康讲座和义诊活动、在松阳县新兴镇开展“国际科学与和平周”义诊和健康宣教活动。关注民生，主委带队开展困难群众慰问活动，组织医卫、水产、民政等党员专家，赴景宁畲族自治县沙湾镇流坑村开展“助力乡村振兴”为民服务活动；莲都区委会到城中中学开展“我们的名义”助学活动；市直各支部分别开展连续第16年赴雅溪中学送教助学、义诊和健康宣教、助力节水宣传周、丽水市万地儿童福利院“端午送福”等社会服务，共开展各类社会服务活动17次，受益人数2300多人次，发放宣传材料2400多份，参加服务党员专家140余人次。市文教支部、市人民医院支部、龙泉市支部获省委会“2018年度社会服务工作先进集体”称号，获省委会“2018年度社会服务工作先进个人”称号2人。

【纪念“五一口号”发布70周年活动】 2018年，农工党市委会增强“四个意识”，坚定“四个自信”，开展中共中央发布“五一口号”70周年纪念活动。组织领导班子学习相关文件精神，研究制定工作方案，下发《关于开展中共中央发布“五一口号”70周年纪念活动的通知》。举办纪念“五一口号”发布70周年主题报告会，邀请省委会专职副主委田野作《重温历史 不忘初心 勠力前进》党史报告，切实增强使命意识和责任意识。组织骨干党员赴南京拜谒邓演达烈士墓，诵读邓演达烈士革命简历，追忆革命先烈光辉足迹；赴福州市委会开展纪念“五一口号”发布70周年主题交流学习活动，考察“福建事变”展厅、“福建事变”期间农工党中央机关旧址，接受农工党党史教育。领导班子成员参加市委统战部“同心携手·畅谈——纪念中共中央发布‘五一口号’70周年”座谈会，主委丁岳清代表市委会作《不忘合作初心 助力争先进位大赶超》发言。组队参加市委统战部举办的同心携手再出发——纪念改革开放40周年暨中共中央发布“五一口号”70周年知识竞赛，在丽水市各民主党派和知联会共8支代表队中夺冠。发动全体党员参加省委会学党章学党史网络知识竞赛活动，各基层组织相继开展寻访农工党一干会议代表后人、考察红色教育基地、参观学习南乡革命纪念馆、白岸口革命老区、召开主题座谈会、红色主题诵读等纪念活动共9次。

【启动2018—2022年“不忘合作初心，继续携手前进”主题教育活动】 2018年，农工党市委会按照农工党中央和省委会要求，启动开展为期五年(2018—2022年)“不忘合作初心，继续携手前进”主题教育活动。召开学习动员会，结合丽水实际，审议通过《中国农工民主党丽水市委员会开展“不忘合作初心，继续携手前进”主题教育活动2018—2022年工作规划》。主委带头讲党课，以《不忘合作初心 为高质量谱写“八八战略”丽水新篇章贡献智慧和力量》为题，全面启动“不忘合作初心，继续携手前进”主题教育暨“三学一讲”专题活动。邀请市政协原秘书长虞大才作“丽水之赞”“八八战略”专题学习讲座。主委带队，组织市委委员、市直支部主委、机关干部赴上海市农工党一干会址、中共一大会址、南湖革命纪念馆等地开展主题教育活动，学习中共党史和农工党党史。

【“草心社”绽放风采】 2018年，农工党市委会反映社情民意沙龙升级版的“草心社”，迅速成为社情民意骨干信息员24小时交流平台和新骨干“孵化”平台，全年“孵化”新成员5人，“草心社”共有成员19人，其中信息员14人。全年举行微信线上沙龙160多场，召集线下沙龙“春耕会”“秋风会”“冬藏会”等4次，共“孵化”社情民意52篇，占市委会全年报送总量89.6%；被采用41篇，占采用总量93.1%。获得市领导批示7期，“草心社”占5期；全国政协、农工党中央和省政协综合采用的社情民意全部出自“草心社”，“草心社”还成为反映社情民意人才“孵化”新平台，新成员已经有4人完成社情民意9篇，其中得到采用6篇，得到市领导批示3篇。

【打造“健康美丽你我他”品牌】 2018年，农工党市委会开展健康宣教活动，组织党员进社区、进乡村，以义诊、讲座等形式，开展健康宣教活动8次，开设健康讲座2场，义诊群众1000余人次，发健康宣教资料1200余份；开展生态绿色主题宣教，开展节水宣传周活动，发放宣传资料800多份，宣传品1400多份；开展助力振兴乡村为民服务活动，为农民稻田养鱼提供现场技术指导。 (蔡丰蔚)

九三学社丽水市委员会

【概况】 2018年，九三学社丽水市委员会(以下简称“九三学社市委会”)下辖莲都区委会支社3个和市直支社10个。共有社员270人，比上年增加19人，平均年龄52.7岁，其中，女社员103人，占38.1%；离退休社员48人，占17.8%；高级技术职务164人，占60.7%；中级技术职务81人，

9月30日，农工党丽水市委会社情民意组织——“草心社”举行2018年度秋风会
(蔡丰蔚 提供)

占 30%;其他 25 人,占 9.3%;科学技术界 86 人,占 31.9%;教育界 46 人,占 17%;医药卫生界 84 人,占31.1%。全年发展社员 18 人,其中硕士 6 人,高级职称 10 人,平均年龄 39.85 岁。社员中有全国政协委员 1 人,省政协委员 1 人,市政协委员 15 人(其中市政协副主席 1 人、常委 4 人),市人大代表 2 人。莲都区政协委员 13 人(其中常委 3 人),莲都区人大代表 3 人。缙云县政协委员 4 人(其中常委 1 人),缙云县人大代表 1 人。全年提任实职副处 1 人,共有副处级(含以上)领导职务 11 人。

2018 年,九三学社丽水市委员会社员获各类表彰 75 人次。韦铁民获国家卫健委脑卒中防治工程委员会“模范院长”称号,被选为国家心血管病中心高血压专病医联体浙江省中心副理事长,获浙江省医学领域“科技之星”突出贡献奖。雷后兴被公安部聘为第五届党风政风警风监督员,倪京丽被丽水市司法局评为 2017 年度优秀人民监督员。应炜荣获 2018 年度国家勘察设计行业 QC 质量小组三等奖。陈礼平被评为浙江省“十三五”中医(中西医结合)重点建设学科带头人。崔淑芬获丽水学院院长特别奖。陈昕、王野分别获丽水学院教学成果奖一等奖。在丽水市首个中国医师节“初心奖”“爱心奖”“匠心奖”评选活动中,9 名社员获奖,占全市获奖医师总数 13.04%。获各类科研立项 24 项,其中市厅级以上 15 项。兰菊萍“农户分化、劳动力流动与农地流转:影响机理与政策因应”获浙江省科技厅软科学项目立项。罗涛“非遗保护视野里的包山花鼓研究”被列为浙江省哲学社会规划课题。吴剑梅“浙派古民居壁画调查研究”获浙江省社科联立项。梅雪、王野课题分别获浙江省教育厅立项。谭啸课题获浙江省文化厅立项。王野、倪京丽、葛永金、谭啸、曲春生、褚乐平课题分别获丽水市科技局立项。科研成果获奖 28 人次,社员在二级以上期刊发表学术论文 62 篇,其中 SCI 论文 13 篇,获各类国家专利 45 项,其中,发明专利 11 项,实用新型专利 30 项,软件著作权 4 项。张伟梅等研究成果获丽水市科学技术进步奖一等奖。雷后兴研究成果获省中医药科学技术二等奖,论文获丽水市第十四届自然科学优秀论文一等奖。谭啸、罗涛研究成果获省政府哲学社会优秀成果三等奖。何丽萍成果获第四届瓯江文化奖文学类突出成就奖。方霞波等研究成果获市政府 2015—2016 年度社会科学优秀成果。胡亚红论文获浙江省数学会 2018 年度论文评审一等奖。张伟梅、雷后兴、王伟影等出版专著 6 部。朱杰研究案例入选浙江省审计厅 2018 年度计算机审计成果。

【政治理论学习】 2018 年 8 月,九三学社市委会召开思想政治工作会议,传达学习社省委第 35 次思想政治工作会议精神,认真总结工作经验,查找自身不足。组织社员赴遂昌王村口开展“寻访革命足迹,缅怀红军英烈,坚定理想信念,牢记使命责任”红色主题教育活动。9 月,带领骨干社员赴衢州中共浙皖特委纪念馆,接受革命传统教育。九三学社莲都区委、工业支社、医卫支社先后赴莲都老竹镇南乡革命纪念馆开展红色主题教育活动。通过系列活动,重温革命历史,接受红色教育,坚定理想信念。12 月,社市委召开专题学习会,学习习近平总书记在庆祝改革开放 40 周年大会上重要讲话,领会讲话精神并要求全市各级基层组织和广大社员认真学习贯彻,坚定改革开放再出发信心和决心。5 月,社市委班子参加丽水市纪念中共中央发布“五一口号”70 周年座谈会,社市委主委代表社市委作《不忘多党合作初心　继续同心同向前行》发言。以“不忘合作初心,继续携手前进”为主题,在全社开展微视频演讲和主题征文活动,丽水学院支社、九三学社莲都区委选送作品分别被社省委评为二等奖和三等奖。12 月,社市委召开纪念改革开放 40 周年座谈会,集体重温《光明日报》评论员文章《实践是检验真理的唯一标准》,学习习近平总书记关于改革开放重要论述。围绕九三学社丽水市委在新时代如何新作为,新老社员代表纷纷发言,各支社主委、各专委会主任结合参政履职实际作交流发言。

【履职建言】 2018 年,全国政协委员雷后兴、省政协委员张颖洁共向全国政协、省政协提交提案 12 篇。在市人大四届三次会议和市政协四届二次会议上,提交人大议案 2 篇、政协团体提案 17 篇、大会发言 3 篇、即席发言 2 篇,委员提案 24 篇,所有发言均获市领导批示,获优秀大会发言 2 篇,被评为市政府领导领办重点提案 2 篇,其中韦铁民书面发言《丽水美丽林相改造:路在何方?》获得市委书记张兵批示并被评为优秀大会发言和重点提案。应自力的口头发言《招商:一生的“婚姻”,而非一时的华丽“婚礼”》获得市委书记张兵、市长吴晓东、副市长徐光文批示并被评为优秀大会发言。张德勇书面发言《丽水生物医药产业:发展短板与提升对策》获得市委书记张兵、副市长徐光文批示并被评为重点提案。何登伟即席发言《治理低质专利,驱动创新发展》、张德勇即席发言《公共厕所建设:“里子”比“面子”更重要》分别获得吴晓东市长批示。

全年上报社情民意信息169篇，其中被九三学社中央委员会采用6篇、省委会采用48.5篇，省政协采用2篇，省委统战部采用13篇，市政协采用14篇，总分位列全省地市级社组织第三名。雷后兴、崔淑芬、张德勇获九三学社省委2018年度信息工作先进个人，雷后兴、徐君妙获市政协反映社情民意信息工作先进个人。九三学社市委会分别获社省委2018年度参政议政先进市级组织和2018年度信息工作先进二等奖。

6月，九三学社丽水市委会争取社省委支持，省、市联合开展《加快丽水森林质量精准提升，着力助推我省大花园建设》调研，报告得到省委书记车俊等3位省委省政府领导批示，省政府办公厅专门召开推进会落实相关建议。8月，组织社内全国、省、市、区四级政协委员联合调研，推进莲都区城乡生活垃圾分类处置工作。12月，九三学社市委参政议政专委会赴成都开展《“两山”转换中“九地合作”服务地方新经济发展的机制和模式》调研。各级基层组织围绕“丽缙五金科技产业园发展”“农旅融合”等主题开展调研。崔淑芬执笔的《关于加大垃圾处理行业税收优惠及补贴政策力度的建议》，被社中央选为2019年九三学社界别提案。蓝云仙执笔的《防控松材线虫病已刻不容缓》被社省委采纳为2018年九三学社界别提案和界别发言，并获社省委参政议政成果二等奖。麻伟亮执笔的《创新保险机制，为我省农林业保驾护航》、张颖洁执笔的《关于完善和落实河长制的建议》、张向东执笔的《为加快推进我省科技体制供给侧改革》获社省委参政议政成果三等奖。陈昕、崔淑芬、麻伟亮相关课题分别获社省委2018年度参政议政课题立项。

【强化制度建设】 2018年，九三学社市委会在广泛征求意见基础上，建立健全《社市委议事规则》《思想政治理论学习制度》《社员发展制度》《优秀年轻干部队伍建设暂行办法》《领导班子廉政纪律》《基层组织生活制度》等市委会工作制度13项；制定或修订《机关工作会议议事规则》《工作报告起草制度》《机关公文处理暂行规定》《机关财务管理办法》《机关政府采购业务制度》等机关运行工作制度19项，全面提升社组织工作规范化。制定《优秀年轻干部队伍建设暂行办法》，对资格条件、选拔方法、数量结构、培养管理和推荐使用等环节加以明确，为社组织后备干部队伍建设打下良好基础。重视骨干社员培养，推荐社务积极、业绩突出优秀社员参加社省委青年骨干培训班、基层工作研讨班、市党外中青年干部培训班、市民主党派骨干培训班、社市委骨干社员培训班、市委统战部新成员培训班等各类培训班58人次，强化理论学习，提升综合能力。陈昕被评为社中央先进组工干部。

【基层组织换届】 2018年1月26日，九三学社丽水学院支社召开全体社员大会，选举产生九三学社丽水学院支社第七届委员会，陈昕任主委，兰菊萍任副主委，王野、艾伟武、沈媛媛任委员。4月14日，九三学社丽水市工业支社召开全体社员大会，选举产生九三学社丽水市工业支社第四届委员会，虞高星任主委，杨铁军任副主委，方春仙、李文清、邱铭、黄浩任委员。5月19日，九三学社丽水市医卫支社召开全体社员大会，选举产生九三学社丽水市医卫支社第四届支社委员会，周秀娟任主委，戴巧群任副主委，毛秀玲、叶杰青、吴小山、林旭丰、徐丽霞任委员。7月12日，九三学社丽水市中心医院支社召开全体社员大会，选举产生九三学社丽水市中心医院支社第四届委员会，潘红英任主委，黄渊任副主委，方霞波、吕玲春、张隽瑜、黄淑明任委员。12月6日，九三学社丽水市人民医院支社召开全体社员大会，选举产生九三学社丽水市人民医院支社第四届委员会，兰俊任主委，陈敏华任副主委，曲春生、汤素华、汤毓娟、赵洁任委员。

【科教医疗服务】 2018年，社市委整合社内专家资源，建立精品课程库，涵盖专业13个。开展“丽水九三专家进学堂暨纪念‘五一口号’发布70周年”活动，丽水学院支社、中心医院支社有关专家送教下乡。配合社省委连续13年赴老竹畲族镇民族学校开展“百名专家进乡村入学堂活动”。推荐10位农业、林业、水利、建筑、设计、规划等方面专家结对民族村10个，为民族村建设提供技术指导和智力帮扶。在九三学社全国科技活动周期间，社莲都区委开展“科技创新 强国富民”科普宣传活动，先后走进莲都区郑榴娟敬老院和老竹敬老院开展“关爱孤寡老人 健康晚年生活”系列活动。社市委与市知联会联合在缙云开展义诊、健康讲座和基层医生培训活动，市中心医院支社、市人民医院支社、医卫支社、缙云支社参与社员20余人。市中心医院支社赴松阳古市医院开展义诊，并对院感控制、护理管理进行指导。市医卫支社组织内科、外科、妇科、儿科、老年病和心理咨询等专家，赴联城街道卫生院开展送医下乡活动。

【结对村帮扶】 社市委筹资10万元助力结对村缙云县型坑村建设。农历“三月三”，社市委为推进结对村文化产业和旅游业融合发展，与缙云县委

4 月 17 日，九三学社丽水市委会与缙云县委统战部等单位共同举办“风情畲寨 古韵型坑”——型坑“三月三”畲族旅游文化节　　（朱云鸯　提供）

统战部、县文化广电新闻出版局、七里乡人民政府共同举办“风情畲寨　古韵型坑”——型坑“三月三”畲族旅游文化节，吸引来自全市各地游客 1 万多名。科技服务委组织“美丽乡村规划组”有关规划专家召开村庄规划论证会，帮助结对村完善村庄发展规划，助力打造生态宜居村。协助社省委赴松阳毛弄村、南州村听民声、访民情，开展结对帮扶。社莲都区委会赴老竹榴溪结对村，为该村老年食堂送上慰问物资。　（朱云鸯）

丽水市工商业联合会（总商会）

【概况】 2018 年，丽水市工商业联合会（总商会）贯彻落实中共十九大会议和习近平总书记系列重要讲话精神，开展改革开发 40 周年纪念活动、“百企结百村　消灭薄弱村”专项行动”企业精准服务、走访调研、参政议政、招商引资、商会组织建设和工商联自身建设等相关工作，参与东西部扶贫协作。全年全市工商联开展非公有制经济人士教育实践活动 75 场，4125 人次；举办各类非公有制经济人士培训班 27 期，1740 人次；开展融资、法律、信息、技术等服务 480 余次。至年底，全市工商联有会员 11245 人，商会 220 家，其中，异地商会 150 家，行业商会 50 家，基层商会 37 家。丽水市工商联获得 2018 年度市委市政府综合考核优秀单位。

【非公有制经济人士纪念改革开放 40 周年系列活动】 2018 年 9 月 6 日，召开丽水市工商联（总商会）五届二次常委会议。丽水市工商联副主席卢卫芳宣读《向庄启传同志学习倡议书》，号召全市非公有制经济人士共同学习庄启传先进事迹。非公有制经济代表人士薛和有、唐建光、丁泽林、谢亮亮等作向庄启传学习表态发言。9 月 12 日，《丽水日报》全文刊发《向庄启传同志学习的倡议书》。

开展丽水市改革开放 40 周年民营企业家访谈活动。为向改革开放 40 周年涌现出来的以庄启传为代表的优秀企业家学习致敬。10—11 月，丽水市工商联、《丽水日报》社共同开展优秀企业家访谈，共采访张敏等优秀民营企业家 18 人，访谈内容在《丽水日报》上刊登，集中宣传报道。

【“百企结百村 消灭薄弱村”专项行动】 2018 年，市工商联（总商会）开展“百企结百村　消灭薄弱村”专项行动，共结对薄弱村 441 个，其中，省国资公司等 13 家省属国有企业，奥克斯集团等 9 家省工商联副主席（副会长）企业，纳爱斯集团、超威集团等 2 家省级双管企业和 289 家宁、嘉、湖企业结对丽水市薄弱村 272 个。市内企业、商会 163 家结对薄弱村 167 个，其中参与结对非公企业 107 家，商会组织 28 家，意大利、西班牙等丽水籍华人华侨组建的商会、联合会、同乡会 12 家。

4 月 26 日，市工商联召开“百企结百村　消灭薄弱村”专项行动工作部署动员会。4 月 28 日，召开宁波市、嘉兴市、湖州市跨区域“消薄”对接会，明确宁波市、嘉兴市、湖州市的 19 个县（区）结对丽水市集体经济薄弱村 170 个。5 月 30 日，市委、市政府召开全市“百企结百村、消灭薄弱村”暨消除集体经济薄弱村现场推进会，浙江方正电机股份有限公司等 10 家市内国企、民企与结对村现场签约。5 月 30 日至 6 月 1 日，分别召开湖州—丽水、嘉兴—丽水村企结对座谈会，就两地村企合作项目进行对接，并分组赴云和县、青田县、庆元县、缙云县、遂昌县等地考察。8 月 13 日，承办浙江省工商联“千企结千村、消灭薄弱村”专项行动项目推进交流会，省农业厅党组书记、厅长林健东，省委统战部副部长、省工商联党组书记徐旭，丽水市委副书记、市长吴晓东，副市长王小荣出席会议并讲话，200 多名来自宁波、湖州、嘉兴市的企业代表参加会议和考察活动。

【民营企业精准帮扶】 2018 年，市工商联（总商会）搭建政企沟通交流平台。3 月 6 日下午，时任丽水市委书记张兵走访工商联机关，召开民营企业家座谈会。张敏等8名企业家提出意见建议14条。3月13日，副市长徐光文主持召开企业家反映意见建议交办会，逐一落实企业家意见建议，市委督查室督查。10月，中央统战部副部长、全国工商联党组书记、常务副主席徐乐江来丽水就民营经济发展、优化营商环境、构建“亲”“清”政商关系等情况展开调研，召开民营经济发展情况座谈会和商会会长座谈会。市委副书记、市长吴晓东与市发改委、市经信委、市财政局、市市场监管局、市工商联、市金融办、市税务局6个部门主要负责人及市直属商会会长参加调研活动。丽水市工商联向市委常委(扩大)会议作专题汇报。

建立常态化走访反应机制。2—3月，丽水市工商联分3个调研组，开展全市“走企问需强信心”调研活动，共走访九县(市、区)企业60多家。7月，开展“大学习、大调研、大抓落实”活动，走访重点企业13家。2次活动共收集整理意见建议52条，均上报省工商联和市委市政府。11月21日，开展全市上市企业走访调研，走访方正电机股份有限公司、凯恩股份有限公司和起步股份有限公司，收集意见建议8条。方正电机股份有限公司、凯恩股份有限公司被纳入全省上市企业白名单。

开展助企解困专项行动。实施“凤凰行动计划”，向浙江省工商联推荐拟上市企业25家。推动企业智能制造，组织20多家企业参加省工商联“智能制造”和物联网培训班。开展“百家银行行长进企业”活动和“百家民营龙头企业结对服务活动”。

【参政议政】 2018年，市工商联(总商会)提交《对接凤凰计划助推企业上市丽水应有作为》团体提案，张敏主席代表工商联作大会发言，被评为市政协四届二次会议优秀大会发言。提交团体提案《破解我市民营企业人才难题也应“一企一策”》和《关于探索小区物业管理标准化的建议》，提交人大建议《关于提升外出人员信息库开发应用水平助推丽水乡村振兴的建议》和《关于进一步优化营商环境 激发市场活力的建议》。其中《关于探索小区物业管理标准化的建议》提案经市政协四届十四次主席会议确定，被列为2018年两件公开办理重点提案之一，由市委常委、莲都区委书记杜兴林领办，市质监局主办，市发改委、市建设(规划)局、莲都区政府会办，推动市政府加快制定《丽水市物业管理条例》颁布进度。

【企业家教育培训】 2018年，市工商联(总商会)开展“双向传承”培养，建立导师库，实行1+1+1梯队式导师结对模式，由知名企业家作为新生代企业家导师，新生代企业家作为新创业青年导师。12月16日，市工商联与市委统战部、团市委联合开展非公经济人士“青蓝接力·创业传承”培养行动启动仪式，确定30名企业家和创业者参与培养行动。

9月，举办新生代企业家培训班，50多名新生代企业家赴厦门参加团队效率升级、品牌DNA战略、新商业模式、新媒体价值、企业党建等课程学习培训。11月，组织50名商会会长和秘书长参加商会会长和秘书长培训班，走访浙江省辽宁商会、杭州市丽水商会。

【商会组织建设】 2018年5月8日，合肥市丽水商会第一次会员大会暨合肥市丽水商会成立大会在合肥方莱国际大酒店隆重召开。丽水市政协副主席金爱武出席会议，胡必平任合肥市丽水商会第一届理事会会长。5月26日，广东省浙江丽水商会第三次会员大会在广州白云万达希尔顿酒店召开，副市长徐光文出席会议，陈军青任广东省浙江丽水商会第三届理事会会长。9月16日，上海市丽水商会成立大会暨在沪商会成立十周年纪念大会在上海国际会议中心举行，市委副书记、市长吴晓东出席会议，蔡大者任上海市丽水商会第一届理事会会长。

【东西部扶贫协作】 2018年，市工商联(总商会)引导非公有制企业参与东西部扶贫协作。5月，组织成都、重庆两市丽水商会赴四川广元参与“东西协作 浙商助力”四川行活动。9月，组织企业家赴吉林省吉林市和梅河口市开展帮扶合作项目考察。12月，会同市经信委、市委农办组织21家企业、商会赴四川广元、巴中等地开展万企帮万村扶贫结对，其中丽水市温州总商会、丽水市新生代企业家联合会、丽水市商贸联合会分别与建档立卡村签订扶贫协议。成都市丽水商会召开巴中市产业项目推介会，向巴中市南江县捐款23万元。7月，召开丽水—巴中东西部扶贫协作工作座谈会，签订“东西部扶贫协作”对口支援协议书。10月13日下午，丽水—广元工商联召开东西部扶贫协作工作座谈会，丽水市工商联与广元市工商联签订友好商会协议；莲都区工商联与昭化县工商联签订友好商会协议。

【招商引资】 2018年，市工商联(总商会)发挥商会“以商招商”功能，推行商会招商顾问制度，聘任商会招商顾问16人。推进北京、上海丽水商会驻点招商工作站建设，5月20—21日，北京丽水商会发起“家乡行”活动，回乡开展投资考察活动。 (丁 怡)

工会　共青团　妇联

丽水市总工会

【概况】　2018年，全市有基层工会4409家，其中独立基层工会4199家，联合基层工会210家，涵盖单位10773家；全市有工会会员35.69万人，其中女职工15.09万人，农民工18.4万人。全市开业一年内、职工百人以上企业工会组建率100%，完成全省首家市级快递行业货运司机联合工会组建工作。

【开展劳模先进评选和技能竞赛】　2018年，市总工会推荐评选全国"五一劳动奖章"1人、全国工人先锋号1个，省"五一劳动奖章"4人，省"五一劳动奖状"2个，省工人先锋号4个，市劳动模范101人，市模范集体30个。评选全国安康杯优胜单位1家，优胜班组1个；省优秀组织单位3个，优胜单位5个，优胜班组7个，先进个人3人，示范单位1家。开展"合理化建议活动"，市级评选出优秀合理化建议18条并推选至省总工会。推荐浙江缙云抽水蓄能电站以及浙江省好溪水利枢纽潜明水库一期工程为2018—2019年省级立功竞赛参赛项目。组织莲都古堰画乡小镇、缙云机床小镇、青田北山小镇参加省特色小镇立功竞赛交流会。推荐2016—2017年省级立功竞赛先进个人5人，先进集体3个。发挥劳模引领作用，组建劳模工匠技术服务队8支，开展义诊、送电服务等志愿活动10余场。年内新建职工高技能人才（劳模）创新工作室12家，市级劳模创新工作室共计79家，投入工作经费10万元，开展技术革新1000多项，职工发明创造300多项。举办丽水市首届"绿谷工匠"焊工竞赛；联合市卫计委、市水利局、市农业局等部门开展市级职业技能竞赛。

【开展职工文体活动】　2018年4月26日，市总工会与由市委宣传部、市文化广电新闻出版局和市广播电视总台联合主办"中国梦·劳动美"全市职工合唱大赛，本次合唱大赛以"颂劳动风采·咏企业荣光"为主题，来自纳爱斯、浙江方正电机股份有限公司、浙江稠州商业银行丽水分行等13支代表队，分别歌唱规定曲目《劳动托起中国梦》和自选曲目。在市级主流媒体宣传劳模事迹，开展"中国梦·劳动美"劳模工匠精神走进丽水职业技术学院宣讲活动，编印《百名劳模好故事》画册1000册，组织丽水市第二届"中国梦·劳动美"职工摄影和微影视大赛，评出一等奖2名、二等奖5名、三等奖10名。各县（市、区）总工会均组织开展大

4月26日，市总工会组织丽水市直企业"企业之歌"合唱比赛　（董　方　提供）

型文体活动，弘扬劳模精神。推荐景宁畲族类节目情景歌舞《浓情山哈》参加全省职工文艺汇演。推送《满堂和气》《紫涅飘香》等优秀书画作品参加全省职工书画巡展活动。

【开展困难职工帮扶工作】 2018年元旦春节期间，丽水市本级共帮扶救助慰问困难职工141户，发放救助慰问金慰问品折计38.41万元；走访慰问坚守岗位一线职工60余人，送上慰问金和慰问品折计14.67万元。开展“民工服务月”活动，其间开展走访慰问、年关清薪、普法宣传、平安返乡、企业职工年夜饭等系列活动。市本级对困难职工家庭档案分级共325户。其中国家级250户，省级50户，市级25户。2018年度（第五期）丽水市本级职工医疗互助保障参加人数共28091人，收取保障金224万余元，给付金额71.25万元。建设医疗互助保障一卡结算系统，实现职工医疗费用一卡结算。对疗休养政策进行调整和补充，推出周边五省市路线10条，对口支援（帮扶、合作）省（市、自治区）疗休养线路10条。联合相关部门开展“尊法守法•携手筑梦”服务农民工公益法律服务行动4次，涉及农民工2000人次，现场发放宣传资料1500份。

【职工阵地建设】 2018年，市总工会推选国家级模范职工之家2家、国家级模范职工小家2家，推荐国家级优秀工会工作者和优秀工会积极分子各1名。推荐为省级农民工文化家园3家，推荐为全国职工书屋2家。实施“女职工素质提升工程”，选树市级女职工十大工作品牌10家，推荐入围全省“工会女职工特色工作品牌”3家。开展“妈咪暖心小屋”星级评定互检工作，评定五星级“妈咪暖心小屋”7家，四星级“妈咪暖心小屋”8家。 （董 方）

共青团丽水市委员会

【概况】 2018年，全市共有基层团委370个，团工委64个，团总支144个，团支部6675个，团员10.48万人。全市共青团系统获各类国家级先进集体64个、先进个人26人次，省级先进集体83个、先进个人146人次。

【青少年思想政治引领】 2018年，团市委深入推进“青年大学习”活动，全市共青团举办党团务知识竞赛25场，组织全市4万余名团员青年参与全团线上“青年大学习”竞赛，成绩位列全省第二名，获地市级团委优秀组织奖。开展“千名团干上千场团课”“青年说”“丽水之干——我的‘征’嵘岁月”征收工作分享会等活动，开展“青春投改革，奋勇大赶超，做新时代的弄潮儿”主题团日、“改革开放40年青春足迹” 团史展、“发现最美90后，争做新时代弄潮儿”主题宣传等活动，举办第七届丽水市青少年文化节暨首届乡村青年文化节，开展青年演说、阅读分享、经典诵读及风尚交友等子活动60余场。承办浙江省第十五届少先队争章（争夺少先队奖章）技能展示活动，开展“传承红船精神，争做新时代好队员”主题教育实践，累计开展“沿着习爷爷的足迹，寻访美丽丽水”“读习爷爷读过的书，争当新时代好少年”等子活动100余场，参与活动青少年8万余人次。全年在市级首批建成“青年大学习”基地13个、学习社10个。成立浙江省新世纪人才学院丽水分院，建成市、县、乡三级红领巾学院40个。

【新青年助推乡村振兴实践】 2018年，团市委出台《丽水市乡村振兴新青年发展计划》《丽水共青团团建助推乡村振兴十条举措》等实施意见，全市共青团建成一支5005人的乡村振兴新青年人才队伍，开设乡村振兴青学堂51个。2018年第6期《今日丽水》整刊刊登丽水各级共青团开展乡村振兴青年人才培养的做法和成效。6月12日，“争当特色乡村振兴排头兵——浙江省大学生乡村振兴创梦行动暨浙江大学丽水市校地共青团合作”仪式在浙江大学启动，浙江大学党委副书记郑强致辞，丽水市委书记张兵发表讲话。30名乡村振兴新青年先锋组成乡村振兴新青年创梦导师团，深入浙江大学、中国美术学院、浙江农林学院等高校开展“丽水新青年乡村振兴创梦分享会”和丽水乡村振兴青春微集市等活动5场，传播新青年乡村振兴“好故事”。7月，甄选并发布大学生暑期社会实践项目100个、大学生乡村振兴实践岗位1000个，“家燕归巢——家乡行”游学路线18条，招募在外大学生到丽水乡镇、农村、基层一线开展丽水特色乡村振兴岗位实习，吸引全省高校百支实践团队3000余名优秀大学生到丽水开展暑期社会实践和岗位实习。11月13日，承办浙江省“青春助力乡村振兴”专项行动现场推进会。

【青年创业创新活动】 2018年，团市委开展2018年丽水市“奇思妙想 创赢绿谷”创业创新大赛、2018“新青年乡村振兴创梦行动”创业创新论坛，打造青创农场10家。11月30日至12月2日，举办第二届丽水市青年创业创意周，参展展品3000余款，参与人数3.7万人次。以发展移动社交电商为主题，共举办农村电商高级人才班10期。举办丽水青年微商创新创业大赛、乡村振兴青年抖音挑战赛等活动，推进丽水农村电子商务发展升级，全市农村电商销售总额223.93亿元，同比增长33.09%。缙云县壶镇镇成为丽水市第一个淘宝镇；新增缙云县洋山村、应庄村、团结村及龙泉市松溪弄村4个淘宝村。

【志愿服务工作】 2018年，丽水市"志愿汇"平台注册志愿者60万人，志愿服务总时长124万小时。打造丽水市"小水滴"青年志愿品牌，为"2018生态产品价值实现机制国际研讨会""大江奔流——来自长江经济带的报道""2018全民健身·花园丽水城市定向赛"等大型赛会和全国文明城市复评做好志愿服务。全年开展"洁小二"助力垃圾分类、环境保护，"农小二"助力乡村振兴、美丽乡村建设，"跑小二"助力全市"最多跑一次"，"河小二"助力五水共治、保护秀山丽水等各类志愿服务660余场。

【四"亲青"平台建设】 2018年，团市委着眼当代青年群体分众化、需求多元化特点，以"亲青筹"平台深化助困帮扶，累计发布公益项目18个，筹集金额34.6万元。深化希望工程爱心助学工作，全年资助贫困大学生1606人，资助金额493.9万元。成立"亲青恋"青年交友服务中心，推出常态化、专业化、小众化的"亲青恋"服务项目，举办交友活动35场，参与青年1700人次。成立市"亲青帮"青少年权益维护服务中心，成立县级青少年维权教育基地9个，入驻"亲青帮"平台专家527人，注册青少年35201人。加强"亲青创"平台建设，落实好平台推介、充实板块内容、积累用户数据等工作，为青年创新创业营造浓厚氛围。

【青少年权益维护】 2018年，团市委做好重点青少年结对帮扶工作，推进"社工人才+'亲青帮'队伍+平安志愿者"队伍建设，开展"三禁三防三自"(禁黄禁赌禁毒、防暴力防恐怖防极端、自爱自重自强)主题教育、电信诈骗防范宣传行动、"大手牵小手 维权向前走""青春自护·暑期安全""轻松备考·'12355'与你同行"等活动220余场，覆盖7万余人。研究制定《共青团丽水市委"七五"普法工作规划》，开展《中华人民共和国未成年人保护法》和《中华人民共和国预防未成年人犯罪法》等各类法治主题教育进学校、进社区、进广场活动20余场。

丽水共青团"五四"青年节主题团日活动　　（王　静　提供）

【广聚青年人才】 2018年，团市委积极搭建丽水与各地青年企业家合作交流平台，组织开展"丽水·台州青年企业家创业创新交流"、"山海协作创业创新青年企业家交流"、丽水市青企协·青年台商对话交流活动、丽水市青企协"台湾行"学习考察活动。实施青年文明号助推"最多跑一次"改革主题行动，组建青春"跑小二"帮跑服务团，开展"号·手"助跑专题岗位技能培训。强化"青年工匠"队伍建设，开展丽水市护理岗位技能竞赛、"绿谷工匠"农商师大赛、农村电商金牌技能系列大赛等行业青工技能大赛，开展"青工"技能培训，组织青工代表参加首届浙江省青工创新创效大赛并获全省装调工竞赛第八名。

【团组织机构改革】 2018年，团市委以着力强"三性"(政治性、先进性、群众性)去"四化"(机关化、行政化、贵族化、娱乐化)、建设"青年身边的共青团"为目标，梳理基层共青团改革任务清单，基本构建起乡镇基层共青团改革的框架体系和重点工作项目。基本完成市、县两级青联组织改革，以"全团抓学校"理念重点研究中学和高校共青团改革，推进景宁县全省教育团工委改革试点，基本形成党组织领导下的"一心两环"(以团委为核心纽带，以学生会为内环、以学生社团组织为外环)团学组织格局。完成市学联换届。建设5个省级和21个市级少先队改革示范点。创新团干部配备方式，市、县两级团委共配备挂职干部22人、兼职干部30人。推动基层共青团建设"团干部+社工+志愿者"队伍体系，省级共青团改革试点莲都区配备专职青少年事务社工5人，龙泉市和松阳县落实购买青少年事务社工服务专项经费。8月，丽水共青团启动基层团建"进位提升"行动，制定乡镇(街道)、中学、市直机关企事业单位三大领域团建"进位提升"对标清单，明确示范型、提升型、基本型、不合格型4个团建发展等次，总结推广括苍中学团委、松阳县四都乡团委等一批基层团建典型。（徐晓彩）

丽水市妇女联合会

【概况】 2018年，丽水市妇联全面贯彻落实中共十九大和中国妇女十二大精神，以“巾帼之干”勇担“丽水之干”，主动担纲“丽水之赞”，团结带领广大妇女为新时代丽水高质量绿色发展贡献巾帼力量。“乡村振兴 丽水丽人”工作经验获《中国妇女报》头版报道，“慈孝卡”工作经验被编入《中国妇女报》内参，市妇联改革工作经验入选省委办公厅群团改革经验汇编。全国首创“妇女联心图”，全省首创“慈孝卡”“丽人卡”“妇女代表联系家庭制度”等多项工作，获国办和省委、省政府办公厅信息专报，浙江卫视等报刊媒体宣传报道。

【组织妇女学习贯彻中共十九大精神系列活动】 2018年，全市妇联组织开展习近平新时代中国特色社会主义思想和中共十九大精神专题学习213场，组建“丽人宣讲团”小分队10支，深入基层开展“百千万巾帼大宣讲”860场次。市妇联班子带队赴9个县（市、区）35个乡镇、村开展大调研活动。开展“今年三八你做主”“2018年度丽水十大妇女儿童民生实事你来定”等新媒体互动活动，精准掌握、引导女网民的思想动态和现实需求。出台《丽水市妇联乡村振兴巾帼行动实施意见》与四个“百万妇女工程”五年行动计划。

【推进妇女创业创新】 2018年，市妇联实施“百万妇女创新业”工程，全市各级妇联举办民宿、农家乐、乡村旅游、丽人管家（育婴师）、创业创新和“丽人讲堂”等系列培训班497期，培训2.4万人次，其中市本级组织18期，培训1150人次。在全省首推“丽人卡”等普惠金融产品，受理创业女性贷款3670人。为创业女性发放信贷超2亿元。举行丽水市“乡村振兴·巾帼行动”启动仪式，直播在线观看14.5万人次。成立由旅游类、经济类、农业农村类等12个门类47名女性专家担任创业导师的“乡村振兴巾帼智囊团”。下发“巾帼助力乡村旅游三年行动计划”，举办“妇字号”精品旅游路线发布会，发布“妇字号”精品旅游路线9条。选树“乡村振兴”女性创业创新带头人等共计110家（人）。创新“十百千万”结对帮扶模式。累计新增来料加工示范点118个。丽水妇联义乌来料加工服务中心正式揭牌运营。注册成功“巧手丽人”，成为全国唯一来料加工区域公共品牌。举办来料加工技能竞赛29场，产品设计大赛9场。组织经纪人参加电博会、义博会、农博会等各类展会，全年达成意向金额4988万元，成交额3043万元。举办来料加工经纪人、加工者技能培训467期，13412人（其中经纪人2897人）。新增经纪人142人，新增示范点118个。全市合计发放来料加工费22.07亿元，同比增长13.18%，发放额和增幅均创历史新高。申报创建全国巾帼文明岗14个，申报创建市级巾帼文明岗82家，其中旅游行业40家。

12月4日，市妇联在纳爱斯广场开展弘扬宪法法治宣传活动（林瑞月 提供）

【开展妇女儿童关爱帮扶】 2018年，市妇联完成妇女儿童十件实事。与市妇保院共同建立丽水市健康教育促进中心，建立“医联体”，开展健康培训50次，参与妇女群众近2万人次。免费为3.86万名妇女进行“两癌”筛查，发放“贫困母亲两癌救助专项基金”救助金11万元；首次启动“康乃馨女性健康关爱计划·公益保险”。争取省儿基会“焕新乐园”公益项目资金330万元，完成困境儿童家庭环境改造263个；争取省妇女儿童服务中心“圆梦助学”公益项目，提供救助低保家庭学生78个。2018年，市、县妇联累计争取公益帮扶资金超2000万元。

【维护妇女儿童权益】 2018年，市妇联实施“百万妇女促和谐”工程，在全省率先推出基层妇女代表联系家庭制度。全市有基层妇女代表4.62万人，

3 月 1 日，丽水市妇联在“三八”维权周开展“建设法治中国·巾帼在行动”活动

（林瑞月　提供）

联系家庭 10.82 万户，覆盖 4016 个网格，帮助所联系家庭解决困难 4520 件，化解矛盾纠纷 2524 件，帮助联系妇女儿童法律援助案件 709 件，帮助制定村规民约 58 次。服务城中村改造，共参与化解矛盾纠纷 2 起，法治大讲堂 1 次，法治宣传 5 次。开展“建设法治中国·巾帼在行动”法治宣传教育活动 6 次，参与妇女 120 万人次，参与志愿者 4916 人。依法协调家庭暴力案件处置。全市共救助妇女儿童 61 人次，接报家庭暴力纠纷警情 302 起，发出反家庭暴力告诫书 22 份，人身保护令 11 份。与市中级人民法院成立丽水市家事纠纷调解团，成员 55 人。各级人民法院家事纠纷特邀调解员调解家事诉讼案件 129 起；婚姻家庭纠纷调解委员会实现全覆盖，共调解婚姻家庭纠纷 3104 件，占人民调解纠纷总量 10.34%，调解成功率 96.1%。

【开展家风家教家训系列活动】 2018 年，市妇联实施“百万妇女树新风”工程。制定出台“日常行孝五个一”（每天一句问候、每周一次交流、每次生日一份礼物、清明一次文明祭祖、一年一次团圆）行为规范。选树“好媳妇”“好少年”“好婆婆”等家庭慈孝典型 270 人，庆元县吴永德家庭、缙云县刘献崇家庭获“全国五好家庭”称号，莲都林建仁家庭、庆元县蒋增美家庭获“全国最美家庭”称号，获省级“最美家庭”称号家庭 21 户。在全省首创推出“慈孝卡”，为慈孝典型提供低息信用贷款和金融服务。组建“慈孝文化宣讲团”，开展慈孝文化进机关等“六进”活动，20% 家庭悬挂慈孝家风家训。开展“最美家庭爱在七夕”全家福摄影活动。举办“百万妇女树新风·乡风文明代代传”主题宣传活动，活动直播在线观看 18 万人次，1200 名妇女代表加入乡风文明理事会。出台《丽水市“清廉家庭”实施意见》，开展“清廉家庭”集中宣讲 12 场，受众人数 2600 人次。开展“百万父母进家校、百场家教下乡村”公益巡讲，全年举办讲座 305 场次，受益家长 8 万多人。创建省级示范家长学校 26 个，市级 31 个。

【组织妇女护好生态】 2018 年，市妇联实施“百万妇女护生态”工程。出台《“美丽庭院·巾帼示范垃圾分类·巾帼先行”五年行动计划》，举行全市“垃圾分类·巾帼先行”誓师大会，参与活动 10 余万人次。开展垃圾分类创意 PK 赛、标语征集大赛、“垃圾分类巾帼先行”千人签名行动等系列活动。每季度开展“垃圾分类”大比拼活动，吸引 160 万人次关注。每月 8 日定期开展垃圾兑换，近 10 万余名群众参与活动。建立“妇联执委联片包户制度”“洁净家庭”月评等制度。深入开展“清河治水美丽人居”等巾帼志愿活动，全年，市、县共计组织巾帼志愿队伍 2910 支，开展垃圾分类等各种志愿服务活动 4.68 万场次。创建省市县“绿色家庭”1120 户。

【妇联组织改革】 2018 年，加强妇联自身建设，制定出台《丽水市妇联执委履职情况综合评价办法》等制度 6 项。市、县、乡、村（社区）四级妇联干部进行分级分类培训 355 场次，覆盖妇联干部 1.84 万人次。深化妇联改革，制定《区域化建设乡镇（街道）妇联改革工作任务清单》，召开全市乡镇（街道）妇联区域化建设推进会，全面完成村（社区）“会改联”工作，基本完成乡镇妇联组织区域化建设改革。加强市直机关、企事业单位妇联组织建设，编制《换届（成立）工作电子书》。在行业协会、两新组织、特色小镇、女性社会组织等新建妇女组织 180 个，培育孵化女性社会组织 32 家，全市新增乡（镇）、村（社区）两级妇联执委 2.11 万人，新建功能性小组 6105 个。打造“两微两群”妇联网络工作矩阵，建设网上“妇女之家”。新建妇联干部主导的 QQ 群、微信群 2562 个。指导青田县海内外女企业家联谊会换届。与西安市妇联建立战略合作关系。深化与宁波、嘉兴、湖州等地妇联合作关系。赴四川巴中、广元市，新疆新和县开展对口协作，捐赠资金和物资共计 87 万元。（潘江浩）

人力资源和社会保障

【概况】 2018年，市人力资源和社会保障局紧扣市委、市政府“绿色发展、科学赶超、生态惠民”发展主线，围绕“两个高水平”“高质量实现两大使命”两个总目标，以“对标实干”落实“丽水之干”，深入实施“五福惠民”工程，完成各项目标任务，连续第8年获市政府综合目标责任制考核优秀。全年完成市领导批办件100余件，承办提议案105件，其中，主办36件，会办69件，满意率100%。市人力社保服务中心窗口受理办件48.11万件(含线上)，其中，行政许可195件，所有事项均在承诺时间内办结，实现“零投诉”。深入推进“最多跑一次”改革，全市确定事项主项41个、子项161个，其中，市本级主项41个、子项154个。各县(市、区)39个主项、151个子项，实现办事事项“最多跑一次”100%全覆盖、100%网上办理，70%个民生事项“全域一证通办”，市人力资源和社会保障局“最多跑一次”改革工作在市委、市政府年底考核中得分名列市直部门第一。

人　事

【概况】 2018年，全市各级机关单位考试录用公务员665人。开展市直单位面向清华大学等11所“双一流”大学的选调工作，录用选调生公务员6人。严格落实事业单位公开招聘制度，市本级发布招聘公告44个，组织各类招聘活动10余次，其中教育、卫生系统大型集中公开招聘2场，推出岗位268个。引进硕士、博士研究生高层次人才36人，定向招收林学(林业技术)专业本科学生18人，“双学科”复合型高中教师和中学紧缺学科教师7人。规范人员调配工作，共办理事业单位人员交流425人，其中，流入107人，流出318人(含退休、解聘人员)。探索部门间“最多跑一次”改革，梳理完成人力社保领域部门间办事事项主项27个、子项65个，减少各类申报材料150份，精减率47.32%；缩减审批时限517天，54%事项实现即办。此项工作先后获省委书记车俊、省长袁家军、副省长王文序、省人力社保厅厅长鲁俊、市委书记胡海峰等省市领导批示肯定。

【公务员管理】 2018年，市人力资源和社会保障局会同市委组织部开展全市第八期公务员面试考官培训，共有635名考官参加培训。全省率先采用公务员面试电子评分系统，实现考官、考生电子分组和考生成绩当场亮分，取得较好社会效果。选树丽水市“最美公务员”106人，并举行先进事迹报告会。推进公务员“学法用法三年轮训行动”，轮训公务员6100人，其中市直机关1030人。开展全市初任公务员培训，培训新录用、新调(选)任公务员713人。公务员网络学习培训平台上线运行，实现公务员网络教育培训全覆盖。开展集中清理创建示范活动，规范开展表彰奖励，完成全市“见义勇为”人员、打击邪教工作、龙泉市创卫、市直“城中村”改造等行政奖励工作，共向国家级、省级推荐政法系统、工商联等12部门10个先进集体和26个先进个人。

【事业单位人事管理】 2018年，市人力资源和社会保障局落实市政府百日攻坚计划，牵头推进4家生产经营类事业单位改制，明确改制程序步骤，形成改制方案。丽水市人力资源和社会保障局出台《关于进一步加强事业单位“双肩挑”人员岗位管理的补充意见》，对事业单位“双肩挑”人员管理作进一步规范。丽水市人力资源和社会保障局出台《关于加强农业林业事业单位专业技术岗位结构比列动态调控的通知》《关于加强文化和广播影视事业单位专业技术岗位结构比列动态调控通知》，进一步深化农业、林业、文化系统人事制度改革，推进事业单位专业技术人才队伍建设。丽水市人力资源和社会保障局出台《丽水市高校五、六级职员管理办法(试行)》，完善高校普通管理岗位晋升通道。开展丽水市第一、二批专业技术三级岗位聘用人员暨首席专家考核工作。开展第四批事业单位专业技术三级岗位人选评审工作。办理市直事业人员岗位审核确认587件、1448人次。组织开展2016—2017年度事业单位新进人员培训，398人参加培训。推进事业单位公务用车制度改革，明确事业车改司勤人员安置对象、原则、途径、待遇等。完成事业单位年报统计工作，至年底，全市事业单位2682家，从业总人数63403人，正式在册工作人员53543人，其中，管理人员6297人、专技人员48780人（含双肩挑3239人）、工勤人员1705人，其他（非正式）从业人员9860人。

【工资福利】 2018年，市人力资源和社会保障局推进公立医院薪酬制度改革，在松阳县召开全市公立医院薪酬制度改革推进会。对市政法委、市司法局符合享受政法委机关工作津贴的对象进行审核，月人均发放工作津贴1200元。调整人民警察警衔津贴标准，月人均从210元提高到950元。会同财政部门核定法院、检察院和市监委转隶人员绩效考核奖金。做好教师待遇落实工作，市本级中小学和幼儿园教师调整后的工资水平与公务员平均工资水平基本持平。对医疗卫生系统部分事业单位绩效工资发放情况进行审核。做好部分编外人员工资核定工作，从2018年起，全市公安机关警务辅助人员平均工资水平，按照本地上年度全社会单位就业人员平均工资120%标准确定，并实行动态调整；对承担综合窗口前台受理业务的编外人员在原人均经费基础上增加20%，用于发放绩效考核奖。配合相关部门做好巡视整改工作。

【军队转业干部安置】 2018年，市人力资源和社会保障局完成军队转业干部安置工作，军转干部、随调家属全部安置到位。开展现役军人随军家属就业安置工作，市区共安置12人。加强计划分配军转干部教育培训，做到学习内容、教学计划、学习时间、参训人员“四落实”，参训率和合格率均100%。举办军转干部素质提升班，组织军转干部到浙江大学接受为期一周的培训。加强自主择业军转干部管理服务，完成自主择业军转干部的建模和年审工作。建立解困帮扶长效机制，采取春节等重大节假日进行普遍慰问和重点走访形式，对因病因灾等原因导致家庭困难的企业军转干部加大个案帮扶力度。

人　才

【概况】 2018年，丽水市人民政府办公室出台《关于加快发展人力资源服务业的意见（试行）》，从支持人力资源服务产业园的建设和发展、引进国内外知名企业、鼓励兴办小微企业等方面推进人力资源服务业发展。丽水市人力资源和社会保障局与市委人才办、市财政局联合出台《关于加强“绿谷工匠”技能人才队伍建设实施意见》，从技能人才队伍建设的目标任务、高技能人才激励机制、高技能人才培养平台建设、高技能人才培训培养机制、高技能人才评价机制、组织保障6个方面完善技能人才的工作体系。丽水市人力资源和社会保障局出台《关于印发〈丽水市海外工程师引进管理暂行办法〉的通知》，对引进的海外工程师，在研发、涉及、技术和经营管理等岗位担任相应的中层及以上职位且当年度在企业实际工作时间不少于3个月的，每年给予企业实际支付薪酬30%、最高不超过20万元经费支持，资助期限最长为3年。培养高技能人才4463人，组织技能鉴定28501人次。入选省“151”人才工程重点资助对象1人，入选省“151”人才工程第二层次培养人员5人。引进急需紧缺人才和高层次人才2538人。

【人才引进与开发】 2018年，市人力资源和社会保障局开展2018年享受国务院政府特殊津贴人员、省“万人计划”青年拔尖人才、省“151”人才工程第一第二层次人员推荐选拔工作。推进第三批市级重点企业技术创新团队建设，开展市“138”人才工程培养人员2016—2017年度跟踪考核及培养期满人员综合考核评估工作，组织46名省“151”和市“138”人才工程培养人员参加在浙大举办的高研班。举办企业人力资源经理高级研修班。开展2017年度高层次人才享受人才津贴申报工作，为1381名高层次人才发放人才津贴1362.2万元。开展精准服务企业专项行动，选拔百名业务骨干担任“人社服务专员”，对接服务企业，建立“一企一档”，共走访企业113家，解决问题155个。

【专业技术和留学人员管理】 2018年，市人力资源和社会保障局推进“双百引领计划”，57名挂职人才与52家企业匹配成功并进驻挂职，累计选派三批139名博士（专家）进驻127家企业。前两批（2016—2017年）82名专家挂职企业以来，已获科研成果奖28项，其中省科技进步一等奖2个。推进国家级、省级博士后工作站创建工作，新建及授牌省级博士后工作站6家，累计建成博士、博士后工作站45家，其中，国家级博士后工作站2家、省级博士后工作站30家、市级博士工作站13家。做好博士后择优资助申报、生活补助、安家补助、建站经费等申报和发放工作。市委人才办出台《关于印发〈关于加强企业骨干人才队伍建设的意见〉的通知》，遴选认定第一批企业骨干人才400人，其中，“绿谷企业英才”100人、“绿谷企业新秀”300人。

【职称制度改革】 2018年，市人力资源和社会保障局推进卫生自主评聘改革，市中心医院、人民医院试点工作经验在全省三乙以上医院、县域医共体全面推行，市中心医院院长韦铁民应邀在全省深化职称制度改革会、全省人才工作大会以及全省卫生高级自主评聘改革培训会等多个重要会议作典型发言和经验介绍。制定《中小学教师分类评价办法》，充分考虑各学段、学科的区别，兼顾不同职称层次的需求，以师德、能力和业绩为重点完善考核评价标准，推进分类评审。制定《新型农业经营主体人员职称评价标准》，拓宽农业生产经营主体技术人员职称评审通道，打破户籍、地域、身份等制约，参评主体向农业生产经营主体中的技术人员以及返乡创业大学生、农创客拓展，引导更多的职业农民参加评审。设立农业工程中评委，农业工程、交通工程、水利和海洋与渔业工程等系列工程师任职资格评审及高级工程师任职资格推荐均由相应的中评委组织实施。开发建设“云上职评+证书+续教在线”三位一体的职称评审综合管理服务平台，2012—2018年，发放已上线的证书数据3万余本，2007—2012年发放的证书归集基本完成。2018年起，丽水市职称评审（含初定和认定）通过人员全面实施电子证书。申报现代服务业高研班7个、专业技术人员高研班19个，其中9个项目入选省级和市级高级研修班项目。

【职业能力建设】 2018年，龙泉卢伟孙获“全国技术能手”称号，龙泉陈永德技能大师工作室、云和县王万成技能大师工作室获“省级技能大师工作室”称号，龙泉青瓷宝剑技师学院（筹）被确定为浙江省高技能人才公共实训基地扩建项目。市人力资源和社会保障局先后举办17个项目技能竞赛，其中丽水市首届“绿谷工匠”技能大赛结合本地产业发展特色，培育66名丽水市技术能手和176名“绿谷工匠”。4名选手参加省茶艺竞赛，2人获二等奖，2人获优胜奖。举办智能制造（自动化方向）高技能领军人才培训班，推荐3名高技能人才参加2018年“金蓝领”培训。做好高层次技能人才津贴的申报、审核和发放工作。加强对技能大师工作室、高技能人才基地、技工院校、民办职业培训机构的监管，深化校企合作、产教融合，探索新型学徒制试点工作。依托技工院校开展技能扶贫工作，龙泉市青瓷宝剑技师学院（筹）与四川广元昭化职业高中开展结对帮扶工作。开展重点骨干企业（行业）自主评价，充分发挥企业示范引领作用，以点带面推进人才培养。

【外国专家和智力引进项目管理】 2018年，市人力资源和社会保障局加强外国智力引进，获批省“百村引智示范项目”4个、省级引进国外智力项目6个，省“百村引智示范项目”获批总数连续5年全省第一。青田县华富大数据管理有限公司引进的美国专家获2018年度浙江省外国专家“西湖友谊奖”，做好外国人到华就业管理服务工作。

【人才服务】 2018年，市人力资源和社会保障局举行“一带一路”中国工艺美术精品全球展之“丽水三宝”（龙泉青瓷、龙泉宝剑、青天石雕）走进蒙古活动。第七届全国中小城市人才服务工作座谈会暨丽水市人力资源产业发展高峰论坛在丽水举行。会上，中国人才交流协会与丽水市签订专业化人才服务合作框架协议，并授予丽水专业化人才服务基地牌匾。与《组织人事报》联合举办“绿色人才发展研讨会”。召开2018丽水“人才•科技”峰会子活动“人才金桥”工作座谈会，市校签订第二轮合作协议，新增浙江大学等6家“人才金桥”工程合作单位。引进急需紧缺人才和高层次人才共2538人。做好高层次人才购房补贴、一次性安家补助、柔性引才绩效补助发放，及健康体检、子女入学办理工作。高级人才联合会围绕乡村振兴、工业可持续发展等主题，开展“智汇绿谷”论坛等系列活动。

劳　动

【概况】 2018年，市人力资源和社会保障局推进“企业关爱职工、职工热爱企业”（以下简称“双爱”）活动，召开“双爱”活动综合试验区创建工作推进会，开展“双爱”宣传周、示范企业和优秀职工评选、和谐企业推荐、劳动风险防范培训、“双爱”主题新媒体演讲比赛等活动。全市建立综合试验区10个，纳入试验区企业214家，推选出“双爱”示范企业20家，推荐国家级和谐企业1家、省级和谐企业12家。推进国有企业负责人薪酬制度改革，完成2016年度市管企业负责人的薪酬兑现工作。适时调整最低工资标准，从2018年10月1日起，全市各县（市、区）统一执行第三档最低工资标准，即每月1660元。切实厘清建筑业农民工工资支付保证金的行业职责，开展保证金移交工作。

【劳动保障监察】 2018年，市人力资源和社会保障局推进“丽水无欠薪”建设，龙泉市作为第一批试点县通过省政府的“无欠薪”县（市、区）创建验收，莲都区、云和县、青田县、遂昌县、景宁畲族自治县申报参与2018年“无欠薪”县（市、区）建设。推进重点领域欠薪治理，落实治欠保支六项长效机制，建立“丽水无欠薪”行动定期通报制度，实现防欠薪办实体化办公，在龙泉市召开“丽水无欠薪”行动现场推进会。开展农民工工资支付情况、人力资源市场秩序整顿、用人单位遵守劳动用工和社会保险法律法规情况、劳动保障监察交叉执法检查等专项行动，劳动保障监察机构主动监察各类用人单位5698户。全市办理各类案件988件，其中办理各类欠薪案件895件，清欠金额5551.21万元，涉及职工5238人；欠薪案件比2017年同期下降17%，清欠金额比2017年同期下降55%，涉及职工人数比2017年同期下降43%。联合有关部门牵头处置大业、爱福泉等一批重点欠薪案件，欠薪案件及时处置率100%。丽水市人力资源和社会保障局等17个部门出台《对严重拖欠工资用人单位及有关人员开展联合惩戒的合作备忘录》，明确劳动监察诚信监管的对象、措施以及严重欠薪联合惩戒信息共享的内容、实施方式，探索劳动保障诚信动态监管机制。

7月，开展执法检查 （周　广　提供）

【劳动人事争议调解仲裁】 2018年，市人力资源和社会保障局全面推行劳动人事争议仲裁要素式办案模式，加强庭前引导、优化庭审程序、简化裁决文书。推进“互联网+调解仲裁”网络平台建设，实现调解仲裁网络平台上在线仲裁案件申请和在线网络调解办理。按“六有”（有组织、有场所、有人员、有设备、有制度、有台账）、“六统一”（统一名称、统一标识、统一程序、统一公示、统一文书、统一使用调解系统）要求，推进乡镇（街道）劳动纠纷多元化解机制建设，全市10个试点乡镇（街道）成立劳动人事争议调解中心。举办劳动人事争议调解仲裁员业务知识更新培训班，全省230余名基层调解员、兼职仲裁员参加培训。完善法律援助工作站，法援工作站已成为农民工劳动争议维权的主要途径。全年立案受理案件2412件，涉及劳动者2506人，涉案金额6083.95万元，结案2390件，结案率99.09%（其中调解结案1853件，调解率77.53%）。

就　　业

【概况】 2018年，市人力资源和社会保障局完善积极就业政策，优化公共服务，确保就业形势总体稳定。全市新增城镇就业22542人，同比增长22.6%；实现城镇失业人员再就业8079人，同比增长3.64%；期末城镇登记失业率1.91%，维持在较低水平，同比降低0.75个百分点。促进城乡居民增收，城镇常住居民人均可支配收入42557元，同比增长9.1%，增速位居全省各市第一。

【出台就业政策】 2018年，丽水市人民政府出台《关于做好当前和今后一段时期就业创业工作的实施意见》，进一步优化就业创业生态环境，促进创业带动就业，推动实现更高质量和更充分就业。丽水市人力资源和社会保障局出台《关于印发〈丽水市本级就业创业扶持政策实施细则〉的通知》，进一步明确各项就业创业政策实施办法。

【公共就业服务】 2018年，市人力资源和社会保障局共组织人力资源交流大会54场，3732家招聘企业为求职者提供岗位86776个，达成就业意向20020人，现场录用7081人。开展“展翅行动”和“护航行动”，发放技能补贴160.61万元、岗位稳定补贴1119.46万元。部署开展助力乡村振兴十大专项行动，支持和鼓励农民就业创业，为农业农村发展注入“创新、人才、智力”动能化中西部扶贫劳务协作，制定对口地区人员到丽水就业优惠扶持激励政策，先后赴受援地举办招聘会17场次，提供岗位1.2万余个，吸纳中西部建档立卡贫困人员在丽水稳定就业2404人。实现全省首家失业保险待遇核准支付“掌上办”。

【重点群体就业】 2018年，市人力资源和社会保障局加大重点人群就业帮扶力度，全市企业见习基地达到135家，开发见习岗位1340个，实现就业困难人员就业2691人。开发社区（村）公益性岗位被列为市政府十件民生实事之一，完成岗位开发并落实人员上岗的村（社区）公益性岗位877个，超目标任务46.2%。30个社区（村）获评省高质量就业社区（村），数量位列全省第二。

【促进创业】 2018年，市人力资源和社会保障局设立创业担保基金954万元，发放创业担保贷款4906万元，累计余额6354万元。新增市场主体3.8万个。认定创业园23家，入驻创业实体923个，入驻创业实体带动就业7827人。举办创业大赛22场，其他创业活动120余场。实施职业技能（创业）培训百千万计划，举办培训班541个，投入培训资金2009.84万元，培训29774人。开展农村电商培训11234人，扶持农村电商创业2637人，带动就业12992人。举办丽水市首届乡村振兴创业创新展示交流系列活动。市人力资源和社会保障局获省“奇思妙想浙江行”创业创新大赛和第三届“中国创翼”创业创新大赛江浙选拔赛优秀组织奖。设计发布和全域启用全省首个公共创业服务品牌标识“丽创荟”，并完成商标注册。

社会保障

【概况】 2018年，全市养老保险参保人数194.4万人，参保率92.01%；医疗保险参保人数266.3万人，参保率98.67%；工伤保险、生育保险和失业保险参保人数分别为60.9万人、55.4万人、25.1万人。被征地农民衔接转入企业职工基本养老保险人数23.59万人，转保率为88.14%。实际持社保卡人数271万人。稳步提高社保待遇，全市26.25万名退休人员基本养老金月人均调整125元，城乡居民基本养老保险基础养老金标准由每人每月135元调整为155元。市区被征地农民基本生活保障金标准与低保标准同步调整，第三档由原来月人均680元提高到700元，其他档次同比例提高。

【社会保险政策】 2018年，市人力资源和社会保障局落实《丽水市人民政府关于印发〈丽水市全民医疗保险办法〉的通知》，建立以基本医疗保险为主体、大病保险为延伸和拓展、多形式补充保险供选择的多层次的全民医疗保险体系。开展个人账户购买商业保险工作，第一批3个商业健康保险产品纳入医保个人账户历年结余购买目录。将33个慢性病纳入门诊医疗保障范围，实现110个病种按病种付费，完成全市十方面民生实事目标任务。落实《浙江省人口与计划生育条例》关于实行生育人员30天奖励假的规定，补发从2016年1月1日起的30天奖励假生育津贴，将市本级生育保险费率从0.6%提高到0.9%。出台超龄人员纳入工伤保险试行办法，将超法定退休年龄人员统一纳入工伤保险试点范围。丽水市人力资源和社会保障局出台《关于印发〈丽水市企业人才集合年金试行办法〉的通知》，建立人才长效激励机制，提高企业人才退休后的养老待遇水平，鼓励企业吸引和留住各类人才，增强企业竞争力。推进社会保险“精准扶贫”，实施低收入农户补充医疗保险制度，参保率达到100%；对特殊群体参加城乡居民基本养老保险的个人缴费部分直接全额或部分减免，努力实现困难群体参加城乡居民养老保险“一个都不少”。

【社会保险经办管理服务】 2018年，市人力资源和社会保障局分类明确公立医疗机构与非公立医疗机构、零售药店医保药品支付标准相关规定。完善基本医疗保险定点医疗机构和零售药店协议管理办理规程，优化并简化办事流程。开展2017年度医保总额预算管理及按病种付费、按床日付费的决算工作和2018年度预算工作。做好被征地农民基本生活保障专项审计整改工作。开展工伤保险内控专项检查和职工基本养老保险、城乡居民基本养老保险、失业保险三大基金安全评估工作。召开丽水市政银合作暨“就近跑一次”服务延伸启动仪式，与省农信联社丽水办事处签订政银战略合作框架协议，首批27项社保业务“就近跑一次”服务延伸至全市173个乡镇（街道）和152个农商银行服务网点。全面开通手机微信“人脸识别”领取资格认证。做好社会保险费征管职责移交工作。

【社保信息化建设】 2018年，市人力资源和社会保障局开展电子社保卡试点工作，全省率先发行电子社保卡、开通医保移动支付。完成人力社保数据省级集中项目、信息系统安全防护（一期）项目、职称评审与人事管理系统、劳动监察网络指挥综合管理系统（一期）、“最多跑一次”信息系统等建设。做好丽水市社保就业一体化业务系统、丽水市社会保障卡管理系统与省社会保障卡卡管系统的对接工作。完成社保卡服务大厅和办公场所的搬迁工作。 （周　广）

外事 侨务 台务

外事工作

【概况】 2018年，丽水市办理因公出国（境）审核审批338人次，其中纳入计划管理党政干部232人次，事业单位人员106人次。因公护照、通行证收缴率均为100%。市本级共接待来自加拿大、西班牙、智利、法国等9个国家和国内外来宾17批240人次。全年办理邀请外国人到华审批手续63批111人次。办理APEC商务旅行卡15张，领事认证612份，代办因私签证141批次，较好地满足企业和市民“走出去”进行经贸、文化、旅游等对外交流需求。

协助省外侨办处理好丽水市一公民在俄罗斯火灾中遇难事件、青田籍公民季文君因被指控擅闯民宅被柬埔寨警方依法扣留事件等；协助省外侨办了解丽水市侨胞在喀麦隆从事采金情况；办理缅甸新娘材料核查；协助青田县开展涉外信访维稳工作，共办理4批17人次赴意大利、德国、西班牙等国开展信访维稳工作；针对丽水市华侨多、领事保护需求多的特点，加强领事保护政策宣传，邀请外交部领事司参赞为侨胞做领事保护专题培训。

【开展“走进欧洲”项目之友好交流互访活动】 2018年2月22日至3月6日，丽水市组织第三届“走进欧洲——浙江省丽水市高中生英语及欧洲文化知识大赛”，评选出20名一等奖获得者赴德国卡尔斯鲁厄市进行为期13天友好交流学习访问；4月5—12日，德国鲁道夫—史坦普高级文理中学2名教师和7名学生到庆元县交流访问，双方举行友好结对启动仪式，签署两校结好备忘录；10月31日至11月7日，德国巴符州卡鲁斯鲁厄市6名教师和20名学生到丽水中学交流访问。

10月31日至11月7日，德国卡鲁斯鲁厄市师生到丽水中学交流访问

（黄亦丹 提供）

【中西两国青少年交流互访项目之暑期交流营活动】 2018年7月9—18日，中西两国青少年交流互访项目之2018暑期交流活动在丽水市实验学校举行。西班牙巴塞罗那市青少年代表团一行38人到丽水市交流访问。丽水市外侨办、市教育局携手西班牙国家教师学院和西班牙双丽集团共同组织，巴塞罗那8所不同学校32名学生与中国家庭共度10天。为丽水和巴塞罗那两市增进友谊、加强交流、深化合作奠定良好基础。

【举办外交部驻外使节团丽水行活动】 2018年11月1—2日，外交部拉美司大使董晓军率外交部驻外使节团一行36人到丽水走访调研。市委书记胡海峰出席欢迎餐叙，市委副书记、市长吴晓东作市情介绍。外交部驻外使节团一行先后参观考察莲都区下南山古民居、古堰画乡景区以及百兴菇业、纳爱斯集团等企业。通过考察，使节团一行增进对丽水了解和认识，亲身感受到丽水的绿色发展成就，尤其是对丽水市在生态环境保护治理方面取得成绩表示赞叹。

【主要出访】 2018年3月18—25日，市政府副市长王小荣率代表团一行6人赴美国、瑞士访问，考察两国在旅游、林业、农业和气候适应等方面实现生态产品价值做法和经验。副市长王小荣在2018年美国自然资本研讨会上作题为《生态产品价值实现的中国丽水样本》主旨报告，以图文并茂形式介绍丽水践行“绿水青山就是金山银山”理念，为丽水生态产品价值实现典型做法，为世界各国协调发展与保护关系提供示范。

6月25日至7月2日，市政协主席陈瑞商率团一行6人出访塞尔维亚和法属留尼汪，陈瑞商与塞尔维亚萨夫斯基韦纳茨市市长伊莱娜•吴伊科维奇签订《建立友好交流城市关系》协议书，与法属留尼汪省圣皮埃尔市第一副市长斯蒂芬•迪友签订《深化文化体育环保领域交流合作备忘录》。

10月25日至11月1日，应一般社团法人日中协会和复旦大学美国校友会(纽约)邀请，市委常委、组织部部长方健忠率代表团一行8人赴日本、美国开展招才引智活动。其间，与36位高层次人才进行洽谈，初步达成意向7人，达成引进协议2人；进行项目洽谈10个，初步达成意向4个，达成合作协议2个；建立海外人才驿站1个。

【主要到访】 2018年3月2—4日，加拿大魁北克省友好交流访问团一行25人，在魁北克省浙江友好协会会长胡为农陪同下到丽水进行友好交流访问。3月2日，正值中国传统佳节——元宵节，代表团一行到应星楼参加“我们的节日——品处州古韵•赏美丽非遗”2018丽水市美丽非遗闹元宵活动。11名加拿大魁北克小学生和丽水市实验小学学生一起练书法、舞功夫扇、吃汤圆。

3月2—4日，加拿大魁北克省友好访问团丽水行活动 （黄亦丹 提供）

3月8日，比利时西弗兰德省ITB文化贸易公司代表团一行4人到丽水市访问，并与市商务局、民政局、旅游局等部门举行座谈会。会上，代表团介绍西弗兰德省基本情况，并根据丽水市自然条件对应西弗兰德省特点提出交流项目建议。

5月16—17日，中国人民对外友好协会欧亚部主任沈昕一行5人到丽水市调研。代表团先后考察莲都区、松阳县古村落及民宿，详细了解丽水市传统村落保护和利用、民宿业发展等情况。代表团对丽水市坚持活态保护、有机发展思路，充分利用老房子等存量资源发展民宿经济，通过手工业、生态农业、旅游业等多种业态深度融合，逐步焕发乡村生机和活力，推动乡村品质建设等做法给予高度评价。

7月13—14日，应中国人民对外友好协会邀请，法国上法大区议会代表团一行4人到丽水市探寻绿色工业、农业、环保等领域合作交流。代表团先后考察百兴菇业、古堰画乡景区、莲都古村落及民宿，并与农业专家进行座谈，详细了解丽水市绿色发展道路、传统村落保护和利用、民宿业发展等情况。

11月15—17日，意大利奎斯泰洛市市长马拉瓦斯•卢卡一行12人到丽水市松阳县友好访问，双方共同签署《友好合作备忘录》。此次签约标志着松阳与意大利曼多瓦省奎斯泰洛市的友好关系进入新阶段。希望双方能在艺术、旅游、教育、农业等方面加强合作，携手共进，互利共赢。

【友好城市交流】 2018年3月23—27日，日本静冈县三岛市7名中学生在三岛市国际交流室职员坂本学和李宁带领下到丽水，分别与花园中学和景宁中学开展为期5天友好交流。

6月4—5日，智利圣地亚哥市

代表团一行12人到丽水访问，了解丽水城市建设、社会治安综合治理等情况。6月5日上午，代表团一行在市行政中心1616会议室参加座谈会，市人大常委会副主任沈根花出席会议并致辞。

7月16—21日，丽水职业技术学院及市外侨办一行5人赴日本进行为期5天交流访问活动。访问团拜访三岛市市长丰冈武士，参观源兵卫川、三岛市污水净化中心。此次访问与枥木县及其农林大学在农业教育研修方面产生若干共鸣，达成初步合作意向。

9月26—28日，智利圣地亚哥市市长费利佩•阿历山德里、智利驻上海总领馆总领事伊格纳西奥•孔查一行9人到丽水市进行交流访问。9月27日上午，丽水市人民政府市长吴晓东与智利圣地亚哥市市长费利佩•阿历山德里共同签署《建立友好交流关系协议书》。为进一步增进两地友谊，推动“智利唐人街”项目实施，改善友城圣地亚哥市内治安安全管理，丽水市向圣地亚哥市政府捐赠电动汽车16辆。

10月17日，市人大常委会副主任沈根花率团一行5人赴智利塔尔卡市友好访问，双方举行农业经济发展座谈会。访问团一行与塔尔卡市副市长莱昂内尔就加强与塔尔卡葡萄产业合作交流、农业技术输出、农业项目引进等方面进行交流。

11月16—19日，智利驻华大使路易斯•鲁道夫•施密特一行12人到丽水访问。市委书记胡海峰在丽水会见智利驻华大使路易斯•鲁道夫•施密特一行。胡海峰对大使一行到来表示欢迎，并对大使应邀出席在青田举办首届世界华侨进口商品博览会表示感谢。

11月20—24日，日本三岛市教师大村慎一、小林佑到丽水市开展友好访问及教师交流活动。11月23日下午，在莲都小学会议室召开座谈会，市外侨办、市教育局、区教育局、相关学校负责人参会，各参会学校负责人介绍相关情况与学校特色。2018年是教师互访制度实施第一年，2位老师的到访标志着深化两市交流合作新起点。

12月10—14日，丽水市友好访问和水利访问团一行6人赴三岛市开展友城交流和水利合作洽谈。访问团拜访三岛市市长丰冈武士、市议会议长铃木文子，学习借鉴日本在水资源合理开发利用及水利设施、水域及其岸线管理先进经验相关情况，参观考察日本旅游区、车站、服务区、小餐饮店等区域公共厕所建设、维护、使用情况，为推进丽水市“厕所革命”工作提供借鉴。（黄亦丹）

华侨事务

【概况】 2018年，全市侨务系统贯彻中共十九大会议和十九届二中、三中全会精神，践行习总书记“绿水青山就是金山银山，对丽水来说尤为如此”重要嘱托，推进引智引资、联络联谊、华文教育工作，优化为侨公共服务。1月，开展走访慰问侨资企业活动；2月，开展“新气象•新年旺——丽水海外侨胞新春大拜年”活动，开展春节送温暖活动，走访慰问困难归侨侨眷；3月，举办2018德国华商高层次人才丽水行活动；4月，举办2018丽水市海外侨团负责人研习班，召开丽水华侨摄影家协会成立大会；6月，举办2018丽水籍海外侨商经济研习班暨第十三期华侨企业家培训班；7月，组团赴乌干达、坦桑尼亚开展海外侨情调研，举办2018年海外华裔青少年“中国寻根之旅”夏令营浙江营丽水分营活动，举办“海外名校•华侨学子”家乡行活动；8—12月，组织开展“侨声唱响四十年”主题宣传采访报道活动，组织开展市外有影响力丽水籍侨商投资情况调研。

【推进华侨城项目落地实施】 2018年，华侨城项目是全市“破难攻坚百日行动”重点项目、浙江（丽水）绿色发展综合改革创新区（大花园）2018年重点项目、省市县长项目。根据项目攻坚要求，市外侨办先后多次牵头或协调召开相关会议，进行专题研究，协助修改细化招商方案，牵头制订《推进华侨城项目工作进度计划表》，指导督促和按期完成华侨城土地政策处理遗留问题，形成《丽水华侨城项目（暂名）招商方案》和修正方案，经市政府常务会议审议通过，12月28日，历时五年的华侨城项目以9.45亿元被丽水锦侨置业有限公司竞得土地开发权。项目总用地面积180965平方米（近18.07公顷），总投资近30亿元。

【调研活动】 2018年，在全市集中开展“‘八八战略’再深化、改革开放再出发”大调研活动期间，市外侨办配合并参与市人大《首届世界丽水人大会侨资签约项目落地情况》、市政协《我市侨资利用典型案例剖析及启示》课题调研，协助完成调研报告；组织召开侨界座谈会，就如何发挥侨胞作用，助推丽水参与“一带一路”行动枢纽计划，听取侨胞意见建议；组织开展市外有影响力丽水籍侨商投资情况调研。由市外侨办、市委统战部、丽水学院、青田县委统战部、青田县侨办、青田县工商联、青田县侨联、市侨商协会组成调研组，完成《丽水籍侨商发展状况及吸引华侨元素回归的对策建议》调研报告。

【联络联谊】 2018年，市外侨办推进海外示范性侨团建设，推选丽水市海外侨团参与第二批“浙江省海外示范性侨团”评选，通过评选，比利时中国和平统一促进会、克罗地亚华人协会、葡萄牙华人联合总会、瑞典瑞京华人协会等7家丽水籍海外侨团入选第二批“浙江省海外示范性侨团”。市外侨办向7家侨团分别发出贺信。3月，青田县在全省率先出台县级《关于进一步加强青田海外侨团规范化建设的实施意见》。全年接待柬埔寨浙江总商会、澳大利亚浙江侨团联合会、欧华联会、塞尔维亚丽水商会等13批次侨团到访。

【优化为侨公共服务】 2018年，市外侨办深化涉侨审批服务事项“最多跑一次”改革工作。全年审批华侨回国定居证2571份，办理归侨、华侨子女、归侨子女考生身份确认278份，浙江省归国华侨证4份，华侨、归侨和侨眷身份认定2份，办结率100%，全市群众满意度测评获100%服务满意率。联合丽水市中级人民法院建立涉侨纠纷调解工作室，聘任12位侨界人士担任首批特邀涉侨纠纷调解员，通过发挥其调解特长，助力人民法院化解涉侨矛盾纠纷，共同促进社会和谐。联合市公安局在西班牙、荷兰等6个国家建立“丽水警侨驿站”8个，聘任当地知名侨领担任负责人，并指定联络员，通过网络联系海外华人华侨，以网络视频、会议模式、群直播模式开展业务培训，实现线上线下、国内国外联动，为海外丽水籍华人华侨提供民政涉外婚姻、公证、涉外体检、公安出入境等服务项目19项，为侨服务延伸至海外。维护侨权侨益，共处理来信来访8件，结案8件。妥善办复人大代表、政协委员提（议）案，共办理政协提案6件。

【引导侨界人士参与社会公益活动】 2018年，市外侨办与《处州晚报》联合，开展“晚报·华侨学子”爱心助学活动，侨界爱心人士资助贫困优秀大学生10人。参与东西部扶贫协作工作，11月20日，组织60余名侨商参加四川巴中丽水重点产业投资推介会、新“丝”路浙江·阿克苏进出口产业合作园暨新和县特色产业招商推介会。在新“丝”路浙江·阿克苏进出口产业合作园暨新和县特色产业招商推介会现场发起“我是爱心农场主”果树认领活动中，20棵枣树被侨商认领。

【应对海外涉侨事件】 2018年，市外侨办、青田县调处哥伦比亚“香港行动”和华商“闯馆事件”，配合驻哥伦比亚大使馆推进该事件得到解决。应对西班牙巴塞罗那圣哥洛马市侨民被抢，侨民与警察发生冲突事件，切实保障丽水侨胞合法权益，稳定当事人和侨胞情绪。

【走访慰问侨资企业】 2018年1月19日，市外侨办主任邢长勇、副主任金晓伟一行赴义乌走访意路康意大利贸易有限公司、义乌百德酒店管理有限公司、青田红强进出口贸易有限公司等6家侨资企业，了解企业发展历程、经营状况及之后发展思路，并与企业负责人进行座谈交流。介绍中共十九大之后的宏观形势及丽水市大花园建设情况、侨乡投资交易平台建设等情况，希望侨商们回家乡参观考察，关注、关心丽水发展，参与丽水大花园建设。

【开展“新气象·新年旺——丽水海外侨胞新春大拜年”活动】 春节前夕，联合浙报集团丽水分社，借助浙江新闻手机客户端丽水频道和“浙里丽水”微信公众号，推出“新气象·新年旺——丽水海外侨胞新春大拜年”活动。活动期间，收到来自世界各地30个丽水海外侨团、侨胞拜年视频，通过“浙江新闻”客户端丽水频道向家乡人民拜年，丽水海外侨胞拜年视频点击量达75万人次。

【开展春节送温暖活动】 春节前夕，市外侨办分别到青田、莲都、庆元、龙泉等县（市、区）开展困难归侨侨眷走访慰问活动，向他们送上新春祝福和慰问金。并及时帮助他们解决生活生产上困难和问题。走访慰问缙云县期间，了解侨眷李华忠因车祸身体瘫痪，长期卧床，生活十分困难后，及时向省外侨办上报情况，申请应急救助，省外侨办给予应急救助资金8000元；法属留尼旺浙江同乡会会长张永科给予李华忠捐助资金1万元。元旦春节期间，全市走访慰问困难归侨侨眷241人，慰问金额28.88万元。

【高层次人才丽水行活动】 2018年3月23—24日，举办2018德国华商高层次人才丽水行活动。此次活动由市委人才办、市经合办、市外侨办联合举办。2018德国华商高层次人才代表团共有德国华商高层次人才14人组成，由青田籍华侨、德国华侨华人公共外交协会会长杨强华任团长。活动期间，举行人才项目对接会，进行项目路演，并与30家意向企业负责人，各县（市、区）、丽水开发区人才和招商等部门有关人员面对面对接交流。有16家企业与人才进行深度对接。代表团一行到缙云县丽缙五金科技产业园对接交流，考察浙江畅尔、肖特新康等企业。活动结束后，浙江木佬佬玩具工艺品有限公司和德国SWG公司技术总监陈志勇进行对接洽谈，达成合作意向，引进600万元工业4.0自动化生产设备。

【举办2018丽水市海外侨团负责人研习班】 2018年3月31日至4月3日，与市委人才办、青田县侨办在青田联合举办“2018丽水市海外侨团负责人研习班”。来自22个国家近60名海外侨团负责人参加学习。该期研习班邀请专家学者就新时期、新侨情开设有针对性专题讲座，主要课程有中共十九大精神和全国“两会”精神、海外侨情特点与中国侨务、海外领事保护知识讨论、《关于促进青田华侨回乡兴业安居的若干意见》、侨团规范化建设、热点金融信息解读、中国传统文化知识讲座等。其间，学员们考察龙泉青瓷小镇、竹垟畲族乡、宝溪镇休闲养生项目。

【召开丽水华侨摄影家协会成立大会】 2018年4月10日，全省首个华侨华人摄影协会——丽水市华侨华人摄影协会成立庆典在丽水举行，来自15个国家协会会员以及国内摄影界人士44人参加大会。丽水市华侨华人摄影家协会于2017年11月成立，旅意侨胞陈英亚任首届会长。协会由华侨华人、归侨、港澳台胞及侨属、侨务工作者组成，由市外侨办主管，是浙江省首个市级华侨华人摄影家协会。协会有来自20余个国家和地区70余名会员。协会先后举办2018“相约粮山”摄影大赛，“游子情”会员摄影作品巡回展，海外摄影采风，看望抗战老兵等活动，受到海外华侨华人好评。

【举办2018丽水籍海外侨商经济研习班暨第十三期华侨企业家培训班】 2018年6月4—8日，与市委人才办、市商务局在丽水联合举办2018丽水籍海外侨商经济研习班，来自13个国家近30名侨商参加。该期研习班以“融合发展，助推丽水大花园建设”为主题，听取乡村振兴农旅融合战略专题讲座，考察莲都区碧湖镇万洋低碳智造小镇项目，组织学员赴宁波参加浙洽会、中东欧华侨华人宁波峰会、侨商投资贸易对接会等活动。

【组团赴乌干达、坦桑尼亚调研海外侨情】 2018年7月4—11日，应乌干达青田同乡会、坦桑尼亚浙江商会邀请，市外侨办副主任金晓伟率团5人出访乌干达、坦桑尼亚调研两国华侨生活生存状况、侨团建设等情况，指导侨社设立海外突发事件应急机制。出访期间，代表团分别在乌干达和坦桑尼亚举办海外侨情特点与海外领事保护知识讲座，进行海外侨情特点与海外领事保护知识宣传并分析丽水侨情新特点、新变化，剖析涉侨突发事件原因和教训，引导华商主动融入当地社会，提出华商长期生存发展意见和建议，鼓励侨商守法经营，树立华侨良好形象。通过企业走访和座谈会等方式，推介首届世界华侨进口商品博览会，宣讲首届世界华侨进口商品博览会暨青田进口葡萄酒交易会招商政策，青田县华侨兴业安居政策和青田华侨总部大楼招商政策，引导海外侨胞回归发展。

【“中国寻根之旅”夏令营活动】 2018年7月17—28日，举办2018年海外华裔青少年“中国寻根之旅”夏令营——浙江营•丽水职业技术学院分营活动，来自14个国家88名海外华裔青少年参加。同时在青田举办两个分营，分别为青田石门中学营和华侨中学营，来自世界各地200名海外华裔青少年参加夏令营活动。

【“海外名校•华侨学子”家乡行活动】 2018年8月13—16日，举办“海外名校•华侨学子”家乡行活动，来自意大利米兰大学、加拿大多伦多大学、西班牙马德里大学、加泰罗尼亚理工大学等学校15名华侨学生参加活动。活动期间，华侨学子与丽水学院商学院学生围绕学科特色、丽水特色等工作开展座谈交流。华侨学子一行赴龙泉体验青瓷文化、宝剑文化，走访考察庆元大济进士村、百山祖。

【“侨声唱响四十年”主题宣传报道】 2018年，市外侨办为纪念中国改革开放四十年，策划和推出“侨声唱响四十年”主题宣传系列报道。在市主流媒体开设专栏，借助报、台、网等互联网平台推送，以小人物命运展示大时代变迁，讲述丽水市侨胞参与见证改革开放所见所闻、所感所悟，宣传丽水华侨华人在中国改革开放中起到的贡献和作用，报道华侨要素回流、助推丽水经济社会发展取得成就，树立一批华侨华人标杆，激发广大海外侨胞和归侨侨眷积极投身国家建设和丽水发展热情。《丽水日报》、丽水市广电总台电视新闻综合频道、丽水网在重要版面、时段统一开设“侨声唱响四十年”专栏，集中宣传报道有代表性华侨故事40篇共40人。　（余红慧）

侨联工作

【概况】 2018年，丽水市归国华侨联合会（以下简称“市侨联”）服务经济发展，开展“侨商回家•走进丽水”活动，引进侨商项目9个、投资总额10.78亿元；11月，市侨联承办首届华侨进口商品博览会暨青田进口葡萄酒交易会，其间举办签约大会，签订进口品牌授权代理686个，国外酒庄签约入驻115家，累计意向成交15.6

11月17—19日，举行首届华侨进口商品博览会暨青田进口葡萄酒交易会采购合作签约仪式（徐嘉鹏　提供）

亿元。维护侨益，开展侨法征求会6场，开展侨法宣传26场次，印发5000册侨法手册赠送涉侨单位和侨界群众，接待侨界群众来信来访32起；推动成立"丽水警侨驿站"；举办"侨资企业服务月"，开展课题调研形成文字稿5万余字。加强联络联谊，传统节日走访涉侨企业和人士2300余人，接待侨团到丽水考察89批次，接待国内侨务考察团98个，参加侨界红白喜事200余次，海外侨团成立或换届及时发贺电贺信50余封；加强与温州、金华、张家口等友好侨联联系，学习侨联改革方案，借鉴经验做法；举办"侨缘侨心聚侨力　同心共筑中国梦"新春联谊会，邀请在莲都区侨界人士370余人参加，聘请6名医学专家为侨界健康顾问，聘请10余名专业律师为侨界法律顾问。履行参政议政职能，提出提案和建议共90件，其中涉侨提议案16件，集体提案4件。全年侨界人士参与扶困救助、捐款助学、拥军慰问等慈善、公益事业共捐献895万元；联合莲都区侨联助力城中村改造。2018年，青田县侨联获中国侨联"全国侨联系统先进组织"称号，市侨联兼职副主席叶毅青获中国侨联"全国侨联系统先进工作者"称号，市侨联驻会副主席傅旭蓉等6人获中国侨联"全国归侨侨眷先进个人"。市侨联参与举办"侨连天下•舞动全球"首届华侨进口商品博览会获全省侨联系统最具影响力工作奖。

【推动《丽水市侨联改革实施方案》印发】　2018年，借助侨联群团改革春风，推动市委印发《丽水市侨联改革实施方案》，在优化侨联队伍、加强侨联经费保障、扩大侨联组织覆盖面、提升基层侨联组织活跃度等作出具体部署。缙云县、青田县印发地方侨联改革文件，莲都区、松阳县、龙泉市、景宁县、庆元县、云和县、遂昌县侨联都草拟文件。

【举办"侨智聚绿谷•创新引未来"活动】　2018年7月18日，丽水市侨联在缙云县举办以"百侨助百村　助力乡村振兴"为主题的第五届"侨智聚绿谷　创新引未来"活动，邀请12个国家的60余名剑桥大学、美国哈佛大学等博、硕留学生参加，4名留学人员作经验分享；7月19日，参观缙云县中国华侨文化交流基地黄帝祠宇；7月22—25日，丽水市侨联与青田县留联会组织留学生近40余人赴南京、无锡、苏州三地考察学习。

【开展"百侨助百村，助力乡村振兴"工作】　2018年，市侨联印发《关于进一步深化"百侨助百村，助力乡村振兴"工作的实施意见》系列文件，通过帮助地方行政村招募乡村合伙人，联合莲都区侨联、市人民医院送医下乡，联合下属社团看望乡村老人，引导侨界群众参与乡村振兴取得成效。德国华侨个人出资30万元，在乡村为留守华侨子女筹建侨杏学堂；乌克兰华侨在龙泉张村成立嘉龙生态循环农业科技园，带动当地就业人数150余人；青田华侨为乡村筹捐医疗救助款152万元；6个侨社团与5所乡村学校结对，到位助学款项76万元；全省最大侨资农光互补发电项目在青田方山乡投入运营。全年全市105个乡村与104个侨社（团）结对，意向结对项目5个，意向投资6000万余元，到位帮扶款项360万元，落实意向帮扶资金56万元。（徐嘉鹏）

台湾事务

【概况】　2018年，市台办以"丽水之干"担纲"丽水之赞"深入开展"大学习大调研大抓落实"主题活动，制定工作制度9项，完成制度汇编五大类43项。举办全市涉台干部培训班。开展对台文化、教育、民宿、基层、青少年等领域交流交往活动42场次。邀请青田县、遂昌县、缙云县等同乡会旅台乡亲返乡探亲，开展台联会和同乡会"两会"交流22场次431人次。

【举办“建设大花园·丽台农旅融合发展高峰论坛”活动】 2018年9月13—14日，“建设大花园·丽台农旅融合发展高峰论坛”活动在丽水市举办，来自台湾和省内专家学者、业者代表等300余人参加，精心策划“赠以兰花、报以甘泉”，用丽水9个县（市、区）“母亲河”水浇灌台湾阿里山蝴蝶兰，展示丽水“惠台33条”真诚与善意，实现丽水对台重大活动“五个第一”（第一次大咖云集、第一次网络直播、第一次吸引众多两岸媒体、第一次覆盖人群上亿人、第一次入岛宣传）。

【对台经贸合作】 2018年，落实国台办、浙江省惠台措施，研究出台丽水市人民政府办公室《关于进一步深化丽台经济文化交流合作的实施意见》（以下简称丽水市“惠台33条”），涵盖丽台投资合作、科技创新、创业就业、文化交流、生活待遇等方面内容。开展“侨资搭台，台智唱戏”“乡村振兴，台智助力”系列活动，招引台资企业2家，邀请16个考察团89人次到丽水考察投资，组织培训活动61场次，参训人数4945人次。开展“服务台企，助推美丽经济发展”活动月，走访台企台胞60余人次，召开台青台商台胞座谈会2次，为台企台商解决实际问题和困难9个。

【对台交流交往】 2018年，市台办加强对台交流品牌建设，全市举办两岸共祭轩辕黄帝、两岸少数民族文化交流、两岸茶文化交流等活动42场次，到丽水的台胞427人次，其中，举办丽台青年文创交流、暑期“寻根筑梦”故乡行等两岸青少年交流活动5次93人次，吸引台湾青年到丽水创业就业实习12人次。全市完成因公赴台团组30个298人，非公商务团组13个25人。

【对台联谊宣传】 2018年，市台办以台湾丽水市同乡会、青田和遂昌寻根团以及缙云旅台乡亲返乡祭祖等活动为平台，开展“两会”交流22场次431人次，其中第一次到丽水交流74人。3月12日，丽水市考察团参加台湾丽水市同乡会庆祝一周年联谊活动。市台办主任沈丽珺率丽水9个县（市、区）台办主任考察团首次参访台北缙云、青田同乡会会馆会址和辞修中学。青田旅台同乡会2次组团返乡，《丽水会刊》编委在莲都区、缙云县采风，探索“台湾看丽水、话丽水、赞丽水”新形式宣传活动。全年全市入岛发表专版1个，入岛宣传稿件146篇，播放电视专题片2个。对内宣传方面，国家级媒体发文30篇，省级媒体发文69篇，市级媒体发文99篇。

【召开全市对台工作会议】 2018年5月，相继召开市委对台工作领导小组会议和全市对台工作会议，会议学习贯彻中央和全省对台工作会议精神，总结2017年工作，研究部署2018年工作。会议强调，要抓重点创特色。研究出台政策，抓好31条惠及台胞措施落地见效；推进产业合作，深化与台湾农旅融合、健康养老、文化创意等领域交流合作，加大对台招商引资和招才引智工作；拓展产业平台，加快丽水台商投资区、庆元台湾农民创业园建设力度，大力支持江泰国际星城海峡两岸青年就业创业示范点建设，优化台商服务，吸引更多台湾青年到丽水创业就业，促进丽水市大花园建设和创新区建设。秉持“两岸一家亲”理念，扩大丽台文化、教育、医卫、青年等领域交流与合作，提升丽水在台湾知名度和美誉度，促进两岸同胞心灵契合，为实现祖国统一贡献丽水力量。会议要求，全市上下要深入学习贯彻习近平总书记对台工作重要思想，坚决贯彻中央和省委对台工作重大决策部署，提高政治站位，坚定战略定力，以高度的政治自觉抓好各项对台工作，促进丽台经济社会融合发展。（郑剑巍）

5月31日，全市对台工作会议召开　（郑剑巍　提供）

法　治

政法委及综治

【概况】 2018年，丽水市政法系统贯彻落实中央、省、市关于平安建设、法治建设和政法队伍建设的一系列决策部署，以建设更高水平的平安丽水、法治丽水为目标，坚持以“丽水之赞”为引领和动力，扛起“丽水之干”的政法担当，全面推动政法综治维稳大调解和平安建设工作落实。连续14年(2005—2018年)被省委、省政府命名为“平安市”。2018年，全市人民群众安全感满意度97.74%，高于全省平均数0.9个百分点，连续5年位居全省第一；平安建设参与率66.85%，高于全省平均数6.85个百分点，连续3年位居全省第一；平安建设知晓率89.62%，高于全省平均数1.74个百分点，位居全省第三。

3月29日，全省建设平安浙江工作会议召开(左四为丽水市委书记张兵)

(朱冯梁　提供)

【连续第14年被省委、省政府命名为“平安市”】 2018年度，丽水市以全省考核第二的成绩连续第14年(2005—2018)被省委、省政府命名为“平安市”。市委、市政府主要领导率先垂范履行“第一责任”，市分管领导亲力亲为推动工作落实。市委政法委当好党委政府参谋部、服务部，推动平安建设“上会入文”，向市委常委会专题汇报平安建设和政法工作12次。市委四届四次全会报告明确“确保夺得省星级平安金鼎，向着夺取长安杯目标不懈迈进”目标。贯彻落实中央和省委、市委部署要求，召开市委政法工作会议、全市深化平安丽水建设工作会议、全市政法信访创新工作会议等，结合实际抓好部署；发挥参谋助手作用，把方向、建机制、搭平台，以“平安报表”“三张清单”为载体，分析研判形势，加强督促检查指导，推进平安创建常态化、精细化、精准化。突出综合协调优势，推动各地各部门落实平安创建责任；层层签订个性化的平安综治目标管理责任书；开展月报月评、季度分析工作15次；举办2018年度基层平安综治领导干部培训班；开展全市平安暗访检查3次；编印发放2018年平安建设工作手册；制定下发平安综治考核实施办法、过程性指标排名赋分办法、专项工作项目化实施方案等配套文件；开展平安宣传；总结推广缙云县平安创建“三清单六机制”做法。

【制定出台《平安丽水2025行动纲要》】 2018年，市委办制定出台《平安丽水2025行动纲要》，以基础更实、机制更全、水平更高、群众更满意为目标，以“十大能力提升行动”为工作重点，谋划平安丽水中长期建设方向和路径，为丽水市高质量绿色发展和建设平安丽水提供有力保障，确保2025年夺取全国平安建设最高奖项“长安杯”，实现丽水市由“平安”迈向“长安”。

【服务保障高质量绿色发展】 2018年，全市政法系统聚焦聚力丽水市中心工作，围绕中心、服务大局。设立综合审判团队专司环境资源审判，建立刑事、民事、行政“三审合一”审判模式；成立全省首个市级生态检察部，开展涉环境保护六大专项监督行动，全年办理公益诉讼案件488起，居全省首位；依托项目警官、河道警长制等，侦办食药环案件225起；开展打造最佳营商环境法律服务专项行动，实现公共法律服务县乡村全覆盖。全面开展打防电信网络诈骗行动，侦破一批大要案件，为群众挽回损失超1000万元，返还被害人300万余元；打击经济领域违法犯罪，相继破获假冒“艾莱依”注册商标案、非法侵占“纳爱斯”企业资产案，依法保护地方特色知名品牌。开展信访积案“清零战”，国家信访局交办的25件积案全部办结，省局交办的9件全部息诉罢访；景宁“域外网格”社会综合治理新模式、青田运用“侨海通”实现跨境视频调解等，得到省委、省政府领导肯定。开展为期2个月的驾乘超标电动车摩托车戴头盔专项整治行动，头盔佩戴率95%左右，交通事故死亡人数同比下降31.75%；建立食品安全数字化监管模式，食品安全满意度连续10年位居全省第一；开展高层建筑和出租房消防安全专项整治行动，发现并督改火灾隐患1万余处。

【维护社会稳定】 2018年，全市政法系统绷紧安全稳定这根弦，居安思危、警钟长鸣，敢抓敢管、毫不松懈，维护全市社会大局和谐稳定。紧扣防范化解重大涉稳风险攻坚战，确保“五一”国际劳动节、“6•4”1989的动乱、“七一”中国共产党建党节、“八一”中国人民解放军建军节等重要节点的安全稳定和中共十九届二中、三中全会、全省及全国“两会”“一带一路”北京峰会、上海进博会、第五届世界互联网大会、“枫桥经验”纪念大会等系列重大活动维稳安保工作万无一失。构建重大活动维稳安保“六大体系”，形成高效顺畅指挥调度机制，实行专班实体化运作，有效发挥综合指挥、统筹协调、督查督办作用，推动全市社会大局持续安全稳定。扎实推进“一体两翼”体系建设；开展全市社会风险隐患排查整治专项行动，围绕风险隐患逐一落实化解责任；全市排查调处各类矛盾纠纷7万多件，调处率与调处成功率分别为98.91%和99.27%；开展涉稳突出问题摸排化解工作，集中处置276件；完成重大决策社会稳定风险评估项目169件；10件省级挂牌督办重大矛盾纠纷全部化解；61个省平安暗访发现问题整改到位；强化重要部位安全保卫，落实重点领域“六大实名制”管理；开展互联网金融风险排查，防范化解P2P平台不稳定风险。

【总结推广“枫桥经验”】 2018年，丽水市以中央政法委“枫桥经验”纪念大会为契机，深化“六大工程”(全科网格规范提升工程、“三治融合”基层社会治理体系建设推广工程、社会组织参与社会治理规范提升工程、“互联网+”社会治理深化提升工程、社会心理服务体系建设推广工程、流动人口管理服务提升工程)，坚持把工作重心放在基层，推动基层机制更加健全、基层基础更加扎实、基层队伍更有活力，不断提升基层社会治理水平。对标对表基层社会治理“六大工程”，总结提升推广新时代“枫桥经验”，海外“枫桥经验”、山区“枫桥经验”、省际“枫桥经验”等亮点；龙泉市“心防”服务体系、青田县“不诉不捕”案例入选“枫桥经验”中央电视台政论片；莲都区“小荷志愿者”、龙泉市“走出去”社会心理防护网、云和县流动人口“三安工程”、缙云县笕川村“三治融合”、松阳县全域网格“六张图”、景宁县“域外网格”、市公安局车辆管控“一朵云”、市卫健委“第三方参与调处医患纠纷”等做法入选《新时代“枫桥经验”100例》。深化全科网格规范提升工程，开展“全科网格规范提升月”活动，把省每月通报的压力转为动力，加强网格员业务培训，落实网格员待遇补贴保障，健全网格责任捆绑追究机制，规范推进综治中心建设，优化调整网格5289个，整合网格员1.1万人，经费7739万元，全面夯实基层基础，专职网格在线率、重点人员走访率、重点场所走访率，三项指标大幅提升。按照“盆景”变“风景”，“风景”变“全景”要求，实行“1+X”品牌计划，培育形成莲都区阳光票决、龙泉市心访、青田县涉侨服务中心、云和县老李帮忙团、庆元县五台合一、缙云县“110”联调中心、遂昌县政企社共建、松阳县民情地图等典型做法；第三方医患纠纷调解、域外网格、陈尸清零、生态检察、海外平安建设、不戴头盔专项整治等做法获省委领导批示肯定。扎实推进“雪亮工程”国家级重点支持城市项目建设。全市建成一类点位2.13万路，完成目标的107.18%；联网整合二、三类点位7.11万路，完成目标的113.35%。

【扫黑除恶专项斗争】 2018年，丽水市按照中央、省委决策部署，推进扫黑除恶专项斗争。1月23日，召开全国扫黑除恶专项斗争电视电话会议，中央、省委多次作出决策部署，丽水市委第一时间制定工作方案，下发《关于全面开展扫黑除恶专项斗争的通知》，稳固搭建为期三年的行动方案基本框架。全年全市召开扫黑除恶专项斗争领导小组会议3次，全面部署不同阶段工作重点。市委常委会先后3次听取专题汇报，对推进全市扫黑除恶工作向纵深发展提出建设性意见，指明下步方向。市纪委、市委组织部、市委宣传部等重点部门制定下发扫黑除恶专项斗争方案，各县(市、区)及同级职能部门紧密衔接、完善方案、协同推进。市、县两级迅速建立组织架构，成立以政法委书记任组长的扫黑除恶专项斗争领导小组，设立综合协调、侦办打击、执纪执法、基层组织建设和宣传报道五个工作专项组，抽调业务骨干组成实体化运作专班。市扫黑办协调各专项组、成员单位，多次召集形势分析会、专题工作会议和案件会商会议，凝聚合力，提升打击黑恶和“打伞破网”质效。深化宣传发动，确定8月为扫黑除恶专项斗争集中宣传月，并会同市委宣传部、市公安局联合出台《全市深化扫黑除恶专项斗争宣传工作实施方案》，在短时间内形成“铺天盖地、遍地开花”宣传势头。坚持考核导向，制定《丽水市扫黑除恶专项斗争排名赋分办法》，实行每月排名赋分通报，层层传导压力，推进扫黑除恶专项斗争各项工作。至年底，全市收网涉黑涉恶团伙48个，九类涉恶案件立案355起，采取刑事强制措施1276人，逮捕469人，移送起诉819人，判决9件20人，生效判决7件18人；发现党员干部、公职人员涉黑涉恶腐败和“保护伞”问题线索82件。

【政法机关一体化办案系统应用推广】 2018年，丽水市按照省委政法委统一部署，按照“全案上线，实现跨政法部门业务网上协同全覆盖，形成线上业务办理闭环”的总体目标，分“前期推广、提质扩面、全面应用、深化应用”四个阶段步骤，实现政法各部门之间办案协同应用，提高办案效率，破解案多人少困局。至年底，通过“一体化办案系统”流转的逮捕协同案件553件、起诉协同案件1125件，审判协同案件585件、换押协同218件。

【“一体两翼”体系建设】 2018年，丽水市按照省委政法委统一部署，打造以乡镇(街道)党委政府为基层社会稳定责任主体、以筑牢防线和守住底线为两翼的“一体两翼”工作体系规范。凸显“关口前移、责任明晰，机制健全、流程规范，注重联动、提升效能”等特点，结合丽水市实际，规范大、中、小乡镇(街道)分类建设标准，对重点领域、重点群体、重点人员涉稳风险等问题的排查，发挥基层成为发现矛盾问题、化解矛盾纠纷、防控风险隐患的第一道防线。至年底，全市173个乡镇(街道)完成建设，确立以建设“2.0版全科网格”为抓手，聚焦重点事、重点人，筑牢“防火”防线；以建设运行“一三五”涉稳处置机制为抓手，确保涉稳事件发现在早、扑灭在小，守住“灭火”底线的工作格局。

【提高执法司法公信力】 2018年，全市政法系统坚定守土有责、守土尽责，推动形成最牢固公平正义防线。开展案件评查，完成对全市检察机关2015—2017年度已办结的不起诉案件专项执法检查。审批司法救助案件4件并实现息诉罢访，发放联动救助资金14.5万元。牵头协调市级政法各部门解决执行难有关问题。集中开展涉法涉诉信访积案化解，55件省交办积案化解52件，化解率94.5%。办理省市领导批示督办件工作9件。做好省委第四巡视组接访点涉法涉诉信访工作小组有关工作，集中交办179件。办理日常来电来信来访97件。深化司法体制综合配套改革，研究提出具体措施，解决市员额法官检察官配套待遇问题。加强执法执勤车辆管理信息系统建设，推动车辆纳管和车辆基础数据、定位数据上载。推进涉案财物管理中心建设，在全省首创政银合作模式和涉案财物网上拍卖做法，9个县(市、区)建成并投入运行。推进政法机关一体化办案系统应用推广工作，实现所有刑事案件通过系统流转，其中逮捕协同553件、起诉协同案件1125件、审判协同案件585件、换押协同218件。

【提升政法干警履职能力】 2018年，全市政法系统组织开展“不忘初心、牢记使命”主题教育，结合推进“两学一做”学习教育常态化制度化。举办全市政法领导干部专题研讨班，围绕习总书记对浙江重要指示精神和“丽水之赞”“八八战略”开展学习研讨，增强学懂弄通做实的思想自觉和行动自觉。出台《中共丽水市委政法委员会工作规则》，加强党对政法工作的领导。坚持“一切工作到支部”，明确每月“党支部固定学习日”，落实“三会一课”制度，开展理论学习15次。严格执行党内政治生活若干准则。围绕深化党和国家机构改革重大决定，确保做到思想不乱、人心不散、工作不断、干劲不减。学习省委市委关于推进清廉建设的决定，全面落实全面从严治党“一岗双责”主体责任，层层签订《党风廉政建设》责任书，组织市委政法委机关全体干部到之江监狱开展警示教育；做好干部协管工作，审核批复15批49人次。制定实施《中共丽水市委政法委员会关于贯彻落实中央八项规定实施细则的若干规定》。针对年度重点工作任务多的特点，增强综合协调能力，采取专班制工作方法，成立总结提升新时代枫桥经验工作专班、

扫黑除恶工作专班、雪亮工程工作专班、防范处置涉稳突出问题工作专班，实行挂图作战、项目化推进，推动工作落实。（朱冯梁）

公　安

【概况】 2018年，丽水市公安机关践行市委以“丽水之干”担纲“丽水之赞”的号召，为高质量谱写“八八战略”丽水新篇章保驾护航，取得“大事没出，小事少出”“跑在前列”“点赞多”的工作成效。刑事、治安案件，信访、传统盗窃案件和交通、火灾事故伤亡人数持续下降，没有发生重大恶性案件、严重群体性事件、网络安全事件和较大以上交通、火灾事故，特别是在全国“两会”期间实现暴恐事件零发生、公共安全零出事、重点人员零滋扰。“最多跑一次”、命案积案侦破数、刑拘四类侵财犯罪嫌疑人上升幅度、现场指纹和DNA采集率、扫黑除恶线索核查率和成案率等均跑在全省前列。12月，丽水市公安局投入经费328万元，购买公安指挥车和通信保障车各一辆。主要通过卫星通信、自组网传输、4G通信等手段实现应急现场实施音视频传输至市局或省级指挥中心。率先在全省推出涉案财物委托第三方管理和公安涉案财物淘宝拍卖机制。推进执法队伍专业化建设，增加法制队伍人才储备，全市公安机关通过国家统一法律职业资格考试25人，通过人数排名全省第三，通过占比率排名全省第一。技术情报、海外“枫桥经验”、信访维稳、流动人口服务管理、“美丽公安”创建等工作多次得到中央、省、市领导肯定；《人民日报》、央视等主流媒体多次宣传报道丽水公安工作成效。探索实践山区“枫桥经验”典范样本，青田海外“枫桥经验”得到国务委员、公安部部长赵克志批示肯定；派出所、交警中队、拘留所共有7个获评“枫桥式”基层所队。市连续第14年被省委、省政府命名为平安市，人民群众安全感满意度97.74%，连续第5年位列全省第一。全年全市有公安民警（含公务员、行政人员）3598人、事业职工149人、协辅警4153人，民警数占全市常住总人口的1.33‰。遂昌县看守所、庆元县公安局黄田派出所获评2017—2018年度全省政法系统先进集体，获评2017—2018年度全省政法系统先进个人1人；立个人一等功1人，立集体二等功7个、个人二等功9人，立集体三等功13个、个人三等功154人。

【“最多跑一次”改革】 2018年，丽水市公安机关树立“全覆盖、全天候、全域办、全球通”高线，在全省率先实现219个公安办事事项100%“一次办结”，实现所有民生事项“最多跑一次”和47.95%事项“全域一证通办”。推出公安电子证明系统、机动车登记通道式集成服务、警侨驿站、警商驿站等特色亮点工作。在西班牙、荷兰等7个国家建立“警侨驿站”，实现“最多跑一次”服务向海外延伸。在全省率先推出机动车登记通道式集成服务，足不下车即可完成上牌；全市推广“二维码”办事指南，方便群众“扫码”获取办事信息。“最多跑一次”实现率97.53%、满意率97.97%分列全省第一、第二。《人民日报》头版头条点赞丽水青田出入境“最多跑一次”便侨利侨做法，刊文报道“读秒办件、送证到手”“警务小超市”警民互动交流平台等创新举措。《法制日报》两次头版头条报道丽水公安“最多跑一次”改革成效；丽水公安“最多跑一次”区域改革服务推广项目获评腾讯区域影响力峰会民生飞跃奖。

【建设“丽水警侨驿站”】 2018年，丽水市公安局推进“最多跑一次”改革与服务向海外延伸。6月12日，“丽水警侨驿站”通过钉钉平台运行，为海外华人华侨提供民政涉外婚姻、公证、涉外体检、公安出入境、户政、交警、银行等19项业务的咨询、预约、预审核及“零次跑”等服务，开创“线上线下互动、国内国外联动”的工作新模式，实现“警侨零距离，服务送万里”。在西班牙、荷兰、法国、匈牙利、巴西、意大利等11个国家建立“警侨驿站”分站

6月12日，举行丽水市公安局“丽水警侨驿站”启动仪式　（张　森　提供）

点7个。年内,办理各类事项686次,提供咨询服务1868次。该工作模式在公安部视频会议上作经验交流时受到副省长、公安厅厅长王双全肯定。

【研发上线电子证明服务系统】 2018年8月1日,丽水市公安局自主研发上线全省首个架设在浙江政务服务网的电子证明服务平台,实现"全流程网上办理"和"全市通办"。首期上线涵盖人口、交管等证明事项14项,为全市老百姓提供"全域窗口办""全时自助办""全程网上办"的证明事项开具服务,实现群众电子证明办理"零跑腿",老百姓告别各类"奇葩"证明、重复证明、循环证明。

【开展"猎狐2018"专项行动】 2018年,丽水市公安机关整合、发挥资源优势,开展"猎狐2018"专项行动。通过规劝、缉捕,年内,抓获境外逃犯11人(其中在册逃犯5人),协助外地抓获境外逃犯3人,境外逃犯缉捕率61.1%,在册境外逃犯缉捕率41.7%,提前完成双达标任务。庆元县局工作组赴澳门抓获并遣返涉嫌洗钱犯罪的重大经济犯罪嫌疑人倪某,得到副省长、公安厅厅长王双全的批示肯定。

【惩治刑事犯罪】 2018年,丽水市立各类刑事案件10514起,同比下降8.57%;破获3767起,破案率35.83%,其中,现行命案发11起,破11起,破案率100%。运用人像比对和刑事技术,拓展命案积案侦破新的增长点,破获命案积案6起,抓获本地上网命案逃犯10人。

【开展扫黑除恶专项斗争】 2018年,丽水市公安机关部署开展扫黑除恶专项斗争。全年共立9类涉恶案件355起,采取刑事强制措施1276人,逮捕469人,移送起诉819人,打掉黑恶团伙48个,在全省同类地区排名第一。其中往黑社会性质组织团伙方向侦办的案件3个,破获案件435起;抓获违法犯罪嫌疑人674人,采取刑事强制措施535人;扣押非法资产10135.48万余元,缴获军用子弹11发,铅弹2000余发,弓弩1支。省厅下发督办涉黑涉恶线索12条、交办14条(总数列全省第七),成案10条,成案率38.46%,办结23条、办结率88.46%,两项比率分别位列全省第三和第一(全省平均成案率28.72%,办结率50.63%)。2018年度,全市第一批挂牌督捕逃犯52人,抓获归案33人,归案率63.5%;省厅下发的2条涉黑涉恶逃犯均已归案。建立健全与纪委、组织部门的线索传递机制,依法查处背后"保护伞"5人、村干部8人,净化乡村基层政权。12月28日,市公安局召开扫黑除恶专项斗争新闻发布会,通报全年扫黑除恶专项斗争阶段性成效和7起典型案例。缙云胡某涉嫌黑恶犯罪团伙案入选省公安厅发布十大典型案例,中央电视台、《浙江日报》等相继报道。新华社报道庆元公安机关破获特大网络赌博案,中央电视台报道松阳公安机关捣毁四个涉黄涉赌直播平台。

【开展惩治传统侵财犯罪专项工作】 2018年,丽水市公安机关按照"打团伙、打职业、打系列"的要求,完善"每案必侦"工作机制,重点打击入室盗窃、职业犯罪和跨区域系列犯罪。全年全市起诉四类侵财案件人员数1269人,超前三年平均数13.91%,四类侵财现行案件破案率30.6%。

【惩治治理电信网络新型违法犯罪专项行动】 2018年,丽水市公安机关受理电信网络诈骗案件2287起,同比下降2.11%;损失金额4870万元,同比下降9.2%。市反诈中心接警7593起,止付冻结2.8亿元,阻止案件269余起,直接为群众挽回损失超1000万元,通过返还程序返还金额300万余元。

【监所管理】 2018年,丽水市公安机关监管场所收押10495人,其中,看守所收押4395人,同比增加6.29%;拘留所收押6100人,同比减少2.74%。没有发生安全责任事故、因执法问题追责事件、在押人员死亡事件和"平安考核"扣分事项,实现场所和队伍"双安全"。投入资金2600万元,用于"悬挂点"整治、伙房整改和智慧监所建设。其中,市看守所、市拘留所用于监区改造提升工程,打造"智慧监所";景宁县看守所对武警哨兵岗楼拆除重建;庆元县公安局立项新建看守所和拘留所总投入资金1.2亿元。

【拘留所助推矛盾化解工作】 2018年,全市拘留所收拘6100人次,其中司法行政拘留1085人次。开展社会矛盾化解工作592起,化解246起,化解率53.7%。纠纷涉及标的金额2608万元,司法拘留期间履行款项1598万元,提前解除司法拘留198人。收到锦旗、感谢信17件,通过调解后当事人表示愿意息访息诉13起。市拘留所社会矛盾化解工作"四式四法"及典型案例先后在中国新闻网、《平安时报》、《浙江法制报》、《丽水日报》、《处州晚报》、丽水公安微信公众号等媒体平台刊发,李某涉侨民事纠纷化解被省高级人民法院、省公安厅联合评选为2018年度全省司法拘留社会矛盾化解优秀案例。11月,市拘留所被浙江省公安厅命名为全省公安机关"枫桥式"基层所队,龙泉市拘留所"叶峰工作室"被省厅监管总队评为优秀工作室。龙泉市拘留所民警刁叶峰被评为全国拘留所社会矛盾化解工作成绩突出个人。

【惩治涉网违法犯罪】　2018年，丽水市公安机关主侦破获涉网案件179起，涉案金额近10亿元；抓获犯罪嫌疑人645人，逮捕犯罪嫌疑人330人，移送起诉犯罪嫌疑人281人。案侦情报被公安部专项办录用6起。其中侦破黑客攻击案件7起，抓获犯罪嫌疑人13人；侵犯公民个人信息案件12起，抓获犯罪嫌疑人32人；网络淫秽案件18起，抓获犯罪嫌疑人56人；网络赌博案件57起，抓获犯罪嫌疑人332人（含侦办境外开设赌场案2起，抓获犯罪嫌疑人51人；网络赌博诈骗案件4起，抓获犯罪嫌疑人34人）；网络诈骗64起，抓获犯罪嫌疑人29人；网络贩毒案件10起，抓获犯罪嫌疑人26人；网络贩枪涉爆案件19起，抓获犯罪嫌疑人25人。冻结涉案资金1.07亿元，收缴涉案资金2920万余元，查封平台云服务器200余台。侦破公安部督办案件2起，省公安厅督办5起，全国扫黄打非办督办1起，公安部精品案件1起及"9•4"非法经营案、"5•25"网约预谋实施绑架勒索案、覃某等人侵犯公民个人信息案、"1•18"非法经营（地下钱庄）案、"3•12"跨境网络赌博案、"中国城"跨国网络赌博案等一批重特大案件侦破，其中，"5•25"网约预谋实施绑架勒索案的侦破得到公安部副部长李伟，副省长、公安厅厅长王双全等领导批示肯定。全年累计配侦案件326起，采取刑事强制措施人数451人。协助外地警方侦办案件21批次，抓获犯罪嫌疑人28人。9月，成立"129"追逃工作专班，抓获网上在逃人员52人，其中在逃五年以上逃犯2人、八类暴力犯罪逃犯8人。

【开展网络安全监管】　2018年3—11月，丽水市公安机关开展"净网2018"专项行动，发现上报和处置处罚在市范围内网站和互联网信息服务单位提供应用服务涉及违法有害信息的行为。行政处罚单位25家，其中互联网信息服务单位18家、网吧7家，清理违法有害信息2384条，关停违法栏目1121个。开展网络安全执法检查专项行动，全年实地安全检查单位217家次，远程扫描网站、信息系统123个，发现各类漏洞和安全隐患214个，其中，高危漏洞59个，约谈单位57家，采取一般流程行政处罚企事业单位15家。梳理并关停全市政府僵尸网站26家。有序推进全市重点行业、重点领域的网络信息安全等级保护工作，全市完成备案单位403家，完成信息系统等级保护测评工作342个，其中，二级信息系统272个，三级信息系统70个。对全市银行、社保、水利、政务服务等行业新增测评信息系统25个，全市完成三级信息系统复测评工作65个。

【惩治毒品犯罪】　2018年，丽水市公安机关立涉毒刑事案件149起，破案件149起，破案率100%。其中，侦破6人以上涉毒团伙案件10起，3—5人涉毒团伙案件14起。查获吸毒人员583人次，起诉涉毒违法犯罪嫌疑人280人，强制隔离戒毒入所193人，缴获各类毒品504.12克。5月2—3日，松阳县公安局抽调警力60余人，集中收网省"2018—60"毒品目标案件。行动组先后在福建松溪、浙江温州、衢州、台州、遂昌、松阳等地抓获贩毒嫌疑人11人；缴获毒品（冰毒）6.02克，吸毒工具若干；扣押手机15部，银行卡7张。

【举办2018年"纯净丽水•绿色无毒"城市定向挑战赛活动】　2018年6月23日，在处州公园举行"纯净丽水•绿色无毒"城市定向挑战赛活动。参加活动1000余人，分成人组和亲子组，以团队的形式按照指令完成任务，设置冠亚季军三个奖项，最高奖金1500元。现场设置宣传台，以讲解知识点、分发宣传品等形式对参加活动人员及群众开展禁毒知识和平安建设相关宣传，达到良好宣传效果。

【市反恐办实体化运作】　2018年6月，市反恐办开展实体化运作模式。办公地点设市公安局，实行席位制管理办公，每半年从市交通运输局、市教育局、市市场监管局、市商务局、市卫计委、市邮政管理局、市城建委等轮流抽调两个部门各1人开展集中办公，按照市反恐怖工作领导小组领导和反恐办主任、副主任的指令开展工作，日常由市公安局反恐怖支队领导负责管理、协调，形成主体明确、责任落实、综合治理、联勤联动的反恐怖工作格局。

【居住出租房屋管理】　2018年，丽水市公安局总结提升推广新时代"枫桥经验"工作领导小组办公室关于进一步提升流动人口管理服务工作的实施意见，制定具体实施方法。市流动人口办公室（市公安局）多次召集市级流动人口管理服务工作成员单位、县（市、区）流口办研究流动人口提升工程工作，代拟起草《丽水市人民政府办公室关于加强和改进居住出租房屋管理工作指导意见》，形成丽水出租房屋管理机制。11月28日，丽水市人民政府下发《丽水市人民政府办公室关于加强和改进居住出租房屋管理工作的指导意见》。龙泉市通过物业委托式、"旅馆服务"自助式、上门服务集采式和数据倒查反哺式“四种模式”，打造流动人口和居住出租房屋管理“小城镇样板”。云和县打造让流动人口安家落户、安居乐业、安身立命的“三安工程”，破解流动人口、出租房屋衍生出的治安、消防等一系列安全问题。遂昌县将居住出租房屋“旅馆式”管理工作加入到“智慧安防小区建设”工作当中，推进“遂昌南溪家园”小区的“智慧安防小区建设”。

【完成秋征兵政治考核】 2018年，丽水市公安机关完成全市适龄青年的秋征兵政治考核任务，公安机关派出政考调查组105个、212人次到预征对象外出务工经商所在地进行调查，获取调查材料105份，发函79份，回函31份，电话联系67次，受理举报信件12件。

【惩治枪爆违法犯罪专项行动】 2018年，丽水市公安机关深化与互联网企业协作联动，完善、规范网络贩枪线索核查机制，重点打击网络制贩枪、爆犯罪。全年打掉网络涉枪涉爆团伙3个(10人以上且50条线索以上)，起诉涉枪犯罪嫌疑人55人，完成省厅下达起诉任务数40人的137.5%。收到省厅下发涉枪线索302条，核查302条，核查率100%，成案率9.52%，超过省厅6%的要求。

【惩治枪支爆炸物品违法犯罪专项工作】 2018年，丽水市公安机关侦办重大涉枪团伙案件3起，起诉涉枪刑事案件犯罪嫌疑人60人，起诉涉枪案件中缴获火药枪47支。全年缴获枪支154支、子弹89786发、过期炸药31582.4千克、雷管28666枚、黑火药6.6千克、索类65155米、管制刀具9230把、易制爆化学品40千克。松阳县公安局破获公安部督办案件“5·19”网络贩枪案，抓获团伙2个、犯罪嫌疑人21人，捣毁制贩窝点1个，缴获气枪6支、铅弹2万余发，涉及全国20余个省、市、自治区。打击整治枪支爆炸物品违法犯罪专项工作位列全省第七、同类地区第一。

【惩治黄赌专项行动】 2018年，丽水市公安机关组织开展黄赌专项整治“铁拳2018”集中统一行动3次。侦办涉黄赌刑事案件346起，同比上升42.1%(其中公安部督办4起，省厅督办5起)；移送起诉798人，同比上升23%。1月，缙云县公安局破获公安部督办案件“3·12”网络赌博案，抓获犯罪嫌疑人74人，冻结资金3.03亿元。遂昌、松阳、开发区(县)公安(分)局侦破的3起传播淫秽物品牟利案均成为国家“扫黄打非”办与公安部联合挂牌督办案件。打击黄赌专项工作位列同类地区第一。其中，打击整治跨境网络赌博“断链”行动列全省第五、同类地区第一。

【惩治食药环专项行动】 2018年，丽水市公安机关侦办食药环类刑事案件236起，同比上升39.6%(其中公安部督办3起，省厅督办2起)；移送起诉333人，同比上升32.1%。打击食药环专项工作成绩位列同类地区第一。3月，市公安局治安支队破获一起制售假烟网络案件，查获涉案假烟3600条，涉案价值100万余元。4月，青田县局侦破省厅督办的污染环境案件2起，抓获犯罪嫌疑人10人。5月，景宁畲族自治县局破获公安部督办的生产销售“毒豆芽”案，抓获犯罪嫌疑人4人，摧毁生产加工窝点1个。5月，缙云县局破获“5·24”偷排污染案，抓获犯罪嫌疑人2人。

【提升新时代“枫桥经验”】 2018年，丽水市公安机关通过矛盾纠纷排查化解大走访、“四无乡镇(村居)”大创建、基层网格警务大联动、“平安丽水”大创建、安防体检基地建设大推进等为载体，提炼出龙泉“乡贤治理”、遂昌“一村一警”、庆元“外籍新娘积分制管理”等新时代山区“枫桥经验”做法。7月，《丽水市公安机关丰富多元化矛盾纠纷化解内涵打造新时代“枫桥经验”山区样板》被浙江省公安厅刊发通报，在全省推广学习。9月，青田海外“枫桥经验”在国务委员、公安部部长赵克志到浙江调研座谈会上作专题汇报，得到赵克志肯定。新时代“枫桥经验”提升推广工作位列全省第四、同类地区第一。

【出入境管理】 2018年，丽水市公安机关继续实施“快速办证、延时办证、错时办证、周六办证、周日预约办证”，推广“电子证明服务系统”应用，提升群众对出入境业务的办事体验。11月6日开始，市本级出入境办证中心实行全科无差别受理模式。全年全市受理内地居民出国(境)申请21.99万人次，受理外国人签证、居留许可3945人次，临时登记境外人员2.47万人次；增删改法定不准出境人员报备数据1.63万条，国家工作人员登记备案数据1.38万条，临住登记核销5万余条。领事通报62次，遣送出境31人，身份核查61人，报列不准入境33人次。

【警(保)卫工作】 2018年，丽水市公安机关完成全国人大常委会副委员长白马赤林，原全国人大常委会副委员长张宝文，全国政协副主席巴特尔，中央政治局原委员、中央政法委书记孟建柱，全国政协副主席辜胜阻等领导在丽水视察期间的警卫任务7批次，其中，二级警卫任务2批次，三级警卫任务3批次，准三级警卫任务2批次，随团警卫任务2批次。完成全省实施民族乡村振兴计划启动仪式暨“双百村结对行动”现场会、2018全国轮滑锦标赛、市四届人大三次会议、市政协四届二次会议等重要会议和大型活动保卫任务48批次。

【开展“创文明交通、治秩序乱象”五大行动整治活动】 2018年2—12月，丽水市公安机关交警部门开展整治活动。年内，查处各类交通违法行为157.9万起，其中现场查处48.7万起。“两客一危”重点车辆检验率、报废率、违法处理率100%。联合交通、安监等部门排查隐患隧道21处、隐患路口128处、省市级事故多发点段10处，其中隧道隐患21处、路口隐患111处、省市级事故多发点段10处完成治理。全市连续第59个月未发生较大以上交通事故，全年全口径道路交通事故死亡311人，同比减少31人，同比下降9.06%；侦破交通肇事逃逸致人死亡案件11起。

【开展驾乘超标电动车、摩托车不戴头盔专项整治行动】 2018年10月11日，丽水市公安机关交警部门启动驾乘超标电动车、摩托车不戴头盔专项整治行动。向全市52万名驾驶员连续发送三次提醒短信，在媒体上发布宣传报道30余篇。11月1日，交警支队组织“集赞送头盔”活动，相关微信文章获阅读量35万人次和点赞5000余人次，群众参与6000余人。截至12月，全市累计处罚驾乘电动车不戴头盔7.7万起。市区范围内超标电动车、摩托车的头盔佩戴率从10月初的5%提升至98%，全市范围的佩戴率超过90%。该专项行动得到省委常委、政法委书记王昌荣，市委副书记、市长吴晓东等省、市领导批示肯定。

【推出机动车登记通道式集成服务】 2018年9月1日，全省首个机动车登记通道式集成服务项目在丽水市车管所落成并投入使用。申请新车、二手车车牌只需备齐申请资料，驾驶车辆进入循环式通道走廊后，足不下车即可完成资料审核、车辆查验、登记受理、号牌安装四个流程，实现一次排队、一次办结。单车上牌时间从原来的1个小时缩短至30分钟，效率提高50%，节约等候及办理时间，缓解车管所停车拥挤压力，挤压代办“黄牛”的滋生空间。

【警务督察】 2018年，丽水市公安机关出动警力3426人次，执行警务督察任务1243次，发现查纠各类问题1225个，提出督察建议725条，发督察法律文书19份。开展网上督察巡查33265次，巡查基层所队4.88万个，查看监控视频103.5万次，发现并纠正问题5874个，发放网上督察法律文书40份，网上督察处置维权案40起，提出督察建议229条。重点做好全国“两会”、上合组织峰会、中国国际进口博览会、世界互联网大会等重要会议活动期间安保专项督察和扫黑除恶专项斗争等执法督察工作。

【“12389”投诉举报核查投诉件】 2018年，“12389”投诉举报平台受理各类举报件123件（部督察局、厅督察总队交办线索16件、“12389”接收80件、支队自接来信来电来访27件），信件核查报结果120件，其中属实9件，部分属实14件，撤销投诉6件。

【信访工作】 2018年，丽水市公安机关接收群众来信来访1920件（批），同比下降11.81%，其中，来信1417件，占信访总量的73.8%，同比下降11.38%；来访503批，占信访总量的26.2%，同比下降12.98%；政务投诉信息平台4007件。市本级接收群众来信来访776件（批），同比下降18.74%。其中来信598件，占比77.06%，同比下降21.42%，初信202件，同比下降32.67%；来访178件，占比22.94%，同比下降8.25%，初访93件，同比下降4.12%。政务投诉信息平台1808件，同比上升51.3%，呈爆发式增长。

【推进涉法涉诉信访改革】 2018年，丽水市公安机关适应信访形势面临的新情况、新问题，推进涉法涉诉信访改革。做好内外导办理衔接，利用听证终结等手段实现久访不息、无理访、缠访、闹访等信访件有序退出，聘请法律顾问和取得公职律师资格的公安民警参与领导接访、坐堂咨询、现场调解、案件评查、终结退出、行政应诉、公开听证等各个环节，提高群众通过法律手段维护自身合法权益的能力。全年律师参与接访48批次，核查督办案件35件。

【完成“一人一房”建设】 2018年，丽水市公安机关采取合理规划功能区、整合办公用房、改造存量用房，争取当地党委、政府支持，无偿借用国资房产作为民警备勤用房等方式，解决一批基层派出所、交警中队的民警备勤休息用房问题。截至12月底，解决40个派出所、9个交警中队民警备勤休息用房问题，实现“乡镇基层民警每人一间房，城市基层民警每人一张床”的建设目标。

【建设“全域一证通办”平台】 2018年7月，丽水市公安局配合市政府数管中心建成“全域一证通办”平台。通过该平台自动生成公民身份信息、户籍证明、流动人口居住登记证明、人口服务信息、行驶证信息、驾驶证信息、车辆信息7项证明材料，公安业务数据调取使用量居全市第一。完成电子证明系统开发，真正实现证明开具“跑零次”，并在浙江政务服务网上线，群众可以自行申请个人证明14项。

【建设新一代移动警务建设应用体系】 2018年，丽水市公安机关新入网新一代移动警务终端1500余台，在“浙警云端”发布APP应用8项。5月，丽水市入选公安部移动警务应用创新建设城市，10月，向公安部申报移动警务应用创新成果3项。5月，丽水市公安局举办首届移动警务APP创新大赛，面向全警征集创意49项，经专家评审，最终确定研发项目37项。

【接处警工作】 2018年，丽水公安“110”报警服务台接报警562041起。有效警情205269起，(其中，刑事警情11176起，治安警情35541起，交通类警情82051起)，指令处警221709次。市本级接警164616起。有效接警68583起(其中刑事警情4147起，治安警情13500起，交通类警情28650起)，指令出警74129次。9月，丽水市公安局情指联勤中心通过在微信公众号上搭建报警平台，研发互联网报警的丽水元素和丽水样板。至年底，接处警678次，收到各类举报线索298条。年初，将“110”警情源头核查工作列入2018年市局重点工作。全年核查警情20826条，发布整改指令158条，全市“110”接处警信息采录质量改善，有案不受、有案不立情况杜绝。该项工作位列全省第三。

【情报体系建设】 2018年，丽水市公安局构建“预警预测、高效立体、情指一体”的指挥情报体系建设。6月，牵头与温州、台州、金华、衢州签订公安重大紧急警务区域合作章程，明确在重要信息通报、组织开展突发案(事)件紧急协查布控、重点(可疑)人员紧急协控、跨区域重大活动安全保卫协作、实施跨区域演练、“110”接处警警情协调、搭建视频指挥对讲系统等方面需要启动区域合作机制的重大紧急警务工作，实现市重大紧急警务联勤指挥协作5个。

【建设涉案财物管理中心】 2018年10月9日，丽水市刑事诉讼涉案财物管理中心投入运营。该中心投入1500余万元，建成标准化物管中心9个，使用面积近1万平方米，可同时保管涉案财物2万余件、车辆300余辆。该中心的建立规范涉案财物管理工作，破解涉案财物“保管难”“衔接难”“处置难”三大难题。通过“借力”银行，设第三方建设管理模式，由合作银行出资建立标准化物管中心，提供各项保管运营服务。该模式为全市节约建设经费500余万元和每年运行维护费100万元。

【建立涉案财物淘宝拍卖处置新机制】 2018年，丽水市公安局为解决涉案财物处置难的问题，探索淘宝拍卖机制。9月17日，联合市中级人民法院、市检察院、市财政局制定《丽水市刑事诉讼涉案财物淘宝拍卖工作规定》，明确拍卖流程，将涉案财物上挂至淘宝拍卖公安平台上进行处置。9月20日，开通淘宝拍卖公安平台。至年底，全市公安机关拍卖涉案财物55批次170余件，涉及汽车、电脑、IPAD、橡皮艇、电动车、手机、收藏纸币等财物，最高溢价率1360%，平均溢价率106%，及时、规范、高效地解决涉案财物的处置难问题。

【见义勇为工作】 2018年3月，丽水市公安局联合市交通运输部门、市旅委，落实见义勇为人员免费乘公交、旅游优待政策，首批领到公交卡93人、领到免费旅游优待证108人。丽水市成为全省第二个实现见义勇为先进人物免费乘坐城市公交的地级市。8月1日，市局联合市民政局、市财政局下发《丽水市困难人员医疗救助办法》，首次把经县级以上人民政府认定的见义勇为对象纳入医疗救助对象。在全市定点医疗机构住院或门诊治疗特殊病种发生的符合基本医疗保险政策的医疗费用，扣除各项保险补偿后的个人自负部分，按照50%予以救助，全年门诊和住院累计救助额度不超过8万元。12月27日，市局联合市人力社保局、市财政局制定省内地市级首个见义勇为奖励规范性文件《丽水市见义勇为人员表彰奖励暂行办法》，将二等功并授予见义勇为称号的奖励对象奖金分别提高到3万元、2万元。

【完善师资力量】 2018年，丽水市公安局加强教育训练师资队伍建设，提升公安教育训练质效。完成各类公安法律知识、计算机应用技术、警务实战技能、游泳救生等科目教官培训。聘任市级兼职教官106人，组建教官团队9个，其中，警务实战教官团队22人，信息化教官团队6人，心理辅导核心团队13人，执法办案教官团队7人，侦查(察)类教官团队9人，游泳救生教官团队4人，现场急救教官团队4人，综合类教官团队5人，辅警教官团队36人。

【开展职务序列改革】 2018年，丽水市公安机关落实党中央决策部署，开展人民警察职务序列改革。全年完成全市186名申报中级以上警务技术任职资格的审核，经省厅评审，通过评审185人，通过率99.5%。全市公安职务序列改革工作按照“人员分类、职务套改、首次晋升、待遇兑现”四个步骤稳步推进。截至12月31日，纳入改革实施范围的3251名民警全部完成套改。执法勤务警员职务2961名，其中高套职务的有1465名，占49.5%；套改警务技术职务290名，其中高套职务的有120名，占41.4%。全市初排符合最低晋升条件人数2349人，完成一级警长（一级主管）以下职务晋升1837人，一级警长（一级主管）以下职务晋升率78.2%，其中执法勤务晋升职务1615人，警务技术晋升职务222人，缓解民警压职压级。

【开展辅警规范管理与优化提升】 2018年，丽水市委将辅警队伍改革列入2018年市委常委领办的重大改革项目。4—6月通过“大学习、大培训、大练兵”，在用编外人员96%通过法律知识考试，93.3%通过体能测试，全市3600余名在用编外人员安全平稳有序转入辅警队伍管理，制定出台辅警规范制度体系文件，均高标准兑现落实辅警经费保障，辅警人均收入大幅度提高。获得感、幸福感、荣誉感提升，真正成为有尊严、有保障的职业。辅警改革的运作模式及经验做法受到副省长、公安厅厅长王双全，省厅党委副书记、常务副厅长毛善恩等领导批示肯定。省厅政治部刊发两期辅警改革简报，并在全省会议上作专题经验介绍。

【选派人员援疆】 2018年，丽水市公安局贯彻落实党中央关于新疆工作的决策部署，根据浙江省公安厅安排，在全市公安机关范围选派40名警力赴疆工作。采取组织点将与自愿报名形式，择优选拔“政治立场坚定、忠诚公安事业、坚决执行党的民族和宗教政策，维护祖国统一和民族团结，具有较强的工作能力、业务素质、事业心和责任感，作风扎实、不怕吃苦、甘于奉献，身体健康、心理素质过硬”的男民警35人、特别优秀辅警5人（有部队服役经历的优先）支援新疆。

【扩展宣传阵地】 2018年，丽水市公安局加强与丽水日报报业传媒集团合作，推出专版《丽水日报·丽水公安》。强化新媒体矩阵建设，做强丽水公安微博、丽水公安微信公众号的品牌影响力，策划推出《丽警0距离》视频栏目，将宣传触角延伸至短视频平台，4月19日，开设“丽警来了”抖音号。全年在中央电视台播发各类专题40余条，在丽水电视台播出各类新闻200余条，有效扩展宣传覆盖面，做好做强大要案件侦破工作的宣传报道。其中，丽水公安机关破获的特大贩毒团伙案、特大直播平台传播淫秽物品牟利案、全国首例非法经营“笑气”案、抢劫杀人沉尸案、特大非法买卖外汇案、特大非法经营“黑彩”案等，在新华社、中央电视台、人民网、中国新闻网、澎湃新闻刊播报道。云和县公安局破获的抢劫杀人沉尸案、龙泉市公安局“零口供”破获的贩卖毒品案由省公安厅集中发布，央视《今日说法》连续两天报道丽水公安机关破获23年的命案。依托自有宣传阵地，推出扫黑除恶专题报道，在新闻媒体刊发报道40余篇次。

【火灾事故】 2018年，丽水市发生火灾432起，同比下降35.54%；死亡4人，同比下降20%；受伤4人，同比下降66.67%；直接经济损失1254.4万元，同比下降了55.41%。未发生较大亡人火灾事故，火灾形势平稳可控。（许立红）

检　察

【概况】 2018年，全市检察机关以习近平新时代中国特色社会主义思想为指引，落实“讲政治、顾大局、谋发展、重自强”的总体要求，突出“深化法律监督，彰显司法权威，维护公平正义”的工作主线，盯住“守底线，创特色，创一流”的工作目标，围绕全市经济社会发展大局，忠实履行法律监督职责，强化自身建设，各项检察工作取得新进展，50个集体和个人受到市委和上级检察院表彰。在全省七项业务工作综合评价中，公益诉讼、公诉两项工作位居全省第一。“检察网格化”监督模式、“三查一评两深化”案件质量评查模式被评为全省检察机关优秀创新成果。青田县检察院办理的一起涉侨交通肇事案入选央视一台《坚持发展“枫桥经验”》政论片。市检察院和松阳县检察院办理的叶经生等组织、领导传销活动案，入选最高人民检察院第十批指导性案例。市检察院连续3年被评为全省检察机关党风廉政建设先进集体。龙泉市检察院被评为全国检察机关“文化建设示范院”。缙云县检察院被评为全省政法系统先进集体。莲都区、缙云县检察院被评为全省检察工作成绩突出基层检察院。

【扫黑除恶工作】 2018年，全市检察机关投入扫黑除恶专项斗争，依法严惩黑恶势力犯罪，批准逮捕181人，提起公诉51人。提前介入疑难复杂案件22件，挂牌督办有重大社会影响案件5起。缙云县检察院依法对胡某涉黑案20名犯罪嫌疑人予以批准逮捕。严格案件质量把关，对黑恶势力犯罪监督立案8人，追加批捕起诉9人。深挖彻查黑恶势力犯罪背后

"保护伞",向纪委监察委等部门移送线索8条。以扫黑除恶专项斗争为牵引,严厉打击严重刑事犯罪,批准逮捕各类犯罪嫌疑人1750人,提起公诉4038人,其中批准逮捕"盗抢骗"犯罪嫌疑人628人,提起公诉1260人;批准逮捕"黄赌毒"犯罪嫌疑人429人,提起公诉773人。

【发展"枫桥经验"】 2018年,全市检察机关开展"少捕慎诉、保障权益"专项检察,对情节轻微、社会危险性较小的刑事犯罪,不批捕551人,不起诉627人,不捕不诉率分别为23.9%和13.3%。深化司法调解工作,促成轻微刑事案件和解52件。针对生活确有困难的刑事被害人或其近亲属,开展司法救助,发放救助金107.2万元,同比上升260%。景宁畲族自治县检察院推行"检察网格化",化解矛盾纠纷,促进基层社会治理,得到省委政法委和省检察院的肯定。

【维护特殊群体合法权益】 2018年,全市检察机关加强未成年人全方位司法保护,重拳打击侵害未成年人犯罪,批准逮捕65人,提起公诉55人;教育挽救涉罪未成年人,依法不批捕19人,不起诉62人,开展观护帮教96人,提供心理救助180人,进行监护干预5人。运用公益诉讼保护众多未成年人合法权益,向市场监督局、住房和城乡规划建设局等部门发送检察建议14份,针对缙云某学校周边一家餐饮店在销售食品中非法添加"甜蜜素"问题,提起全省首例涉未成年人权益保护的刑事附带民事公益诉讼。维护妇女合法权益,起诉侵害妇女人身权利犯罪86人。强化弱势群体的权益保障,在检察环节帮助161名农民工追回拖欠工资147万元,为50余名空巢老人挽回被骗损失150万元。

8月15日,市检察院举行公益诉讼检察开放日暨新闻发布会 (邱婷婷 提供)

【诉讼监督工作】 2018年,市检察院在全省率先建立监督事项清单制,开展刑拘未提请批捕、未移送起诉案件专项监督,推行延押案件实体审,强化刑事立案和侦查活动的监督,监督立案130人,同比增长38.3%;追加批捕22人,同比增长175%;追加起诉43人,纠正违法85次。强化审判活动监督,对认为确有错误的刑事、民事行政裁判,提起抗诉29件,法院审结28件,改判16件,发出民事行政再审检察建议8件,法院再审后改判7件。办理羁押必要性审查案件178件,督促变更强制措施170人,同比增加50.4%。办理减刑、假释、暂予监外执行监督案件86件,监督收监执行32人。开展财产刑执行监督,督促261名罪犯缴纳罚金270万元。维护司法裁判权威,解决民事执行难问题,对涉嫌拒不执行判决裁定犯罪的失信人员,依法批准逮捕9人,提起公诉21人。

【公益诉讼工作】 2018年,全市检察机关贯彻落实市委、市政府出台的关于支持检察机关依法开展公益诉讼工作的意见,推进公益诉讼工作,保护国家利益和社会公共利益,办理公益诉讼案件514件,其中,生态环境和资源保护领域205件,食品药品安全领域280件,国有财产保护领域24件,国有土地使用权出让领域5件。通过诉前程序督促行政机关主动履职402件,占行政公益诉讼案件总数的99.4%。提起民事和刑事附带民事公益诉讼61件,均得到法院判决支持。通过公益诉讼,督促国土部门收缴土地出让金和违约金2729万元,收回闲置土地4.67余公顷,清缴排污费等其他积欠的国有财产1493万元。市、县两级检察院联动办理的医疗污水违法排放公益诉讼案,促成全市199家口腔诊所医疗污水排放全部达标。莲都区检察院针对部分房地产中介违规销售"一手房"问题,向市住房和城乡建设局发出诉前检察建议,促进房地产市场的规范发展。景宁县检察院办理的追缴土地出让金行政公益诉讼案,取得办理一案、教育一片的效果。

【法治宣传工作】 2018年,市检察院落实"谁执法谁普法"的责任制,在电视台开设普法专栏,利用"两微一端"开展以案释法,联合法院在全省首推环境资源类刑事案件巡回审判制度,全年全市检察机关到乡村文化礼堂或案发地开庭14次,把法治教材送到老百姓家门口。持续打造“爱·相随”未成年人法治教育品牌，市县两级院检察长兼任中小学法治副校长，为全市万名学生送上新学期第一堂法治公开课，法治进校园巡讲活动走进学校94所，受教育青少年人数4.6万人，同比上升130%。遂昌县检察院成立少年检察官学校，云和县检察院建成未成年人违法犯罪预防中心，增强法治宣传教育的针对性和实效性。

【生态检察工作】 2018年，全市检察机关健全专业化办案、精准化打击等工作机制，以法治保护生态环境，打好污染防治攻坚战。依法严惩群众反映强烈、性质恶劣的生态环境犯罪，批准逮捕23人，提起公诉119人。市检察院挂牌督办青田众鑫公司非法排污案，从严从快批捕起诉犯罪嫌疑人4人。开展饮用水水源地生态保护等专项监督行动，建议行政机关移送司法机关处理43人，同比增加19.4%，监督公安机关立案28人，同比增加64.7%。加大环境资源领域公益诉讼力度，督促整治污染企业4家、清理固体垃圾200余吨，督促犯罪嫌疑人缴纳生态损害赔偿金453万元、补植复绿1.33余公顷、投放鱼苗近10万尾，提起全省首例“劳务代偿”环境民事公益诉讼。庆元县检察院与福建松溪、政和等地检察机关联合建立办案协作机制，形成跨区域生态环境保护合力。

【服务民营经济工作】 2018年，全市检察机关贯彻习近平总书记在民营企业座谈会上的重要讲话精神，增强服务民营经济发展的思想自觉和行动自觉。开展服务非公企业主题日活动，走访企业50家，开展“送法进企”法律宣讲29次。依法严厉打击侵犯民营企业及企业家合法权益犯罪，批准逮捕18人，提起公诉153人。坚持办案与追赃并重，最大限度挽回企业损失，检察环节帮助企业追回赃款673万元。依法审慎办理涉及企业人员犯罪案件，对情节轻微的，不批捕6人，不起诉23人，最大限度降低办案对企业生产经营造成的负面影响。

【民生检察工作】 2018年，市检察院制定服务保障创新区建设的实施意见，助推丽水加快绿色发展。围绕金融风险防控攻坚战，重点打击网络传销、非法集资等涉众型经济犯罪，批准逮捕141人，提起公诉374人。参与整顿和规范市场经济秩序活动，依法严惩非法经营、串通投标等破坏市场经济秩序犯罪，批准逮捕83人，提起公诉251人。严厉打击破坏农业生产和侵害农民利益犯罪，批准逮捕5人，提起公诉45人，服务保障脱贫攻坚战，助力乡村振兴战略实施。加强与监察委的衔接配合，坚决惩治腐败，依法受理监察委移送的职务犯罪案件46人，提起公诉43人。

【队伍专业化建设】 2018年，开展“大学习大调研大抓落实”活动，推进“两学一做”学习教育常态化制度化，建立“每月一学”“每季一考”等“六个一”学习制度，在学懂弄通做实习近平新时代中国特色社会主义思想上下功夫、见实效。严守政治纪律和政治规矩，严肃党内政治生活。针对省检察院党组巡视反馈的问题，研究制定整改措施111项，推动市县两级检察院开展联动整改。持续开展系统内政治巡察，丽水市检察机关“三位一体”系统推进党风廉政建设的经验做法在全省检察机关推广。建立市县两级检察院领导走访社区、开展家访的“两访”制度，加强检察人员八小时以外的监督。坚持党建引领、恪守公正目标、激励实干争先、贯穿清廉主线、体现人文关怀的“连心守正”检察文化园地建成启用。利用“浙检大讲堂”“丽检讲坛”等平台，开展专题业务培训讲座，参加检校合作全员轮训800余人次。落实检察长列席同级法院审判委员会制度。采用检察官授课辅导等方式，提高检察委员会议事决策能力水平。持续开展精品案例评比，组织开展特色项目创建，推动理念变革，引领转型发展。聘请19名专家学者成立民行检察和公益诉讼咨询委员会，借助“外脑”提升队伍专业能力。深化“三查一评两深化”案件质量评查工作，强化办案活动监督，评查案件2000多件。被最高人民检察院和省检察院评为精品案例或优秀案例38个，同比增加137.5%。

【检察改革工作】 2018年，在市委重视和政法委等部门的支持配合下，员额检察官职业保障配套政策得到落实。晋升员额检察官43人，遴选第三批员额检察官14人，招录首批司法雇员67人。落实司法责任制，市县两级检察院领导直接办理案件1291件，占案件总数的18.6%。建立公益损害与诉讼违法举报中心和“12309”检察服务中心，为群众提供信访举报、信息查询等“一站式”服务，受理举报线索339件，发出纠正违法通知书、检察建议90份，整改纠正54件。深化检察环节“最多跑一次”改革，确定“检察官必须跑一次”事项13个，办理服务事项245件。依法保障律师执业权利，构建互动检律关系。建立海外检察联络站和全省检察机关首家侨联，为华侨提供诉讼便利和法律服务。牵头做好政法机关“一体化办案系统”应用推广工作，实现网上协同办理案件2192件。优化升级数据中心，数字检委会系统、掌上微办公平台投入运行。自主研发财产刑执行监督智能软件，有效提升监督效能。

【接受监督情况】 2018年，全市检察机关自觉接受人大监督和政协民主监督，针对2017年两会期间代表委员的意见建议，采取项目化、清单制抓好整改，面对面反馈落实情况。市人大代表、政协委员提交的建议提案全部办结并答复，向市人大、市政协专题报告生态检察、公益诉讼等重点工作开展情况。建立市县两级检察院包片联系人大代表制度，实现代表联络全覆盖。接受法院、公安机关的制约，深化检务公开，邀请代表、委员、人民监督员和社会各界人士参加检察开放日等活动，公开重要案件、法律文书等各类信息9000余条，召开新闻发布会17场。加强检察宣传，2018年度全省政法系统评比出的10个优秀检察微信公众号中，丽水检察系统占5个。 （邱婷婷）

法　院

【概况】 2018年，全市法院受理各类案件88550件，办结85150件（含旧存），同比分别上升8.7%和4.4%；其中，市法院受理3536件，办结3452件，同比分别下降7.3%和9.6%。全市员额法官人均结案240件，主要办案质量、效率、效果指标继续保持在全省前列。全市法院坚持抓党建带队建促审判，教育引导干警增强“四个意识”，推进法院文化建设，组织开展“享说”演说会、“红色快闪”等活动，市法院被最高人民法院评为“全国法院文化建设先进单位”。开展社会主义法治理念教育，激发干警以“丽水之干”担纲“丽水之赞”的使命感、责任感，做新时代公正为民的好法官、敢于担当的好干部，涌现市级以上先进集体27个，先进个人69人，其中全国先进集体5个，全国先进个人2人，丽水市法院司法警察支队获“全国法院先进集体”称号，青田法院获全市首个“全国优秀法院”称号，遂昌法院被评为“全国法院审判管理优秀业务单位”。70篇调研文章获省级以上奖项，《丽水审判》被评为“全国法院优秀期刊”。完成廉政教育基地建设，开展党章党规党纪学习和以案治本警示教育，促进廉洁司法。工作中存在的问题：人民群众日益增长的司法需求与人民法院工作发展不平衡、保障群众权益不充分之间的矛盾还比较突出；司法体制综合配套改革还需深化，辅助人员还需配齐配强，办案质效还需提升。

【审结刑事案件2859件】 2018年，市法院审结一审刑事案2525件，判处罪犯3889人，同比分别上升1.5%和4.5%，其中判处五年以上有期徒刑278人。开展扫黑除恶专项斗争，构建全方位整体推进的斗争格局，依法、准确、有力惩处黑恶势力犯罪，审理涉黑涉恶案件13件，涉案44人。严惩危害群众生命财产安全犯罪，审结杀人、抢劫、强奸、故意伤害等犯罪案件226件，判处罪犯263人。严惩职务犯罪，审结贪污、贿赂等犯罪案件40件，判处罪犯50人。贯彻宽严相济刑事政策，对符合法定条件的1715名被告人宣告缓刑。坚持惩罚和教育、改造相结合的方针开展减刑假释案件审判工作，市法院自10月开始审理之江监狱提请的减刑假释案件，审结案件70件。

【审结民商事案件38812件】 2018年，市法院审结一审民商事案件36764件，同比上升1.7%，调撤率57%。审结民间借贷案件13998件，涉案金额35.7亿元。审结婚姻、继承等家事案件4320件。落实反家庭暴力法，发出人身安全保护令11份。妥善化解矛盾冲突大、情绪对抗激烈的民事纠纷，审结医疗纠纷、交通事故等涉人身权益案件2532件。审结农民工讨薪等劳动争议案件1111件，涉案金额4315.3万元。

【审结行政案件620件】 2018年，市法院审结一审行政案件450件，同比下降8.2%，依法判决行政机关败诉43件。坚持依法裁判和协调化解并重，促进行政争议实质性解决，协调化解行政争议案件136件。推进行政机关负责人出庭应诉制度化、常态化，行政机关负责人出庭应诉227人次。强化司法与行政良性互动，发布行政审判白皮书，与市政府联合召开第十二次府院联席会议，促进行政审判和依法行政工作水平的提高。

【办结执行案件32693件】 2018年，办理执结案件32693件，执行到位金额31.1亿元，同比分别上升0.3%和1.3%。部署“破难决战百日攻坚”活动，开展“春雷”“风暴”“秋风”等专项执行行动。加大查控、打击力度，累计冻结款项6.5亿元，查封房产3381处、车辆4396辆。依法限制高消费54073人次，限制出境11078人次，罚款308.8万元，司法拘留1042人次。联合公安、检察机关严厉打击拒执犯罪，审结拒执罪案件19件，判处罪犯19人。改革创新，市中级人民法院“市区执行一体化”、云和法院“全国首创限驾令”两项创新获浙江法院第三届“10项创新机制”奖；莲都法院建立全国首个影院“映前”曝光失信被执行人机制；遂昌法院率先探索建立全科网格员协助法院执行工作机制；庆元法院联合组织人事部门率先将公职人员失信信息录入干部人事档案，作为评优评先和考察任用的重要依据。

【开展环境资源审判】 2018年，市法院践行“两山”理念，加强环境资源审判专业化建设，实现全市“三合一”环境资源审判机构全覆盖，审结各类涉环境资源案件776件。在生态环境重点保护区和AAAA级以上景区设立环境资源巡回审判点，涉案调撤率90.3%，龙泉法院设立全省首个古文化遗址保护巡回审判点。贯彻修复性司法理念，市法院参与浙闽赣皖四省九地法院生态司法协作，全市设立13个生态司法教育实践和修复基地，发放补植令、放养令、修复令等令状15份。受理环境公益诉讼案件53件，占全省受案数的61.6%。市中级人民法院在全省首次对环境民事公益诉讼案件作出“劳务代偿”判决；景宁畲族自治县人民法院审结全省首例行政公益诉讼案件；青田县人民法院发出全省首份刑附民公益诉讼案件“行业禁止令”，获中华人民共和国生态环境部通报表扬。

【提升诉讼服务现代化水平】 2018年，市法院深化诉讼服务中心建设，获最高人民法院肯定，省内外法院共69批1134人次前来学习考察。将智能化、信息化手段与诉讼服务融合，推进在线矛盾纠纷多元化解平台和浙江“移动微法院”实质性运用，在立案环节实现让当事人“最多跑一次，最好不用跑”的诉讼服务目标。网上立案20721件，其中跨域立案768件，运用“移动微法院”立案2759件。建立诉讼信息采集中心，推进电子卷宗随案生成及深度运用，全方位使用人脸识别技术，设置检察官、律师“刷脸”快速认证绿色通道，当事人通过“刷脸”实现材料转存、庭审录像和电子档案自助查阅。加强法律职业共同体建设，建成“检察官驿站”和“律师驿站”。

【深化司法责任制改革】 2018年，全市法院遴选第三批员额法官27人，法官等级择优选升29人，招录第二批司法雇员165人。全市法院员额法官316人，占中央政法编制的34.2%。院庭长实现办案常态化，办结案件39256件，占结案总数的46.1%。加强法官职业保障，对6名严重扰乱法庭秩序和侮辱、威胁法官的人员依法追究法律责任。

【推进审判能力现代化】 2018年，市法院推进“分调裁”机制改革，实现民商事案件繁简基层法院“二八分流”、市法院“五五分流”，经验做法入选全国法院司法改革典型案例，作为示范样本向全国法院推广。推进家事审判方式改革，建立人民观调团制度，举办首届“青法杯”家事审判研讨会。青田法院诉讼服务中心被最高人民法院评为“全国法院家事审判工作先进集体”。探索市区执行一体化改革，执行案件从立案、查控至分流的时间缩短为10天。开展公证参与执行司法辅助事务工作，缓解法院案多人少矛盾，提升执行工作公信力。

【自觉接受监督】 2018年，向市人大常委会专题报告执行工作情况，通过上门走访和邀请市人大代表视察法院、参加座谈、旁听庭审、见证执行等形式，报告工作，接受监督，市中院主办的代表建议代表满意率100%。完善联系沟通机制，向政协、各民主党派、工商联、无党派人士通报法院工作，研究采纳意见，增强接受民主监督实效，市中级人民法院主办的政协提案委员满意率100%。邀请检察长列席审判委员会会议，支持检察机关履行法律监督职责，共同维护司法公正。接受抗诉监督，审结抗诉案件28件，改判16件，维持10件，调解撤诉1件，撤回抗诉1件。接受再审检察建议，启动再审案件8件，改判7件，维持1件。深化司法公开，上网公开裁判文书60743份，直播庭审案件16013件，同比分别上升13.7%和46.3%，全市法院12名法官入选最高人民法院评选的“优秀直播法官”。推进司法信息发布常态化，全市法院系统召开新闻发布会34场，举办公众开放日活动94次。实施人民陪审员“倍增计划”，人数增至607人，参审

12月，丽水中级人民法院举行第三批员额法官宪法宣誓仪式 （陈艺尹　提供）

案件9292件，普通程序案件陪审率99.4%。（陈艺尹）

司法行政

【概况】 2018年，丽水市司法行政机关围绕深化改革、法治丽水建设、平安丽水建设，推进司法行政各项工作。全年累计实施社区矫正人员3465人，在册社区服刑人员2085人，社区服刑人员再犯罪率0.21%，刑释人员重新犯罪率0.67%；各级人民组织调解纠纷40951件，调解成功率99.1%，其中非正常死亡纠纷162件；全市律师人数462人，同比增长10%，办理业务18560件，同比增长22.8%，业务收费首次突破1.2亿元；办理公证事项30574件，开展公益法律服务5513件；办理司法鉴定委托4114件；办理法律援助案件4498件，同比增长13%，满意率100%，实现"零投诉"；全年辩护代理涉黑涉恶案件73起。

【完成"七五"普法中期检查】 2018年10月30—31日，省人民检察院党组书记、检察长贾宇率检查督导组全面检查丽水市"七五"普法中期暨宪法学习宣传工作。检查督导组实地走访缙云县、莲都区等地考察普法责任制落实情况。在市行政中心召开丽水市"七五"普法中期暨宪法学习宣传检查督导汇报会。会上，检查督导组观看丽水市"七五"普法工作专题片，听取丽水市委常委、政法委书记、市普法教育依法治理领导小组组长卫中强代表丽水市委、市政府汇报丽水市"七五"普法工作中期情况，检查督导组充分肯定丽水市"七五"普法工作中期所取得的成绩。检查督导组成员就组织公务员脱产开展法治教育、维护妇女儿童权益反对家庭暴力、金融风险防范等提问交流。

【开展城中村改造法律服务】 2018年，丽水市司法局、莲都区司法局联合开展城中村改造法律服务大会战，第一时间成立城中村改造法律服务团100余人，服务团由市本级、莲都区司法局干部、律师、公证员等组成，分为8组入驻各征迁组，全程提供普法宣传、法律咨询、人民调解、司法公证等服务。建立一周一例会、一周一对接、一周一服务的调解工作机制，调解矛盾纠纷576件，涉及2143户，其中80%为分户、析产、产权等纠纷。为城中村改造提供"零次跑"的法律服务，将法律援助、公证服务审核权下放至各小组，以远程视频公证形式为远在国外征迁户进行"面对面"征收签约，公证服务清点物品3万余件，涉及拆迁面积3.5万平方米。

【开展人民调解参与信访案件化解专项活动】 2018年，全市实现访调对接机制、律师接访机制、访调联动平台"三个全覆盖"。市、县两级信访部门与司法行政部门制定出台人民调解参与信访矛盾化解工作制度，市、县两级驻级信访部门调解工作室，乡镇（街道）联合调处中心实现全覆盖，9个县（市、区）信访部门全部设立律师接访窗口。全年受理信访矛盾纠纷571件，调解成功297件，为实现全市赴省上访、进京上访"双下降"做出贡献。

【开展打造最佳营商环境法律服务专项活动】 2018年，丽水市司法行政系统举办涉企普法专题讲座900余场次，发放宣传资料2万余份，接受法律咨询1.4万余人次；"法治体检"民营企业692家，园区、商会、协会39家，帮助修订法律文书、审查企业规章制度合同1500余件。做好"僵尸企业"处置过程中的法律服务，为30余家企业提供破产重组、清算法律服务，涉及金额50亿余元。为丽水首个单体百亿工程缙云抽水蓄能电站、仙都景区创AAAAA、丽水机场工程等重大项目提供风险评估、提供优化方案等法律服务。为PPP项目提供谈判、履约管理、争议解决等法律服务，累计服务PPP项目51个，涉及投资额260亿元，规避法律风险3000余条。

【普法宣传教育】 2018年，落实"谁执法谁普法"普法责任制，以市两办名义印发《关于贯彻落实普法责任制的实施意见》，出台责任清单、以案释法、媒体公益普法、提任必考、以考促学等一系列制度。22名非人大任命的市管领导干部通过任前法律知识考试，接受学法用法脱产轮训公务员7220人，合格率100%，全市参加年度学法用法考试74970人，参考率、合格率均为100%。开展"尊崇宪法、学习宪法、遵守宪法、维护宪法、运用宪法"学习宣传教育和首个宪法宣传周活动，第一时间在市政中心、城市闹区、微信塔群等开展宣传活动，推动宪法宣传社会面全覆盖。全年全市发放宪法宣传资料25万余份，举办宪法专题宣讲1200余场次，开展各类主题活动1350余场次，参与活动90余万人次。在首个宪法宣传周，推出宪法宣传系列活动18项。"丽水司法"微信公众号在澎湃新闻主办的"2018政务传播大会"中，获最佳政务传播"司法奖"，是该奖项中唯一一家地市级微信公众号。塔群涵盖市、县、乡镇（街道）、村（社区）四级微信群1098个、服务对象近18万人次，覆盖村（社区）2833个。

【推进公共法律服务体系建设】 2018年，丽水市司法行政系统推动实体平台、网络平台、热线平台三大平台有机融合，县、乡、村三级公共法律服务实体平台实现全覆盖。“12348丽水法网”运行，网上平台点击量7.6万人次，同比增长20%。建成市本级新的公共法律服务中心，法律援助中心和莲城公证处迁至中心合署办公，入驻业务9项，为群众提供“一站式”服务。以市两办名义出台《深化律师制度改革的实施意见》，推出一系列硬举措，对外地所设立分支机构、不同规模的律师事务所、新增初次执业律师、新设合伙律师事务所给予奖励补贴。到2020年，实现全市律师事务所达到50家，律师人数500人以上，每万人律师比2.3以上。出台《丽水市本级法律援助经费使用管理办法》，法律援助经费实现全额保障，市本级和莲都、龙泉、景宁、云和、庆元、遂昌6个县（市、区）补贴标准达到全省标准上限。探索公证参与人民法院司法辅助事务试点，成立由16人组成的公证队伍入驻法院执行局，缓解人民法院“案多人少”的矛盾。全年协助完成案件4885件，出具相关文书4.7万份。公证参与司法辅助“丽水模式”，受到司法部关注并专程到丽水调研，该模式从190个试点中脱颖而出，在全国公证参与司法辅助事务试点工作座谈会上作为7个典型经验进行交流推广。

【开展纪念律师协会成立20周年系列活动】　2018年8月31日，丽水市司法局、市律师协会举办纪念丽水市律师协会成立20周年系列活动。在“浙江省律师行业教育基地”揭牌仪式上，浙江省司法厅厅长、党委书记马柏伟，丽水市委常委、常务副市长林亮共同为“浙江律师行业教育基地”揭牌。省司法厅、省律协，丽水市政法各部门、市委组织部、市文广新局、市委党史研究室相关领导，律师代表以及媒体记者等50余人参加揭牌仪式。在纪念丽水市律师协会成立20周年座谈会上，朱晓晔代表省司法厅向丽水市律协表示祝贺，慰问丽水广大律师，对丽水律协20年所作出的成就予以肯定，并对未来工作提出新要求和新期待。座谈会上，政法战线干部及律师们踊跃表态发言，交流心得。在丽水市律师协会新闻发布会上，丽水市律师协会副会长、新闻发言人李晓丽从律师队伍发展、业务量、执业环境、律师管理、律师职能作用发挥、行业党建等方面介绍协会成立20年来的发展历程，并回答记者针对如何对律师执业进行“严管”、如何维护律师形象的提问。

【民主法治村（社区）建设】　2018年，扎实推进“三治融合”基层社会治理体系建设，出台民主法治村（社区）和“三治融合”村（社区）建设的实施方案、考核标准、管理办法等，将民主法治村（社区）设为“三治融合”示范村（社区）建设的前置条件，纳入全市平安综治和乡村振兴战略考核。建成市级民主法治村（社区）157个，市级“三治融合”示范村（社区）228个，培育省级“三治融合”示范村（社区）179个，超额完成年度目标任务。

【创建全省、全国教育基地】　2018年，丽水市司法局挖掘好、保护好、建设好、宣传好中共浙江省委机关旧址（黄景之律师事务所）红色文化资源，2018年成为全省、全国教育基地。年初，组建专班挖掘收集资料、还原历史，投资80万余元恢复民国时期律师事务所原貌，布置展板展厅及实物陈列室，设立党员教育活动室、参观接待室等，建立志愿讲解队伍。8月，该基地被确定为浙江省律师行业教育基地，12月，被确定为全国律师行业党校培训基地，成为全国七个教育基地之一，也是华东唯一一家律师行业教育基地。　（蓝陈嘉）

仲　裁

【概况】　2018年，第五届仲裁委员会经过拟聘组成人员、报批、审计、换届会议等流程成立。2018年，丽水仲裁委员会受理仲裁案件133件，标的3.03亿元，其中，建设工程施工合同纠纷19件，占案件总数的14.28%；民间借贷纠纷16件，占案件总数的12.03%；买卖合同纠纷15件，占案件总数的11.28%；借款合同11件，占案件总数的8.27%；租赁合同纠纷7件，占案件总数的5.26%；商品房买卖合同纠纷6件，占案件总数的4.51%；购销合同纠纷5件，占案件总数的3.76%；其他纠纷15件，占案件总数的11.28%。全年丽水仲裁委员会审理案件155件，调解51件，裁决91件，调解率32.9%；快速结案117件，快速结案率75.48%，自动履行114件，自动履行率73.55%。无不予执行案件，撤销案件1件。

【仲裁机构与制度建设】　2018年，丽水仲裁委员会探索“互联网+社会治理”新模式，推广打造应用在线矛盾纠纷多元化解平台，自引进“在线矛盾纠纷多元化解平台”以来，收案18件，其中受理案件16件，不受理案件2件，调解成功案件数16件，调解成功率88.89%，案件不受理率11.11%。丽水仲裁委结合实际情况，联合丽水市中级人民法院联合制定《关于规制“职业放贷人”的实施意见》。规范民间借贷行为，治理职业放贷无序现象。提高仲裁文书规范性，制作仲裁文书模板，包括受理类文书和裁判类文书，为当事人申请仲裁和仲裁员审判案件提供统一标准。　（季其颖）

军　　事

思想政治建设

【概况】 2018年，丽水军分区深入学习贯彻习近平新时代中国特色社会主义思想和中共十九大精神，贯彻习近平强军思想，着眼开创国动事业新篇章、打造全面过硬一流军分区，讲政治护核心，抓龙头务实效，盯主业促转型，打基础求规范，正风气立常态，重防范保底线，强党建带整体，各项工作在深入改革调整中有力推进，全面建设形势平稳、态势上升、趋势向好。

【中共丽水军分区第八次党代会】 2018年1月16—18日，召开中共丽水军分区第八次代表大会，总结过去七年工作，部署之后五年目标任务，选举产生军分区第八届中共委员会和新一届中共纪律检查委员会，市委书记、军分区党委第一书记史济锡出席有关会议并讲话。1月18日，召开军分区党委八届二次全体（扩大）会议，传达学习中央军委国防动员部、东部战区、省军区党委扩大会议精神，研究部署2018年度重点工作，同步召开军分区总结表彰大会。

【“不忘初心、牢记使命”主题教育】 2018年，丽水军分区在党内组织开展“不忘初心、牢记使命”主题教育，通过党委中心组理论学习、师团职领导干部讲党课等方式，学习习近平系列重要讲话精神，结合纪念中国共产党成立97周年，组织全区领导干部到嘉兴开展主题党日活动，通过南湖红船庄严宣誓、革命场馆重温党史、科研院所参观见学等活动，追溯红色源头、锤炼党性军魂、启迪发展思路，融入年度工作，开展课题研究，形成成果20个。

【“传承红色基因、担当强军重任”主题教育】 2018年，丽水军分区组织开展“传承红色基因、担当强军重任”主题教育，区分四个专题，采取多种方式，学习领会“十个明确”“四个战略支撑”等重要论述，学习贯彻军委主席负责制，学习宣传“时代楷模”王继才先进事迹，学习践行井冈山市人武部经验做法，结合庆祝改革开放40周年感悟伟大历程和辉煌成就，组织重走红军路、重温入党誓词、讲活红色故事、唱响红色歌曲等活动，官兵职工在耳濡目染中传承丽水革命先辈特别守忠诚、特别肯吃苦、特别能战斗、特别讲奉献的崇高精神和优秀品质。

【加强党的建设】 2018年，丽水军分区学习贯彻中央军委党的建设会议和各级有关会议精神，全面加强军分区党的领导和党的建设。9月28日，召开军分区党委八届三次全体会议，分析党建形势，研究对策措施，部署工作任务。树立选人用人导向，研究调整的官兵以及首批现役干部转改文职人员各方反映都好。保持高压正风肃纪态势，开展省军区赋予的基层风气监察联系点工作、相关做法得到肯定和推广，承办省军区“百名基层风气监督员”培训，推动全面从严治党向基层延伸覆盖。

国防动员和后备力量建设

【常态化战备】 2018年，丽水军分区修订完善重大军事行动方案计划、国防动员方案和各专业领域动员计划，适应改革调整制定《规范化建设实施细则》《值班管理规定》等，战备秩序进一步严格正规。加大经费投入，加强军地协作，新添置一批应急装备器材，新签订一批预征预储协议，新落实一批大型装备器材。5月29日，配合省、市两级防指圆满承办2018年浙江省暨丽水市防汛抢险演练。7月，全力组织防抗超强台风“玛莉亚”，落实官兵民兵集中备勤950人、冲锋舟橡皮艇30艘及配套车辆装备就位待命，转移被困群众486人，确保安全防台度汛。

【实战化训练】 2018年，丽水军分区贯彻军事训练新大纲和省军区“温州会议”精神，严密组织各级各类人员岗位练兵，重拳根治和平积弊，全力备战省军区各类军事训练比武活动，协调地方克服工训矛盾、遴选民兵尖子组织强化集训，组织全区全体现役干部开展军事科目集训、进行考核并拉榜排名，掀起全区大练兵热潮。参加全省首届民兵岗位练兵大比武，9人获奖项11个，参加省军区现役干部岗位练兵大比武，获单位综合成绩第三名，2人个人成绩进入前十名，创历史最佳纪录。继续办好全市冲锋舟操舟手集训、山林灭火干部骨干集训、通信保障人员和民兵通信分队业务骨干培训，常态保持遂行任务能力。

【民兵调整改革】 2018年，丽水军分区各级坚持大事大抓、主官主抓、合力合抓、实做实抓，高质量完成各类民兵编兵任务，协调组建市级民兵应急营和各行业系统武装部，普查改革落实情况5次，现地检查乡镇(街道)武装部92个，检查面达50.3%，下达检查情况通报和整改通知书3次，整改存在问题，按照“一分不丢”要求，做好接受中央军委国防动员部考评万全准备。民兵整组点验声势大、效果实、有特色，受到省军区首长机关肯定。修订基层单位建设标准，深化民兵“红旗党支部”创建活动。

【兵员征集】 2018年，丽水军分区部署兵员征集工作任务，从严把控兵役登记、体格检查、政治考核、走访调查、役前训练、审批定兵等关键环节，改进高校征兵工作，编印工作简报反映阶段情况，完成年度征集任务，兵员质量创历史新高，无责任退兵、无不廉征兵，在省军区兵员征集工作“五率”(征兵报名率、上站率、合格率、择优率、退兵率)考评中获得满分。

【后勤装备建设】 2018年，丽水军分区协调地方加强跟踪投入，靶场、民兵训练基地、民兵武器装备仓库等设施经常维护、不断完善、运转有序。严格落实武器装备管理制度，定期组织训练演练，提升装备管理能力。承办省军区民兵武器弹药仓库保管员集训及仓库规范化建设观摩现场会。100%完成空余房地产租赁项目关停，开展环境卫生整治，落实安全巡查制度，确保收回空余房地产得到安全有效监管。统筹加强营区规范化建设管理，精减岗哨，精细绿化，精致氛围，加强公寓房修缮和管理，组织官兵健康体检，营造更加优质的工作生活环境。

【党管武装】 2018年，丽水军分区加强党管武装制度落实。4月10日，召开市委武装工作会议暨市国动委第二十次全体会议，讲评人武部党委第一书记履职情况，总结部署国防动员和武装工作任务，5名人武部党委第一书记作党管武装述职，市委书记、军分区党委第一书记张兵出席会议并讲话。7月23日，召开丽水市委议军会议，传达学习习近平强军思想，研究支持驻丽部队和国防后备力量建设有关工作，会后组织市四套领导班子与市国防动员委员会、市国防教育委员会、市军民融合发展委员会80余名领导干部过“军事日”，通过观摩、体验民兵军事科目演示和民兵武器装备展示，增强国防观念和强武兴武的责任意识，市委书记、军分区党委第一书记胡海峰出席会议和活动并讲话。

7月23日，举行市委议军会暨开展军事日活动　　（翟厚涛　提供）

【国防教育】 2018年，丽水军分区联合地方深度打造红色旅游路线，更好发挥遂昌县王村口镇、龙泉市住龙镇、云和县小顺村等红色教育基地作用，走进党校宣讲“战争离我们有多远”，办好《丽水国防》季刊4期。组织大中学校学生军训1.5万余人次，依托150所中小学校建立“军人荣誉墙”，依托700余个乡村文化礼堂融入红色元素，更新“八一光荣榜”。牵头开展军地走访慰问、军民联欢晚会和烈士纪念日等活动，增强全民国防

4 月 19 日，丽水军分区司令员赵存志在市委党校进行国防教育授课“战争离我们有多远”　　（翟厚涛　提供）

观念。遴选报送的《烽火云和》入选“国防万映”2018 年度 10 部优秀微电影，系浙江省唯一，指导推荐丽水市 3 所学校参加首届“国防在我心中”浙江省青少年国防知识大赛包揽团体冠、亚、季军，获单项奖的单位 7 个、个人 20 人。　　（翟厚涛）

武　　警

【概况】 2018 年，武警丽水支队（以下简称“支队”）高举习近平新时代中国特色社会主义思想伟大旗帜，牢固确立习近平强军思想根本指导地位，始终牢记贺信嘱托，突出“铸魂、强能、固基、创安、肃纪”工作重点，凝神聚力打基础、真抓实干求突破，推进支队全面建设上层次上水平，完成各项任务，支队连续 3 年被总队评为“基层建设先进支队”，连续 29 年执勤安全无事故。下属遂昌中队被总队表彰为“基层建设标兵中队”并记集体三等功，执勤一大队被总队评为“基层建设先进大队”，莲都、龙泉、青田、遂昌、景宁、机动中队被总队评为“基层建设先进中队”。

【思想政治建设】 2018 年，支队学习习近平新时代中国特色社会主义思想、中共十九大精神和习近平强军思想，制定《推进十九大精神贯彻落实 12 条措施》，推广运用莲都中队“三支笔”“三个一”做法抓理论学习。扎实开展主题教育，组建培训发挥“红肩章”宣讲队作用，开展“听习主席的话，做习主席的好战士”“和平积弊大起底大扫除”活动，支队主题教育先行试点经验被总队推广，被《中国武警》专版刊发，总队政治工作大调研分获一等奖和三等奖。推广“五个认同”（战士认同干部、下级认同上级、群众认同党员、个人认同组织，基层认同机关）理念，运用“五个到位”（情况掌握到位、教育疏导到位、人文关怀到位、管控措施到位、责任明确到位）方法，细致做好官兵思想稳定工作。给 12 名困难党员，14 名困难官兵发放补助 9.95 万元，隆重举行 28 名干部晋升（授予）警衔仪式，登门表彰 9 名优秀军嫂，解决 18 名官兵子女入学入托问题，助推 7 名干部、6 名士官转业安置。全年在省级以上媒体刊稿 21 篇，支队被总队表彰为“新闻工作先进单位”，政治工作处被总队表彰为“先进政治工作机关”。

【执勤训练】 2018 年，支队聚焦中心抓执勤，制定《首长机关值勤流程及日工作规范》，推广“哨长制”，严抓“三门”（监门、物流门、辅门）、“三墙”（监墙、围墙、钢网墙）、“三员”（监控员、领班员、值班员）规范运行。争取地方保障性经费 700 万元，“一队一案”推进“智慧磐石”建设，执勤中队率先完成。支队被总队表彰为“正规化执勤优秀单位”。武警支队副支队长金信明、景宁中队王刚分别被总队评为“优秀查勤干部”“优秀组勤干部”。抓实“3+1”战备力量体系建设，按照“拉动、检查、考核、规范”要求和“大三线”“小三线”部署，常态组织执勤、处突、反恐和抢险救援等应急力量演练，提高增强区域快速反应能力。深入贯彻新《军事训练大纲》，打好拉动演练、“魔鬼周”训练、创破纪录、军事比武和群众性大练兵等实战化训练“组合拳”，组织勤训轮换 4 批次、教练员集中培训 3 批次，冲锋舟操作手集训 1 批次。莲都、机动、执勤中队分获群众性大练兵考核竞赛前 3 名，莲都、机动、遂昌中队分获特战分队暨基层警官考核竞赛前 3 名，培塑宣扬训练典型 32 名，给 11 名训练尖子记功，机动中队战士卢子恒、钟福兴被总队评为“军事训练先进个人”，执勤二大队刘郭财、执勤中队束亚洲、机动中队张帅分别被武警部队表彰为“优秀分队指挥员”“百名优秀士官”“优秀教练员”。

【从严治军】 2018 年，支队精心制定一队一策精准帮建计划，组织 5 批次工作组沉到基层蹲点帮建，贯彻总队大队建设评估交流会精神，召开大队建设座谈会 2 次，制定《加强大队党委抓落实20条措施》。新组建的执勤中队进步明显，莲都中队徐宝学被总队表彰为“优秀基层干部标兵”。扎实开展“条令年”活动，在丽水中队召开贯彻落实总队新条令试点现场会。坚决贯彻习主席关于“7·19”事件重要批示精神，扎实开展“百日安全竞赛”“安全倒计时”“两卡一关系”等活动，支队被武警部队表彰为“百日安全竞赛优胜单位”，被总队评为“装备管理先进单位”“机要密码先进单位”。武警支队支队长郭伯峰、青田中队毕珏京被武警部队表彰为“百日安全竞赛先进个人”。

【现代后勤建设】 2018年，支队探索优化“一组五队”保障模式，组织应急保障能力训练，全年培训后勤专业兵75人次，出动车辆2800余台次，安全行车10万余千米，保障射击用弹10万余发。参加总队后勤专业兵比武获团体第三，云和中队谢小东夺得军械专业第一名。莲都、遂昌中队兵器室被总队评为“先进兵器室”。警勤中队王宁被总队表彰为“红旗驾驶员”。严格落实“1126”和“6211”要求，官兵伙食满意率95%以上。全年完成大宗物资采购10项，网上竞价3次，全程阳光透明。投入669万元建成士官公寓楼，购置训练配套器材，基层训练场地、器材、教材配套达标率90%以上。保障处被总队表彰为“先进保障机关”。

【组织建设】 2018年，支队全面贯彻三级党建会议精神，研究制定《全面加强新时代支队党的建设措施》。围绕“6个必须”召开专题民主生活会，组织党支部书记、党小组长培训，严格“三会一课”、双重组织生活等制度。以全面肃清郭徐房张流毒为主要内容，开展党的纪律教育。全面抓好巡察审计问题整改、后勤领域“清仓归零”和基层微腐败整治。全年调整使用干部47人，送学培训官兵25人，发展党员23人，推荐大学生士兵1人和优秀士兵保送提干3人。（叶艳斌）

人民防空

【概况】 2018年，丽水市人民防空办公室（以下简称“市人防办”）贯彻落实中共十九大精神，履行从严治党主体责任，聚焦新时代人民防空使命任务，担负起新时代人民防空职责使命，结合“最多跑一次”改革，参与城市规划编制，配合城市建设“多规合一”，按照省人防办和省应急办关于在丽水市开展利用人防战备资源服务应急管理工作应急响应机制试点工作任务部署和要求，建立人防战备资源服务政府应急管理工作联动响应机制。建立人防指挥平台、移动指挥车与政府应急指挥平台互联互通应急联运响应机制，应急预警信息机制，构建人防疏散场所应急启用和人防救援力量应急支援机制，建立人防应急物资、装备、经费持续保障和利用人防战备资源开展公共安全宣传教育培训等协作机制。

【人防工程建设】 2018年，完成参与城市地下重要区块（地下空间）开发利用控制性详规编制。参与城市地下空间开发利用试点工作，制定《丽水市地下空间开发利用项目试点实施方案》，上报地下空间开发利用领导小组办公室，人防参与试点工作及时跟进。

【人防组织指挥】 2018年，按照人防指挥部常态化要求，修订人民防空行动方案，落实人防指挥部实名制，明确各级指挥员作战时人民防空行动职责，建立常态化运行机制。完成市本级地上、地下两套指挥系统升级改造，推进市级移动指挥平台建设，完成整车改造和设备安装；龙泉、松阳、青田、遂昌、云和、庆元6个县（市）级地面人防指挥中心投入使用。强化警报预警报知体系建设。全市安装警报140余台（其中市本级42台），建成中心城区警报发放数字化统控，警报点延伸到人防重点镇，音效覆盖率96%以上，形成一套比较完整的预警报知管理体系。5月12日，组织警报试鸣，以警报试鸣为背景开展“全国防灾减灾日”系列开展活动，提高全民的国防意识和防灾减灾意识。

【人防规划建设】 2018年，对接市规划局，参与《丽水市城市总体规划》修编城市总体规划，明确人防工程防护体系和人防警报设施、人防疏散设施、重要经济目标防护设施等布局要求。与市规划局联合完成《丽水市城市地下空间开发利用与人防工程专项规划》（2013—2030年）的编制，明确城市地下空间重点开发区域和重点建设项目，统筹规划城市地上地下区块功能设施配置，同步设计、同步推进地上地下城市规划，科学开发利用城市地下空间，促进城市地上地下互联互通的有机融合，参与城市重要区块（地下空间）控制性详细规划编制，参与全省地下空间开发利用示范项目建设，进展顺利。（史文静）

农村建设

综　述

【概况】 2018年，丽水市以总书记习近平“三农”工作重要论述思想为引领，坚持农业农村优先发展，全面实施千家新型农业主体提升、千个景区村庄创建、千家文化礼堂引领、千村善治示范、万名乡贤助乡村、万元农民收入新增、十万元村集体经济增收、十万农民大搬快聚“四千四万”工程，高质量推进乡村振兴战略落实。全市“农林水”支出59.8亿元，同比增长4.5%，其中，市本级支出2.69亿元，同比增长26%。全年实现农业增加值95.02亿元，同比增长3.1%。全市农村常住居民人均可支配收入19922元，同比增长10.2%，增幅高于去年同期0.4个百分点，高于城镇常住居民收入增速1.1个百分点，高于全省平均水平0.8个百分点，农民收入增幅连续第10年居全省首位，连续12年超过全省平均速度。城乡居民收入比由上年的2.158缩小为2.136，城乡收入差距连续11年呈缩小态势。全市低收入农户人均可支配收入9374元，同比增长16.1%，增速高于全省1.7个百分点，增幅连续三年全省第一。全年培训农民72883人，其中，农村实用人才15051人，转移就业技能培训6586人，转移就业率87%。创建省级美丽乡村示范县1个、示范乡镇10个、特色精品村28个。“六边三化三美”工作获全省“四边三化”行动考评第一名，连续6年被评为优秀设区市。全年实现农村电子商务销售额223.93亿元，同比增长33.09%，其中，农特产品网上销售额118.37亿元，同比增长28.21%。全市累计建成各类农村电子商务服务站点4045个，年均为村民提供服务100余万次，涉及金额1.3亿余元，为村民节省购物资金近3000万元。全年发放来料加工费22.07亿元，增长13.2%。

2018年，全市农业系统认真贯彻落实中共十九大和中央、省市农业工作决策部署，深化农业供给侧结构性改革，全面推进“浙江（丽水）农业绿色发展先行示范区”创建，农业经济继续保持稳定增长。全年全市实现农业增加值95.02亿元，增长3.14%，增幅比全省平均水平（2.0%）高1.14个百分点，居全省第二。新建海拔600米以上绿色有机农林产品基地2.42万公顷。龙泉、缙云分别通过国家级、省级畜牧业绿色发展示范县创建，新增美丽牧场33家。推广测土配方施肥265.4万亩次、推广病虫害统防统治4.124万公顷。农作物秸秆综合利用率93.56%，畜禽废弃物资源化利用率98%，沼液利用量75.56万吨。　（雷　燕　王艳杰）

【乡村振兴战略落实】 2018年，丽水市建立健全乡村振兴的组织体系、政策体系、推进机制和考核办法，全面推动乡村振兴战略落实。出台《关于全面实施乡村振兴战略争当中国特色乡村振兴排头兵行动计划（2018—2022年）》。开展乡村振兴课题研究，启动编制《丽水市乡村振兴战略规划（2018—2022年）》。成立丽水市乡村振兴指挥部及其办公室，由市委、市政府主要领导任总指挥，办公室设在市农办。印发《县（市、区）和丽水开发区乡村振兴工作考核办法》《乡村振兴指挥部成员单位考核评分办法》。各县（市、区）及市直各部门投身乡村振兴战略，陆续出台《丽水市“党建引领乡村振兴”的十条意见》《关于加强新时代乡贤工作同心共促乡村振兴的实施意见》《丽水市乡风文明建设大行动工作方案》《丽水市“新青年乡村振兴创梦行动”实施方案》《丽水市“乡村振兴——百万妇女创新业”五年行动计划》《丽水市科协服务“乡村振兴战略”行动计划》等系列政策举措，形成合力助推乡村振兴的良好氛围。

【农家乐乡村休闲旅游业】 2018年，丽水市加快发展农家乐民宿，推进乡村休闲旅游。全市累计创建农家乐综合体59个，农家乐休闲旅游村(点)526个，其中，省级特色村54个、市级特色村59个，省级特色点39个、市级特色点126个。全市有农家乐民宿经营户(点)4394家，其中，五星级21家、四星级109家、三星级1319家。农家乐民宿从业人员5.05万人，餐位28.13万个，床位5.41万个。全市农家乐民宿接待游客3451.1万人次，同比增长24%；实现营业总收入41.5亿元，同比增长33%，其中，直接营业收入29.5亿元，同比增长26%。全市带有住宿功能农家乐民宿办理特种行业许可证2002家，办证率91%。委托丽水农民学院于5月21—25日举办“美丽乡村金牌导游”特训班，45名学员参加培训并结业。加强“丽水山居”品牌宣传，组团参加丽水、上海、杭州、宁波等地涉农类博览会，举办农家乐民宿管家技能竞赛、丽水山居“四季三风”主题摄影比赛、全市首届农家乐民宿伴手礼大赛、我为丽水山居代言暨第三季丽水山居大使评选和丽水山居最具人气VR评选等赛事或活动。在中国旅游协会主办的“2018北京国际民宿产业合作发展论坛暨第二届京津冀民宿产业发展论坛”上，丽水市获“全国民宿产业发展示范区”称号，成为全国9个首批获评单位之一。

【农村劳动力素质培训】 2018年，丽水市以精准引领专业培训，以实训基地体验式教学、聘请知名专家讲学、赴台交流培训、以赛促训等多种形式开展农村劳动力素质培训工作，成立四级乡村振兴讲习所，加强乡村振兴实训示范基地建设，借力美丽乡村宣传平台，加强新型培训平台建设，确保培训质量，提升培训效果。出台《关于加强农村实用人才队伍建设助推乡村振兴的实施意见》，实施农作师、农商师、农匠师(以下简称“农三师”)培育工程，推进首批高级“农三师”、中级“农三师”的选拔评定工作；建立乡村振兴首席专家制度，举办乡村振兴人才恳谈会、乡村振兴论坛、人才乡村行等系列活动，加强“丽水农师”子品牌的市场推广运用，完善以“丽水农师”为龙头的“1+X”农村实用人才品牌体系，加强农村实用人才队伍建设。全年培训农民72883人，其中，农村实用人才15051人，转移就业技能培训6586人，转移就业率87%。

【精准扶贫】 2018年，丽水市持续推进精准扶贫，加快促进低收入农户增收。出台《丽水市“八个万元”系列富民增收行动方案》。“一亩山万元钱”完成新建培育3604余公顷，巩固提高4995.67余公顷；新增“十箱万元”助低收入农户1333户；开发村(社区)公益性就业岗位949个；新增光伏小康工程完成装机118.90兆瓦；新建集体经济物业项目完工144个。深化党政结对帮扶，全市117个省级单位、1000余个市县级单位和400余位市县级领导参与扶贫结对，实现乡镇(街道)、扶贫重点帮扶村(经济薄弱村)、低收入农户全覆盖。开发“扶贫贷、光伏贷、养老贷、政银保、茭白贷、烧饼贷”等特色扶贫信贷产品，解决农户贷款贵、贷款难、贷款急问题。加快推进商业保险助推扶贫工作，全市政策性农房保险实现县(市、区)续保全覆盖，全年投保总户数达到51.54万户；政策性农业保险实现低收入农户全覆盖，全年投保总户6.96万户，增强农民(特别是低收入农户)的灾害防御能力。加强教育扶贫，全市资助中小学(幼儿园)家庭经济困难学生13.05万人次，资助金额8702.3万元。

【农村工作指导员】 2018年，全市有农村工作指导员3331人，其中，省派丽水第十批农村工作指导员24人，市派第十批农村工作指导员70人，县级农村工作指导员735人，乡镇派农村指导员2502人。广大指导员依托派出单位优势，发挥自身特长，有力地支持派驻地发展，促进低收入农户增收。全年累计落实经济发展项目3353个，落实基础设施项目3351个，落实扶贫资金11335万元，捐赠物资价值560万元。

【“大搬快聚 富民安居”工程】 2018年，丽水市委、市政府决定以更大决心、更大力度、更大范围、更大规模推进农民搬迁工作。印发《关于全面实施“大搬快聚富民安居”工程的指导意见》，明确2018—2022年全市从高山远山生产生活不便的区域、生态和水源敏感的区域、地质灾害潜在隐患的区域、村庄规划布局需要调整的区域、影响大花园景观建设的区域，以及人口数量偏少、农房布局分散、公共资源共享率偏低的区域向城区、中心镇、工业园区等搬迁农户15万人。全年全市投入资金8.88亿元，新(续)建安置小区(点)27个，实现农民异地搬迁3484户10616人，其中整村搬迁57个村2023户5781人。

【美丽乡村建设】 2018年，丽水市编制印发《丽水市美丽乡村建设正负面清单》，全年启动创建省级美丽乡村示范县1个，美丽乡村示范乡镇10个，特色精品村28个。全市136个村被列入省级美丽宜居示范村，3个村被列为国家美丽宜居示范村，累计争取资金2.5亿元。其中，新评定A级以上景区村庄212个，AAA级景区村庄25

个。全市平原绿化594.8公顷，创建市级绿化示范村55个、“一村万树”示范村50个、市级森林小镇8个。开展美丽乡村志愿服务行动1021场次，发动志愿者2.06万余人次。

【历史文化村落保护利用】 2018年，全市按照“立足保护、科学规划、合理开发、永续利用”的原则，继续开展历史文化村落保护利用项目建设。完成第四批省级历史文化村落8个重点村、41个一般村的项目建设，待省级验收；完成第五批8个重点村、49个一般村85%的形象进度；完成第六批8个重点村、61个一般村32%的形象进度。全市有省级历史文化重点村60个，占全省总数的20%；一般村345个，占全省总数的23.5%，截止到第六批，全市在历史文化村落保护利用项目上累计投入资金约14.1亿元，其中，省补资金为4.87亿元，累计获省专项建设用地指标51公顷。列入项目数量和获得补助资金，每年都居全省各市之首。全市有中国传统村落158个，占全省总数39.4%，数量位居华东地区第一位、全国第三位。

【农村垃圾减量化资源化处理试点】 2018年，丽水市按照“分类收集、定点投放、分拣清运、回收利用、生物堆肥、制度建设”的工作要求，推行分类投放、分类收集、分类运输、分类处理的垃圾分类治理体系，形成政府推动、全民参与、城乡统筹、因地制宜的农村生活垃圾治理格局，最大限度地减少“垃圾旅行”。全市累计实施农村生活垃圾分类处理村1627个村，其中，开展减量化资源化处理试点村172个，全市农村生活垃圾分类处理村覆盖率59.7%。庆元县、遂昌县、景宁县、莲都区、龙泉市获评2018年度全省农村生活垃圾分类处理工作优胜县。

【农村公厕改造】 2018年，丽水市围绕“全域推进、质量提升、创新突破、群众满意”的基本目标，按照“布局合理、卫生整洁、环保美观、方便使用”的工作要求，以农村既有公厕为重点，以独立式和附属式农村公厕为主要对象，以改造提升为主要方式，因地制宜推进农村公厕改造。全市投入资金1.6亿元，完成农村公厕改造4735座，其中，实施对标改造3961座，提升改造432座，补缺新建342座。农村公厕改造项目的有关图片等信息均录入省智慧督查系统。

【“六边三化三美”行动】 2018年，丽水市创建省级精品道路9条、省级精品入城口9个。其中，景宁“宋风古韵 世外桃源”白大线、遂昌“九龙新韵”风景线、龙泉“灵秀山水•红色小镇”精品示范道路新51省道段等美丽乡村风景线创成省级精品示范道路；G25长深高速云和“童话视窗”入城口、S33龙丽高速松阳入城口等创成省级精品示范入城口；金丽温高铁缙云段创成省级精品示范铁路线。创建浙江省美丽乡村特色精品村30个，创建丽水市级美丽乡村风景线10条、精品村34个、花样村庄40个、美丽经济示范村33个，三美融合41个村。组织全市各地各部门在高速公路、国省道、铁路沿线等可视范围内，排查整改乱搭乱建、废品垃圾、青山白化、绿化缺失、乱堆乱放、涉及宗教违建等方面环境问题，完成省交办的重点问题点位231个，省交办高速铁路、普通铁路等两侧问题点位205个。加大市、县、乡三级排查、交办、整改力度，完成市县乡级问题点位整改1.81万个。开展桥下空间利用管理工作，完成桥下空间利用面积14.79万平方米，改善公路、铁路沿线风貌。开展高速、高铁、国省道公路、美丽乡村风景线沿线影响视觉效果菇棚整改23.74万平方米，其中，破旧菇棚拆除16.89万平方米、改造16.45万平方米，新建标准菇棚7.9万平方米。完善“六边”长效管控机制，健全市、县、乡、村、弄五级路段长、弄长制和村级网格员机制，推进网格化监督管理，实现“六边三化三美”县、乡、村三级路段长和网格员管理制度全覆盖。 （王艳杰）

农业科技服务

【概况】 2018年，全市以创建农业科技示范基地建设为抓手，整体构建农业科技创新和推广应用平台，促进科技与生产、集成与示范、培训与推广的紧密结合，强化农业现代化科技支撑。各地立足产业发展实际和农民群众技术需求，以加快农业科技自主创新技术集成和推广应用为目标，按照“整合提升、分类建设、集聚集成、见形见效”的思路和要求，在全市现有各类科技示范基地基础上，通过加强服务条件建设、对接科研单位及技术专家、落实技术补助等措施，第三批建成34个技术较先进、功能较多元、设施配套较好、带动比较明显、运行较规范的省级现代农业科技示范基地，全市累计建成省级科技示范基地103个，开展首批市级科技示范基地建设，2018年建成17个。市农业局继续开展农技专家联系服务农业“两区”建设活动。全市开展科技入户工作农技人员1207人，建立科技示范场68个，科技示范村971个，联系科技示范企业386个，科技示范户5165户；开展农业科技下乡活动701次，参加农技人员3015人次，服务农民61213人次，市级发布主推品种542个，主推技术271项，发放技术资料8.2万份，开展现场培训会324次，培训科技示范户10128人次。

【生态循环农业建设】 2018年，全市完成《丽水市创建现代生态循环农业示范市和农产品质量安全示范市 加快推进生态精品现代农业发展三年行动计划》，创建完成整建制推进现代生态循环农业示范县9个，示范区10个，示范主体102个，形成十大工作机制与技术模式，通过省级评估验收。在建区域性现代生态循环农业项目4个，启动区域性现代生态循环农业项目建设2个。

【农业科技推广服务】 2018年，市农业局开展“2018年丽水市农业主导品种与技术推广应用暨春耕生产‘五送十行动’服务月活动”系列活动，筛选推介2018年主要农作物（包括牧草）222个、畜禽52个主导品种和农业综合主推技术2项、主要农作物50项、畜禽14项主推技术。以农业主导产业科技创新与推广服务团队为平台，组织主导主业关键技术的研究与推广工作。提升建设原建立的7个农业主导产业科技创新与推广服务团队，充实调整完善团队骨干成员191人，实行产业首席专家与产业技术推广首席专家双首席负责制，其中，产业首席专家聘任浙江大学或省农业厅专家，产业技术推广首席专家由本市农业主管部门相关专家担任，研究出台《丽水市农业局关于印发丽水市农业产业创新与推广服务团队管理办法（试行）》，安排专项资金150万元实施团队项目20个，进行农业产业科技创新与推广服务。以院地合作为平台，组织主导主业关键技术研究与推广工作。总结第二批项目成果，编制成果画册500本，并宣传推广。组织对第三、四、五批院地合作项目建设中期评估，在继续抓好2015年度、2016年度、2017年度启动建设院地合作34个项目实施基础上，2018年启动建设第六批院地合作项目“鹊山鸡选育利用及健康养殖技术研究与示范”“高品质樱桃番茄新品种及配套栽培技术示范推广”“浙西南山区集中旱育秧绿色健苗技术产品应用与推广”“对标欧盟丽水农药化肥准入及优质农产品推荐标准研究”4个。

【农业科技推广项目实施】 2018年，全市加大力度组织实施省、市农业“丰收计划”项目，其中“青田杨梅产业提升综合技术应用与推广”等2个项目，“庆元水稻控肥减药集成技术示范与推广” 等8个项目，“松阳县标准农田有机质提升技术示范与推广”等11个项目，分别获2017年度市级农业丰收一、二、三等奖，“丽水生态精品农产品生产技术集成示范”获2017年度省农业丰收一等奖，“整建制推进绿色食品无公害农产品标准化生产基地建设技术集成示范项目”“景宁茶树主要病虫害发生规律及其综合治理技术示范推广”“山地蔬菜病虫害绿色防控集成技术示范与推广”获2017年度省农业丰收三等奖；下达2018年度农业“丰收计划”项目52个。组织实施农技推广体系建设示范县项目9个。

【农业教育培训】 2018年，全市实施市本级农村劳动力素质培训专项项目11个，13个班，培训资金66万元，培训650人，选派105名农村实用人才带头人参加由中组部及农业农村部组织的示范培训班，选派29名农村实用人才到浙江农林大学参加领军人才培训。新增省级实训基地1个，农民田间学校9个，开展农广校学历教育培训，新招生465人，在校生924人，毕业生504人。组织鉴定动物疫病防治员、农艺工、果茶桑园艺工、蔬菜园艺工、果树园艺工等1089人。全市全面实施职业农民培育工作，其中，云和县、莲都区、遂昌县、缙云县列入农业部职业农民培训计划，其他县（市）纳入省级培训计划，全市培训完成职业农民2943人，新认定新型职业农民1503人，累计培训16936人，认定职业农民6846人。实施农业实用技术培训480次，培训2.6万人次。组织农技人员知识更新培训，培训农技人员650人次。

【农业人才培养】 2018年，丽水市在全省率先开展农业生产经营主体的农业（农业工程）中级职称评审工作，全市新增农业（农业工程）中级职称人员53人，其中，农业生产主体7人，新增农业（农业工程）副高级职称人员20人（其中农业生产经营主体人员10人）。实施定向培养基层农技人员工作，全市选取大学生9人与莲都区、云和县、青田县、松阳县、遂昌县、庆元县等县（市、区）农业和人事部门签订定向培养与就业协议，涉及农学、植物保护、动物医学、食品质量与安全、农林经济管理5个专业。

【农业水环境治理】 2018年，全市贯彻落实全省农业水环境治理和市委、市政府“五水共治”决策部署，组织开展农业水环境治理，取得较大成效。全市完成测土配方施肥17.78万公顷，推广商品有机肥7.292万吨，推广配方肥3.184万吨，减少化肥使用量8718.5吨；开展病虫害统防统治4.124万公顷，减少农药使用量135.07吨。全市回收农药废弃包装物237.02吨，无害化处置207.39吨；全市保留规模养殖场376家，存栏生猪31.9万头，其中，500头以上规模养殖场147家，完成封闭式集粪棚建设149家，年度任务完成率101%。完成美丽牧场建设32家，年度任务完成率188%。建成农牧对接绿色循环体20家，年度任务完成率100%。回收农药废弃包装物243吨，处置233吨，均完成年度目标任务。（徐志东）

【推广农民信箱综合应用】 2018年，全市累计发展农民信箱注册用户12.75万个，用户规范率99%，掌上农民信箱累计注册用户2.83万户。组织发布“每日一助”农产品服务信息1803条，反馈对接1.97万次，促进农产品成交意向金额2574.2万元，全市举办农民信箱等农业信息化培训班51期，参训人员3596人次。开展农产品供求专场活动，建立农产品地方馆，采编特色、优质、放心农产品第三方平台商品交易页面链接305条；收录全市农业主导产业、采摘节、农展会等信息954条；发布农产品买卖信息1885条，有效促进农产品电子商务的发展。加强万村联网工程规范管理，规范指导万村联网村级网站信息发布，完善专家库建设，加强“季度之星”绩效测评工作。全年全市77个村级网站获“新农村网站季度之星示范网站”称号，同比增长12%。在万村联网系统平台上建立村网站2673个，发布各类信息近6.56万条，规范建站率100%，全省排名第三。市本级、莲都、景宁、遂昌、龙泉等五地农业部门分别获评2018年度浙江农民信箱工作考核优秀单位，其中市本级连续4年获评农民信箱年度考核优秀单位。

【农业网站建设与信息应用】 2018年，丽水市农业信息网共采集、发布农业政务、技术、政策以及各类专题信息1246条，在浙江农业信息网公用模块更新维护信息261条，网站累计浏览量441.54万人次。受理农技“110”专家咨询、电话咨询、问政直通车等1543条，答复率100%，其中按时答复率98%，树立良好的为农服务网上窗口新形象。开展政府信息公开维护工作，严格按照市政府信息公开的各项要求，全年发布各类政务公开信息331条。

【推进信息进村入户工作】 2018年，丽水市根据省厅信息进村入户工作部署，围绕农业信息供给服务，加快推进益农信息社建设。严格落实“六有”（有场所、有人员、有设备、有宽带、有网页、有持续运营能力）建设标准，将益农信息社打造成覆盖公益、商务、便民、体验等“四类”服务的多功能信息服务站，解决农村信息化信息服务“最后一公里”瓶颈问题。全市先后成立信息进村入户工程领导小组并制定具体实施方案，按照方案要求，落实责任，分解任务，倒排时序，全力推进该项工作。全市累计建成各类益农信息社2339个，覆盖率87.5%。各县（市、区）总体形成政府、服务商、运营商共同参与、多方推进的格局。以农民信箱和“12316”公益服务为基础，接入农业部门政策、气象、供销等各类公益信息服务。全市累计开展村级信息员培训10360人次，依托村级站提供语音咨询服务12.42万人次，发送短彩信3569.81万条，受理便民服务1703.62万人次、涉及金额6564.59万元，促成网上商品代购、农产品网上营销等电商服务成交金额达35424.8万元，呈现不断增长态势。缙云县信息进村入户作为浙江省唯一代表参展全国“双新双创”博览会，河阳朱子阁益农信息社信息员陈诗洁被评为2018年全国信息进村入户村级信息员典型案例。

【智慧农业云平台建设】 2018年，丽水市推进农业信息管理网络体系和农业应急基点建设，建立市、县级农业应急指挥中心，提升农业应急管理和决策指挥水平。市本级、缙云、遂昌和松阳全部建成并投入使用，莲都、龙泉、青田和云和等县（市、区）应急指挥系统建设工作有序开展。实施丽水市智慧农业云平台建设，基于省智慧农业云平台现有平台的架构、技术标准、源代码和数据资源，结合丽水市农业主导产业特点，扩建全市智慧农业云平台，通过整合农业产业、生态监控、应急基点、畜牧疫病防控等涉农资源数据，实现农业行政统一监管、农业生产智能监测、农业应急指挥调度及辅助决策等功能，提升全市现代农业信息化水平。至年底，完成农业主体等有关数据的采集、汇总和系统对接等，累计接入各类物联网基地和智慧农业示范点等基点116个、视频图像410路。（廖小丽）

【生态农业建设】 2018年，全市围绕农业水环境治理和浙江（丽水）农业绿色发展先行示范区建设，推进病虫害专业化统防统治，推广水稻生态工程技术和经济作物绿色防控技术，实施测土配方施肥，加大商品有机肥应用和冬绿肥种植，做好农业面源污染防控工作。松阳县被农业部列为全国“果菜茶病虫全程绿色防控试点”（茶叶），龙泉市、缙云县被列为省级“农作物病虫害专业化统防统治与绿色防控融合推进示范县”。全年推广测土配方施肥17.70万公顷，推广商品有机肥7.29万吨，减少化肥使用量8718.5吨；推广农作物病虫害统防统治4.12万公顷，绿色防控推广面积4.37万公顷，减少农药使用量135.07吨，提前完成农业部提出的在2020年实现化肥、农药使用量零增长的目

标。全年回收废弃农药包装物237.02吨，处置207.39吨。（李小荣）

【农业机械化】 2018年，全市农业机械总动力95.28万千瓦。耕作机械26408台，13.74万千瓦，其中，大中型拖拉机104台，4188千瓦，耕整机20871台，86676千瓦；种植机械133台，其中水稻插秧机116台；收获机械2420台，1.41万千瓦，其中联合收割机250台，8963千瓦；植保机械24045台，3.55万千瓦，其中农用无人机38架；排灌机械49802台，9.34万千瓦；茶叶机械79631台，13.36万千瓦；食用菌机械67012台，13.93万千瓦；农副产品加工机械31816台，14.26万千瓦；运输机械2643台，5.35万千瓦，其中轨道运输设备67条，219千瓦，28878米；设施农业设备642万平方米，冷藏保鲜库782套，137268立方米。农业机械原值11.89亿元，净值8.5亿元。

2018年，全市机械耕作面积6.64万公顷，机械收获面积1.39万公顷，机械种植面积3221公顷，机械植保面积3.61万公顷，水稻耕种收综合机械化水平51.9%，机械灌溉面积2.07万公顷，机械秸秆还田面积9560公顷，机械加工农产品73.23万吨，水果分级机械作业量11415吨，农机运输作业18463万吨千米。

全年全市农机化投入0.86亿元，其中，财政投入0.27亿元，农民个人投入0.5亿元。实施农机购置补贴政策，全年使用中央农机购置补贴资金2087.77万元、省级资金318.85万元，购置补贴机具10354台。

2018年，开展农业“机器换人”示范创建活动，莲都区碧湖镇、松阳县新兴镇、缙云县三溪乡和胡源乡创成省级“机器换人”示范乡镇，龙泉市义农水稻专业合作社的水稻生产基地等6个基地为省级“机器换人”示范基地。加快水稻机插、粮食机烘、飞防植保、山地轨道运输、食用菌菌棒机械化生产、茶叶机械化加工等技术的普及和应用。9月3—7日，在丽水职业技术学院举办高效绿色植保机械操作人员培训班，参加培训52人。9月18—19日，在丽水市龙泉召开全省食用菌产业“机器换人”现场推进会。9月18—20日，缙云县朱锦扬代表浙江省参加2018年中国技能大赛(全国农业行业职业技能大赛)，获农机修理技能三等奖，被授予“全国农业技术能手”称号。

2018年，缙云县创成全国“平安农机”示范县，莲都区联城街道等9个街道(乡、镇)创成省级“平安农机”示范街道(乡、镇)。市农业局联合市公安、安监部门深化变型拖拉机专项整治工作，加强联合执法，加大路面变型拖拉机及驾驶人的违法查纠力度和频次，排查辖区内外省籍变型拖拉机存量。加强变型拖拉机源头管控，在莲都区、庆元县、松阳县探索第三方检验机制，推行变型拖拉机上汽车检测线检验，提高检验的科学性。加快存量变型拖拉机的报废退出，引导、鼓励变型拖拉机提前报废淘汰，全市报废拖拉机513台，其中，大中型238台、小型275台。重视轨道运输机、无人植保飞机等新引进农机的安全作业情况，开展专题培训、宣传和警示谈话等措施，预防并消除事故隐患。（吴志珍）

生态精品农业

【概况】 2018年，全市农业系统坚定不移走“绿水青山就是金山银山”绿色生态发展之路，以“丽水之干”担纲“丽水之赞”，落实农业绿色发展先行市创建各项目标任务，宣传“丽水山耕”区域公用品牌，推进生态精品农业发展，走出一条高质量特色化的绿色农业发展之路。全年全市累计认定生态精品现代农业示范县8个，示范乡镇90个，示范企业171家，示范合作社175家，大学生创业典型140个，生态精品农产品1910个。

【生态精品农业宣传】 2018年，市农业局组织搭建以《农民日报》、中国新闻社、《中国经济导报》、凤凰网、今日头条、浙江发布、浙江农业发布、《浙江日报》、《农村信息报》、浙江经济生活频道、浙江新闻公共频道、新浪浙江、腾讯大浙网、浙江在线、浙江电台浙江之声、浙江电台交通之声、丽水发布、瓯江行、《丽水日报》、《处州晚报》、丽水电视台、丽水在线、丽水电台等媒体为平台的丽水生态精品农业宣传团队，全方位、多层次宣传报道丽水市生态精品农业发展亮点和成效，宣传一批可学、可看、可推广的生态精品农业示范典型主体和经营实体，为全市生态精品农业发展舆论造势。9月，中新社连续刊发《“丽水山耕”：一张传统山区的生态农业“金名片”》《浙江丽水巧设“农旅融合”新载体加速释放生态红利》等文章10余篇；《农民日报》头版头条刊发《品牌化打通“两山”》等报道；浙江日报头版头条刊发《“金饭碗”里看丽水》等报道。在杭州高铁东站到达层出租车通道全年投放灯箱广告，宣传丽水生态精品农业。（张 靓）

【举办丽水生态精品农博会】 2018年9月20—23日，在杭州和平国际会展中心举行为期三天的2018丽水生态精品农博会暨中国长寿之乡养生名优产品博览会。省人大常委会副主任史济锡、副省长彭佳学、省政协副主席陈小平、中国长寿之乡绿色发展区

9月21—23日，2018丽水生态精品农博会暨中国长寿之乡养生名优产品博览会在杭州举行 （张靓 提供）

域合作联盟理事长赵宝华、省农业厅厅长林健东等出席开幕式。市委书记胡海峰在开幕式上致辞，市委副书记、市长吴晓东主持开幕式，市委副书记李锋出席开幕式。杭城市民、采购商、经销商、嘉宾共同参会，品丽水山货，赏丽水山居，分享丽水绿色发展成果，推动丽水农业主体与市场的合作交流，推介丽水生态精品农产品，宣传丽水农业发展新成果、新成就、新业绩。

农博会主题为乡村振兴、绿色发展、生态健康、美好生活，总展出面积8000平方米，200余家企业、1200余种农特产品参展。其中，中国长寿之乡养生名优产品展区面积约700平方米，吸引包括浙江丽水在内的长寿之乡26个，吉林临江、山东东明、陕西镇坪、新疆喀什、内蒙古呼和浩特等地区60余家企业参展，展示展销名优产品300余个。通过农博会平台，借力杭州城市品牌和开放优势，展示丽水好生态、推广丽水好产品、加强丽水好形象，让全省、全国消费者共享丽水好生态带来的好产品。展会接待消费者7.1万人次，现场销售额820万元、线上销售额362万元，销售总额1182万元，签订订货或意向合同3.5亿元，销售总额与签约额与上年同比分别增长5.7%、9.4%，实现丽水农产品“扩影响、打品牌、促销售”的目标。

【农产品转化为旅游地商品和“丽水山耕”品牌建设】 2018年，省委、省政府重视“丽水山耕”品牌建设和农产品旅游地商品包装设计工作，调研、指导、督查该项工作。根据省市领导批示精神，市林业局完善机构，抽调人员，出台工作方案，细化、量化工作指标，采取培育“丽水山耕”600基地，加强品牌管理、包装设计、质量安全、市场营销、科技服务体系建设等措施，通过举办培训班、农产品包装设计大赛和擂台赛等形式，推进“丽水山耕”品牌建设。全年全市新培育农产品旅游地商品生产经营主体250个，新转化农产品旅游地商品306个，农产品旅游地商品营销额达46.9亿元。新增农产品商标603个，新增参与“丽水山耕”母子品牌运作商标275个，新培育“丽水山耕”背书农产品426个，新建600基地2.42万公顷，实现“丽水山耕”农产品年销售额67.3亿元，平均溢价率30%，产品远销北京、上海、深圳等20余个省市。“丽水山耕”获2018中国区域农业品牌影响力排行榜榜首。 （林国文 何陈婧 王哲跃）

农业产业化经营

【现代农业园区建设】 2018年，市农业局争创省农业“12188”工程，2018年新增庆元县省级现代农业园区、松阳县松古盆地省级现代农业园区、缙云县小仙都省级现代农业园区等3个省现代农业园区创建对象，青田县阜山稻菊特色农业强镇、云和县元和云和雪梨特色农业强镇、松阳县象溪果蔬特色农业强镇3个特色农业强镇创建对象。景宁畲族自治县鹤溪惠明茶特色农业强镇通过省级验收，松阳县古市镇申报农业农村部示范农业产业强镇。累计被列入省级现代农业园区创建对象5个（农业可持续发展示范园6个），被列入省级特色农业强镇创建对象7个。

【农旅融合发展】 2018年，市农业局新建休闲观光农业区（点）29个。缙云县笕川村入选2018年中国美丽休闲乡村；青田“稻鱼之恋”开镰节、2018中国畲乡·农民丰收节入选首届“中国农民丰收节”全国100场系列活动；松阳县“古韵茶香 健康骑行——大木山骑行茶园”茶旅路线被评为“2018年度全国茶旅金牌路线”。全市拥有国家级休闲农业与乡村旅游示范县、示范点、精品线路，以及中国最美田园、中国美丽乡村、中国重要农业文化遗产等休闲农业与乡村旅游“国字号金名片”31张。

【农业企业培育】 2018年，全市累计培育247家市级重点农业龙头企业，其中，省级骨干农业龙头企业46家，国家级重点农业龙头企业1家（龙泉市的浙江天和食品有限公司），2家美国纳斯达克上市农业企业（浙江富来森集团的炭博士有限公司和农米良品有限公司），3家新三板挂牌企业（浙江九川竹木股份有限公司、浙江三禾竹木科技股份有限公司，浙江竹林居科技股份有限公司），51家浙江股权交易所“丽水生态经济板”挂牌农业企业。全年销售收入1000万元以上农业龙头企业256家，其中，1000万—3000万元的企业154家，3000万—5000万元的36家，5000万至1亿元的46家，超亿元24家。

【农业品牌培育】 2018年，全市新增浙江欣宏源养殖有限公司无公害生猪、浙江百兴食品有限公司香菇酱、遂昌县华昊特产有限公司遂白菊米、浙江姥姥家食品有限公司红薯片等浙江名牌农产品4个，通过复评浙江名牌农产品11个，累计浙江名牌农产品22个。新增庆元香菇浙江省区域名牌农产品1个，累计培育丽水山耕、庆元香菇、松阳银猴等浙江省区域名牌农产品3个。丽水山耕入选“最具影响力十强品牌”，松阳香茶入选“最具成长性十强品牌”，庆元香菇、处州白莲等4个品牌入选“最具历史价值十强品牌”。

【美丽田园建设】 2018年，全市累计收集农业废弃物1385.02吨，清除田间茶叶枝条等田间垃圾10.55万吨，改造设施大棚200万平方米，改造生产管理用房5.3万平方米，复绿复耕0.3万公顷。完成建设油菜0.813万公顷、紫云英0.813万公顷、春马铃薯0.9万公顷。莲都区夫人山铁皮石斛养生谷、莲都区处州白莲休闲养生园、龙泉市兰巨省级现代农业园区、青田县阜山皇菊公园、青田县小舟山乡创意梯田、云和县崇头镇云和梯田、云和县苏坑梨园、庆元县天宸农业公园、缙云县大洋茭海、遂昌县新路湾金色花田、松阳县大木山茶园、景宁畲族自治县大漈万亩茭白基地等12个美丽田园入选2018浙江省100个“最美田园”。

【农产品加工园区建设】 2018年，市农业局围绕丽水九大农业主导产业（食用菌、茶叶、水果、蔬菜、畜牧业、笋竹、油茶、中药材、渔业），以农产品加工园区建设为重点，推进农产品加工园区供地，推动农业招商引资，推进农业上下游产业、前后环节有效连接，促进农业一、二、三产业融合发展。全年全市9个农产品加工园区完成供地112.53公顷，累计完成供地742.88公顷，引进入园企业171家。

【农业招商引资及全产业链创建】 2018年，全市农业招商引资新引进项目41个，加上续建项目62个，共在建项目103个，合同引资额80.6亿元，实际到位资金14.8亿元。与宁波市农业局签订《推进山海协作工程合作协议》，开展农业对口合作，做强高效生态农业。双方约定推进农业成果转化、产业合作、产销合作、技术合作。推进一、二、三产融合发展，开展全省示范性农业全产业链创建工作。2018年，创建缙云茭白省级示范性农业全产业链。累计创建松阳茶叶、龙泉食用菌、庆元食用菌、云和食用菌、缙云茭白、庆元竹产业等省示范性全产业链。

（黄　昀）

农村经营管理

【概况】 2018年，全市9个县（市、区），1个经济开发区，173个乡镇、2727个村（社）、2.43万个村民小组、85.35万名农户、229.48万名农业人口。村集体所有农用地总面积146.4万公顷，其中耕地8.47万公顷，园地4.27万公顷，林地130万公顷，养殖水面0.38万公顷，其他类型农用地3.22万公顷。户均耕地面积0.099公顷，人均耕地面积0.037公顷。全市农村劳动力142.64万人，其中，从事家庭经营劳动力75.99万人，外出务工劳动力62.06万人，其中常年外出务工劳动力55.99万人（其中，乡外县内25.56万人，县外省内18.89万人，省外11.54万人）。至年底，全市2727个村（社）全部完成经济合作社股份制改革，确定股东数225.6万人，量化资产17.33亿元，累计分红14730万元。

【农业经营主体】 2018年，丽水农业产业化组织发展迅速，全市新增家庭农场450家，累计4472家，新增省级示范性家庭农场32家，累计190家，新增市级绿色示范（休闲）性家庭农场57家，累计142家。规范发展农民专业合作社，采取“清理整顿、规范改造、提升壮大”等措施分类处置。农民专业合作社总量比上年度减少150家，累计3765家。新增国家级示范农民专业合作社8家，累计31家；新增省级示范农民专业合作社9家，累计99家；新增市级示范农民专业合作社19家，累计212家。培育大学生农创客主体，新增大学生“农创客”45人，累计223人，其中，新增大学生创业典型 20 个，累计 140 个。探索培育社会化服务组织，引导新型农业主体提升服务能力，促进小农户和大市场联结，全年新增社会化服务组织 406 个，累计 3461 个。

【农民负担监管】 2018 年，丽水市开展 2 次农负检查，采取市县联合治理与县级自主治理相结合的方式，坚持问题导向，对农民反映的突出问题开展专项治理。市、县两级发现案件线索 262 条，收回（退回）款项 1270.558 万元。其中，退还农户建房押金 1122.37 万元，退回其他收费 46.78 万元，收回征订报刊 3.89 万元，收回其他费用 97.52 万元。推进“一事一议”筹资筹劳财政奖补工作，减轻农民负担。

【村集体经济组织】 2018 年，丽水市推进“消薄”工作，推动项目建设，发展村级集体经济。省定薄弱村年收入达 10 万元、经营性收入达 5 万元的村 845 个，全市总收入 10 万元以上、经营性收入 5 万元以上的村 2054 个。村集体总收入 7.8 亿元，其中经营性收入 3.45 亿元（经营收入 2.39 亿元，发包上交收入 0.4 亿元，投资收益 0.66 亿元），补助收入 3.82 亿元，其他收入 0.53 亿元。全市农村集体“三资”管理实现全面覆盖，有 6 个县（区）105 个乡镇实行会计、出纳双代理，配备或聘用代理出纳 90 人。龙泉市出台《创新农村审计工作运行机制实施意见（试行）的通知》。（吴玉平　温兴趣）

【土地承包经营权流转】 2018 年，市农业局严格规范土地有序流转行为，合理把握土地流转规模，推进整村整组集中连片流转，促进现代农业规模化、集约化、标准化经营。全年全市流转土地 3.7 万公顷，流转率 45.97%；新增发放土地流转经营权证 744 本，累计颁发土地流转经营权证 3396 本。全面推进全国“两权”抵押贷款试点工作，其中土地承包经营权抵押贷款余额 9.09 亿元。

【农村产权交易市场建设】 2018 年，丽水 9 个县（市、区）全部搭建县级农村产权交易平台，全市 173 个乡镇（街道）建成产权交易窗口，建成覆盖“市—县—乡”三级农村产权交易平台体系。包括土地流转经营权在内的农村产权交易实行“统一信息发布、统一交易规则、统一交易鉴证、统一网络操作、统一平台建设”的“五统一”管理模式。全年新增农村产权公开交易 817 宗，成交金额 8262.3 万元，累计农村产权交易 3721 宗，成交金额 4.99 亿元。其中，土地承包经营权 2569 宗，成交金额 3.01 亿元；林权 497 宗，成交金额 9139.1 万元；房屋所有权 443 宗，成交金额 7301.8 万元；农村集体物业租赁 212 宗，成交金额 2581.2 万元。（叶建军）

农业安全生产管理

【概况】 2018 年，全市未发生重大农产品质量安全事件，农产品质量安全状况总体稳定并保持在较高水平。2018 年度省级农产品质量安全例行监测，抽检农产品 900 批次，合格 898 批次，合格率 99.78 %；全市组织农产品定量监测 4295 批次，合格 4275 批次，合格率 99.53%。

【农产品质量安全】 2018 年，青田、缙云、庆元、松阳 4 个县创建第三批省级农产品质量安全放心县，全面完成 9 个县（市、区）放心县创建工作；推进农产品质量安全追溯体系建设，全年新增追溯主体 593 家，使用“合格证+追溯码”模式合格证 33676 批次，应用主体 2536 家；景宁畲族自治县完成“智慧监管”试点工作；市农业局举办全市首次农产品质量安全突发事件应急演练。

开展农产品质量安全综合治理，在全市范围内开展农药、“瘦肉精”、生鲜乳、兽用抗生素、生猪屠宰监管“扫雷行动”和农资打假等六个专项治理行动，开展农产品质量安全排雷“百日攻坚”行动和草莓、杨梅等重点产品的安全管控。推广农业标准化生产，全年主要农作物种植面积 18.23 万公顷，标准化实施面积 12.672 万公顷，农作物种植标准化生产程度 69.5%；畜禽养殖总规模 217.18 万个猪单位，标准化实施规模 129.8 万个猪单位，畜牧业标准化生产程度 59.77%。全市综合农业标准化生产程度 65.61%。新增无公害农产品 98 个，绿色食品 29 个，新增绿色食品认证面积 715.67 公顷，青田杨梅获国家农产品地理标志登记。至年底，全市主要食用农产品“三品”认证率 57.51%。（林　燕　黄　庆）

【重大动物疫病防控】 2018 年，全市开展以高致病性禽流感、口蹄疫、高致病性猪蓝耳病、猪瘟、小反刍兽疫等为主的重大动物疫病强制免疫工作，共免疫家畜 354 万头次、家禽 1786 万羽次，免疫密度 100%，全年全市未发生区域性重大动物疫情。8 月 3 日，辽宁省发生全国首起非洲猪瘟疫情，全市各级党委、政府紧急动员、全面排查、严格管控、严防死守，全市没有发生非洲猪瘟疫情，生猪生产和猪肉产品消费秩序良好，社会舆情反应平稳，防控工作取得阶段性成效。开展布鲁氏菌病、结核病、狂犬病、H7N9 流感等人畜共患病防控。H7N9 检测 12257 份，牛布鲁氏菌病、结核病检测

353份，羊布鲁氏菌病检测8883份，未发现阳性样品。对2226个场点开展动物疫病监测，累计检测血清样品5.78万份、病原样品0.53万份，主要动物疫病免疫抗体合格率均为70%以上，在省下达的12个监测项目任务中，全市有11项监测任务完成率居全省第一。市区犬类狂犬病免疫点全年累计免疫犬2430只次，新发犬只免疫证471本。丽水市畜牧兽医干部刘晓峰获全国首届农业行业职业技能大赛（动物疫病防治员）全国总决赛个人第二名的成绩和“全国技术能手”称号。在全省农业职业技能大赛（动物疫病防治员）中，丽水市畜牧兽医干部刘晓峰、夏筱璐分别获二等奖、三等奖。6月8日，市防治动物疫病指挥部首次在省内举办“2018丽水市防控重大动物疫情应急演练”，“市—县—乡”三级90余人现场实战演练市级启动突发高致病性禽流感疫情Ⅲ级应急响应处置。7月19—20日，由市农业局牵头，联合市人力资源和社会保障局、市总工会在青田县举办全市动物检疫检验职业技能竞赛，对优秀选手授予“丽水市技术能手”称号。（汤丽波　张盈盈）

【动物卫生监督管理】　2018年，全市县级动物卫生监督所9个、分所37个、检疫申报点45个，累计规范化建设所站16个。派驻检疫的生猪定点屠宰场点11个，其中场7个，点4个；家禽屠宰场2个（莲都、龙泉）；牛集中宰杀出证点2个（莲都、景宁）。在册官方兽医252人，备案协检员85人。登记乡村兽医405人，获得执业兽医资格证书31人、助理执业兽医资格证书24人。全年全市屠宰检疫生猪42.5万头，同比下降5.9%；检疫牛羊8316头，同比下降25.41%；检疫禽类298.9万只，同比上升17%。产地检疫生猪39.5万头、检疫牛羊3071头、检疫家禽870.8万只。建成县域无害化处理场2个、乡镇公共无害化处理设施97个，生猪保险与无害化处理联动实现了全覆盖，养殖环节病死猪无害化处理6.51万头。全年动物卫生监督机构办理一般程序案件206件，罚没款30.5万元，案件办结数同比增长57%，排名全省第三。在案件评查质量上，莲都区办理的《不按照动物疫病强制免疫计划进行免疫接种案》被农业农村部评为全国动物防疫行政执法案卷评查优秀案卷（全省3个，全国33个）。（程燕芬）

【重大植物疫情控制】　2018年，丽水市坚持“政府主导，属地管理，联防联控”原则，全面深入开展有害生物疫情普查监测、封锁控制、防治扑灭和综合治理，有效地防止检疫对象和危险性有害生物的扩散蔓延，进一步提升重大农业植物疫情防控能力，确保生态环境和农业生产安全。全市建立省级疫情监测点21个，县级监测点119个。各监测点均确定专人负责，按照省植物保护检疫局制定的七大重大疫情技术方案要求进行系统规范监测。

全市有4个县（区）（莲都区、松阳县、庆元县和青田县）24个乡镇（街道）发生柑橘黄龙病，全市柑橘黄龙病发病面积322.38公顷，比上年度的466.47公顷减少144.09公顷，减少30.8%，发病株树5550株，比上年减少21%。全市设立黄龙病（木虱）监测点55个，监测面积1371.27公顷。

全市梨树疫病发病面积和发病株树相比2017年呈“双下降”，发病程度也大幅减轻。全年全市普查梨2266.67公顷。发病面积84.67公顷，比上年度下降8.4公顷，总发病株树320株，比上年减少70株。云和县连续四年未发现病株。

加拿大一枝黄花发生面积16.1公顷，总发生面积比上年度同期下降7%。主要分布在路边和荒地等，其中路边主要发生在高速公路绿化带内。丽水市加拿大一枝黄花发生维持在一个较低的水平，尚未对全市生态环境和耕地作物造成危害。全年全市签发植物检疫证书313份，调运检疫签证合格数量种子170.3万千克，苗木1383万株；签发产地检疫证书51份，面积1053余公顷，主要集中在遂昌县水稻制种基地。（伍克高）

【农村能源建设】　2018年，市农村能源办公室全面清查全市沼气工程和户用沼气存量情况，针对存在隐患的沼气设备和场所，提出处置意见，出台《丽水市农业局关于进一步加强农村沼气安全管理的意见》。推进农村废弃沼气安全处置，尊重农户、业主对废弃沼气的产权权益和处置意愿，按照“宜拆则拆，消除隐患；宜留则留，安全封存；宜用则用，改造利用”的原则，指导实施各项安全技术处置方式。完成农村废弃沼气安全处置20227个，其中采取拆除或填埋545个。各县（市、区）做好农村废弃沼气安全处置、农村存量沼气安全运维，组织开展有关沼气安全生产巡查指导与技术服务。

配合全市“蓝天行动”，控制大气污染，9月，出台《丽水市关于加强当前农作物秸秆综合利用和禁烧工作的通知》。开展秸秆利用方式、处置途径、焚烧原因、对策思路的探索，组织调研、督查，起草《推进农作物秸秆资源化利用实施方案》《农业废弃物综合利用和处置方案》。全年农作物秸秆资源化利用58.4万吨，综合利用率93.56%，其中，秸秆机械化收割还田、资源化收贮和加工等面积8153.33公顷。省环保厅卫星遥感监测全市农作物秸秆露天焚烧火点35个，比2017年同期(54个)下降35.2%。

开展农田氮磷拦截生态沟渠建设工作，筛选确定沟渠拟建设地址18条，筹集项目建设资金322万元。通过勘察筛选、方案设计、招标施工、主体落实，完成工程施工。开展全国第二次农业污染源普查工作，完成种植业、养殖业、移动源调查统计，完成典型地块585块和入户调查规模以下养殖户48个，纸质报表完成填报，经过审核上报。宣传全市农业生态与农村能源建设情况和工作典型，“丽水市三措并举推进秸秆露天焚烧管控和资源化利用工作”被省厅简报录用，在省办网站录用信息93篇，连续4年保持工作信息数量列全省第一。（李官平）

粮食作物

【粮食生产功能区提标改造】 2018年，全市播种面积6.92万公顷，总产量2.39万吨。2018年，全市完成49个、3359公顷粮食生产功能区提标改造，累计完成投资3957万元。修建(修复)排灌渠73.8千米，修建机耕路94.5千米，修建泵站4座、下田坡20处；新建粮食生产服务组织3家，新建育秧中心2个，新建烘干中心5个，提标改造区开展统防统治服务1093公顷，集中育秧服务1253公顷，机插秧服务970公顷。

【农作创新和提质增效】 2018年，丽水市继续发挥区域优势，发展玉米、番薯、大豆等鲜食旱粮生产，应用推广水旱轮作、旱地多熟、种养结合等农作制度创新模式2.02万公顷。推动优质米生产，开展丽水市“十佳好稻米”评比活动，获浙江省好稻米评比金奖2个、优胜奖4个。

【高产创建】 2018年，全市开展绿色高产创建活动，建立省、市示范片30个，1260公顷，其中，700公斤以上示范方1个、700公斤以上攻关田11块。组织水稻高产竞赛活动，实地全田收割高产竞赛田块18块，其中，2块田突破千公斤，4块田突破丽水原水稻高产记录，最高产田实割1028.5千克(折干)。（范飞军）

经济作物

【蔬菜】 2018年，丽水的气候基本上没有大范围的自然灾害。全年播种面积5.1万公顷、产量140万吨、产值32亿元。其中，西甜瓜播种面积0.16万公顷、产量5.1万吨、产值1亿元；水生蔬菜播种面积7353公顷、产量19.7万吨、产值6.7亿元；茭白播种面积6919公顷、产量18.5万吨；四季豆播种面积4597公顷、产量9.3万吨；长豇豆播种面积3352公顷、产量9.3万吨；设施蔬菜播种面积为0.64万公顷，其中单体大棚1391公顷，喷滴灌播种面积1235公顷。建成冷藏库92个，16391立方米，建成产地交易市场78个。全市建成年育苗能力大于10万株的专业化蔬菜育苗场11家，其中有两家的年育苗能力超过500万株，全市年育苗能力超过2000万株。全市举办各类培训80期，受训6780人次。市本级建立瓜菜、番茄、西瓜和萝卜等品种展示点4个，展示示范72个品种。全市引进各类蔬菜新品种69个，举办现场会19场。发挥省、市蔬菜技术专家团队作用，解决生产技术难点，推进生产上技术创新，开展茭鸭共育技术示范推广、茄子嫁接育苗及栽培示范、高山菜豆冬闲田利用示范等项目。

组团参加2018浙江精品果蔬展销会，全市11个蔬菜产品获“2018浙江精品果蔬展销会金奖”。组团参加2018第十届中国·浙江瓜菜种业博览会。（周锦连 张 哲）

【水果】 2018年，丽水气候条件良好，无大范围自然灾害情况发生。全市水果品质总体提升，产值增加，行情较好。全年水果总面积2.96万

5月14日，举行丽水市蔬菜产业集约化育苗现场观摩活动 （周锦连 提供）

公顷，比 2017 年（3.04 万公顷）减少 2.66%，产量 34.25 万吨，比 2017 年减少 0.76%，产值 10.33 亿元，比 2017 年增加 0.51%。其中，柑橘面积 8263 公顷，比 2017 年减少 5.3%，产量 9.98 万吨，比 2017 年减少 5.9%，面积产量减少的主要原因是 2016 年冻害后柑橘失管果园及改植改种面积较大；杨梅 8090 公顷，比 2017 年增加 0.03%，产量 3.27 万吨，比 2017 年增加 4.2%，但受外地市场影响价格比 2017 年低；桃总体行情较好，面积 5290 公顷，比 2017 年减少 4.2%，产量 7.59 万吨，比 2017 年增加 2.7%；梨 3050 公顷，比 2017 年减少 5.7%，产量 1.92 万吨，比 2017 年减少 4.7%；猕猴桃发展较快，投产面积增加 5.1%，面积 798 公顷，产量 0.61 万吨，比 2017 年增加 28.3%；李子 794 公顷，比 2017 年增加 7.6%，产量 0.68 万吨，比 2017 年减少 0.8%；枇杷继续发展，面积 662 公顷，比 2017 年增加 22.6%，产量 0.38 万吨，比 2017 年增加 46.7%，增产幅度大且市场未拓宽影响销售；葡萄 561 公顷，比 2017 年增加 2.4%，产量 1.02 万吨，比 2017 年减少 3.4%；柿子 495 公顷，比 2017 年减少 5.9%，产量 0.29 万吨，比2017 年减少 5.3%；其他果园 1629 公顷，比 2017 年减少 7.3%，产量 1.05 万吨，比 2017 年减少 7.0%。

【技术示范推广】 2018 年，全市持续推进水果品种结构调整、老果园改造、品种规划布局等，引进集成优新技术，因地制宜发展高效特色品种，低效、失管老果园占比减少，效益体现。全市设施果园栽培初具规模，智能大棚面积扩大，柑橘完熟栽培、枇杷、杨梅、蓝莓、葡萄、梨架式栽培等技术有突破，火龙果、百香果、木瓜、芭乐等热带水果通过设施栽培成功落地。市水果产业团队推进技术创新，实施杨梅山地大棚促成栽培技术集成应用与示范、浙西南山区适栽猕猴桃品种及配套栽培技术示范、柑橘老果园改造提升技术示范、柑橘黑点病防治技术研究、枇杷无损伤检测技术研究等项目，解决生产技术难点，召开杨梅山地大棚促成栽培和浙西南山区适栽猕猴桃品种及配套栽培技术现场观摩，加大技术推广力度。收集保存地方特色种质资源，其中保存枇杷样本 42 个，云和雪梨样本 28 个。传统云和雪梨选育科技团队继云和“细花雪梨”和“真香梨”两个优良单株成功筛选后，开展云和老雪梨授粉试验，初步筛选出 3 个授粉品种，为云和雪梨产业化发展奠定基础。青田杨梅获农业部农产品地理标准登记保护，这是丽水市继云和雪梨后水果类第二个“地理标志”农产品；庆元甜桔柚通过农业部农产品地理标准登记保护评审。继续加大果园“机器换人”，引进果园割草机、微型耕耘机、开沟机、猕猴桃授粉器等小型机械；引进枝叶炭化炉和粉碎机，清洁化处理果园修剪枝叶，减少病虫基数；引进山地果园单轨运输车，极大减轻劳动力成本。

【果品产业提升】 2018 年，丽水水果产业技术创新和推广示范团队获“2018 年浙江省十大农业技术团队”称号。全市多个水果获国家、省、市奖项，品牌知名度提高。龙泉市家强家庭农场的“红阳”猕猴桃获 2018 首届全国优质猕猴桃品鉴会中华红心类金奖；丽水莲都区百果家庭农场的蓝莓以可溶性固形物含量 14.1% 的成绩，获 2018 浙江农业之最第一届蓝莓擂台赛冠军；丽水市莲都区怡峰水果专业合作社的“鑫怡峰”牌“中桃 5 号”获“2018 浙江省十佳桃”称号；青田杨梅、庆元甜橘柚成功获农业部农产品地理标准登记保护；在 2018 浙江省精品果蔬展销会上，全市参展的 9 家企业 12 个产品获金奖 4 个、优质奖 8 个和杭州市民最喜爱的鲜食果蔬产品奖 3 个，其中，丽水仙渡梅田水果专业合作社的“燕红”桃、丽水市莲都区凤鸣水果专业合作社的“金手指”葡萄、缙云县桂村圣洁果茶专业合作社的“新川中岛”桃、云和县仙宫果业有限公司的“云和雪梨（翠冠）”获金奖，市农业局获“最佳组织奖”称号；2018 年丽水市评出“丽水十佳枇杷”，其中，丽水丽白枇杷产销专业合作社的“宁海白”枇杷获“丽水十佳枇杷之冠”，丽水市原艺水果专业合作社的“宁海白”枇杷获“丽水最佳风味枇杷”。2018 年，全市各县（市、区）相继举办水果产业农旅融合系列活动，青田、莲都、缙云的杨梅节，莲都、龙泉的桃花节、采桃节、品桃节，云和的梨花节、梨王争霸赛、云和雪梨丰收节，景宁、莲都的葡萄节等，融入农耕文化、农事体验、摄影、亲子等活动，实现一、二、三产融合。 （吴宝玉）

【食用菌】 2018 年，丽水市食用菌栽培量 5.63 亿袋（折算），比上年度减少 0.53%，产量 45.15 万吨（鲜品），比上年度下降 2.61%，其中，香菇 3.3 亿袋，比上年度减少 0.6%，香菇产量 23.73 万吨，比上年度减少 1.29%；黑木耳 1.59 亿袋，比上年度增 2.45%，黑木耳产量 18.41 万吨，比上年度增加 4.72%；灰树花 1570 万袋，杏鲍菇 2200 万瓶，秀珍菇 306 万袋，金针菇 1080 万瓶，灵芝 4102 立方米。全年食用菌总产值 28.02 亿元，比上年度增加 3.7%。 （吴邦仁）

【茶叶】 2018 年，丽水茶叶生产形势继续表现为量增、价稳、销售平稳态势。

全年全市茶园面积3.83万公顷,同比增长1.53%;投产茶园面积3.486万公顷,增长3.09%;无性系良种茶园面积3.26万公顷,无性系良种率85.18%;茶叶产量3.88万吨,增长7.00%;茶叶一产产值40.73亿元,增长7.97%。规模茶叶交易市场茶叶交易量9.36万吨,交易额70.39亿元,同比增长7.27%和5.50%。其中,浙南茶叶市场毛茶交易量7.91万吨,交易额57.92亿元,增长2.86%和1.6%。全市32个茶叶产品通过生态精品农产品认证;松阳县出台《关于加快推进茶产业转型升级打造全国茶产业强县的若干意见》和《松阳县推进茶产业转型升级扶持办法》;云和县出台《云和县实施乡村振兴战略之产业兴旺政策26条的通知》;青田县修订发布地方标准规范(DB331121),包括青田御茶第一部分:苗木,青田御茶第二部分:栽培技术,青田御茶第三部分:鲜叶与加工技术。

丽水市推荐申报的6个茶园基地通过"五园创建"省级示范基地验收,分别是丽水市莲湖农产品有限公司生态茶园基地、龙泉市唐红家庭农场生态茶园基地、缙云县轩黄农业发展有限公司生态茶园基地、浙江剑光生态农业科技开发有限公司生态茶园基地、浙江奇尔茶业有限公司生态茶园基地、景宁凤艳家庭农场生态茶园基地。继续在松阳、遂昌、莲都等县(区)进行茶叶低温气象指数综合保险试点工作。遂昌大柘镇,松阳古市、新兴,莲都区大港头镇等投保茶园面积428公顷,承保农户500余户,保费近70万元,兑现政策性保险赔偿金113万余元。10月23日,在景宁举办"丽水山耕600基地"茶园山地运输车机器换人示范现场观摩活动,市茶产业技术创新与推广服务团队(茶叶产业)成员,各县(市、区)茶叶站站长等30余人参加观摩活动。集中观摩茶园山地运输车、植保飞机、茶园中耕机、茶园除草机等茶园机械园间作业演示示范。

2018年,中国茶叶区域公用品牌价值评估中松阳银猴品牌价值22.70亿元,居全市茶叶品牌价值第一位,全省茶叶品牌价值第四位,全国茶叶品牌价值第二十一位。景宁金奖惠明茶、遂昌县龙谷丽人茶、缙云仙都笋峰茶、缙云黄茶均位列2018年中国茶叶区域公用品牌榜前百强。松阳县推动"茶叶溯源IC卡"与农资交易一卡通融合力度,实现茶叶生产、收购、销售全程可追溯,加大农业投入品巡查管控和农产品监测的工作密度,加强农资执法力度,确保茶叶质量安全。松阳茶叶主销区建立松阳银猴、松阳香茶直营店,全年完成建设100家直营店。松阳县全国绿色食品一、二、三产业融合发展示范园通过验收,是全国首批创建的8个创建单位之一。

【茶事活动及品牌宣传】 4月27日,丽水市农业局、浙江省茶叶学会、浙江大学、茶都名苑在杭州茶都名园共同主办"2018'丽水香茶'浙江省敬老茶会"。千余名在杭的茶界知名老专家、老茶人、老领导参加此次茶会。

3月27—29日,在松阳县举办由中国茶叶流通协会、中国国际茶文化研究会、中国茶叶学会、浙江省农业厅、丽水市人民政府主办的第十一届中国茶商大会暨松阳银猴茶叶节。十二届全国政协文史和学习委员会副主任、中国国际茶文化研究会会长、十届浙江省政协主席周国富,中国国际茶文化研究会常务副会长、杭州市人民政府原市长孙忠焕,中国茶叶流通协会会长王庆,浙江省农业厅厅长林健东,中国农科院茶叶研究所党委书记姜仁华,浙江省供销合作社联合社副主任张建,中华全国供销合作总社杭州茶叶研究院院长尹祎,丽水市领导张兵、王小荣、金爱武等出席开幕式。开幕式上,举行"2017年度中国十大生态产茶县"、"绿色食品一、二、三产业融合发展示范园"、"中国商品市场百强"授牌仪式,"传统制造业改造提升农副产品(茶叶)转型升级"试点、"长三角国际茶叶交易平台"启动仪式和"松阳银猴"茶王赛、"茶业新秀"、"风云茶商"颁奖仪式。该届大会以"科技、市场、品牌、文化——品质发展"为主题,包含松阳银猴茶王赛、茶香物语音乐会、松阳民俗文化展演、茶叶全产业链成果展、茶叶生产智能装备展、中国茶叶流通协会茶叶团体标准工作委员会成立大会及主体培训活动、中国茶叶学会活动、西北市场拓展研讨会、经贸洽谈暨茶香小镇招商推介会、主题茶旅活动等内容。

举办第二届丽水香茶茶王赛,收集参加评比的茶样80余个,评出绿茶(香茶产品组、扁形名茶组、螺形名茶组、白化黄化名茶组)、红茶组、乌龙茶组六大茶王,按评审得分高低选出按照送样数等比例评选十佳香茶、十佳名茶、十佳特色茶各10个。

5月18—22日,组织参加2018第二届中国国际茶叶博览会,全市组织53家龙头茶企进行展示展销。丽水展团被组委会评为最佳设计单位及最佳组织单位。市本级投入180万元财政专项资金用于丽水香茶区域品牌宣传,在丽水在线、丽水市公交站牌、杭州火车东站视频,《茶讯》《中国茶叶》等省内外媒体上宣传丽水香茶区域品牌。组织37家茶企参加第十二届浙江绿茶(银川)博览会。

莲都区举办丽水市首个国民饮茶日活动。缙云县举办2018"缙云黄茶”文化节暨第四届“缙云黄茶”采摘节活动。景宁县举办惠明茶斗茶大赛。龙泉、景宁、遂昌等县(市)组织企业参加在上海市、杭州、武夷山市、济南等地举办的茶事活动进行展示展销及宣传推介。（马军辉）

中 药 材

【概况】 2018年,全市中药材种植面积1.86万公顷,其中新增种植面积1003公顷(覆盆子846.6公顷、黄精161.73公顷、三叶青81.33公顷、温郁金77公顷),同比增长5.71%;总产值9.24亿元,总产量2.62万吨,产值比上年增长12.38%,而产量比上年增长8.32%;其中草本药材8550公顷(吊瓜2921公顷、覆盆子1278.4公顷、菊米450公顷、黄精409.73公顷、浙贝母373公顷、白莲329公顷、元胡327.73公顷、米仁298公顷、三叶青259.2公顷、百合258.6公顷、铁皮石斛137.2公顷、皇菊129.67公顷、重楼62.4公顷);木本药材9536公顷(厚朴7669公顷、红豆杉874公顷);菌药179公顷(灰树花104.67公顷、灵芝67.73公顷)。

【开展“丽水道地中药材示范基地”和“丽水中药材养生园”评选活动】 2018年,丽水市农业局制定《丽水市道地中药材示范基地评选办法》和《丽水市中药材养生园评选办法》。加快促进全市中药材产业生产规模化、规范化、标准化与品牌化发展,打造一批有知名度和良好信誉的道地中药材生产基地,提升“丽产药材”的综合竞争力,促进中药材产业健康发展。11月30日,由浙江大学、浙江省农业农村厅、浙江省农科院、丽水市农科院等单位中药材专家组成的专家组根据各县(市、区)农业局推荐申报材料评选打分,评选出丽水市本润农业有限公司本润覆盆子基地等“丽水市道地中药材示范基地”10个和青田轩德皇菊开发有限公司阜山千亩皇菊养生园等“丽水中药材养生园”5个。

【成立中药材产业技术创新与推广服务团队】 2018年,丽水市成立市中药材产业技术创新与推广服务团队,有专家28人,其中,产业首席团队专家1人,产业技术推广专家1人,本土专家26人(包括8名中药材业主专家)。作为团队牵头单位,市中药材产业发展中心申报实施2018年度丽水市中药材产业技术创新与示范推广任务,在松阳县玉岩镇建立面积0.67公顷的“600”高海拔区域浙贝母水稻轮作栽培示范基地,在龙泉市住龙镇建立面积2公顷的“600”高海拔区域黄精林下栽培示范基地。11月15—16日,在龙泉召开产业技术创新推广服务团队现场观摩活动,现场观摩宝溪乡青井村“600”高海拔区域浙贝母栽培基地和住龙镇住溪村“600”高海拔区域黄精林下套种栽培基地。宝溪海拔1100米的浙贝母种苗种植后根系比较发达,基地种植取得良好效果。

【制定《卷丹百合栽培技术规程》地方标准】 2018年1月5日,由市中药材产业发展中心牵头起草制定的市级地方标准《卷丹百合栽培技术规程》发布,2月5日实施。卷丹百合是丽水市从湖南等地引进的药食两用品种,具有滋阴清热、润肺止咳、清心安神等作用,其入药部分为百合科植物卷丹百合或细叶百合的干燥肉质鳞叶。种植面积扩大迅速,但种植起步较晚,从种球生产、田间管理种植、施肥、病虫害防治及采收加工等过程均无统一标准,导致产量水平差别较大,产品质量参差不齐。该标准的制定实施提高全市卷丹百合的产量、品质,提升标准化生产水平,推动全市中药材产业健康、稳定发展。全年全市卷丹百合种植面积242.44公顷,主要在青田、景宁、遂昌等地,产量930.39吨(干品),产值4236万元。

【4个中药材基地入选“五园创建”省级示范基地】 2018年12月19日,浙江省农业农村厅发布《浙江省农业农村厅关于公布2018年度种植业“五园创建”省级示范基地名单的通

景宁县大均梧桐高演金银花示范基地（黄　昀　提供）

知》文件，公布2018年度种植业“五园创建”省级示范基地127个，其中，全省15个中药材示范基地中丽水市推荐申报的4个基地全部入选，分别为浙江龙泉唯珍堂农业科技有限公司铁皮石斛基地、遂昌县华昊特产有限公司菊米基地、丽水亿康生物科技股份有限公司黄精基地和缙云县宏峰西红花专业合作社西红花基地。 （吴剑锋）

畜牧业

【概况】 2018年，全市畜牧业按照“提升猪业、发展禽业、拓展牛羊、振兴蜂业、六畜兴旺”的思路，推进产业绿色发展，取得明显成效。全市畜牧业产值17.79亿元，同比增0.02%；肉类总产量6.78万吨，同比增1.91%。重大动物疫病强制免疫密度100%，省部级畜产品抽检合格率继续保持100%，未发生区域性重大动物疫情和畜产品安全事件。

【畜牧业产业提升】 2018年，全市新建3000头以上规模养猪场13家，新增生产能力4万头，全部对标省级美丽牧场标准建设。9月，开工建设莲都华统畜禽产业链智能化项目，总投资7.54亿元，建成后可新增年出栏生猪20万头、家禽1000万只，年屠宰生猪50万头。景宁县景汇养殖场率先试点规模养殖场+光伏发电综合体项目建设，养殖栏舍配套铺设太阳能光伏2700余平方米，6月30日，并网投入使用，成为绿色能源循环的典范；庆元县建成发酵床猪场3家，可新增出栏猪1万头；缙云万头湖羊养殖场建设项目建成栏舍2500平方米。

【示范创建】 2018年，龙泉市、缙云县通过省级畜牧业绿色发展示范县创建验收，全市1/3县完成绿色发展示范创建。新创建省级生态美丽牧场32家，超过省定指标（17家）近1倍。缙云仙都蜂业通过国家级标准化示范场创建验收，成为全省首家国家级标准化养蜂示范场。

【污染治理】 2018年，市政府印发《丽水市畜禽养殖废弃物高水平资源化利用实施方案》（丽政办发〔2018〕31号），文件提出到2020年，全市规模养殖场粪污处理设施装备配套率达到100%，畜禽粪污综合利用率99%以上。全市存栏500头以上规模猪场149家全部完成封闭式集粪棚改造，完成率100%。全域推进发酵床零排放养殖场建设，新建80家。建成农牧对接绿色循环体20个。

【蜂业振兴】 2018年，丽水市农业局完成《丽水市中蜂产业发展规划（2018—2022）》编制，“扶持低收入农户发展中蜂养殖”项目被列入市政府十大民生实事，全市对接扶持蜂产低收入农户1333户，组织开展专业技术培训16场，发放蜂群7493

2018年丽水市畜牧业生产情况

表3

项 目	单 位	数量	比2017年增减（%）
1. 生猪存栏数	万头	36.86	3.95
其中：母猪存栏	万头	3.14	5.37
生猪出栏数	万头	57.97	-0.62
2. 牛存栏数	头	15899	18.02
其中：奶牛数	头	601	22.90
牛：出栏数	头	4215	12.25
3. 羊 存栏数	万头	5.79	-1.36
出栏数	万头	6.26	5.03
4. 家禽 存栏数	万羽	332.44	-8.53
其中：肉禽数	万羽	200.02	-19.82
蛋禽数	万羽	132.42	16.18
家禽出栏数	万羽	786.64	8.01
其中：出栏鸡	万羽	662.64	7.98
出栏鸭	万羽	119.92	7.78
出栏鹅	万羽	4.26	21.71
5. 兔存栏数	万只	3.52	30.37
出栏数	万只	10.81	4.24
6. 蜂年末养蜂	箱	141974	-9.64

2018年丽水市畜产品产量

表4

项 目	单 位	畜产品产量	比2016年增减（%）
1. 肉类总产量	吨	67786	1.91
其中：猪肉	吨	53389	0.52
牛肉	吨	631	16.85
羊肉	吨	868	11.86
兔肉	吨	192	3.23
禽肉	吨	12666	7.01
2. 禽蛋产量	吨	13883	7.60
3. 奶产量	吨	1481	8.74
4. 天然蜂蜜产量	吨	3878	-9.81

箱。成功注册“蜂中水丽”区域公共品牌。争取农业部蜜蜂示范区建设项目资金300万元。组团参加全国蜂业大会，作题为“发展蜂产业 建设大花园”的发言。举办“5•20”世界蜜蜂日暨丽水山耕十佳蜂产品评选活动，提高丽水中蜂知名度。加快中蜂地方种质库建设，新增二级种蜂场1家。“处州蜂业”牌土蜂蜜、“阿贤”牌土蜂蜜、“横樟”牌土蜂蜜等3个蜂产品被评为全省“十大蜂产品”称号。（罗叶平 胡理明 李清泉）

【畜禽屠宰】 2018年，全市正常运行生猪定点屠宰企业11家，日屠宰能力0.45万头，全年实际屠宰生猪42.49万头；设区市政府认定的家禽定点屠宰企业2家，分别为丽水三农食品有限公司、浙江久益农业综合开发有限公司，日屠宰能力9万只以上，全年实际屠宰家禽325.2万只。（刘子嘉）

渔 业

【概况】 2018年，丽水打造渔业“1234”工程，签订浙江省海洋与渔业局、上海海洋大学、丽水市人民政府三方战略合作协议，全力创建浙江（丽水）渔业绿色发展创新区，全市渔业经济保持较好发展。2018年，全市渔业经济总产值12.65亿元，同比增长108.46%。渔业产值5.68亿元，同比增长33.2%，其中，淡水捕捞产值7650万元，同比增长41.04%；淡水养殖产值4.56亿元，同比增长35.2%；水产苗种产值3534万元，同比增长1.58%；涉渔流通和服务业产值6.89亿元，同比增长290.79%。水产品总产量24661吨，同比增长13.32%，其中，淡水捕捞产量3598吨，同比增长23.39%，淡水养殖产量21063吨，同比增长11.76%。全市淡水鱼苗培育7.03亿尾，同比增长1.01%；淡水鱼种1012吨，同比增长5.36%。全市投放鱼种1857吨，同比增长5.82%。全年全市渔业受灾养殖面积361公顷，水产品损失115吨，造成直接经济损失1716万元。全市休闲渔业经营主体358家，从业人员3543人，休闲渔业总产出4.17亿元，税后利润1.69亿元，接待游客75.6万人次。

【“丽水香鱼”品牌打造】 2018年，丽水市打造“丽水香鱼”品牌。开展《寻鲵丽水》大鲵文化宣传片制作，研制娃娃鱼养生菜谱，编写“丽水香鱼”文化专著，组织参加2018年丽水市生态精品农博会和中国国际老龄产业博览会，举办“三乡一都”（“中国娃娃鱼之乡”“中国生态溪鱼之乡”“中国田鱼之乡”和“中国休闲垂钓之都”），授牌仪式暨“丽水香鱼”品牌宣传活动，更新维护“丽水香鱼”微信公众号，创建“丽水香鱼”美食体验馆，品牌打造初见成效。

【“香鱼小镇”“三乡一都”名片创建】 2018年，丽水市创建“香鱼小镇”“三乡一都”名片。编制丽水市香鱼小镇规划，获“三乡一都”认证，为秀山丽水再添四张“国字号”金名片；加强金名片的保护和宣传工作。

【“大鲵产业”“石蛙产业”和“溪鱼产业”培育】 2018年，丽水市培育“大鲵产业”“石蛙产业”和“溪鱼产业”三大产业。“大鲵产业”利用大鲵资源，打造“大鲵产业”，建立庆元大鲵国家级水产种质资源保护区、大鲵苗种生产、养殖生产的产业链条，培育一批大鲵繁养殖龙头企业，产业化格局基本形成，全市较大规模的娃娃鱼养殖企业、合作社26家，年育苗100余万尾，年产量500余吨，产值1亿元以上。“石蛙产业”。全市养殖基地103家，基地面积33.33公顷，产品年产量200余吨，产值5000余万元。“溪鱼产业”。利用生态资源和溪鱼资源，打造溪鱼产业，实施生态优先发展战略，坚持在保护中开发，在发展中保护，建成一批溪鱼规模繁养殖基地，挖掘打造溪鱼饮食文化，发展渔业旅游，实现渔旅有机融合。

【渔业百千万亿目标】 2018年，丽水市实现“百库洁水渔业”“千村河道渔业”“万顷稻鱼共生”“亿级设施渔业”百千万亿四个目标。“百库洁水渔业”。推广水库洁水渔业，实现“以鱼洁水”，推广水库洁水渔业39座，完成年度目标任务的108%。“千村河道渔业”。推出“河权到户”，发展河道生态渔业，尤其设施流水养殖的兴起，快速提升发展质量。全年河道生态渔业覆盖村庄数637个，产值1.14亿元。“万顷稻鱼共生”。全市推广稻田养鱼面积1.2万公顷，产值1.2亿元。制定丽水市“百斤鱼（粮）万元钱”五年行动方案[（到2022年，实现全市培育“百斤鱼（粮）万元钱”示范基地666.67公顷、辐射推广0.2万公顷、巩固深化6666.67公顷的工作目标）]。“亿级流通服务业”。以稻田、水库、河道为载体的休闲渔业项目大量涌现，市场流通兴旺，“丽水香鱼”菜品的研发推广，助推渔业餐饮行业的提升。全年全市实现涉渔流通和服务业产值6.89亿元，同比增幅290.79%。（吴燕琴）

水 利

【概况】 2018年，丽水水利工作扎实推进，取得优异成绩。防汛防台实现因灾损失为近15年来最低，水利安全生产未发生死亡事故，渔船安全生产事故实现"封零"。水行政与渔业行政管理持续加强,水生态文明城市建设、美丽河湖创建、绿色水电管理等创新工作不断推进。完成水利投资37亿元,完成率全省第二,25个重大水利建设项目全部完成年度任务,向上级争取补助资金9.4亿元。遂昌、缙云、庆元县获省级水利综合考核优秀;丽水市获"全国水生态文明城市"称号,获"中国娃娃鱼之乡""中国生态溪鱼之乡""中国田鱼之乡""中国休闲垂钓之都"称号,获省剿灭劣V类水工作突出贡献集体等各种集体和个人荣誉45项。

【防汛防台防旱】 2018年,全市降水量1528.7毫米,比同期多年平均降水量偏少14.5%。遭遇梅汛期二轮明显降水及台风"玛莉亚""安比""摩羯"等自然灾害的侵袭。市防指根据市委、市政府的统一部署,以"不死人、少伤人、少损失"为目标,精心组织,周密部署,层层压实责任,夺取防汛抗台工作的胜利。全市2个县23个乡(镇、街道)受灾人口0.47万人,直接经济损失0.11亿元,无人员伤亡,为近15年来灾情损失最少。继续开展水利工程第三方巡检,262处隐患点,110处完成整改,152处落实管控措施。组织18次2759人次责任人培训。各防汛储备中心防汛物资储备5900多万元。全面完成2.6万余名基层防汛责任人防汛APP的安装注册工作。

【水利项目建设】 截至2018年12月底,完成水利建设投资37亿元。被列入省"百项千亿"防洪排涝工程水利项目9个,年度计划投资14.9亿元,完成投资16.78亿元,占年度计划的126%。全市25个重大水利建设项目全部完成年度任务,项目建设实现历史性突破。全市完成河道划界752.32千米,河道综合整治85.27千米。

【农村水利】 2018年,市水利局完成218个村、20.8万农村人口饮用水安全巩固提升,水库除险加固9个,山塘整治45座;新增小型农田水利坡耕地高效节水、小型农田水利水稻区管道灌溉3093.33余公顷;完成低丘红壤建设426余公顷;完成松阳县、龙泉市、遂昌县的农业水利改革试点,全市农业水价综合改革1.49万公顷。全面完成204个水利工程标准化创建工作。抽查复核通过率、标准管理长效机制县评估率均为100%。完成水库安全鉴定22座。均超额完成年度任务。

【水资源管理】 2018年,市水利局实施最严格水资源管理,完善水资源管理考核体系;全面完成重要水源地达标建设任务;规范取水许可审批和延续评估程序,新批取水许可64户,续办177户,征收水资源费6500万元;开展全市非法取水专项整治行动,关停拆除企业非法取水设施60家,责令办证130家;推进节水型社会建设,累计创建工业企业、公共机构、灌区、节水型小区等载体264个;完成水土流失治理面积58平方千米;水生态文明城市建设试点通过国家验收。

水功能区水质达标率100%,跨行政区域河流交接断面水质达标率、城镇供水水源水质达标率考核优秀。全年丽水市实际用水总量6.9031亿立方米,其中,生活和工业用水量1.77亿立方米;农田灌溉水利用系数为0.58;万元工业增加值用水量19.3立方米、万元国内生产总值用水量49.5立方米,较2015年分别下降38.59%和29.11%。

【依法治水】 2018年,市水利局加强普法教育、法治宣传、政务公开、双随机工作。牵头开展《丽水市水生态保护条例》编制;累计完成5万元以上的合同审核100余个;在全省率先建成水政执法标准化市;开展无违建河道创建、水土保持、违法采砂整治、水源地保护、河道"清四乱"等五项专项执法行动,立案查处水政渔政案件155件,移送公安机关案件51件。拆违3.2万平方米,全面完成268千米省级河道和229千米河道的"无违建河道"创建任务,获2018年水政行政执法全省优秀奖。

【水利工程管理】 2018年,市水利局严格落实水利安全生产管理,全面加强水工程质量监督,深入推进水利工程标准化管理创建。204处水利工程被纳入标准化管理创建任务,其中,五水共治考核分别有中型水库8座、中型堤防18段、小型水库97座、小型堤防5段、山塘22座、水文测站20处、雨量站5座、农村供水工程18处、水电站9座、中型灌区1座、水保监测站1座。投入标准化创建资金2500万余元,完成标准化验收工程。

【水利改革】 2018年,四项水利改革有力推进。"最多跑一次"改革持续提速。实现市政府提出的"最多跑一次"事项100%全覆盖、数据100%共享目标,水土保持方案审批法定时间由12个工作日提速至2个工作日,占用水域审批由30个工作日提速至6个工作日。市本级完成水保、涉河、取水等审批项目91个。推进全省美丽河湖示范区创建。深入推进河湖长制工作,设置各级河湖长4023人,实现"河长制""湖长制"全覆盖,河长巡河率达到98%,上报问题处理率100%。

全国首个河长学院——浙江河长学院在丽水举办首期培训班。创建无违建河道1075千米，实现县级河道50%基本实现无违建目标；完成3个河湖标准化管理试点县创建；河道综合整治82千米、河湖库塘清淤123立方米、河道划界752千米，均超额完成年度任务；创建市级美丽河湖85条，其中，松阳松阴溪古市段、景宁鹤溪河城区段为省级“美丽河湖”，覆盖629个村。完成9个市级水利风景区创建，新增河权改革97条(段)。推进国际绿色水电示范区创建。在全国率先开展水电站生态流量分类核定与监测指导、水电产股权改革。完成水电站绿色认证电站21座，占全国报部认证电站总数的10%以上。创建省级生态水电示范区9个；云和、缙云、遂昌、景宁四县为产股权改革试点县，开展部署动员,论证研究，制定实施方案，处理土地、林地遗留问题和不动产证发放，统一发放水电资产记名股权证，开展工程验收，水电产股权改革试点基本完成；遂昌县20座1000千瓦以下电站开展自动化改造、标准化管理试点工作。5月8日、6月28日，世界银行专家考察团和奥地利水电专家代表团先后到丽水调研绿色水电建设。全国水生态产品价值转换示范区创建。深化与清华大学长三角研究院合作，开展水资源开发利用的基础研究。综合限量指标和健康因子及口感指标分析确定24个水资源点的开发方向。限量指标特优适合做纯净水的水源9个；限量指标优，无机物和矿物质含量低适合泡茶用水的水源4个；限量指标较优，并具有一定含量的健康因子和口感指标适合做天然饮用水的水源8个；偏硅酸值满足标准限值(≥25毫克/升)，适合做矿泉水的水源3个，为水资源开发利用奠定基础。 (刘 穹)

气 象

【概况】 2018年，全市气温明显偏高、高温日数明显偏多、低温日数偏少，降水接近常年略偏少、暴雨日偏少，日照接近常年。总体来看，天气较平稳，但气象要素变幅较大，多个时段的多个气象要素接近或突破历史极值，而且雨雪冰冻、强对流、春寒、局地暴雨、台风、高温、连阴雨等气象灾害也对全市造成一定的不利影响。

1.气温。全市年平均气温为18.8℃，较常年偏高0.9℃，与2017年和2007年持平，同为历年第二高。各县(市、区)的年平均气温分布在18.2—19.6℃之间，遂昌最低，莲都最高。与常年相比，偏高0.6—1.2℃，庆元偏高最少，莲都偏高最多，其中莲都与2007年和2016年持平同为历年最高，遂昌、缙云和青田为历年第二高，龙泉和云和为历年第三高。其中，1月，全市平均气温为7.4℃，较常年偏高0.7℃；2月，全市平均气温为8℃，较常年偏低0.7℃；3月，全市平均气温为14.5℃，较常年偏高2.3℃，为历年第二高。其中缙云与历年最高持平；4月，全市平均气温为19.5℃，较常年偏高1.8℃，仅次于1998年，与1994年和2005年持平，同为历年第二高。其中，青田和缙云为历年第二高，莲都和遂昌为历年第三高；5月，全市平均气温为24.5℃，较常年偏高2.5℃，为历年最高，其中龙泉的月平均气温与历年最高持平，其他各地的月平均气温均为历年最高，中旬全市和各地的旬平均气温均为历年最高；6月，全市平均气温为25.6℃，较常年偏高0.5℃；7月，全市平均气温为28.6℃，较常年偏高0.2℃；8月，平均气温为28.5℃，较常年偏高0.8℃；9月，全市平均气温为25.5℃，较常年偏高1.2℃；10月，全市平均气温为18.2℃，较常年偏低1.2℃，其中中旬缙云和青田的旬平均气温均为历年第二低；11月，全市平均气温为15.3℃，较常年偏高1.4℃；12月，全市平均气温为9.5℃，较常年偏高1.2℃。

2.降水。全市年平均降水量为1463.0毫米，较常年偏少8.5%，比2017年少49.6毫米。各县(市、区)的年降水量分布在1139.2—1823.5毫米之间，龙泉最少，青田最多。与常年相比，除青田偏多7.4%外，其他各地偏少4.6%—30.9%，遂昌偏少最少，龙泉偏少最多。其中龙泉的年降水量为历年第五少。其中，1月，全市平均降水量为79.5毫米，较常年偏多

2018年全市及各县(市、区)年气象要素

表5

站名	气温(℃)			降水量(毫米)			雨日(天)			日照(小时)		
	当年	常年	距平	当年	常年	距平	当年	常年	距平	当年	常年	距平
莲都	19.6	18.4	1.2	1308.2	1405.8	−97.6	171	157.8	13.2	1403.1	1624.5	−221.4
龙泉	18.8	18.0	0.8	1139.2	1649.1	−509.9	162	160.4	1.6	1767.5	1621.4	146.1
青田	19.5	18.6	0.9	1823.5	1697.6	125.9	173	166.4	6.6	1595.3	1664.0	−68.7
云和	18.9	17.8	1.1	1552.9	1631.5	−78.6	194	177.1	16.9	1688.0	1612.0	76.0
庆元	18.6	18.0	0.6	1644.3	1746.8	−102.5	172	168.6	3.4	1760.0	1729.0	31.0
缙云	18.3	17.2	1.1	1387.7	1482.2	−94.5	175	166.3	8.7	1606.5	1619.6	−13.1
遂昌	18.2	17.1	1.1	1506.2	1579.3	−73.1	177	169.4	7.6	1674.0	1575.1	98.9
松阳	18.9	—	—	1352.1	—	—	170	—	—	1623.0	—	—
景宁	18.3	—	—	1452.5	—	—	180	—	—	1635.6	—	—
全市	18.8	17.9	0.9	1463.0	1598.9	−135.9	174.9	166.6	8.3	1639.2	1635.1	4.1

说明：常年资料统计年限为 1981—2010年，全市常年平均值和距平值不包含景宁和松阳县

16.3%；2月，全市平均降水量为43.2毫米，较常年偏少52.0%，为历年同期第四少；3月，全市平均降水量为91.8毫米，较常年偏少44.5%；4月，全市平均降水量为148.1毫米，较常年偏少17.9%；5月，全市平均降水量为250.9毫米，较常年偏多28.8%；6月，全市平均降水量为172.5毫米，较常年偏少40.3%，为历年同期第七少；7月，全市平均降水量为172.4毫米，较常年偏多10.5%；8月，全市平均降水量为158.3毫米，较常年偏少3.9%；9月，全市平均降水量为126.7毫米，较常年偏多2.8%；10月，全市平均降水量为60.6毫米，较常年偏多2.9%，其中中旬庆元的旬降水量为历年第三多；11月，全市平均降水量为93.5毫米，较常年偏多47.5%；12月，全市平均降水量为65.3毫米，较常年偏多47.3%。

3. 日照。全市年平均日照时数为1639.2小时，较常年偏多4.1小时，比2017年少103.9小时。各县（市、区）的年日照时数分布在1403.1—1767.5小时之间，莲都最少，龙泉最多。与常年相比，莲都、青田和缙云分别偏少221.4小时、68.7小时和13.1小时，其他各地偏多31.0—146.1小时，庆元偏多最少，龙泉偏多最多，其中莲都的年日照时数为历年同期第四少。其中，1月，全市平均日照时数为83.3小时，较常年偏少12.8小时；2月，全市平均日照时数为127.4小时，较常年偏多43.4小时；3月，全市平均日照时数为138.5小时，较常年偏多43.9小时；4月，全市平均日照时数为140小时，较常年偏多21.2小时；5月，全市平均日照时数为148.5小时，较常年偏多10.2小时；6月，全市平均日照时数为131.8小时，较常年偏多1.5小时；7月，全市平均日照时数为216.4小时，较常年偏多0.8小时；8月，全市平均日照时数为198.5小时，较常年偏少1.3小时；9月，全市平均日照时数为167.2小时，较常年偏多15.2小时；10月，全市平均日照时数为155.5小时，较常年偏多7.3小时；11月，全市平均日照时数为78.1小时，较常年偏少47.1小时，为历年第六少，其中，莲都、青田和庆元的月日照时数分别为历年第三、第四和第五少；12月，全市平均日照时数为54.1小时，较常年偏少78小时，为历年第三少。其中，莲都、龙泉和青田的月日照时数为历年第二少，庆元的月日照时数为历年第三少，缙云的月日照时数为历年第四少，遂昌和云和的月日照时数为历年第五少。

【重大天气气候事件】 气候持续偏暖，年平均气温位居历年第二高。2018年，全市年平均气温18.8℃，较常年偏高0.9℃，仅次于1998年和2016年，与2007年和2017年持平，同为历年第二高。其中，莲都与2007年和2016年持平同为历年最高，遂昌、缙云（与2017年持平）和青田（与2017年持平）为历年第二高，龙泉（与2016年和2017年持平）和云和为历年第三高。其中，有10个月全市的平均气温较常年偏高，春季（3—5月）偏高最为明显。气温持续偏高致使各地入春入夏的时间较常年明显提早。

春运伊始，先后遭遇持续雨雪和低温冰冻天气。1月25日至2月8日，全市出现大范围的雨雪和较长时间的连续低温冰冻天气。其中，1月25日夜里至26日夜里、1月28日夜里至29日早晨、1月30日夜里至31日白天出现降雪天气，北部地区及山区积雪2—5厘米，个别高山地区8—12厘米；1月29日至2月8日，北部的遂昌和缙云连续11天的最低气温均低于0℃，其他各地除青田外；2月4—8日，连续5天的最低气温均低于0℃；2月6日，各地城区的最低气温-2.9—-6.7℃，高山地区达-7—-12℃。

惊蛰时节飑线系统作祟，云和极大风速创新高。3月4日傍晚至上半夜，受对流性飑线系统东移影响，全市自西而东出现强雷电、短时强降水、雷雨大风及个别乡镇的短时冰雹等强对流天气。全市350个自动气象站中有100个站监测到瞬时极大风速≥8级的大风天气，最大风速为莲都区白云山雷达站41.8米/秒（14级）。云和、龙泉、丽水和松阳城区的瞬时极大风速分别为32.5米/秒（11级）、23.2米/秒（9级）、21.1米/秒（9级）和18.8米/秒（8级）。其中云和为建站以来监测到的最大风速。

春季早早拉开“帷幕”，4月，春寒致春茶霜冻害。2月上旬的连续低温天气结束后，全市气温持续回升，2月23日至3月11日，全市各地进入春天，入春时间较常年普遍提早10—23天。4月5—8日，受较强冷空气影响，气温明显下降，7—9日早晨气温较低，绝大部分地方的最低气温均降至10℃以下，其中，8日早晨大部分地方的最低气温低于4℃，部分山区低于0℃，出现明显的霜冻天气，多地出现轻度或中度茶叶霜冻害，局部地区等级较重。

初冬阴雨连绵，多雨寡照天气历史罕见。12月，全市平均降水量为65.3毫米，较常年偏多47.3%；全市平均降水日数为18.2天，较常年偏多9.9天，为历年第二多（其中缙云为历年第二多，青田为历年第四多）；全市平均日照时数为54.1小时，较常年偏少78小时，为历年第三少（其中莲都、龙泉和青田为历年第二少，庆元为历年第三少，缙云为历年第四少，遂昌和云和为历年第五少。多阴雨天气和日照的明显偏少，全市出现明显的冬季阴雨寡照天气。

台风对全市影响明显偏弱。2018年西北太平洋和南海有29个编号台风活动，台风多取偏东或偏南路径，对全市影响明显偏弱。仅登陆福建连江黄岐半岛的1808号台风“玛莉亚”外围对丽水市部分地区造成较明显的影响。受“玛莉亚”外围影响，7月11日凌晨至11日夜里，青田、景宁、云和、缙云、莲都、庆元等县（市、区）有97个站累计雨量超50毫米，其中，青田东南部地区和缙云、景宁等县（市、区）的28个站超过100毫米，最大雨量为青田龙现村258.9毫米。有76个站出现7—9级大风。

春季气温异常偏高，5月，高温历史罕见。春季（3—5月）全市气温偏高，季平均气温为19.5℃，较常年偏高2.2℃，全市与遂昌、莲都、缙云、青田、云和的季平均气温均为历年最高。5月14—18日，除庆元外，各地均出现连续3—5天的明显高温天气，其中，16日除庆元、青田和龙泉外，其他各地城区的最高气温均超过38℃，丽水市区和缙云、遂昌城区的最高气温分别为40.1℃、40.0℃和39.1℃，均创当地历年春季和5月最高。

主汛期降水明显偏少，部分地方高温创新高。主汛期（6月）降水集中期不典型，以局地性的过程性降水为主，没有出现系统性大范围的区域性暴雨天气，降水偏少明显且时空分布不均匀。全市6月的平均降水量为172.5毫米，较常年偏少40.3%，为历年第七少。6月24—30日，各地出现3—7天不等的连续高温天气，其中，27日丽水市区、云和和缙云的最高气温为40.0℃、39.2℃和38.5℃，均为历年6月最高。

年高温日数偏多较明显，但盛夏高温强度偏弱。2018年，全市平均高温（日最高气温≥35℃）日数为51.8天，较常年偏多18.4天，为历年第五多，其中，龙泉和云和为历年第三多，遂昌为历年第四多，青田和庆元为历年第五多，莲都为历年第六多。但年内最强高温除龙泉和庆元出现在盛夏7月外，其他各地均出现在5月或6月，与往年相比明显偏早，而且多地创下当月的历史新高。

8月上中旬降水持续偏少，局部地方干旱突显。8月上中旬，全市多受副热带高压南缘控制，加上无台风明显影响，以晴热高温天气为主，气温偏高较明显，降水明显偏少。8月上旬，全市平均气温为29.1℃，较常年偏高0.8℃。全市平均降水量为32.6毫米，较常年偏少28.8%；8月中旬，全市平均气温为29.5℃，较常年偏高1.7℃。全市平均降水量为28毫米，较常年偏少47.5%。其间降水以午后局部雷阵雨为主，而且范围较小。降水明显偏少，气温偏高和持续的高温天气使部分地区出现较明显的气象干旱。

【气象防灾减灾工作】 2018年，全市气象部门严密监测、滚动预报、及时预警，启动重大气象灾害业务服务应急响应2次，持续时间5天，累计发布气象服务材料1543期，气象灾害预警信号758次，预警短信129条（接收人数约37万人次），天气提醒短信约4.78万人次。市主要领导批示防御灾害性天气5次。做好全国民族大会、春运等重大活动和重大节日服务，发布各类专题服务材料201期。各类业务质量稳中求进，全市重大灾害性天气监测预报预警无失误。

【气象现代化】 2018年，丽水市气象局在全市年度综合考核中被评为优秀单位。公众服务满意度，全省排名第一。“开展气象旅游资源普查，挖掘大数据中的旅游气象服务着力点”被评为全省气象部门创新工作。雷达二期完成绿化，松阳预警中心大楼竣工验收，遂昌气象灾害预警中心投入使用。丽水气象灾害监测预警中心大楼建设进行施工前准备，计划投资2300万元，占地面积约0.18公顷。丽水、龙泉、景宁雷达建设项目获省局批复，列入投资计划共3996.75万元。监测站网布局更紧密，平均站间距缩小至6.9千米。利用市突发重大事件预警信息发布中心平台发布灾害性天气信息1次，龙泉、青田、云和、庆元、景宁等5个县（市）发布短信99.1万条，通过华数数字电视游走字幕累计100余次。完成机场临时观测站建设2个。组织年轻骨干向市科技局申报科研项目3项。

【气象事业改革】 2018年，全市气象系统行政审批事项100%实现“最多跑一次”，4项办事事项实现“零上门”“全域一证通办”，网上办结率达到100%，全年完成各类“最多跑一次”审批88件次，通过流程再造，涉及8个主项9个子项审批提交材料，在全省主项、子项、依据、材料、外部流程、内部流程、时限、表单统一的时间上再压缩40%—50%。推进“五水共治”，全年全市暴雨精细化工程项目地方总投资约890万元，完成“五水共治”考核基本任务。

【生态气象服务】 2018年，市气象局推进政策性农业气象指数保险。《养生气候类型划分》团体标准发布实施。丽水中国气候养生之乡创建被中国气象局列入生态气象服务典型案例。推进国家气象公园试点创建申报，庆元县、景宁畲族自治县获“中国天然氧吧”称号。开展气象景观资源普查。梳理气象生态产品目录，理出生态产品

3 月 24 日，市气象局举行世界气象日活动　　（李叶萍　提供）

10 个和待开发生态产品 6 个。初步建设气象景观体验营地（气候养生示范点）17 个，开展观星观云体验活动 10 次。试点开展景区云雾预报。完成清新空气监测网建设，配合完成环保建站 34 个，气象部门自建 9 个，负氧离子数据上传。开展 3 项农产品气候品质认证。　（周国华　李叶萍）

水　文

【概况】 2018 年，全市年降水量为 1561.7 毫米（折合降水总量 270.634 亿立方米），比多年平均偏少 9.9%，比 2017 年偏少 6.9%。全年全市降水量年内分配不均，年降水量分布西部及东南部高，沿大溪河谷走向低。遂昌、庆元、青田较高，其中，遂昌西北部、龙泉西北部、青田南部县界交界处、庆元中部和东南部为高值区，年降水量在 1800 毫米以上，青田小佐站年降水量 2178.0 毫米为全市最大值。莲都、缙云、松阳较低，其中，莲都中部、龙泉中部为低值区，年降水量在 1200 毫米以下，龙泉市龙泉站 1067.5 毫米为全市最小值。

非汛期（按 1—3 月、11—12 月统计）累计降水量 407.9 毫米，占全年降水量的 26.7%，比多年平均同期降水量（434.6 毫米）偏多 6.2%；汛期（按 4—10 月统计）累计降水量 1120.9 毫米，占全年降水量的 73.3%，比多年平均同期降水量（1304.2 毫米）偏少 14.1%。其中，5 月，为降水量最大月，全市平均降水量为 234.4 毫米；2 月，为降水量最小月，全市平均降水量为 54.2 毫米。全市水资源总量为 133.2581 亿立方米（折合径流深 769 毫米），较多年平均值偏少 27.8%，比 2017 年偏少 22.4%。全市平均产水系数 0.49，产水模数为 76.9 万立方米每平方千米。人均年拥有水资源量为 6059.94 立方米。

全市有大型水库 2 座，中型水库 32 座。紧水滩水库年末蓄水量 6.6561 亿立方米，比年初增加 1.0584 亿立方米；滩坑水库年末蓄水量 29.6356 亿立方米，比年初增加 1.9083 亿立方米；中型水库 32 座，年末蓄水总量4.7766 亿立方米，比年初增加 0.7442 亿立方米。

【水资源利用】 2018 年，全市总用水量 6.9031 亿立方米（不包括水电站发电等河道内用水）。其中，农田灌溉用水量为 4.32 亿立方米，占 62.6%；林牧渔畜用水量 0.1791 亿立方米，占 2.6%，两者合计占总用水量的 65.2%，工业用水量 0.9264 亿立方米，占总用水量的 13.4%；城乡居民生活用水量 0.8456 亿立方米，占 12.2%；城镇公共用水量为 0.5287 亿立方米，占 7.7%；生态环境用水量为 0.1023 亿立方米，占 1.5%。

人均年综合用水量 313.92 立方米。万元工业增加值用水量 19.3 立方米，万元 GDP 用水量 49.54 立方米，农灌亩均用水量 312.65 立方米，水资源利用率 5.2%。

【梅汛水雨情】 2018 年，浙江省 6 月20 日入梅，7 月 9 日出梅。6 月 19 日，全市进入降水集中期，7 月 9 日，降水集中期结束。梅汛期主要呈现以下特点：

入梅时间偏迟、梅雨量明显偏少，梅雨不典型，多以局部地区短历时雷雨或阵雨出现。6 月 19 日至 7 月 9 日，全市平均过程雨量为 133.4 毫米，比常年梅雨量（273.5 毫米）偏少 51.2%，比上年梅雨量（444 毫米）偏少 70%。市县面雨量最大前三名分别为青田县 156 毫米、遂昌县 151.7 毫米、缙云县 151.4 毫米，单站雨量最大前三名分别为景宁东塘 341.5 毫米、青田坑口水库 324.5 毫米、景宁桃源水库 318 毫米。

梅汛期间，全市出现两轮降雨过程。第一轮强降雨主要集中在 6 月 19 日 8 时至 23 日 8时，全市面雨量36.7 毫米，市县面雨量最大前三名分别为庆元县 95.9 毫米、遂昌县 45.2 毫米、景宁县 40 毫米，单站雨量最大前三名分别为庆元县熏山下站95.9 毫米、杨楼站 169.5 毫米、下滩站 156 毫米。

第二轮强降雨主要集中在 6 月 29 日 8 时至 7 月 9 日 8 时，全市面雨量 91.1 毫米，市县面雨量最大前三名分别为青田县 117.4 毫米、缙云县 114.5 毫米、松阳县 107.4 毫米，单站雨量最大前三名分别为青田坑口水库站 287.5 毫米、松阳官岭站 274 毫米、青田仁宫站 273 毫米。

强降雨时空分布不均。第一轮强降雨主要集中在丽水市庆元县，第二轮强降雨主要集中在丽水市北部和东南部，区域重叠较少。6 月 19 日 8 时至 7 月 9 日 8 时，3 个县(市、区)面雨量超过 150 毫米，分别是青田 156 毫米、遂昌 151.7 毫米、缙云 151.4 毫米。

局地降雨强度大。6 月 19 日 8 时至 7 月 9 日 8 时，全市 463 个站点雨量超过 100 毫米，86 个站点雨量超过 200 毫米，6 个站点超过 300 毫米，景宁东塘站 341.5 毫米、青田坑口水库 324.5 毫米、景宁桃源水库 317 毫米。其中，青田金田站和景宁黄坑水库站最大 60 分钟雨量分别为 96.5 毫米和 94 毫米，接近 50 年一遇暴雨标准；最大 6 小时雨量分别为 101 毫米和 108 毫米，达到 5 年一遇暴雨标准。

【台风水雨情】 2018 年，丽水受台风影响与上年相比偏少，8 号台风“玛莉亚”、10 号台风“安比”和 14 号台风“摩羯”对全市略有影响。其中，三个台风中影响最明显的是台风“玛莉亚”，7 月 11 日 1 时至 12 日 8 时，全市面雨量 36.8 毫米，紧水滩流域面雨量 12.7 毫米，松阴溪靖居口以上流域面雨量 19.9 毫米，开潭以上流域面雨量 25.9 毫米。面雨量前三名分别为青田县 102.7 毫米、缙云县 49.3 毫米、景宁畲族自治县 47.4 毫米，单站雨量最大前三名分别为青田县龙现站 262.5 毫米、小佐站 197 毫米、坑口水库站 197 毫米。受台风影响，水库蓄水量有所增加，全市主要江河控制站水位略有上涨，但均在警戒水位以下。

【非汛期】 2018 年，汛前(1—3 月)，全市平均降雨量 232.5 毫米，与常年同期相比偏少 32.3%。9 个县(市、区)降雨量均比常年同期偏少，偏少幅度为 24.3%—38.7%。汛前(1—3 月)，全市未出现大范围明显暴雨过程，全市主要江河水势平稳，均未出现超警戒洪水。

依据代表站数据统计，2018 年 11 月，全市平均降水 98.0 毫米，与常年同期相比偏多 38.8%。各县(市、区)中除缙云县比常年同期偏少 2.8%外，其余县(市、区)均偏多，偏多幅度为 10.5%—89.8%。各代表站中，11月，降水量最大为庆元县车根站 155.5 毫米，降水量最小为莲都区雅一水库站 51.5 毫米。12 月，全市平均降水 77.4 毫米，与常年同期相比偏多 50.5%。各县(市、区)均比常年偏多，偏多幅度为 15.2%—79%。各代表站中，12 月，降水量最大为缙云县缙云站 145.5 毫米，降水量最小为云和县徐湖站 27.5 毫米。

2018 年丽水市降水量、水资源量

表6

行政分区	计算面积(平方千米)	年降水量(毫米)	年总水资源量(亿立方米)	产水系数	产水模数(万立方米每平方千米)
莲都	1502.0	1409.4	9.1176	0.43	60.7
龙泉	3058.9	1438.6	19.9167	0.45	65.1
青田	2493.2	1711.1	23.1175	0.54	92.7
云和	978.3	1496.1	6.8862	0.47	70.4
庆元	1898.0	1705.2	18.4997	0.57	97.5
缙云	1503.5	1435.8	9.6307	0.45	64.1
遂昌	2539.0	1623.7	20.1062	0.49	79.2
松阳	1406.0	1447.4	8.9661	0.44	63.8
景宁	1950.0	1673.5	17.0174	0.52	87.3
全市	17328.9	1561.7	133.2581	0.49	76.9

【水功能区水资源质量监测】 2018 年，全市划分水功能区 113 个，参与评价的水功能区 68 个，评价总河长度 1432.45 千米。全年期，地表水Ⅰ—Ⅲ类水的河长 1432.45 千米，占评价总河长的 100%。

2018 年全年期，全市参与评价重点水功能区 68 个，63 个水功能区达标，达标率 92.6%，其中保护区 9 个，达标率 77.8%；保留区 17 个，达标率 100.0%；缓冲区 3 个，达标率 100.0%；饮用水源区 15 个，达标率 80.0%；工业用水区 5 个，达标率为 100.0%；农业用水区 11 个，达标率 100.0%；渔业用水区 2 个，达标率 100.0%；景观娱乐用水区 6 个，达标率 100.0%。全年期达标河长 1365.65 千米，达标率 95.3%。

饮用水源地水库 4—9 月营养化评价，黄村水库、玉溪水库、岩樟二级水库、龙潭桥水库、成屏二级水库、东坞水库、兰溪桥水库和雾溪水库均为中营养。

【地下水水质监测】 2018 年 5 月，全市参与地下水水质监测断面为 12 个，5 个Ⅱ类水，5 个 III 类水，1 个 IV 类水，1 个 V 类水。11 月，全市参与地下水水质监测断面为 12 个，1 个 III 类水，1 个 IV 类水，10 个 V 类水。主要超标项目为亚硝酸盐氮、浑浊度。 (陈拓嘉　麻敏敏)

林　　业

综　　述

【概况】 2018年，全市林业工作围绕“诗画浙江大花园”建设重大部署和全市绿色发展大局，以实施“乡村振兴”战略和创建丽水国家公园为重点，推进“产业森林、诗画森林、文化森林、康养森林、平安森林”建设，打造“诗画大林海”，培育“生态新引擎”。从机制、调研、方案、规划、对接等方面谋划和推进丽水国家公园创建，规划以浙江凤阳山——百山祖国家级自然保护区为核心，整合毗邻的龙泉、庆元、景宁县(市)生态优良保护地，申报创建丽水国家公园。城乡国土绿化美化高质推进，以美丽林相建设为突破，建设森林主题花园、森林景观廊道、华东药用植物园(丽水植物园)、生态公益林、森林公园、森林系列创建等重点生态林业工程，推进森林质量提升。林业产业发展提质增速，以发展森林康养为发力点，深化推进林旅深度融合，加快林业产业高质量发展，全市实现林业总产值650亿元，比2017年增长21.7%。林业综合改革持续深化，丽水和龙泉被国家林草局确定为新一轮集体林业综合改革试验区，林业“最多跑一次”改革建立“异地受理，全域通办”机制，“最多跑一次”事项林业实现全域通办32项，森林公安机关的机构设置和机构名称进一步调整规范，全部实行财务独立核算。林业生态资源管控有力，森林和湿地源头保护持续强化，森林资源主要指标在历史高位上再创新高，森林覆盖率81.7%，活立木蓄积8597万立方米，林地面积146.61万公顷，实现森林和湿地生态系统生产总值(GEP)4178.73亿元，森林消防“三率”控制指标维持历史最低水平，林业有害生物检疫防控“4项指标”优于省控制指标。丽水连续12年蝉联浙江省林业综合考核优秀奖，丽水市林业局获全国林业系统先进集体、全省森林资源保护管理工作突出贡献集体，立全省调处山林纠纷集体二等功。

【丽水市政府举行林业生态新闻发布会】 2018年7月27日下午，丽水市政府新闻办举行新闻发布会，公布丽水市森林和湿地资源及生态效益情况，市政府副市长王小荣发布相关情况。2007年以来，丽水市森林资源状况总体快速向好发展，森林覆盖率、活立木蓄积量、林地面积等主要指标在历史高位上再创新高，实现历史性突破，至2017年底，全市

7月27日，市政府举行新闻发布会，全市活立木蓄积位居全省首位

(吕兴仁　提供)

林地总面积146.61万公顷，占全市土地总面积的84.35%，占全省林地总面积的五分之一，居全省第一；活立木总蓄积量8597.03万立方米，占全省总量的四分之一，居全省第一；森林覆盖率81.7%，比全省平均水平高19个百分点，名列全省首位、全国各地级市前茅；乔木林（不含乔木经济林）平均每公顷蓄积量72立方米，居全省第一。全市湿地总面积3.12万公顷（不含水稻田），占市域国土总面积的1.8%。全市森林和湿地生态系统生产总值（GEP）4178.73亿元，比2007年增加1949.63亿元，增长87.46%，其中，森林生态系统生产总值3880.58亿元，湿地生态系统生产总值298.15亿元。

省林业厅森林资源处调研员叶斯华、省森林资源监测中心副主任陶吉兴、市林业局局长廖永平参加发布会，回答记者提问。市委宣传部副部长、市政府新闻办主任张卫英主持发布会。《浙江日报》《联谊报》《现代金报》等5家驻丽媒体，《丽水日报》、丽水广电集团等10家市级媒体以及丽水网、丽水发布等4家网络媒体参加此次新闻发布会。

【《森林康养（疗养）产业战略合作协议》签订】 4月9日，丽水市政府与中国林学会森林康养分会签订《森林康养（疗养）产业战略合作协议》，双方将联合建立森林疗养试验示范，合作开展国际森林疗养基地认证，共同推动森林疗养创新驱动工程，在学术交流、人才培养、标准制定、规划建设、市场推广等方面开展全方位合作。

【世界首例百山祖冷杉幼苗培育成功】 2018年1月，浙江大学百山祖冷杉抢救保护工程研究团队通过胚胎培养技术，培养出百山祖冷杉幼苗，标志着该物种避免灭绝的危险。百山祖冷杉于1963年在庆元百山祖首次被发现，全球现存野生植株仅3株，有“植物活化石”之称，被国际物种保护委员会列为世界最濒危的12种植物之一。因百山祖冷杉的自然有性繁殖、常规无性繁殖都十分困难，2017年8月，浙江凤阳山—百山祖国家级自然保护区百山祖管理处与浙江大学生命科学学院合作开展百山祖冷杉人工培育，利用未成熟球果为起始材料进行离体无菌培养，将百山祖冷杉繁殖过程缩短为“胚→幼苗”的办法进行培育。2018年1月4日，该研究成果申请国家发明专利。（陈世通）

【丽水市被确定为全国集体林业综合改革试验区】 2018年6月6日，国家林业和草原局印发《关于推进集体林业综合改革试验区工作的通知》，启动新一轮集体林业综合改革试验区工作，深化集体林权制度改革，在全国范围确定试验区33个及试验任务。丽水市和龙泉市被列为全国集体林业综合改革试验区。8月22日，丽水市政府办公室印发《丽水市深化林业综合改革实施方案》，明确2018—2022年丽水林业综合改革的方向和路线、总体目标和工作重点，提出建立三权分置运行机制、探索林业产业发展模式、深化林业金融协作机制、创新森林经营管理制度、完善林业公共服务体系等五大方面改革任务，细化工作重点20项，构建“市县互动、部门联动、典型带动、整体推动”良性推动机制，把制约林业改革发展的突出矛盾和问题作为主攻方向，盘活森林资源资产，谋划林业产业发展，增加农民财产性收入，创新推进乡村振兴。云和县率先在全市开展林地承包经营纠纷仲裁运行机制试点，探索建立乡村调解、县（市、区）仲裁、司法保障的林地承包经营纠纷解决机制。丽水集体林业综合改革得到各级领导和社会关注，全年全市接待省内外林改考察团52批385人次，其中，市本级8批86人次、省外考察团19批173人次，累计接待林改考察836批7891人次。（李秀旺）

【林权抵押贷款累计发放总量233.65亿元】 2018年，全市持续探索拓展林权抵押贷款模式，创新香榧基地、林下经济预期收益贷款，不断拓宽林农和林业经营主体融资通道。据人行丽水市中心支行统计：2018年，全市新发放林权抵押贷款1.88万笔31.44亿元，累计发放贷款20.38万笔233.65亿元，贷款余额3.87万笔64.34亿元，贷款总量和余额均继续占全省一半以上份额、居全国各地市级第一。新发放林地经营权流转证抵押贷款2659笔3.91亿元，贷款余额1007笔1.59亿元，其中，新发放公益林补偿收益权质押贷款347笔5471万元，贷款余额398笔6340万元。不良贷款40笔335万元，不良率0.05%，风险得到较好控制。（张彦博）

【创新特色森林保险】 2018年，松阳县创新开展古树名木公众责任保险，松阳县林业局作为投保人，投入总保费66135元，对全县古树名木5730株，其中，古树群73个，散生古树名木3679株，因倒覆、树枝断落造成第三者人身伤亡或财产损失等投保公众责任险。龙泉创新开展林业特色品种保险试点，是全省试行油茶气象指数保险的两个县（常山县）之一。全市森林火灾投保面积84.26万公顷，保费961.78万元，连续10年实现全市有林地森林火灾保险“全覆盖”；以竹林为重点的林木综合保险投保面积6.11万公顷，保费265.75万元。全年森林保险面积90.37万公顷，保费1227.53万元。2007—2018年，全市森林保险累计面积1397.29万公顷，保费14238.15万元。（李秀旺）

【林业建设资金投入10.4亿元】 2018年，全市林业建设资金投入10.4亿元，其中，到位中央林业建设资金1.5亿元，同比增长25%；省级林业建设资金8.7亿元，同比下降10.3%。林业建设资金主要用于生态建设与保护、林业产业发展、林业支撑与保障、林业基础设施建设等。

【人均林业纯收入增收694元】 2018年，全市农村居民人均纯收入18384元中，林业人均纯收入7338元，比2017年增加694元，占农村人均纯收入比重40%，林业增收对农民收入增长的贡献率为40%。（杨艺薇）

【林业科技成果】 2018年，全市新增省级以上立项项目31个，其中中央林业科技推广项目1个、省级30个；制（修）订《光皮桦轻基质容器育苗技术规程》《方竹栽培技术规程》《茶园套种香榧种植技术规程》等市（县）级地方标准9个。《景宁高山湿地修复与重要植物资源保育》《木荷育种体系构建和良种选育》《木竹质板材超声波缺陷检测关键技术及装备》等3个项目获第九届梁希林业科学技术奖二等奖，《浙西南中药材资源收集评价与高效栽培利用》《浙江名优柿良种选育及保鲜加工关键技术研究与示范》《金线莲种质创新和林下仿野生栽培关键技术研究与应用》等项目获三等奖；浙西南油料干果产业化培育技术研究与示范等10个项目获省第十八届“科技兴林奖”（其中二等奖4个，三等奖6个）；编印《丽水林业科技》1期（第48期），刊登论文37篇，发行量500册，获丽水市第十四届自然科学优秀论文23篇。

【林业科技服务】 2018年，全市深化“一亩山万元钱”行动，以“一亩山万元钱”模式系列技术培训为重点，提高农民劳动力素质和经营水平，全市培训农民劳动力素质提升及基层技术人员18010人次，发放技术资料34900余份。示范推广香榧、薄壳山核桃高效生态栽培，铁皮石斛仿生栽培，毛竹生态覆盖，林下套种（多花黄精、三叶青、竹荪、山稻）复合经营技术等“一亩山万元钱”创新模式和经济林山稻油粮间作、林下养殖、森林休闲等林业科技创新富民模式，全市建成示范基地3604.13公顷，其中，新培育1322.13公顷、辐射推广2282公顷，巩固深化基地4995.67公顷，累计建成“一亩山万元钱”基地8599.8公顷，新增产值8.65亿元。全市组织送科技下乡154次，参加专家340人次，入户帮扶1266户，开展林业科普宣讲128场，听课人数5900余人次；建成林业科技示范基地199个，示范户339户。利用林业科技周、“林技通”APP平台和林业科技周活动，提供便捷、直观、互动的林技推广服务，开通“林技通”APP运用5233户，授予刘跃武等279人丽水市首批林业技术推广能手称号。（朱国华）

【《办站协同监督试点工作合作协议》签订】 2018年10月25日，国家林业局驻上海专员办和丽水市林业局签订《办站协同监督试点工作合作协议》（以下简称“协议”），双方将在丽水设立监督试点，建立以林业站为末梢、专员办为中枢的森林资源监督网络，形成深入基层、上下衔接、运转流畅的森林资源监督组织协调体制。协议提出，试点工作要围绕完善森林资源监督网络、创建森林资源监督信息平台、创新森林资源监督处置机制、全面提升林业站能力建设、适时总结推广等五大目标，通过1—2年试点工作，形成可复制、可推广、比较完善办站协同监督机制，在苏浙两省乃至其他地区推广。

【丽水市首个生态司法教育实践基地建立】 6月4日，丽水市首个生态司法教育实践基地在白云山生态林场内建立。该基地集生态司法修复、生态法制教育、生态理念宣传、生态文化推广为一体，用于辖区内因森林失火、盗伐、滥伐林木、非法占用林地等破坏森林资源的林业行政处罚案件，以及刑事案件中的责任人集中补植林木，抑或在责任人缴纳生态补偿金后委托第三方代为补植。

【莲都区在景区设立生态修复警示教育基地】 2018年11月9日，莲都区破坏生态环境资源案件生态修复警示教育基地古堰画乡补植复绿区块揭牌成立，系丽水市首个设立在AAAA级景区的生态修复警示教育基地。该基地位于景区堰头区块桂花林，由莲都区检察院、区林业局、区森林公安局共同建设，用于该区范围内森林失火、滥伐、盗伐林木、非法占用林地等林业行政违法行为或刑事案件责任人自愿异地集中补植，扩大宣传教育，增强广大人民群众保护生态环境意识。（陈世通）

【国有林场建设】 2018年，全市现有国有林场21个（被列入公益一类10个、公益二类11个），总经营面积7.7万公顷（其中生态公益林面积5.6万公顷），森林覆盖率93.26%，森林蓄积量819万立方米。有职工1448人，其中在职职工614人。加强国有森林资源生态保护和基础设施建设，全年共计发展珍贵树种示范基地186.4公顷、林木良种基地85.93公顷、彩色健康森林599.53公顷；造林更新面积275.73公顷，其中场外造林173.33公顷；建设林区道路31.8千米、电力设施14.9千米。加强现代国有林场建设，景宁县林业总场创成浙江省现代国有林场。丽水市林业局、丽水市白云山生态林场等11个单位获评浙江省国有林场建设突出贡献集体，兰冬香等21人获评突出贡献个人。（兰冬香）

【林业人才队伍建设】 2018年，市林业局继续开展林业技术定向培育、林业队伍继续再教育工作。招收基层林技人员定向培养生18人(4年累计117人)；与丽水职业技术学院合作开展成人教育(涉林)班招生，79人考取本科，23人考取专科。举办两期非林专业人员涉林知识培训班，培训非林业专业毕业的干部180余人。开展第二批高层次人才结对帮带活动，聘任29位师傅结对帮带118位徒弟，实现全市非林专业人员帮带全覆盖。开展林业工程专业技术中级职务评审，取得工程师任职资格57人，晋升林业高级工程师29人。（朱国华）

【森林资源调查监测】 2018年7—10月，各县(市、区)森林资源规划设计调查成果数据先后经省林业厅发文确认(其中，遂昌县于2017年确认)。2月7日，丽水市财政局批复《丽水市森林资源测监管理信息平台》项目建设预算资金80万元，11月底，通过丽水市经济和信息化委员会组织验收。全市9个县(市、区)继续列入全省森林增长指标年度考核评价试点，经试点考核，2018年度森林蓄积量持续增长，森林面积、森林覆盖率保持稳定，这3项指标得分继续保持全省第一。（梁　毅）

森林生态体系建设

【概况】 2018年，全市林业部门以高水平推进国土绿化美化，助推浙江(丽水)绿色发展综合改革创新区(大花园核心区)建设为主线，启动丽水国家公园创建，持续推进美丽林相、华东药用植物园(丽水植物园)、生态公益林、森林公园、森林系列创建等重点生态林业工程建设，加快推进森林质量提升。全市完成造林更新3747.53公顷，其中，人工造林673.48公顷、人工更新3074.05公顷；森林抚育22356.88公顷，退化林修复19556.73公顷；完成平原绿化594.8公顷(其中，新建379.07公顷、提升215.73公顷)、累计建成面积21570.49公顷，平原林木覆盖率28.0%，超出全省平原林木覆盖率8个百分点；新植珍贵树433.01万株(其中，基地造林163.02万株、补植培育138.87万株、四旁植树131.12万株)；森林通道建设355.8千米、面积111.87公顷，完成“三改一拆”绿化总面积21791.6平方米；全市实际参加义务植树120.9万人，义务植树429.1万株。建成浙江省森林城镇8个、“一村万树”示范村50个、推进村300个，市级绿化示范村55个、全国生态文化村1个、浙江省生态文化基地4个。（潘永柱）

【丽水国家公园创建】 2018年4月，丽水市委、市政府和相关县(市)均成立由党委和政府主要领导任双组长的创建工作领导小组，组织开展创建工作。5月17日，省长袁家军到凤阳山—百山祖国家级自然保护区凤阳山管理处调研，要求丽水要加快打造“诗画浙江”的鲜活样板，全力创建丽水国家公园。6月20日，在北京召开创建丽水国家公园前期成果专家研讨会，与会专家一致认为丽水具备条件国家公园，创建优势明显。9月，丽水市委常委会、市政府常务会议审议通过《创建丽水国家公园实施方案》。10月18日，市委主要领导带队赴中央深改办对接汇报创建工作，取得深改办认可支持。12月10日，丽水市政府和省林业局主要领导带队赴国家林业和草原局对接汇报创建工作，得到国家林业和草原局高度肯定。同月，国家公园管理局办公室副主任唐小平到丽水考察国家公园创建工作，作专题指导。通过全市上下共同努力，完善工作机制，开展可行性论证和范围边界专题研究，制定《创建丽水国家公园实施方案》和《创建丽水国家公园工作方案》，形成《丽水国家公园总体规划(初稿)》，规划以浙江凤阳山—百山祖国家级自然保护区为核心，整合毗邻的龙泉、庆元、景宁县(市)生态优良保护地，申报创建丽水国家公园，被国家林业和草原局确定为全国首个国家公园设立试验区。（周伟龙）

【实施美丽林相建设】 2018年，丽水市继续按照建设“多树种、多层次、多色彩、多功能”森林的目标，通过“点、线、面”结合，持续推进美丽林相建设规划的实施。全市资金4.13亿元，实施美丽林相建设6.89万公顷，完成全年计划4.38万公顷的157.5%。其中，投资1.04亿元，建设彩色森林1.06万公顷；投资0.76亿元，建设健康森林1.77万公顷；投资0.6亿元，发展珍贵树种0.45万公顷(其中新造0.12万公顷、改培0.33万公顷)；投资0.69亿元，培育大径材0.66万公顷；

投资 1.04 亿元，实施一般森林抚育 2.95 万公顷；建设珍贵树种局长示范林、示范点、示范单位各 36 片。至年底，全市累计落实投资 11.7 亿元，建设美丽林相 15.92 万公顷，其中，彩色森林 2.6 万公顷，健康森林 2.79 万公顷，发展珍贵树种 1.22 万公顷，培育大径材 1.64 万公顷，实施一般森林抚育 7.67 万公顷，建设示范林、示范点、示范单位各 114 片。

【美丽大花园建设】 2018 年，丽水市美丽大花园建设以森林主题花园为重点，有针对性、高标准打造城区周边关键节点的精品项目，发挥丽水乡土树种种质资源在全国优势，收集特色观赏树种，建设百个特色花园，择优评比打造全市“十大森林主题花园”。同时，以森林景观廊道为载体抓线上实施，细化“多彩廊道建设工程、两美瓯江建设工程”实施计划，重点围绕公路干线、铁路、主要河道、美丽乡村风景线沿线，每个县（市、区）选择 1 至数条线路，根据不同区位、功能、立地条件，分段建设不同主题、各具色调、独具风格彩化路段，形成相对集中成段，整体富有变化效果，择优评比打造全市“十大森林景观廊道”。2018 年，全市完成“森林主题花园”建设 15 个，累计完成投资 51650 万元，建设面积 4153.33 公顷；完成森林廊道建设 10 条，累计完成投资 13272 万元，建设里程 223.8 千米。

【全民义务植树】 2018 年 2 月 22日，丽水市组织市委、市人大常委会、市政府、市政协和丽水军分区领导和机关干部、丽水职业技术学院林业定向培养班师生等 150 余人，在白云国家森林公园潘山岙梅园开展义务植树活动，这是丽水市连续第 8 年开展春节后上班第一天义务植树活动。市四

2 月 22 日，市委书记张兵（中）参加义务植树活动 （吕兴仁 提供）

大班子领导及工作人员参加植树活动，共种植骨里红、绿梅、美人梅、朱砂梅等珍稀梅花品种 300 余株，闽楠、浙江楠、紫楠、南方红豆杉、赤皮青冈等珍贵树种容器大苗 40 余株。同日，全市各县（市、区）同步开展义务植树活动，有 4025 人参与植树，植树 40.33 公顷、2.46 万株，其中珍贵树种用苗 1.97 万株。

【森林城市（城镇）系列创建】 2018 年，丽水市按照“山上造林为主”逐步转为“山上造林和平地绿化并重，更加注重城乡绿化”的建设要求，以省、市、县三级绿化示范村建设为抓手，通过森林城镇建设、中心村培育、美丽乡村创建、生态文明村建设和村庄综合整治等项目建设，大力推进村庄绿化美化建设。全市新创建省级森林城镇 8 个（青田县船寮镇、青田县腊口镇、青田县海口镇、缙云县壶镇镇、遂昌县石练镇、松阳县古市镇、龙泉市八都镇、龙泉市安仁镇），累计建成省级森林城镇 28 个，实现全覆盖省级中心镇 13 个；新建丽水市绿化示范村 55 个，累计建成丽水市绿化示范村 919 个。11 月，丽水市国家森林城市通过复查，2012—2017 年，全市造林更新 6.8 万公顷，平原绿化 6149.67 公顷，平原绿化覆盖率 27.5%，建成区绿化覆盖率 46.49%，实现“森林围城”向“森林进城”“山上为主”向“城乡覆盖”转变，实现浙江省森林城市市域全覆盖，形成以山上森林为面、城镇（村庄）为点、生态廊道为线的“城市森林网络”。

【“一村万树”示范行动】 2018 年 2 月 24 日，在杭州召开浙江省委农村工作会议，省委书记车俊充分肯定衢州市“一村万树”的做法经验。省长袁家军专门作出批示：可将新植 1 亿株珍贵树作为林业转型升级和大花园建设的抓手，精准施策，扎实推进。3 月 15 日，在衢州江山召开全省“一村万树”三年行动现场推进会，副省长彭佳学代表省政府宣布全省三年行动正式启动实施。根据省里统一部署，丽水市制定全市“一村万树”三年行动计划，计划在三年内建成“一村万树”示范村 145 个、推进村 1000 个，并制定出台《丽水市“一村万树”

推进村建设验收办法》（丽林〔2018〕60号）。11月，委托丽水职业技术学院检查验收2018年各县（市、区）“一村万树”示范村、推进村和市级绿化示范村，全市建设“一村万树”示范村50个、推进村300个。

【生态文化基地创建】 2018年，龙泉市宝溪乡溪头村创成“全国生态文化村”，莲都区老竹畲族镇新陶村、浙江云和梯田国家湿地公园、缙云县舒洪镇岭口村、遂昌县焦滩乡独山村获评“浙江省生态文化基地”。至年底，全市经中国生态文化协会发文命名的“全国生态文化村”3家，经浙江省生态文化协会发文命名的“浙江省生态文化基地”18家。（潘永柱）

【生态公益林建设】 2018年，全市新增省级以上公益林4486公顷，总面积85.65万公顷。新增公益林优质林分2.23万公顷，累计建成69.06万公顷。继续深化公益林补偿资金发放阳光工程，公示率100%；全市发放损失性补偿资金41486.95万元，受益国有单位31个，村集体4718个，个人262220户。调处市际公益林重叠山场小班30个，面积55.4公顷；调处县际重叠山场小班828个，面积1958公顷，县际及以下公益林重叠山场全部解决。全市莲都、龙泉、青田、庆元、遂昌、松阳、景宁等县（市、区）申报天然商品林停伐管护面积2.33万公顷，补偿资金523.5万元。（毛小荣）

【森林公园建设】 至年底，全市有森林公园15个，经营面积4.83万公顷，其中，国家级森林公园5个、省级森林公园8个、市级森林公园2个。加强森林公园建设，新建云和白龙山省级森林公园。创建AAAA级旅游景区，庆元国家森林公园巾子峰景区创成国家AAAA级旅游景区。发展森林康养，打造森林康养基地，丽水白云国家森林公园、遂昌国家森林公园、景宁草鱼塘森林公园被丽水市人民政府和中国林学会森林疗养分会列入为第一批森林康养基地建设试点，建设康养步道6.8千米，特色休息平台2处，创立康养饮食菜谱和康养课程。开展全市森林风景资源调查与评价工作，经调查评价全市有森林风景资源单体3644个，其中，五级资源48个、四级资292个、三级资源1196个、二级资源1237个、一级资源871个，三级以上优良等级资源1536个；按类型划分：生物景观1262个、地文景观602个、水文景观626个、天象景观137个、人文景观1017个。摸清全市的森林风景资源现状，为科学管理和正确引导全市森林风景资源保护与利用工作提供重要依据。（兰冬香）

【白云森林公园建设】 2018年，市林业局继续推进白云森林公园美丽林相工程建设，建设美丽林相25.07公顷；启动森林康养工作，编制森林康养概念性方案，建设玉岩至太山天门岗森林康养实证步道1800米；5月底，通过公开招标招租，位于市区中山街的白云楼被由美特斯邦威以234.48万的租金竞得，租期三年（2018年8月1日至2021年7月31日止）。（陈红壮）

【华东药用植物园（丽水植物园）建设】 2018年，市林业局继续推进华东药用植物园（丽水植物园）项目建设，全年完成投资20319万元。至年底，累计完成项目投资52720万元，占总投资8.4亿元的62.8%。主入口门楼及配套管理用房、引种繁育区科研楼、百药谷中医药博物馆和北次入口管理用房等房屋主体结顶，药材展示廊、盆景园、兰园等区块房屋主体，园内道路基础工程开始施工，引种苗木品种100个。拆除永清山庄和羊馆违章建房面积5000平方米；收购集体林地91.4公顷，其中，城西村55.14公顷、花街村24.33公顷、路湾村11.93公顷。（刘　艳）

【云和白龙山省级森林公园建立】 2018年3月，经省林业厅批准，设立云和白龙山省级森林公园。公园位于云和县城东南郊，建立在云和县林场基础上，经营面积929.13公顷，其中林地面积868.33公顷。公园内主要植被类型有常绿阔叶林、针叶林、针阔混交林和竹林。植物有189科、590属。1000余种，其中，被列入国家重点保护的植物有凹叶厚朴、红豆杉、浙江楠、香樟等8种；脊椎动物有106种，其中国家一级重点保护野生动物有黄腹角雉、黑麂2种。公园内奇峰俊秀、峡谷幽深，龙头坑峡谷全长6.6千米，相对高差近700米，两侧有巉崖、绝壁、断崖6处。（兰冬香）

【浙江景宁心田省级湿地公园建立】 2018年12月，经省林业局（浙林湿函〔2018〕39号）批准，建立浙江景宁心田省级湿地公园。该公园位于景宁县东坑镇马坑村，距县城32千米，地理坐标为东经119°42′03″—119°42′19″与北纬27°46′49″—27°47′01″之间；湿地公园规划面积26.69公顷，其中，湿地面积9.64公顷，湿地率36.12%。主要保护对象与特色为独特的地形地貌及农耕文化、畲乡文化。（梁　毅）

【开发区绿化工作】 2018年，市林业局组织珍贵树种进村入企活动，向开发区14个村和企业赠送红豆树、榧树等珍贵树种苗木6000株；开展“3·12”义务植树、“松坑圩村主题党日”等植树活动，500余人次参与栽植大叶榉、浙江楠、红豆杉等树种2000余株；编制《美丽林相丽水大梁山生态景观防火林带总体规划》，规划投资2600万元，建设景观防火林带30千米，建设总面积187.33公顷；投资500万元，继续推进美丽林相富岭连接线山体彩化项目（三期），改造面积26.87公顷，种植各类树种15个品种4万余株，其中紫荆、木荷等景观树种3万余株、经济树种1万余株。（刘克飞）

【空气负氧离子监测】 2018年，市林业局每周开展负氧离子监测工作，上报市养生办，在丽水文化休闲和新闻综合频道公布养生指数。丽水白云国家森林公园、处州公园、防洪堤、九龙国家湿地公园空气负氧离子及9个县（市、区）13个监测点实时监测上报53期，累计监测实时数据689个，其中，清新以上监测数据686个，清新率99.6%，全市空气负氧离子平均浓度为每立方厘米2788个，达到二级，为非常清新。国家林业和草原局在丽水按照城区—近郊—远郊—森林公园、湿地公园、自然保护区4种不同类型设置监测点（试点）6个，对应分别是丽水市林业局大院、白云国家森林公园双根桥、白云国家森林公园丽阳坑管护站、莲都峰源省级自然保护区、龙泉凤阳山国家级自然保护区、庆元国家森林公园巾子峰景区，通过不间断实时监测，统计分析数据：龙泉凤阳山国家级自然保护区数据最高，平均值6000个以上、庆元国家森林公园巾子峰景区稳定在每立方厘米3500个以上、峰源省级自然保护区和白云森林公园两个监测点的数据平均值为每立方厘米1500—2500个、丽水市林业局大院平均值也稳定在每立方厘米1000个以上。（梅少保）

林业产业体系建设

【概况】 2018年，全市林业总产值650亿元，比2017年增长21.7%，占全省林业行业总产值的10.5%，全省排名第6位，增幅全省排名第1位，主要增长点为森林旅游业。全市9个县（市、区）林业行业总产值全部超过45亿元，其中，缙云县、龙泉市、云和县超过90亿元，遂昌县超过85亿元，庆元县超过70亿元，松阳县、莲都区、青田县、景宁县超过45亿元。完成招商（或合作招商）项目1个（续建项目），实际到位市外内资2.03亿元。完成年度任务的2.03倍。

【调整优化林业产业结构】 2018年，全市林业一、二、三产业比重16:27:57，第一产业比重下降3个百分点，第二产业比重下降6个百分点，第三产业比重上升9个百分点。加大一产资金和技术投入力度，提高林地生产效率，提升林业第一产业，林业第一产业产值105亿元，同比增长6.5%，增幅比2017年高0.7个百分点；林业产品附加值不高，林业第二产业略有下降，林业第二产业产值174亿元，同比下降1.8%；大力促进森林旅游业和生态精品林业发展，加快发展林业第三产业，林业第三产业产值371亿元，同比增长43.6%，增幅比2017年上升17.4个百分点。

【创建林业产业品牌】 2018年，丽水市组织104家企业参加第十届中国义乌国际森林产品博览会，展出展位146个。获第十一届中国义乌国际森林产品博览会优质产品评选金奖27个，优质奖42个。丽水展团连续第11年获中国义乌国际森林产品博览会最佳组织奖。

【木业产业建设】 2018年，全市继续推进木业产业向规模化、产业化和集群化方向发展。全市生产木材43.6万立方米，实现产值3.72亿元，分别比上年增长17.8%和24%。全市木材加工企业675家，从业人员1.6万人，以“一扇木门、一支铅笔、一副玩具、一把太阳伞、一块纤维板”为代表木材加工业全年实现产值68.1亿元，比上年下降1.9%。

【森林休闲旅游业发展】 2018年，全市有森林类自然保护区5个（国家级2个、省级3个）、湿地公园4个（国家级2个、省级2个），森林公园15个（国家级5个、省级8个、市级2个）。全年启动AAAA级森林旅游小镇2个，植入森林民宿5家，创建市级森林小镇8个、特色村22个。全年实现森林旅游总收入345亿元（占第三产业产值的93%），同比增长47%。（杨艺薇）

【林业经营新型主体培育】 2018年，全市发挥丽水生态优势，结合“丽水山耕”区域品牌建设，发展生态精品林业，创建新增示范企业6家、示范合作社6个、示范家庭农（林）场（专业大户）40个、农（林）产品（基地）47个。推动龙泉市开展省级林业股份合作制试点，探索林业股份合作模式，创建林业股份合作社、省级示范性家庭林场，培育新型林业经营主体，全市新增浙江省示范性家庭林场9家，累计26家；新增新型林业经营主体110家，其中，家庭林场61家，累计培育新型林业经营主体931家。（杨艺薇 李秀旺）

【推进林地规模流转】 2018年，丽水市以探索建立集体林地“三权分置”运行机制为目标，完善并推行林地经营权流转证制度，落实林地流转激励措施，推动林地规模流转。全年全市新增林地流转7527公顷，累计流转面积11.82万公顷；规模林地流转颁发林地经营权流转证139本，面积2433公顷，累计办证974本，面积1.37万公顷。（李秀旺）

【笋竹产业建设】 2018年，全年实现竹业总产值59.5亿元，其中，一产14.7亿元，二产44.8亿元。继续实施竹产业首席专家（顾问）制度，在首席专家（顾问）制度的框架下开展技术研发、集成和应用推广工作。全市建设海拔600米以上绿色有机笋竹产品基地7828.6公顷，其中，直接加入1347.87公顷，申请加入6480.73公顷；引进并投入生产大型竹户外板加工企业1家。（孙　政）

【种苗花卉产业】 2018年，全市有苗圃428处，育苗面积1364.8公顷（其中新育87.71公顷），苗木产量7921万株（其中容器苗1107万株），比2017年略有下降。全年实现种苗花卉产业总产值47276.8万元，比2017年增长2.79%，其中，一产增加915.8万元，同比增长3.88%；二产增加99万元，同比增长1.02%；三产增加268万元，同比增长2.12%。组织开展“新植1亿株珍贵树种五年行动”和“珍贵（彩色）树种赠苗”行动，在1189个村庄动员林农6785户，赠送种植苗木420.5万株，完成任务数361.1万株的116.4%，其中省林业厅赠送丽水市种植的珍贵树种143万株（一类苗49万株，二类苗30万株，三类苗64万株）。36个示范村珍贵（彩色）树种造林244.6公顷，营造示范林42片348.73公顷。组织开展林木种苗质量抽查和林业植物新品种权保护检查，全市检查苗木批次69个，抽检苗批合格率100%；抽查种批3个，3个批次种子均合格。（兰蒋慧）

【木本油料产业】 2018年，全市新建油茶新品种造林基地1114公顷，新造香榧基地468公顷，建设海拔600米以上木本油料绿色有机农产品基地4290公顷。举办各类木本油料产业技术培训20余次，培训基层林技员和林农2000余人次。全年实现油茶产业产值99606万元，其中，一产55025万元、二产44581万元。（倪荣新）

【食用林产品质量安全】 2018年，丽水市林业局对全市食用笋（春笋、鞭笋、冬笋）、野生动物（石蛙、野猪肉）、木本药材、板栗、香榧、油茶籽等食用林产品进行例行监测、专项监测和风险监测，重点检测汞、砷、铅、镉、铬等重金属含量和对硫磷、乐果、敌敌畏等20项农药残留指标进行检测。全年抽检483批次，合格482批次，合格率99.8%。主要食用林产品标准化生产程度62.17%。加快推进食用林产品溯源体系建设，全市9个县（市、区）都建立追溯点，109家规模以上林业生产主体录入浙江省食用林产品追溯管理平台。开展食用林产品质量安全合格证管理工作，全市食用林产品合格证使用率94.49%。（梅少保）

林业安全管理

【概况】 2018年，全市林业系统坚持以保护森林资源为核心，全面推进依法治林。加强森林消防工作，落实人防、物防、技防“三防”体系建设，开展森林火灾隐患大排查活动，推进以水灭火工程建设，强化综合治理，森林火灾得到有效控制。全市发生森林火灾10起，受害森林面积31.11公顷，森林面积受害率0.02‰，火灾控制率3.11公顷每次，发生率0.71次每10万公顷，未发生重特大森林火灾和人员伤亡事故。与上年同期相比，发生森林火灾次数持平，受害森林面积同比下降29.24%。未发生重特大森林火灾和人员死亡事故，其中缙云、遂昌、云和、庆元和景宁实现零火灾，森林火灾维持历史最低水平。2018年，丽水市获省森林消防指挥部森林消防工作考核优秀，连续8年获考核优秀等

10月29日，开展全市森林消防技能比武大赛（吕兴仁　提供）

级。加强森林资源保护管理，严格执行森林采伐限额管理制度和征占用林地定额管理制度，全市森林蓄积量持续增长，森林面积、森林覆盖率保持稳定。全市森林公安机关受理各类森林和野生动植物案件755起，查结742起，综合查处率98.28%；省政府下达丽水市年森林采伐限额165.865万立方米，全年发放林木采伐许可证1.07万份，发证采伐蓄积74.96万立方米，其中，占限额采伐蓄积71.12万立方米，为省下达采伐限额的42.88%。全面强化林业有害生物防控工作，以松材线虫病防控为核心，采取预防、防治、监管三项措施，林业有害生物灾害得到有效防控，林业有害生物成灾率、测报准确率、无公害防治率、种苗产地检疫率"4项指标"优于省控制指标。12月4日，省政府印发《关于表扬全省森林资源保护管理工作突出贡献集体和个人的通报》(浙政发〔2018〕45号)，丽水市林业局、松阳县政府、景宁县政府、庆元县林业局、缙云县林业局、龙泉市宝溪乡政府、遂昌县柘岱口乡政府等单位及黄文松等26名个人获表扬。9月10日，国家森防指办公室、中国绿色时报社联合公布首届中国森林防火公益微视频大赛获奖名单，凤阳山管理处、龙泉市森林消防指挥部、龙泉市林业局联合制作《火情重如泰山》森林防火公益微视频获三等奖，是丽水唯一、全国32部获奖作品之一。（朱郑平 梁 毅）

【惩治破坏森林资源违法犯罪】 2018年，全市森林公安机关组织开展"2018雷霆""禁种铲毒""扫黑除恶""绿剑2018"等系列专项行动，严厉打击涉林违法犯罪行为，依法严惩破坏森林资源违法犯罪分子，有效保障森林资源安全和林区社会稳定。全市受理各类森林和野生动植物案件755起，查结742起，综合查处率98.28%。其中，刑事立案102起，侦破94起(特大案件4起、重大案件12起)，破案率92.16%；行政立案652起，查处652起，查处率100%。收缴林木2866.84立方米、野生动物及其制品371只(件)，行政罚款399.54万元。与上年相比，发案数上升26.68%。在禁种铲毒专项行动中，铲除罂粟原植物种植点148处、罂粟19306株，协助地方公安查处罂粟案件101起，其中，刑事案件24起、治安案件77起。

【森林消防建设】 2018年，全市投入森林消防资金2914.38万元(其中，中央投资37万元，地方投资2877.38万元)，加强预警监测系统、通讯指挥系统、阻隔系统、森林消防队伍、应急道路等建设。购置森林消防扑救装备8729台(件)，其中，个人防护类5895件、扑火机具类918件、化学灭火类1900件、森林消防车辆类16台；新造生物防火林带28.9千米、防火线6千米、防火公路275千米。莲都、松阳、缙云、云和等4个县(区)投入资金1542.14万元，完成浙南丘陵地区森林重点火险区综合治理二期工程建设。（朱郑平）

【森林督查】 6月，丽水市林业局成立森林督查领导小组，根据国家林业和草原局(林资发〔2018〕14号)和省林业厅(浙林便〔2018〕94号)部署，在全市统一开展森林督查工作，9月底，全市完成遥感判读图斑的实地检查8511个。7月30日至8月3日，国家林业和草原局检查组到景宁畲族自治县开展森林督查和保护森林资源责任制工作检查。

【林地保护管理】 2018年，全市审核审批各类征占用林地项目979个，面积1210.28公顷，其中，长期占用林地项目345个，面积713.21公顷，临时占用林地项目30个，面积67.17公顷，林业设施占用林地项目604个，面积429.9公顷，征收森林植被恢复费18940.1万元。9月25日至10月12日，全市"双随机"检查共抽查征占用林地审核审批事项21个。

【自然保护区管理】 1月，丽水市林业局下发《关于进一步加强凤阳山—百山祖国家级自然保护区保护管理工作的通知》(丽林〔2018〕2号)，排查自然保护区内的森林消防、资源管护、开发建设等方面。5月，市环保局、林业局、水利局联合开展丽水市"绿盾2018"自然保护区监督检查专项行动，组成3个专项行动检查组进行实地检查。2018年，凤阳山管理处、百山祖管理处、望东垟管理局被评为"全市自然保护区工作考核优秀单位"。4月，凤阳山保护区客运缆车项目主体工程竣工、验收，开通运营。百山祖自然博物馆被省科协等单位认定为浙江省科普教育基地。峰源保护区完成保护区界线矢量化工作。

【林木采伐管理】 2018年，全市核发林木采伐许可证1.07万份，采伐林木蓄积74.96万立方米，其中，其中占限额采伐发证0.97万份，采伐林木蓄积71.12万立方米，为省下达限额165.865万立方米的42.87%；不占限额采伐发证997份，林木蓄积3.84万立方米。全市各县(市、区)均建立森林采伐限额执行情况检查制度，并定期开展森林采伐限额执行情况检查。

【野生动植物保护】 2018年4月，全市开展"保护鸟类资源，守护绿水青山”为主题的野生动植物保护宣传月暨“爱鸟周”活动。12月18日，松阳县中华秋沙鸭保护观察站在西屏街道黄公渡村松阴溪延庆段堤防后侧开工建设，项目总投资430万元，总建筑面积3344.2平方米，建设占地面积303.5平方米，系全省首个中华秋沙鸭栖息保护观察站。3月26日，九龙山保护区布设在野外的一台红外相机拍摄到两张黑熊行走照片，系浙江省第三次、丽水市首次在野外监测到黑熊，为浙西南地区首次获得黑熊野外生存的实证。10月31日，遂昌县政府召开新闻发布会通报发现黑熊的相关情况。百山祖管理处与浙江省中医院研究院合作的研究成果《百山祖国家级自然保护区野生大型真菌资源调查》在《中国食用菌》(Edible Fungi of China)期刊上发表。该项研究表明，百山祖保护区内分布有野生大型真菌398种，其中网壁圆花孢牛肝菌、玉红牛肝菌等73种刷新浙江省真菌生态分布纪录。凤阳山保护区境内发现野生植物新种—凤阳山荚蒾，发现分布新纪录植物—莼菜和分布新纪录动物—棕腹大仙鹟、冕雀；望东垟保护区境内发现野生植物新种—景宁青冈；景宁县石印山公园和金仙寺后山发现新纪录植物—粗齿桫椤(Alsophila denticulate Baker)；百山祖保护区境内发现分布新纪录植物—密毛假福王草(Paraprenanthes glandulosissima)、黔岭淫羊藿(Epimedium leptorrhizum Stearn)、黑花紫菊、华中婆婆纳、香根芹、福参。　（梁　毅）

【古树名木保护】　2018年，全市开展古树名木保护工程，全市保护古树名木142株，规划建设古树主题公园6个，占地3.6万平方米。启动新样式古树名木铭牌挂牌仪式，投入资金337万元，全市54248株，一级古树1906株，二级古树7572株，三级古树44757株，古树群1126个，实体和虚拟挂牌，其中，完成古树名木实体挂牌15577株，虚拟挂牌38642株。4月10日，全国绿化委员会办公室、中国林学会发文公布“中国最美古树”遴选结果，景宁县大漈乡西二村柳杉(树龄1500年，树高30米，胸围1340厘米)获评“最美柳杉”，松阳县玉岩镇大树后南方红豆杉(树龄1200年，树高31.5米，胸围891厘米)获评“最美南方红豆杉”。　（周　靖）

【山林纠纷案件调处】　2018年，全市开展山林纠纷积案调查，实行山林纠纷积案动态管理，加大调处工作力度，把山林纠纷化解在基层。全年全市新发生山林纠纷95件，调处147件(其中积案55件)、解决面积623公顷，其中，以调解方式结案128件、行政裁决结案19件。未发生因山林纠纷引发的重大盗滥伐案件、集体上访或群体性事件。至12月底，全市尚有各类山林纠纷积案469件、争议面积8264公顷，其中，省际纠纷71件、争议面积4163公顷，市际纠纷15件、争议面积591公顷，县际纠纷64件、争议面积876公顷，县内纠纷319件、争议面积2634公顷。6月8日，丽水市林业局联合龙泉市林业局在龙泉安仁镇举行山林纠纷应急响应演练，检验和提升处置较大山林纠纷突发事件应急能力。5月29日，丽水市林业局主持召开龙泉市屏南镇南溪村与庆元县百山祖镇栗洋村的县际山林纠纷协调会，下发丽林纠办会议纪要〔2018〕1号纪要；7月17日，组织龙泉市道太乡武溪村与云和县赤石乡建升村的县级山林纠纷现场调查并召开协调会，下发丽林纠办会议纪要〔2018〕2号纪要。丽水市林业局立全省调处山林纠纷集体二等功，青田县林业局、遂昌县林业局立全省调处山林纠纷集体三等功，李秀旺、麻耀强获全省调处山林纠纷个人二等功，李东青、叶大平、黄广丰、周华、吴陆斌、周建华、江丽娟、叶正凯、沈建峰获全省调处山林纠纷个人三等功。　（李秀旺）

【山林纠纷案件行政复议及行政应诉】　2018年，丽水市林业局不再受理山林纠纷裁决案件的行政复议，继续办理未结案件。全年完成山林纠纷复议案件3件，维持3件。全年山林纠纷复议案件一审应诉2件，二审应诉1件。　（宋张平）

【林业有害生物检疫防治】　2018年，全市林业有害生物发生面积6.11万公顷，发生率4.34%。林业有害生物有效防治作业面积7.26万公顷，其中无公害防治面积6.11万公顷，无公害防治率99.99%。全年完成产地检疫种子797公斤，苗木1264.47公顷，花卉191.51万株，种苗产地检疫率100%；调运检疫苗木339.83万株，木材7.43万立方米，花卉15.23万株，药材16.3万公斤；复检苗木149.15万株，木材108.37万立方米。开展各类检疫执法行动193次，出动执法人员883人次，检查涉松企业310家、非涉松企业210家、使用松木企业168家；累计查处各类违法案件22起，处罚款4.63万元，没收、烧毁疫木58.31立方米，关停非法加工松木企业4家；全年累计培训执法人员454人次，培训企业相关人员506人次。　（周　靖）

工业化信息化建设

综　　述

【概况】 2018年，全市工业战线坚持以“丽水之干”担纲“丽水之赞”，围绕加快生态工业“第一经济”高质量发展目标，推进生态工业发展“31576”（“3”是培育高端装备制造业、新材料、生态能源及生物医药三大千亿级产业，成为市域主导产业；“1”是形成现代装备制造、金属制品、汽车空调配件、泵阀制造、节能环保装备、精品不锈钢、金属新材料、生物医药、时尚鞋服、木制玩具、竹木制品、剑瓷石雕文化产业等10个以上具有区域特色的百亿产业集群形成产业支撑；五年累计引进亿元以上工业大项目100个；“5”是形成一批主业突出、拥有自主知识产权和自主品牌、核心竞争力强的大企业大集团，到2021年，全市产值超十亿元骨干龙头企业达50家，高新技术企业达500家；“7”是积极对接多层次资本市场，实施百家企业上市计划，到2021年，力争全市上市企业达70家，其中IPO企业10家以上；“6”是到2021年全市工业增加值达到600亿元，年均增长9%以上）五年行动计划，开展“精准服务企业、振兴实体经济”专项行动，全市工业经济呈现“高开稳走向好”态势，规上工业增加值、新兴产业增加值、装备制造业增加值、出口交货值、工业用电量等指标均居全省第一位，创近五年来最好水平，为全市经济社会较快发展做出贡献。全市实现规上工业增加值增长12.2%，比上年同期提高6.5个百分点，高出全省平均水平4.9个百分点。全市战略性新兴产业增加值、装备制造业增加值、高新技术增加值同比增长29.1%、15.3%、9.8%，分别高出全省17.6、5.3、0.4个百分点。八大高耗能行业增加值增速低于规上工业增速0.9个百分点。全年全市完成工业投资同比增长29.3%，高于年度目标14.3个百分点。全市完成新增工业用地供地255宗，面积452.16公顷，其中新出让面积415.29公顷，同比增长50.4%。全年全市数字经济核心产业增加值同比增长12.1%。绿谷信息产业园发展形势喜人，累计入驻创业创新实体311家，从业人数4891人，实现主营业务收入26.2亿元，税收7856万元，同比分别增长94.07%和94.74%。招商引资成效明显，实到市外内资3.83亿元。

【重点行业】 2018年，全市35个行业大类中，29个行业实现正增长，占比82.85%。其中，黑色金属冶炼和压延加工业、化学原料和化学制品制造业等规模居前十位行业实现产值增幅24.5%，占规上工业产值比重77.5%，比上年提高了4.9个百分点，对规上工业产值增长的贡献度达到77.2%，直接拉动规上产值增幅19个百分点。重点培育的“三大千亿级产业”中，装备制造业实现增长18.1%，占全市规模工业产值的比重22.9%；新材料产业实现增长43.4%，占全市规模工业产值的比重38.9%；生态能源及生物医药产业实现增长13.9%，占全市规模工业产值的比重9.1%。

【县域经济】 2018年，各县（市、区）规上工业增加值增速均实现较快增长，其中云和县（51.2%）增长迅猛，遂昌县（16.8%）、缙云县（15.5%）、景宁县（15.0%）、龙泉市（13.2%）、松阳县（11.6%）、青田县（11.1%）等县（市）实现两位数较快增长，开发区（8.9%）、庆元县（8.5%）、莲都区（6.3%），平稳增长。

工业投资增速呈“6快3平1慢”态势，其中景宁县（145.9%）、莲都区（94.9%）、开发区（62.4%）、龙泉市（39.3%）、青田县（28.1%）、缙云县（19.8%）实现较快增长，遂昌县（7.3%）、庆元县（7.0%）、云和县（1.4%）平稳增长，松阳县（–7%）负增长。

【营造生态工业发展氛围】 2018年，市委四届四次全会上再次强调坚定不移发展壮大生态工业“第一经济”，不是纠结“要不要”的争执，而是凝心聚力于解决“好不好”“够不够好”的问题。市委书记胡海峰、市长吴晓东深入企业协调解决难题，副市长徐光文亲自抓谋划和部署，35 位市级领导结对 141 家企业深入开展服务企业活动。通过月度分析、排名通报、季度点评、召开现场推进会等工作制度，全市上下凝聚共识汇聚合力，构建具有丽水特色的生态工业体系。

【争创省级生态工业试点市】 2018 年，丽水市以生态工业发展“31576”五年行动计划为蓝本，通过调研、多方征求意见、反复修改完善，编制《浙江（丽水）生态工业试点市创建实施方案》，于 11 月 2 日获省转型升级领导小组正式印发，成为全省首个省级生态工业试点市。丽水市政府与省经信厅开展“厅市合作”，合力共建省级生态工业试点市。

【亩均论英雄改革】 2018 年，出台《丽水市深化“亩均论英雄改革”实施意见》，做好企业数据收集分析和综合评价，制定丽水市制造业行业新增项目投资强度和产出效益规范指南，开展低效地整治，全市“亩均论英雄”改革工作有序推进，“亩均效益”成效显著，绿色发展再上台阶。全年全市规模以上工业企业实现亩均税收 14.9 万元/亩，增速 16.3%，居全省第一；全市规模以上工业企业亩均增加值为 80.8 万元/亩，增速 12.2%，居全省第一；全市经济密度为 0.08 亿元/平方千米，增速 8.2%，居全省第一；全市单位建设用地 GDP 为 15.4 万元/亩，增速 8.2%，居全省第一。

【推进传统制造业改造提升】 2018 年，全市推进云和县文体用品制造业、松阳县茶叶加工业传统制造业改造提升分行业省级试点工作，投资 10 亿元的松阳茶香小镇项目以及一批茶爽生产线、保健用绿茶提取物生产线等项目实施。组织实施省级“机器换人”分行业试点、“两化”融合试点、智能制造试点，推动智能化生态化改造。全年全市累计新增工业机器人 338 台，完成年度目标 113%。

【开展“低散乱”整治】 2018 年，丽水市围绕“2018 年 12 月底前整治到位率达到 50%，涉水涉气排放不达标且整治无望企业全部关停，2019 年 12 月底全面整治到位”的目标，健全机制体制，强化督查考核，深入开展“低散乱”企业入园及转型提升专项行动。全年全市整治“低散乱”企业 624 家，完成年度任务的 195%；完成淘汰落后产能涉及企业 90 家，完成年度任务的 180%，其中完成淘汰落后轮窑 16座，削减标砖产能 3.38 亿块。

6 月 20 日，腾讯互联网创新基地启用仪式在丽水举行　　（兰建萍　提供）

【小微企业园建设】 2018 年，丽水市出台《关于加快小微企业园高质量发展的实施意见》，争取莲都区、龙泉市列入 2019 年省小微企业园建设提升工作实施名单，4 月、10 月在云和、缙云县召开园区建设现场会，推进小微企业园和标准厂房建设。全年全市在建小微企业园 24 个，占地面积127.87 公顷，建筑面积 175 万平方米。其中，2018 年新建成小微企业园 12 个，占地面积 45.65 公顷，完成建筑面积121.18 万平方米。全市谋划今后五年建设提升小微企业园 69 个，总占地面积 709.6 公顷，建筑面积 966 万平方米。

【发展数字经济】 2018 年，丽水市研究提出数字经济“12358”发展目标。推进“三园一镇”数字经济主平台建设，绿谷信息产业园主营业务收入和税收分别增长 94.1%和 94.7%，新签约臻善科技、中科讯联等一批优质项目。启用腾讯互联网+创新基地，腾讯技术和优势产品全面赋能丽水各行各业；与西安电子科技大学开展产学研合作，加快高层次人才供给；推进“企业上云”工作，全年全市新增上云企业 2797 家。

【企业绿色节能】 2018 年，丽水市编制申报《丽水市本级工业节能与绿色制造试点示范创建实施方案》，该方案被列入省实施试点名单，获省财政补助资金 1000 万元。推荐浙江国镜药业有限公司和浙江天喜厨电股份有限公司申报创建绿色工厂。开展清洁生产审核工作，全年通过验收企业40家以上，其中预拌混凝土生产企业14家。推进重点用能企业实施节能技术改造，全市实施项目148个。腾出用能空间总量4.37万吨标煤。开展节水型企业创建工作，命名39家企业为2018年度“丽水市节水型企业”称号。全市完成44家重点用能单位节能监察工作。

【开展精准服务企业专项行动】 2018年，丽水市建立市领导结对联系龙头骨干企业、拟上市企业等“四张清单”制度，在全市部署开展精准服务企业专项行动。全年全市走访企业3854家次，梳理交办涉及1005家企业反映的问题1561个，办结企业反映问题1493个，办结率95.6%。其中，市本级走访企业239家次，梳理交办企业反映问题325个，涉及企业137家，办结企业反映问题325个，办结率100%。出台《减轻企业负担20条意见》，全年全市减轻企业各类负担71.78亿元。全年全市共兑付企业扶持资金20.35亿元，同比增长47.58%，其中市级8.78亿元，同比增长15.02%。

【企业梯度培育】 2018年，丽水市出台《关于加快中小企业梯度培育提升发展行动计划》《加快推进中小微企业“专精特新”发展的实施意见》，推进小升规、隐形冠军等企业培育。全年全市新增小升规企业166家；新入库“专精特新”培育企业236家，新增省级隐形冠军企业1家、培育企业5家，“小升规”企业“创业之星”20家。实施凤凰行动计划，推动企业股改上市，新增股份制企业21家，其中工信领域16家。

【工业与文化产业融合】 2018年，丽水市推荐并通过认定第七届中国工艺美术大师3人，推荐并通过认定第六届省工艺美术大师35人(全省99人)。推荐并通过认定2018年度浙江省万人计划传统工艺领军人才2人，龙泉和青田各1人。完成第三届丽水市工艺美术大师评审及历届市工艺美术大师复审工作。组织评定市级工艺美术大师80人，通过复审123人，市工艺美术大师累计203人。 （李建敏）

开发区(工业园区)建设

【概况】 2018年，全市开发区(工业园区)围绕打造“美丽大花园”培育“新引擎”和创建浙江(丽水)绿色发展综合改革创新区，以加快生态工业经济高质量发展为目标，凝心聚力、攻坚克难，培育产业发展，推动产业转型升级和开发区建设，取得明显成效。从建园始至2018年底，全市10个省级以上经济开发区(工业园区)累计开发土地面积73.06平方千米，出让工业用地48.47平方千米，入园企业3626家，建成投产企业2717家；全年实现规上工业产值861.73亿元，入库税金43.58亿元，园区企业投资强度、亩均产出、亩均税收分别为231.3万元、258.64万元、10.94万元。

2018年，经综合考评，全市开发区(工业园区)考核结果：一等奖为青田经济开发区，二等奖为丽水工业园区、缙云经济开发区、龙泉经济开发区，三等奖为云和工业园区、遂昌工业园区、松阳工业园区、景宁经济开发区。

【园区发展情况】 2018年，丽水工业园区全年完成工业总产值31.6亿元，同比增长16.49%，其中规上企业完成产值22.51亿元，同比增长15.8%。工业企业固定资产投资累计完成15.92亿元，同比增长190.51%。工业供地面积20宗，面积合计98.26公顷，同比上年大幅增长。完成实际利用市外内资15.92亿元，同比增长138.01%。完成进出口额9032万美元，同比增长21.58%。丽水经济技术开发区主要经济指标保持平稳增长。全年规上工业增加值为415706万元，规上工业产值为1850003万元，同比分别增长8.9%和13.76%；工业税收收入为91248.27万元，同比增长11.19%，2018年投产企业占地面积748.23公顷，经济密度和税收密度分别为189.85万元/亩和8.13万元/亩。完成工业投资128143万元，同比增长62.4%，企业在建面积累计985.4公顷，投资强度为175.67万元/亩；外贸出口总额29570万美元，同比增长22.85%；规上万元工业增加值综合能耗0.97吨标煤/万元，同比下降26.51%；新增规上企业33家。招商引资形势持续良好，全年累计引进工业项目27个，其中，亿元以上项目18个，引进市外内资504446万元，出让工业用地92.6公顷。创新主体培育效果显著，全年园区新增高新技术企业16家，开发区被认定为省级孵化器，中广电器和金山门科技两家企业被认定为省级企业研究院，杰祥科技、百山祖生物两家企业被认定为省级高新技术企业研究开发中心。青田经济开发区现有规上工业企业93家，全年完成规上工业增加值31.29亿元，同比增长17.8%。外贸出口6.12亿美元，同比增长47.1%。税收收入13.64亿元，同比增长41.4%。新入区企业73家，新开工企业(地块出让)7家，小升规企业28家。全年完成征地96.93公顷，完成年度目标的111.8%。完成土地出让42.55公顷，完成年度目标的106.4%。完成盘活闲置土地21.98公顷、盘活闲置厂房24.1万平方米。缙云经济开发区累计实现工业总产值85.3亿元，同比增长12.3%，其中规上累计实现工业总产值67.3亿元，同比增长14.5%；规上企业增加值13.2亿元，占全县总额35.3%；累计实现税收3.2亿元，同比增长37.1%；累计实现外贸出口3.53亿美元，占全县总额46.6%，同比增长30.5%；落实“低散乱”整治、服务企业、安全生产等各项工作。遂昌工业园区实现工业总产值140.44亿元，同比增43.3%，其中，规模以上企业实现产值133.52亿元，同比增41.6%上缴税收36043.62万元，同比增6.12%；预计全年新增规模企业12家。提供就业岗位8429个。完成固定资产投资112946万元，其中，政府性投入33031万元，制造业投入79915万元。松阳工业园区69家规上企业累计实现工业总产值实现92.4亿元，占全县的78.27%，同比增33.6%；增加值达到13.41亿元，同期增长15.14%；实现税收2.59亿元，同比增长19.02%。培育新上规企业11家。实施“一把手”招商，整合资源会同经合办、经商局完成签约项目66个，合同利用内资67.2亿元，实际利用内资33.7亿元，实际利用外资1050万美元，完成工业用地出让42.51公顷，盘活低效闲置用地24.13公顷。云和工业园区规上工业增加值增幅明显，全年实现规模以上工业增加值13.95亿元，同比增23.4%；工业投资稳步推进，全年完成工业投资99749万元，其中政府性投资1099万元，企业固定资产投资98650万元，与上年同期下降23.1%；全年实现外贸出口总额22247万美元，与上年同期同比增24.3%。全年实现税收收入47704万元，与上年同期同比增33.4%；全年实际利用内资68213万元，与上年同期同比降9.2%，实际利用外资443.8万美元，与上年同期同比降17.9%。庆元工业园区累计开发土地335.8公顷，完成工业用地出让213.47公顷，入园企业122家，投产企业92家。全年庆元工业园区规模以上企业完成工业总产值384167万元，同比增长11.4%。完成年度固定资产投资68270万元，同比增长78.9%；园区企业出口总额12981万美元，同比增长23.1%。园区企业实现税收21347万元，同比增长12.2%。招商引资方面，实际利用内资59687万元，同比增长1144%，实际利用外资228万美元，同比下降74.67%。2018年，入园企业投资强度达206.46万元/亩，经济密度203.86万元/亩，税收密度9.94万元/亩，规上工业增加值综合能耗0.2208吨标煤每万元；2018年度，新增入园工业企业10家，完成工业用地出让面积24.82公顷，新增规上工业企业数3个，引进亿元以上重大工业投资项目2个，新增高新技术企业2个。景宁经济开发区规上工业增加值大幅增长，全年实现规模以上工业增加值9191万元，与上年同期增长95%；完成工业投资14680万元，与上年同期增长62.4%；全年实现税收收入2569.08万元，与上年同期增长84.5%。龙泉经济开发区50家规上企业（其中国企3家）累计实现产值32.8亿元，占全市比重53%，同比增长22.4%（民营的47家规上企业实现产值28.32亿元，同比增长25.4%）；实现规上工业增加值7.85亿元，占全市比重56%，同比增长16.1%（47家民营企业实现工业增加值6.23亿元，同比增长22%）新产品产值率37.9%；规上企业累计用电量5742万千瓦时，同比增长4.5%；开发区范围内企业上缴税费3.85亿元，同比增长30%（47家规上民营企业上缴税费1.8亿元，同比增长76.7%），其中规上企业上缴税费2.63亿元，亩均税费12.8万元（不包括三家国有公司），同比增长43.8%；全年实现出口总额18.52亿元，同比增长34.32%，完成年度15.1亿元的目标。

【园区亮点工作】 2018年7月，丽水工业园区出台《丽水工业园区企业监管方案》，提升园区工业用地亩均产出。重点监管三类企业，分别为亩均税收1万元以下企业、能耗产值严重不匹配企业、用地20亩以上三年内没上规模企业。对重点监管企业园区召开三次座谈会，发放告知书，宣传省市区文件精神，开展多部门联合执法等综合监管措施，倒逼企业盘活限制厂房，提升企业效益。对接万洋集团有限公司，采用政企合作的方式，发挥政府招商的公信力和企业招商的高效率，全年针对万洋入园项目专项外出考察6次，同意入园企业102家。重点围绕先进装备制造，健康制造等环境友好型企业，全年经发科接待客商200余批次，外出考察8次，同意租赁入园企业37家。引进“绿谷精英”郭伟博士（丽水汉宝科技有限公司落户园区）。丽水经济技术开发区培育三大主导产业。实施主导产业培育、亩均效益提升三年行动计划，全面梳理分析三大产业近三年发展情况，分析分行业企业发展情况。1—12月，三大主导产业均保持两位数以上增速，同比增长成效明显。招商引进工业项目27个，其中亿元以上项目18个。重点扶持骨干龙头企业。建立市委领导联系重点企业制度，通过不定期开展调研走访，落实“一企一策”支持方正电机合作项目的引进，加快协调推进维康大健康产业园建设，推进中广电器产能扩大项目落地，培育嘉利工业总部经济发展等。推进低效整治提升。开发区通过2个月完成1400多家企业大排摸，对其中1110家工业企业

中广电器生产车间　　（吴妮贞　提供）

进行筛选，列出534家重点整治企业清单。制定《低效工业企业整治提升三年行动方案》，重点整治亩均税收低于1万元的工业企业。截至12月，完成整治提升320家，其中，淘汰关停83家，转非整治46家，改造提升191家。完成率达到60%，高于市政府下达目标10个百分点。青田经济开发区赴山东考察石墨稀OPV项目，赴无锡、洛阳等地考察钼深加工、固废处理等项目。引进工业项目51个，合同引资48亿元（其中正式合同为31.2亿元）实际到资25.1亿元，引进浙江罡（刚）达机械制造有限公司年产10000吨阀门（10万台）及5500吨不锈钢法兰新建项目等大项目9个，在谈项目32个，前期洽谈已久的科新阀门、新机电器等亿元以上大项目继续落实供地问题。石墨稀OPV、钼产业深加工等大项目深入洽谈，为落地打好坚实基础。打造3个特色园区：中部工业产业园、起步百亿产业园、大坑—北坑产业园。缙云经济开发区招商引资不断深入，出让怡景园地块、小微园项目地块；乡贤引资率先在全市取得突破，君鸿机械与欧普照明签订亿元协议；群英车业有限公司与美国DOREL公司签订战略合作协议；完成"精准服务企业"僵尸企业责任交办清单任务，有效盘活土地26.67余公顷；邦洁环保科技（双丰塑业）年产1.5万台智能垃圾分类投放箱和1.2万台智能垃圾袋自动发放机。跨境电商园投入运营，累计成交金额已超过1亿元。转型创新不断深化，推进涛涛车业、金马逊上市工作，建义鞋业于8月22日完成省股交中心挂牌；金马逊机械公司"超薄壁高精度弯曲成形装备关键技术及工程应用"获省科技进步奖一等奖，是全市唯一一个获奖项目。组织企业申报工业奖励及评选等活动，50家企业完成申报，奖补金额1158.32万元；新增专利授权数203个（其中发明专利5个）；实施机器换人项目14个，总投资额2亿元，全年新增投资1.3亿元；21家规下企业完成"小升规"，完成率为300%；16家企业纳入"专精特新"中小企业培育库，推动规模以下小微企业和个体工业向聚焦"专业化、精品化、特色化、创新型"发展。遂昌工业园区特别是东城新区呈现出高速增长的发展态势。产值增长60%以上，表明平台的集聚效益开始显现。目前，东城新区集聚企业2家，其中，投产企业61家，在建企业22个，入园审批企业19家，正处于发展的快车道。正在试生产的佳禾竹业、昊昌不锈钢、精通铸造、康鑫钢管、俊企不锈钢等企业，以及即将竣工投产的新纪化工、三洲铝业、赛璐珞等企业都是规模较大的企业，随着2019年企业的投产，东城新区的产能将得到释放。随着连直线二期的贯通，东城交通状况快速改善，东城的矿山、砂石和花岗岩等资源的效益更趋明显，大干快上、加速发展成为共识，新区活力加速显现。松阳工业园区经过4年多的努力，循环化改造示范试点项目核定总投资24.75亿元，实际完成投资额25.39亿元，投资完成率102.56%。11月8日，省发改委、省财政厅发文公布全省5个园区开展循环化改造示范试点验收结果，松阳工业园区循环化改造示范试点经专家验收、现场核查，通过终期验收，被评定为优良等级。云和工业园区以传统制造业改造提升行动计划为引领，申报省级试点，木玩行业被列入传统制造业改造提升分行业省级试点和智能化技术改造省级试点。推进木玩行业"机器换人"省级试点，评选出示范企业4家。推行"标准地"制度和企业投资项目承诺制审批改革，按照"事前定标准、事后管达标、亩产论英雄"的原则，制定出台《云和县工业投资"标准地"项目准入决策与建设监管制度》，挂牌出让工业"标准地"3块，共18家32.41公顷。完成3亩以上工业企业绩效评价工作，84家重点企业亩均税收达到18万元。庆元工业园区推进传统制造业改造提升，不断提升产业竞争力。抓好生态工业创新主体培育，打造生态工业企业梯队，新增高新技术企业2家，加快培育一批隐形冠军企业，浙江鸿星文具被评为2018年省级“隐形冠军”企业，浙江节节高炭业有限公司被列为培育企业。抓好生态工业技术创新，支持企业建立自主研究机构，双枪竹材重点企业研究院合同指标基本完成，于11月30日通过验收。建立李玉和张齐生院士工作站，成立浙江省食用菌工程技术研究中心，百兴公司建立庆元首家市级博士科研工作站。鼓励工业企业开发具有自主知识产权、技术含量高、经济效益好的新产品（新技术），通过省级鉴定验收的新产品（新技术）12项，其中有5项获省级优秀工业新产品三等奖，获资金补助100万元。抓好“浙江制造”标准制订。牵头制订“浙江制造”标准3个，分别是双枪公司牵头起草的《工艺竹木筷》（T/ZZB 0346—2018）、《聚苯硫醚复合筷（合金筷）》（T/ZZB 0471—2018）和鸿星公司牵头起草的《石墨铅笔》（T/ZZB 0519—2018），参与制定“浙江标准”1个，双枪公司参与起草的《竹砧板》（T/ZZB 0519—2018）。景宁经济开发区以现有的生态资源优势为依托，利用景宁的扶持政策，创新方式，优化服务，突出重点抓招商，推动招商引资实现新突破。在2017年出台的《关于加快总部景宁发展的若干意见》基础上，与各部门对接并召开多次座谈会，研究完善总部经济发展机制。打造诚信政府，兑现政策承诺，当月受理企业申请，次月拨付企业扶持资金和奖励资金；提供最贴心的入园服务，向“一次也不用跑”升级。实行总部企业从名称申报、设立登记、审核发照到刻章开户的全程代办制度，做到“零上门”。创新招商方式，抢抓招商机遇。开发区参加县市省级大型招商引资签约会3场，签约项目4个，拟投资总额2.14亿元。新引进总部经济企业42家，实现合同利用市外内资11.5亿元，实现全年目标任务的143%；实现实际利用市外内资1.6亿元，实现全年目标任务的89%。围绕生态工业开展精准招商，解开开发区无工业实体的困局，有景宁博士园中药饮片有限公司、亚资科技股份有限公司、景宁宇海产业园开发有限公司等15家企业相继落地，总投资9.3亿元。其中，2018年新引进企业7家，总投资6.9亿元，9月5日开工建设的宇海幼教木玩产业园项目，全部建成后将预计实现用工岗位5000余个，为澄照区块人口集聚提供产业支撑。龙泉经济开发区：以龙商回归为纽带，精准盯牢产业链项目、大项目、优质项目，赴福建、山东、山西、上海、广州、深圳、台州、杭州、温州、宁波等地开展招商对接12次，储备待签约项目8个。累计完成协议利用内资19.11亿元，实际利用内资17.33亿元，浙商回归到位资金7.9亿元。通过招商引资引进的外资企业，也是开发区2018年唯一的外国独资企业——凯尊公司于2018年投产，其产品投放市场，计划年内增加设备投资，从原注册资本260万美元增资到600万美元以满足生产需要，2018年实到外资100万元。实现“抓签约”项目26个，“抓落地”项目23个，“抓投产”项目23个，其中，亿元以上项目5个，“腾笼换鸟”项目6个，新供地项目16个，东龙期环城南路沿边的4家企业、堨头区块3家企业都完成80%上工程总量，三田产业园一期、有泉汽配、龙腾空调、文具、亿奇木业一期、南洋包装等一批企业建成投产，毅力二期、宝剑厂等“腾笼换鸟”项目不仅为企业发展赢得时间、资金，也为政府节约经济发展空间与成本；龙之星二期、天问二期闲置土地开工建设；盘活原巨业带钢等闲置厂房，新企业进驻投产。（陈　波）

工业行业

【概况】 2018年，全市工业战线围绕加快生态工业第一经济高质量发展目标，推进生态工业“31576”五年行动计划，开展“精准服务企业、振兴实体经济”专项行动，全市工业经济呈现“高开稳走向好”态势。全年规模以上重工业增加值同比增长18.4%，轻工业增加值同比增长4.8%。黑色金属冶炼和压延加工业规模企业工业产值同比增长60.8%，有色金属冶炼和压延加工业规模企业工业产值同比增长44.2%，通用设备制造业规模企业工业产值同比增长25.9%，金属制品业规模企业工业产值同比增长7.6%，化学原料及化学制品制造业规模企业工业产值同比增长0.5%。从全市35个行业大类看，有29个行业实现正增长，占比82.85%。其中，黑色金属冶炼和压延加工业、化学原料和化学制品制造业等规模居前十位行业实现产值增幅24.5%，占比77.5%，比上年提高了4.9个百分点，对规上工业产值增长的贡献度达到77.2%，直接拉动规上产值增幅19个百分点。（王夏聪）

【云和县金成木业有限公司】 1997年，云和县金成木业有限公司创建，是一家集设计开发、生产、销售木制玩具、幼教玩具、工艺礼品为主的综合型企业，公司拥有厂房面积30000多平方米，年产值1.7亿元，年创税800多万元。公司被授予“高新技术企业”“浙江省工业旅游示范基地”“浙江省中小学质量教育社会实践基地”“浙江省信用管理示范企业”等称号，创新产品“中华神板”在2018通过浙江制造“品”字标认证，自主品牌“老童木玩”被评为浙江名牌产品。通过ISO 9001、

FSC、BSCI、GSV 等体系认证。

【浙江伟泰装潢家具有限公司】 2010 年，浙江伟泰装潢家具有限公司成立，是一家以竹木为主，采用基地种植、合作收购、竹木加工、木材流通、生产与销售为一体的综合型木质家具企业。结合现代高科技机械化林产业的生产技术、以质量的标准化为目标，成为行业的带头兵，在经济、税收、就业、小康致富和林产业发展领跑带头等方面做出贡献。公司凭真诚和质量赢得市场，以质量第一、诚信经营、自主创新为一体化的经营模式，以全方位高标准的要求，公司率先通过 ISO 9001 质量管理体系认证、ISO 14001 环境管理体系认证、GB/T 28001:2001 职业健康等体系认证。获国家级证书 3 项、省级证书 8 项、市级证书 5 项、县级证书 8 项、公司专利 7 项。2017 年，在浙江股权交易中心挂牌上市。（杨艺薇）

电力工业

【概况】 2018 年，全市全社会用电量 103.45 亿千瓦时，首次突破百亿大关，同比增长 18.98%，增幅位列全省第一。全市用电最高负荷 186.6 万千瓦，创历史最高。2018 年，丽水电业局累计完全年完成固定资产投资 14.05 亿元，同比增长 10.6%；110 千伏及以上输电线路开工 249.3 千米，投产 160.6 千米；48 万千伏安，投产 56 万千伏安。完成售电量 95.96 亿千瓦时，同比增长 20.01%，增速全省第一。至年底，丽水电业局管理职工 4753 人，实现连续安全日 3775 天。丽水电网共有 1000 千伏变电站和 500 千伏变电站各 1 座，220 千伏变电站 12 座，110 千伏变电站 43 座，110 千伏及以上变电容量 1674.8 万千伏安，110 千伏及以上输电线路长度 3674.86 千米，丽水地区并网电站 881 座，总装机 341.13 万千瓦。

【电网建设工程】 2018 年，丽水电业局推进“三年再造一个丽水电网”，完成“十四五”电网发展规划，滚动修编电力设施布局规划，编制完成配网发展战略研究和配网优化提升方案。500 千伏丽西输变电工程前期稳步推进，配套基础设施开工建设。完成 110 千伏高溪等 13 个项目可研编制，110 千伏七里等 15 个项目取得核准。推行配网工程必要性专项审查和可研初设一体化，高质量完成 18.4 亿元项目储备。110 千伏及以上输变电工程开工 5 项、投产 6 项，完成 12 亿元配网项目建设。建成精品台区带 4 个、精品台区 25个，完成 51 个小城镇电力综合整治。

供电公司加快电网建设　　　　（于建文　提供）

【开拓综合能源服务】 2018 年，丽水电业局推进综合能源服务体系建设与运营，成立综合能源服务分公司，全省首家编制《综合能源服务作业一本通》，落地省电力公司首个社会性综合能源项目。协助莲都区政府出台《关于积极推进节能减排、推广综合能源服务的通知》，推动公司综合能源服务业务融入地方经济和行业发展。大力增供扩销，完成电能替代 1.57 亿千瓦时，打造电气农旅产业融合发展示范区，实现“全电景区”县县全覆盖。与市港航局签订战略合作协议，实现港口岸电全覆盖。全市电动公交充电市场占有率 100%，充电量全省第二。

【优化营商环境】 2018 年，丽水电业局持续优化电力营商环境，深化“精准服务企业　振兴实体经济”专项行动。深化办电“最多跑一次”，推行供电业务“一网通办、一证通办、一窗通办”，全年累计线上办理业务 6.28 万笔，入住行政审批中心办理业务 7264 笔，让客户办电更省力；深化业扩全流程管控，试点业扩受电工程全业务管控平台，配合丽水市工程项目审批制度改革，高压新装、临时用电业务纳入流程管控，高压业扩平均办电时长缩短 4.63%，让客户接电更省时；严格落实电力用户直接交易和一般工商业降价清费政策，延伸出资界面，提升小微企业低压供电报装容量，大幅降低企业用电成本，让客户用电更省钱。（洪瑜阳）

【国网浙江省电力有限公司紧水滩水力发电厂】 2018年，国网浙江省电力公司有限紧水滩水力发电厂在职员工482人，其中党员228人。全年完成发电量2.05亿千瓦时。全年未发生八级及以上人身、设备及信息安全事故(事件)，未发生一般及以上火灾和交通事故，全年累计安全行车99.25万千米。获“2018年度省级平安单位”称号。至12月31日，全厂实现连续安全生产5094天，创历史新高。全年累计排查治理一般事故隐患20项、安全事件隐患20项，治理完成率100%。全年累计开展安全稽查638人次。开展大坝及水工建筑物的巡检监测、运行性态分析和日常安全管理，大坝、厂房等水工建筑物完好率均为100%。完成紧水滩电站4号机组改造，按计划开展紧水滩电站5号机组改造工作。完成导流洞堵头阀井漏水处理、监控系统改造等重点工程，开展应急演练，提升安全管理水平。派出消防队进驻1000千伏特高压站进行消防服务。

科技项目“水电厂机器人智能化关键技术研究及实践”通过国网浙江省电力有限公司验收，完成机器人使用手册、管理手册的编写，助力精益化巡检。“文档共享协作系统的研发”项目成为首批上“浙电云”的基层创新应用。与武汉大学等高等院校开展战略合作，开展“基于开停机过程的水电机组稳定性状态评价模型搭建及实现”项目，参与“电力无线专网工程施工规范”等3个国网技术标准的编写。电厂职工在浙江省信通行业职业技能竞赛中获二等奖1人，该厂在浙江电力行业10千伏开关柜运检竞赛中获优秀组织奖，获得浙江省电力技术能手称号1人。该厂探索“党建+”的发展新模式，开展“支部标准化建设”助力水电智能运维等特色党建项目。镇企共建，派驻企业骨干进驻云和县紧水滩镇挂职交流，建立“阵地共享、队伍共建、信息互通、活动共融”工作新机制；政企联动，开展反恐怖突发事件处置应急演练。 (陶　萱)

中小企业(乡镇企业)

【“精准服务企业、振兴实体经济”专项行动】 2018年，全市各级部门根据市委、市政府的统一部署，结合“大学习大调研大抓落实”活动，全市上下联动、部门协同、政企互动，继续深入开展“精准服务企业、振兴实体经济”专项行动。继续由市委、市政府主要领导任“双组长”，调整优化10个重点专项服务小组，市级开展“十大清单式”重点精准服务行动。建立市领导结对联系龙头骨干企业、拟上市企业、隐形冠军(培育)企业、市直重点企业等“四张名单”制度，组织开展集中走访、集中交办、集中督办等工作，营造良好发展氛围，促进生态工业经济高质量发展。全年全市走访企业3854家次，梳理交办企业反映问题1561个，涉及企业1005家，办结企业反映问题1493个，办结率95.6%。其中，市本级走访企业239家次，梳理交办企业反映问题325个，涉及企业137家，问题办结率100%。年末，组织开展的专项行动企业满意度第三方测评结果显示综合满意度为95.95分，涉企服务满意率82.88%。贯彻落实中央、省、市各项减负政策，结合丽水实际制定出台减负降本20条实施意见，全年全市落实各级减负政策累计减轻企业各类负担71.78亿元，其中落实《二十条》新政为企业新增减负30亿元以上，提高企业获得感。市委、市人大常委会、市政府、市政协领导带头深入基层深入企业走访服务调研。各县(市、区)结合当地实际，创新开展“精准服务企业、振兴实体经济”专项行动。莲都区开展“妈妈式服务送上门”千人进万企行动，全区73个单位千余名干部高密度实地走访全区企业；缙云县深入开展大走访大调研行动、大清单大服务行动、“精准帮扶画句号”行动等四大服务行动；庆元县开展“县长服务团”活动，统筹解决企业共性问题，点对点帮扶企业个性问题；遂昌县深化“百名局长帮百企”活动，重点推进十大清单式服务；龙泉市完善领导干部结对帮扶企业和派驻总经理助理的机制，组织实施10个“清单式”专项服务；青田县出台领导干部挂钩联系企业制度，完善生态工业联席会议制度；松阳县设立联合攻坚小组推进企业问题解决；云和县成立九大问题破解组，对企业问题清单实行ABCD分级处理；景宁县深化“携企服企振企”六大行动等等。专项行动领导小组办公室收集各县(市、区)、市直部门的好经验、好做法进行交流推介，向市委办、市府办报送信息6篇，编发专题简报15期，形成专报2件，其中1件专报被省府办专报信息采用。

【中小企业培育或助推小微企业上规升级】 2018年，丽水市经信委开展“争先进位大赶超”活动，研究制定《丽水市经信委关于加快中小企业梯度培育提升发展行动计划》。多措并举高质量推进小微企业上规升级工作。分解下达2018年全市“小升规”年度任务，建立小升规企业培育监测库，全市入库小升规培育企业134家。委托省经信委举办丽水市“小升规”培育与监测业务培训，全市经信系统及小升规培育企业相关人员参加培训，提高企业统计数据填报质量。将入库小升规培育企业列入精准服务重点企业名单，对企业生产经营中遇到的困难和问题，加强现场帮扶和专家组指导，帮助企业解决生产经营和成长发展中的困难和问题。指导做好2017年上规企业的政策兑现工作。全年全市实现"小升规"企业166家，完成省下达年度目标任务的368.9%。

【"三名工程"建设和"专精特新"工作】 2018年，丽水市继续全面实施"三名"试点企业培育工程，以创建"名企、名品、名家"为载体，强化扶优扶强政策导向，开展"三名"工程建设工作，不断提高全市经济增长质量和效益，促进全市经济可持续健康发展。继续指导全市三家省级"三名"培育企业开展相关建设项目的推进落实；2018年，组织申报省级"隐形冠军"5家，其中浙江鸿星笔业有限公司被确定省级"隐形冠军"，6家企业被列入省级"隐形冠军"培育企业。推进"专精特新"工作。落实《丽水市人民政府办公室关于推进中小微企业"专精特新"发展的实施意见》，督促省"专精特新"企业入库工作，全年236家企业入库，超额完成省下达的任务，共入库517家。推进"雄鹰"企业培育，指导纳爱斯公司申报了省第一批"雄鹰"培育企业。

【推进融资性担保行业健康发展】 2018年，丽水市推进政策性融资担保体系建设，基本完成省政府"四个一"的工作要求，全市除景宁畲族自治县外其他县(市、区)均建立政策性融资担保机构并达到省政府要求的注册资本金规模。全市组建政策性融资担保机构12家，合计注册资本11亿元，其中，市政策性担保公司注册资金1.5亿元，遂昌县政策性融资担保公司注册资金2亿元。国有独资11家，国有参股1家。龙泉、缙云、松阳等地政策性担保机构由于各种原因，历史包袱过重，拟重组或重新成立机构。6月20日，市政策性融资担保公司开始运营，为小微企业融资提供增信服务。全年为市区25家小微企业提供融资担保6080万元，年化担保费率为1.13%，累计为企业减免担保费18.52万元。开展融资担保机构年度合规性审查，全市原有的20家机构中有18家获2018年度融资担保经营许可证；组织开展担保机构申报省金融业发展专项资金小微企业贷款担保风险补偿申报工作，与市金融办、市财政局配合，及时拨付省金融业发展专项资金，其中市本级三家融资性担保公司共获25.81万元风险补偿资金；及时拨付2018年国家中小企业发展专项资金(融资担保奖补奖金部分)，全市5家融资性担保机构获奖补资金190万元。该项工作职责根据机构改革要求，拟于2019年2月1日起移交到市金融办。

【多举措破解企业融资难问题】 2018年，市经信委认真做好政银企合作工作。截至2018年10月31日，"助保贷"平台客户8户，贷款余额1402.22万元，小微企业帮扶资金28户贷款余额7200余万元；考虑小微企业帮扶资金、"助保贷"合作期限已到期，市本级政策性融资担保公司建立并开展业务，出台《市本级"三项基金"业务平移工作方案》，将小微企业帮扶资金、"助保贷"及"科技贷"三项资金业务平移到市政策性担保公司。加强融资性担保行业监管。推进融资担保业务，全市融资性担保机构年末新增担保贷款余额112431万元，在保余额132989万元。其中，开展业务的政策性融资担保公司2018年新增担保贷款61291万元，在保余额73343万元，融资担保公司运行正常并缓解中小企业融资难，改善中小企业融资环境，支持中小企业成长发挥重要作用。

【加强中小企业公共服务体系建设】 2018年，丽水市充分发挥中小企业公共服务平台作用，平台主动服务中小企业，适应新常态，集聚服务资源，发挥特色服务，各项工作取得明显成效。组织开展首届浙江好项目丽水市中小微企业创新创业大赛，举办5场海选赛，一场总决赛，浓厚丽水市双创氛围。组织开展2018年丽水市十佳服务机构评选活动，集聚一批优质服务机构。开展精准服务进园区活动，协助开展"精准服务企业振兴实体经济"专项行动。开展省、市、产业

10月29日，2018中国滤清器创新发展与标准化高峰论坛在丽水举行

（王春娟　提供）

集群三级联动服务对接。切实加强中小企业公共服务平台日常维护，完成省里交办的任务，报送相关工作开展材料。至年底，平台上新注册企业279家，累计注册企业数519家。平台集聚各类服务资源，新增合作的服务机构29家，平台累计合作机构63家。新发布的服务产品36个，累计发布服务产品130个。平台举办服务对接活动17场，服务企业数1054家次，受理企业问题（需求）75个，引导企业网上申请服务41次。

【开展各类示范企业申报】 2018年，市经信委根据省经信委有关文件精神，开展各类示范企业申报。浙江上工阀门有限公司等20家企业获评浙江省2017年度"小升规"企业创业之星。做好创新型中小企业培育工作，浙江欧意阀门有限公司等8家公司被确定为省2018年年度浙江省创新型示范中小企业。浙江鸿星笔业有限公司被确定为省级"隐形冠军"，企业浙江凯恩电池有限公司等5家企业被列入2018年度省级"隐形冠军"培育企业。通过评选推动中小微企业创业创新发展，发挥创新型企业的示范引领作用，提高自主创新能力。

【企业人才素质提升工作】 2018年，市经信委研究制定《2018年丽水市企业经营管理人员培训计划》，组织开展企业家创新发展研讨班（清华）、企业新时期变革与创新思维主题等培训，8月11日，清华大学—丽水市企业家创新发展高级研修班（一年制）开班，共有龙头骨干企业、拟挂牌上市企业、隐形冠军培育企业、成长型创新型企业的董事长、总经理及高级管理人员57人参加研修班。全年全市经信系统组织开展各类培训活动113期，受训人数8359余人次，超额完成年度5000人次的任务数。加强企业家人才队伍建设，联合市委人才办、市人力社保局、市财政局出台《关于加强企业家人才队伍建设的意见》，争取2023年实现"215"三个梯度优秀企业家队伍建设目标，即在全市培育20名左右在国内有影响力的知名企业家（丽商名家）、100名左右在省内有影响力的精英企业家（丽商精英）、500名左右有发展潜力的新秀企业家（丽商新秀）。

【小微企业园区建设管理】 2018年，市经信委认真贯彻落实省委、省政府《关于加强小微企业园区建设管理促进经济转型升级的意见》精神，以及《关于加快小微企业园高质量发展的实施意见》文件精神，推进小微企业园区建设和管理，推动企业入园发展，促进工业转型升级。全年全市已建小微园区42个，其中，2018年新增12个，占地面积198.95公顷，完成建筑面积260.7万平方米，入园企业865家。莲都区、龙泉市被确定为2019年省小微企业园建设提升工作实施主体，分别各获专项补助资金750万元和500万元。

【企业安全生产管理】 2018年，市经信委重视安全生产工作，对国家、省市各类安全生产文件提出贯彻落实意见，下达到相关处室、企业，确保责任分解到位、措施部署到位；认真贯彻落实《中华人民共和国安全生产法》，抓好部门监管工作规范化、企业安全管理标准化和企业重大事故隐患整治到位化，坚决杜绝重特大事故，有效防范较大事故，遏制一般事故；组织开展安全生产宣传月活动；开展全市经信领域岁末年初安全生产和开展安全生产及消防大检查工作；注重台账资料的完善，推动具体工作和台账的双落实。全市民爆行业和工业领域安全生产形势保持稳定向好，全年各类事故起数、死亡人数和事故直接经济损失三项指标为零。根据机构改革要求，民爆行业生产和销售环节的监管工作职责拟于2019年开始移交市发改委管理。 （杨 静 吴晓军）

信息化推进与管理

【信息产业发展】 2018年，丽水市数字经济核心产业实现增加值39.8亿元，同比增长12.1%，比全市GDP增速（8.2%）高近4个百分点，占GDP比重为2.9%。其中，规上数字经济核心服务业实现增加值增速为17.1%，产业"软化""互联网化"趋势和成效显著，数字经济引领全市经济发展。

2018年，编制发布《丽水市数字经济发展五年行动计划》，提出丽水市数字经济"12358"行动目标，明晰发展方向和任务。完成2018年丽水市信息经济发展扶持资金和丽水市（本级）省软件和信息服务产业特色基地建设资金兑现工作，分别兑现资金550万元和180万元；指导4家企业完成软件企业核查工作。继续推进"一镇三园"[绿谷智慧小镇、绿谷信息产业园、丽水（杭州）海创园、大学生创业园]为主阵地的数字经济发展主平台建设，绿谷信息产业园累计入驻企业311家，全年实现营业收入增速、税收增速双双高达95%；在丽水经济开发区规划建设丽水市集成电路产业园，同步推进园区产业规划、政策制定、招商等系列工作。推进丽水市（本级）省软件和信息服务产业特色基地重点项目建设工作，实施两批次重点项目36个，完成验收19个；立项实施丽水市信息经济示范试点项目27个。配套支撑方面，落地全国首家腾讯"互联网+"创新基地、西电产学研基地等机构，赋能、赋智、赋值全市数字经济发展；依托绿谷信息产业园建设基金出台基金投资扶持政策，加速基金公司培育和集聚，营造良好的数字经济创业融资环境；举办两届“绿谷杯”数字经济创业创新大赛、一届丽水市“奇思妙想·创赢绿谷”创业创新大赛。全年开展全市推进数字经济发展宣讲活动一场次、全市软件产业政策巡讲活动一场次、数字经济政策宣讲活动一场次，绿谷信息产业园企业服务日活动每月一场次；在市政府“精准服务企业 振兴实体经济”专项行动中分组走访服务规上信息产业企业。按照“‘八八战略’再深化、改革开放再出发”大调研工作部署，配合市长吴晓东做好“数字丽水”专题调研工作，完成丽水市数字经济发展调研报告。 （范佳华）

【通信基础设施建设】 2018年，中国铁塔股份有限公司丽水市分公司，中国移动通信集团浙江有限公司丽水分公司，中国联合网络通信有限公司丽水市分公司，中国电信丽水分公司累计完成投资额分别为0.627亿元、1.49亿元、2.98亿元、1.25亿元。铁塔公司新增移动通信基站107座（宏站），建设微基站57个站点（共计676个点位），建设室分项目45个，改造共享现有通信基站2249座。电信公司建设光纤8.6万千芯千米，管道101.58千米，新建基站246个，NB—IOT站点135个。移动公司建设开通LTE基站97个，完成管线工程光缆2431.16皮长千米，建设骨干、汇聚机房94个。联通公司建设光缆20800芯千米，新增4G站点220个，室分50个，优化基站606个。公共场所免费无线网络工程（i-zhejiang）建设累计完成1076个Wi-Fi无线网络热点区域，总计开放AP数量7626个，其中，822个公共场所热点区域，开放AP数量5920个，254个商业场所热点区域，开放AP数量1706个。 （谢志勤）

【政府投资信息化项目管理】 2018年11月，出台《丽水市经信委关于数字经济评审专家抽取管理办法（试行）》（丽经信信管〔2018〕211号），规范完善信息化项目评审专家管理；全年完成19个部门单位25个信息化项目的方案审查和立项审批工作，完成批复金额6951.96万元。全年组织专家组对19个单位29个信息化项目完成验收工作。10月，开展2019年度市本级部门信息化项目计划报送工作，收到27个单位71个项目申报，计划投资资金26948万元。 （吴珍菁）

【网络与信息安全管理】 2018年4月，全市组织参加工业控制系统信息安全培训；开展梳理排查工业控制系统工作，梳理本地纳入工业控制安全检查企业12家。6月，组织50余人开展2018年网络与信息安全应急演练暨安全知识培训讲座活动，加强部门组织领导、日常管理和保密工作，提高网络安全防范和应急事件的处理能力。8—9月，配合市委网信办、市公安局和相关专家组成网络和信息安全调研督查小组，到市级重点单位开展调研督查工作。做好敏感时期网络安全和通信安全，开展保障网络安全和通信安全工作，保障世界互联网大会、枫桥经验纪念大会、首届联合国世界地理信息大会。开展宣传防范电信网络诈骗工作，通过“丽水公共服务平台”，推送17期宣传防范电信诈骗文章，阅读量14500余人次。完成年度各项国防信息动员工作。 （兰建萍）

【全市“两化”融合推进】 2018年6月，制定并印发《丽水市深化推进“企业上云”三年行动计划（2018—2020年）》通知，建立协同推进机制，确定目标任务分解。2018年完成企业上云5161家。培育浙江国镜药业有限公司、起步股份有限公司二家上云标杆企业。浙江毅力汽车空调有限公司、浙江新劲空调设备有限公司申报入选2018年省级制造业与互联网融合示范试点企业。松阳上上德盛不锈钢有限公司、浙江三辰电器股份有限公司入选2018年度省级工业互联网平台。龙泉惠博汽配科技服务有限公司申报入选2018年制造业双创平台试点示范项目。松阳上上德盛不锈钢有限公司被列入国家两化融合管理体系贯标企业。新增龙泉、缙云、松阳等市（县）成为“省两化深度融合国家示范区域”。7月，组织召开企业上云工作推进会、座谈会，推进各县市区上云工作。运用上云监测系统完成2018年数据申报并监测上云情况。10月，组织和指导全市180家龙头工业企业完成2018年区域“两化”融合发展水平评估工作。 （李静怡）

【公共服务平台建设】 2018年，市经信委采用“互联网+政务”理念，实施丽水公共服务平台建设，整合社保类、医疗类、市民生活类等大类政务服务应用，涵盖人民群众办事、缴费、查询等各方面，打造一站式登录的便民公共服务平台。2018年，完成项目一期建设，接入社保、教育“网上入学报名”“献血用血报销”等重点应用服务系统，至年底，平台用户数近10万人，其中，通过实名认证的用户40196人，为市民提供120多万次政务和民生类服务；推进实施丽水电子身份认证中心（刷脸认证中心）项目，通过平台为部门及市民提供电子身份认证服务功能，实现简化办事材料、优化办事流程。 （吴珍菁）

经济合作交流

招商引资

【概况】 2018年，全市招商系统以"丽水之干"担纲"丽水之赞"，聚焦聚力选商引资"一号工程"，开启"走出去、引进来"双引擎，全力打好产业招商项目盯引战、项目落地战。全年新引进落地招商项目445个，合同投资额570.9亿元，其中，新引进落地大项目130个，合同利用内资438.5亿元。全年工业招商项目新增供地430.8公顷，比上年增长34.7%，为近三年最多。全市新开工招商项目381个，合同投资额548.2亿元。全市新投产项目225个，合同投资额189.5亿元。

【招大引强选优】 2018年，坚守绿色招商理念，提高"选商"标杆，构建"招大引强选优"招商格局。出台《丽水市生态产业鼓励培育类和限制发展类、禁止发展类项目清单》，把生态环保作为第一底线。参与组织2018年丽水(上海)旅游和招商推介会、2018丽水"科技人才"峰会等重大招商活动，主动对接中新科技、世茂集团、银帝集团、银泰集团、吉利控股集团、物产中大集团、众安集团、雪松控股等大企业，引进落地市本级华侨城、缙云肖特玻管、开发区双宇滤清器、龙泉三田压缩机、景宁飞科电器、松阳茶香小镇等一批重大项目。

【理顺招商体制机制】 2018年，制定出台《丽水市重大招商项目会商协调机制》及《丽水市重大招商项目会商协调工作领导小组及办公室工作细则》，完善"5+X"部门协同推进机制，发文实施《丽水市重大招商产业(项目)谋划盯引清单》，强化产业导向，明晰责任分工，围绕"精准招商和高效落地"两大核心任务，统筹推进江滨商务中心、南明山休闲小镇、四都区块等重大招商项目。

【浙商回归"'5213'行动计划"】 2018年，扎实推进省浙商回归"'5213'行动计划"，加强项目管理，推进项目招引签约、落地建设，提高浙商回归项目质量效益。全年完成盯引落地项目35个，签约开工项目14个，推进重点建设项目7个，对外推介项目80个。

【市区重大非工招商】 2018年，列入管理清单的重大非工招商项目成立专班，采取"百日攻坚""专项督查"等手段举措，合力破难，合力攻坚。全年全市新落地历年签约市区三产服务业招商项目4个，开工项目3个，分别是丽水南明湖国际休闲养生港项目、丽水海德音乐艺术收藏馆项目、郎奇—白桥康养旅游小镇项目，华侨城项目挂牌。推进丽水合众养护院项目、丽水影视摄影文化广场项目、山耕小城项目、花园路精品酒店等项目前期工作。 (叶蕾波)

山海协作工程

【概况】 2018年，丽水市在发达结对市宁波、嘉兴、湖州的大力支持下，深化特色优势产业平台载体建设、劳动力转移、社会事业、群众增收五大领域合作。全年全市新签订山海协作产业合作项目202个，项目到位资金179.5亿元(含续建项目)，完成省下达任务112.19%。新签联系群众增收、新农村和社会事业合作项目130个，争取发达地区援建资金5258.8万元，其中市本级1660万元，安排落实项目28个，为历年最多；通过校企合作等模式，完成劳动力转移就业1.8547万人次，完成省下达任务168.6%。

【山海协作平台建设】 2018年，丽水市不断提升莲都—义乌、龙泉—萧山、遂昌—诸暨、松阳—余姚4个省级山海协作产业园，4个省级产业园启动新一轮规划修编，运用"产城融合"理念，提高土地使用率，完善园区配套，提升园区价值，全年政府性投资项目28个，完成投资7.95亿元，社会性投资项目63个，完成投资45.83亿元。

2018年，丽水市大力推进生态旅游文化产业园共建。青田—平湖、缙云—富阳、庆元—嘉善、云和—北仑、景宁—温岭5个省级山海协作生态旅游文化产业园完成总体规划编制、管委会成立、开发公司成立等基础工作，并启动基础设施和部分产业项目建设，全年政府性投资项目44个，完成投资9.72亿元，社会性投资项目29个，完成投资12.6亿元。

【创新“飞地”模式】 2018年，推进在结对市、县(市、区)建立总部经济、人才、科技和产业孵化“飞地”。青田县与平湖市首创“飞地”抱团消薄模式，该项目总投资1.95亿元，青田入股行政村265个，预计2019年8月底前建成投用。2018年，新签“飞出去”“飞地”项目17个，开工建设消薄“飞地”项目7个，将为500余个村增加集体经济收入。丽水市与嘉兴市共同探索推进“飞地”消困模式，嘉兴市在平湖落实土地20公顷作为消困飞地平台，推动跨市域整体推进“飞地”消薄强村富民发展行动，青田—平湖2公顷消困“飞地”率先于11月签约，16325户低收入家庭将通过入股消困“飞地”实现增收。同时，推进丽水(杭州)海创园和丽水无水港至宁波港的海铁联运大通道建设，丽水海创园项目建设全面完成；丽水无水港在宁波舟山港支持下，开展箱管业务、海铁联运业务和代理业务，其中海铁业务量稳步增长，相继为丽水本地纳爱斯、涛涛门业、天喜、海陆丰等企业提供服务。

【推进群众增收、社会事业和新农村建设合作】 2018年，丽水市协调联系发达地区企事业单位、省外浙商等帮助低收入农户发展特色种养业、来料加工业、农家乐休闲旅游业等群众增收项目；继续推动全市教育、科技、文化、卫生、人才等部门与发达地区对应部门建立对口联系合作关系，市本级签订对口合作协议18个。全年新签联系群众增收、新农村和社会事业合作项目130个，争取发达地区援建资金5258.8万元。其中，围绕扶持发展村级经济和提高农民增收目标，立足丽水产业特色，开展山海协作百村结对帮扶工作。

12月29日，举行秀洲—龙泉山海协作“飞地”产业项目奠基仪式

（李小妹　提供）

【全面深化山海协作结对关系】 2018年，根据浙委发〔2018〕3号文件安排，丽水市结对情况：丽水市—宁波市、湖州市、嘉兴市；丽水市莲都区—义乌市，龙泉市—杭州市萧山区、嘉兴市秀洲区，青田县—平湖市、嵊州市，云和县—宁波市北仑区，庆元县—嘉善县、长兴县，缙云县—杭州市富阳区、德清县，遂昌县—嘉兴市南湖区、诸暨市，松阳县—余姚市，景宁畲族自治县—温岭市、海盐县、绍兴市上虞区。5月30日，全省山海协作工程推进会后，扩大宁波市区县(市)、开发区与丽水市县(市、区)、开发区的结对范围，实现市县结对全覆盖。新确定宁波市与丽水各县(市、区)的结对安排：北仑区—云和县、余姚市—松阳县、海曙区—庆元县、江北区—莲都区、奉化区—缙云县、宁海县—景宁畲族自治县、象山县—遂昌县、宁波杭州湾新区—龙泉市、宁波国际海洋生态科技城—青田县、宁波国家高新区—丽水市经济技术开发区。

宁波市尚未参与结对的5个区(县)和3个园区，分别结对丽水市尚未与宁波结对的7个县(市、区)和开发区。全省各地与丽水市9个县(市、区)结对的经济发达县从16个增加到21个，纳入协作关系园区3个，实现县(市、区)、丽水经济技术开发区结对全覆盖。

【开展互派干部交流工作】 2018年，全省7个市、16个县(市、区)的73名处级、科级干部和专技人才到丽水市开展为期2年6个月和1年不等的挂职协作，其中9名处级干部挂任县(市、区)常委和政府分管领导，并兼任产业园管委会主任。同时，丽水市选派66名干部赴结对地区学习交流，通过互派干部交流，推动项目、资金、技术和信息高效融合，培养锻炼干部，推动协作发展。

【获2019年部分省发展与改革专项补助】 2018年，获提前下发的2019年部分省发展与改革专项资金，丽水8个山海协作项目和1个山海协作平台项目共获补助资金406万元，其中，云和县申报项目1个，获补助资金48万元；龙泉申报项目1个，获补助资金43万元；青田、遂昌二个县均申报项目2个，分别获补助资金86万元和86万元；松阳县申报项目3个，共获补助资金143万元。 （胡灵慧）

区域合作交流

【加快融入“三大经济区”】 2018年，丽水市按照优势互补、互惠互利原则，拓展区域合作交流内涵和方式，加快融入长三角经济区、海西经济区和闽浙赣皖九方经济区等“三大经济区”，在更大范围、更广领域和更高层次上开展合作与交流。4月12—13日，丽水市副市长徐光文带领市经合办、发改委、旅委等部门参加在衢州召开的长三角城市协调会第十八次市长联席会议，就推动“建设大花园，迈入新时代—协同建设绿色美丽长三角”签署城市合作协议，作交流发言。4月28日，徐光文率丽水代表团参加长三角(上海)品牌博览会。丽水市以“扩大开放合作、深度融入长三角经济区”为主题，集中展示丽水市“秀山丽水、诗画田园、养生福地、长寿之乡”的城市形象，展出“丽水三宝”和“丽水山耕”品牌产品50余种，生态工业企业品牌20余个，现场推广丽水全域旅游和“丽水山居”。此外，丽水市组织企业参加“第二十四届兰洽会”“第二十一届渝洽会”“第十七届中国西部国际博览会”等国内经济合作重大经贸活动，开拓市场，加强与“一带一路”、京津冀和长江经济带省份合作。

【召开闽浙赣皖九方经济区四届五次党政联席会议】 2018年11月20日，在丽水召开闽浙赣皖九方经济区四届五次党政联席会议。会议主题为“推进全域旅游，建设美丽大花园”。南平市、金华市、上饶市、黄山市、抚州市、衢州市、景德镇市、鹰潭市、丽水市党政领导、秘书长，九方经济区联络处领导，各市区域合作和旅游部门领导参加会议。会议审议通过《闽浙赣皖九方经济区四届五次党政联席会议工作报告》，决定四届六次党政联席会议由江西省抚州市承办；审议通过《闽浙赣皖九方经济区四届五次党政联席会议会议纪要》。九方经济区各市领导围绕会议主题进行交流发言，副市长徐光文代表丽水市围绕“推进全域旅游，建设美丽大花园”主题作交流发言。会议指出，九方经济区旅游资源丰富，着眼新时代更高层次对外开放发展新要求，推动全域旅游快速发展，共同打造区域旅游品牌，探索全域旅游发展新路径，打造全国生态最优区域，实现四省九方区域旅游产业协同发展、跨越发展。 （温 焱 李小妹）

11月20日，闽浙赣皖九方经济区四届五次党政联席会议在丽水召开

（李小妹 提供）

丽水生态产业集聚区（经济技术开发区）

综　　述

【概况】 2018 年，丽水开发区经济社会保持平稳发展态势，全年完成地区生产总值 67.4 亿元，同比增长 7.1%，分产业看，第一产业增加值 0.86 亿元，增长 3.1%；第二产业增加值 57.53 亿元，增长 6.9%；第三产业增加值 8.97 亿元，增长 8.5%。三大产业对经济增长的贡献率分别为 1.3%、86.8%和 11.9%。工业产值和规模以上工业增加值同比分别增长 13.8%和 8.9%；财政总收入和一般公共预算收入同比分别增长 25.9%和 21%。

2018 年，开发区工业效益实现提质增效，其中，高新技术产业、战略新兴产业、装备制造业增加值分别增长 10.6%、16.5%、21.5%。规模以上工业新产品产值 39.74 亿元，同比增长 0.1%。实现外贸进出口 20.25 亿元，同比增长 22.4%，其中，出口总额 19.54 亿元，同比增长 19.7%。新增国家高新技术企业 16 家、省级科技型中小企业 30 家，新增数分别为全市的 23.88%和 15.38%。国家高新企业、省级科技型中小企业新增数连续三年位居全市第一。

2018 年，开发区高标准落实省委巡视整改要求，215 项巡视整改措施销号率 99.1%。完成学习宣传中共十九大精神任务 91 项，“党员讲堂”等党建品牌成为全市典型。

产业发展

【招商引资】 2018 年，开发区全年引进工业项目 27 个，出让工业用地 64.67 公顷，实际利用市外内资 50.4 亿元，浙商回归资金 28.2 亿元，山海协作资金 35.1 亿元，与宁波国家高新区开展“山海协作”工程。工业项目新开工 20 家，竣工 17 家，工业投资同比增长 62.4%。

【“亩均论英雄”改革】 2018 年，开发区完成规模以上企业 156 家、规模以下企业 239 家的绩效综合评价，实施分类指导，整治亩均税收 1 万元以下“低散乱”企业 320 家，工业企业亩均税收同比增长 14.2%。全年战略新兴产业增加值、高新技术增加值和装备制造业增加值同比分别增长 16.5%、10.6%和 21.5%。

【产业发展】 2018 年，开发区兑付企业补助资金 2.2 亿元，新增规上企业 33 家、国家级高新技术企业 16 家、省级科技型中小企业 30 家，新增工业机器人应用 48 台，完成“两化融合”试点项目 10 个，创成省级科技孵化器，实现中国驰名商标行政认定“零突破”。

6 月 28 日，宁波国家高新区管委会与丽水经济技术开发区管委会山海协作洽谈会在丽水举行
（吴妮贞　提供）

【"最多跑一次"改革】 2018年,开发区99.8%事项实现"最多跑一次",网办事项91.5%实现全程网上办理,民生事项100%实现"一证通办"。市场主体增幅全市第一。全年出让"标准地"5宗17.67公顷,通过"标准地""承诺制""代办制",实现项目开工前审批"零上门""最多100天"。

【环境治理】 2018年,开发区办结中央、省级环保督察信访件49件,查处环保违法案件81起,处罚金额830万元,停产整治9家,辖区水质稳定保持在Ⅲ类水以上,空气质量优良率94.2%,工业危废基本实现规范化管理。

南城建设

【民生保障】 2018年,开发区完成拆违21.5万平方米,旧厂区和城中村改造23.6万平方米。完成公寓安置177户、迁建安置291户。新建城市污水管网5.6千米、绿道5.2千米、电动汽车租赁点90个和农村文化礼堂、110千伏变电站等项目,改造农村公厕55座,腾空D级危房400户,农村垃圾资源无害化处理率99%。

【乡村振兴】 2018年,开发区解决农村历史遗留问题86个,实施农村项目70个,总投资933万元,农村居民可支配收入同比增长12%;安排"消薄"专项扶持资金1000万元,成立明兴集体经济发展有限公司,35个行政村的集体经济收入全部超过10万元,村集体总收入同比增长50%。

【平安建设】 2018年,开发区实体化运行沙溪亭、绿谷、云阁和秀山4个社区,完成"平安开发区""无欠薪区创建""扫黑除恶""基层治理四平台"等年度任务,群众信访件办结率、矛盾纠纷调解成功率和平安系统办结率分别为99%、99.5%和100%,全年未发生重大以上安全事故。 (吴妮贞)

南城日出 (吴妮贞 提供)

交　通

综　述

【概况】 2018年，全市完成公路水运投资52.13亿元，占年度计划157.97%，同比增长12.5%。330国道缙云东渡至永康交界段改建工程、322国道景宁段改建工程、遂昌峡北线北界至应村段改建工程3个项目完成PPP招标，235国道云和段、528国道遂昌新路湾至石练段改建项目土地预审获自然资源部批复。2018年，全市交通建设项目获交通运输部、省交通运输厅补助资金21.9亿元。新开工总投资147.2亿元的景文高速、330国道塔下至腊口段改建工程等项目10个。建成总投资17.6亿元的青田湖边至巨浦等项目6个。推进总投资97.6亿元的瓯江航道整治工程、水腊公路、水东客运枢纽等重大项目20个。总投资约89.9亿元的330国道青田温溪至船寮段、洞头至庆元公路景宁九龙至红星段等前期项目6个已完成工可审查。推进公路水运品质工程、美丽班组和“平安工地”创建，出台《丽水市交通建设领域农民工工资支付监督管理暂行办法》《丽水市农村公路工程“平安工地”创建活动实施方案》等制度，水阁至腊口公路工程建设指挥部获省政府表彰为全省重点建设立功竞赛先进集体，南山互通至丽新公路建设工程、遂昌县大桥至洋浩公路工程被评为2018年度全省公路水运工程“平安工地”省级示范施工合同段。加快推进景文高速公路、330国道塔腊公路、瓯江航道整治工程等重大项目，全市域纳入浙西南景区化高速公路规划建设范围，普通省道公路网布局、“十三五”规划中期调整、中闲区“水上之旅”特色旅游航线等重大谋划研究成果丰硕，农村公路财产保险、渡运公交化、信用治超等改革创新亮点纷呈，不断深化厅市合作，全面推进“四好农村路”建设。省财政厅、省交通运输厅新出台普通国省道公路建设项目资金补助标准中，庆元县、松阳县、景宁畲族自治县被列为一档，其他6个县（市、区）被列为二档。省交通运输厅《浙西南景区化高速公路规划建设指导意见》将丽水市全市域纳入浙西南景区化高速公路规划建设范围，景文高速成为全省首条景区化高速公路示范项目，景文高速景宁段项目资本金省出资金比例提高到80%，完成青文高速线位方案初稿编制、金松（遂）龙高速线位方案论证。330国道青田温溪至船寮段改建工程、青文高速等20个总投资226亿元的项目被纳入全省综合交通“十三五”中期规划调整盘子。推动丽水市谋划的11条1300千米省道纳入全省普通省道公路网布局拟调整方案，较现有里程增加800千米，占全省里程控制数9000千米的14%。莲都区丽武公路、港前线、桃碧线等启动大花园（国家公园）公路样板示范路创建，《大花园（国家公园）公路建设规范》被列入市地方标准制定计划，《美丽渡口创建标准建设》被列入省港航局重点调研课题，龙泉、庆元、景宁县（市）开展国家公园交通基础设施建设项目方案编制。聚焦全域旅游、乡村振兴等事关全局大战略，专项规划研究进展顺利。启动港航中长期发展规划研究，完成丽水市“四好农村路”中长期规划、国道“三提”（提标、提速、提质）工程实施方案编制，完善市、县客货运周转量核算体系。谋划并启动大港头古堰画乡至开潭电站全长近37千米中闲区“水上之旅”特色旅游航线建设，助推中闲区成为全市旅游的龙头。

【“四好农村路”建设】 2018年，市政府出台《高水平建设“四好农村路”的实施意见》，市、县两级政府都召开高水平建设“四好农村路”推进会，并成立由政府主要领导担任组长的领导小组。市“四好农路办”印发《全面推行“路长制”指导意见》，全面推行县、乡、村三级路长制，各级路长负责农村公路和渡口（码头）建设、管理、养护、运营和路域环境整治工作，协调解决突出问题。市财政加大对“四好农村路”资金支持力度，每年安排资金3000万元，并按照年度任务完成情况实施“以奖代补”。各县(市、区)政府出台“四好农村路”建、管、护、运资金保障政策。新改建农村公路515千米，路面维修600千米，安全生命防护工程677千米，危桥病隧改造23座，港湾式停靠站378个。

【品质工程建设】 2018年2月，市交通运输部门全面部署品质工程(含农村公路品质工程示范项目)及美丽班组创建等工作。4月，制定并印发《关于印发丽水市公路水运品质工程建设2018年工作要点的通知》。在全市范围开展公路水运建设项目“美丽班组”创建活动，推动施工标准化活动向施工班组延伸，提高施工班组专业化、标准化、规范化和精细化作业水平，并将“美丽班组”创建情况作为重要内容纳入综合督查、专项检查和日常监督。8个国省道项目开展美丽班组创建，涉及合同段13个，开展评选26次，创建美丽班组21个。

【交通物流降本增效】 2018年，市交通运输部门实施“邮交合作”行动，新增农村服务点475个，逐步构建“多站合一、资源共享”农村物流基础设施体系。发展多式联运，丽水国际无水港年集装箱运量6000余标箱，通过公铁联运将货物运送到宁波舟山港码头出海。推行省内普通货车异地检测，落实营运车辆动态监控工作职责，全市实现货车年审两检合一、网上年审，惠及全市营运车辆7418辆。巩固提升客车“村村通”成果，完善农村客运长效运营机制，建成农村港湾式停靠站401个，更新农村客运车辆98辆，建成乡镇运输服务站18个。全面完成7条182千米省级美丽公路精品示范线年度创建任务，建成美丽渡口23个和美丽航道35千米。

【交通领域污染防治】 2018年，市交通运输部门完成绿色交通省创建相关任务，通过省厅专家组预验收，推广节能环保运输装备应用，新增和更新城市公交车、出租车中节能环保车辆占比达到100%。推进船舶排放控制区建设，淘汰老旧船舶7艘，建成港口和船舶污染物接收、转运及处置设施7套、岸电设施4套。

【高速公路运营服务】 2018年，全市实现高速公路提速82.35千米，隧道规范化管理全省排名第一，辖区内6对服务区全部完成三星级创建，其中龙泉市、青田县为四星级服务区。发行ETC卡用户车辆3.3万辆，完成年度目标考核任务220%，完成率位居全省第二。G25长深高速云和“童话视窗”入城口、S33龙丽高速松阳入城口在2018年省级精品示范入城口评选中分别名列第一、第六。

【交通“最多跑一次”改革】 2018年，市本级群众和企业到政府办事事项(子项)113个，100%实现“最多跑一次”和“网上办事”，“跑零次”10项；与“一窗受理”平台对接事项74个；部门间“最多跑一次”事项2个，办理提速50%及以上；实现“一证办”事项6个；11个事项被列入“证照分离”改革试点；实现“浙里办”移动办事事项7个；全市申领启用电子签章44个，使用1050余次；上报办事事项对外需求证照材料共享清单43项，开通电子证明服务7项；全市所辖内河船舶“多证合一”实现全覆盖，市区58000张公交老年免费卡和15000张公务卡年检实现“一次不用跑”。探索推行行政审批“容缺预审”工作机制，提升审批效率、缩短审批办理时限。

【城市交通治堵】 2018年，公交车移动支付实现市区全覆盖，并向县(市)延伸。全市域完成新增移动支付公交线路65条，新增移动支付功能公交车407辆，实现全市域公交车移动支付功能。提升大运量公交车高峰期间平均运营速度线路6条。丽水市区公交日均客运量4.13万人次，比2017年(3.71万人次)提高11.32%。主城区新增公共自行车600辆，新增租赁点19个，新建租赁点均增加二维码及无桩租还车功能。创新推进城际快巴、便民观光巴士、微公交等运营新模式和出租车行业改革，新建改造城市公交站点71个，新增电子公交站牌50个，开通景区、社区等特色公交线路7条，新增更新公交车99辆、出租车48辆、公共自行车600辆，市区公共自行车电子围栏站点178处。推进常态化文明城市创建，公交车、出租车斑马线礼让率分别保持100%、95%。

【新型业态监管】 2018年，规范网约车、共享单车等新业态监管，实现巡游出租车从业资格证与网约车从业资格证“两证合一”，培训网约车合格驾驶员823人；完成“万顺叫车”“曹操叫车”“安徽华格”三家网约车平台落地。联合公安、市场监管等部门多次组织开展专项检查，督促“滴滴出行”加快在丽水平台整改落地，有效地推动巡游出租车与网约车的融合发展。

【交通行业安全生产】 2018年，市交通运输局印发《安全生产挂牌督办办法(试行)》《安全生产重点监管名单管理规定(试行)》等一系列制度。深化运用"丽水市交通运输安全生产事故隐患排查管理系统",全面开展交通各项安全隐患排查工作,按照"四不放过"原则全面落实整改隐患239处,并先后部署开展"平安交通专项整治""危化品领域综合治理""高速公路隧道专项整治"等专项行动,完成省、市级事故多发点段整治10处。推广交通建设工程安全生产责任险,全市交通运输系统投保企业数67家,投保人数3009人,投保总额1154万元,投保率100%。

【内河航运复兴】 2018年,市交通运输部门启动港航中长期发展规划编制,加强与省海港集团对接推进腊口港区一期工程,初步设计方案获批并同步完成施工图设计,2018年全市水路客运量增长13.1%,货物运输量增长8.9%。依托瓯江大溪航道等,谋划推进大港头古堰画乡至南明湖、千峡湖旅游航线,加快"水上之旅"特色交通旅游发展。

【农村公路财产保险】 2018年,落实《丽水市农村公路财产保险工作指导意见》,各县(市、区)均将农村公路财产保险保费列入2018年地方财政预算,9个县(市、区)均完成年度保费续保工作。丽水市自2014年率先在全省开展农村公路财产保险改革,2015年作为交通运输综合改革试点项目被省交通运输厅上报交通运输部,改革经验获副省长高兴夫、朱从玖批示肯定。2018年,农村公路财产保险工作在丽水市全面铺开,参保总里程达到13979千米,实现全市农村公路财产保险100%覆盖。2014—2018年,累计投入保费7116万元,理赔4085起,理赔到位金额共计1.2亿元,赔付率171%。

【农村渡运公交化改革】 2018年,推进云和县、龙泉市渡运公交化改革,深化景宁、遂昌、青田等县渡运改革,健全渡运公交化运行体制机制。通过组建公司实现辖区内渡运资源整合,明确各方责任,加强水上交通安全建设,振兴涉渡乡村,增加百姓收入。丽水农村渡运公交化改革经验被省委深改组列入2017—2018年重点开展改革试点的复制推广任务清单并向全省适合地区推广,全省美丽渡口创建暨"四好农村路"水路建设现场推进会在丽水市召开,丽水作美丽渡口暨渡运公交化工作经验交流。至年底,景宁、青田、遂昌、云和、龙泉5个涉库县(市)全面推广渡运公交改革。全年安全渡运群众219.5万人次,渡运车辆15.7万辆次,惠及全市30个乡镇193个行政村15万群众。

【春运工作】 2018年春运,全市发送旅客572.77万人次,与2017年春运同期(2017年612.87万人次)相比,下降6.54%。客运量呈献一增二降态势,其中铁路客运量69.35万人次,增长19.53%;道路客运量471.8人次,下降9.43%;水路客运量31.62万人次,下降6.81%。春运期间全市铁路运输完成客运量69.35万人次,与2017年春运同期(2017年58.02万人次)相比,增长19.53%(其中,丽水站41.74万人次、缙云站10.1万人次、青田站17.51万人次);道路运输完成客运量471.8万人次(含城乡公交与出租车),与2017年春运同期相比(2017年520.92万人次),客运量下降9.43%;水路运输完成旅客运输量31.62万人次(其中,客运量12.72万人次、渡运量18.9万人次),旅客运输量与2017年春运同期相比(2017年33.93万人次),下降6.81%。 (吴锡平)

铁　路

【丽水高铁站】 2018年,丽水高铁站落实总公司党组、集团公司及车务段党政决策部署,深化"强基达标、提质增效",以改革创新为动力,推进安全生产、运输经营、改革管理、队伍建设、职工生活等各项重点任务,确保车站保持良好的发展局面。2018年,丽水高铁站共有旅客列车61.5对,其中,动车组列车47.5对,普速旅客列车14对。至年底,丽水高铁站实现车站安全7156天,完成旅客发送400.6万人,完成年度计划106%,其中单日(10月1日)最高发送旅客18725人。缙云西高铁站完成旅客发送86.4万人,完成年度计划108%。青田高铁站完成旅客发送151.5万人,完成年度计划106%。丽水高铁站共收到集团公司表扬工单45个,旅客锦旗5面,上报好人好事32件。 (王方清)

【浙江金温铁道开发有限公司货运中心丽水经营部】 位于浙江省丽水市城区的东部,紧邻330国道线、背倚丽水高铁站,中心里程位于金温货线K118+787,系金温铁路公司所辖的二等货运站。开办整车、批量快运、零散快运、集装箱运输业务。2018年,在编主业51人,三产5人,装卸43人。所辖区域有小处、石帆、祯埠、南岸4个中间站。2018年,货物到达65.38万吨,货物发送14.47万吨,完成运输收入3034万元,货车平均停留时间20.9小时/车。至年底,实现行车安全7156天,实现第19个行车人身安全年。全年开展优化服务提升活动,实行24小时货运挂车工作,并取得一定的实效,每月组织职工安全教育3次共36次,车站管理人员现场检查263次,检查班组481个,发现职工违章违纪

19起，考核21人次。（王丽云）

【缙云火车站】 2018年，缙云火车站有在职员工39人，运输服务公司12人，装卸工26人，管辖缙云站、新碧站和长坑站。全年旅客发送15.09万人次，货运到发量82.22万吨。实现行车安全7340天，人身安全7340天，客货运输收入1556.8万元，完成年度经营任务指标的129.2%；全年实现六大安全目标（无责任行车一般以上事故、无责任道口责任事故、无责任职工重伤以上事故、无责任旅客死亡事故、无责任货运大事故、无责任火灾爆炸事故），车站实现安全经营双丰收。

车站围绕年度安全经营目标，开展实施“亮丽工程”建设，改善客运安检整体环境，候车厅增设温馨母婴室，提升客运服务形象；开展“安康杯”劳动竞赛、消防安全培训、安全生产月、防恐防暴演练、安全生产大检查、大反思、调车安全专项整治、接发列车安全专项整治等活动，抓现场安全管理，提高现场安全作业水平，确保年度安全任务完成。做好节假日、博鳌亚洲论坛年会、青岛峰会等重大活动安全保卫工作，加强车站通道口管理，落实旅客进站实名制验证制度和安检制度；加强巡视候车厅以及重点列车检查、重点旅客排查，协助信访局劝阻上访群众工作。（应建仙）

公　路

【概况】 2018年，全市公路部门围绕打造交通强国示范区战略部署，深入开展“大学习大调研大抓落实”活动，全力深化美丽公路创建。加强廉政建设，对标基层党建“4+32”“10+68”标准，做好并指导好局属各支部（总支）内业台账整理工作。高速路政大队“人文党建”获“丽水市机关党建十大品牌”称号。落实廉政谈心谈话，共落实各级廉政谈心谈话129人次，实现从机关到基层全覆盖。至年底，全市完成公路总里程15480.846千米，约占全省13%，其中，高速公路419.086千米（实现“县县通高速”），普通国道626.809千米，普通省道512.884千米，其中农村路13922.067千米，约占全省13%，含县道3442.329千米，乡道1290.923千米，专用道179.516千米，村道9009.299千米。二级以上公路里程1677.162千米，占全市总里程10.8%。全市公路密度为89.5千米/百平方千米。公路路面铺装率99.8%。全市公路桥梁总数3536座（24.6万延米），约占全省的7%。公路隧道317座（23.2万延米），约占全省的20%。全市基本形成干支配套、城乡通达、功能齐全的公路网络。

【公路管养】 2018年，市公路局有序推进高速公路及国省道公路养护管理。高速公路养护工程及日常养护投入资金1.1亿元，其中，大中修57.887千米，预防性养护工程21.316千米。普通国省道干线公路养护工程投入资金1.4亿元，其中，大中修77.2千米，预防性养护工程81.2千米，桥梁10座，隧道4道。全市高速公路提速82.35千米，高速公路桥隧规范化管理全省排名第一。推动应急管理信息化。在建成市本级、龙泉市2个应急指挥平台的基础上，2018年，完成包括市公路管理局直属分局在内的其他9个县级应急指挥平台建设，共计投入资金1600万元，基本实现市、县两级平台互联互通。

【公路路政】 2018年，丽水市出台《关于严重违法失信超限运输相关责任主体联合惩戒工作机制》和《丽水市高速公路超限超载违法失信清单管理办法（暂行）》，构建“交通、发改、法院、人民银行建立联合惩戒制度，高速路政大队落实‘失信清单’，高速运营方照‘单’禁行”的信用治超模式。该模式自2018年11月1日起实施，实施当月高速公路收费站出口超限30%以上货车总量比10月份下降76%。路域环境整治工作。整治重心从国省道公路向农村公路转移，做好小城镇道路乱占指导监督工作，综合施策，全年完成道路整治260条，整治“六乱”点位14335个。开展公路桥下空间专项整治利用行动，指导县（市、区）完成“一县一规划”方案编制，全市可利用大中型公路桥梁96座，利用大中型公路桥梁为55座，桥下空间利用率57.3%。

【公路安全】 2018年，全力保障行业安全有序，未发生安全生产责任事故，行业安全管理体系得到进一步完善。全年排查并整治较大隐患8处，一般隐患239处，完成5个省级、10个市级（其中4个与省级事故多发点段重合）事故多发点段整治，有效处置各类公路突发事件200余次，开展应急演练32次，实现县级应急指挥平台全覆盖。

【公路服务】 2018年，持续提升惠民服务质量，龙泉服务区连续3次进入全省服务质量排名前十，全市6对服务区排名均在全省中上水平。针对普通干线公路交通标线标志质量性能现状存在的116处问题，完成落实整改率近100%。完成G25丽龙段、龙庆段、金缙段高速公路提速任务，其中，G25龙庆段小客车标志速度调整为120千米每小时、丽龙段小客车标志速度调整为100千米每小时，提升公路使用效益，改善丽水市偏远山区交通区位劣势。由市公路局起草《丽水市旅游景区(点)交通指引标志设置指导意见》正式印发。有序推进国家公路网命名编号调整工作,完成项目工程施工图设计、预算编制,进入施工招标阶段。至年底,丽水市建成ETC车道75条,合作推广发行单位9个,一站式服务网点总数189个,发行ETC用户3.3万辆,累计ETC发行用户总数17.7万辆,完成年度目标考核任务220%,目标考核完成率综合排名位居全省第二,车道开启率、通过率99.5%以上,ETC用户档案电子化管理率100%。

【公路科技】 2018年,按照省级要求和部署,完成美丽经济交通走廊公路部分创建790千米,其中,美丽公路示范线7条,共182千米。开展大花园(国家公园)公路建设试点。在莲都区选择一段涵盖不同等级的一段公路开展试点,这段路连接市区与乡村、直达景区并部分临水,总长26.9千米。部分路段已开工建设,并开展“大花园(国家公园)公路建设规范”地方标准课题研究。

【“四好农村路”建设】 2018年,全面落实路长制,推进“四好农村公路”示范乡镇和精品示范线创建,完成9个示范乡镇和10条精品示范线创建工作。市财政每年安排资金3000万元,用于奖励各县(市、区)“四好农村路”建设。推进丽水农村公路财产保险机制改革。市公路局提出建立“共保体”方案:全市统筹,改变之前各县(市、区)独立投保为全市联合统一投保,降低承保方总标的赔付率,提高承保方积极性,推动财险机制升级,形成可推广、可复制经验。探索市场化养护管理机制,创新开展农村公路财产保险,为浙江省全面打造“四好农村路”全国样板提供丽水经验和丽水元素。全年完成低等级公路提升改造工程485千米、路网完善工程83千米、安全生命防护工程633千米、路面维修工程632千米、危桥改造15座,超额完成“三年行动计划”2018年度任务及市政府十方面民生实事计划。

【重点工程项目建设】 2018年,市公路局稳步推进水腊公路项目,完成概算投资98460万元,占概算总投资82%,完成路基工程93%,桥梁工程89%,隧道工程83%。丽水市水阁至腊口公路工程建设指挥部被评为全省重点建设立功竞赛先进集体,并连续4年获省级“平安工地”示范合同段称号。省级公路应急保障基地选址在丽水。至年底,完成项目前期工作,新建的秋塘基地计划在2019年底前开工建设。

【公路“最多跑一次”改革】 2018年,根据省、市行政审批“最多跑一次”改革工作相关要求,市公路局按照群众和企业到公路路政部门办事“最多跑一次”的理念和目标,在审批工作中不断围绕“简化”和“创新”上下功夫。推进改革各项工作,确保改革取得实效。根据公路路政管理工作实际,先后印发出台《关于公路路政许可审批落实“最多跑一次”改革工作指导意见》《关于进一步加强行政审批事项监管工作的通知》等规范性指导意见。成立以主要领导为组长的“最多跑一次”改革工作领导小组,贯彻落实领导小组关于“最多跑一次”改革决策部署,分解落实各项工作任务,调度汇总和及时通报工作进展情况,开展督促检查、跟踪落实。全年办理行政审批事项38件。所有许可案件均按照承诺时限按时办结,做到法律

2018年丽水市公路里程情况

表7　　单位:千米

行政区域	公路总里程	国道	国家高速	普通国道	省道	省级高速	普通省道	农村公路				
								合计	县道	乡道	专用道路	村道
丽水市	15480.846	1008.980	382.171	626.809	549.799	36.915	512.884	13922.067	3442.329	1290.923	179.516	9009.299
莲都区	1345.690	96.050	68.759	27.291	85.219	—	85.219	1164.421	340.176	67.590	31.068	725.587
龙泉市	2534.313	215.581	65.693	149.888	73.789	23.192	50.597	2244.943	570.825	235.892	35.664	1402.562
青田县	2457.770	140.084	67.301	72.783	70.418	—	70.418	2247.268	395.843	168.729	—	1682.696
云和县	891.749	126.859	43.900	82.959	5.568	—	5.568	759.322	151.075	172.534	16.082	419.631
庆元县	1564.857	66.641	21.214	45.427	117.052	—	117.052	1381.164	411.804	156.815	4.215	808.330
缙云县	1437.199	50.907	21.546	29.361	97.531	13.723	83.808	1288.761	324.683	67.185	19.939	876.954
遂昌县	1785.313	127.931	28.986	98.945	54.129	—	54.129	1603.253	609.381	125.415	57.488	810.969
松阳县	1548.328	101.199	52.781	48.418	46.093	—	46.093	1401.036	276.111	108.222	15.060	1001.643
景宁县	1915.627	83.728	11.991	71.737	—	—	—	1831.899	362.431	188.541	—	1280.927

文书规范、执法程序合法，许可正确率 100%。　　（丁建萍）

运　管

【概况】　2018 年，市道路运输管理局制定《“争先进位大赶超”主题活动实施细则》，明确一批赶超重点工作清单和创新课题 17 项，并开展“争先进位大赶超”主题活动。开展“三年学法行动”，全面学习国家和行业法律法规。4 月，组织全市 100 位一线执法人员开展执法专项培训，提高一线执法能力。6 月，组织全市 60 余名运管干部到上海交大集中培训一周，全面提升干部职工专业能力。2018 年，市道路运输管理局获全省运管系统稽查执法比武团体三等奖，并被评为丽水市 2018 年春运先进集体，单位行政审批窗口被评为 2017 年度浙江省道路运输行业最美服务品牌“五心”服务窗口，被市交通运输局向省交通运输厅推荐为 2018 年度基层执法站所先进单位。

【运营“四好农村路”】　2018 年，市道路运输管理局完成港湾式停靠站 402 个，完成率 112%；完成乡镇运输服务站 21 个，完成率 117%；推进城乡道路客运一体化，更新和新增农村客运车辆 98 辆，完成率 123%。推动城乡客运均衡发展，全市近 800 辆农村客运车辆全部安装 GPS，建立“村村通”通行联合审查机制和财政保障机制，巩固“客运村村通”成果，完成“消灭 AAA、提升 AAAA、巩固 AAAAA”目标。推进农村物流服务网络建设，联合邮政局实施“交邮合作”行动，打通物流环节“最后一公里”，推进农村物流服务点布局和建设，建成农村物流服务点 475 个（其中邮政服务点 186 个），完成率 106%。

【推动客运转型升级】　2018 年，市道路运输管理局出台班车、旅游包车融合发展意见，推动客运转型发展。开通通景班线，探索运游结合发展模式；开通高铁站至古堰画乡、庆元城区至巾子峰景区等旅游专线 8 条。在车站候车厅设置旅游服务咨询点，醒目位置公布旅游班线运营时刻表、导览标识等，推进运游一体化发展。

【公共交通】　2018 年，市道路运输管理局新投入使用公交首末站 4 个，新改建公交站亭（牌）及港湾式停靠站 50 个；新增新能源公交车 80 辆、公共自行车 600 辆、租赁点 20 个、电子公交站牌 50 个；开通微公交、商务直达公交、旅游观光公交、定制公交等新型特色服务线路 16 条，提速市区大运量公交线路 6 条，完成新增移动支付功能公交车 304 辆，完成率为 304%。完成公交公务卡“一次不用跑”改革。

【出租车管理】　2018 年，市道路运输管理局抓视频监控“牛鼻子”，开展出租车车载信息化设备专项整治，信息化设备正常率保持 95%以上。通过组建出租车文明车队，对优秀服务驾驶员进行表彰奖励等举措，扩大文明服务示范效应，带动整体服务质量提升，全年失物查找 500 余件。加强对“违章重点户”打击力度，采取加重处罚手段，净化市场秩序，减少后进对象，促进整个行业服务质量提升。2018 年，受理出租车投诉 531 件，比 2017 年下降 35%。

【驾培维修行业】　2018 年，市道路运输管理局对全市驾培学时系统进行更新升级，实现动态人像比对、驾培数据实时上传。建立丽水市驾培行业服务评价结果运用机制，引导驾校及从业人员不断提升驾培品质。推进汽车电子健康档案工作，一、二类维修企业应用率达到 100%，数据质量每月均达到 95%以上。全年全市系统累计维修量达到 386946 条，累计用户评价次数 8281 次，满意度 100%。

【运输“最多跑一次”改革】　2018 年，市道路运输管理局对照“八统一”（主项名称统一，子项名称统一、适用依据统一、办理时限统一、申请材料统一、申请表单统一、办事流程统一、业务流程统一）改革要求，对全市道路运输行业行政许可权力事项清单（主项 22 个、子项 41 个）进行再次梳理和重新编制办事指南。41 个子项细分为 169 种，制定详细事项审查要点。推进道路运输行政权力事项网上申报和网上办理。按照数据联控、共享要求，推进网上申报和办理工作，实现 33 个事项全程网上申报，事项占比 80%。普通货运车辆实现网上年审，实现普通货运车辆年审“跑零次”。推出包括取消机动车维修和机动车维修质量检测经营许可、客运站站级核定，公交运营车辆备案等举措；实行巡游、网约出租汽车从业资格证“两证合一”、机动车“两检合一”；取消公交车辆、司乘人员、行车作业计划的备案等 20 条改革新举措。对道路普通货物运输经营许可、道路货物运输站（场）经营许可等事项施行告知承诺制；设立综合受理窗口 4 个，无差别受理办事事项 41 个；推出“互联网+”政务服务办理结果快递送达服务；实现“最多跑一次”完成率、办结率、满意度 3 个 100%的目标。

【运输安保维稳】　2018 年，市道路运输管理局围绕安全生产重点工作，开展安全隐患曝光、标准化企业期满复评、应急演练等专项活动，有效推动安全生产重点工作落实。全年上报一般事故 4 起，死亡 4 人，比 2017 年分别减少50%、42.86%，其中九座以上客车没有发生事故。连续9年实现“春运期间不发生旅客死亡和较大危险化学品运输事故”目标。建立市县联动、部门联动打击非法营运机制，先后开展道路运输专项整治1号、2号、3号行动，重点围绕动态监控、非法营运、非法成品油运输等内容，全面整治打击相关违法违规现象。全年累计查获各类违法违章案件370起，比2017年增长40%，其中，非法营运案件152起，比2017年增长120%，全年处罚款227.8万元。（季竞择）

城市（乡）公共交通

【概况】 2018年，丽水市公共交通有限公司本着“为善至乐”“乘客至上”服务宗旨，经过全体员工共同努力，在安全生产、优质服务、内部管理等方面补足短板，取得较大进展。至年底，完成运营里程1475万千米，2017年同期1054万千米，同比增长39.9%；实际完成运营班次143万次，2017年同期108万次，同比增长32.4%；完成客流量2554万人次；市区公交IC卡发行量4.21万张，2017年同期37988张，同比增长10.8%；刷卡量2985.8万人次（含城乡），2017年同期2288.8万人次，同比增长30.5%；市区办理公共自行车卡7625张，各县市办理公共自行车卡5194张。2018年，丽水市公共交通有限公司为70周岁以上老年人提供免乘服务747.6万人次，较2017年（590万人次）同期增长26.7%；为残疾人和持有献血荣誉证书提供免乘服务213.4万人次，较2017年（165.4万人次）同期增长29%。

【安全营运管理】 2018年，市公共交通有限公司安全生产形势平稳。完善、落实安全责任制度，切实把安全生产目标落到实处，对各类安全台账进行完善和补充。完善安全生产责任制，切实做好各项安全防范措施。完善新增驾驶员上岗前培训内容和路驾指导员培训内容等。与各部门签订安全责任书，车队与驾驶员层层签订安全生产责任书，做到责任到人，落实到位。健全车辆技术维修、做好一车一档档案和归档工作。加强安全教育培训，加强从业人员的安全责任意识。公司坚持每月组织2次安全教育培训，并结合公交运行实际，积极协调沟通公安治安、反恐、交警、消防、市红十字会等相关部门，邀请专业人员给从业人员讲解公交车行车安全、反恐防范、车辆消防安全、现场应急救护、突发事件应急处置等专业知识，会同相关部门开展应急演练，不断提升从业人员现场处置突发事件的能力和水平。加强安全检查，落实文明城市测评体系期间的安全检查工作，不断提高从业人员安保意识，确保文明城市测评体系期间安保防范工作完成。开展“守护员专座”活动，在每辆公交车的右侧第一排，贴有“守护司机的安全，就是守护全车乘客的安全”等标语。组织全体管理层员工利用业余时间开展拒绝危险品上车活动，开展安全隐患排查。加快公交站场建设、公交车辆更新、公交站亭改造。全年更新新能源公交车44辆。市本级公交站亭、公共自行车亭增设公益广告564幅，其中候车亭252个点位，自行车亭30个点位，发布率从原来的30%提高到现在的61%；将创建文明城市25个画面内容更新为巩固文明城市及丽水大花园建设35个画面内容。

【公交文明服务】 2018年，市公共交通有限公司安继续深入开展“丽水公交天天进步”文明创建活动。斑马线礼让率达100%，公交整体服务水平上一个新台阶。充分利用“爱心基金”更好地服务广大市民，受益群众纷纷点赞。该基金由广大员工自愿募捐，对需要帮扶的特殊人群予以帮助和关心，给予免费乘坐公交车，乘车费用从“爱心基金”支出。巩固公交公益广告覆盖率、加强站场的卫生保洁工作力度、保持车辆清洁、督促驾驶员做好规范服务与文明礼让工作。全年多次整改各大站场，并全部整改到位。

抓线网优化。对群众呼声强烈和急待调整的线路进行及时优化调整（对1路、2路、3路、7路、9路、16路、19路、21路、24路、25路公交线路首末班次时间进行调整优化），为市民提供更加便捷的出行。

根据各线路运力、客流实际，科学编排运行班次，提高公交密度和准班准点率，最大限度缩短市民候车时间（对21路、28路、15路线路进行车辆加密，缩短班次间隔）。利用GPS监控系统对公交行车进行动态实时监控，合理调配车辆，发挥最大最优运营效率。

在市治堵办的牵头和相关部门配合下，公司听取市民意见建议，科学规划、合理布局，完成自行车点位选取工作。主要侧重自行车挡泥板老化后处理，对特别破旧挡泥板进行更换，部分挡泥板贴花重新张贴，更换前后挡泥板3061只，升级鞍座、菜篮等配件1500余只。加强车辆保养，开展安全部件检查，全年调整自行车7500余车次，修复故障车13420车次，日均报修率0.69%，保养18000余车次。

【公交科技投入】 2018年，市公共交通有限公司继续推进公交移动支付项目，所有公交车辆实现移动支付功能。与各大银行合作推出“1分钱乘坐公交”活动，市民满意度以及公交出行分担率得到有效提升。完成微信公众号升级，项目通过对丽水公交实时GPS数据处理，输出精准信息查询服务给微信公众平台、百度地图等多门户渠道，为乘客提供移动端精准信息查询服务；完成公交GPS系统升级，升级后智能排班、调度功能更趋完善。 （钱夏雨）

【推进城乡公交发展】 2018年，城乡公交开通K216路厦河门至南城工业区公交首末站公交线路1条。开通Y210路高铁站经九龙国家湿地公园至画乡景区公交旅游线路1条。优化公交线路3条，分别为K311路高铁站至横岗村、K216路厦河门至南城工业区公交首末站、K17路岩泉（汇隆装饰城）至通济街南（娃哈哈）公交线路。优化通景公交线路4条，分别为K202路高铁站至古堰、K207路高铁站经碧湖开发区至古堰景区、K203路高铁站至画乡景区、K313路高铁站至东西岩景区通景公交线路。推进新能源车辆购置重点任务。2018年，根据市创建公交优先示范城市及城市治堵任务总体要求，公司通过公开招标方式采购8.5米23辆新能源公交车，完成上级购车任务。

【城乡公交安全管理】 2018年，城乡公交有营运客车183辆（其中道路客运“村村通”班车14辆），员工264人（其中驾驶员219人）。全年车辆总行驶里程为1239.36万车千米，未发生一般及以上行车责任死亡事故，各项安全考核指标均控制在上级考核指标范围以内，安全生产形势稳定。2018年，公司与各层级签订安全责任书232份，从业人员教育面100%，驾驶员从业资格证继续再教育143人。全年车辆技术状况安全检查24次，场站安全检查12次，检查车辆2162辆次，查出安全隐患63次，整改63次；上路安全巡查24次（其中领导参加检查14人次），检查车辆400辆次，未查出安全隐患；稽查部门上路针对驾驶员违章违纪检查250次（其中领导参加检查12人次），检查车辆1992辆次，未查出违章违纪行为。

【巩固提升文明城市创建】 2018年，公司重视全国文明城市创建巩固工作，严格按照创全国文明城市工作及上级主管部门要求，以“文明礼让斑马线”活动开展为抓手，加强组织领导，做好宣传动员、从业人员教育、车辆卫生管理、日常监督检查等各项工作，进一步规范驾驶员文明行为，提升驾驶员文明素质，为公司全国文明城市巩固工作奠定坚实基础。全年涌现好人好事361人次，拾金不昧77人次、拾到现金74210.5元、手机274部、各种有效证件若干件，收到感谢信2封、锦旗1面。 （叶婷婷）

新能源公交车 （叶婷婷 提供）

港 航

【概况】 2018年，全市内河通航总里程470.8千米，其中五级航道17千米，六级航道229.4千米，七级以下航道224.4千米。全市有渡船117艘，渡工141人，年渡运量219.5万人次。

2018年，“四好农村路”水路建设成效显著，全市共完成美丽渡口创建24处、美丽渡船13艘、渡埠渡船提升改造71个。美丽航道创建完成4段51千米，全部通过项目验收，航道美化同步推进中。

【主要项目建设】 2018年，全市完成水路交通投资3.03亿元。2018年，瓯江航道整治工程累计完成投资2.92亿元，上游段完成投资1.708亿元，累计完成航道工程64%，完成船闸工程34.5%，完成桥梁工程54%。下游段完成投资1.21亿元，累计完成航道工程74.5%，累计完成三溪口船闸工程81%，累计完成青田船闸工程22%。

【水路运输市场】 2018年，完成水路客运量125.8万人次，旅客周转量687.4万人千米，货物运输量254.2万吨，货物周转量15508.8万吨千米。新增客运企业2家。全市共有水路运输企业9家，水路运输辅助业企业6家。营运船舶252艘，1378客位，58233载重吨，其中普通货船215艘，旅游客船37艘。

【港航行政服务】 2018年，市港航管理局受理办结量共计1188件，其中，全年受理办结行政许可事项485件（船员任职证书签发449件，船舶国籍证书签发28件，涉航建筑物许可1件，水路运输业务经营许可6件，水上水下活动许可1件）；受理办结行政确认、其他行政权力事项664件(船舶登记242件,船舶最低安全配员证书签发282件,船舶法定检验75件,船舶营业运输证配发放65件),水路运输经营变更备案3件;船员信息采集36件。

【改革亮点】 2018年,丽水市渡运公交化改革经验被省委深改组作为“综合交通运输管理体制机制及交通运输综合改革经验”之一,被列为在全省适合地区准备开展复制推广工作内容,《丽水市农村渡运公交化改革推广工作指导意见》已完成送审稿。景宁县完成“共产党员先锋号”等特色渡船创建4艘。

“最多跑一次”改革更加便民惠民利民。全部事项实现“最多跑一次”,实现率100%,3个事项实现“跑零次”。“多证合一”改革工作突破攻坚期,除申请停航船舶外,辖区内所有在航船舶共计195艘完成“多证合一”证书制作和发放工作。

云和港航部门开拓农村渡口管养新模式,率先试点,于10月25日和中国人寿财产保险公司丽水中心支公司签订投保协议,为全县库区农村渡口35个渡埠码头购买综合财产保险。通过综合财产保险,有效解决自然灾害造成渡埠码头损毁抢通修复资金困难问题,提高渡口码头抵御风险能力。

【绿色港航】 2018年,辖区内营运船舶每千吨公里燃油消耗7.38公斤。货运船舶平均吨位达到270吨。港口绿色照明灯具覆盖率84%。

四家港口企业(浙江省温溪海运公司、浙江青山钢铁有限公司、青田县宏海燃料有限公司、青田东泰石料有限公司)污水综合处理率分别达到90%及以上。瓯江航道整治工程集中供电覆盖率达到83.3%。与国家电网丽水供电公司完成《“绿色交通港口岸电工作”战略合作协议》签署,辖区内已安装完成岸电设施4套。积极推进港口船舶码头防污染设施建设,完成青田温溪码头、马湾码头、泉山千峡湖码头、龙泉1号码头、云和赤石码头、遂昌湖山码头、景宁大常码头等重点码头油污水接收二次处理系统建设9处,并与温州市盛舟船舶洗舱服务有限公司签订集中转运协议;全年落实100—400总吨货运船舶生活污水柜安装任务77艘。 (朱佳敏)

航 空

【概况】 2018年,市委、市政府发文成立丽水机场工程建设领导小组,下设指挥部,对机场工程建设全过程进行统一协调指挥。全年完成丽水机场工程可行性研究报告、水土保持方案、环境影响报告等部级审批,完成总体规划文本编制,委托编制初步设计(含施工图)。丽水机场及配套工程于9月30日开工建设。

【丽水机场工程建设指挥部成立】 2018年4月16日,市委、市政府发出《中共丽水市委办公室 丽水市人民政府办公室关于成立丽水机场工程建设领导小组的通知》,成立丽水机场工程建设领导小组,吴晓东任组长,林亮任常务副组长,邝平正任副组长,相关部门主要负责人为成员。领导小组下设丽水机场工程建设指挥部,邝平正兼任总指挥,詹百松为常务副指挥,周业新、饶连祥、何洪港为副指挥,指挥部内设综合办、前期办、工程处、征迁处、安保处。

【丽水机场取土及矿地综合利用项目列入试点】 2018年6月6日,浙江省国土资源厅发出《浙江省国土资源厅关于做好矿地综合开发利用采矿权试点工作的通知》,将丽水机场项目取土区建筑石料矿列为浙江省矿地综合开发利用采矿权试点项目,拟设工程性采矿权。

【丽水机场项目可研获批】 2018年6月15日,国家发展改革委批复同意《丽水机场工程可行性研究报告》,核定项目总投资28.83亿元,其中,安排中央预算内投资5.74亿元,民航局安排民航发展基金11.3亿元,其余投资由浙江省人民政府和丽水市人民政府各按50%比例安排财政资金解决。

【丽水机场及配套项目开工仪式】 2018年9月30日,丽水机场及配套项目开工仪式在丽水机场南山场址举行。市委书记胡海峰宣布开工,市委副书记、市长吴晓东讲话,市四套班子领导,市法院院长、市检察院检察长出席。市委常委、常务副市长林亮主持。机场指挥部常务副指挥詹百松报告丽水机场项目开工筹备情况。市直各单位、莲都区、开发区、丽景园等相关单位负责人,机场指挥部全体干部,施工、监理、检测单位人员,以及主流媒体记者等300余人参加开工仪式。

【机场取土区建筑石料矿采矿权完成协议出让】 2018年12月25日,丽水机场开发建设有限责任公司与市国土局签订《丽水机场建设项目取土区建筑石料矿采矿权有偿出让合同》。采矿范围为丽水机场边坡开挖区,净空处理区,取土区1号、2号地块,矿区用地面积约397.7公顷,可采建筑石料矿3750.90万立方米(含剥离层560.82万立方米),采矿权出让总价11506.52万元,采矿权出让期限3年。 (杜震珍)

网络 电信 邮政

电子政务建设

【概况】 2018年，全市使用公文交换系统单位2189个，比2017年增加90个，其中市本级324个，比2017年增加14个；全市推广使用单位内部协同办公系统982个，比2017年增加28个，其中市本级110个，比2017年增加12个；全市协同办公系统用户数43264个，比2017年增加2095个；办公助手用户58906人，比2017年增加3236人，其中市本级用户9855个，比2017年增加453人；全市办公助手移动端用户17858人，其中市本级用户4775人。全年门户网站更新政务信息4668篇，图片信息727篇，政务公告178条，便民公告328条，视频信息1601条，英文版网站更新图片新闻274条。政务微信累计发稿2613篇，丽水发布新浪微博和腾讯微博发布信息2203条。“丽水发布”微信公众号信息发布权限由每天1次升级为每天3次。

5月，按照“统建平台、统配资源、统管人员、统筹领导、统一评估”目标整合市级部门信息中心，在全省率先成立市数据管理中心，统一承担市级部门信息化服务职能并管理全市公共数据资源。

【支撑“最多跑一次”改革工作】 2018年，市数管中心探索全市电子证明服务系统建设，并依托“浙里办”APP实现全程自助开具、查看；开具的电子证明将归集到丽水市证照材料库中，实现“一方开具，多方复用”。全年全市实现2个部门、16类电子证明的网上开具，开具各类电子证明1.2万余件。开发“全域一证通办”系统，实现群众凭一张身份证即可在全市任一行政服务或便民中心办理相关事项。实现86类电子证照证明材料全市共享，累计调用各类电子证明材料37万余次。完成升级版“一窗受理”平台建设，该平台于7月底正式上线运行，并根据省政府统一部署，完成涉及省建系统68个、市级自建系统5个的782个事项对接工作。建设数据中心平台，完成数据交换共享子平台建设并通过省政府功能验收；完成34个单位6720万条“最多跑一次”、基层治理四平台、行政审批系统和部分市级自建系统办件数据归集，完成涉及38个系统数据资源目录编制。完成866个省市级数据接口、35个市级单位与市数据共享平台对接，统一通过该平台申请接口、共享数据，申请接口642个、调用数据40万余次。建立死亡人员信息数据库，归集公安、人社、卫计、民政等4个部门35万余条死亡人员数据，通过数据核验，实现办理公交老年卡“一次不用跑”。

【城市管理指挥中心建设】 2018年，市数管中心牵头建设城市管理指挥中心（暂名）。围绕“基层治理、城市管理、应急指挥”三个重点，实现“一个中心、集成指挥”，通过“1+3”主干框架与“四个平台”（综合工作平台、市场监管平台、综合执法平台、便民服务平台）、生态保护、经济运行、城市建设、防灾防控等关键领域相结合，整合雪亮工程视频数据、社会治理、市政管理、交通指挥等功能以及各类应急指挥系统，运用物联网感知和大数据挖掘分析等技术，打造一个“1+3+N”模式，灵活智能、全息高效的“城市大脑”。至年底，开展城市管理指挥中心物理大厅建设，完成相关信息系统（一期）项目建设方案。建设市政府信息化管理平台，提升政府机关工作效率、促进行政管理改革创新。以“展示+工作平台”模式，构建集展示系统和多个业务办理系统工作平台，进一步提升政府机关工作效率和信息化管理水平。借助展示系统，多维度、全集中展示各条线政府工作成果、进展和现状，用个性化定制满足市领导随时随地掌握各领域工作情况需求。结合业务需求，适时开发督查督办等专项业务子系统,形成“工作+展示”闭环。7月,市政府信息化管理平台上线试运行。牵头建设全市财政电子票据管理系统。根据财政部印发财政电子票据管理改革试点方案和深化“最多跑一次”改革要求,结合丽水市实际,拟以医疗收费电子票据管理改革为契机,建设财政电子票据管理系统,借助信息技术推动财政票据管理创新,实现财政电子票据全流程无纸化电子控制和信息共享。财政电子票据管理系统于11月初完成系统建设方案,并开展招投标前期工作。

【“浙里办”和“浙政钉”应用推广】 2018年,市数管中心开展“浙里办”网上办事事项上线工作。根据省政府加快“浙里办”APP一体化建设工作要求,整合原“浙江政务服务网”APP中网上办事功能,并梳理汇总各类可实现移动办理事项清单,统一通过“浙里办”对外提供服务。至年底,市本级实现261个事项、各县(市、区)平均实现215个事项在“浙里办”移动端办理,提前、超额完成省政府要求年度工作目标。基于政务钉钉自主开发“移动办公”微应用,按照“统一平台、统一登录、统一数据、统一流程”建设思路,充分发挥丽水市市县一体化党政协同办公平台优势,通过市县联动、部门协作,实现跨地区、跨部门、跨层级信息传输、共享和业务协同。至年底,“移动办公”微应用在市本级、莲都区和松阳县全面推广应用。通过成立工作专班、建立工作推进群、实行周例会和工作周报制、组织全市各级单位培训及考试、推广钉钉微应用,以及按周进行市级单位和县(市、区)政务钉钉推广应用评分排名通报等措施,全面推广政务钉钉,取得显著成效。全年全市政务钉钉注册111041人,激活110339人,激活率99.37%,日均活跃率54.66%,其中,市本级注册19545人,激活19357人,激活率99.04%,日均活跃率60.7%。据省数管中心统计,丽水市政务钉钉推广应用得分均在全省各地市中排名前三。

【专网整合和网络安全防护建设】 2018年,市数管中心开展电子政务外网建设和专网整合,有效打破信息孤岛。完成市本级电子政务外网升级改造,进一步提升网络性能并加强安全防护水平;完成11家市级单位专网互联互通以及全市交通、财政、监狱和自建司法专网整合至电子政务外网。开展政务外网终端安全防护建设,保障网络、信息系统及数据安全。按照省政府工作要求,全市完成终端安全防护软件部署23516台,其中,市本级部署5860台,完成率117.2%,并于9月底在全省率先组织全市完成该项目统一验收。 (翁 骅)

电信传输

【概况】 2018年,丽水长途电信传输局(以下简称“传输局”)以“强基础、增动能、稳增长,推进高质量发展”为目标,深化转型发展,强化执行;提升队伍专业性,以干线保畅为首要任务,同时做好本地网主干光缆维护、运营管理支撑、市场化创收、队伍建设等工作,确保丽水境内一、二级国防光缆安全畅通。至年底,丽水传输局负责维护管理的国防光缆线路共18356.36千米,其中,干线设备总维护量为1339.99千米,一干光缆333.5千米,无障碍;二干光缆1006.41千米,无障碍;本地网总设备维护量13498.73千米,中继光缆9847.23千米,主干光缆3574.15千米,集团客户光缆47.51千米(22家),重要客户光缆29.84千米(32家)。本地网障碍率0.02次/(月•百千米),光交以上可控可维障碍率0.006次/(月•百千米)。光交以上光缆网络质量持续提升,全年本地网障碍率0.02次/(月•百千米),同比2017年下降26%;光交以上可控可维障碍率0.006次/(月•百千米),与2017年同期持平,加强光缆路由安全性整治和环路优化,增强与各专业代维队伍联动,有效缩短抢修时限;优化云和进出局(二段)和龙泉八都进出局(二段)三同路由(即同管道、同杆路、同缆沟)问题,解决主备用系统在同路由上安全隐患问题,共计优化沪金南穗管道4段及杆路8.6千米。

【集团客户光缆维护】 2018年,传输局受省长途电信传输局委托对杭州银行、浙商银行等丽水辖区内22家集团客户进行维护管理工作。前期主要针对集团客户光缆进行摸底和定位工作,22家集团客户共计光缆27条,基本维护资料已成册,日常巡检工作列入重点工作计划。至年底,未发生因光缆障碍导致的集团客户故障投诉。后续将在环路保护、防障管理、路由明显化整治等方面安排计划整治,提升集团客户光缆网络深度。

【缆路薄弱环节整治】 2018年,传输局共立项完成维护性整治项目6个,主要对易发生山体塌方、过河过溪的隐患缆进行加固保护,同时也对缆路和杆路的明显化补缺巩固,其中对一干沪金南穗光缆武义—丽水、青田—温州、龙泉—花桥缆路上的薄弱地段进行安全性整治和明显化提升,对二干光缆线路永康—丽水、龙泉—八都、松阳—遂昌等段落进行管道整治和明显化提升,共整治提升缆路19千米，管道明显化提升20千米，缆路隐患和明显化补缺89千米。通过整治，加强防外力施工警示力，确保光缆线路更加安全。

【开展军警民联合护线宣传活动】 2018年，传输局继续参与军警民联合护线宣传活动，与丽水市护线宣传工作组和各运营商共走访沿线乡镇、人武部、公安、电信及其他相关单位200余个，张贴通告4500张、宣传彩页14700份、送护线宣传品16300份，市电视台新闻报道3次，广播电台宣传32天；排除违章建筑安全隐患15处，制止违章施工20处，消除线路隐患10处。各县级传输分局会同军警民联合护线宣传各成员单位进行一个月的深入宣传，建立与国防光缆沿线的公安机关和乡、镇、村干部相互联系的模式，依靠各级力量，形成多渠道的护线网络，施工危害光缆线路故障明显减少，提高社会对通信光缆重要性的认识和保护通信光缆的自觉性。（吴夏冰）

军警民联合护线宣传活动　（吴夏冰　提供）

电　信

【概况】 2018年，中国电信股份有限公司丽水分公司（以下简称"丽水电信"）共有从业人员965人，人均劳动生产率51.74万元。全年完成主营业务收入5.22亿元，可比口径同比增长1.05%；主营业务收入市场份额占比为27.02%，移动用户净增8.11万户，宽带净增3.6万户，高清电视净增3.5万户。全年建设总投资1.12亿元，其中有线接入网投资4415万元，无线网投资1500万元，ICT和综合信息服务项目投资3526万元，其他基础设施投资1787万元。4G网络物理站点数量从2734个增加到2882个，室分系统从345套增加到595套，新增149个BBU无线通信基站，新增721个RRU无线信号扇区；城区4G语音信息网络（VOLTE）覆盖率98.4%，行政村宽带覆盖率96%，总出口带宽由600千兆扩容至1000千兆，城区平均下载速率从33兆/秒提升到37兆/秒。4月24日，丽水电信党委书记兼总经理顾健荣获"丽水市劳动模范"称号。

【"雪亮工程"项目建设】 2018年，丽水电信在连续中标景宁雪亮工程、莲都雪亮工程、龙泉雪亮工程、庆元雪亮工程、云和雪亮工程、青田雪亮工程、市公安核心网络基础上，中标丽水市雪亮工程共享总平台与综治应用平台项目。至年底，丽水电信累计中标项目25个，成为丽水雪亮工程最主要建设者和服务提供者。丽水电信信息化团队在雪亮工程应用作有效创新和尝试，建设全省最大视频数据结构化云计算中心，为公安提供三维实战地图，推进后续雪亮工程海量视频数据应用，推动丽水电信ICT业务逐步从集成业务向平台应用提供转型，为下阶段全市平安城市建设进入视频结构化、数据共享、智能应用为主时代奠定基础。

【"四个平台"项目建设】 2018年，丽水电信紧跟政府节奏，快速对接各级政府编办、信息中心，先后中标莲都区、松阳县、景宁畲族自治县和缙云县4个基层治理信息平台（简称"四个平台"），项目中标后按照快速建设、快速部署项目运作机制开展工作。8月18日，部署莲都区"四个平台"系统；8月20日，完成试点乡镇街道3个平台部署工作；8月30日，用时仅10天，将全区共14个乡镇街道"四个平台"全面部署完成。先后组织培训15场，组建培训队伍3支，确保平台进入实质使用阶段。7月5日，丽水电信中标丽水市级"四个平台"项目。通过市级平台搭建，丽水电信全面联通全市各区县级"四个平台"系统数据，开展市政府APP整合工作，推进智慧党建与基层治理相结合的党建管理模式建设，全面开启基层智慧党建业务，并重点推进大港头重点区域网格细分工作，为后续深度推进丽水基层治理信息系统，拓展政务业务奠定基础。

【遂昌县智慧城市私有综合云建设】 5月8日，遂昌县人民政府通过单一来源模式向丽水电信购买3年智慧城市私有云租用服务，丽水电信为政府提供政务云和视频云IAAS服务，视频结构化和大数据等PAAS服务，以及大量SAAS业务服务等。丽水电信建设丽水市唯一、全省首创计算和视频综合政务私有云平台，该平台具备视频数据结构化云计算能力及视频综合管理能力，以此为基础，未来还可以提供大量增值业务服务能力，此项目建设及后续服务有效开展，将为丽水电信在新时期云改工作中为客户提供“云、管、端”一体式、一站式服务。

【防汛应急备用移动通信网组建完成】 2018年1月15日，丽水市政府防汛抗旱指挥部下发《关于开通防汛应急备用移动通信网的通知》，确定丽水电信负责防汛应急通信备用通信网建设。丽水电信总经理顾健带领专业团队配合丽水市政府、市经信委、市水利局及防汛办等单位制定解决方案，优化防汛通信系统，结合天翼智能机、天翼对讲机等通信服务产品提出一揽子解决方案，赢得各相关单位和职能部门大力支持。至4月22日，首期防汛网覆盖全市各应急成员单位、各乡镇政府、各村镇负责人共9750户。防汛应急通信备用移动网组建，通过信息化管理手段不仅增强丽水市防汛、防旱、抢险救灾应急通信反应能力、提升支撑服务水平，进一步增强通信网安全性、健全应急管理机制，得到市政府及有关部门肯定。

【网络应急保障支撑】 2018年，丽水电信完成丽水“两会”、“3·15”国际消费者权益日、全省大花园建设部署会、世界互联网大会、世界地理信息大会等重大会议保障工作，完成保障期间7×24小时值班、“2177297”热线、信息对接应急办、防汛办、“110”等以及不良网站封堵任务。共承担重大活动现场应急通信保障工作10余次，在丽水国际半程马拉松比赛、防汛抢险应急演练、龙泉端午龙舟大赛、高速公路应急演练等活动中根据活动现场人流分布、基站分布和测试扫频数据，制定网络保障方案，通过进行基站扩容、应急通信车、负载均衡、大业务保障参数优化等措施保障移动网络安全，受到市政府和相关单位一致肯定和表扬。

【“最多跑两次”项目攻坚】 2018年，丽水电信着力于超时、疑难故障防范和政企专线“最多跑两次”目标攻坚。建立故障工单处理预防和响应机制，明确具体流程措施，加强对超时疑难故障工单管理效率，加强专业间协同能力，提升疑难故障处理效率。2018年，重复疑难工单数量比2017年减少69%，无1件工单超时，降低故障超时投诉量。根据业务部分意见，对政企专业开通环节多、上门次数多的问题，从年初开始开展“最多跑两次”专项提升，通过环节整合、流程优化等举措，持续监督第三方整改动作，到5月实现有资源最多一次上门，无资源最多两次上门目标，提升工作效率和客户服务感知度。

【用户信息安全保护工作落实】 2018年，丽水电信通过建章立制、培训学习多措并举落实电信用户个人信息安全保护工作，进一步推进依法治企。党员领导干部带头参与政治、法律和相关规范学习，购买《通信行业投诉处理法律法规手册》，分发到9个县（市、区）分公司，为投诉过程中相关案例处理提供有关法律条款借鉴；全体员工参加《电信条例》、信息安全等知识竞赛，提高员工法律意识和规则意识；下发《关于进一步加强用户个人信息保护工作的通知》，要求各地根据《关于办理侵犯公民个人信息刑事案件适用法律若干问题的解释》，加强用户个人信息保护法制意识宣贯；组织全体员工开展用户个人信息保护专项培训，全市983人参加专项培训；建立常态化工作机制，加强用户个人信息安全落实督查，月度抽查、季度全面自查整改，每季度对本地网详单查询工号进行专项梳理，及时关闭清理无用工号，有效防范用户信息泄露隐患。

【参与社会共治】 2018年，为解决青田县“五水共治”知晓度和参与度偏低问题，丽水电信与青田县治水办于4月23日签订号百业务合同，丽水电信提供包括电话彩铃、电话调查、短信群发、ITV开机广告、挂机短信业务等多项业务，通过多渠道、广覆盖宣传方式有效解决难题，提升“五水共治”和“平安青田”建设满意率。6月7日，浙江10000号丽水分中心完成支援松阳县政府“美丽农村”建设专项支撑服务工作，在这项时间紧、任务重、难度大的工程中，电信员工连续20天每天工作14小时以上，一点一点绘制农户土地图片并将相关数据录入系统，画图、录入、修改、确认农户信息达17153户，占总农户数33.4%。辛勤工作和坚持不懈精神得到松阳县委县政府及各部门领导赞许，松阳县大东坝镇政府授予“连续奋战作风硬，办事认真效率高”锦旗，松阳县新兴镇政府授予“鼎力相助，无私奉献”锦旗。

【打造丽水“12345”百姓暖心线】 2018年，丽水电信始终秉承“便民、创新、高效、共享、规范”服务宗旨，牢记“拨得通、接得快、接得好”热线使命，做好丽水市“12345”话务团队运营建设。市“12345”政务热线整合部门单位29个，非紧急类政务热线35条，全年有效接听来电215762个，服务“最多跑一次”137621件次，受理城中村改造375件次。设立回访核实组，对回访库中所有初次信访事项实行100%回访，回访初次信访事项共计16558件，“最多跑一次”投诉件满意率100%；设立转交办组，转交办45642个，交办核实后满意率98.6%。积极配合市信访局，探索便民举措，创新服务模式，以“电信之干”全力助力市信访局，打造丽水市“12345”百姓暖心线，提升社会公共服务水平和行政效能贡献电信力量。（刘煜欢）

丽水电信话务团队助力打造丽水“12345”百姓暖心线　　（刘煜欢　提供）

移　　动

【概况】 2018年，中国移动通信集团浙江有限公司丽水分公司（以下简称“丽水移动”）全年有线宽带份额51.83%，列全省第一位，日通份额84.4%、基比改善0.4个百分点，列全省第二位，集团通信和信息化收入份额56.9%，列全省第一位，收入份额63.66%，较2017年底提升1.83个百分点，流量份额73.74%，列全省第二位。全年丽水移动新增开通4G基站1968个，投资超2.98亿元，累计建成4G基站11081个，4G行政村覆盖率100%，AAA级以上景区4G覆盖率95.3%，县市城区MR（电平测量报告）覆盖率99.01%，50户以上行政村驻地网96.13%覆盖。3月6日，浙江省通管局局长徐建华到丽水移动调研电信普遍服务试点工程；4月26日，中纪委派驻工信部纪检组组长李志宏到丽水移动检查电信普遍服务建设情况；6月8日，开展应急消防演练暨“生命至上、安全发展”安全月活动启动仪式，进行安全生产演练。2018年，丽水移动先后与丽水学院、安邦护卫、国网丽水供电公司、万地集团、中级人民法院等多家单位签订战略合作协议，在移动办公、视频会议、视频监控、物联网、移动大数据、云计算等方面深入合作，实现共同发展。组织开展迎新年游园、“梦想2018”共贺新春茶话会、庆“三八”女工健步走登山、咪咕健步行、职工趣味运动会等“幸福1+1”系列活动，提升团队凝聚力。2018年，丽水移动共设立党员“先锋岗”26人、党员“责任区”40个、党员“突击队”53支，开展“主题党日”活动210场次，党团先锋日活动120余场次，参与党员人数1000余人次。

丽水移动陆晔楠、金朝东、程巧斐，缙云移动黄跃波，遂昌移动詹红被评为“2017年度市直企业优秀共产党员”；丽水移动雷杨芳、朱东满，松阳移动许远临被评为“2017年度市直企业优秀党务工作者”；青田移动金一锋、沈华彬，景宁移动季伟被评为“2017年市级青年岗位能手”；丽水移动戴云被评为“2017年度在丽央企省企职工疗休养工作先进个人”；缙云移动朱柳熹被评为“2017年度市级优秀团员”；龙泉移动政企客户部被评为“2017年度丽水市巾帼文明岗”；中共中国移动丽水分公司政企支部委员会、青田支部委员会、云和支部委员会被评为“2017年度市直企业先进基层党组织”；丽水移动被评为“2017年度在丽央企省企职工疗休养工作先进集体”；丽水移动被评为“2017年度丽水市采购经理调查工作优秀单位”。

【举办“5G新引擎 建设大花园”活动暨5G万物互联产业联盟论坛】 2018年5月17日，“5G新引擎 建设大花园”活动暨5G万物互联产业联盟论坛在丽水举行。此次大会由中国移动丽水分公司主办，丽水市政府及媒体、活跃在物联网发展前沿的企业300余人参会。活动中，专家围绕“5G新引擎、建设大花园”作主题演讲，充分展现5G技术在构建“数字丽水”和“大花园”建设中广泛应用前景。现场进行5G技术演示，展示5G网络超高速率、超低时延、超大容量的特性。相关企业围绕5G技术在“智慧消防”“智慧旅

5月17日，"5G新引擎建设大花园" 活动暨5G万物互联产业联盟论坛在丽水举行 （胡　欢　提供）

游""智慧治污""智慧小镇""智能停车"的"五大应用"进行交流分享。

【网络应急保障落实】 2018年4月15日，丽水国际半程马拉松比赛在丽水开跑，丽水移动对赛事沿线道路开展精细网络测试，并结合赛事现场人流分布、基站分布和测试扫频数据，制定网络保障方案，通过进行基站扩容、负载均衡、大业务保障参数优化等措施提升移动网络保障能力。5月26—27日，2018年全国民族自治县全面建成小康社会经验交流现场会在景宁畲族自治县召开，全国120个自治县（旗）负责人参加会议，丽水移动完成网络通信保障。9月30日，丽水机场项目开工仪式在南城章巷举行，丽水移动第一时间启动应急通信保障工作，确保现场500人通信正常。

【推进网络信息安全与惩治通信信息诈骗】 2018年，丽水移动落实实名制登记，针对新增用户通过全国一证五户校验及人脸识别系统，相关证件与公安系统联网，推进集团下发的存量全国一证超五户实名数据修复工作，狠抓新增用户实名制工作执行落地，定期整理实名制案例落实一线学习，确保实名制执行规范落地，实现新增用户实名率100%。严厉打击不良信息和骚扰电话，加强语音专线业务管理、骚扰和诈骗电话治理，基于大数据算法识别疑似诈骗号码，全年关停违规号码433个。通过云计算和大数据联动，构建不良信息监测平台，对含有色情、暴恐、涉政、反动等违规图片、文字进行人工审核，第一时间封堵不良网站，全年封堵网站13个。派专人驻点市公安反诈中心，实现无缝对接，助力打击虚假信息诈骗，全年配合处理通信网络案件1607起，协助查询电话3110个，拦截电话140起，踢线24起，取消呼转29起，短信提醒约781条。

【助力城市与农村信息化】 2018年3月，丽水移动完成宽带普遍服务试点项目建设，完成241个试点行政村光纤宽带建设任务，用户覆盖总量18765户，有效改善农村及偏远地区村民通信条件。4月，丽水移动启动丽水市人力资源和社会保障局无线4G专网项目建设，该项目是全省首个人力社保领域的无线专网项目，有效推进社保业务移动办公。7月，丽水移动利用大数据开发不动产抵押登记金融验真项目，是全省首例利用大数据验真辅助金融行业便民改革项目，将不动产抵押登记全业务下放至银行窗口，助力"最多跑一次"改革。同月，丽水移动与丽水市经济与信息化局签约丽水市政务云租用项目，将为丽水市本级及下辖10个县（市、区）提供政务应用资源池，推动电子政务向集约化、协同化和共享化发展。11月，丽水移动完成全省首个无机房医共体项目建设，有效解决老百姓看病挂号排队时间长、候诊取药时间长等难题，助力智慧医院建设和"最多跑一次"改革。

【推进全面质量管理工作】 2018年，丽水移动共组建注册QC小组47个，员工参与率超40%；组织开展全市培训，邀请省公司QC专家为QC骨干进行QC小组活动标准、工具使用、报告撰写、发表技巧等全方面技能培训，参训60人次；做好全流程跟踪，对小组注册、课题选择、活动开展、成果总结、报告撰写、成果评审等各环节严格把关，确保小组活动质量；申报参加国家、省部级及省公司等各级成果发表赛，全年获省级以上荣誉3个（其中，国家级二等奖1个，省级二等奖2个），网络部北斗星QC小组成果《基于MR的室分系统外泄精准定位方法研究》获全国质量创新大赛二等奖，网络部日积跬步QC小组成果《降低宽带内容访问障碍投诉NPR》、政企客户部新领域QC小组成果《提升中小企业有效集团到达数》获省质协发表赛二等奖。 （胡　欢）

联　通

【概况】 2018年，中国联合网络通信有限公司丽水市分公司（以下简称"丽水联通"）落实中国联通聚焦战略，围绕浙江联通“1371”工程，推进丽水联通“三年行动”计划，打造具备“新基因、新治理、新运营、新动能、新生态”的“五新”联通，公司核心竞争力和整体运营水平得到较大提升，全年主营业务收入同比增幅高于丽水行业平均水平，收入规模快速增长，六个方面的工作成效明显：党建统领全局、推动全局的作用进一步发挥；基础业务发展提速明显，聚焦发展转型，基础业务发展进一步提速；政企增收贡献持续加大，政企线收入占大网比提升明显；支撑保障和服务能力明显增强，全年提供项目解决方案80余个，方案制作及穿透支撑能力和水平明显增强，支撑体系作用发挥有利。网络保障能力明显增强，以“基站围着用户转”原则，持续提升网络覆盖率、问题解决率；企业活力有效激发，以赋能为主要手段，切实激发企业机制体制、队伍建设、划小承包改革、企业文化等各方面活力；基础管理不断夯实，在降本增效、采购规范、制度管理、关键领域治理、风险管控等重点领域切实推动各项工作务实开展。企业党建、形象塑造、文化聚力等方面有较好成效。“党员先锋指数积分制”课题获浙江联通一等奖、中国联通一等奖，并获中央企业党建思想政治工作2018年度优秀研究成果二等奖。丽水城市管理指挥中心项目的获取，进一步提升公司“互联网+运营专家”形象。参与和助力“最美浙江人大型公益活动——万朵鲜花送雷锋”活动、丽水半程马拉松、丽水市庆祝中国人民解放军建军91周年军民联欢晚会、丽水城市定向赛等活动，加大内外部新闻宣传力度，进一步推动兴文化、聚人心、展形象，唱响“丽水之声”。以争先、创新、改进和分享为基因的四种文化初具雏形，《新型沃TV专线网络建设方案》首获国家创新专利；《开展室分漏缆共享试点实现双流》案例获中国联通战略人才技术案例评比一等奖。

【参与“最美浙江人大型公益活动——万朵鲜花送雷锋”】 2018年3月5日，由浙江省委宣传部、文明办、团省委及浙江省广电集团主办，浙江之声联合浙江新闻广播和全省80余家市县电台承办的“最美浙江人大型公益活动——万朵鲜花送雷锋”丽水站活动启动。浙江联通作为公益支持企业单位，要求11个地市公司参与和支持此次送花公益活动。丽水联通组建“最美浙江人大型公益活动——万朵鲜花送雷锋”爱心车队，为丽水当选的2位“活雷锋”——沈香妈和陈旭东送上鲜花和证书。丽水联通总经理胡晓作为此次的送花大使，在给当代“活雷锋”献花时表示：将带领公司全体干部员工以身边的“活雷锋”沈香妈和陈旭东为榜样，为社会尽责，为企业担当，为身边人伸出援手，号召公司全体干部员工人人争当新时代的“活雷锋”。

【举行6分钟微党课比赛】 2018年5月22日，以“弘扬红船精神，走好新时代的长征路”为主题的微型党课比赛活动在丽水联通三楼大会议室举行，全市各党支部推选12位选手，展示6分钟精彩微党课。市公司党委成员、本级四个党支部书记及部分党委代表担任比赛评委。12位选手以“红船精神”为主旨，结合丽水联通在新时期如何走好长征路展开精彩讲课。此次授课摒弃冗长枯燥说教模式，配合PPT展示，各位选手立足岗位实际，以身边人、身边事为切入点，从不同角度阐述“红船精神”内涵，深刻讲述各自对“红船精神”理解与担当。最终，庆元党支部的吴贵妨以《时代最好的礼物——遇见初心和担当》获比赛一等奖。

【“村企结对”协议签订】 2018年8月30日，丽水联通党委书记、总经理胡晓一行5人到云和县凤凰山街道梅垄村进行“百企结百村，消灭薄弱村”走访调研，并签订“村企结对”协议。云和县凤凰山街道党工委书记李禄伟、常务副主任陈晓华，梅垄村党支部书记赵东、村委主任吴文俊以及联村干部一同出席签约会。根据协议，双方将以项目合作的方式开展精品农业、生态休闲养生的旅游建设。丽水联通将充分发挥网络优势，运用信息化手段和技术，助力梅垄村发展电子商务，助推当地美丽乡村“互联网+旅游”建设，进一步推动梅垄村产业转型升级，把梅垄村打造成为风景村、富裕村。

【丽水联通与国网丽水供电公司签订战略合作协议】 2018年11月15日，丽水联通与国网丽水供电公司在丽水联通公司会议室举行战略合作协议签署仪式。根据协议，双方将围绕移动通信及信息化应用、固定通信服务、网络安全保障、ICT综合维护及呼叫中心、资源合作等领域，在“互联网+”项目、云计算、物联网、大数据等创新业务方面开展战略合作。

【丽水联通与国寿财险丽水中心支公司签订战略合作协议】 2018年10月10日，丽水联通与国寿财险丽水中心支公司在丽水联通公司会议室签订全面战略合作协议。丽水联通党委书记、总经理胡晓与国寿财险丽水中心支公司党委书记、总经理章崧代表双方签订战略合作协议。根据协议，双方将围绕资源共享、优势互补、协

10月10日，中国联通丽水市分公司与国寿财险丽水中心支公司签订战略合作协议 （周青云 提供）

作共赢的原则，在云计算、大数据、物联网、人工智能等领域开展深入合作。会后，章崧一行参观丽水市防汛抗旱指挥中心。 （徐 晓）

邮 政

【概况】 2018年，全市邮政行业按照高质量发展要求和“打通上下游、拓展产业链、画大同心圆、构建生态圈”工作思路，落实邮政业推进建制村直接通邮、改善末端投递服务、服务“乡村振兴战略”、实施“放心消费工程”、打造安全用邮环境、提高行业绿色发展水平和加强快递员（投递员）权益保护等更贴近民生七件实事，实现县级党政机关《人民日报》当日见报率100%，建制村直接通邮率达到100%。打好防范化解重大风险、邮政业服务精准脱贫、邮政业污染防治“三大攻坚战”，青田县EMS为意尔康鞋业集团提供电子商务嵌入式服务项目被列入国家快递服务制造业项目库。

9月，市委常委、政法委书记卫中强充分肯定丽水市邮政管理局为全市反恐领域做出的贡献，并作“‘丽水之干’担纲‘丽水之赞’，邮政走前列！”的批示。全年完成邮政业务总量27.89亿元，同比增长24.85%；业务收入11.93亿元，同比增长18.89%，其中，全市快递业务量完成1.11亿件，同比增长30.95%，业务收入完成8.08亿元，增长21.91%。2018年，丽水市邮政管理局党组被浙江省邮政管理局评为“快递向下发展示范区”，被丽水市市直机关党工委评为“先进基层党组织”，获2017年度减轻农民负担工作优秀单位称号。

【丽水首个邮政业服务民族乡村政策出台】 2018年5月，市邮政管理局与市民宗局联合出台《关于进一步做好邮政业服务民族乡村的指导意见》。该指导意见从推进邮政农村电商体系建设、加强邮政农村电商就业创业工作、做实农特产品进城工作、提高邮政普遍服务质量、拓展邮政便民服务种类、提供包裹寄递资费优惠六个方面为邮政企业提供发展思路，并要求各地民宗局对邮政企业服务民族乡村各项工作给予必要指导以及政策、资金扶持。至年底，景宁县邮政分公司建设少数民族电子商务示范点10个。

【交邮合作共建农村物流服务点】 2018年8月，市邮政管理局与市道路运输管理局联合出台《关于印发丽水市交邮合作共建农村物流服务点指导意见的通知》。从2018—2020年，全市将建设农村物流服务点近2000个。2018年，各邮政企业利用现有村邮站、农村电商服务点、村邮乐购、小商超等站点，在全市范围建设村级农村物流服务点185个。

【邮政网点实现监控全覆盖】 2018年，市邮政管理局将辖区内邮政网点接入管局视频监控平台，实施24小时全方位、全天候监管。至年底，接入市邮政管理局视频监控平台网点涉及丽水市9个县（市、区）处理场所，重点普服网点24个和偏远乡镇补建的局（所）11个。网点监控接入，进一步完善丽水邮政业视频监控平台，拓宽监管渠道，提升监管效率。

【提升农村快递网点覆盖率】 2018年，市邮政管理局以龙泉八都作为“快递E站”试点，指导快递企业有序设立乡镇营业网点，建成农村快递公共取送点“快递E站”7个，2018年新许可审批设立24个分支机构中，农村地区网点数有14个，占比为58%。

【获评全省唯一“快递向下示范区”】 2018年，市邮政管理局指导企业在云和县设立“快递业服务现代农业项目云和圆通服务点”、龙泉青瓷小镇成立“快递业服务青瓷龙泉申通服务点”，加推庆元县、青田县等地典型农特产品基地，使快递服务更加贴近农户，直接服务到田间地头。全年直接服务农户3万余户，贫困、低保脱贫1000户，为寄递服务以及300个“丽水山耕”品牌销售提供快捷有效服务。被省邮政管理局评定为全省唯一“快递向下示范区”。

【“邮政＋”助力便民服务】 2018年，丽水市邮政业探索“邮政+”平台，为百姓提供更加高效、便捷邮政服务，丽水市公安局交警支队、市邮政公司联合打造邮政代办交管业务便民服务点在各邮政网点推出，交通管理部门委托邮政网点办理交管业务，由邮政网点在48小时内办结，并将相关牌证寄达申请人签收，实现交管业务“网上办、就近办、一次办”。邮政代办交管业务便民服务点在市、县两级布局，并延伸到城乡邮政企业网点，共计45家，其中，开展业务19家，延伸至8个乡镇，可办理期满换证、遗失补证、互联网窗口注册、换领行驶证、补领行驶证、驾驶人联系方式变更等业务，全年全市办理业务1701笔。

【实现新小区通邮“最多跑一次”】 2018年，市邮政管理局联合邮政分公司推出“一份材料两项手续同时办理”举措，即利用信报箱现场验收时建设单位提交的一份材料，为其现场办理通邮手续，实现“最多跑一次”。新建楼盘信报箱验收和通邮手续将共同办理，企业只要一次提交申请材料齐全，并且现场验收合格，就可立即通邮。同时验收合格证明会通过快递服务方式送达企业，节约企业办事时间，助力“最多跑一次”改革。为中梁滨湖苑、绿谷庄园三期2#、新湖国际二期天润阁等17处新验收楼盘办理新小区通邮服务 。

单位：万元

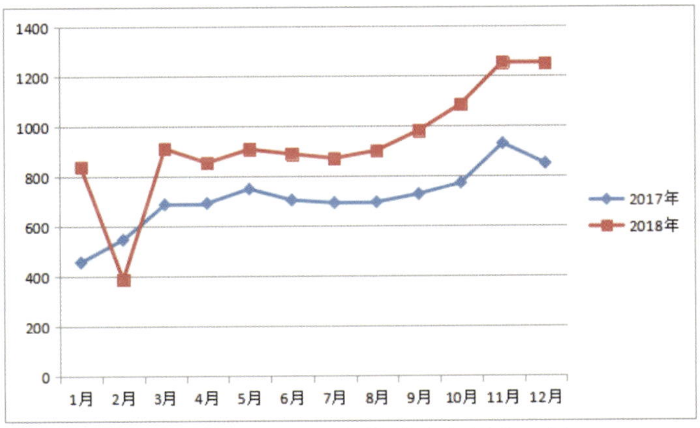

图1 2017年和2018年快递业务量分月图

2018年分县（区）快递业务发展情况

表8

地区	全年业务量（万件）	同比增长（%）	全年业务收入（万元）	同比增长（%）
莲都区	3408.29	41.04	33903.35	30.01
龙泉市	1154.11	36.52	7833.09	8.07
青田县	679.33	17.63	6217.25	12.73
云和县	2100.16	34.44	10278.26	19.89
庆元县	434.61	6.66	3099.84	9.73
缙云县	2287.37	33.95	12393.91	29.77
遂昌县	524.63	6.74	2896.64	5.67
松阳县	380.01	12.14	2967.76	8.45
景宁县	165.57	7.10	1188.67	19.21
合　计	11134.08	30.95	80778.77	21.91

说明：同比增长数据为累计业务同比增长

【“绿色快递”】 2018年，全市快递企业投入使用新能源汽车近50辆，推广使用电子运单代替纸质面单，其中顺丰电子面单使用率98%以上，圆通、中通等企业电子面单使用率95%以上。建立网点快递包装回收机制，在新设网点增设快递包装回收区域，配备标识清晰包装回收容器以及相应业务流程，引导百姓现场拆封包装并定点投放，实现包装材料分类回收再利用。全年设置快递包装回收网点292个，每月可实现快递包装回收利用5万余个。

【成立全省首个货运司机联合工会】 2018年5月，市邮政管理局以强化组织建设为基础，优化服务水平为关键，立足“家”“会”共建，服务共享理念，成立全省首个快递企业货运司机联合工会。工会有申通、圆通、韵达、百世等9个快递品牌20余名货运司机加入。工会设立“工友之家”，为会员提供乒乓球桌、跑步机等活动器械，通过召开座谈会、现场督导等方式为会员提供困难帮扶和法律维权15人次，开展“夏日送清凉”“冬日送温暖”活动2次，活动惠及全体会员。

【出台《丽水市快递电动三轮车通行管理工作实施方案》】 2018年，联合市公安局交通警察支队对全市快递电动三轮车实行“统一车辆规格、统一外观标识、统一编号备案”管理。《丽水市快递电动三轮车通行管理工作实施方案》明确规定，给予统一编码快递电动三轮车一定通行、停靠等便利政策。全年完成丽水市区快递电动三轮车统一编码900辆。 （项文蕾）

城建　城管　环保

综　述

【概况】 2018年，市建设局推进省市各项目标任务落实，全力打造"美丽浙江"大花园最美核心区。5月，被列入工程建设项目审批制度改革试点以来，丽水市严格对标国务院、建设部的决策部署和省住建厅工作要求，努力实践一张蓝图、一个系统、一个窗口、一张表单、一套机制"五个一"举措，"多规合一"业务协同平台及工程建设项目审批管理系统上线运行，审批时间在国务院规定的压缩至120个工作日基础上，再压缩34个工作日，提前半年完成所有改革任务。完成截污纳管、垃圾分类、交通治堵、厕所革命等省市十方面民生实事任务。全市建成、改造污水配套管网167.502千米，完成52个老旧小区、城中村雨污分流改造，新建、扩建、提升污水处理厂7座，新增每日污水处理能力10万吨；设区城市生活垃圾分类收集覆盖面80.3%，城镇生活垃圾资源化利用率22.4%，城镇生活垃圾无害化处理率100%，莲都区启动垃圾分类投放、分类收集、分类运输、分类处理系统建设；主城区新增停车位4883个，全市完成绿道建设154.07千米；全市完成城区公厕新建、提升改造35座。2018年，全市建筑业实现总产值388.73亿元，同比增长7.77%，高出全省平均水平2.19个百分点，位居全省第四；全市房地产投资完成202.33亿元，同比增长6.2%，全市销售面积316.77万平方米，同比增长19.2%，增长率位居全省第一。　　（潘　祁）

城市规划

【中心城市控制性详细规划、城市设计】 2018年，丽水市以新一轮城市总体规划为指导，继续推进中心城市控制性详细规划和重点地区城市设计全覆盖。中心城区相继开展丽水大饭店区块和天宁区块、联城区块、丽水学院南侧区块、花园路中段北侧区块城市设计工作；完成岩泉区块控制性详细规划、中山街和绕城路西北侧地块、丽人木业东侧、金周区块南北侧地块等一系列地块控制性详细规划编制。落实大花园建设要求，完成瓯江绿道建设规划编制，研究制定市域范围内瓯江沿线绿道具体线位和建设标准指引，突出生态休闲特色，提升城市活力。

【中心城区专项规划】 2018年，继续围绕新一轮城市总体规划，推进各类专项规划编制。《丽水市中心城市绿地系统规划》《丽水市区基础教育布局专项规划》《丽水市中心城市餐饮业空间布局专项规划》《丽水城市管线综合规划》《丽水城市综合管廊规划》《丽水市城区建筑立面遮阳篷技术导则》等专项规划批复实施。《丽水市规划区城乡环境卫生专项规划》《丽水市绿线规划》《丽水市体育空间布局专项规划》《丽水市中心城市道路网专项规划》等专项规划通过审查。

【历史文化名城规划】 9月，《丽水历史文化名城保护规划》《丽水刘祠堂背历史文化街区保护规划》《丽水酱园弄历史文化街区保护规划》和《丽水高井弄历史文化街区保护规划》经丽水市人民代表大会常务委员会第12次会议审议通过。按照市人大常委会审议意见修改完善，按照法定程序报批。通过保护规划，实现保护丽水历史文化资源，传承丽水历史文化传统，彰显丽水依山持溪、"山、水、城、埠"高度融合的城市特色，协调保护与发展关系，建立完整的历史文化名城保护体系，提升城市品质和品位，促进历史城区的活态保护和城市复兴。

【规划宣传】 丽水市城市规划展览馆是丽水规划宣传的窗口。2018年，作为"总规宣传年"，除完成总规宣传折页制作免费发放和总规解读临展外，举办总规宣传活动5场，开展垃圾分类宣传活动5场。完成60余个项目公示及机场航站楼方案的投票活动,完成临展6个,包括“19个城中村改造项目国有土地上房屋拟征收范围”“PPP项目和工程建设项目审批制度改革”“丽水市城市总体规划解读第二期、第三期”“争先进位 大赶超 开辟美丽城乡新境界——2018丽水市城乡规划建设工作思路”“生态之城的四十年蜕变”。全年接待各级领导、党政考察团、客商、社区学校等200余批,接待游客15万人次,承接各类会议70余次,接待满意度100%。

【镇乡村规划】 2018年,市建设局以乡村振兴为契机,推进县(市)域乡村建设规划编制全覆盖,开展小城镇环境综合整治规划相关工作,妥善解决美丽乡村建设与各类示范村创建、历史文化名村创建、传统村落保护等有机融合的问题。编制完成《丽水市传统村落保护利用负面清单》和《村民手册》,并开展《丽水市传统村落保护利用导则》《市域村庄分类建设导则》《各县乡村产业和特色研究》等规划研究。 (张 越)

城市建设

【市本级基础设施建设】 2018年,全市新增城市道路58.15千米。市区着眼南北城组团发展,构建道路框架,新增城市道路21.22千米,完成丽阳街东段污水管网改造一期工程(开发路—环城东路)、中山街污水管网改造(人民街—大猷街)、联城过江污水干管工程、市场一号路(寿元路—好溪路)道路工程、市场二号路(寿元路—好溪路)道路工程等道路建设;桐岭路PPP项目完成建设投资5亿元。 (张 扬)

结合国家全域旅游示范区创建工作的历史机遇,推进基础设施和公共服务设施建设,提升城市整体品质。加强海绵城市和综合管廊建设理念的运用,因地制宜、统筹安排地下综合管廊建设。2018年,全市完成新开工面积4平方千米,新建成面积5平方千米。城东区块综合管廊(PPP)工程完成初步设计审批,开展施工图编制,PPP实施方案上报市发改委联审办审批。组织实施高铁站前广场改造提升工程和水东大桥段、卢镗街、花园路沿线等景观提升工程,通过花园城市建设,实施局部绿地提升改造、城区道路绿化改造和立体绿化、节点见缝插绿等工作。 (吴 越)

【保障性安居工程】 2018年,全市新开工保障性安居工程9585套、基本建成9737套、竣工12171套、交付8174套,发放低收入家庭租赁补贴373户,新增公租房分配1873套。(侯林林)

城乡一体化建设

【美丽乡村建设】 2018年,丽水市建设局深入推进乡村建设综合转型试点工作,2个试点镇、9个试点村通过验收。全市新增省级美丽宜居示范村试点6个,全市有省级美丽宜居示范村试点136个。146个村申报第五批中国传统村落,其中,99个村列入公示,198个村被纳入浙江省首批传统村落名单,数量均居全省第一,101个中国传统村落获中央财政补助资金3.03亿元。

【农村住房救助】 2018年,丽水市继续做好农村困难家庭危旧房即时救助工作,实现困难家庭危旧房即时救助工作规范化、制度化、公开化、常态化、做到发现一户,改造一户,切实保障低收入人群基本住房条件。全市完成农村困难家庭危房改造3462户,共争取上级资金2973.5万元,其中,中央补助专项资金补助754户,争取上级资金942.5万元,补助资金全部发放到农户。至年底,丽水市完成农村困难家庭危房改造32737户,中央补助资金20891.75万元,省级补助资金4038万元。 (蓝振奇)

【农村危旧房治理】 2018年,丽水市全面完成2018年新下达的农村困难家庭危房改造2708户及2017年提前下达的754户任务,完成2018年农村C级危房治理改造任务21022户,全面完成丽水市农村危房治理改造两年(2017—2018年)任务41660户,占全省目标任务203411户的20.48%。 (潘 祁)

小城镇环境综合整治

【概况】 2018年,市建设局围绕乡村振兴战略,以“丽水之干”担纲“丽水之赞”,以加快农村人居环境改善为目标,以《全省小城镇环境综合整治行动2018年工作要点》中提出的“15678”为工作重点内容,推进小城镇环境综合整治,提升城乡环境品质,取得显著成效。根据省整治办公布的考核验收结果,丽水市申报的81个乡镇全部通过省级考核验收,超额完成市委、市政府下达的2018年度70个以上乡(镇、街道)完成整治的目标任务,并获2018年度省级小城镇环境综合整治优秀市。青田县、庆元县、缙云县、遂昌县、景宁畲族自治县被评为省级优秀县,缙云县舒洪镇、庆元县龙溪乡等32个小城镇上榜省级样板乡镇名单。

【产镇融合】 2018年,各县(市、区)在推进过程中,紧紧围绕“全域综合整治"这个核心要求,"拆、治、规、建、管、统"并举,农旅+、文化+、康养+、智慧+等举措齐上,因地制宜,规划建设一批风情小镇、乡愁小镇、景区小镇。通过验收的81个乡镇,其中,旅游小乡镇30个、农耕小集镇42个、工业小城镇9个。各乡镇主要领导亲自谋划,亲自把关,亲自排兵布阵,全过程参与规划方案和项目施工图把关,确保综合整治达到预期效果。景宁家地乡作为旅游小乡镇,依托中蜂养殖产业,以"甜蜜小镇"主题定位,将甜蜜元素穿插融合至各个角落,彰显地方文化特色;遂昌黄沙腰镇、西畈乡、柘岱口乡依托九龙山自然保护区,组团发展、串珠成线,打造烤薯区域经济品牌,同时挖掘高山茶叶、高山蔬菜、高山水果等高山绿色生态产业,将农业产业与小城镇整治紧密融合,提升综合整治效果。

2018年,81个小城镇所在村被评为A级景区村32个,其中AAA级5个;A级景区总数72个,占137个已考核乡镇的52.6%。龙泉宝溪乡和遂昌王村口镇是2017年全省465个达标小城镇中评价最高的乡镇之一。龙泉宝溪乡2017年就评定为AAAA景区,2018年创建省级旅游度假区和省级旅游风情小镇,发展民宿23家;遂昌王村口镇接待游客15万人次,实现旅游综合收入1500万元。云和安溪通过整治,打造"梨花乡里",签下5000万元的旅游投资大单,吸引"浮生半日"等高端民宿的进驻,2018年创建AAA景区。

云和安溪梨花乡里 (潘 祁 提供)

【"九个一"项目建设】 2018年,全市继续通过"九个一"项目为抓手,推进小城镇环境综合整治。通过打造一个乡镇主出入口、建立一条示范街、建设一个休闲公园、改建一个农贸市场、建设一个文化礼堂、打造一个示范村居(小区)、建成一套污水处理系统、新建一批地下管网系统、完善一个停车系统九大类型项目,将补齐基础设施短板和补齐公共服务设施短板作为整治工作核心。至年底,列入考核的81个乡镇完成整治项目1577个,完成总投资14.8亿元。 (吴 飞 季柳贵)

市政公用事业管理

【概况】 至年底,丽水市本级市政管养道路共64条,总长度128.3千米,总面积约367.78万平方米。其中,城市道路59条,长度约为94千米,面积约268.92万平方米,雨水管道约169.3千米,污水管道约113.3千米;委托管养公路5条,长度约为34.3千米,总面积约为98.86万平方米。职责范围桥涵84座、隧道2座。其中,城市桥梁59座,Ⅰ类养护城市桥梁1座,Ⅱ类养护城市桥梁2座,Ⅲ—Ⅴ类桥梁56座。委托管养公路桥梁25座、隧道2座,其中,特大桥1座、大桥7座、中桥13座、小桥4座。

【市政设施维护管养】 2018年,累计修复人行道28668平方米、侧石1685米,沥青零星修补7530平方米,砼路面449平方米,更换各类井盖3005座,安装雨污检查井标志牌6561座。设施维护完好率在99%以上,数字城管案卷结案率100%,及时结案率100%。维护管养截污站3座(大洋河截污泵站、东银苑截污泵站和教工路1号污水泵站),截污管线3条,其中丽阳坑截污管线长约2.7千米,海潮河截污管线长约1.1千米,贺家坑截污管线长约1.1千米。南明大钟1座、广场公园2座(处州公园和火车站广场)、市区街道休闲坐凳937张、道路护栏维护管理总长6707米(其中,人车分离护栏6167米,中央分离护栏540米)。

【市政设施建设】 2018年,市建设局完善市政基础设施建设。完成人民街(括苍路—开发路)污水管网修复工程;完成水东大桥东侧引桥应急抢修工程;开展市区污水管网(PPP)修复工程,并完成总工程量70%;开展高铁站站前广场临时提升改造工程,并完成总工程量70%;全力推进城东区块综合管廊(PPP)项目、下水南污水提升泵站新建工程和府前区块污水收集工程。

【燃气行业安全监管】 2018年，推动管道燃气行业发展。规范瓶装燃气行业管理，规范瓶装燃气市场，通过建立瓶装燃气信息化监管系统，完善瓶装燃气销售管控工作，推行集中配送制度，通过护航中共十九大、平安建设等专项整治行动进一步提升燃气行业规范化管理和监管水平。1月，市区天然气置换工作全面启动；7月，全面完成市区天然气置换工作，置换小区112个，置换户数32240户。推进燃气企业加快天然气利用工程建设，市区建设市政燃气管网105.07千米，北城区燃气管网到小区门口覆盖率95%以上。（李　莉）

园林绿化建设管理

【概况】 2018年，丽水市园林绿化工作围绕“美丽浙江”大花园核心区建设，不断巩固全国文明城市和国家园林城市的创建成果，精品精致建设绿化项目，创新完善管理机制，提高城市总体绿化水平和品质。全年全市新增城市绿地面积157.89公顷，其中，市本级建成区新增城市绿地面积62.02公顷；全市建成区绿化覆盖率41.22%、绿地率35.99%，其中，市本级建成区绿化覆盖率44.46%、绿地率38.91%。全市绿化建设工作屡获殊荣，获2018年度浙江省“优秀园林工程”金奖1枚，银奖2枚，铜奖1枚；获评浙江省2018年度“园林式居住区（单位）”12个；获评浙江省2018年度城区“优质综合公园”3个；获评浙江省2018年度“绿化美化示范路”3条；获评浙江省2018年度“街容示范街”3条。

【城市园林规划建设】 2018年，完成《丽水市中心城市绿地系统规划（2016—2030）》定稿和批复工作，完成《丽水市城市绿线规划》和《丽水市城市生态修复专项规划》编制工作，以科学规划指导园林绿化建设，打造丽水特色园林景观。项目建设上，完成市本级10千米城镇型绿道建设计划，丽水市绕城西线提升改造项目和绕城线（中山街—紫金路）景观提升工程；完成2018年“喜迎春节”处州南门绿雕工程，营造春节热烈的节日氛围；完成丽水市水梦庭苑东侧绿地、万象花苑沿街绿地等城区绿地的提升改造，以及城区灯塔街、城西路、括苍路等部分道路树池修复工程；开展丽阳门公园公厕（AAA级）改造提升工作，实现公厕智能化、自动化、人性化和节能化；开展丽水市绕城线（紫金互通—丽阳街）景观提升工程建设、城市公园（民俗乐园）、夕阳红公园等项目前期工作。

【城市园林绿化管理】 2018年，根据日常养护要求，加强巡查考核工作，不断加强绿化管养、清扫保洁、安全护卫和草花种养四大类日常管养工作，巩固提升全国文明城市创建成果；及时办结创建交办单、数字城管和市民投诉件等，数字城管结案率100%，及时结案率99.9%；完成公园场所各类零星修补项目，不断提升公园绿地基础设施环境。开展信息化园林绿化管理平台建设，实现城市公共绿地、公园场所日常的绿化养护管理、基础设施维修、派工等日常管理工作数据化、信息化、动态化。加强园林绿化科普推广工作，为城区部分主次干道行道树挂上二维码树铭牌，共悬挂二维码树铭牌近1000个，涵盖植物10余种，市民可通过手机扫码，详细了解植物相关信息。10月，完成国家园林城市复查工作，并获省建设厅专家的一致好评。（张虹韵）

建　筑　业

【概况】 2018年，全市建筑业基本保持平稳较快发展态势，装配式建筑、住宅全装修等新兴产业稳步发展，行业转型升级有序推进。全年全市建筑业总产值388.73亿元，同比增长7.77%，高出全省平均水平2.19个百分点，位居全省第四；大力推进新型建筑工业化各项工作，全年新开工装配式建筑面积240.47万平方米，完成年度目标任务240.47%，其中，装配式住宅和公共建筑（不含场馆建筑）面积130.62万平方米，完成年度目标任务237.49%，实施住宅全装修项目面积72.40万平方米，完成年度目标任务120.67%；落实行业发展扶持政策、引导建筑企业兼并重组提升实力的带动下，全年全市企业总数和一级企业数量继续保持明显增长，一级资质企业总数23家、企业总数397家，同比增长幅度分别43.8%和20.7%，均创历史新高。（应巧玲）

【建筑业安全生产】 2018年，持续推进建设施工安全生产综合治理三年行动、起重机械、十项行动保百日平安等专项行动，加强重大危险源安全监管，以零容忍手段开展安全大检查，加大检查频次和力度，保持安全监管高压态势。全年组织季度督查4次，派出督查组27个，检查在建工地69个，燃气和供水设施75处，下发督办通知书116份，执法建议书21份，通报典型案例21起。全市处罚安全违法行为126起，金额257.1万元，责令停工整改项目332个。推进标准化建设，16个项目评为省级标化工地，11个项目评为市级标杆工程，43个项目评为市级标化工地。加强宣传教育和培训，开展“安全生产月”和“隐患排查日”等活动，召开市级现场观摩会2次，举办危大工程管理专题培训，组织建筑从业人员观摩学习4000余人次。加强应急救援体系建设，修订完善应急预案，成立工程质量安全、燃气供水和防台防汛应急队伍3支470人，全年启动防台应急预案3次，完成各项防灾任务。 （陈何龙）

房地产业

【概况】 2018年，全市完成房地产投资202.33亿元，同比增长6.2%，投资额及增长率均位居全省第十；全市房屋施工面积1293.63万平方米，同比增长13.4%；房屋竣工面积271.78万平方米，同比增长22.4%；销售面积316.77万平方米，位居全省第九，同比增长19.2%，位居全省第一；实现销售金额292.99亿元，同比增长20%；市区新建住宅销售价格指数同比增幅2.3%；全市新建商品住宅库存103.07万平方米，消化周期6.73个月，其中市本级4.51个月。全年全市核发房地产开发企业资质证书127本，其中，核发新成立的房地产开发企业41家，定三级房地产开发企业2家。 （刘静文）

测绘事业

【测绘机构】 2018年，全市测绘与地理信息机构、人员编制和管理职能基本建立，市、县测绘与地理信息主管部门按“三定方案”和编办文件全部设立内设测绘管理科或测绘管理办公室，独立行使测绘行政管理职能，实现测管分离。丽水市、县9个直属政府的测绘地理信息管理机构，从事测绘地理信息管理工作30余人，取得测绘执法证资格20人，测绘地理信息管理机构直属单位从业人员150人。全年全市持证测绘资质单位55家，其中，甲级1家、乙级3家、丙级13家和丁级38家，年产值1.8亿元。

【基础测绘管理】 2018年，加强巩固体制机制建设，全市基础测绘年度计划和实施经费基本列入国民经济和社会发展计划和财政预算。全年全市基础测绘经费投入3200万元，其中市区财政投入612万元。开展测量标志巡查工作，完成测量标志补贴发放3.6万元。地理信息数据资源覆盖范围不断扩大。2018年，全市1:500、1:2000覆盖面积分别为1085平方千米、4500平方千米。全市域实现0.5米分辨率的航空遥感影像数据全覆盖。

【测绘资质与市场监管】 2018年，全市行政许可办理19件，其中，资质申请8件、业务范围变更9件、资质升级2件。深入市、县开展浙江省测绘管理条例调研活动；开展“8•29”测绘法宣传日活动，在主要街道开展现场咨询活动；开展测绘成果质量监督和双随机检查工作，完成14家测绘资质单位的质量监督，10家单位的资质巡查、质量保证体系和成果档案保密检查工作。第三次修编丽水市领导工作用图并编制全市域、市区影像图成果产品。

【测绘重大项目建设】 2018年，山区1:2000测图项目市区和景宁畲族自治县已全面完成，并通过省测绘质监站验收，其他7个县（市、区）全面落实项目年度预算资金并完成项目招标程序和合同签订工作。全力推进“联合测绘”改革。市审改办等六部门联合印发“联合测绘”改革实施意见，公布“联合测绘”中介服务机构基本名录库3次31家，实现动态管理。召开丽水市“联合测绘”改革及技术交流工作推进会，推动“联合测绘”改革工作。乙、丙、丁级测绘资质认定采取快递送达“零上门”服务方式，其他事项实行网上审批服务或窗口办理实现“最多跑一次”。夯实基础抓演练，提升应急测绘保障服务能力。成立丽水市测绘与地理信息应急保障预案演练领导小组，编制《丽水市应急测绘操作手册》，并将测绘地理信息专项应急预案纳入市政府应急管理体系，形成应急保障响应能力并开展演练。组织市区2支应急队伍到莲都区联城街道官桥村北侧二类地质灾害点，利用无人机等设备准时开展测绘专项应急预案演练，效果明显。突出重点抓宣传，少儿手绘地图大赛再创新佳绩。联合市教育局印发《丽水市开展浙江省第四届“美丽中国”国家版图知识竞赛和少儿手绘地图大赛活动工作方案》，组织全国国家版图知识竞赛和少儿手绘地图大赛活动，评选结果获省级一等奖1人、二等奖1人、三等奖2人。 （应文宇）

“三改一拆”工作

【概况】 2018年，市“三改一拆”办公室践行“两山”理念，以“丽水之干”担纲“丽水之赞”为引领，坚持精准发力、凝聚合力、靶向发力，进行控新理旧、分类处置，持续推进“三改一拆”和“无违建”创建工作，取得一定成效。全年全市拆除违法建筑1156.75万平方米，完成“三改”1062.88万平方米，分别超额完成省下达年度任务量192.8%和177.1%。民调显示，“三改一拆”和“无违建”创建知晓度88.4%、支持度96.21%、满意度92.64%、获得感93.1%，与2013年（2013年，浙江省启动“三改一拆”行动）相比民众满意度和获得感明显提高。

【拆违成效】 2018年，市“三改一拆”办公室严格落实即查即拆，全面聚焦前端管控和存量违建拆除。完善县、乡、村三级网格化巡查监管体系，实行农民建房“四到场”(建筑放样到场、基槽验收到场、施工过程到场、竣工验收到场)和挂牌施工制度，对新增违法建筑实现零容忍。结合“拆违、拆危、拆破、拔钉”，推行集中拆违、整村推进、我点你拆等形式开展违法建筑整治，持续推进沿线重点区域违建“拔钉战”专项行动，启动市区违法建筑专项整治三年行动。全年全市即查即拆新增违法建筑2.75万平方米，拆除存量违建1154万平方米，其中拔钉117.4万平方米。庆元县“钉钉执法”运用互联网+提速违建处置，获副省长彭佳学批示肯定。

【三改成效】 2018年，市“三改一拆”办公室打造惠民样板项目，直接提升群众满意度和获得感。结合城中村改造、棚户区改造，创造出“景宁县外舍新区”“童话云和”等特色样本；通过旧厂区改造使“低散乱”企业转型升级，推进龙泉小微企业孵化园、松阳茶产业集中加工点等特色产业发展，助推“丽水大花园”建设。全年改造完成旧住宅区537.83万平方米，旧厂区198.64万平方米，城中村326.4万平方米。

【无违建创建成效】 2018年，市“三改一拆”办公室开展清理和完善制度专项行动，各县(市、区)因地制宜制定出台存量违建分类处置办法和完善责任追究办法等长效管理机制，形成较为完善制度体系。青田县出台政策文件6份，处置历史违建4296户，拆违面积143.9万平方米，罚没款2300万余元，发放农房不动产确权证14021余本。加强“存量补录”和新增违建数据管理和核查工作，通过核查历年数据、核实抽样点位，进一步摸清违法建筑底数，形成翔实数据库。丽水经济技术开发区利用无人机空中巡查300余次，共发现并拆除隐蔽违建面积3000余平方米。完成新一轮存量违建排摸，并录入省级数据库。2018年，全市创成“基本无违建县(市区)”4个(龙泉市、青田县、庆元县、松阳县)，至此，丽水市“基本无违建县(市区)7个。

【“三改一拆”宣传】 2018年，市“三改一拆”办公室加大宣传力度，全面聚焦舆论宣传短板。在丽水电台开设《“三改一拆”美丽家园》专栏，对“三改一拆”工作中先进典型人物进行系列报道，挖掘亮点和特色工作在各大媒体宣传报道。举办“‘三改一拆’美丽丽水”主题摄影大赛，共收集参赛摄影作品2500多幅，评出一、二、三等奖59人；组织开展“三改一拆”五年回眸成果展，在市本级和部分县(市、区)巡回展出。全年“三改一拆”宣传报道在国家级媒体发表20篇、省级媒体113篇、市级媒体518篇，被省办录用115篇，录用量全省第一，其中《“对标赶超”推进美化家园工作争先进位》《围绕绿色发展打响“十大战役”丽水畲乡大地春潮涌》等被新华网、人民网等多家媒体报道。 (刘莉莉)

综合行政执法工作

【概况】 2018年，市综合行政执法局处置各类案件67194件(平均每日查处184起)，其中，立案查处一般程序案件433件，涉及处罚金额近592万元；办理各类审批事项1700余件；被申请行政复议案件共3件，无被纠错案件；被起诉行政诉讼案件12件，无败诉案件，为市区经济发展和重点工作提供强劲的执法保障。

【综合行政执法改革】 2018年，根据《浙江省人民政府关于深化行政执法体制改革全面推进综合行政执法的意见》，丽水市9个县(市、区)成立综合行政执法局，完成全市综合执法改革工作。按照省编办批复确定“总体设计、一次审批、分步实施”办法，首批综合行政执法的执法事项169项已划转。全市173个乡镇，实行单独派驻执法中队50个，实行区域派驻123个，实现乡镇(街道)、功能区派驻执法机构全覆盖，其中城区实行市局直接管辖，共派驻直属执法中队5个，开发区执法分局1个。

【城中村改造执法保障工作】 2018年，根据市委、市政府城中村改造工作部署，全力配合做好“两违”(违法用地、违建建筑)处置工作，市综合行政执法局抽调92名执法队员直接参与，明确“局长负总责、分管局长具体负责、中队长辖区负责、工作人员具体案件负责”的“两违”处置工作责任体系、“两违”案件处置“三级处理决策”机制、“三三限期处置”机制，全面落实“两违”处置工作。全年完成“两违”认定2938户，涉及违法建筑面积共41.81万平方米，参加市、区联席会议研究疑难问题292个。

【文明城市创建常态化工作】 2018年，市综合行政执法局推动文明城市创建常态化。开展餐饮业油烟污染整治，联合推进第一批需整改669家未安装油烟净化设施商户整改工作，整治508家，搬迁4家，关停157家，完成率100%。开展污水乱排整治工作，重点对大中型餐饮单位、各学校食堂后厨已安装净化设施运维、排水证办理等情况进行检查，走访277家，发放告知书36家，发放限期改正通知书4家。加强焚烧秸秆监管力度，全年发现并劝导制止辖区内焚烧秸秆、树叶等413件，实施处罚18起，移交市环保局立案查处12起。联合开展建筑垃圾处置执法行动12次，联合出动执法人员200余人次，共查处处罚乱堆放、乱倾倒行为160余起，立案5起。加强市区娱乐场所噪音排放违法行为和夜间建筑施工噪音污染等监督检查力度，加大对商家促销噪声、夜排档露天烧烤扰民进行集中整治，共处理噪声污染投诉365件，立案处罚噪声超标案件6件。开展市容整治常态化、日常化，处罚乱扔烟头、垃圾案件545件，拆除户外广告229处、横幅1176条，处罚流动摊贩775件、出门窗店外经营85件次，采集违法停车37441辆，拖移1200余辆次，捕捉(杀)流浪犬1310只，处罚不文明遛犬160余件。

【精品示范街创建】 2018年，市综合行政执法局完成花园路、中山街(丽阳街—解放街)精品示范街创建工作。在中山街改造工作中会同相关部门现场勘察8次，勘察疑难点位31处，入店入户开展协调工作60次，促成配合改造9处，拆除影响工程改造店招牌6处，拆除新老违章5处，拆除有碍观瞻简易构筑物5处，并建立长效管理机制。

【行政执法维稳工作】 2018年，市综合行政执法局做好举报投诉处置和信访维稳工作，市本级累计收到各类举报投诉和信访件7934件(其中“12345”电话举报7289件、省信访局网站406件、网上投诉领导信箱184件、到局里反映或来信案件55件)，全部做到及时办理，按时回复，回复率100%。做好环保督查整改工作，中央环保督察信访件6个、督察环保信访件33个，实行案件领办制，层层落实责任，限时销号，确保及时办结。加强网络意识形态工作，做好该单位相关网络舆情防控，累计回复网民网络问政139条。牵头推进该系统扫黑除恶专项斗争，共接到群众、施工单位提供线索10余条，移交公安机关核实处理。

【智慧城管工作】 2018年，根据省厅下达完成35个建制镇(含17个中心镇)智慧城管信息平台建设工作任务，市综合行政执法局依托基层“四个平台”，深入研究相关智慧城管专业领域业务，深化建制镇智慧城管业务拓展，完成建制镇智慧城管信息平台建设工作19个。市综合行政执法局加大文明城市常态化建设、“三改一拆”、“五水共治”等重点工作各类问题采集、受理、立案、派遣和督办力度，并建立长效本级数字城管督办案卷45292件，结案44614件，结案率98.59%。(季祖建)

生态环境保护

【概况】 2018年，丽水市环境保护局对标最美生态要求，深入推进治水、治气、治土，打好污染防治攻坚战，全市生态环境质量保持领先，生态环境状况指数(EI)连续15年全省第一，生态环境质量公众满意度连续11年全省第一，生态文明总指数位居全省第一，获“绿水青山就是金山银山”实践创新基地称号。

【环境质量】 2018年，全市地表水环境、空气环境质量和声环境持续向好。在水环境质量方面，丽水市境内河流、湖库共设置96个地表水常规断面开展地表水监测，年均值满足相应水功能要求有95个断面，达标率98.96%，与上年持平；Ⅰ—Ⅱ类水质断面85个，占总断面数88.5%，较上年下降2.2个百分点；Ⅲ类以上水质断面95个，占总断面数99%，与上年持平；Ⅴ类断面(环城河口)1个，占总断面数1%。能满足水域功能要求断面95个，占总断面数99%，不能满足水域功能断面1个，占1%。全市县级以上集中式饮用水水源地共10个，达标率100%；丽水市域范围共设有省、市、县三级交接断面17个，各交接断面水质达标率100%。全市地表水环境质量位居全省第一。在空气环境质量方面，莲都区空气质量指数(AQI)优良率为95.6%，全省排名第一，PM2.5(细颗粒物)年平均浓度为28微克每立方米，排名全省第二，在全国169个空气质量排名城市中位居第五；莲都区全年有效监测天数363天，其中，空气质量达到Ⅰ级天数有164天，Ⅱ级天数183天，Ⅲ级天数16天，无Ⅳ级和0级天数，Ⅰ、Ⅱ级(优良)天数合计占比为95.6%。丽水各县(市、区)空气

12月15日，丽水市获“两山”实践创新基地称号(左四为丽水市副市长徐光文)

(郑茹茹 提供)

质量优良率在95.6%—99.4%之间，最高为景宁县99.4%，最低为莲都区95.6%。全市各县(市、区)细颗粒物PM2.5年均浓度范围为21—28微克每立方米；最高丽水市区和松阳县，为28微克每立方米；最低为龙泉市，为21微克每立方米，均达到国家二级标准(35微克每立方米)；平均为25微克每立方米，较上年度下降4微克每立方米。全市降水pH平均值为5.26，酸雨频率全市平均为53.2%，较2017年上升3.9个百分点。在声环境质量方面，丽水市区区域昼间等效声级为53.9分贝，比2017年下降1.8分贝；市区交通噪声平均等效声级为66.8，较上年上升2.6分贝，均达到国家控制标准要求。

【水、气、土治理】 2018年，治水方面，市环保局重点聚焦“污水零直排区”创建，创成省级以上工业集聚区“污水零直排区”11个，全市实现12个省级以上工业集聚区“污水零直排区”全覆盖。治气方面，开展蓝天保卫战三年行动计划，打响产业结构优化、工业废气治理、能源调整、运输结构调整、城市浊气治理、秋冬季大气污染综合治理“六大战役”。开展“散乱污”企业及集群综合整治，淘汰落后产能企业90家，完成散乱污企业清理整顿204家。完成全市重点工业企业废气治理30家，锅炉清洁排放改造5台。淘汰锅炉179台，完成35蒸吨高温高压循环流化床锅炉超低排放改造2台。机动车遥感监测系统项目全面完成建设并投入使用，在全市范围内开展路检工作；淘汰国三及以下营运柴油货车661辆、老旧船7艘。开展餐饮油烟治理，发放限期整改通知书545份，整治508家，搬迁4家，关停157家，查处餐饮单位污染超标排放案件6起。加强秋冬季秸秆禁烧管控，处置点火点位3378处，处罚217起，处罚金额28160元，农作物秸秆综合利用率93.62%。治土方面，加快推进丽水市工业固体废物综合处置场等危废处置项目，完成丽水市工业固体废物综合处置场主体工程建设。完成农用地土壤污染状况详查以及179家重点行业企业土壤调查基础信息采集并上报省级质控审核。全市污染地块安全利用率100%。

【中央环保督察】 2018年，中央和省级环保督察交办信访件整改完成率99.2%和99.74%。生态环境部“清废2018”行动反馈22个问题以及集中式饮用水源地28个问题已全部整改到位。创新启动市级环保督查，9月11—25日，对龙泉、青田、缙云、松阳4县(市)和丽水经济技术开发区开展首轮市级环保督查，共下沉点位287处，梳理问题清单107项，交办信访件113件，责令整改97家，立案查处17家，罚款金额40.47万元，移送公安3件，约谈相关责任人2人。

【环境执法】 2018年，推进环境执法与司法联动，实现市公安局、市人民检察院、市中级人民法院、市环境保护局四部门环境执法与司法联动市县两级全覆盖。以“花园云”平台建设为载体，将全市4671家涉污企业(排污量占全市所有涉污单位排放总量95%)纳入“污染源地图”，实现生态环境各角度实时展示、多领域覆盖监测、跨部门协同监管、大数据归集应用。市环保局开展环境交叉执法行动6轮，共作出行政处罚475件，处罚款4124.7万元。受理环境信访投诉共1983件，同比下降11.71%；累计排查各类环境信访件547件次，信访件处置率100%。开展环境安全巡查，排查出各类环境风险隐患100处，全部整改到位。

【生态改革创新】 2018年3月1日，《丽水市饮用水水源保护条例》施行。加大生态环保立法力度，探索跨区域生态补偿机制，编制饮用水水源保护配套制度。开展生态保护红线、环境质量底线、资源利用上线和环境准入清单“三线一单”编制工作。以全面深化“最多跑一次”改革为牵引，完成12个省级工业园区、产业聚集区和12个省级特色小镇“区域环评+环境标准”改革任务。全面推行生态环境状况报告制度，实现市、县、乡三级生态环境状况报告制度全覆盖。

【生态示范创建】 2018年，丽水国家级生态文明建设示范市规划通过市人大常委会批准实施。遂昌县创成国家级生态文明建设示范县，云和县成为生态环境部首批环境健康风险管理试点县。丽水市被认定为省级生态文明建设示范市，庆元县、缙云县、松阳县、景宁县被认定为省级生态文明建设示范县。在省委深化千万工程建设美丽浙江推进大会上，丽水作为唯一地级市典型发言。在中国生态文明国际论坛南宁年会上，丽水市作为“两山”实践创新地区代表作典型发言。

【环境宣教】 2018年，市环保局以“美丽中国，我是行动者”为主题，开展世界环境日、浙江生态日和丽水生态文明日系列活动。生态环境部长江经济带“绿水青山就是金山银山”实践创新培训班在丽水举办，生态环境部副部长黄润秋出席并点赞丽水“两山”实践创新成果。推进绿色创建，创成省级生态文明教育基地2个，省级绿色学校10所，省级绿色家庭20户，树立一批环保典型，进一步提高公众环境保护意识和文明素养。 (郑茹茹)

旅　　游

综　　述

【概况】　2018年，丽水旅游系统始终遵循习近平总书记重要讲话精神，坚定不移走“绿色青山就是金山银山”发展道路，秉持“旅游+”和“+旅游”融合发展理念，按照“产业围着旅游转、产品围着旅游造、结构围着旅游调、功能围着旅游配、民生围着旅游兴”总体要求，坚持以创建国家全域旅游示范区为抓手，以实现“两个千亿”为目标，强基础、抓项目、拓市场、树品牌，坚定不移培育旅游第一战略支柱产业，生态旅游产业保持强劲发展势头。2018年，全市实现旅游总收入667.88亿元，同比增长16.58%；完成旅游投资206.24亿元，同比增长27.76%，旅游经济总体保持较高增长态势。

旅游资源开发与产品建设

【旅游项目建设】　2018年，市旅委按照“一个项目、一班人马、一套机制、一抓到底”工作要求，全面推进项目建设。龙泉山景区缆车项目投入运营，九龙国家湿地公园开园、松阴溪景区开始试营业，遂昌华东地区首座景观玻璃桥（南尖岩云端玻璃桥）正式开放，缙云蛟龙大峡谷玻璃栈道对外开放。加快推进市本级处州府城、中国青瓷小镇维景温泉度假酒店、莲都郎奇—白桥康养小镇、遂昌汤显祖戏曲小镇、松阳茶文化体验中心等重大项目建设。持续推进旅游厕所革命，完成《丽水市公共厕所建设指南》编制，梳理形成厕所建设正负面清单，新建、改造提升景区厕所120座。

【招商引资】　2018年，市旅委推进市本级重大旅游招商项目，完善欧陆风情园二期项目进入招商方案；优化南明山休闲小镇项目策划方案；完成四都区块休闲旅游开发项目新一轮概念规划方案编制。招商引资态势良好，全市签订旅游项目正式协议30个，协议投资金额157.7亿元；签订框架协议19个，协议投资金额112.39亿元；签订意向协议16个，估算协议投资金额404.3亿元。

【旅游产业融合】　2018年，莲都区碧湖镇下南山村、龙泉市兰巨乡仙仁村、青田县吴坑乡大仁村、云和县赤石乡赤石村、庆元县五大堡乡西川村、缙云县壶镇镇岩下村、遂昌县高坪乡高坪新村、松阳县四都乡西坑村、景宁县澄照乡金坵村获评省级休闲旅游示范村。至此，丽水市有省级休闲旅游示范村18个。丽水市起步股份有限公司（青田县）、云和县金成木业有限公司、龙泉市金宏瓷业有限公司企业入选浙江省工业旅游示范基地名单，至年底，丽水市有省级工业旅游示范基地10家。

【省级旅游风情小镇建设】　2018年，缙云县三溪乡、景宁县大漈乡、松阳县大东坝镇、庆元县百山祖镇入选第三批省级旅游风情小镇培育名单。至年底，全市18家单位入选省级旅游风情小镇培育名单，其中龙泉竹垟畲族乡成功创建首批省级旅游风情小镇。

【旅游商品获奖】　9月7日，2018中国特色旅游商品大赛在四川省峨眉山市举行。此次大赛共有来自全国31个省市区的2万余件、1600组参赛作品进入终评环节，经专家最终现场评审，丽水市获银奖6枚、铜奖2枚（莲都鱼跃“少不了”旅游礼包，松阳鸣珂里独山告白系列，缙云舒娘子霉干菜扣肉，云和老童木玩中华神板，景宁畲祖烧畲陶银杯，畲乡丝瓜络拖鞋、畲绣彩云获银奖；缙云舒鲜森酱姑娘礼盒、莲都康玥轩德皇菊获铜奖），获奖数位居全省第一。

【旅游景区创建】　2018年，全市有A级旅游景区61家，其中，AAAA级旅游景区22家、AAA级33家、AA级6家。缙云仙都完成AAAAA旅游景区

丽水市A级旅游景区

表9

市县区	序号	景 区 名 称	等级	景 区 地 址	电　话
缙云县	1	仙都景区	AAAA	缙云县仙都街道鼎湖村	3012861
遂昌县	2	丽水市遂昌金矿国家矿山公园	AAAA	遂昌县濂竹乡花园岭	8146488
遂昌县	3	丽水市遂昌南尖岩景区	AAAA	遂昌县王村口镇石笋头村	8126018
龙泉市	4	丽水市龙泉山旅游区	AAAA	龙泉市龙南乡	7755888
遂昌县	5	丽水市遂昌县神龙飞瀑景区	AAAA	遂昌县安口乡桂洋林场	8366777
景宁县	6	丽水市景宁中国畲乡之窗景区	AAAA	景宁县大均乡大均村	5088567
青田县	7	丽水市青田石雕文化旅游区	AAAA	青田县鹤城街道	6512887
莲都区	8	丽水市东西岩景区	AAAA	丽水市莲都区老竹镇东西岩	2186819
缙云县	9	丽水市缙云仙都黄龙风景区	AAAA	缙云县五云镇黄龙景区内	3128333
景宁县	10	丽水景宁云中大漈景区	AAAA	景宁畲族自治县大漈乡	5066110
遂昌县	11	丽水市遂昌千佛山景区	AAAA	遂昌县石练镇黄皮村	8522999
青田县	12	丽水市青田石门洞景区	AAAA	青田县高市乡石门洞林场	6503683
云和县	13	丽水云和梯田景区	AAAA	云和县崇头镇	5156688
云和县	14	丽水市云和湖仙宫景区	AAAA	云和县紧水滩镇	5141173
庆元县	15	丽水市庆元百山祖景区	AAAA	庆元县百山祖镇车坑村	6133333
松阳县	16	丽水市箬寮原始林景区	AAAA	松阳县安民乡李坑村	8095288
莲都区	17	丽水市古堰画乡景区	AAAA	浙江省丽水市莲都区大港头镇渡南路31号	2577297
龙泉市	18	丽水市中国青瓷小镇•披云青瓷文化园景区	AAAA	浙江省龙泉市上垟镇木岱口村	7398253
松阳县	19	松阳大木山茶园景区	AAAA	松阳县新兴镇横溪村	8013788
龙泉市	20	龙泉宝溪景区	AAAA	龙泉市宝溪乡溪头村	7421339
庆元县	21	庆元巾子峰森林公园	AAAA	庆元县屏都镇八都大街18号	6136160
松阳县	22	松阳松阴溪景区	AAAA	松阳县水南街道	—
青田县	1	青田县阜山清真禅寺旅游区	AAA	青田县阜山清真禅寺	6601169
龙泉市	2	龙泉青瓷宝剑苑	AAA	丽水市龙泉市剑池西路332号	7761663
遂昌县	3	遂昌竹炭博物馆	AAA	遂昌县上江工业园区	8185218
遂昌县	4	遂昌红星坪温泉度假村	AAA	遂昌县湖山乡红星坪村	8155158
遂昌县	5	遂昌汤沐园温泉景区	AAA	遂昌县大柘镇大田村	8151978
龙泉市	6	龙泉白云岩景区	AAA	龙泉市西街街道下樟村	7763655
缙云县	7	丽水市缙云大龙门景区	AAA	缙云县壶镇镇大龙门景区	3550303
景宁县	8	丽水市景宁中国畲族博物馆	AAA	景宁县鹤溪镇	5096381
遂昌县	9	遂昌长濂村	AAA	遂昌县云峰街道长濂村	8195798
遂昌县	10	遂昌高坪新村	AAA	遂昌县高坪乡高坪新村	13735928717
龙泉市	11	龙泉宝剑厂	AAA	泉龙市大沙工业区	7218369
松阳县	12	松阳象溪一村景区	AAA	松阳县象溪镇象溪一村	—
松阳县	13	松阳李坑村景区	AAA	松阳县安民乡李坑村	8095528
云和县	14	云和小顺景区	AAA	云和县石塘镇小顺村	5520833
莲都区	15	莲都诗画利山景区	AAA	莲都区大港头镇利山村	2278128
莲都区	16	莲都区西城广场	AAA	莲都区学院路36号	2183995
遂昌县	17	遂昌遂昌独山村	AAA	遂昌县焦滩乡独山村	8451003
庆元县	18	庆元月山村	AAA	庆元县举水乡月山村	6196557
松阳县	19	松阳上梅畲寨旅游区	AAA	松阳县象溪镇上梅村	667318
松阳县	20	松阳古驿界首旅游区	AAA	松阳县赤寿乡界首村	649517

续表9

市县区	序号	景区名称	等级	景区地址	电话
缙云县	21	缙云河阳古民居景区	AAA	缙云新建镇河阳村	3172808
缙云县	22	缙云笕川花海景区	AAA	缙云县新建镇笕川村	3173535
龙泉市	23	龙泉住龙红色小镇景区	AAA	龙泉市住龙镇住溪村	7181306
龙泉市	24	龙泉青瓷博物馆	AAA	龙泉市剑川大道258号	7129071
龙泉市	25	龙泉兰巨现代农业观光园景区	AAA	龙泉市兰巨乡独田村	7761663
龙泉市	26	龙泉市沈广隆铸剑园景区	AAA	浙江省龙泉市广通街88号	7122257
云和县	27	云和县长汀景区	AAA	云和县石塘镇长汀村	5520833
松阳县	28	松阳县七沐山景区	AAA	浙江省松阳县象溪镇南坑口村	8818999
缙云县	29	缙云县仁岸景区	AAA	缙云县舒洪镇仁岸村	3193881
缙云县	30	缙云县岩下石头村景区	AAA	缙云县壶镇镇岩下村	—
龙泉市	31	龙泉市唯珍堂石斛文化园景区	AAA	龙泉市西街街道周村村	7311888
庆元县	32	庆元县莲湖村景区	AAA	庆元县隆宫乡莲湖村	6012727
云和县	33	云和县梅湾景区	AAA	云和县元和街道梅湾村	5520833
龙泉市	1	龙泉凤羽山庄景区	AA	龙泉市龙南乡西岙	7316888
青田县	2	青田太鹤公园	AA	青田县鹤城镇公园路	6823094
景宁县	3	草鱼塘森林公园	AA	景宁县草鱼塘林场	5088567
遂昌县	4	白马山森林公园	AA	遂昌县新路湾镇白马山林场	8200200
遂昌县	5	神龙谷漂流景区	AA	遂昌县垵口乡	8380008
青田县	6	青田诗画小舟山景区	AA	青田县小舟山乡小舟山村	6500933

创建项目建设，列全省待创景区第一，等待国家验收。古堰画乡、云和梯田、遂昌金矿景区已由省景评委向国家景评委提出AAAAA景区创建景观资源评估请示。庆元巾子峰、松阳松阴溪创成AAAA级景区，龙泉青瓷文化旅游度假区获批省级旅游度假区，松阳县西屏街道、遂昌县王村口镇、龙泉市宝溪乡被省政府命名为第二批省级旅游风情小镇。千村景区化建设全面铺开，全市评定A级景区村庄242个，其中AAA级景区村庄25个。

旅游宣传促销

【旅游市场营销】 2018年，市旅委继续深化与央视、省市级媒体合作，在央视《今日关注》栏目全新推出丽水旅游宣传广告，与浙江经视合作推出“丽水国际版亲子秀”，钱江都市频道推出“范大姐带你游丽水”，浙江影视频道合作推出《旅行》，与丽水电视台联手推出《寻味》等节目，提高丽水知名度、美誉度、影响力。加大对重要客源地旅游推介，举办丽水（上海）旅游、招商推介会；先后组织举办南京、镇江、扬州、泰州及省内杭州、嘉兴、湖州等高铁沿线城市“乘着高铁游丽水”主题推介活动，拓展苏南、苏中市场，取得很好效果。推出全域旅游惠民卡，使“丽水人游丽水”更优惠、更便捷；推出丽水大花园导游导览系统，实现“一图在手、游遍丽水”。承办第十三届浙江山水旅游节暨中国仙都·瓯江山水诗之路旅游节，与各部门携手举办全市旅游饭店服务技能大赛，开展2018丽水半程马拉松、2018“冒险岛水世界”水上嘉年华系列宣传推介活动。

【获评“中国十大最具活力休闲城市”】 11月10日，2018中国（国际）休闲发展论坛在杭州举行。在论坛颁奖典礼上，丽水市被评为“2018中国十大最具活力休闲城市”称号，这也是丽水市连续4年获此项殊荣；遂昌县获评“2018年度中国十大康养休闲度假示范基地”称号；景宁畲族自治县获评“2018年中国十大全域旅游示范县市”称号；云和县获评“2018年度中国田园综合体示范单位”称号。

【发布丽水全域旅游惠民卡】 2018年8月30日，丽水全域旅游惠民卡上线，该卡覆盖全市收费景区29家，其中AAAA景区18家，以全部去一次的频率计算，单次门票总价值1938元，单人卡仅售价200元，家庭两人卡售价320元，三人卡售价420元，有效期为1年，除"五一"国际劳动节、国庆假期，或因举办重大节庆、赛事活动及景区限流外，持卡用户可在有效期内无限次到景区游览，同一景区每天限使用一次。该卡的发行，是丽水市旅游业由"景点旅游"向"全域旅游"，由"门票经济"向"产业经济"发展模式转变的有益探索，也是一项惠民、便民、利民的民生工程，有利于丽水市旅游全产业链条企业利益、行业利益、社会利益实现和谐统一。

旅游行业管理

【旅游行业规范】　2018年，在省市统一部署开展旅游市场整治行动、规范旅游市场秩序基础上，市旅委会同市财政部门制定出台《市本级旅行社、星级旅游饭店及全市导游员计分考核奖励暂行办法》及《市本级旅行社、星级旅游饭店及全市导游员计分考核实施细则》，建立"红黑榜"制度，率先实现地级市旅游市场监管长效机制建设"零突破"。"最多跑一次"改革事项办理再优化、再提速，所有事项实现网上办理、一次办结。组织全市饭店业技能比武大赛，举办全市导游员业务轮训，完成市旅游行业协会换届，组建市导游协会，行业自身管理和服务水平不断提高。安全生产责任制落实到位，全年全市未发生旅游安全生产事故。

【黄金周市场】　2018年，春节黄金周（2月15—21日）全市接待游客317.93万人次，同比增长6.79%，实现旅游总收入21.75亿元，同比增长20.35%。国庆黄金周（10月1—7日）全市接待游客595.38万人次，同比增长11.69%，实现旅游收入39.62亿元，同比增长17.59%。全市黄金周期间未发生旅游安全事故，旅游投诉有效处理率100%。

【星级评定】　2018年，全市全面推进星级旅游饭店、星级旅行社创建工作，针对星级评定标准，加强培训，指导有条件的旅行社加强内部管理，完善经营制度，提高行业整体服务水平。全市有星级旅游饭店42家，其中，五星级饭店1家、四星级饭店6家、三星级饭店24家、二星级饭店9家、一星级饭店2家。新评定三星级饭店3家，银鼎级特色文化主题酒店1家，银树叶级绿色饭店1家，东方文廷酒店通过五星级初评，取消低星级饭店（三星以下）5家。全市有旅行社112

2018年丽水市星级、绿色饭店

表10

序号	饭 店 名 称	星级	地址	备　注
1	丽水华侨开元名都大酒店	5	丽水市丽阳街651号	金叶级绿色
1	缙云县中维香溢大酒店	4	缙云县仙都路99号	绿色
2	青田人和王朝大酒店	4	青田县新大街8号	绿色
3	景宁畲乡鸿宾大酒店	4	景宁县团结路129号	绿色
4	云和华威国际大酒店	4	云和仙宫大道8号	绿色
5	遂昌元立国际饭店	4	遂昌县城东街95号	绿色
6	松阳天元名都大酒店	4	松阳县要津路155号	—
1	丽水市香溢紫荆花大酒店	3	丽水市丽阳街438号	绿色
2	丽水市莲城宾馆	3	丽水市丽阳街254号	绿色
3	丽水市飞达国际大酒店	3	丽水市中东路848号	—
4	丽水市新世界大酒店	3	丽水市丽青路219号	绿色
5	丽水东方宾馆	3	丽水市中山街433号	绿色
6	丽水市现代广场大酒店	3	丽水市大洋路598号	绿色
7	丽水市辉煌大酒店	3	丽水市开发区新南城208号	—
8	丽水市绿谷明珠大酒店	3	丽水市大洋路199号	—
9	松阳天元国际酒店	3	松阳县长虹东路183号	绿色
10	松阳县旭日摄影主题饭店	3	松阳县长虹中路2号	—
11	龙泉市南国花园酒店	3	龙泉市剑川大道155号	绿色
12	龙泉香溢大酒店	3	龙泉市贤良路218号	绿色

续表10

序号	饭店名称	星级	地址	备注
13	龙泉大酒店	3	龙泉市新华街83号	绿色
14	龙泉将军大酒店	3	龙泉市中山东路118号	—
15	青田县侨乡国际大酒店	3	青田县江南大道108号	绿色
16	庆元国际大酒店	3	庆元县松源镇濛州街	绿色
17	遂昌凯恩大酒店	3	遂昌县北街1号	绿色
18	遂昌黄金大酒店	3	遂昌县濂竹乡花园岭	绿色
19	遂昌南尖岩山庄	3	遂昌县王村口石笋头村	—
20	遂昌汤公度假酒店	3	遂昌县妙高镇	绿色
21	遂昌红星坪温泉酒店	3	遂昌县湖山乡	—
22	云和大酒店	3	云和县城东路111号	—
23	景宁正名酒店	3	景宁人民北路111号	—
24	景宁欣和华侨大酒店	3	景宁县新人民南路549号	—
1	松阳箬寮山庄	2	松阳县安民乡李坑村	—
2	松阳中澳大酒店	2	松阳县长虹中路85号	—
3	龙泉市山水商务酒店	2	龙泉市环城东路201号	—
4	龙泉市信用宾馆	2	龙泉市农资入口	—
5	景宁县鸿宾大酒店	2	景宁县人民中路68号	—
6	遂昌宾馆	2	遂昌县东街40号	—
7	遂昌鞍山书院	2	遂昌县云峰镇长濂村	—
8	庆元皇庭商务大酒店	2	庆元县新建路83号	—
9	青田县千鹤宾馆	2	青田县新大街2号	—
1	龙泉市供销商务宾馆	1	龙泉市中山西路74号	—
2	松阳宾馆	1	松阳县新华街18号	—

家，其中，五星级品质旅行社1家、四星级品质旅行社18家、三星级品质旅行社13家。2018年，新设旅行社14家，新评定品质旅行社3家。

全域旅游

【旅游体制改革】 2018年5月，丽水市整合优化市本级旅游管理体制，将市瓯管委、市千峡湖管委会2家正处级事业单位与市旅委全面整合，实行合署办公。通过再造工作机制，再塑工作流程，优化整合3家单位内设机构，实现扁平化管理，有效革除市本级旅游体制弊端，提高工作效率，形成工作合力。

【发布《丽水市全域旅游发展规划》】 2018年11月12日，市政府发布《丽水市全域旅游发展规划》。确定丽水市"一心、一轴、四区、四级"旅游空间发展模式，全面助推丽水构建点线面相结合的立体化全域旅游目的地。其中，"一心"为丽水城市旅游综合服务中心，"一轴"为瓯江生态旅游轴，"四区"为西北部遂昌—松阳山乡田园牧歌旅游区、西南部龙泉—庆元文化养生旅游区、东部缙云—青田品质休闲旅游区、南部云和—景宁乡村民俗旅游区，"四级"为城市、乡村、高等级景区、风景道四大重点旅游产业发展空间。

【全域旅游创建】 2018年，市、县两级全域办真正实现实体化运作（全市抽调精干力量50余人，其中市本级抽调7人），各地深入研究创建《全域旅游示范区创建工作导则》，精准把握重点，务求标准具体化、项目化、日常化，"周简报、季点评、年考核"创建工作机制长效化、常态化。2018年，首次以3分的权重将市直重点部门推进旅游工作纳入市委、市政府年度综合考核，对县（市、区）考核权重高达8分，形成"目标明确、责任清晰，横向到边、纵向到底"共建格局。推进全域旅游创建，缙云县、遂昌县、松阳县通过浙江省全域旅游示范县（市、区）验收。 （项　浩）

财政 税务

综 述

【概况】 2018年，全市财政总收入211.18亿元，增长17%；一般公共预算收入130.01亿元，增长15.1%；一般公共预算税收收入105.12亿元，增长18.1%。其中，市本级财政总收入54.38亿元，增长15.5%；一般公共预算收入34.58亿元，增长15.6%；一般公共预算税收收入27.36亿元，增长18.6%。全市一般公共预算支出432.02亿元，增长14.1%，其中，市本级一般公共预算支出55.29亿元，增长22.5%。根据现行财政体制和省对市（县）财政政策测算，全年全市和市本级财政收支平衡。

2018年3—6月，根据党和国家机构改革总体要求和工作部署，推进财政地税分设工作。全市划转公务员620人、事业人员10人、工勤人员9人、编外人员155人、退休干部78人至同级税务部门。其中市本级划转公务员208人、工勤人员2人、编外人员61人、退休干部2人。1月，出台《关于开展"大学习大调研大抓落实"和党建业务双提升活动的通知》《党支部工作考核办法》等系列文件，"五型党支部"创建获评"丽水市优秀党建品牌"称号。3月，出台《关于进一步加强全市财政地税系统党风廉政建设的通知》，提出"六严禁、十不为"纪律规定。11月，组织编制丽水市首个《丽水市会计行业人才发展规划（2018—2022年）》，会计高级职称参加专业考试53人，通过40人，通过率75.5%。11月，出台《关于推进"清廉财政"建设的实施方案》。建成"且停停"图书室和丽水市财税陈列馆，开展"书香财税、共享悦读"主题读书日活动9期。2018年，市财政局通过"七五"普法中期验收，完成微视频《传承》、动漫《国之宪法》及文创作品《我与宪法故事——传承》，微视频《传承》获浙江省"我与宪法"优秀微视频二等奖，通过司法部"我与宪法"微视频大赛初评。全市调研论文在国家级刊物发表16篇，省级刊物发表42篇，编发专报30余篇，获省财政信息工作考核第一名。在市委、市政府2018年度综合考核中被评为优秀单位。

【组织财政收入】 2018年，全市一般公共预算收入占全市GDP的比重为9.3%，其中市级为14%；一般公共预算税收收入占一般公共预算收入的比重为80.9%，达到全省高质量发展指标体系评价标准（80%），其中市本级为79.1%；一般公共预算收入占

8月1日，丽水市财政局开展"书香财税、共享悦读"主题读书日活动

（王苏连 提供）

财政总收入的比重为61.6%，其中市本级为63.6%。强化非税收入征管，加强土地出让金收缴力度，建立市本级土地出让联席会议制度，全年全市非税收入238.57亿元(含土地出让金158.04亿元，增长65.3%)，其中，纳入一般公共预算管理的非税收入24.89亿元；市本级非税收入91.54亿元(含土地出让金76.84亿元，增长44.7%)，其中纳入一般公共预算管理的非税收入7.94亿元。

【支持经济发展】 2018年，建立涉企政策整合机制，将市级主要涉企扶持政策整合形成生态工业等9大类，培育生态经济成长。全年全市兑付企业扶持资金20.35亿元，增长47.6%，其中市本级6.54亿元，增长36.3%。落实减税降费政策，市本级退付(库)涉企各类基金、行政事业性收费1.4亿元。发挥生态产业基金支持、引导作用，直接投资有邦新材料、繁盛超纤、浩腾科技等实体项目，组建绿谷信息、云和梯田社会化子基金及青田、龙泉、松阳、庆元等区域子基金，基金投资额4.98亿元，带动社会资本投资68.15亿元。开展人大代表政协委员“上门走访一次”“精准服务企业、振兴实体经济”等活动，走访企业界代表委员9人，市直重点企业19家，召开“精准服务 共享发展”恳谈会，与20家企业代表开展面对面沟通交流，现场解决办理问题21个，收集接纳意见建议38条。推进PPP示范市建设，全市3个项目进入财政部第四批政府和社会资本合作(PPP)示范项目名单，位居全省首位。

【保障民生和重点项目支出】 2018年，做好市本级“大花园”建设、城中村改造、丽水机场建设等重大项目资金保障工作，全年市直基本建设支出66.84亿元。围绕打好“污染防治攻坚战”、服务国家级生态文明示范市创建工作，安排生态环保基础设施建设支出3.22亿元、城市维护建设管理费支出2.19亿元。构建市内流域上下游横向生态保护补偿机制，莲都、青田等7个县(区)全部签订补偿协议，获省财政补助3500万元。加大民生事业倾斜力度，全市民生支出341.39亿元，占财政总支出的79%，增长14%，其中市本级39.99亿元，占财政总支出的72.3%，增长32.1%。保障教育、科技投入，全市教育支出68.93亿元，增长2.9%，科技支出9.32亿元，增长28.2%。加大残疾人事业投入，支持社会救助机构能力建设，深化医疗卫生服务体系改革，建立健全“建设发展靠政府、运行补偿靠服务”的公立医院补偿新机制，全市社会保障和就业支出46.26亿元，增长23.5%，医疗卫生和计划生育支出42.52亿元，增长20.6%。推动景宁东弄畲家和龙泉“耕读大观”等田园综合体项目建设，其中景宁东弄畲家成为全省首家开园的田园综合体试点项目，全市“农林水”支出59.8亿元，增长4.5%。用好道交救助基金，全年市本级垫付抢救费用502万元。

【深化财政改革】 2018年，市财政局根据《中华人民共和国预算法》相关要求，市直部门预算草案提交市人代会审议。推进全口径预算编制，将基本建设预算、土地出让金预算纳入全口径预算管理，明确编报范围及流程，实现同步编制、同步上会。修订《丽水市市直财政专项资金管理试行办法》，将原36个专项资金整合为17个。推进“政采云”平台建设，“丽水制造精品馆”成为全省首个在“政采云”开放的“城市制造馆”，入驻网上超市供应商1183家，市本级实现预算单位通过平台实施采购100%。完成“资产云”资产管理系统上线应用，推进事业单位车改工作。做好授权支付工作，全年市本级授权支付资金8.64亿元。

【财政管理】 2018年，市财政局制定防范化解地方政府隐性债务专项行动实施方案，完成2018年隐性债务化解计划任务43.8亿元。出台《丽水市本级行政事业单位公款竞争性存放管理暂行办法》，市本级行政事业单位资金竞争性存放2.14亿元，财政资金竞争性存放8亿元。出台《丽水市直财政支出绩效评价结果应用管理暂行办法》，推动绩效评价成果应用。建立财政内控执行自查反馈机制，完善内控年度考核，开展财政内控专项检查。完成省委巡视4项反馈意见29条措施整改工作，配合完成市委巡察工作。适应营运公司市场化改革新形势，调整财务总监监管方式，从管公司转变为管项目，突出重点建设项目及公立医院等重点行业监管服务。推进项目审核，全年市本级节约财政性资金2.8亿元。

【深化“最多跑一次”改革】 2018年，市财政局推进部门间“最多跑一次”工作，财政流程再造工作事项55个，整合精简18项，实现“零跑”或“最多跑一次”27项，压缩期限10项。编印部门间“最多跑一次”办事指南1000册，供市直有关部门(单位)参阅。推行“上门服务至少一次”活动，为企业、部门、单位送政策、送服务。全年全市财政部门服务部门680个，服务企业466个，解决问题10296个，其中，市本级服务部门98个，覆盖率100%，解决问题463个。市直119家单位推行授权支付工作。推进统一公共支付平台应用扩面及深化工作，全年全市通过统一公共支付平台收缴资金 134 万笔，金额 101 亿元，涉及单位 902 家。打造“一个门进、一站式办理、一个平台操作、一卡通发放”的乡镇公共财政服务平台新模式，全省首次实现全市域范围内推行社保卡涉农补贴一卡通发放，被省财政厅列入农村综合改革创新典型十大案例之一，在全省推广，通过平台发放项目数位列全省第一。全年通过平台发放项目 58 项，补助资金 13 亿元，惠及 175 万人次。（王苏连）

税务工作

【概况】 2018 年，国家税务总局（以下简称“总局”）丽水市税务局（以下简称“市局”）管辖全市纳税户数21.3 万户，其中，增值税一般纳税人 1.3 万户，缴费企业 1.5 万户，灵活就业人员 31 万人，全市缴费人数 196 万人。全市税务系统共有全职能局 10 个和机构单位 28 个，其中，内设机构 19 个、派出机构 6 个、事业单位 3 个，全市税务系统干部职工 2135 人，在职干部职工平均年龄 42 岁，取得“三师”资格人员 105 人。全年全市组织税费收入 301.9 亿元，同比增长 15.2%，其中税收收入 194.9 亿元，同比增长 17.1%，增幅居全省第三位，低于衢州（20.37%）、湖州（17.21%）。贡献一般公共预算收入 111.1 亿元，同比增长 18.5%，占全部一般公共预算收入比重 85.5%。宣传落实各项税收优惠政策和新出台的系列减税降费政策，全年全市落实各项减税政策 66.62 亿元，同比增长 12.7%，其中，出口退税 21.15 亿元，同比增长 24.2%。

税收征管质量提质升级。强化企业所得税管理，全市申报所得税汇算清缴 2.7 万户，申报率 100%，入库企业所得税 2.5 亿元，同比增长 45.5%。全年完成土地清算项目 27 个，完成率 180%，入库土地增值税 8.43 亿元。首创双核查机制，全市 656 户纳税人申报入库环保税 571 万元，申报率 100%。加强税源专业化管理，强化税收风险应对，全年处理税收风险重点事项 3075 户，查补税款 1.72 亿元，移交稽查或反避税 11 户。

依法行政效能稳步提升。制定年度依法行政重点任务，定期召开依法治税工作领导小组会议，分析研判形势，加强工作统筹。做好行政复议和应诉工作，税务行政诉讼案件连续 4 起胜诉。加强重大税务案件审理，建立法律顾问队伍，发挥公职律师、法律顾问在重大行政决策、推进依法行政中作用。开展“放管服”改革、国务院减税措施、增值税发票风险管理等税收执法督察，自查面 100%，发现问题 51 个，涉及 92 户次。研发完善内控辅助平台，作为总局内控监督平台补充。

税务形象站位持续提升。“新时代税务讲习堂”获 2018 年丽水市直单位“十佳党建品牌”称号。丽水代表队在全省系统大合唱比赛获第三名。国家税务总局丽水市税务局获全省税务系统绩效管理和市委市政府考核“双优秀”“全国模范职工之家”“省工人先锋号”“丽水市模范集体”、4 个“省模范职工小家”、2 个“省青年文明号”、被原省地税局授予集体二等功。刘小平被总局记二等功，成为全省唯一获此荣誉的个人。

【国税地税征管体制改革】 2018 年 3 月 13 日，中共十九届三中全会通过《深化党和国家机构改革方案》决定，改革国税地税征管体制，将省级和省级以下国税地税机构合并。6 月 7 日，召开全市税务系统机构改革动员部署会，成立机构改革工作小组，全面统筹“新机构挂牌、三定方案落实、社保费和非税收入征管职责划转”三场攻坚战。设立改革专业组 7 个，负责归口解决改革问题，组建 9 个联络（督导）组赴各县驻点督导。6 月 25 日，丽水市委、市政府召开全市国税地税征管体制改革动员部署会。7 月 2 日，丽水市国税地税联合党委成立，市局班子成员在丽水市莲都区中山街办公区集中办公。7 月 5 日，市级新税务机构国家税务总局丽水市税务局挂牌成立，市政府常务副市长林亮出席挂牌仪式，标志着丽水市国家税务局、

7 月 5 日，国家税务总局丽水市税务局挂牌成立　　（华丽军　提供）

丽水市地方税务局合并，承担所辖区域内的各项税收，包括社会保险费及非税收入征管等职责。7月20日，县级新税务机构挂牌成立，国家税务总局第十一联络（督导）组常务副组长王文钦、浙江省税务局第七联络（督导）组组长丁丹赴龙泉出席新机构挂牌仪式。8月31日，市级税务局“三定”暂行规定被省局批复。9月21日，市局各单位负责人任命。9月30日，市局新机构人员全部到位。12月31日，城乡居民两费和部分非税收入划转工作完成。丽水市委书记胡海峰关注税务机构改革工作，第一时间批示祝贺市税务局挂牌成立，机构改革完成后，批示肯定“市税务局改革意志坚定，行动迅速有力”。丽水市市长吴晓东多次到新税务机构看望和调研指导工作。市委、市政府对机构改革工作的一揽子支持政策被总局督导组作为典型案例。

【优化税收营商环境】 2018年，全市所有“最多跑一次”涉税事项实现“全域一证通办”，在全省范围内率先实行后台进驻大厅、征期大厅流量管理等便民办税举措，全省实现针对多个税务机关实行全业务区域通办的单位。简化企业注销程序，实行清税证明免办服务和容缺办理机制，方便市场主体有序进退。自主研发不动产交易管理系统，丽水莲都区4个街道办事处实现个人出租不动产征税和开票一次性同步完成，避免纳税人多头跑、来回跑。举办民营企业座谈会15场，走访民营企业509户，收集意见建议39条，助力民营企业做精做强。在全国纳税人满意度第三方调查中，丽水获全国第三名。

【构建纳税信用奖惩机制】 2018年，纳税信用级别新增M级，对于新办企业，自其首次办理涉税事项起就进行评价，突破以往只能对上年度的纳税人进行评价限制。全市评价企业40487户，同比增长388.86%，其中，A级纳税人2025户，占5%；M级纳税人21421户，占52.91%。评价个体工商户和其他类型企业73781户，同比增长48.18%，其中A级纳税人154户，占0.21%。拓展纳税信用的增值应用，将纳税信用等级与绿色通道、发票邮寄、企业融资等挂钩。2018年通过纳税信用贷为全市413户小微企业融资7.06亿元。实施守信联合激励和失信联合惩戒，开展失信企业评优评先资格审核、非公有制经济人士“两代表一委员”信用评价、限制失信企业出境资格等，提供企业相关资格诚信审核43次；曝光黑名单企业1次，在“信用浙江”平台公布违法信息2条，推动信用丽水建设，营造诚信纳税、依法经营氛围。

【严厉打击发票虚开】 2018年，国家税务总局丽水市税务局以打造“无骗税、无虚开”市域为目标，针对发票虚开违法行为高发态势，加大专项稽查力度，打击骗税、虚开行为，助力优化经济税收秩序和营商环境。全年全市立案检查涉嫌虚开骗税案件74件，结案72件。认定对外虚开金额14.63亿元，对外虚开税额2.49亿元，接受虚开金额1921万元，税额323万元，入库税款、滞纳金和罚款270万元，移交公安立案15件，抓捕23人。9月和12月，分别对“虹星”涉油变票虚开案和“康鑫”“聚力”涉油变票虚开案进行一审判决，涉案人员被判处3—15年不等的有期徒刑，下游接受虚开企业被补缴消费税8亿余元。

【龙泉刀剑出口退税政策】 2009年，海关认定的产品归类中，将龙泉市刀剑产品的目录由“工艺品”类更改为“兵器类”，取消相应的出口退税，龙泉宝剑外贸出口业务遭受打击。10年来，向上级部门反映龙泉宝剑退税诉求，为龙泉宝剑走出国门争取税收红利。2018年9月5日，财政部、国家税务总局下发《关于提高机电 文化等产品出口退税率的通知》，提高出口退税率的产品清单中，将“其他剑、短弯刀、刺刀、长矛和类似的武器及零件”的退税率确定为13%，标志着国家非遗龙泉市宝剑行业告别无法享受出口退税的历史，每年将增加龙泉宝剑出口退免税1000多万元，直接惠及一批民营企业发展，将中国传统文化扬名海外。 （虞丰平）

金　　融

综　　述

【概况】 2018年，中国人民银行丽水市中心支行（以下简称“市人行”）指导、协调全市金融系统贯彻落实稳健的货币政策，支持民营经济发展，持续支持供给侧结构性改革，优化金融服务管理，推进金融支持乡村振兴，促进地方经济平稳健康发展，实现金融业自身改革发展的新成绩。2018年，全市银行业金融机构人民币各项存款余额2488.23亿元，新增274.80亿元，余额同比增长12.41%，其中，个人存款余额1544.77亿元，同比增长16.25%；非金融企业存款余额389.92亿元，同比增长14.04%；政府存款余额512.25亿元，同比增长3.33%。人民币各项贷款余额1922.37亿元，新增200.32亿元，余额同比增长11.63%，其中，个人贷款余额1200.25亿元，同比增长10.8%；非金融企业及机关团体贷款余额719.98亿元，同比增长13.31%。外汇存款余额12.25亿美元，比年初减少2.38亿美元，余额同比下降16.27%；外汇贷款余额1.97亿美元，比年初增加0.14亿美元，余额同比增长7.43%。全市金融机构不良贷款率1.13%，比年初下降0.62个百分点。全年累计投放发行基金177.52亿元，回笼发行基金160.74亿元，分别同比下降6.53%和8.02%，净投放发行基金16.78亿元。

【贯彻执行货币政策】 2018年，市人行组织召开全市金融机构负责人会议，及时传达贯彻全省金融机构负责人会议精神，落实双支柱调控框架，按照《丽水市地方法人金融机构宏观审慎评估工作管理暂行办法》，通过集中约谈、按月评估监测分析等手段，进一步规范法人机构宏观审慎评估工作。灵活运用再贷款、再贴现工具，引导金融机构增加对涉农、小微领域的信贷投放。全年全市累计发放再贷款8笔，金额1.43亿元；累计发放再贴现299笔，金额4.17亿元。

【支持民营经济发展】 2018年，市人行加强政策引导，积极组织协调，针对性地制定出台《关于金融支持小微企

年末银行业金融机构存贷款情况（本外币）

表11

单位名称	存款		贷款	
	余额（万元）	同比增长（%）	余额（万元）	同比增长（%）
农发行丽水市分行	95124	-11.00	466054	2.69
工商银行丽水分行	3785806	10.46	2662215	9.68
农业银行丽水分行	3507537	13.41	2471941	23.52
中国银行丽水市分行	3159781	9.64	2387344	11.15
建设银行丽水分行	3030988	14.50	2363537	6.77
交通银行丽水分行	70729	57.52	142947	0.81
中信银行丽水分行	420727	4.81	598984	10.57
浦发银行丽水支行	216742	-26.51	201530	-25.86
浙商银行丽水分行	242077	38.93	269645	-5.08
泰隆商业银行丽水分行	894315	12.24	924362	9.57
稠州商业银行丽水分行	483209	1.62	447854	6.48
温州银行丽水分行	231629	13.34	229952	49.50
杭州银行丽水分行	94613	141.55	140374	99.53
民泰银行丽水分行	114732	10.76	89161	0.50
台州银行丽水分行	48444	—	52668	—
邮政储蓄银行丽水市分行	2028519	10.44	877315	14.71
农合机构	6263598	13.34	4336824	12.66
其中：莲都农商行	1099766	12.98	742068	8.20
各县（市、区）村镇银行	613627	10.68	696518	4.61
全年银行业金融机构	25302196	11.92	19359224	11.64

业发展的指导意见》，11月，召开全市金融支持民营经济发展推进会暨企业授信签约仪式，有100余家民营企业获得银行授信50亿元。全年全市小微企业贷款余额353.81亿元，较年初新增24.81亿元，同比增加38.79亿元。

【开展"金融支持供给侧结构性改革年"活动】 2018年，市人行持续组织开展"金融服务供给侧结构性改革深化年"活动，制定《关于加强信贷政策指导推动金融更好支持实体经济发展的意见》，重点围绕小微企业、农村金融、绿色金融等专题，开展融资对接、宣传推介等活动。稳步推动辖内法人机构同业存单、大额存单业务发展，全年完成同业存单43亿元和6亿元大额存单发行备案工作。

【优化金融服务管理】 2018年，市人行加强部门沟通协调，共同制定实施方案，推动银行卡、移动支付在智慧医疗等社会民生领域的应用。2018年，在11家医院试点运行诊间结算功能，解决人民群众看病排队缴费难问题；完成菜场移动支付受理环境改造40多个，提升智慧菜场项目服务便捷度。在继续深化全省农村小面额人民币兑换的"丽水模式"的基础上，创新开展城乡一体化小面额人民币兑换工作，城区创建"小面额人民币服务示范网点"，统一为社会公众提供"小面额纸币原封新券兑换、残损人民币兑换、硬币自助兑换"等服务，畅通小面额人民币投放和回笼渠道，提高群众对现金服务的满意度。持续深化全省食安金融联合惩戒试点，推动列入全省改革任务清单并取得新的成效。全年实现食品生产经营责任主体信用建档100%，其中受到限制贷款、降低授信额度等金融惩戒的食品生产经营主体500余家。全市有食安处罚记录的主体人均贷款余额较试点前下降14万元，获得信贷人数占比较试点前下降12个百分点。依法履行经理国库职责，守住"国库资金、业务系统、数据信息"安全底线。完成二代TIPS核心系统上线切换，提升预算收入入库效率。严格商业银行代理国库业务执法检查，进一步提高国库监管权威。

【提升区域金融生态质量】 2018年，市人行深化与市中院的银法合作机制，加快对历年积欠待执行金融债权案件的处置。全年全市不良贷款余额21.82亿元，比年初减少8.43亿元；不良率1.13%，比年初下降0.61个百分点，低于全省0.02个百分点。深化存款保险工作，按季开展央行金融机构评级，建立县域特色产业监测制度，拓宽金融风险监测范围。完善金融机构综合评价办法，加强督察员工作机制，组织召开依法行政工作推进会，开展行政执法案卷评查，提升依法行政工作水平。深化农村金融消费者权益保护工作的"丽水模式"，以编印漫画册、制作推送公益动漫、举办百姓金融安全知识讲座等为载体，推动金融知识走进"千家万户"。加大对外汇违法违规行为的查处力度，持续做好"6·20"特大地下钱庄案的行政处罚工作，全年处罚款4003.8万元。加大对个人外汇业务监管，累计对辖内9家企业开展贸易融资核查，金额3756.8万美元。加强反洗钱部门间合作，与公安局、国安局等开展情报会商13次，累计向公安机关移送可疑交易线索26起，并推进1起非法集资案件宣判。创新央行评级前期分析、后续指导工作机制，将有关情况纳入央行金融机构评级监测框架及后续核查工作范围，约谈评分波动较大的法人金融机构，并"一对一"做好风险提示，打造丽水央行评级工作品牌。2018年，在按季对全辖18家法人进行央行评级的基础上，针对全年改制的3家法人开展评级重检，对2家法人开展风险状况和评级信息真实性现场核查，提升央行评级结果的准确性。

【金融支持乡村振兴】 2018年，在省人民银行和丽水市委、市政府的领导下，市人行按照构建"普惠型"农村金融的总体目标，紧扣"金融支持乡村振兴"主题，持续推进农村金融改革试点，有关改革工作被国务院以"点绿成金"的经验向全国通报表扬。全年全市农村产权融资新增13.25亿元，贷款余额达到126.86亿元，其中，林权抵押贷款余额64.34亿元，总量居全省第一；农房及土地经营权抵押贷款余额分别为53.42亿元和9.1亿元，总量均居全省第二。配合中国人民大学对丽水农村金融改革试点开展评估，在对全市3000多户农户及600家企业开展现场调查问卷的基础上，9月完成试点评估报告，10月在北京组织召开评估报告专家论证会，试点工作得到与会专家学者充分肯定，根据评估显示：全市农户过去一年从金融机构获批贷款比例达到32.2%，比浙江省高出3.1个百分点，比全国平均水平高出23.6个百分点，比发达国家平均水平高出19.1个百分点。

做好试验区建设与申报工作。紧密结合区域发展实际和乡村振兴发展整体规划，牵头组织起草《丽水市金融支持乡村振兴改革试验区建设方案》及任务清单。配合市政府开展金融支持乡村振兴试验区申报相关工作，11月，由丽水市政府正式行文上报省政府。

推动绿色金融发展。持续推进林权抵押贷款、生态公益林补偿收益权质押贷款、排污权抵押贷款等绿色信贷工作。至年底，全市林权抵押贷款累计发放量236.39亿元。持续深入推进金融IC卡和移动支付在农贸市场、茶叶市场、香菇市场等领域的运用，发挥支付结算在食品溯源领域的积极作用。推进全市2010家金融服务站有序发展。全年全市累计实现办理各项助农服务业务534.19万笔，金额30.49亿元。持续推进在全省率先开展的食用菌、茶园特色农业种植特色保险试点，全面开展茶园、杨梅、皇菊等气象指数保险省级试点工作。

推进信用体系建设。完成丽水市信用信息服务平台二期项目建设，丰富完善平台功能、扩大信用信息共享覆盖面，9月上线运行。该平台，具备信用评价、信用查询、风险预警等功能60余项，共为297万个信息主体建立信用档案，与16个政府部门和19家商业银行实现信息共享，征集各类信用信息9000余万条，实现全辖个人和企业的100%覆盖。引导各金融机构依托平台信息对信用状况良好的农户、小微企业开展金融创新，金融机构积极运用信用平台的信用户筛选功能进入农村地区拓展业务，加强对乡村振兴的金融支持力度。至年底，全市获"整体批发、集中授信"信贷支持的行政村(行业)1998个，累计授信额和贷款累放额分别为262亿元、165亿元。

护航农村产权融资。在全国率先出台农村金融改革司法保障意见的基础上，围绕丽水农村金融改革及司法保障工作进展、处置案例存在困难、下步工作思路及建议等内容联合编制《丽水农村金融改革司法保障工作白皮书》，并召开新闻媒体发布会，为进一步深入推进农村金融司法保障工作奠定坚实的基础。创新推出宅基地及房屋使用权流转证，明确由国土部门负责相应的颁证抵押登记工作。引导金融机构开展以通过租赁流转方式获得的农村宅基地及房屋使用权作为抵押物发放贷款，有效盘活农房资产，加大金融对民宿经济、农家乐、乡村旅游等产业支持力度。围绕抵押物司法处置难点，建立抵押物司法处置长效机制，推动国土部门制定出台《丽水市农村宅基地"三权分置"改革试点工作指导意见》，明确对具备合法产权的农村宅基地及住房，可以考虑跨村进行流转和出租，破解长期以来限制农房抵押物处置的"不能跨村流转"和"一户一宅"的两大瓶颈。同时，与法院、金融办建立金融审判联席会议制度，定期研究金融案件处置工作。　（张　豪）

【银行监管】　2018年，丽水银保监分局以供给侧结构性改革为导向，引领银行业提升服务实体经济质效。出台丽水银行业服务实体经济十件实事，首创金融服务实体经济质效评价"图谱分析法"，推动市政府召开全市银行业支持民营经济高质量发展推进会，制定出台《丽水银行业支持民营企业八条措施》。至年底，全市贷款余额1936.46亿元，较年初增长11.64%。启动"绿色金融创新年"活动，制定"绿色金融三年行动计划"，实施"2018年绿色金融三大联合工程"(绿色金融助力绿色农业工程、绿色金融助力农旅融合工程、绿色金融助力扶贫工程，打造绿色金融"绩效表+地图集+温度计+雷达图"监管评价升级版等活动，持续提升丽水绿色金融的发展水平和创新能力。至年底，全市绿色信贷余额404.13亿元，较年初增长11.92%，高出全部贷款增速0.27个百分点。率先制定丽水银行业服务乡村振兴战略五年行动计划，召开普惠金融专题座谈会、"两跑三降"现场推进会，打造"金融服务乡村振兴八大体系"，形成普惠金融整体品牌。在丽水召开中国银保监会农村金融改革经验交流会，分局作典型经验发言，以专刊形式在全国推广。

2018年，丽水银保监分局推广授信总额联合管理"零起点"机制实现企业全覆盖，发挥债委会"扶优帮困限劣"，督促银行机构加快不良贷款处置。至年底，全市不良贷款余额21.82亿元，不良贷款率1.13%，分别比年初下降8.43亿元和0.62个百分点，真实不良率与账面不良率之差由2017年高峰时的0.67%降低至0.01%。出台"金融乱象整治深化年"专项活动方案和操作性风险管控三年行动计划，创新推出银行机构操作风险评价体系OPPIE，狠抓存款偏离度管理，

5月31日，中国银保监会农村金融改革经验交流会在丽水召开　（金　垒　提供）

统筹开展“空白合同”清零行动、送监管政策进基层等系列活动，加快构建“双五严”（部署严谨、督查严密、纠违严格、处罚严肃、程序严实”的“五严”监管体系，督导银行机构形成“制度严密、过程严管、违规严处、责任严追、权责严明”的“五严”操作性风险防控体系）操作性风险防控体系。配合市委、市政府全面实施非法集资、高杠杆、资金链担保链风险、逃废债、互联网金融风险“五整治”行动。协助市政府处置P2P平台“绿谷贷”风险事件，加强辖内4家存量网贷平台的监管和合规检查，引导机构无风险良性退出。全省率先出台农金机构大额授信风险管理办法，引导农金机构压降户均、增量扩面。对信用风险持续攀升的农村法人机构创新实施“清单式”监管，对缙云联合村镇银行以转让部分股权方式变更主发起行，创新“双发起行制”，推动该行真实不良从峰值时的27.77%下降至3.8%。

开展金融消费者权益保护质量提升年活动，组织十佳“消保驿站”和站长评选，打造精品“消保驿站”。首创“1818正负清单”理财管理机制，出台“销售专区”建设标准，实施营业场所消费者权益保护“三项达标”专项督查行动。创立“进村入乡大宣讲”宣教品牌，举办首届“丽水银行业消费者权益保护微电影”大赛，成立覆盖所有县域的乡村振兴金融讲师团。12月末，分局收到信访投诉量同比下降28.47%。（金　垒）

【中国农业发展银行丽水市分行】 2018年，中国农业发展银行丽水市分行（以下简称“农发行”）各项贷款余额466054万元，比上年增加12226万元，增幅2.69%；各项存款余额108728万元，比上年减少17475万元。年末不良贷款余额196.66万元，不良贷款率0.04%，全年清收处置不良贷款313万元；不良贷款余额降幅61.41%，不良率比年初下降0.07个百分点，持续“双降”。聚焦农业农村现代化的重点领域和薄弱环节，加大投放力度，助力补齐“三农”短板。全年累计投放贷款11.79亿元。服务粮食安全，累计投放粮油类贷款3.06亿元，办理粮油类展期贷款3.75亿元，支持地方粮油储备及调控粮年度轮换；累计授信仓储设施贷款2.03亿元，支持遂昌、庆元等地仓储设施项目建设。服务基础设施建设，全年批复中长期项目贷款12笔，授信总额40.16亿元，支持当年新审批及续放基础设施类项目11个。全年累计投放棚户区改造贷款5.98亿元，年末棚户区改造贷款余额14.61亿元，助力丽水实施美丽城市行动方案实施。服务乡村振兴，创新支持生态保护、三产融合、农村土地整治等领域项目。对接丽水打造跨地市“飞地抱团”精准消薄新模式，授信1.5亿元支持青田—平湖“飞地”产业园项目，当年投放1亿元。对接丽水生态环境保护建设，授信1.5亿元支持景区建设和保护项目，当年投放2000万元。对接青田、遂昌、庆元农地项目，推广农村土地整治信贷业务，授信5亿元支持垦造耕地项目。2018年，抵押补充贷款（PSL）余额9.48亿元，占贷款余额总量的20.35%，执行利率低于基准利率。强化合规管理、风险管控，开展内控综合治理、市场乱象整治，严把准入关口，严格审查审批，强化风险监测化解。参与“百企结百村、消灭薄弱村”专项行动和文明创建，在全国文明城市创建中获评丽水市银行业机构“创建工作先进集体”。（占　淼）

【中国工商银行丽水分行】 2018年，中国工商银行丽水分行本外币各项存款余额378.54亿元，比年初增加35.89亿元；本外币各项贷款余额266.22亿元，比年初增加23.49亿元；不良贷款率0.59%，比年初下降0.07个百分点。支持重大民生工程项目，加大贷款投放力度，全年投放项目贷款25.83亿元，同比增加8.51亿元，增幅49.13%，投放额创近五年新高。回归金融本源，践行普惠使命，全年新拓展普惠客户538户，新增融资7.32亿元。落实乡村振兴战略，推进农村金融改革，全年“三权”抵押贷款比年初增加2757万元。防控信用风险，维护金融生态环境，年末不良贷款余额、不良率实现“双降”。响应“最多跑一次”，整合线上线下资源，提高金融服务水平，客户满意度99.55%，比年初提升0.09个百分点。发挥党建统领作用，开展“党建结对共建”“党建强网点”“‘双争’主题实践活动”等，将党建工作贯穿业务经营全过程。强化“三道防线”，提升内控案防精细化水平，全年实现安全经营。（雷玲玲）

【中国农业银行丽水分行】 2018年，中国农业银行丽水分行（以下简称“市农行”）支持地方经济发展，强化“责任担当”，践行“丽水之干”，加大信贷投放，优化金融服务，贷款增量、资产质量和服务质量取得历史性跨越。至年底，市农行存贷款总量600亿元，其中各项存款增量41.47亿元，居“工、农、中、建”四大行第一；各项贷款增量47.08亿元，居“工、农、中、建”四大行第一，创历史新高；各项贷款增速24%，比全市银行业平均高12个百分点。不良贷款余额1.19亿元，不良贷款率0.48%，均为四大行最低。分行营业部创成丽水首家中国银行业“千佳网点”，树立丽水银行业服务品牌。获2018年丽水银行业支持制造业先进单位、乡村振兴工作先进单位、信用风险防控工作先进单位、消费者权益保护先进单位等多项荣誉，连续22年实现平安经营。支持重大战略项目，助推丽水大花园建设。市农行围绕丽水大花园最美核心区建设，与丽水市人民政府签订在2019—2021年提供500亿元意向性信用融资额度的战略合作协议。出台支持浙江（丽水）绿色发展综合改革创新区建设措施19条，组建项目服务团队，对接政府部门，重点加强城市化建设、交通、水利和旅游等项目的投放。全年获批项目14个、金额81.2亿元，发放19个，金额35.65亿元，居四大行第一。尤其是发挥棚改牵头行作用，为政府出谋划策，提供精细的融资方案，市本级棚户区改造的6个货币化安置项目全部得以批复，获批金额60亿元并组织投放。全年发放资金22.95亿元，审批额度和发放金额均为同业最高，分别占同业总额的40%和33%。

支持民营经济，助推产业转型升级。出台支持民营企业十二条措施，作为全市银行代表与丽水市人民政府金融办公室签订100亿元“凤凰计划”意向性融资合作协议。在全市率先改变制造业贷款连续28个月下滑的局面，至年底，市农行制造业贷款比年初增加3.53亿元，民营企业贷款全年累计发放56.75亿元，净增7.89亿元。降低门槛加大支持，对授用信1000万元以内的制造企业实行免限额、不分类；对原来限制准入的汽摩配、阀门等行业政策放宽，全年支持制造企业增多99家，金额3.65亿元。创新产品加大支持，推出“入园企业前期贷”，产品贷款期限2年，贷款额度最高为土地出让金总额的85%，满足新建厂房等前期经营活动资金需求，在丽水水阁开发区推广。推出“小微网贷”，产品具备在线自助申请、评级、授信、审批、提款功能，具有额度内随借随还、自助可循环等优势。与丽水市市场监督管理局联合，通过“小微网贷”与工商“小微企业云平台”合作，盘活企业的信用资产，破解“信用”与“信贷”之间的瓶颈，全年小型微型企业贷款户数同比新增83户，贷款新增7.75亿元。推出“小微企业帮扶贷款”，与政府合作创建小微企业帮扶平台，由政府建立风险补偿基金，市农行把基金放大10倍，并规定贷款利率最高上浮比例不超过30%，不收任何费用，惠及小微企业150多户，累计发放小微企业帮扶贷款超8亿元。深化“银担合作”加大支持，与省担保集团、省农信担保集团签订合作协议，与市本级政策性担保公司开展2亿元担保业务合作，为实体企业、农户增贷1.3亿元。对接“凤凰起飞”加大支持，“一对一”成立服务团队、制定服务方案，为丽水企业上市和并购提供专业化服务。与上市公司业务合作面达100%，对11家丽水重点上市、拟上市企业授信9亿元；推进“农银凤凰基金”与市城投等国资公司合作，在缙云落实全省农行首笔农银凤凰基金投资5000万元。

服务乡村振兴，做好“三农”金融服务。出台服务乡村振兴19条措施，制定金融服务乡村振兴三年发展规划，至年底，市农行涉农贷款余额98.91亿元，比年初增加9.12亿元，增速10.16%。创新推出农村金融互联网，利用互联网思维，主推“惠农E贷”产品，通过村民档案收集完善、前置预授信等方式，促成农户通过手机银行等渠道申请贷款，增强农户贷款的可得性、便捷性。至年底，建立村民信贷档案14.66万户，923个村开展“惠农E贷”业务，预授信比年初新增13.21亿元，新发放农户贷款4.27亿元。创新三农服务模式，组建成立三农业务部，专门对接全市三农金融服务工作。对接团市委，为5000名优秀创业青年提供全面的融资、融智支持。对接市农办，为乡村振兴年度先进人物精心设计专属金融服务方案，提供优惠金融服务。建设“三农”服务样板点，4月，全市农行抽调优秀科级改任干部17名，组建三农金融服务队伍，推进乡镇挂职工作常态化，为农村“融资又融智”。创新支持县域特色产业，根据各县不同产业特色，推出“一县一品一贷”惠农系列产品，针对松阳茶业、庆元香菇、云和电商等特色产业，推出“惠农茶商贷”“惠农菇商贷”“惠农电商贷”产品，累计发放资金近2亿元。创新“农村金融自治模式”，继续推进村级互助担保组织，与22个村级互助担保组织建立合作关系并常态化开展业务，累计担保笔数3523笔，累计担保金额21472万元。

化解信用风险，推进打造金融安全区。帮扶企业走出困境，对经济调整中企业遇到的困难以事实风险为依据，分类对症施治，为企业争取时间、腾出空间。10多户有希望走出困境的风险客户，采取降低利率的风险化解措施，涉及用信总额近8亿元，为企业让利1500多万元，维护地方金融稳定。加大信贷结构调整，绿色信贷投入，控制“两高一剩”和低小散行业贷款；战略性新兴产业和绿色金融贷款余额分别比年初增加4.22亿元、4.43亿元；“两高一剩”贷款占法人贷款比率0.53%，比年初下降0.72个百分点。加大不良清收处置，全年市农行累计处置不良贷款4.28亿元。

全面落实银监和央行降准口径普惠金融领域信贷要求，完成农金改全年三权贷款目标任务，普惠金融实现“双达标”。严格执行普惠利率标准，四季度新发放普惠信贷领域利率比一季度下降1.1%，让利社会4400万元。全面降低普惠领域金融费用。对小微企业免收银行承兑汇票承诺费、现金管理服务费、内部银团服务费等费用20项；对农户实施免收惠农卡开卡费、小额账户管理费、对账折打印和卡余额查询费等优惠措施，惠农通渠道受理农行卡一律不收费。全面提升柜面服务，做好“消保驿站”建设，落实“双录”专区要求，分行营业部成为全市银行业消保和“双录”工作示范点。推进“最多跑一次”，优化柜面业务流程12项，推进业务智能化转型，将需要面签以外的所有业务向线上迁移，使客户“一次都不跑”也能在网上银行、手机银行、微信银行等渠道进行办理，电子渠道业务分流率90%以上。坚持优化企业开户服务，提高企业开户效率，上线网络开户预填单系统和开办工商代理注册业务，在各个网点开辟新设企业开立基本存款账户绿色通道，企业（资料齐全）开户1日内即可完成。（毛庭强）

【中国银行丽水市分行】 2018年，中国银行丽水市分行（以下简称“市中行”）本外币时点存款余额333.9亿元，四大行余额占比24.44%，位列第三位，较年初新增40.93亿元，新增额位列四大行第二位，全口径市场份额12.49%。本外币贷款时点余额239.03亿元，四大行余额占比24.15%，位列第三位，较年初新增24.13亿元，四大行新增位列第二位，全口径市场份额12.33%。不良余额、不良率连续四年实现双降，年末不良余额3.73亿元，比年初减少1.29亿元，不良率1.56%，比年初下降0.78个百分点。融入地方主流，支持重点项目建设。抓好“全省扩大有效投放项目”“十三五计划项目”“‘411’重大项目”“省市重点建设项目”等重大项目，以及省、市行级客户重点项目的营销管理，响应市委、市政府关于棚户区改造工作的决策部署，持续加大对城中村改造工作的金融支持力度。全年获批5000万元以上项目13个52.97亿元，其中，棚改项目获批6个42亿元，投放22.37亿元；PPP项目4个4.37亿元，投放1.09亿元。大力发展普惠金融，加大对民营企业、小微企业支持力度。举办支持民营经济发展签约大会，制定发布《丽水分行支持民营企业发展行动计划20条》，与46家民营企业签订战略合作协议。累计支持民营企业440户，合计金额88.94亿元，占市中行全部对公贷款余额的75.65%。成立人民路支行和缙云壶镇支行两家普惠金融专业支行，银保监“两增两控”口径贷款较年初新增2.47亿元，增速为11.76%，高于市中行全部贷款增速0.53个百分点。积极践行乡村振兴战略，继与松阳县农业局联合开发农资产品溯源系统，2018年，成功将农药（化肥）溯源和社保卡身份认证，以及银行聚合支付，集成在中行智能POS机内。此创新项目在系统内为首创，在全省农资监管运用领域也是一大突破，得到市政府和市银监局的肯定。助推丽水智慧城市建设，将“智慧支付”运用范围拓展到医疗卫生、旅游休闲、校园等领域，推广非现金聚合支付工具“来聚财”和“中银智慧付”，推动电子支付、银行卡等在老百姓日常生活中应用，节约交易成本，提高交易效率。创新推出智慧校园项目，打造全方位信息化、智能化校园，为学校提供缴学费、食堂就餐、购物消费、图书借阅、门禁考勤等金融服务。加快网点智能化转型，顺应移动互联时代客户的行为习惯变化，推进网点智能化建设，全年全辖共投放厅堂智能柜台46台，移动柜台7台，配置手持PAD 60台，实现网点厅堂智能柜台覆盖率100%，智能柜台全辖综合业务迁移率为94.99%。智能柜台的投产提高网点服务效率，提升客户体验。（刘馨）

【中国建设银行股份有限公司丽水分行】 2018年，中国建设银行股份有限公司丽水分行（以下简称“市建行”）本外币存款余额303.09亿元，比2017年增长14.52%。各项贷款余额236.36亿元，比2017年增长6.79%。实现中间业务净收入1.86亿元，比2017年下降4.6%。实现账面利润5.38亿元，比2017年增长3.63%。

通过“党建+普惠”“党建+文明助农贷”“党建+扶贫”，推进党建引领业务转型工作。支持基础设施、棚户区改造、“三改一拆”、民生工程等建设，全年投放基础设施贷款30.83亿元。推行住房租赁、金融科技、普惠金融三大战略，全年完成住房租赁四个系统上线，推行商户共享、公益教育、善行宗教、党群综合等金融科技平台14个。推广“建行惠懂你APP”“云税贷”“账户云贷”“结算云贷”“抵押快贷”等小微企业信贷产品，普惠金融贷款余额26.21亿元。推广“文明助农贷”“农房改造”“农房抵押”“林权抵押”“美丽乡村农乐贷”“信保金通惠农通”等系列农村金融贷款，支持环境治理、低碳小镇、绿色产业等建设，绿色信贷余额11.52亿元。坚持移动优先，移动金融交易占比91.28%，比2017年提升7.36个百分点。以“慧兜圈”“聚合支付”为抓手，加强商户拓展，全年新增个人商户4076户、信用卡商户791户、网络特约活跃商户2603户。推广“裕农通”平台，提升县域乡村金融服务，新增“裕农通”助农服务点130户。10月29日，建行云和支行利用总行新开发产品优势，为丽水翰海进出口有限公司办理全国建行系统2期首笔金融新产品“跨境快贷——退税贷”，授信业务100万元。实施风险管控主动管、全面管，狠抓不良回收盘活，全年处置不良贷款4.19亿元。推广上线“公积金网厅”“智慧医院”“工商注册通”“无感支付”“ATM刷脸取款”等系统，助力“最多跑一次”。8月10日，建行景宁支行作为首个“劳动者港湾”示范点投入使用，全年市建行在网点建设“劳动者港湾”31个，主要服务对象为环卫工人、出租车司机、交通警察、城管等户外工作者，以及老弱病残孕、走失儿童、考生等需要特殊关爱的群体，让户外劳动者“累了能歇脚，渴了能喝水，没电能充电，饭凉能加热”。9月29日，市建行与浙江赶街电子商务有限公司在遂昌举行“裕农通”普惠金融合作签约仪式。此次签约是建行利用外部资源进行开放式创新，运用互联网思维，与赶街电子商务跨界合作，利用“赶街”乡镇服务站渠道，推广“裕农通”普惠金融服务业务，为周边农户提供助农取款、转账汇款等“金融下乡”服务，打通农村金融服务的“最后一公里”，逐步实现“银行窗口，就在村口”目标。10月11日，丽水市电子社保卡首发暨医保移动支付开通，市建行获全市首家医疗移动支付结算系统升级后试点医院主办行资格。11月26日，建行缙云支行与工商合作，率先启用工商登记全自助证照一体机，开通代理工商注册登记服务，拓展注册登记全程电子化的业务办理模式，凸显随时、随地、线上、线下一体化的业务融合，节约行政成本，缩短业务办理时间，为企业、客户提供便利，推进工商登记“最后一公里”改革。　　（王学亮）

9月29日，建行丽水分行与浙江赶街电子商务举行“裕农通”普惠金融合作签约仪式　　（王学亮　提供）

【交通银行股份有限公司丽水分行】 2018年，丽水市交行围绕“服务实体经济、防范金融风险、深化金融改革”工作重点，落实高质量发展要求，加快经营转型，夯实管理基础，努力提高市场竞争力。人民币各项贷款142947万元，比上年新增1148万元。实现经营利润2015万元，完成全年任务的111.39%，不良贷款余额合计819.92万元，比年初减少3843.11万元，不良率0.61%。

促发展，支持绿色信贷。市交行深入贯彻“绿水青山就是金山银山”的发展理念，加大力度支持绿色信贷，给予丽水光大环保固废处置有限公司授信支持8000万元，用于丽水市工业固体废物综合处置场的建设，支持旧城改造有限公司的污水管道建设、小水电等多个绿色信贷项目。优创新，服务更具特色。9月，丽水市举办的市刑事诉讼涉案财物管理中心开始运行。该中心营业解决公检法部门在刑事诉讼涉案财物管理过程中存在的“保管难”“衔接难”“处置难”等问题，实现诉讼涉案财物“一体化”管理。管理中心建设采取“警银”合作模式，是政法机关与丽水交行双赢合作的成果。抓重点，助力小微企业发展。把工作重点放在支持小微企业发展上，成立小微企业营销队伍，举办小微企业贷款客户营销劳动竞赛、加大奖励力度，提高客户经理营销积极性，全年小微企业贷款增速为70%，远高于全部贷款增速。

贯彻中央防范化解金融风险各项战略部署，落实监管要求，稳健经营、科学发展，坚持走高质量发展之路。开展“依法合规经营”等主题活动，根据业务发展的实际，全面梳理和完善相关规章制度，使各项工作有章可循；开展“治乱象”“以贷谋私”“非法集资”等各类自查、检查活动；加强员工行为排查，构建横向到边、纵向到底案防管理体系；每月举办相关培训，使合规理念深入人心。加大对关注类贷款与隐性不良处置力度，不良率降至0.57%，实现不良贷款与不良率双降的监管要求，资产质量明显改善。2018年，在交行浙江省分行风险保全条线考核中排名全省第一，获“2018年度全辖风险保全条线先进集体”称号。　　（罗婷婷）

【农村合作金融】 2018年，丽水农信各项业务稳健运行。至年底，丽水农信存贷款总量1060.04亿元，全市银行业率先突破1000亿元，比年初增加122.43亿元，存贷款总量、增量继续稳居全市银行业首位。其中，各项存款余额626.36亿元，比年初增加73.71亿元，增幅13.34%；各项贷款余额433.68亿元，比年初增加48.72亿元，增幅12.66%，存贷款总量和增量均创历史新高。五级不良贷款余额6.75亿元，比年初下降3.68亿元，不良率1.56%，比年初下降1.15个百分点。实现营业收入40.23亿元，上缴税金4.35亿元。2018年，丽水农信存贷规模、营业收入及财政贡献等主营业务指标继续位列全市银行业第一。服务丽水乡村振兴和大花园丽水核心区建设，参与"最多跑一次"改革，推进普惠金融，坚持服务实体经济，实现各项业务持续健康发展，为地方经济建设做出贡献。

围绕乡村振兴战略，助推农民增收。省农村信用社联合社丽水办事处与市农办联合下发《关于实施丽水乡村振兴战略持续促进富民增收金融服务行动计划(2018—2022年)》，9家银行与地方农办等部门联合发文，办事处被市委、市政府列为市乡村振兴指挥部成员单位。全面助力"丽水市农民收入增幅连续十年排名全省第一"发展目标，农信成为丽水市低收入农户增收"慈孝存"业务的主要承办单，由庆元农商行率先在全市银行业试点开办"慈孝卡"定期存单业务。发放各类低利率信贷产品，"扶贫贷、光伏贷、养老贷、政银保"等扶贫类信贷产品，"茭白贷、烧饼贷"等特色产品贷款，青田和云和农商行全国首创宅基地使用权流转质押贷款，至年底，农信涉农贷款余额381.03亿元，占全市总额的近2/5，支持"大搬快聚"项目26亿元。多渠道增强村集体经济自我造血功能，青田农商行支持"平湖—青田"全省首个山海协作"飞地"产业园项目；缙云农商行与县委组织部对接成立5100万元"消薄基金"和"红色党建联盟基金"。至年底，丽水农信为541个薄弱村发放专项贷款2.15亿元。参与乡村基层治理，推行"村级担保组织贷款"，实现农村资产流转自治管理，与村组织共同成立贷款公议授信小组，结合信用体系建设成果，发挥金融自治管理作用；广泛开设"农村金融法治讲堂"；龙泉、遂昌、缙云农商行联合县文明办，创新"道德积分存折""文明家庭贷""五好家庭贷"，让"好人"成为农村金融的"金名片"。

聚焦服务实体经济，提升服务质效。回归金融本源，加大对小微企业、民营企业的支持和服务，打造"更有温度的银行"。至年底，丽水农信小微企业贷款165.23亿元，占全市总额的近1/4，民营企业贷款占公司类贷款比例95.96%。建立民营小微企业融资管理长效机制，优化技术流程，提升服务效率。全面上线"浙里贷"线上贷款产品；设立小微企业开户绿色通道，推行限时开户服务；梳理信贷流程，整改多流程烦琐审批情况，推广无纸化审批，加快办贷速度。积极回应需求，加强信贷可得性。对农业企业周期性强、存货多、资金占有率高的特点，推出仓单质押贷款；与税务部门合作推出"税银贷"产品，以税增信、以信放贷，为154户民营企业提供贷款7.86亿元；与小微企业园区开展战略合作，打造厂房按揭贷，缓解小微企业一次性大额资金支出难题；全市推广"转贷通"无还本续贷产品，节约企业转贷成本，累计转贷31.09亿元，节约转贷费用3141万元；推广房产自评估，减免抵押登记、保费等费用，"真金白银"为企业减负。

助力"最多跑一次"改革，主动代办政务服务。利用农信网点点多面广优势，承接多项政府公共服务。与市社保局、税务局开展合作，率先在全国推出"失地农民社保代理业务"，整合三部门窗口职能，实现业务"三地办理"转为农信网点"一站办结"，逐步将社保业务代办范围扩大至代办社保关系转移、参保信息变更登记等35项社保业务，全年代办业务1.5万余笔，让社区、乡镇的农信网点延伸为"最多跑一次"改革的前沿阵地。实现公安、民政、社保、国土、工商、公积金、财政、税务等政府部门的代办业务，推进营业执照办理、公安流动人

11月16日，丽水农信金融创新产品"浙里贷"正式上线　　（卢　芸　提供）

口IC卡等系列行政业务进驻农信网点。加快金融服务点、农信丰收驿站的建设覆盖，升级服务站环境设施和服务水平，全年建成丰收驿站136家，比年初新增121家。发挥金融优势参与民生项目建设，开发智慧公交、智慧校园、智慧商超、智慧社保监管、丰收溯配（餐饮智慧配送）、食品溯源等智慧系列平台，其中独家代理食品溯源体系和社保医药监管系统建设，在全省率先推出公交一体全渠道支付模式，推进丽水公交实现扫码支付，开展“一分钱坐公交”活动。

强化内部管控能力，提升小法人治理水平。完善不良防控工作机制，出台《关于管控信贷风险的指导意见》，重点实行对公大额贷款比例控制和报备制度、重大信贷风险报告、不良贷款集中管理、大额不良贷款领办等制度；加强合规问题整治，组织开展《浙江农信系统工作人员违规行为处理办法》学习测试，深入整治员工违规违纪行为，对屡查屡犯问题和新发现的问题从严从重处置，严明队伍纪律。全年全市农信未发生重大案件和责任性事故、重大违规违纪行为和重大内外部矛盾冲突；加强奋斗文化弘扬，评选10名丽水农信“奋斗者”，组织开展奋斗事迹巡回报告会、学习会，掀起学习弘扬奋斗精神热潮；加强精细管理，景宁和云和农商行完成监控中心共建共用，在全省农信系统首开小法人间部门合作先河。

理顺党建管理体制，突出党建引领发展。全市农信建有规范化支部活动阵地54个，建成党群服务中心5个；以“党建+金融”工作方式发挥业务与党建叠加效应，激发党员争当业务先锋担当作为，为8.56万名党员提供贷款授信95亿元，开展“党建引领+三治融合”金融助力乡村振兴大调研大走访活动。开展“党建小喇叭”赠送活动、“贫困村结对”活动、参观红色基地、为贫困党员送温暖、无偿献血、庆祝中国共产党建党97周年诵读大赛等系列活动。龙泉农商行创设党群服务中心和农信史料馆，在当地住龙镇革命老区创建党员红色教育基地，将红色基因与农信文化相融合。（卢　芸）

【中国邮政储蓄银行丽水市分行】2018年底，丽水市分行资产总额220.4亿元，年新增22.18亿元，总额和新增均居同业第五位。全年实现自营收入3.83亿元，实现净利润1.28亿元，收入、利润均提前完成预算目标，是近5年的最好成绩。各项存款结余202.85亿元，年新增19.18亿元，市场占有率8.13%，全省排名第一位，其中，自营储蓄存款余额53.77亿元，公司存款余额17.9亿元。各项贷款结余90.32亿元，年新增11.47亿元，市场占有率4.56%，全省排名第一位，其中，个人贷款余额76.31亿元，年新增10.38亿元；小企业贷款余额10.49亿元，年新增1.07亿元；公司贷款余额2.59亿元，年新增2300万元，涉农贷款余额38.77亿元，年新增9.03亿元，位列全市同业第二位。不良贷款余额（含信用卡）1.02亿元，不良贷款率（含信用卡）1.09%，拨备覆盖率达211%。

丽水市分行成立10周年，推行全面从严治党清单式管理；成立“新时代新邮储”讲习所；设立外拓、宣教、内控三个突击小分队，促进党建引领经营发展；开展市场乱象整治工作，风险内控迈上新台阶；开展合规管理、信贷能力、安保水平、资产质量、风控质效“五大提升年”活动；全年清收不良贷款5208.94万元。逐步完善组织架构，完成“三农”金融事业部审查审批人员划转，划转人员7人；电子银行部更名为网络金融部，会计与营运部更名为运营管理部，优化调整部门职责；优化完善党建、监察机构设置和人员编制。开展精神文明建设，党建创新微视频《党旗领航 四创联动》获“全国金融系统党建创新成果微视频百优案例”，市分行党委获“全国交通运输党建文化建设优秀单位”称号；市分行会计与营运部、景宁畲族自治县支行营业部获“省级巾帼文明岗”称号；庆元县支行获“丽水市文明单位”称号；府前支行、白云支行获“丽水市银行业机构创建全国文明城市先进集体”称号。（留津津）

保　险

【概况】 2018年，丽水市级保险机构共计23家，其中，财不险公司13家，人身险公司10家。丽水市全辖实现保费收入53.68亿元，同比增长6.45%；剔除万能险，保费收入51.89亿元，同比增长6.78%，其中，财产险公司保费收入18.79亿元，同比增长4.61%；人身险公司保费收入34.88亿元，同比增长7.46%。各类赔款（给付）16.29亿元，同比增长3.42%，其中，财产险公司支付赔款9.59亿元，同比下降5.39%；人身险公司赔款（给付）6.7亿元，同比增长19.33%。人身险退保5.76亿元，同比下降0.63%。政保业务保费26836万元，其中，财产险公司16462万元，人身险公司10374万元。至年底，全辖销售人员10710人，其中，财产险公司1460人，人身险公司9250人。11月，丽水市保险行业协会被评为民政AAAAA社团。

【政保合作】 2018年，协会落实《丽水市人民政府办公室关于深入推进小额贷款保证保险工作的意见》（丽政办发〔2017〕44号）、《丽水市人民政府办公室关于运用商业保险助推扶贫工作的实施意见》(丽政办发〔2017〕51号)文件要求,促进小额贷款保证保险、运用商业保险助推扶贫项目落地工作。按照领导小组分工,协会跟进小额贷款保证保险,发现问题及时向有关部门汇报,同时通报小额贷款保证保险、运用商业保险助推扶贫工作具体进展情况。促进安全生产责任保险全市开展。4月,协会与市安监局联系,建议全面开展安责险,经与安监分管领导协商后达成一致意见。6月,市安监局、市金融办、市保险协会三家联合发文的《丽水市矿山危化冶炼企业推进安全生产责任保险实施方案》出台实施。协调建筑工程履约综合保险,启动《丽水市深化食品安全责任保险》,协助市政府出台《丽水市政保合作工作机制》和《全市政保合作项目库》。

【加强保险行业自律】 2018年,丽水市保险行业开展行业自律工作,启动新一轮车险销售行为规范自律,走访市级产险公司13家,听取公司意见建议;召开总经理会议和专委会会议8次,强调保监会〔2017〕174号文件和

2018年丽水市财产保险业务情况

表12

公司名称	累计保费(万元)	同比增长(%)	其中		累计赔款支出	同比增长(%)	赔付率(%)	其中				销售人员人数(人)
			企财险保费(万元)	车辆险保费(万元)				企财险		车辆险		
								赔款(万元)	赔付率(%)	赔款(万元)	赔付率(%)	
人保财险	92287.38	3.20	4413.44	71795.90	46606.57	-15.72	50.50	2549.02	57.76	35523.34	49.48	339
平安产险	19687.03	21.45	68.20	17469.75	8543.15	32.25	43.39	4.22	6.18	7815.95	44.74	65
天安财险	3059.25	-17.79	27.45	2794.71	2144.67	6.78	70.10	9.86	35.94	2015.01	72.10	20
太保产险	29715.63	-1.20	885.25	24733.00	16181.28	-2.70	54.45	642.47	72.58	13601.10	54.99	104
中华保险	5890.42	2.60	141.54	5190.89	3511.38	0.32	59.61	33.19	23.45	3226.18	62.15	132
安邦财险	1475.83	-34.47	28.20	1309.07	1178.24	4.91	79.84	0.00	0.00	1173.89	89.67	135
大地保险	4004.00	0.73	53.37	3374.66	1670.11	-16.94	41.71	2.66	4.99	1471.18	43.59	32
中银保险	2384.95	64.95	386.08	1328.74	874.79	263.30	36.68	0.00	0.00	556.04	41.85	4
太平财险	1296.80	-13.55	9.96	950.08	465.53	-2.34	35.90	10.02	100.60	447.74	47.13	17
国寿财险	14821.93	9.87	2452.08	10818.51	8428.17	-1.32	56.86	941.89	38.41	6558.62	60.62	501
都邦保险	269.61	54.13	7.68	125.43	82.06	22.19	30.44	0.00	0.00	49.35	39.34	3
阳光产险	8983.37	12.28	251.01	7722.75	4426.05	13.81	49.27	92.57	36.88	4031.78	52.21	65
浙商财险	4102.34	11.77	86.43	3762.46	1848.98	55.69	45.07	273.38	316.31	1504.57	39.99	43
合　计	187978.53	4.61	8810.68	151375.96	95960.98	-5.39	51.05	4559.29	51.75	77974.76	51.51	1460

说明:产寿险全市保费收入合计536853.77万元,同比增长6.45%,剔除万能险保费收入合计518986.31万元,同比增长6.78%;累计赔款与给付162989.54万元,同比增长3.42%

2018年丽水市人身保险业务情况

表13

公司名称	累计保费(万元)	同比增长(%)	其中:新单保费		累计赔款给付(万元)	同比增长(%)	退保金额(万元)	同比增长(%)	个险销售从业人员人数(人)
			累计(万元)	其中:期缴(万元)					
中国人寿	136102.11	3.97	52353.46	21569.29	37720.87	39.63	23248.95	35.69	2460
平安人寿	61236.41	21.33	20960.41	20889.43	11055.37	34.99	2605.24	49.78	1653
太保寿险	47055.04	10.97	13789.83	9402.67	4565.41	-36.58	858.49	59.47	1699
泰康人寿	19654.30	20.33	6392.06	4203.57	602.05	-29.82	801.38	37.50	1309
新华保险	41587.96	15.64	9456.62	7684.53	6214.52	9.06	10321.53	163.20	692
农银人寿	4913.05	-23.47	1322.21	1015.40	2175.96	12628.15	5765.48	81.87	35
富德生命人寿	12408.26	-18.57	2496.12	2422.23	783.85	6.53	5316.77	-67.58	495
阳光人寿	4719.45	8.25	1453.07	1453.07	411.98	7.03	148.77	88.89	420
人保寿险	19237.81	-5.87	8833.61	3970.07	2258.23	-45.27	8546.64	-40.71	487
平安养老	1960.86	-7.45	1960.86	0.00	1240.31	-36.32	0.00	—	0
全市合计	348875.24	7.46	119018.25	72610.26	67028.55	19.33	57613.25	-0.63	9250

说明:产寿险全市保费收入合计536853.77万元,同比增长6.45%,剔除万能险保费收入合计518986.31万元,同比增长6.78%;累计赔款与给付162989.54万元,同比增长3.42%

银保监〔2018〕57号文件执行问题；联合汽车商会召开专题座谈会，双方加强配合；按照省协会要求，成立车险条款费率执行领导小组和执行检查小组，配合省协会开展车险条款费率执行检查工作。再次修订、完善《丽水市保险行业保险销售从业人员"不良记录名单"暂行管理办法》，开展服务承诺执行情况察访（包括县市机构网点）。

开展寿险网点标准化窗口检查复查、人身险服务承诺和车险理赔服务承诺落实执行情况明察暗访、银行网点代理保险业务销售规范情况暗访、全辖县域机构巡查和每月15号总经理接待日情况工作巡查等。全年复查检查寿险网点标准化窗口建设24家（含5家迁址），暗访人身险机构网点23家、财产险机构网点34家、银行网点200家。召开各类专委会会议，包括车险专委会、财险理赔专委会、保险消费者权益保护专委会、宣传专委会等。根据监管部门治理人身险销售乱象行动要求，规范人身险公司产品说明会报备工作，从随意报备规定转变为每月按时报备。加强从业人员诚信教育，举行保险从业人员诚信宣誓活动，参加宣誓1000余人。

丽水市保险业公益团队慰问"百岁寿星"　　（李　莉　提供）

【保险行业宣传】　2018年，协会策划、发布"关爱老人　关爱儿童"的行业公益活动方案，通过整合行业性和各公司分散性公益活动内容，提升公益活动影响力。"7•8"全国保险公众宣传日期间，组织慰问团，慰问"百岁寿星"；重阳节期间，组织敬老团，赴养老院送温暖；春节期间，组织访贫团，看望百岁贫困者。每次活动均得到丽水主流新闻栏目、报纸的报道。

发挥自媒体和渠道宣传作用。自4月和6月微信公众号与协会网站开放以来，为行业发送宣传信息200余篇，同时向"浙江保险网"等投稿近20篇。编印《丽水保险简报》和《丽水保险业发展情况统计简报》，发送市、县（市、区）党政领导及金融办、公安、法院、发改委、民政等市直部门。组织策划"3•15"国际消费者权益日和"7•8"全国保险公众宣传日活动。7月8日，23家保险机构1000余人参加健步走；12月14日，举行丽水市保险业趣味运动会，22家公司近100人参加。

【优化保险行业环境】　2018年，协会围绕改善保险舆论环境、法律支持环境以及保险需求环境开展相关工作，打造服务型协会。在缙云县、莲都区、青田县、云和县、景宁畲族自治县等地开展道交纠纷诉调对接工作。全年保调委及各工作室调结案件549件，申请调解金额6636.63万元，调解结案金额5674.7万元，实际调解结案金额比申请调解金额减少961.93万元。4月，开始对调解成功案件的回访跟踪工作，发挥化解道交事故理赔纠纷作用。

加强与市消保委的工作互动。联合召开全辖保险机构消费者维权工作座谈会，通报2017年保险消费者满意度问卷调查情况，指出存在的问题，提出整改意见；协助市消保委完成对保险公司申报"丽水市金融消费教育基地"材料初审、实地验收，以及保险行业"丽水市金融消费教育基地"示范基地评选工作；积极协调、争取保险机构参评消费者信得过单位事宜。加强反保险欺诈工作，对接市公安经侦，通过协会反保险欺诈中心报送市公安经侦的车险巨额骗赔案最终告破（持续时间4年，伪造交通事故10余起，涉案金额500万余元），10人被判3至14年刑期。与公安经侦多次协商，2018年7月1日起由市公安经侦支队和市保险行业协会联合具名的《反保险欺诈告知书》和《告交通事故伤者书》在各财产险启用，促进保险欺诈防范工作。

参与矛盾纠纷多元调解平台建设工作。2018年，中级人民法院在建设矛盾纠纷多元调解平台时，支持保险行业参与，5月16日为保险行业举行"特邀调解员"聘任仪式，从协会和保险机构精选10名工作人员入选丽水市中级人民法院调解平台专家库。开展交警联动，双方召开座谈会，交流工作互动：启用"交管12123"APP，推进道路交通事故互联网在线快速处理；收官支付宝行吧——交通事故快速处理；配合开展整治未佩戴安全头盔工作。启动商业保险理赔直付平台建设工作，提高服务效率。协会开展商业保险理赔直付平台建设工作，召开专题会议5次，或与意向保险机构探讨，或与市社保、数管中心等共同商议座谈，经多次征求意见，最终确定首批五家保险公司投入资金参加直赔系统开发。

开展保险业服务中小微企业发展调研。从中央到地方都倡导服务实体经济、服务中小微企业，为了解丽水域内中小微企业的基本现状和制约健康发展的主要风险和瓶颈，为政府部门和保险机构提供发展参考，协会设立“丽水保险业服务中小微企业发展研究”课题，2次深入企业实地了解、开展座谈，10月，形成调研报告上报浙江省保险学会和丽水金融学会。举办公文写作培训，邀请《中国保险报》驻浙江记者站负责人梅琳为全市100余名通讯员授课，取得良好效果。继续落实保险教育进学校基地工作，全年开课11期，授课学生1715人。（李　莉）

【人保财险丽水市分公司】 2018年，中国人民财产保险股份有限公司丽水市分公司（以下简称“人保财险丽水市分公司”）在编员工533人，全市9个县（市、区）均设有支公司，拥有营销服务部12个，各县（市、区）所有乡镇成立178个保险服务站，服务网络覆盖丽水全辖。2018年，实现保费收入92287.38万元，占据丽水财险市场近50%的市场份额。公司业务范围全面覆盖企业财产保险、家庭财产保险、工程保险、车辆保险、船舶货运保险、短期意外健康、责任保险、信用保证保险、农业保险等险种。

推进政保合作，实现全市覆盖林木火灾保险、水稻种植险和油菜保险、农房保险等项目；承保全市大病特药保险、校园方责任保险、农村小额意外险，养老服务机构综合保险，低收入农户补充医疗保险等多个民生保险项目；开展自然灾害公众责任险、农村公路综合保险、民宿保险等。创新保险服务，推出景宁畲族自治县“政银保”合作低收入农户扶贫小额贴息贷款项目，2012—2018年实现促贷金额2.72亿元，被选入2018年浙江改革典型经验；全国首创防洪调度责任险，全省率先开展低收入农户扶贫保险和执行悬赏保险，多个县域开展电动车综合保险，为青田石雕行业“量身定制”石雕保险；围绕地方支柱型农业产业，独家开发食用菌种植保险以及茶叶、杨梅、皇菊的气象指数保险。坚持以客户为中心的服务理念，健全内部服务管理机制，严格管控各个面向客户的主要环节。将“最多跑一次”理念融入柜面“一体化”和“一站式”承保理赔服务当中，完成“车驾管”服务及自助打印机设备的前期准备工作，建立在线理赔一体化处理平台，全面实施理赔无纸化，推进警保合作，深化落实夜市服务，开展“心服务”。公司直升机救援服务参加2018年在丽水开展的全省防汛抢险演练和浙闽两省高速公路隧道突发事件应急演练，受到社会各界关注。公司连续7年获市政府颁发的金融机构支持地方经济发展奖项，其中，2014—2016年连续获一等奖，被授予“2017年度丽水市新农村建设工作优胜单位”“丽水市第十二届消费者信得过单位”等称号。发挥人才、技术、网络、机构和管理等优势，形成“全员为客户服务，公司为社会服务”的大服务格局，为丽水市经济发展和社会进步保驾护航。（周楚睿）

【中国人寿丽水分公司】 2018年，中国人寿保险股份有限公司丽水分公司（简称“中国人寿丽水分公司”）下辖县（市）支公司8家，营销服务部12个，至年底，有员工240人，销售人员3438人。公司通过个人营销、团体直销、银行代理、网络销售等渠道，为社会大众提供生存、养老、疾病、医疗、身故、残疾等多种保险保障与服务。全年实现保费收入12.15亿元，市场份额36.71%，继续引领寿险行业发展。获“丽水市第十二届消费者信得过单位”等称号。公司秉承“诚实守信、客户至上”的服务理念，践行服务承诺，简化业务流程，推出“快e赔”“e宝”“e店”“微回访”等服务平台，为客户提供有温度的服务。公司主动承担社会责任，深化政保合作，开展大病保险，立足保险惠民服务；创建外伤调查经办业务新机制，保障社会基金安全；创新业务模式，推进低收入农户补充医疗保险项目；发展专业优势，开展个账余额购买商业保险项目。坚持“播撒爱心、造福社会”的价值理念，参与“圆梦微心愿”“百企结百村”“夏日为环卫工人送清凉”“扶贫健步走”等公益活动。（王海玲）

【太保产险丽水中心支公司】 2018年，中国太平洋财产保险股份有限公司丽水中心支公司（以下简称“太保产险丽水中心支公司”）全年实现保费收入2.97亿元，市场份额15.8%，居全市财险市场第二位。2018年，基于“两山战略”“乡村振兴战略”的指导思想，借助全国农村金融改革试点地区的契机，落实保监会“1+4”文件精神，充分发挥保险服务实体经济的作用，参与政保合作项目开拓及创新，探索解决脱贫问题的有效途径，为政府分忧解愁。在总结遂昌试点成功经验的基础上，继续做好“民宿保”项目的扩面工作，民宿保险是一项涉农的政保项目、惠民扶贫工程，推广产品对打响丽水旅游“金名片”，打造“零投诉”，创建“最佳旅游服务县”有积极的意义；2018年，国家三部委鼓励创新，支持实体经济创新机制，促进企业创新和科技成果的产业化，更好服务《中国制造2025》，出台首台（套）重大技术装备保险和重点新材料首批次应用保险。公司各级领导高度重视，主动对接经信部门和列入省级目录的客户，在省经信厅公布2017—2019年目录10家丽水企业中，承保企业5家，提供风险保障超亿元；8月，在市金融办、市安监局、市保险行业协会牵头下，组建成立安全生产责任险的共保体，以“保险+服务”的模式，通过生产隐患的排查、管理培训、安全风险分析以及发生事故的及时赔付，发挥安全风险防控、经济补偿和社会管理功能，健全安全生产保障和突发事件应急保险机制，打造“平安社会”“生态丽水”、构建“浙江绿谷、养生福地”；12月，在市金融办、市食安办、市保险行业协会牵头下，组建成立食品安全生产责任险的共保体，拟用2—3年，实现丽水市食品安全责任险的全覆盖。（陈蒙卉）

【中国太保寿险丽水中心支公司】2018年，中国太平洋人寿保险股份有限公司丽水中心支公司（以下简称“中国太保寿险丽水中心支公司”）全年实现规模保费收入4.71亿元，同比增长10.68%，市场份额占比13.49%，同比增长3.26%。新保保费收入1.38亿元，受理审核并结案理赔案件3480件，累计赔款给付0.316亿元。公司致力于提供基于客户全生命周期的风险保障解决方案，覆盖人寿保险、年金保险、健康保险、意外伤害保险等多个领域。公司积极探索和实践基于新技术应用的模式创新和流程再造，加快布局企业级移动应用，聚焦客户端，形成以“神行太保”、“太平洋寿险”APP、“太平洋寿险”官微及“科技个险”四大应用平台为主要构成的企业级移动应用体系，推动销售和服务模式在业内率先转型，带给客户便捷贴心的服务体验。公司坚持诚信经营，履行保险责任，切实保障保险消费者的合法权益。

坚持“保险姓保”的发展理念，全面推进转型2.0落地，深入实施“数字太保”发展战略，服务实体经济、精准脱贫和民生改善等国家战略，成为“业务质量最优、客户体验最佳、风控能力最强”的行业健康稳定发展引领者。（黄学芬）

【平安产险丽水中心支公司】2018年，中国平安财产保险股份有限公司丽水中心支公司（以下简称“平安产险丽水中心支公司”）累计保费收入达成1.93亿元，增速超市场17.1%，市场份额提升1.5%，车险份额提升位居行业第一。2018年，丽水平安产险延续2017年度丽水市多项政保合作项目，包括丽水市医疗责任险、残联意外险、食品安全责任险、校方责任险、学平险等，体现商业保险与社会民生的融合，为社会稳定提供强有力的保障；丽水平安产险全面打造智慧产险。用数字驱动经营，实现数字化、线上化和生态化。运用AI技术提升客户在线服务体验，推出电子保单，客户一登入网络就可以查询相关的信息。客户可以使用线上化理赔服务平台，包括人伤闪垫服务、线上服务、线上理赔、IVR视频报案，微信小程序自助视频报案等高科技服务。加强“警保联动”，在平安门店实现6年内车子保险、年检一条龙服务；响应政府“最多跑一次改革”通过公司自有APP“好车主”，帮助客户实现省心、省力又省钱，升级服务到“最多跑0次”。

积极和各个高校开展人才交流，与丽水职业技术学院开展首次见习交流活动，为学校提供良好的就业保障。参与丽水市开展的各项活动，参与丽水市全国文明城市创建、组织关爱留守儿童献爱心捐赠活动、健步走，为环卫工人献爱心，为交警送清凉等。参加行业运动会并取得团体第一。（潘俏阳）

【新华保险丽水中心支公司】2018年，新华人寿保险股份有限公司丽水中心支公司（以下简称“新华保险丽水中支”）有内勤员工82人，外勤销售人员720人，内设部门9个，业务部门3个。在全市6个县（市、区）设有支公司，拥有支公司2家，营销服务部4家。2018年，总保费收入4.16亿元，居市场前列。全年公司为客户发放保单质押贷款2224.16万元，解决个人融资难问题。与丽水31所学校签订学生平安保险合作协议，为丽水学生医疗保障水平的提高做出贡献。培养人才梯队，坚持吸纳人才，逐步壮大队伍。内勤人力从6人壮大到近百人，其中“985”“211”本科及以上学历78人，占比95.12%，外勤人力不足50—720人。公司与丽水学院启动校企合作，为学院输送的优秀人才提供实习与就业平台，减轻学院就业压力。聘用28岁以上已婚已育女性，为社会家庭妇女缓解就业压力，提高人才素质。实施“特殊招聘”，招聘3名丽水本地残疾人到岗就业，帮助残疾人找回社会价值。强化风险防范，贯彻落实中央“稳增长、调结构、防风险”的总体要求，学习监管文件精神，贯彻落实总、分公司合规管理制度。在总、分公司内控制度建设的基础上，全面展开各项风险排查，组织各渠道、各业务条线开展自查自纠工作，提升内外勤人员的风险合规意识，加强公司风险管控能力，打造健康生态的丽水新华，树立风清气正的精神面貌。融入精准扶贫国家战略，2017年新华保险总公司组建新华人寿保险公益基金会志愿联盟，启动关爱全国环卫工人大型公益活动，为环卫工人赠送人身意外伤害保险。与丽水市莲都区环卫局合作，开展为环卫工人送爱心活动，以实际行动践行保险企业社会责任。（麻 蓓）

证　券

【银河证券】 2018年，银河证券丽水营业部新开账户3498户，客户累计66132户。全年股基债交易量571.5亿元，实现收入2062.92万元，净利润913万元，为国家和地方实现税收398.91万元。至年底立融资融券信用账户2478户，授信总额度36.78亿元。全年期货IB业务开户数17户，合计开户399户。根据客户不同需求适时推出鑫易雨、鑫新雨、港股通，个股期权、股权质押、新三板等特色业务。大力发展融资融券业务，同时对风险测评保守型客户推出金自来、水星、珠联璧合、天天利系列、金山银河系列等固定收益类理财产品。

通过走访社区，开办股民学校，举办投资者教育讲座、柜台宣传、发送投教短信等活动，普及理财知识，引导投资者树立理性投资理念。增强社会公众防范非法证券活动意识，提高识假防骗的能力。获“2018年度中国银河证券股份有限公司优秀投教营业部”称号。（甘雨婷）

【浙商证券】 2018年，浙商证券丽水分公司坚持“稳中求进”发展主基调，实现业务增长、管理升级、合规稳健、高效运营。全年A股交易额846.34亿元，其中本级经纪业务部518.39亿元。随着“凤凰计划”推进，分公司担当券商金融使命，服务丽水地方实体经济发展。5月，与浙江方正电机股份有限公司、浙江浩腾电子科技股份有限公司共同发起成立丽水市公众公司协会，推进丽水市企业上市工作。推进凤凰计划在各县市（区）实施，8月，与遂昌县签订战略合作协议；10月，与缙云县金融办、龙泉市金融办签订“凤凰专班”合作协议，共同推动辖区企业对接多层次资本市场。与缙云县、莲都区、松阳县组建防范金融风险宣传教育宣讲团，累计深入39家机关企事业单位、社区等地开展专题宣讲活动。分公司党团员带头参加“百企结百村 消灭薄弱村”扶贫专项行动、“保护母亲河”志愿服务等公益活动，参与人数超过80人次。2018年，浙商证券丽水分公司获浙江省财贸系统“2018年工人先锋号”称号，被丽水市公众公司协会授予“2018年度优秀服务机构”等称号。（周 畅）

5月25日，丽水市公众公司协会成立大会暨庆祝仪式举行　（周 畅 提供）

【中信证券】 2018年，中信证券股份有限公司丽水寿尔福路证券营业部（以下简称“营业部”）以“专业创造价值”为经营理念，以优质服务推动业务开展，各项工作规范运作，业务平稳发展。全年营业部股票交易量300余亿元，新增开户数1600余户，上缴国家和地方税收185万余元，配合机构客户完成证券减持业务1.2亿元，为机构客户提供债券类金融产品1.6亿元。注重对投资者的知识宣传和风险教育，通过投资者教育园地持续展示、举办49期股民学校、多次开展外部专题宣传活动等渠道，引导投资者树立正确的投资理念，增强风险防范意识。（危 欣）

【财通证券】 2018年，财通证券股份有限公司丽水北苑路证券营业部坚守合规底线，积极开拓市场，各项业务平稳发展。全年实现新开账户2019户，产品销售6.6亿元，市场占有率0.0153%。响应省委、省政府提出的“凤凰行动”活动号召，致力于服务丽水本土企业，促成财通丽水旅游产业投资合伙企业正式落地，与2家企业签订拟IPO框架协议，与1家企业签订新三板持续督导协议，并与丽水市政府签署战略合作框架协议。开展投资者金融知识宣传、教育和培训工作，举办8场融资融券和衍生品专场业务培训和惠普金融知识宣传活动。（郑赏艳）

国内贸易

商　业

【概况】 2018年，丽水市实现社会消费品零总额682.9亿元，同比增长11.4%，连续2年增幅居全省第一，高出全省平均水平2.4个百分点；实现批发业销售额1091.2亿元，同比增长19.2%，增幅居全省第二，高出全省平均水平5.2个百分点；实现零售业销售额850.8亿元，同比增长15.3%，增幅居全省第一，高出全省平均水平3.2个百分点；实现餐饮业营业额115.2亿元，同比增长16.4%，增幅居全省第二，高出全省平均水平2个百分点；全市在建商贸流通业项目57个，总投资224.14亿元，同比增长45.91%。

2018年社会消费品零售总额分县(市、区)排序

表14

县(市、区)	同比增速(%)	名次	县(市、区)	绝对额(亿元)	名次
全　市	—	—	全　市	682.91	—
青田县	15.0	1	莲都区	208.60	1
缙云县	12.6	2	青田县	112.30	2
龙泉市	12.1	3	缙云县	90.23	3
松阳县	12.0	4	龙泉市	61.13	4
云和县	11.7	5	遂昌县	57.76	5
庆元县	11.0	6	松阳县	48.55	6
莲都区	9.5	7	庆元县	39.05	7
遂昌县	9.4	8	景宁县	33.33	8
景宁县	9.4	8	云和县	31.96	9

2018年全市限上商品零售八大类值

表15

指标名称	绝对量(万元)	累计增速(%)
限上批零企业零售额合计	1259273.3	19.6
其中：汽车类	394032.9	6.3
石油及制品类	286002.5	17.2
中西药品类	44450.5	40.5
日用品类	146730.1	31.8
服装、鞋帽、针纺织品类	125169.9	58.6
粮油、食品类	62567.9	11.0
家用电器和音像器材类	51116.7	4.0
烟酒类	35427.9	54.4

2018年，电子商务就业创业氛围良好，直接解决就业岗位近2.7万个，间接带动就业岗位近7.2万个；全年网络零售额350.5亿元，同比增长34.9%，增幅连续6年列全省前三；累计建成各类农村电子商务服务站点4045个，其中，“赶街”农村电子商务服务站点1268个；累计实现农村电子商务销售额223.9亿元，同比增长33.1%，其中，农特产品网上销售额118.3亿元，同比增长28.2%。

2018年，限额以上单位中，服装类、日用品类保持增长态势，分别增长68.2%和31.8%；石油及制品类增长17.2%；由于汽车保有量较高及税率优惠调整影响，汽车类零售增速放缓，增长6.3%。全市餐饮业保持较快增长态势，规模进一步扩大，限额以上单位中，80.8%的餐饮单位实现正增长，餐饮业规模前30位的单位同比增长42.7%，高于行业平均水平26.3个百分点。

【举办丽水山耕走进省直机关宣传推介活动】 2018年1月17日，市商务局举行“丽水山耕走进省直机关宣传推介活动”，推介活动包括食材展示(展示全市具有代表性的特色生态食

材)、厨艺交流(传授丽水食材烹饪技艺)、点心展示(展示全市非遗名小吃、中华名小吃)等环节。活动期间,丽水食材大受省直机关干部欢迎,3 天销售额累计 10 万余元。省商务厅副厅长韩杰要求在省商务厅三楼专门腾出场地,常年供“丽水山耕”产品入驻展示、销售。

【第三届中国农村电商大会在丽水召开】 2018 年 10 月 12 日,丽水市举办第三届中国农村电子商务大会。来自全国 23 个省(市、自治区)政府和商务部门领导、企业代表、高校等近 1000 人参加大会。中央电视台、人民网、新华网、浙江卫视、浙江日报等主流媒体报道丽水电商经验。会上,中国国际电商中心与丽水市签订深化战略合作协议,将丽水作为全国农村电子商务示范区,使“丽水模式”成为可复制、可借鉴的浙江样板、全国经验。 (梅丽森)

供销合作商业

【概况】 2018 年,全市供销社(农合联)贯彻中共十九大和省、市党代会精神,落实中央、省委关于供销社综合改革工作部署,贯彻落实“乡村振兴战略”,坚持“绿水青山就是金山银山”发展理念,按照“改造自我,服务农民”总要求,积极推进农民合作经济组织体系建设和“农合联万元钱”富民增收行动,各项工作有序开展。全年全市系统实现总经营收入 61.9 亿元,同比增长 21.8%,其中实现总销售规模 35.26 亿元,同比下降 21.1%;全市系统汇总利润 4036 万元,同比减少 34.4%,盈利企业盈利额 4588 万元,同比减少 43.5%;所有者权益 63775 万元,同比增长 6.4%;实现社会贡献总额 22754 万元,同比减少 5.7%。

9 月 4—5 日,开展 2018 乡愁富民产业茭白丰收节活动 (杨小明 提供)

【农合联组织体系建设】 2018 年,全市累计组建市级农合联 1 个,县级农合联 9 个,乡镇级农合联 138 个,共吸收农合联会员 7284 个。成立农民资金互助会 9 家,农合联资产经营公司 9 家。组建产业农合联 45家,涵盖全市 9 个县(市、区)九大主导产业,共吸纳农业主体会员 2117 个。9 月,组建全省首家市一级产业农合联——丽水市茭白产业农合联。

【“生产服务”创新推进】 2018 年,全市供销社(农合联)以产业农合联为重点,实施“农作物放心工程”,为产业会员提供精准培训和农技精准攻关服务。市农合联会同市农科院、各县(市、区)农合联,在全市 20 多个乡镇有序开展农技培训,累计完成培训 21 期,共培训 1100 人次。与市新农村广播频道合作,集中农业、气象、科技、农资等部门的农技专家,制作“农作物放心工程”专题技术报道专栏,按照不同作物系列,完成技术咨询服务报道和宣传 48 期。

【供销服务】 2018 年,全市供销社(农合联)在解决农产品销售上成效显著。依托青田侨乡农品城,为全市有自营出口需求的企业提供出口检测、出口报关、出口销售等“一条龙”服务,实现全市产业农合联农产品“借船出海”。全年青田县侨乡农品城销售额 1.09 亿元,出口 1004 万美元,将农业龙头企业的服务、加工、销售等环节进行有机结合,以龙头企业带动生产基地,基地联结农户的形式,促进产业发展。全年新培育农合联会员企业 21 家成为市级农业服务龙头企业,提升为农服务能力。

【打造“产业服务”品牌】 2018 年,全市供销社(农合联)围绕深入实施“乡村振兴”战略,打造为农服务品牌——农合联“产业服务”活动,完善农合联的服务内容和服务功能。全年市农合联开展“春耕支农”——青田县“稻鱼之恋”开犁节、“金融惠农”——全市产业信用服务工作推进会、“丰收互动”——缙云茭白丰收节、“年货联销”——丽水市供销年货节等“产业服务”活动,取得良好的社会效益和经济效益,提升供销社、农合联的影响力和社会知名度。

【供销“信用服务”】 2018 年,全市供销社(农合联)发挥农合联在与金融机构沟通协调方面的作用,拓展产业金融服务,构建多元化金融服务体系。云和县供销社(农合联)针对该县人口少、涉农产业聚集力量薄弱等特点，创新小县大互助模式，组建云和县农民资金互助会，全年吸收会员388人，缴存入会金480万元，农村商业银行放大10倍贷款额度，发放创业贷款156笔，资金2534.5万元，初步形成“小县大互助”服务体系。

【农合联增收富民行动步伐加快】 2018年，全市供销社（农合联）围绕市委、市政府“八个万元”系列增收富民行动，推进“农合联万元钱”各项工作落实。完善生产合作、供销合作、信用合作“三位一体”服务功能，提升农民组织化程度和农业规模化经营水平，促进农业增效、农民增收。通过产业农合联规范化建设和产业服务体系建设，全年实现产业农合联会员带动农户5.4万人，实现产业农合联会员总销售收入21亿元，带动农户人均销售收入3.9万元，实现人均可支配经营性收入1.95亿元。 （杨小明）

粮 食 业

【概况】 2018年，全市粮食行政管理机构10个，事业单位1个，国有粮食企业10个，在岗粮食行政管理人员34人，国有粮食企事业人员344人。全年全市粮食总供给量为97.87万吨，其中，进口0.53万吨，市县外购入62.06万吨；全市总消费99.82万吨，其中口粮消费48.76万吨，种子用粮0.86万吨，饲料用粮20.47万吨，工业用粮9.83万吨，销往县市外19.9万吨；年末社会粮食库存35.74万吨。全市储备粮轮换57322吨，其中市级轮换14500吨；全市食用油轮换500吨，其中市级轮换150吨。

【粮食安全责任制考核】 2018年，是国家对粮食安全省长责任制考核的第3年。7月，市长吴晓东与省长袁家军签订《粮食安全责任书》，将粮食安全责任制考核纳入市委、市政府的综合考核。同月，市、县、乡镇政府层层签订《粮食安全责任书》，明确考核任务，压实各级主体责任。莲都区、缙云县、庆元县、青田县被评为2018年度全市粮食安全县长责任制考核优秀单位。

【粮食应急体系】 2018年10月，市粮食局重新修订《丽水市粮食安全应急预案操作手册》，资格复审应急供应企业（店），统筹规划网点。全市落实粮食应急供应点185个、应急粮食加工企业12家和应急运输企业13家，粮食日加工能力810吨，应急运输能力1530吨，完成每个县至少一个加工厂和每个乡镇、街道至少一个应急供应网点的全年应急保障任务。

【粮油储备规模】 2018年，全市落实完成省政府下达的地方储备粮规模14.38万吨，其中晚稻谷5.38万吨，占比37.4%；储备成品粮1260吨，其中晚稻米1235吨，占比98%，均超过省政府规定的25%和85%的考核指标。全市落实小包装食用油500吨，占总储备比例100%。全市保有视同储备粮管理的应急周转粮库存1.79万吨，能应对各突发应急状况。

【仓储项目建设】 2018年，全市仓储设施在建项目共有5个（遂昌县、青田县、缙云县、庆元县、云和县粮库项目），计划总投资46107万元，争取中央资金1906万元，省级仓储设施建设资金1524万元。至年底，累计完成投资22992万元，占计划总投资的50%；累计到位资金24206万元，到位率52%。预计2019年底全部完成验收，新增有效仓容13.12万吨，改变全市粮油仓储设施陈旧、规模小而散的落后局面。

【绿色储粮应用】 2018年，丽水国家粮食储备库多年摸索应用准低温气调技术，连续五年实现储备粮百分百零用药免熏蒸，仓库平均气密性450秒，气调吨粮耗电成本稳定在0.5元左右，累计接待省内外前来交流学习考察团220批2100余人次，产生良好的经济效益与社会效益，被授予2018浙江省“粮安之星”先进集体称号。莲都、松阳、龙泉、景宁等县（市、区）中心粮库绿色储粮设备完成安装调试。

【秋粮订单收购】 2018年，全市签订晚稻谷订单10675吨，比上年增加553吨，共发放粮食预购定金21.6万元，设立收购网点24个，准备收购仓容2万余吨，配备计量设备、检化验仪器、清理设备、烘干设备、输送设备共157台。实际收购11867吨，订单履约率100%，比上年增加收购2114吨，是近5年来收购数量最多、质量最好之年。收购程序规范，切实保障农户利益，让粮农卖“明白粮”“称心粮”“安心粮”。

【粮食产销合作】 2018年5月，市粮食局借势吉浙对口合作东风，与梅河口市举办“浙”里有粮缘——吉林梅河大米丽水行宣传活动，牵头两地重点粮食企业签订购销合作协议，促成梅河口大米旗舰店入丽水扎根，年供应优质大米2500余吨。为弥补全市粮食缺口，紧密联系福建松溪县、安徽东至县、江西鄱阳县等地，建立省外优质粮源基地1920公顷，进一步延长粮食省际供应链。

【粮食产业经济】 2018年3月，市粮食局牵头召开政银企合作座谈会，同商共讨融资贷款新模式，建立互信互利长效机制。8月，推动编制出台《丽水市加快推进粮食产业经济发展的实施意见》，打造“一核两区多点”的丽水粮食产业经济空间发展格局。12月，编制完成《关于扎实推进粮食“五优联动”的实施意见(征求意见稿)》，以做大做强做优特色粮食产业、增加绿色优质粮食产品供给为重点，推进全市粮食产业经济发展变革。全年全市粮油工业总产值10.7亿元，同比增长13.5%。

【放心粮油建设】 2018年，莲都区、缙云县作为第一批省级“放心粮油示范县”试点县，共认定放心粮油示范企业4家和放心粮油示范店34家，实现放心粮油供应网络和应急网络“双网”覆盖，完成全县80%以上乡镇(街道)有1家以上“放心粮油”示范店的创建目标。通过实行统一粮油供应，引导城乡粮食消费合理升级，全年配送各供应网点东北优质大米1.5万吨。

【粮食交易市场】 2018年，丽水市粮油副食品批发市场全年商品交易金额17.2亿元，与上年持平。为防范各县收储企业粮食轮换风险，全市地方储备粮出入库全部采用网上交易，杭州国家粮食交易中心丽水分中心年交易量10.48万吨，交易金额2.21亿元。市粮食物流中心全年粮食经营18万吨，交易额8.1亿元。

【粮食监督检查】 2018年，落实秋粮收获质量安全监管，全年送检粮食质量安全监测样品29个，质量调查样品86个，品质测报样品42个，扦样涉及全市9个县(市、区)28个乡，督导各地关口前移，开展田间稻谷重金属镉污染情况调查检测。全面推行“双随机一公开”抽查监管，根据年度抽查计划，落实储备轮换、库存检查、安全生产检查、市场购销活动检查，全年开展执法督查241次，检查企业426个次。4月，市发改委(粮食局)被授予“全国粮食流通执法督查创新示范单位”称号。

【科普宣传活动】 2018年，以食品安全宣传周、粮食质量安全宣传日、粮食科技宣传周、世界粮食日为宣传契机，市粮食局开展现场宣传咨询活动，深入宣贯《粮食流通管理条例》《粮食质量安全监管办法》等有关法律法规，科普粮油健康消费知识和科学储粮技术。全年发放宣传资料5000余本，海报600余份，接受群众咨询1000余人次，惠及群众7000余人。 (金骁博)

烟草专卖

【概况】 2018年，丽水市烟草专卖局(公司)围绕浙江烟草“131”发展战略，联系丽水实际，以高质量发展和全面深度转型为主线，以“丽烟之干”助力全国网建会，凝心聚力、奋力攻坚，保持更高质量、更有效率、更可持续的发展态势，全年实现卷烟批发销售额40.84亿元，同比增长5.33%；单箱销售额4.08万元，同比增长5.09%；税利9.99亿元，同比增长3.4%。参与社会公益活动，向社会捐赠220万元，其中，向结对村投入精准扶贫资金61万元。

【专卖监管】 2018年，全市查获涉烟违法案件888起，查获各类违法卷烟2351.78件，同比增长39.93%，相对量排名全省第三；破获国标网络案8起，其中一级国标网络案4起，为历年之最，侦办“7·13”加热不燃烧卷烟案件，填补了丽水烟草在新型烟草制品查获领域的空白。

【烟草专卖行政许可】 2018年，市烟草专卖局推进“证照联办”和“一证通办”落地运行，融入“无差别全科受理”服务；启用移动办证平台，做好上线宣传推广工作，提高公众知晓率与网上申请率，形成与政务服务网联通，PC端、移动端多种渠道共存的网上办证服务体系，便利群众办证，全年网上办证率96.61%。 (张恒宇)

丽水市烟草专卖局局长沈伏恒为(左二)前来办证的群众答疑解惑 (张恒宇 提供)

对外及港澳台经济贸易

对外贸易

【概况】 2018年，丽水市实现外贸进出口总值247.13亿元，同比增长10.8%，其中出口值225.91亿元，同比增长10.2%；进口值21.23亿元，同比增长17.36%。进口商品以铁合金、不锈钢板材、天然橡胶、乙烯聚合物、木材和葡萄酒为主，分别进口3.77亿元、2.27亿元、1.92亿元、1.35亿元、0.6亿元和0.47亿元。进口来源地主要集中在印度尼西亚、南非、泰国、澳大利亚、西班牙和俄罗斯等国家。

出口企业中，流通公司出口95.84亿元，同比下降4.49%，占全市比重42.42%；内资生产型企业出口121.92亿元，同比增长22.18%，占全市比重53.97%；“三资”企业出口8.15亿元，同比增长67.39%，占全市比重3.61%。

出口市场中，亚洲市场80.39亿元，同比增长8.15%，其中，中东市场18.57亿元，同比下降3.97%，东盟市场29.42亿元，同比增长37.42%；欧洲市场58.46亿元，同比增长4.36%，其中，欧盟市场45.05亿元，同比增长2.24%；北美市场49.12亿元，同比增长21.73%；拉丁美洲市场18.59亿元，同比增长10.8%；非洲市场16.02亿元，同比增长10.38%；大洋洲市场3.32亿元，同比增长10.93%。美国、印度和俄罗斯为出口前三位国家，出口额分别为45.77亿元、11.64亿元和10.69亿元。

出口商品中，农副产品出口4.94亿元，同比增长21.08%，其中，香菇出口2.82亿元，干木耳出口0.71亿元。纺织服装出口21.68亿元，同比下降1.13%；轻工工艺品出口59.23亿元，同比下降1.74%，其中，鞋类出口8.9亿元，玩具出口14.84亿元，文体用品出口12.08亿元；机械产品出口128.04亿元，同比增长17.76%；化工产品出口12.01亿元，同比增长20.43%；机电产品出口90.23亿元，同比增长4.74%。

2018年，全市完成服务贸易进出口总额23.1亿元，其中出口5.2亿元，占服务贸易进出口总额的22.5%；进口17.9亿元，占服务贸易进出口总额的77.5%。

2018年出口总值分县（市、区）排序（含开发区）

表16

县（市、区）	同比增速(%)	名次	县（市、区）	绝对额（亿元）	名次
全　市	10.20	—	全　市	2259051	—
青田县	46.45	1	缙云县	502517	1
景宁畲族自治县	39.77	2	青田县	485633	2
庆元县	36.92	3	龙泉市	252096	3
云和县	33.40	4	丽水开发区	195375	4
龙泉市	23.99	5	云和县	161294	5
遂昌县	23.89	6	景宁畲族自治县	127044	6
丽水开发区	19.68	7	庆元县	108464	7
莲都区属	15.52	8	松阳县	89844	8
缙云县	13.54	9	莲都区属	80265	9
松阳县	−68.32	10	遂昌县	65975	10

【获批3个国家级外贸转型升级基地】 2018年3月14日，商务部认定255家为国家级成外贸转型升级基地，其中浙江39个，占全国总数15.3%，丽水3个，分别是庆元铅笔、食用菌和云和木制玩具3个国家级外贸转型升级基地，并在10月25日全国轻工外贸基地发展大会上进行授牌，这是市商务系统首次获国家级荣誉称号。基地建设将推动产业扶持政策出台，加快培育品牌和产业链创建，促进全市食用菌、铅笔、云和木质玩具产业转型升级。

【举办首届世界华侨进口商品博览会】 2018年11月17—19日，举办首届世界华侨进口商品博览会（“以下简称侨博会”），中国侨联为指导单位，浙江省商务厅、浙江省侨联、丽水市人民政府为主办单位，丽水市商务局、丽水市外侨办、丽水市侨联、青田县人民政府承办，会上丽水市委书记胡海峰致辞。

侨博会是浙江省委、省政府承接进博会溢出效应的十大活动之一，设展区7个，展位1000个，展销面积6.5万平方米。展会期间，吸引来自63个国家的367家进口日化和食品企业、405家境外葡萄酒庄、960名参展商、国内2689名专业采购商参展，展品囊括进口葡萄酒1万多款、进口商品5万多种，参观总人数10.5万人次。来自国内外60多家新闻媒体100多名记者集聚青田，进行多角度、深层次的报道，提升“青田洋货”“青田世界红酒中心”品牌的知名度和美誉度大幅提高。

【丽水市在“进博会”上意向成交金达3053万美元】 2018年，在首届中国国际进口博览会上，丽水交易团共22家企业（单位）签订30份意向成交协议，意向金额3053.13万美元。按照2017年度各市进口额占全省的比重为参照标准，丽水市参与“进博会”意向成交额完成进度排全省第三位。

【签订新一轮厅市合作协议】 2018年10月10日，浙江省商务厅与丽水市人民签署《浙江省商务厅 丽水市人民政府关于建立厅市紧密合作关系助推丽水大花园建设的合作协议》。省商务厅表示，全力支持丽水大花园建设，把世界华侨进口商品博览会打造成永不落幕的进口博览会，培育进口商品“世界超市”。支持丽水引进民宿、旅游、休闲养生等高质量外资项目，支持青瓷、宝剑、石雕、茶叶等产品出口，加大“一带一路”沿线国家和地区市场开拓力度，打造“一带一路”开放平台，共同研究推进农村电商创新发展示范市建设。

10月12日，第三届中国农村电子商务大会在丽水举行　　（梅丽森　提供）

利用外资及港澳台资

【概况】 2018年，丽水市新备案外商投资项目29个，增资项目7个，投资总额8.46亿美元，合同利用外资2.96亿美元，同比下降19.4%；实际利用外资1.07亿美元，同比下降50.7%。引进千万美元以上外商投资项目9个。新增外资项目中，二产项目10个，合同利用外资1.73亿美元，实际外资0.42亿美元；三产项目18个，合同利用外资1.01亿美元，实际外资0.17亿美元，项目来源地以香港地区和意大利为主，分别为14个和3个。组织举办或参加日本静冈县日中友好协议会代表团一行走访丽水活动、丽水市生态休闲产业（上海美国商会）推介活动、第四届中国—中东欧国家投资贸易博览会、第二十届中国浙江投资贸易洽谈会、第十七届中国国际日用消费品博览会、第二十届中国国际投资贸易洽谈会、“2018浙江省高质量外资集聚先行区（北京）推介交流会”活动、长三角对外投资合作联盟启动

2018年实际利用外资分县（市、区）排序（含开发区）

表17

县（市、区）	年度任务完成比例（%）	名次	县（市、区）	绝对额（万美元）	名次
全　市	53.5	—	全　市	10691	—
云和县	100.7	1	青田县	4015	1
青田县	100.4	2	缙云县	2391	2
松阳县	100.1	3	松阳县	1051	3
遂昌县	100	4	遂昌县	1050	4
莲都区	83.3	5	莲都区属	1000	5
缙云县	52.0	6	云和县	856	6
庆元县	26.8	7	庆元县	228	7
龙泉市	9.5	8	龙泉市	100	8
景宁县	—	9	县	0	9
开发区	—	9	开发区	0	9

仪式等外商投资洽谈、推介活动。

【首个利用外资10亿元项目签约】 2018年10月24日，总投资10亿元的肖特高端药用玻管项目在缙云县签约，全市在引进重大外资项目上迈出关键性一步。德国肖特集团在特种玻璃、材料技术领域拥有130多年的行业经验，是全球著名的光学玻璃制造商、全球领先的特种玻璃生产商，该项目是全市最大的外商独资项目，投资规模大，科技含量高，带动能力强，具有广阔的市场空间和发展前景。

对外经济技术合作

【概况】 2018年，按照全省对外开放大会和省、市商务工作会议精神，围绕全年工作目标，以"一带一路"建设为统领，努力推进全市外经工作。新增备案境外投资项目3个，境外直接投资备案额208.19万美元，同比增长1.36%。全市企业境外投资分布在美国、韩国、印度尼西亚、阿联酋等22个国家和地区。"一带一路"成为丽水市企业"走出去"的主要国家(地区)，共有22个项目分布在"一带一路"沿线，境外直接投资备案额9052.26万美元。并购成为企业"走出去"的主要途径，中方并购金额8411.22万美元，占总数的61.83%。制造业对外投资成主力，企业个数占90.38%，境外直接投资备案额占96.25%。 （梅丽森）

海　　关

【概况】 2018年，丽水市外贸进出口总值为247.13亿元，同比增长10.78%，出口225.91亿元，同比增长10.20%；进口21.23亿元，同比增长17.36%。全年监管进出口货值2.09亿美元，同比增长5.1%；完成出入境商品检验检疫9916批，货值2.876亿美元，同比分别下降14.41%和增长13.27%；出入境人员健康体检1791人次，同比增长25.33%；签发各类原产地证书8501份，货值4.186亿美元，同比增长6.81%和21.25%。

【机构改革】 2018年，丽水海关落实党中央关于机构改革的决策部署，成立机构改革领导小组，严格对标海关总署明确的步骤环节、时间节点推进机构改革。4月20日，统一完成原丽水出入境检验检疫局标识标牌更换、统一着装等工作，正式以海关名义对外

丽水市2018年进口、出口货物地区总值

表18

进口货物统计原产国(地)			出口货物统计产终国(地)		
国家(地区)	进口额(万元)	同比(%)	国家(地区)	出口额(万元)	同比(%)
印度尼西亚	3.33	12.08	美国	45.77	22.62
南非	3.14	9.9	印度	11.60	24.26
泰国	2.05	2379.75	俄罗斯联邦	10.69	15.16
台湾	2.03	-12.49	韩国	8.56	6.84
科威特	1.41	—	越南	7.06	30.04
总值	9.93	45.18	总值	83.68	20.60

丽水市2018年排名前五的进口、出口货物数据

表19

货物种类	总值(亿元)	增长率(%)	货物种类	总值(亿元)	增长率(%)
初级形状塑料	3.02	124.22	机电产品	99.39	10.8
机电产品	2.52	106.38	钢材	24.33	37.92
钢材	2.30	8395.98	玩具	14.90	-6.33
农产品	2.09	-49.41	服装及衣着附件	12.19	-3.38
天然橡胶	1.92	3704.17	纺织纱线、织物及制品	11.40	4.24

丽水市2018年排名前五的出口企业

表20

企业名称	总值(亿元)	增长率(%)
浙江瑞浦科技有限公司	9.57	211.23
浙江天喜厨电股份有限公司	5.00	—
浙江涛涛车业股份有限公司	4.94	95.19
青田飞鸟进出口有限公司	4.15	—
浙江欧凯车业有限公司	4.08	980.67

丽水市2018年排名前五的进口企业

表21

企业名称	总值(亿元)	增长率(%)
浙江青山钢铁有限公司	4.82	114.97
浙江杭实善成实业有限公司	3.69	7206.29
浙江凯恩特种材料股份有限公司	1.73	2.38
浙江元立金属制品集团有限公司	1.72	-14.9
浙江纳爱斯化工股份有限公司	1.51	-58.03

办理业务，全部启用新印章，进出口企业报关报检资质“合二为一”。6月1日，全面取消通关单。8月1日，启用新报关单，实现一次申报、一单通关；通过举办关检融合培训班、实施“报关报检业务互学”模式、开展海关执法考试学习等，全面提升干部业务知识和综合能力，促进深度融合。

【通关监管】 2018年，丽水海关审结报关单4384份，同比增长22%；征收进出口环节税5920万元，同比减少18.4%；审批减免税货物金额1.3万美元，减免税款1.3万元。围绕口岸提效降费减证的工作要求，持续压缩货物通关时间，超额完成压缩整体通关时间1/3的任务，压缩比位居关区前列。浙沪出口直放率93.1%，省域内直放率88.9%。11月，根据首届世界华侨进口商品博览会暨青田进口葡萄酒交易会工作安排，发挥海关把关服务职能，制定《丽水海关关于侨博会通关保障方案》，实施7×24小时通关，采用提前申报、货物先入库后抽检等方式，最大程度提升通关效率，保障1600多个品种、近3万瓶进口葡萄酒顺利通关。

【检验检疫】 2018年，丽水海关严把进出口商品质量，全年完成出口商品检验9271批、2.655亿美元，检出不合格14批、33.01万美元；完成进口商品检验645批、2211万美元，检出不合格28批、47.06万美元；完成协议监装33批、856.74万美元，退货调查40批，通报调查2批次，缺陷汽车召回任务2起。严守国境检疫安全，完成出入境人员健康体检1791人次，预防接种461人次，检出传染性疾病17例，其中HIV抗体阳性1例；全力做好非洲猪瘟防控工作，到9个县（市、区）开展流通监管、无害化处理等明察暗访，确保辖区无猪瘟疫情。重视食品安全工作，开展进口食品“整治月”、欺诈虚假宣传专项整治等活动，出动执法人员38人次，检查进口食品收货人12家、经营单位41家，监督销毁不合格进口饮料近100箱、婴幼儿辅助食品84批次。

【企业管理】 2018年，丽水市新增备案企业299家，注册企业总数2420家，其中，高级认证企业4家，一般认证企业70家。参与丽水市社会信用体系建设，定期公布海关红、黑名单，完善诚信联合激励、失信联合惩戒机制。做好企业注册信息核实和虚假贸易风险企业核查工作，落实虚假贸易管控措施10项，开展企业实地巡查97家次，对风险企业及时实施通关锁定或暂缓统计。

【稽查缉私】 2018年，丽水海关加强对进出口活动真实性和合法性的监管，针对青田县温溪镇瓯江区域走私油船卸油警情多发的情况，发挥海关打击走私职能。4月25日，参与丽水市打私办牵头开展打击走私成品油专项集中整治行动，查扣涉嫌走私槽车54辆，成品油2000多吨，价值约1500万元，打击成品油、白糖等沿温丽金高速和瓯江航道蔓延走私的趋势，得到省打私办的肯定，为“二线城市”打击海上走私开辟先列。做好企业稽查工作，全年办结稽查作业11起，查发移交通关追补税案件线索1起，移交缉私处理作业3起，货物价值近2735万元。

【海关服务】 2018年，丽水海关践行“两山”理念，助推地域特色经济持续发展。立足青田侨贸经济，丽水海关青田县业务延伸服务于3月28日启动运行，10月19日，授牌运营青田第二个公用型保税仓库——瓯南保税仓库。助推云和木玩产业，帮扶指导云和县“两仓”项目建设，推动全国首个出口木玩技贸研究评议基地落户。帮扶庆元农产品出口，完成出口食用菌备案基地“全域化”试点，出口农产品二维码溯源体系建设，实现“三同”平台全覆盖。

【海关科技】 2018年，丽水海关加强平台建设，构筑国门生物防御体系，PCR实验室完成建设并投入使用，海关本部、青田2个现场植检实验室建设基本完成。深化公共检测平台建设，全年为企业免费检测货物1479批次，减免费用460万元，结合国抽、省抽任务对9个县（市、区）表内表外产品开展免费质量抽查，为9个县市区报送质量白皮书。科研能力不断增强，保健中心被评为AAAA级社会组织和规范级医疗机构，检科院实验室通过“二合一”评审完成扩项136项；申报实验室行业标准验证项目2项，首次获准协同验证1项，市本级科研项目2项。

【海关政策宣传】 2018年，丽水海关加强知识产权海关保护力度，3家企业入选海关总署知识产权保护“龙腾”行动重点企业，支持本土品牌的出口发展。加强“互联网”思维和大数据运用，全年通过TBT和“丽水进出口资讯前沿”微信公众号平台，发布《技术性贸易措施期刊》11期，各类技贸资讯360余条，向市、县两级地方党政领导及政府部门报送各类统计专报、简报26篇次，发送手机短信提示近200条。开展法规宣讲，制作完成原产地宣传微电影《产地荣耀》，组织专题政策法规辅导14次，指导企业300余家次，依托新闻发布会和电台、电视、报纸及网站、微信等新闻媒介发布各类政策宣传40余次，提升海关形象和扩大社会影响力。（蔡胜男）

经济管理

计划管理

【概况】 2018年，全市地区生产总值1394.67亿元，增长8.2%，其中，一、二、三产分别增长3.1%、9%和8.1%。实现财政总收入211.18亿元，增长17%，其中一般公共预算收入130亿元，增长15.1%，高于年度预期目标4个百分点。投资"4+1"加快推进，民间投资增长22.6%，交通投资增长19.6%，生态环保和公共设施投资增长41.3%，高新技术产业投资增长31.3%，均大幅高于年度预算目标。41个省市县长项目中21个落地，完成省定"落地率50%"任务目标。重点建设项目投资232.51亿元，完成年度计划103.3%。总投资2125亿元，131个重大前期项目完成进度目标的80.2%。

【规划编制和管理】 2018年，市发改委按照规划引领发展要求，全面加强规划管理，不断提升规划质量，有效发挥规划作用。全年按计划和要求推进市本级规划73个，组织召开《丽水国家气候适应型城市建设试点实施方案》《丽水市"十三五"结核病防治规划》等规划的论证会，发布实施《丽水市全域旅游发展规划》《丽水市农旅产业融合发展专项规划》《"十三五"规划中期评估》等规划，推进《国家公园总体规划》《丽水市通用机场布局规划》等规划的编制工作。

【年度计划编制与经济分析】 编制2018年市本级政府性基本建设项目投资计划、丽水市2018年重点建设项目形象进度计划、丽水市2018年重大建设项目前期工作责任目标计划等三大投资计划，并抓好计划实施。编制国民经济和社会发展年度计划，完成《关于丽水市2018年国民经济和社会发展计划执行情况及2019年国民经济和社会发展计划草案的报告》编写，并在市第四届人民代表大会第四次会议上审议通过。完善经济形势分析、重点企业监测、专项调研分析等制度，每季召开全市经济形势分析座谈会、开展重点企业和重点服务业网上问卷调查，全年完成经济分析、投资分析和价格分析等月度、季度和年度分析30余个。

【推进重点项目建设】 2018年，全市开展"破难百日攻坚""集中开工"等系列活动，在全市形成抓投资、抓项目氛围，项目推进和难题破解取得显著成效。202个市重点建设项目完成投资232.51亿元，完成年度计划投资的103.3%，其中50个省重点建设项目完成投资84.11亿元，完成年度计划投资的126.7%。全市计划新开工项目61个，实际开工建设60个，开工率98%，其中市人大监督的12个亿元以上政府投资项目全部开工建设。

【产业转型】 2018年，全市三次产业比重从上年7.7:42.9:49.4调整为6.8:41.4:51.8，一、二产比重持续下降，三产比重提高2.4个百分点。生态旅游业加快发展。旅游总收入同比增长16.6%。农家乐民宿接待游客和营业总收入分别增长24%和33%。农旅融合成效显著，实现农产品旅游地商品销售额48.26亿元，"丽水山耕"品牌农产品平均溢价率超过30%。电子商务加快推进。网络零售额350.5亿元，增长34.9%，增速居全省第三。特色小镇加快培育。全年完成特色小镇投资179.09亿元，万洋低碳智造小镇、龙泉汽车空调小镇进入第三批省级培育小镇名单。招商引资加快步伐。全市新签约落地招商项目455个，合同利用内资570.90亿元，其中，新引进大项目130个，合同利用内资438.5亿元。双宇集团滤清器项目、飞科电器项目、五金机械装备小微企业园项目等5亿元以上项目落地。创新成果不断涌现。新认定国家高新技术中小企业67家、省级科技型中小企业195家，新增省级高新技术企业研发中心12家，新增省级企业研究院11家。

【课题研究和管理】 2018年，市发改委围绕经济社会发展的重点、热点和难点问题，围绕党委、政府的中心工作和发改委的职能，开展课题研究工作，课题成果应用。课题带出政策。完成“生态产品价值实现机制相关研究”课题研究，以该课题研究为基础的《丽水市生态产品价值实现机制试点申报方案》由推动长江经济带领导小组办公室由省政府办公厅发文，上升为国家级战略。通过《丽水市公立医院医疗服务价格改革研究》，出台《丽水市发改委等4部门关于丽水市公立医院实施首轮医疗服务价格调整等有关事项的通知》。课题带出项目。通过“构建‘大花园’骨干通道—丽水至云和铁路规划研究”课题研究，丽水至云和铁路被列入省铁路网中长期规划修订版，省发改委同意该项目与温武铁路同步建成。课题带出规划。完成“培育‘丽水山居’美丽经济——丽水乡村振兴战略研究”课题研究，以该课题为基础的《丽水市乡村振兴战略规划》正在出台过程中。课题带出典型。“丽水与全省同步高水平全面建成小康社会短板及对策研究”课题研究获浙江省党政系统2015—2016年度优秀调研成果三等奖，“与时俱进四十载，跨越发展绘新篇——丽水改革开放近40年实践经验及启”课题作为丽水市唯一入选论文作者参与浙江省改革开放40周年理论研讨会。（黄一萍）

安全生产

【概况】 2018年，丽水市安全生产工作以中共十九大精神为指导，围绕“争先进位大赶超”要求，从安全生产责任体系、治理体系和预防体系着手，推进安全生产领域改革发展，打好治理攻坚战，创造稳定安全生产环境。全年全市发生各类生产安全事故124起，死亡109人，同比分别下降33%和25.9%，事故死亡人数占控制指标86.5%，连续4年未发生较大及以上生产安全事故，全市安全生产形势稳定好转。

【安全生产事故特点】 2018年，全市事故总量下降，指标控制较好，其中事故死亡人数降幅位列全省第六。大部分行业领域安全形势稳定，市级14个责任书签订部门中，未发生考核范围内安全生产事故部门7个，其中道路运输领域事故大幅下降。全市各地均未突破事故死亡人数总量指标，9个县（市、区）及丽水经济技术开发区均实现各类事故起数、死亡人数同比“双下降”或持平。

【落实安全生产责任】 2018年，市委、市政府制定出台《关于推进安全生产领域改革发展的实施意见》，配套出台重点任务分工方案，推进全市安全生产领域改革发展。贯彻学习《地方党政领导干部安全生产责任制规定》和《浙江省地方党政领导干部安全责任制实施细则》，调整安委会组织结构设置及工作规则。落实全省首轮安全生产巡查发现问题的整改工作，制定整改方案，列出整改清单，明确责任单位和完成时限，至年底，已大部分整改到位。督促重点行业领域主管部门要按照“三个必须”要求，全面落实安全监管责任，填补监督管理漏洞。建立乡镇（街道）安全生产监管六张清单，形成乡镇（街道）安全生产规范化监管模式。全面推进“灵魂工程”建设，发挥企业安全管理人员催化剂作用，形成以企业为主体、安管员为核心、员工主动参与的两个责任三个层次良性互动工作体系。推动社会力量参与支持安全生产工作，全市采取安全生产社会化服务企业13828家，合同金额1694万元。开展安全生产标准化企业运行情况检查，倒逼企业改进，全年全市核准三级标准化企业344家，撤销三级达标企业34家。

【开展重点领域安全整治】 2018年，市安委会突出生产安全事故总量大、重特大事故风险高重点行业领域，开

3月22日，市安监局组织开展冶金企业安全生产专项检查 （王俊波 提供）

展工矿商贸、道路交通、消防、建筑施工、特种设备等领域安全专项整治。其中，全市工矿商贸领域开展“精准定位、精准发力、精准除患”专项检查整治，实行“双随机”抽查。开展危化、矿山、涉爆粉尘、液氨制冷、有限空间等专项整治行动10个，检查企业917家，发现问题和隐患数1816项（其中重大事故隐患53项），下达责令限期整改指令书429份。消防安全领域开展以“防大火、降亡人、压总量”为目标的消防安全三年翻身仗行动，开展高层建筑、居住出租房、重点乡镇（街道）、电气火灾和电动自行车、老旧小区、大型商业综合体、博物馆、文物古建筑、危化品、燃气领域消防安全综合治理和农村火灾防控等行动，检查单位12104家，整改隐患16247处，办理处罚案件998件，临时查封单位141家，责令停产、停业、停顿单位278家，拘留44人。

【隐患排查治理】 2018年，市安委会淘汰落后产能，推进“五个一批”，从源头上减少风险点。推进城镇人口密集区危险化学品生产企业搬迁改造和全市全域全时段禁燃烟花爆竹工作，挂牌督办风险较大构成重大隐患单位45家或道路交通事故多发点（段）。建立生产安全事故预警机制，总结分析事故规律特点和问题，发布安全生产预警信息，增强全民安全意识。全年发布低温恶劣天气、有限空间作业、梅汛期生产安全、高温期生产安全、餐饮业一氧化碳中毒、防雷、烟花爆竹等事故预警信息9条。在全市各行企业领域构建安全风险分级管控和隐患排查治理双重预防机制，督促企业整体评估自身安全生产状况进行，确定安全风险等级。全年工矿商贸领域完成重点企业双重预防机制建设286家，遂昌金矿被列入国家级“地下矿山预防”建设试点矿山。出台《丽水市矿山危化冶炼企业推进安全生产责任保险实施方案》，明确规定安全生产责任保险实施范围、工作目标、承保主体和方式、保险产品种类、工作步骤和工作要求，全年全市高危行业应参保企业369家，已投保企业369家，保费金额1441.25万元。出台《丽水市城市安全发展实施方案》，开展城市交通、燃气运行、高层建筑、大型综合体、文化娱乐、电梯使用等安全保障行动，定期排查区域内安全风险点、危险源，落实管控措施，保障城市运行安全。

【提升本质安全水平】 2018年，市安监局推进基层安全生产监管队伍规范化建设，乡镇安监站建立“五个一”工作制度，全市173个乡镇（街道）配备专兼职安全监管人员447人。健全事故应急处置制度，规范事故现场应急处置程序，加强应急处置舆论引导，全年未引发安全生产领域的舆论事件和群体性事件。打造“互联网+安全生产”监管模式，逐步实现隐患排查整治、安全生产标准化、安全教育培训、监管执法、事故责任追究等信息共建共享。推进“智慧用电”安全管理系统应用，全年全市新增“智慧用电”系统1152台。加强宣传教育，举办摄影比赛、知识竞赛等活动，推进安全生产、应急避险和职业健康知识进企业、进校园、进机关、进社区、进农村、进家庭和进公园、商场、酒店等公共场所，开展《中华人民共和国安全生产法》宣传周有奖竞答活动，参与人数5万余人次。建成市本级、缙云县、遂昌县、松阳县、龙泉市安全生产资格考试考点5个，完成高压电工培训考核的职能划转工作，全年“三类岗位”人员考核6495人。 （王俊波）

土地管理

【概况】 2018年，根据2018年度土地变更调查（现状数据）显示，全市土地面积1727520.23公顷，其中耕地174675.43公顷，园地52369.67公顷，林地1349805.68公顷，草地14931.23公顷，城镇及工矿用地43199.56公顷，交通运输用地15376.85公顷，水域及水利设施用地41781.89公顷，其他土地35379.92公顷。

【连续第23年实现耕地占补平衡】 2018年，市国土资源局健全耕地保护目标管理责任制，市、县、乡三级签订年度耕地保护目标管理责任书和永久基本农田保护责任书，市政府持续将耕地保护工作列入县级政府年度综合考核，明确各县（市、区）耕地保护目标和应承担的保护责任。完善耕地保护补偿机制，全市发放补偿资金1.12亿元。全面推进“152”耕地保护工程，推进“旱改水”和耕地质量提升工程，连续第23年实现耕地占补平衡。全市完成垦造耕地竣工验收1730.6公顷，入库1342.47公顷，完成市下达任务的201%；实施建设占用耕地耕作土剥离91.6公顷，再利用59.2公顷，完成省下达任务的137%；建成高标准基本农田13920公顷，入库13613公顷，完成省下达任务的232%；完成建设用地复垦101.81公顷，完成省下达任务的232%。

【加快推进全域土地综合整治与生态修复工程】 2018年，市政府调整成立全域土地综合整治与生态修复工程领导小组，出台具体工作意见，申报并获省厅批复项目10个，涉及乡镇10个、行政村18个，土地整治总规模1112公顷。通过工程实施，规划建成高标准农田面积419.53公顷、耕地质量提升面积151.93公顷、垦造新增耕地面积38.4公顷、建设用地复垦新增耕地面积11.27公顷、盘活农村建设用地面积2.33公顷，以及治理废弃矿山1个、治理面积2.67公顷。10个项目均完成工程方案编制，项目涉及的19个村土地利用规划进行论证工作，其中缙云县新碧街道新康村土地利用规划和遂昌县湖山乡长安村土地利用规划通过县级政府审批。

【全市争取各类用地指标1018.67公顷】 2018年，全市向上争取各类用地指标1018.67公顷(其中省留指标416.33公顷)，占全省指标数的10.7%，组建上报农转用批次73个、单独选址项目7个，报批总面积1135.47余公顷(新增建设用地999.33公顷、农用地964.8公顷)，新增建设用地、农用地执行率分别达到98%、99.3%，保障缙云抽水蓄能电站、丽水生态产业集聚区松阳赤寿至卯山公路工程等省、市重大项目推进。

【供应具体建设项目用地面积1853公顷】 2018年，全市办理松阳赤寿至卯山公路工程等19个标准农田置换(核减)方案审查，涉及标准农田109.33公顷。完成330国道丽水市塔下至腊口公路改建工程(莲都段)等省(市、县)重点项目涉及的32个规划局调方案报批，完成91个市批乡镇规划局调方案审查报批，涉及调整面积216.56公顷。全市供应具体建设用地1854.4公顷，其中，划拨供地1108.67公顷，出让供地745.73公顷，创历史新高。全市供应中央下达保障性住房用地18.53公顷，完成省厅下达任务的100%；全市安排农民建房专项指标69.47公顷，审批农村无房户、危房户9713户，面积84.8公顷，完成省下达任务的130.9%。

【新收储市区土地67宗】 2018年，市区新收储丽水正阳水电发展有限公司、丽水市第二高级中学扩建工程等土地67宗，面积171.07公顷(含城中村改造移交土地21宗)，实物总储备土地555.8公顷，向244户次被征收户发放临时安置补助费1358万元；实施水南公寓、城南公寓项目等327个项目前期工程，新建电力、通信线路183千米，构筑围墙2.4千米，绿化美化地块13个，清运城中村改造区块建筑垃圾28万立方米。

【开展全市耕地土地质量地质调查】 2018年，丽水市完成1:50000土地质量地质调查评价，涉及耕地面积15.89万公顷，查清全市污染土壤和富硒土壤分布区域、面积、成因，评定土地质量(地球化学)等级；完成1:50000土地质量地质调查(永农示范区)实物工作量，涉及耕地面积7.47万公顷。完成1:10000土地质量地质调查，涉及63个农业“两区”(粮食生产功能区和重要农产品生产保护区)调查，总面积9320公顷。

【出让商住用地180.67公顷】 2018年，市国土局加强商住用地供应及分类管理，推动出台“限房价、竞地价”商住用地出让政策，编制商住用地出让三年滚动计划，推动出让地块政策处理攻坚，合理优化用地供应规模、结构和时序，保障全市房地产市场平稳健康发展。全市出让商住用地180.67公顷，出让金128.01亿元，其中市区实际出让商住用地7宗、38.83公顷，成交价59.27亿元，预计可售建筑面积72.8万平方米。

【盘活存量建设用地340.8公顷】 2018年，全市通过收购储备、协商收回、实施流转、协议置换、退二优二、改变土地用途、提高容积率、提高土地利用效率等方式实施城镇低效用地再开发工作。全市完成再开发面积126公顷，盘活存量土地340.8公顷，分别完成市下达任务的168.7%、113.6%。全市处置闲置土地17宗，面积17.16公顷，完成省厅任务的236.2%。遂昌县获“省级国土资源节约集约模范县(市、区)”称号，奖励新增建设用地计划指标20公顷。

【市区土地二级市场管理】 2018年，丽水市本级办理房改房、划拨土地、改变土地用途出让和增加使用年限、超容积率补缴、村集体二、三产业等各类业务3227宗，收取土地二级市场出让金3.87亿元，其中，涉及房改房办理出让105宗，划拨土地补办出让140宗，划拨土地改变土地用途补办出让20宗，出让土地改变土地用途补办24宗，办理二、三产业补缴土地出让金38宗。

【市区存量房交易管理】 2018年9月3日，市不动产中介行业学会召开成立大会，选举产生第一届丽水市不动产中介行业协会理事会、监事会以及协会会长、副会长、秘书长。各县(市)相继成立不动产中介行业协会分会，组织开展丽水市房地产经纪从业人员培训，行业协会总体运行情况良好。12月8日，组织开展全市存量房网签系统入网使用考试，115名不动产中介行业从业人员通过考试，能使用存量房转让合同网签系统。市本级存量房交易纳税登记一体化受理4859件，存量房交易面积49.9万平方米，产生税收3.75亿元。

【年度土地矿产卫片执法检查工作】 2018年，市国土资源局加强年度土地矿产卫片执法检查工作，全市违法占用耕地面积与新增建设用地占用耕地初始比例为3.36%，扣减后比例为0.76%。根据卫片执法工作要求，市政府常务副市长林亮约谈莲都区政府、松阳县政府、丽水开发区管委会、市综合行政执法局分管负责人。开展"亮剑"行动，全市上报重点案件65宗，已整治46宗，完成率70.77%；农村违法用地突出问题221个，已整治177个，完成率80.09%；违法开采矿产资源案件1宗，已整治1宗，完成率100%。

【开展农村宅基地"三权分置"改革】 2018年5月，市国土资源局出台《农村宅基地"三权分置"改革试点工作指导意见》。8月，市国土局会同市人民银行联合下发《关于加快推进农村宅基地"三权分置"改革抵押融资工作的指导意见》，在松阳县、青田县、莲都区、遂昌县开展首批试点。8月23日，莲都区颁发全市首批"宅基地及房屋使用权"不动产权证。9月，青田县、松阳县、遂昌县也颁发一批"宅基地及房屋使用权"不动产证书，并同步开展流转后的"宅基地及房屋使用权"的抵押登记工作，取得初步成效，形成一套可复制的有效盘活农村闲置宅基地及农房的新机制，为全市乡村振兴、农民增收提供有效的实现路径。11月13日，市政府在全省率先召开宅基地"三权分置"改革新闻发布会。全市办理"宅基地及房屋使用权"证书27本，办理抵押登记12宗，贷款金额320万元。9月6日，省国土资源厅肯定丽水市的改革工作，向全省推广抵押融资做法。12月12日，自然资源部在湖南长沙举行的全国不动产登记理论与实务研讨暨现场会上，市国土资源局介绍农村宅基地"三权分置"改革试点经验，获得与会领导和专家的肯定。

【国土资源信息化建设】 2018年，推进"智慧国土"建设，累计投资900万元，完成联城国土所开展同城异地数据备份中心建设。丽水市国土(自然资源)空间基础信息平台被列为浙江省政府数字化转型首批重大项目的试点地区，试点范围包括市本级、缙云县、松阳县，基本完成平台建设，发布国土资源空间数据服务168项，其中，市本级73项、缙云县62项、松阳县33项。在缙云县召开全省国土空间基础数据共享应用现场会。丽水市国土资源"一张图"系统及政务系统项目获省测绘与地理信息科技进步三等奖，莲都区老竹镇梁村土地利用规划项目获2017—2018年度土地利用优秀成果奖。

【推进不动产登记"最多跑一次"改革】 2018年，全市基本实现存量房交易、纳税、登记一体化业务60分钟取证。7月1日，市不动产登记中心在中国工商银行丽水分行开通全市首个"不动产抵押登记业务网上大厅"，实现办理贷款和抵押登记"只跑一处"的登记模式。市本级、莲都区、开发区实现个人不动产抵押首次登记、注销登记及档案查询业务"同城通办"。市本级在全省率先开展调整不动产登记中土地使用权面积记载方法试点。市不动产登记中心、青田县不动产登记中心分别与人保财险丽水市分公司、人保财险青田支公司签订不动产登记责任保险，在全省率先实施不动产登记错误赔偿保险制度。12月29日，市不动产登记云平台上线运行，市民只需提供一张身份证，即可办理不动产登记，推动不动产登记事项从"线下跑"向"网上办"转变，从"分头办"向"协同办"转变，为全市不动产登记"全域一证通办"夯实基础。全市受理各类不动产登记21.5万件，发放不动产登记证书12.6万本，证明6.6万本，提供档案查询8.9万人次，完成存量房交易4859宗，存量房交易面积49.6万平方米。市本级受理各类不动产登记88565件，其中发放不动产登记证书20453本，证明15681本，微信预约登记1201件，接待服务热线咨询5394人次。市不动产登记中心与青田县不动产登记中心被列入"全国百佳不动产登记便民利民示范窗口"创建单位，市不动产登记中心被评为"浙江省不动产登记便民利民示范窗口""浙江省巾帼文明岗""丽水市机关党建优胜品牌"，以及"2018年度浙江省不动产登记窗口便民利民成绩突出的集体"。 (黄庆亮)

物价管理

【概况】 2018年，丽水市价格工作围绕"大花园"及创新区建设，以"丽水之干"担纲"丽水之赞"，加快价格市场化改革，完善价格形成机制，健全减轻实体经济负担价格政策机制，推进经济高质量发展。建立非居民用气价格管理机制，完善市区城市供水差别化水价政策，推行优化生态环境的小水电价格政策，健全工业危险废物处置收费制度。组织实施市直公立医院首轮医疗服务价格调整，试行按病种收费政策，规范殡葬服务收费标准。继续推动落实公平竞争审查制度，创新市场价格监管机制，加强依法行政，规范市场价格秩序，市本级查处各类价格违法案件13件，实施经济制裁648.375万元，其中，责令退还多收价款18.43万元，没收违法所得516.5万元，罚款113.443万元。

【价格指数温和上涨】 2018年，丽水市区居民消费价格指数(CPI)平稳上涨，累计同比上涨2.5%。八大类商品和服务价格累计同比“七涨一跌”，其中，教育文化和娱乐、衣着、医疗保健、食品烟酒、居住、生活用品及服务、交通和通信类价格，同比分别上涨5.1%、3.6%、3.2%、2.7%、2.1%、1.8%、0.4%；其他用品和服务价格比上年同比下跌0.1%。重要商品与服务市场价格运行基本平稳，其中，“米袋子”价格稳中略跌，“菜篮子”价格上涨居多，钢材、有色金属、水泥、玻璃价格全面上涨，瓶装液化气价格有涨有跌。

【推进价格改革】 2018年，丽水市推进重点领域价格改革。推进农业综合水价改革，协同完成全市9个县(市、区)农业水价综合改革实施方案审查工作，初步建立农村农业用水节水机制；完善市区供水差别化水价政策，制定差别化征收标准，按“亩均效益”综合评价的企业类别，对C、D类企业每立方米分别提高0.3元、0.6元。完善非居民用气价格机制，协调建立限供期非居民用气价格管理机制，缓解供气市场价格矛盾。推行小水电生态价格政策，落实遂昌县成屏二级水电站实行平均上网电价，促进水生态环境改善。健全工业危险废物处置收费制度，推行按热值、酸碱度、灰分等不同实行差别化处置收费，放开污泥处置收费标准，由企业自主定价，促进市场化价格机制改革。完善国有景区门票价格形成机制，降低庆元百山祖、景宁大祭、青田石门洞等4处景区门票价格15%以上。审核确认景宁顺利二级、缙云有川(小章)、松阳庄门源、青田九湾仙峡4座水电站上网电价。

继续推进客运出租车价格改革，实行春节假期市区巡游客运出租车运价附加费调节机制，遂昌县、松阳县出租车客运价格推行市场调节价管理改革；落实跨省道路班车、高铁沿线跨市道路班车及跨市、县(市)小型客车道路客运价格实行市场调节价管理，规范经营者的道路班车客运票价制定和提高及减免政策等价格行为。

【减负降成本政策发力】 2018年，全市贯彻落实国家和省一系列清费减负政策，大幅降低企业成本。取消临时接电费等9项供电营业收费，清理规范转供电环节加价行为，4次降低一般工商业及其他用电价格，累计降价每千瓦时0.084元；协同经信等部门落实电力直接交易价格政策，全年全市参与直接交易用户740家，交易电量17.37亿千瓦时，减轻用电大户负担5091万元；加强管道天然气销售价格监管，非居民用气最高购销差价由原来的0.99元每立方米降为0.90元每立方米，供气企业自采补充天然气按成本价格销售。全年全市减轻企业用电、用气负担23338万元，完成全年减负目标的155.6%。争取省发改、电力部门政策扶持，全年全市农村电网维护费补贴资金41571万元，较上年增加2184万元，支持全市农村电网的正常运行和维护。出台规范全市公共资源交易服务收费政策，取消公共资源交易机构收取的信息服务费、场地租赁费和席位费等费用，全年减轻企业负担51.8万元。“浙江丽水搭建网上竞价平台，打破垄断降低中介服务收费”经验被列为国家发改委清费减负典型案例。完成丽水市降低企业成本工作审计中“6家协会的会长单位或副会长单位会费标准超过1万元和3家协会会费档次设置较多”问题的整改落实和跟踪督办，通过整改，有关协会会费较2017年降低54.6万元。

【社会公共服务价格管理】 2018年，丽水市完善医疗服务价格政策，组织实施市直公立医院首轮医疗服务价格调整，理顺医疗服务价格比价关系，优化医院收支结构，提高医疗服务收入占比。降低13项检验项目价格，降低幅度10%，降价额151万元；降低中药饮片价格，零售价格总体下降10%，降价额579万元；提高“院前急救费”等7项医疗服务价格，平均提高幅度30%，涨价额120.7万元；提高“贴敷疗法”等40项中医类医疗服务价格，平均提高幅度20%，涨价额339.76万元。试行按病种收费政策，推出病种收费项目标准107个。加强对普惠性民办幼儿园的收费监管，协同教育局制定《丽水市本级普惠性民办幼儿园认定及管理办法(试行)》。清理规范涉企收费项目，公布涉企经营服务性和行政事业性收费目录清单，实行清单外无收费行为。核定丽水市人民医院、丽水市中医院等5家医院床位费标准，调整社区卫生医疗服务价格，体现医务人员的劳务价值。规范殡仪服务收费，制定丽水市殡仪馆基本服务项目收费标准12项。

【市场价格监管】 2018年，市场价格监管以服务经济发展和解决民生热点问题为重点，加强市场价格行为监管，规范价格收费秩序，开展供水、供气、电信、房地产中介、金融机构、涉企收费、殡葬服务、转供电环节等专项检查。推进公平竞争审查制度的贯彻落实，市本级及下辖9个县(市、区)政府均发文建立公平审查及部门联席会议制度，市本级22家成员单位均发文建立内部审查机制，所辖县(市、区)116

个单位建立内部审查机制。全年全市各单位审查增量文件 292 件，清理存量文件 507 件，其中，增量审查政府文件 86 件、部门文件 206 件，清理存量政府文件 334 件、部门文件 173 件。开展国庆、春节等节假日市场价格联合检查、巡查，组织消费者权益日、价格法宣传日、价格诚信宣传及领导进企业进社区接访服务活动。

加强市场价格监测预警，落实“菜篮子”零售价格指数编制工作和食盐价格监测，发布民生商品价格信息。开展“丽水市价格异常上涨事件应急演练（桌面推演）”，针对非洲猪瘟疫情开展生猪价格应急监测。全年完成 16 大类商品的月报、旬报、周报及应急报表 748 表次，上报价格监测数据 51307 笔。维护“12358”价格举报管理信息系统平稳运行，实现及时受理、快速办理、妥善解决价格纠纷，全年全市受理各类价格政策咨询和投诉举报 946 件（政策咨询 663 件、价格投诉 159 件、违法举报 72 件、意见建议 52 件），其中，来信 9 件、来电 906 件、来访 5 件、网上举报平台 23 件、其他网络渠道 3 件，已办结案件 941 件，办结率 99.5%，实施经济制裁总金额 12.19 万元。

【依法监审及科学定价】 2018 年，市价格主管部门落实《浙江省政府定价成本监审规程》，发挥成本监审（调查）决策基础作用。完成对工业危险废物无害化处置、丽水市殡仪馆殡仪服务、丽水市民康医疗废物处理的费用成本调查，核定 2018 年丽水南城供水加压泵站运行费用。（刘 博）

审计管理

【概况】 2018 年，全市审计机关完成审计项目 198 个，查出主要问题金额

7 月 30 日，中共丽水市审计局机关委员会成立大会召开 （叶伟平 提供）

1024238 万元，其中，违规金额 22551 万元，损失浪费金额 1550 万元，管理不规范金额 1000137 万元；损益（收支）不实 2086 万元；审计处理处罚金额 19996 万元，其中，应上缴财政 9323 万元，应归还原渠道资金 5229 万元，应调账处理金额 4252 万元；审计发现非金额计量问题 1713 个；审计促进整改落实有关问题资金 14811 万元，其中，增收节支 10321 万元；已调账处理金额 3621 万元；审计后挽回（避免）损失 29830 万元。移送司法机关、纪检监察机关和有关部门处理事项 58 件，涉及 52 人，金额 1358 万元。提交审计信息 541 篇，被批示、采用 355 篇；提出审计建议 646 条，被采纳 476 条；推动完善规章制度 67 项。向社会公告审计结果 236 篇。

在浙江省审计工作综合考核中排名第五，获优秀奖。全市有 6 个项目获省审计厅优秀项目、1 个项目获表彰项目。

【国家重大政策措施贯彻落实跟踪审计】 2018 年，全市审计机关开展“最多跑一次”改革推进情况、政府采购政策执行情况、产业基金投资管理和运行情况等专项审计（调查），通过审计发现存在“最多跑一次”事项标准化未全覆盖、数据未共享形成信息孤岛；政府购买服务改革需深化、政府采购制度执行不到位、政府采购预算编制和预算单位采购管理不规范、部分项目建设效果未达预期目标等政府采购政策执行上的问题；产业基金投资进度较慢、子基金投资项目带动地方产业效应不够明显等问题。丽水市审管办完善“一窗式受理”机制，市大数据管理局加强数据收集分析；市财政局根据《浙江省 2019 年度政府集中采购目录及标准》修订《丽水市 2019 年度政府集中采购目录及标准》，推进政府采购信息化建设，要求预算单位采购活动除通过金财工程政府采购管理系统进行采购计划备案，并通过“政采云”平台实施采购；出台《浙江丽水生态经济产业基金区域子基金绩效考评办法（试行）》，加强对子基金的监管、考核、评价等。

【财政审计】 2018 年，市本级财政预算执行情况审计发现年初预算编制不够细化，预算安排与省级转移支付衔接不到位；支出绩效管理有待加

强，存量资金清理盘活不及时。丽水市财政局将城市建设等专户利息和其他统筹资金结余2255.28万元上缴国库。深化专项资金管理改革，督促各部门建立健全专项资金管理办法，对无专项资金管理办法的原则上不安排资金。研究2019年预算编制工作，做好项目前期的谋划工作，提高预算编制的科学性和准确性。市民政局、环保局、水利局三个部门预算执行情况审计发现，存在预算编制不够完整准确，1100万余元未纳入年初预算；预算执行不规范，企业排污费、水资源费、行政处罚金等650万余元收入未征收到位，多付18家福利彩票投注站点门店装修款13.22万元；历史遗留问题处理不及时等问题。市环保局制定《丽水市环保局预算管理办法》，组织开展本级及下属单位专项资金绩效评价工作。对丽水经济技术开发区16家企业开展排污费清欠工作，清缴排污费147万元；市水利局委托省淡水水产研究所研究评价丽水市2016年度、2017年度增殖放流效果，收回水资源费6.4万元，水土保持补偿费26.35万元；市民政局追回多付装修款，具体经办人被免职调离岗位，完成救助管理站迁建工程竣工验收、国有资产登记等手续。

【经济责任审计和领导干部自然资源资产离任审计】 2018年，市审计局召开市经济责任审计工作联席会议、市管领导干部经济责任审计和自然资源资产离任审计集中动员会；落实领导干部年度报告制度，有114名领导干部报送年度履职自检表。开展市国土局自然资源资产责任审计试点工作，探索审计方式方法，首次与市地理测绘中心进行合作，得到地理信息系统上的技术支持，出具市本级首份部门领导干部自然资源资产审计意见；市国土局自然资源资产责任审计发现，在自然资源资产管理和生态环境保护监管职责履行、全面落实耕作层剥离工作、相关资金征管用和项目建设运行等方面存在一些问题，管理水平有待提高，引起被审计对象高度重视。市国土局2018年6月开始部署开展全市建设占用耕地耕作层剥离再利用调查工作，开展市区（北城）批而未供和闲置土地大清查大处置行动，加快土地供应约300公顷，实施批文部分调整48公顷。指导全市19个乡镇、部门领导干部自然资源资产离任审计，总结经验，编印《丽水市乡镇（街道）党政主要领导干部自然资源资产审计实务指南（试行）》。在审计署召开的基层审计局长自然资源资产审计座谈会上，丽水自然资源资产审计的实践和做法得到副审计长秦博勇的肯定。

6月21日，2018年市管领导干部经济责任审计和自然资源资产离任审计集中动员会召开 （叶伟平　提供）

【固定资产投资审计】 2018年，市审计局召开投资审计会议，加大指导力度，开展专项督查，加强风险防范，稳步推进县级审计机关投资审计转型，进一步规范政府投资审计行为。加强对政府投资为主的重大公共基础设施工程的审计监督，围绕项目审批、征地拆迁、环境保护、工程招投标、物资采购、工程结算、资金管理等关键环节，合理确定审计重点，提高审计质量和效率；规范聘请中介机构参与投资审计工作，逐步实现投资审计项目计划管理。在征收安置情况专项审计调查中，发现土地征收工作监督职能缺位、部分征收政策与市政府令不相符、征收政策废改立推进缓慢和个别人员以虚假证明材料获取拆迁资格等问题，促进征迁政策落实到位，更好地推进城中村改造工作顺利开展。部分涉嫌诈骗人员移送公安机关立案处理。市征收办出台《关于市区房屋征收货币补偿奖励的批复》《丽水市中心城区房屋征收公寓安置期房回购若干规定（试行）》《丽水市中心城区房屋征收房票安置实施办法（试行）》等制度。

【民生资金（项目）审计】 2018年，市本级在莲都区2015—2017年扶贫专项审计，重点关注扶贫专项资金收支、低收入农户认定、医疗补助救助资金和集体薄弱村消除等情况，发现存在扶贫专项资金分配使用不及时、不规范，低收入农户认定不精准，数据库管理不到位，低收入农户医疗扶贫不到位，村级资金互助会运营管理不规范等问题。促成莲都区下达2018年度低收入农户产业扶持资金402万元、专项扶贫资金365万元。196名死亡人员剔除低收入农户名单。223名未参保人员已通过各种渠道参加医疗保险，132名低保对象的补助已退回。在城镇保障性安居工程跟踪审计中，发现部分项目从竣工验收到移交分配的时间跨度较长，市区大洋公寓（原花园公寓）项目、大洋河三区（江滨农民公寓）227套未分配，公租房租金管理不到位，农村危房改造进度缓慢，验收不及时。加快分配保障房181套，10位不符合条件的承租人已退租。市建设局完成37户计14.4万元的租金收缴，开发区管委会收回租户租金42.52万元，市南投公司已上缴租金519.84万元。莲都区完成农村危房改造验收351户，发放资金240.5万元。

【案件线索移送】 2018年，市本级加强对公共权力运行、公共资金使用、公共资源交易、公共资产运营、公共工程建设的审计监督，对重大违纪违法问题扭住不放、一追到底，移送有关部门处理。如征收安置情况专项审计调查移送11起案件线索；缙云县现代农业园区建设情况专项审计调查发现的重大违纪线索移送县纪委查处后，相关当事人被给予开除党籍的处分；被征地农民保障政策落实情况审计已移送公安机关立案侦查案件1起，纪委诫勉10人。土壤污染防治情况审计调查结果得到松阳县政府高度重视，召开协调会议听取各单位意见，要求县环保局对审计发现的问题逐项梳理，研究整改方案，反馈落实情况。

【内部审计】 2018年，市审计局开展全市乡镇内审调查，加大内审人员培训力度，开展内审专业人才遴选工作，为国家审计储备人才，推进国家审计与内部审计构建协同机制建设。印发内部审计规定汇编；分行政事业、企业、村级经济三类编印内部审计案例，供各单位内审人员在内审项目实施中对照检查，有效推进三年轮审。（叶伟平）

统计管理

【概况】 2018年，市统计局以构建统计组织体系、统计保障体系、统计服务体系、统计改革体系、法治统计体系和数据利用体系等6个市域统计治理体系和1个统计治理能力提升为工作抓手，不断提高统计保障水平和精准服务能力。全年向党委、政府及各部门提供各类统计信息1500余篇（条），统计分析300余篇（条），其中，向市委、市政府及各部门提供经济信息92篇，分析49篇；向市委办、市府办提供统计信息专报200余篇次，统计专报39期，统计快报12期。编撰完成《丽水统计年鉴2018》。

【统计成果】 2018年，市统计局开发提炼精品统计成果有《飞跃四十年，绿色发展勇立潮头——改革开放四十周年经济社会发展成就之一》《丽水农村社会经济巨变的四十年》等分析文章，《丽水统计图表》《统计信息》《数据丽水》《统计年鉴》等统计资料，《绿色发展评价省级试点——丽水元素》、《飞跃四十年——改革开放40年丽水经济社会发展成就》、统计调研课题选编《三求》等书籍成果。充分发挥“12340”政府统计调查热线作用，实施“最多跑一次满意度调查”“社会道德与公共文化服务满意度满意度调查”“五水共治群众满意度调查”，开展“以‘丽水之干’担纲‘丽水之赞’实施意见知晓率”自主调查等各项民情民意调查报告活动。

【第三次全国农业普查工作】 2018年，全市农普办提炼农业普查成果，整理数据、审核评估、沟通协调、解读汇报，完成“三农”普数据公报发布。公报发布后，做好数据应用，撰写《丽水乡村振兴开启新的篇章》，将成果服务“三农”发展，服务乡村振兴战略。全市完成相关分析文章20余篇。整理2007—2016年农业年报主要数据，以“三农”普数据为标准，进行数据评估、调整与衔接，根据“三农”普评估数据，调整2007—2017年粮食、经济作物、畜牧业等主要指标，根据调整后的数据，重新对2007—2017年的增加值数据进行测算上报。总结经验，树立榜样，调动各级普查机构和普查工作者的积极性，开展全市农业普查先进集体和个人评选工作。全市推荐省级先进集体13个，省级先进个人41人，市级先进集体30个，市级先进个人80人。

【第四次全国经济普查工作】 2018年，第四次经济普查工作开展顺利。市政府成立普查领导小组及其办公室，各级党委政府安排普查经费760万元。制定《丽水市第四次经济普查工作计划》，了解普查情况，检查工作进度，研究解决普查中遇到的各种困难和问题。建立考核机制，对各县（市、区）经济普查工作进行考核，作为评选先进的依据，明确规定对在普查工作中表现突出的单位和个人要给予表彰和奖励；对因工作不力给普查工作带来严重影响的，要追究有关责任人和领导者的责任。做好全市第四次

7 月 24 日，全国第四次经济普查试点工作 （王开欣 提供）

经济普查宣传动员工作，结合普查各阶段的任务特点，制定《丽水市第四次经济普查宣传工作方案》。全市选聘“两员”2915 人（三经普 2894 人），“两员”组成一般为乡镇（街道）统计员、村干部、社区干部、网格员、大学生村官以及离校未就业大学生等。全面完成村级普查区电子地图边界的核实标绘和普查试点，完成部门数据库的收集整理工作，全面开展单位基础信息规范工作。全市收集编制、民政、市场监管、税务等 20 余个部门行政登记记录，经过人工合并、标记，市县乡村四级协同，部门联动，一次性生成所有县（市、区）的清查底册，100%落实到村（居）委会，组织普查人员逐一进行“拉网式”“地毯式”现场核查，取得阶段性成果。

【法治统计工作】 2018 年，市统计局创新普法方式。通过统计“三日”活动在全市范围内宣传统计法制知识，组织全市统计系统近 100 人参加“尊崇宪法、学习宪法、遵守宪法、维护宪法、运用宪法”专题讲座暨第 24 期新统计大讲堂。不断完善统计法治体系。根据《国家统计质量保证框架》和《浙江省统计局系统数据质量管控规则（试行）》等文件要求，印制《丽水市统计数据质量管控制度》并实施。增强“执法”力度。建立统计执法对象库、统计执法人员库、统计执法专业人员库的“丽水统计执法三库”，做好统计执法检查工作。通过双随机抽查 180 家企业，完成全市目标任务的 100%。加强各相关专业核查和查询的力度，市级核查企业 83 家，部署“防范和惩治统计造假弄虚作假专项行动”。根据《中共浙江省办公厅 浙江省人民政府办公厅关于转发省统计局〈开展防范和惩治统计造假弄虚作假专项行动工作方案〉的通知》精神，按照市委书记“要利剑高悬，对数据掺水、统计造假坚决说不，有力维护统计工作的可靠性和严肃性，做到一就是一、二就是二”的要求，制定具体工作方案。

【完成现代农业产业统计制度国家试点】 2018 年，丽水市开展现代农业产业统计试点工作，市统计局站结合丽水实际，突出问题导向，以发现问题、解决问题为着眼点，加强领导，狠抓关键，省、市、县协同，专业和部门协作，群策群力推进现代农业产业统计探索研究。完成工作方案制定和实施、行业分类鉴定、一套表平台汇总、县级试点、主要数据测算、制度设计等主要工作流程，形成监测制度、工作总结等主要工作成果，10 月，向浙江省统计局报送《丽水市统计局关于开展现代农业产业统计国家试点工作的报告》（丽统〔2018〕63 号），并通过浙江省统计局和国家统计局的查询验收。

【构建新时代现代化统计调查体系】 2018 年，丽水市统计局按照《浙江省统计局直属市县调查队管理体制改革方案》推进省直属市县调查队改革任务，按照“精简、统一、效能”的改革目标，通过下放管理权限，实现力量与责任双下沉，职责与职权相统一，整合统计资源，统筹调配力量，降低行政成本。11 月，市机构编制委员会印发《关于整合设立丽水市社会经济调查队的通知》（丽编委〔2018〕53 号）和《丽水市社会经济调查队主要职责内设机构和人员编制规定》（丽编委〔2018〕54 号）文件，标志着丽水市省直属调查队管理体制改革初步完成，这是加强统计工作的一项重大举措。完成改革任务，确保业务职责无缝交接、人员编制平稳过渡、释放工作效能，对完善统计管理体制、整合统计资源、提高统计效能具有重要意义。改革后形成统计工作合力，统筹协调能力更凸显，统计工作效能和统计数据质量不断提高。 （王开欣）

统计调查

【概况】 2018 年，国家统计局丽水调查队（以下简称“调查队”）加强经济监测和分析研究，全年编发《调查分析》83 期、《调查专报》33 期、《调查信息》82期，获丽水市领导批示17篇次。

调查队发挥调查职能，围绕市委、市政府中心工作，紧扣民生主题开展专项调查。完成国家统计局浙江调查总队布置的全面从严治党民意调查、放心农贸市场调查、出行交通方式和城市交通满意度调查，选派精干人员参加全省文明城市测评，组织开展市（县）居民出行等部门委托调查。开展“解剖麻雀式”大调研活动，组织全队干部深入基层一线，针对中美贸易摩擦对企业出口的影响、房地产市场运行态势、农村宅基地“三权分置”等热点问题开展专题调研26个，撰写专题调研文章27篇，其中《丽水农村宅基地“三权分置”情况调研报告》被市委组织部评为“返乡大调研”优秀调研文章。组织开展“党建质量提升年”和“‘两个责任’落实年”活动，组织签订《履行党风廉政建设责任承诺书》、《作风建设承诺书》和《移风易俗承诺书》，实行廉政风险迹象告知制度，规范调查研究，整治形式主义、官僚主义，开展干部在企业兼职情况清查等。联合市统计局在厦门大学举办2期综合能力素质提升培训班；交流轮岗1名处长和4名干部，提拔5名乡科级副职，2名获研究生学历干部按标准享受工资待遇，安排2/3的处室负责人参加地方培训班。

【统计调查改革】 2018年，丽水调查队开展新一轮住户调查，实现新旧样本无缝对接，全面运用新住户调查网络平台，推广电子记账704户，占比35%；局队业务分工调整优化工作全面完成，由丽水调查队负责的规下工业、规下服务业抽样调查等统计调查业务已全面移交给丽水市统计局；应用大数据拓展采价渠道，开展规格品更换信息登记，创新推进流通消费价格调查；开展“送课下县”，扩充样本企业和建立样本企业“备选库”，建立房地产形势分析暨企业座谈会制度，提质推进生产投资价格调查；强化基层基础建设，建立“市、县、村”三级数审制度，聚焦乡村振兴抓好专题调研，扎实推进农业抽样调查和主要畜禽监测调查；加强资源整合和数据质量核查，注重资料开发，规范推进采购经理调查；对接市政府信息中心，使用网络独立交换机，扩充接口容量，完成防火墙安装和配置工作，开通视联网，开设总队新OA并实现试运行。

【统计调查宣传】 2018年，丽水调查队独立编印《2018丽水调查》《丽水调查资料》《丽水主要调查数据汇编》等统计调查宣传刊物，与市统计局联合编印《改革开放40周年》《丽水统计年鉴》《丽水统计公报》《数据丽水2018》等各类统计资料，为市委、市政府提供数据。开展纪念改革开放40周年活动，创作并拍摄《共和国记账人》短视频，以“小账本、大民生”主题展示改革开放40周年城乡居民生活水平巨大变迁，短视频被“浙江调查”推送，并入围丽水市“纪念改革开放四十周年”微视频大赛获奖名单。开展“深刻领悟‘丽水之赞’、创新实践‘八八战略’”理论研讨，主要负责人署名文章《“八八战略”开启生态富民之门》被国家统计局内网、《丽水日报》、《丽水研究》、《中国道路·中国梦——纪念改革开放40周年》等录用。融入纪念改革开放40周年元素，举办“丽水调查十年展”活动。利用微信公众号“丽水调查”及时发布、解读调查数据，促进数据共享，发布原创新闻稿60篇，被“丽水发布”、丽水日报、“在丽水”、浙江新闻客户端等多个政府官方微信平台、APP转载共24篇。依托现场宣传、公交、楼宇广告开展《中华人民共和国统计法》、《统计法实施条例》、住户调查、价格调查的宣传活动。“两会”期间，推出“幸福的奋斗者”系列宣传，讲述9个县（市、区）农民奋斗幸福生活的故事，展示丽水农民增收的特色，讲好农民增收故事，为实现确保与全省同步高水平全面建成小康社会、勇当绿色发展的探路者和模范生“两大历史使命”贡献统计调查特有的力量。

【统计调查法治】 2018年，丽水调查队贯彻执行上级关于统计工作的决策部署和要求，清理纠正违反统计法精神文件和做法，开展“以数谋私，数字腐败”专项排查和整治、统计“七五”普法中期自查自评、全国人大常委会执法检查组检查统计法实施情况整改工作，全面研究部署贯彻落实《防范和惩治统计造假、弄虚作假督查工作规定》工作。结合本地实际，制定《2018年国家统计局丽水调查队统计法制工作要点》，建立党组听取抓数据质量汇报机制，完善统计调查数据质量控制体系和业务规范流程。开展形式多样的统计普法宣传，组织开展“迎元旦、赢大奖”统计法制知识竞赛、“走进四经普”主题统计开放日宣传、统计法治征文等活动，认真抓好全队干部用法学法、基层调查员和调查对象法制培训，加强对地方各级党政领导干部的统计法治宣传，推动地方党委、政府贯彻落实《关于深化统计管理体质改革提高统计数据真实性的意见》《统计违纪违法责任人处分处理建议办法》。聚焦公交楼宇广告，依托微信公众号和企业催报平台，加大社会公众普法宣传力度。加强统计执法证管理和执法人员库建设，及时回收销毁失效统计执法检查证13本。开展经常性统计执法检查，全年开展统计执法检查16家，查处统计违法违纪案件2家。（周月齐）

市场管理

【概况】 2018年，全市市场监管系统以"丽水之干"担纲"丽水之赞"，坚持改革创新，推进监管执法，办好民生实事，高水平高质量推进大花园建设，取得优异成绩。至年底，全市各类市场主体228650户(个)，比上年同期增加10.12%，其中内资企业44528户，比上年同期增加16.12%；外资企业337户，比上年同期增加2.43%；农民专业合作社6692户，比上年同期下降5.71%；个体工商户177007户，比上年同期增加9.4%；集团80个，比上年同期增加6.67%；常驻代表机构6个，同比增幅50%。

2018年，全市新增注册商标9539件，同期增长82.95%，累计44319件；其中，新增农产品商标1335件，同期增长95.75%，累计5881件；新增地理标志证明商标7件，地理标志证明商标总数累计31件，首次跃居全省首位；新增集体商标10件(丽水山耕7件、不灭窑火2件、童话云居1件)，同期增长42.86%；全年全市查处商标违法案件129件，同期增长63.29%。

【市场建设改造】 2018年，全市有各类市场116个。按市场类型分，现有实体市场108个、网上市场8个。实体市场中，包括消费品市场89个、工业生产资料市场(即二手车交易市场)18个、服务市场1个。全市各类市场年成交总额为348.75亿元，比上年同期343.2亿元增长1.62%，其中实体市场成交额为344.1亿元，比上年同期336.3亿元提升2.32%；网上交易市场成交额为4.65亿元，比上年同期6.93亿元减少32.9%。各类市场交易额与上年相比，除网

2018年丽水市成交额超亿元市场

表22

市场名称	市场类型	年成交额(万元)	经营户数(户)
青田县蔬菜批发市场	蔬菜市场	40000	17
丽水市综合交易市场	果品市场	101541	54
浙江.浙南茶叶市场	茶叶市场	553215	3000
遂昌县龙谷名茶市场	茶叶市场	39000	41
景宁畲族自治县绿色食品市场	其他农副产品专业市场	82800	480
庆元香菇市场	其他农副产品专业市场	259600	342
浙闽赣食用菌交易中心	其他农副产品专业市场	86300	176
缙云县壶镇小商品市场	日用百货杂品市场	16200	88
龙泉市龙渊商场	服装鞋帽市场	10280	58
云和商贸物流城	装修装饰材料市场	24100	186
丽水市同泰装饰家具城	装修装饰材料市场	101894	30
青田石雕工艺品市场	收藏品(工艺美术品、集邮)市场	14500	50
青田国石文化城	收藏品(工艺美术品、集邮)市场	145000	350
丽水国际车城	机动车市场	127055	98
松阳县祥瑞锦宏二手车交易市场	旧机动车市场	18570	13
龙泉市新德二手车交易市场	旧机动车市场	15437	18
松阳县鸿昌二手车交易市场	旧机动车市场	36500	5400
龙泉市龙诚二手车交易市场	旧机动车市场	10477	3
丽水市旧机动车交易市场	旧机动车市场	13488	1
松阳浙南茶叶市场网上商城	网上消费品市场	26500	145
浙江丽水鸿汇医药物流网上交易市场	网上消费品市场	14723	—
缙云县新建镇菜市场	农村农贸市场	14245	25
缙云县壶镇蔬菜市场	农村农贸市场	21000	82
缙云县壶镇新范综合市场	农村农贸市场	12000	63
青田县油竹综合市场	农村农贸市场	15000	46
青田县船寮综合市场	农村农贸市场	22800	47
青田县温溪菜市场	农村农贸市场	12000	139
莲都区碧湖菜市场	农村农贸市场	20155	80
莲都区老竹镇农贸市场	农村农贸市场	10584	42
龙泉市新城东农贸综合市场	城市农贸市场	49600	178
景宁中心菜市场	城市农贸市场	17974	158
遂昌县府前中心市场	城市农贸市场	26256	328
缙云县新区农贸市场	城市农贸市场	14600	31
缙云县五云蔬菜交易中心	城市农贸市场	22050	97
松阳县西屏镇东菜场	城市农贸市场	36960	110
庆元县国有资产营运有限公司农贸市场	城市农贸市场	17935	107
云和县农贸市场	城市农贸市场	29450	255
云和县菜市场	城市农贸市场	19380	92
青田县鹤城中心菜市场	城市农贸市场	52000	102
龙泉市苍松农贸市场	城市农贸市场	17290	41
龙泉市剑池综合开发市场	城市农贸市场	11500	36
莲都区天宁菜市场	城市农贸市场	31584	50
莲都区东银苑菜市场	城市农贸市场	112580	110
丽水市仓前菜市场	城市农贸市场	67855	50
丽水市府前菜市场	城市农贸市场	257580	410

续表22

市场名称	市场类型	年成交额（万元）	经营户数（户）
莲都区西银苑菜市场	城市农贸市场	39518	40
松阳浙西南绿色农产品物流中心	其他农副产品综合市场	26997	22
丽水市浙西南农贸城	其他农副产品综合市场	309281	357
丽水市粮油副食品批发市场	粮油市场	170110	257

上市场势微，其余均平稳或微涨。全市市场摊位费1.02亿元，比上年提升11.48%。

全市创建三星级以上文明规范市场40家、省级文明示范农贸市场34家、省放心农贸市场51家。浙南茶叶市场被认定为“全国百强商品交易市场”和省重点市场，庆元香菇市场被认定为“全国引领产业发展30强”和省重点市场。亿元市场从上年的45家上升为49家，年度交易额319.55亿元，与上年同比提高2.64%，其市场交易额占全市市场交易额的91.68%。10亿元以上市场达到10家，浙南茶叶市场年交额为57.90亿元，继续占据领军位置。

【规范市场秩序】 2018年，市市场监管局查处公平竞争、食品药品、质量违法案件2567起(其中大要案419起)，罚没款3130万元。重拳整治老年人保健品“会销”乱象，对“天行健”和“星坤”等2家单位分别处以顶格罚款100万元，被评为全省十大典型案例。牵头实施走私成品油专项整治，查扣走私成品油2000吨，创造内地反走私工作的丽水经验。持续加大知识产权保护力度，丽水市通过国家知识产权试点城市验收。

【放心消费在丽水】 2018年，全市创建放心消费示范单位693家，推行企业无理由退货承诺单位560家。全市放心消费满意度排名全省前三。建设农村家宴放心厨房97家，名特优作坊61家，建成小作坊集中加工园区3个，放心餐饮单位268家，放心农贸市场18家。全面完成“放心农贸市场创建”衡器检定，民用“三表”(电表、燃气表、水表)到期检定更换率分别为99.6%、96.1%、91.6%。完善认证分类监管、风险排查及预警机制，检查3C强制性认证企业52家、自愿性认证管理体系获证企业85家，发现问题25项，全部完成整改。突出对节假日、雨雪冰冻天气等时期的物价检查工作，严厉打击哄抬物价、价格虚标等行为，物价持续保持稳定。

【深化“标准引领”工作】 2018年，“丽水山耕”、精品民宿等7项绿色生态发展标准化示范创建子任务完成。浙江披云龙泉青瓷文化旅游服务国家级标准化试点考核优秀。放心民宿建设标准上升为省级标准在全省推广。乡村基层公共文化服务、农贸市场管理等4个项目被列为省级标准化试点。新增“最多跑一次”改革等市级标准化试点项目10个。

【食品、药品、特种设备、质量安全市场监管】 2018年，丽水市市场监管部门着眼民生，加强食品、药械、质量、特种设备监管力度。食品安全监管更严格。全市出台《食品安全党政同责实施办法》，构建权责一致、奖惩分明的食品安全责任体系。莲都、云和、缙云、遂昌、景宁5个县(区)创建省食品安全县(区)。食安金融联合惩戒被纳入省委深改组项目，并在全省发文推广。食品溯源交易笔数810万笔，交易金额109亿元。食品安全公众满意度连续十年全省第一。药械安全监管日益完善，推行“岗位责任、法律责任、负面责任”三张清单管理制度，落实企业主体责任。部署开展疫苗专项排查并公布结果，全市未发现问题疫苗。全年组织检查药品经营企业和医疗机构2551家次，收回药品GSP认证证书5份，办结药品、医疗器械、化妆品违法案件215件，医疗器械行业主体质量管理自查报告、化妆品不良反应监测等工作走在全省前列。药品安全公众满意度全省第一。特种设备安全防线稳固，开发“特种设备动态智能监管平台”并投入试运行，特种设备安全监察实现全覆盖，居全省首位。首批2000台乘客电梯试点NFC芯片技术(加装NFC芯片，将物联网应用到电梯维保)，实现电梯维保全过程信息可查、可管、可控。加强现场监督检查，有效消除安全隐患1814起。产品质量监管日趋完善。全年实施产品质量监督抽查900批次、市场反溯74批次、专项风险监测182批次，其中不合格43批次，质量形势总体稳定。对9个县(市、区)及开发区的十大提升产业开展定期监督抽查180批次、专项风险监测192批次，建立产业质量问题清单。 (邓　媛)

质量技术监督

【质量强市建设】 2018年，市质监局出台《中共丽水市委　丽水市人民政府关于开展全面质量提升　推进丽水经济社会高质量发展的实施方案》《丽水市质量文化建设实施方案》，推进全市质量提升工作。全年新增市政府质量奖获奖企业3家、个人4

人，导入卓越绩效管理模式企业46家，创建省级中小学质量教育社会实践基地1家。探索联合行业协会开展产业质量提升新途径，选取协会试点，通过提升、赋能、共治方式发挥行业协会桥梁纽带作用，带动产业质量提升。

【标准强市建设】 2018年，全市全面推进绿色生态发展标准化示范，其中“丽水山耕”、精品民宿、基层社会治理、农村电子商务等7项绿色生态发展标准化示范创建子任务如期完成。全年全市以新增企事业单位为主，参与制修订国家标准8项、行业标准4项、省级地方标准5项、市级地方标准11项。新增“浙江制造”标准立项33项，正式发布21项。新增“浙江制造”标准立项33项，正式发布21项。推动制定“丽水山耕”系列标准，发布《丽水山耕建设和管理通用要求》、省地方标准及《丽水山耕：特色手工艺品》《丽水山耕：日用农副产品》《丽水山耕：观赏动植物》3个团体标准。完成市县地方标准规范集中清理复审，继续有效153项，需要修订54项，废止81项。

2018年丽水市新增（复评）省级名牌

表23

序号	产品名称	企业或组织名称
1	无缝不锈钢管	浙江青山钢管有限公司
2	木制玩具	云和县绿林幼教装备股份有限公司
3	缝纫机	浙江万维机械有限公司
4	精锡	浙江遂昌汇金有色金属有限公司
5	不锈钢无缝钢管	浙江隆达不锈钢有限公司
6	铁皮石斛鲜条	浙江丽水绿谷生态食品有限公司
7	茶叶	青田峰之润茶业有限公司
8	菊米	遂昌县华昊特产有限公司
9	千峡湖生态有机鱼	浙江丰和渔业有限责任公司
10	互联网零售	浙江北山狼户外用品有限公司
11	纳爱斯牙膏（复评）	纳爱斯集团有限公司
12	纳爱斯香皂（复评）	纳爱斯集团有限公司
13	雕牌肥皂（复评）	纳爱斯集团有限公司
14	雕牌液体洗涤剂（复评）	纳爱斯集团有限公司
15	缝纫机电机（复评）	浙江乾麟缝制设备有限公司
16	闭门器（复评）	瓯宝安防科技股份有限公司
17	木制玩具（复评）	浙江和信玩具集团有限公司
18	竹砧板（复评）	浙江九川竹木股份有限公司
19	手扶拖拉机（复评）	浙江世风机械有限公司
20	防盗门锁（复评）	浙江忠恒锁业有限公司
21	家用多功能缝纫机系列（复评）	浙江恒强针车集团有限公司
22	中广电器空气能热水器（复评）	浙江中广电器股份有限公司
23	琦明灯具汽车灯具（复评）	浙江嘉利（丽水）工业股份有限公司
24	灵芝系列（复评）	浙江龙泉佳宝生物科技有限公司
25	青田田鱼（复评）	青田易天渔业开发有限公司
26	竹砧板（复评）	浙江三禾竹木科技股份有限公司
27	竹炭制品（复评）	浙江节节高炭业有限公司
28	阳光服务（复评）	国网浙江省电力有限公司丽水供电公司
29	木制玩具营销（复评）	浙江木玩世家玩具有限公司
30	云和师傅牌劳务派遣服务（复评）	浙江省云和县云和师傅协会
31	缙云带锯床（复评）	缙云县锯床行业协会
32	云和木玩（复评）	云和县玩具行业协会

【品牌强市建设】 2018年，全市开展“品字标”品牌培育，11家企业通过“浙江制造”品牌认证，取得13张证书。缙云县成为全省第三批“浙江制造”品牌培育试点县之一，青田县获批开展“浙江制造”集中试点工作。共58家企业72个产品通过“丽水山耕”品牌认证，“认证”助推“丽水山耕”品牌提升。开展省市名牌产品申报评选工作，新增省、市名牌产品分别为32个、67个。

【产品质量监督】 2018年，全市开展产品质量监督抽查900批次，其中，合格863批次，批次合格率为95.89%，综合合格率94.59%。推进“一库一单一机制”建设，全市产品质量监督抽查数据库入库企业1239家、食品相关产品生产企业信息库入库企业111家；组织开展安全风险隐患排查，梳理重点产品质量隐患82个，提出针对性的监管措施58条。加强信用管理，全年导入丽水公共信用平台行政许可和行政处罚信息468条，其他质量信息1163条。

【特种设备监管】 2018年，丽水市特种设备安全监察“一体两翼”工作模式初具规模，“特种设备动态智能监管平台”完成升级改造并投入使用，提升检察效率，特种设备安全监察实现全覆盖，特种设备综合检定率99.9%，居全省首位。首批2000余台乘客电梯试点NFC技术，对电梯维保情况实行动态监督，实现电梯维保全过程信息可查、可管、可控。开展

表24

2018年丽水市新增(复评)市级名牌

序号	产品名称	企业或组织名称
1	木制铅笔	丽水市莲城铅笔制造有限公司
2	铝合金门窗	浙江柯勒节能门窗幕墙有限公司
3	卫星天线	青田百凯通讯科技有限公司
4	蹦床	浙江美奇游乐设备有限公司
5	园林工具系列产品	浙江中力工具制造有限公司
6	高速钢锯片	浙江骏业工具有限公司
7	精锡	浙江遂昌汇金有色金属有限公司
8	畲乡布鞋	景宁百纳民族服饰文化有限公司
9	MPP管	浙江远旺电力设备有限公司
10	耐高温排气管紧固螺栓	浙江天力机车部件有限公司
11	轴承	丽水市杰祥科技有限公司
12	墨水	上海英雄金笔厂丽水有限公司
13	雪里蕻	缙云县源发蔬菜专业合作社
14	皇菊	丽水市轩德皇菊开发有限公司
15	笋片	龙泉市佳马食品有限公司
16	鸭蛋	青田山夫人畜禽发展有限公司
17	食用菌干制品	庆元县绿尔佳食品有限公司
18	香菇	庆元县丰乐菇业有限公司
19	肉鸡	遂昌葫芦岗生态养殖专业合作社
20	红茶	浙江剑光生态农业科技开发有限公司
21	橄榄油	浙江绿泉农业科技开发有限公司
22	香榧	松阳县昌明香榧专业合作社
23	绿茶	浙江悠谷春农业开发有限公司
24	市场经营管理	青田菜篮子发展集团有限公司
25	自来水笔(复评)	浙江省丽水传人笔业有限公司
26	阀　门(复评)	丽水欧意阀门有限公司
27	白　酒(复评)	丽水市鱼跃酿造食品有限公司
28	阀　门(复评)	浙江坤湧兴阀门有限公司
29	伺服电机(复评)	浙江乾麟缝制设备有限公司
30	缝纫机电机(复评)	浙江乾麟缝制设备有限公司
31	啤　酒(复评)	燕京啤酒(浙江丽水)有限公司
32	汽车空调用热力膨胀阀(复评)	浙江博威汽车空调有限公司
33	汽车、工程机械散热器(复评)	浙江广山汽车零部件有限公司
34	蒸发器　冷凝器(复评)	浙江双荣汽车空调制造有限公司
35	注塑管材系列(复评)	浙江粤青管业有限公司
36	宝剑、刀(复评)	浙江郑氏刀剑有限公司
37	童　鞋(复评)	起步股份有限公司
38	止回阀(复评)	浙江科泰阀门有限公司
39	木制玩具(复评)	浙江金马工艺品有限公司
40	竹家具(复评)	浙江九川竹木股份有限公司
41	家用多功能缝纫机系列(复评)	浙江恒强针车集团有限公司
42	金属带锯床系列(复评)	浙江富士泰机床有限责任公司
43	摩托车点火开关和套锁(复评)	浙江鼎立实业有限公司
44	过滤纸板(复评)	丽水兴昌新材料科技股份有限公司

特种设备安全现场检查，组织电站锅炉专项检查等8个专项行动，与乡镇街道及相关部门开展联合执法检查36次。编制《特种设备使用管理指南》并向全市5314家特种设备使用单位发放。

【民生计量监管】 2018年，全年新建计量标准13项，累计344项。在全省率先出台市县两级计量强制检定清单，明确15项重点项目和9项有能力可建设项目，厘清市县两级的检定职责。完成省政府民生实事“放心农贸市场创建”的衡器检定工作。民用“三表”(电表、燃气表、水表)到期检定更换率分别为99.6%、96.1%、91.6%。重点污染源排放监控企业环境监测计量器具检定率98%以上。112家年耗能1000吨标准煤以上重点用能单位的能源计量器具配备率90%以上。

【质量稽查执法】 2018年，全市质监部门针对重点消费品、农资产品、特种设备、检验检测等领域开展专项行动5个，查处违法案件248起，涉案货值107.62万元，罚没款188.18万元。推进缺陷产品召回工作，成立浙江省缺陷产品技术评价中心丽水分中心。推进“监督管理社会化”，首例举报有功人员奖励落实。

【检验检测能力提升】 2018年，市本级质监系统检验检测机构落实项目资金650万余元用于加强技术能力建设，新增实验室面积约1200平方米(累计8473平方米)。市检验检测院通过CNAS实验室认可复评审和扩项评审，现场确认检测能力参数1194个(其中，食品类855个、非食品类339个)。检验检测能力持续提升。　(陈　政)

续表 24

序号	产品名称	企业或组织名称
45	不锈钢无缝管(复评)	宝丰钢业集团有限公司
46	缝纫机电机(复评)	浙江华星电机有限公司
47	阀　门(复评)	特尔控股集团有限公司
48	空气源热泵热水器(复评)	浙江中广电器股份有限公司
49	沥青泵(复评)	浙江威肯特智能机械有限公司
50	断路器(复评)	浙江永继电气有限公司
51	起动机和发电机(复评)	浙江可斯达车用电机有限公司
52	九坑桃(复评)	丽水市山水果业有限公司
53	食用菌(复评)	浙江天和食品有限公司
54	田　鱼(复评)	青田易天渔业开发有限公司
55	黑木耳(复评)	浙江飘香农业科技有限公司
56	中华鳖(复评)	云和县清江生态龟鳖养殖专业合作社
57	甜橘柚(复评)	庆元森龙菌蔬果业有限公司
58	甜橘柚(复评)	庆元县志东果业有限公司
59	食用菌干制品(复评)	浙江元康食品有限公司
60	茶　叶(复评)	浙江卧龙湾农业开发有限公司
61	茶　叶(绿茶)(复评)	松阳县雪峰云尖茶业有限公司
62	蔬　菜(复评)	丽水一山绿色实业有限公司
63	家禽系列产品(复评)	浙江绿园禽业有限公司
64	印象青瓷披云青瓷文化园(复评)	浙江龙泉披云青瓷文化园有限公司
65	旅游服务(复评)	遂昌金矿矿山公园有限公司
66	农家乐(复评)	遂昌县高坪乡茶树坪村农家乐协会
67	“印象山哈”畲族风情旅游剧(复评)	浙江畲族歌舞团有限公司

矿产资源管理

【推进矿地综合开发利用采矿权试点工作】 2018年,全市申报试点项目6个,经省厅审查,丽水机场取土区等4个项目列入全省首批矿地综合开发利用采矿权试点。丽水机场取土区项目完成矿区复核论证、勘查报告评审备案、出让收益评估等前期工作,拟出让资源储量9405.07万吨(3668.15万立方米),采矿权于12月25日协议出让给丽水机场公司,出让价格1.15亿元。青田县2个试点、遂昌县1个试点,3个试点项目资源储量约6400万吨,开发后可形成可利用矿地约98.67公顷。

【治理矿山生态环境】 2018年,市国土局加快推进绿色矿山创建,通过第三方评估机构核查的矿山企业22家。开展矿山生态环境治理工作,省厅下达治理任务18个,全部开工治理,其中,工程治理验收9家,自然复绿验收6家,矿区综合利用1家(开发成农家乐),待验收2家。继续加强矿山粉尘防治,完成露天矿山粉尘治理任务,生产露天矿山100%的按照省要求实现达标运行。

【完成矿业权出让4宗】 2018年,市国土局做好采矿权有偿出让相关工作,全市完成矿业权出让4宗,其中,经营性采矿权2宗、工程性采矿权1宗、探矿权1宗,收取出让金3.98亿元。其中莲都区莲都区丽新乡咸宜玄武玢岩建筑石料矿完成采矿权登记。

【推进大搬快治“解危清零”】 2018年,市委、市政府全面打响大搬快治“清零战”,全市完成综合治理466处,解危15810人,累计完成综合治理891处,解危53494人,除险率99.4%;累计完成安置7879户、24769人,安置率85.3%。剩余4个治理项目主体工程(遂昌县北界镇苏村滑坡治理工程、遂昌县妙高街道水阁机关修理厂滑坡治理工程、遂昌县黄沙腰镇下半岭滑坡治理工程、景宁畲族自治县渤海镇梅坑滑坡治理工程)完成,推进附属工程建设;建成规范化避灾中心451个,专业监测点73个。实施“大搬快治”,获中国十大民生决策奖、全省“除险安居”考核优秀奖、全省第五届公共管理创新案例优秀奖、全省民生获得感示范工程。推进青田县祯埠乡锦水村下个寮山体滑坡隐患排险治理,完成防治工程勘察报告和可研报告评审,青田县完成工程治理项目立项,并由省财政厅、原省国土资源厅向财政部、自然资源部申请中央财政补助经费4000万元。

【地质灾害预警监测】 2018年,全市发生地质灾害灾险情49起,损坏房屋3间,直接经济损失27万元,成功避让5起,避免人员伤亡38人。面对严峻的防治形势,在主汛前全部撤离地质灾害隐患点受威胁群众,撤离人数13258人。市、县两级发布地质灾害气象风险等级三级以上预警102次,发送各类预警短信61654条;组织地质灾害巡排查2797组次、7250人次,对所有隐患点全覆盖排查;出动应急小分队32组次,复核调查灾险情点60个。组织开展地质灾害应急演练353次,参与演练活动群众2万余人,检验应急救援联动机制,建成地质灾害专业监测点71个。

【推进地质灾害防治高标准“十有县”建设】 2018年,丽水市编制并实施年度地质灾害防治方案,龙泉市、青田县、云和县、缙云县、景宁畲族自治县建成地质灾害防治高标准“十有县”。莲都区完成1:2000地质灾害风险调查评价招投标，青田县完成地质灾害工程治理体系建设试点工作。用身边的事教育身边的人，以通俗易懂的形式，全市687个文化礼堂开展宣传活动，向公众宣传普及地质灾害防治知识，参与人数18万余人，增强社会公众防灾避险安全意识，提高公众的自救互救能力。（黄庆亮）

国有资产监督管理

【概况】 2018年度，全市国有企业资产总额1575.87亿元，负债总额851.56亿元，所有者权益总额724.31亿元，相比上年分别增长17.07%、29.03%、5.56%；市本级国有企业资产总额、负债总额、所有者权益总额分别为778.21亿元、460.83亿元、317.38亿元，相比上年分别增长25.25%、28.84%、20.38%。市国资委直接监管企业11家，其中，比照正处级的企业4家，分别为市城投公司、市旅投公司、市农投公司、市交投公司；其他企业7家，分别为丽汽集团（国有相对控股，占股40%）、市电影公司、丽水绿谷信息公司、市公交公司、市储备土地公司、市城乡公交公司（控股，占股67%）、市国有资本运营公司。市国资委参股企业主要有3家，分别为丽水安邦护卫公司（占股49%）、市天然气公司（占股49%）、市供排水公司（占股30%）。市国资委党委管理的国企党组织19个（党委13个，直属党总支、党支部6个），党员1780人。

【国企改革】 2018年，市政府决定将行政事业单位的经营性和闲置资产注入国有企业，共695项。提出《市属国有企业资源性经营和建设与收益挂钩机制》《市属国有企业承担政府性项目建设和服务结算办法》《市本级公交公司一体化整合发展方案》等一揽子方案并上报市政府。机构改革后，9个县（市、区）全部设立国资办，其中莲都区、龙泉市单独设立并作为政府工作部门。各县（市、区）出台改革方案，推进国企整合重组，其中莲都区将15家融资平台公司按照三大板块成建制整合归并为建投、旅投、国投等三大公司；云和县构筑“1+4”改革体系，组建城投、水投、旅投、交投四大公司；缙云组建城投、水投、交投等公司，推进平台融资公司市场化改革。

【国企党建】 2018年，市国资委党委建立“年初签订责任状、年中开展党建巡查、年底书记述职评议”的党建工作“闭环”机制。10月，围绕2张清单79个指标对13个企业党委、1个企业党总支、82个党支部开展了国有企业基层党建专项巡查。打造“清廉丽水”建设的国企样本，根据市委四届四次全会和“清廉丽水”建设精神，出台“清廉国企”建设实施意见，印发《关于加强市属企业纪检监察组织建设的意见》。

【国资监管】 2018年，市本级实现专职监事驻企全覆盖，外派人员参加出资企业股东会、董事会相关会议36次，审议相关议题149个。加强内部审计，完成对绿谷信息公司离任负责人任期经济责任审计，后续跟踪和绩效评价农投公司市场化项目和下属子公司的投资效益情况。同时，加强审计问题整改，对市本级政府投资项目合同履行情况及市本级国有企业运营情况两项专项审计调查报告反映的问题，提出整改意见10条。加强财务监管，重点审核把关福利费等成本费用，市属企业核减相关费用支出500万余元。加强产权管理，开展国有资产交易和国有产权登记检查，开展检查股权转让1项、资产转让20项、重大资产租赁3项、增资2项。

【国企人才】 2018年，市国资委根据《关于市属国有企业挂职干部锻炼培养和回任分流的实施意见》精神，落实在国企挂职干部的考核奖励，稳妥处理挂职干部分批回任。建立国企科级干部信息库和高级职称人员信息库，面向机关、国企及县（市、区）开展国资国企系统优秀人才推荐工作，累计推荐优秀人才63人，其中具有高级技术职称24人。抓干部教育，在杭州举办首期国企高管培训班，举办国企改革、企业发展管理等专题讲座，受教育国资国企干部1100余人次。

【国资国企服务中心】 2018年，市国资委组织市属国有企业，中央、省属在丽企业开展乡村振兴“百企结百村、消灭薄弱村”专项行动，21家国有企业党组织分别结对1个薄弱村，投资总额121万元，全年到位资金49万元。市属企业完成融资89.3亿元，完成项目投资61.8亿元，完成政府下达的建设任务。市公交公司深化“最多跑一次”，年发行公交卡3万余张，刷卡量近3000万人次，9个县（市、区）公交“IC”卡全面实现一卡通用。绿谷信息实业公司服务产业园招商工作，园区入驻企业累计300余家，从业人数近5000人，园区实现主营业务收入26亿元，税收7800余万元，同比分别增长94%和95%。市储备土地公司维护储备土地466.67公顷，喷绘文化墙4000余米，清理垃圾400余车，有效服务卫生城市和文明城市创建。市电影公司放映农村公益电影1500余场，观影人数17万人。（胡海明）

教　育

综　述

【概况】 2018年，全市有各级各类学校（包括幼儿园）799所，其中小学211所，初中74所，普通高中21所，中等职业教育学校15所，高等院校3所，幼儿园468所，特殊教育学校7所。全市在校生421480人，其中，小学160734人，初中82283人，普通高中34636人，中等职业教育学校28060人，高等院校39908人，幼儿园75153人，特殊教育706人。全市学前三年幼儿入园率98.23%，小学入学率、巩固率分别为100%、100%，初中入学率、巩固率分别为100%、100%，三类残疾儿童少年入学率为97.78%，全市初升高比例98.29%，高中段招生普职比总体保持在1:1，少数民族学生初升高比例99.55%，高等教育毛入学率59.29%。

丽水市2018学年各级各类学校情况

表25

类　别	学校数（个）	毕业生数（人）	招生数（人）	在校生数（人）	班　数（个）	教职工总数（人）	专任教师数（人）
总计	799	108666	111622	421480	10638	34610	27482
学前教育	468	26392	23202	75153	2785	9750	5179
义务教育	285	51111	54824	243017	6284	17247	15894
小学	211	27907	26937	160734	4402	9609	9033
小学	211	24681	23216	140884	3858	—	—
九年一贯制学校	—	2994	3591	18934	513	—	—
十二年一贯制学校	—	232	130	916	31	—	—
初中	74	23204	27887	82283	1882	7638	6861
初级中学	50	19789	23142	68964	1548	5118	4700
九年一贯制学校	24	3224	4441	12511	312	2520	2161
十二年一贯制学校	—	165	304	808	22	—	—
完全中学	—	26	—	—	—	—	—
高中	21	10591	11814	34636	836	3444	3009
高级中学	20	10343	11474	33767	811	3171	2800
十二年一贯制学校	1	248	340	869	25	273	209
特殊教育	7	91	132	706	56	125	112
中等职业学校	15	9937	9215	28060	677	2267	1982
中等技术学校	2	436	407	1199	27	160	126
职业高中学校	13	9501	8808	26861	650	2107	1856
高等教育	3	10544	12435	39908	—	1777	1306
丽水学院	1	5161	6374	17821	—	1125	763
丽水职技院	1	2582	2686	7681	—	447	401
丽水电大	1	2801	3375	14406	—	205	142

2018年，丽水教育事业是“教育改革年”“教育学习年”“教育谋划年”。全市教育工作以中共十九大精神、全国教育大会精神为指导，贯彻落实习近平总书记关于教育的重要论述，践行以“丽水之干”担纲“丽水之赞”，按照“保基本，努力跟跑；补短板，积极并跑；强特色，敢于领跑”的要求，全面深化教育综合改革，加快教育现代化建设，探索山区教育改革发展的新路子。

加强党的领导。深入学习中共十九大和全国教育大会精神。组建以局领导和各处室、市属单位负责人为成员的宣讲团，通过召开专题学习会、“知行教育”论坛、领导干部上党课等形式，深入各县（市、区）、市直学校，开展中共十九大精神、全国教育大会、全市教育改革发展大会精神宣讲活动。全年开展学习宣讲活动75场次，听众超过5000人次，做到各级教育部门和各级各类学校全覆盖。召开全市加强和改进学校党建和思想政治工作会议，加强中小学校党的建设，深入开展“清廉学校”建设活动，全市中小学（幼儿园）涌现出一大批优秀“党建品牌”，初步形成“一校一品”党建工作格局。

坚持改革创新。召开全市教育改革发展大会，出台《关于深化教育综合改革的实施意见》，提出学前教育普惠健康发展、义务教育均衡优质发展、普通高中优质特色发展、提升职业教育服务能力、健全促进终身学习体系、办好地方特色高等教育等重点领域的改革举措和改革任务。坚持教育工作课题化、项目化管理，与高校合作开展质量评价体系、德育品牌建设、精准教学、网络教研、集团化办学、初中提质“壮腰”工程、幼儿园游戏化教育、校园安全“三化”管理等重大课题的研究，探索一批教育改革经验。景宁《农村自然小班化教育教学模式的探索与实践》获国家基础教育教学成果二等奖，莲都区被确定首批“国家义务教育质量监测结果应用实验县”，领导兼任教育“特邀督学”制度、庆元农村学前教育补短板改革试点、精准教学改革、校园安全“三化”管理等成为全省、全国典型案例。全面实施精准教学改革，实施以大数据、云计算、人工智能为支撑的精准教学改革，打造丽水提高教育教学质量实现变道超车，全市呈现整体推进的良好态势，在全省教育系统工作会议上作典型发言。全市中小学配备移动终端25680台，学生移动终端持有率9.64%，课堂精准教学试点学校无线网络覆盖率100%，建成创新实验室22个、学科教室14个、网络教研工作室38个。推进教育数字化转型。加快推进“数字教育”建设，建立以“一个公共服务平台+N个应用平台+一个大数据中心”为框架的教育数字资源公共服务体系，建成丽水市教育资源公共服务平台，网络空间“人人通”规模化应用被列入省级试点。全市教师、学生网络空间开通率均达到100%，全市空间年度活跃度为721分，教师活跃空间比例81%，移动端活跃用户比例42.4%，均排名全省第一。全市9个县（市、区）全面推进中小学教师“县管校聘”改革，全市参与教师16422人，占教师总数79.2%，激发教师队伍的活力。深入实施教育评价制度改革，与丽水学院合作共建“一院三中心”（教育评估院，教育督导评估中心、教育质量监测中心、教育数据中心），全省率先实行市级统筹高中段学校发展性评价，形成全市高中教育协同发展格局，在全省督导工作会议上作典型发言。

1月4日，丽水市教育发展大会召开　　（朱军连　提供）

教育发展水平全面提升。研究制定丽水市教育提质行动计划（2019—2022年），提出“高质量均衡发展，实现有教无类；让每一个孩子都能享受优质的基础教育，让更多的孩子有机会享受优质高等教育；确保在与全省同步全面高水平实现小康社会中不掉队，各类指标均达到全省平均水平以上”的教育提质目标，落实立德树人根本任务、推进基础教育优质均衡、深化教育改革和管理创新、加强教师队伍建设工作任务，推进丽水教育的高质量均衡发展。省教育基本现代化县创建稳步推进，遂昌县、庆元县创建省教育基本现代化县，全市整体创建率达2/3，松阳县、云和县、景宁畲族自治县、龙泉市申报创建全国义务教育优质均衡发展县，青田县、缙云县省基础教育重点县提升工程顺利推进。优化教育资源布局规划，适应“全面两孩”、新型城镇化、户籍

2018年市直学校基本情况

表26

学校名称	毕业生数（人）	招生数（人）	班级数（个）	在校学生（人）	毕业班学生数（人）	教职工数（人）	专任教师（人）						学校占地面积（平方米）	校舍建筑面积（平方米）	计算机（台）	图书藏书（册）
							小计	研究生	本科	专科	高中	高中以下				
丽水中学	727	748	54	2252	744	237	215	43	172	—	—	—	116667	83754	788	96600
丽水第二高级中学	659	652	48	1984	699	203	180	19	161	—	—	—	57850	42276	670	52752
丽水学院附属高级中学	537	581	37	1741	595	149	139	12	127	—	—	—	68670	45660	331	14008
丽水市外国语实验学校(高中部)	248	340	25	869	260		71	7	64	—	—	—				
丽水市外国语实验学校(初中部)	1650	304	22	808	215	288	61	1	57	3	—	—	59104	59094	650	109810
丽水市外国语实验学校(小学部)	232	130	31	916	213		77	—	61	16	—	—				
丽水市文元高级中学	203	333	24	924	282	88	81	5	76	—	—	—	33645	18252	100	5600
吉时雨中学	12	132	10	281	41	41	26	1	19	6	—	—	5419	3199	35	5450
丽水市经济开发区第一中学	403	708	39	1947	581	133	131	8	118	5	—	—	83390	53436	411	79000
丽水市实验学校(初中部)	250	350	20	872	252	159	64	8	56	—	—	—	49049	39407	910	27189
丽水市实验学校(小学部)	252	300	32	1667	272		77	2	72	3	—	—				
丽水市文元中学(初中部)	194	315	24	902	281	155	69	1	59	9	—	—	80589	55742	285	15000
丽水市文元中学(小学部)	—	223	24	820	133		76	1	61	14	—	—				
丽水市经济开发区第一小学	492	536	63	3084	582	180	180	2	159	19	—	—	40037	20631	150	35000
丽水市经济开发区第二小学	65	66	12	382	63	28	27	—	19	8	—	—	3500	3575	158	7248
丽水市秀山小学	—	305	19	881	—	53	50	1	49	—	—	—	21715	20544	92	8000
丽水市特殊教育学校	44	58	—	217	—	81	74	3	66	5	—	—	36000	15612	—	25551
丽水市实验幼儿园	562	552	46	1601	—	221	112	1	96	15	—	—	23637	10570	—	17046
丽水南城实验幼儿园	140	139	12	415	—	53	28	—	21	7	—	—	3356.4	2751	—	2822
丽水市实验幼儿园(水木清华园)	119	120	12	359	—	52	27	—	12	15	—	—	2373.2	2900	—	2260
丽水市实验幼儿园(阳光园)	212	203	18	627	—	76	40	—	22	19	—	—	17719	10268	—	10091
丽水市职业高级中学	1095	1000	74	3031	994	212	192	23	168	1	—	—	116667	73910	1192	34939
丽水中等专业学校	220	197	16	634	240	122	99	55	43	1	—	—	72090	29852	375	72258
丽水护士学校	216	210	11	565	208	38	27	—	27	—	—	—	7117	4868	105	2500
丽水旅游学校	519	618	46	1717	503	98	74	1	71	2	—	—	28534	14559	356	23094

制度改革等趋势，优化市区、各县（市、区）教育资源布局规划，丽水市区基础教育布局专项规划通过市政府批复，画好各县（市、区）城区基础教育布局规划图和优质教育资源集团布局规划图，为教育资源拓展提供规划依据。落实教育民生实事，优化基础教育资源供给，全市新增幼儿园学位6600个、小学学位8050个，分别完成年度任务的110%、100.63%，完成减少义务教育阶段学校超标准班额班级253个，义务教育阶段学校起始年级控制在标准班额。增加教育资源供给，全市实施续建、新建教育项目119个，完成投资23.13亿元。全市资助家庭经济困难学生13万余人次，资助金额8702.3万元（包含营养餐）。开展全媒体教育宣传工作。景宁农村小规模学校建设典型经验在《人民日报》《光明日报》等国家主流媒体刊发，《中国教育报》5次刊登丽水教育新闻，教育新闻被《浙江日报》《浙江教育报》省级媒体录用50多篇，政务信息被省政府录用7条、被省教育厅录用27条，获省领导批示1条。

全面深化教师队伍建设改革。出台中小学教师师德考核负面清单制度，在各类教师评价考核和使用聘任中，实行违反师德"一票否决制"，严肃查处教师有偿补课、到社会教育培训机构兼职。推进教师管理机制改革，建立教师"积分制"管理机制，形成正确教师成长导向。探索中小学校长职级制度，在莲都区开展试点，推动校长的专业化、职业化建设。在市直和莲都区建立后备（待聘）教师储备库制度，破解中小学教师紧缺难题。深化中小学教师职称制度改革，实施中小学教师职称学校自主评聘改革，

2018年高等院校基本情况

表27

学校名称	毕业生数(人)	招生数(人)	在校学生(人)	教职工数(人)	专任教师(人) 小计	研究生	本科	专科	高中	专任教师中：双师型(人)	学校占地面积(平方米)	校舍建筑面积(平方米)	计算机(台)	图书藏书(册)
丽水学院	5161	6374	17821	1125	763	398	363	2	—	—	672105	387790	4648	1586844
其中：普通本科	2725	2773	10721	—	—	—	—	—	—	—	—	—	—	—
普通专科	1052	996	2800	—	—	—	—	—	—	—	—	—	—	—
成人本科	791	1706	2809	—	—	—	—	—	—	—	—	—	—	—
成人专科	593	899	1491	—	—	—	—	—	—	—	—	—	—	—
丽水职业技术学院	2582	2686	7681	447	401	95	302	4	—	—	313490	186588	3526	676065
其中：普通专科	2434	2653	7487	—	—	—	—	—	—	—	—	—	—	—
成人专科	148	33	194	—	—	—	—	—	—	—	—	—	—	—
丽水电大	2801	3375	14406	205	142	7	134	1	—	—	95929	34829	1383	60592
其中：网络本科	1277	1429	6020	—	—	—	—	—	—	—	—	—	—	—
成人专科	1524	1946	8386	—	—	—	—	—	—	—	—	—	—	—

推动中小学教师职称评聘权限下放。实施“绿谷名师”工程，新增“绿谷名校长”系列评选，将“绿谷名教师”由原来的四级拓展为六级，新评选市教坛新秀153人、德育新秀32人，市教学名师169人、德育名师16人，获评省特级教师7人、正高级教师6人，市实验学校杨丽佳入选国家“万人计划”教学名师。依托丽水学院、丽水职业技术学院、丽水电大、丽水中专等教师培训机构，开展社会主义核心价值观、“双色(红色、绿色)”教育、精准教学等主题式培训，创新导师制培养、网络教研等培训培养模式，促进教师提升专业水平。继续做好教师定向培养工作，全年定向培养小学全科教师71人、中学紧缺学科教师30人、“双学科”复合型高中教师25人。加强青年教师培养，继续实施市直1至5年、6至10年青年教师成长行动计划，提高不同阶段青年教师队伍专业水平和教学能力。

落实立德树人根本任务。推动习近平新时代中国特色社会主义思想进教材、进课堂、进学生头脑，开展“中国梦”及“弘扬‘红船精神’争当时代新人”等系列主题教育活动，培养拥有丽水风范、中国精神、世界公民特质的时代新人。开展中华优秀传统文化教育，将《处州应星楼记》、韩愈《处州孔子庙碑》等相关处州文化列入全市中小学地方课程。加强中小学法制教育，开展首个宪法宣传周暨国家宪法日系列宣传活动，落实中小学校“宪法晨读”活动。推进心理健康教育，心理健康教师持证率88.2%，中小学心理咨询与健康教育机构标准化建设达76.2%。推进全员育人机制建设，发挥法制副校长、德育导师制、班主任、志愿者、校外辅导员、“五老”(老干部、老教师、老专家、老模范、老战士)等作用，形成育人工作合力。落实立德树人根本任务，开展以“红色教育、生态教育、乡土教育”为特征的丽水德育品牌建设。全市建成中小学文明校园213个，占63.96%；省级绿色学校达到128所，市级绿色学校达到204所。松阳实验小学集团学校乡土德育课程入选全国中小学德育工作典型经验。全面实施“阳光体育”和“体艺2+1”活动，深化“绿谷系列”“五大联赛”“一会一操”体育艺术赛事，为学生搭建开放多元的特长展示平台，出台中小学生运动技能达标、艺术特长达标实施意见，缙云县成为全省第一批浙江省艺术教育实验区。推进中小学社会实践基地建设，教育引导学生崇尚劳动，增强综合能力。“绿谷知行”研学实践管理平台建成使用，被评为浙江省中小学生研学实践教育基地单位5家，全市建成中小学社会实践基地105个，其中，生态教育基地40个、红色教育基地10个。推进校园安全稳定网格化、清单化、信息化“三化”管理，压实学校主体责任，全市教育系统保持安全稳定，学生非正常死亡率连续三年实现考核优秀标准，校园安全“三化”管理模式作为全省唯一典型经验上报教育部，在全国校园安全工作会议上作典型发言。

各级各类教育全面协调发展。推进学前教育普惠发展，出台《丽水市发展学前教育第三轮行动计划(2018—2020)》，打造丽水木制教玩具游戏活动的学前教育特色，推进庆元农村学前教育补短板改革，全市等级幼儿园覆盖面达 94.74%，普惠性幼儿园覆盖面达 91.08%，幼儿园教师持证率达 94.5%。推进义务教育均衡发展，推进集团化办学，全市组建实质性的教育集团 19 个，覆盖 58 所中小学(幼儿园)。深化义务教育课程改革，稳妥推进中考改革。在莲都区等地推行小学推迟上学，推进"城乡携手，同步课堂"试点，探索未来乡村教育模式。推进普通高中提质发展，深化普通高中课程改革和新高考改革，新高考改革成效得到中共中央政治局委员、国务院副总理孙春兰肯定，高中课程改革经验在《人民教育》刊发。加强学科基地建设，引进镇海中学与丽水中学联合办学。提升高考竞争力，普通类各段上线率首次超过全省平均水平，普通类、艺术类、体育类第一批录取数占报考人数的比例32.22%。推进职成教育有序发展，完成职业教育集团组织架构重组。推进职业教育"三名工程"项目建设，3 所省名校、14 个省品牌(优势特色)专业、16 位省名师名大师(工作室)等立项建设项目均通过省首次评估验收。推行中职与应用型本科一体化培养，开展"校企校"中职——电大直通车模式试点，深化现代学徒制试点，实施"百名大师，千名高徒"结对培养工程。在全国、省中职学生技能大赛取得优异成绩，全市中职校单考单招上线率 97.86%，中职学生初次就业率 95%，制定完成旅游、财会、电子、机械等 4 个专业毕业标准，建成省市级校企合作共同体 5 个，省等级中职学校比例达到85%。促进学习型城市创建工作，松阳县、缙云县创建"浙江省示范学习型城市"。推进高等教育内涵发展，出台《丽水市人民政府关于推动丽水学院建成服务绿色发展高水平应用型大学的若干意见》，推进国外知名大学引进工作，丽水学院获批浙江省应用型建设试点示范学校，第一批教育部产学研协同育人项目立项建设 30 项，获批数量居全省高校首位。推动丽水职业技术学院省优质高职院校建设，丽水电大实现学历教育、非学历教育齐头并进的发展格局。推进民办教育健康发展。加大民办教育扶持力度，出台市本级财政扶持民办教育发展实施办法，明确扶持和奖补政策，规范民办学校办学行为。校外培训机构专项治理取得阶段成果，全市 9 个县(市、区)基本完成专项治理工作，整改问题机构数 717 个，发放办学许可证 37 份，关停培训机构 241 所，公布两批校外培训机构黑白名单。

【市教育资源公共服务平台启动】 2018 年 6 月 13 日，在丽水中学举行市教育资源公共服务平台建成启动仪式。市政府副市长卢彩柳，省教育技术中心主任施建国，以及市发改委、市财政局、市经信委、市数管中心等单位有关负责人出席启动仪式。市教育资源公共服务平台的建成，有助于构建教与学的新模式，促进教育公平、提升教育质量，补齐丽水教育短板。构建"覆盖全市、互联互通"的教育资源公共服务平台，让广大师生进入教育信息化 2.0 时代，推动丽水教育教学理念、环境、内容、方法、模式、评价、管理及资源供给、教师能力、学校文化十大创新。 (朱军连)

学前教育

【概况】 2018 年，全市幼儿园 468 所，公办幼儿园 163 所，民办幼儿园 305 所；省三级以上幼儿园 434 所，其中一级园 24 所，二级园 143 所，三级园 267 所。在园幼儿数 75153 人，其中在公办幼儿园入园幼儿 27549 人，占在园幼儿总数 35.69%，学前三年入园率 98.23%，省三级以上幼儿园覆盖率 94.74%。全市幼儿园教师总数 5673 人，园长 476 人，专任教师 5179 人，大专及以上学历 95.4%，专任教师持证率 94.5%，有职称教师 43.38%，事业编制教师 31.84%。

【等级幼儿园创建】 2018 年，全市通过复核二级幼儿园 1 所，新认定二级幼儿园 21 所，预评估通过二级幼儿园 12 所。通过复核 1 所：龙泉市竹垟畲族乡中心幼儿园。新认定二级幼儿园 21 所：莲都区蔚蓝水岸幼儿园、青

6 月 13 日，丽水市教育资源公共服务平台举行开通仪式 (朱军连 提供)

田县章村乡中心幼儿园、云和县童话幼儿园、龙泉市机关幼儿园滨江分园、龙泉市小梅镇中心幼儿园、景宁畲族自治县中心幼儿园惠明园区、遂昌县新路湾镇中心幼儿园、景宁县实验一小附属幼儿园(景宁县浮丘幼儿园)、青田县仁庄镇小学附属幼儿园、青田县鹤城街道东山幼儿园、青田县机关幼儿园、青田县海溪乡中心幼儿园、松阳县新兴镇中心幼儿园、松阳县城北幼儿园、松阳县象溪镇雅溪幼儿园、松阳县水南街道中心幼儿园、青田阜山中心幼儿园、青田县腊口中心幼儿园腊口园(原腊口镇幼儿园)、丽水市莲都区红黄蓝幼儿园、丽水市莲都区高溪乡中心幼儿园、丽水市莲都区天宁七彩童话幼儿园。预评二级幼儿园12所：莲都区天金碧水佳苑幼儿园、庆元县同心幼儿园、缙云县新碧街道实验幼儿园、缙云县新爱婴幼儿园、遂昌县龙潭七彩童话幼儿园、松阳县闻莺南城幼儿园、丽水市绿谷幼儿园、丽水市经济开发区金丰花苑幼儿园、青田县温溪镇中心幼儿园、青田县高湾幼儿园、遂昌凯恩路幼儿园、缙云县壶镇镇团结幼儿园(壶镇幼儿园分园)。

【学前教育发展第三轮行动计划】 2018年6月28日，丽水市人民政府印发《丽水市发展学前教育第三轮行动计划》，到2020年，全市计划新建幼儿园54所，改扩建幼儿园25所，投资预算13.3亿元，新增学位21420个；等级幼儿园比例85%以上，等级幼儿园覆盖面90%以上；力争公办园覆盖面43%以上，集团化办园覆盖面70%以上；全面提升教师队伍素质，专任教师持有教师资格证比例达到100%，有职称比例50%以上；建成城乡全覆盖、办园行为规范、质量有保证的学前教育公共服务体系。

【市本级普惠性民办幼儿园扶持政策】 2018年12月，丽水市政府出台《丽水市本级财政扶持民办教育发展的实施办法》，明确民办幼儿园奖励办法：“浙江省一、二、三级普惠性民办幼儿园的生均经费补助标准，分别为4000元/年、3500元/年、3000元/年，其中生均公用经费500元/年。”补助有几个前置条件，如果达不到条件，生均经费要实行扣减。其中最关键的一条是省三、二、一级普惠性民办幼儿园的专任教师人均年收入(含“五险一金”单位缴纳部分)，分别要达到8万元、10万元、12万元。鼓励民办幼儿园培养和引进高层次教师，每培养一名省特级教师奖励10万元，市级名师奖励3万元，省级教坛新秀或市级学科带头人奖励2万元，市级教坛新秀奖励1万元；每引进一名正高级教师、省特级教师，并在幼儿园服务满3年的，奖励幼儿园10万元。　(张丽明)

义务教育

【概况】 2018年，全市有小学211所，比上年减少3所。小学毕业生2.7907万人，比上年减少414人；招生2.6937万人，比上年增加1588人；在校生16.0734万人，比上年减少1702人。学校规模有所增加，校均规模761人，比上年增加2人。6班及以下学校84所。100人以下的小学38所，其中50人以下的小学18所。小学教职工9609人，比上年减少10人(其中一贯制学校的小学教职工数计入中学)，其中，专任教师10300人，比上年增加197人。教师学历水平有较大幅度的提高。研究生毕业37人，本科学历教师7927人，比上年增加438人；专科学历教师2239人，比上年减少191人；小学教师学历合格率为100%。专科及以上学历教师占99.06%，比上年提高0.56个百分点。从专业技术职务情况看，中学高级教师440人，小学高级教师5370人，两者合计占专任教师总数的56.41%。

全市有初中74所(初级中学50所，九年一贯制学校24所)。初中毕业生2.3204万人，比上年减少1046人；招生数2.7887万人，比上年减少293人；在校生数8.2283万人，比上年增加4074人。初中校均规模趋于合理，从2017年的1057人上升到1112人。初中教职工7638人，专任教师5732人，专任教师学历合格率达到100%，专任教师本科及以上学历达到95.97%，初中具有中高级职称的专任教师为4091人，占专任教师总数的71.37%。小学入学率100%，巩固率100%，小学升初中比例100%。初中入学率、巩固率分别为100%和100%。初中毕业生升入高中段比例为98.29%，比去年上升0.43个百分点。

【景宁畲族自治县创成省语言文字规范县】 2018年12月24—25日，丽水市语言文字工作委员会组织专家评估团，在省语言文字工作委员会观察组的监督指导下，评估验收景宁县创建省语言文字规范化工作县工作。专家组察看语言文字示范街复兴西路，走访东坑镇、大均乡等相关语言文字环境，重点检查语言文字事业发展的制度建设、经费保障、宣传氛围、工作措施和发展水平等方面工作。专家组认为，景宁畲族自治县坚持“政府主导、语委统筹、部门联动、学校引领、社会参与”的语言文字工作管理格局，发挥党政机关的龙头作用，新闻媒体的引领作用，中小学校的基础作用和公共服务窗口的示范作用。工作扎实、措施有力，在实践中形成好经验、好做法，语言文字规范化程度高，达到浙江省语言文字规范化县标准，通过浙江省语言文字规范化县评估验收。

【“绿谷知行”研学实践基地】 2018年4月16日，召开丽水市中小学社会实践基地建设与管理工作会议，会议提出“坚持课程化、实现常态化、运用数据化、体现兼容性、确保安全性、体现公益性”，推进中小学社会实践基地建设和管理工作，市教育局与30个参会部门单位共同打造全市中小学生社会实践基地。6月，市教育局公布首批社会实践基地40个。11月，市教育局、市旅委等9个部门联合印发《推进中小学生“绿谷知行”研学实践实施办法》，开展市级研学实践教育基地申报认定工作。12月，公布第二批市级中小学生社会实践基地60个。12月28日，在市博物馆组织举行丽水市“绿谷知行”研学实践管理平台开通上线仪式。平台集信息提供、课程呈现、预约签到、活动记录、评价反馈、空间分享等功能，为全市中小学生参加研学活动提供人性化服务，通过平台实现研学实践分层级、分区域、全过程的信息化管理服务和全方位的反馈评价。

【学生阳光体育运动】 2018年4月14—16日，市第三届中学生排球联赛在龙泉市举行，联赛共有30支队伍400多人参加比赛，决出景宁中学、遂昌三中将代表丽水市参加省十四届中运会排球比赛。11月8—14日，ZSFL浙江省第十届中小学生校园足球联赛（丽水赛区）暨丽水市第七届校园足球联赛在市体育场馆中心举行，联赛分三个学段六个组别，共46支队伍707人参加，决出丽水第二中学、丽水中学等6支队伍代表丽水市参加2019年省级校园联赛。10月19日，ZSTL浙江省第10届中小学生乒乓球（丽水赛区）联赛在景宁县举行，来自全市37所学校的50支代表队，260名选手参加比赛，决出松阳一中、景宁中学等6支队伍参加省级积分赛。11月23—30日，ZSBL浙江省第十二届中学生篮球联赛丽水中学生篮球联赛（丽水赛区）在市体育场馆中心举行。全市32支队伍512名运动员参加比赛，全市参加省级晋级赛学校共有6所，花园中学、缙云中学分别参加初中、高中组省级冠军赛。8月1—4日，市第四届中小学生游泳联赛在遂昌县举行，联赛共有20支队伍400名学生参加比赛，莲都区城北小学、处州中学、丽水中学代表分别获得小学、初中、高中冠军，代表丽水市参加省级游泳联赛。5月25—27日，市第八届中小学生健美操比赛在市体育中心举行，共有26所学校500余名学生参加比赛。5月7—9日，全市中小学运动会在遂昌举行，全市35支队伍1000余名运动员参加比赛。（徐建春）

普通高中教育

【概况】 2018年，全市有普通高中21所（高级中学20所，十二年一贯制1所）。毕业生数1.0591万人，比上年减少87人；招生数1.1814万人，比上年增加190人；在校生数3.4636万人，比上年增加877人。总体规模有所扩大，校均规模从1534人上升到1649人。教职工3444人，专任教师2871人，专任教师学历合格率达到99.83%，专任教师研究生及以上学历达到8.05%，具有中高级职称的专任教师为2145人，占专任教师总数的74.71%。高中段教育毛入学率为97.99%。

【高考改革经验】 2018年5月21日，在杭州召开全国高考改革座谈会，丽水市高考改革工作经验作为全省唯一地市发言，得到副总理孙春兰高度肯定。8月18日，《人民教育》刊文《丽水高中教育：从“跟跑”到“并跑”的秘密》，自2012年来，丽水把深化普通高中课程改革作为加快教育现代化的重要抓手，立足山区实际，坚持市域统筹，以改革再创发展优势，以改革提升办学品质，以改革服务学生发展，以改革推进教育发展，形成普通高中特色化多样化、梯度辐射协同发展的新局面，推动高中教育由“跟跑”到与全省“并跑”的转变。

【禁毒演讲获全国一等奖】 2018年，丽水市文元高中一学生获全国禁毒演讲比赛总冠军。12月15日，由国家禁毒委员会办公室指导，中国禁毒基金会和广西壮族自治区禁毒委员会办公室主办、广西壮族自治区柳州市禁毒委员会承办的全国禁毒演讲比赛总决赛在广西柳州落下帷幕。来自丽水市文元高级中学的选手金灿获全国总决赛中学组一等奖。

【高中段学校发展性评价】 2018年6—7月，市教育局采用政府购买服务模式，引入第三方评估机构，由丽水教育评估院组织实施。邀请董惠铭、施光明等省专家任组长，分5个组全覆盖督导高中段学校，评估高中学校2017学年发展目标达成情况。督导评估工作坚持“两个轻”——轻汇报、轻台账，坚持“三个性”——科学性、导向性、有效性，突出“四个重”——重实地、重问卷、重数据、重反馈，明确“五个指向”——指向优先发展、指向教育公平、指向教育质量、指向教育治理、指向改革创新，形成每个学校的发展性评价报告，促进学校持续发展。

【普通高中山海协作】 2018年9月10日，在丽水中学举行丽水中学与镇海中学山海协作签约仪式。市政府副市长卢彩柳、镇海中学校长吴国平、丽水中学校长范寿仁等出席签约仪式，丽水市教育局党委书记、局长王平主持签约仪式。镇海中学在课程改革、学校管理、教师队伍建设等方面做了大量的工作，取得显著的成绩。卢彩柳指出，此次签约是宁波和丽水教育交流协作的一次升级，对促进丽水普高教育优质发展，推动两地优质教育资源共享有着重大的现实意义。镇海中学与丽水中学的结对帮扶，为全市的教育发展注入强心剂，为丽中教学质量提升提供有力的支撑。

【全国青少年模拟政协活动】 2018年，丽水2所中学"乡村振兴"提案在全国青少年模拟政协活动上捧回集体奖7个和单项奖9个。8月7—11日，在上海师大附属中学举行第五届全国青少年模拟政协活动，来自北京、上海、江苏、浙江、河北、山东、广东等省市的69支代表队的近500名优秀高中生参赛。在丽水中学特级教师胡碧漪的指导下，丽水中学和龙泉一中参加参赛，丽水中学获优秀团队奖、优秀调研报告奖、最佳人气奖、优秀社团奖等集体奖项。徐可颜获最佳风采奖，金欣哲、柳明昊和林若楠等获最佳创意制作奖，吴羽翀获最佳新闻发言人，李晨宇获优秀模拟政协委员等个人奖项。龙泉一中获优秀团队奖、优秀调研报告奖、最佳人气奖3个集体奖项。

【省首届高中生生涯规划大赛】 2018年12月21—23日，浙江省首届高中生生涯规划大赛总决赛暨浙江学生生涯教育发展联盟年会在海宁高级中学举行。丽水中学生涯规划教师叶世斌带领的学生参赛作品《艾与未来》获总决赛团队赛一等奖，生涯规划教师梅春美指导的个人参赛作品《舟渡梦想 扬帆彼岸》获二等奖，丽水中学获优秀组织奖；景宁中学生涯社团之法学社的作品《模拟法庭》取得团体项目一等奖，生涯规划书作品《设计人生》获省二等奖，景宁中学获优秀组织奖。（俞伟毅）

中等职业教育

【概况】 2018年，全市有中等职业教育学校15所，其中普通中专2所，职业高中13所。2018年，毕业生数9937人（普通中专436人、职业高中9501人），招生数9215人（普通中专407人、职业高中8808人），在校学生数28060人（普通中专1199人、职业高中26861人）。中职学校校均规模1871人，职业高中校均规模2066人。教职工2267人（普通中专160人、职业高中2107人），专任教师1982人（其中，普通中专126人、职业高中1856人）。中等职业教育学校专任教师学历合格率98.84%，中等职业教育学校专任教师研究生及以上学历达到7.01%，其中职业高中专任教师学历合格率98.81%。"双师型"专任教师占比为84.94%。全市中职毕业生初次就业率98.49%，专业对口率87.57%，双证书取得率99.64%。

【中职教育质量提升行动计划】 2018年，浙江省"中职教育质量提升行动计划"项目建设，龙泉市中等职业技术学校的"'龙泉汽配企业学院'三方协同合作共同体"、缙云县职业中等职业学校的"天喜智能电工人才培养校企合作共同体"获省中职校企合作共同体项目立项；青田县职业技术学校的"青石德育"、景宁畲族自治县职业高级中学的"生命德育"获省中职德育品牌项目立项；遂昌县职业中等专业学校"'创•梦工厂'学生成长中心"、龙泉市中等职业学校的"汽车空调创新创业教育实验室"获省中职创新创业教育实验室项目立项。全年丽水市"中职教育质量提升行动计划"项目建设中，评选出市级中职名专业8个，市级中职校企合作共同体5个，市级中职德育品牌3个，市级中职创新创业教育实验室4个。

【中职教育"三名"工程】 2018年，全市中职教育"三名工程"累计立项情况：省名校3所（占全省6%），省名专业14个（占全省7%），省名师（名大师）16名（占全省8%），省名师（名大师）工作室16个（占全省8%）。全年省教育厅对中职教育"三名工程"项目建设进行中期考核，其中龙泉市中等职业技术学校的"名校"项目建设为优秀，云和县中等职业技术学校张华燕"名师"项目建设为优秀，龙泉市中等职业技术学校郑国荣"大师"项目建设为优秀，龙泉市中等职业学校（龙泉技师学院筹）"青瓷工艺"和云和县中等职业技术学校"木制玩具设计与制作"的"中职优势特色专业"项目建设为优秀。

【中职师生技能竞赛】 2018年，在全国技能大赛中，丽水市师生共获二等奖4人次（教师2人次，学生2人次）。云和县中等职业学校陈浩获"制冷与空调设备组装与调试"项目银牌，云和县中等职业学校徐雯楚获"酒店服务"项目银牌。在全省中等职业学校教师技能大赛中，全市获一等奖2人次，二等奖3人次，三等奖6人次；全省中等职业学校学生技能大赛中，全市获一等奖1人次，二等奖2人次，三等奖23人次；全省"面向人人"技能大赛中丽水市总成绩位列全省第七；浙江省第三届"梦想杯"中职学生征文大赛中获一等奖1人，二等奖5人，三等奖8人。全市首次采用开放模式组织中职学校师生技能大赛，联合市经信委、市旅委、市人力社保局、浙江嘉利、浙江方正电机举办丽水市第十六届中职学校师生技能大赛，共882名学生和351名教师参与比赛。大赛设立学生普赛项目24个，学生指定项目9个，学生特色项目7个，教师项目10个，共评出一等奖128人，二等奖233人，三等奖337人，优秀指导老师55人。

【中职学生核心素养】 2018年，获浙江省中职教育优秀毕业生2人，评选为丽水市中职教育优秀毕业生9人。中职学校开展校园文化建设活动，精选优秀文化进校园，弘扬中华优秀传统文化和现代工业文明，培养学生的职业理想和工匠精神。全市15所中职学校300多个社团开展丰富活动，包含思德、体育、艺术、创业创新等各个领域，让学生感受传承中华优秀文化和传统美德，同时培育和践行社会主义核心价值观。组织学生参加中职学生素养大赛，全市收到参赛作品365件，获国家级奖项8件，获省级奖项52件。4月，全市第八届中职学校学生篮球赛在缙云举办，庆元县职业高级中学获冠军，青田县职业技术学校获亚军。

【现代学徒制试点】 2018年，现代学徒制试点招生专业26个，比上年增加4个，计划招生1365人，与146所企业签订合作协议。全年全市新增3所省级现代学徒制试点单位(现共计8所)，全市现代学徒试点专业38个，当年招生4907人，与148个企业形成合作教学模式。促使现代学徒制更加符合丽水实际，制定《丽水市教育局关于“百名大师 千名高徒”结对培养工程的实施方案》，计划2—3年完成百名大师、千名高徒培养。学校现代学徒制试点覆盖电子技术应用、数控技术应用、旅游服务与管理、电子商务等专业，参与学生人数200人，合作企业包括固驰电子、恒强针织、天喜集团、晨龙锯床等4家。

【职业教育活动周】 2018年5月8日，在龙泉市人民广场举行“职业教育活动周”启动仪式。市教育局、市人力资源和社会保障局与龙泉市等相关部门领导、全市各中职学校校长以及龙泉市近1000人参加启动仪式。活动内容有寻访“绿谷美丽中职生”、职业院校师生技能展示、社团展示、省“阳光学生、最美教师、美丽校园”系列评选、“三美”人物巡讲、丽水职业教育成果展、职业院校师生技能展示、职业院校师生为民服务活动、招生咨询服务、组织职业教育开放日、全市“产教融合、校企合作”现场推进会等13项。 (叶 翔)

全市职业教育活动周启动仪式 (朱军连 提供)

高等教育

【概况】 2018年，丽水学院现有民族学院、教师教育学院、生态学院、工学院、医学与健康学院、商学院、中国青瓷学院、职业技术学院等8个二级学院，另设有马克思主义学院、继续教育学院、华侨学院、创业学院、中国(丽水)两山研究院、丽水市工业技术研究院等教学科研机构。现有教职工1120人，其中，教授91人，博士199人。拥有国家“千人计划”和“青年千人计划”特聘专家各1人，教育部高等教育教学指导委员会专家1人，享受国务院特殊津贴专家3人，浙江省突出贡献中青年专家1人，入选浙江省“‘151’人才工程”18人，浙江省高校中青年学科带头人24人，浙江省高校优秀教师2人。学校现有浙江省一流学科5个，浙江省“2011协同创新中心”1个，浙江省重点实验室1个，浙江省科技创新服务平台1个，国家民委民族理论政策研究基地1个，省级优势专业2个，省级特色专业7个，全国少数民族传统体育示范基地1个，省级大学生校外实践基地1个，省级重点实验教学示范中心建设点1个，省级实验教学示范中心4个，省级教学团队3个，国家级规划教材1部，省级精品课程15门，省级精品在线开放课程2门。建有院士工作站1个，省级博士后工作站1个。全年获科研项目立项105项，其中，国家级项目8项(国家自然科学基金项目2项、国家社科基金4项、第三次全国农业普查研究课题1项和国家文化创新工程项目 1 项），教育部人文社科项目重点 1 项，全国教育科学“十三五”规划教育部重点课题 1 项，教育部高校思政工作专项 1 项。获横向科研项目 128 项，全年合同金额 2287.1 万元，到账经费 1613.4 万元。获各类纵向课题合同总经费 519 万元，当年实际到账经费 771.1 万元。发表论文 418 篇，其中，被 SCI 等收录 63 篇，一级期刊发表论文 72 篇。丽水学院学校现有 47 个本科专业，全日制在校生 13521 人，其中，普通本科生 10930 人；招收新生 3806 人，其中本科生 2857 人，高职新生 949 人；有 2018 届毕业生 3808 名，其中，本科毕业生 2726 人，高职高专毕业生 1082人，师范类本科毕业生 1250 人，非师范类本科毕业生 2558 人。2018 届毕业生总就业率为 96.14%。

丽水职业技术学院设有林业科技、建筑与设计、机电工程、会计、工商管理、旅游与贸易、继续教育 7 个二级学院，27 个专业。建成中央财政支持建设专业 2 个、国家林业局重点建设专业 1 个、省级优势专业 4 个、省级重点专业 4 个、省级特色专业 8 个。专业建设成果获国家级教学成果奖 3 项，省级教学成果奖 6 项。现有国家精品资源共享课 1 门，国家教学资源库课程 6 门，在建省级精品在线开放课程 3 门，主编国家级规划教材 30 余部。建有实训中心 9 个，其中，中央财政支持实训基地 3 个，省级示范性实训基地 4 个。普通全日制在校生 7500 余人，教职工 448 人，其中，专任教师 401 人，教授 21 人，副教授等副高职称教师 125 人。省级教学团队 2 支，省级教学名师、省级优秀教师、省高校中青年专业带头人和省级教坛新秀等高层次人才 60 人。创建丽水农民学院、丽水职业教育集团、庆元食用菌学院、丽水旅游养生学院、天喜控股培训学院等平台，助推主导产业发展。学校科研成果获国家社科基金 2 个、全国教科规划教育部重点项目 1 个、教育部人文社科基金 1 个，省部级及以上课题 35 项。与中国社科院日本研究所合作共建日本农村研究中心。

2018 年 8 月 2 日，丽水电大从老校区（灯塔街 8 号）搬到新校园（中山街北 333 号），新校园占地 2 公顷，建筑面积 10500 平方米。全年招收各类新生 1501 人，其中开放教育 950 人，较上年同期增加 89 人，同比增长 13.3%，实现连续三年的增长。下半年推出“中职—电大直通车”和辅警学历提升项目，招生人数分别为85 人和 110 人。远程教育招收学历教育学生 466 人。2018 年度，招生万人，在全省地市级排名第三。培养本专科毕业生 1426 人，其中开放教育毕业生 659 人，远程教育毕业生 720 人，农民大学毕业生 47 人。现教职工数 54 人，其中教授 4 人，副教授（含副高职称）18 人；硕士学位 21 人。另有兼职教师 30 余人。学校教师获国开课题 1 项、省教育厅课题 2 项、省电大课题 2 项；省社科规划课题结题 1 项、省教育厅课题结题 3 项、市社科联课题结题 1 项；教师论文发表在国家核心期刊 3 篇；获国开优秀科研成果一等奖 1 项；获省电大优秀科研论文 2 项，其中一等奖 1 项；获省社区教育优秀论文 2 项，其中一等奖 1 项。2018 年，全省电大微课教学比赛获一等奖 1 人（教师），1 人（教师）获“丽水市基层宣讲名师”称号。

【创办教学应用型大学】 2018 年，丽水学院立足于新建地方本科院校的实际，确立“教学应用型”的办学定位，全面实施“特色办学、创新兴校”行动计划和全校范围内自主转专业制度，打造“最关爱学生的大学”。学校生源质量逐年改善，教学业绩考核在省内高校排名中连年上升。学校被列为浙江省“十三五”硕士授予立项建设单位。学校与市教育局合作助力丽水基础教育。学校获“省普通高校示范性创业学院”称号。临床医学本科专业申报成功并开始招生。学校 A 类竞赛获奖成绩创历史新高。教育部产学合作协同育人项目获批数量居全省高校第一。学校在浙江省第六届少数民族传统体育运动会上获佳绩。生态学院教师主持的“山区特色药材资源保护与综合利用”“毛竹林笋材定向培育关键技术创新与应用”项目获中国商业联合会科技进步奖一等奖。民族学院音乐系教师党支部书记夏伟涛获第三届全省高校“最受师生喜爱的书记”称号。教师王闰吉获浙江省优秀教师暨浙江省高校优秀教师称号。生态学院党委“实施一三六工程，凝聚党组织健康力量”项目获首批全省高校党建特色品牌。学校清远剧社获全国高校“最佳学生社团”称号。大学生合唱团在全国第五届大学生艺术展演活动中获一等奖。卓越实验 156 团支部获 2017 年全国高校“活力团支部”称号。学校党建工作不断加强，获市级以上荣誉 29 项。

【培养创新人才】 2018 年，丽水学院在人才培养、科学研究、社会服务等方面，突出地方性，发展应用性，培育办学特色。重点建设丽水市中药产业科技创新服务平台、省特色文创产品数字化设计与智能制造重点实验室、龙泉青瓷协同创新中心三个省级平台。开展竹林培育与利用、青瓷文化、畲族文化、处州文史、中草药技术开发等项目研究。学校参与共建中国

（丽水）两山学院，在龙泉市挂牌中国青瓷学院，学校海外首家“中国青瓷文化学堂”落户泰国，学校获批省级继续教育基地，被教育部再次批准与瑞典耶夫勒大学学院合作举办护理学本科专业。对外合作交流不断拓展，国际学生学历学位教育取得突破性进展，现有来自亚洲、非洲、欧洲、大洋洲等29个国家的国际学生近120人。6月28日，由中国青年报社主办的“寻找全国高校百强学生社团”活动落下帷幕，学校清远剧社获“全国高校最佳学生社团”称号。11月，艾瑞深中国校友会网公布的“中国大学综合实力排行榜”2018中国大学排行榜1200强中，学校综合实力第387名，教学质量第320名，毕业生质量第596名。在排行榜中，学校在浙江省32所公办本科高校中，毕业生质量第20名，综合实力和教学质量均第17名。

【丽水学院附属第二医院创建】 2018年3月21日，教育部发文公布2017年度普通高等学校本科专业备案和审批结果，丽水学院申报的临床医学专业获批并开始招生。6月，中瑞合作护理学本科项目首届毕业生全部通过全英文毕业论文答辩，毕业论文优秀率83%；首届毕业生全部一次性获两校护理学专业学位证书，一次性通过2018年国家护士执业考试。项目得到省教育厅肯定，被瑞典国家教育管理部门认定为瑞典教育国际化成功典范。5月18日，校长肖刚、副校长叶沙平和市政府副秘书长吴郁郁，市第二人民医院院长吴绍长为“丽水学院附属第二医院”揭牌。

【学校科研服务】 2018年，丽水学院华侨学院签约主持“处州郡守研究工程”重大人文社科项目，总经费240万元，是丽水学院1979年创办以来承揽的人文社科项目经费额度最大的项目；商学院以支部建设为抓手，打造山耕、山居、侨商等品牌；生态学院教师主持的“山区特色药材资源保护与综合利用”“毛竹林笋材定向培育关键技术创新与应用”等项目获2018年度“中国商业联合会科学技术奖”一等奖。全年科研经费合同总量连续四年保持增长，增幅32.6%；继续教育实现新突破，社会培训年增幅33.88%。5月30日至6月1日，工学院学生在第九届中国大学生服务外包创新创业大赛中获一等奖1项、二等奖1项、三等奖2项，取得丽水学院近十年来学生参加国家级A类学科竞赛的最好成绩。全年学校A类竞赛共获得省级及以上奖项135项，获奖总项数及一等奖获奖项数均创历史新高。8月7—9日，在江苏师范大学举行的第三届全国大学生生命科学创新创业大赛决赛中，林友福等人作品《泽陆蛙微卫星位点的全基因组筛选及其多态性鉴定》获一等奖。

【学校民族传统体育运动再创佳绩】 2018年9月9—10日，丽水学院龙舟队中华龙舟大赛（南京六合站）决赛中取得青少年男子100米直道竞赛第二名，200米直道竞赛第三名。10月29日至11月1日，丽水学院学生在浙江省第六届少数民族传统体育运动会中获一等奖31个，二等奖53个，三等奖17个，一等奖占总数的48.4%，金牌和奖牌总数取得历届最好成绩。丽水学院作为协办单位，全面参与赛事筹备和组织工作。

【创建“日本农村研究中心”“中国乡村春晚研究院”】 2018年10月10日，在丽水职业技术学院梯田广场举行中国社会科学院日本研究所与丽水职业技术学院共建“日本农村研究中心”揭牌仪式，全国政协民族和宗教委员会主任、中国社会科学院大学校长王伟光，丽水市政协主席陈瑞商，副市长卢彩柳为中心成立揭牌。12月15日，在文化旅游部全国公共文化发展中心指导下，中共丽水市委宣传部、市文化广电新闻出版局与丽水职业技术学院共同组建“中国乡村春晚研究院”。丽水职业技术学院把平台建在校园，将课堂建在田头，技能人才瞄准“高质量”，助推乡村振兴战略在丽水遍地开花。全年面向省内外、针对农业农村各类人才需求，开展十多个系列技能培训项目，累计培训12000余人次。11月22日，日本静冈县经济产业部代表团访问丽水职业技术学院，与丽水职业技术学院达成2019年浙江农民赴日培训研修协议。

【承办第八届全国商务秘书职业技能大赛】 2018年5月18—20日，“慧文杯”第八届全国商务秘书职业技能大赛在丽水职业技术学院举行。来自20个省市自治区，73所本专科学校，103支队伍参加，600余名师生同台竞技。丽水职业技术学院学生获团体一等奖，学校获“特别贡献奖”。10月，浙江省第六届大学生秘书技能大赛在丽水职业技术学院举办。学校以全国、省技能大赛为导向，提高学生整体技能水平，形成教学与比赛双赢的态势，全年各类技能竞赛获国家级一等奖2项、二等奖5项、三等奖4项，省级奖项70余项。

【电大社会培训】 2018年4月，丽水电大通过走访和沟通政府及其相关部门，全国民宿教育培训产业联盟唯一的培训中心、丽水市高中段教师

360学时培训平台、丽水乡村振兴讲习所等落户丽水电大，全年培训152个班次，1万人次，收入突破1000万元，超额完成学校下达年度培训600万元任务。7月16日，成立丽水电大资产运营管理有限公司。7月19日，成立丽水电大后勤服务有限公司。学校学员公寓从2018年8月2日试营业到12月15日，共接待81批培训学员6000人次。

【社区(老年)教育】 2018年，丽水电大完成全市社区(老年)教育工作、市民培训、乡村振兴师资库队伍建设和全市社区教育的论文、课题、特色课程科研指导等工作，开展学分银行数据录入推进工作，拓展社区(老年)教育校外培训基地和游学项目。至年底，丽水学分银行开户人数199197人，纳入非学历教育项目1453个，非学历教育课程5938门，非学历教育成果563098人次。开展"丽水老年开放大学"示范教学工作，举办老年教育6个班次；在全省社区教育业务考核排名第二，获省终身学习学分银行先进单位和省社区教育办学先进单位，完成省级"一地一品"特色资源项目选送，获省级奖项5项；获浙江省"最美风景是文明"社区居民漫画作品比赛优秀组织奖，选送作品47幅，获奖7幅，报送省级微课比赛作品15个，获奖3个。

【电大挂牌成立"丽水市乡村振兴讲习所"】 2018年4月4日，丽水市委召开全市农村工作会议，聘任乡村振兴首席专家，为"乡村振兴讲习所"授牌，丽水电大成为"丽水市乡村振兴讲习所"的四个挂牌单位之一。学校认真研究乡村振兴讲习所的功能，科学谋划乡村振兴项目，尤其是乡村振兴讲习与培训项目，把乡村振兴讲习所工作做实、做优、做强。全年丽水市乡村振兴讲习所培训27个班次，培训1404人次，创收169.9万元。　（金一清　叶　军　徐秀秀）

成人教育与民办教育

【概况】 2018年，全市有村(社区)级教学点2183个，比上年增加794个。浙江省示范学习型城市项目立项2个，省级现代化成校立项4所，省级标准化成校覆盖率100%。全市职成教学校社会培训36.61万人次(其中，新型职业农民培训4.32万人次、企业职工培训4.09万人次、家政培训2.21万人次、老年人教育培训13.63万人次、退役士兵0.24万人次)，33.6万人次培训成果存入省学分银行。完成农民"双证制"教育培训2201人。扫除文盲3142人，完成全年扫盲任务126.69%，全市识字率为98.2%；首次将残疾人文盲列入扫盲计划，其中残疾人脱盲76人。全市有民办学校328所，其中幼儿园305所、小学4所、普通中学18所、中等职业学校1所。民办学校在校生76303人，其中在园幼儿47604人，小学12072人，普通中学14910人，中等职业学校1717人。民办学校教职工8406人，专任教师5035人，其中，幼儿园3062人，小学173人，普通中学1726人，中等职业学校74人。

【社区教育】 2018年11月6日，举办主题为"服务'八八战略'"，推动全市全民"终身学习活动周"活动。松阳县被中国成人教育协会授予"2017年全民终身学习活动周优秀组织奖"，龙泉市被中国成人教育协会授予"2017年全民终身学习活动周成功组织奖"。建立"丽水市农村成人教育师资库"，聘杨云峰等203位教师为丽水市农村成人教育师资库成员。举办成技校服务"家庭教育"论坛和成人教育干部业务能力培训班，征集社区教育论文93篇，《社区教育中热点项目培训存在问题及对策分析》等获奖论文62篇。建有老年学校的乡镇街道132个，占比为76.3%；经常性参与教育活动的老年人口占比22.15%；评选出"遂昌县石练镇老年书画会"等18个"丽水市村居老年教育特色基地"。丽水护士学校培养家政服务

11月6日，丽水市暨云和县全民终身学习周活动启动仪式在云和举行

（朱军连　提供）

人员566人，其他中职校和乡镇成校组织家政服务、月嫂、母婴护理、丽人管家培训22125人次，其中获家政服务职业资格证书2469人；培育“丽人管家”家政服务品牌，99名学员获取“母婴护理专项能力证书”“丽人管家”家庭服务业从业人员（母婴护理管家）培训合格证。

【成人继续教育服务工程】 2018年，缙云县、松阳县完成浙江省示范学习型城市项目立项；景宁畲族自治县沙湾区域成人文化技术学校、缙云县新碧成人文化技术学校、龙泉市安仁区域成人文化技术学校、松阳县象溪中心成人文化技术学校完成浙江省现代化成校项目立项；莲都区城东区域中心成人文化技术学校“‘文化养老’服务项目”、景宁畲族自治县成人文化技术学校“地瓜面师傅培训”、松阳县职业中等专业学校“松阳茶师”、景宁畲族自治县成人文化技术学校“驾考人员应急救护培训”完成浙江省成教品牌项目立项。“‘智慧父母’家庭教育大讲堂”“缙云剪纸”等10个培训品牌完成丽水市成教品牌项目立项。“松阳茶师”被中国成人教育协会认定为“终身学习品牌项目”。

【民办教育】 2018年12月，市政府出台《丽水市本级财政扶持民办教育发展实施办法》，市财政统筹省、市教育发展专项资金，扶持市本级民办教育发展，对符合规定的民办学校，给予生均经费补助和综合奖补。成立以分管副市长为组长，教育、人社、民政、市场监管、公安（消防）、城管等部门为成员的校外培训机构专项治理小组，设立丽水市中小学生校外培训机构专项治理办公室，联合印发《丽水市开展中小学生校外培训机构专项治理行动方案》，摸排出校外培训机构993所，组织联合检查580次，抽调检查人员1502人次，发放整改通知书470份，取缔校外培训机构241家，完成整改校外培训机构717家。建立校外培训机构管理长效机制，公布两批黑白名单，印发《丽水市校外培训机构整治管理工作职责分工》，聘请校外培训机构社会监督志愿者103人，将校外培训机构信息录入“全国校外培训机构管理平台”。 （余根良　吕张慧）

教师队伍

【概况】 2018年，全市各级各类学校（幼儿园除外）教职工24860人，其中，小学9609人，初中7638人，普通高中3444人，中等职业学校2267人（普通中专160人，职业高中2107人），高等院校1777人，特殊教育学校125人。专任教师22303人，其中，小学10300人，初中5732人，普通高中2871人，中等职业学校1982人（其中普通中专126人，职业高中1856人），高等院校1306人，特殊教育学校112人。2018年，丽水市实验学校杨丽佳入选第三批国家“万人计划”教学名师，梁菊花等7人获第十二批浙江省特级教师，胡峰等9人获2018年省农村教师突出贡献奖，刘乐峰等10人获2018年浙江省中小学师德楷模，叶慧姬等15人获2018年浙江省“春蚕奖”，张小平等10人获2018年浙江省“绿叶奖”，陶桂英等47人获2018年“丽水市优秀教师”称号，卢伟升等83人获2018年“丽水市优秀教育工作者”称号，王晓剑等88人获2018年“精准教学先进个人”称号。

【中小学教师职称改革】 2018年，全市开展中小学教师职称自主评聘改革试点，下放评审权限，扩大学校用人自主权。在丽水市第二高级中学、云和县中等职业技术学校、遂昌县民族中学开展高级教师及以下职称自主评聘改革试点，市直属12所中小学（幼儿园）开展一级教师及以下职称自主评聘改革试点，自主评聘委员会评审共通过高级教师9人，一级教师83人，二级教师10人。戴和英、吕秋萍、梁菊花、陈志强、江松贵、项亮宏6人经推荐报省里获评正高级教师；经市级职称评委会评审高级教师308人，市直一级教师15人。

【教师“县管校聘”改革试点全面推进】 2018年，全市按照“抓好试点，以点带面，稳步推进，不断完善”的原则，推进“县管校聘”人事制度改革试点工作。第一批试点县（市、区）莲都区、景宁畲族自治县达到中小学校全覆盖，新试点7个县（市、区）参加试点的教师人数比例均达到教师总数50%以上。全市各县（市、区）共有中小学校336所，教职工20709人，此次被列入改革试点的学校共273所，占学校总数81.25%，被列入此次改革试点的教职工16422人，占教职工总数79.3%。

【师资培训与东西部扶贫】 2018年，将社会主义核心价值观和“红色、绿色”师德培训、实施精准教学的培训、提升中职教师实训能力的学科专业培训、提升幼儿教师游戏教学执教能力培训、以人工智能、STEM、创客、音、体、美等特色专题培训为全市2018年教师培训的主要内容，推出市级重点培训项目59个，加强教师培训统筹管理，教师培训针对性与实效性得到增强。全市与四川广元、巴中市开展结对学校13所，接收到丽水市挂职教师14人、学生68

人，开展交流学习13批次，选派援川教师6人，选派援藏教师1人，援疆教师32人。（蓝淑珍）

办学条件

【概况】 2018年，全市各级各类教育学校用地总面积11314447平方米（幼儿园1123746平方米、特殊教育48492平方米、小学3280694平方米、初中3021040平方米、普通高中1518242平方米、中等职业教育1240709平方米、高等教育1081524平方米）。全市各级各类教育学校校舍总面积6165221平方米（幼儿园789984平方米、特殊教育23714平方米、小学1644665平方米、初中1577181平方米、普通高中864591平方米、中等职业教育655879平方米、高等教育609207平方米）。全年全市教育经费总投入93.4亿元，比上年的83.88亿元，增加9.52亿元，增长11.35%，其中，公共财政预算教育经费投入77.68亿元，占总投入的83.17%，比上年增加6.79亿元，增长9.58%；政府性基金预算投入2.84亿元，占总投入的3.04%，比上年增加1.49亿元，增长109.56%；校办产业和社会服务收入用于教育0.07亿元，占总投入的0.075%；民办学校中举办者投入0.06亿元，占总投入的0.064%；捐赠收入0.01亿元，占总投入的0.011%；事业收入9.93亿元，占总投入的10.63%，比上年增加0.15亿元，增长1.53%；其他收入2.81亿元，占总投入的3.01%，比上年增加1.03亿元，增长57.87%。

【教育项目建设】 2018年，全市列入基本建设投资计划（续建、新建）教育项目共127个，总投资73.96亿元，全年计划投资25.37亿元，截至12月底，完工项目58个，累计完成投资23.13亿元，增幅16%，其中，丽水二中校园完整工程、庆元县菊隆中学迁建工程等14个项目被列为市级重点建设项目，2018年计划投资11.06亿元，累计完成投资10.74亿元。加强全市教育项目推进工作，加快项目落地，3月，全面建立并推行丽水市“十三五”教育项目建设推进工作机制，明确强化责任落实和计划管理、建立领导领办制度、完善项目进度报送制度、建立定期通报与推进制度、强化考核激励等方面。在各级党委、政府的重视及各县（市、区）教育局努力下，莲都区城西小学、云和城南九年一贯制学校小学部、遂昌县后江（民族）小学、景宁澄照创业园学校一期工程于9月交付使用；莲都区东港小学、青田油竹小学、龙泉南大洋小学、云和县石塘小学、庆元菊隆中学、缙云县壶镇中学、景宁县凤凰学校主体施工进展顺利。松阳县南城幼儿园、遂昌县云峰幼儿园、龙泉市城东小学附属幼儿园、景宁王金垟幼儿园、青田县腊口幼儿园等一大批公办幼儿园完成建设并陆续交付使用。

【省、市政府为民办实事项目】 2018年，省政府为民办实事项目有提升学前教育质量项目——全省新建、改扩建幼儿园200所。全市被列入省民生实事的项目为莲都区碧湖镇中心幼儿园、龙泉市城东小学附属幼儿园、缙云县新碧幼儿园、青田县泥湾幼儿园、青田县仁宫乡中心幼儿园、青田县腊口中心幼儿园、松阳县南城幼儿园、景宁畲族自治县澄照幼儿园8个。全市实际完成建设项目16个，达到省下达任务200%；加强基层体育场地设施建设——全省建设中小学笼式足球场120个。全市被列入省民生实事的项目为建设笼式足球场7个，总投资350万元，全部完成。全年市政府民生实事明确，优化基础教育资源供给——新增幼儿园学位6000个，新增小学学位8000个。全市计划新增幼儿园学位6000个，涉及项目共24个，计划总投资4.46亿元，全市实际完成新增幼儿园学位项目24个，新增学位6600个，达到年度任务110%。全市计划新增幼儿园学位8000个，涉及项目8个，计划总投资7.36亿元，全市实际完成新增小学学位项目8个，新增学位8050个，达到年度任务100.6%。

【学生扶困助学】 2018年，实施学生资助“四大工程”。实施“贫困生助学”工程，全市资助中小学（幼儿园）家庭经济困难学生13万余人次，资助金额8702万余元；实施“爱心营养餐”工程，全市投入资金4836万余元，为45728名学生提供爱心营养餐；实施“民族教育券”工程，全市资助少数民族学生15846人，投入补助资金624.8万余元；实施“中职免学费”工程，全市中职学生免学费将近3万人，免费金额8639万余元。

【争取省对欠发达地区支持】 2018年，全市争取省补助经费6.4871亿元，其中教育发展专项4441万元、学前教育奖补资金776万元、中小学扶困助学专项6029万元、义务教育保障机制专项2.1739亿元、农村教师特岗津贴908万元、外来务工人员子女教育专项6866万元、基础教育办学条件改善专项资金5961万元、义务教育薄弱学校改造工程补助资金533万元、支持市县民族教育发展专项资金4172万元、中等职业教育专项经费8187万元、高等教育专项经费3291万元、其他专项经费1968万元。（周 玲）

科学技术

自然科学

【概况】 2018年，丽水市研究与试验发展经费投入20.1亿元，占生产总值1.44%。地方财政科技投入9.32亿元（含省专项和上年结转），比2017年增长28.2%。全年全市争取省级以上项目241个，资金6187.56万元。围绕全市优势资源转换和优势产业发展，审核安排市级科技计划项目14个，市本级安排科技经费3049万元。获省级科学技术奖三等奖3项。（李惠莲　何　杰　林俊蕾）

【农业科技】 2018年，丽水市上报“百兴食用菌省级重点农业企业研究院”在省科技厅上榜，丽水市省级农业重点企业研究院取得零突破。丽水市上报“松阳县茶产业农业科技园区”和“缙云县黄茶特色农业科技园区”在省科技厅上榜，这是继“莲都区农业科技园区”入围全省首批省级农业科技园区之后的又一重大突破。丽水市上报“自强星创天地”和“龙泉山珍星创天地”在省科技厅上榜，至年底，全市获省科技厅和科技部备案的星创天地数量达5家。继续发挥科技特派员作用，“以技兴农”成效显著。全年全市科技特派员再创佳绩，8人被评为浙江省突出贡献科技特派员（全省20人），占全省获奖人数40%；7家单位被评为科技特派员工作先进集体（全省30家），26人获通报表扬科技特派员（全省100人）。围绕农业高新技术产业发展，农业科技型企业培育取长效发展，2018年，通过省厅公示备案的农业科技型企业48家（全省123家），累计144家；农业企业研发中心9家（全省31家），累计53家。率先在全省设市区开展市级临床医学研究中心建设，助力健康丽水。（孟月志）

【知识产权】 2018年，丽水市通过国家知识产权试点城市验收，进入国家知识产权示范城市培育序列，实现全市下辖9个县（市、区）省级区域知识产权示范创建的全覆盖，国家级传统知识产权保护示范县1个（龙泉市）、省级区域知识产权示范县（市）4个（龙泉、云和、松阳、庆元）、省级知识产权示范创建县5个（青田、莲都、遂昌、缙云、景宁）。持续提升知识产权数量和质量，全市专利申请和授权量分别为13980件和7375件，同比分别增长28.41%和29.45%（其中发明专利申请量和授权量分别为3347件和381件，分别同比增长71.2%和14.4%），有效授权发明量1514件，发明专利拥有量6.92件/万人（比2017年增加1.2件/万人）。新增省级专利示范企业6家（总数达到49家），新增市级知识产权示范企业38家（总数达到204家）。全年全市办结专利行政案件1141起，调处专利侵权纠纷24起，处理电商领域专项案件1026起，开展查处假冒专利行为专项行动12次，查处假冒专利行为91起。（谢冠鉴）

【科技活动周】 2018年5月18日，在龙泉市人民广场举行科技（科普）活动周开幕式暨送科技下乡服务活动，市科技局、市科协、市发改委、民革丽水市委会、市公安局、市消防支队、丽水学院、丽水职业技术学院、市中心医院、市人民医院、市中医院、市农科院、市林科院、市科技信息中心等相关单位14家，送科技服务下乡人员70余人，通过产品展示，开展健康咨询、义诊，发放科技书、科普资料等方式，让广大群众从中汲取丰富的科普知识，让群众在家门口即可享受到科技服务。（林俊蕾）

【高新技术产业】 2018年，全市新认定国家高新技术企业67家，高成长科技型企业41家，省级科技型中小企业195家。认定省级高新技术企业研发中心16家，浙江省锯力煌智能锯切设备研究院等11家企业研究院被认定省级企业研究院，全市省级企业研究院累计32家。丽水经济技术开发区孵化器获批省级科技企业孵化器，全市省级科技企业孵化器累计2家；丽水智慧小镇科创园等3家众创空间获省级众创空间备案，全市省级众创空间累计7家。首批认定市级科技企业孵化器1家、市级众创空间7家。浙江臻泰能源科技有限公司获第七届中国创新创业大赛新能源及节能环保行业成长组一等奖、浙江博聚新材料有限公司获浙江赛区新材料行业成长组三等奖。在“精准服务企业，振兴实体经济”活动中，全市科技部门走访企业31家，归类整理并上报市活动办企业反映的困难和问题36项，市活动办交办问题11项，全部落实解决。全面推广工业科技特派员制度，制定下发《丽水市工业科技特派员工作实施方案》，累计选派125名工业科技特派员入驻服务企业，助推传统制造业创新发展。实施研发投入后补助政策，市本级30家工业企业获研发投入后补助250万元。抓好高新技术产业增加值和高新投资工作，全年高新技术产业增加值增长9.8%，高新技术产业投资增长31.3%。 （王　超）

【科技合作】 2018年，市科技局持续加强与入驻丽水大院名校产业科技服务中心高校的合作。继续组织大院名校开展企业走访，组织科技成果推介等活动，举办“科技创新•强国富民”大院名校科技成果推荐会（缙云）及省农科院科技成果发布会等活动，推进“13950”五年行动计划实施。组织市校合作推进会、科技特派员组团服务、科技智库启动会议和合作项目评审等活动，新签约合作项目7项，支持经费240万元。加强与浙江清华长三角研究院的合作，经过多次对接交流，浙江清华长三角研究基本同意在丽水建立国家现代农业产业科技创新服务中心丽水中心，助力丽水国家农高区创建；拓展国内高校院所合作。拓展与西北有色金属研究院合作，推动落实西北有色金属研究院共建丽水技术转移中心。围绕创建国家级农业高新技术产业示范区，拓展与江南大学、中科院生态环境研究中心、中国农科院环发所的合作。 （吕高卿）

【科技服务】 2018年，丽水市科学技术局生产力促进中心联合大院名校开展企业走访活动869家次，促成技术交易、开发、咨询合同123项，金额2828.5万元；运用“三段六步法”模式，组织技术对接会10场次，涉及中药材、印刷、铅笔、竹木、轴承、工模具、青瓷宝剑等行业，征集技术难题70项，成功对接27项，成功率38.57%。5家事务所共为丽水企事业单位申报专利3660件（其中发明专利1106件），授权专利2456件（其中发明专利208件）。受理并调解专利纠纷案件24起，完成1140起专利执法及假冒专利案件录入及报送，审核企业专利补助申请253件。组织各类科技业务培训7场次，培训人员1042人次，发放企业需求调查表700余份，征集企业需求326个，完成40个项目的科技监理工作。组织召开国家中药材生态种植技术研究及应用工作研讨会。直接为企业代理申报各类项目及开展贯标咨询辅导服务22项，完成62家企业申请的知识产权评价工作。 （吴庆燕）

丽水市地震局在2018年度浙江省市县防震减灾工作综合评比获一等奖

（王　燕　提供）

【防震减灾】 2018年，丽水市防震减灾工作在浙江省市县防震减灾工作考核中获第一名，在全国地市级防震减灾工作综合考核中获“先进单位”称号。加强台站日常维护管理，定期开展巡视检查、防雷检测，确保台站数据传输稳定。积极参与全省地震趋势会商，利用视频会议系统参加月会商。开展简易烈度台网建设，完成滩坑水库库区周边108个简易烈度仪安装。完成松阳地震台和云和地震台“三化”改造。开展联城地震台、遂昌地震台、北山地震台等11个地震台“三化”设计。新购生命探测仪、蛇形探测仪、液压破拆工具组、无人机等装备，充实地震应急物资。与莲都区科技局、市消防支队、市人防办、区人武部等单位，联合10余支民间应急救援队和水东村村委开展地震应急实战演练。开展队伍集结、搭建临时指挥部和灾民安置点、搜救(含解救被困人员、山地救援、水上救援)、后勤保障、卫生救护、灾后救助等项目，加强参演人员熟悉和了解抗震救援中的各项工作部署和救援队伍之间的分工合作，达到“检验预案、完善机制、磨合队伍、提升能力”的目的。在莲都区新湖社区创建防震减灾示范社区，完成展板设计，建立一个多媒体室(60平方米)。围绕纪念汶川地震十周年和全国防灾减灾日主题，推进防震减灾进社区、进农村、进学校、进企业、进机关、进家庭“六进”活动。组织开展“平安中国”防灾宣导千城大行动活动，送电影下乡40场。选派景宁中学、缙云县实验中学代表丽水市参加浙江省防震减灾知识竞赛决赛，并获优秀奖。在青田实验小学等地开展“平安中国”防灾千场讲座5场。配合完成省人大开展防震减灾法律法规执行情况检查活动。（王 燕）

【科技信息化建设】 2018年，丽水市网络图书馆拥有学术论文、电子图书、期刊、报纸、视频讲座、模拟考试系统、医学外文服务系统、有声读物等30余个数据库，内容涵盖文化、经济、教育等各领域，总容量60钛字节；新增点击量1603万余次，累计点击量超过1.1亿次，新增下载量549万余篇，累计下载量1000万余篇；开展科技创新云服务平台建设，对科技项目全过程管理流程进行优化，通过数据归集、数据共享、办件信息汇聚、一窗受理等系统对接，完成“最多跑一次”相关的系统改造和工作落实。全年为市级重点研发计划、软科学研究计划、公益性技术应用研究计划等500余个申报项目进行相似性查重，出具查重报告5份；负责科技专家库建设和使用管理，全年受理专家使用申请55次。提供科技创新券管理，全年发放453.4万元，使用301.35万元。完成网上技术市场丽水市本级各项任务，发布技术难题105项、专利成果信息153条、签约项目56项、技术合同交易额6307.85万元，发布科技成果竞价1项，并在浙江省2018年科技成果拍卖会(秋季)竞价会上签约。完成丽水市231家单位科普调查、30余项地方财政科学技术支出调查、172名科技特派员服务绩效调查、16家科研机构的研发年报统计调查等统计工作。发行《嘉兴科创中心的发展实践与运行机制对丽水的启示思考》科技信息简报。做好科技信息网日常维护和政府信息公开内容更新，做好网站及信息系统安全防护。（吴夏芝）

农业科学研究院

【概况】 2018年，丽水市农业科学研究院(以下简称为“市农科院”)组织申报省市各类项目44项，获立项支持省市项目27项，其中省级重大专项1项。创新设立院产业振兴科技专项——青年人才培养资助专项6项。全年到位项目经费1200万余元。拥有国家级综合试验站(食用菌、茶叶)2个、科技部国家食用菌工程技术研究中心浙江省安全生产技术示范基地1个、邓秀新院士工作站1个、省级博士后科研工作站1个、市级科技创新团队(食用菌、茶叶、中药材、加工)4个、国家自然科学基金依托单位(A)类1个、丽水市食用菌菌种检测中心1个、省茶树种质资源圃1个。丽水道地药材产业申报国家级博士后科研工作站。

制定实施市农科院“学科带头人学术骨干三年培养计划”，加强中青年人才培养，优化各层次人才培养环境。获省“五一劳动奖章”、市劳动模范称号1人，入选浙江省“151”人才工程第二层次培养人员2人、2018年度省级优秀科技特派员1人，市农科院被评为“2017年度市重才爱才先进单位”。申报各类科技成果奖项5项，以主要完成单位获浙江省科技进步三等奖1项、中国商业联合会科技进步一等奖2项。获授权发明专利4项、地方标准1项。获省农作物品种认定1个(丽芸3号)、审定1个(“丽秋6号”)，国家品种权保护1个(“丽芸2号”)。

【农业科研兴产业】 2018年，市农科院推进“院重点重大项目成果三年培育计划”，针对区域产业需求，围绕产业发展问题自主设计并实施的在研项目120项，全年申报实施“野生资源驯化与开发利用——浙西南野生蔬菜驯化与开发利用”“香菇主栽品种活力关键指标构建与提纯复壮研究”“柑橘产业提质增效关键技术集成与示范”等重点项目，提升技术创新和区域服务能力。各平台转化成果10余项，引进院士、体系首席科学家、岗位科学家等国家级专家到丽水指导20余人次，为丽水农业成果转化提供资金和智力支持。

【创新院地合作服务模式】 2018年，市农科院全面开展与各县(市、区)及市农口部门的联合与合作。与缙云县政府签约深化科技合作，派出技术团队柔性派驻专家担任县农业农村局局长助理1人，重点实施“茭白产业倍增‘163’行动计划”，项目实施取得明显成效，得到缙云县主要领导和广大茭农的肯定。与莲都区政府开展院地合作，组建高山蔬菜等七大主导产业专家团队，以“1+1+N”模式开展科技服务，为莲都区农业产业发展提供全方位的技术支持。与市供销社共同主办市农合联产业服务年活动，6名专技人员被聘为首席专家。与庆元县岭头乡、遂昌县石练镇等开展技术合作，派出科技特派员、农村指导员等开展科技服务，推进农业产业发展。

【主动对接精准服务】 2018年，市农科院推荐10人到农业局、人事科协等有关部门和乡镇挂职锻炼，向各类农业主体派出专技人员35人，实行“一对一”技术服务。选派出科技人员参与“百名博士入百家企业人才引领计划”13人，参与市委统战部联村扶村行动计划19人，市科协服务乡村振兴科技专家团15人。

【技术推广夯实产业基础】 2018年，市农科院深入实施《丽水市农作物放心工程农业技术服务方案》，全年累计开展专题培训34期2000余人次，发放资料2500余份，开展新农村专题广播39期，制定或修订标准模式图9份。开展上门技术服务、技术咨询等近300人次，组织16名专家参与丽水市产业农合联农作物放心工程技术团队服务。实施示范类项目10余项，建立示范基地66.67公顷，示范基地化肥减量20%以上，农药减量30%以上，成为丽水市农作物放心工程的主力军，为丽水农业肥药两减提供技术支持。完善“农民讲师团”服务模式，打通农业技术推广最后一公里。组织农民讲师团成员现身说法，全年开展技术指导活动13场，培训600余人次，发放资料1000余份；组织黑木耳、茭白、猕猴桃等专业技术培训8期，开展新品种现场会5次，促进农业技术成果推广转化。

【农科教旅核心基地推进】 2018年，丽水农科教旅一体化（松阳）基地建设稳步推进，作为核心区列入2019年度省级农业科技园区培育名单，通过第三批现代农业科技示范基地验收。科研培训综合楼主体工程结顶，基地部分道路、绿化等按期完工，生态水渠、莲花池和大门等完成设计。省农作物区试站临时用房、晒场和食用菌大棚建设完工并投入使用。10余个项目入园落地并持续推进。浙江省茶树种质资源圃收集保存全国茶树种质资源1394份。 （尹仁福）

林业科学研究院

【创新林业科技】 2018年，丽水市林业科学研究院（以下简称“市林科院”）主持成果获得各类科技奖励3项：“优质厚实香菇新品种L808选育及推广应用”获省科技进步三等奖、“中国钩瓣叶蜂属系统学研究”获周尧昆虫分类奖励基金三等奖、“浙西南中药材资源收集评价与高效栽培利用”获梁希林业科学技术奖三等奖；申报国家自然科学基金等项目14项，申请发明专利9项，出版专著4部，发表SCI等核心期刊论文16篇。全院主持实施的各类科技推广项目55项，其中，中央财政林业科技推广“多花黄精种苗繁育技术推广示范”项目培育多花黄精种苗109万株，为全市黄精产业发展提供优势种苗保障。承担生态环境部生物多样性保护专项，负责凤阳山、天目山和四明山观测样区的蝴蝶观测。省重点研发项目“浙西南山区美丽林相改造关键技术集成研究与示范”筛选提出观赏价值较高的乡土树种92个，开展林窗更新造林、目标树培育等试验，建设标志性美丽林相模式示范林3个。省农业新品种选育重大专项“食用菌育种项目”筛选和收集菌株79个，新选育的高温香菇品种“丽香2号”通过省农作物新品种认定，市林科院被列入国家食用菌良种联合攻关成员单位。

【服务林业产业】 2018年，市林科院按照林业推进产业发展的要求，提供科技支撑，重点引领森林康养、林下中药材两大产业发展。围绕推进森林康养产业发展，市政府与中国林学会森林疗养分会建立战略合作关系，提出联合建立森林康养（疗养）试验示范区，合作开展国际森林疗养基地认证。牵头联合市内高校医院组建森林康养科技创新团队，申请中国科协建立中国林学会森林疗养（丽水）服务站。编制《森林康养丽水行动方案（2018—2020）》由市政府办公室正式发文实施，市区白云山、遂昌白马山、景宁草鱼塘开展国际森林疗养基地试点建设，景宁草鱼塘完成医学实证。围绕发展林下中药材产业，指导建立多花黄精、掌叶覆盆子、三叶青等基地291.33公顷，在景宁共建“林下经济人才工作室”，联合企业建立创新平台，产学研合作推进全市中药材产业发展。市林科院派出科技特派员6人、“双百引领计划” 专家8人、“百名专家连百村科技服务乡村振兴”专家12人，科技人员下基层600余次，参加科技下乡活动6次，组织培训11期，培训人员697人次，发放技术资料2000余份。

【支撑植物园建设】 2018年，市林科院始终把华东药用植物园建设作为研究院的1号项目，作为中国医学科学院药用植物研究丽水研究中心，组织全院力量支撑植物园建设。成立植物园专业委员会，23次组织科技人员踏查植物专类园和引种繁育区地形地貌及覆被情况，研讨植物园园林景观设计及中医药文化等优化内容。采用一个研究所支撑一个专类园的模式对接植物园设计、建设单位，为灵芝谷、红豆园、藤蔓园、阴生植物园、药食同源园、竹类园等特色专类园的建设提供技术支撑。参与编著《中国迁地栽培植物志》《浙江植物志》，选派7名科技人员参与国家《药用植物园建设系列规范》所有标准的起草工作。

【示范基地建设】 2018年，市林科院以发挥丽水市环境优势和林地空间为重点广阔，创新"一亩山万元钱"模式为核心，引导建立一批林木种苗、木本油料以及林药、林菌、林粮复合经营示范基地。结合中央财政推广、市科技局等各类科技项目新建林下中药材、食用菌、旱粮等示范基地58公顷，其中，建立国家林下经济示范基地2个，提出3个"一亩山万元钱"模式作为浙江省十大林业科技创新模式推广。在庆元县官塘乡建立的"油茶—旱粮—食用菌"基地亩产藜麦150公斤、大球盖菇1500公斤，两项直接产值每亩12000元。丽水市处州珍贵林业种苗有限公司培育珍贵彩色树种苗木135万株。

【人才培养发展】 2018年，市林科院发挥研究生工作站、丽水市博士工作站、省级企业博士后工作站的作用，新招收研究生3人进站工作，其中博士研究生1人。研究生工作不仅密切市林科院与大院名校的关系，在解决全院人员不足的问题上发挥作用。研究生工作站近4年在国内外著名期刊发表科研论文42篇，发现森林害虫新物种115个，新属10余个，收集标本近两万多号，著《中国钩瓣叶蜂属志》1部，为以后林业害虫系统学研究打下基础。组织开展第二轮"师傅带徒弟"林业高层次人才结对帮扶工作，分别与各县（市、区）非林专业的118名林业部门工作人员建立师徒关系，为基层林业科技人员的专业能力提升提供保障。 （李泽建）

科技团体

【院士站建设】 2018年，丽水市科协新建省级站1家和市级院士工作站5家。古堰画乡院士站是浙江省首家特色小镇院士专家工作站。莲都区古堰画乡特色小镇与小约翰•柯布院士、莲都区现代农业园区管委会与邓秀新院士、青田县农作物管理站与李文华院士、浙江遂昌汇金有色金属有限公司与钱逸泰院士，丽水市环境科学研究所与吴丰昌院士分别签订合作协议，建立市级院士专家工作站5家。晨龙集团被认定为第九批省级院士专家工作站。全市建成市级院士专家工作站33家，省级院士专家工作站7家，建站院士32人，吸纳团队专家388人，建成全国模范院士专家工作站1家。促进科技与金融有效融合，确定丽水经济开发区及松阳县为重点服务地区，向省科协申报14家上市后备企业，省级"凤凰助飞"专业团队首批为丽水市5家企业提供金融咨询建议文稿，推动加速股改及上市。开展院士专家工作站摄影，编印《丽水市院士专家工作站摄影集》，宣传全市院士站建站成果，引导更多企业建站。

【"智惠"百村科技助力乡村振兴】 2018年，丽水市科协实施"百名专家连百村"活动。围绕全市食用菌、水干果、茶叶、蔬菜、畜禽、笋竹、油茶、中药材等八大主导优势产业，根据104个行政村产业需求，建立科技专家库120人，由班子成员分别带队到9个县（市、区），实现"一对一"服务，推进产业与人才的精准对接，并探索建立常态化服务机制，定期召开恳谈会、服务交流会等，专家以组团或个人形式深入田间地头，面对面、零距离为农民服务，为乡村产业振兴提供科技支撑。举办乡村振兴科技论坛，市科协与省林学会、省畜牧兽医学会、省水产学会签订合作框架协议，合力搭建助力乡村振兴的政、产、学、研交流融合平台。邀请省政府参事赵兴泉作辅导发言，同步开设林业、畜牧业、水产业三个分论坛。市委组织部、市农办、市农业局、市林业局等相关部门，省市专家学者和农村科技示范户代表160余人参加论坛。培育农村致富带头人，以农村科技示范户为重点，通过实用技术培训、项目资金扶持、实地考察学习等，推进"创新"与"产业"的精准对接，以点带面辐射带动乡村振兴，每三年认定一批农村科技示范户。编印《科技振兴乡村——乡贤回归典型汇编》，围绕丽商回归、学子回乡、侨胞回乡等人群，从全市遴选优秀乡贤45人，全面总结报道其将农林、水产、种植、养殖等科学技术带回乡，发展壮大于乡村的典型案例，以案例的示范意义和引领价值，加快乡村振兴发挥重要典型引路作用。

【服务学术搭建交流平台】 2018年，举行丽水市科协服务科技创新项目评审会，专家评审申报项目44项。最终决定，丽水市电子商务促进会"新电商科技创新发展"等31个项目为2018年度丽水市科协服务科技创新项目，其中，科学讲坛8项，重点学术活动5项，重点科普活动12项，软课题研究6项。

【开展优秀论文评选】 2018年，根据市委《关于进一步加强党对科协工作的领导充分发挥科协作用的意见》精神，市科协开展“第十四届丽水市自然科学优秀论文评审”，下设理工组、农科组、医科Ⅰ组、医科Ⅱ组专业评审组4个。收到全市科技工作者从2016年1月至2017年12月全文发表在国内外出版的学术性刊物或书籍上的自然科学论文共计729篇，最终评选出优秀论文280篇，其中，一等奖20篇、二等奖60篇、三等奖200篇。

【引智用智助推人才成长】 2018年，丽水市科协制定《关于院士（专家）在丽疗休养的实施办法》，确定院士专家疗休养基地工作，联系对接院士参加丽水2018“人才•科技”峰会。开展第三届丽水市“绿谷新秀（丽水三宝）”评选活动，龙泉推荐26人，青田推荐16人，遂昌推荐1人，云和推荐1人，共44人，其中，石雕16人、青瓷25人、宝剑3人。9月5日，组织专家进行评审，按专业分为3个组，根据专家打分，结合区域、专业等因素，经市科协党组研究，征求有关部门及领导意见，建议推荐27人入选。10月29日至11月2日公示，公示若无异议，11月14日发文。

【实施全民科学素质行动计划纲要】 2018年，印发《〈丽水市全民科学素质行动计划纲要实施方案（2016—2020）〉2018年任务分解表》，下发《2018年丽水市实施〈丽水市全民科学素质行动计划纲要〉工作方案》，组织十三五中期丽水市公民科学素质抽样调查，调查结果显示，全年全市公民具备科学素质比例达到8.47%，比十二五末提高2.14%。

【举办乡村振兴科技论坛】 2018年6月4—5日，市科协与市委人才办在云和联合举办乡村振兴科技论坛，来自省、市、县、乡、村五级的农业农村科技工作者和科技示范户代表150余人齐聚一堂，围绕产业兴旺、农民富裕、乡风文明为丽水乡村振兴建言献策，省农林大学、海洋大学、农函大的专家作专题报告，市科协分别与省林学会、畜牧兽医学会、水产学会签订深化科技服务合作协议。

【开展重点科普活动】 2018年9月17日，在青田县举行全国科普日启动仪式暨主场科普活动，活动以“创新引领时代、智慧点亮生活”为主题，市科协、科技局、卫生计生委、市场监管局、气象局及市老科协的领导参加活动，各县（市、区）同步开展一系列科普活动，其中缙云县将主场活动和科普晚会相结合，网易中国对该活动进行现场直播，点击量53.4万人次。

【组织科普宣讲活动】 2018年，丽水市科协开展中科院老科学家科普演讲团科普宣讲活动，7名老科学家到丽水为各县（市、区）作宣讲活动56场，10000余名中小学师生和消防官兵享受来自北京的高端科普盛宴，感受深刻的爱国主义教育和励志教育。老科学家科普演讲团参观考察庆元县百山祖、香菇博物馆以及廊桥博物馆等地，并召开中科院老科学家助力乡村振兴座谈会；举办2018年丽水市科普宣讲团科普宣讲96场，优化宣讲团讲师结构，及时更新宣讲课程，宣讲内容涉及自然科学、前沿科技、健康养生、心理健康、食品安全、家庭教育等多个领域，继续为9个县（市、区）提供点单式科普服务。

【举办青少年科技活动】 2018年1月13日，举办第32届丽水市青少年科技创新大赛终评活动。全市参赛作品202件，评选产生一等奖29项、二等奖69项、三等奖96项，并推荐64件作品参加省级以上竞赛，获省级一等奖4项、二等奖8项、三等奖35项，全国一等奖2项、二等奖2项、三等奖1项、优秀创意2项，其中获得的全国科技辅导员创新成果一等奖，实现丽水市在科技创新奖项新的突破。组队参加第15届浙江省电脑机器人竞赛，获一等奖1项、二等奖3项、三等奖15项。 （周丹桂）

社会科学

【概况】 2018年，丽水市社科联坚持以习近平新时代中国特色社会主义思想为指导，始终遵循习近平总书记“绿水青山就是金山银山，对丽水来说尤为如此”的重要嘱托，坚持以“丽水之干”担纲“丽水之赞”，贯彻落实中央、省委、省政府和市委的决策部署，在市委宣传部的直接领导下，履行社科研究、社科普及、社科管理三大职能，坚持品牌意识、项目推进、系统借力基本原则，以争先进位大赶超的精神状态，在咨政研究、成果转化、社科普及、平台搭建及队伍培育等方面都取得成效。3月8日、4月17日，分别批复市谢灵运文化研究会、市全民阅读促进会、市瓯江诗派研究会成立。1月15日，向市委提交《关于提名刘云华、张少荣为丽水市社科联副主席的请示》，提名刘云华、张少荣为市社科联副主席（兼职）。12月12日，通过市委宣传部向市委提交《关于确定市社科联挂职副主席人选的请示》，提出浙江工商大学博士叶俊、丽水职业技术学院教师吴地花为市社科联挂职副主席人选。12月21日，向市委组织部提交《关于市社科联挂职副主席人选酝酿产生的情况报告》，浙江工商大学叶俊为市社科联挂职副主席人选，挂职时间为1年，自2019年1月—2020年1月止。至年底，省社科联开展2018年度市、县社科联工作测评，市社科联获社科普及工作优秀单位，龙泉市社科联、缙云县社科联获县社科联测评优秀单位。

【召开市社科联六届三次常务理事会】 2018年12月21日，在丽水召开市社科联六届三次常务理事会，17名常务理事参加。会议一致同意江山辞去市社科联六届理事会理事、常务理事、秘书长职务。根据市委宣传部《关于提议叶笑菲等同志职务任免的通知》精神，经会议表决通过，选举叶笑菲为市社科联六届理事会理事、常务理事、秘书长。

【设立6家丽水人文小讲堂授课点】 2018年2月27日下午，市社科联召开丽水人文小讲堂授课点座谈会，召集市少微书院、市万象书院、市南明书院、市快乐家庭指导中心、市大众市民健康教育学校、市小书豆读书会6家人文类公益讲座举办单位代表座谈，决定在6家单位设立丽水人文小讲堂授课点，统一挂“丽水人文小讲堂”牌匾，作为丽水人文大讲堂的重要延伸与补充。小讲堂秉承“传播时代思想、弘扬人文精神、发展公共文化、提升城市品位”的宗旨，以小众化模式开展点单式服务，定期或不定期举办国学、技艺、健康、教育、法律、礼仪等各种讲座，满足市民多层次、多样化的精神文化需求，让市民享受公共文化福利带来的愉悦。市社科联根据每个授课点举办科普讲座情况，予以一定的经费资助，贯彻落实《丽水市全民科学素质行动计划纲要实施方案(2016—2020)》中分解给市社科联的相关责任与义务。

【公布第二批市社科重点研究基地】 2018年2月28日，发文公布丽水学院华侨学院、丽水学院民族学院为市第二批社科重点研究基地，旨在提升全市社科研究解决重大理论和现实问题的能力和水平，借助并依托丽水现有的科研团队及科研资源，以承接更多的社科研究重点项目。

【编纂系列文化丛书】 编纂“处州历代郡守文化丛书”，分属“丽水文化研究工程”中“历史文化专题研究”板块的最终成果形式，包括《处州郡守与地方治理》《隋唐五代处州刺史传略》《宋元处州知州总管传略》《明代处州知府传略》《清代处州知府传略》《处州郡守著述研究》《处州郡守与地方文献研究》《处州郡守墨迹题刻研究》《处州郡守与处州名胜古迹》《处州郡守与民间传说故事》10本专著，近300万字，编纂内容的时间上限为隋开皇九年(589年)起，下限为清宣统三年(1911年)止。委托丽水学院华侨学院院长、教授李其荣主持该项目研究。编纂《处州文献集成》，分属“丽水文化研究工程”中“文献整理”板块的最终成果形式，是接轨《浙江文献集成》工程的需要。5月30日，召开编纂部署会，启动《处州文献集成》编纂工程。成立工作领导小组，下设学术委员会、编纂委员会，办公室设在市社科联，负责丽水古籍文献的搜集、整理、影印、出版工作。计划用3—5年时间，搜集、筛选民国之前至有记载以来的丽水有价值古籍文献，进行分批次陆续影印出版，择优点校部分出版。2018年完成对全市有价值的历代文献的梳理汇总工作，整理影印出版第二辑，即唐、宋、元三个朝代先贤撰述的书籍，约300万字。编纂“丽水·瓯江文化丛书”第八辑，仍属“历史文化专题研究”板块内容。包括《处州史事稽疑》《处州华侨文化》《处州祠堂文化》《处州牌坊文化》《处州摄影史》《处州绘画印记》《处州慈孝文化》等7本著作。10月22日，以公布2018年市社科重点委托课题方式，将“特色文化专题”系列的编纂任务委托给赵治中、黄巧玲、吴志华、金滔慧、徐君妙、周率、吴应森、谢炳麟等作者承担。丽水文化研究工程的稳步推进、分步实施，系列研究成果的推出，多角度、全方位展示处州的历史文化，兼具史料、艺术、实用、收藏和宣传等价值。

【召开全市社科理论界领悟“丽水之赞”创新实践“八八战略”理论研讨会】 2018年7月27日下午，市社科联在丽水召开全市社科理论界深刻领悟“丽水之赞”、创新实践“八八战略”理论研讨会。10名专家学者解读“丽水之赞”的深刻内涵及对丽水“生态优先、绿色发展”战略的时代意义。市直有关单位负责人，县(市、区)委宣传部分管理论副部长，社科联专职副主席、基层宣讲团团长，院校社科联(科研处)负责人参会。会后，《丽水日报·理论学习版》刊出专家发言摘要。

【举办“丽水龙泉是古代海上丝绸之路重要起始地”活动】 2018年4月8日至6月30日，市社科联举办“丽水龙泉是古代海上丝绸之路重要起始地”征文活动，面向省内外专家学者、文化工作者、新闻工作者及社会各界有识之士征集文章，收到征文60余篇。7月11—13日，组织一批省内市内专家沿“丽水海丝之路”线路图，考察庆元竹口青瓷窑址、竹口练泥碓青瓷窑址、新窑青瓷窑址，龙泉小梅金村窑址及码头、小梅大窑窑址及国家级考古遗址公园、查田溪口窑址、龙泉青瓷博物馆、安仁窑址，云和紧水滩梓坊窑址、赤石麻垟横山周窑址、20世纪80年代初紧水滩库区考古发掘出土瓷器标本，莲都保定窑址及瓯江沿岸其他窑址、大港头码头，市区南明门及南明渡、厦河塔等地方。其间，在龙泉召开专家调研座谈会。10月22日，公布《寻觅宋元海上丝绸之路财富源头——兼论丽水龙泉及瓯江两岸在宋元时期海上丝绸之路中重要地位》等35篇获奖文章，并为获奖者颁发证书和奖金。

【举办“丽水龙泉是古代海上丝绸之路重要起始地”暨“龙泉窑考古·陈万里龙泉田野访古90周年”论坛】 2018年8月2日，市社科联召集丽水市、龙泉市有关文化（文物、文史）、社科等部门专家，共同商议“丽水龙泉是古代海上丝绸之路重要起始地”研讨会（论坛）筹备事宜。11月1日，借助世界青瓷大会，在龙泉举行市社科联与中国古陶瓷学会、龙泉市人民政府联合主办的“丽水龙泉是古代海上丝绸之路重要起始地”暨“龙泉窑考古·陈万里龙泉田野访古90周年”论坛。来自国内外7名专家学者分别就龙泉窑的历史、考古历程、海外发现以及瓯江在龙泉窑发展中的作用等发表各自的见解和看法。

11月1日，“丽水龙泉是古代海上丝绸之路重要起始地”暨“龙泉窑考古·陈万里龙泉田野访古90周年”论坛在龙泉市召开 （杨金花 提供）

【编纂出版《浙江改革开放40年研究（丽水卷）》】 2018年，根据“浙江改革开放40年”系列研究工程的总体部署，作为子课题和地方篇，由市社科联委托市委党校课题组承担《浙江改革开放40年研究（丽水卷）》，课题被省社科规划办公布为浙江文化研究工程（第二期）第二批立项重点课题，研究成果由浙江文化研究工程办公室纳入浙江文化研究工程成果文库，与省内其他地级市一并列入“浙江改革开放40年研究系列·地方篇”，10月，书籍更名为《“两山”重要理念在丽水的实践——丽水改革开放40年研究》，由浙江人民出版社公开出版发行。

【举办丽水市庆祝改革开放40周年征文研讨】 2018年5月14日，市社科联开展丽水市庆祝改革开放40周年征文活动，面向全市征集理论研讨文章。10月底，组织专家评选征文，评出一等奖5篇、二等奖10篇、三等奖20篇。12月29日下午，在丽水召开丽水市庆祝改革开放40周年理论研讨会，举行《浙江改革开放40年研究（丽水卷）》专著首发仪式、庆祝改革开放40周年获奖征文颁奖仪式、“丽水改革开放40周年伟大成就及经验启示”发布、“丽水改革开放40周年大事记”发布、“丽水市‘最多跑一次’改革”专题发言，市委常委、宣传部长任淑女作重要讲话。市直有关单位负责人，各县（市、区）委宣传部分管副部长、社科联专职副主席及丽水市庆祝改革开放40周年征文一等奖获得者、特邀社科研究专家、《浙江改革开放40年研究（丽水卷）》编写组成员参会。

【编辑《丽水研究》】 2018年1月16日，市社科联聘请13名专家学者担任《丽水研究》特约编辑，提高《丽水研究》编辑质量，提升刊物出版水平。1月19日下午，在丽水召开2018年《丽水研究》特约编辑座谈会，特约编辑组成员、市社科联全体人员及丽水院校社科联（科研处）负责人参会，简要回顾2017年《丽水研究》编辑出版工作，宣布2018年《丽水研究》特约编辑人员名单，为特约编辑颁发聘书，向与会人员征求《丽水研究》编辑出版意见、《丽水社科要报》编辑出版意向，向四所院校征求录用文稿科研分折算事宜。2018年，《丽水研究》杂志围绕中心，加强策划，完善约稿，开设《新时代，新思想》《学习“丽水之赞”》《调查研究》《瓯江文化》《社科探寻》等五个专栏，全年编辑出版普刊6期，财政税务版4期，发表论文、研究报告等300余篇。

【迎接省社科普及基地工作评估调研】 2018年6月4—7日，省社科普及基地工作评估组一行到丽水，评估获“浙江省社科普及基地”称号2年以上的基地工作情况，评审2018年申报的“浙江省社科普及基地”单位。6月4日下午，在丽水召开丽水市省级社科普及基地工作评估汇报会，听取市社科联及9家省级社科普及基地工作汇报，省社科联科普处处长郁兴超就如何推进省级社科普及基地创建作辅导讲话。会后，评估组一行考察龙泉披云青瓷文化园、龙泉市住龙镇住溪龙浦县苏维埃政府旧址、浙江大学龙泉分校旧址、云和梯田、丽水警察博物馆、丽水摄影博物馆、中国特色社会主义理论主题展馆、古堰画乡文化产业园等省、市级社科普及基地。9月10日，丽水中国特色社会主义理论主题展馆、龙泉市披云青瓷文化园、青田县倪东方艺术博物馆被省社科联命名为第八批省级社科普及基地，丽水古堰画乡文化产业园区、庆元县香菇(廊桥)博物馆、云和县图书馆被考核为优秀省级社科普及基地。6月30日，市社科联公布中国特色社会主义理论主题展馆等28家单位为第三批市社科普及基地。10月31日，公布遂昌县图书馆、云和县小顺村2家单位为市社科普及基地。至年底，全市有省级社科普及基地15家、市级基地64家、县级基地105家。

【编发《丽水社科要报》】 2018年，为展示社科界优秀研究成果，为市委、市政府决策提供智力支持和服务，市社科联专门编发《丽水社科要报》，不定期编报有关丽水发展建言献策的研究成果。至年底，编报24期，时任市委书记张兵批示2期，市长吴晓东批示1期。

【深化社科联群团改革】 2018年，根据市委群团改革工作的总体部署，结合学术性群团的工作实际，研究制定《市社科联深化群团改革实施方案》，经市委办发文公布。明确对市社科联的目标定位、工作职能、重点任务、班子组成等方向，以专职、兼职、挂职相结合的方式优化领导班子配置。每届市社科联设主席1人、专职副主席1人、兼职副主席4人、挂职副主席1人。兼职副主席中一般有1名非现任党政机关、高等院校、科研机构负责人的知名专家学者。面向一线专家学者，选拔政治素质好、学术造诣高、热心社科联工作、在社科界具有较高威望的社科人才担任挂职副主席，为发展哲学社会科学提供组织保障。

【创办“丽水社科发布”微信公众号】 2018年，创办“丽水社科发布”微信公众号，替代原“丽水社科网”网页、“丽水人文大讲堂”微博，发布市社科联自身关于社科研究、社科普及、社科管理等信息，转发各县(市、区)社科联、各院校社科联(科研处)、各社科普及基地、各社科重点研究基地、各学会(协会、研究会)、各小讲堂、各专家学者报送的信息，全年推送信息115条。

【打造“丽水人文大讲堂”人文讲堂矩阵】 2018年，丽水人文大讲堂邀请赵伟、陈昆福、岳南、谢华丽、张敏桦、王雨施、华子慧、徐正濂、沈岳明、刘朝莹、刘曙光、林峰、樊代明、王阶等14名专家担任主讲嘉宾，主讲《国学与现代公民素养》《孙子兵法与智慧人生》《无问西东——大学与大师》《歌唱让生活更美好》《高效学习有密码》《中国篆刻源流》《发现“哥窑”》《培养孩子自主学习力》《世界遗产与“跨海和声”——丽水“海丝”申遗专题讲座》《毛泽东诗词艺术鉴赏》《医养整合、防癌抗癌》《中医养生与冠心病防治》等专题，内容涵盖国学素养、军事智慧、文学创作、声乐艺术、家庭教育、健康养生等。主办方创新讲座的形式，如第115期邀请两位声乐老师分别从美声唱法、民族唱法角度演绎“歌唱让生活更美好”主题；第116期邀请文科、理科专业的丽水籍北大、清华学子与丽水的家长孩子们分解高效学习密码；第117期与市人民医院合作，邀请两位国家级的医学专家，与广大医卫工作者及热心市民分享《医养整合、防癌抗癌》《中医养生与冠心病防治》等心得。

市社科联利用丽水人文大讲堂在全市创办时间早、品牌效益好、师资力量强、社会受众广、传播渠道畅等优势，指导与推动全市“人文讲堂”的创办。与各县(市、区)社科联、各院校、各学会(协会、研究会)、各级社科普及基地、各社科重点研究基地、各小讲堂授课点及市直有关单位、部门，开展多项合作与联动，横向、纵向打造以丽水人文大讲堂为龙头的“人文讲堂矩阵”，全市各类讲堂(讲坛、论坛、讲座)遍地开花。由各县(市、区)举办的，有莲都论坛、莲都人文小讲堂、莲城讲堂、龙泉人文大讲堂、龙泉人文小讲堂、龙渊讲堂、太鹤讲坛、“太鹤公开课”微宣讲、“青田人讲青田”人文讲堂、缙云独峰大讲堂、缙云独峰小讲堂、河阳论坛、濛洲人文大讲堂、庆元读书会、庆元新天地•沙龙、遂昌县人文大讲堂、汤显祖文化讲坛、遂昌乡村文明讲堂、相圃讲堂、云和人文大讲堂、人文讲堂•春藤讲座、松阳论坛——市民讲堂暨田园松阳•文化大讲堂、景宁人文大讲堂、国学承德《弟子规》讲堂等。由市本级举办的，有“两山”大讲堂、“丽水山耕”讲坛、处州谋士论坛、环保大讲堂、智慧水利大讲堂、知来讲堂、丽水知行教育论坛、丽博讲堂、“丽水第一”创业大讲堂、健康大讲堂等。“人文讲堂”矩阵的初步搭建，为常态化普及人文科学知识提供阵地支撑。

【汇编《丽水人文大讲堂》第四辑】 2018年，为保存丽水人文大讲堂的历史记录，市社科联根据每期讲座录音、课件整理资料，编辑出版《丽水人文大讲堂》第四辑，收录第81—110期丽水人文大讲堂的录音整理文字、课件资料、现场照片，既注重资料原汁原味，又注意突出内容重点；既遵循主讲嘉宾整体思路，又彰显丽水本土特色，将丽水人文大讲堂的精华呈献给广大读者。

【地校合作开新篇】 2018年4月3日上午，在丽水举行丽水市与浙江工商大学全面合作签约暨“打好五张牌、培育新引擎、建设大花园”专题报告会，浙江工商大学课题组专家对丽水如何高质量建设“大花园”、中国生态经济发展的模范样本提出系列战略性建议，省社科联、浙江工商大学有关领导出席签约仪式，浙江工商大学副校长赵英军，浙江大学中国农村发展研究院院长、《求是》特聘教授、省政府咨询委首席专家黄祖辉等作不同专题报告，市直重点部门主要负责人参会，省市新闻媒体作了报道。地校双方合作依托浙江工商大学科研创新和人才智力等优势，推动丽水大花园建设和争先进位大赶超，在课题研究、决策咨询、人才培养、产业服务和学术交流等领域展开工作。市社科联作为推动双方合作的责任单位，主要做穿针引线等服务工作。

4月3日，丽水市与浙江工商大学在丽水开展地校合作　　（杨金花　提供）

【市院合作结硕果】 2018年5月21日，丽水市政府与浙江省社科院在杭州召开“农旅融合绿色发展的丽水样本”成果发布会暨研讨会，深度剖析和总结提升“两山”思想指引下的农旅融合绿色发展的丽水样本。浙江日报发表《乡村振兴的地方探索》理论文章，浙江日报、钱江晚报、文汇报、浙江在线、浙江新闻、杭州新闻等媒体第一时间进行报道，以新闻人的视角解读丽水绿色发展特别是农旅融合的好做法、好经验，打响丽水绿色发展和农旅融合的品牌和影响力。

丽水市与省社科院签署《科技合作协议》近十年，省社科院组织科研团队，围绕丽水经济、文化、生态文明建设等领域，开展多项战略性课题研究，完成《生态现代化的丽水样本》《丽水文化特色与文化精神》《丽水文化产业发展研究报告》《生态养生产业的丽水样本》《生态经济转型升级的丽水样本》《农村综合改革的丽水样本》《绿色发展的理论探索与实践突破——“丽水样本”解读》《“两山”思想引领下的农旅融合绿色发展丽水案例研究》等研究成果，在杭州召开4次理论研讨会暨研究成果发布会。既是对丽水坚持“绿水青山就是金山银山”战略指导思想，探索、实践和创新绿色发展的一次科学评估，也是对丽水更好地践行绿色发展理念，打开“两山”转换通道的推动。

【开展服务乡村振兴战略“五大行动”】 2018年6月8日，印发《市社科联服务乡村振兴战略“五大行动”方案》，在全市社科理论界开展服务乡村振兴战略“五大行动”，即助推乡村振兴研究行动、宣讲行动、传播行动、文明行动及联系村奔小康行动。以农村讲习所、农村文化礼堂等为主阵地，会同市、县两级学会（协会、研究会），遴选100位宣讲能力强、热爱农村、熟悉政策的专家，建立丽水市乡村振兴社科专家宣讲团，10月22日公布成员名单。把宣讲活动作为服务乡村振兴的一项重要职责，予以经费补助和工作支持，把落实“五大行动”情况作为“繁荣发展哲学社会科学”考核指标，纳入市委对县（市、区）意识形态考核的重要内容。

【开展丽水市“耕读丽水、慈孝处州”大调研暨社科普及周活动】 2018年7月5日，市社科联在丽水学院举行丽水市“耕读丽水、慈孝处州”大调研暨社科普及周启动仪式，抽调丽水学院、丽水职业技术学院师生400人、分50组，对全市50个县特色的文化乡镇进行为期一周的田野调查。当好

表28

2018年立项的省级系列课题目录

编号	题目	姓名	单位	预期成果形式	课题类别
18NDJC007Z	非遗保护与处州提线木偶戏研究	周云杰	丽水学院	专著	省社科规划课题
18NDJC085YB	具身认知视域下的农民培训模式创新研究——以“缙云烧饼师傅”培训为例	丁　镜	丽水广播电视大学	论文	省社科规划课题
18NDJC086YB	空间并购、产业升级与政策创新研究	田满文	丽水学院	论文	省社科规划课题
18NDJC087YB	压力下运动表现极化现象的脑机制研究	娄　虎	丽水学院	论文	省社科规划课题
18NDJC088YB	丽水细菌战史料集	胡红霞	丽水职业技术学院	专著	省社科规划课题
18NDFC295YB	非物质文化遗产保护视域下的畲族民歌研究	罗俊毅	丽水学院	专著	省社科规划课题
18NDJC303YBM	农户分化视阈下农村劳动力转移与土地流转联动发展研究——以浙西南为例	兰　峻	丽水市委党校	论文	省社科规划课题
18NDJC304YBM	《永乐大典》总裁王景评传	张永蕾	丽水职业技术学院	专著	省社科规划课题
18NDYD28YB	关于提升我省畲族文化旅游效益的建议	王晓莲	景宁畲族自治县委党校	论文	省社科规划课题
18N08	从文化冲突到文化认同：地方高校在华留学生的文化育人模式研究	徐倩倩	丽水学院	论文	省社科联研究课题
2018B57	浙南地区基督教信众自组织行为研究	章元红	丽水市莲都区委党校	论文	省社科联研究课题
18SL30	起承转合：景宁畲族文化旅游的实践探索	王晓莲	景宁县委党校	论文	省社科联“四个强省实践的基层典型案例研究”专项课题
18SL31	积极培育农村文化礼堂的“根、魂、梦”——架起海外华侨与故乡的连心桥	吴灵娟	青田县社科联	论文	省社科联“四个强省实践的基层典型案例研究”专项课题
18SL32	服务驱动型县域电子商务发展的“遂昌模式”的推广研究	蔡新红	丽水学院 遂昌县社科联	论文	省社科联“四个强省实践的基层典型案例研究”专项课题

宣讲员，推动中共十九大精神、习近平新时代中国特色社会主义思想进农村；当好调研员，让大调研有“热度”更有“温度”；当好文化员，发挥优势专长，助推发展基层群众文化；发挥团队精神，展示社科普及队伍整体风采。调研形成“耕读丽水、慈孝处州”专题报告，最终形成《处州慈孝文化》等研究专著。

至年底，各县（市、区）推荐上报一批科普示范项目，其中“‘幸福养生·鱼跃谈’食品安全科普公益项目”“故宫龙泉青瓷回家展”“太鹤讲坛”“百姓名嘴宣讲”“童话云和故事会系列活动”“舌尖上的菌菇美食——亲子互动主题活动”“创新四个一，推动缙云独峰大讲堂品牌化建设”“以鞍山书院为依托，长濂村倾力打造”“文化艺术村”“松阳早安朗读”“畲乡特色书房，奢享科学知识”等11个项目被评为2018年度市社科普及示范项目。市社科联推荐上报的“耕读丽水，慈孝处州”大调研、童话云和故事会、太鹤讲坛被省社科联评为2018年度省社科普及创新项目。

【组织第24次市社科优秀成果评奖】 2018年9月3日发文申报，至9月30日，收到申报成果近300项，经丽水市社会科学优秀成果评选委员会组织评定，《丽水大辞典》等100项科研成果，分别被评为丽水市2016—2017年度社会科学优秀成果一、二、三等奖，市政府发文予以公布，发放获奖证书及奖金。

【申报国家、省、市系列课题】 2018年，市社科研究系列课题重点围绕习近平新时代中国特色社会主义思想、“打好五张牌、培育新引擎、建设大花园”“绿水青山就是金山银山”在丽水的生动实践、全面推进浙江（丽水）绿色发展综合改革创新区建设、打造丽水全域旅游，推进农业、旅游、文化“三旅”融合、“打造丽水瓯江文化品牌、建设瓯江文化长廊”、“耕读丽水、慈孝处州”、乡村振兴与乡贤文化研究、处州郡守文化等选题开展申报、研究。12月5日，市社科联公布2018年市社科研究课题100项，对课题完成、成果结题、经费资助等环节作出明确规定。10月12日，公布2018年市社科重点委托课题“丽水·瓯江文化丛书”第八辑7项，10月22日，公布“丽水龙泉是古代海上丝绸之路重要起始地”专项课题35项，12月29日公布市社科研究补充立项课题3项。对全年提交结题的近100项市级各类课题，做好验收、建档工作。2018年，市社科联组织专家学者申报国家、省级系列课题，有14项获立项。

（杨金花）

文　化

综　述

【概况】 2018年，丽水市实现送戏下乡2244场，送书下乡176920册，送电影下乡25950场。组织举办"放歌大花园"庆祝改革开放40周年系列文化活动，开展"难忘的岁月　心中的赞歌"——丽水市庆祝改革开放40周年群众合唱大赛暨第五届丽水市合唱节等九大活动，以文艺形式在全市营造庆祝改革开放40周年的浓厚氛围。"拯救老屋行动"被列入国家乡村振兴战略规划，并获省公共管理创新案例"十佳创新奖"。青田石雕、龙泉青瓷烧制技艺、龙泉宝剑锻制技艺3个项目入选首批国家传统工艺振兴目录。丽水市文化广电新闻出版局、莲都区文化广电新闻出版局、丽水市公安局经济开发区分局治安大队被评为全国查处侵权盗版案件有功单位。

公共文化服务

【文化设施建设】 2018年，丽水市图书馆新馆项目完成主体结构结顶并通过主体结构验收，被评为全国PPP示范项目，累计投资额达到2.3亿元。总投资5.6亿元的市区瓯江文苑特色民办博物馆群项目进展顺利。全省首个音乐艺术收藏馆、市区重大非工招商项目、总投资3亿元的海德(国际)音乐艺术收藏馆开工建设。完成处州孔庙文化公园项目概念性方案编制，估算总投资4.8亿元。全市新建城市书房13个，阅读吧106个，民宿书吧67个。莲都区图书馆、遂昌县文化馆新馆、遂昌县图书馆新馆建成开放，庆元县首个PPP项目文体中心主体工程建设启动。

【公共文化服务】 2018年，市文广出版局深入实施"十百千"工程，有序推进云和、庆元2个重点县建设，全市完成重点乡镇提升3个、重点村提升89个。深入开展全市乡镇综合文化站专项治理，173个乡镇文化站服务效能得到有效提升。提升"文化家园"品牌，形成公共文化馆"天天乐、天天展、周周唱、周周画、月月论、年年比"免费开放机制。组织开展"我们一起读十九大"走进文化礼堂、"我爱祖国——庆祝改革开放四十周年"巡回朗读会进文化礼堂、"丽水之赞"朗读接龙等各类全民阅读活动。莲都区老竹畲族镇、松阳县古市镇被列为省文化强镇。景宁县"文化物流"平台建设、缙云戏剧上山下乡工程获省公共文化服务体系示范项目创建资格。

【乡村春晚品牌建设】 2018年，乡村春晚品牌建设取得多项重大成果，通过国家公共服务体系示范项目验收，挂牌成立中国乡村春晚研究院，为丽水赢得首个"浙江省宣传思想文化工

12月15日，中国乡村春晚研究院挂牌成立　　（胡兴旺　提供）

作创新奖”，受到省委书记车俊点名表扬，作为改革开放40年中国乡村文化发展重大成果，被列入中宣部改革开放40周年文化专题纪录片。

【2018年乡村春晚大集】 2018年1月20日，由浙江省委宣传部、浙江省文化厅联合指导，丽水市人民政府、全国乡村春晚“百县联盟”共同主办，丽水市委宣传部、丽水市文广出版局、丽水市农办、丽水市旅委、龙泉市委、龙泉市人民政府共同承办的2018年乡村春晚大集在龙泉市宝溪乡溪头村启动。文化部全国公共文化发展中心副主任罗云川宣布2018年乡村春晚大集启动。浙江省委宣传部副部长王四清，浙江省文化厅副厅长叶菁，原丽水市委常委、宣传部长葛学斌，龙泉市委书记王顺发分别致辞。丽水市人大常委会副主任邹培书、丽水市政协副主席汤家友出席活动。丽水市人民政府副市长卢彩柳主持开幕式。来自全国各地的乡村春晚观察员、乡村春晚“百县联盟”代表和参加斗春晚的各地演职人员共600余人参加，携手体验丽水年俗，共同欣赏乡村年味。此次活动采取全国五地联动形式举行，龙泉宝溪主会场与福建武平、广东佛冈、宁夏盐池、江西吉水四个分会场同步启动乡村春晚大集。

文艺精品创作

【文艺精品创作成果】 2018年，原创大型舞台剧《亲水亭》，作为丽水市庆祝改革开放40周年献礼剧目亮相丽水大剧院，并得到省文化厅领导高度评价。原创歌曲《畲村飞出幸福歌》获省“群星奖”。红色革命现代剧《三担米》成为省文化厅重点扶持精品项目。云和包山花鼓戏剧目《花鼓记》获全国电视推优展播最佳作品奖，《福囡嫁妈》获“中华颂”全国戏曲邀请展最佳剧目奖、编剧奖、导演奖等八大奖项。丽水本土电影《瞳灵公馆》在全国公映，融入汤显祖《牡丹亭》和昆曲文化的院线电影《似水流年》在遂昌开机，反映松阳良好自然与人文环境的电影《等待秋沙鸭》在丽水首映。

【对外文化交流】 2018年，遂昌汤显祖文化“走出去”被列入全省对外开放重大举措。遂昌县组团赴英国开展汤显祖——莎士比亚文化交流合作系列活动，搭起双方交流合作新桥梁。“古堰画乡——浙江特色小镇海外推广展”在法国巴黎亮相，成为浙江第一个向海外推广的特色小镇。龙泉青瓷联合国总部展在美国纽约联合国总部大厦举行，共展出81位龙泉青瓷艺人的85件青瓷珍品。首届世界青瓷大会在龙泉举办，通过古今中外艺术珍品，向世界展现“中国魅力”。由文化和旅游部主办的“丝茶瓷：丝绸之路上的跨文化对话”展览，在阿曼、阿联酋进行巡展，共展出龙泉各级青瓷大师作品45件。

【原创大型舞台剧《亲水亭》】 2018年9月29日，由丽水市文广出版局组织编创的大型舞台剧《亲水亭》，作为丽水市庆祝改革开放40周年的献礼剧目，在丽水大剧院与市民见面。浙江省文化厅副厅长刁玉泉、丽水市人大常委会副主任沈根花、丽水市副市长卢彩柳等领导嘉宾到场与近1000名观众一起欣赏演出。《亲水亭》是丽水市首次以群文系统力量编创的大型语言类剧目，其演创人员主要来自群文干部，其中所有演员均由丽水市文化馆、各县（市、区）群文戏剧干部和业余戏剧骨干组成。《亲水亭》是根据浙闽交界的丽水市庆元县新窑村和福建省松溪县岩下村之间因水结怨，又因水结亲的真实事件创作。全剧以人与自然和谐共处为主题，通过对浙闽毗邻的两个村庄、两代人爱恨情仇的细腻刻画，揭示人与人、人与自然、保护与发展的关系，展现丽水人民牢记习近平总书记“绿水青山就是金山银山，对丽水来说尤为如此”重要嘱托的生动实践，反映丽水这一方热土上发生波澜壮阔的改革故事，表达全市上下以“丽水之干”担纲“丽水之赞”，高质量谱写“八八战略”丽水新篇章的决心与信心。在观看演出后，刁玉泉对《亲水亭》给予高度评价，他说：“《亲水亭》是目前全国为数不多的反映‘两山理念’的优秀文艺作品之一。想不到丽水这样的欠发达地区，用这么少的经费和业余的团队，仅仅用70天的时间就可以做出这么一台戏。希望丽水对《亲水亭》继续进行提升、完善，打造成为可以向全国推送的精品力作。”

文物保护

【世界文化遗产申报管理】 2018年，丽水市有序推进龙泉市、庆元县“海上丝绸之路”龙泉窑大窑——金村遗产点建设任务和大窑龙泉窑国家考古遗址公园建设，10月29日，大窑龙泉窑国家考古遗址公园对外开放。4月，市政府组织参加“海上丝绸之路保护和联合申遗城市联盟第一次联席会议”，副市长卢彩柳代表丽水市政府与23个“海丝申遗”城市签署联盟章程。9月，市文广出版局组织参加“丝路花语——海上丝绸之路文化之旅”赴斯里兰卡、马来西亚、塞浦路斯的国际推广活动，央视4套及多家媒体轮番播报，推进丽水市海上丝绸之路文化遗产的研究和保护及影响力。11月，市文广出版局举办“海丝”申遗专题讲座——世界遗产与“跨海和声”，特邀国家文物局原副局长、中国文化遗产研究院原院长、国家水下文化遗产保护中心原主任刘曙光授课。市文广出版局完成丽水市第一部文化立法项目《丽水市大窑龙泉窑遗址保护管理条例(草案)》起草,并报市政府常务会议审议通过;完成瓯江沿线“海丝”文化史迹调查与研究;推进全国重点文物保护单位、“世遗”预备项目处州廊桥保护规划的编制工作,完成送审稿编制及县市部门意见征询,提请省文物局评审。

【文物保护利用】 2018年,省文物考古研究所、缙云县博物馆完成史前人类聚落缙云壶镇陇东遗址的抢救性发掘,丽水文明史从4000年提前到9000年。遂昌县好川遗址入选第二批省级考古遗址公园。市文广出版局科学推进城中村改造与文物保护利用“双赢”,完成市区36个涉改区块文物普查和保护利用方案编制,完成省保单位省委机关旧址兴华广货号陈展装修,在黄景之律师事务所旧址设立全国首个律师行业教育基地。浙江省文物局与丽水市政府签订战略合作框架协议,支持丽水文物保护利用改革。松阳县文物保护管理所获“全国文物系统先进集体”称号。龙泉窑制瓷作坊保护利用案例“不灭窑火——传统龙泉青瓷烧制”、松阳界首村民居保护利用案例“老屋民宿——卓庐若家民宿”入选第二批浙江省不可移动文物保护利用优秀案例。

【传统村落保护】 2018年,市委、市政府组织召开全市传统村落保护暨拯救老屋现场会,推进全市域传统村落保护和拯救老屋工作。组织起草《丽水市传统村落保护条例(草案)》和《全市域推进拯救老屋和传统村落保护三年行动方案》,组织编制《行动导则》。指导松阳“全国传统村落保护利用试验区”建设和“拯救老屋行动”项目实施,“拯救老屋行动”项目首批142幢老屋完成修缮并通过验收。“拯救老屋行动”被列入国家乡村振兴战略规划,并获省公共管理创新案例“十佳创新奖”。11月8—9日,文化和旅游部党组成员、国家文物局党组书记、局长刘玉珠到丽水调研文物工作,并肯定松阳试点工作。

【博物馆体系建设】 2018年,丽水市博物馆破格晋升国家二级博物馆并向国家商标局申报注册LOGO商标。丽水市选送的南宋龙泉窑粉青象钮盖罐入选“镇馆之宝:浙江省藏宝图”的50件文物之一。景宁畲族博物馆入选全省文化文物单位文化创意产品开发试点名单。出台《丽水市区民办博物馆年检评估办法(试行)》,规范非国有博物馆管理,完成葡萄酒主题博物馆的招馆引馆工作。新增非国有博物馆2家。推进“互联网+”建设,丽水数字博物馆开通使用。

【厅市合作协议签订】 2018年12月3日,市政府与浙江省文物局共同在杭州举行厅(局)市合作协议签约仪式。浙江省文物局局长柳河、丽水市政府副市长卢彩柳分别代表浙江省文物局和丽水市人民政府在合作框架协议上签字。浙江省文物局副局长曹鸿主持会议。根据厅(局)市合作协议,双方将在文物保护管理、传统村落保护和“拯救老屋”行动、世界文化遗产申报管理、博物馆建设管理、文物安全防护、文博领域专业人才队伍建设等方面积极开展合作。

新闻出版广电事业

【广电惠民工作】 2018年,市文广出版局推进农村固定放映点建设,全市新建农村固定放映点18个,累计总数达到67个。组织全市农村应急广播体系运行维护工作专项督查,确保各地都有专人负责、专人维护、专项经费。完成重要保障期、重要节日的安全播出(特别保障)任务,全市未发生安全播出责任事故、政治事故。

【广电作品创优】 2018年,在全省广播电视政府奖评选活动中,丽水市有20件作品获奖,其中,遂昌广播电视台的电视对农节目《农民增收的那些新招数》、丽水总台报送的《处州小巷》系列报道获一等奖,丽水总台、青田台、云和台、庆元台报送的5个作品获二等奖。完成2017年度全市广播电视优秀作品评选,全市各级播出机构选送作品238件,共评选优秀作品

12月3日,丽水市与省文物局签订战略合作协议　　(林　巍　提供)

113 件，其中，一等奖 25 件、二等奖 40 件、三等奖 48 件。

【新闻出版事业发展】 2018 年，市文广出版局提升农家书屋辐射作用，带动乡村阅读活动开展，举办“书香丽水 为你朗读”丽水市青少年中华经典诗文朗读大赛、全市“走进书屋、书香家庭”评选活动。加强农家书屋建管用，将农家书屋纳入全市城乡一体化公共图书馆服务体系建设，初步构建市、县、乡镇、村四级公共图书馆服务体系。缙云县五云街道陈国生家庭、云和县白龙山街道大坪社区陈杰家庭入选全国“书香之家”。开展印刷业发展调研，形成《丽水市印刷业发展的现状和对策建议》调研报告，深入了解印刷业发展优势，指出行业发展制约瓶颈，提出对策建议，推动将印刷业纳入全市文化产业发展规划。

文化市场

【“扫黄打非”工作】 2018 年，市委主要领导专门对“扫黄打非”工作作出重要批示，“扫黄打非”工作议题被列入市委常委会进行专题研究。全市办理“扫黄打非”类案件 39 起，其中侦办全国重点挂牌督办案件 4 起，刑拘犯罪嫌疑人 30 人，捣毁传播淫秽物品窝点 5 处，涉案总金额超 1 亿元。全年收缴出版物 3370 件，协调删除有害信息 505 条，取缔关闭网站 18 个，切实维护文化市场秩序规范以及重要敏感时期属地网络舆情平稳。推动“扫黄打非”工作纳入社会治安综合治理平台，实现重点工作联动、突出问题联治、平安基层联创。景宁畲族自治县鹤溪街道双后岗村被评为全国“扫黄打非”进基层示范点及示范标兵，为全省唯一上榜示范标兵，并被评为省级进基层示范标兵；遂昌县王村口镇、松阳县古市镇、莲都区老竹畲族镇、龙泉市八都镇 4 个联络站点入选省级进基层示范点。

【文化市场管理】 2018 年，以网吧、校园周边、娱乐场所和出版物市场为重点，部署全市文化执法机构加大巡查频率、加大执法力度，全力维护全市文化市场平安稳定。全年全市文化市场出动日常巡查 10529 人次，检查场所 110458 家次，违规 147 家次，行政处罚立案调查 140 件，罚款 297700 元，停业整顿 3 家次，吊销许可证 1 家次，移交 5 家次。全面落实文化市场“扫黑除恶”专项检查，排查并上报全市文化市场涉黑涉恶案件信息线索 3 条。

【文化市场“双随机”抽查】 2018 年，市文广出版局及时对“双随机”名录库动态进行调整，严格落实每月不少于 1 次的抽查频率。抽查行为做到全程留痕，执法检查做到严格规范，发现问题做到及时处理，抽查结果定期公示。从 6 月开始，根据省、市要求，全市各文化执法机构统一由丽水市文化市场信息监管平台“双随机”系统过渡到全省统一“双随机”系统，并按系统要求实施抽取任务、结果公示等工作。全年市本级开展“双随机”抽查任务 24 个，其中跨部门 4 个，本部门 20 个，抽查对象 58 家，检查人员参与 48 人次，检查涵盖网吧、娱乐、印刷、出版物、电影院、文物等门类。

【文化领域“最多跑一次”改革】 2018 年，市文广出版局深化“一窗受理、集成服务”改革，文化类权力事项网办率 98.7%，5 星级事项占 30.7%，4 星级事项占 50.7%；23 项事项实现“APP 掌上办”，5 个事项实现“全域一证通办”。开展全市审批“证照分离”改革试点工作，文化领域涉及事项 17 项，数量位居全市第二。

【文化产业宣传推介】 2018 年 4 月 27—30 日，第十三届中国（义乌）文化产品交易会在义乌举行，丽水市组织 57 家企业、7 家博物馆的近 1 万件文化精品参展。市文广出版局连续第 4 次获展会优秀组织奖一等奖，丽水市 15 件精品分获 2 枚金牌、9 枚银牌、4 枚铜牌，4 家单位获优秀参展企业。9 月 7—10 日，“丽水三宝”（龙泉青瓷、龙泉宝剑、青田石雕）、巴比松油画、云和木玩、松阳茶艺、畲族服饰、庆元铅笔等丽水艺术精品与文创产品亮相西安，参展第九届中国西部文化产业博览会，丽水文化产业在丝路新起点加速奔跑。

非物质文化遗产保护

【非遗保护传承体系】 2018 年，青田石雕、龙泉青瓷烧制技艺、龙泉宝剑锻制技艺 3 个项目入选首批国家传统工艺振兴目录，入选数量位居全省第三。景宁畲族彩带编制技艺、青田石雕等 9 个项目入选首批省传统工艺振兴目录。郭秉强（青田鱼灯）、张爱光（青田石雕）、张绍斌（龙泉青瓷）、胡淼（庆元木拱廊桥营造技艺）、蓝余根（景宁畲族婚俗）5 人被评为第五批国家级非遗传承人。加强非遗传承人队伍建设，开展“服务传承人月”暖冬行动，先后举办全市非遗工作培训会、全市首届传统音乐非遗传承人培训班、丽水提线木偶戏表演艺术培训班。新增市级非遗展示体验点 11 个，市级非遗主题小镇（民俗文化村）12 个。

【非遗展示展演】 2018 年，市文广出版局推进乡村振兴战略中的非遗保护和利用，分别在云和长汀、莲都大港头村、庆元同济新村、松阳界首村 4

个县(区)举办丽水市“美丽非遗文化礼堂四季行”活动。开展非遗“四进”(进社区、进学校、进农村文化礼堂、进福利院)活动，组织丽水木偶剧团送戏到丽水市颐养院、莲都区儿童福利院、丽水开发区养老院、丽水开发区白岩村文化礼堂。举办2018浙江好腔调处州古韵·浙江传统戏剧展演活动丽水专场暨第三届传统戏剧展演、“处州古韵”丽水市第六届婺剧戏迷节展演活动。举办“品处州古韵·赏美丽非遗”2018丽水市美丽非遗闹元宵系列活动、“迎重阳”非遗手工技艺现场秀展示活动。开展以“我们的节日——端午节”为主题的传统习俗体验活动。6月9日，在文化和自然遗产日期间，举办戏剧角观音阁优秀经典婺剧专场演出、省级项目“陈十四传说”进校园专场讲故事大赛、丽水市首届“绿谷工匠”剪纸项目技能大赛、“见人见物见生活”手工技艺现场秀、“新时代、新生活、新传承”百姓非遗小舞台展演秀、“非遗让生活更美好”非遗小课堂纸灯教学体验秀等系列展示展演活动。组织国家级非遗项目丽水鼓词参加全省“文化和自然遗产日”曲艺展演活动；组织传统体育莲都翻龙泉、龙泉凳花、云和八步洪拳等项目参加全省“非遗薪传”展演展评活动，其中缙云县迎罗汉和莲都区翻龙泉两个项目获薪传奖；在浙江省第九届十大城市戏曲演唱联赛中，丽水市选送的婺剧《桂英投宋》选段获团体赛银奖，婺剧《一句话恼的我火燃双鬓》获个人赛铜奖，京剧《梨花颂》获个人赛优秀奖。

【非遗宣传交流】 2018年，市文广出版局组织非遗项目丽水鼓词《江南古堰》、处州乱弹《哥背妹》等节目参加在法国巴黎中国文化中心举行的浙江特色小镇海外推广展，多维展示别具中国江南特质和浙西南地方特点的丽水文化。组织青田石雕、龙泉青瓷传统烧制技艺和莲都鱼跃酿造技艺3个非遗项目参加在山东济南舜耕国际会展中心举行的全国第五届中国非物质文化遗产博览会。组织青田石雕、龙泉青瓷传统烧制技艺和遂昌糖画制作技艺参加第十届浙江·中国非遗博览会暨杭州工艺周活动。组织缙云烧饼制作技艺、松阳端午茶等非遗代表性项目参加金丽衢三地文化部门牵头组织的金丽衢非遗市集活动3次。组织民营婺剧团参加“金丽衢”民营婺剧团体表演大赛，丽水市参加的2个团队获1枚银牌、1枚铜牌。与舟山市签订非遗保护山海合作协议，共同探索和交流非遗保护方法经验。

【实施乡村振兴战略中浙江省非物质文化遗产保护工作现场推进会】 2018年3月23—24日，实施乡村振兴战略中浙江省非物质文化遗产保护工作现场推进会在丽水召开。浙江省文化厅原党组副书记、副厅长陈瑶，丽水市政府副秘书长吴郁郁等出席会议。全省各县(市、区)文广出版局负责人、非遗负责人，非遗保护专家代表以及非遗主题小镇、民俗文化村代表等140余人参加会议。此次会议的主题是贯彻中共十九大关于实施乡村振兴战略的重要精神，贯彻落实省委、省政府提出的高水平全面建成小康社会、高水平推进社会主义现代化建设的重要部署，以人民为中心，坚定“以文化兴推动乡村兴”的发展理念，推进实施乡村振兴战略中的非遗保护工作，让优秀传统文化在新时代乡村振兴新篇章中盛情绽放。会上对第二批浙江省非遗主题小镇(全省共15个，其中丽水3个，分别为松阳县西屏街道明清文化街区、云和县采真里历史文化街区、景宁县鸬鹚乡)、第三批民俗文化村(全省共17个，其中丽水1个，为龙泉市石马村)进行授牌。 (胡兴旺)

文艺团体

【概况】 2018年，丽水市文学艺术界联合会(以下简称“市文联”)，共有团体会员单位20个，其中，县(市、区)文联9个，市直属文艺家协会11个。至年底，共有国家级会员451人，省级会员1571人，市级会员4160人。入选“新荷计划”(作协)省级青年人才培养计划28人，入选“新松计划”(戏曲、音乐、舞蹈)和“新峰计划”(摄影、书法、美术、民间工艺)省级青年文艺人才培养计划20人，入选省级文艺家协会青年培训人才计划28人。编辑出版《丽水文学》季刊4期，发表本土文学作品40万余字。

【文艺品牌活动】 2018年，市文联开展“永远跟党走　共筑复兴梦”艺术家送欢乐下基层系列活动，春节期间组织各相关协会创作、编排文艺节目30余个，走进农村文化礼堂、部队军营、社区等开展“文艺家送欢乐下基层文艺演出”；组织书法家到基层写送春联，组织摄影家拍送肖像照和全家福等。全年开展巡回演出19场，吸引群众1万余人次；书写和发放春联2万余幅；为70岁以上村民拍摄肖像照和全家福等200余幅；选送放映电影100余场。开展“庆祝改革开放四十周年”2018丽水油画提名展暨第七届丽水油画双年展，共收到投稿作品318件，评选出提名展作者8人，双年展作者64人，经评审组审核、初评和综评，共有入展作品110件。10月25日至11月7日，在丽水市美术馆集中展出。开展“2018丽水‘纪念改革开放四十周年'文学创作大赛(散文诗歌专题)"共收到参赛稿件603篇,共评出大赛纪实创作奖4人、金奖2人、银奖6人、铜奖10人、优秀奖31人、大赛优秀组织奖3人。

【文艺助力乡村振兴】 2018年,市文联开展"耕读丽水·慈孝处州"主题采风活动,以各文艺家协会为单位,组织文艺家深入农村开展采风创作活动,重点围绕"乡村振兴"方略,结合改革开放40年来丽水市农村发生的巨大变化,挖掘典型事迹、先进人物、创业精神、优秀经验进行创作,以多种艺术形式反映丽水市在"乡村振兴"中涌现出来的好人物、好事迹、好经验;组织文艺志愿者对遂昌"乡风文明传习中心"试点中重点文化礼堂开展村歌创作、诗词楹联挖掘、主题创作;举办2018年首届"耕读丽水·慈孝处州"征文大赛,共收到稿件85篇,共评出优秀奖9篇,择优23篇在《丽水文学》开辟专栏进行刊登;举办"耕读丽水·慈孝处州"主题视觉艺术展,共展出主题作品180余件,形式涵盖美术、书法、摄影三大艺术门类,在全市上下营造"耕读立身、慈孝齐家"的良好氛围。

【全国百名名家"画丽水"活动】 2018年,市文联与中国美协联合组织全国各地美术名家100余人到景宁畲族自治县、松阳县等地,进行采风写生活动,采风期间创作的作品分别在北京、丽水展出。5月23日,2018"中国精神·中国梦——美丽乡村行写生采风作品展"在北京恭王府博物馆举行。中国文联、中国美协组织全国80余名知名美术家,先后到丽水等地区,深入基层、深入生活,记录民俗风情,展现社会发展新风貌、感知时代变迁,展现祖国新农村建设和生态文明建设所取得的突出成绩。此次展览展出国画、油画、水彩共87件。7月13日至8月15日,纪念"八八战略"实施十五周年"绿水青山"全国美术作品展暨丽水巴比松作品展在市美术馆举行,中国美协分党组书记徐里等300余名社会各界人士出席开幕式,展出全国美术名家以丽水为题材创作的美术作品125件,丽水巴比松画派作品20件。展览涵盖国画、油画、水彩(粉)画等艺术形式,通过全国名家赴丽水市采风创作的作品与丽水巴比松油画群体代表画家的作品集合展示,呈现美术界深入改革一线,深入建设前沿,深入人民群众创作的精神风貌,全面呈现新时代丽水人民砥砺前行的新作为,建设绿水青山的新气象。

7月13日至8月15日,纪念"八八战略"实施十五周年"绿水青山"全国美术作品展暨丽水巴比松作品展在市美术馆展出 (季晶晶 提供)

【开展"扎根人民"主题创作采风活动】 2018年,市文联组织开展"学、采、送、种"实践活动。围绕"庆祝改革开放四十周年"、"八八战略"实施十五周年、"乡村振兴"等重点主题,组织文艺志愿者深入基层,举办以讲座、授课、排练、辅导、笔会等形式,培育基层文艺人才。针对基层文艺人才的需求,举办"书法村"书法辅导与作品加工、排舞辅导、音乐辅导等专业培训;组织各艺术门类开展"到基层去、到人民群众中去"创作采风活动,先后举办2018年全市小说精品笔会、2018全市书画创作采风活动、2018年丽水市表演艺术创作采风、2018年全市民间工艺美术骨干创作采风活动;组织一批文艺工作者到农村文化礼堂、基层学校等进行短期巡讲和重点辅导,把文艺工作者的采风创作与志愿服务结合起来,培育一批文艺志愿服务基地和文艺创作基地。至年底,全市境内各艺术门类写生创作基地60个,其中国家级写生创作基地7个。

【深化文联改革】 2018年,市委印发《丽水市文联深化改革实施方案》后,市文联第一时间召开党组扩大会议,专题学习《市文联深化改革实施方案》,研究制定《贯彻落实〈文联深化改革实施方案〉的任务分工方案》。根据《市文联深化改革实施方案》初步提出的21项改革举措,分别明确责任主体和完成时限,总的要求是在2年内基本完成。2018年,市文联加强对县(市、区)文联深化改革的指导,组织9个县(市、区)文联负责人参加《全省深化文联改革能力提升培训班》;召开文联主席例会,交流基层文联深化改革工作经验,推动县(市、区)文联在2019年6月底前全面完成改革方案的出台。 (季晶晶)

体　育

综　述

【概况】 2018年，丽水市国民体质合格率92.5%，经常参加体育锻炼人数比例42.8%，人均体育场地面积2.16平方米，全市符合开放条件的公共体育设施和学校体育场地开放率100%。全市平均每千人拥有社会体育指导员2人以上；莲都区老年体协等13家单位被评为2014—2017年度浙江省群众体育工作成绩突出单位，刘化斋等14人被评为2014—2017年度浙江省群众体育工作成绩突出个人，丽水市体育局等3家单位被省体育局评为落实省政府民生实事基层体育场地设施建设工作突出单位；完成第十六届省运会目标任务，共获金牌60.5枚，奖牌总数96枚；培养青少年体育人才，完善青少年锦标赛竞赛机制，丽水运动员在各类国际性、洲际性、全国性比赛中共获世界冠军1个，全国各类比赛冠军14个；制定《关于加快发展体育产业促进体育消费的若干政策意见》，扶持体育产业项目创评，4个项目获2018年省级运动休闲旅游示范基地、精品线路、优秀项目称号，3项赛事入选2018年浙江省品牌赛事名录库；全年体彩销售总量7.126亿元，承办2018“体彩杯”丽水半程马拉松赛、2018全国轮滑锦标赛、浙江省首届智力运动会、2018全国桥牌锦标赛、“清韵杯”全国业余围棋公开赛、中国国际跳棋公开赛、中美篮球对抗赛、2018“冒险岛·水世界”杯国际动力冲浪板中国公开赛（丽水站）水上嘉年华系列活动等多项国际、国内赛事活动，提升“秀山丽水、诗画田园、养生福地、长寿之乡”城市品牌的知名度和影响力，以赛事助推丽水经济和社会发展。

群众体育

【体育创强工作】 2018年，实现莲都、龙泉、庆元、缙云4个县（市、区）“四提升四覆盖”[提升群众身边的体育场地建设水平，实现“15分钟健身圈”便民体育设施全覆盖；提升群众身边的体育组织水平，实现乡镇（街道）“1+5”体育社会组织网络全覆盖；提升群众身边的健身活动水平，实现常态化健身活动全覆盖；提升群众身边的健身指导水平，实现行政村（社区）各健身项目社会体育指导员及乡镇（街道）体质测试网点全覆盖]全民健身工程县建设达标。完成省级小康体育村升级工程100个。建设社区多功能运动场16个，体育强乡镇（街道）11个，笼式足球场11个，拆装式游泳池9个，中心村全民健身广场3个。

【群众体育赛事】 2018年，丽水市承办各类群体赛事活动140余项，其中，承办全国新年登高健身大会丽水分会活动、“丽水·清韵杯”全国业余围棋公开赛等国家级赛事活动19项；承办浙江省首届智力运动会、浙江省首届星球杯幼儿国际跳棋公开赛、江南仙境缙云超级越野赛等省级赛事活动43项；举办花园丽水城市定向赛、市直机关气排球赛等全市性群众赛事活动78项；组队参加浙江省第十六届运动会、浙江省健身气功站点联赛等省级以上赛事活动19项，均取得优异成绩。

【体育社团建设】 2018年，市本级成立轮滑、保龄球、航空运动、健身健美4个单项体育协会，各县（市、区）共成立单项体育协会11个，市本级单项体育协会34个（达到AAA级以上16个），全市形成市、县、镇（乡）、村四级群众体育组织网络。

【体育人才培养】 2018年，市体育局举办各类培训班和讲座24场次，受训1100余人，其中，举办市一级、二级社会体育指导员培训班4期，受训400余人；举办“四提升四覆盖”全民健身工程、国民体质监测以及健康浙江建设工作等培训班4期，受训190余人；举办市直单位广播操领操员、全国国际象棋初级教练员训、“绿谷之光”科技四模等培训会，受训500余人。

【科学健身指导】 2018年，全市成立省级国民体质监测中心1个、体医融合国民体质监测点19个（市本级4个）。全市依托市级国民体质监测中心和各级监测站点，为群众进行体质测定、运动能力评定、提供科学健身指导，共组织幼儿、成年人、老年人等3—69岁受测人员1.4万余人。

竞技体育

【参加浙江省第十六届运动会】 2018年，丽水市代表队共派出近600名运动员参加浙江省第十六届运动会，参与足球、赛艇、篮球、田径等16个大项18个分项的比赛，共获60.5枚金牌、15枚银牌、20.5枚铜牌，奖牌总数96枚，其中，丽水市足球项目获8枚金牌，赛艇项目获6枚金牌、2枚银牌，篮球项目获4.5枚金牌、2枚银牌，田径获4枚金牌、4枚银牌、8枚铜牌，跆拳道获1枚金牌、1枚银牌、2枚铜牌，空手道1枚金牌，体操1枚金牌、1枚银牌、1枚铜牌，创参加省运会历史最好成绩；丽水市代表团获第十六届省运会体育道德风尚奖。

【特色创建工作】 2018年，市体育局做好体育特色学校及体育基地创建工作，全市建成国家级体育传统项目学校2所（丽水外国语实验学校、莲都区大洋路小学），省级高水平基地1所（丽水市少体校），省级高水平单项基地2所（庆元县体育中心、龙泉市体育中心），省阳光体育后备人才基地学校8所（丽水中学、丽水市实验学校、丽水学院附属高级中学、丽水市外国语实验学校、丽水市莲都区花园中学、丽水市莲都区大洋路小学、浙江省缙云中学、浙江省龙泉市第三中学）。

【竞技体育提升工作】 2018年，市体育局深化教体融合，挖掘教体资源，认真布局开展田径、游泳、篮球、足球等16个大项18个分项的运动队训练工作，全市青少年业余训练工作氛围浓厚，训练成效明显。第十六届省运会期间，丽水市竞技体育贡献奖励金牌数达34.5枚。完成全省青少年（儿童）运动员注册工作，共注册人数7492人，交流引进运动员36人，联合培养6人，输送省运动员17人。全年有20名运动员达到国家一级运动员技术等级标准，140名运动员达到国家二级运动员技术等级标准，蓝天问、刘睿轩、朱子鹏3名运动员达到国家三级运动员技术等级标准。2018年，新增国家级裁判员445人，达一级裁判员标准7人、达二级裁判员标准352人、达三级裁判员标准86人。

体育产业

【体育产业政策制定】 2018年12月，经市政府常务会议研究通过，制定《关于加快发展体育产业促进体育消费的若干政策意见》（以下简称“意见”），这是丽水市首个体育产业政策。意见提出，每年由市财政统筹安排一定额度的资金，专项用于支持体育产业发展，重点支持健身休闲业、重大体育产业项目、品牌赛事等领域，打造体育产业品牌。通过加强组织保障、资金保障、用地保障、人才保障等措施，优化体育产业政策环境，把推动体育产业发展和扩大体育消费结合起来，催生经济发展新动力。该意见的制定，对于加快丽水市体育产业发展，推动产业结构优化，促进经济转型升级，助力浙江“大花园”最美核心区建设具有重要的意义。

【体育产业项目扶持和创评】 2018年，全市6个项目入选省体育产业扶持资金项目库，4个项目被评为省级运动休闲旅游示范基地、精品线路、优秀项目，缙云黄龙景区被评为省级运动休闲旅游示范基地，庆元王者部落户外拓展、缙云三溪漂流和景宁畲乡绿道被评为省级运动休闲旅游优秀项目，丽水国际轮滑公开赛、松阳山地竞速挑战赛暨国际天空跑挑战赛及龙泉江南之巅天空越野赛入围省重点培育品牌体育赛事名录库。

【编制丽水市级体育健身步道工程实施规划】 2018年，按照国家体育总局等12个部委对百万公里健身步道工程的工作要求，结合丽水高质量建设“大花园”最美核心区的历史任务，开展《丽水市级体育健身步道工程实施规划》编制工作。到2020年，力争在全国每个县（市、区），完成近300千米健身步道建设，以此为载体，推动全民健身活动广泛开展，带动县域经济发展，助力脱贫攻坚，决胜全面小康。该规划的编制，对丽水市“大花园”建设、提升城乡居民健康素质，实现公共服务均等化具有重要意义。

【办事事项实现“零次跑”】 2018年，在全部办事事项“最多跑一次”前提下，通过拓宽受理渠道、简化审批流程、缩减办事时限等方法，实现全部办事事项“零次跑”的重大改革，并可根据办事群众实际情况予以特事特办等人性化服务。在“零次跑”群众少跑腿的基础上，全年办件量122件，做到快办结、灵活办结，切实增强群众和企业获得感与满意度。

【完成浙江省户外运动信息平台丽水试点工作】 2018年5月，丽水户外运动信息平台共采集项目轨迹数据114条，完成浙江省户外运动信息平台丽水试点工作。该平台旨在整合全市户外运动及相关产业资源，采集全市户外运动（山地户外运动、水上运动、航空运动、冰雪运动、汽摩运动及其他运动六大类）信息，将最美的丽水风景载入平台，形成全市统一、资源共享的户外运动资源信息服务体系，为户外运动爱好者提供信息化智慧服务。

【体育彩票销量7.126亿元】 2018年，全市体彩销售总量达7.126亿元，同比增长71.15%，增幅位居全省第二，市场占有率首次突破50%。体彩公益金有力支持丽水公益事业，取得社会效益和经济效益双丰收。市体育彩票管理中心连续3年获全省体彩综合考核优秀单位。

品牌赛事

【“体彩杯”丽水半程马拉松赛】 2018年4月15日，由中国田径协会、浙江省体育局、丽水市人民政府主办，丽水市体育局、丽水市体育总会、浙江省马拉松及路跑协会联合承办的“体彩杯”丽水半程马拉松赛在丽水举行。该赛事以“跑进秀山丽水、畅享养生福地”为主题，设置半程马拉松、健康跑和迷你马拉松3个项目，参与人数13000人。有来自美国、加拿大、菲律宾、墨西哥、南非、葡萄牙6个国家9名外籍选手参加，国内选手来自28个省、93个城市，其中，浙江省选手占总人数94%，丽水本地选手占总人数63%。此次赛事升级为中国田径协会A1类赛事，赛事品质大幅提升。比赛路线途经万地广场、花园路、南明山、应星楼、紫金大桥等丽水市标志性景观建筑，整个赛道充满山水特色。半程马拉松比赛中，丽水籍选手蓝捷怀以1小时14分14秒获男子组冠军，温州选手卢舒怡以1小时21分47秒获女子组冠军。赛事吸引新华社、人民网等23家中央级媒体，10余家省级媒体以及全部市内媒体聚焦丽水，四大直播平台当日点击量超过50万人次。

【全国轮滑锦标赛】 2018年8月8—16日，由国家体育总局社会体育指导中心、中国轮滑协会主办，浙江省体育局、丽水市人民政府承办的2018全国轮滑锦标赛在丽水市举行。来自全国34个省市、自治区、直辖市、香港特别行政区共2572名选手参赛。该赛事涵盖轮滑项目10个，是国内轮滑比赛中最高规格的赛事。比赛共决出金牌178枚，奖牌榜排名前三的分别是江苏代表团139枚、浙江代表团127枚、上海代表团76枚。浙江代表团以团体总分1880分高居榜首，其次，江苏代表团1825分，广东代表团1126分。丽水市37名运动员参加自由式轮滑项目比赛，获4枚金牌、5枚银牌、7枚铜牌，共16枚奖牌。赛事期间共投入直播平台6个，比赛首日直播人气峰值突破43万人次，赛事平均人气峰值为31万人次，直播平台累积点击量为187万人次。

【浙江省首届智力运动会】 2018年7月15—30日，由浙江省体育局、浙江省体育总会、丽水市人民政府主办，浙江省智力运动管理中心，浙江省棋类协会、浙江省围棋协会、浙江省桥牌协会、浙江省象棋协会，丽水市体育局、丽水市体育总会，丽水市有关县（市）承办的浙江省首届智力运动会在丽水市举行。该赛事是浙江省首次将五棋一牌运动项目进行集中比赛，也是浙江省规模最大、影响力最广的智力运动综合性运动会。比赛设围棋、桥牌、五子棋、象棋、国际象棋、国际跳棋六个大项、62个小项，共有来自全省11个地市、9个省级行业体协的20支代表队1617名运动员参加。开幕式和围棋、桥牌两项比赛在市区举行，五子棋、象棋、国际象棋、国际跳棋比赛分别在龙泉市、庆元县、云和县、景宁畲族自治县举行。丽水代表队获金牌4枚、银牌1枚、铜牌6枚。

【2018全国桥牌锦标赛】 2018年5月3—13日，中国·丽水2018全国桥牌锦标赛在丽水体育中心体育馆举行。此次比赛由中国桥牌协会主办，浙江省黄龙体育中心、浙江省桥牌协会、丽水市体育局联合承办。共有来自全国30余个省、市及海外969名专业桥牌选手参加，参赛人次3170人次。全国桥牌锦标赛是专门为广大桥牌爱好者举办的综合性比赛，是中国桥牌界内大型比赛活动之一。该赛事有专业比赛项目14个，其中，团体赛事7项、双人赛事6项及个人赛事1项。该赛事中含金量最高的公开团体赛、女子团体赛分别有47支、20支队伍参赛，而公开双人赛则以134支参赛队的队伍数量成为此次赛事之最，北京京能的李小毅、刘京获冠军；混合双人赛有124对组合参赛，湖北的李丽璇、沈冠宇获冠军；锦烁队获公开团体赛冠军，上海利之源队获女子团体冠军。

【中美篮球对抗赛】 2018年6月28日，由丽水市体育局主办，丽水市体育发展有限公司承办的“中梁杯”2018年中美男子篮球对抗赛在丽水举行。参赛两队分别是浙江稠州男篮队和美国北卡罗来纳州锐星职业明星联队。比赛以稠州队81:79，以2分

6 月 28 日，2018 年中美篮球对抗赛在丽水举行　　（肖冬丽　提供）

优势险胜美国队。该赛事是丽水市体育发展有限公司成立以来举办的首次重要国际体育邀请赛，对推进丽水体育事业和全民健身长远发展起到积极作用。

【2018“冒险岛·水世界”杯国际动力冲浪板中国公开赛(丽水站)】 2018 年 7 月 21—22 日，由国家体育总局水上运动管理中心主办，丽水市体育局、浙江省水上运动管理中心和丽水市旅游委员会联合承办的 2018“冒险岛·水世界”杯国际动力冲浪板中国公开赛(丽水站)在丽水市举行。有来自 10 余个国家共 60 余名国际级专业选手参赛，来自捷克的选手 Luká Záhorsk 和 Aneta acherová 分别获国际男子组和国际女子组冠军，选手陀理宏获中国男子组冠军。该赛事以推广水上运动，提高全民健身意识，丰富群众文化生活，带动丽水体育旅游产业发展为目标，进一步提升丽水的城市综合承载力，彰显“秀山丽水、诗画田园”的生态之美、人文之美。

【2018 全民健身·花园丽水城市定向赛】 2018 年 8 月 19 日，由丽水市文明办、丽水市体育局主办，浙江飞翔体育文化有限公司承办的 2018 全民健身·花园丽水城市定向赛在丽水举行。赛事分为大众组、亲子组和情侣组 3 个组别，设置文明城市线、家庭和睦线和相亲相爱线 3 条线路，串联丽水市区各个景点和标志性建筑。共有来自上海、杭州、台州、温州及丽水等地 700 余人 160 余支参赛队伍参加。选手们只能徒步、奔跑或借助市内公共交通工具(仅限公共自行车、共享单车、公交车)，体现绿色环保的健康生活理念。

【“丽水·清韵杯”全国业余围棋公开赛】 2018 年 4 月 23—27 日，由中国围棋协会、丽水市政府主办，丽水市体育局、丽水市围棋协会、松阳县政府承办的 2018“丽水·清韵杯”全国业余围棋公开赛在松阳县举行。赛事设置 40 岁以上组、40 岁以下组以及女子组三个组别，采取积分编排制，进行 11 轮比赛，来自全国各地 195 名选手参赛。比赛成绩团体前三名分别是上海清一精英队、上海清一休闲队、棋手家园队；唐崇哲、周润民、王竣啸分获 40 岁以下组个人前三名；李岱春、陈国勇、陈友斌分获 40 岁以上组个人前三名；储可儿、文兆仪、罗楚玥分获女子组前三名。

【“星球杯”国际跳棋世界杯分站赛暨中国国际跳棋公开赛】 2018 年 11 月 5—11 日，由世界国际跳棋联合会主办，中国国际跳棋协会、浙江省体育局、丽水市人民政府承办的 2018“星球杯”国际跳棋世界杯分站赛暨中国国际跳棋公开赛在景宁县举行。该赛事设置 100 格男子组、100 格女子组、100 格 U14 男子组、100 格 U14 女子组四个组别，比赛采用 9 轮瑞士制，共有来自法国、俄罗斯、荷兰、拉脱维亚、蒙古、乌克兰等 8 个国家 110 名选手参赛。来自俄罗斯特级大师阿列克谢·契佐夫获男子组冠军，中国棋手周伟获男子组第十；来自俄罗斯伊德里索娃·阿伊古尔获女子组冠军，中国棋手赛娅获女子组第四名。来自俄罗斯候补棋联大师扎卡·萨瓦获 U14 男子组冠军，中国 10 岁小将周德邦、中国棋手陈泽睿分别获 U14 男子组亚军和季军，丽水市棋手翁浩铭获 U14 男子组第十名；中国棋手郛海澜获 U14 女子组冠军。

【2018 浙江省滑翔伞锦标赛(首届)】 2018 年 12 月 25—28 日，由浙江省航空运动协会、丽水市体育局主办，缙云县体育局、壶镇镇人民政府协办，丽水市航空运动协会、丽水羊上飞行体育运动有限公司承办的 2018 浙江省滑翔伞锦标赛(首届)在缙云县举行。该赛事设置男子定点、女子定点及团第定点三个组别，比赛采用国际比赛 12 轮制，共有来自全省 11 个队伍 50 余名选手参赛。来自宁波甘偲汶获男子组第一，温州陈立峰获男子组第二，丽水蒋凯获男子组第三；杭州张玲、方燕云、戴琛分别获女子组第一、第二、第三；杭州队获团体第一，温州队获团体第二，台州队获团体第三。　　（肖冬丽）

报刊 广播 电视

综　述

【策划重大主题宣传】 2018年，市级媒体策划开展2018年省、市“两会”、争先进位大赶超、创建丽水国家公园、扫黑除恶专项斗争、经济形势、城中村改造、乡村振兴、乡风文明建设大行动、“大花园”建设、首届华侨进口商品博览会、“人才·科技”峰会、少数民族运动会等重大主题报道。组织改革开放40周年和“八八战略”15周年主题宣传。围绕贯彻落实习近平总书记“丽水之赞”指示精神，组织市级媒体推出“丽水之赞”特别系列报道，广泛开展以“丽水之干”担纲“丽水之赞”主题宣传，为推动各项工作有序开展营造浓厚舆论氛围。

【完善新闻宣传管理】 2018年，市委宣传部印发丽水日报丽水市广电总台贯彻落实市委、市政府《贯彻落实中央八项规定实施细则的实施办法》有关改进新闻报道具体办法。每月定期召开新闻通气会，严格新闻宣传规矩和纪律，健全管控指令保密机制。建立全媒体报道工作机制，制定《主要领导全媒体报道工作流程》《加强主要领导全媒体报道工作的指导意见》。建立丽水日报社、市广电总台协作共享、联动发稿机制，推动媒体认真履行各项职能。

【推动媒体融合发展】 2018年，市级媒体建成全媒体采编播控平台并投入使用，实现台、网、报、端、微互联互通。丽报集团建成集融媒体指挥中心、采编媒体云、“指尖丽水”新版APP、微信直播系统的“绿谷融媒小厨”项目；市广电总台建成集指挥区、编发区、媒资区、技术区、会议室和机房于一体的融媒体“中央厨房”。有序推进县级媒体整合融合工作，青田成为浙江省首个省县合作建设样板，景宁建成融媒体中心。

【开展改革开放40周年宣传】 2018年，市级媒体统一开设“改革开放进行时”“改革开放看丽水”专栏，策划开展“40年·40人 丽水故事”“侨声唱响四十年”主题宣传。推出“百姓生活看变迁”“风起丽水”“辉煌四十年”“高质量发展的丽水脚步”“我的40年”系列报道。组织印制“伟大的变革——庆祝改革开放40周年”宣传挂图3600套，在各地各单位进行广泛张贴。将改革开放40周年主题宣传贯穿全年，与贯彻落实习近平新时代中国特色社会主义思想和中共十九大精神、“八八战略”15周年主题宣传和全市“争先进位大赶超”主题宣传、“丽水之赞”主题宣传结合，营造“丽水之干”担纲“丽水之赞”浓厚氛围。　　（舒紫芸）

丽水日报报业传媒集团

【概况】 2018年，丽报传媒集团坚持党媒姓党宗旨，理清思路、突出重点、精准发力，围绕“以习近平新时代中国特色社会主义思想为引领，深入学习贯彻中共十九大精神”主线，全面推进媒体深度融合和深化文化体制改革，提升新闻传播力、引导力、影响力、公信力，经营创收竞争力和中层干部执行力，做好新闻宣传、报业经营、媒体融合和队伍建设工作，多项工作取得历史性跨越发展。

提升主流媒体传播力、引导力、影响力、公信力，做好新闻宣传文章，做好中共十九大精神贯彻落实、改革开放40周年、“八八战略”15周年、以“丽水之干”担纲“丽水之赞”、城中村改造等一系列重大主题报道，亮点纷呈，得到领导和群众一致认可。做好“问政直通车”品牌，抓住“最多跑一次”改革契机，切实把“问政直通车”打造成丽水互联网领域“最多问一次”品牌栏目。全年“问政直通车”点击量4745万人次，日均13万人次，提问数1573个，回复数1573个，回复率100%。做好《新闻调查》栏目，《日报新闻调查版》从正能量视角出发，对相关新闻事件进行全面调查，客观公正、实事求是反映问题。推出“喜看稻菽千重浪——乡村振兴”“生态产品价值转换丽水样板”等系列调查报道，赢得读者和相关部门好评。做好新闻帮扶活动，《处州晚报》通过《帮办》版面为困难群众解决问题筹集善款，持续开展“健康大篷车”大型义诊暨丽水帮帮团公益联盟乡镇行活动，举办第十届相亲大会，开启为千名留守儿童圆微心愿活动，取得很好社会效果；新媒体中心持续以“丽水网雷锋团”为榜样力量，开展“为千名留守老人理发”等互动公益活动。获浙江省新闻奖12个，其中，二等奖4个、三等奖8个；获《中国城市党报新闻奖》一等奖2个，“名栏目”1个，“好版面”1个；采写中国地市报“新时代、新气象、新作为”作品竞赛获一等奖3个；获赵超构新闻奖一等奖1个。

全年经营总收入1.047亿元，成为全市第一家年收入超1亿元国有文化企业。文化传播公司整合资源，全面拓展业务，改革开放40周年专题业务量突破300万元，成为报社单体最大专题业务。“健康大篷车”大型义诊县市行、乡镇行活动，获浙江报业创新项目评选二等奖；报刊发行公司开展“投递质量月”活动，举办小记者活动，创新做好《丽水日报》《处州晚报》发行，优化拓展物流业务。2018年，《丽水日报》《处州晚报》报款收入2933万元，同比增长19.5%，物流及创收收入558万元，同比增长56%；印务公司以技改为契机，开源节流、拓展经营业务。促进CTP版价格下降，提升废纸销售收购价，拓展对外业务，调整提高县报印刷费，争取到全市最大企业报《纳爱斯报》每期30万份印刷业务。丽水日报印务有限公司获2018年度“大道杯”全国报业物资供应工作先进集体奖；版外经济方面，城市电视公司充分利用覆盖广场、商场、车站等场所视频传媒终端，做好广告投放对接工作；网络传媒公司创新开拓新业务，加强活动策划，举办丽水青年七夕相亲大会和大木山茶园集体婚礼；购朋友电商公司精准定位发展方向，创新“一店一产品”发展模式，开展社会活动不断，打响购朋友品牌。

提升中层干部执行力，持续打造丽报铁军队伍。开展“大学习大调研大练兵大赶超”活动、政治理论和业务技能全员学习培训活动、弘扬“寻乌调查的唯实求真精神”调研活动，实施以“五个一”（讲好一堂微型党课大赛、举办一次“我的独家秘籍”业务分享会、开展一次理论文章评选、开展一次创新成果项目评选、举办一次“我为报社发展献一计”金点子征集大赛）为抓手大练兵活动，形式多样、成效明显；层层签订《党风廉政建设责任书》和《意识形态工作责任书》，将党风廉政工作、意识形态工作和日常工作一起部署、一起落实、一起考核；出台下属公司2018年目标责任制考核办法，规范下属公司内设机构和人员编制管理，修订考勤制度，提升人力资源管理规范化水平；完成3个批次报社科级干部和3个批次公司管理层干部的选拔任用，共计34人，其中，报社科级干部13人，公司管理层21人。协助做好3个批次部管干部调整工作，优化中层干部队伍结构。

【“绿谷融媒小厨”项目建成上线】 2018年，在广泛调研、深入研究、多方论证的基础上，丽报传媒集团确定与浙报集团合作共建“绿谷融媒小厨”项目，这是省、市媒体协作推进第一个融媒体项目。2月22日，投资1167万元的“绿谷融媒小厨”项目立项。丽报集团与浙报集团共同推进一系列建设内容，6月底前完成建成。7月2日，丽水日报报业传媒集团“绿谷融媒小厨”上线运行。按照媒体融合需要，成立全媒体指挥中心、新媒体中心和全媒体视觉中心，重构采编生产流程，出台《新媒体发稿考核及奖励办法》《融媒体工作室实施方案》等相关考核奖励制度，抓好媒体融合全员培训，推动组织架构、采编流程、新闻队伍融为一体、合而为一，努力实现传统媒体和新媒体深度融合。

7月2日，“绿谷融媒小厨”项目上线运行　（蓝　敬　提供）

【改革开放40周年报道】 2018年，是改革开放40周年。《丽水日报》、

《处州晚报》、新媒体中心策划推出一批时间跨度长、内容形态活、社会影响广的大型主题系列报道。《丽水日报》开设《改革开放看丽水——40年•40人 丽水故事》和《改革开放看丽水——侨声唱响四十年》专栏，推出《改革开放四十年——衣食住行》系列报道，启动《风起丽水——听丽水日报里的改革故事，看秀山丽水中的绿色崛起》系列报道，从不同侧面展示40年来丽水经济社会发展成就；《处州晚报》在做好“40年•40人”报道同时，精心策划“向党报告——我家40年的幸福生活”，深入基层发掘典型“幸福家庭”，引发广大读者共鸣；丽水网开设《改革开放看丽水》专题，内设“最新报道”“壮阔东方潮 奋进新时代”“40年•40人 丽水故事”“侨声唱响四十年”等栏目，集纳新闻稿件，“两微一端”配发重点稿件。全年发布改革开放40周年专题稿件324篇，阅读量97万人次。

【以“丽水之干”担纲“丽水之赞”主题报道】 2018年，习近平总书记在深入推动长江经济带发展座谈会上对丽水工作的102字点赞，激发起全市上下前所未有的前进动力。《丽水日报》率先将其形象概括为“丽水之赞”，并通过六大篇章，系统展现丽水坚定不移走“绿水青山就是金山银山”道路的生动实践和探索创新，首篇“成就篇”一经推出，阅读量冲破10万+，被浙江在线、今日头条、澎湃新闻等媒体广泛转载；《处州晚报》分层次解析“丽水之赞”精神内涵，以“我的金饭碗”为纲，报道习近平总书记发出重要嘱托的12年来（2006—2018年），丽水群众捧起的12只“金饭碗”，并牵头丽水朗读团开展“丽水之赞”朗读活动，600余人参加，优秀音频陆续在微信公众号推送；新媒体中心提炼102个字“丽水之赞”各项内容，拍摄制作102秒创意航拍作品，制作102厘米生态探秘长图，以视觉形式展现各县（市、区）将绿水青山蕴含生态产品价值转化为金山银山典型事例。市委四届四次全会后，“两报一中心”（《丽水日报》、《处州晚报》、新媒体中心）紧扣“以‘丽水之干’担纲‘丽水之赞’”精心开展策划，推出一系列新闻报道。其中丽水网开设《以“丽水之干”担纲“丽水之赞”》专题，“指尖丽水”APP首页首屏同步开设移动端专题，全年发布稿件293篇，总阅读量119万人次。

【丽报传媒集团新大楼】 2018年4月28日，丽报传媒集团新大楼搬迁。新大楼位于中山街与欣苑街交叉口东南侧，2015年1月27日开工建设，工程概算1.76亿元。主楼为框架剪力墙结构，地下1层，地上20层，高度84.7米；辅楼为框架结构，地下1层，地上4层，高度19.8米。新大楼总建筑面积27160平方米，其中，地下建筑面积6019.91平方米，地上建筑面积21140.50平方米，总建筑面积是老大楼总建筑面积11倍。新大楼总体设计为一艘破浪前行帆船造型，寓意着丽水日报社组建丽水日报报业传媒集团后，继续乘风破浪、锐意改革，全力打造现代化文化传媒集团。

【全面完成深化文化体制改革】 2018年，丽报传媒集团全面完成深化文化体制改革任务，取得显著成效。5月2日，丽水日报报业传媒集团揭牌。根据工作需要，对集团党委成员、社长办公会议成员和编委成员分工作适

丽报传媒集团新大楼　　　（蓝伟荣　提供）

当调整，对集团公司董事会成员进行调整；根据《丽水传媒集团主要职责内设机构和人员编制规定》文件精神，结合集团实际，设立管理服务机构8个和新闻业务机构10个，明确相关职责；发行中心完成事转企工作，新成立报刊发行公司；文旅公司注册资金从200万元增加到5000万元，扩大业务范围；根据业务拓展需要，新成立文化投资发展公司和购朋友电商公司，并已开展业务；同时做好3个批次公司管理层干部的选拔任用，共计21人，确保10家下属公司的正常运转。

【经营收入首超1亿元】 2018年，丽报传媒集团应对国内外经济形势下滑和新媒体冲击压力，提升经营创收竞争力，坚持全媒体、多元化发展战略，以丽报传媒集团正式揭牌为契机，将相关经营部门转企改制，巩固延伸广告、发行、印刷“老三样”，同时，积极培育“传媒+教育培训”“传媒+文化旅游”“传媒+文化投资”跨界发展“新三板”，全年经营总收入1.047亿元，逆市上扬同比猛增27.7%，成为全市第一家年收入超1亿元国有文化企业。2018年，报业经营亮点工作包括“传媒+文化旅游”走出一条新路。文化旅游公司借全集团之力，承办全域旅游惠民卡发行工作，8月底发行上线后仅4个月突破4万张，刷新全省类似卡发行速度、发行总量两项纪录，赢得各界好评。惠民卡项目论文获中国地市报“报业+旅游”融合创新二等奖，宣传片获融合创新新媒体十佳作品奖；“传媒+教育培训”模式日渐成熟。智汇文化公司充分利用新大楼一流硬件设施，组建师资队伍，逐步打磨出一条适合公司当前发展教育培训之路；探索“传媒+文化投资”的路子。丽水日报报业传媒集团有限公司出资1亿元，新成立国有独资文化投资公司。启动《丽水日报》文创大楼项目前期工作，并纳入2018年市本级政府投资前期项目。（金海亮）

广播电视

【概况】 2018年，丽水市广播电视总台（以下简称“总台”）在2017年度浙江省新闻奖和浙江省广播电视政府奖评选中，获奖作品16件。其中，《处州小巷》系列报道获浙江省广播电视政府奖新媒体一等奖，《“精准扶贫”丽水在行动》等5件作品获二等奖，《援边一家的24小时》等10件作品获三等奖。

2018年，总台招聘事业编制工作人员7人，选聘主持人1人，对2017年度评上副高、中、初级职称人员进行岗位聘用，对部分中层干部进行调整，提任副科5人。全年实现广告经营创收6300万元，广电业全年广告信用指数99.707分，全省地级市综合排名第七。全年3个电视频道完全时段（18:00:00—22:59:59）平均收视率为8.84%，收视份额20%。

【主题宣传报道】 2018年，总台围绕市委、市政府中心工作，做好省“两会”和市“两会”宣传报道，推出《代表专访》《委员专访》《代表手记》《委员手记》《解读工作报告》等专栏，共播出市“两会”新闻188条。围绕庆祝改革开放40周年，9月13日，开设《改革开放看丽水》专栏，分别推出《40年·40人丽水故事》《侨声唱响四十年》两个子栏目，通过各行各业人物和华人华侨的故事，讲述四十年来丽水经济社会的巨变。12月3日，策划推出《改革开放看丽水·一城·一物看“丽水之变”》专栏，从小物件说起、小视角切入，以小见大全景展现丽水9个县（市、区）改革开放的喜人成就。相继推出《深刻领悟“丽水之赞”创新实践“八八战略”》《以“丽水之干”担纲“丽水之赞”》两个专栏，其中，《深刻领悟“丽水之赞”创新实践“八八战略”》，倾力打造“成就篇”“动力篇”“坚守篇”等六大篇章，系统展现丽水坚定不移走“两山”道路的生动实践和探索创新。《以“丽水之干”担纲“丽水之赞”》专栏共推出全媒体报道1000余篇，同时策划推出《处州擂台》小专栏，记者深入建设工地、企业车间和农村，用走基层的形式，展现丽水干部群众用脚步量民情、用实干谋发展的干劲和担当。全面报道市区城中村改造，开设《大力推进城中村改造》专栏，记者深入一线蹲点，对感人故事，典型人物等内容进行挖掘，开展媒体融合宣传，传统报道、新媒体、微视频相结合，推出《未来的家》《城中村·蜕变》《带着老照片，发现新丽水》等系列报道。策划创作一批H5、动图、微视频等新媒体产品，助推城中村改造工作顺利推进。2018年，总台相继开设《新春走基层》《争先进位大赶超》《全力创建丽水国家公园》《振兴路上的乡村故事》《乡贤助推乡村振兴》《学习贯彻十九大精神——筑梦·新时代》《慈孝丽水、寻找榜样》《耕读丽水 慈孝处州》《创建绿色发展综合改革创新区》《大力推进小城镇环境综合整治》《农旅融合 实现“三美”》《精准服务企业 振兴实体经济》等主题报道专栏。

【对外宣传】 2018年，总台进一步加大对外新闻协作力度，完善外宣奖惩考核机制，全台上下齐心协力，共同做好外宣工作，全年被中央电视台录用稿件5条；被浙江卫视录用的正面宣传新闻稿件385条，其中头条新闻5条，在全省各地市名列第七，获全省新闻协作三等奖；被浙江广播电视集团录用的正面宣传广播新闻稿件72条。

【新闻舆论监督】 2018年，总台《电视问政》栏目共播出8期，包括《问政回头看》《聚焦民生项目建设》《聚焦乡村振兴》《聚焦景区村发展》《“最多跑一次”改革再升级》和《电视问政·五周年特别节目》（上中下3场）。每期主题围绕市委、市政府工作大局，结合社会热点。全年梳理问题30个，整改落实到位30个，完成率100%。总台推出的建设性舆论监督类栏目《每周聚焦》，每周播出一期，全年播出节目51期，每期节目播出后，受到市领导和社会各界关注，市委书记胡海峰作批示1次、市长吴晓东作批示4次，总台高度重视《每周聚焦》所反映的内容，节目收视率也稳居总台各栏目前茅。

“最多跑一次”改革再升级电视问政直播现场 （叶永平 提供）

【提升媒体品牌影响力】 2018年，总台相继开展“2018·暖冬行动”、“悦享童年·快乐奔跑”亲子迷你马拉松、“科普夏令营”、“2018广电小记者‘税收在我身边’故事大王比赛”、“三八女神节”等活动。“丽水新闻”微信公众号、“丽水在线”微信公众号被市委宣传部评为2018年度品牌新媒体，文明礼仪进社区被市委宣传部评为2018年度品牌活动。

【广播电视栏目创新】 2018年，总台广播新闻综合频率对节目进行全面改版，推出文学诵读类节目《一起朗读》，节目采用广播加微信互动形式，增强听众参与性强。经过重新制作包装，以音频加图文的新媒体产品形式，在无限丽水APP上发布。《一起朗读》被市委宣传部评为2018年度品牌栏目。3月16日，总台电视公共频道推出《丽水万事通——瓯江文物故事》系列节目，每周五6点55分在《丽水万事通》栏目固定播出。《瓯江文物故事》以现场主持人与文物专家互动讲解，穿插文物背景故事介绍，以本地文物为依托，把地方博物馆的馆藏精髓一件件展示在观众眼前，在引导观众去欣赏文物之美的同时，也能感受到文物的生命力。7月，《老白谈天》在周六开设《编辑在线》子栏目，结合“老白谈天”微信公众号的留言和热点话题，回顾一周新闻，评说新闻事件，明辨是非，引导舆论，形成传统媒体与新媒体的互动。

【广播电视技术保障和事业建设】 2018年，总台完成3个电视频道、3个广播频率的安全制作播出任务，完成3个电视频道、5个调频广播频率和8个县（市）调频覆盖网的安全转播发射任务。全年完成8个安全播出保障期共75天的重点保障工作，实现全年安全播出无事故。

总台与浙江广播电视集团技术合作，6月，完成融媒体技术平台项目建设，并于7月26日上线使用。系统基于“中国蓝云”平台服务，通过浙江省广电骨干光缆网以远程“租户”接入形式在丽水端构建融媒体技术平台。项目总投资1427.8万元，建成面积900平方米，具有全媒体工位87个，系统包含总编调度中心、采编发联动平台、传播效果监测反馈等功能的“中央厨房”系统、媒资管理与本地应急制作系统、IP备播系统等，是浙江省第一家基于“中国蓝云”平台服务的城市台融媒体中心。更新45频道地面数字电视发射机，9频道和30频道模拟电视发射机，完成缙云县调频覆盖网点天馈线改造，提高安全播出可靠性。根据市区丽阳坑整治改造项目需要，完成括苍路微波中继机房临时搬迁，确保陈寮山发射台信号源链路的稳定。

【丽水华数数字电视有限公司】 2018年，丽水华数实现权责总收入4358万元，利润1093万元，其中，基本视听收入1364万元，视频增值业务收入478万元，集客总收入1129万元。至年底，数字电视大众用户出账数51689户，宽带大众用户出账数12226户。

2018年，公司完成投资总额863万元。完成网络优化设计出图共9328户，完成江滨小区、城中花苑等12个片区共10050户网络优化割接工作，改造小光站数279个，敷设主干光缆56.5千米，完成小C更换CM共783个。开展旧城改造、城北区块安置房线路迁改项目的实施，完成丽阳溪（丽水电大点）综合治理、中山街三期等7项线路改迁工作。完成公安四合一无线审计测试，并取得合格证；完成卫星接收机、信息安全日志审计系统、IPQAM扩容等项目安装调试。2018年，新增“丽水市水利发展有限公司办公楼监控施工”“丽水市海关监管场所监控项目采购”“丽水市建设系统数据交互平台系统集成”“丽水城投公司在建工程远程控制指挥系统”“油泵厂临时仓库监控项目采购”“莲都区林业局林火视频监控系统建设”等监控、ICT项目。“丽水市建设系统数据交互平台系统集成”“莲都区林业局林火视频监控系统建设”等项目完成验收，并获甲方领导肯定。

除青田华数外，丽水华数实现丽水地区各子公司集中呼入和呼出合并工作，2018年1月1日，正式拉开全区客服一体化考核工作序幕。8月1日，丽水华数、莲都华数及云和华数财务一体化工作试运行。（叶永平）

【丽水广播电视报社】 2018年，丽水广播电视报社精准定位读者群，加强传统媒体和新媒体两个宣传阵地，加速媒体的融合，全年报纸征订3万份。

2018年，《新壹周》推出“慈孝丽水”和“丽水故事”，“慈孝丽水”侧重挖掘慈孝文化内涵，发扬传统美德，促进家庭和谐社会和谐；“丽水故事”定位讲述丽水人和丽水家庭故事，撰写平凡人家幸福故事、弘扬家庭美德，传递积极向上、社会和谐的正能量，全年采访推出15篇。依托丽水优良的生态环境与旅游资源，围绕不同阶段的旅游主题，报社共采访刊出20篇。在暑假期间（6—8月），整理推出旅游线路8条，附上攻略与当地美食推荐，报刊与微信公众号同时推出。并首次借助“无限丽水”融媒体平台，在南京做旅游推荐会直播工作1场；健康宣传方面，通过采访本地养生达人和名医传达正确、积极、健康的养生理念和方法，全年采访刊出20余篇。2018年，报社在“新壹周”公众号发力，增加原创内容，进行多种尝试。在内容制作上增加微视频比例。活动采用短视频与图文结合方式进行报道，报社还与其他部门合作推出一系列的微视频。在美食原创栏目方面，《新壹周》推出《大师说菜》系列栏目，每期邀请1位丽水本地烹饪大师现场教学，打造本土饮食文化印记。全年推出图文、视频内容12期。

联合市文明办、莲都区文明办开展文明礼仪进社区活动，走进丽水市区12个社区，参与群众近1万人次。此活动被市委宣传部评为2018年品牌活动。联合市教育局、市地方税务局举办“2018广电小记者‘税收在我身边’故事大王比赛”，全市7000余名学生参与评选。“丽水广电小记者讲故事大赛”大型社会实践活动被评为2018年度浙江省小记者十佳品牌活动奖。（杨　波）

新闻团体

【概况】 2018年，丽水市新闻工作者协会（以下简称“市记协”）团体会员单位33家（市、县广播电视新闻出版局10家，市、县报纸10家，市、县广播电视10家，学院报1家，记者站2家）。全市新闻媒体32个，其中，报纸12家（含县级内刊及《丽水学院报》、丽水广播电视报），广播电视台10家，新闻网站10家。2018年，丽水市记协以习近平新时代中国特色社会主义思想为指导，组织全市媒体深入学习宣传贯彻中共十九大精神，认真学习习近平总书记在全国宣传思想工作会议上的重要讲话精神，推动全市新闻战线不断增强脚力、眼力、脑力、笔力，守正创新做好新形势下新闻舆论工作。动员组织全市新闻工作者做好中共十九大精神贯彻落实、改革开放40周年、“八八战略”15周年、“丽水之干”担纲“丽水之赞”、城中村改造等重大主题报道工作。8月，市记协派出一名一线记者参加浙江新闻界在杭州举行的“好记者讲好故事”演讲比赛，获优秀奖。

2018年，市记协开展业务培训，组织媒体领导、采编骨干和新进采编人员参加省记协的各类培训活动。31人次参加“新媒体建设与发展”高级研修班、“媒体融合与新媒体发展”高级研修班、全省媒体新人“四向四做”专题培训班、“赢在绿水青山　制胜融合发展”县级媒体研修班等4个批次的各类培训班。

【开展年度新闻奖评选】 2018年初，开始评选2017年度丽水市新闻奖。2017年度丽水市获浙江新闻奖的作品共20件。2017年度丽水市新闻奖评奖项目和标准与浙江新闻奖基本一致，报纸、广播、电视、新媒体和区域报分类进行评选。产生2017年度市新闻奖的获奖作品报纸作品78件，广播电视作品62件，新媒体作品19件，区域报作品24件。

【举办庆祝记者节书法绘画摄影比赛】 2018年10月12日至11月8日，丽水市新闻界举行庆祝记者节书法绘画摄影比赛。比赛由丽水市新闻工作者协会主办，丽水日报报业传媒集团承办。比赛设书法、绘画、摄影三个类别，面向全市新闻工作者开展，参赛者可选择一项或多项参赛，单项不超过2幅作品。此次比赛共收到参赛作品56人次83幅。经评审，评选出一等奖5人、二等奖9人、三等奖14人。（郑亚伟）

卫生　红十字会

综　述

【概况】 2018年，全市卫生健康工作围绕“两个高水平”奋斗目标和健康丽水发展任务，按照市委、市政府“大学习大调研大抓落实”要求，推进健康丽水建设，深化医改工作，提升计划生育服务，加强医疗卫生服务和公共卫生工作。“打造流动医院破解山区群众看病难题的做法”“调保结合化解医疗纠纷新机制”“还血经费核发在全省率先实现‘零次跑’”3项工作得到省级领导批示肯定。无偿献血工作连续八度蝉联全国无偿献血先进市称号。

2018年，全市医疗卫生机构1697家，其中，医院56家，社区卫生服务中心(站)38家，卫生院188家，村卫生室809家，门诊部、诊所、卫生所、医务室562家，疾病预防控制中心9家，妇幼保健院(所、站)9家，采供血机构1家，卫生监督所(中心)10家，计划生育技术服务机构1家，其他卫生机构14家。全市病床位13472张。全市卫生系统在岗职工23402人，卫生技术人员19679人，其中，执业(助理)医师8032人，注册护士8066人。全市常住人口数219.9万人，每千人床位数、执业(助理)医师、注册护士数分别6.13张、3.65人、3.67人[全市户籍人口数270.19万人，全市每千人床位数、执业(助理)医师、注册护士数分别为4.99张、2.97人、2.99人]。全市三级甲等综合性医院2家，三级甲等中医医院1家，三级甲等专科医院1家；二级甲等综合性医院8家，二级甲等中医院5家，二级甲等妇幼保健院1家；二级乙等综合性医院2家，二级乙等中医院2家。

【卫生事业投入17.2亿元】 2018年，全市卫生事业投入17.2亿元(其中基本建设资金1.89亿元)，增长21.77%，同期财政支出增长16.56%，卫生事业投入占财政支出比例3.98%，中医事业费占卫生事业费比例4.21%。全年市本级卫生事业投入增长36.01%，同期财政支出增长22.54%，卫生事业投入占同级财政支出比例6.3%，市本级中医事业费占卫生事业费比例6.3%。 （应丽芬　何群英）

医教科研

【医教成果】 2018年，继续推进全市住院医师规范化培训工作，全市招录住院医师227人，中医住院医师30人，其中，儿科9人，全科医学科12人，助理全科58人，精神科13人。结业理论考核合格237人，合格率95.49%。结业临床实践考核合格232人，合格率95.31%。中医住院医师结业理论考核合格20人，临床实践考核合格25人，合格率分别为90.91%、100%，住院医师结业整体合格率位居全省第二。全市获国家级、省级科技项目立项分别2项、13项、省医药卫生科技项目和市科技局项目立项37项。获省医药卫生科技奖二等奖1个，三等奖2个。“丽水市影像诊断与介入微创研究科技创新团队”等4个团队获第二批丽水市重点科技创新团队。心血管系统疾病等8个领域疾病被列入市医学临床研究中心培育期。加强继续医学教育项目和学分管理，2018年，获准国家级医学教育项目立项10项、备案项目17项，省级项目立项27项、备案项目7项，市级项目立项266项。远程继续医学教育一类学分学习196人，二类学分872人，累计培训3.45万人次，中级以上职称卫技人员学分达标率96.8%；初级卫技人员岗位培训1559人，合格1505人，合格率96.5%。 （黄　莺）

医政管理

【市级公立医院综合改革】 2018年，全市公立医院医疗总收入59.99亿元，同比增长10.15%；门急诊均次费用

237元，同比增长3.49%；住院均次费用10272.35元，同比增长1.58%；药品收入占医院总收入31.73%，同比下降2.42%。市级公立医院药占比为29.24%，同比下降3.41%；医疗服务收入占比为32.03%，同比增长1.41%。联合市发改委等4个部门完成丽水市公立医院首轮医疗服务价格调整，降低13项检验和中药饮片价格，提高综合诊疗类7项及中医类40项医疗服务价格。市医改办发文公布2018年全市公立医院控费目标，并按季度对公立医院综合改革重点任务台账进行通报。联合市人力社保局、市财政局印发《关于基本医疗保险慢性病医疗有关问题的通知》，明确将高血压等18种疾病纳入慢性病门诊配药管理范围，恶性肿瘤等15种疾病纳入特殊病种门诊就医管理，实施慢性病长处方管理，扩大基层医疗机构药品配备自主权，并将采购金额由原不超过药品采购总金额的30%提高至50%，更好满足群众用药需求。制定《丽水市公立医疗机构药品采购共同体药品备案采购目录》，全市药品采购统一目录，实现慢性病患者能在基层配到所需药品。持续开展市直医院第三方满意度调查，全年总体满意度87.5分(总分100分)，比2017年增加0.51分。会同市人力社保局和市财政局印发《市级公立医院2017年度绩效考核情况通报》，下发绩效考核补助资金。制定印发《2018年丽水市市级公立医院运营管理成效考核细则》，完成市级5家医院运营管理成效考核。

【“双下沉、两提升”工作】 2018年，市卫生健康委持续完善“双下沉”工作机制，重点是进一步规范下沉人员的数量和工作时间。省级医院派驻人员担任县级医院执行院长2人、副院长9人，担任帮扶科室主任比例达到54%。选派人员当中，中高级职称技术人员比例76%。6月底，市卫生健康委公布省级中心镇卫生院与市、县医院合作关系名单，25个省级中心卫生院与市、县级医院均建立紧密合作办医关系，同时实现所有县(市、区)与省级医院合作办医全覆盖。根据《丽水市“双下沉、两提升”(医联体)管理与资金补助办法(试行)》，对全市7个医联体进行考核，考核全部合格并发文公布考核结果，同时，根据考核结果对“双下沉、两提升”(“双下沉、两提升”是省委、省政府为深化医改、推进公立医院综合改革、优化城乡医疗资源配置作出的重大决策，通过“城市医院下沉、医学人才下沉”，达到县域医疗卫生“服务能力提升、群众满意度提升”的目的)及医联体建设市直考核单位予以资金补助200万元，鼓励“双下沉、两提升”医联体工作持续推进。

【县域医共体建设】 2018年，缙云县作为全省11个医共体试点县之一，以3家县级公立医院为牵头单位，联合18家乡镇卫生院组成3个医共体。基层就诊率56.62%，同比增长7.26%。至年底，在缙云县试点的基础上，全市所有县(市)的16家县级医院和185家基层医疗机构优化整合成为15个医共体，并制定县域医共体实施方案由县(市)政府发布。

【医疗质量安全】 2018年，丽水市“调保结合”化解医疗纠纷新机制入选浙江省《新时代“枫桥经验”实践100例》。省委常委、政法委书记王昌荣批示：“很有意义，望继续探索，形成调处医患纠纷的‘丽水’经验，省政法委、卫计委、司法厅要予以关注，适时总结推广。”《健康报》以《丽水：纠纷不“纠缠”赔偿有“兜底”》为题，刊印丽水市经验做法。至年底，全市县级以上医院17家、民营医院4家、乡镇卫生院127家、村卫生室270家，个体诊所62家统一被纳入市级医责险共保体，7个县建立调处分中心，业务涉及8个县(市、区)，调处中心共接待医患双方咨询900余次，受理医疗纠纷案129起，成功调解结案99起，“零赔付”9起，自动放弃10起，转其他途径2起，调解成功率95.6%。司法确认案件63起，确认率65%。组织举办2018年城区二级以下医疗机构抗菌药物临床应用知识和规范化管理培训，现场考核合格59人，授予相应的抗菌药物处方权和调剂资格。11月1日起，全市所有二级及以上医疗机构(除儿科)全面停止门诊患者静脉输注抗菌药物。完成全市35个市级质控中心年度考核，其中考核优秀12个。组织8个市质控中心对17家县级医院进行质控联合检查，并将检查结果予以通报排名。开展卒中、胸痛及创伤三大中心创建，成立丽水市脑卒中专科联盟，建立以高级卒中中心为龙头的丽水市卒中救治体系网，形成市县一体急危重症救治急救体系。完成丽水市第四批医学重点学科终期验收，共71个学科通过验收。

【医疗卫生服务】 2018年6月，市政府组织召开全市深化医疗卫生服务领域“最多跑一次”改革工作推进会，并印发《丽水市医疗卫生服务领域深化“最多跑一次”改革行动方案》。市卫生健康委结合工作实际成立改革工作领导小组和建立改革分片联系制度，明确责任主体，细化责任分工，落实工作职责。经过改革，在全省率先实现浙江政务服务网上诊间结算支付，实现“边诊疗边结算”，市本级医院门诊智慧结算比例从5月初的5.05%提高到12月底的50.73%；丽水市区域医疗影像平台在全省率先实现全市范围内健康数据共享、互联互通，实现市、县公立医院之间影像资料实时共享。

【医疗行政审批】 2018年，全市审批医疗广告49件，其中，中医广告7件、西医广告42件。市本级受理医疗机构设置申请22家，发放医疗机构设置批准书22件，办理医疗机构执业许可证71件，其中，新设置发证29家，变更42家，中医诊所备案5家，办理护士执业注册2063件、医师702件。全面开展医生、护士电子化注册，全市医疗机构账号发放率95.1%，医师账户激活率86.87%，护士账户激活率93.84%。

【医师资格考试】 2018年，市中心医院和市中医院分别获临床类别和中医类别国家医师资格考试实践技能考试基地，全省11个地市共设临床类别基地5个，中医类别基地3个，全省仅有市中心医院和市中医院2家地市级医院获批考试基地，将负责金华、衢州、丽水三地考生临床类别和中医类别医师资格实践技能考试。丽水考点1258人网报参加全国医师资格考试，符合资格1146人，考试合格805人，实践技能考试合格率70.24%。综合笔试合格人数550人，综合笔试合格率68.4%。全市医师资格考试总体合格率47.99%，比2017年增加3.29%。

【血液供应和安全】 2018年，全市无偿献血35465人次，无偿献血量10.08吨，捐献机采血小板2328人次，检测血液样本35562份，血液检测率达到100%，质量抽检合格率100%，无偿献血量占临床用血量的108%。丽水市连续8度蝉联全国无偿献血先进市称号，连续17年实现临床用血100%

7月24日，副省长成岳冲（左三）到市人民医院调研卫生信息化工作

（杜颖昕 提供）

来自无偿献血和安全供血“零事故”目标。创新开展无偿献血进军营、进校园、进社区、进企业、进乡镇等“六进”活动。献血者用血费用报销在浙江政务服务网实现用血报销“掌上办”，在全省率先实现全省范围内还血经费核发“零次跑”，简化献血者用血报销流程，提高用血报销效率。该做法得到副省长成岳冲批示，要求在全省推广。

【“120”急救】 2018年，“120”急救中心有效受理急救电话8904人次，未发生任何因调度失误引发的医患纠纷。完成莲都区人民医院急救分站系统建设，购置新生儿救护车2辆。市本级网络医院16辆救护车全部纳入调度系统，并安装车载系统。丽水市首个“直升机航空医疗救援基地”在市中心医院成立，进一步完善公共卫生立体化应急救援体系。完成山体滑坡卫生应急救援、车祸伤员、高速连环车祸大量伤员等场景演练，不断提高医务人员应急能力。成功立项省指挥中心科研培训项目2项。组织开展全市院前急救人员培训，全年培训近5300人次。在“世界急救日”开展“交通安全救在身边”急救宣传活动。完成2018年马拉松比赛等重要活动医疗应急保障工作。（林 超）

中医药工作

【中医药事业发展】 2018年，全市中医药事业发展经费7236.43万元，同比增长13.45%；公立医院中医药业务收入3.56亿元，同比增长21.32%；中医门诊人次133.3万人，同比增长18.90%；中药饮片收入1.9亿元，同比增长16.32%；中医非药物治疗收入7436万元，同比增长46.15%；中医床位数1910张，同比增长5%；中医类别执业（助理）医师1121人，同比增长2.94%。全市新增中医类诊所26家，其中备案诊所12家。丽水市中医院通过浙江中医药大学非直属附属医院复评并挂牌。市中医院成为全省3个国家医师资格实践技能考试基地之一。

【基层中医药服务】 2018年，全市县级医院中医门诊人次63.42万人，同比增长22.71%；中医药业务收入1.91亿元，同比增长25.89%。基层医疗机构中医门诊人次71.16万人，同比增长22.09%；基层中医药业务收入7171.83万元，同比增长6.04%。全市建成中医馆83家，并在此基础上开展"示范中医馆"创建，青田县山口中心卫生院、龙泉市安仁镇中心卫生院等10家单位新创成"示范中医馆"，至年底，全市建成"示范中医馆"32家。制作完成丽水市基层医疗机构"示范中医馆"宣传手册，共发放手册500余份。开展全市基层医疗机构中医药适宜技术推广培训考核，按照"按需培训、交叉考核、注重操作、统一发证"原则进行，全市参加培训1529人，参加考核862人，考核合格3314项，人均合格3.8项。

【中医医疗质量】 2018年，市卫生健康委联合市人力社保局制定印发《丽水市医疗机构中药饮片管理专项检查实施方案》，并组织各地开展全市中药饮片专项检查，覆盖100%县级以上医院、民营医院、基层中医馆，50%以上乡镇卫生院、社区卫生服务中心及社会办医疗机构。连续3年举办丽水市县级中医医院优秀中医住院病历评选活动，全市7家县级中医医院全部参加评比。丽水市中医药学会成立中药饮片价格分会，2018年10月1日，全市中药饮片价格发布并实施。组织开展全市中药饮片处方点评工作，共集中点评21家县级以上公立医院中药饮片处方2100张。市卫生健康委组织开展二级中医医院疾病诊断相关组(DRGs)巡回讲课活动，全市7家中医医院的医务工作者共756人参加培训。开展全市县级以上公立医院中药饮片帖均费用控制和监测，全市县级医院中药饮片帖均费用27.84元，市本级医院34.5元，与2017年基本持平。全市中医医院推行临床路径管理，全年入径总例数5154例，入径例数占出院病例数比例11.87%，较2017年提升5.3个百分点。

【中医药特色服务】 2018年，市卫生健康委制定印发2018年"中医中药中国行——中医药健康文化推进行动"活动方案，在《中华人民共和国中医药法》实施1周年，开展中医中药中国行——中医药健康文推进行动之"中医药你我他"大型主题活动。全市各级医院累计开展中医特色护理技术项目275项，中医护理收入1.5亿元，同比增长261.97%。中药膏方、冬病夏治、中医体质辨识、中药香囊等中医药特色服务项目的开展，受到广大群众的欢迎和喜爱。联合市老科协编制《中草药民间单方验方大全》，并由中国科学技术出版社出版，全书59.9万字，单方验方3000余首，覆盖200余种常见病。

【中医药人才科教】 2018年，全市新引进中医类别医师41人，备案传统医学师承人员15人。完成1名全国中医护理骨干人才培训项目、1名入选省级名中医、5名获第二批"浙江省基层名中医"称号；新增全国基层名老中医药专家传承工作室1个、浙江省基层名中医培养对象10人、浙江省级中医护理优秀人才项目培养对象5人。"西学中"培训班在市人民医院和缙云教学点相继开班，新增学员190余人。开办2018年"护学中"培训班，共105人参加培训。完成2017年丽水市市级名中医师带徒第一年度考核，共45人参加考核并全部合格。组织开展首次中医医术确有专长医师资格考核报名，93人通过资格审查并参加省级现场考核。全市新立项省部级中医药课题5项、市厅级课题17项、县局级课题16项，获市厅级中医药科学技术奖2项。市中医院结核科获丽水市临床医学研究中心称号，"畲医药防治心血管病""丽水市中西医结合肺病学"获丽水市重点科技创新团队称号。举办中医药类继续教育项目国家级3项、省级2项、市级30项。

【中医药文化宣传】 2018年，市卫生健康委举办全市首届中医药健康文化知识大赛，来自各级医院、中医药企业、社区卫生服务中心和乡镇卫生院23支代表队参加竞赛。"5·12"国际护士节期间，组织护理人员开展"挥洒创意舞动中医"为主题的中草药画展览，并在市政府行政中心和莲都区图书馆展出作品90余幅。全市举办中医药宣讲活动609场，受益群众4万余人次。市中医院全年参加录制电视台"养生谈"节目52期，举办"绿谷养生大讲堂"20期。缙云县地缘家庭农场和松阳县云顶仙坑源国际人文养生度假村被评为2018年浙江省中医药文化养生旅游示范基地。丽水市中医院端午节前在囿山小学开展"中医忆端午，中药成香囊"活动。松阳县启动《松阳县常用中草药》(上册)编写工作。遂昌中医院护士拍摄经络操视频供患者学习，弘扬中医药文化。 (林 超)

卫生人才

【卫生人才培养】 2018年，全市医疗卫生机构招录定向培养生290人，其中本科、专科层级分别招录210人、80人。开展定向培养生情况调研，2009—2018年共招录1687人，其中，县级医疗卫生机构549人，农村社区1138人。至年底，到岗670人，住培(助理全科培训)606人，结业424人，流失42人，流失率2.49%。2018年，市直医疗卫生单位公开招聘入编122人，博士3人，硕士研究生36人，紧缺人才71人。基层卫技人员培养培训3180人次，其中，社区护士岗位培训71人，乡村医生注册培训563人，浙江省基层疾病诊治技术系列培训项目培训39人，全科医师转岗培训10人，省2018年紧缺人才培训10人（康复专业6人、麻醉专业4人），县级专科医师培训4人，实验室生物安全管理培训135人。市卫生健康委根据工作重点，举办全科医生岗位胜任力培训、中医药健康管理服务、基层医院护理质量、公共卫生保健人员等培训，加强基层人才队伍建设。全市卫生计生系统入选省卫生创新人才2人，入选省级名中医1人。

【卫生职称评审】　2018年，全市2502人参加初中级卫生专业技术资格考试，850人参加护士执业资格考试，初级、中级专业达国家合格标准人员1392人（其中，初级士80人，初级师622人，中级690人）合格率55.64%，护士执业资格合格人员717人，合格率84.35%。全市851人参加2018年度卫生高级专业实践能力考试。进一步扩大医疗机构自主评聘改革试点范围，丽水市中心医院、丽水市人民医院、丽水市中医医院、丽水市第二人民医院、缙云县人民医院和缙云县中医医院牵头的县域医共体单位，实行单位自主评聘。市中心医院参加评审对象共56人（其中，申报正高10人，申报副高46人），评审通过49人（其中，正高9人，评审通过率90%；副高40人，评审通过率86.96%）。市人民医院参加评审对象共33人（其中，申报正高15人，申报副高18人），评审通过25人（其中，正高13人，通过率86.67%；副高12人，通过率66.67%）。市中医院参加评审对象共10人（其中，申报正高3人，申报副高7人），评审通过10人（其中，正高3人，通过率100%；副高7人，通过率100%）。市第二人民医院参加评审对象共8人（其中，申报正高3人，申报副高5人），评审通过7人（其中，正高3人，通过率100%；副高4人，通过率80%）。缙云县人民医院参加评审对象24人（其中，申报正高2人，申报副高22人），评审通过15人（其中，正高2人，通过率100%；副高13人，通过率59.1%）。缙云县中医院参加评审对象8人（其中，申报正高3人，申报副高5人），评审通过5人（其中，正高1人，通过率33.3%；副高4人，通过率80%）。除自主评聘以外的医疗卫生单位卫生高级资格评审工作，由市卫生高级专业技术职务任职资格评审委员会评审，2018年，通过推荐到市高评委参评共有261人，资格审查不符合要求2人，参加市卫生高评委评审共259人（市级5人、县级254人），其中，正高82人（市级2人、县级80人），副高177人（市级3人、县级174人），评审通过221人（正高76人、副高145人），通过率85.33%。　（刘伟美　黄　莺）

基层卫生

【基层基本医疗能力建设】　2018年，市政府将偏远山区"医疗服务全覆盖"精准对接计划列入政府工作报告和重点工作责任清单，县县都有巡回诊疗车列入市委、市政府对各县（市、区）乡村振兴考核重要指标。全年全市购置巡回诊疗车17辆［除云和县1辆外，其他各县（市、区）均为2辆］。在县级医院100%下沉187个乡镇卫生院基础上，协调市直5个大医院与25个省级中心镇卫生院全面建立合作帮扶关系。完成30个基层区域中心住院能力专项调查，以基层10种常见病、多发病、慢性病病种为基础，依托市直三甲综合医院开展系统化模块化住院能力专项培训。全市基层重点（特色）科室建设进展顺利，各县（市、区）合计申报创建基层重点（特色）科室44个，县域建设覆盖率20%。

【基层卫生综合激励机制建设】　2018年，市卫生健康委紧扣当前全市基层财政补偿、绩效工资、激励分配三方面存在的突出问题，抓住关键环节，基层综合激励机制建设取得显著成效。建立人员新进入编与退休出编动态衔接机制，允许基层单位每年可按照预退休人员数（含2018年度）的一定比例用于定向培养生的预留编制，促进基层卫技人才数量保持相对稳定。确定定向培养生入编时间从其分配到基层单位工作开始计算，为腾出更多编制招人创造条件。实施卫生人才"县管乡用、乡招村用"改革，逐步实现县域内医疗卫生人才资源调配统筹使用，缓解基层人手紧缺。激励制度释放新红利，财政适当托底，对乡镇卫生院、社区卫生服务中心人员的考核奖、按规定享受的津补贴等不纳入绩效工资总量，由财政予以适当保障。做好增量引导，允许基层医疗卫生机构绩效工资水平，在基准线基础上浮比例进一步扩大。优化人员奖励，对有收支结余的单位，允许医疗服务收入扣除成本，并按规定提取各项基金后，主要用于人员奖励。鼓励改革创新，支持基层医疗机构，绩效工资全面打破结构比例限制、全额参与搞活分配。加强基础保障，基层医疗机构基本建设（含修缮）、巡回诊疗车等设备购置所需经费由同级政府纳入财政预算。全年全市巡回诊疗车购置经费及县乡"双下沉、两提升"项目经费全面落实。

【基层卫生信息化建设】 2018年，全市新建县域影像中心4个、县域消毒供应中心4个、县域检验中心5个、县域心电中心6个，利用信息化手段全面实现中心镇卫生院“基层检查、上级诊断”模式全覆盖。9个县（市、区）基层医疗卫生机构全面使用基层HIS系统。制定下发《关于开展基层卫生信息化使用动态监测工作的通知》，建立信息化问题跟踪解决机制，在全市27家基层医疗卫生机构开展信息化使用问题动态监测。完成基层卫生信息化使用现况专项调研，形成工作报告，为基层卫生信息化问题解决提供决策依据。有序做好基层财政补偿机制改革信息化系统建设，青田县完成机构绩效系统建设。

【基本公共卫生服务项目】 2018年，丽水市人均基本公共卫生服务经费标准达到55元。根据新版服务规范要求，完成新版公卫系统改造升级，完成居民电子健康档案核查224.8万份，完成率95%。推广使用母子健康手册APP。推进基本公卫与签约服务深度融合，将基本公卫重点项目融入签约服务。至年底，全市建立居民电子健康档案185.06万份，建档率87.85%；65岁以上老年人管理人数19.36万人，管理率66.6%；体检表完整率78.34%；高血压管理人数18.44万人，高血压患者规范管理率63.66%；糖尿病患者管理人数4.68万人，糖尿病患者规范管理率63.35%；严重精神障碍患者管理人数9829人，管理率和规范管理率达到57.33%和88.62%。开展基本公卫重点项目建设，完成2018年度丽水市基本公共卫生服务项目现场绩效评价工作，印发考核结果情况通报和考核发现问题反馈。全面做好国家绩效评价和省级绩效评价工作，市本级和缙云县、松阳县代表全市接受全省基本公共卫生服务项目绩效评价。

【家庭医生签约服务】 2018年，9个县（市、区）全面落实家庭医生签约服务费每人每年60元，除莲都区签约服务经费由医保、基本公卫、签约居民三方按比例承担外，其他县、市均由财政承担50元，签约居民个人承担10元。市发改、卫计、人力社保、财政等部门联合制定《关于调整丽水市社区卫生医疗服务价格的通知》《关于基本医疗保险慢性病医疗有关问题的通知》等政策文件，明确家庭医生出诊费、家庭病床建床费、家庭病床巡诊费标准，对高血压、糖尿病等12种慢性病病种基本医疗保险参保人员，慢性病处方可延长至12周。全市县级以上医院全面制定参与签约服务长效机制，组建签约服务团队685个，参与签约卫技人员2053人，累计设计个性化签约服务包72个，注重专科与全科团队联合、基本与特色服务结合，为签约居民提供家庭出诊、巡回医疗、预约转诊、个性化健康管理等医疗卫生服务。至年底，全市常住人口签约数968557人，签约率36.01%，10类重点人群签约数855462人，重点人群签约覆盖率73.36%，居民满意度95%以上。2018年，全市财政拨付签约服务考核经费1272.97万元，参与签约卫技人员平均获服务报酬4378元，最高松阳县平均每人1.26万元。 （朱翠虹）

家庭医生签约服务现场 （应丽芬 提供）

疾病控制

【疾病监测与报告】 2018年，市卫生健康委继续规范病例报告标准，加强传染病报告质量督查，提高传染病报告规范性。依据监测方案开展肠道、呼吸道、自然疫源性疾病及聚集性疫情监测。重视登革热防控工作，加强蚊媒密度监测，开展风险评估。全年未发现霍乱、登革热、人感染H7N9流感病例。全年全市报告法定传染病22871例，报告发病率1056.4/10万，其中，无甲类传染病报告；乙类传染病报告4998例，比2017年下降20.21%；丙类传染病报告17873例，比2017年上升69.9%。法定传染病中发病前5位传染病依次是手足口病、其他感染性腹泻、流行性感冒、乙肝、梅毒。

【免疫规划】 2018年，市卫生健康委开展脊灰疫苗和两剂次麻腮风接种策略转换，确保转换期接种安全。组织开展脊灰麻疹疫苗二轮集中式查漏补种工作。全年脊灰疫苗应补种3315人，实补种3173人，补种率95.72%。组织开展医疗机构麻疹、AFP监测培训。抓好异常反应处置，全市没有报告严重疑似预防接种异常反应。应对长春长生狂犬疫苗事件和百白破问题疫苗事件，做好狂犬疫苗接种者跟踪观察、咨询服务、疫苗补种等相关工作。开展全市疫苗管理和预防接种服务专项督导，对存在问题进行及时反馈和通报。加强疫苗流通和预防接种实施规范管理。进一步加强各接种单位疫苗接种率监测指导，在遂昌县、景宁畲族自治县、云和县开展适龄儿童接种率调查，结果显示疫苗接种率均达到要求。开通“丽水掌上健康”微信公众号“预防接种免疫提醒”模块，实现疫苗接种信息查询、接种时间预约、疫苗催种等便民服务功能。

【重点传染病防治】　2018年，市卫生健康委进一步推进艾滋病“三扩大”（扩大检测、扩大干预、扩大治疗）工作。至年底，全市累计检测540436人次，达到常住人口24.96%，位居全省第三；探索艾滋病高危行为干预模式，扩大治疗工作实行“发现即治疗”策略。全面完成全市8个国家级、省级开展HIV哨点监测和重点人群检测工作。推进老年人HIV抗体检测工作。全市各县（市、区）均将HIV抗体检测纳入农民健康体检。继续实施老年人艾滋病性病知识扫盲行动，并对工作进行评估。探索男性行为人群的艾滋病干预工作。做好结核病防治。组织开展全市肺结核患者随访管理技能竞赛，提升基层肺结核患者随访管理能力。在省内率先出台市级规划《丽水市“十三五”结核病防治规划》，并在病人补助救助和传染源管理方面取得突破。继续开展在校学生及其他聚集性场所肺结核病例（含结核性胸膜炎）监测工作，按要求进行学校结核病病例个案调查及密切接触筛查，全市学校结核病疫情平稳。

【慢病防控工作】　2018年，市卫生健康委加强慢病综合防治力度，提升基本公共卫生服务水平。加强对慢病患者管理工作培训、指导和督导工作。启动市民健康管理体验中心建设，并开展慢性病风险评估、健康干预、健康教育等全方位健康管理。全市新建健康支持性环境36家。开展减盐专项行动，普及健康知识，推广健康生活方式。开展项目创新，推进慢病管理。在莲都区、景宁畲族自治县、庆元县共15个乡镇开展慢病随访带药服务项目，在责任医生开展慢病上门随访时，提供相应的基本医疗服务。开展高血压家庭主厨减盐干预专项行动，引导高血压患者养成良好的饮食习惯。培育新的健康生活方式指导师资队伍，50余名学员作为师资对各县（市、区）开展分级培训。规范开展死因与慢病监测工作。全年全市上报死亡个案16645例，其中，男性10034例、女性6611例，前五位主要死因顺位依次为恶性肿瘤、脑血管病、心脏病、呼吸系统疾病、损伤和中毒。

【健康教育工作】　2018年，市卫生健康委以丽水市政府新闻办名义召开《2017年度丽水市公众健康报告》主要指标新闻发布会，提升市民健康意识与技能。在《丽水日报》刊登《2017年丽水市居民健康素养水平和公众健康报告》，传播疾病预防控制知识。围绕疾病预防控制要点开展全方位立体化健康传播，开展健康中国行“健康大讲堂”进基层活动，全市完成省级专家巡讲9场、市级专家巡讲10场。开展形式多样健康宣传活动。全年开展世界防治麻风病日、世界抗癌日、世界防治结核病日、全国肿瘤防治宣传周等各类主题宣传活动20次。2018年，全市居民健康素养和烟草使用监测完成调查电子问卷6400余份，完成2017—2018年健康素养监测数据统计分析。开展“学会健康生活，提高健康素养”健康素养进学校活动。在2018年浙江省医疗卫生计生单位和重点公共场所控烟暗访中，丽水市得分名列全省第一。

【精神卫生工作】　2018年，市卫生健康委进一步加强全市严重精神障碍患者服务管理工作，全市各地开展疑似严重精神障碍患者线索调查，排查疑似患者564人，确诊243人，均纳入管理。至年底，全市在“浙江省严重精神障碍信息管理系统”中登记在册患者数10506人，报告患病率4.86‰，全市各县的报告患病率均已超过4‰。在册管理率97.19%，规范管理率93.59%。根据省里统一部署，市卫生健康委牵头组织开展作为全市总结提升推广新时代“枫桥经验”六大工程之一的社会心理服务体系工程建设。制定《丽水市社会心理服务体系建设工程实施意见》，组织市心理卫生协会专家对全市开展心理人才队伍培训。全市各地在政法部门支持下、由卫计部门牵头，社会心理服务体系建设形成县乡村三级联动、条块结合、齐抓共管的工作局面。至年底，各县（市、区）按省定标准建成县级社会心理服务指导中心9个，完成率100%；全市173个乡镇（街道）中，建成社会心理服务站173个，完成率100%；全市2833个行政村（社区）中建成村级心理咨询室2468家，占全市行政村（社区）总数87.1%，超过省定目标12.1个百分点。　（林海东）

卫生应急

【传染病监测评估】 2018年，各级疾控机构根据《2018年丽水市疾病预防控制工作技术大纲》要求，严格按照监测方案对鼠疫监测、手足口病监测、禽流感监测、狂犬病监测、艾滋病等开展重点传染病监测，对农村生活饮用水水质及水性疾病等开展卫生监测。根据监测结果，结合各种传染病的流行特征及本地可能发生的疫情，定时开展突发事件公共卫生风险评估和专题分析。全年全市无突发公共卫生事件发生，突发公共卫生相关信息事件11起。全市疾控中心出动应急队伍处置小疫情96起，主要涉及手足口病、水痘、诺如、一犬伤多人、肺结核等。开展24小时疫情监控，通过监测系统发布传染病自动预警信息1177条，系统监测聚集性疫情事件61起。所有应急事件均得到及时规范有效处置，防止疫情蔓延。同时，针对流感、诺如、登革热、发热伴血小板减少综合征、毒蘑菇中毒、水痘等进行公共卫生风险评估，有效保障公众健康，确保丽水市社会经济稳定发展。

【卫生应急演练】 2018年6月，市卫生健康委在永利度假村举办2018年丽水市山体滑坡卫生应急救援演练，整场演练围绕医疗救援（保障）、卫生防疫、心理援助、卫生监督四个环节展开演练。市政府副市长、卫生应急救援总指挥卢彩柳、市卫生计生委主任周一红等领导及相关参演单位负责人和参演队员共100余人参加演练活动。开展丽水市第三届（2018）卫生监督应急演练暨技能竞赛，通过GPS定位自然灾害点，利用物联网技术，实现可视化应急指挥。通过演练进一步提高市直卫生计生系统内部联动、快速反应、整体协调配合处置相关突发事件的能力，达到检验预案、完善装备、锻炼队伍、磨合机制、理清职责和普及应急知识的作用。推进县级与市直医疗机构卫生应急演练，并将演练工作纳入对县级卫生应急工作年度目标考核，年终进行业务评估，各县（市、区）及市直医疗机构均按要求组织演练，演练内容包括救灾防病、登革热、诺如病毒感染、禽流感、鼠疫等，实现市、县、乡三级全覆盖，保障各项卫生应急处置工作顺利开展。2018年，丽水市组织卫生应急队伍参加浙江省四地鼠疫防控演练，获团体第一。（林海东）

卫生监督

【概况】 2018年，全市卫生监督监管对象8955家。其中，公共场所6697家，医疗机构1585家，放射诊疗单位109家，学校361所，餐饮具集中消毒监督企业9家，消毒产品生产企业13家，职业健康检查机构13家，职业病诊断机构2家，职业病鉴定机构1家，持有有效卫生许可证的集中式供水单位30家，二次供水单位98家，涉水产品生产企业6家，病媒生物备案单位31家。2018年，全市办理卫生行政处罚案件2082件，人均办案数15.4件，罚没款总额315.06万元，未发生卫生行政复议和行政诉讼。全市受理各类投诉举报84件，其中，立案查处48件，投诉举报件办结率100%。丽水市在全省卫生计生监督执法工作综合评价中获第二。市卫生监督所承办“某清洗消毒服务机构消毒后的物品未达到卫生标准案”入选丽水市首届“以案释法”精品案例。云和县卫生监督所承办“某妇幼保健计划生育服务中心未取得产前筛查资质开展孕妇外周血胎儿游离DNA产前筛查采血服务案”被评为2018年浙江省卫生行政执法十大优秀案例。

【完成“双随机”执法】 2018年，全市抽取并完成国家级“双随机”（随机抽取检查对象、随机选派执法检查人员）执法任务785家，其中，关闭和暂停营业共131家，给予行政处罚188家，行政处罚率23.95%；抽取并完成省级“双随机”执法任务2169家，其中，关闭和暂停营业共246家，给予行政处罚540家，行政处罚率24.9%。“双随机”执法全程使用移动执法终端设备和便携式蓝牙打印机现场操作。

【打击非法行医】 2018年，全市查处非法行医案件100件，其中，移送公安8件，处罚金额113.812万元，没收违法所得33.8万元，没收器械价值近25.03万元。丽水市查处“前店推拿，后院看牙”非法行医窝案被浙江省法制报报道。全市未发生非法行医致死致残事件。开展打击非法行医“双随机”暗访，检查非法行医点84处、集市8处、医疗机构18家，发现可疑非法行医线索16条，取缔新的非法行医点9处，立案查处8件。组织无证行医历史窝点及被查处无证行医、非法医疗美容人员回访复查，全年回访无证行医窝点93户，查处再次无证行医对象13户，处罚金额12.37万元，没收非法所得0.543万元，没收药品医疗器械价值0.82万元。开展打击非法医疗美容专项行动，全市检查美容场所86户，查处非医疗美容机构非法医疗美容案件14起，处罚金额10.78万元，没收违法所得2.5574万元，没收药品器械价值10.3万元。

【规范医疗市场】　2018年，市卫生健康委开展医疗质量、安全检查整治及中小医疗机构量化分级等行动，全市查处违法违规医疗机构170家，罚款金额49.93万元，立案查处违规使用抗菌药物116件，罚款金额28.22万元。将医疗保险和药房管理加入医疗机构依法执业及量化评级内容，加强医疗机构事中事后监管。对市直7家医疗卫生单位开展“依法执业　守护健康”综合监督检查。

【传染病防控监督执法】　2018年，全市办结传染病防治案件358件。制定《丽水市口腔诊疗机构整治专项行动工作方案》，开展全市口腔类医疗机构医疗污水排放专项整治，全市199家（不包括二级以上医院口腔科）口腔医疗机构消毒措施落实率100%，环境影响评价或报告落实率99%，污水处理设施配备率97%。拍摄“蓝盾铁军护牙保健康”专题健康宣传片，开展进社区、进学校、进医疗机构“三进”宣传活动。分类监督评价各级各类医疗卫生机构174家，评出优秀单位71家，合格单位87家，重点监督单位16家。对455家医疗机构开展传染病防治监督抽检，全市因监测记录或索证不到位立案行政处罚6家。制定下发《丽水市餐、饮具集中消毒服务单位质量安全提升三年行动方案(2018—2020年)》，开展量化分级管理，量化分级率、监督覆盖率、产品抽检率100%，办理餐、饮具集中消毒案件8件，全市未发生因集中消毒餐、饮具质量安全问题引发的重大食品安全事件。开展棉织品消毒企业监督监测，抽检样品合格率95.7%。全市办理消毒产品生产企业违法案件5件，消毒产品经营单位违法案件4件。

【饮用水卫生监督执法】　2018年，市卫生健康委对全市10家饮用水供水单位量化分级进行复核及指导。完成水源水、出厂水、管网末梢水、二次供水监督性抽检，累计监督检查集中式供水单位108家次，监督监测二次供水单位85家次。开展涉水产品卫生安全隐患排查整治行动，全市158家涉水产品生产销售单位全部签订承诺书，对5家销售无证涉水产品的违法行为立案处罚，罚款金额1.35万元。全年开展社区生活饮用水监测2880次，合格率100%。全年向社会公开辖区用户龙头水质信息40次。开展农村供水卫生管理指导，开展“关注饮水卫生，共享健康生活”为主题的饮用水卫生宣传周活动。

【公共场所卫生监督执法】　2018年，全年查办公共场所卫生行政处罚案件1095件，罚款金额75.4万元。在市卫健委网站公示“双随机”检查结果16批次，卫生抽检结果8批次。推行公共场所卫生许可告知承诺制，办结公共场所卫生许可1212件。开展夏季重点公共场所卫生执法监督专项行动。召开媒体通报会1次，宣传报道77篇次。举办全市游泳场所经营者培训班。开展夏季游泳场所“你点我检”活动，开展公共场所风险点专项治理，受省卫生监督所委托开展DDD眼镜、KTV话筒清洗消毒研究。承办省公共场所现场执法实训基地建设，组织省级公共场所实训3期，培训学员105人，其中，新进监督员77人。完成全省公共场所现场执法示教片拍摄工作。

【学校与爱国卫生监督执法】　2018年，“双随机”监督检查学校230所，对存在问题的98所学校进行行政处罚。对136所学校进行传染病与常见病防控、饮用水、教学环境监督检查及学校卫生综合监督评价，评出优秀学校81所，合格学校53所，不合格学校2所。对全市28所中高考学校进行卫生监督专项检查及校园周边卫生环境专项整治。开展书写笔（荧光笔）、橡皮擦、笔记本等使用量较大的学生用品用具抽样检测，送检12批次，对其中涉及4批次不合格用品的2家当事人进行立案处罚。全市完成春、秋季开学卫生自查的学校分别有357所、327所，自查率分别为98.34%、90.08%。开展“校园卫生传染病防控安全指数研究”应用。开展“终结结核病”暨“卫监丽人终结结核病校园行”防控主题宣传活动。加强病媒生物预防控制服务单位监管，开展丽水城区病媒生物防制技术评估，对民宿和校园自建食堂病媒生物防控进行专项检查，对全市68所学校和39所托幼机构食堂进行全面检查，对5家病媒生物防治设施设备不合格且整改不到位的单位立案处罚。

【放射和职业卫生监督执法】　2018年，全市查处放射卫生违法案件53件，行政处罚率49.07%，出具卫生监督意见书60份。开展放射诊疗机构“4+2+1”（“四个一”、“两合格”和“一检测”。“四个一”指持有一本放射诊疗许可证，配备一名影像专业医师，张贴一套电离辐射警示标识，配备一套放射防护用品；“两合格”指放射诊疗设备防护性能检测合格、放射诊疗场所防护检测合格；“一检测”指开展放射诊疗设备场所放射防护监督抽检）规范提升专项治理行动，对24家二级以上公立医疗机构放射诊疗设备和场所进行监督抽检，抽检合格率91.7%。

【计划生育监督执法】　2018年，全市办理妇幼健康服务执法行政处罚案件24件，罚款金额18.86万元。开展医疗机构超声诊断仪使用专项执法检查，开展护佑母婴健康专项行动，对违规的3家医疗机构进行行政处罚。

【卫生监督应急能力建设】 2018年6月，丽水市举办第三届（2018）卫生监督应急演练暨技能竞赛，全市有12支队伍参加团体赛，41名参赛选手参加个人竞赛。在2017年基础上增加素质拓展、互联网+GPS定位实战模拟、农村供水单位规范化执法监督、单人心肺复苏术实践操作等项目；通过GPS定位自然灾害点，利用物联网技术，开展实时对讲、实时视频传输、实时位置共享，实现可视化应急指挥。开展防灾减灾应急宣传，完成全市卫生监督快检仪器校验，做好互联网大会、“两会”、中高考及节假日卫生监督保障工作。

【卫生监督信息化建设与信息宣传】 2018年，市本级和8个县（市、区）完成“智慧卫监”指挥平台建设，利用信息化手段办理行政处罚案件12件。继续使用卫生监督移动执法系统，全面推行现场执法，全市监督8637户，基本信息完善率100%，监督覆盖率96.82%，移动端录入监督信息11488户次，移动端录入率93.07%。全面开展信息宣传，报送的稿件被人民网、《光明日报》、《健康报》、新浪网等国家级媒体录用5篇，被浙江新闻、浙江电视台等省级媒体录用9篇，被《健康浙江》、《浙江法制报》、省卫生计生监督微信号、省卫生计生监督期刊等媒体录用78篇。受市领导正面批示信息1篇，被市政府网站、《丽水日报》、《处州晚报》、市电视台等录用及报道49篇。

6月27—29日，第三届（2018）卫生监督应急演练暨技能竞赛在丽水举行

（应丽芬　提供）

【开展城区经营场所巡查】 2018年，市卫生健康委对城区住宿业、洗浴业再次进行排污现场复核，累计巡查住宿场所910家次，巡查洗浴场所324家次。核查中发现住宿行业排污问题单位6家，移交餐饮监管部门2家，完成督促整改4家，整改销号完成率100%；发现洗浴行业排污问题3家，完成督促整改3家，整改销号完成率100%。核查中对不存在排污问题的经营户均告知办理排水许可证。严格落实市河长办、市截污办、市六小整治办等交办任务，对东方文廷酒店、新世界大酒店、新华庭商务酒店等多家经营场所进行排污现场复核和交办反馈。

（徐　辉）

妇幼保健

【妇幼重点指标情况】 2018年，全市产妇数21441人，活产21712人，发生孕产妇死亡1例，孕产妇死亡率4.6/10万，未发生流动孕产妇死亡。5岁以下儿童死亡率3.27‰、婴儿死亡率2.12‰。

【妇幼健康服务体系建设】 2018年，市妇保院与浙江大学妇产科医院、浙江省肿瘤医院及市内各县（市）妇计中心妇幼保健与计划生育联盟（医联体）运行更趋规范，省、市、县三级妇幼健康人才、技术、管理、资源、设备共享日益紧密，初步形成发展、责任、利益、文化共同体。市、县两级危重孕产妇救治中心和危重新生儿救治中心实现全覆盖。景宁县妇计中心创成丽水市儿童早期发展示范单位，青田、云和、缙云、松阳4个县妇计中心成功创建丽水市四星级儿童保健门诊。26家助产单位产时分娩登记信息录入工作启动，进一步提高产时分娩信息化管理水平。全市乡镇卫生院、妇幼保健计划生育机构标准化率90%以上。

【高危孕产妇管理工作】 2018年，市卫生健康委先后印发《丽水市危重孕产妇报告和评审制度》《丽水市危重孕产妇抢救应急预案》《丽水市高危孕产妇转会诊工作制度》等文件，全面推广孕产妇妊娠风险评估五色标识管理办法，全市孕产妇妊娠风险评估分级橙色孕妇593人、红色孕妇10人、紫色孕妇44人，并按照规范进行专案管理，孕产妇死亡率4.6/10万。

对市内医疗机构之间血液调剂使用进行规范，将孕产妇死亡率纳入质量强市考核指标。9—10月，连续组织全市高危孕产妇管理专项督导及召开高危孕产妇管理业务培训，不断巩固扩大高危孕产妇管理共识。9个县（市、区）均设立贫困危重孕产妇救治资金，实现没有1例孕产妇因贫困放弃抢救。松阳、景宁县委、县政府把孕产妇死亡指标纳入乡镇、街道综合目标考核。缙云县卫生计生、公安、乡镇街道密切配合，动员护送2例拒绝诊治的高危孕产妇至上级医疗机构救治，保障孕产妇安全。

【妇幼健康公共卫生项目】 2018年，市卫生健康委推进城乡适龄妇女"两癌"检查项目，松阳县、云和县、景宁畲族自治县将妇女"两癌"检查项目纳入十大民生工程，全市完成宫颈癌检查55300人和乳腺癌检查39500人。全市622家托幼机构管理率100%，在园儿童健康体检率99.6%，及时反馈体检结果，开展儿童健康指导，保障在园儿童身心健康。举办国家基本公卫妇幼项目管理、免费避孕药具管理培训班。全市系统管理孕产妇20883人，孕产妇系管率96.18%，产后访视率98.71%，0—6岁儿童保健覆盖率97.49%，各项指标均达目标要求。

【出生缺陷综合防控】 2018年，市卫生健康委依托市妇幼保健院组建全市出生缺陷综合防控中心，加强全市出生缺陷防控业务培训、技术指导、质量控制、绩效评价和健康科普等工作，促进出生人口素质提升。市政府安排山海协作资金130万元，市财政安排出生缺陷防控专项资金10万元，对全市开展该项工作给予经费补助。全年艾梅乙检测孕妇21156人，检测率为99.68%，检出孕妇艾滋病感染9人，梅毒感染孕妇117人，对艾滋病、梅毒阳性孕妇实施干预，保障孕妇安全。全市设立免费避孕药具发放网点3634个，实现公立医疗机构、村（社区）卫生服务室100%覆盖，避孕药具入、出库资金分别为93.32万元、77.68万元。

【妇幼信息化建设】 2018年9月1日，市卫生健康委深化妇幼领域"最多跑一次"改革，全市23家助产单位全面开展出生医学证明办理签发工作，群众出生医学证明办理更加简便。《母子健康手册》全面推广，注册使用人数26966人次，覆盖率95.4%。全市完成孕产妇签约12493人，签约覆盖率56.21%。各县市妇计中心全面获产前筛查采血点资质行政许可，全市无创DNA产前筛查实现网络化运行、一体化管理，保障孕产妇产前筛查工作质量。庆元县在县妇计中心建立基层妇幼保健县级共享服务平台，为辖区内流动孕产妇提供妇幼健康服务。全市上下通过妇幼工作者服务关口前移、资源配置重组、服务模式创新、信息技术普及等多种途径，促进妇幼重点人群获重点卫生健康服务更有保障、更加充分。

【妇女儿童健康素养教育】 2018年，市卫生健康委与市妇联、教育、工会、团委部门制定印发《丽水市妇女儿童健康素养教育项目实施方案》，联合推动妇女儿童健康素养水平提升。组建全市妇幼健康宣讲团，充分利用"孕妇学校""妇女之家"等各类平台，举办健康讲座485期，受益孕妇、儿童家长13600余人；微课堂开讲499场次，受益群众23600余人。组织全市开展健康教育宣讲师技能竞赛活动。新建市级优生优育优教指导中心，普及妇女儿童健康基本知识与技能，提高目标人群教育覆盖面。（朱翠虹）

爱国卫生

【卫生创建】 2018年，丽水市在全省11个地市的国家卫生城市综合评估暗访中取得综合排名第二；落实国家卫生城市（县城）巩固工作，对9个县（市、区）开展国家卫生城市（县城）国卫巩固综合评估工作，提升各县（市、区）卫生创建能力和巩固质量；云和县通过第四次国家卫生县城复审；莲都区大港头镇等58个乡镇创建国家卫生乡镇通过市级考核，莲都区碧湖镇等60个乡镇成功创建省级卫生乡镇。至年底，丽水市有乡镇143个，其中，国家级卫生乡镇2个、省级卫生乡镇131个、市级卫生乡镇10个。

【健康教育】 2018年，市卫生健康委开展健康中国行"健康大讲堂"进基层活动，全年完成省、市级健康大讲堂授课计划，覆盖率100%；推进医院和学校开展健康促进单位创建活动，全市有学校332家，完成健康促进学校创建61家，完成总数达到202家，创建率60.84%，其中，银牌学校60家、金牌17家；完成市级健康促进医院创建22家，完成省级健康促进医院创建13家，创建率59%；持续开展场所控烟工作，形成良好禁烟控烟氛围，丽水市获2018年度浙江省控烟暗访综合排名第一。

【改水改厕】 2018年，全面贯彻落实省爱卫办相关文件精神，开展多种形式宣传活动，提高广大农户改水改厕意识，夯实改厕基础。配合市旅委、市农办等部门完成《丽水市全域公共厕所建设指南》，并配合省爱卫办专家完成9个县（市、区）农村户厕改造的核查。农村卫生厕所普及率99.51%，无害化卫生厕所普及率96.83%。

【病媒生物防制】 2018年，丽水城区通过省爱卫办组织的专家组C级评估考核；市爱卫办对景宁畲族自治县、云和县、青田县进行病媒生物密度控制水平C级评审工作，通过评审加强丽水市病媒生物防制工作水平；指导莲都区开展"智慧爱卫"试点建设，降低药物使用，提高防控水平；开展"无蚊村"试点建设项目，13个村参加试点建设，9个村通过"无蚊村"验收。 （骆昊翠）

10月17日，开展龙泉仙仁村"无蚊村"验收工作 （应丽芬 提供）

计生工作

【概况】 2018年，全市报表上报出生28285人，计划生育率95.41%。卫生国统报表出生婴儿性别比105.92，继续控制在正常范围是全省控制较好的区域。新建母婴室18家，累计80家，配置率达到90%；生孕信息监测到位率90%以上；全员人口数据库户籍人口覆盖率90%以上，完整率、准确率95%以上。全市未发现因违法行政而引发的计划生育重大案件，未出现重大计生负面新闻舆情事件，未发生不稳定事件，是全省较为平稳的区域。

【平稳释放全面两孩政策效应】 全面两孩政策实施以来，丽水市做好各项政策衔接、释疑、解答，推进计生管理服务转型发展，引导群众按政策生育。同时，密切关注出生人口变化，逐月统计通报。2018年，重点组织开展丽水市全面两孩政策实施效果评估、之后出生人口趋势分析等，并形成材料呈送市政府及相关部门单位。2018年，出生人口开始明显回落，政策效应得到有效、平稳释放。全年全市报表上报出生28285人，同比减少6115人，同比减幅17.78%，其中，一孩11329人，同比减幅10.98%；二孩15003人，同比减幅24.66%；多孩1953人，同比增幅6.9%。

【推广应用全员人口信息系统】 丽水市作为全省第一批启用全员人口信息系统地区，2018年，根据省里统一部署，重点开展全员人口信息系统所有人群信息数据清查和应用评估工作，对全员人口信息数据库进行数据清查、去重、修正。通过组织县、乡、村干部，分村、分户、逐人、逐项开展核对，每月进行工作进展通报，每季开展工作交流、培训、分析等形式，稳步提升数据库质量。2018年，全员人口信息系统在丽水市得到全面推行应用，市及各县（市、区）全员人口数据户籍人口覆盖率、完整率、准确率均高于省考核要求（覆盖率90%、完整率95%、准确率95%）。

【生育登记"零次跑"服务】 2018年，丽水市优化计生办事流程，简化办理手续，严格落实首接责任制、一次性告知制、婚育情况承诺制、代办服务制等，推行送证上门服务，切实按照"最多跑一次"要求做好生育登记、再生育审批等服务。全面推行生育登记手机APP，并在"健康丽水"微信公众号上开设生育登记服务，实现生育登记服务"零次跑"。12月，在全省率先组织实施新生育服务信息平台全省首家试点工作，计划整合生育登记服务和再生育审批网上办理平台。

【推进公共场所母婴设施建设】 2018年，为深入实施全面两孩政策，切实保障母婴权益，在全社会形成支持母乳喂养的社会认知。丽水市将母婴室建设列入2018年市政府工作报告重点任务、市卫计委2018年度争先进位大赶超重点工作进行跟踪督查，并通过将母婴室建设列入县级文明城市创建内容、实行项目资金补助、专项考核加分等工作机制推进，初步形成"政府主导、部门协作、社会参与、齐抓共建"工作格局，推进各机关、企业单位参与母婴室建设，努力健全相关管理制度，逐一开展走访检查，确保各家母婴室有效运行，取得初步成效。2018 年，丽水市新建母婴室 18 家，累计完成 80 家。（叶伟标）

【落实计划生育奖励扶助和特别扶助】 2018 年，全市新增农村部分计划生育家庭奖励扶助对象 2077 人，累计奖励扶助总人数 15741 人；新增计划生育家庭特别扶助对象 204 人，累计特别扶助总人数 1386 人。各县（市、区）通过设立计划生育公益金、独生子女意外伤害保险等对计划生育家庭、独生子女和“农村双女户”在遇到特殊困难时予以帮扶、救助。（凌如娟）

计生协会

【概况】 2018 年，全市有计划生育协会组织 3032 个，重新登记会员 19.03 万人；组建志愿者队伍 1223 支，拥有志愿者人数 13697 人；开展省级及以上计生协项目 6 个，争取项目资金 85 万元；举办各种宣传教育活动和讲座培训 1539 场次，受益群众 190430 人次；组织开展计生特殊家庭各类帮扶和服务活动 269 场次，服务对象 6848 人次，志愿者与特殊家庭结对帮扶 1936 对；举办生殖健康和优生优育等各类培训讲座 629 场次，参加培训和听讲 32100 人次；开展慰问救助计生困难家庭 3785 户，发放慰问物品和救助资金 182.95 万元。

【计生系列保险工作】 2018 年，丽水市计生协继续做好丽水市失独家庭住院护理补贴保险工作，为全市年龄在 49 周岁以上的 931 名失独父母做好新增和续保工作。开展“关爱两性健康，呵护幸福家庭”安康保险活动，全年全市安康保险超额完成预期目标 2.28 个百分点，两性安康保险共承保 264466 人，保费金额 1431.95万元。全年受理安康保险理赔案件 948 件，支付理赔款 1053.14 万元，总赔付率 73.55%。12 月 6 日，在嘉兴市海宁市召开的全省计生保险工作推进会上，丽水市获 2016—2017 年度全省计划生育系列保险工作二等奖。

【计生特殊家庭帮扶】 2018 年，市计生协继续实施中国计生协计生特殊家庭帮扶项目，以项目为依托，加强与“龙泉蚂蚁部落爱心协会”“云和老李帮忙团服务中心”“松阳幸福成长营”等一批以计生特殊家庭帮扶为核心的公益志愿服务组织的合作，加大对计生特殊家庭帮扶力度，重点实施计生特殊家庭暖心行动，广泛开展生活照料、生产帮扶、精神慰藉、心理关怀、养老关怀、再生育服务等方面的精准帮扶。7 月 23—24 日，在湖北省武汉市举办的中国计生协计生特殊家庭帮扶项目培训班上，丽水市作为浙江省推荐的唯一代表，在全国大会上作题为《真心关怀、精准服务、计生特殊家庭帮扶成效初显》的典型经验交流，受到省计生协、中国计生协领导的赞扬和好评。

【青春健康教育】 2018 年，市计生协巩固完善龙泉市中小学生素质教育实践活动中心、遂昌中学 2 个浙江省青春健康教育基地建设，在莲都、缙云、松阳 3 个县（区）培育创建省级青春健康教育基地。在遂昌县实施省级青春健康教育项目。加强青春健康教育师资队伍培养，选送 5 名优秀师资参加全省青春健康“沟通之道”师资培训，选派丽水学院 1 名教师和 2 名学生参加浙江省高校青春健康青年培训营，选派丽水学院 5 名学生参加浙江省大学生青春健康舞台剧大赛。加强全市的省、市级青春健康教育师资管理，拓展以家长大讲堂、高校同伴教育、青春健康基地建设等为重点的青少年性与生殖健康教育服务，推动青春健康教育工作，关注青少年健康成长。

【计生协生育关怀项目】 2018 年，市计生协承接中国计生协项目 1 个、浙江省项目 5 个。全面推进国家和省级计生协项目，继续在全市开展中国计生协计生特殊家庭帮扶项目。在龙泉市实施省级计生特殊家庭帮扶项目，在遂昌县实施省级青春健康教育项目，在松阳、庆元 2 个县实施省级基层组织规范化建设和能力提升项目，在景宁县开展省级流动人口计生协示范点创建项目。9—10 月，组成督导组深入县、乡、村一线，对全市 2018 年国家、省级计生协生育关怀项目进行督导、检查、指导。

【举办“生育关怀·圆梦微心愿”活动】 3 月 29—30 日，丽水市 2018 年“生育关怀·圆梦微心愿”现场活动在松阳县举行，共征集来自松阳县 19 个乡镇（街道）和产业集聚区计生家庭的 256 个“微心愿”。为帮助困难群众圆梦，市县计生协多方筹集圆梦资金 7.6 万余元。256 户计生困难家庭现场圆梦，如愿得到电饭锅、食用油、大米、书包、被子等实物，实现“微心愿”。活动现场，中国人寿松阳支公司为 2018 年满 60 周岁的 71 位计生特殊家庭成员捐赠男性安康保险和女性安康保险，累计送出总保额 248.1 万元。松阳县卫生计生局、疾控中心、妇计中心联合开展卫生计生政策健康知识宣传活动，县政协医卫组、民盟医卫支部联合开展义诊咨询广场行活动。中国人寿开展保险业务咨询服务。（叶增日）

红十字会

【概况】 2018年，丽水市红十字会围绕中心，服务大局，以保护人的生命健康为目标，以开展“三救三献”(救灾、救助、救护，无偿献血宣传、造血干细胞捐献、人体器官捐献)工作为抓手，坚持依法治会、依法兴会，聚焦主责主业，不断夯实基础、提升能力，事业发展取得新成效。8月23日，丽水市红十字会召开三届六次理事(扩大)会议。经市委同意，会议聘请市委书记胡海峰、市长吴晓东担任丽水市红十字会第三届理事会名誉会长。2018年，缙云县红十字会、景宁畲族自治县红十字会被列为省红十字会“红十字强基工程”“规范会员管理”和“参与养老服务”省级试点单位；青田县红十字会获“2017年度全省红十字工作考评综合优秀单位”。

【备灾救灾】 2018年，在市委、市政府支持下，以联建方式落实丽水市红十字会备灾救灾中心(物资库)建设。8月，市发改委批复建设丽水市应急救灾中心项目，该项目总用地面积35948平方米，其中2000余平方米作为红十字会备灾救灾仓库，并配套应急救灾、演练、培训和仓储等功能。11月15日，由市民政局、市水利局、市安监局、市红十字会等部门共同建设的丽水市应急救灾中心项目动工建设，预计2020年4月建设完成。

【人道救助】 2018年1月18日，市红十字会党组书记、常务副会长王提操一行到结对帮扶村——青田县舒桥乡叶店村、陈山村，对2村48户特困群众开展走访慰问，共发放慰问物资2.87万元。2月6日，市政府副市长、市红十字会会长卢彩柳到景宁畲族自治县英川镇、鸬鹚乡开展“情暖丽水·红十字博爱送万家”活动，为特困群众送去关爱与温暖。12月23—26日，丽水市红十字会组织青田、缙云、遂昌和松阳4个县红十字会到四川省巴中市开展东西部扶贫协作工作，丽水市、巴中市两地红十字会签署扶贫框架协议，其间，丽水市红十字会一行到巴中市南江县东榆小学，捐赠一批价值10.846万元的爱心物资，并到巴中市红十字会备灾救灾中心、巴州区红十字华龙医院、通江县王坪村博爱项目等地考察。

【应急救护】 2018年，全市红十字会系统落实《健康浙江2030行动纲要》“普及全民应急救护技能”任务。全年普及培训应急救护知识97497人次，培训救护员12107人次，以2017年底户籍人口计算，新增普及培训率3.62%，新增救护员培训率0.45%，超额完成“健康浙江建设”年度考核目标任务。推进“救护培训进机关”活动，至年底，共有30余家市直单位、2360余名机关干部接受应急救护培训。

【生命关爱】 2018年，全市新增造血干细胞捐献入库283人份，超额完成省红十字会下达的200人份指标。实现造血干细胞捐献2例，分别是庆元县纪委、监察委干部胡建飞(捐献时间2018年11月16日，丽水市第11例、浙江省第442例)和缙云县五云街道镇东村村民朱志勇(捐献时间2018年12月29日，丽水市第12例、浙江省第450例)。

【宣传传播】 2018年5月8日，市红十字会在市区纳爱斯广场举行以“微笑——人道，为了你的微笑”为主题的第71个“世界红十字日”纪念活动，市卫计委、市教育局、市财政局等单位以及红十字会会员、志愿者200余人参加“我是红十字人”主题宣誓和“关爱生命健步走”活动。9月18日晚，市红十字会联合市卫计委、市人民医院、市公安局、市交通局在处州公园开展以“交通安全‘救’在身边”为主题的“世界急救日”纪念活动。与丽水日报视频传媒、公交视博传媒等单位签署协议，在全市434台户外LED电子屏、楼宇电视和市区516辆公交车同步开展红十字知识宣传。 (叶青华)

5月8日，开展纪念“5·8”世界红十字日活动 (叶青华 提供)

社 会 生 活

民政工作

【概况】 2018年，丽水市城乡低保对象81536人，其中，城镇低保对象3361人，农村低保对象78175人。年度支出低保补助资金3.81亿元，其中，农村低保补助资金3.56亿元，城镇低保补助资金2550万元。全市支出医疗救助资金1.56亿元，惠及14.6万人次；安排临时救助支出救助资金2846万元，惠及3.8万人次。全市有特困人员3178人，集中供养率54.9%，全年支出供养资金3973万元。全市救助生活无着落人员2604人，其中，未成年人12人，精神病或智力障碍患者1365人，家暴受害人3人。完成护送返乡49人，其中跨省护送31人。

2018年度全市养老机构95家，其中，19家机构为公建民营，养老床位14493张，建成乡镇（街道）级示范型居家养老服务中心30个，累计建成居家养老服务照料中心1842个，老年人助餐、配送餐服务覆盖城乡社区865个。

2018年，完成“温台丽”市级、“莲云线”“莲景线”“青缙线”3条县级界线以及“莲青缙”“莲青景”2个县级交会点的联检工作。全市地名普查数据通过国家普查办入库验收，累计上报地名数据29815条。深入挖掘地名文化遗产，制定印发《丽水市第二批地名文化遗产保护名录》，收入地名83个，包括千年古镇4个、千年古村落25个、著名山川17个和近现代重要地名37个。5月25日，丽水市人民政府发布2018年第6号通告，在全市开展婚丧喜事陋习治理工作，实行“五禁止”推进集中治丧，提倡“五不超”节俭治丧。2018年，全市火化区内火化遗体16784具，火化率100%；全市办理结婚登记17411对、离婚登记7977对，其中涉外、港澳台、华侨结婚登记620对、离婚登记76对，补发结婚证4337件，补发离婚证647件，登记合格率100%。

全市社会组织3421家，其中，社会团体1916家，民办非企业单位1500家，基金会5家，2018年度新增社会组织324家，其中，社会团体新增99家，民办非企业单位新增224家，基金会新增1家，增长率4.4%。全市登记备案城市社区社会组织1681个，农村社区社会组织11139个，依法登记枢纽型、支持型社区社会组织覆盖街道和城市社区2/3。

2018年，丽水市“96345”平台接入话务量172656个，其中生活服务类92645个、咨询类77452个、老年类1292个、事务服务类358个、表扬件134个、短信求助541个、微信公众号159个、上门来访75人次、回访满意率99.9%。丽水市现有村级社区服务中心1800个，其中新投入使用11个。 （吴杭轩）

【福利彩票】 2018年，丽水福利彩票年度销量5.46亿元，其中电脑票销售3.11亿元，中福在线销售2.16亿元，即开票销售0.19亿元，销量考核目标完成率114.23%，为国家筹集公益金1.52亿元，其中市县级公益金5069万元。全市中出双色球一等奖2注，二等奖91注；七乐彩一等奖2注；刮刮乐一等奖9个；中福在线累积奖41个。

2018年，丽水市福利彩票发行中心开展“福彩暖万家”系列公益活动，资助困难少年儿童、困难大学生、困难环卫工人、困难老人、外来务工困难家庭子女及福彩投注站爱心接力困难家庭等共计1180人，共投入福彩公益金316万元。 （罗平杰）

【启动社区嵌入式养老机构建设】 2018年10月15日，丽水市人民政府办公室发布实施《丽水市推进社区嵌入式养老机构建设和运营的实施意见》，成立全市社区嵌入式养老护理机构建设专项工作组，计划三年时间，采取“闲置房产改建、规划用地新建、出让（安置）地块配建”方式，在全市建成、运营一批社区嵌入式小型养老护理机构，兼具机构专业护理、社

2018年丽水市城乡低保

表29

地区	低保人数（人）	提标前低保标准（元）	提标后低保标准（元）	累计支出低保补助资金（万元）
市本	579	680	700	345.51
莲都	11402	680	700	4193.65
龙泉	7622	608	700	4200.53
青田	15805	608	700	10983.71
云和	3552	680	700	1596.88
庆元	7261	608	700	3001.09
缙云	14566	680	700	5525.80
遂昌	6540	608	700	2660.39
松阳	7953	608	700	2863.95
景宁	6256	608	700	2742.19
合计	81536	—	—	38113.70

（杨　慧）

区日间照料和居家上门服务功能，成为住宅小区标配。（王伟军）

【签订厅市合作协议】 2018年11月1日，浙江省民政厅与丽水市人民政府签署《关于共同推进丽水市养老服务质量提升三年合作备忘录(2018—2020)》。浙江省民政厅与丽水市人民政府在养老服务设施布局、医养结合及养老服务业放管服改革、标准体系建设领域开展合作，省民政厅在合作期内加大政策倾斜和资金支持丽水市养老服务业发展，推进社区嵌入式养老护理机构建设、农村敬老院布局调整、专业养护院建设及社区照料中心长效运行。（刘杰伟）

【实现最低生活保障标准和特困人员供养标准全市统标】 2018年10月8日，丽水市人民政府办公室发文明确，将全市各县(市、区)最低生活保障标准和特困人员供养标准统一为700元/月·人和1210元/月·人，全市最低生活保障对象人均提高56元，特困人员人均提高286.4元，两项标准从2018年7月1日起执行，实现低保标准和特困人员供养标准全市统标。（沈绍春）

【出台《丽水市困难人员医疗救助办法》】 2018年7月23日，丽水市民政局、丽水市财政局联合出台《丽水市困难人员医疗救助办法》，全面统一全市医疗救助政策，首次将孤困儿童、在乡精减定补对象、见义勇为者纳入医疗救助范围，并首次将特殊病种门诊费用纳入医疗救助，按住院标准和封顶额度实施救助，全年门诊和住院累计救助额度不超过8万元。《丽水市困难人员医疗救助办法》于2018年8月1日起开始实施。（杨　慧）

【丽水市应急救灾中心动工建设】 2018年11月15日，丽水市应急救灾中心动工建设。丽水市应急救灾中心项目位于丽水经济技术开发区，总投资1.2亿元，规划总用地面积35948平方米，总建筑面积21386.92平方米，是一个集救灾物资储备、灾情管理信息化平台、救援应急队伍培训演练为一体的军地结合应急救灾综合体。（丁洁婷）

【全市社工师人数超千人】 2018年，中共丽水市委人才工作领导小组办公室、丽水市民政局、丽水市人力社保局联合发布《关于做好全市机关事业单位参加2018年度全国社会工作者职业水平考试的通知》，鼓励全市机关、事业单位工作人员参加全国社会工作者职业水平考试。在2018年底前取得助理社会工作师、社会工作师、高级社会工作师职业证书，且与市、区所属用人单位签订3年以上服务协议且工作满1年的对象(公务员及参照人员除外)，由市级财政分别给予2000元、5000元、10000元奖励。文件出台后，全市报考社会工作师的人数达3011人，考试通过652人，全市社工师总数1042人。（诸葛睿）

【革命老区】 2018年，丽水市人民政府安排农业资金10万元，用于补助云和县山哈油茶农民专业合作社、景宁县英川镇榅堆村锥栗基地和龙泉市红心果菜专业合作社红心猕猴桃种植项目。2018年春节前，丽水市老区办和老促会走访慰问全市"三老"人员及其遗属、老党员、老区困难群众200户，给予每人慰问金1000元。3月27日，在缙云县召开全市老促会2018年工作会议，浙江省老促会常务副会长赵利民、秘书长郑锦泉、办公室主任金成出席会议，丽水市老促会会长杜光旻作题为《深入学习贯彻落实党的十九大精神，促进革命老区建设又好又快发展》的工作报告。（项海峰）

移民工作

【概况】 2018年，丽水市移民工作以"丽水之干"担纲"丽水之赞"，围绕"1510"(移民工作考核争取全省第一，推进移民动迁安置在建水库5个，实现省拨移民后扶项目资金1亿元，确保移民群体越级访、群体访和异常访"零")工作目标，有序推进各项工作。争取移民后扶资金1.3亿元，与省移民办签订《厅市合作备忘录》，争取厅市合作资金3977万元，实现移民资金人均占比排名全省第一；围绕移民乡村振兴，根据“大搬快聚”工作需求，争取到全省唯一水利部移民避险解困项目资金2477万元，惠及3个县移民1651人；有序发放移民后扶直补资金6266.76万元，安排移民项目605个，其中，生产扶持项目308个，美丽乡村建设项目62个，所有移民村完成“消薄”任务。全省移民工作年度考核名列第一。

【移民“新建水库”】 2018年，市移民办在全国率先探索“按人均安排建筑占地面积”移民安置新做法，在全省首创移民安置验收初验自验合并工作新模式。8月30—31日，全省新建水库移民工作经验介绍现场会在松阳县召开。全市新建水库5个，缙云潜明水库、缙云抽水蓄能电站、松阳黄南水库、遂昌清水源电站，移民工作实现“签约、腾空、拆除”3个100%，完成年度任务；缙云潜明水库、松阳黄南水库完成导截流验收；庆元兰溪桥水库按计划完成移民安置方案制定。

【移民“后扶样板”】 2018年，市移民办制定出台大中型水库移民后期扶持项目管理流程，为全省后扶项目前期、实施、验收、报账提供典型经验。重点培育全省后扶推广的四大特色样板：农旅联合，扶持移民村开展休闲农业与乡村旅游业融合发展，通过以资金、自有土地入股，村集体统一经营管理的模式，实现移民村农旅融合长远发展；物业兴村，通过村级单建、抱团联建、资产购置、闲置资产盘活、市场联建等方式开展移民村物业建设，实现移民村收入稳定；股份合作，通过村村、村企、村组、村社股份合作以统一规划、统一投资、统一建设、统一分配的方式开展移民村股份合作，探索后扶新路径；“飞地”（指的是“飞地经济”，是指两个相互独立、经济发展存在落差的行政地区打破原有行政区划限制，通过跨空间的行政管理和经济开发，实现两地资源互补、经济协调发展的一种区域经济合作模式）助增，加强资金统筹，紧紧抓住“山海协作”契机，引导各地将后扶移民资金与发达地区协作，购置标准厂房等，全力探索生产扶持助增收新模式。青田县落实到位“飞地”助增移民村集体经济项目，涉及2个县79个移民村3950万元。实现生产扶持投入占比63%，大项目占比30%，移民村集体经济建设投入7300万元，累计完成“和美”移民村建设78个，132个移民集体经济薄弱村实现集体经济增收5—80万元，全市移民村全面完成“消薄”任务。

【移民资金监管】 2018年，市移民办规范涉农扶贫资金管理，聘任潘瑞冰等32人为丽水市水库移民稽查专家，建成市级水库移民稽查专家队伍。全年完成以稽查、审计为主要方式的移民资金监管检查共24次，完成移民资金检查全覆盖，检查资金额2.03亿元左右。协助国家水利部对遂昌县移民资金进行审计；协助省移民办对在建的黄南水库、潜明水库移民资金使用情况稽查，对莲都区、青田县、景宁县进行移民资金内部审计；组织稽查专家开展资金检查：对莲都区、青田县、景宁县后扶资金支出情况进行审计，对云和县、松阳县、缙云县2017年度移民后期扶持政策实施情况稽查；聘请专业审计机构进行资金检查：对龙泉市、开发区、遂昌县、庆元县的移民资金进行审计，开展对莲都、青田等8个县（市、区、开发区）滩坑移民资金的决算审计。

【移民维稳】 2018年，市移民办抓好重点时段稳控，做好值班工作，加强信访、信息渠道的构建、完善和管理。全面开展水库移民信访大数据平台建设和水库移民遗留问题大排摸，全市排摸各类重点涉稳风险点45个，重点人员165人，涉及新建水库、滩坑自谋出路移民等问题10个大类。制定具体稳控和化解举措，化解历史积案28件，其中，历经13年未安置的吴某等8户海外华侨（滩坑清库影响人员）全部完成安置协议签订；破解滩坑移民产权证办理遗留问题，青田县350多户移民办理房产权证485间；成功化解丽湖电站后扶遗留12年的600名跨库生产安置移民群体信访积案。全面完成省、市信访维稳部署的各项任务，未发生通报和督查事项，未发生越级访、群体访和异常访。（饶晗昕）

残疾人事业

【概况】 2018年，全市持证残疾人84753人，其中视力残疾8821人，听力残疾17374人，言语残疾1079人，肢体残疾39030人，智力残疾6908人，精神残疾7133人，多重残疾4408人。全年全市残疾人家庭人均可支配收入23714元，同比增长5.65%，其中，城镇、农村残疾人人均可支配收入分别为28478元、18344元，城乡比1.55。

2018年，全市残联组织围绕新时代残疾人事业高质量发展总目标，深入实施残疾人事业发展“十三五”规划，完成年度各项工作目标。全市残疾人全面小康实现程度91.91%，创历史新高。全年投入各类残疾人保障、扶持资金3.03亿元，其中，争取中央、省级转移支付资金1.73亿元，同比增幅19%。全市享受困难残疾人生活补贴37053人，享受重度残疾人护理补贴 24255 人。实施困难补贴提标工作，将全市困难残疾人生活补贴统一提标为 210 元/月。

2018 年，以党建引领事业发展，完成市委巡察整改落实，制定涉及内部管理、事务决策、党风廉政等制度 18 项。市残联推行挂图作战工作模式，实行全年工作“清单化”管理，对实行周会督查、季度点评机制，全面完成省市任务 26 项、补短工作 14项、力争前列工作 6 项和创新工作挂图作战 7 项。推动“智慧残联”建设，完成残疾人公共服务平台一期建设，初步建立残疾人信息化服务平台，让残疾人多跑网路、少跑路或不用跑。

【残疾人服务机构建设】 2018 年，市残联康复医院成为省内首家地级市公办残疾儿童康复医院，启动康复医疗联盟，全年接收残疾儿童累计 235 人，创历史新高。市残疾人托养中心投入运行。莲都区残疾人综合服务项目投入使用，市区形成西区托养、北区康复、南区就业服务格局。遂昌县残疾人康复托养中心项目建成，庆元县、松阳县残疾人托养中心开工建设，景宁畲族自治县、缙云县、云和县、青田县残疾人托养中心完成立项工作。

【实施精准康复行动】 2018 年，深化残疾人精准康复服务行动，全市残疾人基本康复服务率 98%，残疾人辅助器具适配率 80.7%。完成县级康复机构星级评定工作，评定一星 2 个、二星 1 个、三星 4 个、四星 2 个、五星 1 个。实施残疾人康复工程，完成残疾人“助听、助明、助行”康复服务 4315 人，残疾人家庭实施无障碍改造 712 户，提供残疾儿童抢救性康复服务 512 人。对纳入医疗救助的 6619 名精神残疾人门诊服用基本抗精神病药物个人自付部分实行全额保障。7 月 2 日，在龙泉举办中匈泛自闭症康复技术研讨会，以“科学干预，多元发展”为会议主题，分享自闭症谱系障碍最新研究成果。

【实施残疾人保险补贴、助学项目】 2018 年，全面实施残疾人城乡居民医疗保险补贴、意外伤害保险补贴、养老保险补贴、服务机构综合责任险补贴，惠及残疾人 13.5 万人次，该项工作走在全省前列。补助 179 户残疾人家庭实施危旧房改造，其中争取省慈善助残危旧房改造项目资金 261.9 万元。适龄残疾人接受十五年教育比例 79.86%，推动残疾儿童少年普遍接受义务教育和特色教育向两头延伸，残疾儿童入园率、残疾少年入学率分别为 84.23%、97.69%。实施扬帆集团助学等项目，投入 283.6 万元为 1352 名残疾学生或残疾人家庭子女提供助学扶持。

【助力乡村振兴“五张网”】 2018 年，出台构筑残疾人“五张网”(基本生活“保障网”、创业创新“培育网”、精准康复“服务网”、无障碍环境“畅行网”、社会助残“爱心网”)助推乡村振兴实施意见，发挥残联组织和广大残疾人在乡村振兴战略中的作用。市残联获“2018 年度丽水市乡村振兴工作优胜单位”称号。启动“残疾人就业创业提升年”活动，建立“1+6”就业服务平台，以残疾人按比例就业为主导，推进扶贫基地、辅助性就业、电商、来料加工、福利企业、劳务外出等就业平台建设，全市劳动年龄段有就业能力和就业意愿的残疾人就业率 90.29%。全年开展技能培训 1948 人次，新增按比例就业 195 人，建立扶贫基地 71 家，就业创业帮扶惠及残疾人 3566 人。景宁探索残疾人电商创业模式，受到 5 家中央媒体集中采访报道。

【实施无障碍“四进”】 2018 年，市残联提出以国际化标准建设丽水大花园建设方案，在全市“两会”作大会发言获第一名，得到市委、市政府主要领导的批示点赞。在全省率先实施无障碍“进社区、进农村、进景区、进家庭”工作，无障碍环境建设相关要求纳入乡村振兴考核等指标体系。松阳县探索制定乡村景区无障碍建设导则，莲都区左渠门社区无障碍社区创建受省残工委通报表扬。全市完成无障碍家庭改造 712 户，创建无障碍景区 3 个、无障碍乡村 9 个、省级无障碍社区 10 个。

【残疾人阳光文体活动】 2018 年，以市残联换届工作为契机，组织开展全市第三届“自强模范”“自强能人”评选、2013—2017 年“十大成果”“爱心义卖”、丽水市第二届“最美助残人”评选等系列活动。组织开展轮椅和家电赠送、无障碍体验、义工结对帮扶、“十大节日”等主题活动，让广大残疾人感受社会的温暖。10 月 24 日，组团参加省残运会并获奖牌 37 枚。11 月 7 日，丽水市残疾人运动员蔡余庆燕等人参加全国残疾人赛艇锦标赛，获金牌 4 枚。举办丽水市第四届残疾人运动会开展残疾人健身周、文化艺术周、残疾人摄影文艺爱好者采风等系列活动，“五个一”文化助残受益人数 11760 人次，各类助残巡演 61 场，举办省级残疾人文艺会演 4 场。

【丽水市残联第七次代表大会】 2018 年 3 月 28—29 日，在丽水召开丽水市残疾人联合会第七次代表大会，来自全市的 148 名代表参加。市委书记张兵、省残联副理事长高翔、市残疾人工作委员会成员单位负责人和各县(市、区)人民政府分管领导等出席会议。张兵、高翔分别在开幕会上致辞，市残联第六届执行理事会理事长胡晓红代表主席团向大会作工作报告，市政府副市长王小荣主持开幕会。

代表大会选举产生市残联第七届主席团主席、副主席、委员，市政府副市长王小荣当选市残联第七届主席团主席，聘请市委常委、组织部部长方健忠、市人大常委会副主任邹培书等为主席团名誉主席。大会推举胡晓红为市残联第七届执行理事会理事长，通过谢丽福为副理事长，陈正平、胡培忠为挂职副理事长，陈旭亮为兼职副理事长，吴锦华为理事，通过五个专门协会主席、副主席。通过大会选举产生出席浙江省残疾人联合会第七次代表大会的代表，推举浙江省残疾人联合会第七届主席团委员候选人，通过关于丽水市残疾人联合会第六届主席团工作报告的决议。

【丽水市第四届残疾人运动会】 2018年11月9—10日，在丽水举行丽水市第四届残疾人运动会，来自全市9个县（市、区）代表团的225名运动员参加。市领导方健忠、邹培书、徐光文以及省残疾人体训中心副主任林晓枫、市四届残运会组委会成员等出席开幕式，市残联理事长胡晓红主持，运动员代表、裁判员代表分别宣誓。市委常委、组织部长方健忠宣布运动会开幕。此次运动会以“逐梦山水间 共创新篇章”为主题，设置田径、游泳、乒乓球、羽毛球、中国象棋、飞镖6个比赛大项140个小项。比赛决出金牌148枚、银牌97枚、铜牌65枚。（刘任和）

11月9—10日，丽水市第四届残疾人运动会在丽水举行（刘任和 提供）

民族工作

【概况】 2018年，丽水市民族团结进步事业取得新发展，少数民族农村居民收入稳步增长，人均可支配收入19651元，比上年增长10.65%，与全市农民人均收入水平（19922元）差距持续缩小。

开展民族团结进步创建。组织开展民族团结进步“一县一主题”创建活动，通过典型引路、以点带面，推动民族团结进步创建活动体系的建立健全和效果提升。2018年，景宁畲族自治县被评全国民族团结进步创建示范区（单位），龙泉竹垟畲族乡、景宁青少年宫、缙云新碧初中等单位被评为第一批省级民族团结进步创建重点培育单位。推进城市民族工作，加强少数民族流动人口服务管理，完善少数民族流动人口协作共管机制。加强少数民族干部人才队伍建设，建立健全科级及以上少数民族干部数据库，针对少数民族干部、民族村干部、创业致富带头人、少数民族青年等，分层次、分类别开展培训，全年举办培训班3期，培训150余人次。贯彻执行《中国公民民族成分登记管理办法》，全年办理民族成分变更审核38人。做好少数民族学生中高考加分审核，补助少数民族学生“民族教育券”525万元，补助少数民族群众参加城乡居民合作医疗1400万元。

培育民族地区内生发展动力。2018年，落实中央发展资金837万元、省发展资金1345万元、市本级民族发展资金565万元。纳入全省民族乡村振兴“双百村结对行动”民族村86个，对接落实项目52个，到位资金952万元，撬动部门资金、少数民族发展资金2000多万元。实施“百名干部联百（民族）村、百名专家扶百（民族）村”行动，对86个民族村开展一村一干部一专家结对帮扶，消除集体经济薄弱村，推动民族村增强自身造血功能，促进民族村集体经济增收，社会事业等均衡发展。严格执行《丽水市少数民族项目及资金管理操作细则》，完成中央、省级少数民族发展专项资金督查。

民族文化活动亮点纷呈。开展“花园丽水 魅力山哈”民族文化系列主题活动，挖掘和保护畲族优秀传统文化。举办浙江省第五届畲族风情旅游文化节暨竹柳新桥第二十五届“三月三”畲族歌会、景宁中国畲乡“三月三”、第四届畲族服饰设计展演、百台“畲村春晚”等民族文化品牌活动，邀请台胞参加“三月三”活动，推进两岸少数民族经济、文化交流。开展中国

(丽水)好畲"娘"评选活动,评选出好畲"娘"10人,开通"千年山哈"微信公众号,首次举办通联会,推进区域间畲族文化交流。

【全省实施民族乡村振兴计划启动仪式暨"双百村结对行动"现场会】 2018年7月31日至8月1日,全省实施民族乡村振兴计划启动仪式暨"双百村结对行动"动员部署会在丽水市召开。会议宣读省委书记车俊批示,省委常委、统战部部长熊建平出席会议并讲话,市委书记胡海峰致辞,省委统战部副部长、省民宗委主任楼炳文主持会议并部署全省"民族乡村振兴双百村结对行动"工作。会议由省委统战部、省民宗委、省工商联主办,丽水市委统战部(民宗局)、莲都区委区政府承办。大会会场设在莲都区大港头镇利山畲族村,参会人员122人。与会人员实地考察利山村少数民族特色村寨建设、民宿特色产业发展情况。

【全国民族自治县全面建成小康社会经验交流现场会】 2018年5月26—28日,全国民族自治县全面建成小康社会经验交流现场会在景宁畲族自治县召开,国家民委首次把120个自治县集中到一个县开现场会,全国政协副主席、中央统战部副部长、国家民委主任巴特尔出席会议并讲话,肯定浙江"干在实处、走在前列、勇立潮头"的奋斗精神,强调要为自治县打赢脱贫攻坚战、与全国同步全面建成小康社会和迈向共同富裕注入新动力。现场会展示中华人民共和国东部地区散居少数民族高质量全面建成小康的发展理念、路径、模式和体制机制创新的成果,会议反响强烈,好评如潮,会后全国各地的其他单位专程到丽水交流民族工作。

【争当全国民族乡村振兴排头兵行动】 2018年12月14日,在遂昌召开全市民族乡村振兴现场会,市委副书记李锋出席会议并讲话,参会人数111人。与会人员实地考察遂昌县三仁畲族乡好川村、坑口村和妙高街道东峰村。市乡村振兴指挥部制定出台《丽水市争当全国民族乡村振兴排头兵行动计划(2018—2022年)》,创新推进民族乡村振兴"5533"工程,开展产业振兴、生态宜居、文化繁荣、精准帮扶、均衡发展、和谐善治等六大行动。同时,委托省发改研究所,开展丽水市争当全国民族乡村振兴排头兵规划编制。

【浙江省第六届少数民族传统体育运动会】 2018年10月29日至11月1日,浙江省第六届少数民族传统体育运动会在丽水举行。该届运动会以"花园丽水,民族盛会"为口号,来自全省11个地级市和景宁县28个民族组成的12支代表团1000余人参加运动会,此运动会也是为备战2019年第十一届全国少数民族传统体育运动会做好选拔工作。该届运动会丽水代表团、景宁畲族自治县代表团均取得历史最好成绩,并获优秀组织奖。丽水代表团获奖项96项(其中,一等奖34项、二等奖47项、三等奖15项),奖项总数位列第一,超过预期目标。景宁畲族自治县代表团获奖项37项,奖项总数位列第四。 (李　振)

宗教工作

【概况】 2018年,丽水市五大宗教齐全,有佛教、道教、伊斯兰教、天主教、基督教。全年全市现经认定备案的教职人员248人,在册宗教信徒约13.5万人,经批准合法登记宗教活动场所555个,建立市级宗教团体4个。其中,佛教活动场所152个,道教活动场所60个,伊斯兰教清真寺1个,天主教活动场所14个,基督教活动场所328个。纳入登记编号管理的民间信仰场所有940处。

【推进平安宗教场所创建工作】 2018年,市民宗局引导团体自我规范,推进宗教场所升挂国旗工作,全市99.8%的场所实现升挂国旗。推进宗教信息化平台建设,全市完成数据建库任务,录入宗教活动场所555处,教职人员24人,民间信仰活动场所信息940处。宗教团体和宗教活动场所实施财务上线工作,全市加入全省统一宗教财务服务管理平台的宗教场所251家,完成率101%,超额完成全年上线任务。开展网格化管理,全面安装"掌上宗教"APP。

【开展"十百千万"普法工程】 2018年,丽水市开展普法讲座活动进场所、进机关、进学校、进社区,推进"十百千万"普法工程开展。全年全市培育省级普法示范点1个,省级普法基地9个,普法讲座100场。开展"学条例·用条例"宣传学习活动,推动各县(市、区)把新修订《宗教事务条例》纳入各县(市、区)党委理论中心组学习内容,把新修订《宗教事务条例》纳入全市司法系统普法体系。全市民宗系统组织培训班、座谈会、学习会100余次(个),发放学习资料20000余册,学习人次42000余人。

【推进宗教团体建设】 2018年,市民宗局推进"同心·固本"宗教团体建设提升工程。成立市道教协会,9月10日,召开市道教协会第一次代表会议,会议选举产生丽水市道教协会第一届理事会理事、常务理事、副会长、会长,选举陈崇硕为丽水市道教协会会长。指导云和、松阳、莲都、庆元、遂昌县（市、区）按时完成基督教“两会”换届工作。召开市佛协三届二次理事大会，对市佛协领导班子进行民主评议，协助市佛协在市区开展办公场所建设。

【民间信仰场所管理】 2018年，市民宗局开展各县（市、区）“民间民俗 丽水庙会”文化巡礼活动，全年举办活动16场。开展民间信仰文化研究，与浙江农林大学签订《丽水市民间信仰调查研究》项目合作协议书，委托展开调查研究，将成果编纂成书，完成《民间民俗·丽水庙会》画册编印工作。

【建立宗教工作区域协作机制】 2018年4月25日，丽水、温州两市民宗局在丽水举行签约仪式，双方签订温州、丽水两地宗教工作区域协作机制合约，标志着温州、丽水两地宗教工作区域协作机制建立。协作机制内容包括两地举行会商研判会议，交流工作经验、互通情报信息、定期研判形势，制定有效应对措施，联合打击非法活动、加强宗教事务联动管制等。

【举办宗教界“我与改革开放40周年”主题实践活动】 2018年11月26—30日，市民宗局组织开展宗教界“我与改革开放40周年”主题实践活动，市、县（市、区）宗教团体负责人30余人参加。在启动仪式上，邀请浙江省优秀宣讲员马凤兴、市委党校赵伟分别作“习近平新时代中国特色社会主义思想”和“中国优秀传统文化”专题辅导，组织宗教界人士书面测试新修订《宗教事务条例》。此次主题教育实践活动，宗教界人士实地考察参观学习广州市、肇庆市的爱国主义教育基地、红色教育基地、宗教活动场所。期间，组织以“传承和创新”为主题的分组讨论和座谈交流，座谈会上宗教界人士讨论交流新时代宗教团体的使命和担当、传承和创新。（吴云龙）

老龄工作

【概况】 2018年，按户籍人口统计，至年底，全市60岁及以上老年人口52.65万人，占总人口的19.49%，老年人口与上年同期相比增长2.37%。老龄化程度最高的为遂昌县，老年人口占总人口比重为22.62%；其次是缙云县，老年人口占总人口比重为20.62%；再次是云和县，老年人口占总人口比重为20.58%；老龄化程度最低的为青田县，老年人口占总人口的比重为17.23%。全市65岁及以上老年人口35.96万人，70岁及以上老年人口22.84万人，80岁及以上老年人口9.28万人，90岁及以上老年人口11713人，100岁及以上老年人口166人。

2018年，市老龄办以考核总分第一被省老龄办确定为2018年度全省老龄工作目标考核优秀单位、老龄信息工作先进单位，《丽水市老年人照顾服务体系建设研究》被评为年度全省老龄系统优秀调研论文二等奖。缙云县、青田县、庆元县老龄办被评为全省先进县（市、区）老龄办。

开展老龄事业发展“十三五”规划执行中期评估工作。总结“十三五”以来的工作和成绩，分析存在的问题，提出推进规划落实相应的对策和建议，形成评估报告；转发市老龄委各成员单位省、市老龄事业发展“十三五”规划执行中期评估报告，督促查找问题；协调各县（市、区）老龄办、市老龄委成员单位落实副市长王小荣对市评估报告中主要指标的有关批示，确保老龄事业“十三五”规划目标任务如期高质量完成。

【丽水“中国长寿之乡”品牌推广利用工作】 2018年，市老龄办履行长寿之乡绿色发展区域合作联盟秘书处职责，发挥“中国长寿之乡”品牌影响力和产业带动力。牵头选编《中国百岁老人传奇故事》，选编故事103个，由中国社会出版社出版。4月25—27日，协调在江苏省溧阳市召开长寿之乡绿色发展区域合作联盟第一届理事会第三次（扩大）会议暨“新时代寿乡绿色发展与美好生活”高峰论坛，全国15个省（市、自治区）41个县（市、区）的中国长寿之乡、丽水市各县（市、区）主要领导或分管领导、部门负责人，有关专家学者、企业负责人、媒体记者近300人参加会议，会上，时任丽水市副市长、原联盟常务副理事长王小荣新当选联盟执行理事长，代表联盟理事会做工作报告。协调开展2018年中国长寿之乡特色服务业示范城市、养生名优产品、康养示范基地等认定工作，14个长寿之乡27家单位申报2018年有关类目认定，最终认定中国长寿之乡健康养生服务示范城市1个、敬老养老服务示范城市1个、乡情体验基地4个、乡贤人物6人、养生名优产品12个（系列）、康养示范基地5个。9月22—24日，配合办好2018丽水生态精品农博会暨中国长寿之乡养生名优产品博览会，其间，举行联盟理事长扩大会议及中国长寿之乡养生名优产品颁证、授牌仪式。11月8—10日，联盟首次和保利锦汉展览有限公司合作，在广州第5届中国老龄产业博览会上设置中国长寿之乡特色展区，组织20余家长寿之乡的企业参展，以及全国18个长寿之乡和山东省东明县等区域合作单位，政府、部门有关人员100余人观摩；老博会上设立丽水馆，展示“丽水山耕”“丽水山居”“丽水香鱼”“丽水香茶”等区域特色品牌以及丽水“长寿之乡”旅游、康养森林等方面产品，展现丽水市坚持走绿色发展道路的区域形象和成果；组织人员参加联盟对接组委会举办的中国长寿之乡专场洽谈会暨连锁商超采购对接会、养老养生地产以及医养机构对接会等活动。联盟在2018丽水新春农博会上设立中国寿乡联盟展销区，江苏溧阳、贵州兴仁、福建柘荣等长寿之乡的企业参展。联盟与上海尚耕农业科技发展有限公司、香港健商国际有限公司康养旅行社有限公司、浙江省健康产业联合会等单位签订合作协议。继续发挥联盟网站和微信公众号平台作用，年度累计在联盟网站和微信公众号上发布信息近2500条。组织开展2017中国长寿之乡“品牌建设十大亮点工作”和“十大好信息”评比活动，丽水市“举办首届中国休闲度假大会”和“丽水究竟有多牛？首届世界丽水人大会出MV歌曲啦！丽水还有那么多国家级荣誉，霸气！”分别获评2017中国长寿之乡“品牌建设十大亮点工作”和“十大好信息”。组织开展“情牵长寿之乡”主题征文比赛，收到来自全国各地投稿206篇。继续推进与央视CCTV7频道《美丽中国乡村行》栏目的合作，丽水市云和县、河南省封丘县拍摄《美丽中国乡村行——探寻长寿之乡奥秘》专题片并播出。1月起，与湖北长寿研究会合办《长寿探秘》杂志。

【“敬老月”和“第十七届老年文化艺术周”】 2018年，市老龄办联合市文明办、市民政局、市文广出版局、市体育局等部门发出《关于开展2018“敬老月”暨我们的节日——重阳节系列活动的通知》，部署开展丽水市2018“敬老月”活动，全市各地根据要求策划开展老年维权优待、走访慰问送温暖、关爱老人志愿服务、老年文化体育活动等为老服务活动。弘扬敬老爱老传统，开展走访慰问活动，市及各县（市、区）老龄部门同步组织开展由四套班子有关领导带队的高龄、困难、空巢老人的走访慰问活动。组织老年文体活动，丽水市本级举办2018“老年节”庆祝活动暨第十七届老年文化艺术周文艺演出，开展送文化下乡巡演活动，举办健步走、老年休闲特色运动会、“百名敬老孝老爱心人士看大戏”等活动，各县（市、区）均举办庆祝“老人节”文艺演出及老年健步走、门球赛等文体活动。开展敬老志愿活动，市老龄办协同更多涉老单位和有关人员参加，每月18日，为老服务日暨“安全用药月”活动；各县（市、区）有关社会志愿组织下乡进村、走进敬老院，开展走访慰问、义诊等形式多样的为老志愿服务，配合开展省2018年“金秋·重阳——关爱老人再行动”公益服务系列活动走进缙云活动。

10月15日，开展丽水市2018“老年节”庆祝活动暨第十七届老年文化艺术周文艺演出　（刘光烁　提供）

【出台2018—2019年为老年人办实事意见】 2018年，市老龄委各成员单位征集为老年人办实事项目，提出2018—2019年为老年人办实事目标10个，分别是稳步提高养老保险待遇水平、加强医养结合养老服务体系建设、加强老年人健康管理、加强老年人文化活动设施和队伍建设、扩大老年优待有效凭证范围和提高老年人优待证办理效率、落实法律助老服务和老年人权益保护、积极开展老年人体育项目培训及交流、提高老年教育的参与率和满意度、提高部分高龄老年人补贴标准、大力弘扬尊老敬老社会风尚。拟定《丽水市2018—2019年为老年人办实事意见》。推动各县（市、区）联动同步出台相关意见。

【人口老龄化国情省情市情教育】 2018年，市老龄办转发国家、省关于开展人口老龄化国情、省情教育文件，落实老龄委成员单位、各县（市、区）老龄部门同步开展老龄国情、省情、市情教育工作，老龄办带头利用老龄办主任例会、各类培训、老年电大四级教学点及其课程安排，用好当地报刊、网站，微信公众号，电影院、公共自行车站牌、公交车车身、墙体广告、社区广告等宣传平台开展教育工作。市老龄办编发有关老龄国情、省情、市情教育的简报5期，发放有关宣传资料近1000份，组织开展“敬老孝老 慈孝丽水”随手拍作品有奖征集活动以及“弘扬慈孝文化 践行敬老爱老”主题征文活动。

【老年人优待证优化办理】 2018年，根据丽水市开展“最多跑一次”改革，推进“全域一证通办”要求，发布《关于进一步优化〈老年人优待证〉办理流程的通知》《关于〈老年人优待证〉办理工作实行“全域一证通办”的通知》，部署和督促落实各县（市、区）老年人优待证优化办理工作。全市各县（市、区）老年人优待证办理工作全面入驻行政审批中心，实现“全域一证通办”。丽水市户籍老年人凭借身份证即可在任一县（市、区）行政审批中心办理老年人优待证，实现即办即领。优待证办理纳入“浙里办”网络平台系统和手机APP，争取2019年全面实现网上申报，让老人“一次也不用跑”。

【老年人意外伤害保险】 2018年，老年人意外伤害保险被纳入丽水市政保合作项目库。全市在实现80岁及以上老年人意外伤害保险全覆盖基础上，云和县将政府出资统一参保对象扩面至60周岁及以上老年人，遂昌、景宁等县将政府出资统一参保对象扩面至70周岁及以上老年人。全市年度总计参保人数141989人，参保金额244.81万元。

【“为老服务日”活动】 2018年，整合涉老部门和丽水市“敬老文明号”单位，征集为老服务项目，除特殊情况外，每月18日，在市老年活动中心开展“为老服务日”活动，为全市老年人免费提供义诊、政策咨询、维权等各项服务，形成为老服务长效机制，全年全市义务服务老年人5000人。市市场监管局、市人民医院、市第二人民医院和市地书协会等单位与市老年活动中心建立长期合作关系，在市老年活动中心分别设立食品药品安全科普宣传站、急救志愿服务实践基地、老年医学健康宣教点等活动基地。

【基层老年人协会】 2018年，全市基层老年人协会2489家，符合规范化标准的老年人协会2420家，规范化率97%，指导并督促各县（市、区）基层老年人协会做好备案管理，备案2317家，备案率93%。

【老年活动中心】 2018年，市老年活动中心加强设施建设和环境布置，做好日常服务工作，满足老年人日常活动需要，全年组织各类活动50余次，参加人数10万余人次。组织乒乓球队参加省老年乒乓球赛。督促指导莲都、青田、云和、庆元、松阳、景宁等县（市、区）老年活动中心项目建设。10月17日，庆元县老年活动中心老年节开业；青田县新改建老年活动中心集老年电视大学、老年活动中心、居家养老管理服务中心等为一体，8月投入运营；云和县老年综合活动中心一期工程全部完工，9月投入使用；云和县老年综合活动中心二期工程和莲都区老年服务中心于9月开工建设。

【老年电视大学】 2018年，全市老年电视大学招生103650人次，实现连年稳步增长，占全市老年人总数的10.08%。市本级老年电视大学举办实体培训班48个，招收学员2000余人。全市除庆元外，所有老年电大分校均开设实体化培训班。市讲师团送课到各县（市、区）分校以及市本级教学点10场。为规范和加强办学，6月，市老年电大在缙云组织全市老年电视大学辅导员培训，12月，组织办学工作者赴杭州老年电大开展考察和学习。为庆祝省老年电大成立20周年，市本级老年电视大学和各县（市、区）分校分别举办形式多样的庆祝活动，老年电大丽水分校及龙泉、云和、缙云分校壶镇镇教学点获“庆祝建校二十周年优秀组织奖”。老年电大丽水分校拍摄老年电视大学老有所为、老有所乐两部微电影用于宣传，创作老年电大校歌。11月，青田县承办第一次全省老年电视大学分校负责人培训会，市及县（市、区）分校校长、负责人和老龄办主任100余人参加培训。在浙江老年电视大学建校20周年暨年中工作会议上，丽水市和缙云分校获“浙江老年电视大学省级办学先进单位”称号，遂昌分校华利颖、龙泉分校胡欣被评为办学先进工作者，丽水分校的黄碧霞获办学突出贡献奖。

【走访慰问工作】 2018年春节前夕，市政府、市老龄办相关领导分别带队走访市区及庆元县、南明山街道慰问高龄、困难、空巢和社区先进老龄工作者47人，发放慰问金4.6万元。“敬老月”期间，除落实省“孝行为善——关怀特殊困难老人”使用慰问资金3万元，专项慰问全市80岁以上高龄老人外，丽水市四套班子领导分别带队走访市区部分困难老人、百岁老人和空巢老人，市老龄办下拨慰问资金到遂昌县慰问高龄、困难、空巢老年人，发放慰问金4万余元。全市各县（市、区）结合实际，均在春节和“敬老月”等重大节日组织开展走访慰问困难、高龄、空巢等老人活动。全市发放90岁老年人一次性奖励金469.5万元共4695人，100岁老年人一次性奖励金79万元共158人。

【举行干部业务培训】 2018年6月11—15日，由丽水市老龄办主办，丽水市职业技术学院承办的“2018年丽水市长寿养生村、养生旅游示范基地建设能力推进班”举行，课程包括“长寿养生村品牌建设及乡村康养旅游发展”“十九大关于‘乡村振兴’等贯彻新发展理念建设现代化经济体系课题”“农村电商与长寿养生村、养生旅游示范基地‘农旅融合’”“进一步提升水平努力把品牌优势转变成竞争优势、发展优势”等方面内容，邀请缙云县仁岸村党支部书记何伟峰传授先进经验，组织学员赴云和县梅湾村、长汀村、杨家山村实地考察学习，来自丽水市“十大养生长寿村”、“十大长寿村”、浙江省老年养生旅游示范基地的村干部及工作人员参加培训44人。9月27—29日，2018年丽水市老龄干部培训班在绍兴市委党校举办，邀请省老龄办副主任周世平讲解“新时代老龄工作的新形势、新任务”等，组织学员到绍兴市上虞区考察学习慈孝文化建设和基层老龄工作，来自丽水市各县(市、区)老龄办工作人员、街道(乡镇)老龄工作负责人40余人参加培训。 (刘光烁)

关心下一代工作

【概况】 2018年3月，丽水市关工委下发《关于调整市关心下一代工作委员会成员的通知》，充实和调整市关工委名誉主任、副主任、委员等人员，加强全市关工委组织的领导力量。在全国关工委工作会议上，中国关心下一代工作委员会主任顾秀莲回顾2018年主要工作时，对“浙江丽水市关工委联合市委组织部，坚持11年开展‘百名老科技专家联百村’活动(简称‘双百’活动)，2018年，127名老科技专家结对151个村，帮扶项目155个，帮助农村青年创业创新”工作提出表扬。年初，市关工委联合市委政法委、市公安局、市司法局等部门领导一行到丽水看守所看望慰问未成年在押人员，勉励他们要好好接受改造，早日回归社会。

【开展习近平新时代中国特色社会主义思想和中共十九大精神宣讲活动】 2018年，全市关工委系统向青少年开展习近平新时代中国特色社会主义思想和中共十九大精神宣讲活动，受教育青少年6万人次。在市级层面，委托丽水职业技术学院继续教育学院举办“全市关工委干部培训班”，专门就如何向青少年群体开展宣讲活动进行研讨。首次在全市关工委系统内部对宣讲课件实现资源共享，让更多的“五老”(老干部、老战士、老专家、老教师、老模范)能根据关工委组织提供的宣讲课件，向广大青少年解读习近平新时代中国特色社会主义思想和中共十九大精神，教育他们成为新时代的坚定者、奋进者、搏击者。青田县关工委联合教育局开展“十九大精神进校园”宣讲活动。云和县关工委结合“中共十九大精神”开展“争当新时代好少年”系列巡回宣讲活动。缙云、龙泉两县(市)关工委充分利用省大学生暑期社会实践小分队到基层开展志愿服务的机会，引导大学生们成为中共十九大精神的讲解员。

【开展青少年思想道德教育品牌活动】 2018年，市关工委联合市教育局在全市中小学生中部署开展“弘扬红船精神　争当时代新人”系列活动，通过组织开展班会课宣讲、主题征文活动、暑期社会实践活动和推荐评选“新时代好少年”等活动，青少年在活动中加深对“红船精神”理解，自觉成为“红船精神”的传承者。松阳县关工委联合县教育局、团县委开展全县国学经典成果展示竞赛和“慈孝文化进校园”系列活动，制作孝文化校本教材和孝文化讲堂。青田县关工委联合县委宣传部、县侨联开展海外青少年“爱国爱乡”主题教育活动，中央电视台中文频道、人民网、西班牙联合时报等海内外媒体予以报道，得到省关工委主任徐宏俊点赞。景宁关工委新建郑坑乡校青少年畲族传统文化传承基地，开展畲语课堂、畲族剪纸、畲族武术等畲韵拓展课，将畲族文化渗入到课堂当中，激发孩子们的民族自豪感，得到省关工委领导充分肯定。

【开展帮困助学品牌活动】 2018年，全市关工委组织发动社会爱心人士(企业)结对资助家庭困难学生1828人、资金869.4万元(大学新生586人、资金634.2万元；中小学生1242人、资金235.2万元)，对扶贫工作和促进农民增收做出贡献。副市长卢彩柳专门作出批示，对市关工委帮困助学工作给予充分肯定。市关工委配合《都市快报》举办“2018都市快报阳光助学行动学子报告会暨助学金发放仪式”，现场向全省100名“阳光学子”发放助学金50万元，组织全场阳光学子们聆听2名丽水籍学子的励志成长故事。开展家庭贫困中小学生的“爱心圆梦”和“睿蓝助学”活动，市关心下一代助学基金会通过省基金会筹集资金60万元。 (何朝健)

县（市、区）

莲都区

【概况】 2018年，莲都区辖4个镇、5个乡、6个街道、243个村、28个社区，面积1493平方千米。常住人口48.1万人，户籍人口41.39万人。按常住人口计算，人均生产总值74713元，按年平均汇率折合为11290美元。全年实现地区生产总值359.11亿元，增长6.2%，其中，第一产业增加值19.05亿元，增长2.9%；第二产业增加值127.71亿元，增长3.6%；第三产业增加值212.35亿元，增长8.2%。完成财政总收入80.17亿元，增长15.1%（区属25.79亿元，增长14.2%），其中，一般公共预算收入50.41亿元，增长16.1%（区属15.83亿元，增长17.%）。一般公共预算支出98.48亿元，增长17.1%（区属43.2亿元，增长10.9%）。区属固定资产投资增长7.2%；金融机构本外币存款余额784.98亿元，增长13.4%；贷款余额768.81亿元，增长16.1%。城乡居民人均可支配收入分别为45624元、25701元，分别同比增长9%、9.8%。

2018年，垦造水田48公顷，旱地30.5公顷（国土部门数据），全区累计建设粮食生产功能区3337.53公顷（农业数据）。蔬菜、食用菌、茶叶、水果等传统产业实现产值17.41亿元（统计数据），培育处州白莲、轩德皇菊、莲都仙桃，古堰画乡茶等一批生态精品农产品。新建美丽牧场5家，新增休闲农业产业观光点4个，省级示范性家庭农场3家，新培育农产品旅游地商品生产经营主体34个，新增农产品旅游地商品33个，实现农产品旅游地商品销售额5.35亿元，新建海拔600米以上绿色有机农林产品基地2880公顷，新培育“丽水山耕”品牌认证产品8个，实现“丽水山耕”农产品销售额7.75亿元。全年农林牧渔业总产值282174万元，增长2%，其中，农业产值201737万元，增长0.7%；林业产值26383万元，增长5%；牧业产值42221万元，增长5.6%；渔业产值8101万元，增长4.4%；农林牧渔服务业3732万元，增长11.7%。粮食播种面积7157公顷，增长3.3%；粮食总产量30484吨，增长4.8%；肉类总产量15251吨，增长4.4%；禽蛋产量3068吨，增长0.5%；奶类产量216吨，增长17.4%；水产品总产量4410吨，增长6.4%。

规模以上工业企业总产值增长9.3%（区属14.9%），其中，工业销售产值增长9%（区属13.5%），出口交货值增长10.5%（区属-9.1%）。实现工业增加值102.39亿元，增长6.5%，其中规模以上工业企业增加值增长6.3%（区属5.4%）。优化土地利用，加大批而未供和闲置土地处置力度，盘活存量建设用地18.66公顷，收储土地96.67公顷。土地出让取得历史性突破，共出让土地161公顷，其中工业用地98.3公顷，超过去6年的总和。全省集中开工项目开工率、省重点项目投资完成率、市重点项目投资完成率、市创新区百项清单项目投资完成率均超过100%。区属交通投资、生态环境和公共设施投资、高新技术产业投资、民间投资分别增长34%、90.3%、65.0%、38.6%。37个重点建设项目完成投资36.45亿元，同比增长89.9%。多渠道筹措基本建设项目资金24.96亿元。争取到省财政新增地方政府债券资金3.8亿元，“两山”（二类）建设专项资金1亿元。签约实施碧湖第二污水处理厂等PPP项目3个，解决项目建设资金14.56亿元。全年引进大项目15个，实际利用内资41.19亿元，实际利用外资1000万美元，招商引资综合考核全市优胜。

完成全域旅游规划编制，出台全域旅游发展扶持政策，全年完成旅游项目投资25.35亿元。旅游产品更加丰富，古堰画乡被评为省级优质旅游经典景区，风情东西旅游线路入选省级休闲农业和乡村旅游精品线路，大港头镇获评省级农家乐乡村休闲旅游特色乡镇，下南山村获评省级休闲旅游示范村，堰头村被评为省级养生养老示范基地。打造古堰画乡小镇艺术节、“寻梦田园”乡村旅游季、“三月三”畲族歌会等多个旅游体验品牌活动，全年接待总人数1077.69万人次，同比增长12.4%，实现旅游综合收入96.7亿元。农家乐民宿营业总收入3.28亿元，增长30.1%。古堰画乡文化创意产业街区被评为省文化创意街区。

落实优先就业系列政策，为高校毕业生、城镇就业困难人员、返乡创业务工人员、低收入农户等各类群体提供就业创业平台，启动低收入农户全面奔小康行动，成立残疾人就业创业孵化基地，实现特困人员供养生活标准城乡一体化，标准提高至每人每月1210元。全区低收入农户人均可支配收入9954元，同比增长16.6%，增速位居全市第一。开展医疗救助、临时救助、孤困儿童救助1.59万人次，发放救助资金3015万元。

继续推进“文化惠民”活动，开展送戏下乡589场，送书下乡16099册。新建农村文化礼堂32个。区图书馆投入使用，接待人数超50万人次。城镇新增就业超过2406人，城镇失业人员实现再就业1199人，其中困难人员550人。年末城镇登记失业率2.26%。城乡居民社会养老保险参保缴费人数48085人，城乡居民基本医疗保险参保缴费人数29.22万人，被征地农民基本生活保障参保人数1253人，市区申领社保卡人数共54.94万人。

开展“蓝天保卫”“护水斩污”“清废净土”等专项行动，全面加强秸秆禁烧和蜂窝煤整治，市区PM2.5平均浓度同比下降5微克每立方米，空气优良天数347天，比上年度增加7天，市区环境空气质量在全国169个重点城市中排名第五。完成工业园区、雅溪镇、同心新村“污水零直排区”创建，“水十条”(《水污染防治行动计划》简称)国控断面水质、交接断面水质、饮用水水源水质达标率均为100%。全面启动土壤环境质量调查，组织开展固体废物专项执法检查。成立莲都区生态文明研究中心，生态文明建设工作得到由中央级媒体组成的“大江奔流——来自长江经济带的报道”和“千万工程”建设典型经验采访团的深度报道。

【丽水万洋低碳智造小镇正式开工】 2018年1月28日，丽水万洋低碳智造小镇正式开工，丽水万洋低碳制造小镇项目落户高溪低丘缓坡开发区块，规划总用地面积295公顷，总建筑面积496万平方米，总投资135亿元。项目将建设低碳智造企业集聚区，打造集智造研发、电子商务、仓储物流、生产生活配套、金融服务和智慧园区管理为一体的特色产业小镇，以食品加工、装备制造、电器电子和轻工产品制造为主要产业，做全产业链条，形成规模效应。该项目建成投产后可形成5万多人的工业小镇，实现产值超百亿元，税收超3亿元。

【郎奇—白桥康养旅游小镇项目开工建设】 2018年12月，省大花园重大项目、省市县长工程、2018年第二批省集中开工项目——丽水市莲都区的郎奇—白桥康养旅游小镇项目顺利开工。该项目建设总用地46.94公顷，总建筑面积60万平方米，区块将打造成以养生养老为主题的旅游康养小镇，重点布局医疗康复、康体保健、养老服务、旅游服务设施、运动休闲、康养主题街区等业态，规划建设学校、幼儿园、综合市场等生活配套及旅游产品。项目总投资31.41亿元，建设工期2018—2022年，2018年计划投资6亿元。项目建成后将以生态环境及周边资源为依托，融合康养乐居、多元生活、休闲度假、颐乐养生、运动健康等功能，打造丽水市大型康养生活花园社区新标杆。

【城中村改造提前完成既定目标】 2018年，莲都区推进市区城中村改造和重点项目征收，改造拆除面积提前完成年初目标，累计征收房屋5383户，签约率99.9%，拆除房屋174.83万平方米，超过120万平方米既定目标、超过去10年的总和，置换城市发展空间近567公顷，创造市区征迁史上征收户数、征收体量、征收速度纪录。

【“农米良品”在美国纳斯达克上市】 2018年2月，科技农业电商公司“农米良品”品牌登陆纳斯达克，实现莲都企业上市零的突破。公司共发行普通股190.84万股，发行价每股4美元，共募集资金约763万美元。农米良品有限公司作为莲都区首家上市公司，是富来森集团重点打造的食品行业主要板块，以食用菌等素食产品为主导，实施基地开发、产品加工、互联网营销、连锁体验店推广全产业链运营。

【莲都“小荷”志愿服务助力省城市文明程度指数测评】 2018年，莲都区“小荷”志愿服务队有分队130支，成员21026人。先后开展捡拾烟头、文明劝导、平安巡查、文明交通、文明旅游、网吧巡查、入户宣传、帮扶济困等日常志愿服务系列活动7000余次、40多万人次，1000人以上捡烟头活动128次，开展万人以上活动20次，平安巡查信用时数共计46.17万小时，成为莲都推进创建文明城市的一支重要力量，助力市区推进经常化创建全国文明城市工作，促成丽水市以全省第一的成绩通过省城市文明程度指数测评。

【莲都成为“首批国家义务教育质量监测结果应用实验县”】 2018年5月，教育部基础教育质量监测中心公布“首批国家义务教育质量监测结果应用实验县”名单，丽水市莲都区上榜，全省唯一。“首批国家义务教育质量监测结果应用实验县”名单经县级申报、市级审核、省级推荐，最终由教育部基础教育质量监测中心确认，全国共29个县(市)区入围“首批国家义务教育质量检测结果应用实验县”名单。 （章 程）

龙泉市

【概况】 2018年，龙泉市下辖8个镇、7个乡、4个街道、13个社区、444个行政村。位于丽水市西南部，总面积3044平方千米。户籍人口29.08万人，常住人口24.02万人。全年实现地区生产总值133.5亿元，增长8.2%，增速创近4年新高；一般公共预算收入9.1亿元，增长7%；社会消费品零售总额61.1亿元，增长12.1%；城镇、农村常住居民人均可支配收入44399元、21249元，分别增长9.5%、10.2%。获评全国“两山”发展百强县，全省26个县发展实绩考核连续三年列入二类县第一档次。

规上工业增加值增长13.2%，亩均增加值增长18%，亩均税收增长53%。完成“低散乱”企业整治190家，工业技改投资增长37.9%，高新技术产业增加值、装备制造业增加值、新产品产值分别增长13.8%、21.4%、106.9%。举办中汽协汽车空调委员会及标委会年会，获评中国汽车工业零部件制造先进基地和全省“两化”深度融合国家示范区域。新增亿元企业12家、“小升规”企业17家、上云企业671家。新拓展空间65.93公顷，盘活闲置低效用地49公顷，完成工业供地29.4公顷，新建成标准厂房16万平方米，获评全省“小微企业三年成长计划”工作优秀县(市、区)。龙谷青创园入选全省小微企业集聚发展十大优秀平台。网络零售额增长32.8%，外贸出口逆势增长24%。为企减负降本6亿元、应急转贷20.8亿元。与萧山等地签订“飞地”产业园共建协议，秀洲“飞地”产业园开工建设。挂牌龙泉·昭化电商“飞地”，开设四川昭化原产地直供馆，东西部扶贫协作助力昭化“脱贫摘帽”。

旅游总收入106.5亿元，增长39.5%。龙泉青瓷文化省级旅游度假区获批设立，宝溪乡入选全省旅游风情小镇，创成AA景区2个、AAA级景区村3个、省级休闲旅游示范村1个、工业旅游示范基地1个。全省首站启动瓯江山水诗路行主题活动，开通龙泉至武夷山城际班车，举办“不灭窑火”“瓯江源·中秋之夜”“相约龙泉山奔向最高峰”名家采风等系列活动，过夜游客数、人均消费均增长25%以上。江南之巅·天空越野赛入选全省十佳商业体育赛事。建成运营智慧旅游服务平台和全域旅游大数据中心，服务业增加值增长8.2%。

规上工业企业技术(研究)开发费增长59.5%，专利申请量增长18.2%。汽车空调产业创新服务综合体被列入全省首批建设计划，汽车空调小镇入选省级特色小镇第三批培育名单。产业创新服务中心被评为全国制造业“双创”平台试点示范单位和丽水首个省级双创区域示范基地，成为国内唯一拥有CNAS认证资质的汽车空调检测检验机构和浙江吉利汽车研究院认可的第三方实验室。汽车空调冷凝器、蒸发器两项国家行业标准填补国内空白。

龙泉市列入全省首批大花园典型示范建设县，入选全国新一轮集体林业综合改革试验区。“最多跑一次”改革考核丽水第一，1346个事项100%实现最多跑一次，乡镇(街道)便民服务中心100%实现无差别综合受理，“市乡村”三级代办实现100%全覆盖。在丽水率先推行部门间“最多跑一次”，创新实施一般企业投资项目开工前“零审批”改革，首个试点项目——中国青瓷小镇维景温泉度假酒店开工建设。实现基层治理“四平台”规范化全覆盖，全科网格建设做法成为全省典型。资源配置市场化改革全面铺开，城市保洁实现市场化运作，旅投公司完成股份制改造，首批清理编外用工628人。完成“标准地”供地面积9.4公顷，工业用地“标准地”供地占比达47.5%。省级低碳试点中期评估获评优秀。

交通投资、民间投资、高新技术产业投资、生态环境和公共设施投资分别增长22.6%、24%、44.4%、32.3%。总投资23亿元的500千伏丽西输变电工程提前开工建设。选商引资累计签约项目37个、落地项目33个、投产项目21个。全面加强要素保障，争取省级以上竞争性分配资金12亿元，增长35%；统筹整合各类财政性资金5.2亿元，集中财力办大事；新增地方政府债券14.5亿元，化解政府隐性债务25.4亿元；完成全域土地整治636.73公顷，新征收土地62.93公顷。

温武吉铁路初步明确为“国铁Ⅰ级、双线、时速200千米”，金松(遂)龙高速确定线位走向，赵麻淤至下堡公路改建工程基本完工，塔石应急隧道工程开工建设。创成美丽经济交通走廊精品示范线3条，获评全省首批万里美丽经济交通走廊达标县，“四好农村路”三化模式成为全省典型。建成运营丽水首个综合交通应急指挥中心，城市智慧停车系统上线运行。

举办首届世界青瓷大会·第十一届中国陶瓷艺术大展，获评中国陶瓷名城。特色平台全速打造。青瓷小镇国际非遗文化中心建成开放，连续两年在全省特色小镇考核中获良好等次。宝剑小镇完成总体规划和核心区规划优化调整，主干道秦溪山道路开工建设。特色产业加快培育。入选全省文化产业发展专项资金扶持县（市、区），青瓷宝剑文创街区成为全省文化创意街区。宝剑出口退税率从零提升至13%。新增省级以上工艺美术大师16人，丽水学院中国青瓷学院启动招生。青瓷窑炉温度控制、宝剑新材料运用等难题破解取得较大突破。举办第四届中国陶瓷电商峰会，集中开展“致匠心”碎瓷行动，试行剑瓷商标和瓷土资源保护管理办法。弘扬特色文化创新。龙泉青瓷首次走进联合国大厦，精彩亮相首届中国国际进口博览会，连续五年入选世界互联网大会礼品。举办故宫龙泉青瓷回家展，102件故宫馆藏青瓷珍品回家展出。“海丝”申遗八大项目全面完工，大窑龙泉窑国家考古遗址公园建成开园。剑瓷文化研究院和故宫博物院龙泉窑研究中心成立，青瓷传统烧制技艺、宝剑传统锻制技艺双双列入首批国家传统工艺振兴目录。《不灭窑火——传统龙泉青瓷烧制》获评全省不可移动文物保护利用优秀案例。《龙泉司法档案选编》第三辑出版发行。

创成全省美丽乡村示范县，农林牧渔业增加值增长3.2%，创成全省现代生态循环农业整建制推进县（市、区）。兰巨省级现代农业园区获评全省百强“最美田园”，成为全国“两山”实践创新教育基地。“龙泉红”获第二届中国国际茶叶博览会金奖，“龙泉灵芝”成为全省食用菌行业优秀品牌。新组建茶叶、中蜂产业农合联，新增“三权”抵押贷款1.6亿元。“基本无违建乡镇”实现全覆盖，龙南乡、城北乡东书集镇、八都镇松渠集镇成为省级样板。住龙镇入选中国历史文化名镇，上垟镇、竹垟乡被评为全省美丽乡村示范乡镇，宝溪乡获评中国森林文化小镇。创成全国生态文明村1个、中国最美森林人家1个、全省美丽宜居示范村3个、农村引领型社区2个、“一村万树”示范村10个，入选中国传统村落12个、历史文化村落保护利用重点村1个。完成32个重点文化礼堂建设，承办全国乡村春晚大集。

通过省级文明城市复评，获评“最美骑游城市”。西街历史文化街区保护利用启动，披云桥重建工程建成通车，三江口区块综合整治提升工程和江滨北路西街段市政工程开工建设，龙渊公园主体工程顺利结顶。城东综合体启动建设，基本建成瓯江绿道示范段4条，黄灌防洪堤景观公园获评省级优质综合公园。火车站场建设步伐加快，完成总体规划优化调整，站前区块剑川大道工程开工建设。城市外环线加速成型，环城南路建成通车，环城北路加快建设。完成曾家张家村和三江口区块房屋征收，新增城市道路3千米，新（改）建城市污水管网14.5千米，迎宾大道获评省级绿化美化示范路。经济开发区完成“污水零直排区”创建。联建房管理“房长制”全省首创。

PM2.5平均浓度21微克每立方米，全省最优，AQI平均优良率99.5%，再度入围“全国百佳深呼吸小城”，水环境质量达标率保持“3个100%”，农村污水治理工作成为全国典型，岩樟溪集中式饮用水水源地保护工作获生态环境部点赞。静脉产业项目——垃圾资源化协同处理工程开工建设，新（改）建公厕660座，获评全省农村生活垃圾分类处理工作优胜县（市、区）。与云和签订首个瓯江流域上下游横向生态补偿协议，生态环境损害赔偿机制开始推行。

出台实施促进教育高质量健康发展若干意见，严格规范城区公办小学招生秩序，创成全省教育基本现代化县（市、区）。市中职校成为省中职名校，龙一中高考一段上线首次突破200人。认定全省中小学研学实践教育基地2个。发布实施《健康龙泉2030行动纲要》，创新开展“省市县乡”四级医疗融合体建设，市人民医院门诊量、住院量、三级以上手术量分别增长12.6%、8.6%、77.3%，住院均次费用、药占比大幅下降。评选“十大模范教师”和“十大好医护”，尊师重教、尊医重卫氛围更加浓厚。

居民、集体经济收入实现双增长。农村常住居民人均可支配收入连续12年保持两位数增长，首次突破2万元关口；城镇常住居民人均可支配收入增幅位居丽水首位。全市444个村集体经济总收入均超过10万元，其中70%以上村经营性收入超过5万元。启动实施“大搬快聚、富民安居”工程，完成异地搬迁571户2246人。交付使用河阳公寓二期，基本建成上凉亭安置小区。

勇夺省级“平安市”十三连冠、丽水“综治优秀市”七连冠。创成省级无信访积案县（市、区），被评为第四批“全国法治县”创建活动先进单位。成为全国地质灾害防治高标准“十有”县，获评农村危房治理改造绩效评价优秀县（市、区）。基本养老保险、基本医疗保险参保率分别为90.3%和98.4%，低保标准提高到每人每月700元。实现城镇新增就业2184人，城镇登记失业率为1.32%，通过“无欠薪”市创建验收。创成省级社区治理和服务创新实验区，建成阳光老年福利特护中心二期、休闲养老中心。

【龙泉市创成全省美丽乡村示范县】 2018年,浙江省委、省政府发布《关于命名2018年度浙江省美丽乡村示范县的通知》,龙泉市榜上有名,实现第一年申报即创成。全市累计创成美丽乡村风景线5条、省级美丽乡村示范乡镇4个、省级美丽乡村精品村9个、市级特色精品村19个、省AAA级和省A级景区村庄分别为6个、39个。被列入浙江省美丽宜居示范村20个,其中宝溪乡溪头村、竹垟畲族乡盖竹村入选国家级美丽宜居示范村,被列入中国传统村落名录49个、被列入省级历史文化村落名录126个。先后获评全省农村生活垃圾治理工作优胜县和农村生活垃圾分类处理工作优胜县,农村生活污水治理工作经验成为全国典型。农村美丽度和农民群众幸福感得到提升。农村常住居民人均可支配收入连续12年保持两位数增长,全省26县发展实绩考核连续3年列入二类县第一档次,获评全国"两山"发展百强县。

【龙泉市创成全省教育基本现代化县】 2018年3月,省教育厅、省政府教育督导委员会办公室公布第四批基本实现教育现代化县(市、区)名单,龙泉市榜上有名。龙泉市始终将教育摆在优先发展位置,建立市四套班子教育专题调研机制和市政府领导兼任教育特邀督学制度,出台《关于深化教育改革促进教育高质量健康发展的若干意见》,坚持做到教育投入优先保障、教育经费优先划拨、教育困难优先解决、教育资源优先倾斜,千方百计抓教育。先后通过"浙江省教育强县""全国义务教育发展基本均衡县"评估验收,被确定为浙江省学校心理健康教育研究示范区、全国农村学校艺术教育实验县。

【龙泉市入选全国集体林业综合改革试验区】 2018年6月,国家林业和草原局发布《关于推进集体林业综合改革试验区工作的通知》,龙泉市被确定为全国集体林业综合改革试验区,成为全国33个试验区之一。龙泉市素有"浙南林海"之称,全市森林覆盖率84.3%。龙泉市坚定不移践行"绿水青山就是金山银山"理念,坚持走绿色发展道路,持续深化集体林权制度改革,在培育林业改革综合体、林下经济预期收益贷款、林地经营权流转证制度、村级惠农担保合作社、公益林补偿收益权质押、油茶气象指数保险、生态公益林信托、林业信息集成系统等8个方面先行先试,先后获"全国农村林业改革发展试验示范基地""全国集体林权制度改革先进典型县""全国林业信息化示范县""全国集体林业综合改革试验示范区"等国家级金名片15张。

【龙泉市列入全省首批大花园典型示范建设单位】 2018年2月,省发改委、省生态环境厅、省交通运输厅、省文化和旅游厅联合下发《关于公布第一批全省大花园典型示范建设单位和培育单位的通知》,龙泉市列入第一批全省大花园典型示范建设单位。创建周期两年,达成目标要求且考核验收合格后,将正式认定为"全省大花园建设典型示范县(市、区)"。龙泉大花园典型示范创建具备以下三方面基础:美丽生态底色靓。龙泉是国家重点生态功能区和丽水国家公园创建核心区,PM2.5连续五年位居全省第一,被誉为"中国生态第一市"。经典文化底蕴深。龙泉是国家历史文化名城,是"海上丝绸之路"重要起始地。龙泉青瓷(是"人类非遗"),龙泉宝剑(是"国家非遗")双双入选全省十大历史经典产业。旅游总收入连续三年保持50%以上增长,文旅产业增加值占GDP比重超过13%。改革创新底气足。林权制度改革成为全国"一面旗帜",受到国务院总理李克强批示点赞。汽车空调产业创新服务综合体成为全国制造业"双创"平台示范单位,"国镜药业"模式入选全国生态产品价值转换典型案例,"山区区域循环模式"获评全省生态循环农业十佳模式。

【龙泉青瓷文化省级旅游度假区获批设立】 2018年11月,省政府发文批复同意设立龙泉青瓷文化省级旅游度假区。度假区总规划面积55.6平方千米,以上垟中国青瓷小镇、宝溪景区、披云山景区为主体创建区,整个区块生态环境优越,拥有独特的龙泉青瓷文化、传统龙窑文化,充分展现青瓷之都和"人类非遗"魅力。度假区建设将围绕"一核"(中国青瓷小镇)、"一环"(瓷韵山水景观环线)、"三组团"(瓷韵上垟·青瓷文化度假组团、乡韵宝溪·乡居生活度假组团、灵韵披云·高山康养度假组团)功能布局,按照"山地旅居慢度假"发展理念,以"青瓷文化"为主题,以"传承青瓷文化、弘扬人类非遗、发展度假产业、享受度假生活"为主旨,打造融合青瓷文化体验、美丽乡村度假区、高山休闲养生、户外健康运动等功能于一体的高品质文化体验型休闲旅游度假区。

【龙泉市获评"两山"发展百强县】 2018年8月,浙江大学联合生态环境部环境规划院等部门共同主办"两山"理念与实践国际会议,会上发布"两山"发展指数研究成果及"两山"发展百强县名单,龙泉市上榜百强县名单。龙泉市始终坚持"绿水青山就是金山银山”发展理念，走出一条从生态惠民，到“三美融合”，再到全域打造最美“大花园”生态建设之路。全市森林覆盖率84.3%，空气质量优良率99.7%。地表水、饮用水、出境水水质达标率均保持100%。全市累计创成国家级生态乡镇7个、省级生态乡镇（街道）17个、丽水市级生态村332个。

【龙泉市入选全省文化产业发展专项资金扶持县】 2018年11月，浙江省文化产业发展专项资金（2019—2021年）扶持县（市、区）名单出炉，龙泉市名列其中。省财政每年对每个入选县（市、区）补助1000万元专项资金用于扶持大型文化产业项目建设。

【举办首届世界青瓷大会】 2018年10月30日—11月4日，由中国陶瓷工业协会、浙江省文化和旅游厅、浙江省经济和信息化厅、丽水市人民政府共同主办，龙泉市人民政府承办的世界青瓷大会·中国陶瓷艺术大展在龙泉举办。以“青瓷·品质生活”为主题，分缘聚瓷都、探古溯源、开放之路、创新发展4个篇章，共安排子活动30项，涉及展示展览9个、论坛沙龙14场、雅集市集3场、专场拍卖4场。

【龙泉主导产业“双创”公共服务平台列入全国制造业“双创”平台试点示范项目】 2018年11月，工业和信息化部发布《关于公布2018年制造业“双创”平台试点示范项目名单的通知》，龙泉主导产业“双创”公共服务平台项目名列其中，系丽水唯一。龙泉主导产业“双创”公共服务平台：围绕龙泉汽车空调、青瓷、刀剑、竹木四大优势主导产业创业创新需求，提供一体化、全链条、多层次创新创业服务公共服务平台。主要以服务创新主体、创客群体和满足个性化需求为目标，为龙泉市产业、企业、创业项目和团队提供互联网开源硬件平台、开发实验室、加工车间、产品设计辅导、供应链管理服务等，并发展各类众创空间。

【大窑龙泉窑国家考古遗址公园开园】 2018年10月29日，大窑龙泉窑国家考古遗址公园正式向公众开放。该公园于2017年12月成功入选第三批国家考古遗址公园名单。规划占地面积9.74平方千米，总投资4.5亿元，建设内容包括遗址保护区、游客服务中心、遗址展示博物馆等，时间持续至2030年。以大窑龙泉窑遗址为依托，建设汇集遗址文化景观、传统聚落景观、乡土农业景观、生态野趣景观于一体，具有遗址保护、科学研究、教育展示、文化传承、艺术创意、旅游休憩等多种功能。　（周毅俊）

10月29日，大窑龙泉窑国家考古遗址公园开园　（殷小明　提供）

青　田　县

【概况】 2018年，青田县辖9个镇，20个乡，3个街道，414个行政村，总面积2477平方千米。年末户籍总人口56.50万人。全县实现生产总值239.2亿元，按可比价格计算，比上年增长8.1%，其中，第一产业增加值8.7亿元，增长3.1%；第二产业增加值117.3亿元，增长8.9%；第三产业增加值113.1亿元，增长7.4%。三次产业结构3.7:49:47.3。实现一般公共预算收入19.1亿元，增长13.5%；城镇常住居民人均可支配收入43874元、农村常住居民人均可支配收入22825元，分别增长9.1%和10.2%。

实现农业增加值增长3.1%，成功创建省级农产品质量安全可追溯体系县、省级生态农业循环示范县。深入实施稻鱼共生百千万、青田杨梅提质扩量、浙南油库振兴三个“三年行动计划”（2018—2020），启动省油茶产业示范县建设，新增稻鱼共生标准化基地533.33公顷、杨梅高产高效示范基地433.33公顷、良种油茶基地406.67公顷，发展高山茶叶基地80公顷。积极培育特色花样农业，新建各类果园73.33公顷、中药材基地180公顷，建成美丽牧场3家。加强农产品品牌建设，新增“三品一标”（无公害农产品、绿色食品、有机农产品和农产品地理标志）产品13个，稻鱼米产供销模式被国家供销总社肯定为农业供给侧改革“青田样板”，稻鱼米成为首届联合国世界地理信息大会指定用米,"青田杨梅"获评国家农产品地理标志产品。创新农产品营销模式,开辟盒马鲜生、高铁快运等销售新渠道,设立海外农产品专柜35个,侨乡农品城获评省级四星级旅游购物场所,出口额超1000万美元,实现"丽水山耕"农产品销售额7.5亿元。

深入实施生态工业"55211"[(到2021年,实现以下目标:"5"培育高端不锈钢产业、时尚鞋服产业、阀门(高端装备)产业、石雕与钼等特色产业、军民融合产业"五大百亿产业";"5"加快形成青山百亿产业园、起步—意尔康鞋服百亿产业园、阀门(高端装备)百亿产业园、钼深加工百亿产业园、军民融合百亿产业园"五大百亿产业园";"2" 产值超10亿元骨干龙头企业达20家;"1"力争上市企业达10家(其中新三板挂牌企业8家);"1"即力争规上工业增加值年均增长10%以上)]行动计划,实现规上工业增加值增长11.1%。出台工业发展系列政策,深化"精准服务企业、振兴实体经济"行动,直接减轻企业负担7.7亿元,落实企业发展奖补资金1.9亿元。加快工业平台拓展,推进温溪横溪、船寮戈溪等区块开发,建成高湖徐岸、东源五星等区块,全年新开发工业用地96.93公顷,出让47.2公顷,盘活闲置土地21.96公顷、闲置厂房24.2万平方米,连续三年获评省"腾笼换鸟"工作考核先进县。开工建设起步科创园,建成意尔康创新产业园主体工程,完成青山—泰朗钢管重组,实施华唯机械、球豹阀门、捷升阀门等3个省级重点技改项目。出台石雕产业振兴政策,筹建砂石料公建码头,推进祯埠小河坑休闲椅文创园建设,阀门行业整治后产能税收实现倍增。开展"凤凰行动""金鹤行动",完成企业股改4家,新增规上企业36家,整治"低散乱"企业153家。培育发展数字经济,引进数据及智能制造中心,三辰电器获得国家"两化"融合管理体系贯标认证,新增上云企业499家,"两化"融合发展指数居全市首位。浙江科技大市场青田服务中心投入运营,新增国家高新技术企业7家,实施省级以上科技项目153个,专利授权量、技术交易总额分别增长42.1%和611%。

出台生态服务业加快发展扶持政策,新增限上企业14家,实现服务业增加值增长7.4%。侨乡进口商品城第四市场开业运营,新增县外分店21家,年销售额18.5亿元。开业运营青田世界红酒中心,发布进口葡萄酒指数,引进国外知名葡萄酒酒庄115家。开展省级全域旅游示范县创建,启动咖啡小镇培育,开工建设威尼斯康养小镇,加快推进青都乐园、石门洞改造提升等旅游项目,全年旅行社地接游客8万人次,增长50.9%。完成村镇银行改制,新增农村金融服务站19个,年末本外币存贷款余额分别为656.4亿元和264亿元。创成省级放心农贸市场3家、四星级农贸市场1家,农贸市场建设走在全省前列。

扎实推进"一窗受理、集成服务",启用"全域一证通办"数据平台,推行综合窗口无差别受理,1442项民生和涉企事项实现"最多跑一次",网上办事率90%。推进投资项目审批制度改革,优化中介服务、代办服务,实现一般企业投资项目开工前审批"最多100天"。创新打造"侨海通"跨境视频服务中心、设立海外站点5个,建成全省首个县级出入境记录查询专窗,317项服务事项实现"国内一次也不用跑"。推进"最多跑一次"向基层延伸,152项审批服务下放到乡镇办理。加强"基层治理四平台"建设,标准化乡镇便民服务中心综合窗口实现全覆盖。

深化农村产权制度改革,完成村经济合作社股份制体制提升62个、河道河权改革14条,发放土地承包经营权证7.1万本、不动产权证1.1万本,流转林地、农地613.33公顷,新增农村"三权"抵押贷款2.7亿元。全面加快社会事业改革,温溪五小、康宁医院、上海莱士等一批项目开工建设,公立医院改革通过国家考核复评。开展省级土地审批权限下放试点,争取省矿地综合开发利用采矿权试点项目2个。实施"标准地"改革,编制经济开发区、山口石雕小镇、北山千峡小镇区域规划环评,"标准地"供地率77.1%,走在全市前列。深化事业单位改革,优化开发区管理体制,完成公证处改革,启用融媒体中心。完善国有企业绩效考核、资产管理等制度,进口商品城、城投、政通等国有企业实现市场化运营,稳步推进水投、交投、菜篮子公司改革。全面实施教育、卫生、科技人才新政,新增国家"千人计划"1人、国家工艺美术大师2人、省"万人计划"2人,引进各类紧缺急需人才213人。

浙江(青田)华侨经济文化合作试验区获省政府批准,成为全省新一轮对外开放重要平台。举办首届华侨进口商品博览会暨青田进口葡萄酒交易会,意向成交额15.6亿元,成为全省承接中国国际进口博览会溢出效应十大展会之一,获评全国十佳最具发展潜力展会。青田县起步股份有限公司入选"浙江省工业旅游示范基地"。侨乡投资项目交易中心与省浙商创业创新服务中心实现战略合作,入驻项目1227个,签约项目31个。强化招商盯引,新引进大项目15个,实际利用内资46.7亿元,实现浙商回归到位资金27.2亿元。加强与嘉兴平湖、绍兴嵊州、宁波梅山等地山海协作,推进与四川平昌东西部扶贫协作,区域合作进一步深化。

加快美丽乡村建设，深化“六边三化三美”行动，全面推进厕所革命、垃圾革命，改造提升公厕657座，新增农村生活垃圾分类处理村97个，创成A级景区村31个、美丽乡村精品村3个、花样村庄6个。推进“四好农村路”建设，新建和改造提升农村公路215.9千米，建成港湾式停靠站166个，新增“村村通”客车12辆。加强“美丽河湖”建设，整治河道20.6千米、山塘水库12个。编制绿道专项规划，启动百里瓯江绿道建设。大力发展农村“新三宝”，引进腊口漫栖、祯旺无奢等精品民宿，建成小舟山黄圆平农家乐综合体，实现农家乐民宿营业收入1.7亿元、农村电子商务销售额28.4亿元，发放来料加工费4.5亿元。建立“1+2+3+X”（“1”即一个项目库，“2”即村集体入股平湖“飞地消薄”和小溪水利枢纽开发两个龙头项目，“3”即项目评审、收益分配、多元投入三大机制，“X”即各村因地制宜谋划发展的集体增收项目）消薄工作机制，启动平湖“飞地消薄”项目建设，新建村集体物业项目20个，消除省定集体经济薄弱村94个。扎实推进温溪小城市培育，加快建设山口石雕小镇、北山千峡小镇、油竹欧洲小镇等特色小镇。深入推进小城镇环境综合整治，第二批通过省级验收乡镇15个，成为省级样板乡6个，获评省小城镇环境综合整治优秀县。强势推进“三改一拆”，累计拆违149.1万平方米、“三改”150.9万平方米，通过省级“基本无违建县”初验。

实施“美丽县城 品质提升”三年行动，推进城市精细化管理，开展城市“六乱”整治，市容市貌持续改善。太鹤湖实现蓄水，城市发展进入环湖时代。前仓大桥建成通车，金三角污水处理厂投入运营，加快建设石郭第二隧道、瓯江步行桥等项目，县城防洪堤湖口平演段、东山路连接线等项目顺利开工，城市基础设施不断完善。实施城区亮化提升工程，推进酒厂二期、煤球厂、原糖酒公司等区块改造，完成临江路、水南路、石锦路等道路改造，城市品位不断提升。完成石郭转盘、新大街等堵点治理，开展工程车整治，开通民营微巴，公共自行车延伸至油竹，群众出行更加便捷。加快城镇化步伐，完成祯埠撤乡建镇、三溪口设街道。

开展“内强素质、外树形象、转型升级、共建大花园”专项行动，做好环保督察交办问题整改，获评美丽浙江建设工作考核优秀县。开工建设生活垃圾焚烧发电项目，中东部生活垃圾无害化处理一期投入运营，新建污水管网12千米、城乡垃圾中转站14个，完成生态环保基础设施投资2亿元。打好蓝天保卫战，深入推进工业废气、扬尘灰气治理，严控秸秆焚烧，PM2.5平均浓度下降13.3%，空气质量优良率98.1%。开展碧水攻坚战，推进北山、海口“污水零直排区”创建，地表水断面水质保持在Ⅱ类以上，“五水共治”考核居全市前列。开展净土行动，实施全域土地整治和生态修复工程2个，完成2.1万吨酸洗污泥“存量清零”。

实施第二轮基础教育提升行动，启动教育基本现代化县创建，教育发展基础不断夯实。开工建设湖边学校一期、红光小学等项目，加快推进伯温学校、油竹小学等项目，完成校建投资3亿元。实施学前教育“扩容改弱”工程，新创省等级幼儿园3所，普惠性幼儿园覆盖率89%。新增幼儿园学位720个、小学学位1440个，城区教育资源紧缺局面得到缓解。高考第一批上线人数连续5年保持全市前三。出台《健康青田2030行动纲要》，深化“双下沉、两提升”，建成基层医疗卫生中心5个、基层医共体9个。油竹卫生院迁建项目开工建设，县疾控中心迁建、人民医院医技综合楼等项目加快推进，连续四年获评省级重大动物疫病防控和畜产品安全监管目标管理考核优秀单位。医疗卫生基础设施不断完善。加快县体育中心、“三馆合一”等项目建设，建成油竹24小时城市书房，开展“送戏、送电影、送图书”下乡，承办“侨乡中国年”活动，侨乡文体事业不断发展。成功举办第七届石雕文化节。

落实稳就业系列政策，发放创业担保贷款620万元，新增就业岗位3087个。推进社保提标扩面，新增五大保险参保2.9万人，基本养老保险、医疗保险参保率分别为92.2%和98.7%。开工建设保障性住房327套，完成农村危旧房治理1514户、老旧住房电气线路改造6060户，建成地质灾害治理工程18个、避让搬迁安置点20个，“大搬快治”实现解危清零。加快县养老中心建设，提升居家养老服务照料中心50个，实现助餐、配送餐服务村（社区）119个。加大低收入农户增收帮扶力度，落实扶贫产业发展资金1356万元，建成光伏小康工程装机8.3兆瓦，完成异地搬迁447户1511人。完善移民后扶工作机制，移民增收致富步伐加快。统一城乡低保标准，累计发放低保资金1.1亿元，惠及低保对象1.5万人。加强社会救助工作，发放医疗救助金2050万元、困难学生资助金1458万元、残疾人保障金2260万元。全面完成年度县政府十方面民生实事。

深化“法治青田”建设，开展“七五”普法宣传教育，全社会法治观念进一步增强。推进“雪亮工程”建设，开展扫黑除恶专项斗争，惩治涉黑涉恶违法犯罪。深化“枫桥经验”，设立海外涉侨调解中心，人民调解“季宅模式”入选国家标准化试点项目，信访积案化解率80.5%。建立村社干部“10+X”考核机制，基层组织建设不断加强。开展省级食品安全县创建，建成县食品安全检验检测中心，乡镇食安办规范化建设率100%。严格落实“党政同责、一岗双责”安全生产责任制，强化安全生产隐患排查治理，生产安全事故起数、死亡人数分别下降41%和25%。

落实县委“四个年”(中共十九大精神贯彻年、发展转型提质年、重点工作攻坚年、工作效能提升年)活动部署，开展“五大百日攻坚”(重大项目、重大改革、小升规、招商盯引、增收培育五大百日攻坚活动)活动，践行“丽水之干”氛围愈加浓厚。自觉接受人大依法监督和政协民主监督，坚持重大事项向人大报告、政协通报制度，加强建议、提案办理工作，全部办复人大代表建议199件、政协委员提案188件。全面落实“两强三提高”(强谋划、强执行，提高行政质量、效率和政府公信力)要求，修订并严格执行《青田县政府提高执行力十项制度》，行政效能进一步提升。全面推进政务公开，强化行政合同法制审查，做好行政复议与行政诉讼工作，依法行政水平不断提高。认真落实中央八项规定精神，严格执行党风廉政建设各项规定，全力做好巡视反馈问题整改，清廉政府建设取得成效。

【青田侨乡农品城正式开业】 2018年1月，青田侨乡农品城正式开业，位于油竹街道雅岙路195—217号，经营面积约2500平方米。以中高端农产品、预包装食品为主，主要经营粮食(含海溪粉干、北山索面、稻鱼米等)、食用菌、茶叶(饮品)、水果(干)、高山蔬菜、中药材、畜禽(干)、笋竹(水煮笋)、山茶油、水产(干)、调味品(辣椒、酱油)等农产品，以及中国长寿之乡养生农产品。全年出口额超1000万美元，实现“丽水山耕”农产品销售额7.5亿元。侨乡农品城获评省级四星级旅游购物场所。

【青田县出台促进青田华侨回乡兴业安居若干意见】 2018年1月，青田县出台《关于促进青田华侨回乡兴业安居的若干意见》(以下简称“意见”)，加快华侨要素回流，发挥华侨资源优势，培育新引擎，助推“美丽青田、幸福侨乡”建设。意见从华侨创业回归、资本回归、总部回归、智力回归、安居回归等五个方面加大对华侨回乡创业的政策支持。

【青田县开展工业项目“标准地”试点】 2018年3月，青田县通过网上挂牌出让石溪乡东岙工业园区及高湖徐岸工业园区的5宗工业“标准地”，系全市首批工业项目“标准地”公开出让。与以往国有建设用地使用权挂牌相比，“标准地”公开出让新增固定资产投资强度、土地产出、土地税收、能耗标准、环境标准等5项指标。明确项目开竣工核验、达产复核具体时间和奖惩措施，为青田县全面实施“标准地”供地改革奠定良好基础。

【全国首个“微拍堂村”落户青田】 2018年3月，全国首个“微拍堂村——山口村青田石雕电商示范基地”授牌成立。被授予“微拍堂村”的山口村，除了平台给予的资源之外，还配合产业高峰论坛、商家培训及交流会等线下活动，创造规模化就业机会，带动乡村经济振兴。

【青田县油茶林种植总面积连续七年居全省第一】 2018年，青田县将油茶产业列为全县农业三大主导产业之一，制定出台《关于加快高效生态农业发展的实施意见》《青田县振兴“浙南油库”三年行动计划(2017—2019年)》，加大油茶产业政策扶持力度，鼓励龙头企业带领专业合作社及农户联合开发、培育良种，推进油茶基地建设，油茶种植规模不断扩大。2010—2017年，累计投入资金1.1亿元，改造低产、低效林6133.33公顷，年均新增油茶种植面积约666.67，油茶种植总面积1.96万公顷，连续七年居全省第一。

【青田县诞生全国首家以发明专利上市的企业】 2018年4月，浙江优贝圣实业有限公司发明专利在香港国际知识产权交易中心上市，成为国内首家以发明专利上市企业。浙江优贝圣实业有限公司于2017年6月在青田成立，是国内首家专业从事寓教于乐产业企业，也是一家致力于整合各类社会资源建立辅助教育、完善教育、引导教育、服务教育的新型教育机制体系企业。公司主营益智教育类玩具、文具、日用百货等产品的开发、生产与销售，以及儿童教育培训、益智教育健康游戏、益智教育类游乐园等。

【青田县连续三年获评省“腾笼换鸟”考核先进县】 2018年5月，省转升办公布2017年度全省“腾笼换鸟”工作先进县名单，青田县名列其中，连续三年获此殊荣。2017年，青田县共淘汰落后产能涉及企业10家，完成年度任务的111%；整治“低小散”企业(作坊)110家，完成年度任务的100%；标准厂房建设4.7万平方米，完成年度任务的118%；腾出用能空间3400吨标准煤，完成年度任务的113%；盘活存量土地41.8公顷，完成年度任务的176%；处置僵尸企业3家；规上工业企业劳动生产率同比增长11.7%，工业技术改造投资同比增长16.1%。

【青田县成立全省首个县级农创客联合组织助力乡村振兴】 2018年5月，青田县侨乡农创客发展联合会成立，系全省首个县级农创客联合组织，获金融机构集中授信1亿元。农创客是一群有创意理念、创新精神、创业热情的投身现代农业创业，并在农业技术、模式、营销、产品等方面有创新突破的年轻人，包括“农二代”、高校学生以及企业主等。

【青田县入选“品字标浙江制造”集中培育县】 2018年6月，省质量强省办公布“品字标浙江制造”集中培育县(市、区)名单14个，青田县成为丽水市唯一入选县。截至6月底，青田县有“品字标浙江制造”重点培育企业29家，先后主导制定“品字标浙江制造”标准2个，参与制定3个，通过“品字标浙江制造”认证企业3家，“品字标浙江制造”工作走在全市前列。

【全省最大侨资农光互补项目在青田县投入运营】 2018年6月，位于青田县方山乡周岙村的倍安新能源科技有限公司30兆瓦光伏电站正式投入运营。该项目是浙商回归、侨商回归项目，也是青田县首个光伏发电项目，总装机容量30兆瓦，占地面积约70.07公顷，是浙江省目前最大侨资农光互补发电项目。项目建成后，每年可节约标准煤约8096吨，减排二氧化硫约194吨、烟尘约2850吨、氮氧化物约38吨、灰渣约7976吨、二氧化碳约22857吨。

【《杨梅主要病虫害绿色防控技术规程》发布实施】 2018年6月，《杨梅主要病虫害绿色防控技术规程》正式发布实施，是首个以青田为主起草的市级地方标准。该标准列明主要病虫种类，提出农业防治、生物防治、物理防治、科学用药四大绿色防控措施共计15项，包括选用抗病虫优良品种合理密植、土壤改良、平衡施肥、搭建防虫网、糖醋液诱杀、病害防治等。该标准的实施将进一步规范梅农的病虫害防治行为，提高科学防治水平，保障杨梅产量和品质，推动丽水市杨梅产业的可持续性健康发展。

【青田县成立检察机关侨联组织】 2018年7月，青田县人民检察院侨联正式成立，系全省首家在检察机关成立的侨联组织。该组织是青田县落实丽水市“一院一品牌、一院一特色”工作、打好侨牌升级版工作在基层的具体落实，旨在打造服务华侨侨眷、侨资侨企的特色平台。

【青田县华侨中学归国华侨联合会成立】 2018年7月，全省首个义务教育阶段学校归国华侨联合会在青田县华侨中学揭牌成立。其主要职能是：发挥以“侨”为“桥”优势，汇聚侨力、凝聚侨心、维护侨益，拓展海外联谊领域；发挥侨联纽带作用，关心家乡发展，弘扬中华文化；推广“亲情中华”“华文教育”“寻根之旅”等品牌工作，提升社会知名度。该校侨联将进一步丰富校内统战团体，为联系归侨侨眷和海外侨胞建立桥梁和纽带，创造特色“侨文化”。

【青田县入选全国“两山”发展百强县】 2018年8月，“两山”理念与实践国际会议公布“两山”发展指数研究成果和“两山”发展百强县名单，青田县上榜，位列第36。会议对全国1837个县(市)2016年“两山”发展指标、数据进行分析，根据指数进行排序，最终得出“两山”发展百强县。

【青田县聘请前意大利国会议员担任“海外名誉河长”】 2018年8月24日，青田县举行治水经验交流会暨“海外名誉河长”聘任仪式，现场聘请意大利前国会议员Giovanni Paladini担任青田“海外名誉河长”，为青田的治水工作出谋划策，引进先进治水理念和做法。仪式结束后，在青田县治水办(河长办)工作人员和青田华侨河长叶先平的带领下，Giovanni Paladini到瓯江流域三溪口库区段进行实地巡河。Giovanni Paladini先生在履职期间，定期通过微信视频与华侨河长叶先平“线上+线下”巡河，打通地域局限，交流治水经验。作为中意“亲水使者”，Giovanni Paladini先生在中意两国之间构建沟通渠道，宣传青田的治水成效，全力推广青田各项治水活动，如龙舟赛、水生态文化节等，扩大社会宣传面，提高群众知晓度，在海外华侨当中引起争当治水先锋的新潮，为打赢污染防治战，营造全社会爱河、护河、管河的良好氛围。

【青田水利枢纽工程正式下闸蓄水】 2018年8月，青田水利枢纽工程正式开始下闸蓄水。蓄水后，瓯江上游枯水期水位高程从原来的1—2米抬高到7米，上游将形成5平方千米水面面积(相当于西湖大小)的太鹤湖，夏天城区沿江两岸1千米范围内平均气温可降低1—2℃。进一步改善瓯江干流青田城区段水环境和城市景观环境，推动城市品位的提高和城市可持续发展。

【青田县成立匈牙利“海外人才驿站”】 2018年9月，青田县海外人才匈牙利工作驿站在匈牙利布达佩斯揭牌成立，是第九个海外人才工作驿站。人才驿站建主要负责收集、掌握匈牙利及周边国家的高层次人才、侨界精英和前沿科技等相关信息,为人才和科技项目引进提供支持,为有意来青田创新创业的各类人才提供咨询和推介等服务。

【青田县重大项目“百日攻坚”集中开工】 2018年9月,青田县举行重大项目“百日攻坚”集中开工仪式,包括瓯江干流青田县绿道示范段工程、青田中瀚众创产业园项目、县公共建筑屋顶分布式光伏小康工程等18个,涵盖教育卫生、高端制造、交通运输、生态环境、水利治理、清洁能源等领域,呈现项目规模大、产业层次高、民生项目多等特点。总投资41.2亿元,单个项目平均投资规模2.3亿元,其中高端制造类项目11个,总投资24亿元,数量、投资额分别占开工项目总数的61%和58%;民生领域项目7个,建成后将有效促进低收入农户和村集体经济增收。

【青田县启动“四好农村路”三年行动计划】 2018—2020年,青田县计划投资19亿元,完成新改建农村公路494千米,实施路面维修308千米,安保工程707千米,创建美丽经济交通走廊467千米,改造危桥病隧5座,建成普通公路服务站21个,提升改造渡口渡船项目41个,建成乡镇运输服务站29个、港湾式停靠站190个、乡村物流服务点180个,新增便民小巴28辆,更新农村客运车辆44辆,创成“四好农村路”省级示范县和3个市级示范乡镇、50个县级示范村和3条市级精品示范线。

【丽水(青田)侨乡投资项目交易中心成立一周年】 2018年,丽水(青田)侨乡投资项目交易中心成立一周年,该中心系丽水市重大项目招商平台,中心挂牌项目1020个,投资总额3700亿元,成功签约项目25个,总投资额60.6亿元。

【青田县对侨舆情引导入选2018年全国互联网治理创新十大案例】 2018年11月,第五届互联网与国家治理论坛、舆情与社会发展论坛(2018)在安徽大学举行。由中山大学互联网与治理中心、人民网舆情数据中心合作评选的“2018年互联网治理创新十大案例”正式揭晓,青田对侨舆情引导等十家案例获奖。青田县融合传统媒体和新兴媒体,构建华文媒体合作平台、自媒体互动平台、侨务信息发布平台等三大平台,与15个国家23家海外华文媒体、11家海外华文媒体的公众号和APP共同组建“全媒体微联盟”,搭建起政府与侨胞迅速、高效的沟通平台。

【青田县举办华侨进口商品博览会暨青田进口葡萄酒交易会】 2018年11月,该县举办首届华侨进口商品博览会暨青田进口葡萄酒交易会,发布红酒指数,参观总人数超过10.5万人次,意向成交额15.6亿元,成为全省承接中国国际进口博览会溢出效应的十大展会之一,获评全国十佳最具发展潜力展会。

【浙江科技大市场青田服务中心揭牌成立】 2018年11月,浙江科技大市场青田服务中心正式揭牌,该中心依托丽水(青田)侨乡投资项目交易中心,设置“科技投资项目中心”模块,包括科技转化项目、科技成果展示、科技投资需求等内容,集展示、交易、共享、服务、交流等功能于一体,将为企业提供专业的科技信息、产学研合作、招商引资、投融资等咨询服务,有力促进该县进一步打通科研成果转化的“最后一公里”。

【青田石雕入选首批浙江省传统工艺振兴目录】 2018年11月,浙江省文化和旅游厅、浙江省经济和信息化厅联合发布第一批浙江省传统工艺振兴目录,全省入选15个类别100个项目,丽水市入选工艺9项,青田石雕名列其中。建立浙江省传统工艺振兴目录是我省《关于贯彻落实中国传统工艺振兴计划实施意见》提出的主要任务之一,旨在选取并重点支持一批具备传承基础和生产规模、有发展前景、有助于带动就业的传统工艺项目,推动形成可推广的经验案例,带动全省范围内传统工艺的发展和振兴。

【青田县成功投保全省首个农村生活污水处理设施财产损失险】 2018年12月,青田县与中国人民财产保险股份有限公司丽水市分公司签订《农村生活污水处理终端、管网及配套设施财产损失综合保险合同》,为全县境内690个农村生活污水治理设施终端及配套管网投保,总保险金额3亿元,期限一年,系全省首个农村污水处理终端、管网及配套设施财产损失险。

【浙江(青田)华侨经济文化合作试验区建设方案获省政府批复】 2018年12月,浙江省人民政府正式批复《浙江(青田)华侨经济文化合作试验区建设方案》。试验区作为浙江省对外开放十大举措重要内容,全力谋划“十个平台”和“十项改革”,着力在平台建设、项目推进、要素保障、体制创新等方面有力有序推动试验区建设,打造侨乡特色“华商之窗”,为推进“一带一路”建设贡献更多青田力量。计划到2022年,力争进口商品贸易额累计突破100亿元,出口贸易额达到50亿元,累计引进侨资100亿元,发

展侨资企业200家。（姚润青）

云和县

【概况】 2018年，云和县辖3个镇、3个乡、4个街道、9个社区、168个行政村，总面积990平方千米。年末总人口11.41万人，实现地区生产总值73.2亿元，增长12.6%；社会消费品零售总额32亿元，增长11.7%；一般公共预算收入5.9亿元，增长13.7%；规上工业增加值15.5亿元，增长51.2%；城镇居民人均可支配收入40177元、农村居民人均可支配收入18573元，分别增长9.5%和9.9%。

加强大气污染防治，开展餐饮油烟、露天秸秆焚烧、建筑扬尘等领域专项整治，全县空气质量优良率99.2%，PM2.5年均浓度23微克每立方米，空气综合指数排名全省第三。深入实施“五水共治”，开工建设紧水滩引调水工程、工业污水分质处理站等项目，完成15个村生活污水治理设施提升改造，新增城乡污水管网26千米，出境水I类水质天数占比较2017年提升24个百分点，工业园区、紧水滩镇建成“污水零直排区”，成功夺取“大禹鼎”。做好土壤污染防治，实现农药化肥减量51.3吨，农药废弃物回收率100%。大力推进厕所革命、垃圾革命，新(改)建城乡公厕288座、旅游公厕9座，城乡垃圾分类覆盖面分别为67.2%和60%，一般工业固废处理中心、长垄垃圾渗滤液处理厂投入运行。开展治危拆违，拆除违法建筑37.3万平方米，全面完成农村危旧房治理改造任务。加快建设美丽林相，防控松材线虫病，营造珍贵彩色林3533.33公顷，全县森林覆盖率81.5%。从严从实抓好中央和省环保督察整改工作，被列入全国首批环境健康风险管理试点县。

聚力实施棚户区、城中村改造，完成大庆寺一期、农机站、下前溪等区块房屋拆除，睦田村房屋腾空率85.1%，瓦窑村改造签约率86.4%，开工建设原百货商场改造项目。稳步推进木玩童话小镇和“采真里”项目建设，启动实施木玩智创空间一期，基本完成新华街道路和立面改造。不断完善城市基础设施，启动凤凰山公园改造提升工程，完成古坊小学地下空间开发，新增停车位203个、天然气管道10千米，仙宫大道创成省级精品示范入城口。开展非机动车、活禽交易、无序养犬等专项整治，创成滨江花苑、嘉和苑“幸福小区”2个，既提高城市居住品质，也提升民生温度。

壮大“一果两茶一菌一蜂一鱼”主导产业，新增和改造雪梨基地88公顷、茶园80公顷、油茶基地110.67公顷，新增黑木耳500万袋、中蜂2000箱、有机鱼666.67公顷。严格监管农产品质量安全，新增无公害、绿色、有机农产品19个。着力推动农旅深度融合，创新打造“云云联盟”(内外地云和师傅联合、产销一体的合作模式)模式，完成“丽水山耕”销售额5.8亿元，农家乐民宿营业收入2.9亿元，成为全国首批民宿产业发展创建示范区。持续深化美丽乡村建设，完成历史文化村建设年度任务16个，梅竹、黄处、小顺创成省级特色精品村，赤石乡、崇头镇获评省级美丽乡村示范乡镇。深入推进小城镇环境综合整治，在全市率先完成整治任务，安溪乡被评为省级样板乡镇。不断改善农村生产生活条件，改造提升农村公路86千米，建成灌溉渠道23千米，完成饮用水设施提升11个村，喝上达标饮用水农村居民新增1.7万人。加大新型职业农民培育力度，实现农民培训市级考核“十五连冠”。出台乡村产业兴旺政策26条，成立全国首个乡村振兴金融服务所，低收入农户收入增速15.7%，集体经济年收入超过10万元行政村比例97.6%。启动实施“三乡工程”，实现乡贤组织及文化阵地全覆盖，掀起市民下乡、能人回乡、企业兴乡新热潮。

全力推进梯田景区创AAAAA工作，游客接待中心、观云索道开工建设，加快实施栈云山庄、景区管网“上改下”等项目，梯田大道正式通车。云和梯田入选践行“八八战略”省级经典案例，成为“全球梯田联盟经济研讨会”永久举办地。加快创建云和湖国家级旅游度假区，聚仙岛精品酒店开工，养生文化村君亭酒店正式营业，长汀、梅湾创成AAA级景区，仙宫湖获评全省十佳运动休闲湖泊。开展A级景区村建设，黄处、金水坑创成AAA级景区村。精心打造童话云和瓯江绿道，加快推进浮云溪绿道、九龙古道等项目，金石绿道投入使用，累计建成绿道96千米。成为最受欢迎的浙江十大旅游目的地，实现旅游综合收入42.1亿元，增长28.5%。

深入开展“践行丽水之干、振兴实体经济”专项行动，新增小微企业507家、规上企业11家、亿元企业3家。切实加快传统产业改造提升，完成企业“零地技改”4万平方米，培育“机器换人”试点企业3家、“上云”企业100家，新增“品字标”浙江制造团体标准2个，整治提升“低散乱”企业217家，城东金属园区老旧厂房全面拆除。木玩行业被列入省级传统制造业改造提升试点和智能化技术改造试点，云和县被认定为国家外贸转型升级基地。发展电商经济，创成国家电子商务产品质量提升示范区，实现网络零售额29.5亿元，增长38.4%。鼓励支持企业股改上市，绿林幼教成功挂牌“新三板”，新云木业完成IPO服务签约。着力提升园区承载能力，新建标准厂房8.8万平方米，完成杨柳河三期、沙溪区块道路网主体工程,建成进口保税仓和出口监管仓。全力开展招商引资,引进大项目7个,实际利用市外内资13.2亿元、外资855.8万美元。稳步推进"山海协作",占地10公顷"飞地"创业园落户北仑。

深入推进"最多跑一次"改革,实现"最多跑一次"权力事项、"一次办结"比例"两个100%",50%以上民生事项实现"一证通办",在全市率先实现全领域"一窗通办"。推进工程建设项目审批制度改革,实行企业投资项目承诺制,一般企业投资项目实现开工前审批"最多100天";率先在省级以下工业园区推行"标准地"制度,出让工业"标准地"32.41公顷;深化商事制度改革,企业开办时间压缩至2个工作日。开展"亩均论英雄"改革,完成亩均效益综合评价企业122家,规上工业企业亩均税收增长41.5%,亩均增加值增长20.1%。实施国资国企改革,组建交投公司,城投、水投、旅投公司高效运行。大力推进农村土地确权,通过省级验收。全年新增省级以上重大改革试点12项,重点生态功能区小城市培育试点连续4年获得省考核优秀,生态公益林未来补偿收益质押贷款入选全省绿色金融创新十大优秀案例。加大科技创新力度,成功举办木玩创意设计大赛,新增国家高新技术企业4家、省科技型中小企业14家,专利申请量、授权量稳居全市前列。

加快教育现代化县创建,石塘小学迁建项目完成主体工程,城南九年一贯制学校投入使用。扎实推进教师"县管校聘"改革,云和中学高考一段上线人数增长40%,荣获全省"市县职业教育发展考核"一等奖,教育现代化发展水平居全市第一。大力推进健康云和建设,实施公立医院三年振兴计划,中医医院实现医疗质量与经济效益双提升,人民医院诊疗综合楼、城南社区卫生服务中心完成主体工程,通过国家卫生县城第四轮复审和省卫生重点县考核验收。深入推进公共文化服务重点县建设,开工全民健身文化中心项目,新建农村文化礼堂12个,完成文化馆小剧场、游泳馆改造提升,成功举办第二届环云和湖铁人三项国际邀请赛。持续提升社会救助和保障水平,发放特困供养人员、低保对象救助金415.4万元、1724.9万元,全民医保、养老保险参保率分别为98.4%和90.9%,入选全国社会救助综合改革试点县。高度重视老龄事业发展,建成双港、沙铺示范型养老服务中心2家,养老福利中心、老年大学投入运营,城乡社区实现助餐服务50个。营造"放心消费"环境,培育放心消费示范单位53家,成功创建省食品安全县。认真落实安全生产"一岗双责",企业安全生产"灵魂工程"试点经验在全市推广,安全生产事故三项指标持续下降。在全市率先完成地质灾害隐患点人员撤离和旧房拆除,解危780户2883人,全面打赢大搬快治"解危清零战"。扎实开展平安建设"六大行动"和"扫黑除恶"专项斗争,全力化解金融风险和社会矛盾纠纷,切实抓好非洲猪瘟防控工作,平安指数位居全市第一,社会更加安定、百姓更加安宁。

以"大学习大调研大抓落实"为抓手,开展"尊法治、强担责、比实干"专题教育活动,出台政府系统"两强三提高"实施方案和提高执行力六项制度,务实、高效、担当的干事氛围进一步浓厚。基本完成机构改革任务,政府系统面貌为之一新,干事创业精神为之一振。建成"基层治理四平台"综合信息系统,处理各类事件8.1万件,办结率99.6%。不断强化依法行政,政府信息做到"应公开尽公开",行政规范性文件实现"应审查尽审查"。主动接受人大法律监督、工作监督和政协民主监督,坚持重大事项向人大报告、政协通报制度,办理人大代表建议205件、政协提案135件。深入贯彻中央"八项规定"精神,紧盯形式主义、官僚主义新表现新形式,坚持不懈转变工作作风。充分发挥监察监督和审计监督职能,严格执行"三公"经费预算式管理和支出预警机制,"三公"经费支出有效削减,全县政风建设取得明显成效。

【云和县连续第四年获评全省重点生态功能区县城考核优秀等次】 2018年6月27日,2017年度全省小城市培育试点考核结果公布,云和县在生态环境保护、生态经济发展、生活品质提升、人口产业集聚、体制机制创新等5项考核指标中,以第一名成绩连续第四年获省重点生态功能区小城市培育试点考核优秀等次,系全省唯一。该县围绕"真山水、新经济、老云和、小城市、新童话"五大要素,紧盯强化生态优势、发展绿色经济、提升城市品质、增强集聚发展、完善体制机制五大任务,全力推进小城市培育试点工作。

【云和县获评2018年全国脱贫攻坚奖(组织创新奖)】 2018年10月17日,在北京召开的2018年全国脱贫攻坚奖表彰大会暨首场脱贫攻坚先进事迹报告会上,云和县获2018年全国脱贫攻坚奖(组织创新奖),系全省唯一获奖县。该县紧紧围绕"小县大城"发展战略,从农房集聚建设、空闲农房再利用、农房抵押贷款等方面入手,扎实有序推进农村宅基地科学管理工作,改善农村居住条件,提高农村土地利用率,增加农民经济收入。成功探索空闲农房二次创业、农

10月17日,云和县被授予“全国脱贫攻坚组织创新奖” (詹恩怀 提供)

民异地搬迁安置、农村宅基地使用权跨村流转等改革经验,为全国宅基地经营管理提供参考。

【云和县高速收费站获评最美中国高速公路服务窗口】 2018年8月23—24日,全国首届“最美中国高速公路服务窗口”评选结果出炉,浙江交通集团云和收费站通过“窗口”推荐、资格审查、微信展播投票和现场报告等环节综合考评,在86家参评单位中脱颖而出,获评“最美中国高速公路服务窗口”。该站着眼高起点亮化站所形象,依托云和“山水家园、童话世界”特色,打造童话城堡式的收费顶棚,使其成为一道靓丽风景线;着眼高水准优化窗口服务,开展“优化服务提升年”活动,践行“以司乘体验为中心,以微笑服务为核心”服务理念,塑造一支业务熟练、能力突出、素质过硬员工队伍;着眼高内涵强化团队精神,推行“爱家”理念,为站所发展注入活力。

【云和县仙宫湖入选浙江省十佳运动休闲湖泊】 2018年9月14日,在宁波举行的浙江省第七届运动休闲旅游节上,云和县仙宫湖获评全省十佳运动休闲湖泊,系全市唯一。仙宫湖位于该县北部,是紧水滩、石塘水电站建成后形成的省第二大人工湖,总面积3.3万公顷,其中水域面积0.26万公顷。该县以仙宫湖野生鱼垂钓基地和运动休闲旅游基地等为主要载体,结合仙宫湖原有的大穿越、水上乐园等运动项目,发展运动休闲旅游产业,增设绿道骑行、无动力滑索、野生鱼垂钓等精品运动休闲项目。

【云和县木制玩具国家级外贸转型升级基地获授牌】 2018年10月25日,在2018“互联网+中国智造”高峰论坛暨全国轻工外贸基地发展大会上,商务部外贸司授牌新认定轻工行业国家外贸转型升级基地25家,云和县木制玩具基地在其列。该县以试点示范为引领,促进木玩产业转型升级,通过国家质检总局对云和国家级出口木制玩具质量安全示范区的实地复审,木玩文化生态园被省商务厅认定为首批5个省级文化服务和产品出口基地之一。1—9月,该县木制玩具自营出口总额10.22亿元,同比增长1.99%。

【云和县绿林幼教获批新三板挂牌系全国木玩行业首家】 2018年11月26日,云和县绿林幼教装备股份有限公司(证券简称“绿林幼教”,代码873119)获批挂牌“新三板”,成为全国木制玩具行业首家成功挂牌新三板企业,是继浙江诚创精密机械股份有限公司后,第二家挂牌“新三板”企业。该公司是集木制玩具和教具研发、生产、销售为一体的企业,产品远销欧美、日本等国家,先后为宜家(IKEA)、沃尔玛、迪士尼(Disney)、Hema、Hape等国际知名客户提供产品及服务。 (詹恩怀)

庆元县

【概况】 2018年,庆元县下辖6个镇、10个乡、3个街道,345个行政村,总面积1897平方千米。年末总人口20.51万人。全县地区生产总值72.26亿元,增长8%;固定资产投资34.01亿元,增长3.5%;财政总收入8.33亿元,增长17.7%,其中,一般公共预算收入5.05亿元,增长20.1%;城镇、农村居民人均可支配收入分别为36949元和17157元,增长9.3%和9.8%。

启动黄麻淤、学后路等区块10万平方米旧城改造,实现入户评估100%。启动庆元饭店区块征收,菇城公寓完成投资1.5亿元,老二中区块完成建筑方案规划编制并启动挂牌。完成石龙街、松源街、江滨路、横城南路等立面改造5万平方米,创成濛洲街精品示范街。全面推进截污纳管,背街小巷雨污分流管网改造45千米,城区地下综合管网工程PPP项目实现入库。生活垃圾分类覆盖面74.6%,无害化处理率100%。打通大济中路、五都大桥南引线等断头路,东环路南段延伸工程建成投用。后田绿地公园、菇乡文化园投入使用,创成省级园林城市。新建商品房13.4万平方米,和家园小区交付使用,书香苑、翡翠公馆、环溪花苑等小区开工建设。特色小镇完成固定资产投资20.24亿元，百山祖避暑乐氧小镇生态古民居项目开工建设，香菇小镇跻身“全国最美特色小镇50强”。

获省级小城镇环境综合整治优秀县，通过省考核验收乡镇10个，龙溪、贤良、岭头获评省级样板乡镇。坑里、官山头乡村振兴样板示范点建设有序推进，创成安隆、新窑、双沈、洋背省级美丽宜居示范村。“六边三化三美”工作全面推进，庆元大道、菊水至安溪、会溪至巾子峰公路沿线环境明显改观。“三改一拆”完成“三改”77万平方米，拆违117万平方米，创成“无违建乡镇”17个。实施垃圾分类村198个，改造农村厕所512座，建设示范性公厕30座。建成毛竹林道113千米。建设农村饮用水工程53处，受益4.1万人。裸土复绿1.1万平方米，“一村万树”新植珍贵树种70万株。

生态环境状况指数、生态保护指数、生态环境公众满意度均居全省第一，入选“美丽浙江十大特色体验地”，获“中国天然氧吧”称号。完成国家生态文明建设示范县创建规划，编制国家公园创建方案。开展第二次全国污染源普查，全面整改销号中央、省环保督察信访问题46个。建成兰溪桥水库饮用水源保护区监控系统，负氧离子自动监测站5个。打好“蓝天保卫战”，整治“散乱污”企业46家，淘汰燃煤锅炉28台，全域基本消除“黑烟囱”。主城区禁止生产、销售、使用蜂窝煤，全时段禁燃烟花爆竹。县城空气环境质量优良率99.4%，PM2.5平均值26微克每立方米。“五水共治”向纵深推进，实现河(湖)长全覆盖，建成市级美丽河湖8条，完成入河排污口整治34个，河道综合整治4.7千米，河湖库塘清淤7.6万立方米。城市饮用水水源和城镇污水处理厂出水达标率100%，创成“污水零直排区”示范点5个，连续18年出境水质达到或优于功能区标准，县域生态环境持续优化。

制定农业农村现代化三年行动计划，出台农民增收22条、农林水产业发展扶持等政策，全力助推乡村振兴，实现农林牧渔业增加值增长3%。有序推进食用菌全产业链转型升级，实施一、二、三产融合提升试点项目，建成食用菌标准化生产基地3个，改造菇棚30.6万平方米，成功引进羊肚菌、红托竹荪等珍稀菌菇，“庆元香菇”入选“2018中国好香菇”。成功举办首届中日韩三国食用菌行业会长庆元峰会。甜橘柚、高山蔬菜、茶叶、锥栗等传统产业稳步发展；新增中药材种植172公顷，香榧种植54公顷，中蜂养殖2100多箱，新兴产业加速发展。天宸农业公园入选全省最美田园，乾宁集团中药材基地初具规模。增殖放流鱼苗439万尾，发展稻鱼共生533.34公顷。打造“庆元800”品牌，建成“丽水山耕”基地2600公顷，新增农业“三品”认证20个，“庆元甜橘柚”获农产品国家地理标志认证。培育专业合作社394家、家庭农场586家，省级农业龙头企业数保持全市第一。创成省级农产品质量安全放心县、现代生态循环农业整建制推进县。松材线虫病、非洲猪瘟得到有效防控。

坚持生态工业“第一经济”，完成规模以上工业增加值10.72亿元，增长8.5%。成功举办中国(庆元)铅笔产业发展高峰论坛，铅笔文化园入选省级重点文化产业园，食用菌、铅笔外贸转型基地入选国家外贸转型升级基地。发布“浙江制造”标准4项，数量居全市第一。培育“小巨人”企业4家，“小升规”企业5家，鸿星文具获省“隐形冠军”称号，新增省股权交易中心挂牌企业7家。深化“亩均论英雄”改革，开展企业绩效综合评价，整治“低散乱”企业209家。出让工业用地24.87公顷，其中“标准地”8.73公顷，完成工业投资5.45亿元，建成投产项目9个。小微企业孵化园(一期)建成投用，毛竹特色园开工建设，实施梦天迁建、安益新材料等园项目15个。屏都综合新区金山大道、银山路、竹园路等主干道路建成通车，南二路、南三路完成主体工程，二期路网基本成型。成功应对“巴基斯坦对华铅笔反倾销案”。修订出台新一轮工业政策，持续开展精准帮扶企业行动，破解企业难题200余个，减轻企业负担2.29亿元。

实现服务业增加值37.26亿元，增长9.8%，增速全市第二。以创建省全域旅游示范县为抓手，实施涉旅项目43个，完成投资11.68亿元，成功创建巾子峰国家AAAA级景区、莲湖村国家AAA级景区，新增省AAA级景区村庄、省老年养生旅游示范基地、市水利风景区各2个。建成全域旅游大数据中心，新建、改扩建旅游厕所13座，闲步街投入使用。建成江滨路滨水绿道、庆元大桥至洋心桥慢行系统，完成应岭岚古道修复，石龙山·龙山公园游步道全线贯通，共建成绿道89.7千米。引进山水九章高品位酒店，坑里坑外、宿兮等精品民宿开业运营，廊桥故里获评省金宿级民宿。举办乡村文化旅游季活动52场，吸引游客31.2万人次。来料加工实现年加工费2.9亿元，增长10%。建成电商人才孵化基地，新建、提升农村电商服务站65个，实现网络零售额44.6亿元，增长35.6%。金融形势持续稳定，人民币存贷款余额230.45亿元，增长13.45%，存贷比80.41%。创新“新三板”股权质押等融资方式，全市率先引进蚂蚁金服“智慧县域普惠金融”项目。

全年项目新开工59个、建成投用55个，省市县重点项目全部开工，民间投资占比39.5%，创历史新高。兰溪桥水库扩建工程完成PPP项目招标和移民安置地政策处理，实现入户评估99.6%。松源溪、竹口溪流域综合治理工程完成投资5700万元。衢宁铁路庆元段实现投资3.3亿元，七大隧道工程全线贯通，火车站站前广场及连接线工程PPP项目开工建设。高速连接线县城过境段建成主体工程，S329兰溪桥段公路改建工程实现投资8000万元。完成农村公路路面大中修、提升工程、安保工程89.6千米，建成农村联网公路12千米。220千伏濛洲变电站扩建工程竣工投运，濛洲至宏山220千伏输电线路工程开工建设，升级农村电网46个村，完成电网建设投资1.6亿元。

调整完善“5+5”(调整建立庆元县兰溪桥水库扩建工程建设指挥部等5个指挥部和庆元县“乡村振兴”工作办公室等五大重点工作推进办公室，推进项目建设)项目推进机制，开展重点项目“红黄绿”(按照项目进度“较快、正常、落后”三个等次进行评价。“较快”的列入红榜，“正常”的列入黄榜，“滞后”的列入绿榜)榜督查考评，实行重大项目谋划联席会议和重点项目投资领办制度。开设项目技能培训班，提升干部谋项目、管项目能力。实施PPP项目3个，引进社会资本32亿元。新增建设用地65.8公顷，盘活存量建设用地25.53公顷，垦造耕地254.67公顷；征收土地89.87公顷、房屋2万平方米。开展项目政策处理“拔钉清障”行动，任务销号36个，成功化解一批政策处理难点，为项目顺利实施提供有力保障。

深化招商引资“一号工程”(把招商引资摆在经济工作头等重要位置)，实行大项目服务“绿色通道”，全省首创“首席招商局长”机制。全年引进项目55个，其中，大项目6个，总部经济项目3个，实际利用内资18亿元、外资228万美元，浙商回归到位资金11亿元。举办首届世界竹藤大会庆元竹产业招商、精品民宿招商等专场推介会8个，累计签约项目43个，签约总额76亿元。与嘉善县、长兴县、海曙区开展山海协作合作共建，开工建设嘉善—庆元—九寨沟“飞地”产业园。

2/3以上财力用于民生事业，民生类支出25.77亿元，占一般公共预算支出的78%。高考成绩实现七连增，菊隆中学、安南小学等项目加快实施，成功创建省教育基本现代化县。出台普惠性民办幼儿园发展扶持办法，同心、新窑、淤上幼儿园投入使用，新增学位1080个，省农村学前教育补短板改革试点获省政府肯定。深入实施“健康庆元”战略，完成安南、举水卫生院改造，建成国家级胸痛中心，全市首创“巡回诊疗车”服务。通过省级文明县城复评，创成省级卫生乡镇8个。县公共文化服务中心、体育中心、广播电视制作中心完成投资9400万元。建成乡镇综合文化站9个，新建农村文化礼堂19家，乡村春晚获省“宣传思想文化工作创新奖”。新建通信网络基站38个，建成中央无线电视覆盖工程。通过省级“四提升四覆盖”[提升群众身边的体育场地建设水平，实现“15分钟健身圈”便民体育设施全覆盖；提升群众身边的体育组织水平，实现乡镇(街道)“1+5”体育社会组织网络全覆盖；提升群众身边的健身活动水平，实现常态化健身活动全覆盖；提升群众身边的健身指导水平，实现行政村(社区)各健身项目、社会体育指导员及乡镇(街道)体质测试网点全覆盖)]全民健身工程评估验收，举办2018庆元廊桥国际多日赛，庆元籍运动员获全国冠军5项。

社会保险扩面提标，大病、慢性病、特殊病种报销比例进一步提高，基本医疗保险参保率和养老保险参保率分别为98.3%和90.9%。实现城乡低保一体化，补助标准提高至每月700元。城镇登记失业率稳步下降，最低工资标准调高至每月1660元，发放残疾人两项补贴1190万元。开展“千名干部扶千户”和“万人慈孝促增收”活动，办理“慈孝卡”1.1万张，建成村级慈善爱心基金104个。县老年活动中心投入使用，县第一社会福利中心完成主体工程，建成示范型居家养老服务中心3家。建成放心农贸市场2家，农村家宴放心厨房11家。消除集体经济薄弱村116个，完成目标任务的104%。新开通8路公交，庆元大道北侧加油站开工建设。完成城乡危房治理解危任务，改造治理农村危房4429幢6518户、城镇危房28幢。提前一年半超额完成“大搬快治”任务，避让搬迁3173户9654人，安置率100%；治理地质灾害隐患点83个，核销隐患点206处；同心、横山、蒲潭(二期)、星源跨村联建点等安置小区建设进展顺利，实现搬迁安置同步推进。

扎实推进“平安庆元”建设，连续13年夺得省级“平安县”称号。深化大调解、大化解、大防控三大工程，一批信访积案得到攻坚化解。“扫黑除恶”专项斗争侦破涉恶类案件17起、打掉涉恶团伙3个。建立“天罗地网”监测防控系统，金融风险得到有效防范。完善在建工程项目农民工工资支付保证金制度，建成省级劳动人事争议示范仲裁庭。严格落实党政领导干部安全生产责任制，健全“1+8”(1个县安委会，加上消防、建设工程、群团民宗、市场与国土、教卫文体、商贸、农林水、交通旅游民政等8个专业安委会)责任体系,事故起数等指标持续下降。深入推进省级食品安全县创建,切实保障老百姓"舌尖上的安全"。获第四批"全国法治县"创建活动先进单位。"五台合一"(整合"110"指挥中心、应急联动指挥中心、"96345"社会公共服务中心、"数字城管"指挥中心、网络舆情研判指挥中心,建立庆元社会服务管理指挥中心)社会服务管理国家级标准化试点建设通过中期评估。完成系列维稳安保任务,社会安定有序,人民安居乐业。

持续深化"最多跑一次"改革,建成全省首个跨市利用"一窗平台"受理异地便民服务实体平台,全面上线运行"全域一证通办"系统,开展涉企证照通办,商事登记更加便利规范。实现"最多跑一次"事项1341个,实现率100%,93%以上项目开通网上事项,企业投资项目开工前审批实现"最多100天"。深入实施国家重点生态功能区、农民工等人员返乡创业、清洁能源示范县、创新区"一县两试点"等重大改革试点。加快农村重点领域改革,通过农村土地确权综合验收,开展农村宅基地及住房确权,发放林权抵押和公益林收益权质押贷款1.17亿元,新增林地流转800公顷。启动国企改革,完成国地税征管体制改革。

创成省知识产权示范县,竹木产业入选省级产业创新服务综合体培育名单,全省首个竹材重点企业研究院双枪竹材研究院完成验收,百兴食品列入省级重点农业企业研究院建设名单。实现高新技术产业增加值4.16亿元,占规上工业增加值38.8%。新增发明专利授权30件,新认定高新技术企业2家、省级科技型中小企业14家、省级农业科技型企业5家,新增市级众创空间2家。实施省级竹制品"机器换人"项目11个,新增"企业上云"131家,购买"机器人"20台,装备制造业增加值增长30.4%。引进"星期天工程师"113人,培训"菇乡师傅"411人次。全市率先实现乡贤联谊组织全覆盖。

深入开展"大学习大调研大抓落实"活动,启动实施政府"两强三提高"建设行动计划,不断加强政府自身建设。升级打造技能型乡镇政府,建立技能型干部实训基地75个,乡村振兴讲习所243个。开展政务重点督查68次,涉及事项700余件。加强行政事业单位(国有企业)内部风险防控,强化重点领域和关键环节监管。严格落实中央"八项规定"及实施细则精神,坚决纠正"四风""两局","三公"经费持续下降。

【庆元县获平安县十三连冠】 2018年3月29日,庆元县被省委、省政府授予2017年度"平安县"称号,实现平安建设"十三连冠"。2017年,庆元县瞄准平安建设"十三连冠"目标,以平安护航十九大为牵引,以"三大工程"(全民大防控工程、矛盾纠纷大调解工程、信访积案大化解工程)建设为着力点,全面推动平安庆元建设向更高水平、更高层次发展,有力地促进社会和谐稳定,全县没有发生严重影响社会稳定的"一票否决"事项。据省统计部门抽样调查,庆元县群众安全感满意度98.62%。

【庆元县入选2018年省级园林城市】 2018年12月下旬,庆元县成功入选2018年省级园林城市。2015年开始启动省级园林城市创建工作,按照"高起点规划、高质量建设、高水平管理"原则开展创建工作,对照《浙江省园林城市标准》完成省级园林城市各项创建任务,包括综合管理、绿地建设、建设管控、生态环境等七个方面具体工作58项。庆元县建成区绿地面积301.5公顷,绿化覆盖面积348.3公顷,人均公园绿地面积12.99平方米,绿地率和绿化覆盖率分别为33.5%和38.7%,公园绿地服务半径覆盖率85.3%。

【庆元县获"中国天然氧吧"称号】 2018年9月26日,中国气象服务协会召开发布会,公布"中国天然氧吧"创建评选结果,庆元县成为全国第三批36个"中国天然氧吧"之一。该县从20世纪90年代开始坚持"生态立县"发展战略,作为全国生态县,生态文明建设一直走在全国前列。先后获国家级森林公园、全国最美生态旅游示范县、中国避暑胜地、中国绿色竞争力十强县、国家重点生态功能区等称号。全县森林覆盖率86.06%,位居全国前列、全省首位;饮用水源水质达标率100%;环境空气质量优良率99.2%,百山祖景区空气负氧离子浓度每立方厘米20万个;生态保护指数、生态环境状况指数位列浙江省第一。 (郑树开)

缙 云 县

【概况】 2018年,缙云县下辖7个镇、8个乡、3个街道、253个行政村,总面积1494平方千米。全县常住人口37.2万人,户籍总人口47万人。全县实现地区生产总值(GDP)237.05亿元,按可比价格计算比上年增长10.5%,其中第一产业增加值10.64亿元,第二产业增加值117.05亿元,第三产业增加值109.36亿元,分别增长3.4%、11.5%和9.8%。人均生产总值64034元(按年平均汇率折算为9677美元),比上年增长9.4%。三次产业结构从上年的5.0:48.7:46.3调整为4.5:49.4:46.1。全年实现财政总收入24.68亿元，比上年增长22.9%。其中一般公共预算收入15.34亿元，增长17.5%；一般公共预算支出52.15亿元，增长22.4%。全县完成新增城镇就业3212人，失业人员再就业991人，城镇登记失业率控制在4%的目标范围内，为1.91%，呈持续下降态势。

农林牧渔业总产值16.1亿元，比上年增长2%，其中农业增加值7.3亿元、林业增加值1.5亿元、牧业增加值1.6亿元，分别增长3.3%、4.9%、1.9%。农作物总播种面积17357公顷，比上年增长2.1%。粮食总产量42084吨，比上年增长4.6%。粮食生产保持稳定，完成高标准基本农田提升1533.33公顷，垦造耕地342.33公顷，建成粮食生产功能区800公顷。小仙都农业园区被列入省级现代农业园区，缙云黄茶特色农业科技园区被列入省级园区培育名单。新建成休闲观光农业区(点)4家，缙云浙大科技休闲农业观光园入选全省休闲观光农业百例。新培育生态精品示范乡镇3个、示范企业4家，缙云茭白获评国家地理标志农产品，特色农产品登上央视七套《丰收中国》栏目。培育农产品转化旅游地商品47个，实现销售收入5.8亿元。全力推进水利工程建设，潜明水库工程建设累计完成投资13.58亿元，占总投资的84.6%。完善提升农田水利设施，完成水库除险加固工程2座，完成中小河流综合治理3.4千米，新增高效节水灌溉面积571.73公顷，提升农村饮水安全12个村1.7万人，治理低丘红壤治理面积56.67公顷。水土流失治理成效显著，缙云县被列入8个水土保持重点县之一。开展"美丽河湖"创建工作，完成全县美丽河湖创建18条。全年农业化肥施用量30805吨，比上年下降4.2%；农村用电量17036万千瓦时，比上年增长9.5%。

全部工业增加值102.84亿元，比上年增长12.5%，其中规模以上工业增加值增长15.5%，高新技术产业增加值增长11.8%，战略性新兴产业增加值下降2.3%，装备制造业增加值增长11.2%。主导制定国家标准1项、"浙江制造"团体标准6项、智能制造行业标准5项。推广应用工业机器人48台，完成"企业上云"460家，新增"品字标"企业2家、省级首台(套)产品1项。新增省股交中心挂牌企业9家，培育"小升规"企业20家。新认定省级工业新产品23项，新产品产值增长46.3%。建筑业产值43.99亿元，增长20.5%，建筑业增加值14.21亿元，占全县GDP的6.0%，较上年增长2.1%。

固定资产投资比上年下降5.1%。省、市重点项目分别完成年度投资计划的135.4%和124.7%。抽水蓄能电站项目完成投资8.9亿元，三湖、雅村、小仙都3个移民安置项目全部进场施工，42省道县城段改建工程开工建设，金谷至方溪道路控制性工程大仓山隧道、深坑隧道贯通。潜明水库一期工程完成投资2.8亿元，大坝工程浇筑完成85%。开工建设330国道缙云东渡至永康交界段改建工程，加快建设金台铁路缙云段、42省道潜陈至壶镇段改建、粮食储备中心、县养老院、档案馆新馆等项目，基本完成330国道综合整治。

社会消费品零售总额90.23亿元，比上年增长12.6%。年末登记商品交易实体市场14个，交易额14.6亿元，其中亿元级市场5个。全年完成进出口总额51.34亿元，比上年增长12.8%，其中出口总额50.25亿元，增长13.5%。全年实际利用外资2391万美元，实际利用内资33.8亿元。

交通运输、仓储和邮政业实现增加值7.86亿元，比上年增长2.1%；邮电业务收入3.46亿元，比上年增长4.8%。旅游总收入158.11亿元，比上年增长20.1%，其中旅游外汇收入140.14万美元，增长62.7%。仙都景区接待游客489.26万人次，增长17.9%；门票收入4292万元，增长20.9%。

金融机构人民币存款余额280.74亿元，比上年增长10.2%，年末较年初新增各项存款25.91亿元，比上年多增5.19亿元；年末金融机构人民币贷款余额228.77亿元，比年初增加16.02亿元，增长7.5%。保险业实现保费收入2.98亿元，比上年增加0.2亿元。

全县共有普通中学15所、特殊教育学校1所、职业高中2所、小学42所、幼儿园72所，在校学生分别为23349人、88人、5032人、28899人和12875人。小学入学率、巩固率和升学率均为100%。全县高考一段上线679名，占全市30.1%，比上年增加22人；高职单考单招上线415人，上线率97%。

全年专利申请受理数2434件，其中发明538件、实用新型1322件、外观设计574件；专利授权数1329件，其中发明42件、实用新型720件、外观设计567件。全年获得中国创业创新大赛一等奖1项。新培育国家高新技术企业9家、省科技型中小企业17家、创新型示范中小企业1家、省级企业研究院3家。主导制定国家标准1项、"浙江制造"团体标准6项、智能制造行业标准5项。省级智能制造示范试点县通过项目验收，锯床和特色机械装备产业创新服务综合体成功被列入省创建名单，臻泰能源公司荣获中国创新创业大赛一等奖。

常住居民人均可支配收入 30352 元，比上年增长 9.6%，其中，城镇常住居民人均可支配收入 41555 元，增长 8.7%，农村常住居民人均可支配收入 19571 元，增长 10.5%。居民人均生活消费支出 23568 元，比上年增长 9.3%。城镇常住居民和农村常住居民人均生活消费支出分别为 30452 和 16944 元，增长 9.0%和 9.2%。

全县用电总量 17.66 亿千瓦时，比上年增长 20.9%，其中工业用电 12.53 亿千瓦时，增长 24%；居民生活用电 3.17 亿千瓦时，增长 11.8%。全年单位万元增加值能耗上升 7.6%。全县森林覆盖率 78.9%。水资源总量 9.63 亿立方米，比上年下降 22.5%。全年总用水量 10534 万立方米，比上年下降 3.5%。

【肖特高端药用玻管项目成功落地】 2018 年 10 月 24 日，缙云县人民政府和德国肖特集团签订高端药用玻璃管项目投资协议。项目选址丽缙产业园，用地 11.13 公顷。预计固定资产投资人民币 10 亿元，是缙云县乃至丽水市引进的最大外商独资项目，是肖特集团全球单体投资最大项目，也是首次将特种玻璃生产核心技术环节——玻璃熔炼应用于德国本土以外的项目。项目投产后年税收将达 1 亿元以上，并将推动形成更加完整的产业链，成为世界领先药用和特种玻璃生产基地。

10 月 24 日，举行肖特高端药用玻管项目签约仪式　　（李佳敏　提供）

【金马逊公司获省科学技术进步一等奖】 2018 年 3 月 11 日，浙江金马逊机械有限公司"超薄壁高精度弯曲成形装备关键技术及工程应用"获省科技进步奖一等奖，全市唯一。该项目先后获国家"863"计划项目、国家科技重大专项子课题等，经专家鉴定，技术已达到国际先进水平。项目研发过程中，研发团队制定国家与行业标准 5 部，获发明专利 4 项，软件著作权 10 项，发表 SCI/EI 论文 31 篇。

【浙江臻泰能源科技有限公司获中国创新创业大赛一等奖】 2018 年 9 月 20 日，缙云浙江臻泰能源科技有限公司"高温燃料电池及其应用系统"项目，获第七届中国创新创业大赛新能源及节能环保行业总决赛第一名。缙云县共组织报名参赛企业 9 家，进入浙江赛区半决赛企业 3 家。浙江臻泰能源科技有限公司在浙江赛区以二等奖的成绩进入全国总决赛，在全国 34 个省市赛区 200 多家优选新能源和节能环保企业中突出重围一举夺魁，创造全市首夺该奖项历史。

【浙江缙云仙都地质公园成功获批"国家地质公园"资格】 2018 年 3 月 16 日，浙江缙云仙都地质公园经第八批国家地质公园专家评审组评审通过，批准为"国家地质公园"。该公园位于浙江省丽水市缙云县，由仙都园区、岩门—大洋山园区组成，经历一亿多年沧桑巨变，经过复杂板块碰撞岩浆活动，记录着自中生代以来跌宕起伏的地质变迁，形成以老年期火山岩地貌、壮年期丹霞地貌和青年期花岗岩地貌为特色地貌景观，是一家以"三石同城　三世同堂"为主题的综合性地质公园。有国家级地质遗迹 5 处，省级地质遗迹 23 处，省级以下地质遗迹点 40 处。火山岩地貌保留奇妙的古火山通道；丹霞地貌类型系统且完整，形态造型完美，是浙江省丹霞地貌壮年期代表，能为盆地发展演化、丹霞地貌演化过程提供重要信息，建立和完善丹霞地貌单元类型；花岗岩地貌景观造型优美，地貌类型系统且完整，具有典型性和代表性，为研究大洋山花岗岩地貌提供真实可靠素材，在研究花岗岩地貌形态和成因方面具有重要意义。

【缙云县仙都风情绿道】 2018 年 10 月 9 日，缙云县仙都风情绿道获评"浙江最美绿道"，被誉为最美游憩型绿道。缙云县好溪流域综合治理——仙都乡村风情绿道工程，主题定为"黄帝名山，仙道骑行"，起止于仙都街道板堰大桥至仙都景区西入口南岸，建设内容为骑行道、步行道、绿化和亮化等内容，路面材质有沥青、条石、水泥路面，全长约 6.7 千米，于 2017 年 5 月开工建设，2018 年 2 月通过竣工验收。建设过程坚持生态化、本土化、人性化原则，充分依托原有地形，因形就势、蜿蜒穿行，遇树绕路、遇水搭桥，尽可能保留原有绿化，对被破坏或缺失的绿化进行修补，避免对原生态环境的破坏。这条绿道途经婆媳岩景区、小赤壁景区、倪翁洞景区、黄帝祠宇和被誉为“天下第一峰”的鼎湖峰等景区，沿途风光秀丽，森林、河流品质一流，充分体现绿道和风光完美融合的理念。

【缙云烧饼成功注册国家地理标志证明商标】 2018年4月14日国家工商总局商标局发布1595期公告，核准一件带logo标志的缙云烧饼商标。5月7日，国家工商总局商标局发布1598期注册公告，核准另一件缙云烧饼地理标志证明商标。这两件缙云烧饼商标的成功注册，进一步提升品牌知名度，为接下来缙云烧饼品牌保护打下坚实的法律基础。 （李佳敏）

遂 昌 县

【概况】 2018年，遂昌县辖7个镇、11个乡、2个街道、203个行政村、8个社区，总面积2540平方千米，总人口23.09万人。全县实现生产总值116.5亿元，增长9.7%；一般公共预算收入10.1亿元，增长20.6%；固定资产投资增长7.4%；社会消费品零售总额57.8亿元，增长9.4%；城镇居民人均可支配收入44108元，农村居民人均纯收入18811元，分别增长9.3%和10%；城镇登记失业率2.1%。

实现农林牧渔业增加值11.2亿元，增长3.1%。实现中药材产值1.5亿元，建成中药材专业基地30余个，“遂昌三叶青”通过国家地理标志认证，龙谷丽人茶获第二届中国国际茶叶博览会金奖。通过国家农产品质量安全县创建验收，创建省级食品安全县。完成“低散乱”企业整治提升30家、“腾笼换鸟”企业6家，盘活存量土地33.27公顷，新招引落地项目58个；中小企业孵化园二期开工建设，园区集中供热项目投入使用，建成全市首个绿色生物医药化工研发平台；新增规上企业15家、高新技术企业8家、浙江制造企业12家、浙江制造标准6个、省名牌产品2个，凯恩特材荣获全省第一批“品字标”自我声明使用授权证书，列入省级“隐形冠军”培育企业2家。实现旅游综合收入135.1亿元，增长18.3%。凯兴开元大酒店投入使用，金矿景区创AAAAA景观价值评估通过省级初评，南尖岩景区建成华东第一长云端5D玻璃桥，王村口镇创成省级旅游风情小镇；新建精品民宿11家，创成“诗里湖山”金宿级民宿1家、银宿级民宿2家、省级农家乐集聚村2个、A级景区村33个；遂昌县入选浙江省全域疗休养发展十佳县，创成全省首批全域旅游示范县。

完成综合交通投入7.2亿元，衢宁铁路遂昌段隧道全部贯通，连直线云峰段公路改建工程全线通车；完成南尖岩至王村口红色旅游公路、金竹叶村至高坪岱岭公路路基主体工程；天然气管道全线推进，完成管道铺设10千米。完成中心粮库、残疾人康复托养中心、牡丹亭等项目建设；完成绿道项目投资2.2亿元，新增绿道128.7千米；完成农村水电增效扩容改造工程20座，建成高效节水灌溉工程16处；新建4G基站208个，4G网络覆盖率99.8%。开工建设峡北线、清水源水库主体工程、市民服务中心、民俗博物馆二期、建材家居城一期、农商银行办公大楼等项目。全面启动全域土地综合整治三年计划，云峰连头花岗岩项目被列入省第一批矿地综合开发利用采矿权试点，创成省级国土资源节约集约模范县。

遂昌东城工业新城——毛田区块 （范誉宏 提供）

1417个办事事项全部实现“最多跑一次”，其中83.1%实现网上办理。优化投资项目审批流程，推出中介服务联合体、微信预审批等新举措，推进“标准地+承诺制+代办制”改革，实现企业投资项目开工前审批“最多100天”。推进工程建设项目审批制度改革试点，实施“竣工测验合一”，启动“全域一证通办”，探索“政务服务+商业服务”的“跑小二”新模式。深化国资国企改革，初步构建“1+7+1”(1个国投集团+7个子公司+1个委托管理公司)管理运行体制。入选农业农村部农村集体产权制度改革试点县。获中国营商环境百强区县。

完成古院支路、龙谷路二期、源古路拓宽、凯恩路改建等城区路网建设，完成古院大厦、东桥路安置房主体结构，城市文化综合体投入使用；新建停车位510个，投入“微公交”运营28辆；完成古院公园、吴乐畈沿溪景观提升、北街和前山区块立面改造，完成三溪口棚户区征迁，拆除面积约9万平方米；开展省级城区高标准生活垃圾分类示范小区创建活动，生活垃圾无害化处理率100%，城区污水处理率96%；建成智慧城市综合信息指挥平台，实现政府信息化平台集中上云。完成小城镇环境综合整治任务乡镇10个，入选省级样板乡镇5个，获全省小城镇环境综合整治先进县；成功打造省级美丽宜居示范村4个，入选第五批中国传统村落名录17个；神龙翠谷入选市级美丽乡村风景线，九龙新韵线被评为省级精品示范道路；新改建农村、景区厕所496座，创建垃圾分类处理示范乡镇2个、示范村21个，农村生活垃圾集中处理率100%，入选2018年度全省农村生活垃圾分类处理工作优胜县。

全面落实“河湖长制”，启动“污水零直排区”和美丽河湖建设，完成污水处理厂一期提标改造，第二污水处理厂调试运行，各监控断面、交接断面水质达标率100%，河湖管护体制创新试点县通过国家评估验收，获“五水共治”大禹鼎。完成农药化肥减量615.4吨，回收废弃包装物20.5吨，回收率99%。加强“全域两禁”和秸秆禁烧，空气质量优良率98.9%，环境质量指数上升至全省第二位。创成国家生态文明建设示范县，入选全国绿色发展百强县，被列入第一批全省大花园典型示范建设单位。

完成地质灾害工程治理项目16个，核销地质灾害隐患点21个，完成叶油、隔溪安置小区房屋主体工程。总投资2.3亿元的光伏小康工程按期并网发电。县颐养中心正式运营，全面实现低保和特困人员供养标准城乡一体化。创成省教育基本现代化县，创办育才高中，后江民族小学和云峰中心幼儿园投入使用，开工建设实验小学迁建和梅溪幼儿园工程，新增小学学位1350个、幼儿园学位900个；完成义务教育段教师“县管校聘”改革。建成全市首个临床医学检验检测中心，开通远程医疗会诊平台；成为全省唯一医疗卫生人才“省属县用”试点，县中医院与丽水市人民医院建立医疗合作关系；实现省级卫生乡镇全覆盖。汤莎文化国际交流列入全省对外开放十大新举措之一，好川遗址入选省级考古遗址公园。首次举办2018全国定向锦标赛暨世界定向排位赛。获省运会金牌4枚。“文明实践助推乡村振兴”获2018年度中国十大社会治理创新奖。获平安县创建“十三连冠”。

【遂昌创成全省首批全域旅游示范县】 2018年2月，省政府发文表彰首批浙江省全域旅游示范县，遂昌县榜上有名。遂昌县坚持把旅游产业作为培育经济发展新动能的主要产业来抓，以争创省级全域旅游示范县为统揽，推行“旅游+”模式，通过突出体制创新、突出规划先行、突出招商引资、突出设施完善、突出品牌打造、突出宣传营销等“六大突出”，培育壮大新业态新产品，将旅游业发展成为全县第一战略性支柱产业。全县旅游综合收入连续五年增长率18%以上，农民人均旅游收入占农村常住居民人均可支配收入比重23.4%，王村口成功创建省级旅游风情小镇。建有高等级景区10个、农家乐民宿835个，均位居全市首位、全省前列；建有景区村55个，占全县行政村30.2%，其中AAA景区村为5个。

【遂昌入选中国营商环境百强区县】 2018年9月，由《小康》杂志、中国小康网在全国范围内发起“2018中国信用小康指数”之“中国营商环境满意度大调查”，对区县营商环境进行重点关注并推出“中国营商环境百强区县”榜单。遂昌位列第29位，成为全市唯一入选县区。遂昌始终坚持“绿水青山就是金山银山”发展理念，坚守生态底线，创新各项举措，不断优化企业投资项目审批流程、开展代办服务、规范中介市场等，先后实施《遂昌县振兴生态工业三十九条》《遂昌县振兴生态工业三年行动计划》等政策，牢牢把握产业培育和“腾笼换鸟”两大主线，深入开展“百名局长帮百企”“妈妈式”服务等活动，为企业提供高效和优质服务。

【“文明实践助推乡村振兴”获2018年度中国十大社会治理创新奖】 2018年12月15日，在由中国扶贫开发协会、国家信息中心、求是《小康》杂志社联合主办的2018第十三届中国全面小康论坛颁奖盛典上，“遂昌县文明实践助推乡村振兴”荣获“2018年度中国十大社会治理创新”奖。该县健全长效机制，让乡风文明融入农村工作各个领域，通过美丽乡村建设推动乡风文明传承，逐步引导村庄树立文明乡村、良好家风、淳朴民风。围绕“极品村、精品线、全域美”工作目标，扎实推进美丽乡村风景线等项目建设，并融入年节文化、传统民俗文化，营造浓厚乡村文化氛围。最大限度保护利用好历史文化村落，在保护古建筑、古文化、古民俗的同时，对历史文化进行合理开发利用，让传统文化、文明乡风有形化。（范誉宏）

松阳县

【概况】 2018年，松阳县辖5个镇、11个乡，3个街道、401个行政村，县域面积1401平方千米，总人口24.12万人。全年实现地区生产总值106.1亿元，增长7.1%；财政总收入11.6亿元，增长17.2%，其中一般公共预算收入7.3亿元，增长15.3%；社会消费品零售总额48.6亿元，增长12%；固定资产投资增长4%；城镇居民人均可支配收入37128元，增长9%；农村居民人均可支配收入17546元，增长10.3%。

完成“600”（指海拔600米以上的精品生态农业种植基地）基地建设2666.67公顷，建成原种农业基地10家、自然农法基地15家，种植生态水稻等水生作物1200公顷，全县实现农林牧渔业增加值12.5亿元，增长3.3%。连续11年举办中国茶商大会，节会被评为“中国茶事样板十佳”，茶叶全产业链产值108亿元，获评“中国茶旅融合竞争力十强县”之首。“松阳银猴”品牌价值22.7亿元，居全市首位、全省第四；“松阳香茶”获浙江绿茶（银川）博览会名茶金奖；浙南茶叶市场交易额58亿元，位列全国农业产业化龙头企业500强第89位。新增油茶271.2公顷、香榧245.67公顷，总量分别为6600公顷、5000公顷，成功举办第五届中国（松阳）香榧节，“松阳香榧”地理标志商标启用。新增农产品旅游地商品购物点12个、产品29个，实现年销售额5.3亿元。首批40种禁限用农药全面退市，农药、化肥使用量均减少10%。

严格落实企业减税降费政策，为企业减负2.1亿元，实现规上工业增加值41.8亿元，增长11.6%，新增规上企业17家、工业供地41.55公顷。全面开启“亩均论英雄”改革，完成规上企业92家、规下企业116家分类评价，落实要素差别化使用机制，处置低效闲置工业用地5宗14.33公顷。启动不锈钢管产业“1331”（一个环保组织体系，雨水、生产废水、生活污水三大收集系统，洁净厂房、洁净设备、洁净地面三大洁净设施，一套固废收集清运管理制度）工程，完成生活污水收集排放系统改造企业46家。工业园区循环化改造试点通过终期验收，创成省级绿色企业2家。推进两化融合试点，企业上云累计370家，上上德盛入选国家两化融合管理体系贯标试点。企业主导制定“浙江制造”标准2项，新增“品字标浙江制造”认证1项。

全县实现旅游收入41.9亿元，增长46.3%，创成省级全域旅游示范县、松阳老城省级旅游风情小镇和松阴溪国家AAAA级旅游景区。双童山景区、陈家铺先锋书店、榔树民宿综合体一期等项目建成营业，创成省A级景区村28个，开启丽水市首条低空旅游线路。提升旅游配套，启动“四个百公里”绿道建设三年行动计划，新建各类绿道112.6千米，建成独山驿站、水文公园等松阴溪沿线精品节点，新改建旅游厕所16座。加快智慧旅游建设，“游松阳”APP成功上架。全域旅游的兴起，带动商贸、住宿、餐饮等行业稳步发展，新增服务业限上企业18家，服务业增加值增长5.5%。

开展项目集中开工、百日攻坚行动，重点项目实现开工15个，顺利推进重点续建项目18个，共完成投资30.9亿元。黄南水库、青田码道、瓦窑头、南城文教区块、火车站站前大道及广场、天然气“县县通”等系列项目征迁工作取得决定性胜利，黄南水库大坝主体工程开工，衢宁铁路建设顺利推进，茶产业综合体、清露乡隐旅游度假区县（市、区）长项目落地2个，大鲵产业园一期、新华路改造工程、美林松州广场等建成。

新引进项目51个，其中大项目12个。香巴佬休闲卤制品、纯钛真空杯等优质工业项目签约落地。结合“标准地”改革，出台工业项目快速入园评价决策机制。合力打造山海协作升级版，健全组织领导及沟通协调机制，进一步拓展与余姚的合作领域。

争取用地指标49.8公顷，盘活存量建设用地18.53公顷，完成垦造耕地186.53公顷。新争取政府债券9亿元，黄南水库公司、旅发公司分别获8.5亿元和1.5亿元授信。完成县区域基金组建，成功进入财政部PPP项目库项目4个。金融服务地方经济发展能力进一步增强，人民币存贷款余额同比分别增长9.3%、11.6%，存贷比81%。

启动县域总规、中心城区、历史文化名城保护等规划修编，完成城市天然气等专项规划编制，出台智慧城市建设指导意见。稳步推进项弄、青田码道等安置房项目，明清街整治五期、药皇宫区块等完成改造。完成松古平原供水一体化管道安装11.3千米，污水处理厂二期扩建工程投用。县城垃圾分类稳步推进，城市生活垃圾实现100%无害化处理。开展市容、交通专项整治，顺利通过省文明县城复评。

聚焦乡村振兴，制定出台五年行动计划。“拯救老屋行动”入选国家乡村振兴战略规划，并获省公共管理十佳创新奖，首期修缮老屋完工142幢，省政府工作报告明确“全面推广

'拯救老屋'松阳模式"。完成"古韵三都"风景线建设,三都乡获评省级美丽乡村示范乡镇,四都乡西坑村、平田村及大东坝镇白丰村上榜省级美丽乡村特色精品村。松阳乡村建筑亮相德国 Aedes 建筑论坛、威尼斯建筑双年展、法兰克福书展等世界级知名展示平台,举办国际性乡村振兴论坛。新增民宿床位 819 张,累计 4651 张,全年民宿营业收入 1.6 亿元,增长 26%。

开展蓝天、碧水、净土、清废行动,生态环境实现优中提质,创成省级生态文明建设示范县,县域空气优良率 97.8%,PM2.5 均值为 28 微克每立方米,松阴溪及其支流各断面水质 100%达标,松阴溪古市段获评省级"美丽河湖",连续 11 年发现中华秋沙鸭在松阳越冬。小城镇环境综合整治全部通过省级验收点位 11 个,获评省级样板点位 4 个。强力推进"三改一拆",完成"三改"59.6 万平方米、拆违 57.4 万平方米。扎实推进农村垃圾、厕所和污水"三大革命",新建乡镇垃圾处理终端 10 个,完成农村公厕改造 587 座、农村生活污水提标改造项目 23 个。

"最多跑一次"改革事项全部进驻审批中心,实现一次办结事项 656 项,其中实现网上办理事项占 94%,实现"全域一证通办" 470 项。"最多跑一次"改革向基层延伸,所有乡镇(街道)均开设综合受理窗口,推出村级"1+N"代办模式,建立代办点 401 个。基本完成国企清产核资,县国投集团、田园强村公司挂牌营运。全面启动县级机关机构改革,制定出台改革方案,完成机构设置、职能调整和人员转隶。夯实农村产权制度改革基础,完成农房测绘 4 万余宗、发证 4200 余本。农村承包地确权发证工作稳步推进。

兑现工业、服务业县级扶持资金 8853 万元,新增市场主体 2852 户。推进"小微企业三年成长计划",新增小微企业 471 家,完成个转企 31 家。祥瑞电商产业园健康发展,入驻电商 87 家,全年累计发件量 152 万件,销售额 4.9 亿元。举办技能、创业培训班 41 期,惠及 1800 余人次。新增国家高新技术企业 5 家、专利授权 336 个、省级企业研究院 2 家,企业研发投入增长 64.1%。

出台高层次创业创新人才队伍建设政策,引进各类人才 112 人,新增高技能人才 390 人。开展"百名艺术家入驻乡村"行动,60 个艺术家工作室签约。实施"乡贤+引资引智"工程,出台乡贤回归实施意见,引进项目 7个,总投资 9700 万元,乡镇(街道)全部完成乡贤馆建设。举办省文物保护工程施工培训班、青年古建工匠培养班,完成"松阳茶师"资格评审 2236 人、"松阳工匠"评选 123 人。发挥科技特派员领头作用,新增科技示范基地 27 个,培育科技示范户 77 户。

全年民生类支出 30.8 亿元,占一般公共预算支出的 80.9%。社会保险覆盖面稳步扩大,医疗和养老保险参保率分别为 98.5%和 91.7%。城镇新增就业 1653 人,失业再就业 783 人。地质灾害"大搬快治"累计搬迁 601户 1941 人,完成工程治理排险项目 25 个,改建避险安置场所 24 个。落实低收入农户产业发展项目资金 1926 万元,"光伏小康工程"项目实现并网发电。饮水提升工程完工村 36 个,三都安联溪山塘水源工程顺利推进。落实低保、孤困儿童等救助资金 1529 万元,发放残疾人补贴 1998 万元,残疾人托养中心开工。君宇颐养院完工,政府购买养老服务惠及 2.4 万人次。

召开全县教育发展大会,出台加快教育现代化建设政策。推进全国义务教育优质均衡发展县创建,完成 2018—2035 中小学及幼儿园布点布局规划修编,推进教师"县管校聘"改革。教学质量稳步提升,高考上线率 97.5%,本科上线率 59%。开展省级智慧教育试点工作,闻莺南城幼儿园、新兴镇中心幼儿园建成投用,职业中专迁建项目开工。召开全县卫生与健康暨中医药复兴地建设大会,出台《健康松阳 2030 行动纲要》,中医院迁建项目完成选址,城西卫生服务中心新址改建项目开工,古市新医院建成投用。完成《松阳传家》编辑,新增农村文化礼堂 28 个,举办民俗节庆活动 140 余场,首个城市书房建成开放。文物保护管理所获评全国文物系统先进集体,《张玉娘》入选第四届中国越剧节展演剧目,郑王义入选 2018 "中国非遗年度人物"百强。全民健身中心项目开工,举办天空跑国际挑战赛、半程马拉松、全国围棋甲级联赛等高等级体育赛事。

安全生产形势稳中向好,连续八年实现安全生产主要指标"零增长",连续七年实现较大以上事故"零发生"。推进矛盾纠纷排查信息系统建设,开展信访积案化解集中攻坚、南城社会环境综合整治等专项行动,完成全国"两会"等重大活动安保维稳 20 余场。深化"基层治理四平台"建设,推进示范乡镇创建和全科网格员竞争上岗。坚持以高压严打态势推进扫黑除恶专项斗争,破获"中国城"特大网络赌博案、"5·19"网络贩枪案等一批大要案,连续 20 年实现命案全破。加强食品及"三品一械"安全监管,成功创建省级农产品质量安全放心县。

梳理重点工作 172 项、重点项目 55 个、重点指标 105 个,编发《"三重"工作任务书》,建立细化责任清单,辅以"五个一"督查推进机制,确保每项任务落到实处。尤其在重大项目攻坚

松阳锦绣大木山 （潘家健 提供）

中，抽调干部组成工作专班，倡导“一线履职”，突出“一线攻坚”。举办“局长讲堂”，开展专项工作点评，行政效能在“比学赶超”中有效提升。

定期开展县政府班子集体学法，出台重大行政决策程序规则，全面推进公务员学法用法三年轮训。公开政务信息1万余条。定期向人大报告工作、向政协通报工作，办结人大代表建议116件、政协委员提案110件。主动接受新闻舆论和社会公众监督，播放《松州聚焦》41期，整改问题105个。

以“清廉松阳”建设为载体，全面贯彻从严治党要求，严格落实党风廉政建设主体责任和“一岗双责”。扎实推进“两学一做”学习教育常态化、制度化，坚持不懈整治“四风”。严控“三公”经费，支出同比下降8.2%。

【松阳县入选2018中国茶旅融合竞争力全国十强县】 2018年11月15日，在中国茶业流通协会主办的第十四届茶业经济年会上，松阳县获“2018中国茶旅融合竞争力全国十强县”称号，系浙江省唯一，位居十强县之首。该县围绕加快农业供给侧结构性改革，依托茶园资源、茶文化禀赋，将茶文旅有机融合，建设茶旅景区、茶旅民宿、茶文化体验中心等，深入推进茶产业一、二、三产融合发展。全县共有茶园面积856.67公顷，年产量1.49万吨，产值14.7亿元，茶叶全产业链产值108.1亿元，已开发茶保健品、含茶食品等茶资源综合利用产品30余个，创建茶主题旅游线路8条。大木山茶园成功创建全省首个全国首批绿色食品一、二、三产融合发展示范园，并被评为全省唯一的“2018年度全国茶旅金牌路线”。

【松阳县创成省级农产品质量安全放心县】 2018年12月，松阳县创成省级农产品质量安全放心县。该县坚持质量兴农、绿色兴农，通过破难题、抓重点、出亮点等系列措施，先后建成绿色食品原料（茶叶）标准化生产基地、“全国首批绿色食品一、二、三产融合发展示范园”，被授予“中国十大生态产茶县”等称号，有效促进松阳农业从“量变”到“质变”升华。累计建成省农产品质量安全可追溯生产主体262家，县级以上规模生产主体追溯覆盖面100%，省级农产品质量安全例行抽检合格率100%。

【“拯救老屋”松阳模式获浙江省公共管理创新案例十佳创新奖】 2018年12月18日，第五届浙江省公共管理创新案例评选结果发布会在浙江杭州举行，“拯救老屋”松阳模式获“十佳创新奖”。2016年1月，该县被定为“拯救老屋行动”项目整县推进试点县，资助中国传统村落中非国有不可移动文物建筑的保护和利用。经过三年探索实践，在现行法规框架内探索出一套不出施工图、不公开招投标、不要求修缮资质、不需工程监理，却能有效加快工程进度、降低建设成本又保证工程质量的工作机制，为突破传统村落中低级别非国有不可移动文物建筑存量大分布广、修缮资金严重短缺的瓶颈问题提供解决方案。首期修缮已全部完工验收老屋142幢，修缮建筑面积9.6万余平方米。“拯救老屋行动”松阳试点经验已经获得全市、全省认可推广，写入党中央、国务院《乡村振兴战略规划（2018—2022年）》。

【松阴溪景区创成国家AAAA级旅游景区】 2018年12月29日，浙江省旅游区（点）质量等级评定委员会发布《公告》（浙旅质评〔2018〕24号），正式批准松阳松阴溪景区为国家AAAA级旅游景区。景区创建范围为水文公园—石门圩段流域及沿岸，总面积约4.33平方千米，其中水域面积约1.52平方千米，主要包括滨水绿道（江滨公园、独山、水文公园、延庆寺塔等），沿溪水景（鹰嘴潭、青龙湖、白龙湖、独山湖、白沙湖等），千年古堰渠（白龙堰、青龙堰、五羊堰、梁下堰、金梁堰等），现代美学建筑（独山驿站、水文公园、石门驿站等），是兼具山水特色和历史文化价值的观光河段，也是国家级水利风景区、省级湿地公园核心区块,根据国家AAAA级景区标准,打造为集生态观光、农耕体验、滨水休闲、科普教育等多功能于一体的高等级旅游景区。

【松阳县文物保护管理所获评全国先进集体】 2018年7月,人力资源社会保障部、国家文物局联合发文《关于表彰全国文物系统先进集体和先进工作者的决定》(人社部发〔2018〕39号),表彰全国文物系统先进集体和先进工作者(五年一评)。松阳县文物保护管理所是浙江省2个全国文物系统先进集体之一,系丽水市唯一。该县文保所推进国家文物局"传统村落保护利用试验区"、中国文物保护基金会"拯救老屋行动"整县推进试点县、酉田村省文物局"历史文化村落保护利用示范项目"等工作,构建文物保护"两大机制"(多方合力机制、网络化保护机制),夯实"三大基础"(文物建筑保护基础、地下文物保护基础、文物法规宣传基础),推进"四大项目"(拯救老屋行动、全县域生态博物馆群、历史文化村落保护利用示范项目、传统村落保护利用模式探索与研究课题),使文物保护成果惠及更多百姓,助力乡村振兴和地方经济发展。 (胡颖岚)

景宁畲族自治县

【概况】 2018年,景宁畲族自治县辖2个街道、4个镇、15个乡、254个行政村、1031个自然村,县域总面积1939平方千米,总人口为17.10万人,其中少数民族人数2.01万人,占11.8%。全县实现地区生产总值59.34亿元,增幅8.4%;一般公共预算收入7.74亿元,增长10.5%;固定资产投资增长6.8%;实现社会消费品零售总额33.33亿元,增长9.4%;城乡常住居民人均可支配收入36778元和18170元,分别增长9.4%和10.1%;三次产业结构调整为10.5:29.5:60。

民族地区城乡融合发展创新改革试点入列2018年全省改革要点并获省级批复。大力深化"最多跑一次"改革,设立全省首个"民情速递代表委员窗口",打造功能齐全的一体化新中心。"信息孤岛"基本打通,"一窗受理、集成服务"持续深化,"全域一证通办"加快推进,梳理企业和群众到政府办事事项638项,基本实现"最多跑一次",实现乡镇(街道)直接办理服务事项128项。完成"区域环评+环境标准"改革,推进"标准地+承诺制+代办制"改革,加快工程建设项目审批制度改革,实现一般企业投资项目开工前审批"最多100天"。深入推进省级低碳县、省级小城市培育、国家主体功能区等试点建设和农村宅基地及住房确权颁证工作,农村土地确权高分通过综合验收。有序推进盐业体制改革。全面完成国税地税征管体制改革。农村渡运公交化改革走在全省前列。产业农合联实现基本覆盖,"三位一体"改革进一步加快。

坚守耕地红线,深入实施粮食安全战略,建成高标准农田1880公顷,提标改造粮食功能区206.67公顷,稳定播种面积7866.67公顷。全面推进"丽水山耕+景宁600+X"母子品牌体系建设,新建提升茶叶、毛竹、香榧、中药材等基地3666.67公顷,新增中蜂养殖5910箱,累计1.61万箱,完成稻鱼生态综合种养700公顷。硬化林区道路49千米,建成林下经济示范基地361.53公顷。创成"景宁600"示范乡镇4个、先行村22个,开创"飞柜"(与温岭市合作开展山海协作经济试点,双方互设农、渔、特产品展示销售专柜)经济模式,建成"景宁600"(海拔600米)展示展销中心。新增加盟主体认证25家,实现销售额5.24亿元。林业总场成功创建省级"现代国有林场",惠明茶特色农业强镇在全市率先通过省级验收。实施"31576"("3"到2021年三大产业产值达到3000亿元;"1"五年累计引进亿元以上工业大项目100个;"5"是到2021年全县产值超十亿元骨干龙头企业50家,高新技术企业500家;"7"到2021年力争全市上市企业70家;"6"是到2021年全市规模以上工业增加值达到600亿元)五年行动计划,"双轮驱动"(指丽景民族工业园和澄照农民创业园作为发展生态工业的两大园区阵地)格局逐步形成。丽景园"二次创业"成效显著,全年实现签约项目15个,落地11个,总投资15.2亿元的飞科电器产业园项目开工。青风环境通过"浙江制造"认证现场审核,有望实现"浙江制造"品牌零突破。澄照农民创业园基础设施日趋完善,二期项目平整土地25.33公顷,宇海幼教木玩产业园开工建设,完成企业入园评价13家,竹木产业集聚发展蓄势待发。城北竹木功能区产业结构转型不断深化,骨干企业快速成长。深化"携企服企振企"六大行动,落实清单制精准帮扶。"亩均论英雄"改革稳步推进,纳入评价工业企业30家。累计完成小升规3家,整治提升"低散乱"企业29家。实现网络销售额20.37亿元,同比增长38.29%,发放来料加工费1.31亿元。大力推进全域旅游示范县创建,召开全域旅游发展大会。与港中旅建立全面战略合作关系,启动全案策划编制。签约千峡畲寨、云上天池、悬崖上的天空之城、惠明禅茶文化产业园、李宝洞宫畲王寨等一批重大旅游项目,全域旅游服务中心、水隅仙境等项目启动建设,畲乡小镇业态培育、千年山哈宫建设有序推进，东弄田园综合体开园迎客。风情景宁、清爽景宁、丰收景宁、年味景宁系列节庆活动异彩纷呈。畲家十大碗、畲乡十小碟、畲家十药膳影响不断扩大，中国“好畲”系列不断丰富，实现农产品旅游地商品转化21个。民宿农家乐产业加快提档升级，新建朴宿、春江花月等一批精品民宿，新增床位562张，完成畲居管家资格认证50人。实现旅游总收入65.74亿元，同比增长21.58%。

成功创建省级生态文明建设示范县，生态环境公众满意度位列全省第二。深化“五水共治”，深入实施“河(湖)长制”，创建美丽河湖8个，鹤溪河被评为省级美丽河湖。岭根交接断面Ⅱ类及以上水体占比100%，Ⅰ类水天数168天，较上年增加67天。“五水共治”公众满意度得分全省第二、全市第一，“五水共治”考核全市第一。全面打响“蓝天保卫战”，加强秸秆焚烧管控和城区扬尘整治，县城空气质量优良率99.4%，位列全省第三、全市第一，PM2.5均值23微克每立方米，同比降低23.2%，位列全省第五、全市第二，获评“中国天然氧吧”。污染源普查基本完成，建成污染源在线监控中心，农业面源污染整治扎实推进。望东垟国家级自然保护区和草鱼塘国家级森林公园创建稳步推进。完成绿化造林310.2公顷、美丽林相建设226.67公顷，新植珍贵树种30.8万株，松材线虫病防控成为全省标杆，获评浙江省森林资源保护管理工作突出贡献集体。建成“基本无违建县”，完成“三改”158.92万平方米、拆违46.63万平方米，拆后土地利用率96%。

城北区块、商业局宿舍等雨污管网改造全面完成，新建和改造污水管网11千米。加快实施东方广场、包凤示范小区等项目，寨山桥建成通行。城南棚户区改造房屋拆除全面完成，张春路建成通车，人民南路延伸工程开工建设。外舍新区环境实现美丽蝶变，山哈大剧院、外舍新区人防工程、翠涛居、菖蒲湾等项目加快推进。澄照副城基础设施建设有序推进，大搬快治安置点全面启动建设，创业园水厂投入使用，园区路网逐步完善。城区公厕提升改造全面完成，基本建成AAA旅游公厕2座。启动城区生活垃圾分类，覆盖面68.3%。深入推进交通治堵，大树脑过街人行天桥建成通行，城区停车诱导系统投入使用，新增汽车充电桩114个、新能源公交车7辆。深入实施乡村振兴战略。有序推进异地搬迁，建成安置小区12个，完成搬迁安置1075人。全面完成大搬快治“解危清零”，实现搬迁1120人、治理点位30个，核销隐患点117个，完成农村危旧房治理905户。第二批通过小城镇环境综合整治省级验收乡镇9个，家地、梅岐、景南被评为省级样板，连续两年获评全省小城镇环境综合整治优秀县。打造历史文化古村落28个，入选第五批国家传统村落名录村庄47个，数量全省第一。新建农村文化礼堂19座，壮大基层宣传文化阵地。有序推进“环敕木山畲族特色村寨示范廊带”建设，启动建设安亭、吴布等“畲族活态博物馆”。行政村垃圾分类实现全覆盖，新建改造农村公厕451座，实施农村饮用水达标提标行动，农村生活污水处理运维水平进一步提升。搭建县乡农村集体经济公共服务平台，“消薄”工作扎实推进。建管养运同步推进，建设“四好农村路”，改造提升农村公路248千米，建成美丽渡口5个。创成“白大线”省级精品示范道路、“东童线”市级美丽乡村风景线，建成“三美融合示范村”5个、市级“三治融合村”21个和A级景区村26个。

新增城镇就业1993人，加快开发公益性就业岗位，月失业金标准调高至1328元，增长10.67%，城镇失业率控制在1.93%以内。城乡居民养老保险、医疗保险参保率分别为90%和98%，跨省异地就医实现直接结算，社保业务在全市率先实现“刷脸办事”。提高被征地农民基本生活保障标准，落实保障金，建成保障性住房50套，分配84套。建成一批示范型居家养老服务中心、城乡社区助餐配送餐服务点、避灾安置规范化场所、“邮善邮乐”慈善示范基地。建成县福利中心和残疾人庇护中心。实现城乡低保标准一体化，发放城乡低保补助3054.37万元，惠及3737户6256人，发放残疾人两项补贴1961.39万元。实现退役士兵三级服务机构全覆盖，发放抚恤优待金914.86万元。全面落实精准扶贫各项举措，创新推出“脱贫保”和“防贫保”，兜底性保险做法作为典型案例在全市推广。营造“放心消费”环境，大漈乡获评全市唯一省级“放心民宿示范区”，鹤川菜市场获评省级放心市场，中心菜市场完成改造提升，成功创建省级食品安全县。有效防控非洲猪瘟，市场供应安全稳定，农产品质量安全省级以上抽检连续六年实现合格率100%。成功举办“中国畲乡三月三”“一乡一品”文化节庆活动蓬勃发展。连续四届荣膺“中国民间文化艺术之乡”称号。畲族彩带展演亮相首届联合国世界地理信息大会。畲族博物馆获评国家三级博物馆，县图书馆通过国家一级图书馆复评。文化项目申报答辩制入选省公共文化服务领域管理体制机制改革创新项目。国际跳棋世界杯分站赛、中国畲乡国际铁人三项赛、畲乡绿道彩虹跑等品牌赛事精彩纷呈，畲族原创广场舞推广入选文化部百姓广场舞普及推广活动优秀案例。新增国家级非遗代表性传承人1人、省级7人。县融媒体中心投入使用。编纂完成《景宁畲族自治县志(1993—2010)》。召开教育发展大会,出台教育新十条。高考成绩再创新高,景宁中学一段上线110人,本科率94%,实现七连增,职业高中高考上线率97.48%,本科上线20人。完成"县管校聘"改革。东坑中学与澄照乡校合并办学,探索优质民办学校托管公办学校办学新模式。农村小班化教育教学模式获基础教育国家级教学成果二等奖。凤凰学校、王金垟幼儿园建设进展顺利,澄照幼儿园和中心幼儿园惠明园区投入使用,新增幼儿园学位540个。医药卫生体制改革有序推进,深化"双下沉、两提升",浙大一院第二轮结对帮扶落地见效。"健康景宁2030"(指2018—2050年,景宁畲族自治县全民健康水平阶段性战略目标。到2020年,与全省同步建立覆盖全体居民的基本医疗卫生制度体系,浙大一院民族分院品牌全面打响,群众健康素养水平明显提高,健康服务体系完善高效,健康环境更加优美宜居,健康产业体系基本形成,人群主要健康指标达到或接近高收入国家水平;到2030年,促进全民健康的制度体系更加完善,健康生活方式更加普及,健康服务更加公平、可及和优质,健康产业对国民经济的贡献度持续提高,良好的生态环境对居民健康的促进作用进一步显现,人群主要健康指标居于高收入国家先进行列并走在全国民族自治县前列。到2050年,建成全国知名的生态文明健康县)行动启动实施,民族医院搬迁加快推进,乡镇医养结合试点完成。成功护航系列重大活动,破获全国首例利用新型黑客手段攻击服务器案。扫黄禁赌禁毒、"扫黑除恶"专项斗争等工作成效显著,刑事发案数下降19.4%。提升基层社会治理,着力探索构建"平安综合体"。英川派出所获全省公安机关"枫桥式"基层所队称号。双后岗村获评第二批全国"扫黄打非"进基层示范点。信访工作、安全生产、应急联动、防灾减灾、消防安全、金融风险防范化解扎实推进。创成全国民族团结进步创建示范区。新时代畲乡景宁讲习中心、禁毒教育基地建成使用。深化"四级融合、多元一体"社会综合治理,域外网格治理新模式入列全省新时代"枫桥经验"实践百例。在全市率先开展移风易俗,"喜事新办、丧事简办"渐成新风。

【景宁畲族自治县入选全省第四批教育基本现代化县】 2018年1月25日,浙江省人民政府教育督导委员会办公室发文公示全省第四批省教育基本现代化县(市、区)名单,景宁县入选。该县围绕省教育现代化县创建目标,把"优教工程"纳入县重大项目考核,深入推进教育保障制度化、内涵人本化、结构均衡化、水平优质化、治理特色化,大力改善办学条件,全面实施素质教育,学校基础设施建设、小班化教育、特色教育等工作走在前列,教育事业呈现良好发展态势。创建期间全县教育经费累计投入7.71亿元,招聘新教师199人,新建、改扩建中学3所、小学17所、幼儿园10所;全县22所义务教育学校创成标准化学校19所,创建率86.4%;自2012年以来,本科率实现"六连增",2017年上线率100%;已成功创建"全国义务教育发展基本均衡县""浙江省教育强县""浙江省教育技术装备规范管理示范县"。

【景宁畲族自治县被评为2017全国社会治理创新优秀城市】 2018年1月26日,第三届全国社会治理创新经验交流会暨《全国社会治理创新典范案例汇编(2017)》发布"2017全国社会治理创新优秀城市"名单,景宁畲族自治县获"2017全国社会治理创新优秀城市"称号,系全市唯一。该县"四级融合、多元一体"(县级一个中心指挥+乡镇四个平台运行+村社全科网格管理+域外综治网络延伸)社会治理模式入选《全国社会治安综合治理创新典范案例汇编(2017)》。探索建立"四级融合、多元一体"社会治理新模式,有效提升社会治理共建共治共享水平,连续七年获丽水市综治优秀县,连续12年被评为浙江省级平安县,夺得浙江省首批"平安金鼎"。"四级融合、多元一体"社会治理模式入选《全国社会治安综合治理创新典范案例汇编(2017)》。

【景宁畲族自治县获评2017年度省"四边三化"行动优秀县】 2018年2月2日,浙江省"三改一拆"行动领导小组发文表彰2017年度全省"四边三化"行动优秀县(市、区),景宁县入选。该县把"四边三化"行动作为"十三五"期间改善城乡环境面貌和"三改一拆"行动重要内容,按照"全域覆盖、打造精品、长效管理"原则,致力于沿线沿河环境整治和美化工作,着力打造"和美景宁"标志线、风景线。

【景宁畲族自治县获"小城镇环境综合整治省级优秀县"称号】 2018年2月9日,2017年度全省小城镇环境综合整治工作考评结果公布,景宁县获省级优秀县称号,全县8个乡镇考核均达标,其中沙湾镇、东坑镇被列入小城镇环境综合整治省级样板。该县突出"一加强三整治",挖掘"一镇一品"特色文化,建立健全"街长制""路长制"网格化管理机制,实现城镇面貌全面改善,服务功能持续增强,

小城镇综合整治后，景宁畲族自治县东坑镇白鹤村村貌焕然一新

（柳佳祺　提供）

管理水平显著提高。综合整治项目总投资2亿元，规划整治项目125个，完工121个，创建省级卫生乡镇8个，完成“十乱”问题整治8239处，整改率99.4%，在全省首次小城镇工作现场会上进行经验交流。

【景宁畲族自治县获2017年度全省农村生活垃圾治理工作优胜县】 2018年2月12日，省“千村示范、万村整治”工作协调小组办公室对2017年度全省农村生活垃圾治理工作优胜县（市、区）进行通报表彰，景宁畲族自治县入选。该县深入贯彻“绿水青山就是金山银山”发展理念，扎实推进农村生活垃圾治理工作。全县建成农村生活垃圾中转站6个，实现行政村“户集、村收、乡镇运、县统一处理”全覆盖，垃圾集中有效处理率100%，实行垃圾分类行政村87个，垃圾资源化减量化在建站点4处。

【景宁畲族自治县社保待遇领取资格实行“刷脸认证”】 2018年4月12日，2018年中国“互联网+”数字经济峰会在重庆召开，景宁畲族自治县社保待遇领取资格“刷脸认证”荣获2017年度中国“互联网+”民生类十大优秀案例。该系统于2017年11月上线，依托微信平台将人脸识别技术与社保数据库高效衔接，通过社会保障卡系统照片库检索特定人员身份，精准判断参保人员身份，实现社保待遇资格认证“零次跑”。至2017年底，全县已完成认证3万人，认证通过率99.9%。

【景宁惠明茶获“第二届中国国际茶叶博览会”金奖】 2018年5月22日，第二届中国国际茶叶博览会组委会授予景宁惠明茶为第二届中国国际茶叶博览会金奖。该县依托独厚的生态资源，培育茶叶种植主体，大力发展海拔600米以上高山生态精品茶叶基地建设，让“绿水青山”产出更多“金山银山”。推广集约化育苗管理、物理和生物防控技术、减少农药化肥投入、开展“三品”认证，全力推进惠明茶标准化生产。全县茶企统一使用“惠明”茶叶商标，扩大品牌效益，先后注册“奇尔”“敕峰蓝氏”“六江源”等茶叶子商标10多个。全县基地总面积4406.67公顷，茶叶总产量2760吨，总产值4.3亿元，产量、产值同比增长4.5%、5.1%。全县从事茶产业4万多人，人均增收超6000多元。

【景宁畲族自治县获美丽浙江建设考核工作优秀单位】 2018年6月5日，浙江省公布2017年度美丽浙江建设工作考核优秀单位，景宁畲族自治县榜上有名。该县围绕美丽浙江建设工作任务，贯彻落实“两山”发展理念、加强污染治理、推进环境综合整治、大力培育绿色经济、繁荣发展生态文化，不断提升环境质量，切实改善人居环境，推动县域生态文明建设继续走在全省前列。全域水质断面Ⅱ类及以上水体占比98%以上，地表水环境质量状况排名位列全省县级第一，县级以上集中式饮用水水源地水质达标率100%，县城空气质量优良率97.4%，PM2.5浓度均值30微克每立方米，生态环境质量公众满意度位居全省第二。

【景宁畲族自治县“景宁高山湿地修复与重要植物资源保育”项目获奖】 2018年8月1日，中国林学会发文公布第九届梁希林业科学技术奖评选结果，景宁县申报的“景宁高山湿地修复与重要植物资源保育”项目荣获梁希林业科学技术奖二等奖。该县践行“绿水青山就是金山银山”理念，以湿地生态保护、科研监测、科普宣教等为切入点，通过组建人才工作研究团队、打造科研接待中心，邀请专家团队宣讲、定期开展专题宣传等，进一步加强湿地修复与保护。建成湿地科研接待中心2个，建筑面积近5000平方米，举办科普夏令营5期，湿地日宣传晚会5场，拍摄湿地宣传片《走进望东垟》。该县保护区（林场）先后获评全国科普教育基地、“中国最美湿地场馆”、浙江十大“最具特色湿地”、浙江最美森林、浙江省生态文明教育基地、浙江省生态文化基地、“全国十佳”林场等称号，连续七年获省厅考核优秀。

【景宁畲族自治县“农村自然小班化教育教学模式的探索与实践”获奖】 2018年8月2日，教育部公布2018年基础教育国家级教学成果评审结果，景宁县教育局报送的课题——“农村自然小班化教育教学模式的探索与实践”获2018年基础教育国家级教学成果二等奖。该县“农村自然小班化教育模式的探索与实践”始于2006年9月，经过多年探索实践，提炼出农村小班化教育“三个确保”理念，即“阳光普照，确保每个孩子受到关爱；同教异学，确保每个孩子差异发展；个别辅导，确保每个孩子都不掉队”，依据“课堂为点，常规为线，特色为面”设计理念，先后探索出“农村小班化课堂教学模式”“农村小班化教学新常规”“农村小班化教育转型升级的新模式”等教研成果，省级刊物连载并向县、市、省逐步推广，承办省、市两级小班化教育现场会，吸引杭州、绍兴、温州、衢州等地教育同仁莅临考察40余批次。

【景宁畲族自治县入选省级现代生态循环农业整建制推进县名单】 2018年8月15日，省农业厅公布41个现代生态循环农业整建制推进市、县(市、区)名单，景宁畲族自治县名列其中。该县为扎实推进全国现代生态循环农业发展试点省建设，围绕“一控两减三基本”(“一控”是控制农业用水总量；“两减”主要是把化肥、农药施用总量减下来；“三基本”是指畜禽粪污、农膜、农作物秸秆基本得到资源化、综合循环再利用和无害化处理)目标，通过机制创新、政策保障、示范创建、项目落实等措施，有效推进畜禽养殖排泄物资源化利用、农药化肥减量增效、农作物秸秆综合利用等工作。

【“‘拾味畲乡’——基于畲乡特色食品的认识和探究科技活动实施方案”获奖】 2018年8月19日，第33届全国青少年科技创新大赛公布景宁畲族自治县第二实验小学教师赵姗姗的“‘拾味畲乡’——基于畲乡特色食品的认识和探究科技活动实施方案”项目为科技辅导员科技教育创新项目一等奖，系全市唯一。该项目以“光谱课程，七彩童年”为宗旨，引学生走出校园，通过体验小吃制作、研究原材料与工艺、阅读当地文献、撰写科学论文、编写与表演科普教剧、拍微电影等多种形式的社会实践活动，见识畲乡特色食材以及与食物相关的传统文化，了解畲乡饮食文化的精神和态度，进一步丰富以学业为主的校园生活课程。

【景宁畲族自治县图书馆获评全国“一级图书馆”】 2018年8月13日，文化和旅游部公布第六次全国县级以上公共图书馆评估定级上等级图书馆名单，景宁县图书馆被评定为“一级图书馆”。该县将图书馆建设纳入政府目标管理责任制，纳入公共文化服务考核体系，推进政府、社会、图书馆三位一体建设，明确“效能、问题、提升”三大导向，提升建设质量，加强政府责任；提升管理水平，推进图书馆转型；提升服务效能，增强公民获得感，促进“书香景宁 幸福畲乡”建设。馆内藏图书12.88万册，县域内人均1.21册，阅览座位406个，提供读者使用计算机35台。每周开放7天，开放时间每周60小时；评估期内，年读者人均到馆量10.86万人次，年流通总册次14.16万册次，年员工人均流通量9441册次；建成农家书屋258家，覆盖率102%，实现村村有书屋；建成“畲族文化”和“金奖惠明茶”等馆藏数据库，数字资源总量6(万亿字节)；馆内正式员工学历均为大专以上，中级以上职称占比70%，其中高级职称3人。

【景宁畲族自治县获2018年度中国十大全域旅游示范县市】 2018年11月10日，以“新时代、新休闲、新产业”为主题的2018中国(国际)休闲发展论坛推出“2018年度中国十大全域旅游示范县市”奖，景宁畲族自治县入选。该县坚持“绿水青山就是金山银山”战略指导思想，贯彻落实“创新、协调、绿色、发展”理念，按照“诗画畲乡、和美景宁”总体定位，立足“民族”和“生态”两张金名片，以融合发展和创新发展为驱动，以畲族特色文化为突破口，以全域旅游发展为抓手，拉高标杆，精准发力，全面推进旅游业转型提质升级，有力加快全省“大花园”之“民族风情特色园”建设。前三季度全县旅游总收入44.93亿元，同比增长22.39%，旅游经济保持良好的发展态势。

【景宁畲族自治县获“2018年度中国十佳幸福县市”奖项】 2018年12月15日，以“高质量发展与决胜全面小康”为主题的“2018第十三届中国全面小康论坛”颁奖盛典授予景宁畲族自治县“2018年度中国十佳幸福县市”奖项。该县围绕决胜全面建成小康社会，一张蓝图绘到底，走出一条绿色发展、科学赶超、生态惠民的特色发展路子，畲汉群众获得感、幸福感、安全感明显增强，全面建成小康社会取得阶段性成果。 (吴海敏 柳佳祺)

人物　名录

新任市领导

【胡海峰】 男，汉族，1972年11月生，籍贯安徽绩溪。1998年5月参加工作，1995年5月加入中国共产党，清华大学公共管理学院公共管理专业毕业，研究生学历，管理学博士。历任浙江清华长三角研究院党委书记、院长，浙江省嘉兴市委副书记、市委党校校长、市委政法委书记、市长。2018年7月，任浙江省丽水市委书记、丽水军分区党委第一书记。第十三届全国人民代表大会代表，十四届浙江省委委员。

【吴晓东】 男，汉族，1965年12月生，籍贯浙江东阳，出生地浙江义乌。1985年7月参加工作，1984年4月加入中国共产党，省委党校文化社会学专业毕业，研究生学历。历任舟山师范专科学校团委干部、副书记、书记、学生处处长、学生党支部书记，舟山市文化局副局长、党组成员，共青团舟山市委书记、党组书记，舟山市定海区委副书记、纪委书记（正处级）、副区长（正处级），舟山市普陀区委副书记、代区长、区长、区委书记，舟山市委副秘书长（正处长级），绍兴市委常委、组织部长、副市长、市委副书记、政法委书记，丽水市委副书记，市政府代市长、党组书记。2018年3月，在丽水市第四届人民代表大会第三次会议上当选为丽水市政府市长。十四届浙江省委委员。

【李　锋】 男，汉族，1963年4月生，籍贯浙江江山，出生地浙江江山。1980年10月参加工作，1987年2月加入中国共产党，省委党校经济学专业毕业，研究生学历。历任江山县物资局业务员，江山县（市）检察院书记员、助理检察员、经济检察科副科长、驻江山市财政局监察室主任、副科级检察员，江山市检察院贪污贿赂侦查局局长，衢州市检察院正科级检察员、驻衢州市财政局监察室主任、驻衢州市烟草局监察室主任、贪污贿赂侦查局副局长，衢州市纪委常委、纪检监察一室主任，常山县委常委、纪委书记，衢州市纪委副书记、监察局局长，衢州市委副秘书长、办公室主任、秘书长、市委政法委副书记（兼）、市委常委、市委副书记、政法委书记。2018年8月，任丽水市委副书记。六届衢州市委委员，四届丽水市委委员。

【任淑女】 女，汉族，1965年10月生，籍贯浙江磐安，出生地浙江磐安。1985年8月参加工作，1995年9月加入中国共产党，省委党校马克思主义哲学（社会发展方向）专业毕业，研究生学历。历任浙江林校教师、办公室副主任、主任[挂职任丽水市（县级）市长助理]，丽水市（县级）副市长、党组成员，丽水市莲都区政府副区长、区委常委、宣传部部长、区委副书记、副区长（常务）、区长，云和县委书记，丽水市委副秘书长（正处长级），丽水市政府副市长、党组成员，丽水市委常委、统战部部长、市社会主义学院院长。2018年11月，任丽水市委宣传部部长。

【方文军】 男，汉族，1974年12月生，籍贯浙江桐庐，出生地浙江桐庐。1996年10月参加工作，1994年3月加入中国共产党，南京大学哲学系哲学专业毕业，大学学历。历任浙江省舟山日报社记者部记者，舟山市委办公室综合二处科员、综合一处副主任科员、副处长、处长，浙江省公安厅办公室正科级机要秘书、副处长级机要秘书、副主任、机要秘书、正处长级机要秘书，宁波市委办公厅副主任，余姚市委副书记，浙江省公安厅纪委副书记，浙江省国土资源厅党组成员、派驻纪检组组长、监察专员、派驻纪检监察组组长。2018年10月，任丽水市委常委、纪委书记。2018年11月，任丽水市监委副主任、代主任。十四届省纪委委员。

【王小荣】　男，汉族，1962年12月生，籍贯浙江青田，出生地浙江青田。1979年11月参加工作，1982年12月加入中国共产党，省委党校法律专业毕业，大学学历。历任庆元县水电局干部，庆元县人民检察院助检员、检察员、检委会委员、副科长、科长，庆元县人民检察院副检察长、党组成员、代检察长、党组书记、检察长、党组书记，庆元县委常委、公安局局长，缙云县委常委、公安局局长，缙云县委副书记、纪委书记、县公安局局长，缙云县委副书记、纪委书记、政法委书记，丽水市公安局副局长、党委副书记(正处级，负责日常工作)，丽水市莲都区委副书记、副区长、代区长、区长，龙泉市委书记，丽水市委副秘书长(保留正处级)、市政府党组成员，丽水市政府副市长、党组成员。2018年11月，任中共丽水市委常委、统战部部长，市社会主义学院院长。三届、四届丽水市委委员。

【陈　重】　男，汉族，1973年5月生，籍贯浙江仙居，出生地浙江仙居。1995年7月参加工作，1993年6月加入中国共产党，浙江大学中国哲学专业毕业，研究生学历。历任浙江青年报社干部，共青团浙江省委青农部干部、副科级干事、组织部副科级干事、正科级干事、组织部副部长，共青团浙江省委常委、组织部部长，浙江省政府侨务办公室副主任、党组成员，丽水市政府副市长、党组成员，景宁畲族自治县委书记。2018年12月，任丽水市委常委。三届、四届丽水市委委员。

【杨秀清】　男，汉族，1966年3月生，籍贯浙江松阳，出生地浙江松阳。1984年8月参加工作，1988年4月加入中国共产党，中央党校行政管理专业毕业，大学学历。历任松阳县玉岩区林业站干部、副站长、站长(下派任松阳县大东坝乡党委副书记、乡长)，松阳县林业局党委委员，松阳县委办公室副主任、主任，松阳县民政局局长、党组书记，松阳县建设局局长、党组书记，松阳县政府副县长、县委常委，丽水市莲都区委常委、副区长、副区长(常务)，丽水市莲都区干部(保留副处级)，丽水市国土资源局局长、党委副书记、书记，丽水市莲都区委副书记、副区长、代区长、区长，缙云县委书记。2018年11月，丽水市第四届人民代表大会常务委员会第十三次会议决定任命为丽水市政府副市长。四届丽水市委委员。

【丁绍雄】　男，汉族，1961年1月生，籍贯浙江松阳，出生地浙江松阳。1981年8月参加工作，1985年5月加入中国共产党，省委党校经济学专业毕业，研究生学历。历任青田县钼矿技术员、质量管理科副科长、科长、副矿长、团总支书记，青田县矿产工业公司经理，青田县计经委副主任、党组成员，浙江天工矿业集团公司总经理(兼任青田钼矿矿长、党委书记)，丽水地区体改委(经济与社会研究中心)副主任、党组成员，丽水地区经委副主任、党委副书记，地区科协副主席，丽水市经委负责人、党委副书记，丽水市体改办主任、党组书记，云和县委副书记、县政府副县长、代县长、县长，丽水市人事劳动社会保障局局长、党组书记，市机构编制委员会办公室主任(兼任市委组织部副部长)，丽水市人力资源和社会保障局局长、党组书记(兼任市委组织部副部长)，丽水市委组织部常务副部长，丽水市政府党组成员，丽水生态产业聚集区(经济技术开发区)管委会主任、党工委书记。2018年3月，在中国人民政治协商会议第四届丽水市委员会第二次会议上当选为丽水市政协副主席。二届、三届、四届丽水市委委员，三届丽水市人大常委会委员。

【丁岳清】　男，汉族，1964年8月生，籍贯浙江缙云，出生地浙江缙云。1984年8月参加工作，农工党，中央党校党政管理专业毕业，大学学历。历任丽水地区粮食局计划购销科办事员、副科长(主持工作)、业务科副科长，丽水地区粮油总公司业务科长，丽水地区粮食局办公室主任(兼任浙江利禾粮油贸易公司董事长)，丽水市粮食局办公室主任，丽水市发展计划委员会价格调控管理处处长，农工党丽水市委会筹备小组副组长，农工党丽水市委会副主委(驻会)兼秘书长，丽水市政协副秘书长，丽水市政协提案委员会副主任(兼)，丽水市政府行政审批中心副主任，农工党丽水市委会副主委(兼)，丽水市政协文史资料委员会主任，丽水市政协副秘书长(正处级)，农工党丽水市委会主委。2018年3月，在中国人民政治协商会议第四届丽水市委员会第二次会议上当选为丽水市政协副主席。一届、二届、三届、四届丽水市政协常委会委员。

【刘志伟】　男，汉族，1965年7月生，籍贯山东沾化，出生地浙江云和。1982年10月参加工作，1984年11月加入中国共产党，省委党校科学社会主义专业毕业，大学学历。历任云和县财税局城关税务所干部，云和县财税局直属税务所副所长，丽水地区财税局干部，丽水地区地税局直属分局副局长、局长，丽水市地税局第一征管局局长、第二征管局局长、第二税务分局局长，丽水市莲都区政府副区长、区委常委，丽水市政府副秘书长(正处级，兼)丽水市政府土地和房屋征收工作办公室主任、党组书记，丽水市人民政府土地和房屋征收研究指导中心主任、党组书记，丽水市财政局地税局党组书记，丽水市财政局、地税局局长、党组书记（兼任丽水市社科联副主席），丽水市政府秘书长、党组成员，市政府办公室（法制办公室、研究室）党组书记。2018年11月，任丽水生态产业聚集区（经济技术开发区）管委会主任、党工委书记。四届丽水市委委员。（潘　剑）

烈　士

【蓝瑞友】 男，汉族，民国2年（1913）5月出生，原云和县小顺区石塘镇定岗旱村人。民国26年（1937）1月参军入伍，曾任国民革命军第六十七师二九八团九连二等列兵。民国26年（1937）9月26日，在上海嘉定小塘子抗日作战阵亡，晋上等兵。有国民政府行政院呈吕字6097号、国民政府军事委员会抚恤委员会通知书、浙江省政府训令、云和县政府训令、松阳县政府公函等为凭，载入《云和县志》抗日阵亡将士人名录。2018年，经其女儿蓝宝兰申请，县、市、省政府审核，于9月27日由浙江省人民政府批准，追认蓝瑞友为烈士，2018年10月11日，浙江省民政厅填发烈士证明书（2018年浙烈字第000003号）。（应文琛）

全国“五一劳动奖章”获得者 浙江省劳动模范

【洪健萍】 男，1961年12月出生，汉族，浙江青田人，中共党员，大专学历，1978年4月参加工作，现任丽水吉华实业有限公司办公室主任。2006年，洪健萍成为吉华公司办事员。他引导公司投入资金构建节约环保型企业，该举措当年为企业节约用煤880吨、水18万吨，9年来创造经济效益2000万余元。2015年，他成为开发区张村片区党工指导员，负责26个民营企业党支部和工会指导工作，做好各项方针政策上传下达工作，走访片区企业104家，组织企业支部书记和党员学习教育274人次，组织工会主席活动4次，组织志愿服务活动150人次。2015年4月，获丽水市“五一劳动奖章”；2016年4月，获浙江省“五一劳动奖章”，同时被授予“丽水市劳动模范”称号；2018年4月，获全国“五一劳动奖章”，同时被授予“浙江省劳动模范”称号。

浙江省“五一劳动奖章（奖状）”获得者 丽水市劳动模范

【程科军】 男，汉族，1981年4月出生，浙江松阳人，博士研究生学历，中共党员，2008年7月参加工作，2018年任丽水市农业科学研究院中药材所副所长、党支部书记。他关心和参与丽水中药和特色畲药研究工作，学成后毅然归国回乡服务。他主持国家自然科学基金等课题11项，在国内外期刊发表科研论文30余篇，申请专利15项，已获授权9项，主编和副主编专著2部，参编2部，主持获浙江省科技进步奖等各类奖项4项。带领团队技术支撑建设中药材种植基地0.1万余公顷，为丽水市中药材产业的健康发展和产值由2012年1.8亿元到2017年4.7亿元快速提升做出贡献。2014年4月，获丽水市“绿谷精英”称号；2015年6月，获科学中国人2014年度人物；2017年1月，获农业部“杰出青年农业科学家”；2018年4月，获浙江省“五一劳动奖章”，同时被授予“丽水市劳动模范”称号。

【郑国荣】 男，汉族，1964年4月出生，浙江龙泉人，大专学历，2018年任龙泉市古越剑铺技术总监。他通过对现代气锤改进，使原来全靠手工打坯的技艺转化为机械操作，改进产品质量。这项技术在业内推广运用后，产生良好经济效益，年产值达1.5亿元，助推整个龙泉市刀剑产业发展。先后收授徒弟20余人，都已成为行业新生力量。开展与龙泉青瓷宝剑技师学院合作，创立大师工作室，亲临课堂授课指导，累计培养学生200余人。创新开发新产品60余件，获外观专利9项，各级各类奖项26项。2013年，被评为浙江省“非遗”龙泉宝剑锻制技艺代表性传承人；2015年，被评为浙江省工艺美术大师；2017年，被评为浙江省首批传统工艺领军人才；2018年4月，获浙江省“五一劳动奖章”，同时被授予“丽水市劳动模范”称号。

【李金泉】 男，汉族，1975年8月出生，浙江松阳人，大学本科学历，1998年9月参加工作，现为松阳县人民法院民二庭庭长。李金泉投身司法体制改革，率先在民二庭探索案件“繁简分流”，组建审判团队。通过庭审同步录音录像，保障当事人陈述、辩论权，法官对证据分析以及案件事实认定，让当事人输赢皆明，当庭宣判率98%以上，2017年，李金泉办理各类案件1100件。在商事诉讼案件中，李金泉探索微创解纷，即平衡各方当事人利益，综合原告抗风险能力，被告财产状况、履行能力、产业前景，案件审理社会影响面等因素，制定多个方案，在法律允许范围内灵活运用法律，从而实现各方共赢。2011年，获浙江省“十佳优秀法官”称号；2012年，被评为全国法院办案标兵；2017年4月，获丽水市“五一劳动奖章”；2018年4月，获浙江省“五一劳动奖章”，同时被授予“丽水市劳动模范”称号。

【邢伟勇】 男，汉族，浙江缙云人，1975年9月出生，中共党员，大专学历，1992年2月参加工作，2018年任浙江鼎立实业有限公司精益生产办主任。他从冲压机操作工开始，逐渐成长为鼎立公司技术骨干和创新能手，每年提出和实施创新项目，为企业技术改造做出贡献，多次参加行业比赛并获大奖，先后获丽水市优秀QC成果一等奖、浙江省职工安全生产合理化建议一等奖和省职工安全生产“十佳金点子”，至年底，累计完成企业工装设备的自动化创新40余项。致力企业的自动化改善、标准化设立，有力推动企业机器换人和转型升级。2015年12月，被评为全国优秀农民工；2018年4月，获浙江省“五一”劳动奖章，同时被授予“丽水市劳动模范”称号。

【浙江航星电机制造有限公司】 浙江航星电机制造有限公司是一家集稀土永磁直流电机、离合器异步电机等产品研发、设计、制造、服务为一体的科技型企业，并自主研发生产缝纫机直驱电机、高速公路收费口闸道电机、家用碾米机电机等新型节能电机。公司注册成立于2002年4月，注册资本1200万元，现有员工118人。公司位于丽水生态产业集聚区（经济技术开发区）碧湖产业园区块，拥有标准化厂房，和自营进出口权，通过ISO 9001:2008质量管理体系、14000环境管理体系、18000职业健康安全管理体系认证，获中国节能产品认证、CCC认证、CE认证。公司拥有获省级登记科技成果6项，政府科技部门立项研发项目4项，政府科技部门认定新产品项目10项，创建各种科技创新载体5个，拥有22项专利自主知识产权。2017年4月，获丽水市“五一劳动奖状”；2018年4月，获浙江省“五一劳动奖状”。

浙江航星电机制造有限公司 （梁梦茜 提供）

【庆元县人民政府行政审批中心】 庆元县人民政府行政审批中心成立于2002年，主要负责有关行政审批的组织、协调、监督、管理和服务职能。行政审批中心面积1万余平方米，进驻窗口单位31个，设置对外服务窗口120个，工作人员270人。行政审批中心先后开展八轮行政审批制度改革，特别是2017年，深入推进“最多跑一次”改革。至年底，累计办理各类服务事项146.99万件，办结率100%。创新推出上门服务、审批“110”24小时服务热线、午休值班、预约办理、全程代理等便民服务机制，率先推行“微信预审批”网上办事和窗口现场管理标准化。“最多跑一次”事项实现率96.76%，“最多跑一次”事项办件量占比99.1%，“跑小二”金品牌企业投资项目代办率100%，改革成效满意率99.34%。2010年12月，被命名为省级示范行政服务中心；2012年6月，被授予省级创先争优先进基层党组织；2014年4月，获“庆元县模范集体”称号；2018年4月，获浙江省“五一劳动奖状”。 （梁梦茜）

庆元县行政审批中心 （梁梦茜 提供）

2018年度取得正高级专业技术资格人员名单

表30

序号	姓名	性别	出生年月	工作单位	取得资格时间	正高级专业技术资格名称
1	卢春丽	女	1964年1月	丽水市莲都区文化馆	2018年12月31日	研究馆员
2	吴峰平	男	1967年5月	丽水市广播电视台	2018年12月12日	高级记者
3	胡建金	男	1975年1月	丽水日报社	2018年12月12日	高级编辑
4	张　恒	男	1976年1月	丽水市中心医院	2018年12月19日	主任医师
5	蔡海芳	女	1979年1月	丽水市中心医院	2018年12月19日	主任医师
6	谢艳茹	女	1978年8月	丽水市中心医院	2018年12月19日	主任医师
7	涂建飞	男	1976年1月	丽水市中心医院	2018年12月19日	主任医师
8	赵中伟	男	1979年8月	丽水市中心医院	2018年12月19日	主任医师
9	施　骅	男	1977年7月	丽水市中心医院	2018年12月19日	主任医师
10	杨上文	男	1978年1月	丽水市中心医院	2018年12月19日	主任医师
11	杨碧虹	女	1973年4月	丽水市中心医院	2018年12月19日	主任护师
12	郑益娇	女	1976年5月	丽水市中心医院	2018年12月19日	主任护师
13	黄金伟	男	1975年12月	丽水市人民医院	2018年12月20日	主任医师
14	吴红莲	女	1978年4月	丽水市人民医院	2018年12月20日	主任医师
15	李中华	男	1974年4月	丽水市人民医院	2018年12月20日	主任医师
16	王洪源	男	1975年9月	丽水市人民医院	2018年12月20日	主任医师
17	葛宇黎	女	1975年12月	丽水市人民医院	2018年12月20日	主任医师
18	施　勇	男	1975年7月	丽水市人民医院	2018年12月20日	主任医师
19	刘　宏	女	1976年7月	丽水市人民医院	2018年12月20日	主任医师
20	梁　伟	男	1974年4月	丽水市人民医院	2018年12月20日	主任医师
21	刘　进	男	1978年6月	丽水市人民医院	2018年12月20日	主任医师
22	田　达	男	1975年3月	丽水市人民医院	2018年12月20日	主任医师
23	卢淑娇	女	1977年6月	丽水市人民医院	2018年12月20日	主任医师
24	王明杰	女	1976年7月	丽水市人民医院	2018年12月20日	主任医师
25	徐雪和	女	1968年5月	丽水市人民医院	2018年12月20日	主任护师
26	占桂平	男	1969年3月	丽水市中医院	2018年12月25日	主任中医师
27	周文洁	女	1975年8月	丽水市中医院	2018年12月25日	主任医师
28	季柏林	男	1967年8月	丽水市中医院	2018年12月25日	主任技师
29	陈志恩	男	1966年2月	丽水市第二人民医院	2018年12月27日	主任医师
30	邹晓华	女	1970年3月	丽水市第二人民医院	2018年12月27日	主任药师
31	周大金	男	1974年11月	丽水市第二人民医院	2018年12月27日	主任技师
32	李小强	男	1971年1月	缙云县中医医院	2018年12月27日	主任医师
33	朱伟群	女	1968年8月	缙云县人民医院	2018年12月27日	主任医师
34	祝灵英	女	1965年8月	缙云县人民医院	2018年12月27日	主任医师
35	应　武	男	1965年8月	莲都区紫金街道社区卫生服务中心	2018年12月22日	主任医师
36	黄余君	男	1972年6月	丽水市莲都区人民医院	2018年12月22日	主任医师
37	李勇庆	男	1977年8月	丽水市莲都区人民医院	2018年12月22日	主任医师
38	陈仁武	男	1970年8月	莲都区计划生育宣传技术指导站	2018年12月22日	主任医师
39	卢伟军	男	1976年11月	丽水市莲都区人民医院	2018年12月22日	主任医师
40	陈爱英	女	1972年3月	莲都区白云街道社区卫生服务中心	2018年12月22日	主任护师
41	程小玲	女	1973年5月	莲都区万象街道社区卫生服务中心	2018年12月22日	主任护师
42	陈小燕	女	1975年8月	青田县人民医院	2018年12月22日	主任医师
43	朱建昌	男	1974年10月	青田县人民医院	2018年12月22日	主任医师

续表30

序号	姓名	性别	出生年月	工作单位	取得资格时间	正高级专业技术资格名称
44	张晓云	男	1972年7月	青田县人民医院	2018年12月22日	主任医师
45	马国营	男	1969年11月	青田县人民医院	2018年12月22日	主任医师
46	郑晓燕	女	1974年8月	青田县第二人民医院	2018年12月22日	主任医师
47	周　晓	女	1976年9月	青田县中医院	2018年12月22日	主任医师
48	王　欣	男	1975年2月	青田县人民医院	2018年12月22日	主任医师
49	季伟峰	男	1973年11月	青田县人民医院	2018年12月22日	主任技师
50	周文聪	女	1971年10月	青田县人民医院	2018年12月22日	主任技师
51	季一玲	女	1972年11月	青田县人民医院	2018年12月22日	主任护师
52	吴丽燕	女	1975年12月	青田县中医院	2018年12月22日	主任护师
53	季玉花	女	1973年9月	青田县人民医院	2018年12月22日	主任护师
54	傅金秀	女	1973年12月	青田县人民医院	2018年12月22日	主任护师
55	贾金进	男	1974年12月	青田县中医院	2018年12月22日	主任中医师
56	胡兴洲	男	1978年12月	青田县人民医院	2018年12月22日	主任医师
57	叶　飞	男	1973年12月	云和城南综合医院	2018年12月22日	主任医师
58	叶志君	男	1979年1月	云和县人民医院	2018年12月22日	主任医师
59	蓝建梅	女	1974年9月	云和县人民医院	2018年12月22日	主任医师
60	江礼画	男	1975年10月	云和城南综合医院	2018年12月22日	主任医师
61	朱蔚蓉	女	1971年4月	云和县人民医院	2018年12月22日	主任医师
62	张　涵	女	1975年4月	云和县白龙山街道社区卫生服务中心	2018年12月22日	主任护师
63	周学华	男	1977年5月	庆元县人民医院	2018年12月22日	主任医师
64	吴志敏	男	1975年11月	庆元县人民医院	2018年12月22日	主任医师
65	吴垂芬	女	1972年8月	庆元县人民医院	2018年12月22日	主任医师
66	范宇华	男	1974年4月	庆元县人民医院	2018年12月22日	主任医师
67	蔡平福	男	1975年6月	庆元县人民医院	2018年12月22日	主任医师
68	胡晓芬	女	1975年3月	庆元县人民医院	2018年12月22日	主任护师
69	姚林英	女	1973年7月	庆元县人民医院	2018年12月22日	主任护师
70	蔡爱娟	女	1972年10月	庆元县人民医院	2018年12月22日	主任护师
71	吴根英	女	1974年12月	庆元县人民医院	2018年12月22日	主任护师
72	吴超海	男	1975年10月	庆元县人民医院	2018年12月22日	主任中医师
73	陶志东	男	1977年9月	庆元县中医院	2018年12月22日	主任中医师
74	蔡婷英	女	1966年12月	缙云县妇幼保健计划生育服务中心	2018年12月22日	主任医师
75	陈勇萍	女	1972年1月	缙云县妇幼保健计划生育服务中心	2018年12月22日	主任护师
76	郑惠媛	女	1969年11月	遂昌县妙高镇社区卫生服务中心	2018年12月22日	主任医师
77	罗高宏	男	1972年12月	遂昌县中医院	2018年12月22日	主任医师
78	邵同洲	男	1974年10月	遂昌县人民医院	2018年12月22日	主任医师
79	包迎伟	男	1970年2月	遂昌县人民医院	2018年12月22日	主任医师
80	傅石明	男	1976年3月	遂昌县临床医学检验检测中心	2018年12月22日	主任技师
81	梁盛恒	男	1966年11月	遂昌县中医院	2018年12月22日	主任中医师
82	范仙贵	男	1975年3月	遂昌县人民医院	2018年12月22日	主任医师
83	潘曦明	男	1975年8月	遂昌县人民医院	2018年12月22日	主任医师
84	毛伟光	男	1974年10月	松阳县古市医院	2018年12月22日	主任医师
85	潘　法	男	1975年9月	松阳县人民医院	2018年12月22日	主任医师
86	李冀宏	女	1976年8月	松阳县人民医院	2018年12月22日	主任医师
87	钟水清	男	1974年9月	松阳县人民医院	2018年12月22日	主任医师
88	潘英辉	男	1975年10月	松阳县人民医院	2018年12月22日	主任医师

续表30

序号	姓名	性别	出生年月	工作单位	取得资格时间	正高级专业技术资格名称
89	吕松浩	男	1973年10月	松阳县人民医院	2018年12月22日	主任医师
90	万云华	男	1978年1月	松阳县人民医院	2018年12月22日	主任医师
91	谢紫明	男	1976年1月	龙泉市人民医院	2018年12月22日	主任医师
92	娄卫东	男	1972年10月	龙泉市人民医院	2018年12月22日	主任医师
93	方丽华	女	1972年8月	龙泉市人民医院	2018年12月22日	主任医师
94	龚慧珍	女	1975年9月	龙泉市人民医院	2018年12月22日	主任医师
95	叶美芬	女	1968年4月	龙泉市人民医院	2018年12月22日	主任医师
96	邱晓园	女	1972年4月	龙泉市人民医院	2018年12月22日	主任护师
97	叶阳花	女	1970年6月	龙泉市人民医院	2018年12月22日	主任护师
98	毛丽伟	女	1977年5月	景宁畲族自治县人民医院	2018年12月22日	主任医师
99	徐佩芬	女	1978年3月	景宁畲族自治县人民医院	2018年12月22日	主任医师
100	陈小伟	男	1977年10月	景宁畲族自治县人民医院	2018年12月22日	主任医师
101	林海燕	女	1974年10月	景宁畲族自治县妇幼保健计划生育服务中心	2018年12月22日	主任医师
102	占伟海	男	1978年4月	景宁畲族自治县人民医院	2018年12月22日	主任技师
103	吴芦英	女	1960年11月	景宁畲族自治县人民医院	2018年12月22日	主任技师
104	徐慧林	男	1978年7月	景宁畲族自治县人民医院	2018年12月22日	主任医师
105	陈百春	男	1971年7月	景宁畲族自治县人民医院	2018年12月22日	主任医师
106	赵丽红	女	1973年10月	景宁畲族自治县人民医院	2018年12月22日	主任护师
107	毛卫平	男	1976年3月	景宁畲族自治县人民医院	2018年12月22日	主任中医师
108	季存珠	女	1972年12月	景宁畲族自治县人民医院	2018年12月22日	主任护师
109	杨春仙	女	1970年10月	丽水市妇幼保健院	2018年12月22日	主任护师
110	雷淑芬	女	1971年10月	丽水市妇幼保健院	2018年12月22日	主任医师
111	陈娅红	女	1977年6月	丽水学院	2018年12月26日	教授
112	郭圣荣	男	1976年4月	丽水学院	2018年12月26日	教授
113	李　岩	男	1970年6月	丽水学院	2018年12月26日	教授
114	夏更寿	男	1968年10月	丽水学院	2018年12月26日	教授
115	张文辉	男	1980年4月	丽水学院	2018年12月26日	教授
116	朱顺东	男	1965年11月	丽水学院	2018年12月26日	教授
117	方炳木	男	1962年10月	丽水学院	2018年12月26日	教授
118	黄　刚	男	1964年5月	丽水学院	2018年12月26日	教授
119	纪建松	男	1975年10月	丽水学院	2018年12月26日	教授
120	江银华	男	1966年4月	丽水学院	2018年12月26日	教授
121	刘　斌	男	1976年6月	丽水学院	2018年12月26日	教授
122	楼天正	男	1963年7月	丽水学院	2018年12月26日	教授
123	邱伟文	男	1966年1月	丽水学院	2018年12月26日	教授
124	王济纬	男	1964年8月	丽水学院	2018年12月26日	教授
125	韦铁民	男	1958年11月	丽水学院	2018年12月26日	教授
126	吴绍长	男	1968年1月	丽水学院	2018年12月26日	教授
127	夏朝云	男	1960年6月	丽水学院	2018年12月26日	教授

（季媚媚）

文　选

中共丽水市委办公室 印发《关于进一步激励干部新时代新担当新作为以“丽水之干”担纲“丽水之赞”的实施意见》的通知

（2018 年 11 月 2 日）

为深入贯彻习近平新时代中国特色社会主义思想和党的十九大精神，进一步激励干部新时代新担当新作为，以“丽水之干”担纲“丽水之赞”，推动“八八战略”再深化、改革开放再出发，高质量谱写“八八战略”丽水新篇章，根据《中共中央办公厅印发〈关于进一步激励广大干部新时代新担当新作为的意见〉的通知》和《中共浙江省委办公厅印发〈关于进一步激励干部新时代新担当新作为奋力推进“两个高水平”建设的实施意见〉的通知》精神，按照市委四届四次全会部署要求，结合丽水实际，现提出如下实施意见。

一、教育引导干部提振“丽水之干”的担当精神

1. 强化担纲“丽水之赞”的政治自觉。坚持用习近平新时代中国特色社会主义思想武装头脑，深入学习习近平总书记对浙江工作重要指示精神，时刻铭记习近平总书记“丽水之赞”和“绿水青山就是金山银山，对丽水来说尤为如此”重要嘱托。推进“两学一做”学习教育常态化制度化，强化党章党规党纪教育，引导广大干部不忘初心、牢记使命，强化“四个意识”，坚定“四个自信”，坚决维护习近平总书记党中央的核心、全党的核心地位，坚决维护党中央权威和集中统一领导。把深刻领悟“丽水之赞”作为当前最重要的政治任务，把践行担纲“丽水之赞”作为检验领导干部政治能力的重要内容，引导全市党员干部把“丽水之赞”转化为绿色发展的思想自觉和行动自觉。

2. 坚决扛起“丽水之干”的使命和责任担当。持续深入开展“大学习大调研大抓落实”活动，组织开展“丽水之干”专题学习教育，引导干部对标“冲破束缚，轻装上阵地干”“脚踏实地，求真务实地干”“立说立行，雷厉风行地干”“追求卓越，精益求精地干”“久久为功，锲而不舍地干”要求，以清醒的认识坚定“丽水之干”，以科学的方法引领“丽水之干”，以务实的态度推动“丽水之干”，高高扬起“丽水之干”的旗帜。强化事业引领，激励各级干部在“生态产业提质、美丽城乡提标、交通发展提速、改革开放提效、幸福指数提高、党的建设提升”六大工程中，勇挑最重的担子、敢啃最硬的骨头，展现新作为、干出新成绩。领导班子和领导干部要发挥示范表率作用，带头履职尽责、带头担当作为，一级带着一级干、一级做给一级看，以担当带动担当，以作为促进作为。

二、鲜明树立崇尚实干的用人导向

3. 突出实干实绩、一线火线用人导向。认真贯彻落实好干部标准，突出“五个过硬”要求，构建干部工作五大体系，着力培养忠诚干净担当的高素质干部。坚持用硬碰硬的数据、实打实的成绩说话，树立以结果论英雄、凭实绩用干部的用人导向，大力选拔敢于负责、勇于担当、善于作为、实绩突出的干部。大力选拔长期扎根基层一线、埋头苦干的优秀干部，把优秀乡镇(街道)党(工)委书记作为选拔上级机关领导干部的重要来源，县级党政领导班子成员中具有乡镇(街道)党(工)委书记经历的要逐步达到50%;加大从优秀村干部等人员中选拔乡镇领导班子成员力度，逐步提高面向优秀村干部招考公务员和事业单位人员比例。

4. 强化敢担当、善担当、能担当导向。把敢于担当作为干部选拔任用的重要导向和重要依据，让想干事的有机会，能干事的有舞台，干成事的有地位，不干事的没市场。大力营造积极宽松的干事环境，努力解除干部敢担责任、大胆干事的后顾之忧。落实不“唯票”取人要求，对敢抓敢管、不怕得罪人的干部，符合条件的要大胆使用。把干部担当作为情况纳入巡察和选人用人专项检查重要内容，严肃问责慢作为、不作为、乱作为的干部。对巡察等工作中发现的贯彻执行中央和省委、市委决策部署不坚决不到位、不担当不作为等问题，根据具体情节该免职的免职、该调整的调整、该降职的降职，推进干部能上能下成为常态。探索推行歇职教育、回炉培训、二次择岗等做法，加强被调整干部的后续教育管理。定期分析干部能上能下工作情况，并作为评价党委(党组)书记担当作为表现的重要参考。

三、完善带动担当的考核机制

5. 建立知事识人的考核体系。强化“知事”和“识人”相统一，完善日常考核、分类考核、近距离考核等办法，切实解决干与不干、干多干少、干好干坏一个样的问题。完善政治表现考察考核办法，坚持从对党忠诚的高度看待干部是否担当作为，注重从精神状态、作风状况考察政治素质。突出中央和省委、市委决策部署贯彻执行情况，完善干部实绩考核评价办法，全面分析市委市政府综合考核、督查督办、专项考核等情况，把推进“生态产业提质”等六大工程情况作为评价领导班子运行状况和领导干部履职情况的重要内容。深化领导班子和领导干部回访、组工干部“出现场”模式，用好“识人五法”，了解干部在攻坚克难中作用发挥和现实表现情况，形成见事见人的纪实报告。

6. 加强考核结果运用。将考核结果作为干部选拔任用、职级调整、评先奖优、问责追责的重要依据。坚持考用结合、奖惩并举，定期分析考核情况，分类梳理建立优秀和问题班子、干部名单，采取针对性措施。对年度考核为优秀等次的单位，按规定提高个人考核优秀等次比例和单位考核奖额度，并在干部选拔使用上予以重点关注。对考核较差的单位，干部提拔使用、参与评先奖优、出国(境)予以一定限制。改进考核结果反馈方式，建立考核结果分层分级当面反馈制度，帮助班子总结经验、找准问题，引导干部发扬成绩、改进不足。

四、推动容错纠错机制落地见效

7. 完善容错纠错制度体系。认真落实中央和省委有关文件精神，宽容干部在改革创新中的失误错误，把干部在推进改革中因缺乏经验、先行先试出现的失误错误，同明知故犯的违纪违法行为区分开来;把尚无明确限制的探索性试验中的失误错误，同明令禁止后依然我行我素的违纪违法行为区分开来;把为推动发展的无意过失，同为谋取私利的违纪违法行为区分开来。制定出台深化完善容错纠错机制的实施细则，细化容错纠错适用情形和评判标准，加强容错纠错的认定和结果运用，鼓励干部担当作为。指导县(市、区)和容错诉求相对集中的职能部门、“最多跑一次”改革和重大项目攻坚克难等重点改革领域出台具体的配套机制，构建以市委容错纠错细则为主体，各地各部门各改革领域具体制度为配套的“1+X”容错纠错制度体系。

8. 为敢于担当的干部撑腰鼓劲。各级党组织要及时对干部的失误错误进行综合分析，坚持事业为上、实事求是、依法依纪和容纠并举等原则，切实为敢于担当的干部主持公道、撑腰鼓劲。党委(党组)和相关部门在干部考察考核、责任调查、问责启动等工作中，要同步考虑是否存在符合容错的情形，干部个人和所在单位亦可主动提出申请。对认定给予容错并免除责任的，干部本人在参与评先奖优、选拔任用时不受影响，在干部考核时不作为负面评价的依据，干部所在单位在相关工作考核中不予以扣分。坚持有错必纠、有过必改，对苗头性、倾向性问题早发现早纠正，对失误错误及时采取补救措施。建立健全澄清保护机制，区分正常检举反映和诬告陷害，严肃查处诬告陷害行为，及时为受到不实反映的干部澄清正名、消除顾虑。影响恶劣的诬告案件要公开通报，形成震慑。

五、着力增强干部的本领能力

9. 提升干部专业素养。增强干部教育培训的系统性、持续性、针对性。制定实施《丽水市2018年—2022年干部教育培训规划》，全面提高广大干部的学习本领、政治领导本领、改革创新本领、科学发展本领、依法执政本领、群众工作本领、狠抓落实本领和驾驭风险本领。抓好“红色”“绿色”教育，用浙西南革命精神感召和鼓舞干部，开发“两山”理念教学系列专题，办好名师共享课堂，深化与省内外“双一流”高校、党校合作，开展“订单式”培训，培养干部专业作风、专业精神。坚持联动推进，全域打造技能型乡镇政府，加强生态经济、乡村振兴、综合交通等专业知识培训。发挥党校（行政学院）干部教育培训主阵地作用，加强党性教育、理论教育、党风廉政教育和专业能力培训。对关键领域、重点岗位干部实行点名调训。

10. 推动干部在攻坚一线培养历练。加强干部常态化交流，进一步畅通干部跨部门、跨地域、跨体制交流渠道，推进机关干部内部轮岗交流，推动干部资源优化配置。选派优秀干部参与生态产业、美丽城乡、交通发展、深化改革、乡村振兴、大搬快治（聚）、城中村改造、选商引资等任务攻坚，推动优质干部资源向一线倾斜。深入实施“双千培养锻炼计划”，运用对口支援合作、东西部扶贫协作、山海协作等平台，有计划选派优秀干部到吃劲岗位、重要岗位砥砺品行、提高能力。

11. 强化优秀年轻干部实践磨炼。出台大力发现培养选拔优秀年轻干部实施意见，构建源头培养、跟踪培养、全程培养体系。加强田间管理、墩苗历练，放眼各条战线、各个领域、各个行业，大力发现培养一批扛得了重活、打得了硬仗、经得住磨难的优秀年轻干部。按照既要数量充足、又要质量优良的要求，着眼近期需求和长远战略需要，建立一个市管优秀年轻干部库、多个系统行业优秀年轻干部库的“1+N”一体多元动态储备模式。加强和改进选调生工作，实施优秀年轻干部源头工程，5 年内市县乡党政机关选调优秀高校毕业生近 400 人。

六、完善干部关心关爱机制

12. 真心关爱干部。深化“向组织说说心里话”制度，坚持分级分层谈心，实现干部谈心谈话每年全覆盖。落实好节日慰问、困难慰问、生病住院慰问等人文关怀政策，关爱帮扶困难干部。重视干部身心健康，依托专业机构，推动市、县两级全面建立干部心理健康关爱中心，加强心理健康培训和指导，及时做好干部心理干预疏导。对基层干部给予更多理解和支持，用足用好乡镇干部经济待遇一般高于县级机关同职级干部 20%以上，乡镇（街道）公务员年度考核优秀等次比例提高到 20%的政策。按照全面深化改革的部署和要求，推动纳入“基层治理四平台”管理考核的部门派驻干部参照乡镇（街道）干部确定经济及福利待遇。切实减轻基层干部负担，推行“无会日”制度，规范和控制各种考核、检查，严格限制“一票否决”事项，对基层干部问责要慎重。合理合规保障基层干部公务用车，改善基层办公和生活条件，帮助解决实际困难。

13. 落实干部待遇保障制度。落实好职务与职级并行政策举措，探索实行基层事业单位岗位结构比例动态调整机制。落实机关事业单位基本工资标准定期调整机制和地区附加津贴、岗位津贴制度，完善公务员奖金制度，确保各项正常福利政策贯彻执行到位。对在处理突发事件、承担重要专项工作或在其他工作中做出显著成绩和突出贡献的干部、集体，及时给予鼓励。认真落实干部职工疗休养、带薪年休假、健康体检、优秀公务员健康休养、加班补休等制度，保障干部合法权益。建立健全荣誉退休机制，让干部感受组织的关怀和温暖。

七、大力营造担当作为的干事环境

14. 强化责任和督查落实。各级党委（党组）要将激励干部担当作为摆上重要日程，把担当作为表现纳入领导班子和领导干部年度考核内容，研究出台激励干部践行“丽水之干”的具体举措。纪检监察、组织、宣传、人力社保、财政、工会等部门单位要各司其职，加强协调配合，制定实施具体配套政策。建立健全担当作为督查指导机制，常态化开展干部担当作为情况监督检查，推动责任落实、政策落地。

15. 浓厚担当作为的氛围。完善县（市、区）和重点部门工作定期交流制度，健全现场会、点评会等重点工作推进机制，深化乡镇（街道）党（工）委书记工作交流会等做法，形成浓厚的干事氛围。尊重基层首创精神，鼓励各地各单位探索完善考核激励举措，充分调动各层级干部的干事积极性。加强舆论引导，市县两级定期梳理总结一批正向效果好、具有典型意义的容错案例，主要媒体开设专栏大力宣传担当作为的先进典型，加大不担当不作为问题的曝光力度，激励广大干部以“丽水之干”担纲“丽水之赞”，加快创建浙江（丽水）绿色发展综合改革创新区、打造诗画浙江大花园最美核心区，奋力谱写新时代丽水绿色发展的崭新篇章。

丽水市人民政府办公室关于印发《丽水市生态文明示范创建行动实施方案》的通知

（2018 年 9 月 3 日）

为深入贯彻落实《浙江省生态文明示范创建行动计划》，坚决打好污染防治攻坚战，高标准推进生态文明建设，建设浙江"大花园"最美核心区，打造践行"绿水青山就是金山银山"全国标杆和"诗画浙江"鲜活样本，特制定本实施方案。

一、总体要求

（一）指导思想。深入贯彻落实党的十九大精神，高举习近平新时代中国特色社会主义思想伟大旗帜，始终遵循习近平总书记"绿水青山就是金山银山，对丽水来说尤为如此"的重要嘱托，深刻领悟习总书记在深入推动长江经济带发展座谈会上 102 字"丽水之赞"指示精神，以五大发展理念为指引，以"八八战略"为总纲，以绿色发展综合改革创新区建设为载体，紧扣浙江大花园"最美核心园"建设，统筹推进山水林田湖草系统治理，着力解决突出环境问题，切实加大生态系统保护力度，深化生态环境监管体制改革，更高水平推进美丽丽水建设和生态文明示范创建，打造"诗画浙江"鲜活样板。

（二）主要目标。到 2020 年，高标准打好污染防治攻坚战；到 2022 年，各项生态环境建设指标处于全国前列，生态文明建设政策制度基本落实，把我市建设成践行"绿水青山就是金山银山"全国标杆和全国的生态环境保护样板区。具体目标如下：

——空气环境质量。到 2020 年，市区细颗粒物（PM2.5）年均浓度达到 32 微克/立方米，消除重点区域臭气异味，80%的县（市、区）建成清新空气示范区；到 2022 年，全市空气质量稳步改善，100%的县（市、区）建成清新空气示范区。

——水环境质量。到 2020 年，全域地表水监测断面水质 100%达到或优于Ⅲ类，省控以上断面Ⅱ类水比例达到 98%，"水十条"国家考核断面全面达标，全市县级以上饮用水水源地水质和跨行政区域河流交接断面水质 100%达标。

——土壤环境质量。到 2020 年，全市土壤环境质量保持稳定，农用地和建设用地土壤环境安全得到基本保障，土壤环境风险得到基本管控，受污染耕地安全利用率达到 92%以上，污染地块安全利用率达到 92%以上；到 2022 年，污染地块安全利用率和受污染耕地安全利用率均达到 93%以上。

——固废污染防治。到 2020 年，基本实现县（市、区）、丽水经济技术开发区区域内一般固体废物产生量与利用处置能力相匹配、市域内危险废物产生量与利用处置能力相匹配，危险废物规范化管理达标率达到 95%，危险废物利用处置无害化率达到 100%；到 2022 年，固体废物利用处置能力进一步规范提升，形成完善的固体废物闭环管理体系，危险废物规范化管理达标率达到 98%，各类固体废物实现源头减量化、分类资源化、处置无害化的目标。

——生态保护建设。到 2020 年，全域森林覆盖率稳定在 80%以上；湿地面积不低于 2.87 万公顷（不包括水稻田）、自然湿地面积不低于 1.33 万公顷，湿地保护率提高到 50%以上。到 2022 年，自然生态系统稳定性有效提升，生态保护红线得以严守，全市及各县（市、区）100%建成省级以上生态文明示范市、县（市、区）。

——绿色生产生活。到 2020 年，全市规上工业煤炭消费总量控制在 78.73 万吨以下，单位 GDP 能耗在 2015 年基础上下降 15.5%，天然气消费总量达到 2 亿立方米，主城区、农村生活垃圾分类覆盖面分别达到 90%、80%以上，农村卫生厕所普及率达到 100%。到 2022 年，全市规上工业煤炭消费总量及单位 GDP 能耗进一步下降，天然气消费总量达到 3 亿立方米，城市生活垃圾总量实现零增长，城乡生活垃圾分类基本实现全覆盖，城乡生活垃圾回收利用率达 60%以上、资源化利用率基本达 80%。

——绿色发展成效。到 2020 年，全市生态系统生产总值（GEP）达到 5500 亿元，城乡居民人均可支配收入增速高于全国，总量分别达到 47000 元和 24000 元。到 2022 年，全市生态系统生产总值（GEP）达到 6000 亿元以上，城乡居民人均可支配收入增速高于全国，总量分别达到 56000 元和 28000 元。

——乡村振兴战略。到 2020 年，实现美丽乡村建设工作走在全国前列，中国特色乡村振兴排头兵的效应初步显现。到 2022 年，乡村振兴战略取得重大进展。全市实现农业产业综合产值 1000 亿元，培育 A 级景区村庄 1000 个，建设善治示范村 1000 个，实现农民集聚搬迁 15 万人。农民收入增幅继续保持全省前列，农村居民人均可支配收入五年新增 10000 元以上，村集体经济收入平均新增 10 万元以上。城乡一体化进程加快推进，公共服务均等化水平明显提升。

二、大力推进绿色发展，推动形成绿色生产生活方式

（一）深入推进传统制造业改造提升。全面部署开展全市“低散乱”企业入园及转型提升专项行动，以涉及废水、废气不达标排放等环保问题的企业（作坊）为重点，开展“低散乱”行业拉网式排查，全面摸清底数；按照“入园一批、淘汰一批、监管一批”的原则，全面整治安全生产、环境保护、节能降耗不达标以及其他违法生产的“低散乱”企业（作坊），实施分类处置措施，切实推进“园区之外基本无工业、园区之内基本无非生态工业”。全面推进能耗、环保、质量、安全、技术不达标和生产不合格产品或淘汰类产能依法依规关停淘汰。严格正向激励、反向倒逼机制，全面启动亩均税收 1 万元以下企业的整治工作。2018 年，确保完成清理整顿涉挥发性有机物排放的“散乱污”企业 204 家、整治“低散乱”企业（作坊）320 家、淘汰落后产能涉及企业 75 家以上的年度目标。

（二）着力推动绿色产业发展。持续推进生态农业现代化，做实做深“丽水山耕”农产品区域公用品牌，推进生态循环农业示范区建设，全面推进农旅融合大发展。对标省“八大万亿”产业，培育具有丽水特色的生物医药、节能环保、新型材料、绿色能源等环境适宜型新兴产业，推进绿谷信息产业园、杭州丽水海创园、大学生创业园和现代生物医药产业基地建设，形成一批具有全国竞争力的绿色新兴产业基地。全面促进生态服务业大发展，重点推进全域旅游示范区建设，大力发展现代商贸流通业、现代物流业、现代金融业、信息科技服务业等其他服务业。优化区域产业布局，通过提标改造、兼并重组、集聚搬迁等方式，完成城市主城区内钢铁、化工、有色金属冶炼、水泥等大气重污染企业或产能的关停搬迁改造工作。

（三）强化资源节约和循环利用。按照减量化、再利用、资源化的原则，以园区循环化改造、循环经济示范城市（县）建设为抓手，大力发展循环经济，切实加强资源节约利用，努力提高资源产出率。一是大力推进园区循环化改造工作。深入推进丽水经济技术开发区国家级园区循环化改造示范试点及松阳、云和、龙泉、缙云省级循环化改造示范试点建设。循环化改造在拉动投资、提升效益、改善环境、促进转型等方面效应逐步显现，区域环境质量得到明显改善。二是积极推进循环经济示范城市建设。深入推进遂昌、松阳省级循环经济示范县试点工作，探索建立循环经济考核评价体系，将循环经济发展、生态建设主要任务与目标纳入国民经济和社会发展规划及年度规划。重点开展生态循环农业、工业、服务业规划和改造，加快产业转型升级，建立循环型产业体系，完善循环经济产业链。三是提升土地节约集约利用水平。推行差别化土地政策和工业项目“标准地”出让，进一步引导工业企业树立“亩产论英雄”发展理念。各县（市、区）对列入低效用地再开发的地块以及闲置的存量土地，通过收购储备、实施流转、“退二优二”等方式进行处置和利用。

（四）全面倡导绿色生活方式。大力推进绿色居住办公，推广绿色建筑，扩大可再生能源建筑应用规模，提倡家庭节水节能，全面营造绿色办公环境，推进政府绿色采购。全面倡导绿色出行，实施公交优先战略，推行城市公共交通、自行车、步行的城市交通模式，加大城市交通拥堵治理力度，倡导购买小排量、新能源等节能环保型机动车，倡导慢行生活。全面推进绿色消费，积极倡导餐饮行业厉行勤俭节约、反对铺张浪费，积极宣传消费者循环利用和自带餐具、生活用品意识，大力推广普及绿色、节能、低碳商品，抵制“白色污染”，积极推进电子产品二次使用。

三、坚决打赢蓝天保卫战，稳步改善环境空气质量

（一）全面开展清新空气示范区建设。在县（市、区）开展建设清新空气示范区活动，在全市形成争先创优的治气氛围。严格落实各级政府和有关部门责任，形成齐抓共管的强大合力。加强大气监测、执法、科研能力建设，全面提升治气工作水平。

（二）积极推进能源结构调整优化。大力发展清洁能源，着力提高天然气利用水平，加快城镇配气管网建设，基本实现天然气县县通，加快推进可再生能源利用。推动能源和消费总量“双控”目标完成。严格控制煤炭消费总量，实施煤炭减量替代。严格执行国家关于燃煤设施新批项目的准入规定。加快燃煤锅炉淘汰力度，到2020年，全面淘汰10蒸吨/小时以下燃煤锅炉，设区市建成区基本淘汰35蒸吨/小时以下燃煤锅炉。全面淘汰一段式固定煤气发生炉。

（三）积极推进产业结构调整优化。以钢铁、水泥、化纤、印染、化工、制革、砖瓦等行业为重点，加快高耗能重污染行业落后产能淘汰。推动重大项目向优先开发区域和重点开发区域集中。深化“亩产论英雄”改革。全面整治涉气“散乱污”“低散乱”企业，到2019年，全面完成涉气“散乱污” 企业清理整顿任务，2020年全面淘汰和整治“四无”为重点的“低散乱”问题涉及企业（作坊）。

（四）深化工业废气治理。实施挥发性有机物（VOCs）治理专项行动，全面开展工业园区、重点工业企业和钢铁、水泥、化工、工业涂装、合成革、纺织印染、塑料制品、包装印刷等重点行业废气深化治理，建立完善一厂一策一档制度，加强无组织排放管理。到2020年，燃煤发电和热电机组烟气排放稳定达到超低排放标准，钢铁企业、水泥制造企业（含独立粉磨站）废气排放达到国家标准特别排放限值要求，重点行业挥发性有机物排放量下降30%以上；到2022年，工业园区、重点行业、重点企业废气治理水平明显提升。

（五）加强机动车船污染防治。强化在用车辆污染控制，完成机动车排气污染管理二期平台建设，实现车辆检测站视频联网，确保与省平台稳定联网和数据传输。加强汽车维修企业的监管，严厉打击无证维修和假维修现象。加强对重型柴油车的排放控制，打好柴油货车污染治理攻坚战。

（六）推进交通运输结构调整。优化车船能源消费结构，积极发展清洁能源和新能源车船，每年新增及更新城市公交车中新能源和清洁能源比例达到90%以上。到2020年，建成充电（加气）站50座、充电桩2500个。优化运力结构，积极提高铁路、水路货运比例。推进老旧车船和老旧农机淘汰，加强机动车船污染排放控制，开展柴油货车超标排放专项治理。提升燃油品质，争取在“十三五”中后期先于全国全面实施国六标准车用汽柴油。全面落实港口船舶污染物上岸工作，推进靠泊船舶岸基供电，新建码头和船舶配套建设岸电设备。

（七）推进重点领域臭气异味治理。加强工业臭气异味治理，建立臭气异味企业清单。加强垃圾、生活废物臭气处理，提升垃圾、污水处理设施等恶臭治理水平。开展餐饮油烟整治工作，餐饮单位做到选址合理、规范经营，产生的油烟、噪声、异味、粉尘等得到有效收集和处理。加强秸秆综合利用，禁止农作物秸秆、垃圾等露天焚烧。建立健全施工场地扬尘管理机制，大力实施装配式建筑，强化道路扬尘治理。到2020年，涉气重复信访投诉量明显下降；到2022年，巩固臭气异味治理成果，人民群众满意度明显提升。

（八）加强农村废气污染治理。围绕建设“美丽乡村”的要求，实现“城乡统筹治污”，增强自然消纳能力。扎实推进秸秆综合利用，积极推行测土配方施肥和减量增效技术；积极推行测土配方施肥和减量增效技术，着力提高肥料利用率，制定减量使用化肥计划，逐年减少含氨化肥使用量，实现化肥农药负增长；2020年，化肥利用率到40%，含氨化肥使用量（实物量）比2017年下降10%。实施采矿粉尘和废弃矿山治理，减少矿山各类粉尘排放；进行土地复垦和植被恢复；继续推进绿化造林工程。

（九）强化区域联防联控和重污染天气应对。加强区域协调和重污染天气应对。加强与周边地市的大气污染联防联控。配合做好世界互联网大会、2022年杭州亚运会等重大活动空气质量保障工作。强化重污染天气预警和应对，完善监测预报共享平台，严格落实各项应急措施。

四、高标准推进“五水共治”，持续提升水环境质量

（一）聚焦“污水零直排区”建设。逐级完成排污单位和区块的全面排查，根据排查结果完成项目整治清单和“污水零直排区”建设方案编制。分类推进工业企业（工业园区）“污水零直排区”、城镇生活小区“污水零直排区”。进一步加强排污口规范化管理，大力推进精细化截污，着力深化入河排污（水）口整治。2018年完成11个工业企业（工业园区）、12个城镇生活小区以及10个以上镇(街道)的“污水零直排区”建设;到2020年,力争30%以上的县(市、区)达到“污水零直排区”建设标准;到2022年,力争80%的县(市、区)达到“污水零直排区”建设标准。

(二)推进污水处理厂清洁排放。分类分区域实施提标改造,进一步提高污水处理率、运行负荷率、达标排放率,县级以上污水处理率达到94%以上。全面完成污水管网底账、污水处理设施处理能力、各类污染源排摸工作,统筹推进污水管网建设与改造,着力加大配套管网建设力度。加强城镇污水处理厂运行考核管理,继续开展污水处理工作规范化第三方考核评估。2018年启动2座城镇污水处理厂清洁排放技术改造,建设改造城镇污水管网101.7千米,全市再生水利用率达到3%;到2022年,不能稳定达标的省控断面和跨行政区域河流交接断面汇水区域以及环境容量超载地区内的日处理规模1万吨以上现有城镇污水处理厂达到污水处理厂清洁排放标准排放。

(三)持续提升水环境质量。切实巩固剿劣成果,建立劣V类水体复查机制,严防反弹回潮。加强涉水行业环境管理,继续实施块状行业整治提升专项行动,淘汰落后和严重过剩产能涉及企业,整治“脏乱差”“低散乱”问题企业(作坊)。加强新建、改建或扩建项目的入河排污口设置审核和规范化建设。完善流域、区域协作机制,跨行政区域流域建立联合防治协调机制,实施联合监测、联合执法、应急联动、信息共享,确保国家“水十条”考核断面水质稳定达标。继续按照国家要求做好地下水基础环境调查评估工作。加快推进加油站地下油罐更新和防渗处理工作,加油站地下油罐应全部更新为双层罐或完成防渗池设置。全面开展“美丽河湖”建设,全域改善“水生态”、全力营造“水景观”、全面彰显“水文化”、全线强化“水管控”。2018年完成涉水特色行业整治10家,实现淘汰落后和严重过剩产能涉及企业75家以上,整治“低散乱”企业(作坊)320家以上,力争万元工业增加值用水量和废水排放量均比上年下降5%以上,建设“美丽河湖”80条(个)。

(四)保障饮用水水源安全。全面开展县级以上集中式饮用水水源地保护专项排查,加快推进排查问题的整改落实,全面清理饮用水源安全隐患。建立健全饮用水水源地“一源一策”管理机制,提高饮用水水源地规范化建设水平。县级以上城市每季度向社会公开饮用水水源水质、供水厂出水和用户水龙头水质等饮水安全状况。加强良好水体保护,湖山湖、云和湖(紧水滩水库)、滩坑水库等3个省级以上重点湖库,开展生态安全评估,编制实施良好湖泊生态保护方案。协调推进县级以上饮用水水源地名录确定、重要饮用水水源地安全保障达标建设,建立健全水源地安全评估制度。切实加强瓯江流域蓝藻防控工作和农村饮用水的卫生监督执法力度。

(五)深化农业农村综合整治。着力深化畜禽养殖污染治理,存栏500头以上规模养殖场全面建设封闭式集粪棚,敏感区域大型规模养殖场逐步建设臭气收集系统。切实落实规模养殖场主体责任,确保“两分离、三配套”设施正常运行,确保畜禽养殖污染治理第三方抽查运行合格率100%。加快水产养殖绿色发展,完成县级养殖水域滩涂规划编制发布,推进水产养殖尾水生态化治理,继续实施配合饲料替代冰鲜鱼行动,开展渔业水域环境质量监测。持续推进化肥农药减量增效行动,集成推广应用测土配方施肥、有机肥替代、统防统治和绿色防控等肥药减量技术与模式,健全化肥、农药销售登记备案制度,建立农药废弃包装物和废弃农膜回收处理体系。加强农村生活污水处理运维管理,开展出水水质监督性监测,推进农村生活污水处理设施标准化运维建设。全面推进城乡生活垃圾分类处理,到2018年底,丽水市本级城区、农村生活垃圾分类收集行政村覆盖率分别达到80%、50%以上,全市城乡生活垃圾回收利用率达30%以上、资源化利用率达30%以上、无害化处理率达99%以上。2018年建成美丽牧场32个,建设肥药减量拦截系统示范点18个,建设农村生活污水处理设施标准化运维试点36个,全市实现化肥减量5710吨,农药减量81吨;到2020年,日处理能力30吨以上的农村生活污水处理设施基本实现标准化运维。

(六)开展船舶污染防治。加强内河港口船舶污染控制,新投入使用的内河船舶执行新标准。强化船舶港口监测和监管能力建设,加快推进港口和船舶污染物接收、转运及处置设施建设方案,到2018年底,完成全市方案建设内容的50%以上。完成船舶及其有关作业活动污染水域环境应急能力建设年度工作任务,强化对船舶防污染设施、污染物偷排漏排行为的监督检查。

五、着力落实“净土”行动,有效遏制土壤污染趋势

(一)开展土壤环境质量调查。加快推进土壤污染状况详查,2018年底前查明农用地(以耕地为主)土壤污染面积、分布及其对农产品质量的影响,2020年底前掌握化工(含制药、焦化、石油加工等)、印染、制革、电镀、造纸、铅蓄电池制造、有色金属矿采选、有色金属冶炼等8个重点行业生产企业用地和关停企业原址中的污染地块分布及其环境风险情况。完善土壤环境监测网络，基本建成覆盖全市耕地的土壤环境监测网络，土壤环境风险监测点位基本覆盖重点工业园区（产业集聚区）。推动相关部门土壤环境质量信息共享，促进土壤环境管理信息化。

（二）加强土壤污染源头管控。对调查发现农用地超标点位和区域，要全面排查污染来源。对经排查确认对农用地土壤环境存在污染的工业企业，依法督促其限期落实阻断污染物扩散途径、削减污染物排放总量、淘汰产生污染物的生产工序、关停搬迁等环境风险管控措施。排查发现农用地灌溉水污染超标或农药化肥残留超标的，水利、农业部门要依法及时采取措施。深化重金属污染综合防治，到2020年，全市重点行业重点重金属污染物排放量较2013年下降10%以上。

（三）推进农用地安全利用和治理修复。落实国家农用地土壤环境质量类别划定要求，划定全市优先保护、安全利用和严格管控等3类耕地范围。将优先保护类耕地纳入永久基本农田示范区，实行严格保护。分类实施受污染耕地的安全利用、用途管控和治理修复，推广应用生物治理、种植品种调整、栽培措施优化、土壤环境改良等技术，完成省下达的轻中度污染耕地安全利用、轻中度污染耕地治理修复和重度污染耕地用途管控任务。

（四）加强污染地块风险管控和治理修复。推进8个重点行业中关停、搬迁和淘汰等企业原址用地土壤环境调查评估，确定污染地块环境风险等级，形成动态更新的全市污染地块名录，贯彻落实国家、省污染地块开发管理办法。加强城乡规划、土地收储和供应、项目选址等环节审查把关，防止未按要求调查评估、环境风险管控不到位、治理修复不符合要求的污染地块被开发利用。综合考虑地块污染程度和用途等因素，组织实施1个重点污染地块和4个垃圾填埋场治理修复。

六、全面推进“清废”行动，切实强化固体废物污染防治

（一）实行固体废物闭环式管理。加强固体废物重点行业整治提升，鼓励企业开展工业固体废物内部综合利用处置，从源头减少固体废物产生量。建立健全工业固体废物、医疗废物、生活垃圾、建筑垃圾、废弃家电、电子废物、农业废弃物、农药废弃包装物、病死动物等分类收集网络和机制，加强固体废物转运管理，实施固体废物规范化贮存和转运，防止二次污染。加快推进各类固体废物循环利用，开展危险废物利用处置行业整治提升行动，规范固体废物利用处置行为，严格执行固体废物综合利用后的产品标准及监管制度，着重抓好垃圾焚烧飞灰规范化处置，强化固体废物综合利用后的产品标准及监管制度建设。加强垃圾焚烧厂烟气治理，确保二噁英排放达到规定限值要求。

（二）推进固体废物处置能力建设。加快固体废物利用处置能力建设，加强危险废物、一般工业固体废物、生活垃圾、建筑垃圾、农业废弃物等处置设施的规划建设。加快实施静脉产业基地建设行动计划。努力做到区域统筹、合理布局。加快建设一批垃圾处理项目，实现县以上城市生活垃圾焚烧处理和餐厨垃圾处理全覆盖。加快推进一般工业固废处置设施建设，提高一般工业固体废物处置能力，健全完善一般工业固体废物处置体系。加快推进丽水市工业固体废物综合处置场项目建设。加快丽水经济技术开发区浙江人立环保有限公司扩能项目、松阳县不锈钢产业链污染一体化处置项目、缙云县工业固废（危险废物）资源化综合再利用项目等建设进度。

（三）实施固体废物管理信息化工程。运用互联网、大数据技术，建成覆盖固体废物产生、运输、处置全过程的信息化监控平台。加快危险废物产生和处置企业物流出入口、贮存场所、处置设施和厂内流转途径“三点一线”视频监控系统建设。按要求做好国家、省两级固体废物监管信息系统应用工作，完善丽水市危险废物和污泥处置全过程监控平台实现对固体废物“从摇篮到坟墓”的全过程跟踪监管，重点产废企业和危险废物经营单位联网监控率达到100%。鼓励通过政府购买服务等方式，委托社会审计机构，对重点企业固体废物产生、转移、利用处置和资金往来情况进行抽样审计，提升固体废物监管水平。

（四）完善固体废物监管体系。建立健全固体废物利用处置全过程管理制度体系，贯彻落实危险废物、一般工业固体废物、生活垃圾、农业废弃物、医疗废物等各类固体废物的管理办法。落实工业固体废物申报登记制度，督促企业对工业固体废物产生情况进行核查。强化危险废物运输过程风险防控，严控长距离运输，加强对市域内转出危险废物的监管，严格控制进入市域危险废物的利用处置。加强物流、资金流的闭环管理，对固体废物产生单位将处置费用直接交付运输单位或个人并委托其全权处置的，依法进行重点监督检查。实行固体废物违法有奖举报制度，严厉打击固体废物非法转移、非法倾倒、非法处置等行为。

七、加大生态保护与修复力度，促进人与自然和谐共生

（一）严格落实生态保护红线管控。全面建立生态保护红线制度，划定并严守生态保护红线，实现“一条红线”管控重要生态空间，确保生态功能不降低、面积不减少、性质不改变。勘定生态保护红线边界，建立基本单元生态红线台账系统，形成全市生态保护红线“一张图”。强化生态保护红线的刚性约束，落实生态保护红线管控措施和激励约束政策，构建区域生态安全的底线，严格考核问责。建立完善生态保护红线监测机制，对生态保护红线内生态环境实施动态监管。

（二）系统推进生态建设和保护。依托优势生态资源，提高农业和旅游的综合承接力，加快形成“以农促旅、以旅强农、产业互动、优势互补”的农旅大融合发展新态势，深入实施《丽水市农旅产业融合发展规划》，把丽水建设成为主客共享的江南山村旅居目的地和农旅大融合示范区。全面保护森林资源，积极改善林相结构，实施美丽林相工程，依托丽水丰富的森林资源和长久积淀的绿色保护基础，推进全市森林质量提升。推进自然保护区规范化建设和管理，省级以上自然保护区全部达到国家级规范化建设要求。强化生物多样化保护，开展生物多样性保护区域优先保护工作，开展古树名木专项保护，完成全市主要生物物种资源调查、编目及数据库建设。

（三）切实加大生态环境整治修复。加强山水林田湖草系统治理，实施重要生态系统保护和修复重大工程。继续推进中小河流治理，加大河湖水系连通及水生态保护与修复力度，对违法或对生态环境影响较大的小水电实行退出机制，确保生态流量。加强湿地保护与治理，加强重点湿地保护及湿地公园建设。加强矿山修复，重点加大对开采强度大、生态环境破坏较为严重、急需进行生态恢复和重建的重点矿产开发区进行治理修复。

（四）全面构建以国家公园为主体的自然保护地体系。以浙江凤阳山——百山祖国家级自然保护区为核心，融合周边兼具良好森林生态和历史文化底蕴的自然保护地及连片区域，全力创建丽水国家公园，使其成为华东地区发育和保存完好、具有全球保护价值和科学研究价值的典型自然生态系统。加大对其他重要生态功能区、生态环境敏感区和脆弱区的保护力度，确保瓯江、钱塘江等主要水系源头地区维持原生态，全面筑牢全市生态屏障。基本形成以丽水国家公园为主体，以各自然保护区、森林公园、饮用水源保护区、生态公益林、主要流域清水廊道等为依托的全域自然保护地体系。

（五）着力改善城乡人居环境。推进美丽城市建设，提升城市生态系统功能。深入推进“三改一拆”“六边三化三美”，巩固“无违建县（市、区）”创建成果，全面完成城中村改造和农村危房治理。实施农村人居环境提升行动，高水平打造生态宜居农村环境。以垃圾减量化、资源化和无害化处置为突破口，强力推进“垃圾革命”，到2022年，新增省级高标准生活垃圾分类示范小区50个、示范村100个。深入推进“厕所革命”，强化农村户厕改造，普及无害化卫生厕所，全面实施厕所粪污同步治理，达标排放或资源化利用，积极创建生态公厕。

（六）广泛开展生态文明示范区建设。加大厅市合作，共同推进浙江（丽水）绿色发展综合改革创新区建设，高水平完成厅市合作协议明确的各项任务。大力开展生态文明建设示范市县、节水型城市、卫生城市、园林城市、文明城市、森林城市、生态文明教育示范基地等建设。深入推进丽水“两山”理念示范区建设。

八、推进生态文明制度改革，打造改革创新先行区

（一）推进落实自然资源监督管理制度。一是加快健全自然资源管理机构和监管制度。加快形成市、县、乡（镇）三级自然资源资产负债表，启动自然资源生态空间确权登记工作，制订自然资源权利清单。定期评估自然资源资产变化状况。全面执行领导干部自然资源资产离任审计制度。二是建立资源环境承载能力监测预警机制。全面开展全市及各县（市、区）资源环境承载力评价，全面划定和落实“三线一单”管控措施。强化对资源承载能力、环境容量、生态功能等要素进行动态监测评价，建立综合资源环境承载能力监测预警体系。三是建立完善资源环境有偿使用制度。全面推行土地、水、矿产、森林等自然资源有偿使用，全面实行电价、水价、气价阶梯制价格制度，推进落实环境保护税征收，积极推进资源环境市场交易机制，完善排污权、用水权、用能权、碳排放权等交易制度。开展碳汇交易试点，建立以县（市、区）域碳汇计量为依据的碳汇交易机制。严格落实生态环境损害赔偿和责任追究制度。四是完善生态文明建设地方性法规和制度。加快推进生态文明建设地方性法规和规章的制（修）订工作，坚持制度优先，强化制度保障，健全环保信用评价、信息强制性披露、严惩重罚等制度。

（二）加快推进生态环境治理体系现代化。一是切实做好生态环保机构改革。严格按照国家和省统一部署，积极稳妥推进环保机构监测监察

执法体制改革。二是积极推进排污许可证发放和环评审批制度改革。有序推进排污许可证制度，加快排污许可证与现有环境统计、总量控制、环境标准等工作的衔接。深入推进环评审批制度改革，结合“最多跑一次”和“区域环评+环境标准”的改革要求，制定出台相关实施细则和管理办法，切实提高审批效率。三是创新完善生态补偿机制。加快完善覆盖所有水源涵养区、自然保护区、生态功能敏感区等重要生态功能区和生态保护红线区的生态补偿机制。全面推进境内重点流域上下游横向生态补偿机制，鼓励创新生态补偿方式。四是建立健全生态环境保护市场机制。推进环境污染第三方治理。推进政府投资基金、平台营运公司和社会资本等参与的多元化投融资改革。全面推行绿色信贷、绿色证券、环境污染责任保险等绿色金融制度。制定实施合理的产业绿色发展政策。

（三）不断完善生态文明建设考核评价制度。一是健全生态文明建设考核评价制度。深化和完善差异化的绩效评价指标和绿色考核办法，建立绿色发展指标体系。探索开展绿色GDP核算。加快完善党政领导干部考核评价制度。二是深化拓展“河长制”等考核制度。坚持和深化河长制，实施湖长制。健全生态环境损害责任终身追究制。三是建立健全环保督察督政制度。全面完成中央和省级环保督察发现问题的整改落实，全面推进市级环保督察工作。全面实施生态环境状况报告制度。四是对生态文明示范创建行动实施方案的实施情况进行考核。研究制定行动实施方案的评价标准、指标体系和考核办法，作为美丽丽水建设考核、生态文明建设目标评价、市级环保督察的重要内容。每年对方案实施情况进行考核，考核结果作为领导班子和领导干部实绩考核评价、自然资源资产离任审计的重要依据，并与环境保护专项资金挂钩。

九、切实加强组织领导，不断强化工作保障

（一）强化组织领导。市委市政府美丽丽水建设领导小组要发挥牵头抓总作用，加强统筹协调和监督指导，市级有关部门要各司其职，加强督促指导，形成齐抓共管、密切协作的工作合力。各县（市、区）政府是责任主体，要结合实际，制定本地实施方案，明确年度工作目标、建设任务、实施项目和资金要素保障、体制机制创新等各项工作，做到责任到位、措施到位、投入到位，确保行动实施方案顺利实施。

（二）强化能力建设。推进花园云平台开发建设，建立环境信息化大数据中心，完善环境预警和风险监测信息网络、生态屏障环境监测网络工程建设，建成水、气、土、噪声等全域覆盖的监测网络，建成9个县级以上城市辐射自动监测站，实现市、县二级环境监测站标准化。开展清新空气（负氧离子）监测网络建设。强化机动车污染防治基础能力建设。强化环境执法水平和执法力度，健全乡镇（街道）网格化环境监管体系，不断完善移动执法终端、便携式监测仪、无人机、执法巡逻船、个人防护装备等环境监管和应急硬件设备体系建设，提高环保执法应急科技化和信息化水平。强化环境风险管控能力建设，完善突发环境事件预防和预警体系，建立健全生态监察机制，提升生态应急能力。切实提升核与辐射安全监管水平。

（三）强化科技支撑。强化生态环保科技攻关和资源整合，加大重点行业废水处理与再生利用、流域水环境综合防控管理、大气复合污染治理、有毒有害废气处理、污染土壤治理修复、卫星遥感监测等关键技术的研发和推广。加快推进环保公共科技创新服务平台、生态环保技术创新基地、技术中心建设。加强生态环保领域科技创新团队建设，引进集聚高层次行业创新人才。

（四）强化社会监督。完善绿色传播网络，探索建立基于大数据和“互联网+”的生态环保宣教新模式，充分发挥主流媒体作用，普及生态环保知识。强化信息公开，定期公布行动实施方案目标任务进展等信息。进一步强化全民责任意识、法治意识和企业社会责任意识，积极引导企业自觉落实污染防治主体责任。强化公众参与生态环保共建，充分发挥志愿者、公众和新闻媒体等社会力量的监督作用，健全舆情应对机制。制作“污染地图”，并依法向社会公开，形成全民共治的浓厚氛围。

附　　录

文件目录选编

2018年中共丽水市委文件目录

表31

丽委发文号	发文日期	标　　题
1	2018-06-15	关于印发《全面实施乡村振兴战略争当中国特色乡村振兴排头兵行动计划(2018—2022年)》的通知
2	2018-01-05	关于深入推进安全生产领域改革发展的实施意见
3	2018-01-10	关于印发贯彻落实中央八项规定实施细则的实施办法的通知
4	2018-02-06	关于2017年度综合考核结果的通报
5	2018-02-27	关于命名丽水市文明单位、最美文明乡镇(村)生态文明村的决定
6	2018-04-03	关于设立行业系统武装部的通知
7	2018-02-27	关于建立丽水市第四届人民代表大会第三次会议中国人民政治协商会议第四届丽水市委员会第二次会议临时党委和临时党组的通知
8	2018-03-16	关于加强党内法规制度建设的实施意见
9	2018-04-14	关于全面开展扫黑除恶专项斗争的通知
10	2018-04-23	关于2017年度综治优秀县(市、区)和优秀单位的通报
11	2018-04-23	关于表彰丽水市劳动模范和模范集体的决定
12	2018-04-25	关于推进新时代机关党的建设工作的实施意见
13	2018-04-27	关于印发《中共丽水市委常委会2018年工作要点》的通知
14	2018-04-28	关于印发《2018年度县(市、区)综合考核办法》等三个考核办法的通知
15	2018-05-08	关于印发《丽水市庆祝改革开放40周年活动方案》的通知
16	2018-05-17	关于设立丽水市军民融合发展委员会的通知
17	2018-06-25	关于支持检察机关依法开展公益诉讼工作的意见
18	2018-07-13	关于认真学习贯彻习近平总书记重要指示精神开展深刻领悟“丽水之赞”,创新实践“八八战略”进一步深化“大学习大调研大抓落实”活动的通知
19	2018-07-17	关于2017年度六边三化三美工作考核结果的通报
20	2018-06-25	关于印发《中共丽水市委法律顾问工作规则》的通知
21	2018-08-08	关于印发《中国共产党丽水市委员会巡察工作实施意见》的通知
22	2018-08-10	关于聘任市委建设法治丽水专家咨询委员会委员及市委法律顾问的通知
23	2018-08-24	关于印发《丽水市贯彻落实中央环境保护督察反馈意见整改方案》的通知
24	2018-08-30	关于明确李锋同志分工的通知
25	2018-09-14	关于加强网络安全和信息化工作的实施意见
26	2018-09-12	关于加强党领导立法工作的实施意见
27	2018-09-18	关于推进清廉丽水建设的决定
28	2018-09-26	关于加快把文化产业打造成千亿级产业的实施意见
29	2018-09-28	关于全面实施“大搬快聚富民安居”工程的指导意见

续表31

丽委发文号	发文日期	标　　题
30	2018-10-16	关于加强和改进新时代党校工作的实施意见
31	2018-10-19	关于推动丽水学院建成服务绿色发展高水平应用型大学的若干意见
32	2018-11-12	关于推进文化丽水建设的实施意见
33	2018-11-12	印发《关于进一步加强和完善城乡社区治理的实施办法》的通知
34	2018-11-20	印发《关于开展全面质量提升推进丽水经济社会高质量发展的实施方案》的通知
35	2018-11-20	关于建立市人民政府向市人大常委会报告国有资产管理情况制度的意见

2018年丽水市人大常委会文件目录

表32

丽人大常文号	发文日期	标　　题
1	2018-02-11	丽水市人民代表大会常务委员会关于召开丽水市第四届人民代表大会第三次会议的决定
2	2018-03-16	丽水市人大常委会关于表彰2017年度市人大代表优秀建议的通报
3	2018-04-02	丽水市人大常委会2018年工作要点
4	2018-04-02	丽水市人大常委会2018年监督工作计划
5	2018-04-24	丽水市人民代表大会常务委员会关于市本级政府重大投资项目2017年计划执行情况及2018年计划草案报告的审议意见
6	2018-07-16	丽水市人民代表大会常务委员会关于市法院执行工作情况报告的审议意见
7	2018-07-24	丽水市人民代表大会常务委员会关于浙江省第十三届人民代表大会代表庄启传去世的报告
8	2018-07-30	丽水市人民代表大会常务委员会关于批准丽水国家级生态文明建设示范市规划的决议
9	2018-07-30	丽水市人民代表大会常务委员会关于批准丽水市2017年度市本级财政决算的决议
10	2018-07-30	丽水市人民代表大会常务委员会关于批准丽水市2018年市本级新增地方政府债务预算调整方案的决议
11	2018-08-30	丽水市人民代表大会常务委员会关于丽水市2018年上半年预算执行情况报告的审议意见
12	2018-08-30	丽水市人民代表大会常务委员会关于2017年度市本级财政预算执行和其他财政收支情况审计工作报告的审议意见
13	2018-08-31	丽水市人民代表大会常务委员会关于检查全市实施固体废物污染环境防治“一法一条例”情况的审议意见
14	2018-09-03	丽水市人民代表大会常务委员会关于丽水市2018年上半年经济社会发展和下半年政府工作报告的审议意见
15	2018-09-30	丽水市人民代表大会常务委员会关于落实宪法宣誓制度的若干规定
16	2018-09-30	丽水市人民代表大会常务委员会任免国家机关工作人员办法
17	2018-10-11	关于提请批准《丽水市南明湖保护管理条例》的报告
18	2018-10-17	丽水市人民代表大会常务委员会关于丽水市战略性新兴产业培育和发展情况报告的审议意见
19	2018-10-22	丽水市人民代表大会常务委员会关于市审计局局长潘建青履职工作情况的评议意见
20	2018-10-22	丽水市人民代表大会常务委员会关于市市场监管局局长夏海国履职工作报告的评议意见
21	2018-10-22	丽水市人民代表大会常务委员会关于市司法局局长蒋世懿履职工作情况的评议意见
22	2018-10-22	丽水市人民代表大会常务委员会关于市交通运输局局长叶旭勇履职工作情况的评议意见
23	2018-10-22	关于丽水市历史文化名城和高井弄等3个历史文化街区保护规划的审议意见
24	2018-10-22	丽水市人民代表大会常务委员会关于首届世界丽水人大会侨资签约项目落地情况报告的审议意见
25	2018-10-22	丽水市人民代表大会常务委员会关于市安监局局长罗江军履职工作情况的评议意见
26	2018-10-29	丽水市人民代表大会常务委员会关于市水利局局长徐为民履职工作情况的评议意见
27	2018-10-29	丽水市人民代表大会常务委员会关于全市农村承包土地“三权分置”工作情况报告的审议意见
28	2018-10-31	丽水市人民代表大会常务委员会关于市外侨办主任邢长勇履职工作情况的评议意见
29	2018-12-03	丽水市人民代表大会常务委员会关于批准丽水市2018年市本级第二次新增地方政府债务预算调整方案的决议

2018年丽水市人民政府文件目录

表33

丽政发文号	发文日期	标　　　　题
2	2018-01-05	丽水市人民政府关于公布丽水市2015-2016年度社会科学优秀成果获奖名单的通知
3	2018-01-10	丽水市人民政府关于公布第四届瓯江文化奖获奖名单的通知
8	2018-02-09	丽水市人民政府关于印发创建浙江(丽水)农业绿色发展先行示范区行动计划(2018—2020年)的通知
10	2018-02-22	丽水市人民政府关于印发丽水市综合行政执法工作实施方案的通知
11	2018-02-22	丽水市人民政府关于给予全市公安系统先进集体和个人行政奖励的决定
12	2018-02-28	丽水市人民政府关于公布2017年度扩大有效投资工作考评结果的通知
13	2018-02-28	丽水市人民政府关于2017年度丽水市招商引资工作考核情况的通报
14	2018-02-28	丽水市人民政府关于2017年度生态工业绩效评价考核结果的通报
15	2018-03-13	丽水市人民政府关于开展第三次全市土地调查的通知
17	2018-03-30	丽水市人民政府关于印发丽水市人民政府与浙江大学市校合作“13950”五年行动计划的通知
18	2018-04-13	丽水市人民政府关于授予干理江等80人丽水市工艺美术大师荣誉称号及公布历届丽水市工艺美术大师复审结果的通知
19	2018-04-17	丽水市人民政府关于表彰2017年政府质量奖获奖企业和个人的通报
20	2018-04-18	丽水市人民政府关于聘任第五届丽水仲裁委员会组成人员的通知
24	2018-05-15	丽水市人民政府关于开展第四次经济普查的通知
27	2018-05-24	丽水市人民政府关于下达2018年丽水市国民经济和社会发展计划的通知
29	2018-05-29	丽水市人民政府关于做好当前和今后一段时期就业创业工作的实施意见
30	2018-06-07	丽水市人民政府关于命名2017年度丽水市建筑业龙头企业、重点骨干企业、优秀企业和开拓市场优胜企业的通报
31	2018-06-04	丽水市人民政府关于印发丽水市“十三五”控制温室气体排放实施方案的通知
32	2018-06-04	丽水市人民政府关于公布丽水市市区房屋征收临时安置补助费、搬迁费、停产停业损失补助费以及房屋改变用途补贴标准的通知
44	2018-08-08	丽水市人民政府关于深化“亩均论英雄”改革的实施意见
45	2018-08-09	丽水市人民政府关于印发落实省政府“两强三提高”建设行动方案(2018—2022年)实施方案的通知
51	2018-08-15	丽水市人民政府关于高水平建设“四好农村路”的实施意见
53	2018-08-24	丽水市人民政府关于授予程科军等五人丽水市劳动模范称号的决定
54	2018-09-05	丽水市人民政府关于表彰陈俊杰等7位见义勇为先进人物的决定
56	2018-09-13	丽水市人民政府关于印发《丽水市人民政府工作规则》的通知
57	2018-09-29	丽水市人民政府关于调整我市部分县(市)最低工资标准的通知
59	2018-10-09	丽水市人民政府关于调整全市最低生活保障标准和特困救助供养生活标准的通知
60	2018-10-10	丽水市人民政府关于废止和修改部分行政规范性文件的决定
64	2018-11-13	丽水市人民政府关于印发丽水市全域旅游发展规划的通知
65	2018-11-13	丽水市人民政府关于加强法治政府建设的实施意见
67	2018-11-23	丽水市人民政府关于给予龙泉市创建国家卫生城市工作先进集体和先进个人行政奖励的决定
75	2018-12-10	丽水市人民政府关于市长、副市长工作分工的通知
76	2018-12-12	丽水市人民政府关于命名丽水市依法行政示范单位的通知

2018年政协丽水市委员会文件目录

表34

丽政协文号	发文日期	标　　　　题
1	2018-02-11	关于召开中国人民政治协商会议第四届丽水市委员会第二次会议的决定
2	2018-02-11	政协第四届丽水市委员会委员增补名单
3	2018-02-11	关于同意潘晓泉等4位同志辞去政协第四届丽水市委员会委员的决定

续表34

丽政协文号	发文日期	标　　题
4	2018-02-11	关于暂停李小军履行政协第四届丽水市委员会委员职责的决定
5	2018-02-11	关于责令周波辞去政协第四届丽水市委员会委员职务的决定
6	2018-03-07	关于表彰全市政协系统2017年度优秀论文的决定
7	2018-03-07	关于表彰全市政协系统2017年度优秀调研成果的决定
8	2018-03-13	关于表彰2017年度全市政协反映社情民意信息工作先进单位和个人的决定
9	2018-03-13	关于同意蓝叶培等同志辞去政协第四届丽水市委员会常务委员职务的决定
10	2018-03-13	政协第四届丽水市委员会关于俞豪锋等同志职务任免的决定
11	2018-03-28	关于表彰政协第四届丽水市委员会第二次会议优秀大会发言的决定
12	2018-03-26	中国人民政治协商会议第四届丽水市委员会第二次会议公告
13	2018-03-26	中国人民政治协商会议第四届丽水市委员会第二次会议公告
14	2018-04-10	关于调整市政协主席会议成员分工的通知(以此件为准)
15	2018-07-31	政协第四届丽水市委员会关于丁岳清等同志免职的决定
16	2018-08-01	关于“丽水与全省同步高水平全面建成小康社会短板与对策”的建议案
17	2018-12-26	关于单设市政协人口资源环境委员会的请示
18	2018-12-28	政协丽水市委员会关于表彰四届二次会议以来优秀提案的决定

统计资料

丽水市社会经济主要指标

表35

	单位	2011年	2012年	2013年	2014年	2015年	2016年	2017年	2018年
一、年末总人口	万人	261.33	262.59	263.92	265.65	266.38	268.03	269.27	270.19
# 城镇人口	万人	45.07	45.09	45.21	45.49	84.37	85.20	80.11	82.45
# 乡村人口	万人	216.26	217.50	218.71	220.16	182.00	182.83	189.17	187.74
二、年末全部从业人员	万人	137.90	139.20	140.07	140.63	141.15	142.69	144.01	144.21
# 职工	万人	18.36	18.71	18.01	17.78	18.48	18.44	19.00	19.01
国有经济单位职工	万人	10.10	10.34	10.38	10.55	10.69	10.73	10.79	10.62
城镇集体单位职工	万人	0.62	0.51	0.52	0.24	0.23	0.18	0.16	0.09
三、生产总值(当年价格)	万元	7988250	8922640	9880317	10517517	11032922	12102414	12982025	13946650
生产总值指数(1978年=100)	%	2964.78	3277.37	3580.35	3829.38	4073.48	4363.62	4658.22	5038.74
第一产业	万元	726175	793661	841764	885587	913582	956264	994548	941558
第二产业	万元	3981439	4397342	4836888	5055675	5039119	5434231	5569593	5777920
第三产业	万元	3280636	3731637	4201665	4576255	5080221	5711919	6417884	7227172
人均生产总值	元	37735	42158	46616	49459	51676	56238	59674	63611
四、工农业总产值(当年价格)	万元	17632588	20434125	23251978	24242240	21201688	22081920	16986039	18460471
指数(1978年=100)	%	11661.36	13825.10	15980.31	16820.53	15223.80	15582.70	11535.52	12163.61
工业总产值(当年价格)	万元	16520964	19219077	21955141	22878354	19799009	20603439	15576142	17024730
指数(1978年=100)	%	36422.54	43560.06	50693.99	53451.22	47994.15	49100.02	35432.81	37443.78
农业总产值(当年价格)	万元	1111624	1215048	1296572	1363886	1402679	1368617	1409897	1435741

续表35

	单位	2011年	2012年	2013年	2014年	2015年	2016年	2017年	2018年
指数(1978年=100)	%	572.66	596.71	618.79	633.08	645.74	665.8	689.57	708.77
五、农业									
耕地面积	千公顷	166.15	168.05	168.98	170.42	172.51	172.68	173.77	174.93
主要农产品产量									
粮食	吨	416664	404497	393277	384905	361388	337843	340341	358478
油料	吨	18157	18175	17800	18326	18674	5757	6247	6676
# 油菜籽	吨	6932	6016	5179	4573	4073	3379	3779	4180
茶叶	吨	24932	27151	27586	29913	30553	31619	33836	35273
蔬菜	万吨	112.87	115.72	117.99	121.76	123.39	124.80	127.33	124.12
水果	吨	393646	396237	403199	422318	415677	331971	349320	342483
# 柑橘	吨	179016	175645	180027	185901	178162	103313	107085	99797
畜禽肉	吨	91556	97899	79036	73079	66275	65342	66545	67786
禽蛋	吨	10105	10430	11134	12319	10664	11772	12902	13883
牛奶	吨	326	1367	1100	1105	1145	1313	1362	1481
蚕茧	吨	1649	1490	264	186	130	85	77	376
水产品	吨	19370	18249	18414	18639	20146	21086	21900	24661
生猪年末存栏数	万头	59.11	58.65	43.27	42.09	38.55	35.85	35.46	36.86
六、旅客运输量	万人	5875	5874	5877	4629	4183	3831	3652	3306
旅客周转量	万人公里	250239	251339	251092	222432	210319	149826	122800	107201
货物运输量	万吨	4702	4660	4742	5248	5325	5205	5409	5411
货物周转量	万吨公里	700050	714793	718554	722225	726575	744559	784433	824618
邮电业务收入	万元	206064	196823	208958	202500	197116	213204	218049	222938
七、固定资产投资额	万元	3584661	4719756	5704170	6650781	7515212	8416456	9038354	—
# 制造业投资	万元	1006898	1332707	1442290	1396367	1471176	1510990	1553601	—
# 房地产开发	万元	546439	849937	1188806	1576262	1582693	1676083	1904634	2023334
八、内外贸易									
社会消费品零售总额	万元	3200049	3710850	4208041	4763502	5192792	5716390	6359616	6829087
出口总额	万美元、万元	181423	197587	237302	263696	314419	2087281	2050017	2259051
实际利用外资额	万美元	4430	10386	12784	17838	21886	22130	21665	10691
九、财政总收入	万元	1000875	1126576	1242211	1350208	1515985	1648721	1804584	2111846
# 一般公共预算收入	万元	573620	646121	736997	809573	945064	1035667	1129055	1300106
一般公共预算支出	万元	1542833	1679410	1953767	2172733	2793261	3416717	3786403	4320191
十、职工工资总额	万元	824879	914813	1056542	1140242	1356848	1450169	1624460	1815473
国有单位	万元	540115	595944	692278	755592	940117	1023641	1148348	1278209
城镇集体所有制单位	万元	27551	21771	22717	9808	10169	9473	8021	5928
职工平均工资	元	49072	55988	60416	66113	77238	85058	92928	103259
# 国有单位	元	58379	63414	68075	73138	89249	98261	108803	123064
# 城镇集体所有制单位	元	48470	47235	44034	44542	49410	60296	62613	66831
十一、商品零售价格总指数(市区)	—	105.6	102.5	102.5	100.8	99.4	100.9	101.7	102.5

续表35

	单位	2011年	2012年	2013年	2014年	2015年	2016年	2017年	2018年
居民消费价格总指数(市区)	—	105.3	102.5	102.9	102.6	101.2	101.7	101.5	102.5
十二、城乡居民收入									
城镇居民人均可支配收入	元	23391	26309	29045	30413	32875	35968	38996	42557
农村居民人均可支配收入	元	7809	8855	10024	13635	15000	16459	18072	19922
城乡居民储蓄存款年末余额	万元	6211699	7265383	8463767	9377059	10283903	11847588	12870085	14104982
十三、在校学生数									
高等学校	人	36599	38114	39750	39738	37614	36724	37359	39908
普通中学	人	116505	113703	111940	109958	106802	108057	111968	116919
职业中学	人	33377	33553	31975	29885	29898	29964	29305	28060
小学	人	160080	161174	163528	166329	169261	166534	162436	160734
小学适龄儿童入学率	%	99.99	99.99	100.00	99.99	99.99	100.00	100.00	100.00
十四、卫生机构数(不含诊所)	个	352	343	332	342	344	333	322	326
# 医院、卫生院	个	261	231	234	238	239	243	241	244
床位数	张	8566	8881	10197	10999	11957	12754	13256	13472
# 医院、卫生院	张	8424	8636	9863	10724	11635	12383	12905	13181
卫生技术人员	人	12915	13717	15163	16086	17237	18401	19104	19679
# 医生	人	5551	5490	5840	6200	6815	7271	7914	8032

说明:1. 2014年及以前,户籍人口口径为非农业人口和农业人口;2015年开始口径调整为城镇人口和乡村人口

2. 2016年起研发支出计入地区生产总值,人均地区生产总值按常住人口计算,2017、2018年地区生产总值及相关指标为快报数,下同

3. 2011年起,规模以上工业企业统计口径为年主营业务收入2000万元及以上工业企业;固定资产投资统计口径为计划总投资500万元及以上项目投资和全部房地产投资。2018年起投资口径改革变化,无可比投资总量数据

4. 2008年起,耕地面积来源于丽水市国土资源局

5. 农业总产值2016年起为三农普修订后数据;粮食数据2007年起,油菜籽、畜禽肉、禽蛋、生猪存栏、牛奶、蚕茧等数据2013年起,油料数据2016年起,都经三农普修订,为三农普修订后数据

6. 旅客周转量、货物运输量、货物周转量2008年为交通部专项调查数据

7. 2013年及以前,农村常住居民人均可支配收入为人均纯收入

服务指南

丽水市政府驻外联络(办事)处

表36

名　　称	地　　址	电　　话	邮　编
驻北京办事处	北京市朝阳区安贞街道浙江大厦912室	(010)64423821　传真64423821	100029
驻上海办事处	上海市虹口区中山北一路1250号沪办大厦3号楼1806室	(021)65447821　传真55510430	200437
驻杭州办事处	杭州市下城区皇亲苑小区9幢101室	(0571)86918141　传真85154060	310006
驻福州办事处	福州市鼓楼区五四路138号天福大厦1010室	(0591)87403681　传真87887555	350001
驻新疆办事处	乌鲁木齐市水磨沟区安居南路820号锦江国际3号楼10楼(丽水商会)	(0991)3817729　传真3817729	830000

丽水市司法鉴定所名录

表37

名　　称	地　　址	电　　话
丽水市人民医院司法鉴定所	浙江省丽水市大众街15号	0578-2780189
丽水市第二人民医院司法鉴定所	浙江省丽水市北环路69号	0578-2317752
丽水天平司法鉴定所	浙江省丽水市括苍路288号	0578-2631068

丽水市律师事务所名录

表38

名　　称	地　　址	电　　话
浙江百山祖律师事务所	庆元县松源镇横城南路19号	0578-6113567
浙江博翔律师事务所	丽水市莲都区北苑路198号财富国际大厦A座6层	0578-2158500
浙江丽阳律师事务所	丽水市莲都区城北街368号绿谷信息产业园南区5幢5楼	0578-2275004
浙江五洲律师事务所	青田县鹤城镇龙东路92号上1号	0578-6822075
浙江南明律师事务所	丽水市莲都区中东路557号三楼	0578-2111863
浙江晟耀律师事务所	丽水市莲都区括苍路163号4楼	0578-2622720
浙江松州律师事务所	松阳县人民大街16号松州律师楼	0578-8064993
浙江万申佳律师事务所	丽水市莲都区人民街403号4层-5层	0578-2153038
浙江君豪律师事务所	遂昌县平昌路86号	0578-8180712
浙江金言律师事务所	龙泉市龙渊街道后甸路路口	0578-7121494
浙江五楼律师事务所	云和县浮云街道城东路70号	0578-5121681
浙江绿谷律师事务所	松阳县西屏镇江南豪园1幢9号	0578-8060800
浙江万申佳(景宁)律师事务所	景宁畲族自治县鹤溪街道环城南路29号三楼	0578-5082270
浙江民晖律师事务所	缙云县五云镇黄龙路647号301室	0578-3122481
浙江法和律师事务所	丽水市莲都区城北街368号山山梦想城A座6楼	0578-2183628
浙江开弘律师事务所	遂昌县妙高镇君子路七弄1号202室	0578-8131400
浙江丽大律师事务所	丽水市莲都区括苍路163号三楼	0578-2554461
浙江君问律师事务所	松阳县西屏镇长虹东路151号	0578-8062031
浙江天贝律师事务所	庆元县松源镇横城南路29号	0578-6211148
浙江博翔(青田)律师事务所	青田县鹤城街道鹤东小区25幢1号	0578-6805008
浙江万申佳(龙泉)律师事务所	龙泉市翔宇楼403室	0578-7122215
浙江金铿律师事务所	龙泉市龙翔路翔宇楼四楼401室	0578-7121494
浙江捷频律师事务所	青田鹤城镇官塘小区19幢6号	0578-6805851
浙江天干律师事务所	丽水市莲都区灯塔小区139栋204室	0578-2183016
浙江泽厚(丽水)律师事务所	丽水市莲都区城北街368号绿谷信息产业园瓯微大厦12楼1203-1206室	0578-2805166
浙江三见律师事务所	丽水市莲都区北苑路198号701室	0578-2179312
浙江汇时律师事务所	丽水市莲都区体育中心东面正对楼梯左侧	0578-2626300
浙江浩平律师事务所	遂昌县妙高街道平昌路十六弄一支弄6号301、302室	0578-8180658
浙江潘源律师事务所	青田县鹤城街道临江东路法院西侧和丰苑1楼	0578-6512285
浙江翰志俊律师事务所	丽水市莲都区北苑新村人民街544-546号	13905886655

续表38

名　　称	地　　址	电　　话
浙江多顺律师事务所	丽水市莲都区丽阳街544号	0578-2128585
浙江庭俊律师事务所	遂昌县妙高街道平昌路144号3楼5楼	0578-8133016
浙江五豪律师事务所	景宁畲族自治县鹤溪北路168号	0578-5091234
浙江指路人律师事务所	云和县浮云街道中山路23号二楼	0578-5133058
浙江统业律师事务所	遂昌县妙高街道青云小区12#楼D2-02、D2-03	0578-8128346
浙江丽阳(缙云)律师事务所	缙云县五云街道黄龙路120号	13567619618
浙江菇乡律师事务所	庆元县濛洲街191号2楼	13587146890
浙江泽大(丽水)律师事务所	丽水市莲都区人民街615号商会大厦B1806、B1807室	0578-2139426
浙江仙之都律师事务所	缙云县五云街道黄龙路翠竹园巷5号	0578-3133789
浙江炉西律师事务所	景宁畲族自治县红星街道人民北路105号南三楼	0578-5091248
浙江博翔(缙云)律师事务所	缙云县五云街道黄龙路486号二楼	0578-3138399

8月31日,“浙江省律师行业教育基地”正式揭牌

浙江丽阳律师事务所　　（蓝陈嘉　提供）

丽水市公证处名录

表39

名　　称	地　　址	电　　话
丽水市莲城公证处	丽水市卢镗街新建二区新建村农民公寓1#楼	0578-2106068
龙泉市公证处	浙江省龙泉市剑池西路92号	0578-7113715
浙江省青田县公证处	浙江省青田县鹤城街道临江东路93号	0578-6821061
浙江省缙云县公证处	缙云县五云镇寺后路10号	0578-3123331
浙江省遂昌县公证处	浙江省丽水市遂昌县平昌路95号	0578-8128979
松阳县公证处	浙江省松阳县新华路74弄5号二楼	0578-8062973
云和县公证处	云和县城南路1号审批中心	0578-5120656
浙江省景宁畲族自治县公证处	景宁县红星街道府前西路2号	0578-5082274
庆元县公证处	庆元县濛洲街道濛洲街222号7楼	0578-6123005

索　　引

说　明：

一、本类目设主题索引、图片索引、图表索引3个分目。采用主题分析的方法，按标引词首字汉语拼音（同音字按声调）升序排列；同声同调按笔划顺序排列；首字相同，按第二音序排列，依次类推。数字开头的标引词则按0—9数字排序。

二、标引词后的阿拉伯数字表示内容所在页码。数字后的拉丁字母a、b、c分别表示页从左至右第一、二、三栏。标引词后有多个号码的，表示参见内容在这些页码中均出现。

三、图片索引、图表索引及类目、分目标引词仅标注所在页码，不标注分栏。

四、本年鉴的"特载""大事记""附录"未作主题索引。

主题索引

0—9

D

E

F

G

H

I

J

K

L

M

N

O

P

Q

R

S

T

W

X

Y

Z

图片索引

0—9

B

C

D

G

H

J

L

M

N

O

Q

R

S

T

W

X

Y

Z

图表索引